यक्षमेघ-प्रश्न–

विश्व क्या है? मनुष्य क्या है? मिथक क्या है?

वेदव्यास-उत्तर–

विश्व एक है। विश्व-मानवता एक है। विश्व का मिथकीय मानस एक है। अतएव 'विश्वमिथकसरित्सागर' में भी एकैकसाम्य है।।

क्योंकि–

(यत्र) 'तत्र श्रीविजयो भूतिर्श्रुवा नीतिर्मतिर्मम'
मेरा ऐसा मत है कि श्री, विजय, विभूति और आद्य नीति वहीं (यहीं) पर है।

क्योंकि–

महत् विस्फोट? और, सूर्य का आविर्भाव!
तदनन्तर, गगनगंगा तथा सितारों में पन्द्रह अरब सालों के रहस्य छिपे हैं।
पृथ्वी का निर्माण (?) करोड़ साल पहले हुआ था।
डायनासोर और मैमथ आदि (?) करोड़ साल पहले विलुप्त हो गये थे।
फिर मानव पृथ्वी पर दो लाख साल पहले आया। विकासक्रम में उसके कंकाल में दो सौ छह अस्थियाँ बनीं।
अन्तिम **हिमानी** युग एक लाख से दस हज़ार साल के कोष्ठक के बीच में कभी घटा था। तब धरती का तापमान लगभग छह डिग्री सेंटीग्रेड था। तब **जल-प्लावन** भी हुआ था। तब इन सबने मिलकर ब्रह्मांड और सृष्टि, देवी-देवताओं तथा ईश्वर की 'रचना' की। दैत्य और राक्षस भी ढले।
फिर मानव ने पैंतीस से पन्द्रह हज़ार सालों के बीच शैलगुफाचित्र बनाये।
फिर वाक् और **मिथक** तथा **भाषा** का सृजन किया।
तो इस अनादि-अनन्त चक्र में मैं-तुम-हम कहाँ हैं?
मैं-तुम-हम शुरू से ही वाक् और मिथक और भाषा के रचयिता-विरचित रहे हैं। मिथकें हमारी सहस्र जिह्वाएँ तथा कोटि नयन हैं। मिथकें हमारे सत्-चित्-आनन्द, अथवा सत्यं-शिवं-सुन्दरम्, अथवा सत्व-रज-तम के आद्य रूप भी हैं।

× × ×

नृतत्त्वशास्त्र की भौतिक तथा सांस्कृतिक शाखाएँ निर्दिष्ट करती हैं कि नृवानरों (प्राइमेट्स) से नव-आविर्भूत **मानव** भी एक प्राणयुक्त जान-वर अर्थात् पशु था। सर्वप्रथम वह यूथ या झुंड (हर्ड) में रहता था।
भाषा और **मिथक** के विकास ने उसमें समूह (ग्रुप) में रहने की मूलवृत्ति विकसित की। वह समूहगत मानव बना।
जब मिथक और भाषा के साथ **मूल्यों** का कबीलाई उन्मीलन होता चला तब वह समूह से समाज का संगठनकर्ता हुआ। वह 'सामाजिक पशु' से **सामाजिक प्रजाति** हो गया। हमारा लक्ष्य यही **विश्वमानव** तथा उसकी **वैश्विक-मिथक** है।
मिथकें **विश्वरूप** हैं। मिथकें अनन्त अमरयात्री हैं! अहर्निश दिक्काले!!
अन्ततोगत्वा–

मेरी विश्व-मिथक*

काश, ऐसा हो जाए–
मैं हर्ष की ज्वार-तरंगों में
शोक की भाटा-तरंगों में
बिल्कुल नंग-धड़ंग होकर
थपाथप, झमाझम,
कूद-कूद कर नहाऊँ;
किनारे आयी मन्त्रमुग्ध प्रकृति

* जैकी चेन की 'दि मिथ' तथा ब्रूसली की 'एंटर द ड्रेगन' शीर्षक फिल्मों के प्रतिपक्ष में हल्फ़नामा।।

चोरी-चोरी एकटक
निहारे
कि मैं ययाति हो जाऊँ!
काश, यह होने लगे—
कि 'इच्छाजीवन' मिल जाए
कि मैं सोलह साल का अल्हड़ युवक बन जाऊँ
सबसे नमस्ते, सानोयारा, दस्वीदानिया करूँ;
शताब्दियों की अपनी-अपनी संस्कृतियों से
सजी शोभाशालिनी
बारी-बारी से
विश्वमिथक-रमणियाँ रैम्प पर आएँ
और मैं
सभी में
केवल तुम्हें
हाँ, तुम्हें,
ही पाऊँ!
फिर मैं आठ वर्ष का बालक—
कि गंगा नदी से निकल
मेरी अम्माँ
आँखों में काज़ल
ललाट पर दिठौन आँज दे।
फिर दौड़ते-दौड़ते किशोर बन जाऊँ—
शिशु-पिता की उँगली पकड़
उन्हें ग्लोब समझाऊँ,
गुरु की लेखनी बन जाऊँ,
तीनों बेटियों का पल्लू थामे सौरमंडल झाँकूँ,
फिर फूले कचनार की ओट में बैठी
क्वाँरी, दिवंगता पत्नी की
सफेद आँखें चुपके-चुपके
हथेली से ढाँप
उसके गालों पर
सुहाग-चुम्बन छाप दूँ।
प्रिया भी सहेली-सखी हो जाए।
ऊपर कतकी पूनो का प्रतिद्वन्द्वी चन्दरमा
ललचाता-लजाता
लाल हो जाए
उतर कर उसकी सूर्यबिन्दी बन जाए!
काश, ऐसा सब हो तो जाए—

विश्वमिथकसरित्सागर

ई.प. ग्यारहवीं शताब्दी में काश्मीर के सोमदेव भट्ट ने 'कथासरित्सागर' की रचना की थी। उनका उद्‌देश्य रानी को प्रसन्न करना था। उक्त रचना का आकार ग्रीक महाकाव्यद्वय 'इलियेड' तथा 'ओडिसी' से बड़ा है।

इसके अनुकीर्तन से ही हमने इस प्रथम हंसगान (संहिता) का नामकरण **विश्वमिथकसरित्सागर** किया है।

इसमें भूमंडल के लगभग पैंतीस देशों तथा नौ संस्कृतियों के मिथकयानों एवं लोकयानों की एकान्वित मिथक-आलेख-कारी है।। साथ में मिथक-चित्र-आलेखकारी भी।।

विश्वमिथकसरित्सागर

रमेश कुंतल मेघ

वाणी
प्रकाशन

प्रकाशन के उत्कृष्टतम 61 वर्ष

vaniprakashan.com

सजिल्द पहला संस्करण : 2015
सजिल्द दूसरा संस्करण : 2024

वाणी प्रकाशन

4695, 21-ए, दरियागंज, नयी दिल्ली-110 002

फ़ोन : +91 11 23273167, 23275710

शाखाएँ

अशोक राजपथ, पटना-800 004, बिहार
कॉफ़ी हाउस कैम्पस, महात्मा गांधी मार्ग, प्रयागराज-211 001, उत्तर प्रदेश
महात्मा गांधी अन्तरराष्ट्रीय हिन्दी विश्वविद्यालय, वर्धा-442 001, महाराष्ट्र
36/ए, शेक्सपियर सरणी, रानी बिरला गर्ल्स कॉलेज के पास, कोलकाता-700 017, प. बंगाल
sales@vaniprakashan.in
vaniprakashan@gmail.com

VISHWAMITHAKSARITSAGAR
by Ramesh Kuntal Megh

ISBN : 978-93-5072-747-8

History

मूल्य : ₹ 4500

जी.एस. ऑफ़सेट, दिल्ली-110 095 में मुद्रित

वाणी प्रकाशन का लोगो मक़बूल फ़िदा हुसेन की कूची से

समर्पण

दिवंगत कान्ता मनोरमा, हमारी—
तीनों बेटियों—शिप्राली, मधुच्छंदा, अभिषेका—को,
विशेषतः मँझली **मधुच्छंदा** *को;*
उसके उपालंभों तथा उत्प्रेरकता से ही
यह
डेढ़ दो दशकों से निष्पन्द
प्रथम 'हंसगान'
कुछ माहों की चमत्कारिक अवधि में
वाक्-कूजित हो सका!!

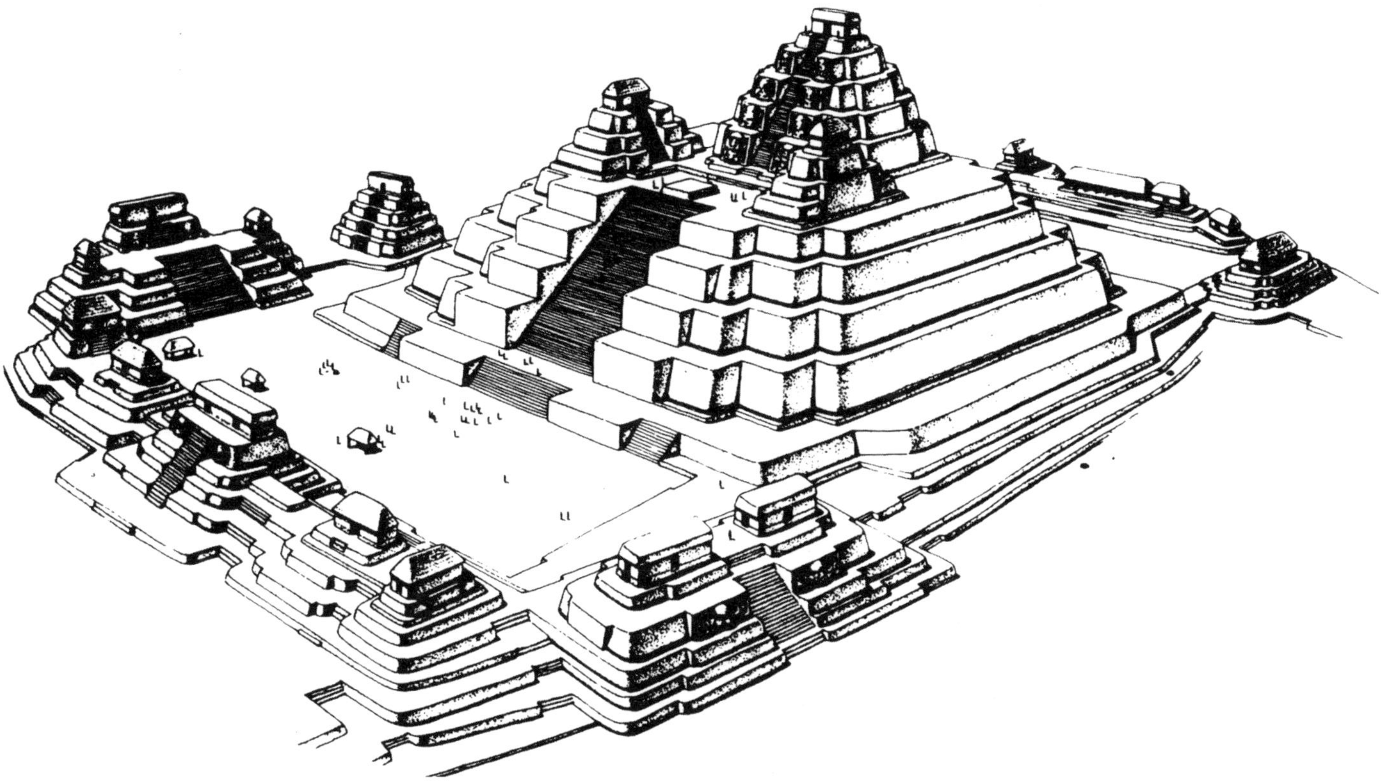

मैक्सिकों की अज़टेक सभ्यता का बलि-पिरेमिड

अगले पृष्ठों के बारे में

अगर 'मैं—मनुष्य' अपने गुणसूत्रों या 'जीन्स' की आधुनिक जाँच करवा कर विलुप्त 'जीनोम-नक्शे' को उन 'होमो इरेक्टस' से संश्लिष्ट कर पाता जो सर्ग के आरम्भ में प्रथम नरपशु थे तो 'सृष्टि के आरम्भ में...उषा के गाल चूमने' का (बच्चनधर्मी) प्रत्याह्वान भी कर लेता। और, चंचल मानवता के बचपन तक पहुँच जाता। पर यह हो नहीं सकता॥

परन्तु तभी मैं यह अनिर्वचनीय रहस्य भी सत्यापित कर देता कि आदि मानव ने (क) देवताओं को प्रसन्न करने, प्रभावित करने एवं उनसे लाभान्वित होने और (ख) संगी-साथी इंसानों (के पहले पशुवत् झुंडों फिर कबीलाई समूहों) को अचरज में डालने के लिए प्राकृतिक यथार्थता का लोकेतर, जड़ात्मवादी अभिग्रहण भी किया था। इसके लिए उसने नाना भाँति के अतिवचनीय वाक्-रूपकों द्वारा अतिलौकिक **मिथकों** का निर्माण किया था। यही उसका यथार्थता-सन्दर्श था; यथार्थता पर अलौकिकता के मुखौटे लगाना॥

उसने पहले पश्यन्ती वृत्ति-से अवाचिक **मिथक-आलेखकारी** ही की थी : कोयले, गेरू, चूने, ख़ून, हरी कोंपलों आदि से **शैलगुफाचित्र** बनाये थे। उक्त दोनों आद्य प्रकार्यों में उसका मिथकीय मानस शाश्वत **'स्वप्न-समय'** में जागता आ रहा था। प्रकारान्तर से स्वप्न-समय महाकाल, अ-काल, शाश्वत् वर्तमान के आज के बोध में परियोजित होता गया।

इस भाँति दस लाख सालों से जो विकासानुक्रम चला उसमें बबून, गिबन, ओरांगऊटान, गोरिल्ला, चिम्पांज़ी, जैसे प्राइमेट और होमीनिड विकसित हुए।...फिर दो लाख साल पहले होमोसेपियेंस अर्थात् **मानव** इस पृथ्वी पर आये। [बीच की होमो-इरेक्टस की कड़ी को छलाँग करके] ।।

× × ×

I

'विश्वमिथकसरित्सागर' में मैं निरन्तर डूबता, भँवरित होता, उतराता, तैरता आया हूँ। इससे आत्म-अज्ञानता, आत्म-यातना, आत्मसंघर्ष तथा आत्म-आह्लाद के अनुभवों की धूप-छाँह झेली है।

बीसवीं सदी के सातवें दशक के आरम्भ में मेरे एक प्रतिबोध में गुरुवर हज़ारी प्रसाद द्विवेदी ने 'मिथ' का प्रणव शब्द 'मिथक' गुँजा दिया था। तब से मैं हज़ारों साल तक पीछे जाकर इसका पीछा करता आ रहा हूँ। मिथक होमोसेपियेंस अर्थात् मानव के विकास के साथ ही उन्मीलित हुई। मिथक और शैलगुफाचित्र, फिर भाषा और मुखौटे उद्भूत हुए। बाद में सभ्यता और समाज, संस्कृति और कर्मकांडी व्यवहार इनके ही अनुवर्ती रहे हैं। आज भी विश्वमंच पर इन्द्र या विष्णु या शिव और दुर्गा, ज़ियस या एफ़्रोडाइट, इन्टी या वीराकोचा, आइसिस या हाथोर कहाँ हैं? किन्तु आज, अभी, यहाँ, वहाँ वे सभी तो सर्वव्यापी हैं। यही मिथक का अनादि-अनन्तवाला **मिथकेतिहास** है।

मैं एक अबोध बालक की तरह से मिथक का बीज-बिन्दु तलाशते-पहचानते ब्रह्म से ब्रह्मांड, जल से आकाश-पृथ्वी-पाताल, को समझने में विश्व-नाभि तक पहुँच गया। दश से दशरथ—दशानन, वसु से वासुदेव—वासुकि, नू से नुट और गेब, फिर दिति-अदिति, शुम्भ-निशम्भु, अहुरमाजदा-अहरीमान आदि के जुड़वाँ-द्वन्द्व-द्वैत-युगल में पहला विश्वरूप कौंधा। मुझे अभिज्ञान हो चला कि प्रारम्भ में **विश्वमानव** एक रहा था, किंवा आज भी उसका एक-समान मिथकीय मानस भी होता है।

यहाँ से मेरा **'विश्वमिथक'** पर समाजवैज्ञानिक विश्वास सुदृढ़ होता गया (मिथक की धुरी भी विश्वास ही है)!

मेरे सम्मुख मिथक का **विश्वरूप** देदीप्यमान होने लगा। लगा कि मैं तो संशयग्रस्त, कर्मविमुख, अज्ञानी पार्थ हूँ। मैंने हर सवाल, हर दुविधा, हर द्वन्द्व, हर अंतर्विरोध को इस अगम्य **विश्वरूपमिथक** के सामने रखे, और विश्व की नाना सभ्यताओं के महासागर और फिर उनकी लहरों, पर तैरते विभिन्न मिथकयानों का सन्दर्श होने लगा। मैंने **विश्वमिथकसरित्सागर** को जानना शुरू कर दिया कि अगर सोमदेव (ई.प. ग्यारहवीं शती) 'कथासरित्सागर' की रचना कर सकते थे तो उस महाजन के पन्थ पर चलते हुए मैं भी **विश्वमिथकसरित्सागर** का प्रथम प्रारूप अनुगतिक कर सकता हूँ।

इस तरह मिथक के विश्वरूप से मैं विश्वमिथकसरित्सागर में कालोत्तीर्ण यात्राओं पर निकल पड़ा। मेरे अजीब आकाशदीप भी बेहद आभ्यन्तरीण रहे। दिवास्वप्न, परिकल्पनाएँ, कायान्तरण, रूपकायन, फांतासी तथा मायावरण की विचित्र विधियों से मैंने वे दीप्त प्रज्ञाएँ प्राप्त करनी शुरू कीं जो प्रमा (प्रमाण) से मिल ही नहीं पा रही थीं। इनके दीर्घ, चितिमय, परा, पश्यन्ती, अनहद के किशोर अभ्यास से आखिरकार मैं **मिथकीय मानस** से क्षीणतर आत्म-साक्षात्कार करने लगा, किंवा शताब्दियों से संचित सामूहिक अवचेतन की पर्त्तों से मेरा ही स्वयं का **मिथकीय मानस** सचेतन होने लगा।

मैं हैलुसिनेशन में अपने मनोलोक में चुपचाप चला आता-जाताः—बिल्कुल नंगा। बस बायीं कलाई में एक घड़ी, दायीं

अँगुलियों में एक बाल पेन, सामने पन्ने। एक काली शिला पर बैठ जाता। पीछे मेरी कान्ता, उसकी सखी नीलतारा, मेरी बेटियाँ खड़ी होतीं। सामने इन्द्र, ज़ियस, इन्टी, ओसाइरिस, एफ्रोडाइट, कार्तिकेय, ईश्तर, अमातेरासू, गरुड़, मगर, शेष, कच्छप, वानर, मत्स्य आदि होते। इस अकाल संगोष्ठी में मैं इनसे मौन संवाद करने लगा। पूछने लगा। अपनी मिथक-आलेखकारी की प्रक्रियाएँ बताने लगा। बस, ये जानलेवा मौन गोष्ठियाँ कभी-कभार जुट जाती हैं और ये सभी मुझे निहंग, अकेला छोड़कर बार-बार उठ भागते हैं। फिर भी मैं अधूरे-अगमड़े साक्षात्कारों की रिपोर्टिंग करके उनके सामाजिक चार्टर, प्रकृति-पंचांग, मानवता का प्राक्आदिम वैश्वक इतिहास लिखने का संकल्प पूरा करता जाता रहा हूँ।

यह विश्वरूपमिथक भी नयन के कई अभिराम इन्द्रजाल रचता है। कभी यह **मिथक-रमणी** प्रणयदेवी एफ़्रोडाइट की तरह काम की करधनी पहन कर मुझे मिथक में संभोग, काम, कला, सौन्दर्य, मनोरागों का भाष्य पढ़ाती है तो कभी यह **मिथकपार्थ** होकर धनुष तानकर दैत्यों, शत्रुओं के संहार के साथ-साथ अधिनेताओं और देवी-देवताओं के सहकार में लक्ष्य प्राप्त करने की तरकीबें सिखाती है। अतः मैं एक साथ 'विश्वरूपमिथकसूक्त' की छत्रछाया में मिथक-रमणी तथा मिथकपार्थ का आश्विन साथी हूँ॥* सो, इस 'ग्रन्थ' के गूँथने में मेरा एकांतिक प्रयोजन रहा हैः—''न यश, न धन। केवल मिशन।।'' कि, कथित राजभाषा हिन्दी की बेचारी गऊमाता के थनों में मैं भी एक अमृतबूँद भर सकूँ।

विश्वमिथकयान तथा मिथक-आलेखकारी में संलिप्त होने पर हमें कई कठिन, अप्रत्याशित तथा अपरिचित उन्मेषों का साक्षात्कार करना पड़ा। हम इनके अभ्यस्त नहीं हैं तथा इनके मोहक सम्प्रेषण की प्रक्रिया की रूढ़ि भी नहीं पाते। मिथक छोटे-से 'वृत्त' से लेकर **भव्य वृत्तान्त** तक की समावेशी है। यह ऐतिहासिकता तथा ज़मीनी सामाजिकता और हक़ीक़त का अतिक्रमण करती है। मिथक में पवित्र और पार्थिव, उदात्त और भयाक्रान्त, इहलौकिक तथा पारलौकिक के अन्तर्विरोधों का (समन्वय के बजाय) संगम तथा द्वयता का आभास है।

इसी के बरक्स काव्यनाटकादि में 'भव्य वृत्तान्त' तो होते हैं लेकिन वे ऐतिहासिकता तथा सामाजिकता से संस्कारित हैं। वे प्रायः पवित्र नहीं होते। उनके संप्रेषण की विधियों से भी श्रोता/पाठक चिर अभ्यस्त होते हैं।

हमने लघु-भव्य वृत्तान्त के अलावा दूसरी जिस मुश्किल का सामना किया है वह **अर्थ** की है। काव्यनाटकादि में शब्द और अर्थ, शब्द और शैली, शब्द और शोभा की केन्द्राभिसारी प्रधानता होती है। मिथकयान में शब्दार्थ-इकाई का केन्द्रापसारी विस्फार होता है। यह शब्दार्थों से भी इतर होती है। इसमें शब्द एवं अर्थभ्रान्तियाँ, शब्द एवं साम्यरूपक, शब्द एवं कूट (कोड), शब्द एवं प्रतीक इस तरह से होते हैं कि (गोष्ठी/उपनिषद् या रंगमंच की अपेक्षा) इनमें **शब्द** एवं **कर्मकांड** की सहितता अभिप्रेत हो जाती है। इसमें अन्तर्वाक्यीय व्याकरण, अथवा सौशब्द्य-रूपकात्मकता की, अन्तर्वाक्यीय तर्केतरता द्वारा, स्थानापन्नता होती है। इसलिए **साहित्यिक भाषा** के प्रतिपक्ष में मिथक में **अधिभाषा** (मेटा-लैंग्वेज) परिव्याप्त होती है। इसमें उतना अर्थ नहीं, उतना वाक्य-विन्यास नहीं, बल्कि रूपिम (मॉर्फ) के ध्वनिम् तथा पश्यन्ती के अनिर्वचनीय स्तर खुलते हैं। हमने यही पाया है कि मिथकीय अधिभाषा में नाना प्रकार के तात्पर्यों से भी गहरे मनोरथ, मनोरथों से भी व्यापक कर्मकांडों का समावेश होता है। अतः शब्दार्थ के आधार क्षीणतर या धुँधले होते हुए मिलते हैं।

मिथक में **कर्मकांड** की व्यावहारिकता साहित्य की गोष्ठी या रंगमंच से अलग स्वभाव की है। कर्मकांड में बहुधा मिथक कोई धर्माचरण, कोई पर्व, कोई तीर्थ, कोई अनुष्ठान, कोई पूजापद्धति में घटा दी जाती है। इसका **लीला** रूप भी होता है। तब पूरा का पूरा एक प्रसंग प्रयोजनार्थ किसी मतानुगमन से अभिनीत/अभिकथित होता है। इसमें मिथक पृष्ठभूमि में छिप जाती है; **अनुष्ठान** प्रतिष्ठानक हो जाते हैं। इसलिए हमें मिथकयान में महाकाव्यात्मक, लिजंधरी अथवा मौखिक परम्परा पर ही अधिकाधिक निर्भर रहना पड़ता है। ललिता हांडू ने मिथक और लोक पर जो उत्तम मोनोग्राफ़ लिखा है उसमें इसी लोकपक्ष की निवृत्ति हुई है।*

हमें मिथक-आलेखकारी में कई प्रकार के **पाठ**, अनुपाठ, प्रतिपाठ, उत्तरपाठ के बीच से आदि भरतपाठ के अनुसन्धान से भी जूझना पड़ता है। इसकी वजह मौखिक परम्परा के अलावा विभिन्न मततन्त्रों तथा विविध अनुयायी समूहों का अपना-अपना प्रक्षेपण है। तुलना में साहित्यिक कृति का एकल कृती एवं एकल पाठ होता है। वह 'भव्य वृत्तान्त' परक होता है। वह स्वायत्त (आटोनॉमस) भी होता है। वह एक ही रचनाकार द्वारा प्रणीत होता है। अलबत्ता वही उसमें किंचित् कतिपय संशोधन-परिवर्धन कर सकता है। साहित्य का माध्यम अधिकांशतः लिखित होता है। धार्मिक कर्मकांड से यह अनुकृत नहीं हुआ करता। अतएव पुरातन भारतीय, ग्रीक-रोमन इन्काई (मेसो-अमेरिका), जापानी सभ्यताओं के मिथकयानों में कई पाठरूप मिलते हैं क्योंकि कई शताब्दियों के दौरान उनके नगर-राज्यों, विभिन्न धर्मों के द्वन्द्व एवं एकता, कबीलों, विविध क्षेत्रों, बहुविध कर्मकांडों द्वारा अपनी-अपनी छोटी मिथकियाँ जोड़ते हुए उन्हें बहुविचित्र, परस्पर अन्तर्विरोधी, विलक्षण, अबोध-अगम्य भी बना दिया जाता है। इससे अन्तर्कुंडलन (इंटर-लॉकिंग) बहुत होते हैं। इस न्याय से संवर्धनशील महाकाव्य (ईपिक आफ़ ग्रोथ) की तरह भव्यवृत्तान्तों वाली **संवर्धनशील मिथक** भी वैसी हो जाया करती है। वस्तुतः यहाँ अपने-अपने चक्रचिह्नों में अंगीकार और अनुस्यूत करने के लिए अनुकूल व्याख्याएँ

* 'फोक एंड मिथ', ललिता हांडू, सेंट्रल इंस्टीच्यूट आफ़ इंडियन लैंग्वेजेस' मानस गंगोत्री, मैसूर, 1998

की जाती रही हैं। भारत में शिव और विष्णु, जापान में शिंतो और बौद्ध, चीन में कनफूशियस मत और बौद्ध, रोम में पेगन और क्रिश्चियन, इस्लाम में सूफ़ी और सुन्नी-शिया, इन्हीं दिशाओं के संकेतक हैं। इसलिए हमें इन्द्र और ज़ियस, लक्ष्मी और एफ्रोडाइट, मेसोपोटिमाई ईश्तर तथा दुर्गा, बोधिसत्वों और अवतारों की महत् तथा संवर्धनशील मिथकों की बेहद कठिन डगरों पर डाँवाडोल होते हुए भी अडोल रहना पड़ा है। सो, **कर्मकांड** एवं **पाठ**, ये दोनों मिथक-आलेखकारी की परिवर्तमान तथा महत्तम चुनौती रहे हैं।

[हम एक दो अत्यन्त रोचक किन्तु मतपरक नोंकझोंक अथवा तालमेल करने वाली छोटी प्रकरियाँ देते हैं। दक्षिण में शैव-शाक्तों के बीच द्वन्द्व का फ़ैसला शिव और काली की नृत्य-प्रतियोगिता में होता है जब काली नग्नता की आशंका से अपने वाम पद को शिर तक नहीं उठाती और शिव यह मुद्रा साध लेते हैं। तब शैव मत विजयी हो जाता है। लिगांयतों के बीच की प्रकरीः– समुद्र-मंथन में जब शिव ने गरलपान कर लिया तो एकाध मततन्त्र में सवाल उठे। फट से समाधानी कुंडल जोड़ दिया गया कि नागदेवी मनसा ने शिव-कंठ से गरल पी लिया। अतः वे नीलकंठ तो हो गये। किन्तु मृत्युंजय भी बन गये।

वैष्णवों की मिथकः–अयोध्या में राजा राम के पान की पीक को उनकी (फैज़ाबाद में) कुछ दासियों ने (भूल से?) पी लिया। तो मर्यादा-पुरुषोत्तम ने वरदान दिया कि उनके कृष्णवाले अगले लीला-पुरुषोत्तम अवतार में वे सभी गोपियाँ होगी। (मर्यादा और लीला की धारावाहिकता)। तीसरा दृष्टान्त राम ने, सेतुबंध में विलम्ब से क्रुद्ध होकर, समुद्र को बाण से सुखा देने का संकल्प लिया ही था कि समुद्र ने समर्पण कर दिया। किन्तु कृष्णावतार में जब बहेलिये के जहरीले बाण से बिंधी उनकी देह को द्वारका में सिन्धु ने जल-समाधि देना नामंजूर कर दिया तो उसका प्रतिशोध पूरा हो गया। कृष्ण के बहते हुए शव को ओड़िशा के पुरीतट पर शबर-क्षेत्र में शरण मिली और वे जगन्नाथ स्वामी हो गये। इससे मत का अन्य क्षेत्रों में प्रसार हुआ। अन्त में एक और। अंगकोरवाट का विष्णुमन्दिर बाद में बौद्ध-संघाराम बना दिया गया। समानान्तर ही विक्रमशिला (भागलपुर) की खुदाई में मैंने ध्यानी बुद्ध की कुछ मूर्तियों पर ही उनके शिर पर अर्धचन्द्र तथा आवक्ष सर्प का उत्कीर्णन देखा है।]

उपर्युक्त बुनियादी चुनौतियों के परिप्रेक्ष्य में हम यह कहने की इज़ाजत चाहेंगेः–(i) मिथक के भव्य वृत्तान्त साहित्य के भव्यवृत्तान्तों से भिन्न होते हैं, मिथक में शब्द का साहचर्य अर्थ की अपेक्षा कर्मकांड अथवा साम्यरूपक से होता है, (ii) मिथक का रिश्ता स्वप्न, दिवास्वप्न, फांतासी से अधिकाधिक होता है जिससे अतिप्राकृतिकता और अतियथार्थता भी अनुचिन्तन बन जाती है जबकि साहित्य में ये प्रोक्ति-विधियाँ हैं; (iii) मिथक के नानाविध पाठों में-से हम चयन, तथा आग्रही ग्रहण कर सकते हैं जबकि साहित्यिक कृति स्वयं पूर्ण तथा स्वायत्त होती है; (iv) मिथक देशकाल से उत्तीर्ण होती है जबकि साहित्यिककृति देशकाल में परिपाक पाकर ही कालजयी होती है; (v) मिथक की हम व्याख्या कर सकते हैं, निष्कर्ष दे सकते हैं। निर्णय नहीं दे सकते। साहित्यिककृति का हम मूल्यांकन, तथा नानाविध विश्लेषण, आलोचिन्तना कर सकते हैं; (vi) मिथक का सम्बन्ध तार्किकता तथा प्रामाणिकता तथा वास्तविकता से नहीं हुआ करता जबकि साहित्यिक आलोचिन्तना में यथार्थता, तार्किकता तथा प्रामाणिकता अनिवार्य है; (vii) मिथक-अभिग्रहण की धुरी विश्वास है, जबकि साहित्य की रस तथा आलोचिन्तना की चिन्तनात्मकता, तथा (viii) मिथक के 'भव्यवृतान्त' साहित्य के 'श्रेष्ठ सुन्दर वृत्तान्त' से भिन्न होते हैं।

इसलिए **मिथक एवं (साहित्यिक) कृति** की रिश्तेदारी में हम पाते हैं कि मिथकें गल्पकृतियों तथा कलाकृतियों का तो आधार रही हैं। अतः मिथक की व्यापकता कृति से कई गुना अधिक है। तदपि मिथक विश्वास-केन्द्रित तथा प्रासंगिक हाशियों में नव-नवीन व्याख्याओं की अग्रेत्वरी है जबकि कृति में प्रतीयमान विश्वास (मेक-बिलीफ) एवं यथार्थता होती है। गल्प शिक्षित एवं पाठकों की समकालीन सामाजिक चेतना का हिस्सा है जबकि मिथक विश्वासी श्रोताओं एवं आनुष्ठानिकों की अर्थात् लोकचित्त की सामुदायिक चेतना का सर्वांगीण सार्वत्रिक हिस्सा है। गल्प का प्रभाव आन्दोलनों के साथ-साथ इतिहास से भी संलग्न होता है जबकि मिथक इतिहास-मुक्त और प्रायः यथार्थेतर होती है। तथापि मिथक सर्वकालिक है।

मिथक हमारे दैनिक आचार-व्यवहार का भी अनुषंग है जबकि कला-कृति मात्र एक स्वायत्त रचना ही है। इसका कर्मकांड या अनुष्ठान से कोई लेना-देना नहीं है। यह सही है कि गल्प की एक धारा मिथकों को रोमांस, यूटोपिया, या इतिहासाभासों (ऐतिहासिक रोमांस) की विधा के रूप में बनठन-सँवारकर इस्तेमाल करती है।

धर्म एवं कर्मकांड के अलावा मिथकों का अधिकांश साहित्यिक कृतियों, मूर्तियों, चित्रों, वास्तु-निर्मितियों में ही सतत तथा साक्षात् होकर अपनी (अर्थात् मिथकों की) नानाविध देह-भाषाओं का भी विधान करता आ रहा है। इस महासौन्दर्यात्मकता को रेखांकित किया जाना प्रासंगिक है।

अतः आद्य शैल चित्रकारों के पश्चात् कवि, मूर्तिकार चित्रकार, सूत्रधार भी अपने-अपने दंग से अद्‌भुत मिथक-आलेखकार रहे हैं जिन्होंने उसका पुनर्नवीकरण तथा कायाकल्प करके उनकी कल्पलोकों (यूटोपिया) से भी तदात्मक समरसता कर दी।

II

विश्वमिथकयानों अथवा मिथकायनों का मानक ग्रन्थों में जिस प्रकार सूचीकरण-वर्गीकरण हुआ है, वह एक बेशकीमती

विरासत तथा धरोहर है। हम उसके प्रति गर्वित हैं। किन्तु उनमें शब्दकोशीय-विश्वकोशीय उपागम के कारण उस समय की एकीकृत मानवता को भौगोलिक क्षेत्रों, सभ्यताओं-संस्कृतियों, आंचलिक मिथकयानों में पृथक्-पृथक् बाँट दिया गया है। इस वजह से हमने-मिथकयानों के साथ मिथक-आलेख-कारी के अपने विधि-विधान को गढ़ा। पुराने सूचीकरण-वर्गीकरण के आधारों पर रूपरेखा बनाने पर ज्यादातर अनुकृति या नकलगीरी हो जाती क्योंकि सभी में कथाएँ, कथाबीज, मिथकयान एक ही हैं। उनकी विशेषज्ञता (स्पेशलाइजेशन) तथा निपुणता या निष्णातृता (एक्सपर्टीज़) उनके प्रस्तुतीकरण तथा प्रोक्तियों में रही है। अतः मुझे प्रस्थान करना पड़ा। लीक का पोंगापंथी बनने से बचने के लिए यह अनुशीलन किसी पूर्व-निर्धारित रूपरेखा के अनुसार नहीं हुआ है। इससे भी किंचित् आवृत्तियाँ हुई हैं।

सबसे पहले मैंने अपनी मानक-रेखा व्यास तय की। वह विश्वमानव के (एक समान) मिथकीय मानस से उन्मीलित विश्वमिथकयानों की एकैक इकाई की प्राक्कल्पना थी। हम जानते हैं कि मिथकों के न तो चश्मदीद गवाह (प्रत्यक्ष साक्ष्य) रहे हैं और न ही उनके कोई अभिलेखीय साक्ष्य। (पारिस्थितिक प्रमाण ही हैं)। उनमें बस **विश्वास** की याज्ञिक वेदिका है। अतः हमने सबसे पहले एकदेशिक, एकराष्ट्रीय, क्षेत्रीय गुट-केन्द्रित भक्ति से स्वयं को मुक्त किया। फिर श्रीगणेश अवाचिक मिथकीय स्पन्दनों अर्थात् कोई पैंतीस हज़ार साल पहले के शैल-गुफ़ाचित्रों से किया। फिर ऐतिहासिकता के पूर्वापर से परापश्यन्ती में जाकर—कालखंडों से परे—मिथकीय 'स्वप्नसमय' में समानुभूतियाँ (इम्पैथी) कीं। ये धुँधली पूर्वानुमितियाँ (प्रि-सपोजीशंस) रही हैं। इसके बाद उन समयों के नृतात्विक-पुरातात्विक आधारों तथा सभ्यताओं की ऐतिहासिक पृष्ठभूमियों की समानान्तरता प्रस्तुत करते हुए, फांतासीय धुंधुकारों के बीच से, समाज-सांस्कृतिक यथार्थताओं के सन्दर्श किये। हमें उस समय से परे के समयों में भी प्राकृतिक संघर्ष तथा उत्पाद-उत्पादन आदि विकसित होते दिखे : कला-कौशल और विज्ञान की अनुभूतियाँ भी; धर्म भी।...तभी तो मानवता ऐतिहासिक पटल पर आगे बढ़ सकी। मिथकीय समाजों में यह कार्य देवी-देवते, दैत्य-राक्षस, पशु-पक्षी सम्पादित करते हुए मिले। हमें वैसा विकास भी पहचानना लाजिमी रहा। मिथकें कूटों तथा आद्यप्रारूपों के क्रोड़ में सुषुप्त मिलीं। वे बेहद प्रतीकात्मक विवरण हैं जो अतिप्राकृतिक या असाधारण घटनाओं को एक संस्कृति या उपसंस्कृति में कहती तथा करती हैं। इसलिए वे मानवता तथा मानव-जीवन को उसकी सीमाएँ, उसकी भीतियाँ, उसकी मुश्किलें तथा उसकी आकांक्षाएँ भी वक्ररीतियों द्वारा बताती हैं। वे उनके दिवास्वप्नों—स्वप्नों—मनोरथों तथा इच्छापूर्तियों को भी रूपान्तरित-कायान्तरित करके साकार करती हैं।

भले ही **मिथक-दीप्ति** किसी पुरोहित, या शामन (ओझा), या कवि का इल्हाम रही हो, किन्तु उसका मौखिक **मिथक-निर्माण** सामूहिक रहा है। उसे निरन्तर कला के समूह, सम्प्रदाय, समुदाय की पीढ़ियाँ करती रही हैं। अतः उनकी संरचना में इनके अलौकिक—सार्वकालिक—सार्वत्रिक—कार्यकारणवृत्त बेहद गुँथे यक़ीन-तलब, चमत्कारिक तथा मनमोहक हैं। उनकी अपनी पूर्व-तर्कात्मक पद्धतियाँ हैं जिन्हें हमने 'मिथकीय तर्कात्मकता' माना है। और भी कई आधुनिक रूढ़ियाँ ढाल दी गयी हैं जिन्हें हमने छाँटा-छाना-सँवारा है। ऐसी कुछ घटक रूढ़ियाँ हैं–मिथक पवित्र है, मिथक पूर्व-तर्कात्मक है, मिथक पूर्वेतिहासिक है, मिथक पूर्व-नैतिक है, मिथक चिरन्तन वर्तमान है, मिथक साम्यरूपकत्वात्मक है, आदि आदि। इनमें आमूल-चूल संशोधन करके ही हम अगले कदम बढ़ा पाये हैं।

हमें यथेष्ट विश्वास है कि मिथकीय मानस से व्युत्पन्न मिथकें अगर जनश्रुतियों तथा लिजंधरों तथा क्लासिकों से आयत्त नहीं हैं तो उनमें तीन-चौथाई से भी ज्यादा विश्वमिथकों के आधार तक नहीं खोजे जा सकते (हम उन्हें अविश्वसनीय कह रहे हैं)। वे प्रमा के बजाय **प्रज्ञा-क्रोड़** में देदीप्यमान हैं तथा उनकी **यथार्थता** यदि कोई है तो वह पूर्व-तर्कात्मक एवं साम्यरूपकत्वात्मक है। वे धर्म तथा कर्मकांड से संयुक्त हो जाती हैं। फिर भी हमें उन पर प्रतीयमान विश्वास को स्वीकार करना पड़ता है क्योंकि हमें उनकी विभिन्न 'न्याय'-पद्धतियों एवं प्रत्यक्षीकरण-अनुचिन्तन विधियों को समझना होता है। वस्तुतः हमें **मिथक-आलेखकारी** (मिथोग्राफ़ी) करनी होती है। इसलिए हमें सत्य (ट्रुथ) और वास्तविकता (एक्चुअल), सम्भावित (प्रोबेबल) और अनुमानित (सपोज़्ड) के बीच भी, फ़र्क़ जानते हुए चलना पड़ता है। विश्वमिथक के काल-महासागर में **आदि-मध्य-अन्त** नहीं हो सकता। फिर भी मिथकयानवाही कई सांस्कृतिक सरिताओं में हम अनादि से पहले, तथा आदि के पश्चात् का पूर्वानुमान करने की वे पूर्व सहमति सिद्धप्रार्थी हैं।

सो **अनादि से पहले** एक अंडीय, या एकलैंगिक एकल मानव की ऋतिक् परिकल्पना के कारण एक तो सौन्दर्यबोध की भाव-विभोरता सुषुप्त रही, दूसरे जन्म तथा गर्भाधान के अन्तःसम्बन्ध भी समझ से परे रहे। अतएव सम्भोग एवं जन्म का युगल भी विच्छिन्न रहा।

आदि के पश्चात् भी मिथक तथा कल्पना में निर्विकल्प अद्वैत बरकरार रहा। उस स्वप्न-समय के कर्मकांड इतिहासभासिक हैं। अतएव मिथक एवं कर्मकांड के बीच जो निर्विघ्न सेतु बना वह सविकल्प साम्यरूपकता (एनालॉजी) का था। तदपि मिथकीय कल्पना, लिजंधरी कल्पना, ऐतिहासिक कल्पना के प्रकारों की धारावाहिकता आज तक भी आरेखित नहीं हो सकती है।

तथापि हमें **विश्वमिथकयानों** के दो ही ध्रुवान्त सुलगते मिलते हैं—(अ) **सृष्टि** (देवी-देवताओं, दैत्यों-राक्षसों) और ब्रह्मांड (आकाश-धरती-पाताल और सूर्य-चन्द्र) तथा (आ) **उत्पत्ति** (उर्वरता-प्रजनन, सम्भोग-संघर्ष)। ये ही ब्रह्मांड-जगत्, विश्व-संसार में नाना प्रकार से प्रतिच्छायित रहे हैं।

सहकारिता में **मिथक तथा इतिहास** के बीच रेखा खींची जा सकती है, कल्पना के प्रकारों को लेकर। वैसे भी हमें मिथककथा और धर्मकथा, मिथककथा और साहित्य-कलात्मक कथा को अलगाना भी पड़ेगा।

इस मिथक-व्यूह में भी अपने ढंग से अन्तर्विरोध (कांट्रेडिक्शन), विरोधाभास (पैराडॉक्स) तथा द्विपर्ण विरोधता (बाइनरी अपोजीशन) परिलक्षित हैं:—

(i) परकीयकरण (एलियेनेशन) और अप्रतिमानता (एनॉमी)

(ii) अमानवीयकरण (डि-ह्यूमेनाइजेशन) और पाशविकीकरण (ब्रूटलाइजेशन) तथा

(iii) प्रकृतवाद (नेचुरलिज़्म) तथा अतिप्रकृतवाद एवं सर्वात्मवाद (सुपरनेचुरलिज्म)।

III

तथापि हमें विश्व-मिथक-आलेखकारी में मिथकों पर विश्वास करना लाजिमी नहीं है, बल्कि उनको स्वीकार करना अनिवार्य है। हमने यही किया है। इसके बगैर तो हम एक डग आगे नहीं धर सकते। **अतः मैं मिथक को स्वीकार करता हूँ।**

इसके बगैर मैं विश्वमिथक की कई सरिताओं के किनारे ही खड़ा रह जाता और सिंधु-मिलन तक नहीं पहुँच पाता। मैं आरम्भ से जानता रहा हूँ कि विज्ञान एवं विश्लेषण की छुरियों से तो मिथक-हंसों का कत्ल हो जाएगा। अतः हमने निष्कर्ष दिये हैं। कोई निर्णय नहीं किये। इसके लिए मैंने उनके आनन्द को, उनके आतंक को, उनकी त्रासदी को अपनी मनोदशाओं में झेला तथा भोगा है। अब सम्पूर्ण उद्धार की वेला का इन्तजार है। कई बार मुझे समानुभूति हुई कि विश्वमिथकयानों के सौगंधिक कमलों से भरे विश्व-मानसर में मानो मैं एक हंस-जैसा हूँ जो यह प्रथम हंसगान को शब्दलिपिकूजित बाँध रहा हो। [यह भी एक मिथक है कि जब हंस का मरण सन्निकट होता है तो वह अन्तिम गान गाता है। वह 'हंसगान' (स्वैन सांग) है। सोवियेत कम्पोज़र चैकोवस्की ने 'स्वैन लेक' नामक एक ओपेरा भी निष्पादित किया है।] तो मेरा भी यह प्रथम हंसगान है...दो, तीन के पहले।

विश्वमिथक-सन्दर्भ में हम प्राचीन सभ्यताओं, मिथकयानों, लोककथाओं आदि का प्रथमहस्तामलक दावा कतई नहीं कर सकते। हमारे तो द्वितीयक तथा तृतीयक स्रोत हैं। अतः अनुकारिता तो होगी ही। तथापि रूढ़ियों, अन्धविश्वासों, संकुचित मर्यादाओं में जकड़ जाने पर हमारी आइंटाइनीय प्रवृत्ति की निर्मम हत्या हो जाएगी। इसलिए मैंने इसे नीतिशास्त्र या पौराणिक संकीर्तन नहीं बनने दिया, बल्कि इसके मूलाधार सुपरिगठन को नृतत्त्वशास्त्र से लेकर बहुविध समाजविज्ञानों तक का मिलाजुला बंधान किया है।

इतनी वजूहात तथा अपनी सीमाओं के घेरे में हमें सही समुचित भाषा की तलाश भी करनी पड़ी है। इसके लिए अनजानी और अनिश्चित यात्राएँ करनी पड़ी हैं, व्याकरणता का उल्लंघन करना पड़ा है। जब शब्दकोशों, और शास्त्रीय पारिभाषिकों से तात्पर्य नहीं निकलता मिला तो लोकवार्ता, बोलचाल की गोष्ठियों से तद्भव, देशज के साथ वर्णसंकर शब्द भी धड़ल्ले से गढ़ने पड़े हैं। तभी सही संरचनाओं में, निष्पादन में वृत्तान्त, पाठ, व्याख्या, भाष्य, मन्त्र, मनोरथ, विवरण, अर्थभ्रान्ति, प्रतिभास आदि का संश्लेषण हो पाया है। इसके लिए कहा जाए कि हमने तलवार की धार पर धावन किया है, नट की तरह पतली डोरी पर चलने का कौतुक किया है, तुला के काँटे की तरह व्याख्या एवं विवरण के सन्तुलन के लिए डाँवाडोल रहा हूँ। इसलिए हमारी नाभिक व धुरी रही है—पारिभाषिकों तथा शब्दावली-कुलकों को तलाशना और गढ़ना। हम समझते हैं कि यह भी एक बड़ी उपलब्धि रही हैं—भाषा-वृत्त में भाषा के परे अधिभाषा की परिधि में भी यात्राएँ करना।

भाषा के एक हाशिये में हम थोड़ा असफल रहे हैं। विभिन्न मिथकीय संस्कृतियों के नामों के उच्चारण में हम आद्योपान्त मात खा गये हैं। बहुत मुश्किल है इतनी भाषाओं और शताब्दियों-पूर्व मिथकीय वाकों के सही उच्चारणों को सही ढंग से देवनागरी में लिखना। अंग्रेजी और फ्रेंच भाषाओं में तो लिखित भाषा तथा उच्चरित भाषा दो न्यारी भाषाएँ भी हो जाती मिलीं। लिखित और चित्रित भाषा के शब्द अपने अर्थ प्रक्षेपित कर देते हैं। किन्तु मुखर वाक् के उच्चरित शब्द अलिखित एवं अन्य अर्थ भी इंगित करते हैं। दोनों की संगति न बैठा पाने के कारण हम कई कीमती खूबसूरत अर्थों से भी वंचित रह जाते हैं। हमें सम्पूर्ण भाषा का ज्ञान न होना भी सीमा है। भारत में मिथक एवं पुराण का ऐसा गुत्थमगुत्था गठजोड़ रहा कि मिथक के छिलके ही चिपके रह गये; गूदा और रस धर्मकथा और कर्मकांड के हवाले हो गया।

तथापि विविध-बहुल सूचनाओं में पागे हुए नये ज्ञान का अपना विलक्षण **मोहन रस** होता है। यह पंचेन्द्रियेतर पंचतन्मात्राओंत्तर लौकिक आनन्द भी है।

× × ×

हमने भूगोल-खगोल तथा सौन्दर्य-बोधात्मक सम्मूर्तियों के चार्ट, अनुकृतियाँ, नक्शे आदि बनाकर चमत्कारिक क्षतिपूर्ति की है। आगे के परिच्छेदों में मानो सभ्यताओं-संस्कृतियों-मिथकयानों के **सांस्कृतिक एटलस** भी बनाये गये हैं। चित्र-नक्शे आदि सभी प्रामाणिक अनुकृतियाँ हैं। उनमें कोई मनमानी तथा धाँधली नहीं बरती गयी है। यह सारा प्रकर्म स्वयं मेरी चित्रकारी की देन है। अतः मैं गारंटी दे सकता हूँ। इस प्रकार 'विश्वमिथकसरित्सागर' मानचित्रों-आरेखों-प्रतिकृतियों-तालिकाओं आदि से

एक 'संयुक्त-सम्पूर्ण एटलस' जैसा हो सका है। तदपि पुस्तक में कई बार आवृत्तियाँ भी हुई हैं। इसका पहला कारण थीम के सन्दर्भों की विविधता रहा है। दूसरी वजह पन्द्रहोत्तर वर्षों की लम्बी अवधि रही है। अन्ततः विश्वमिथकों की अज्ञात भूभाओं का अनुस्मारक देने की अपेक्षा सुधी पाठकों-पाठिकाओं को कई बार पृष्ठभूमियाँ बताना भी रहा है।

इस यात्रा में हम-आप सभी यायावर हैं। बहुधा हम जागरूक और सोचवान पाठक भी प्रायः समर्पण तथा भूमिका नहीं पढ़ते [बस रिव्यू करने वाले पढ़ते हैं]। इससे पुस्तक के रंगमंच के पीछे के नेपथ्य, मत्तवारिणी, रंगशाला आदि की अनदेखी हो जाती है तथा आधा-अधूरा, साक्षात्कार हो पाता है। इनमें ही तो आलोचिन्तक अपने एक-एक पाठक से बेहद निजी, अनकही, तथा बिन्दास भागीदारी करता है। इसी तरह अनुक्रमणिका (इंडेक्स) एक अच्छी किताब के 'कैट-स्कैन' की भाँति है। इसके बिना वह माचिस की छितराई गयी तीलियों जैसी प्रतीत होती है।

× × ×

दो-तीन दशकों से मुझमें यह विचार कौंधता रहा कि अगर कशमीरी सोमदेव (ग्यारहवीं शती में) **कथासरित्सागर** का प्रणयन कर सकते हैं तो मैं भी मिथकों की आलेखकारी क्यों नहीं कर डालूँ! कथाओं की सर्व-प्रथम धात्री तो मिथक है जिसने विश्वमानवता के शिशु का कोई बीस-पच्चीस शताब्दियों से लेकर आजतक लालन-पालन, रक्षण-रंजन किया है। इस तरह इस **विश्वमिथकसरित्सागर** का उन्मीलन हुआ। आज हम सभ्यताओं की कथाएँ तो सुना नहीं सकते थे। आज कहानियों तथा उपन्यासों की भीड़ ज्यादा प्रासंगिक विकल्प है। अतः हमने **मिथक-आलेखकारी** की समाजवैज्ञानिक पद्धति अपनाई ताकि मानवता की अनादि-अनन्त वसीयतों तथा धरोहरों का अभिनन्दन हो सके। अस्तु।

संयुक्त राज्य अमेरिका के मिशिगन राज्य के एक छोटे-से शहर नार्थविल की पार्कस्ट्रीट-ड्राइव के एक मकान के अगवाड़े एकान्त समाधि में मैं यह हंसगान लिखता रहा हूँ। यहाँ घर में मँझली बेटी मधुच्छंदा, दामाद विवेक, नाती कनिष्क, नातिन अवंतिका हैं। पिछवाड़े चीड़ के दर्जनों युवा होते चीड़ों के पेड़ों का झुरमुट है। काली चिड़ियाएँ तथा बिरले खरगोश हैं। कौवे और कबूतर अनुपस्थित हैं। बगल में फाख्ता एक बच्चे को बड़ा करके उड़ा चुकी है। दूसरा अंडा दे दिया है। मेरे लौटने तक वह भी बाल होकर उड़ जाएगा। सामने ग्लास टैंक में हलके नारंगी रंग की दस छोटी मछलियाँ रासलीला किया करती हैं। यहाँ यही मेरा छोटा-सा संसार है। यहीं एक कोने में मैं हूँ—विश्वमिथकों की अनादि-अनन्त अदृश्य, किन्तु मूर्तिमान महत् सृष्टि में॥ पीछे-पीछे मेरे छोटे-से संसार की बेटियाँ शिप्राली और अभिषेका, दिवंगता हीरामन मनोरमा, तथा कई आदरणीय और अनुरागी मितराँ व चन्द गुपचुप नीलाभ महिलाएँ भी पांथशाला को सृजनपंथी बनाये हुए हैं; अभी तक।

इस ग्रन्थ का सम्पूर्ण लेखन अमेरिका के मिशिगन राज्य के डेट्राएट शहर की उपनगरी नार्थविल में 20 मई से 20 अगस्त 2010 में सम्पन्न हुआ।

अब तो मिथक-कुल (मिथक, भाषा, निजंधर, लोकवार्ता, धर्म, जनश्रुतियाँ, कलाएँ आदि) के 'अनहदनाद' को सुना जा सकेगा। मैंने इसे हंसगान के रूपक' से चुना है। और आप सभी को आगामी विश्वमिथक-यात्राओं के लिए बंदरगाह तथा सिंहद्वार खोल दिये हैं।

–रमेश कुंतल मेघ
17.8.2010/15.5.2013

फ्लैट सं.-3 (भू-तल)
स्वास्तिक विहार, फेज-III
मनसादेवी कामप्लेक्स, पंचकूला-134109 (हरियाणा)
दूरभाष : 0172-2557312
मो.: 097807-74224

स्वीकारोक्ति-निवेदनम्

सर्गतः स्वीकारोक्ति : अधिकांशरूपेण यह ग्रन्थ अद्भुत 'हैलुसिनेशन' की अपसामान्य मनोदशा (इल्हाम?) में लिखा गया है!

मैंने अपने सृजन तथा अभ्यास में आद्योपान्त उचित भाषा की खोज की कड़ी कठिन लड़ाई लड़ी है। नयी नवेली विचार-वस्तुओं से मुकाबला तथा मुठभेड़ होने पर प्रायः कोई मानक भाषा तथा पारिभाषिक कुलक एवं प्रयोजनमूलक शब्दावली उपलब्ध नहीं थी। अतएव मैंने तत्सम-तद्भव-देशज का भरपूर इस्तेमाल करते हुए तथा व्याकरणता को भी ठेंगा दिखाते हुए मेघज शब्द भी गढ़ डाले हैं। यह मेरी अनिवार्यता तथा फलित स्वतन्त्रता सिद्ध हुई।

मिथक व्याख्यापरक है। उसकी मूल प्रकृति यही है। इसलिए तर्कशास्त्रीय (लॉजिकल) अथवा वैज्ञानिक विश्लेषण प्रकृत्या औचित्येतर हैं। मिथक के धवल हंस की विश्लेषण की छूरियों द्वारा हत्या हो जाती है। अगर मिथकें, चिन्तन की सरहदें छूकर, दर्शन का आभास देती हैं तो वे धार्मिक मिथक के नीतिदिव्य-लोक में प्रवेश कर जाती हैं। तब उनका सामाजसांस्कृतिक सौन्दर्यनैतिक दिग्दर्शन तो हो सकता है किन्तु मिथक का सत्व ध्वान्त हो जाता है। इसीलिए हमने मिथकयान (मिथोलॉजी) के बजाय **मिथक-आलेखकारी** (मिथोग्राफी) की प्रणाली को अंगीकार किया है। इससे यह स्वयंसिद्ध हुआ कि मिथक तो कालातीत-कालोत्तीर्ण है। इसलिए उसकी प्रोक्तियाँ वर्तमान में भी संवृत्त हो गयी हैं।

ज्यादातर विभिन्न देशों की सभ्यताओं-संस्कृतियों की संचयित मिथकों का वर्गीकरण करके कथाएँ बता दी जाती रही हैं। हमारा प्रयोजन यह तो नहीं है।

हमने विश्वमिथकों का मिथकाभिप्रायों, उनकी तर्क-विधियों, उनके सामाजिक चार्टरों, उनकी वैज्ञानिक खोजों, उनके वैश्विक सन्दर्शों के आधार पर उनके सामान्य पीठों का अन्वेषण किया है। हमने शब्द को **मिथकीय शब्द** के रूप में लिया जो अर्थ के अतिरिक्त कर्मवाची, जादुई शक्ति वाला, ब्रह्मांड संचालक तथा सौन्दर्यशाली रूपकों वाला है। अतः मिथक और कहानीपन मिथक और लिजंधर, मिथक और धर्म, के सभी देवता-देवियों के लिए एकवचन तथा उत्तम पुरुष (फर्स्ट पर्सन) परक उल्लेख किया गया है। ध्यातव्य हो कि यह कोई अभद्रता या अवमानना के लिए नहीं बल्कि विश्वमिथकों के उपचार में एकसमानता तथा समरसता के हेतु किया गया है।

पूरी पुस्तक में धार्मिकता तथा नैतिकता एवं मर्यादा के अनुसार अतिशय अनुकूलन नहीं हुआ है। अपितु भरतपाठ की तलाश करते हुए उनका सहज स्वाभाविक, अनगढ़-अगमड़ा भाष्य तथा टीका की गयी है।

कुछ विपरीत/पर्याय युग्मों की कुंजियाँ भी मिली हैं—

वसु (वासुदेव-कृष्ण, वासुकि)/दश (दशरथ, दशानन)/ दिति (दिति-अदिति)। सुर (सुर-असुर) अथच

राहु-केतु/अश्विनी कुमार/नर-नारायण/किलात-आकुलि/खर-दूषण/शुम्भ-निशुम्भ। सुन्द-उपसुन्द/मधु-कैटभ

1. मैंने मिथक का स्त्रीलिंग में ही आद्योपान्त प्रयोग किया है।
2. अनेक भाषाओं की नाममालाओं के उच्चारण की मेरी घोर मूढ़ता व्याप्त रही है। मैंने लिपियों के अनुसार ही रोमन का देवनागरी में उच्चारण लिखा है [केवल देवनागरी लिपि ही है जिसमें लिपि एवं वाक् में एकरूपता है]।
3. विश्व भर में अनेक सभ्यताओं तथा अगणित मिथकयानों में फैलाव के तथा थीमों की पुनरावृत्तियों के कारण, यदाकदा मेरे द्वारा भी दोहरी-तिहरी बारम्बारिता लक्षित होती रही है। सुधी मनीषी इसे नज़रअंदाज़ कर देंगे, प्लीज!
4. मुझे मिथकयानों की प्रतिभासिक सत्ता **स्वीकार** करनी पड़ी है, चाहे मैं उन पर विश्वास और आस्था रखूँ अथवा नहीं। इन्हीं स्थितियों में मैं उनसे युगों-मन्वन्तरों वाला मौन वार्तालाप चालू रख सका हूँ। अतः इस **हंसगान** में वैसा मिलाजुला **ध्यान-छायाओं के साथ** साक्षात्कार रहा है। इसमें नैतिकता और धार्मिकता त्रिज्या (टैजेंट) पर अपसारी है। आकर्षण और सम्भोग, शील और ऊर्जा की वृत्तियाँ ही मिथक के भरतपाठ में प्रबल रही हैं।

   इसलिए भाषा की दक्षता बघारने के बजाय अतुल्य ढंग से अपनी यक्षता को मनोरथिक बनाया है।
5. इस महाग्रन्थ में **मिथक-आलेखकारी** के समानान्तर एवं समरस **मिथकचित्र-आलेखकारी** भी हुई है। इस भाँति यहाँ दुहरी-तिहरी आलेखकारियों की सेमिओलॉजी है। प्रायः सारी मिथकें तथा मिथकवृत्त **ध्यान-छवियों** द्वारा ही साक्षात्-साकार-संजीवनी हुए है। कबीलाई समाज में मुखौटे और गोदने, इसके पहले गुफ़ावसनीकता में शैलचित्र मानो अभिनेताओं-चित्रकारों के सर्वप्रथम मिथक-निर्माण रहे हैं। इसके पश्चात सदियों से ईजिप्ट, ग्रीस, मेसोपोटामिआ, रोम आदि में चित्रकारों-शिल्पकारों-शामनों-पुरोहितों आदि ने अद्वितीय चित्रावलियों-शिल्पाकृतियों द्वारा अमूल्य विश्व-मिथकचित्र-आलेखकारी की धरोहर सौंपी है। हमने प्रतिनिधि-प्रतीक क्लासिक कलाकृतियों की छवियों-अनुकृतियों के द्वारा एक सहवर्ती-स्वायत्त विश्वमिथक का दृश्य संसार

प्रस्तुत किया है। अतः इस विश्वमिथक छवि-दीर्घा के विधान का निरन्तर अनुरंजन किया जाए क्योंकि इसमें नृतत्त्वशास्त्र, मनोविज्ञान, भूगोल, जन्तुविज्ञान, पर्यावरण-बोध, सौन्दर्यबोधशास्त्र, काम-विज्ञान, देहभाषाओं आदि का परिपाक हुआ है। अथच, पश्चिम की किताबें ज्यादा ताजा, विश्वसनीय सूचनाएँ, बहुविध सूचनाएँ तथा नयी सामग्री देती हैं। इसलिए सुधी पाठक उन्हें वर्चस्विता दें। अब हिन्दी की अभिनव बौद्धिक परम्परा में कमोबेश ज्यादा और ताज़ा सूचनाओं की अपेक्षा करना लाजिमी हो गया है।

याराँ, हम तो लोकायती हैं; न कि बेहूदा यान्त्रिक पदार्थवादी! इसलिए हम द्वन्द्वात्मक भौतिकवादी (फिज़िकल) बनाम पदार्थवादी (मैटीरियलिस्टिक) में भी फ़र्क़ समझते चले आ रहे हैं।

भौतिकवाद समाज-मनुष्य-इतिहास आदि से लगभग निरपेक्ष तथा निस्संग है। यह पृथ्वी-जल-अग्नि-वायु-आकाश इत्यादि की चुम्बक, विद्युत्, ताप, ध्वनि, प्रकाश आदि गतिक ऊर्जाओं (एनर्जीस) से सम्बद्ध है। **पदार्थवाद** इनके तात्पर्य, अर्थ, प्रयोजन, कार्य-परिणामों की अनुमिति है। यह कार्बनिक-अकार्बनिक-जैविक सभी पदों के नामरूपगुण की सत्ता है। शब्द-स्पर्श-रूप-रस-गन्ध की ज्ञानेन्द्रियाँ तथा हाथ–पाँव-नाक-कान-जीभ-त्वचा की कर्मेंद्रियाँ इसके अनुषंग हैं।

× × ×

इस **विश्वमिथकसरित्सागर** (अर्थात् मिथकहंसगान) में आद्योपान्त हमारी मिथक-आलेखकारी का **व्याससूत्र** हैः–

"मिथक का विश्लेषण नहीं, अपितु व्याख्या; विश्वास (हाँ/ना) नहीं, अपितु स्वीकार; तथा कथा नहीं, अपितु नृसामाजसांस्कृतिक दिग्दर्शन द्वारा ही लक्ष्य-सिद्धि होती है।"

मध्यांतरेण नमस्कार!

रूपरेखा

iv. चन्द्रमा क्यों घटता-बढ़ता है (मेसोपोटामिआ)
v. कैसे आकाश में बादलों का उठान हुआ। (पापुआ)
vi. क्यों हमेशा दिवस की वापसी होती है (अमेजन)
vii. कैसे पिंगनदी तथा शशिनदी अस्तित्व में आई (थाई)
ओरियन नक्षत्र की मिथक

7. **'आह! सर्ग के अग्रदूत तुम, असफल हुए विलीन हुए। :**
ये विश्वदेवते तथा देवियाँ; और दानव भी ॥ **355-406**

(अ) विश्वमिथकयानों तथा दिव्यों—देवगणों का जमावड़ा—॥ मातृदेवियाँ—पशुपति आदि
मातृदेवी
भारतीय मिथकायन का वैदिक देवमंडल
सूर्य
मिथरा
अग्नि
सोम
इन्द्र
पूषण-पर्जन्य
रोमन लूना
ग्रीक ज़िउस
अहुरमाज़्दा
विष्णु एवं शिव
विराट् तथा वामन
अनुजातीय एटलस

(आ) इन विश्व देवताओं का तो अनोखा विधि-विधान है
'सुशेवों नो मृळयाकुरदृंप्तक्रुतुरवातः। भवां नः सोम शं हृदे'

(इ) : अमृत के पियासे देवता कहूँ सोम ते अघात हैं?

(ई) आह इंद्र! हाय ज़िउस! तुम्हारे ये देव-देव-द्वन्द्व!
अमर्त्य देव-देव-द्वन्द्व
शिव बनाम विष्णु
पोसेइडॉन बनाम एथेनी
ईजिप्टी अटेन बनाम अनेक देवते
देवियों की ईर्ष्यात्मक प्रतिस्पर्धाएँ
मेसोपोटामिआई ईश्तर बनाम एरेश किगाल
अज़टेकी क्वेटज़ालकोएट्ल बनाम त्लालाकं॥

(उ) **दैत्य-दानव तथा असुर-राक्षस**
नर्कलोक
दिति-अदिति
रावण
साइक्लोपीज़-जाइंट्स
गार्गूनें
तेंगू-समूह, काओट्लीक्यू
असुन्दरता के विसंगत सौन्दर्यबोधशास्त्र का विधान
देव-दानव के एक जैसे उद्गम

अयोनिज उत्पत्ति (कार्तिकेय)
अन्य अंगों से उत्पत्ति (डायोनीसस)
बिना संभोग के जन्म
रजस्वल-प्रवाह
तेजस अंश
युग्म तथा युगल
अश्विनी कुमार
किलात-आकुलि

मृत्यु :

—दृश्य जगत् बनाम स्वप्नलोक
माया-संस्कृति के देवमंडल में
ईजिप्ट में
मरणशील देवता तथा देवपुत्र

(ख) 'नव हो जगी अनादि वासना मधुर प्राकृतिक भूख समान'
—काम तथा रति
उभयलिंगी देह तथा 'लिंग-रूपान्तरण'
एकलिंगी रेखाक उत्पत्ति
यमयमी
लिंगपूजा
आर्तेमिस
एथीना
एफ्रोडाइट
विष्णु मोहिनी
कायान्तरण एवं छलावरण
ग्रीक ज़ियस के उदाहरण
नग्नता का आगाज़

(ग) रति-क्रीड़ा में काम का आह्लाद
काम
रति
कुन्ती-प्रसंग
सती का मिथक-अभिप्राय
अनसूया
ईश्तार
इरॉस—एफ्रोडाइट—साइकी
एडोनिस तथा एनेचिनीज़
'परमाल रासो' के प्रेमीयुगलों का लोकयान
फ्रेया

(घ) नग्नता तो क्रीड़ा तथा लीला है भोग और योग की :
देह संदर्श : नग्नता एवं निर्वस्त्रता

(अ) दृष्टिपथ :
1. नर्तित शिशु कन्हैया
2. दुर्योधन का उरुभंग
3. आर्किलीज़ द्वारा हेरा के दुग्धपान की चेष्टा
4. नग्न अनसूया के सम्मुख वामनरूप हो गये ब्रह्मा-विष्णु-महेश

1

: मिथकगर्भिता विश्वसभ्यताओं के ऐतिहासिक आँचल

'प्र भ्रातृत्वं सुदानबोऽध द्वित्वा सामान्या। मातुर्गर्भे भरामहे।।' (ऋग्वेद 8/83/8) :

ओ विभूतिवानों, अब हमने मातृगर्भ में सामान्या तथा सदानिरन्तर भ्रातृत्व स्थापित कर लिया है!

1.1 सृष्टि के विराट् में : ऋत् एवं क्रतु

'ऋत्' ब्रह्मांड का शाश्वत् नियम है। यह सृष्टि की नाभि है। आदि कारणभूत—सृष्टि स्वयम्भू है, स्वाधीन (निरंकुश नहीं) है। अतः ऋत् 'कॉस्मोस' तथा अनृत् 'केऑस' माना जा सकता है।

(अ) ऋत् के शाश्वत् नियम से शाश्वत् न्याय (सत्/सत्य) सम्बद्ध है। इससे ही सृष्टि-चक्र, या कर्मचक्र, या नियति-चक्र संचालित होता है। अतः ऋत् के शाश्वत् नियम में, प्रकृति के प्राकृतिक नियम, समाज के मानवीय नियम (शिवम्), सौन्दर्य के श्रीचारु नियम उन्मीलित होते हैं।

यदि 'ऋत्' वैदिक आकाश का भी धारक है तो 'सत्य' पृथ्वी का धारक। अतः ऋत् का गान **ऋचा** है। अतएव ऋत् के शाश्वत् नियम का लक्ष्य सृष्टि में समाज के शिवत्व का नियमन है। अतएव ऋत् और ऋचा, ऋत् और ऋतु, ऋत् और क्रतु (यज्ञ/विवेक शक्ति) का एकतान व्यापार चलता है।

इस तरह 'ऋत्' सृष्टिब्रह्म (कॉस्मास) की अनुशासनीय व्यवस्था ऋतु है। वरुण इसका अभिभावक है। यह वैदिक धारणा भी यज्ञों द्वारा सम्पादित होती है। ये सामुदायिक, साम्प्रदायिक, घरेलू और व्यक्तिगत—चारों प्रकार का होता है।

ऋत् एवं सत्य, तथा ऋत् एवं ज्योति भी एकैन्द्रिक युग्म हैं। अतः ऋत् एवं ज्योति सत्य, सत्व, स्वस्ति के साथ-साथ श्री-धी (बुद्धि), क्रतु-चारु भद्र (आनन्द)—सोम, सूर्य-चन्द्र तक परिव्याप्त है। इस भाँति दिव्यता (दिव्) तथा विभूति (स्पलेंडर) ऋत् के अनुषंग है। सो, ऋत् ऋचा है। ऋतु है, यज्ञ (कर्म) है, अग्नि है ('अग्निम् ईले पुरोहितं / यज्ञस्य देवम् ऋत्विजम्। होतारं रत्नधातमम् ॥') (ऋग्वेद 1/1/1), और होत्रा भी है।*

ऋत्-चक्र में यथार्थता के प्रति सौन्दर्यबोधात्मक उपागम में उषा, सोम और अग्नि का योग है। ये मानस के सर्वोच्च परिष्कार हैं। इस उपागम के अन्तर्गत **विभूति** में ज्योति है, महत् है, भर्गस् है। उसमें श्री (लावण्य), विपस (शोभा), चित्रम् (आश्चर्य) संयुक्त हैं। ये सभी मानो उषा में केन्द्रीभूत हो गये हैं। हेमवती उषा भी—सूर्य-चन्द्र की गतियों की भाँति—नित्यप्रति गतिमय है। उसमें ही श्री, भर्गस्, वपस्, वाम, चारु, चित्रादि सन्निहित हैं। उषा में प्रकृति—किंवा युवा नारीत्व—की चारुता है। वह ज्योतिरूपा तथा ऋत् की अनुकारिका है। ऋत्-चक्र में **सोम्** भी मधु और वाक् का संवाहक है। वह अग्नि-सखा भी है।

अतः ऋत् और सत्य, ऋत् और क्रतु हमारी मिथक-आलेखकारी के आद्यकर्ता हैं।

यह भी ध्यातव्य रहे कि, कबायली समाज के टूटने के बाद आरम्भिक कबायली गणतन्त्र के वृज्जियों और लिच्छवियों में वैदिक ऋत्-चक्र तथा वैदिक आर्ष-मिथकें शनैः-शनैः धर्म एवं रूढ़ कर्मकांडों में प्रवेश करती हैं।

यह भी ध्यातव्य हो कि आर्य गोत्र-कबीले भारत-ग्रीक, भारतेशिया तथा भारोपीय शाखाओं वाले भी थे। वे खानाबदोश (नोमेडिक) एवं चरवाही (पेस्टोरल) जनगण थे। उनका भी तो, उनके समय के अक्ष पर, कोई आदिम समाज तथा उसकी अबोधपूर्वा स्मृतियाँ रही होंगी जो कैस्पियन सिन्धु से लेकर सप्तसिन्धु तथा सिन्धुनदी के विस्तृत इलाक़ों तक धारावाहिक चलती आयी होंगी। जेम्स वी. प्रिचार्ड ने 1950/55 में प्राचीन अभिलेखों का एक संकलन प्रकाशित करके इस धारणा को पुष्ट किया कि "भारत से

* अग्नि का तात्पर्य अग्रज है यह ऊर्जा तत्त्व है। निरुक्त में यह आग, ज्वाला, विद्युत तथा सूर्य का प्रद्योतक है।

लेकर मिस्र तक एक विशाल अफ्रीकी-एशियाई भूखंड की संस्कृतियाँ एक-दूसरे को प्रभावित करती रही हैं।" (रामविलास शर्मा द्वारा उद्धृत 'पश्चिमी एशिया और ऋग्वेद' पृ. 85, 1994)। अन्ततोगत्वा रामविलास शर्मा ने पश्चिमी एशिया—सप्तसिंधु को एक सम्पुट बनाकर कार्य किया। विभिन्न शाखाओं वाले आर्य एक वैश्विक नियम से संस्कारित थे—"ऋत्"! इनका केन्द्रीभवन **'ऋत्'** में हुआ। ऋत् में वह आदिम विचारधारा तथा वैदिक रीतिनीति भी संश्लिष्ट हो गयी।

एस.जी. सरदेसाई (1907—) के अनुसार 'ऋत्' भारतीय आर्य-गण गोत्रों अर्थात् कबीलों के आदिम समुदायों का 'क्लासिकी समय' था। अतः उसमें **ऋत्** तथा **सत्य** (ऋतं च सत्यं) का युग्म अवतरित हुआ। ऋत् चिरन्तन व्यवस्था है, ऋत् शाश्वत् नियम है। सत्य पृथ्वी का तथा ऋत् द्यौ का धारक है। ऋत् में न्याय और शिवत्व भी सन्निहित है। ऋत् में भव्यता तथा श्री है। देवगण ऋतुवान तथा देवियाँ ऋतावरी हैं। ऋत् से ही सोम ऊर्जस्वित तथा भव्य होता है। सो, ऋत् और सत्य की ऐसी पारस्परिकता है।

पार्श्ववर्ती सहकार में इसमें आदिम कबीलाई सामूहिकता तथा भाईचारा अन्तर्निष्ठ है। यह अनुमान असम्भव नहीं होगा कि **ऋतिक समाज** में कबीले एक साथ कार्य करते थे, श्रम सामूहिक था, तथा श्रम के उत्पाद यथेष्टतः सीमित थे। उस समाज में न कोई धनी था, और न ही कोई निर्धन; न ही कोई स्वार्थी था, न ही कोई संग्रह का लालची। 'हरेक सभी के लिए तथा सब कोई हरेक के लिए' थे। सामाजिक जीवन के लिए यही **ऋत्-नियम** था। वस्तुतः यह आदिम साम्यवाद था। कार्ल मार्क्स की ऋषि-दृष्टि ने श्रमशक्ति द्वारा इसे साकार किया। वैदिक वाङ्मय में इसे न्याय, सत्य, एकता, समानता, सहोदरता के मूल्यों से गर्भित किया गया।*

उस समाज के सामाजिक कार्यकलापों के अनुसार, उनके देवताओं के भी कार्यकलाप तय हुए। वे भी वैसे ही कार्यभार सँभालते थे। सो, अग्नि और वरुण, इन्द्र और सोम के साथ-साथ सुपर्ण, यम, मातरिश्वन, आदि का भी आविर्भाव हुआ। "ऋग्वेद का प्राकृतिकवाद ऋग्वैदिक विचारों एवं कर्मकांडों तक जारी रहा। सभी प्रकार के प्राकृतिक प्रमेय जैसे सूर्य, अग्नि, वायु, वर्षा, पूषन, पर्जन्य, आदि मानवीय प्रगुणताओं एवं अपार शक्तियों से सज्जित हो गये। ऋभु, मरुतगण, तथा अश्विन जैसे लिजंधरी कबीलों का भी इसी स्तर पर उन्नयन हो गया।"**

इसलिए **ऋत् की विचारधारा** में कबीलों, देवमंडल तथा प्रकृति का त्रिकोण बनता है जिसमें प्रकृति का आनुष्ठानिक तथा शिशुसुलभ अभिज्ञान है, कबीलाई समाज की साम्यधर्मी समरसता है, एवं देवताओं और प्राकृतिक शक्तियों तथा तत्त्वों का मिथकीयकरण हुआ है। उस विचारधारा में प्रकृति के नियमों तथा मानव के व्यवहारों के बीच तदात्मकता है। उसमें ऋत् के नियम से ही सूर्य-मित्र-अरुण और उषा आते-जाते हैं; अग्नि और सोम अमरता का संस्कार करते हैं; वरुण जीवन के सुख-दुःख तथा यथार्थ के कटु-मधुर रस को वितरित करता है; तथा इन्द्र आनन्द, उल्लास, भोग में लीन होता है।

अतः ऋत् मानव-जीवन की समग्रता तथा समग्र मानव, दोनों को नियन्त्रित करता है। इसी भाँति से ऋत् की विचारधारा एक **वैश्विक संदृष्टि** हो जाती है। इसमें अनेकानेक भ्रान्तियों का भी समावेश सहज-संभाव्य था। इनकी झलक ऋत् से वेद में प्रस्थानकों के हेतु विभिन्न द्वन्द्वों में मिलती है; इन्द्र और वरुण के बीच, इन्द्र और रुद्र के बीच, अग्नि और वरुण के बीच की संक्रान्तियाँ। सम्भवतः इसी संक्रान्ति के दौरान इन्द्रजाल (जादू) और यज्ञ की अग्नि के बीच विनिमय हुआ होगा। इसीलिए ऋत् केन्द्र में रहा। वह तत्त्व सोम को पवित्र करने के साथ-साथ वरुण, मित्र आदि के साथ नियामक भी बना। अतः उसमें भव्यता है, विभूति भी है। ऋत्-धुरी पर ही **साम** गान में, तथा **ऋक्** ऋचा में रूपान्तरित हुआ। यह बताना भी अप्रासंगिक नहीं होगा कि 'सौन्दर्य' एक पश्च-परवर्ती पारिभाषिक है। वैदिक शब्दकोश में इसके लिए श्री (विभूति), भर्गस् (गरिमा), महत्, वपस् (शोभाशाली देह), वामम् (प्रेमलता), चारु (लीनता), चित्र (चमत्कार) जैसे सौशब्द्य आये हैं। अतः 'देवता' देदीप्यमान हो गये।

जम्बूद्वीप एवं सप्तसिन्धु में उन्हें समशीतोष्ण जलवायु, उपजाऊ भूमि, अनेक नदियाँ तथा चरागाह, पर्याप्त वर्षा, सघन वन तथा घाटियाँ मिलीं। फिर तो वे टिक गये। रथों का खूब इस्तेमाल करते रहे। आपस में लड़ाइयाँ भी करते रहे।

वे सिन्धु तथा सरस्वती के अलावा दो-तीन बार गंगा और युमना का भी उल्लेख करते हैं। अतः कालान्तर में उन्होंने खेती-बाड़ी भी शुरू कर दी। अब आगे **'क्रतु'।**

(आ) 'क्रतु'*** भी यज्ञकृत् है। यज्ञ का धातुगत विश्लेष है—य (गति) + ज (जन्म); अर्थात् ऐसी गत्यात्मकता कि वस्तु को जन्म दे। इस तरह क्रतु यज्ञ का समानार्थक ठहरता है। इसके अन्तर्गत देव पूजन, संगतीकरण तथा दान-उपादान संश्लिष्ट होते हैं।

क्रतु वस्तुतः **एक में अनेक** है जबकि ऋत प्रायः **अनेक में एक**। (इन्द्र, मित्र, वरुण, अग्नि, सुपर्ण, मरुत्मन्, यम, मातरिश्वन आदि 'एक' (विश्वदेव) होते हैं। क्रतु में इन्द्र, अग्नि, सोम तथा वरुण समूह का व्यूह बनाते हैं। प्रजापति, विश्वकर्मा तथा सरस्वती अनेकानेक हैं।

विभिन्न संस्कृतियों में **अनेक और अनेक** (मल्टीथीइज़्म) परिलक्षित है। विभिन्न संस्कृतियों में देवताओं के एक जैसे कार्य,

---

* दे. "प्रोग्रेस एंड कंज़र्वेटिज़्म इन ऐंशियेंट इंडिया", एस. जी. सरदेसाई, पृ. 109, पीपुल्स पब्लिशिंग हाउस, दिल्ली, 1985

** वही, पृ. 111

*** उषा चौधुरी के साथ एक वार्तालाप से भी सहायता ली गयी है।

या समूह-देव अथवा व्यूह भी मानो आदिम बहु-देववाद (पॉलीथीइज्म) से कढ़ कर आये हैं। इन्द्र, ज़ियस, जूपीटर, ओरियान आदि आर्यों, ग्रीकों, ईज़िप्टियनों की मिथकों में संलक्षित हैं। आगे तत्त्वचिन्तन तथा धर्म के दौर में ब्रह्म, अल्लाह, ऊँकार में इनका विस्तार हुआ। तथापि मिथकत्व क्षीण होता गया।

क्रतु का एक तात्पर्य विवेक भी बताया गया है। किन्तु इसको पल्लवित नहीं किया गया है। उपनिषद्-चरण हमारी मिथकआलेखकारी के दौर से परे हो जाता है।

1.2 वैश्विक मिथक और 'जीन' का प्रथम अभिज्ञान

विश्व-मिथक तथा नृतत्त्वशास्त्र (एंथ्रोपोलॉजी), दोनों ही सभी देशों और सभी कालों में, आदि से अनन्त तक के मानवीय सरोकारों से संलिप्त हैं। आज नृतत्त्व में जीवाश्म के साथ 'जीन' का संयोग हुआ है तो मिथक में आस्था के साथ-साथ (पूर्व-) इतिहास तक का योगायोग। इस तरह अनुसन्धान एवं आस्था के बीच गहरा अन्तर्विरोध स्थापित हो जाता है।

अपने संसार में अलग-अलग सामाजसंस्कृतियों में मिथकों की रचना क्यों शुरू हुई? कैसे तथा कब उनका निर्माण हुआ? मिथकें, एक देश तथा उसके कबीलाई या वर्गीय समाज में, लोगों की प्रतिपाठों तथा उत्तरपाठों एवं 'धार्मिक मिथकों' वाली, कहानी बन जाती हैं जो पूरे समाज को परस्पर जोड़े रखती हैं। भूगोल भी मिथकोन्मुख होकर उनकी संपुष्टि करता है। पुराकाल के आदि मानव गुफ़ाओं के प्रथम कलाकार थे और वे ही आद्यप्रतीकों से सजी मिथकों के व्यास-विधायक भी थे।

अतः अब नृतत्त्वशास्त्र एवं परिवर्त्तमान आर्थिक रचनाओं, भाषिकी और पुरातत्व, जेनेटिक्स और भूगोल आदि के सहकार से उपयुर्क्त जटिल सवालों के जवाब भी पाए जा सकते हैं।

अब पूर्वेतिहास (प्रि-हिस्ट्री) के परिमंडल में भी बहुत पीछे जुरासिक-युग, हिम-युग, पाषाण-युग, कास्यं-युग, लौह-युग आदि हुए थे। ई.पू. तथा व.पू. की अनेकानेक शताब्दियों में हमें शिकारी एवं संग्राहक मानवों आदि के शैलचित्र, गुफाचित्र, पत्थर तथा हड्डी तथा मिट्टी के हथियार और औज़ार मिलने लगते हैं।

तथापि तीन हजार वर्षों वाली ईजिप्ट की शवोपासक सभ्यता, ग्रीकों की व्यायाम-मोहित, शरीर-साधक सभ्यता, मेसोपोटामिआ की सुमेरी सभ्यता, मेसो-अमेरिका की मानव-बलि देने वाली अज़टेक तथा माया सभ्यताएँ, प्राचीन पुरखों की पूजक चीनी-जापानी सभ्यताएँ, अफ्रीका की 'एनिमिज़्म' परक सभ्यताएँ, आस्ट्रेलिया-पोलिनीसिया की स्वप्न-समय वाली सभ्यताएँ, अवेस्ता और ऋग्वेद की अग्नि-पूजक सभ्यताएँ आदि में हम पूर्वेतिहास को लाँघते हुए इतिहास की गोधूलि और समाज-विज्ञानों के अरुणोदय तक का साक्षात्कार कराती हैं। यह तो **विश्व-मिथक के महोत्सव** जैसा है। इसलिए यह पूर्वानुमान असंगत नहीं होगा कि मिथकें विभिन्न मानव-प्रजातियों की तीव्र तन्मयतापरक रचनाएँ हैं जिन्हें शामनों, ओझाओं, पुरोहितों, सर्दारों, मातृकुल एवं पितृकुल के ज्येष्ठों द्वारा भी इल्हाम में सन्दर्शित किया गया है।

आधुनिक युग में मिथकों के **माइथीम** (अर्थात् मिथकीय अभिप्राय) तथा मानवों के गुणसूत्र **जीन** ने मिलकर मिथक की कई परम्परासिद्ध अवधारणाओं को सन्देह के घेरों में ला दिया है। वे धारणाएँ हैं कि मिथक तर्कपूर्व-परक है, कि साम्यरूपकात्मक है, कि वह पावन है, कि वह 'शाश्वत आज' या 'चिरन्तन वर्तमान' में गतिमान है, कि वह पूर्वेतिहासिक है; इत्यादि। यथाप्रसंग इनकी जाँच होगी।

इसलिए हम 'जीन' तथा 'माइथीम' के ध्रुवान्तों पर **विश्वमिथकसरित्सागर** का अवगाहन करने को प्रस्तुत रहेंगे।

अतएव सभारम्भ नृवानरों (प्राइमेट्स) से करें। इनके सहवर्तन में दो लाख साल पहले मानव पृथ्वी पर उन्मीलित हुआ। सर्वप्रथम चिम्पांज़ी, ओरांग उटांग, गोरिल्ला जैसे नृवानरों की चर्चा करें। ये बन्दरों से पृथक् 'बड़े वानर' हैं। इनमें से **चिम्पांज़ी-मानव-सातत्य** प्रमुख है।

चिम्पांज़ी और मानव के बीच दो फाँक केवल चालीस लाख वर्ष पहले ही हुई थी। यह नतीज़ा इन दोनों और अन्य समीपी गोरिल्ला एवं ओरांग-उटांग के डी.एन.ए. के आँकड़ों तथा 'जीनोमों' की तुलना से निकाला गया है (ओरांग उटांग 180 लाख साल पहले विभेदीकृत हुआ था)। चिम्पांज़ी तो मानव का सर्वाधिक नज़दीकी नातेदार-जैसा है। वह पत्थरों और लकड़ी के औज़ारों का इस्तेमाल करता है तथा अपने यूथ (झुंड) में 'संस्कृति' का भी विधान करता है।

[चिम्पाज़ी जैसे पत्थरों का इस्तेमाल करने वाले (नल-नील), गोरिल्ला जैसे लम्बी छलाँग तथा वृक्षों को उखाड़ फेंकने वाले (हनुमान, अंगद), ओरांग ऊटान जैसे दीर्घबाहु लड़ैया (बालि, सुग्रीव) आदि नृवानर ही मानो टोटेमों एवं दैवी मिथकों में सम्मिलित होकर **पंच महाकपि** में कायान्तरित (मेटामार्फोज़्ड) हो गये प्रतीत होते हैं।] पंच महाकपियों में-से हनुमान तो पूजनीय अलौकिक देवता भी हो गये।

वास्तव में अब डी.एन.ए. की 'मोलिकुलर-घड़ी' के द्वारा हम जीवन के विकास को अंकित कर सकते हैं। नृवानरों तथा महावानरों की स्वर-नली की बनावट के कारण उनकी वाक्शक्ति विकसित नहीं हुई, परन्तु नेत्रों के पार्श्व से सम्मुख संस्थित हो जाने के कारण उनमें बुद्धिमत्ता तथा परिदृश्य (पर्सपेक्टिव) का विकास भी हुआ। अनुमानतः चार लाख साल पहले 'आधुनिक

मनुष्य' का आविर्भाव हुआ। अब हम जानते हैं कि किसी एकल अफ्रीकी हौवा (ईव) ही मानवता की जननी नहीं थी। इस जन्म के अन्य केन्द्र भी थे—आस्ट्रेलिया, ईथोपिआ, शिवालिक, आदि। जीवाश्मों की जाँच से अब यह धारणा बनी है छोटी जनसंख्या की विश्वव्यापी वर्णसंकरता तथा प्राचीन होमिनिडों के बीच जीनों के अन्तःप्रवाह से 'आधुनिक मानव' का आरोहण हुआ। अब 'C^{14}' [रेडियो-कार्बन] के द्वारा काल-निर्धारण 30,000 वर्षों से भी पीछे 60,000 वर्षों तक ले जाया जाता है। अतः पुरा-पाषाणकाल 32000-11000 है। नव पाषाण-काल मेसोपोटामिया में ई.पू. 8000 से 3500 में शुरू हुआ। सो, हमारा ध्रुव बिन्दु 11000 है।

हम जीवन-विकास में आधुनिक मानव तक के अभ्युत्थान के महायुग, काल तथा युग की तालिका प्रस्तुत करते हैं। 'स्वप्न-समय' का उल्लेख समीचीन होगा जो आस्ट्रेलिया के अबार्जिनीज़ की अवधारणा है। इसके अनुसार वह मानव-अस्तित्व से भी बहुत पहले अर्थात् पूर्वज अतीत है जो अनादि से शुरू होकर वर्तमान तक में मौजूद है। देखिये आगे की काल-तालिका।

काल-चक्र के परिप्रेक्ष्य में मानव-उत्पत्ति के बहुल केन्द्रों की सम्भावनाओं का पता लगाने के बाद पशुवत् यूथ (झुंड) से समूह (समाज) बनाते मानव-दलों की भूमंडलीय महायात्राएँ होने लगीं। ये पाषाण-काल (पुरा, मध्य, उत्तर), ताम्र-कांस्य युग तथा लौह युग से भी आगे निरन्तर हुईं। विकास के आधार पर मानव जांगल तथा बर्बर (सेवेज) अवस्था, शिकारी तथा घुमन्तू (हंटर एंड नोमेड) अवस्था, कृषक (एग्रीकल्चरल) अवस्था, तथा सभ्यता (सिविलाइजेशन) की अवस्था तक चलता आया है। [उपकरणादि, जानवरों के अवशेष, खाद्यपदार्थ, मृद्भांड भी काल तथा अवस्था के अनुमानी होते हैं]। लेविस हेनरी मार्गन (1818-1881) ने काल एवं अवस्था के आगे सभ्यता-संस्कृति के सात अंगों को जोड़कर एक पूर्णांग त्रयी बना दी—(1) जीवन-निर्वाह, (2) शासन/सिस्टम, (3) भाषा व मिथक (4) परिवार, (5) धर्म, (6) गृहस्थ-जीवन और वास्तु, तथा (7) सम्पत्ति।

विश्वव्यापी मिथकायन तथा मिथक-आलेखकारी के प्रसंगों तक आने के पहले अभी हम और पीछे चलें। फिलहाल हमारा प्रथम आदि-अनादि उद्गम नृतत्त्वशास्त्र (एंथ्रोपोलॉजी) है। इसके दो सुपर्ण (भौतिक तथा सांस्कृतिक) हैं। **सांस्कृतिक नृतत्त्वशास्त्र** की उपशाखाओं में भाषिकीय, (लिंग्विस्टिक), पुरातात्विक (आर्किओलॉजिकल) तथा गोत्रवंशीय (एथनोलोजी) हैं। यह भी ध्यातव्य है कि आजकल नृतत्त्वविज्ञान का सरोकार **सभी कालों** के तथा **सभी स्थानों** के मानवों से है। मिथकायन विभिन्न देशों एवं विविध संस्कृतियों में विभाजित संरचना की तुलना में अत्यधिक केन्द्रापसारी है : यद्यपि विश्व-मिथकों की एक महाव्यास रेखा भी होती है। [जैसा कि हम दुहरा दें कि मानव (होमोसेपियेंस, होमो-इरेक्टस, आस्ट्रालोपिथेकस) के उन्मेष का कालदंड प्लेइस्टोसीन नामक महायुग (10000-18000 व.पू.) था]।

सो, माइक्रो-कांड्रियाक जीन की किस्में साठ-सत्तर-अस्सी हज़ार साल पहले के मानव-समूहों के (माइग्रेशन) का ऐसा एटलस बनाते हैं जब सम्भवतः द्वीप आपस में जुड़ रहे थे, फिसल रहे थे, पृथक् हो रहे थे। यह सबकुछ महाभिनिष्क्रमण एवं महाजलप्रलय के ध्रुवान्तों में परिलक्षित होता है। इसके फलस्वरूप मानव-समूह कई श्रृंखलाओं में रुकते-बढ़ते-जुड़ते हैं। वे (क) अफ्रीका से शुरू होकर भारत → चीन → मंगोलिया → अलास्का → अमेरिका तक, (ख) अफ्रीका → मेसोपोटामिआ → अनातोलिया → ग्रीस → क्रीट → यूरोप तक; तथा (ग) मलाया → आस्ट्रेलिया → पोलीनेसिया आदि तक फैलती चली जाती है। इस भाँति मानव की मूलवृत्तियाँ तथा अनादि वासना भी पुरा-पूर्व-इतिहास से भी पीछे पहुँचकर जुड़ती है। यह गिनती हज़ारों-लाखों वर्षों वाली है। यही मिथक में शाश्वत् वर्तमान, चिरन्तन काल आदि प्रतीत होकर अवतरित हुई। यही तर्कपूर्व (प्रि-लॉजिकल) होकर अधिभाषा तथा साम्यरूपकात्मक सन्दर्शाभास बनाती है। शैलचित्र तथा आरम्भिक औज़ार भी अपेक्षतया हज़ारों वर्ष बाद विकसित हुए। तथापि वे आदिमानव ही प्रथम चित्रकार और आदिम मिथक-निर्माता थे। अतएव हम आसानी से सर्वमान्य, **मिथक एवं भाषा** के युगल से भी पूर्ववर्ती **जीन एवं मिथक** के एक अन्य मिथुन की प्राक्-कल्पना कर सकते हैं।

तो, अपने संसार में सभ्यता-संस्कृति-चक्र में ही मिथक के चक्रचिह्न झिलमिलाने लगे। कुछ मिसालें ईरान :- (आर्यान) तथा सप्तसिन्धु के आर्य लगभग ई.पू. 4000 में बिखरे। वे मूलतः वोल्गा के दक्षिणी तट के निवासी माने जाते हैं (वह अनुमान अत्यन्त विवादों से घिरा है।) वे अश्वपालक, वृषभ-उपयोगकर्त्ता थे। हड़प्पाई नगरों के विनाश के पश्चात् आर्यों का भारत में प्रवेश माना जाता है (यह भी अनिर्णीत है)। सरस्वती तथा दृशद्वती घाटियों में उनका पहला पड़ाव हुआ। तदुपरान्त ई.पू. 1000 के आसपास उनका प्रसार गंगा-यमुना के दोआब (मध्यदेश) की ओर हुआ [छठी शती ई.पू. तक सोलह महाजनपद कायम हो चुके थे]। जॉन मार्शल (1876-1958) तथा मोर्टियर व्हीलर (1890-1976) ने पिछली शती के तीसरे दशक में 'सिन्धु घाटी' के हड़प्पा तथा मोहेनजोदाड़ो का खुलासा किया। इसके पूर्व सबसे प्राचीन 'ईजिप्टी सभ्यता' को चित्राक्षरों (हाइरोग्लाइफ्स) को (रोज़ेटा-शिला के आधार पर) फ्रांसीसी भाषाविज्ञानी ज्याँ फ्रेंको चेमोलियों (1788-1867) ने अवकूटित किया। इसी कड़ी में रॉलिन्सन ने 'अक्कादी' संस्कृति को उद्घाटित किया। आर्थर इवान्स ने नोसोस तथा क्रीट को अनावृत्त करके 'मिनोअन' संस्कृति को प्रकाशित किया।... सबसे पुरानी 'सुमेर' सभ्यता की चौंकाने वाली खोज़ें चार्ल्स लियोनार्ड पूले ने उत्तर 1920 के दशक में किया। जान लायड स्टीफेंस ने 1841-42 में मेसो-अमेरिका की इन्का संस्कृति के क्षेत्र का उत्खनन किया। फ्लिंडर्स पेट्री ने ईजिप्टी तथा माइसीनी मृदभांडों की एकैक श्रृंखला स्थापित की (1891)। वे ई.पू. 1500 तक पीछे ले गये। अतः पीछे-पीछे और पीछे चलते-चलते सृष्टि-कथाएँ उभरीं,

चिम्पांज़ी पर मनोवैज्ञानिकों ने सर्वाधिक प्रयोग किये हैं क्योंकि ये दोस्ताना, सहयोगकारी तथा बुद्धिमान हैं।

– ये छोटे बन्दर को खा भी जाते हैं, यद्यपि मुख्य रूप से फलाहारी हैं।
– ये साइकिल चलाना, बीयर की बोतल खोलना, ताला खोलना, शब्दध्वनियाँ समझना, रेफ्रिजरेटर से खाना निकाल लेना, नल खोलना, आदेश समझना, स्क्रू-चालन भी सीख लेते हैं।
– ये तंज़ानिया, पूर्वी अफ्रीका में पाये जाते हैं।
– ये मानव के बेहद नज़दीकी हैं।

– **ओरांग उटांन** अब केवल बोर्नियों तथा सुमात्रा में बचे हैं।
– इनका नर आठ फीट तथा मादा चार फीट की होती है।
– इनकी टाँगें और उनसे भी लम्बी भुजाएँ, दोनों बहुत लम्बी होती हैं जिससे ये लटके रह सकते हैं।
– इनकी बेलननुमा छाती तथा घड़ेनुमा पेट होता है।

र. कुं. मेघ

गोरिल्ला

– **गोरिल्ला** की टाँगें व भुजाएँ लम्बी होती हैं।
– ऐप्स में वे सबसे बड़े तथा ताकतवर होते हैं–300-450 पौंड के।
– टाँगों के मुकाबले भुजाएँ लम्बी होती हैं। इससे इनको अर्ध खड़ी मुद्रा मिली है जिसकी वजह से श्रोणि (पेल्विस) ज्यादा चौड़ी और कुंडी (बेसिन) आकृति वाली है।
– गोरिल्ला तथा चिम्पांज़ी खड़े-खड़े भी चल सकते हैं।

र. कुं. मेघ

गिब्बन

– **गिब्बन** पूर्वी हिमालय से चीन के हैनान तक, बोर्नियों और जावा में पाया जाता है।
– यह छोटा वानर है तथा अपेक्षतया सर्वाधिक नट-कौशल (एक्रोबेटिक्स) वाला है।
– इसकी टाँगें अनुपाततः लम्बी होती हैं।
– इसकी चलने की क्षमता मनुष्य के बराबर है।
– यह बेहद शोर मचाने वाला होता है।

स्वर्ग-पृथ्वी-पाताल की परिकल्पनाएँ हुईं, देवता-देवियों तथा राक्षसों का आविर्भाव हुआ, कब्रें और खँडहर खुले तथा अनुसन्धान की नयी राहों का भी अभिज्ञान हुआ। इस भाँति मिथक और भाषा, मिथक और जीन ने हमें वैश्विक पटल दिये (हम यह तो बता ही आये हैं कि समानान्तर रूप से मोलिकुर विधि में डी.एन.ए. ने हज़ारों साल पीछे तक को ढूँढ़ निकाला है। डी.एन.ए. के विशिष्ट मोलीक्यूल भी सन्देश संवाहित करते हैं।

इसी कड़ी में **मिथकीय वर्णों** का अतिप्राकृतिक-अलौकिक विधान भी होने लगता है।

अपने कथित उत्पत्ति-द्वीप अफ़्रीका से चतुर्दिक प्रव्रजन करने वाले मानव-समूहों अर्थात् होमोसेपियनों का रिश्ता कुछ नृवानरों (प्राइमेट्स) से भी सिद्ध हो चुका है। (उनमें जो दो फाड़ हुई थी)। अतः अफ़्रीका के चिम्पाज़ी और गोरिल्ला तथा बबून, दक्षिण एशिया के ओरांग उटांग की जैविक विकास-शृंखला से भी वे जुड़े हैं। इसके अलावा हिमयुग के भालू, और महागज (मैमथ), पठारों तथा वर्षा-वनों के सिंह और वराह तथा अजगर, कटिबन्धीय दलदलों के मगर और कच्छप और महामत्स्य, विशाल आकाश के गिद्ध और गरुड़, यात्रा के वृषभ और अश्व आदि भी, उनकी संस्कृतियों तथा मिथकयानों में बसेरा लेते आते हैं। अतः डायनासोरों और ऐरावतों के ईहामृगों से लेकर गरुड़ों, सहस्रफण अनन्त, बनमोरों और हंसों और पपीहों तथा चकोरों तक के मानवीयकृत सम्बन्ध युग-युगों एवं ऋतुओं तथा मिथकों में जगमगा उठे।

विश्व-संस्कृतियों के मिलवर्तन में ही मानव जाति की **नस्लें** विभेदित हुईं—पर्यावरण के अभियोजन तथा त्वचा के रंगों द्वारा। जब 'मेलानिन' नामक तत्त्व पर पराबैंगनी किरणों का असर पड़ता है तो त्वचा काली होती जाती है और जब ठंडे इलाक़ों में इसका असर क्षीणतर होता जाता है तो त्वचा गोरी होती जाती है। इस भाँति कुनबों एवं जैनेटिक वंशों की रेखाएँ भी खिंचने-बढ़ने लगती हैं। फलतः विभिन्न प्रजातियों, गोत्रों, वंशों, और क्षेत्रों तथा सभ्यताओं की भी अपनी-अपनी सौन्दर्यबोधात्मक मिथकें भी सुशोभित होती हैं (जैसे कि गौरी और कालिका, राधा और कृष्ण)। उनमें हमारी कई हज़ारों वर्षों की अनादि वासना, सामूहिक अवचेतन तथा अबोधपूर्वा स्मृति नाना संकेतों, बिम्बों, चक्रचिह्नों, प्रतीकों, अनुभवों, स्मृतियों में अन्तर्निहित हैं। उन सभी को नयी-नयी पद्धतियों से अव-कूटित (डि-कोड) करने की तरकीबें **मिथकायन** (मिथोलॉजी) से चलकर **मिथक-आलेखकारी** (मिथोग्राफी) तक को पूर्णांगीण बना रही हैं। हम भी इसी लक्ष्य की ओर बढ़ने को प्रतिबद्ध हैं।

× × ×

अन्ततः हम मानवशास्त्री मार्गन के सात सूत्रों तथा विकास-अवस्थाओं के प्राचल (पैराडाइम) में सभ्यता-संस्कृति-जीवन से उभरते हुए रूपायनों का विश्व-मिथक की दिशाओं में संक्षिप्त प्रक्षेपण करते चलेंगे।

तो, **गुफ़ा-शैलचित्रों** तथा **वाक्** की आरम्भिक भूमिका को भी लें।

स्पेन की अल्टामीरा गुफाओं में उच्च पुरापाषाण काल के चित्रांकन की खोज हुई (1879)। यह समय 35000-17000 वर्षों के बीच का है। आकृतियों में भैंसों, वृषभों, महागजों (मैमथ), अश्वों की आकृतियाँ आने लगी थीं। साथ ही हड्डियों, हाथी दाँत और मिट्टी पर कलाकारी होने लगी थी। पुरुष तथा नारी तत्त्वों के भी गणितीय चिह्न बनने लगे थे। महामाताएँ बहुधा गर्भवती गढ़ी गयी थीं। तुलना में मानव-रेखाएँ छड़ीनुमा मिलती हैं।

नव्यपाषाण काल में कुछ पशुओं को पालतू तथा घरेलू बना लिया गया (ई.पू. 8000-35000 के बीच)। मक्का, जौ, गेहूँ व धान के पौधों की पहचान की गयी। पशुओं में कुछ मवेशी तथा सूअर, (मेसोपोटामिआ में भेड़ें भी), जीवनशैली एवं पशुकथाओं में मिलने लगे। मध्य पाषाण-युग में कुत्ता पालतू बनाया गया। पुरा पाषाण-युग में विकसित **वाक्** (स्पीच) के लिए नवयुग में कुछ लेखन-**लिपियों** का विधान हुआ। सुमेर, ईजिप्ट, सिन्धु-घाटी, इन्का (दक्षिण अमेरिका का एंडीज़-क्षेत्र), क्रीट (भूमध्य सागर) में लिपियाँ उन्मीलित हुईं। मरुतों तथा वाग्देवियों, ज्ञानदेवियों (म्यूज़ेस) एवं प्रजापतियों के पूर्व संकेतों की हलचलें हुईं।

कांस्य युग के आगे-पीछे **कस्बे** के प्राथमिक **शहर** में बदलने के सहकार में **नगर** और **राज्य** उभरे। इसका तात्पर्य यह है कि सामाजिक नियन्त्रण के लिए नातेदारी-व-गोत्र-इकाइयों की रिश्तेदारी ने इन्हें बुनियादी मजबूती दी। अब **कृषि-तकनीक** विकसित हुए। मेसोपोटामिआ, ईजिप्ट तथा सिन्धुघाटी में बैल-चालित हल (ई.पू. 3000) का अन्वेषण हुआ। धातु की हँसिया भी ढाली गयी । इसके साथ सिंचाई की तरकीबों (नील नदी, गंगा-यमुना, दज़ला-फरात, ह्वांग-हो) ने सभ्यताओं में गणित की माप-जोख के साथ-साथ अधिशेष पैदावार की समझ भी दी। अधिशेष उत्पादन **विनिमय** तथा **व्यापार** का आधार बनने लगा ईजिप्ट, बेबीलोन, सिन्धु घाटी तथा माया (मेसो-अमेरिका) में।

इस पृष्ठभूमि में वर्गों का प्रबल स्तरीकरण होने लगा। क्रीतदास तथा पुरोहित तथा शामन (ओझा) भी अस्तित्त्व में आये। इसके फलस्वरूप **धर्म** की संस्था का, और बहुल **देवताओं** का जन्म हुआ। पूजा-स्थल तथा अनुष्ठान निर्धारित हुए। क्रमशः कुछ सभ्यताओं (अज़टेक, माया [मध्य अमेरिका]) में मानव-बलि प्रचलित हुई।...विज्ञान की दृष्टि से बैल चालित, अश्व चालित रथ (वाहन) बने। व्यापार तथा युद्ध के नये-नये कौशल प्राप्त किये गये। इसी के साथ कृषक-दृष्टिकोण ने एक ओर रोमांटिकता को

जीवन विकास के महायुग, काल तथा युग*

विभिन्न कालों में धरती पर विभिन्न जीवन-रूपों का अभ्युदय

महायुग	व्यवस्था तथा काल	शृंखलाएँ तथा युग	वर्तमान से पूर्व (व. पू.)
सेनोज़ोइक	चतुर्थक	हाल ही का	11 हज़ार
		प्लेस्टोसीन	0.5 से ± 20 लाख
		पिलोसीन	3.5 से ± 10 लाख
	तृतीयक	मिओसीन	14 से ± 20 लाख
		ओलिगोसीन	28 से ± 20 लाख
		ईओसीन	17 से ± 20 लाख
		पेलिओसीन	61 से ± 20 लाख
मेसोज़ोइक		क्रेटासियस	135 से ± 50 लाख
		जुरासिक	180 से ± 50 लाख
		ट्रियासिक	230 से ± 100 लाख
पेलिओज़ोइक	कार्बनिफेरस	परमियन	280 से ± 100 लाख
		पेंसिलवानियन	310 से ± 100 लाख
		मिसीसीपियन	345 से ± 100 लाख
		डेवोनिअन	405 से ± 100 लाख
		सिलूरिअन	425 से ± 100 लाख
		ऑर्डोविसिअन	500 से ± 100 लाख
		कैम्ब्रिअन	600 से ± 100 लाख
		प्रि-कैम्ब्रिअन	

* स्रोत : 'एन इंट्रोडक्शन टु एंथ्रोपोलॉजी', विकृटर बार्नोवू, विस्कांसिन, 1978

कुसुमित किया तो दूसरी ओर प्रकृति के प्रति उपयोगितावादी प्रकर्म भी उभारा। सन्तानेच्छा/कामेच्छा नैतिकता तथा नाते-रिश्तों से संचालित होने लगी। निरंकुशता, अनाचार, देवी-देवताओं के खातों में डाले जाने लगे। सत्ताधारी वर्गों के राजाओं तथा देवराजाओं का ऐश्वर्य छाता गया। नायक-नायिका, नेता-खलनेता, राक्षस-शत्रु आदि के **अनेक गाथारूपों** का वहन मिथक तथा धर्म ने करना शुरू कर दिया। शेष प्रकर्म प्रसंगानुसार निरूपित होंगे।

विश्व-मिथकों की प्रजनक संस्कृति-सभ्यताएँ

पिछले पन्नों में हम महायुग, काल तथा युगों का सर्वेक्षण करते हुए पूँछरहित नृवानरों तथा नृमानुषों की विकास-तालिका बना चुके हैं। यह विशिष्ट वर्ष को तो निर्धारित नहीं करती परन्तु शताब्दी या अर्द्ध शताब्दी का कोष्ठक बनाकर संस्कृति तथा मिथकयान की ऐतिहासिकता (हिस्टॉरिसिटी) का अनुमान करा देती है।

अब हम केवल 'होमो' संवर्ग के नृमानुषों की तालिका प्रस्तुत करते हैं—

अनुजाति	**कब**	**कहाँ**	**लक्षण**
आस्ट्रालो-पिथिकस	3.9-3 मिलियन* वर्ष	अफ्रीका	दो पाँवों पर चलने वाला प्रथम होमोनिड
होमो-इरेक्टस	1.8-02 मिलियन वर्ष	अफ्रीका	अफ्रीका से बाहर प्रव्रजन करने वाले आद्य मानव जिन्होंने अग्नि का व्यवहार किया।
होमो-नियेंडरथलेंसिस	190000-30000 वर्ष	अफ्रीका, एशिया, यूरोप	'नियेंडरथल मानव' रूप में विज्ञात। यह होमो-सेपियेंस के आजू-बाजू विकसित हुआ।
होमोसेपियेंस**	130000 वर्ष	विश्वव्यापी	हमारी अपनी मानव जाति अर्थात् 'आधुनिक मानव'

*एक मिलियन = 10 लाख

**विशेषताएँ—

क. बड़ा मस्तिष्क (तर्क और विश्लेषण की क्षमता के लिए)
ख. वाचू व वाक् (संप्रेषण तथा ज्ञान की भागीदारी के लिए)
ग. द्विपाद् (वस्तुओं को ले जाने के लिए)
घ. विरुद्ध-अंगूठे (वस्तुओं की जकड़/पकड़ के लिए)

इसी भाँति मानव (होमो-सेपियन) के विकास से जुड़ा त्रिकाल—

1. पाषाण-युग :	**प्राचीन**	1 मिलियन—10,00000 वर्ष
	मध्य	40000 वर्ष
	नवीन या उत्तर या उच्चतर	10000 वर्ष
2. कांस्य युग :		5000—1200 ई.पू. :- मध्य पूर्व तथा निकट पूर्व में
3. लौह युग :	ई.पू.	1200 मध्य पूर्व में
		1000 भारत में
		700 मध्य यूरोप में
		600 चीन में
		(हथियारों तथा भालों व कीलों का इस्तेमाल)

इनके आधार पर हम इलियड-ओडिसी, रामायण-महाभारत, ऐनीड, गिल्गामेश आदि में वर्णित विवरणों, उपकरणों आदि से उनके काल-निर्धारण की प्राक् कल्पना कर सकते हैं जब अस्थियों और पाषाणों के वज्र इत्यादि कालान्तर में धातु के तीर, चक्र, त्रिशूल एवं गदा, खड्ग एवं हल में समुन्नत होने लगे थे।

प्रसंगवश हम यह उल्लेख भी कर दें कि अन्तिम हिम-युग का 100000-10000 में अनुमान है जब तापमान 6° सेंटीग्रेड हो गया था।

यह भी उल्लेख ध्यातव्य होगा कि विश्व की प्राचीन सभ्यताओं के सर्वप्रथम पुर (टाउन) और नगर (सिटी) ये थे : उर, उरुक (सुमेर), निप्पुर (बेबीलॉन), हेलियोपोलिस (ईजिप्ट), हड़प्पा, मोहेनजोदारो (सिन्धु भारत), यिन (चीन) आदि।

सम्प्रति एक संक्षिप्त ज्ञापन लें कि, प्राचीन सभ्यताओं के केन्द्र मिथकयानों की धुरियाँ भी थे; यद्यपि उनके आकृतिबन्ध (पैटर्न) पृथक्-पृथक् जैसे तथा विशिष्ट भी थे। उनके वाक् एवं वाचू के ध्वनिग्राम तथा भाषाएँ और लिपियाँ जुदा-जुदा थीं—सुमेर, ईजिप्ट,

क्रीट, हड़प्पा, इन्का (दक्षिण अमरिका) आदि में। तुलनात्मक दृष्टि से इनमें सांस्कृतिक छलाँग, सांस्कृतिक पिछौकड़, सांस्कृतिक ठहराव तथा सांस्कृतिक विलोप भी परिलक्षित हैं। मसलन, सिन्धु-घाटी का नगर-निवेश तथा सुलभ स्वच्छता (सेनिटेशन) अत्युत्तम थी तो सुमेर (मेसोपोटामिआ) में धातुकर्म तथा हस्तकौशल बेहतर थे। ईजिप्ट का आयुर्विज्ञान बेहतरीन था। मेसोपोटामिआ (बेबीलॉन) गणित तथा खगोलशास्त्र में श्रेष्ठतर था। ग्रीस की संस्कृति का एक चतुरंग था–थियेटर तथा संगीत, मन्दिर, जिमनेसियम तथा एगोरा (हाट)। यही ग्रीक नगर-निवेश का मूलस्वरूप है। उसमें मिथक और इतिहास–नाट्य के माध्यम से भी घुलमिल गये थे। रोमनों ने कोलोसियम का विधान ग्रीक थियेटर के अनुकरण से किया था। चीनी सभ्यता विशाल दीवारों तथा जेड एवं चीनांशुकों के बनाने में माहिर थी। अन्ततः इंकाईए लोग (दक्षिण अमेरिका का एंडीज़ इलाक़ा) परिवहन-व्यवस्था तथा गणना में बेमिसाल थे। इस तरह संस्कृतियों का (व्यापार, युद्ध, प्रव्रजन आदि के द्वारा) अन्तरावलम्बन तथा मिथकों का अन्तःप्रवाह निरन्तर होता आया है। इसीलिए हमारी इकाई तो **संस्कृति** होगी किन्तु फलक प्राचीन **विश्वमिथक** का होगा। अथच, 'मिथक' का प्रत्यय पूर्वेतिहास तथा उससे भी पीछे तक व्याप्त है। अतएव हम 'विश्वमिथक' की आद्यन्त सत्ता स्वीकारते हैं। किन्तु विश्व-बाज़ार के समसामयिक भूमंडलीकृत दौर में, 'समसामयिक विश्व-मिथक' की परिकल्पना मात्र खंडित फूहड़ता होगी क्योंकि उसका अस्तित्व ही नहीं है। उसमें 'मिथक' शब्द का अर्थात्मक रजिस्टर आमूलचूल बदलकर अफवाह, गलत धारणा, भ्रान्ति-विभ्रम, यहाँ तक कि झूठ, आदि हो जाता है। इसलिए हम उसे प्राचीन सभ्यता-संस्कृतियों से सम्बद्ध रखेंगे। वे सदैव समकालीन होती जाती हैं। तथापि **मिथक** के **भारत पाठ** या **व्यास पाठ** (मास्टर टैक्स्ट) की बहुकालिक (डायाक्रोनिक) व्याख्याएँ भी सदैव होती आयी हैं। इन्हें हम नाटक/काव्य/उपन्यास आदि की विधाओं में **प्रतिपाठ** या **उत्तरपाठ** कहते हैं। सो, इनके बीच एक द्वन्द्वात्मक स्थिति है जिसमें प्रतिवाद (एंटी-थीसिस) का अधिशेष एक अभिनव समन्वय (सिंथीस) निर्मित करता है।

आर्थर कॉटरेल ने विश्व-मिथकायन की सात महान् परम्पराएँ गिनाई हैं–(1) पश्चिम एशिया, (ईजिप्ट, बेबीलॉन, केनान, एशिया माइनर, पर्शिया, अरबिया), (2) दक्षिण तथा मध्य एशिया (भारत, श्रीलंका, तिब्बत), (3) पूर्वी एशिया (साइबेरिया, मंगोलिया, चीन, जापान, दक्षिण-पूर्व एशिया), (4) यूरोप (ग्रीस, रोम, कैल्टिक भूमि, उत्तरी तथा पूर्वी यूरोप), (5) अमेरिका (उत्तरी अमेरिका, केन्द्रीय अमेरिका, दक्षिणी अमेरिका), (6) अफ्रीका (सहारा, वेस्ट कोस्ट, पूर्वी तथा दक्षिण अफ्रीका); एवं (7) ओशेनिया (पॉलीनेसिया, मेलानेसिया, माइक्रोनेमिया, आस्ट्रेलिया)।* यही समावेशी विभाजन है। इसे प्रायः सभी स्वीकार करते हैं। ज्यादा-से-ज्यादा एशिया और अमेरिका और औशेनिया के उपखंडों को एकैक कोष्ठकों में बाँधा जा सकता है; धारावाहिकता के निमित्त।

उपर्युक्त परम्पराओं वाली सभ्यताओं में पहले प्रजातियाँ-अनुजातियाँ तथा कबीले आदि शिकार करते रहते थे, अपने पशु-झुंडों के साथ खानाबदोशी में घुमन्तू बने रहते थे, छोटी-छोटी डोंगियों में नयी-नयी भूमियों में बसने को यात्राएँ करते रहते थे। इस तरह उनकी सभ्यताओं ने जीवन की नयी-नयी प्रणालियाँ विकसित कीं–खेती-किसानी विकसित हुई; लोकजन नगरों में रहने लगे, व्यापार करने लगे, धर्मों का संगठन किया। युद्ध किये तथा नेताओं और राजाओं, शामनों और देवी-देवताओं, तथा मिथकवेत्ता रचनाकारों के सहकार से इन सातों परम्पराओं का उन्मीलन करते चले। उनके घेरे आँचल से ग्राम से नगर से देश से राज्य और साम्राज्य तक में फैलकर चक्रवर्ती होते गये। इस तरह अनिबन्धित विश्व-मिथक-मण्डल भी बनता रहा है।

यद्यपि अनेक प्राचीन सभ्यताओं का अतीत प्रायः विलुप्त हो चुका है तदपि यह जानना कितना मनमोहक है कि पुरातत्त्व, नृतत्त्व, भाषा-मीमांसा, अनुष्ठान, धर्म तथा इन्हें छापती मिथकों के संरूपों में कुछ महान् परम्पराएँ तथा भव्यवृत्तान्तों (मेटा-नैरेटिव) की महागाथाएँ कालोत्तीर्ण हैं। इसलिए 'मिथक-आलेखकारी' (माइथोग्राफ़ी) हमारी आधुनिकता एवं अनिवार्यता है। वस्तुतः पूर्वाद्य-पुरातन मानवीय स्थितियाँ तथा अनुभव, उनकी स्मृतियाँ, शब्द-संकेत मिथकों के पुरातत्त्व में संरक्षित हैं। इतिहास के धरातल तो बाद में आविर्भूत होते हैं जब सभ्यता-संस्कृतियाँ, समाज-देश, ग्राम-नगर, मातृपितृभूमि-राज्य आदि आविर्भूत होते हैं। अतएव अनादिकालों में विकास एवं परिवर्तन के विसंगतिपूर्ण अन्तर्विरोधों का प्रतिबिम्बन तथा प्रत्यक्षण मिथकें करती हैं। उनमें 'एकविश्वनीड़ की (प्राथमिक) उत्पादन-प्रणाली और सामाजिक-सम्बन्ध-प्रणाली' का पहला वैश्वीकरण भी परिलक्षित होता है। अतः मिथकें वैश्विक एवं वैश्वीकृत भी हैं। उनमें कथादृष्टि तथा कथ्यसार (थीम) घुलमिल जाते हैं, आंचलिक अस्मिताओं समेत। उन युगों तथा कालों की प्रकृति-गति-पदार्थ आदि जादू एवं अलौकिकता तथा दिव्यता के माध्यम से निर्वचित होती हैं।

सो, कैसे?

यह अवश्य लगता है कि उनमें ज्ञानमीमांसा (एपिस्टेमोलॉजी) तथा सत्तामूलता (ओन्टोलॉजी) के बीच का समन्वय क्षीणतर है जिससे **यथार्थ** अद्भुत, जादुई तथा अलौकिक आवरण ओढ़ लेता है। वह मानो अवास्तविक जैसा प्रतीत होने लगता है। इससे मिथकों में प्रायः **कारणता** का अतिक्रमण और उल्लंघन होने लगता है। वह **अधिभाषा** (मेटा-लैंग्वेज) है। वह रूपकात्मक (मेटेफॉरिल) तथा साम्यरूपकात्मक (एनालॉजिकल) हुआ करती है। उसकी प्रवृत्ति गाथा और उद्गीथ-परक होती है। [आजकल भी तो पश्चिम की उत्तर-आधुनिकता के वृत्त में देरिडा, फूको, बार्थ, इको, तोदोरोव, ल्यूतार्द आदि नये-नये ढंग से शब्द-मीमांसा एवं भाषाई विमर्श कर रहे हैं।]।

* 'ए डिक्शनरी आफ़ वर्ल्ड मिथोलॉजी', आर्थर कॉटरेल, भूमिका, पृ. 3, आक्सफोर्ड यूनिवर्सिटी प्रेस मेलबोर्न, 1986.

मिथक-भाषाचक्र जटिलतर है। जैसा कि हम पहले कह आये हैं कि उसमें **यथार्थ** के प्रति रूपकात्मक से अग्रेत्वर कायान्तरण मेटा-मार्फोसिस) प्रजनक भी है। इसलिए हम उनकी चक्रचिह्न (सेमिओटिक्स) एवं पाठ-प्रकार्य-समवाय (हर्मेन्यूटिक्स) के आधार पर भी जाँच कर सकते हैं। वस्तुतः भाषा तथा शब्दों द्वारा मिथकों की वैश्विक महायात्रा झिलमिलाती है। उनमें युद्ध, विसंगतियाँ, समस्याएँ तथा सत्ता-संघर्ष भी प्रतीकायित होते चलते हैं (सुर-असुर, ईशर-गिल्गामहिष)। उनमें शब्द-कुलक में भी चारों ओर सामूहिक उथल-पुथल, अकुलाहट, मानसिक दुविधा आदि दिखती हैं। उनमें अनबूझे-अनभोगे-अनसुलझे विपर्यय भरे पड़े हैं। भय-विभ्रम, भयानकता-विकरालता, सुन्दरता-दिव्यता, उल्लास-आतंक, भोग-सम्भोग, छल-कपट आदि खुलते-चलते हैं। अतः मिथक-चक्रों में मूल्यन तथा अवमूल्यन का द्वन्द्वात्मक संसार निरन्तर गतिमान है। अतः मिथक में सार्थक अर्थों की हमारी तलाश शाश्वत् है। इसके फलस्वरूप देश-काल के अक्ष भी विच्छिन्न हो जाते हैं और **चमत्कार** की सृष्टि होती है। अतः उनमें आभास को ही यथार्थ मानने की विभोरता मिलती है। इस भाँति मिथकों में **'ज्ञान का प्रत्यक्षीकरण'** अन्यथाकृत होता है। अलबत्ता उन समयों के प्राचल पर हम इन्हें अन्धविश्वास नहीं मानें या बताएँ। उन्हें प्रपंच बताना तो महज़ सभ्यता एवं संस्कृति का विध्वंस होगा।

आर्ष मिथक-लोकायनों में गोत्र और कबीले लड़ रहे हैं और मिल रहे हैं; परिवार बन रहे हैं और खंडित हो रहे हैं; सौन्दर्य और सम्भोग एकैक हो रहे हैं तथा सम्भोग और सदाचार विरुद्ध हो रहे हैं; सौन्दर्य उषा (भारत), एफ्रोदीति (ग्रीक), आइसिस (ईजिप्ट), ईश्तर (मेसोपोटामिआ) आमा-ते-रासू (जापान) के माध्यम में सत्य तथा शक्ति से जुड़ रहा है तो प्रजनन और उन्मत्त सुख द्वारा निर्बाध स्वेच्छाचारी हो रहा है।

मिथकें चिरन्तन पर्यावरण-सखी रही हैं—नदियों, पर्वतों, बादलों, प्रभंजनों, वनस्पतियों, पशु-पक्षियों आदि के आसंग में। वे पर्यावरण-अन्तर्लीनता में स्वर्ग एवं पाताल तक दौड़-धूप करती रहती हैं।

अजनबी पुरा-पूर्व इतिहासों में उनमें भी तो निरर्थकता, अलगाव, विखंडन, द्वन्द्वात्मकता; अमानवीयकरण, अपराध, वर्ग एवं समूह-संघर्ष, विगलता; सामाजिक हिंसा, विद्रोह, विद्रूपता, उपभोग, सम्भोग, सृष्टि, संहार; युद्ध स्थिरता, सुलह आदि अभिव्यक्त होती हैं। हमें यह अवकूटित (डि-कोड) करना पड़ेगा क्योंकि क्या उनकी भाषा के घूँघट वाली मिथकें **भव्यवृत्तान्त** (मेटा-नैरेटिव्ज़) की महागाथा है? क्या वे अपनी **छहों महान् परम्पराओं** द्वारा समाज-सभ्यता-संस्कृति के दर्पण तथा दीपक तथा डायनेमो भी हैं? अभी हम इन पहेलियों में नहीं उलझेंगे। इनकी बारी बाद में आएगी।

हम कतिपय धुरीण मिथकीय परम्पराओं के सारत्व का दिग्दर्शन करेंगे। क्रमविपर्यय करके शुरुआत भारत से ही करें। इसके पहले हम पुनः दोहरा दें कि पुरा-परा युगों में जब तथा जहाँ इतिहास के तथ्य एवं घटनाएँ धुँधली, विलीन-सुषुप्त रहती हैं, तब

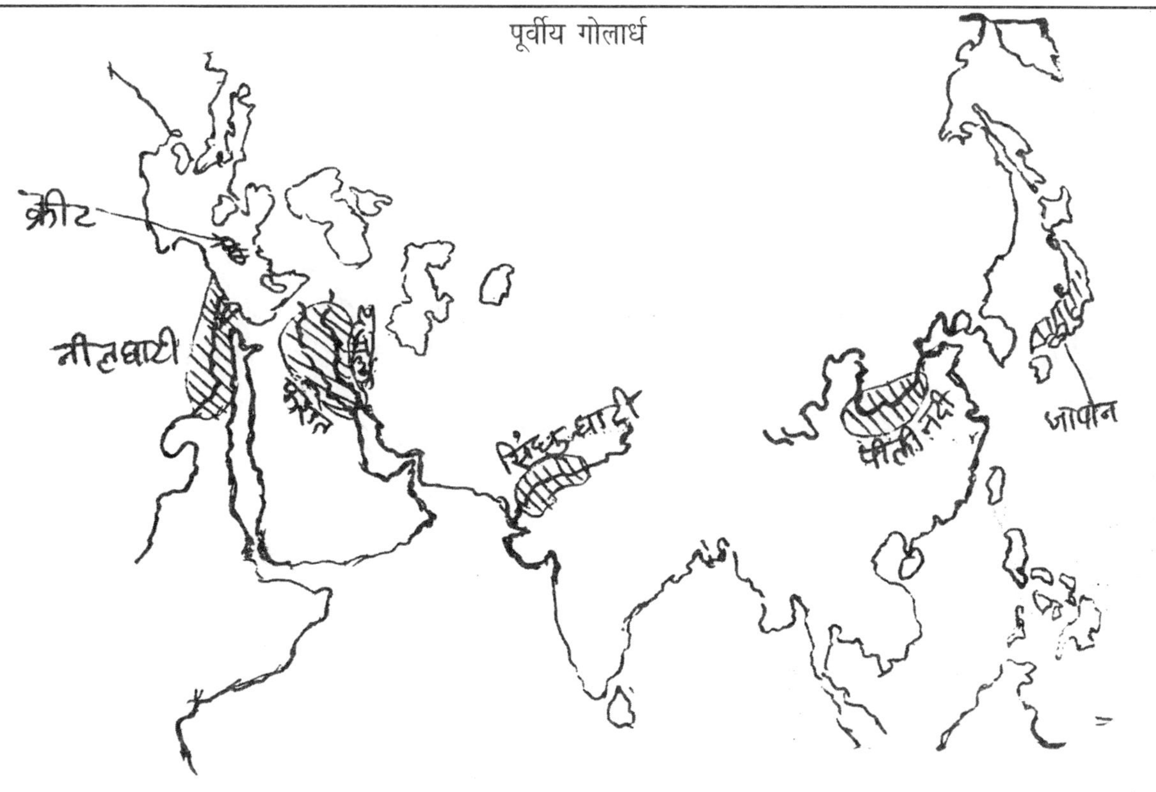

पूर्वीय गोलार्ध में सभ्यता-संस्कृति तथा मिथक के प्रमुख केन्द्र

पश्चिमी गोलार्ध

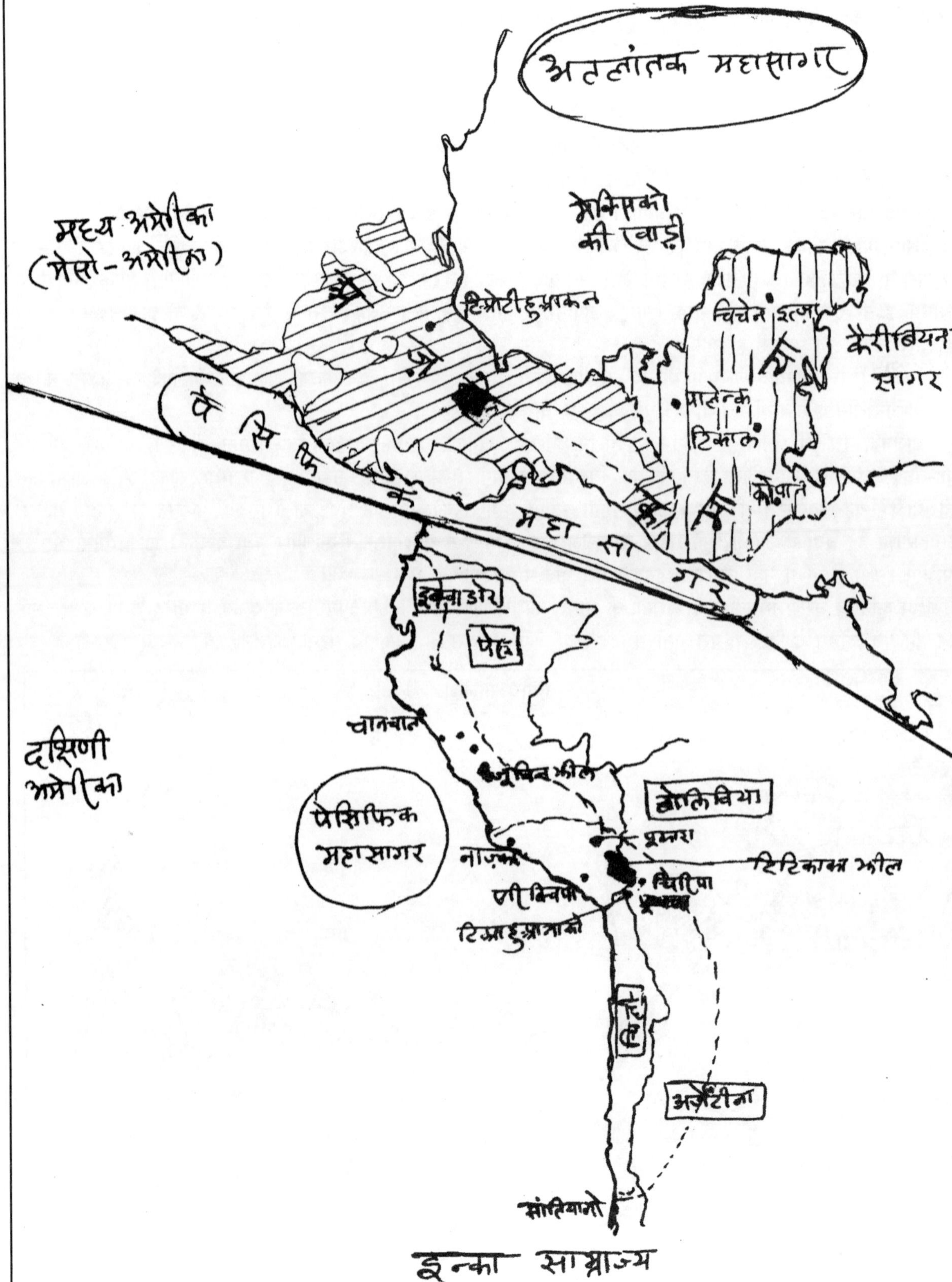
अटलांतक महासागर
मध्य अमेरीका (मेसो-अमेरीका)
की खाड़ी
टिओटीहुआकन
चिचेन इत्जा
कैरीबियन सागर
पालेन्क
टिकाल
कोपान
पेसिफिक महासागर
इक्वाडोर
पेरू
चानचान
दक्षिणी अमेरीका
टिटिकाका झील
बोलिविया
पेसिफिक महासागर
नाज़्का
टिआहुआनाको
चिली
अर्जेंटीना
सांतियागो
इन्का साम्राज्य

तथा तहाँ अनुभव एवं स्मृतियाँ ही शब्द एवं संकेत में देश और काल और समाज और मानव की अस्मिता चिह्नित करती हैं। तब विकास की अवस्थाएँ आद्य व्यास-रेखा बनाती हैं—शिकारी, घुमन्तू, कृषक, नागर आदि की। अस्तु।

यह भी ध्यातव्य है कि अपने उपागम (एप्रोच) की सिद्धि के लिए आगामी कालिक तालिकाओं में हमने इतिहास तथा मिथक तथा धर्म एवं कला-संस्कृति को संयुक्त किया है।

अथच आगे के अनुच्छेदों-अध्यायों में हम लेवी बिन्फोर्ड (1931-2011) की **नव्य पुरातत्त्व** (न्यू आर्किओलॉजी) की पूर्वानुमितियों को भी सम्पुष्ट होते हुए पाएँगे जिसके अन्तर्गत पुरातत्त्व ही नृतत्त्वशास्त्र (एंथ्रोपोलॉजी) के प्रतिरूप होता जाता है, तथा मिथकों की विपुल रत्न-राशियाँ दीप्तिमान कर देता है।

लेवी बिन्फोर्ड ने मेसोअमेरिका, मेसोपोटामिआ, मेसो गंगा-नर्मदा आदि में संक्षेत्रीय प्रकार्य (फील्डवर्क) करके प्राचीन कलावस्तुओं (आर्टिफैक्ट्स) के विवरणात्मक अध्ययन का उन्नयन करके पुरातन समाजों के ऋतुचक्र एवं अर्थचक्र के आधार पर जीवन की प्रणालियों का अध्ययन किया, शिकारियों के अस्थि वाले हथियारों के साथ-साथ हिंसक पशुओं के अस्थियों के औज़ारों के बीच विकास-क्रम खोजे तथा संस्कृति को विभिन्न अवयवों के अन्तर्बन्ध अथवा आकृतिबन्ध के रूप में जीवन के अनुकूलन की जैविक दशाएँ खोलीं। उन्होंने नवीन पुरातात्त्विक नृतत्त्वशास्त्र की अपनी स्थापना द्वारा मिथक-आलेखकारी की नयी दृष्टियाँ दिखाईं। वे भीमबेटका और अजन्ता, दक्षिणावर्त तथा मध्य भारत के पुरातात्विक स्थलों के भी अपने नये अनुशासन के अनुशास्ता रहे।

1.3 अब आर्यों से भी पहले का सबसे प्राचीन तथा आरम्भिक सभ्यतापुंज :

मेसोपोटामिआ (ई.पू. 5500-2000)
बेबीलॉन (ई.पू. 4000-275)
असीरिया (ई.पू. 612)
सुमेर (ई.पू. 1750)

यथेष्ट समानताओं एवं समानुभूति के कारण हम मेसोपोटामिआ—सुमेर, बेबीलान, असीरिया को एक साथ ले रहे हैं। मेसोपोटामिआ विश्व की सर्वप्राचीन प्रथम सभ्यता थी। हम यह भी नतीजा निकाल सकते हैं कि सांस्कृतिक उन्मीलन तथा मिथकीय कुसुमायन अन्योन्याश्रित हैं। रूथ बेनेडिक्ट, मेलिनोवस्की तथा क्लाद लेवी-स्ट्रास ने इन दिशाओं में अनुसन्धान किया है।

विश्व के प्रथम नगर मेसोपोटामिआ में ही रूपायित हुए थे। दजला-फरात दोआब में नगर-राज्यों की व्यवस्था बनी। फरात दरिया पर **उर** नगर (ई.पू. 4000) स्थापित हुआ। बेबीलॉन में मार्दुक, ईश्तर, सामाशा के जिग्गुरात (मन्दिर) थे। वे शहरों में भी विकसित होते चले। बेबीलान का नगर-देवता मर्दुक तथा सम्राट हम्मूराबी (ई.पू. 1792-1750) था। असीरियाई एक योद्धा प्रजाति थी। दजला पर उनके चार नगर थे—निनवेह, अशुर, निमरुद। इनके प्रतीक मानव-मुख युक्त तथा पंखोंयुक्त वृषभ थे। अशुर वान/पाल-द्वितीय राजा था। सुमेर में धातुकर्म तथा हस्तकौशल बेहतर था। मेसोपोटामिआ की गणित तथा खगोल-विज्ञान में महारत थी। तदपि सिन्धु-घाटी की हड़प्पा-संस्कृति नगर में निवेश तथा स्वच्छ-सुलभता सर्वोत्तम थी। यूँ सुमेर को सभ्यता का पालना कहा जाता है। यहाँ परकोटे वाले नगर-राज्य होते थे। हर नगर-राज्य का एक **मन्दिर** तथा एक नगर-देवता होता था। यहीं से मिथकें अवगुंठित-ज्योतित होकर निकलती थीं। मन्दिर के साथ राजा का **महल** भी संस्कृति-केन्द्र होता था। सुमेरियों के मुख्य नगर इरीदू, उर, लासा, उरुक थे। सुमेरियों-मेसोपोटामिआइयों की कीलाक्षरी लिपि थी। उनकी अलंकृत मुहरें हड़प्पा तक फैली थीं। वस्तुतः सुमेर-मिस्र-हड़प्पा का एक व्यापारिक त्रिकोण उस आर्ष युग में बन गया प्रतीत होता है।

आगे यह भी उन्मीलित होता है कि मेसोपोटेमिआई अपने देवताओं की रिहाइश भी मिट्टीथापे मन्दिरों में कराते थे। उनका मित्रमंडल भी चुटकी-भर था। उनके पास स्वर्ग की भी कोई यूटोपिया नहीं थी। उनके बीच आत्मा का संज्ञान भी नहीं हो पाया था। इसलिए उनके देवता परस्पर लड़ते और मरते भी थे। उनमें पहले मातृसत्ताक व्यवस्था थी जो सुमेरियों के वर्चस्व से पितृसत्ताक व्यवस्था हो गयी थी। अतः इस व्यवस्था-संक्रमण में देवताओं-देवियों की भी प्रोन्नति-अवनति परिलक्षित होती है, विशेषरूप से मार्दुक और ईश्तर की। वे देवता स्वर्ग की छलाँग नहीं लगाते थे। वे अमर भी नहीं थे।

अतएव हम यह संज्ञान भी करते हैं कि दो नदियों के बीच के उस दोआबे में जो पहली मिथकें रिकार्ड की गयीं वे ई.पू. 2500 में रची गयीं। मेसोपोटामिआइयों-सुमेरियों की संस्कृति ई.पू. 5000 वर्ष के आसपास पल्लवित-पुष्पित हो गयी थी। वे मिथकें ब्रह्माण्ड की उत्पत्ति तथा सृष्टि से, असुरों के संहार तथा दैत्यों के वध से, प्रेम और संघर्ष से, प्रकृति के अनुसन्धान और मानव के विकास से सम्बद्ध हैं। एक अजूबा यह है कि (मिस्र में पशु-पक्षी के टोटेम देवों की तरह) वृश्चिक-मानव की मिथक काफ़ी महत्त्वपूर्ण थी। इसी के साथ मार्दुक सुमेरी देवमंडल का नेता था। हम पुनः दोहरा दें कि सुमेर-बेबीलॉन के अन्तर्बन्ध से मातृसत्ताक व्यवस्था शनैः-शनैः पितृसत्ताक होती गयी थी।

मेसोपोटामिआ-मध्य एशिया का मिथकेतिहास

– बेबीलॉन की नदियों के किनारे-किनारे
– विशालकाय वृषभ– [(सपक्ष) मोहेनजोदारो की भाँति] तथा घुँघराली दाढ़ी वाली मानव-छवि और सपक्ष सिंहों की मूर्तियाँ इनकी उपलब्धियाँ हैं।
– सुमेर से बेबीलोनिया (ई.पू. 539) तथा असीरिया (ई.पू. 612) में विभाजन तक।

ई.पू. 9000 गेहूँ तथा जौ की आरम्भिक खेती, जर्गोस पर्वत-शृंखला में कुत्तों और भेड़ों का पालतूकरण
ई.पू. 7000 उत्तरी इराक में संसार की प्राचीनतम बस्तियों में एक जारमो की स्थापना; कच्ची मिट्टी के घर; भेड़ों बकरियों तथा सूअरों का पालन
ई.पू. 5500 संसार की सर्वप्रथम सिंचाई-परियोजना; उम्दा कुम्हारी का अन्वेषण
ई.पू. 5000 इरीदु की उपासना के लिए प्रथम धार्मिक मन्दिर
ई.पू. 4500 नौका की पाल का प्रथम इस्तेमाल
ई.पू. 3500 हल का पहला इस्तेमाल, फरात नदी पर सुमेरी बस्ती
प्रथम 'नगर राज्यों' का अभ्युदय
ई.पू. 3100 कीलाक्षरी लिपि का विकास
ई.पू. 3000-2500 सुमेरियों द्वारा जौ की पैदावार, रोटी का सेंकना, बियर को फर्मेंट करना, धातु के सिक्कों द्वारा वस्तुओं का विनिमय
ई.पू. 2700 उरूक के लिजंधरी सम्राट गिल्गामेष का उत्थान
ई.पू. 1500-1200 सुमेरी नगर-राज्य उगारित का स्वर्णयुग
ई.पू. 1792-1750 'प्राचीन बेबीलॉन-युग' राजसिंहासन पर हम्मूराबी; सम्पूर्ण मेसोपोटामिआ का ऐकीकरण; बेबीलॉन राजधानी बनी।
ई.पू. 1595 ईरान पठार से आये कस्सी लोगों द्वारा बेबीलॉन की तबाही
ई.पू. 1363 अशुर-उबाल्लित् द्वारा असीरियाई साम्राज्य की संस्थापना
ई.पू. 1300 वर्णाक्षरी लिपि का विकास
ई.पू. 1200 महान् नेता गिल्गामेष पर 'गिल्गामाष', मिथकीय महाकाव्य का प्रणयन
ई.पू. 1005-967 इसरायल में सम्राट डेविड का शासन; जेरुसलेम की राजधानी के तौर पर स्थापना
ई.पू. 967-931 जेरुसलेम में राजा सोलोमन का शासन
ई.पू. 722 असीरिया द्वारा इसरायल पर आधिपत्य; तीस हज़ार इसरालियों का देशनिकाला इन्हें 'इसरायल के अन्तिम (दस) कबीलों' के तौर पर जाना जाता है।
ई.पू. 663 असीरियनों द्वारा ईजिप्ट पर आक्रमण; थीब्स का विनाश
ई.पू. 605 ईरानी जरथ्रुस्त द्वारा नये मत की स्थापना, जो पर्शिया में शताब्दियों तक चालू रहा।
ई.पू. 587-ई.प. 6 जेरुसलेम का पतन और यहूदी 'महानू मन्दिर' का विध्वंस
ई.पू. 538 बादशाह साइरस द्वारा बेबीलॉन पर कब्ज़ा
ई.पू. 336-236 ग्रीस के अलेक्सांदर महान का शासन
'हैलेनिक काल' का आरम्भ; यूनानी सभ्यता तथा भाषा का प्रसार

मेसोपोटामिआ और मध्य ऐशिया

1.4 प्राचीन ईजिप्ट (ई.पू. 3100-1552) भूमध्यसागर के इस ओर तथा ग्रीस उस ओर है।

चार हज़ार साल पुरानी मिस्री सभ्यता में जीवित मनुष्यों का प्रमुख सरोकार ही मृत्यु के उपरान्त का अमर जीवन था। वस्तुतः इस सभ्यता की धुरी ही **मृतकोपासना** थी तथा उसके केन्द्र विशाल वास्तु-निर्माण **पिरामिड** थे। भूमध्य सागर के उस ओर ग्रीस में स्वच्छ, स्वस्थ, बलिष्ठ मांसल नग्नदेह का अभिनन्दन होता था। ईजिप्ट के **देवताओं** में विविधता है। नील नदी केन्द्रित ईजिप्ट के राजे **फाराओ** थे। वे धरती पर जीवित देवता माने जाते थे। उस संस्कृति में पशु-पक्षी देवते मूलतः आरम्भिक कबीलाई पूज्य **टोटेम** रहे थे। तब वह उनके भी पूर्वेतिहास का चरण था। सहवर्तन में यह भी उद्घाटित होता है कि दैवी अनुष्ठान (राइट)

मेसोपोटामिया और मध्य एशिया

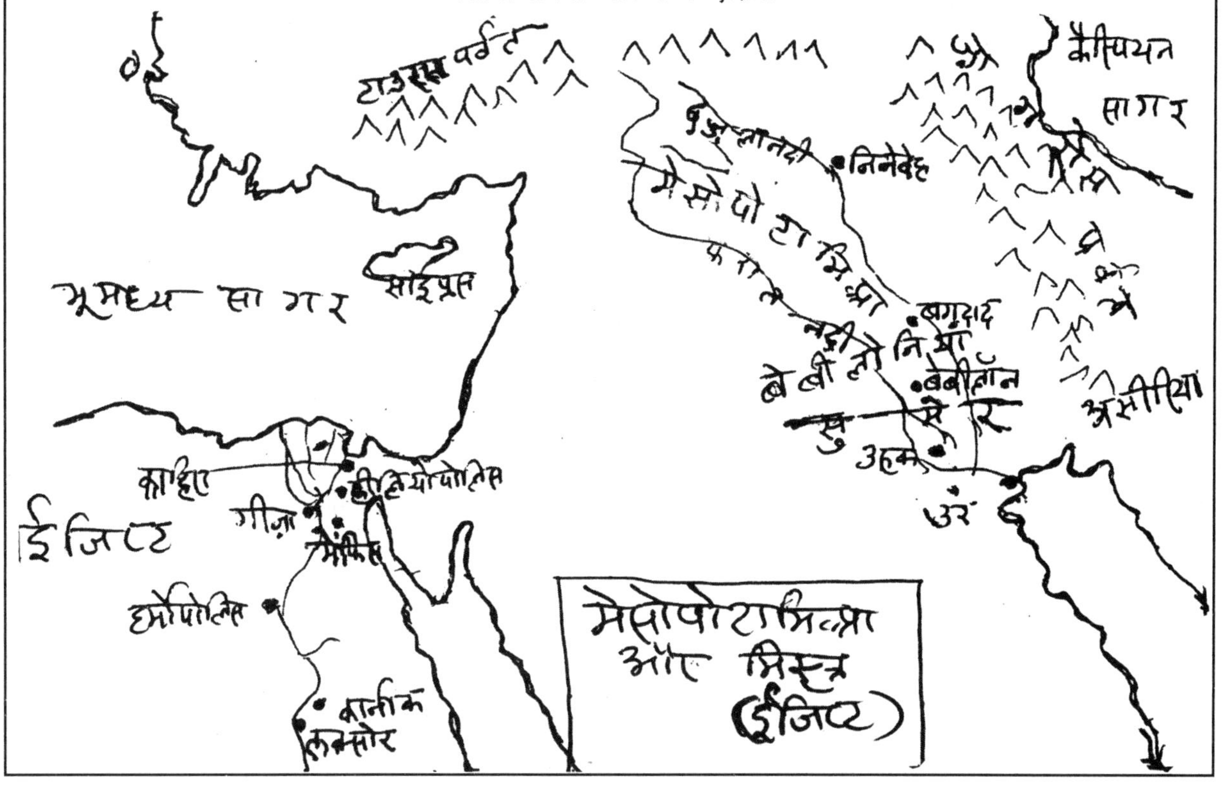

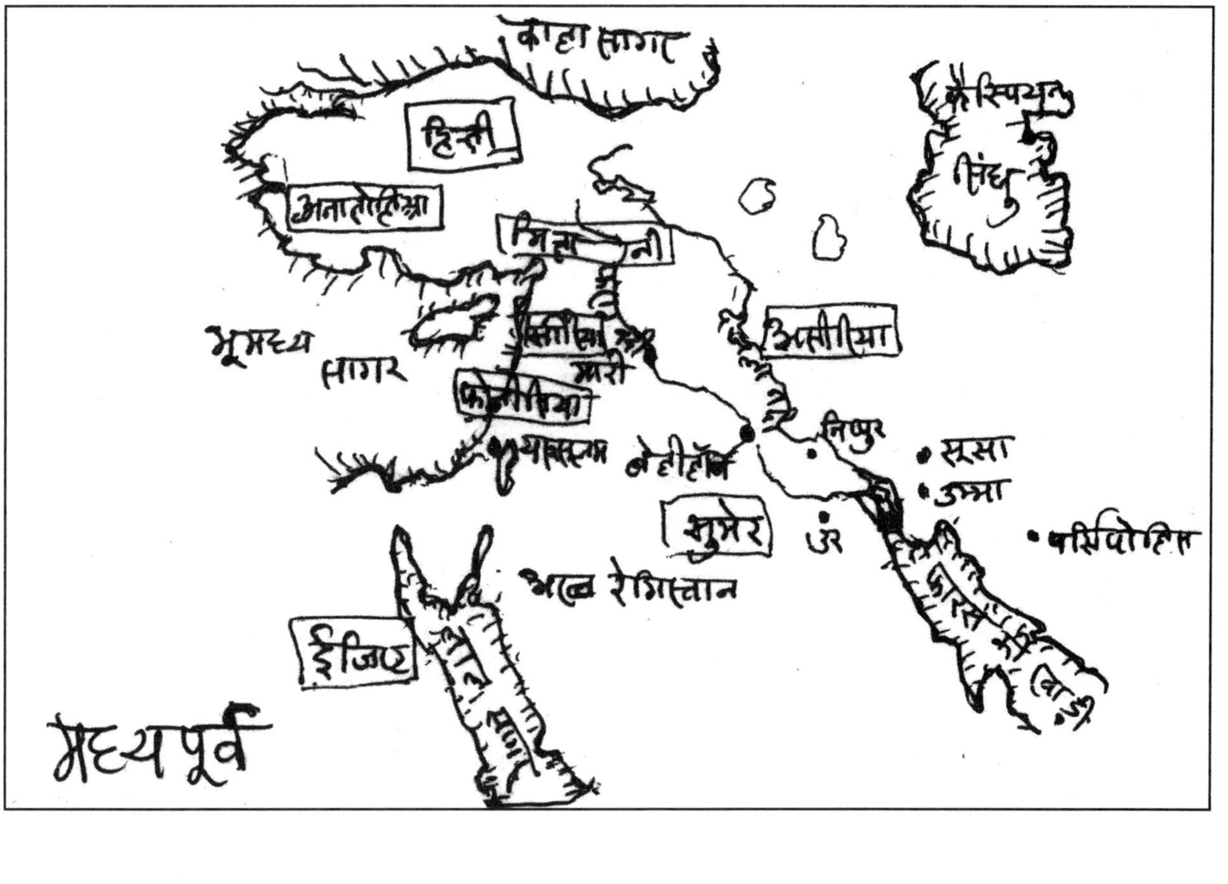

एवं कर्मकांड (रिचुअल) प्रकृति तथा खेतीबाड़ी के, और सामाजिक व्यवस्था के पुनराभिनय हुआ करते थे। कर्मकांड भी मिथकों के देवताओं-देवियों को बनाते, बिगाड़ते, अदलते-बदलते हैं। नील नदी, दज़ला और फरात, गंगा और सरस्वती, यांग-सी क्यांग देवी कर्मकांडों की विशाल विधायिकाएँ रही थी। वहाँ से कृषि-आधारित जन-जन ऋतुचक्रों में जीवन और सुख-सुविधाएँ, दुःख और विपदाएँ हासिल करते थे। सामाजिक व्यवस्था के बदलाव या संक्रमण, या समन्वय होने पर देवताओं की पर्याय नाममाला, संख्या और महत्त्व भी घटता-बढ़ता रहा था। ईजिप्ट में यह ज्यादा प्रत्यक्षतः दृष्टिगोचर होता है। कालक्रम में उनकी उपासना के केन्द्र बदलते रहे थे—(1) ई.पू. 2686 में पुरानी राजशाही शुरू होने पर मेम्फिस राजधानी बनी और महादेवता 'प्टाह' पर केन्द्रित धर्म का अभ्युदय हुआ। (2) ई.पू. 2040 में मध्यवर्ती राजशाही शुरू होने पर दो राजशाहियों की एकता के साथ थीब्स के देवता आमून पर धर्म केन्द्रित हो गया। (3) ई.पू. 1360 में अखेनातेन ने अमारना में राजधानी बनाई और देवता 'अटेन' को प्रतिष्ठापित किया।

ईजिप्ट का मेरुदंड नील नदी रही है। नदी मुख से डेल्टा तक का क्षेत्र निचला ईजिप्ट है, मेम्फिस से शासित ऊपरला ईजिप्ट है तथा उद्गम का उत्तरार्ध थीब्स से शासित था। इनकी एकता ई.पू. 3100 में हुई थी। ई.पू. 2580 में फाराओ कूफ़ू द्वारा गीज़ा के विशाल पिरामिड (ई.पू. 2600) का निर्माण कराया गया था। कालान्तर में शताब्दियों तक पिरामिडों का निर्माण होता चला। उनके मकबरों पर इतिहास तथा मिथकों का चित्रांकन होता चला। मृतकों की देहों का ममीकरण होता रहा और इस तरह से उनकी संस्कृति संरक्षित बनी रही। रामसेस-II (ई.पू. 1290-1224) का शासन ईजिप्ट का स्वर्णकाल था। रामसेस-II ने उत्तर में हित्ताइयों का मुकाबला किया। उसके कई रानियाँ थीं। अबू-सिम्बेल का विशाल शैल-मन्दिर उसने बनवाया था। थीब्स में अपना शवगृह भी उसने बनवाया था। ईजिप्ट में इतिहास और मिथकों का लगातार अन्तर्विनिमय होता रहा था। ई.पू. पहली शताब्दी में ग्रीक रानी क्लिओपेट्रा स्वयं ही देवी-आइसिस के रूप में अधिष्ठापित हो गयी थी। ई.पू. 30 में उसकी मृत्यु के बाद ईजिप्ट रोमन-साम्राज्य का एक प्रान्त बनकर निःशेष हो जाता है।

ईजिप्ट के देवमंडल के प्रमुख देवी-देवताओं में हाथोर, ओसिरिस, 'रे', आमून, अनूबिस, इमहोटेप, आइसिस, माट, प्टाह, सेथ, सोबेक, तावेरेट, थोत आदि हैं। फिलहाल एक मिथकीय आस्था ध्यातव्य है कि ओसिरिस तथा आइसिस (भाई-बहिन) का पुत्र बाजमुख होरेस है, कि होरेस ही पुनरूजीवित होकर फाराओ बनता है (कृषि का प्रतीक)। यह भी ध्यातव्य है कि मिस्र के शाही परिवारों में बहुधा सगे भाई-बहनों के बीच शादी होती थी। फाराओ का वंश देव-रक्त वाला माना जाता था। भला, ऐसे देवरक्त वाली महिला अन्यत्र कहाँ मिलती? इसलिए बहन ही ऐसी थी जिससे वे शादी करते थे। क्लिओपेट्रा ने भी अपने भाई तथा चचेरे भाई से शादी की थी (बाद में जूलियस सीज़र तथा मार्क एंटनी से भी शादी की थी)। (आइसिस देवी बनी) क्लिओपेट्रा की तरह ईजिप्टियों ने मेसीडोनिया के विश्व विजेता एलेक्ज़ेंडर को भी अमोन देवता के पुत्र का दर्जा देकर देवता बना डाला था। एलेक्ज़ेंडर ने मिस्र को अपने साम्राज्य में शामिल कर लिया था। (ई.पू. 332 में)।

ईजिप्टियों ने मेसोपोटामिआई कला-अभिप्राय भी ग्रहण किये। उन्होंने सपक्ष सिंह तथा नरमुखी सिंह (स्फिंक्स) का मिथकीय निर्माण भी प्रभाववश किया। उत्तर-दक्षिण ऐक्य (मुकुट में सर्प एवं गरुड़ की संयुक्तता) के बाद अनेक मिथकीय परिवर्तन हुए तथा फलतः बाद में, सांस्कृतिक एकता भी कायम हुई। एक महत्त्वपूर्ण मोड़ यह भी आया कि किशोर फाराओ तूतन खामून (ई.पू. 1343-1325) भी मृत्यु के बाद देवता ओसिइरिस तथा उसका पुत्र होरस हो गया। इस तरह धरती पर हमेशा ही होरस मौजूद रहता था। उसके समय में ही पुरोहित-वर्ग का वर्चस्व दोबारा स्थापित हो गया। सभी पुराने बहिष्कृत देवता-गण लौट आये। वे क्लिओपेट्रा के समय तक जीवित तथा पूजित होते रहे। स्वयं क्लिओपेट्रा भी एक (जीवित) देवी आइसिस बन गयी थी।

यह भी एक सबसे दीर्घकालीन सभ्यता थी। इसके समीपी सम्बन्ध मेसोपोटामिआ, सुमेर (क्रीट तथा दूरगत हड़प्पा) से भी थे।

प्राचीन ईजिप्ट (ई.पू. 3100-1552) का सारांशी कालचक्र

ई.पू. 3100	मेनेस द्वारा पहले राजवंश की संस्थापना
ई.पू. 2686-	पुरानी राजशाही शुरू
ई.पू. -2680	मेम्फिस राजधानी, सूर्यदेवता 'रे' पर केन्द्रित धर्म; प्टॉह महादेवता
ई.पू. 2580	गीज़ा के विशाल पिरामिड का कूफ़ू द्वारा निर्माण
ई.पू. 2180	अकाल तथा द्वेष-विद्वेष फैले। मेम्फिस का पतन। हेराक्लिओपोलिस तथा थीब्स का अभ्युदय
ई.पू. 2040	मध्यवर्ती राजशाही शुरू
ई.पू. 1730	दो राजशाहियों की एकता। धर्म थीब्स के देवता आमून पर केन्द्रित
ई.पू. 1590	बड़ी समृद्धि के युग का समारम्भ। मिस्री साम्राज्य का नूबिया तथा पश्चिमी एशिया तक प्रसार

ई.पू. 1552 से -1089 नव्य राजशाहियों का युग

ई.पू. 1360 अखेनातेन ने अमारना में राजधानी बनाई। एकेश्वरवाद चलाया

ई.पू. 1345 तूतनखामून (बाल फाराओ) ने अखेनातेन के कई क्रान्तिकारी परिवर्तनों को पलट दिया

ई.पू. 1290-24 रामसेस-II का शासन स्वर्णकाल था। उसने उत्तर में हित्ताइयों का मुकाबला किया। उसकी कई रानियों में से नेफरतीरी प्रमुख थी। वह महान् निर्माता भी था। अबू-सिम्बेल का विशाल शैल-मन्दिर तथा थीब्स का अपना शवगृह बनवाया।

ई.पू. 605 बेबीलॉन ने मिस्र को हराया

ई.पू. 404 मिस्र पुनः स्वाधीन

ई.पू. 332 एलेक्जांदर महान् ने ईजिप्ट को जीता

ई.पू. 30 ईजिप्ट एक रोमन सूबा हो गया। क्लिओपेट्रा की मृत्यु के बाद ईजिप्ट रोमन साम्राज्य का एक प्रान्त बन जाता है। अतः उसका पतन।

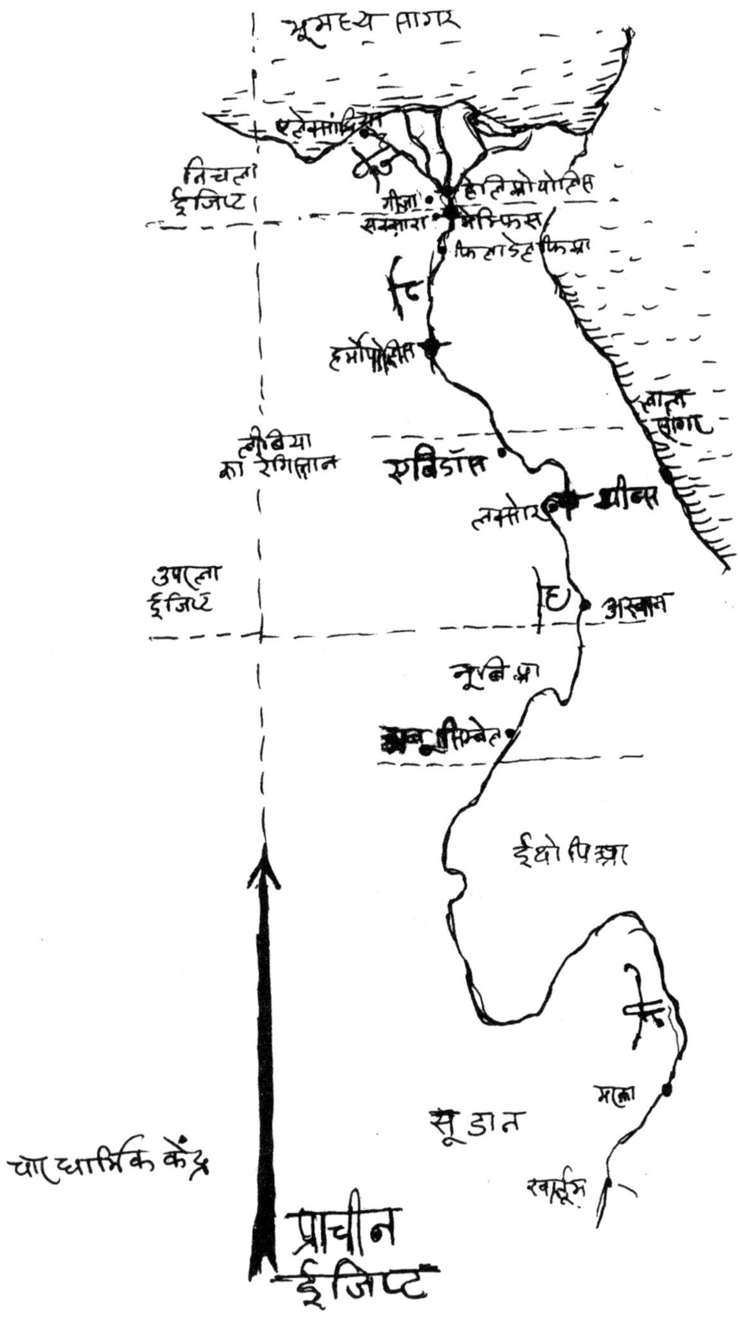

1.5 भारत (ई.पू. 4000-1500–ई.प. 647)

ईसा से पाँच-चार हज़ार साल पहले के लगभग कैस्पियन-सिन्धु से लेकर सप्तसिन्धु के सिन्धुनद-सरस्वती तक का एक समेकित क्षेत्र था जो विभिन्न आदिम कबीलों, अनुजातियों तथा उप-संस्कृतियों से व्यापार और सार्थवाहों द्वारा सम्बद्ध था। इस क्षेत्र में नील नदी के मुहाने से लेकर, दजला-फरात का दोआब, कुभा–सुवास्तु क्षेत्र, सिन्धु-शतद्रु दोआब आते थे। आगे गंगा-यमुना का दोआब भी था। इस क्षेत्र में ईजिप्टी, मितान्नी, हित्ती, सुमेरी, असीरियाई, बेबीलोनियाई, अवेस्ताई आर्यान, तथा भारत-ग्रीक, भारतेशियाई आर्य जनगण संचरण करते रहते थे। उन सबके विभिन्न सामाजार्थिक रूपायनों से उद्भूत संस्कृतियाँ एवं अपने-अपने देवमंडल भी आविर्भूत हो रहे थे। उस समय देश की अवधारणा प्रायः अविकसित थी। तो सप्तसिन्धु-सिन्धुनद-क्षेत्र में ई.पू. 2500-1500 में सिन्धुघाटी की **हड़प्पा सभ्यता** का अभ्युदय हुआ जिसकी परिधि में प्रमुख नगर मोहेनजोदारो (सिन्ध), लोथाल (गुजरात), कालीबंगा (राजस्थान), ढोलावीर शामिल थे। उस समय शतद्रु (सतलुज) भी सरस्वती की सहायक नदी थी।

हड़प्पा का वैदिक उद्गम तो कतई नहीं हो सकता। अलबत्ता उस विशाल भूखंडों में संस्कृतियों के बीच आदान-प्रदान तथा जनगणों का आव्रजन प्रवजन लगातार होता था। ई.पू. मितान्नी अभिलेख के प्रसंग से ई.पू. 15वीं शताब्दी से पहले **वैदिक सभ्यता** का समय नहीं हो सकता। हड़प्पा-सभ्यता तथा वैदिक सभ्यता के बीच कुछ शताब्दियों के कालक्रम का फ़र्क़ जो है।

हड़प्पा-सभ्यता के नाभिक हड़प्पा तथा मोहेनजोदारो हैं जो सिन्धु-नद् और उसकी सहायक नदियों के तट पर स्थित हैं। अब तक उक्त सिन्धु-सभ्यता के लगभग 1200 स्थल खोजे जा चुके हैं। अतः द्रविड़ों का विन्ध्य के दक्षिण में (यहूदियों के 'ग्रेट एक्सोडस' की भाँति) पलायन महज एक साम्राज्यवादी मिथक है जो अभी तक चालू है।

हड़प्पा सभ्यता एक नगरीय सभ्यता थी। उन लोगों ने कृषि विकसित कर ली थी। उनका उत्पादन अधिशेषी (सरप्लस) होता था। अतः उन्होंने अनातोलिया तक अपना व्यापार फैला लिया था। वे अन्न के अलावा हाथीदाँत, वस्त्र और मसालों का भी निर्यात करते थे (आयात का पता नहीं चल सका है।) उनके यहाँ अन्न भंडार भी थे (ग्रीकों के 'एम्फोरा घटों, की तरह उनके अनेक अभिकल्पों वाले विशाल मृद्भांड होते थे)।

उनका **नगर-निवेश** (टाउन-प्लानिंग) तो बेबीलॉन, असीरिया, सुमेर आदि से भी ज्यादा विकसित था। उनकी अति-विकसित **शहरी सभ्यता** में ईंटों के घरों और दीवारों, ईंटों से चुनी हुई सड़कों, अन्नभंडारों तथा सामाजिक अनुष्ठानों के लिए सामूहिक स्नानागारों की नियोजित व्यवस्था थी। वासुदेव शरण अग्रवाल ने हड़प्पा-मोहेनजोदारो के पुर-निवेश के दस तत्त्व गिनाये हैं– प्राकार (परकोटे), वप्र (नींव की ऊँची भित्ति), द्वार (नगर-दरवाज़ा), अट्टालक, महापथ [रथ्या (मार्ग), वीथी (गलियाँ)], प्रासाद, आपण (मंडी-स्थल), पुष्करिणी (आनुष्ठानिक स्नानागार), सन्थागार (नगर-मंडप), तथा कोष्ठागार (अन्न भंडार)। परिवहन के लिए वे बैलगाड़ियों का उपयोग करते थे जो परवर्ती वैदिक काल में अश्वों द्वारा भी जोती जाकर 'रथ' में उन्नत हो गयी थीं। ये भी कतिपय नृतात्त्विक अनुमान है कि उनके भूखंड में आदिम संथाली तथा मुंडारी जन आते-जाते थे।

उनकी अनपढ़ी भाषा मुहरों तथा ठप्पों में प्रतिलिपित है। वह अभी तक पढ़ी नहीं जा सकी है, यद्यपि 2500 लेखांकित मोहरें मिल चुकी हैं।

हड़प्पा (तथा ऋग्वैदिक) सभ्यता में मन्दिर नहीं थे। सम्भवतः उनमें प्राकृतिक मिथकशक्ति वाले देवता, तथा अनेक पशु-टोटेम उद्भूत हो गये थे। हड़प्पा-काल की तीन उपासनाओं का अनुमान हैं—मातृदेवी, आद्यपशुपति, तथा लिंग। कालान्तर में ये देवियों, रुद्र एवं शिव, तथा शिवलिंग की पूजाओं में प्रचलित हो गये।

निष्कर्षतः यही कहा जा सकता है कि जब/अगर हड़प्पा-सभ्यता की मुहरों, ठप्पों तथा मृद्भांडों पर चित्रांकित अभिकल्पों (डिज़ाइन्स) की लिपि एवं प्रतीकों को पढ़ लिया जाएगा, तब ही हम हड़प्पाइयों-मोहनजोदारियों और ऋग्वैदिक आर्यो की सभ्यताओं को एकतान अथवा धारावाहिक सिद्ध कर सकेंगे। भौतिक विकास की दृष्टि से तो हड़प्पा-सभ्यता उच्चतर अवस्था वाली एक सुनियोजित नगर-सभ्यता थी। उनके पुर तथा दुर्ग मिलकर प्रभाग बनाते थे। [बाद में वैदिक इन्द्र उनका विध्वंसक अर्थात् 'पुरन्दर' पदवी वाला भी हो गया]।

ऋग्वैदिक काल (ई.पू. 1500-1000) मुख्यतया घुमन्तू और चरवाही सभ्यताओं का काल था। इसे 'ब्राह्मणों' तथा 'उपनिषदों' (1000-600 ई.पू.) तक भी विस्तारित किया जाता है। इस दीर्घ युग तक चलते हुए **कृषि में संक्रमण** किया गया था तथा सप्तसिन्धु-सरस्वती से आगे गंगा-यमुना के दोआब तक भी **आर्य सभ्यता** का फैलाव हुआ था। बाद में कुषाण, शक, सातवाहन गुप्त, इंडो-ग्रीक, पाल, पल्लव, चोल तक यह क्रम निरन्तर चलता रहा।

लोकमान्य तिलक, राहुल सांकृत्यायन, रामविलास शर्मा, भगवान सिंह, कृपा शंकर सिंह के समानान्तर पिर्गोट, पार्ज़िटर, लैंगडन आदि भी आर्यो के प्राचीन निवास की छानबीन करते रहे हैं। फिलहाल उनके पक्ष में **'नृतात्त्विक भाषाविज्ञान'** तथा **सामाजभाषिकी** ही उपलब्ध है।

रामविलास शर्मा बताते हैं कि ई.पू. 1380-1400 के आसपास मित्तन्नी राजा ने हित्तियों के राजा से सन्धि करते वक्त इन्द्र,

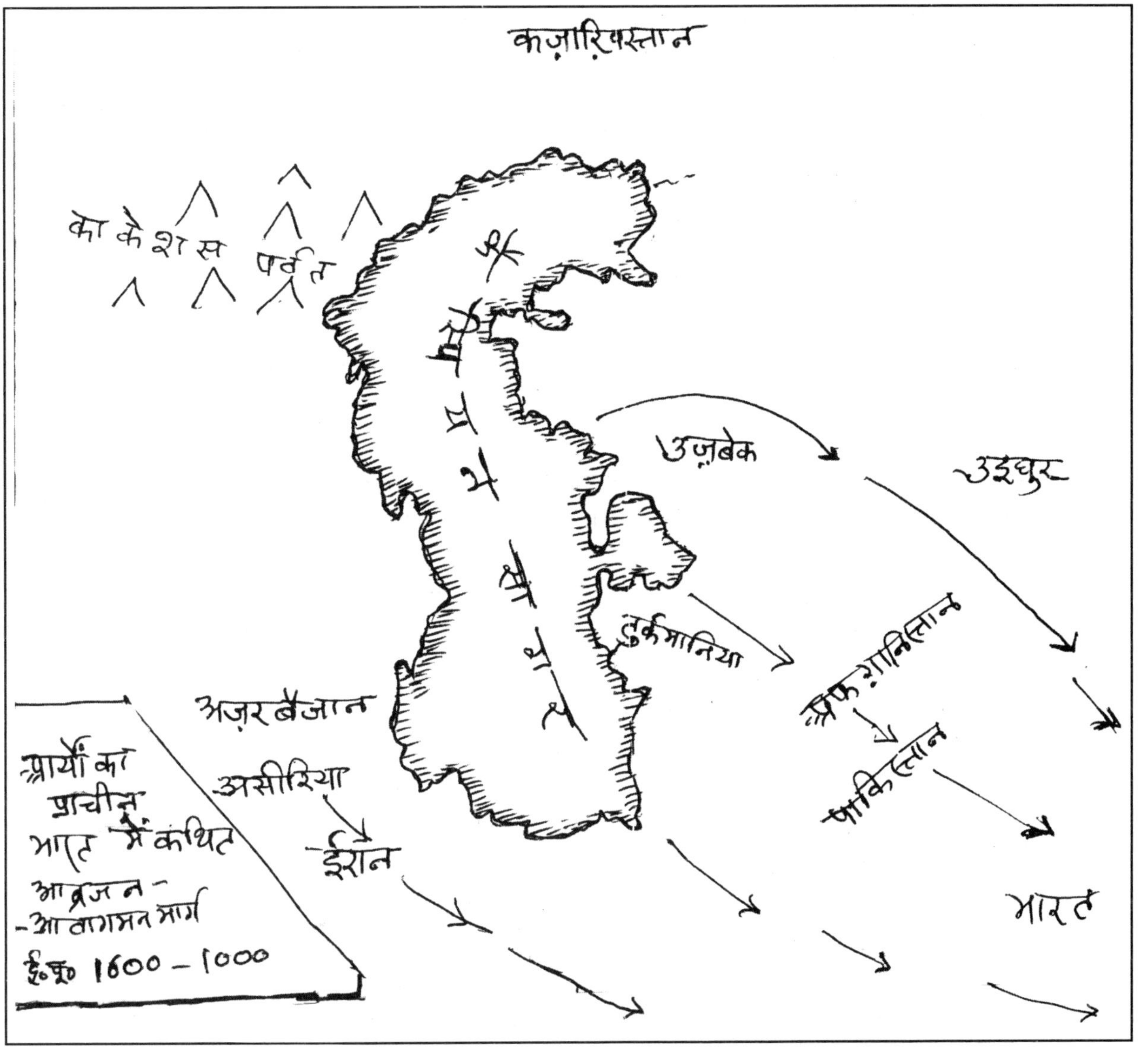

मित्र, वरुण और नासत्य जैसे वैदिक देवताओं को भी याद किया है (पार्जिटर, टॉयन्बी)। 'अवेस्ता' में इन्द्र एक दैत्य था।

ऋग्वेद में नदियों का क्रम पूर्व से पश्चिम की ओर है। तथापि सूक्त रचने तक आर्य सरस्वती-यमुना तक पहुँच गये थे। इस क्रम में पहली नदी गंगा है। तब तक आर्य वहाँ तक नहीं पहुँचे होंगे। यह तो अन्तर्गमन तथा बहिर्गमन की दोहरी मिसाल है। वेदोत्तर काल में पुरु, यदु, आदि चार गण हो गये थे (पुसालकर)। अतः अनेक आर्य गणों ने बाहर भी प्रस्थान किया होगा।

भारत तथा **सुमेर-संस्कृति** में भी कई प्राचीन समानताएँ हैं। **हित्ती संस्कृति** में पंखयुक्त सूर्यबिम्ब राजा के सिर पर होता था। यह उद्भावना ईजिप्ट की लगती है। गूर्ने इसे ऋग्वेद से जोड़ते हैं : सुपर्ण पतंग। ऋग्वेद में सूर्य को श्येन पक्षी कहा गया है (ईजिप्ट में फाराओं के मुकुट पर श्येन टँका होता था)। **कस्सी-देवमंडल** में भी शूरि अशु (सूर्य), नरुत्तश (मरुत) जैसे आर्य-देवता हैं। कस्सियों ने ई.पू. 1595 से 1157 तक बेबीलॉन पर राज्य किया था।

तो क्या आर्य-आगमन का समय उनके बहिर्गमन के प्रभाव का भी समय है—भरतों की विजय के बाद? यह तो आवागमन प्रतीत होता है। मित्तन्नी राज्य इन्द्र-वरुण का उपासक था (रामविलास शर्मा)। पन्द्रहवीं शती ई.पू. तक मित्तन्नी लोग ईजिप्ट को रथों का निर्यात करने लगे थे। आर्यों का त्वष्ट्रि भी एक कुशल रथ-निर्माता देवता था। आर्यों के रथ में वृषभ तथा अश्व जुतते थे तो सुमेरियों के रथ में गधे।

भगवान सिंह ने हित्ती, मित्तन्नी आदि स्रोतों से ऐसे भारत-मध्यएशियाई लेक्सिकॉन को चुना है जो आवागमन तथा व्यापार के द्वारा विनिमय करते थे—'सुतर्न (श्रुतर्वन), पर्शत्तर (प्रशस्त्य), शोष्शतर (श्रवस्ति), अर्ददाम (ऋतधाम), अर्तशुमर (ऋतस्मर), तुशरथ (त्वेशरथ/दशरथ), मतिवाज़ (मतिवाज), आदि। पड़ोसी प्रदेशों सीरिया, यरुशलेम आदि में भी आर्यों के सम्पर्क की सूचना मिलती है—सुबरदात (स्वर्दात), श्रतुआर (सध्वर), अर्तमन्य (ऋतुमन्य), वीर्यवाज (वीर्यवान), इंदरोत (इन्द्रोत), सुबुदु (सुबंधु) आदि।* हम

* दे. 'हड़प्पा सभ्यता और वैदिक साहित्य', भगवान सिंह, पृ. 200, राधाकृष्ण प्रकाशन, दिल्ली, 1991

भरोसा करते हैं कि अभिलेखों से प्राप्त इन शब्दों में मात्र ध्वनि साम्य ही नहीं है।

इस प्रकार आर्यों का भौगोलिक क्षितिज कैस्पियन् सिन्धु से पूर्वाभिमुख पंचनद, अरावली की ढिल्ली (दिल्ली) समेटते हुए सप्तसिन्धु क्षेत्र के अलावा पश्चिमी शाखाओं में गोमती (गोमन), क्रभु (कुर्रम) और कुभा (काबुल) तक परिव्याप्त था। वे काबुल के उत्तर में सुवास्तु नदी (स्वात दरिया) को भी महत्त्व देते थे। इसी आवागमन में विभिन्न देवमंडल भी आदान-प्रदान करते थे, नये देवताओं का जन्म होता था, पुरानों का रूपान्तरण तथा अवसान भी। एक कारण यह भी था कि आर्यों की आरम्भिक व्यवस्था **'कबीलाई राजतंत्र'** थी। अजूबा तो यह है कि घुमन्तू आर्यों के ही चक्रचिह्न में 'विश्व देव', 'विश्वकर्मा', 'पुरुष', 'प्रजापति' जैसे वैश्विक सन्दर्श भी उभर आये थे; विश्वमिथकों की आधार-शिला रचते हुए।

जैसा कि हम निर्दिष्ट कर आये हैं कि हड़प्पियों-मोहेनजादारियों का सम्पर्क मेसोपोटामिया तथा ईरान-अफ़गान के साथ तक था। फिर कुछ शतियों का अन्तराल आ गया। आर्य ई.पू. 1800-1500 के दरम्यान अपनी संस्कृत भाषा तथा सेनापति देवता इन्द्र की अगुआई वाले देवमंडल के साथ अभिषेकित हो गये। वे घुमन्तू गणलोक थे। उनकी तत्कालीन पहचान **अश्व** और अश्वमेध (अश्वबलि), अग्नि और **यज्ञ** से होती है। वे **सोम** (अफ़ग़ान में 'होम') तथा **रथ** से भी पहचाने जाते हैं। 'महाभारत' में अन्तिम बार देवता और मनुष्य साथ-साथ कार्यरत हैं। कुरु (तु./ट्रॉय) तथा द्रौपदी (तु. हेलेन) एक परिवार के महासमर का कारण बने। इसके बाद वर्तमान युग (कलियुग) का प्रादुर्भाव होता है। इस तरह सिन्धु-सभ्यता और आर्य-सभ्यता के बीच के अज्ञात समय को मिथकीय 'स्वप्न-समय' (जीवित स्मृतियों से अबोधपूर्वा स्मृतियों का समय) कहा जाए तो समीचीन होगा।

भारत में मिथक-मंडल के कई केन्द्र हैं–

(क) आर्य देवमंडल : दीप्तिमान दिविक देवता (इन्द्र, अग्नि, सोम, सूर्य, मित्र, उषा); शक्तिमान (इन्द्र, रुद्र, अ-सुर, वरुण, यम); वेगवान (मरुतगण); तथा गतिवान (सरस्वती)। इसी के साथ दस प्रजापति, पुरुष की बलि के साथ विराज, प्रलय में मनु भी शामिल हैं।

(ख) वेदोत्तर काल : त्रिदेव (ब्रह्मा, दस अवतारों वाले विष्णु, महेश [कई रूप]); कई देवियाँ-शक्तियाँ; विष्णु अवतारों में से वराह, नरसिंह, राम, कृष्ण आदि; हनुमान, गणेश, कार्तिकेय; बुद्धचक्र में अवलोकितेश्वर तथा ध्यानी बुद्ध, प्रज्ञा पारमिता, तारा, ललिता आदि; जैन-धारा में तीर्थंकर आदि।

(ग) 'रामायण-महाभारत' के काव्येतिहास प्रकारान्तर से स्वप्निल-स्वर्गिक मिथकलोक में भी अपना कायाकल्प करते जाते हैं। पौराणिक वृत्त में वे धार्मिक तथा आर्ष पाठ होते जाते हैं। उनके अपने-अपने इष्टार्थक आस्था-सिस्टम बनते हैं।

वैदिक संस्कृति में **'टोटेम'** (गणचिह्न) बेहद दिग्दर्शक हो गये थे। वस्तुतः वे गणों के कूटनाम थे : अज (बकरा), कश्यप (कछुआ), मत्स्य (मछली), कौशिक (उल्लू); गृह्यसूत्रों के वत्स (बछड़ा), सुनक (कुत्ता), ऋक्ष (भालू), कपि (वानर), भरद्वाज (पक्षी-विशेष), गौतम (सांड़)। वस्तुतः ये आदिम कबीलाई अवस्था के सूचक हैं जो गोष्ठ तथा गोत्र परक थी। बाद में 'रामायण' में श्रीराम की सेना तथा मित्रपक्ष में विविध पशुओं-पक्षियों का समावेश इसी प्रवृत्ति का द्योतक है। वे अब उप-देवता तथा अर्द्धदेवता भी हो गये; यथा, वानरकुल, गृद्धकुल, ऋक्ष-कुल, गरुड़-कुल, शेष कुल आदि।

अथच, भारत में मिथक-आलेखकारी मन्दिरों, मूर्तियों, चित्रफलकों, तीर्थों, पर्वोत्सवों में, कई माध्यमों में, कई शैली-चिह्नों (स्टाइल मार्कर्स) द्वारा भी रची गयी है। इससे महाकाव्यों की विधा का बहुलवादी विस्तार-प्रसार हुआ है।

भारत का मिथकेतिहासिक काल-चक्र

ई.पू.	2300-1750	सिन्धुघाटी सभ्यता या 'हड़प्पा सभ्यता': पंजाब, सिन्ध, राजस्थान, गुजरात में [शहरी सभ्यता, नगर-निवेश की खूबियाँ, पाँच नगर तथा सौ से अधिक कस्बे और गाँव; मातृशक्ति तथा उत्थितलिंग महिमदेव की परिकल्पना, आनुष्ठानिक स्नानागार]
ई.पू.	1750-1500	दो सौ पचास वर्षों का कथित अन्तराल
ई.पू.	1500-1000	आर्यों का कथित आगमन एवं वरेण्य वैदिक युग [चरवाही संस्कृति वाले वे पशुपालक पंचनद-गंगा में बसे, विन्ध्याचल तक फैले; प्राकृतिक शक्तियों, ग्रहों तथा वनस्पति आदि के दैवीकरण से उद्भूत मिथक-चक्र; 'ऋग्वेद' की ऋचाएँ, प्रार्थनागीत, देवस्तुतियाँ, अनुष्ठानादि : 'ऋत्' तथा 'क्रतु' मय वैश्विक सन्दर्श : इन्द्र के साथ विश्वदेव और प्रजापति; धार्मिक यज्ञ एवं बलि, संस्कृत भाषा एवं वर्ण]
ई.पू.	1000	भारत में लौह-युग का आरम्भ
ई.पू.	600	महाजनपद युग, नृपतन्त्रों का उदय, बौद्ध एवं जैन मतों का आविर्भाव
ई.पू.	595	वर्धमान तथा (563 ई.पू.) सिद्धार्थ का अभ्युदय
ई.पू.	518	पर्शिया के सम्राट डॉरियस द्वारा सिन्धुघाटी पर कब्जा

आर्यावर्त्त (भारत)

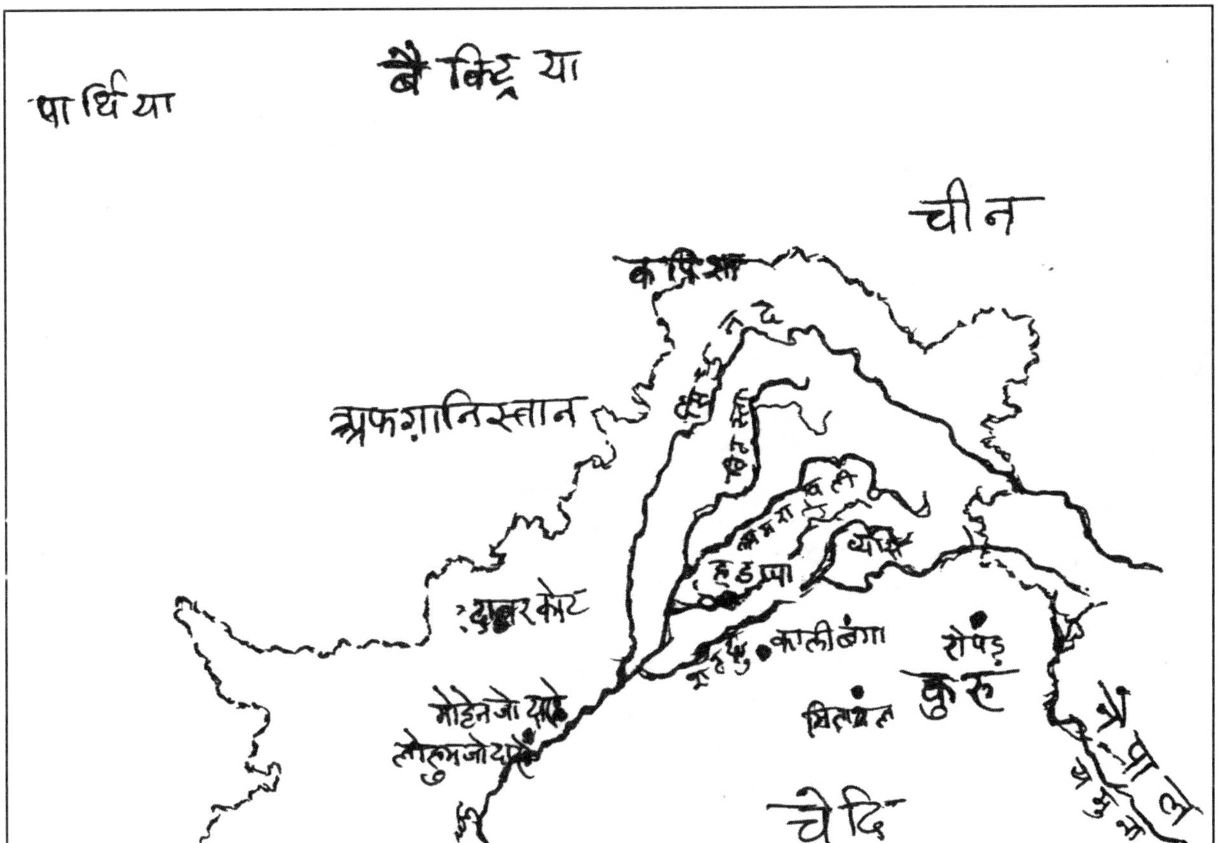
पार्थिया
बैक्ट्रिया
चीन
कपिशा
अफगानिस्तान
हड़प्पा
कालीबंगा
रोपड़
कुरु
चेदि
अवंती
रंगपुर
लोथल
भारतीय महासागर
सिंधु-घाटी की हड़प्पा-सभ्यता के प्रमुख नगर

मेसोपोटामिया और मध्य एशिया

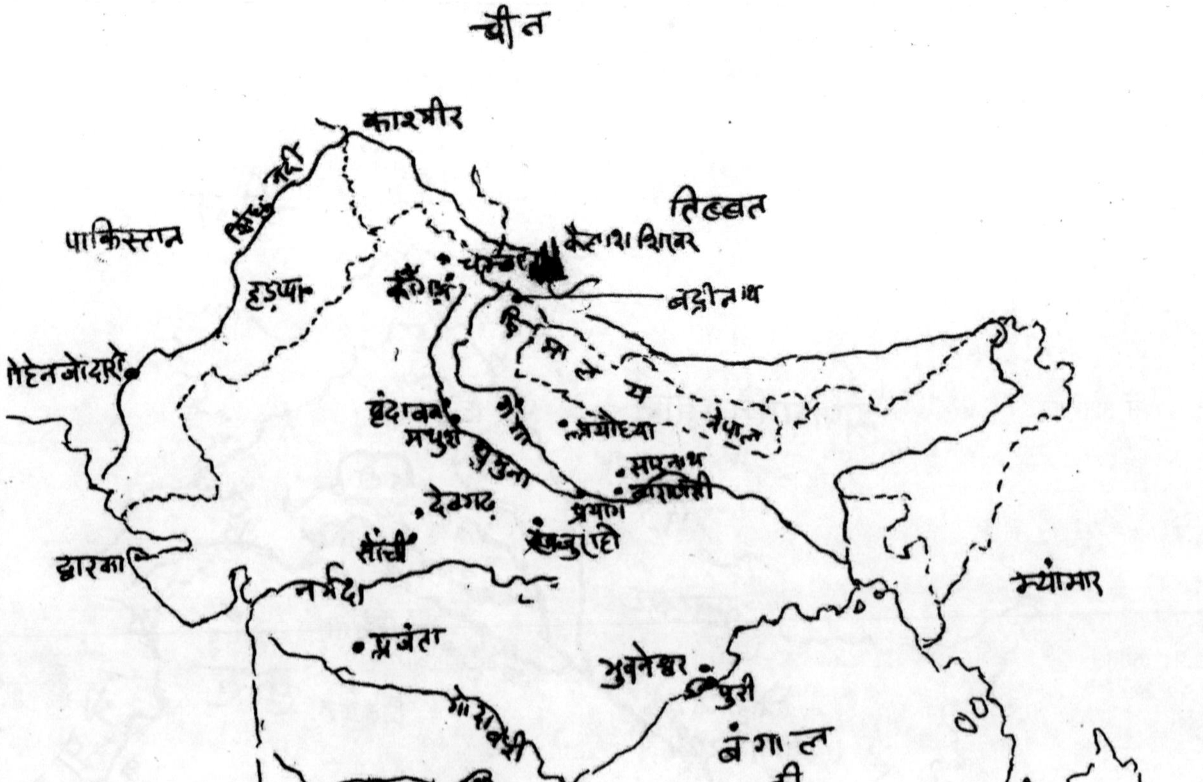

ई.पू. 327 ग्रीक एलेक्ज़ांदर द्वारा सिन्धुघाटी पर विजय

ई.पू. 325 चन्द्रगुप्त का मौर्यवंश

ई.पू. 269 महान् अशोक (मौर्य) का अभ्युदय; केन्द्रीय सक्षम सरकार [बुद्धचर्या मैं हाथी, मृग, सिंह, अश्व, बोधिवृक्ष के प्रतीकों द्वारा उपासना; ईजिप्ट के कोणीय पिरामिडों के विपरीत उल्टे गोलार्ध वाले स्तूपों का निर्माण : बाद में ये बेलनाकार शिवलिंग में रूपायित]

ई.पू. 184-22 शुंग-वंश, यक्षिणी-मत, ब्राह्मण धर्म का उत्कर्ष, कलिंग में खारवेल की सत्ता

ई.पू. 250-150 बैक्ट्रियन (बाह्लीक यवन) तथा भारत-ग्रीक (मद्रक यवन); गान्धार-शिल्पायन का उत्कर्ष

ई.पू. 139-57 शकों का आगमन

ई.प. (ई.पू. 200-
ई.प. 200) दक्षिण में सातवाहन-सत्ता; शैल-गुफ़ाओं तथा बौद्ध स्तूपों का निर्माण

ई.प. 80-144 मध्य एशियाई कुषाणों का युग :
[दो राजधानियाँ (मथुरा तथा पुरुषपुर) मथुरा कला-निकाय का प्रसुमन : बुद्ध, गंगा-यमुना, विष्णु आदि की साकार प्रतिमाओं का समारम्भ, यक्षिणी-मिथकों की विविधता; 'कामसूत्र', 'नाट्यशास्त्र' का मानक स्वरूप; एक क्रान्तिकारी रिनासाँ]

[140 से 320 तक का अन्तराल]

ई.प. 320-600 गुप्त-साम्राज्य का स्वर्ण युग; वैष्णवधर्म का प्रसार 'क्लासिकी युग' का शुभारम्भ; चन्द्रगुप्त का उदय (सिन्धु-मंथन की, मिथक का उद्भव)

ई.प. 375-415 दिग्विजयी पुत्र समुद्रगुप्त ने शकों को परास्त करके, 'विक्रमादित्य' की पदवी ग्रहण की, चीनी फा-हि यांङ की यात्रा; कालिदास, अमरसिंह हुए, अजन्ता-कला की विभावना

ई.प. 480 श्वेत हूणों द्वारा गुप्त-साम्राज्य का खात्मा तथा पंजाब-काश्मीर पर कब्ज़ा

ई.प. 600-630 दक्षिणापथ में कई महत्त्वपूर्ण नृपतन्त्रों का अभ्युदय : चालुक्य (510-1198; 10-13 शती), पल्लव (650-850), चोल (900-1150), पांड्य (1150-1350), होयसल (12-13 शती), विजयनगर (1336-1565), मदुरै (1600-1700) और राष्ट्रकूट (755-973)
[कांचीपुरम् के पल्लवों ने मामल्लपुरम में शैव-वैष्णव संगम किया, सप्त-पगोडाओं का निर्माण, शिलाकाट मन्दिरों का निर्माण : चालुक्यों एवं राष्ट्रकूटों ने इलौरा तथा एलिफेंटा के शिलाकाट मन्दिरों का निर्माण कराया; चोल राजेन्द्र द्वारा साम्राज्य-विस्तार, उसके समय में वास्तुकला तथा कांस्य प्रतिमाओं का उत्कर्ष; गोपुरों तथा मंडपों का निर्माण। केन्द्रीय उत्कर्ष : इलौरा, अजन्ता, गोपुर, मीनाक्षी मन्दिर (विजयनगर में विरूपाक्ष की पूजा) चोलों ने 'तमिल पुनर्जागरण' को विस्तार दिया]

ई.प. 11-13 शती ओड़िशा के गंग तथा केसरीवंश [जगन्नाथ रथयात्रा, कोणार्क व पुरी के भव्य मन्दिर]

ई.प. 10-12 शती मध्यभारत का चन्देल-वंश [खजुराहो का मन्दिर-समूह; कन्दरिया महादेव]

ई.प. 730-1197 बंगदेश के पाल सम्राट [तान्त्रिक बौद्धमत का मिथकायन]

ई.प. 1001 तुर्क और अफ़ग़ान शासन की स्थापना

ई.प. 1192 पृथ्वीराज चौहान की गोरी द्वारा पराजय

ई.प. 1526 तैमूर के वंशज बाबर का हमला; विशाल मुग़ल-साम्राज्य की स्थापना : गुरुनानक ने 'बाबरवाणी' रची।

ई.प. 1556-1661 मुग़ल अकबर महान् से शाहजहाँ तक का शासन
[भक्तिकाल एवं रीतिकाव्य की संस्कृति, तुलसी तथा सूर के सृजन; लालक़िला तथा ताजमहल]

ई.प. 1600 इंग्लैंड की ईस्ट इंडिया कम्पनी का चार्टर मंजूर तथा अन्य यूरोपीय उपनिवेशी ताकतों द्वारा गलियाराकशी

ई.प. 1675-1708 गुरु गोबिन्द सिह : इस काल में राजस्थानी चित्रकलम भी

ई.प. 1857 प्रथम भारतीय स्वतन्त्रता-संग्राम

ई.प. 1931 भगतसिंह, चन्द्रशेखर आज़ाद के लिजंधर फैले

ई.प. 1947-1950 स्वतन्त्र 'इंडिया दैट इज़ भारत' का उदय; अंग्रेजी प्रमुख (वैकल्पिक) भाषा हो गयी, पंचवर्षीय योजनाओं की शुरुआत; पंचशील और गुटनिरपेक्षता की नीति (1950-1975)

1.6 चीन (ई.पू. 1600-ई.प. 220)

जिस तरह भारत में हड़प्पा तथा आर्य जनगणों के मिश्रण से समग्र भारतीय सभ्यता का विधान हुआ था उसी तरह चीन में भी प्रोटो-थाई, प्रोटो-तिब्बती, प्रोटो-मंगोली जनगणों के मिश्रण से आध्यात्मिक, कलात्मक तथा कल्पनात्मक 'वैश्विक दृष्टि' आविर्भूत हुई। उनमें बनवासी शिकारियों, धान उगाने वाले लोगों, तथा पशुपालक कबीलों का भी मेल हुआ। यह सब कुछ ज्यादातर पीली नदी (ह्वांग हो) के तटों तथा घाटी पर घटा। मेसोपोटामिया तथा ईजिप्ट के बाद चीनी सभ्यता विकसित हुई।

शांङ वंश (ई.पू. 1500 से कुछ पहले) के समय से चीनी संस्कृति पल्लवित-पुष्पित हुई। इसमें एक प्राथमिक शहरी जीवन था (राजधानी आन यांग में), एक राज्य-संगठन था, कांसे का उपयोग था, स्मारकों का वास्तु-कौशल था, वर्गीय स्तरीकरण था, श्रम का विभाजन था, व्यापक व्यापार तथा संचार-तन्त्र था, युद्ध-कौशल का विकास था, खगोल—ज्ञान तथा पंचांग-गणना थी। इस तरह **संस्कृति** के सभी घटक मौजूद थे। यह सब नव पाषाण-युग की प्रवृतियों से विकसित होता आया था।

उनके कला-अभिप्रायों में सुमेर-प्रभावों की भी छाया है; पंखों वाले सर्प का अभिप्राय है, मोहेनजोदारो के लिंग-अभिप्राय वाले भाण्ड का हत्था भी है, आदि-आदि।

हान वंश (ई.पू. 206-ई.प.220) में ईंटों का इस्तेमाल शुरू हुआ, छतों की पट्टियों में। यहाँ भी शहरों के परकोटे बनाये जाते थे। फिर पूरे साम्राज्यो के उतर को घेरने वाली चीन की महान् दीवार (ई.पू. 221-206) चिनवंश ने बनवाई।

प्राचीन चीन में कूचा गुलामों की मंडी थी, खोतान बेशकीमती जेड-पाषाण की निर्मितियों का केन्द्र था, तिब्बत बौद्ध-लामावाद की धुरी था, तुंग ह्वाङ तथा युन-कांङ बौद्ध कला-गुफाओं का संघट्ट था : आनयांग पितर-पूजा का स्थल था, कैंटन में समुद्र-पारीण पत्तन था, वह पाँच पर्वतों, पाँच झीलों, तीन नदियों, पाँच राजवंशों, दस राज्यों वाला महादेश था। वह 'भू-स्वर्ग' अर्थात् कथित चीन था—'स्वर्ग तले सब कहीं।' प्राचीन चीन में गृह तथा परिवार को अत्यधिक आदर-सम्मान दिया जाता था। चीनी सम्राट भी स्वर्ग एवं पृथ्वी के बीच मध्यस्थ होने का दावा करते थे। अतः उन्हें देवताओं का आदेश था कि वे अपनी प्रजा में समरसता तथा सुराज कायम करें। अतः उनका आद्य धर्म पूर्वज-पूजाअभिमुखी तथा दैवीकरण-परक था।

चीनी मिथकों में सबसे बड़ी कठिनाई है कि उनके आर्ष अथवा मूल या भरत-पाठ नहीं हैं। उनके पास 'महाभारत' और 'रामायण', अथवा 'इडियाड' और 'ओडिसी' जैसे स्रोत काव्येतिहास नहीं हैं। अलबत्ता कवियों तथा लेखकों की रचनाओं में वे प्रकारान्तर से रची गयी हैं। अतः उनके कई प्रतिपाठ और उत्तर पाठ मिलते है। इसके साथ ही अनेक चीनी मिथकें कूटपरक, संख्यावाचक तथा रूपकात्मक सूक्तियों के संरूपों में शिक्षा, सम्बन्ध और समाज-व्यवस्था का नियमन करती हैं। उनमें भूगोल और इतिहास की भी छायाएँ-उपच्छायाएँ हैं। इसके अलावा मुद्रण और बारूद के अन्वेषण द्वारा चीन ने आधुनिक संसार को जन्म दिया। इन विलक्षण कारणों से एक सुव्यवस्थित, शृंखलाबद्ध चीनी मिथकायन लगभग अनुपस्थित है। वह बहुकालिक मिथक-कथाओं का इतस्ततः पुंज है जिसमें मिथक और इतिहास का, निजंधर एवं लोकयान का घोल होता गया है।

उक्त मिथकायन में बहुकालिकता तथा बहुलवाद का प्रमुख कारण तीन मतवाद भी हैं—ताओ, कनफूंशियसवाद और बौद्ध धर्म। इन्होंने मिथकों के स्वरूप सँवारे हैं; अपनी सामाज-सांस्कृतिक परिस्थितियों में।

ताओ-मत में (भारतीय 'मोक्ष' की भाँति) व्यक्तिगत 'मुक्ति' का विधान है। इसका प्रारम्भ राजकुमारों के सामन्तीय दरबारों से आत्मनिर्वासन था। अतः जंगलों में बस कर ध्यान एवं प्रकृति पर समाधि द्वारा आराधना हुई। वास्तव में प्रवर्तक लाओ-त्जू ने सभ्यता का ही परित्याग कर दिया था। पूर्वजों तथा उनके अवशेष अस्थिफूलों की पूजा इनकी केन्द्रीय आस्था थी। ताओ मत का दूसरा घटक **'वू'** अर्थात्—एवं—का, नर एवं मादा तत्त्व का ऋतुक्रतु था। यह एक उपचार जैसा था जो दुखियारे तथा विपन्न कृषक-वर्ग को सांत्वना देता था, कुशलक्षेम परक चैतन्यों (स्पिरिट्स) का आह्वान करके। यह पुरखों की चैतन्यात्माओं का भी परम्पराव्रती आह्वान करता था। इसी के अनुरूप चीनी-मिथकमंडल का एक आयाम उभरा। वस्तुतः ताओवाद 'वू' की **आदिम शक्ति** का प्रक्षेपण था क्योंकि उसका सन्दर्श तार्तार, मंगोल, मंचू के खानाबदोश बर्बर आतंक का शुक्ल पक्ष था।

इसके प्रतिपक्ष में **कनफूशियसवाद** प्रायः यथास्थिति का अनुरागी था। यह सामाजिक कर्तव्यों, परिवार और कुलशील पर बल देता था। इसमें पाँच सम्बन्धों को आधार माना गया;—पति-पत्नी, राजा-मन्त्री, पिता-पुत्र, अग्रज-अनुज, तथा मित्र-मित्र। यह इहलौकिक नीति पर केन्द्रित पुरुषसत्ताक मानसिकता वाला मत था जो सामन्तीय नैतिकता का समर्थक भी हुआ। यह मत प्राकृतिक फेनामेना के प्रति भी समर्पित था।

बाद में महायान **बौद्धधर्म,** तथा उसके तिब्बती-मंगोली रूपंकर ने मिलकर चीनी समाज के सामन्तीय, सम्भ्रान्त तथा बहुजन के सभी स्तरों को प्रभावित किया। यह भिक्षु-भिक्षुणियों की समानता मानता था (यहाँ तक कि अवलोकितेश्वर एक नारीदेवी हो गये)। यह राजवंशों में मध्यममार्ग का, तथा जनजीवन में अहिंसा और संघ-जीवन का प्रतिपालक बना। इसका अपना एक चीनी बौद्ध मिथकायन विकसित होता चला। अनेक बौद्धमन्दिर तथा संघाराम चीन में स्थापित हुए। इस तरह यांग चाओं के **बौद्ध संघाराम** तथा लू के कनफूशियस के जन्मस्थान का भी समन्वय हो गया।

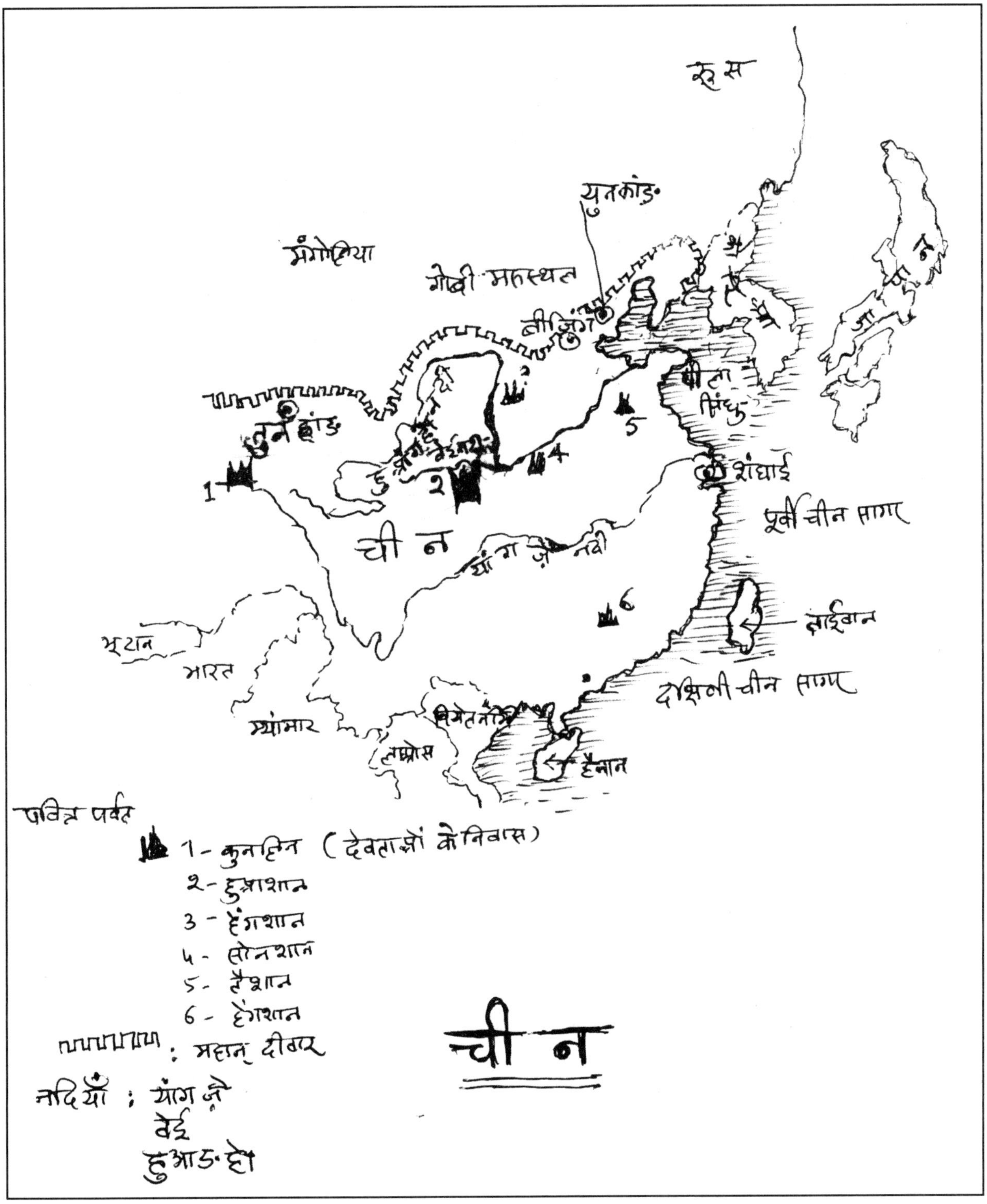
रूस
मंगोलिया
गोबी मरुस्थल
बीजिंग
शंघाई
पूर्वी चीन सागर
चीन
यांग ज़े नदी
भूटान
भारत
म्यांमार
ताईवान
दक्षिणी चीन सागर
हैनान
पवित्र पर्वत
1 - कुनलुन (देवताओं के निवास)
2 - हुआशान
3 - हेंगशान
4 - सोनशान
5 - तैशान
6 - हेंगशान
: महान दीवार
नदियाँ : यांग ज़े
वेई
हुआङ-हो
चीन

यह उल्लेख अप्रासंगिक नहीं होगा कि ई.पू. चौथी-तीसरी शती में ही सिचुआन होकर भारत-चीन के बीच व्यापार-मार्ग खुल गये थे। बौद्ध शिल्पकृतियों, पुरातात्विक एवं साहित्यिक स्रोतों से ज्ञात होता है कि मध्य एशिया तथा उत्तर भारत के बीच कुषाण-काल (ई.प. पहली से तीसरी शती) में घनिष्ठ सम्बन्ध थे। ऐसा प्रतीत होता है कि व्यापार ही **धर्म** एवं **मिथकों** का संवाहक बन गया था। हान-युग (ई.पू. 206-ई.प. 220) में तो विशेषतया उन व्यापार-मार्गों तथा विपणन की सुरक्षा की जाती थी जो महान् दीवार को छूते थे (दे. एक्सिनरू लि यू : 'एंशियेंट इंडिया एंड एंशियेंट चाइना' ऑक्सफोर्ड यू. प्रेस, 1989)। चीन से रेशम ('चीनांशुक':—[कालिदास]) अश्व, मोती, जेड-बर्तन आदि का आयात होता था।

चीन में प्रथम बौद्ध मठ ई.प. 75 में बना था। ई.प. दूसरी शती में लुओ पेंग चेंग तथा लुआ यांग में दो बौद्ध संघाराम स्थापित हो गये थे और पाषाण तथा स्वर्ण की बुद्ध की ध्यान-मुद्रा वाली प्रतिमाएँ बनने लगी थीं। चार चीनी बौद्ध यात्री ताओ शान (ई.प. 316), फा-क्शियान (ई.प. 399), युआन-जांङ (ई.प. 645), तथा यी जिंङ (ई.प. 694) थे। इसी के सहवर्तन में तुन ह्वांङ के गुफ़ा-मन्दिरों तथा अजन्ता के गुफ़ा-मन्दिरों में बहुत साम्य है। चीनी तथा भारतीय **कला के षडंगों** में भी काफी समानता है। युन च्वांङ और लोंग मेंग के शिलोत्कीर्ण शिल्प पर गुप्त एवं गांधार प्रभाव है। दसवीं शताब्दी तक बौद्धों ने अनुमानतः 3500 नये शब्द चीनी भाषा में अन्तर्भुक्त कर दिये थे। इस तरह **'चीनी बौद्ध धर्म'** का अपना जातीय स्वरूप प्रकट हुआ। हर्ष-साम्राज्य के पतन (ई.प. 647) से ये सम्पर्क टूट गये। तांङ-वंश के पतन (ई.प. 907) के बाद चीन भी खंड-खंड होने लगा था। भारत में भी दसवीं से बारहवीं शताब्दी तक विखंडन की प्रक्रिया चलती रही थी, तथापि ई.प. ग्यारहवीं शती में दक्षिण के चोलों के समुद्रगुप्त उर्फ़ राजराजा ने भारत-चीन मैत्री को पुनरुज्जीवित किया था।

चीन के प्रमुख राजवंशों एवं संघटकों का कालचक्र (ई.पू. 1600-ई.प. 1949)

(विशाल पीली नदी (ह्वांग हो) चीनी सभ्यता का पालना हुई)

ई.पू. 6000	पीली नदी पर खेतीबाड़ी के प्रथम चिह्न
ई.पू. 2700	रेशम-बुनकरी का अभ्यास
ई.पू. 2500	पहली बार कांस्य का इस्तेमाल; परकोटे वाले नगरों का निर्माण
ई.पू. 600	पहली बार लोहे का उपयोग
ई.पू. 2000	लिजंधरी सिया-वंश के महायुग का प्रारम्भ।...सूअर, कुत्ते, बैल, बकरी पालतू बनाये गये
ई.पू. 1500-1000	शाङ-वंश, कांसे के बर्तन बनाने की टैकनालॉजी
ई.पू. 1000	झोउ वंश : कांसे की ढलाई में उच्च महारत; चाउ लड़ाकुओं द्वारा शाङ पददलित
ई.पू. 551-479	कनफूशियस ऋषि का अभ्युदय, उनके नीति-दर्शन का प्रसार; लोहे के हल तथा तलवार का इस्तेमाल
ई.पू. 353-206	विशाल 'चीन की दीवार' का निर्माण : 1400 मील लम्बी
ई.पू. 300	घुड़सवारी का अनुप्रवेश
ई.पू. 221-207	किन-वंश : प्रथम चीनी सम्राट शी ह्वांग डी द्वारा चीन का ऐकीकरण (1974 में उसके मकबरे में सात हज़ार माटी के सिपाहियों का उत्खनन)
ई.पू. 206-9 ई.प.	पश्चिमी हान-वंश; कनफूशियस मत राजधर्म बना
ई.पू. 110	मध्य एशिया के आर-पार रेशम-मार्ग खुला
ई.प. 25-220	पूर्वी हानवंश (चाउचिन हान का 'क्लासिकी युग')
ई.प. 65	बौद्धधर्म का पहला अनुप्रवेश; कनफूशियस-ताओ-बौद्ध, इन तीन धर्म/नीति परक दर्शनों का विस्तार; कई मिथकायनों का संगम; पाँच क्लासिक पत्थरों पर खोदे गये।
ई.प. 220-265	फूट भरे तीन राजवंशों (वेई, शू, तथा वू) का काल
ई.प. 220	सुई-राजवंश का प्रारम्भ सियेह द्वारा चित्र के षडंगों का विकास
ई.प. 265-581	छै राजवंश : गान्धार के भी आंशिक प्रभाव से आरम्भिक बौद्ध विग्रह
ई.प. 386	बौद्धों का उत्पीड़न रानी वू द्वारा 'आलोक महल' का निर्माण
ई.प. 399	बौद्धभिक्षु फाहियान द्वारा भारत-यात्रा
ई.प. 444	ताओ-धर्म को राजधर्म बनाने की घोषणा, वेई साम्राज्य में
ई.प. 477	बौद्धधर्म चीन का राजधर्म बना

ई.प. 489 युनकांङ, लुंग-मेंऽङ प्रान्त में विशाल बौद्ध गुफ़ा-मन्दिर परिसर कर निर्माण
ई.प. 550-581 सियांग-तांङ-शान की बौद्ध गुफाएँ
ई.प. 590-618 सूई-राजवंश
ई.प. 589 चीन का एकीकरण
ई.प. 600 पोथी—छपाई की शुरुआत
ई.प. 618 ताई तांङ द्वारा तांग-वंश की स्थापना (618-967)
– एक चीनी राजकुमारी द्वारा तिब्बत के राजा से विवाह
– कथित 'विदेशी' बौद्ध धर्म का दमन; ली पो, तू फू, पो नी-ई जैसे श्रेष्ठ कवियों द्वारा सृजन
– चीन एक विशाल साम्राज्य में संगठित
ई.प. 626 तांग-दरबार द्वारा बौद्धधर्म में पुनःदीक्षा; बौद्धधर्म का कोरिया, मंचूरिया, मध्य एशिया में प्रसार
ई.प. 685 चित्रकार वू-ताओ-ज़ू
ई.प. 710 तियेललुंग शनि की गुफाओं का परवर्ती चरण
ई.प. 960-1279 सुगं-वंश की स्थापना
ई.प. 1200 स्याही वाली बौद्ध चित्रकारी
ई.प. 1279-1368 युआन-वंश की स्थापना (यह मंगोल राजवंश है)
ई.प. 220-1368 पाँच राजवंशों (हान, सूई, तांग, सुंग, युआन) का काल
ई.प. 1215 लगभग उत्तरी चीन पर मंगोलों का कब्ज़ा; चंगेज़ खान का पेसिफिक महासागर से कैस्पियन सागर तक राजपाट
ई.प. 1260-94 कुबलाई खान का शासन
ई.प. 1275-1295 वेनिस (इटली) के मार्को पोलो का मंगोली चीन में प्रवास
ई.प. 1368-1644 मिंग-राजवंश
ई.प. 1644-1911 मंचू (क्विंग) राजवंश
ई.प. 1912 चीन का लोकतन्त्र।
ई.प. 1949 माओ-ज़े-दुंग के नेतृत्व में एकीकृत साम्यवादी 'गणलोकतन्त्र चीन' की संस्थापना

[**विशेष :** – मध्यवर्ती राजशाही (ई.पू. तीसरी शती) से लेकर उत्तरी चाउ, चिन और हान (ई.पू. 206 से ई. प. 220) तक का युग **क्लासिकी युग** माना जाता है।
– तीन राजशाहियों, छोटे चिन तथा उत्तरी एवं दक्षिणी राजवंश का युग **विभाजन का युग** माना जाता है।
– तांग का समय **पूर्व मध्यकाल** माना जाता है।]

1.7 ग्रीस (यूनान : ई.पू. 1250-336)

ग्रीस का भूमानचित्र भी उसका इतिहास और मिथकायन निश्चित करता है। यह पहाड़ियों से युक्त लगभग अनुर्वर क्षेत्र था जो समुद्र की ओर बढ़ता जाता और एशिया माइनर का भी समावेश कर लेता था। यह अनेकानेक छोटे बड़े द्वीपों तथा जलडमरूमध्य से पूर्ण है। इसलिए यह ऐकीकृत राज्य के बजाय कई नगर-राज्यों का एक संकुल था। वे आपस में द्वन्द्व तथा लड़ाइयों में संलिप्त रहते थे। इस समाज की नींव क्रीतदासों (स्लेव) पर आधारित थी। इसमें स्त्रियाँ दोयम दर्जे की नागरिक थीं तथा अवांछित बच्चे मरने को छोड़ दिये जाते थे।

प्राचीन ग्रीक संस्कृति के चार केन्द्र थेः—थियेटर (एवं संगीत), मन्दिर, जिमनेसियम (व्यायामशाला) तथा एगोरा (हाट बाज़ार)। ग्रीक नगर-निवेश का यही मूल स्वरूप है। थियेटर भी महान नाटककारों द्वारा प्रजातन्त्र के साथ विकसित हुआ था। उनमें भी इतिहास और मिथक उसी तरह घुलमिल गये थे जिस प्रकार होमर और हेसियड के महाकाव्यों तथा कृतियों में।

डोरियनों ने लौह युग की टेकनालॉजी का इस्तेमाल करते हुए माइसीनियनों को सत्ताच्युत कर दिया। वे ग्रीस में, फिर क्रीट में, फिर एशिया-माइनर में दक्षिणी तट पर संस्थापित हो गये थे। उनका वह समय 'अन्धकार युग' कहलाया। उन्होंने आर्गोस, कोरिंथ, तथा स्पार्टा जैसे नगर भी कायम किये। किन्तु **स्पार्टा** उनका अन्तिम पड़ाव हुआ।

स्पार्टा एक प्रचंड सैन्यीकृत नगर-राज्य था जिसमें बेहद कठोर अनुशासन लागू था। सात साल की उम्र से ही बालकों को फौजी प्रशिक्षण देना शुरू हो जाता था। इस पर ई.पू. 338 में मेसिडोनिया के फिलिप द्वितीय का अधिकार हो गया।

देवी एथिना के नाम पर **एथेंस** क़ायम हुआ। व्यापार द्वारा अमीर होकर यह विद्या, कला, वास्तु का केन्द्र हो गया। एक प्रजातान्त्रिक सरकार भी स्थापित हो गयी तथा यह एक सैन्य शक्ति भी बन गया। पेरिक्लीज़ मानो एक स्वर्णयुग (ई.पू. 479-431)

ग्रीस (यूनान)

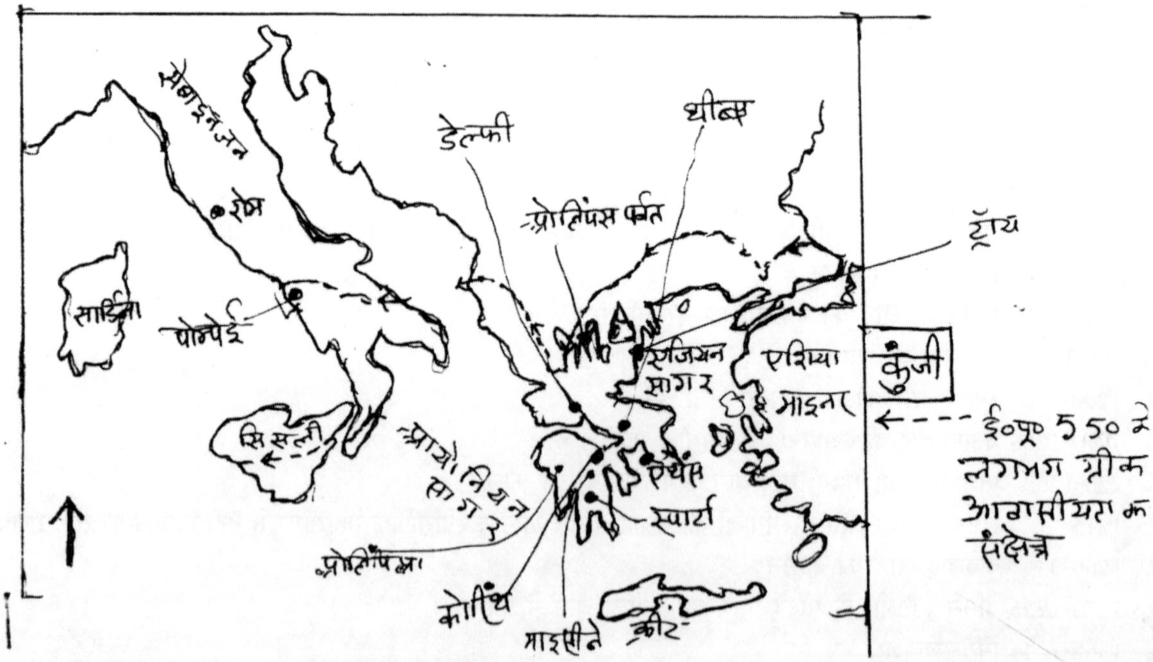

लाया। उसके शासन-काल में पार्थिनन के मन्दिर का निर्माण हुआ, एथिना की पूजा के लिए (ई.पू. 447)। यह तीस हजार टन चमचमाते संगमर्मर से बना तीस-पैंतीस फीट ऊँचा भव्य मन्दिर था। हर चार साल में देवी एथिना का महोत्सव मनाया जाता था।...तथापि पेलिपोनेसियन युद्ध (ई.पू. 404) के उपरान्त इस पर स्पार्टा का अधिकार हो गया था।

एथेंस की भव्यता तथा वैभव अनुपम था। इसकी नगर-देवी एथिना थी। साथ ही नगर-देवता पोसाइडन था। उसके द्वारा त्रिशूल गाड़ने पर पानी निकल पड़ा था और जैतून के पेड़ का उद्‌भव हुआ था।...वस्तुतः हर नगर-राज्य का एक अधिशासी देवता होता था। **मन्दिर** और **पर्व** उनके केन्द्र थे जिनमें संगीत तथा खेलकूद प्रमुख थे। एक अन्य केन्द्र था—डेल्फी। इसमें देववाणी (ओरेकल) के माध्यम से देवता प्रश्नों के उत्तर देते थे।...तथापि प्रमुख ग्रीक देवता ओलिम्पस-पर्वत पर रहते थे। वे क्रोनोस एवं रिया के वंशज तथा गेइया (धरती माता) एवं यूरेनस की सन्तति थे। ग्रीक देवते मानवाकृत थे तथा सभी तरह के गुण-दुर्गुणों के पिंड थे। उनके **पैन्थियन** अर्थात् देवमंडल में ज़ियस (इन्द्र), अफ्रोदीति, अपोलो, एरोस, आर्तेमिस, डेमिटर, एथिना, डायोनीसस के अष्टक के सहवर्ती हेस्टिया एवं पोसेइडॉन भी थे।

पैन्थियन (देवमंडल) कला से लेकर मानव-प्रारब्ध तथा मृत्यु तक के पक्षों को समाहित करता है। आठ प्रमुख देव-देवियों का यह मंडल या मिथकायन धार्मिक विश्वासों की पीठिका बना। लेकिन मिथकें धार्मिक एवं पवित्र पाठों के रूप में नहीं थीं। मौखिक परम्परा के कारण मिथकों के कई पाठ, अनुपाठ, प्रतिपाठ और उत्तर पाठ बनते रहे। इनसे मिथक-कुंडलों (मिथिक इंटरलॉकिंग) का विन्यास हुआ।

इस तरह हेलेनिक संस्कृति के दो ध्रुव थे—**पैन्थियन** (देवमंडल) तथा **पार्थिनन** (एक्रोपोलिस दुर्ग में एथिना का मन्दिर)। इसके साथ ही हेलेनीय संस्कृति के पंख फोनीशिया और ईजिप्ट से लेकर मौर्य कालीन भारत तक पसारे जा चुके थे। आधुनिक संसार पर भी उनकी उपछायाएँ निरन्तर विद्यमान हैं। वर्तमान सुपरिगठन उर्फ़ सुपर स्ट्रक्चर का सांस्कृतिक पैटर्न भी आठ **म्यूज़ेस** (कला एवं विद्या की उपदेवियाँ) में अन्तर्निहित है।

क्लासिकी ग्रीस में मिथकों की संस्कारी भूमिका थी। आर्थर काटरेल ने इसका खुलासा करते हुए कहा है कि क्लासिकी एथेंस का काल **राजनीतिक,** सांस्कृतिक तथा कलात्मक नज़रियों से अजस्र सृजनात्मक वर्षा वाला था। सार्वजनिक तथा व्यक्तिगत जीवन के सभी क्षेत्रों में **मिथकायन** का दखल था। वह शिक्षा का भी अनिवार्य अंग था क्योंकि बच्चों-बच्चियों को होमर तथा हेसियड की कृतियों की कथाओं को सीखना और उनका सहगायन करना लाजिमी था।

उस काल के दर्शन एवं विज्ञान में भी मिथकों की अहम भूमिका थी। कला-वृत्त में भी कलश-चित्रांकन के बिम्बों और आभूषणों से लेकर विशाल शिल्प-कृतियों तथा मन्दिरों में प्रतिष्ठापित प्रतिमाओं तक में वे परिव्याप्त थीं।

महान् 'पेंथिनेइआ' में 'इलियाड' और 'ओडिसी' का सम्पूर्ण पाठ होता था। नगर-देवी एथिना की आराधना में सभी जगहों से आने वाले श्रद्धालु इसमें भागीदारी करते थे।

ग्रीक मिथकों की विशेषता भी थी कि वे संस्थापित मानवीय मर्यादाओं का उल्लंघन करती थीं क्योंकि उनमें (मानव) लोक अति सुदूर छोर पर धकेल दिया जाया करता था (मसलन ओडिपस अपने पिता का वध करके अपनी माता से विवाह करता है।) ऐसी दशाओं पर जनगण बारम्बार वाद-विवाद-संवाद आदि करते थे तथा चुनौतियाँ समझते थे। इस प्रकार वे सामाजिक मूल्यों की सन्तुष्टि करते थे।

सारांशी-संक्षिप्त ग्रीक कालचक्र निम्नलिखित है–

ई.पू. 1250 ग्रीकों द्वारा ट्राय का विध्वंस

ई.पू. 1125 डोरियन जन माइसीनियनों को विस्थापित करते हैं

ई.पू. 1000 एशिया माइनर में ग्रीक उपनिवेश कायम

ई.पू. 700 होमर द्वारा 'इलियाड' तथा 'ओडिसी' का प्रणयन

ई.पू. 776 प्रथम ओलिम्पिक खेल

ई.पू. 334 एलेक्ज़ांडर महान् की दिग्विजय शुरू

ई.पू. 146 रोमनों द्वारा कोरिंथ की समग्र लूटपाट और सम्पूर्ण ग्रीस पर नियन्त्रण

[आवश्यक विवरण :

ई.पू. 1300-1200 माइसीनियन संस्कृति उभरी। तब कांस्य युग था।

ई.पू. 900-725 **रिनासाँ युग** या **ज्योमेट्रिक युग,** सर्वोत्तम उपलब्धि, होमर के दोनों महाकाव्य (ई.पू. 700), यद्यपि उनका उद्गम **अन्धकार युग** में माना जाता है, जो **माइसीनियन युग** के बाद अवतरित हुआ।

ई.पू. 630-480 **आर्केइक युग** : इसका नामकरण जर्मन पुरातत्त्वेता जोहान विंकेलमान ने किया। इस युग के उत्पादन अधपरिष्कृत से थे।

ई.पू. 480 **क्लासिक युग**

ई.पू. 334-146 एलेक्ज़ेंडर की मृत्यु से लेकर रोमन विजय तक का समय **हैलेनिक काल** कहा जाता है।]

1.8 पर्शिया (ई.पू. 850-ई.प. 637)

फिनीशियनों द्वारा जो सागरिक व्यापार फैलाया गया उससे भूमध्य सागर के अनेक देशों में दासप्रथात्मक व्यवस्था भी मजबूत हुई तथा उससे पश्चिम एशिया में मिलीजुली संस्कृति भी फैली।

पारसियों ने भूमध्य सागर से लेकर सिन्धुनदी-घाटी तलक **एकामेनिड साम्राज्य** स्थापित किया। उनकी फौजों ने ग्रीक सभ्यता को भी पदमर्दित करने की चेष्टाएँ कीं; कभी-कभी जीते भी। एथेंस का नाश कर दिया। अन्ततः एलेक्ज़ेंदर महान् द्वारा पराजित हुए (ई.पू. 334)। एलेक्ज़ेंदर ने पर्सिपोलिस का विध्वंस कर डाला। फिर भी पारसीकों ने ग्रीस के बहुविध ज्ञान तथा विज्ञान को संरक्षित करके उसमें अपनी प्रतिभा भी शामिल कर डाली। वह विरासत रिनासाँ में पुनरुज्जीवित हुई।

मूलतः काकेशस-पर्वत क्षेत्र से आर्यो का एक महान् आव्रजन हुआ था (ई.पू. 1000) में। ईरान प्रथमतया 'आर्यान्' था। पारसीक सैनिक गजब के घुड़सवार और धुनर्धर थे (मंगोलों की भाँति)। उनके सम्राट साइरस और उसके उत्तराधिकारी 'शाहंशाह, डेरियस प्रथम (ई.पू. 521-486) ने आर्यान् साम्राज्य को मेडीस, असीरिया, बेबीलॉन, ईजिप्ट, मध्य एशिया, उत्तर पश्चिम भारत तक फैलाया। बाद में अरब के रेगिस्तान के बेदाऊनी कबीलों (7वीं शती) और एशियाई स्टेपी के मंगोलों (13वीं शती) ने वहाँ लगातार हमले किये। सो, पर्शिया अन्ततः इस्लामी हो गया। 'अवेस्ता' तथा 'ऋग्वेद' के अन्तःसूत्र विच्छिन्न हो गये।

डारियस या डेरियस प्रथम ने साम्राज्य को बीस क्षत्रपों में बाँटा था। वे ही श्रीमन्त थे। कुछ क्षत्रपाइयों में पर्सिपोलिस, बैक्ट्रिया, पार्थिया थीं। डेरिस ने बेबीलॉन जीत कर वहाँ के लगभग चालीस हज़ार यहूदियों को आज़ाद किया, उन्हें यरुशलेम लौटने की इजाज़त दी और सोलोमन के मन्दिर के निर्माण में सहायता भी की थी।...इसी तरह पार्थियनों ने बेबीलॉन के नये साल के महोत्सव को ग्रहण किया था।...आर्यान्, पारसीक पार्थियन, विशेषतः पारसीक, स्त्रियाँ 'एकांतिकतः' हरम में रहा करती थीं; एक पतिव्रता तथा सतियों जैसी थीं।

पार्थियनों के कई भव्य **महल** और **मन्दिर** थे। विशेषतः ईश्तर देवी के मन्दिर की दीवारों पर रंगीन चमकदार ईंटपट्टिकाएँ (टाइल्स) लगी थीं जिन पर ईहामृग अंकित थे। वे बागीचों के शौकीन थे। फलतः अदन के नंदन-कानन का मिथक भी उभरा।

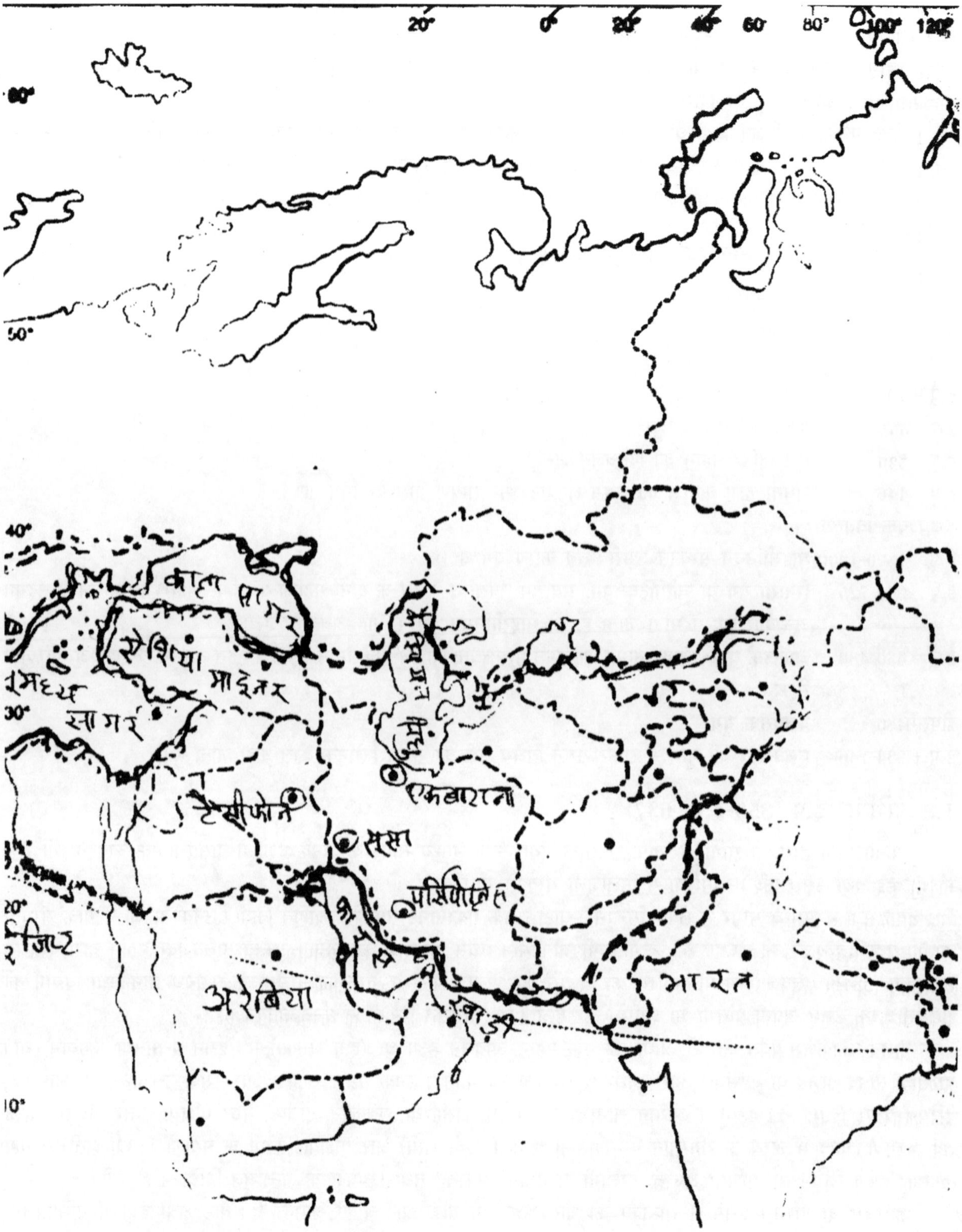

विशाल पर्शियन साम्राज्य
(ई० पू० 480 – 600 ई०प०)

उनकी मूर्तियाँ विशाल आकार की होती थीं। उनमें सजी-सँवरी छल्लेदार दाढ़ी-मूँछें विशेषताएँ हैं। हाथों-पाँवों की बलिष्ठ मांसपेशियाँ शौर्य की समानुभूति कराती हैं। इसके अलावा मनुष्य के सिर वाले पंखदार वृषभ या सिंह द्वारपाल गढ़े गये। बहुधा सपक्ष सिंह उनके प्रमुख अभिप्राय थे। विशाल खम्भों के माथे के चारों ओर आकृतियाँ बनाई जाती थीं। ये साँची और अशोक की लाटों के सिंह तथा वृषभ से तुलनीय हैं।

पारसीक लोग पैगम्बर ज़ोरोआस्तर के अनुयायी थे। पार्थियनों (दज़ला-फरात घाटी क्षेत्र) के प्रभाववश वे सूर्य और अग्नि के उपासक तथा पूजक थे। 'मिथरा' या 'मित्र' या सूर्य उनका मुख्य उपास्य था। मिस्र के फाराओं अख़्नातेन ने भी एकेश्वर सूर्य-पूजा को लागू किया था। भारतीय आर्य भी अग्निपूजक तथा सूर्योपासक थे। पर्सियाइयों के धर्म के मुताबिक विश्व में देव तथा दानवों के बीच निरन्तर संग्राम चला करता है। इस संघर्ष में आहुर माज़दा (शुभ, प्रकाश) तथा आहरीमान (अशुभ, अन्धकार) नेता हैं। इनका महादेव ओर्माज़्द था। इस क्रम में वे मिथराई धर्म से, जरथस्त्रु-धर्म से इस्लामी धर्म (सातवीं शती ई.प.) के अनुयायी होते गये। बीच में उनका पराभव हुआ। तथापि ई.पू. 226 में सासानी-वंश ने पुनः पार्थियनों के गौरव का पुनरुत्थान किया। विश्व को उनकी देन ईहामृग आकृतियाँ, 'सुर-असुर' के बीच निरन्तर वर्ग-संघर्ष तथा कानून एवं विज्ञान का विकास आदि रहे हैं।

प्रमुख कालखंड :

ई.पू. 650 पर्शियाई लोग असीरियाई साम्राज्य में बस जाते हैं
ई.पू. 539 बेबीलॉन पर क़ब्ज़ा
ई.पू. 525 ईजिप्ट पर कब्ज़ा
ई.पू. 334 ग्रीक एलेक्ज़ेंदर पर्शिया को परास्त करता है
ई.पू. 320 एकामेनिड साम्राज्य का पराभव
ई.प 700 पारसीक एवं ग्रीक आर्यान् का ईरान के रूप में इस्लामीकरण

1.9 दक्षिण एशिया (ई.प. 300-1500)

इस क्षेत्र के अन्तर्गत ब्रह्मा (बरमा, वर्तमान में म्यांमार), मलय (मलेशिया), इंडोनीसिया (सुमात्रा, जावा, बाली समेत) द्वीपसमूह, इंडोचाइना (पहले के फ्रांसीसी उपनिवेश के कम्बोडिया, लाओस, वियेतनाम), सुखोथाई (थाईलैंड), कालीमंथान (बोर्नियो), तथा श्रीलंका (पहले का सीलोन) आदि शामिल हैं। श्रीविजय (जावा) और श्रीलंका इसके आसेतु ध्रुवांत है। यूँ यह चंपा- राजशाही के पांडुरंग-क्षेत्र तक व्याप्त है जो चीन के युन्नान प्रान्त से भी संलिप्त रहा है। इस विशाल भू-भाग में अराकानी (अहोम), ख़्मेर, मोन, थाई, बरमी जनजातियाँ आबाद रहीं।

मान्यता है कि ई.पू. 5000-1000 में दक्षिण चीन से दक्षिण एशिया में लोगों का विशाल प्रव्रजन हुआ। सहवर्तन में भारत का भी जबर्दस्त प्रभाव पड़ता रहा। वे तटीय क्षेत्रों में छाते गये, नये-नये नगरों तथा राजशाहियों (किंग्डम्स) को बसाते हुए। ई.प. चौदहवीं शती तक हिन्दूधर्म और बौद्ध मत, प्रकारान्तर से हिन्दूकृत बौद्धधर्म, प्रमुख रहे। इस डायस्पोरा के विघटन के बाद से अगर अरबी व्यापारी और गुजरात (कच्छ) के भारतीय कठमुल्ले इस्लाम लाये तो खूँख़ार यूरोपीय ताकतें ईसाइयत और उपनिवेशवाद। वियेतनाम विचित्र सन्धिस्थल बना। इसके उत्तरी भाग में चीन का वर्चस्व तथा दक्षिणी भाग के चम्पा-क्षेत्र में भारत का प्रभुत्व। यहाँ 'चीनी बौद्धमत' का वियेतनामी संस्करण भी विकसित हुआ (जो स्वयं भी तो भारतीय बौद्धमत से उद्भूत था)।

प्रोजेश बनर्जी के अनुसार 'ईसा पश्चात् आरम्भिक शताब्दियों में हिन्दूधर्म तथा बौद्धमत के माध्यम से भारतीय संस्कृति सुदूर-पूर्व एशिया में फैली। इसके प्रसार की मुख्यतः चार तरंगें हैं, यथा (1) ई.प. दूसरी-तीसरी शती में अमरावती के द्वारा; (2) ई.प. चौथी से छठी शताब्दी में गंगा के मैदानों के गुप्तों के द्वारा; (3) ई.प. 550-750 में दक्षिण भारत के पल्लवों के द्वारा; तथा (4) ई.प. 750-900 में पूर्वी भारत के अंग (बिहार)-बंग (बंगाल) क्षेत्र के पालों एवं सेनों के द्वारा।' [दे. 'इरोटिक इंडियन डान्स', पृ. 84, कॉस्मिक पब्लिकेशंस, न्यू देल्ही, 1983] ।...इसके अतिरिक्त कलिंग (ओड़िशा) के गंग-राजाओं (ई.प. 11-13 शती) का भी योगदान रहा।

इस काल के हस्तलिखित उल्लेख अमूमन नहीं हैं। मुख्यतः शिलालेख, वास्तुरूपात्मक मन्दिर तथा प्रतिमाएँ ही आधार हैं। अलबत्ता हम समानान्तरता के न्याय से गुप्तों-वाकाटकों, पल्लवों-चोलों, पालों-गंगों के सामाजसांस्कृतिक आधार पर पुनर्लब्धियाँ कर सकते हैं। हमारे ध्रुवान्त ब्रह्मा, स्याम, कम्बोडिया, जावा, श्रीलंका, वियेतनाम आदि हैं। जावा द्वीप हमारा मूलाधार है। इसके साथ ही कम्बोडिया के ख़्मेर-वर्तमान एवं ख़्मेरोपरान्त काल में मन्दिरों में ही कैलास या बैकुंठ धाम का तादात्म्य तथा स्वयं राजाओं का अन्यथा विष्णु होकर 'देवराजा' के रूप में विभ्रान्त प्रक्षेपण भी मिथकों एवं इतिहास के आधार बने थे।

सुदूरपूर्व एशिया या **बृहत्तर भारत** के लोग कुशल नाविक (सेलर) तथा जलपोत-नायक (नेविगेटर) थे। उस क्षेत्र में समृद्ध सांस्कृतिक अनेकता भी रही। इनके लघु-लघु समाजों में पितरों-पुरखों की पूजा तथा उनका दैवीकरण प्रमुख रहे। प्रकृति-मिथकों के

अन्तर्गत (चावल की) धान्य देवी 'श्री', सुमेरुपर्वत के देवता तथा ज्वालमुखी पर्वत के अग्निदेव प्रमुख हैं। ये अपने ढंग से वरुण के उपासक थे। हिन्दू-चरण में शिव एवं विष्णु की उपासना प्रमुख थी। वे भी बाली द्वीप में स्थानीय देवड़ों से समन्वित हो गये। यूँ भगवान बुद्ध ही सर्वव्यापी रहे, तदपि इन्द्र, श्री देवी, ब्रह्मा को भी थाई के बौद्ध मिथकायन में ग्रहण कर लिया गया।

(क) इस क्षेत्र की विलक्षण प्रकृति के कारण हमें दक्षिण एशिया तथा भारत के सम-समयों को लेना होगा :

ई.पू. 200	: चीन और भारत से सम्पर्क; नाम-वियेत की राजशाही में	अशोक महान की मृत्यु के बाद हिन्दूधर्म का पुनरुत्थान
ई.प. 300-400	: फूनान का कंबोडिया में तथा चंपा का वियतनाम में शासन	गुप्तों द्वारा भारत को एकजुट करना; अजंता के गुफ़ा-मन्दिर। ई.प. 465 में बर्बर हूणों द्वारा गुप्त-साम्राज्य का खात्मा
ई.प. 600-700	: ख़्मेरों द्वारा फूनान-विजय। कम्बोडियो। में हिन्दू राजशाही की स्थापना	
ई.प. 700-800	: श्रीविजय द्वारा सुमात्रा-जावा का शासन	चोल-वंश द्वारा हिन्दूधर्म का म्यांमार तथा उत्तरी सुमात्रा में प्रसार
ई.प. 800	: अंगकोर-राजशाही की स्थापना	तन्त्र-मन्त्र में स्त्रीदेवियों की प्रधानता तथा कामुक शिल्पों का निर्माण
ई.प. 1000	: अंगकोर-थोम स्थायी राजधानी होती है तथा हिन्दूधर्म बौद्धधर्म द्वारा विस्थापित होता है।	
ई.प. 1100	: पेगू की बर्मी (म्यांमारी) राजशाही	1000 में चोलों द्वारा हिन्दूधर्म को जावा तथा श्रीलंका में प्रसारित करना
ई.प. 1300	: अंगकोर वाट का निर्माण। यह एक विष्णु मन्दिर है जिस पर समुद्रमंथन की मिथक भी उत्कीर्ण है। ख़्मेर राजा सूर्यवर्मन-द्वितीय ने निर्माण कराया। अंगकोर थोम एक बौद्ध मन्दिर है जिसका सम्राट जयवर्धन ने 15वीं शती में निर्माण कराया। उसमें सम्राट के कई विराट शिर खुदे हुए हैं।	
	कम्बोडिया के शूरमा ख़्मेरों द्वारा थाई देश, ब्रह्मा, वियेतनाम तक अपने साम्राज्य का विस्तार; ख़्मेरी नारियाँ भी खड्ग-कुशला योद्धा थीं।	भारत में बौद्धधर्म का प्रायः उन्मूलन
ई.प.	: थाई लोगों का उत्थान। ख़्मेरों का पतन।	
ई.प. 1400	: अरबों द्वारा इस्लामधर्म को फैलाया जाना। हिंसक संघर्ष हिन्दू-राज्य बाली में बच रहा। सुखोथाई की स्थापना।	
ई.प. 1550-1600	: यूरोप की डच, पुर्तगाली, अंग्रेज, फ्रेंच, शक्तियों द्वारा उपनिवेश कायम करना।	
ई.प. 1800	: आधुनिक विश्व में इंडोनेसिया सर्वाधिक मुस्लिम आबादी वाला देश।	

(ख) 'बृहत्तर भारत' का प्राचीन इंडोनेसिया द्वीप-समूह-आँचल

	जावा	सुमात्रा	बाली	अन्य द्वीप
ई.प. 100	हिन्दू-उपनिवेशीकरण का आरम्भ			बोर्नियो की हिन्दुत्वपरक राजशाही
ई.प. 600		मल (T) य की राजवाड़ी श्रीविजय की राजवाड़ी पालेम्बांग बौद्ध-विद्यार्जन का केन्द्र		

ई.प. 700	शैलेन्द्र राजवंश (778) महायान बौद्ध मत मातारम राजवंश (864)	श्रीविजय जावा के संरक्षण में; सत्ता सुमात्रा में हस्तांतरित	बौद्ध मत के प्रथम संकेतक	
ई.प. 900	पूर्वी जावा-युग मपू सिन्दोक (928-950)	शैलेन्द्र राजन-मलय तथा सुमात्रा के शासक	पूर्वी जावा की राजकुमारी महेन्द्रदत्ता, राजा उदयन	मातरव द्वारा श्रीविजय पर हमला (992)
ई.प. 1000	श्रीविजय का आक्रमण	शैलेन्द्र का जावा पर हमला; श्रीविजय की शक्ति का ह्रास	बाली पर जावा का सांस्कृतिक प्रभाव; क्लासिकल युग का समारम्भ	
	केदारी राजवंश (1045-1220)			
ई.प. 1100	साहित्य का उन्नयनः काकाविन रामायण काकाविन महाभारत			
ई.प. 1200		मलय द्वारा जावा की प्रभुसत्ता स्वीकार	केतॉंगारा द्वारा बाली की स्वतन्त्रता का हरण	
	मजापहित राजवंश (1294-1520)	इस्लामी युग की शुरुआत, समुद्रः प्रथम इस्लामी राज्य		
ई.प. 1300	राजेन विजय (कर्न्ताराजस) 1294-1309		जावा का उपनिवेश हो गया (1343)	अधिकांश द्वीप समूह मजापहित के अधीन; गजमद द्वारा विजय
ई.प. 1400	मजापहित का अवसान इस्लाम में धर्मान्तरण शुरू मालिक इब्राहीम (1419)	मलक्का की राजशाही	बाली-संस्कृति का स्वाधीन उत्थान	
ई.प. 1500	देमाक की राजशाही (राजेन पाताह)	पुर्तगाल द्वारा मलक्का विजय (1511)		मोलुक्का का पुर्तगालियों द्वारा ईसाईकरण
	हिन्दू-जावा का अन्त (1520) इस्लामी काल का आरम्भ			
ई.प. 1600	पश्चिमी जावा का वली-खानदान मातारम की इस्लामी सल्तनत	अजेह का इस्कंदर मूसा (1607-1636)		दक्षिण सेलेबेस का इस्लाम में धर्मान्तरण
	जकार्ता की बर्बादी	डचों द्वारा आजेह का ध्वंस मलय भाषा : इंडोनेसिया की बहासा इंदोनीसिया		ईस्ट इंडिया कम्पनी द्वारा सेलेबेस पर कब्जा

प्राचीन ''बृहत्तर भारत''

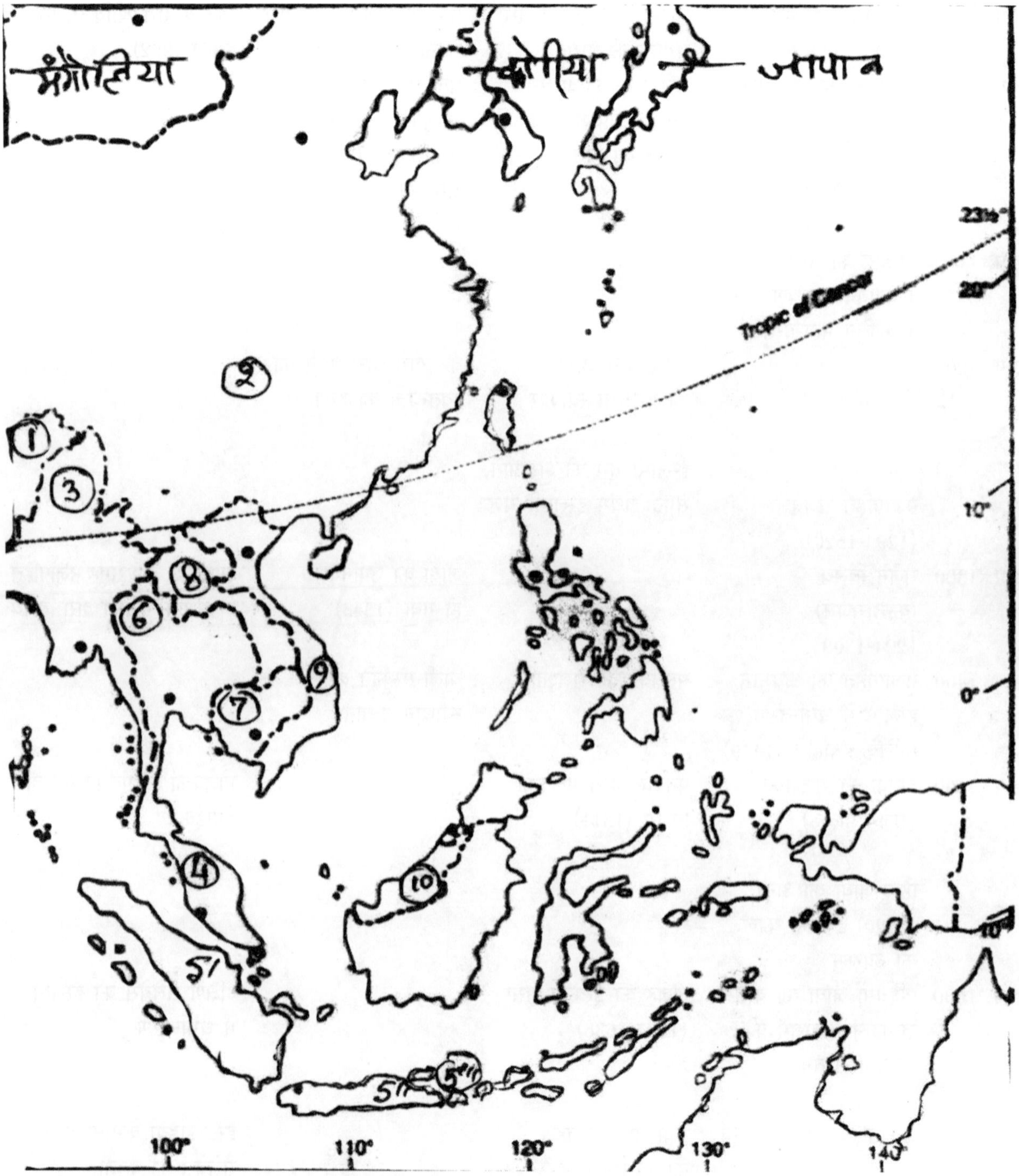

दक्षिण एशिया

(1) भारत, (2) चीन, (3) ब्रह्मा, (4) मलय, (5) इंदोनीसिया, (क. सुमात्रा, ख. जावा, ग. बाली), (6) सुखोथाई देश, (7) कम्बुज, (8) लाओस (लव-देश), (9) चंपा राजशाही (वियतनाम), (10) कालीमंतान (बोर्नियो)।

सुदूर-पूर्व एशिया

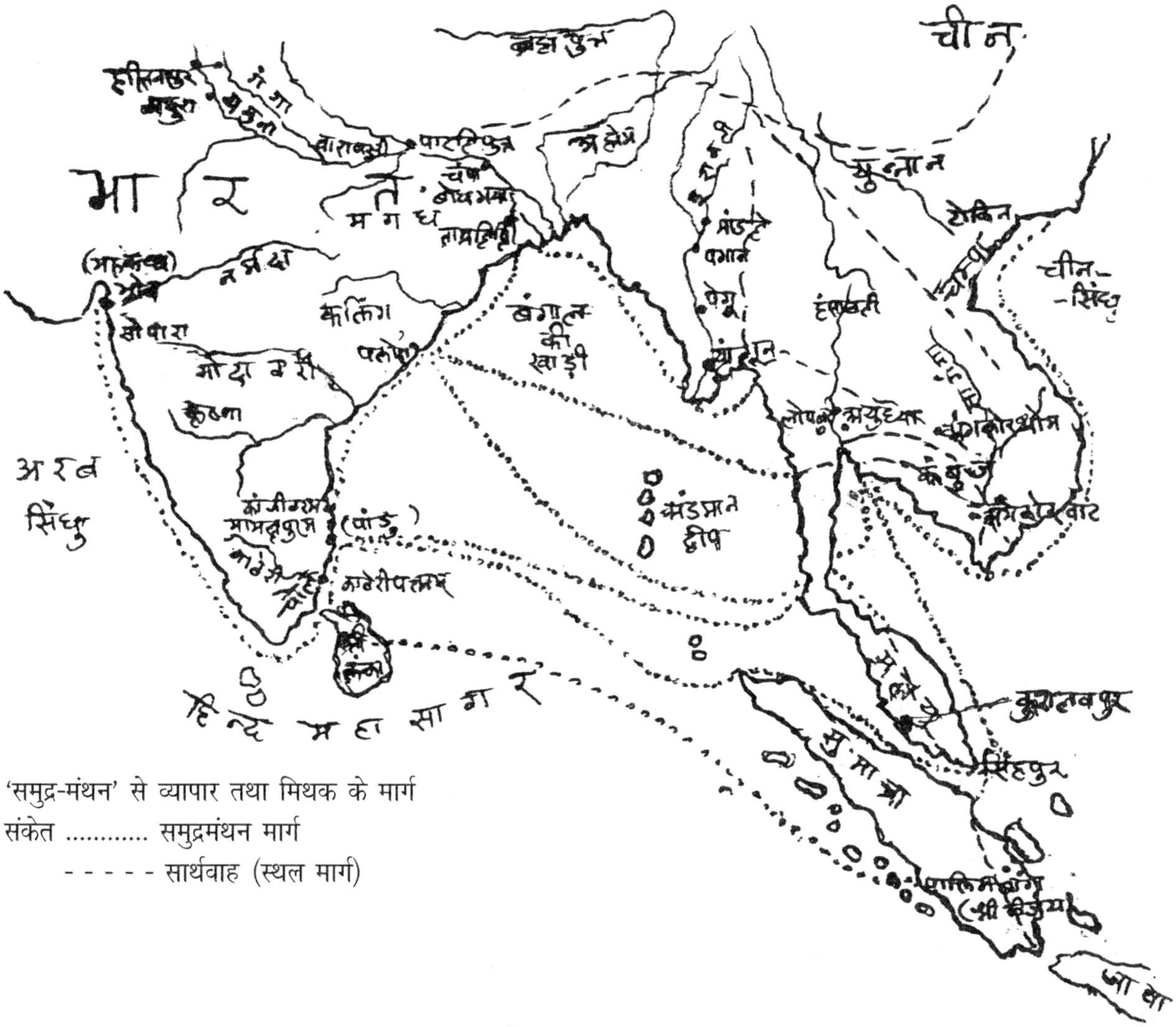

'समुद्र-मंथन' से व्यापार तथा मिथक के मार्ग

संकेत .... समुद्रमंथन मार्ग

- - - - - सार्थवाह (स्थल मार्ग)

सुदूर-पूर्व बृहत्तर भारत

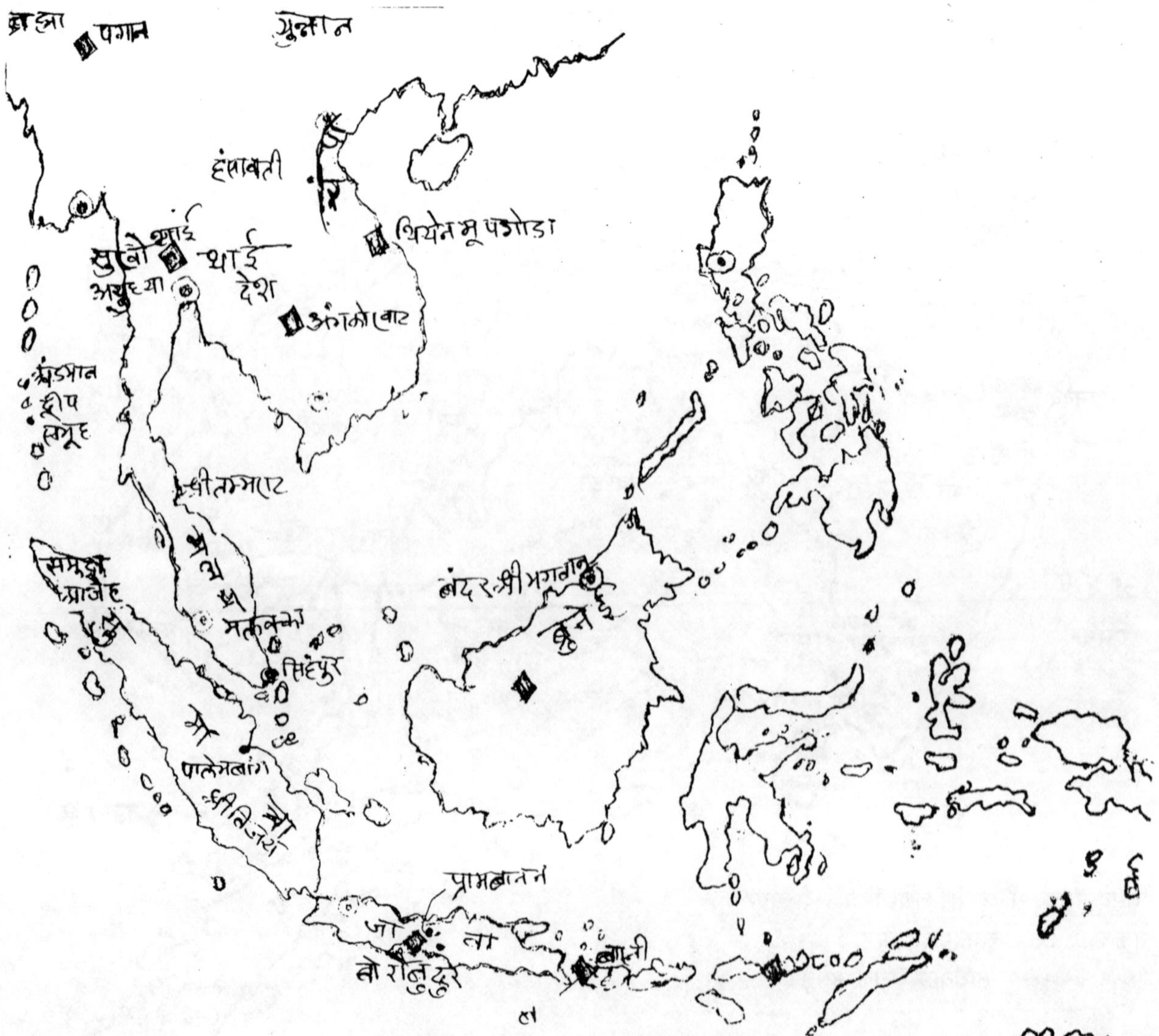

संकेत

♦ सांस्कृतिक-मिथकीय स्थल

• राजधानी

केन्द्रीय जावा में

संजय, शैलेंद्र, माताराम की राजशाहियाँ

पूर्वी जावा में

केदिरी, सिंघसारी एवं मजापहित की राजशाहियाँ

सुमात्रा में

श्री विजय-साम्राज्य

वियतनाम में

चंपा राजशाही

कम्बोडिया में

ख़्मेर-साम्राज्य

1.10 रोम-(-न) साम्राज्य तथा इटेलियन रिनासाँ (ई.पू. 509–ई.प. 16वीं शताब्दी)

पाँचवीं-छठी ई.पू. शताब्दी में ग्रीस अर्थात् प्राचीन 'हेलॉस' के छोटे-छोटे नगर-राज्यों में मानव-सभ्यता के अनेक संस्कृति-कमल पल्लवित-पुष्पित हो उठे थे। उनके अचानक कुसुमायन से हेगेल, मार्क्स, शोपेनहावर आदि चकित थे। महाकवि होमर, हेसियड, ईस्किलस, सोफोक्लीज़, सुकरात, प्लेटो, यूरीपिडीज़, पाइथागोरस; हेरोडोटस जैसे संस्कृतिवेत्ताओं ने मानव-कृतित्व के अनेक आयाम विकसित किये। उस नागर सभ्यता में विशाल भवनों, संगमर्मरी मूर्तियों, चित्रांकित एम्फोरा भांडों ने पराकाष्ठा प्राप्त कर ली। इसे 'हेलेनिज़्म' अर्थात् **आलोक** की संज्ञा दी गयी। इसका भी पराभव हुआ।

इस सभ्यता के बाद **'रोम'** केन्द्र बना जो शनैः-शनैः रोमन गणतन्त्र, रोमन राजतन्त्र, महान रोमन साम्राज्य, पवित्र रोमन साम्राज्य, फिर इटेलियन रिनासाँ के कई कायाकल्पों से निकलता हुआ लगभग विलीन हो गया। ईसाई 'हिब्राइज़्म' अर्थात् **मधुरता** की संज्ञा, **विमर्श** तथा **शक्ति** के केन्द्रों से होकर पूरी हुई। इसका आदर्श **हैलेनिक आलोक** था। महान रोमन साम्राज्य दास-प्रथा की क्रूरता तथा शोषण की बेपनाह नींव पर उसारा गया था। पवित्र (ईसाई) रोमन साम्राज्य का संदर्श 'मधुरता' थी। कालान्तर में वह पुनर्जागरण या **रिनासाँ** में कायान्तरित हुआ। रोमन चक्रचिह्नों में कानून-व्यवस्था, युद्ध का रणकौशल, विशाल वास्तु-निर्माण द्वारा उन्नति के नये शिखर छुए गये। इसमें भूमध्यसागरीय, मध्य एशियाई, हेलेनिक आदि मिथकीय परम्पराओं का भी समन्वय हुआ। ईसा की दूसरी-तीसरी शताब्दी तक आते-आते इसका भी पतन होने लगा। बर्बर और जंगली जातियों के आक्रमण, क्रीतदासों के विद्रोह, कृषकों के बेगानेपन इसकी उपलब्धियों को छिन्न-भिन्न कर देने पर एक अस्थायी अन्धकार-काल आ गया। फिर रिनासाँ के **मानववाद** तथा **मधुरता** का उन्मीलन हुआ। अन्ततः अरबों और तुर्कों की बढ़ती ताकत ने रोम का क्षय कर डाला।

इस तरह यहाँ आलोक (प्रकाश) से विमर्श और शक्ति, मधुरता और मानववाद तक की विशृंखल महायात्रा हुई और विलुप्त हो गयी।

सर्प, पक्षी, मत्स्य, मगर, कच्छप, अंडा तथा वृषभ, शूकर, भेड़िया, आदि भी पूर्वेतिहासिक देवी-देवते थे जो (स्वेदज, उद्भिज, अंडज, योनिज) उत्पत्ति के कारक तथा सृष्टि के नेता और प्रजापति होते थे। इसी लड़ी में एक लैटिन नगर के राजा ने अपनी भतीजी के दो बेटों को टोकरी में रखकर नदी में बहा दिया ताकि वे राज्य के दावेदार नहीं बनें। वे एक किनारे जाकर लगे तो एक मादा भेड़िया उन्हें दूध पिलाकर पालती रही। बाद में एक गड़रिया उन्हें ले आया। देवता मार्स तथा वेस्टल वर्जिन की सन्तान वे दोनों बड़े होकर शक्तिशाली एवं साहसी बने। उन्होंने राजा को मार डाला। फिर उनके बीच राजा बनने की प्रतिद्वन्द्विता छिड़ गयी। रेमुलस ने रेमस को मार डाला। जिस जगह गड़रिये ने उन्हें पाया था, वहीं रोम नगर संस्थापित किया गया। दो शिशुओं को स्तनपान कराती भेड़ियिन आजकल रोम का प्रतीक-चिह्न बनी हुई है।

गाल नामक कबीलों के हमलों को झेलते हुए ई.पू. तीसरी शताब्दी के मध्य में रोमन अभिजातीय गणतन्त्र स्थापित हुआ। इसमें पेट्रीशियनों तथा प्लेबियनों के बीच चले दो सौ वर्षों के संघर्ष में **प्लेबियन** जीते और वे रोम के पूर्णाधिकार प्राप्त **नागरिक** बन गये। किन्तु कालान्तर में 'कौंसुल' तथा 'सेनेट' में वास्तविक सत्ता सम्भ्रान्त दास-स्वामियों के कुछेक परिवारों के हाथों में ही संकेन्द्रित हो गयी। इस तरह **रोमन गणतन्त्र** दासप्रथा और आभिजात्य वाला गणतन्त्र हो गया। उसकी एक शक्तिशाली, सुप्रशिक्षित और सुसंगठित सेना थी।

अब इटली पर अधिकार करके रोम सारे अपेनाइन प्रायद्वीप को अपने दायरे में लेकर भूमध्यसागर-क्षेत्र का सर्वशक्तिशाली शाही राज्य बन गया। तब रोम और कार्थेज के बीच संघर्ष छिड़ा। ई.पू. 218 में कार्थेज के सेनापति हैनीबाल ने इटली पर धावा बोल दिया। गाल लोग भी उसके साथ आन मिले। ई.पू. 201 में कार्थेज पर रोम की विजय हो गयी और उसका विध्वंस कर डाला गया। फिर रोमनों ने सीरिया, यूनान के मकदूनिया, ग्रीस पर कब्ज़ा करके जीते गये प्रदेशों में खूब लूटमार मचाई। इस तरह दासों के कन्धों पर उनके खूनी बलिदानों से पोषित-पालित रोमन दासस्वामी लगातार धनवान बनते गये और किसान कंगाल। दासों का नेतृत्व करते हुए स्पार्टाकस का असफल विद्रोह हुआ (ई.पू. 74) : "भूखों मरने से तो लड़ते हुए मरना बेहतर है।" लेनिन ने स्पार्टकस को 'दासों के महानतम विद्रोहों के एक महानतम वीर नेता' घोषित किया।

इसी क्रम में मादा-भेड़िया की किंवदन्ती के अलावा रोम के महाकवि वर्जिल (ई.पू. 70-19) ने अपने 'ईनीड' महाकाव्य में होमरीय ट्राय के रक्षक ईनियस की मिथककथा रची। वह देवी अफ्रोडाइट का पुत्र था जो देवताओं की मदद से बचते हुए इटली में पहुँचकर बस गया। पाताललोक की यात्रा में मृतक पिता की आत्मा और देव ज़ियस की खबरदारी उसे रोम के भावी उत्कर्ष के लिए उसके द्वारा सारे विश्व पर रोमनों के शासन की भविष्यवाणी से सचेत करती है। यह 'महान रोमन साम्राज्य' की एक ग्रेको-रोमन मिथक है। मतलब यह कि रोमन गणतन्त्र का पतन हुआ और **रोमन साम्राज्य** का उत्थान।

गृहयुद्ध के बाद जूलियस सीज़र (ई.पू. में) रोमन साम्राज्य का महासम्राट बना। ई.प. 44 में उसकी हत्या हो गयी। तथापि एकतन्त्रीय गणतन्त्रीय कमज़ोरियों के बाद नृपतन्त्रीय शासन कायम हो गया। आक्टेवियन आगस्टस (30 ई.पू.-14 ई.प.) और उसके उत्तराधिकारियों का काल आया। इसी काल में महाकवि वर्जिल ने अपने महाकाव्य 'ईनीड' की रचना की। इसी काल

में 'साम्राज्य' के शासनतन्त्र में रोम, और उपनिवेशों में दासस्वामियों का प्रभुत्व लगातार मजबूत होता गया। उनकी विजयों का सिलसिला 115-116 ई. तक चला। दूसरी शताब्दी ई.प. के आरम्भ से विघटन तथा विद्रोह की प्रक्रिया शुरू हो गयी। 'दिव्य विभूति आगस्टस' के कार्यों का शिलालेख बेमानी हो गया। तीसरी शताब्दी से **महान रोमन साम्राज्य** का पतन होता चला गया जो पाँचवीं शताब्दी तक चला। इससे दास-प्रथा पूरी तरह ढह गयी।

ई.प. 312 में **ईसाइयत रोम** में स्वीकार कर ली गयी। सम्राट कांस्टेनटीन ने ईसाइयत को साम्राज्य-धर्म बना दिया। कैथोलिक मन्दिरों में मूर्तिपूजा हुई तथा **क्रॉस** पवित्र-चिह्न हुआ। ईश्वर-पुत्र प्रभु ईसा मसीह के संत शिष्य अधिमानित हुए। संत आगस्ताइन इनके दार्शनिक प्रवक्ता हुए। **बाइबल** पवित्र ग्रन्थ के रूप में पूजित हुआ। ईसा मसीह की पवित्र नगरी **यरुसलम** तीर्थ हो गयी। **रोम** विश्व ईसाइयत की धुरी हो गया। तदपि पवित्र तीर्थ यरुसलम को वापस जीतने को आठ धर्मयुद्ध (क्रूसेड) लड़े गये। ईसाई रोम प्रकारान्तर से **इटेलियन रिनासाँ** की **मधुरता** (हिब्राइज़्म) में आलोकमंडित होता गया।

आलोक (हैलेनिज़्म) से मधुरता (हिब्राइज़्म) की ओर का प्रस्थान हुआ। पैगन (गैर-ईसाई) रोम में जूलियस सीज़र शिखर पर था तो ईसाई रोम में पोप धरती पर ईश्वर की छाया के रूप में अधिष्ठापित हुआ; पैगन-चक्र में जूपीटर, मर्करी, मार्स, डायना, वीनस का देवमंडल था तो ईसाई रोम में ईसावृत्त में त्रित्व तथा शिष्य सन्त थे, केन्द्र में चर्च था और मठों (मोनेस्टरीज़) के सन्त थे; पैगन रोम में जूलियस सीज़र, नीरो, आगस्तस जैसे सम्राट थे; तो **पवित्र (ईसाई) रोमन साम्राज्य** में कास्टेनटाइन जैसे सम्राट। यूँ बर्बरों के हमलों तथा अन्धकार-युग के पश्चात **पवित्र रोमन साम्राज्य** का आविर्भाव हुआ। पूँजीवादी अर्थतन्त्र तथा राष्ट्रीय भावना का भी आरम्भ हुआ।

[मध्यान्तर या अन्तराल की 6-11 शताब्दी ई.प. में बाईजैंटियम (बैजंतिया) का ईसाई साम्राज्य प्राचीन यूनानी उपनिवेश में स्थित था। उसकी राजधानी कांस्टेनटिनोपल (कुस्तुनतूनिया) थी। सम्राट जस्टीनियन (527-565) ने रोमन साम्राज्य की भूतपूर्व सीमाओं को बहाल करने, तथा दास-स्वामी प्रथा को सुदृढ़ करने की कोशिश की। वह एक सम्पन्न तथा संस्कृति-समृद्ध तथा उन्नत साम्राज्य होता गया। उन्होंने नये-नये शिल्पों तथा शैलियों का विकास किया था। वहाँ जीवन की सक्रियता और संघर्ष था। उसमें समृद्ध व्यापार और सांस्कृतिक उन्नयन था। कुस्तुनतूनिया में सन्त सोफिया का गिर्जाघर बैजंतिया-कला का अजूबा है। वहाँ चित्रकार, वास्तुकार, जौहरी, व्यापारी समूहों की शोहरत थी।]

[तथापि (ईजिप्ट और ग्रीस के बाद) रोमन मूर्तिकला एवं वास्तुकला का अभूतपूर्व उत्कर्ष हुआ था। उनकी आदमकद तथा आवक्ष प्रतिमाएँ बेमिसाल हैं। उनके विराट् एम्फीथियेटर, कोलोसियम के ध्वंसावशेस इसके गवाह हैं।]

मधुरता में परिपाकी **रिनासाँई इटली** के उन्मीलन (15वीं-16वीं शताब्दी ई.प.) के दो धुरे बने—मानववाद और मानवता की परिपूर्णता के हेतु कला-विज्ञान-संस्कृति में सर्वोत्तम सृजन-अन्वेषण। रिनासाँई इटली में रोम के अलावा फ्लोरेंस, मिलान, नेपल्स, वेनिस जैसे नगर विकसित हुए। उनमें प्राचीन यूनान की आभिजात्य संस्कृति का बहुत प्रभाव पड़ा किन्तु उसका मौलिक रोमनीकरण होता गया। उनमें महान रोमन साम्राज्य की उपलब्धियाँ भी प्रेरणा रहीं। इटली में व्यापार भी बढ़ता चला गया। मध्यकाल से मुक्तिकामी तथा उदार मध्यवर्ग का भी विकास हुआ। सारा परिवेश यथास्थिति से मोहभंग वाला था। क्रमशः धर्मकेन्द्रित समाज के बजाय मानवकेन्द्रित समाज का उत्थान होने लगा। लक्ष्य हुआ सम्पूर्ण मानव तथा मानव की सम्पूर्णता का ऐक्य। इस काल में दान्ते की महाकाव्यत्रयी, पेट्रार्क की जीवनियाँ, बोकेशियो के किस्से लक्ष्यीभूत हैं। तैलरंगों तथा परिप्रेक्ष्य (पर्स्पेक्टिव) के विकास के कारण चित्रकला का चरमोत्कर्ष हुआ। बोटिचेली, राफेल, लियोनार्दो-द-विंची, माइकेल एंजिलो जैसे कलाकारों में पैगन ग्रीक तथा हिब्रूई-ईसाई मिथकों, लिजंधरों, लोक गाथाओं का संगम किया। सन्तों और मेडोन्नाओं के स्वर्गिक संसार के साथ-साथ ग्रीक-रोमन-ईसाई मिथकों का नवीन एवं अद्वितीय पुनर्नवीकरण हुआ। अन्ततोगत्वा गैलीलियो ने स्थिर पृथ्वी की परिक्रमा-गतिकी को खोजकर एक अतुल बलशाली ईसाई मिथक का भंजन कर डाला। आधुनिक युग का सिंहद्वार खुल गया।

प्राचीन एवं मध्यकालीन रोम के इतिहास का कालचक्र

ई.पू. 753	किंवदन्ती के अनुसार मादा भेड़िया द्वारा पोषित रोमुलस ने रोम की स्थापना की
ई.पू. 509	**रोमन गणतंत्र** की स्थापना, दासप्रथात्मक राज्य का निर्माण
ई.पू. 218-133	भूमध्यसागर-क्षेत्र में सबसे शक्तिशाली राज्य
ई.पू. 140	रोम ने कार्थेज का विध्वंस कर दिया
ई.पू. 74-71	दासों की अगुवाई करते स्पार्टकस का विद्रोह
ई.पू. 49	जूलियस सीज़र द्वारा रोम में सत्ता पर अधिकार **'रोमन राजतंत्र'** की स्थापना
ई.पू. 30	
ई.प. 14	आक्टेवियन आगस्टस (ई.पू. 30-14 ई.प.) का शासनकाल; महाकवि वर्जिल द्वारा 'ईनीड' नामक मिथकेतिहासिक

	महाकाव्य की रचना
ई.प. 115-116	रोमन साम्राज्य के उत्कर्ष में रोम की अन्तिम विजय; **महान रोमन साम्राज्य** की परिणति
अन्धकार-काल :	
ई.प. 284-476	रोमन साम्राज्य का पतन
ई.प. 312	रोम में ईसाई धर्म स्वीकार कर लिया गया। पोप और सम्राट, चर्च और मोनेस्ट्री (मठ) की संस्थाएँ तथा उनके अन्तर्विरोध : सम्राट कांस्टेंटीन द्वारा धर्मराज्य बनाना
ई.प. 6-11शती	बैजंतियम का ईसाई-साम्राज्य : सम्राट जस्टीनियन (527-565) द्वारा **पवित्र रोमन साम्राज्य** की पुनर्स्थापना की कोशिश
ई.प. 11-13शती	पवित्र नगरी यरुशलम को वापस जीतने के लिए आठ धर्मयुद्ध (क्रूसेड)
ई.प. 15-16शती	**महान इटैलियन रिनासाँ :** मानववादी दर्शन का विकास, अनेक चित्रकार, शिल्पी, वास्तुकार, वैज्ञानिक, दार्शनिक आदि का जमावड़ा।
	'बोटिचेली, राफेल, लियोनार्दो-द-विंची द्वारा ग्रीक मिथकों तथा विशेषतः ईसाई धर्मकथाओं का चित्रण; माइकेल एंजिलो द्वारा ग्रीक मिथकों का चित्रांकन; अन्य अनेक मिथक-चितेरों का उदय, महाकवि दान्ते तथा किस्सागो बोकेशियो की रचनाएँ; क्वाट्रोसेंट्रो तथा सिनक्वेसेंट्रो का उन्मेष : संत आगस्टाइन का धर्मचिन्तन; वैज्ञानिक गेलीलिओ।

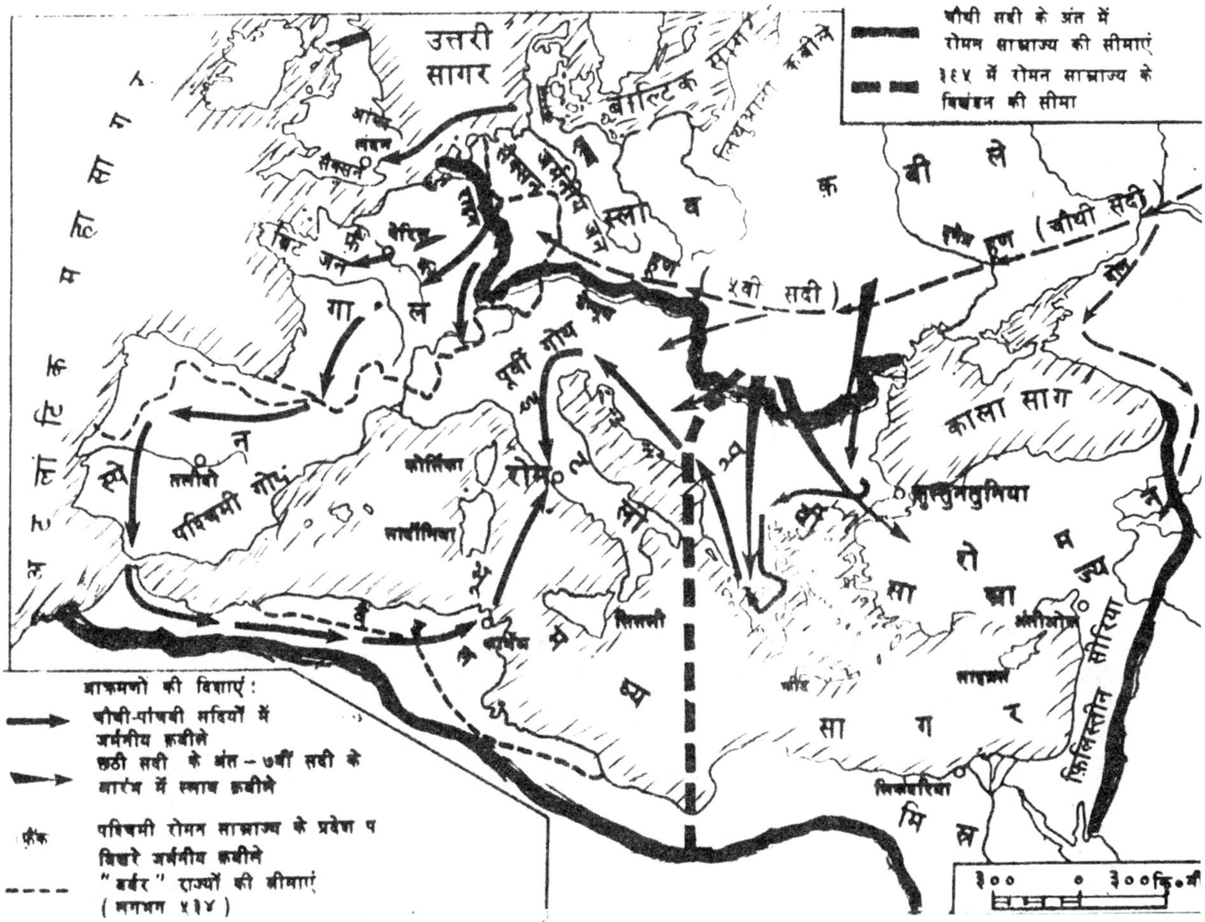

चौथी-सातवीं सदियों में रोमन साम्राज्य और जर्मनीय तथा स्लाव क़बीलों के हमले

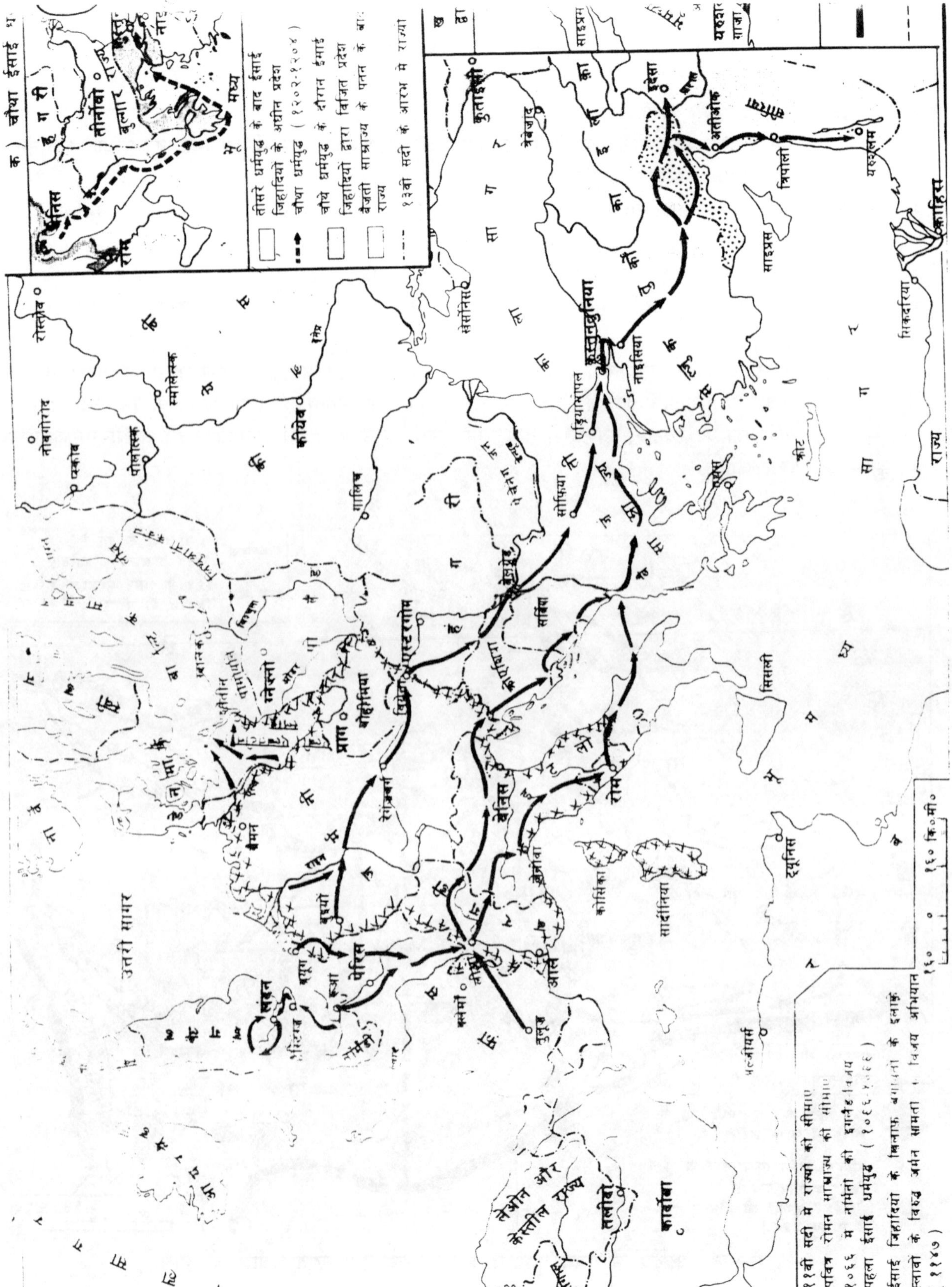

11वीं-13 वीं सदी के आरम्भ का यूरोप ईसाई धर्म युद्ध

1.11 जापान (ई.पू. 300–ई.प. 1800)

जापानी द्वीपसूमह में भौगोलिक घटकों, जलवायु, भू-गर्भ की महत्त्वपूर्ण भूमिका रही है जिन्होंने उसके जनजीवन का चारित्र्य, कला तथा मिथकयान को भी ढाला है। इसके पाँच सौ छोटे-बड़े द्वीपों में प्रमुख हैं : होन्शू (मुख्य भूमि), होक्केडो (उत्तर समुद्री जिले), शिकोकू (चार प्रान्त) तथा क्यूशू (नौ प्रान्त)। देश की 1700 मील लम्बी तटरेखा है। अतएव समुद्र तथा सिंधुतीर ने जापानी जीवन, मिथक एवं कला का उन्नयन किया है। इनकी कुम्भकारी में भी प्रमुख अभिप्राय पाइन वृक्ष, बाँस, चेरी-प्रसुमन, तथा फूजी-पर्वत-माला एवं समुराई योद्धागण रहे। आत्मसम्मान के लिए आत्महत्या भी इनका आदर्श रहा था।

इस देश के प्रमुख धर्म शिंतों तथा बौद्ध हैं। शिंतो में, वैदिक धर्म की तरह, प्राकृतिक शक्तियों का दैवीकरण हुआ है। बौद्ध मत पर चीन एवं कोरिया का भी प्रबल असर पड़ा है। इसलिए बौद्ध दृष्टान्तों ने नारा नगरी का शाका [शाक्यमुनि का त्रिरत्न, ऐतिहासिक बुद्ध], होर्यूजी का संघाराम और महायान के बोधिसत्व रहे हैं। मिरोकू (मैत्रेय) भी शामिल हो गये। यहाँ के **त्रित्व** थे—बुद्ध, पद्मपाणि बोधिसत्व तथा वज्रपाणि बोधिसत्व। इसके साथ ही विकराल सौन्दर्यबोध के भयानक विभावक **मुखौटे** भी मिथक एवं कला में रहस्योन्मेषक रहे हैं।

जापानियों के लिए फूजीयामा पर्वत कैलास की भाँति परमपावन है। यह असंख्य मिथकों की भी सिसृक्षा रहा है। इसकी देवी 'सेनगेन-सामा' है।

मुख्यतया ई.प. 600 में चीन की शानदार सभ्यता से इनका जो सम्पर्क हुआ उसने जापानियों की मिथक, धर्म, कला तथा लिपि को बिन्दास प्रभावित किया। यह प्रवर्तन बौद्धधर्म के आगमन से हुआ।

कालान्तर में जो सामन्तशाही विकसित हुई उसमें भूमि पर ईश्वरावतार या लिजंधरी अर्द्धदैवी महानायक की सम्प्रभुता स्वीकृत थी। किसान उसे जोतते थे। फसल के विनिमय, हाड़तोड़ श्रम, या फौज़ी सेवा द्वारा वे कमरतोड़ टैक्सों की अदायगी करते थे। इसलिए उनकी मिथकों तथा गल्पों में भी ईश्वर से, राजा से, महानायकों से सम्बन्धता की खोज है। उत्पीड़ित-शोषित किसानों की जोत **स्वामियों** तथा **बौद्ध मन्दिरों** की जायदाद होती जाती थी। कालान्तर में सत्रहवीं शती में **वेश्यालयों** तथा **राजनर्तकियों** की संस्था का प्रचलन हुआ। इससे गीशा नृत्यांगनाएँ भी देवदासियों की भाँति अस्तित्व में आयीं। वे प्रधानतया उन गरीब किसानों की बेटियाँ होती थीं जिन्हें घोर दरिद्रता तथा उत्पीड़न के कारण उनके वाल्दैन बेच दिया करते थे। इस तरह सामन्तवाद का एक फलागम वेश्यालय तथा राजगणिकाएँ भी थीं (सत्रहवीं शती में) ॥

समानान्तर बौद्ध स्थविरों की ताक़त बढ़ती गयी थी। बाद में महायान के प्रभाव से मिथक, शिल्प एवं कला में विशिष्ट चमत्कारी कृत्य, प्रतीक, अनुष्ठान, मुद्राएँ, तन्त्रयन्त्र भी अनुषंग बने। अनेक मुखों-अनेक हाथों वाली विकराल मूर्तियाँ भी प्रकट हुईं। इस सबसे, बौद्ध सत्ता से, छुटकारा पाने को राजधानी नारा से क्योटो ले जाई गयी।

इसी पूरकता में दरबारियों तथा आभिजात्य परिवारों की बढ़ोतरी से उनकी भी समान्तर सत्ता कायम होती गयी। ऐसा ही एक कुल फूजीवारा का था। (प्रतिपक्ष में शिन्तो-मत का अभ्युत्थान हुआ)। तदपि अनेक कर्मकांडी मनोरंजन विकसित हुए। राजदरबारों में चतुर सुन्दर नारियों की भरमार हुई जिससे उच्छृंखल भोग-विलास पनपा। अतएव दो धुरियाँ बन गयीं। **राजमहल एवं हवेलियाँ** तथा **मठ एवं मन्दिर**! ऐसे में अनेक नारियों ने कविताएँ, दैनन्दिनियाँ, उपन्यास लिखकर अपनी विपथगा और आत्मकथा लिखीं। इस उपक्रम में चारों ओर फैली झोपड़पट्टियों के बीच परीमहल का भूचित्र ही अभिप्राय-सा बन गया। इसकी रोमांटिक उन्मादक अभिव्यंजना चित्रकार उटामारो, आशीकागो के माध्यम से भी हुई।

दूसरा दौर **समुराई योद्धाओं** तथा **पुरोहितों** का रहा। अब (फूजीवारा के पश्चात ई.प. बारहवीं शताब्दी में) टैरा तथा मीनामोटो वंश के प्रभुत्व ग़ालिब हुए। [साथ ही **ज़ेन** ध्यान उपासना का प्रसारण का प्रसारण भी हुआ]। भूमि पर समुराइयों का वर्चस्व क़ायम होने लगा। पुरानी राजसभाओं के बजाय यौद्धेय कर्म का विराज छाने लगा। सुधी-सयाने और सर्जक गण सुदूर एकान्त में प्राकृतिक अंचल में शरण लेने लगे। शिंतो और बौद्ध ज़ेन, दोनों की समरसता भी फैली। सेना तथा ज़ेन, दोनों ही में अनुशासन एक शर्त थी। विडम्बना यह कि ज़ेन द्वारा सेना की हिंसा से विमुक्ति भी थी। परन्तु सन् 1274 में मंगोल कुबलाई ख़ान के हमले के संघात से बौद्ध मठों में नयी-नयी **यौद्धेय कलाओं** (मार्शल आर्ट्स) का भी उन्मीलन व प्रशिक्षण होने लगा। ऐसे में अन्तर्विरोधों (कांट्रेडिक्शंस) तथा विरोधाभासों (पैराड़ाक्सेज़) का एकट्ठ भी हुआ। कारीगरों ने खूबसूरत तलवारें, प्याले और घट, पर्दे और चिलमनें बनाईं। **चाय-पान** एक उत्सवी कला हो गयी। **गीशा-बालाओं के** साथ-साथ नृत्य का उत्थान हुआ। 'नाट्य' का भी प्रचार हुआ। **'नो' नाटकों** में गीत-नृत्य-अभिनय का संगम हुआ। **'कठपुतली थियेटर'** का प्रचार हुआ। ओसाका तथा ईडो शहर नये केन्द्र बने।

जापान-द्वीपसमूह का धार्मिक-मिथकीय इतिहास-क्रम

– जापान-आर्किपेलागो (द्वीपमंडल) में पहले **एनू** कबीला रहता था जिन्हें (ई.प. चौथी शती में) कोरिया से आये आक्रान्ताओं ने सुदूर दक्षिण में पीछे धकेल दिया।

- इसके बाद **यामातो** कबीलाई कुलों ने अपना वर्चस्व कायम कर लिया। इनका समृद्ध मिथकयान था—हरेक कुल के देवता, देवी, दैत्य और नेता थे।
- जापान में कोरिया से बौद्धधर्म का प्रवेश हुआ। चीनी लिपि भी ग्रहण की गयी, बौद्ध और शिंतो मत घुलते-मिलते गये। शिंतो ('देवताओं का मार्ग') दैवी आध्यात्माओं 'कामी' पर विश्वास रखता है जो सभी प्राकृतिक संघटनाओं में विद्यमान हैं; जापान में पवित्र फूजीपर्वत की देवी—सेनगेन-सामा; अत्यन्त पावन एवं पूज्य है। 'आमा-टे-रासू' महान् सूर्य (I) देवी है।

ई.पू. 660 जिन्मू-टेना निजंधरी मानव-सम्राट;

ई.पू. 300 अभिकल्पों से युक्त मिट्टी के पात्रों में दैवी योद्धा डोगा का अंकन;

ई.पू. 200 यायोई-युग, कुम्हार के चाक का उपयोग

ई.प. 500

ई.प. 260 ईसे में आमा-टे-रासू के मन्दिर का शिलान्यास—शिंतो-मत का सर्वाधिक पूज्य मन्दिर

ई.प. 300 यामातो-कुल द्वारा प्रतिद्वन्द्वियों पर विजय; कबीलाई संरचना पुख्ता हुई; जड़ात्मवाद की व्याप्ति; शिंतो-मत का परिष्कार; लौह प्रयोग का विकास; धान की खेती

ई.प. 400 चीन और कोरिया के सबसे प्रथम प्रभावों की छाप

ई.प. 538-552 बौद्ध-मत में धर्मान्तरण; शासकों द्वारा चीनीभाषा तथा संस्कृति का आहरण; राजवंश की दैवी-उत्पत्ति के मिथक का उन्मीलन; कोरिया के रास्ते से बौद्धधर्म का प्रवेश

ई.प. 592 बौद्धमत तथा स्थानीय देवताओं को लेकर कुलों के बीच मुठभेड़ में सम्राट को फाँसी

ई.प. 600 होरयाजी-मन्दिर की स्थापना (607)

ई.प. 645-784 चीन की अनुकृति का काल

ई.प. 710 चीनी-प्रादर्श पर राजधानी नारा का निवेश, कर्मकांडी बौद्ध महास्थविरों द्वारा ताकतवर आभिजात्य वर्ग को समर्थन; सारे क्षेत्रों में बौद्ध मन्दिरों की उसारी

ई.प. 645-712 हाकुहो-काल; चीनी सुई और तांग के प्रभाव में कला का कुसुमायन; तामामुशी तीर्थ मन्दिर

ई.प. 710-784 नारा-युग, नारा में याकुशी जी, तो-दाई-जी के मन्दिर केन्द्र; हार्यूजी में विशाल बुद्ध का चित्रांकन

ई.प. 749-1185 राजधानी हेयान (क्योटो); राष्ट्रीय शैलियों का अभ्युदय; कला और साहित्य का पल्लवन-पुष्पायन; बौद्ध एवं शिंतो के बीच समरसता

ई.प. 805-1160 फूजीवारा-कुल का वर्चस्व; फूजीवारा द्वारा सम्राट के अधिकारों का हरण; धनिकों तथा निर्धनों के बीच टकराव; दरबारी-संस्कृति का उत्थान; चीनी-कोरियाई प्रभाव से मुक्ति

ई.प. 1185 गेनजी की कथाएँ

ई.प. 1185-1333 मीनामाटो शोगुन द्वारा फौजी शासन की स्थापना; समुराई-योद्धाओं का पराक्रम शुरू

ई.प. 1200 ज़ेन (बौद्धध्यान) सम्प्रदाय की कामाकुरा संघाराम में संस्थापना; विशाल बुद्ध-प्रतिमा का निर्माण (1252); शिल्प में ऊनकेई और उसके स्कूल की स्थापना

ई.प. 1300 ज़ेन कला का कुसुमायन, स्याही द्वारा चित्रांकन, चायपान-अनुष्ठानों का आरम्भ

ई.प. 1336-1568 आशीकागो शोगुन कमजोर होते है; गृहयुद्ध समुराई प्रभाव के नैरन्तर्य में चारणों द्वारा मिथकों तथा शासकों में रोमांस एवं शौर्य का प्रस्तुतीकरण; ज़ेन-बौद्धमत में बढ़ोतरी; यथार्थोन्मुख शिल्प का उन्नयन

ई.प. 1603-1868 टोकुगावा शोगुन; ईडो (तोक्यो) राजधानी; 'नो'-नाट्यों का परिष्कार; कट्टर सामन्तवाद की स्थापना; विदेश-यात्रा तथा ईसाईमत पर प्रतिबन्ध; व्यापारियों की शक्ति में वृद्धि ज़ेन-चित्रकारी का अन्तिम चरण

ई.प. 1700 ऊटामारा (1754-1806) की कला-दुनिया

ई.प. 1848 व्यापारी वर्ग द्वारा लोकप्रिय कलाओं को प्रोत्साहन; कठपुतली तथा 'काबुकी' नाटक का अत्यधिक प्रसार

ई.प. 1863 संयुक्त राज्य अमेरिका द्वारा अलग-थलग जापान को व्यापार के लिए खोल देना

ई.प. 1720 पश्चिमी विज्ञान के अध्ययन को प्रोत्साहन

ई.प. 1946 जापानी सम्राट हिरोहितो द्वारा स्वयं अपने देवत्व का परित्याग; जापानी संविधान द्वारा शिंतो की राजधर्म के रूप में स्वीकृति रद्द।

[**विशेष** : (i) बौद्ध-पूर्व युग (ई.प. छठी शताब्दी तक); (ii) आसूका-काल (538-645); (iii) नारा-युग (710-784); (iv) आरम्भिक हेयान-काल (794-876); (v) उत्तर हेयान अथवा फूजीवाराकाल (895-1185); (vi) कामाकुरा-काल (1185-1392); (vii) आशीकागो या मूरोमाची काल (1338-1573); (viii) मोमोयामा-काल (1568-1615); (ix) टोकुगावा-काल (1615-1868)]

जापान-द्वीपमंडल

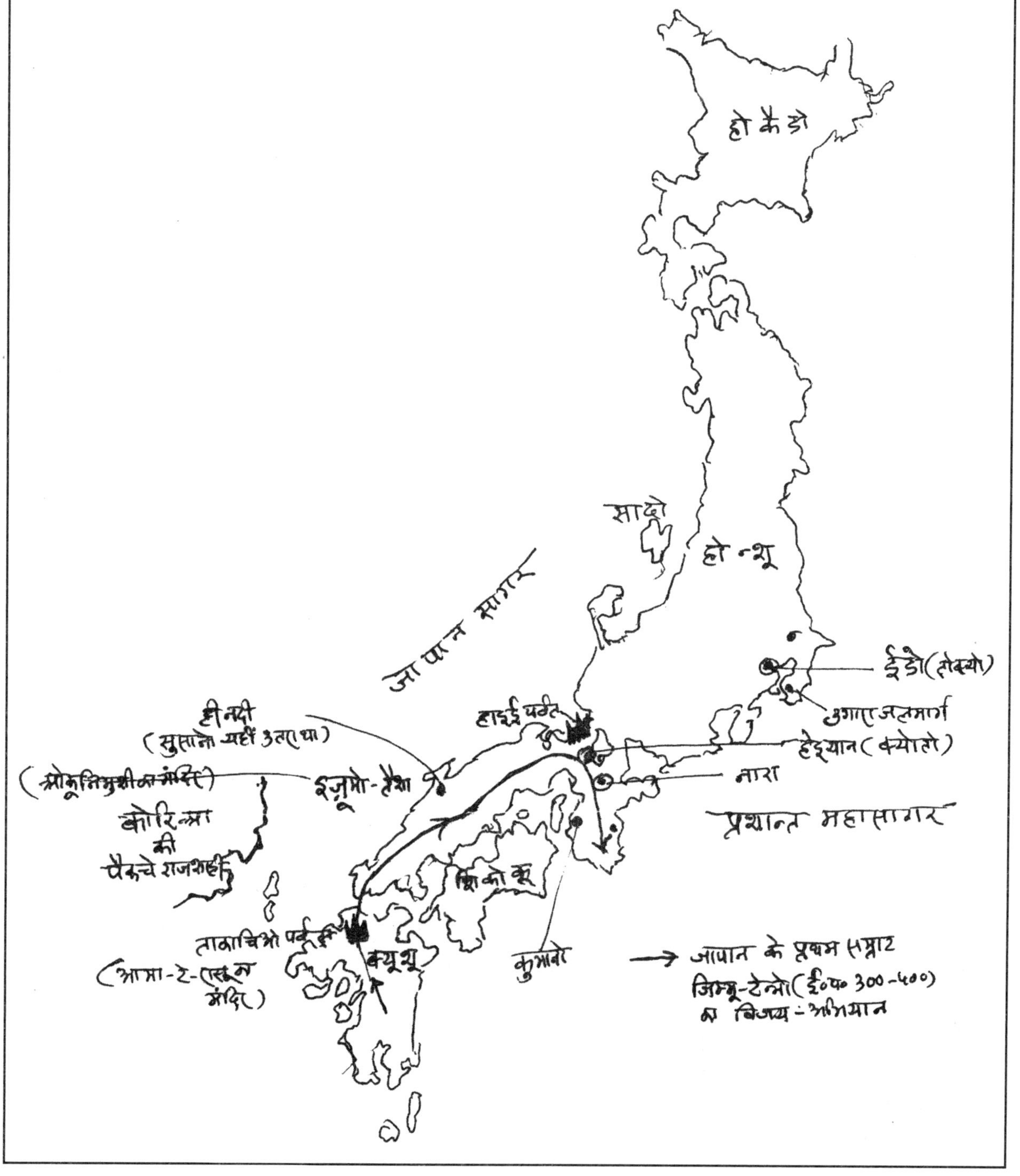
हो कै डो
साडो
हो न्शू
जापान सागर
ईडो (तोक्यो)
नारा
प्रशान्त महासागर
इज़ूमो-तैशा
कोरिआ
की
पैकचे राजशाही
शिकोकू
क्यूशू
कुमासो
→ जापान के प्रथम सम्राट
जिम्मू-टेन्नो (ई०पू० 300-400)
का विजय-अभियान

1.12 मेसो (मध्य) अमेरिका

इस क्षेत्र की तीन प्रमुख सभ्यता-संस्कृतियाँ रही थीं—माया तथा अज़टेक (ई.प. 300-1540), और इन्का (ई.प. 1200-1530)।

मेसो अमेरिका की माया-अज़टेक-इन्का सभ्यताएँ उसी प्रकार से अन्तर्कुंडलित हैं जिस भाँति भारत की शुंग-कुषाण-गुप्त संस्कृतियाँ [ई.पू. 2; ई.प. 1-3; ई.प. 4-6 शताब्दियाँ]। उक्त क्षेत्र की तीन धुरियाँ थीं—मैक्सिको, पेरू तथा कुज़को। इनमें से मायाईये युकातान प्रायद्वीप के बाशिन्दे थे। अज़टेकिये बहुत शक्तिशाली थे तो इन्काइयों का साम्राज्य विशाल था। अज़टेक में पंखों वाला सर्प, बाजपक्षी जैसा सूर्य मिथक-देवता थे तो इन्का में बाघ की (वहीं पाई जाने वाली) एक छोटी नस्ल का **जगुआर** मुख्य देवता था। **माया-क्षेत्र** में विकसित कृषि तथा स्थायी बसे गाँव विकसित थे। इस वजह से उनका समाज अपेक्षतया जटिल और बड़ा था जिसमें टिकाल तथा कोपान जैसे नगर, शाही महल (2004 में खोजा गया), कैलेंडर की प्रणाली, चित्रलिपि, तथा सभ्यता के अन्य लक्षण विकसित हो गये थे। माया-लोगों का विश्वास था कि जड़ और चेतन की अदृश्य शक्तियाँ या अध्यात्माएँ (स्प्रिट्स) होती हैं, जो शिलाओं, वृक्षों, और अन्य वस्तुओं में निवास करती हैं; कि अध्यात्माएँ ही देवता हैं जो पशुओं एवं मनुष्यों की आकृति ग्रहण करती हैं। इस तरह उनके मिथकायन में युद्ध, सन्तान जन्म, निद्रा, नृत्य, तथा क्षुधा के भी देवता हैं; कि सूर्य, वर्षा, ध्रुवतारा, मक्की तथा ब्रह्मांड के भागों के देवगण हैं।

अज़टेक जन मैक्सिको-क्षेत्र में थे। वे स्वयं को आकाश के अतिरिक्त "सूर्य एवं पृथ्वी के मानवजन" मानते थे। उनका विशाल मन्दिर देवताओं का नगर टिओटीहुआकन था। वहाँ सूर्य तथा चन्द्रमा के पिरामिडों का निर्माण हुआ। वे द्यावापृथ्वी के अलावा पूर्वजों के भी पूजक थे। उनके मिथकायन के मुताबिक यह दुनिया पाँचवें सूर्य की है। इसके पूर्व चार सूर्य उदित हो चुके थे। उनकी आस्था में कृषि की उर्वरता (फर्टिलिटी) तथा जीवन का प्रजनन (रिप्रोडक्शन) एकैक हैं। इसलिए मानव-काया और कृषि-खेत, दोनों ही बह्मांडीय शक्ति के धारक हैं। देह से रक्त की धाराएँ निकलकर ब्रह्मांड को गतिमान करती हैं। ऐसे साम्यरूपक से वे देह एवं रुधिर देवता को अर्पित करते थे। इसका परिणाम **नर-बलि** की प्रथा हुई। इसके द्वारा वे देवऋण चुकाते थे। अन्धविश्वास की पराकाष्ठा तो इतनी थी कि अज़टेक सम्राट मोन्टेज़ूमा, स्पेनी हमलावर हर्नान कोर्टेज़ को मानवस्वरूप में लौटा अपना क्विटज़ालकोट्ल देवता समझ बैठा था क्योंकि उसके देव-बाजपक्षी के जैसे सुनहले बाल भी प्रमाणवत् थे।

अज़टेकों का **विलक्षण सौन्दर्यबोध** था। उनके समाज में फूलों और गानों की प्रवृत्ति वाग्देवी के आह्वान का क्रोड़-रूपक थी। टिनोच-टिटलान की प्रेरणा तथा सौन्दर्यसज्जा में उनकी कलात्मक परम्पराएँ दृष्टिगोचर होती हैं (10-11 वीं शती)। उनके सौन्दर्यदर्शन का लक्ष्य देवताओं के पैटर्नों तथा ब्रह्मांड की रमणीयता के रहस्यों का उद्घाटन था जिसके द्वारा वे देवताओं से सम्प्रेषण तथा उत्सवधर्मिता प्रतिपादित करते हैं। उनकी कला के प्रयोजन व्यापार में, राजनीति तथा घरेलू जिन्दगानी में, शाही प्रदर्शन में, आनुष्ठानिक बलि में संलक्षित होते हैं। उनके अनुसार देवताओं के फूलों और गानों के द्वारा संसार का निर्माण होता है। इसकी प्रतिनिधि देवी कोआटलिक्यू की शिल्प छवि है। अज़टेक कलाकार रंग-बिरंगी बेशकीमती पंख-सज्जा के चतुर निष्पादक थे। वे सिद्ध स्वर्णकार भी थे। इसे वे देवताओं का मल कहते थे। फूल जैसे लालरंग के हृदय को वे सूर्यदेवता को अर्पित करते ही थे।

इन्काइयों का अभ्युत्थान बारहवीं शताब्दी से शुरू हुआ और परिणति 1400 में साम्राज्य-निर्माण में हुई।

इन्काई पिरामिड

वास्तुशिल्पी इन्काइयों के माचू पिच्चू (1400-1470) शहर के इलाके की सभी बड़ी स्थलियों के सादृश्य किसी पक्षी या पशु के हैं जिन तत्वों की यहाँ पूजा होती थी। उनके लिए समर्पित मन्दिर भी बनाए गये थे—इन्टी (सूर्य), क्विल्ला (चन्द्र), चास्का (नक्षत्र) एलापा (विद्युत्) के। महासम्राट पाचाकूटी इन्का यूपानक्वी के समय में ये सभी परवान चढ़ना शुरू हुए थे।

इसके अलावा हजारों साल पहले के मछुआरों के एरिका नगर में बच्चों से लेकर बूढ़ों तक के परेएक्षित शव (अर्थात् ममियाँ) मिले हैं। उनका विश्वास था कि वे इसके द्वारा मृत्यु को धोखा देते हैं। वे यह कौशल ईजिप्ट से भी पहले से किया करते थे।

उनकी राजधानी कुज़को (ई.प. 1000) बनी। पेरू में एंडीज़ पर्वत में शैलशिखारों के बीच पठार में एक अन्य 'गुमशुदा नगर' माचू पिच्चू सन् 1911 में खोजा गया। टिटीकाका झील उनका पवित्र मानसरोवर थी। सम्राट पाचाकूटी इंका उनका समुद्रगुप्त था जिसने साम्राज्य-विस्तार किया (1410 ई.)।—सन् 1533 में स्पेनी फ्रांसिस्को पिज़ारे ने इन्का मुखिया अटा-हुआल-पा को पकड़ कर हत्या कर दी। स्पेनियों ने पेरू की चाँदी की विशाल खदानों को खोखला करना शुरू किया (1545)।

इन्का लोग कुशल गणितज्ञ थे। उनका ज्ञान 'नक्षत्रों के अवलोकन' द्वारा पारांगत हुआ। परन्तु वे इसके जरिये सिन्धु-यात्रा के बजाय ब्रह्मांड एंव समाज के बीच समताल रखने का अभ्यास करते थे। वे पाषाण-माध्यम की वास्तु तथा शिल्प कलाओं में सर्वश्रेष्ठ थे। उनके मन्दिरों में कई सौन्दर्यगर्विता कन्याकुमारियाँ (वर्जिन्स) देवताओं को समर्पित होती थीं जो आजन्म अविवाहित तो रहती ही थीं, श्रीमन्तों तथा श्रेष्ठियों द्वारा उनका उन्मत्त भोग भी होता था। अन्ततः उनको मृत्यु की नींद में सुला दिया जाता था (अज़टेक की नरबलि के मुकाबले यह प्रथा कम बर्बर थी)।

वे कुशल अभियन्ता (इंजीनियर) भी थे। अपने विशाल साम्राज्य को जोड़ने में उन्होंने मार्गों का जाल बिछा डाला था। वे विलक्षण आकृतियों तथा अभिकल्पों वाले मृत्तिका-पात्रों के कुम्भकारों के रूप में भी अत्यन्त यशस्वी थे। उनकी राजभाषा क्वेकहुआल थी।

इन्का के अभिजनों ने अपनी मिथकों का राजनीतिक इस्तेमाल भी किया, कुछ अमीरों व गरीब जनता के बीच के भयानक अन्तर को उचित ठहराने के लिए। मसलन उनका मक्की-देवता दो वर्णों का हैं—पीला मक्की-देवता तथा सफेद मक्की-देवता। इसलिए देवताओं ने ही ऐसा विधान बना दिया जिसका अनुपालन पवित्र धर्म है। तथापि हमलावर स्पेनियों के घोड़े तथा तोपें उनके लिए अंजूबे बनी रही थीं जो उनके मिथक-चक्र में शामिल नहीं हो पायीं।

पुनश्च

जिस तरह सातवीं-आठवीं शताब्दी में इराक़ी मुहम्मद-बिन-कासिम ने भारत के नालन्दा के बौद्धविहार को नष्ट करके उसके विशाल पुस्तकालय को जला दिया था जिसकी आग से पूरी फ़ौज ने एक सप्ताह तक अपने नहाने के लिए पानी गरम किया था—उसी, हाँ, उसी तरह 1535 में प्रथम स्पेनी बिशप, बाद में मेक्सिको के आर्कबिशप, जुआन डे ज़ूमार्रागा ने नाहुआ सांस्कृतिक राजधानी **टेज़कोको** की सभी सचित्र पोथियों को संग्रह करने और ज़ब्त करने का हुक्मनामा जारी करके उन सैकड़ों सचित्र इतिहासों, ब्रह्मांडी पंचांगों, पत्रियों को (जो पशुओं की खालों तथा वृक्षों की छालों पर अंकित थीं) जला कर राख करने की प्रक्रिया सम्पन्न कराई थी। हज़ार सालों से वे सचित्र कथा-पोथियाँ सचित्र लिपि-प्रणाली की भी सूत्रधार थीं। अब केवल सोलह बच रही हैं। उनमें अज़टेकों की ज्ञानराशि शिक्षा और ज्ञान, आयुर्विज्ञान, ज्योतिष, इतिहास, प्रकृति, तथा ब्रह्मांड विषयक अमानत भस्मीभूत हो गयी। आज केवल सोलह बच गयी हैं। अतः उनका मिथक-संसार भी जल कर राख हो गया।

मध्य (मेसो–) अमेरिका की सभ्यताओं के कालक्रम

माया तथा अज़टेक (ई.प. 300-1540)

इन्का (ई.प. 1440-1530)

– पूर्वीय गोलार्ध के संसार द्वारा पश्चिमी गोलार्ध के उत्तरी तथा दक्षिण अमेरिका की खोज सोलहवीं शताब्दी के आरम्भिक दो दशकों में की गयी।
– **मेसो-अमेरिका** अर्थात् मध्य अमेरिका में माया और अज़टेक और इन्का नामक तीन विकसित सभ्यताएँ भी विद्यमान थीं।
– केवल इसी क्षेत्र में विभिन्न दलहनों के अतिरिक्त मक्की और आलू और टमाटर की फसलें सारे विश्व को पोषक तथा क्षुधा-निवारक देन हैं।
– उक्त तीनों सभ्यताओं में बारूदी आग्नेयास्त्रों का अन्वेषण नहीं हुआ था। उनके यहाँ अश्व और अश्व-रथ, तथा गज-सेना भी नहीं थी। उनके प्रमुख देवताओं को नर-बलि दी जाती थी।

ई.पू. 500-100 ज़ापोटेक कबीले ओक्साका घाटी में, मोंटे आल्बन के इर्दगिर्द प्रथम सभ्यता की नींव रखते हैं।

ई.पू. 100-100 ई.प. ज़ापोटेक लोग मोंटे आल्बन में जेवरात का निर्माण करते हैं जिनमें व्यापक धार्मिक प्रतीकत्व होता है; यह प्रतीकत्व वर्षा के देवता की उपासना एवं मृतकों क़ी पूजा से सम्बद्ध है। उनके बड़े शहरी केन्द्र टिओटीहुआकन

की संस्थापना मैक्सिको-घाटी में होती है; होंडुरास तथा ग्वाटेमाला के उच्च धरातलों पर वे माया-सभ्यता का निर्माण करते हैं; पहली सभ्यता अंकुरित होती है, पेरू के उत्तरी तटों पर मोचे योद्धा एक अत्यन्त संगठित समाज बनाते हैं।

ई.प. 300-500 आलमेको-जनों द्वारा विराट् रहस्यपूर्ण मानव-शिरों का उत्कीर्णन; मैक्सिकन ज़ापोटेकों द्वारा टिओटीहुआकन का ऐसा नगर-निवेश था जो पर्वों-उत्सवों की विशाल स्थली बनता है। माया लोग चित्रलिपि (हाइरोग्लाइफ्स) विकसित करते हैं, जटिल पंचांग बनाते हैं; पेरू में मोचे लोग धूपसूखी मिट्टी की ईंटों से चबूतरे, तथा जल-प्रणाली बनाते हैं मैक्सिको के टिओटीहुआकन में स्वर्णयुग; लोग पाषाण युग के औज़ारों का इस्तेमाल करते हैं, तदपि साक्षरता बहुत बढ़ती है, माया लोग मक्की (फसल) पर निर्भर ग्रामीण समुदायों में संगठित हो चुके थे; वे मक्कीरूपी देवता की पूजा भी करते हैं; वे युकातन शहर तक अपनी सीमा का विस्तार करते हैं; पेरू में मोचे लोग नायाब खूबसूरत मृत्तिका-शिल्प का निर्माण करते हैं जिन पर दैनिक जीवन के चित्र अंकित हैं।

ई.प. 500-700 मैक्सिको के टिओटीहुआकन की आबादी एक लाख से ज्यादा; यह 600 ई. तक उन्नत रहा; माया लोग सर्वाधिक सही गणना वाला पंचांग तैयार करते हैं, सौर-वर्ष को मापने के लिए।

ई.प. 700-900 750 के आसपास मैक्सिको-घाटी में टोलटेक लोग साम्राज्य बनाते हैं; नवीं शताब्दी तक माया लोगों की ग्वाटेमाला-होंडुरस में आबादी बिखरने लगती है। पेरू में 800 के लगभग टिआहुआनाको की संस्कृति का प्रसार होता है; उनका केन्द्रीय कला-अभिप्राय विश्वदेव प्रजापति बना; बाद में इन्का-जनों ने भी इसे शिरोधार्य कर लिया।

ई.प. 900-1100 उत्तरी युकातन प्रायद्वीप में माया-सभ्यता की समुन्नति; हमलावर नर-बलि की प्रथा प्रचलित करते हैं; वे पंखोंवाले सर्प और जगुआर (छोटी प्रजाति का बाघ) की पूजा भी लागू करते हैं; 950 में टोलटेक जन धातु-ढलाई सीख जाते हैं, पेरू में गुफ़ावासी लड़ाकू इन्का कबीले 1000 में अपनी राजधानी कुज़कों में कायम करते हैं।

ई.प. 1100-1200 अज़टेकों समेत अर्ध सभ्य कबीले मैक्सिको घाटी पर छा जाते हैं तथा टुला की राजधानी टोलटेक को ध्वस्त कर डालते हैं।

ई.प. 1200-1300 माया के प्रथम नगरों का निर्माण; पश्चिम में इत्ज़ा-कबीलों के आव्रजन से चिचेन इत्ज़ा के धार्मिक केन्द्र का पुनरुत्थान; पेरू में चिमू लोग पिरामिडों, मन्दिरों, गढ़ियों और मार्गों का निर्माण करके एक सुव्यवस्थित राज्य बनाते हैं।

ई.प. 1300-1400 मैक्सिको घाटी में अज़टेक लोग बस जाते हैं और टेनोट-टिटलान शहर का निर्माण करते हैं (बाद में यही मैक्सिकों शहर कहलाया)।

ई.प. 1400-1500 सन् 1428 के पश्चात टेनोट-टिटलान शहर में अज़टेक-प्रभुत्व क़ायम; 1487 में उनका सूर्य-देवता का मन्दिर बीस हज़ार युद्ध-बन्दियों की बलि द्वारा अर्पित किया जाता है; इन्का जन 1440 में कुज़को शहर से विस्तार करते हुए, अनेक क़बीलों को शामिल करते हुए, एक राज्य संचालित खुशहाल अर्थतन्त्र बना लेते हैं।

ई.प. 1500-1600 सम्राट मोंटेज़ूमा के अधीन अज़टेक-साम्राज्य शिखर छूता है; सन् 1519 ई. में स्पेनी हर्नांडो कोर्टेज़ की अगुवाई में लूटमार, अग्निदाह करके उसे ध्वस्त कर दिया जाता है। शानदार शहर धूल में मिला दिया जाता है। कोई दो से अढ़ाई लाख लोगों का नर-संहार होता है तथा एक समृद्ध सभ्यता कत्ल कर दी जाती है। 1528 में स्पेनी फौजें माया-साम्राज्य का पराभव कर डालती हैं। 1533 में इन्का साम्राज्य भी स्पेनी पिज़ारो के द्वारा बर्बाद कर दिया जाता है। [इसी तरह चुटकी बजाते-बजाते सन् 1307-1310 में मालिक काफ़ूर ने दक्षिण भारत के चोल, पांड्य, होयसल आदि हिन्दू-साम्राज्यों को लूटपाट, नरसंहार, अग्निकांड मचाते हुए मिटा डाला था।] ई.प. 1531 टेपेयाक में जुआन डियागो के सम्मुख गुआडालूपा की वर्जिन प्रकट होती है। सारे क्षेत्र का ईसाईकरण किया जाने लगता है।

ई.प. 1600-1700 पश्चिमी गोलार्ध में माया-अज़टेक-इन्का की सभ्यताओं के विध्वंस के साथ स्पेनी, पुर्तगाली, फ्रांसीसी, अंग्रेज, डच आदि यूरोपीय ताकतें विश्वव्यापी **उपनिवेशी युग** का फैलाव करती हैं। करीब तीस लाख नीग्रो-गुलाम अफ्रीका से बंधक बनाकर ले आये गये।

ई.प. 1800-2000 लातिन अमेरिका की स्वतन्त्रता के नेपोलियन साइमन बोलिवार, जोस मार्टी, फिदेल कास्त्रो, 'चे'-गुएवारा, ह्यूगो शावेज़, ईवा पेरोन, एलेन्दे, पाब्लो नेरूदा, डीएगो राइवेरा, ओक्टेवियो पाज़, गाब्रिएल गार्सिया मार्केज़ द्वारा एक समस्त-स्वतन्त्र-समृद्ध लातिन अमेरिका की अस्मिता के लिए खोज तथा संघर्ष।

(क) माया

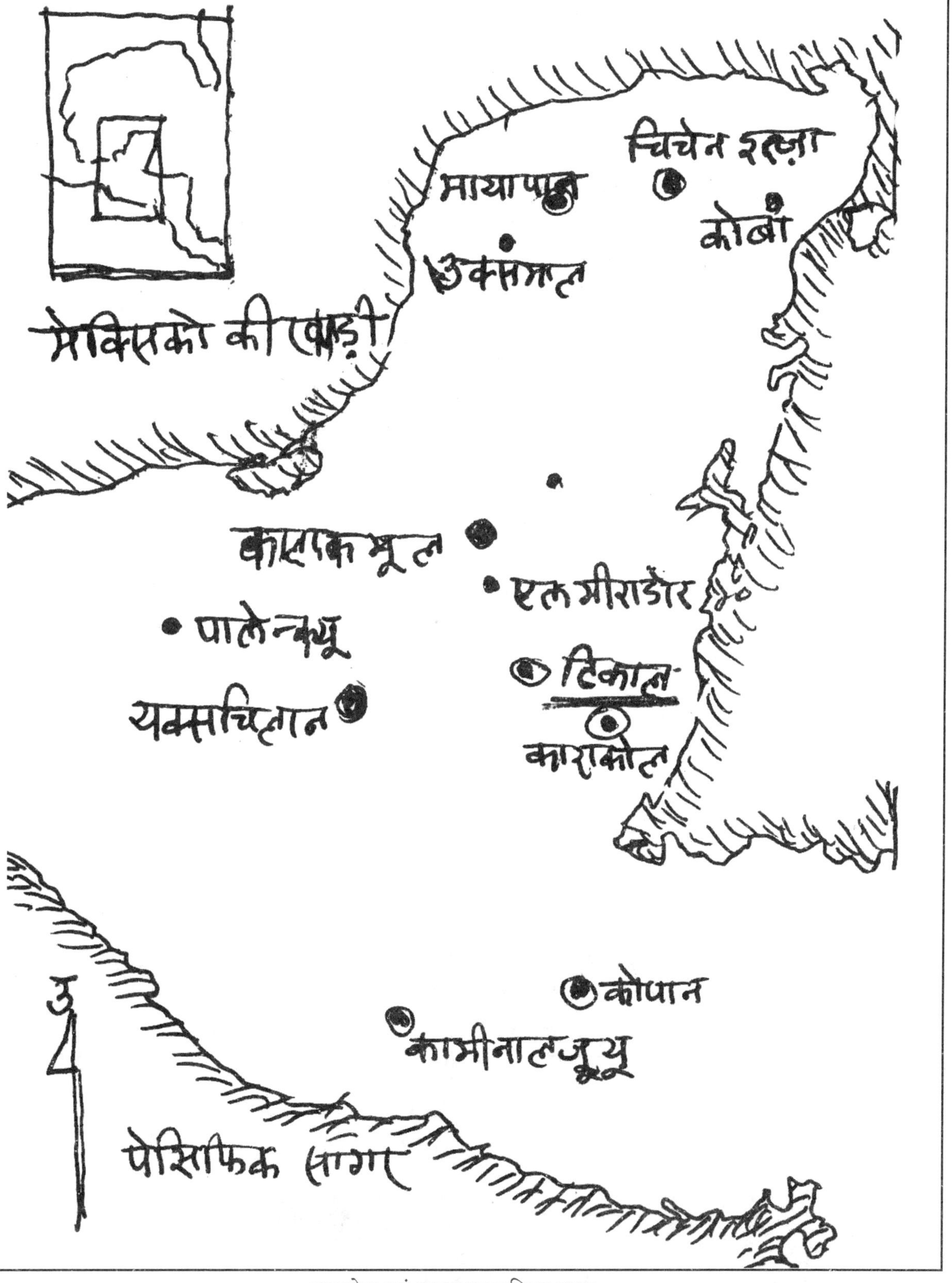

मायाक्षेत्र एवं प्रमुख पुरातात्विक स्थल

(मायाक्षेत्र में यूकाटान पेनिन्सुला, तथा उत्तर पश्चिम केन्द्रीय अमेरिका के ग्वाटेमाला, बेलीज़े, पश्चिमी हंडूरास तथा एल साल्वेडोर शामिल हैं।)

(ख) अज़टेक

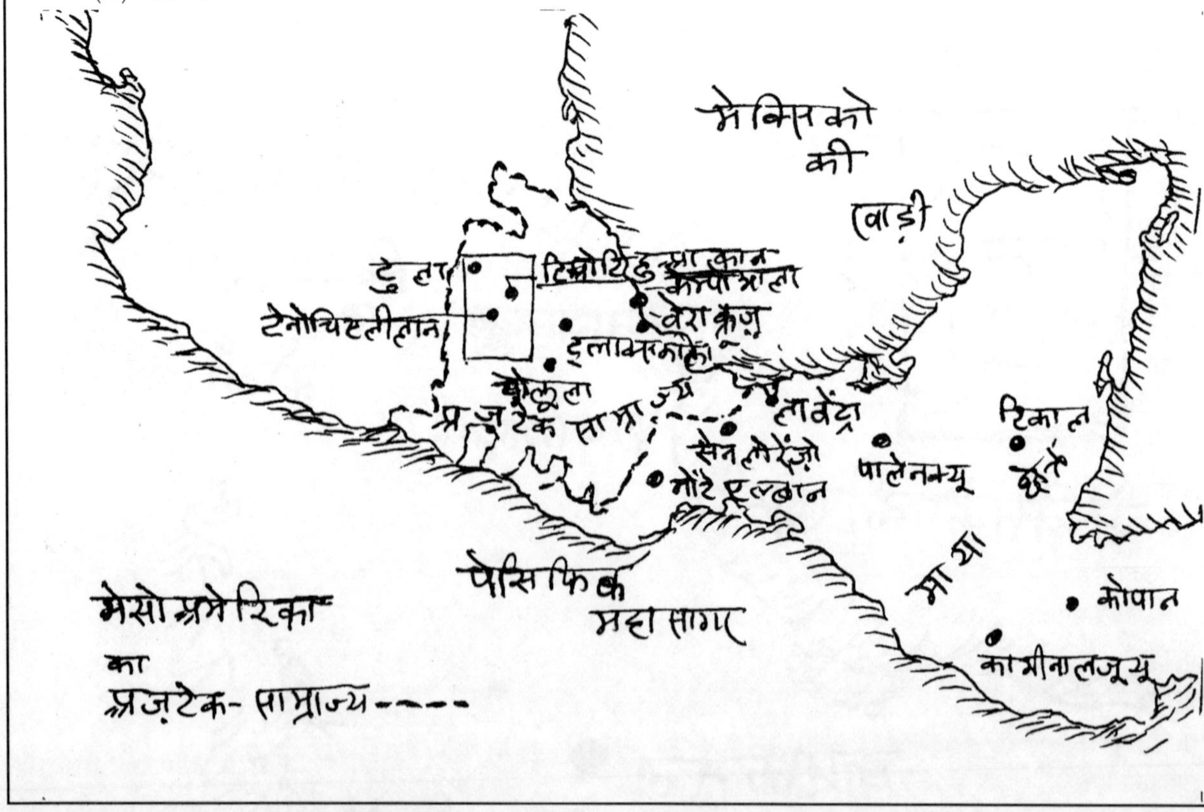

(ग) इन्का

इन्का-साम्राज्य

1.13 अफ्रीका

यद्यपि लाखों वर्ष पहले यह महाद्वीप **मानव जाति का प्रथम पालना** रहा है तदपि विश्व के **'अन्धकारमय महाद्वीप'** की तरह भी जाना गया। अफ्रीका के कबीलों की अपनी-अपनी परम्पराएँ तथा अत्यन्त प्रचुर मिथकायन हैं जोकि विभिन्न जलवायु तथा विशाल आकार से भी उद्‌भूत हुए हैं। इनकी मौखिक परम्पराओं को यात्रियों तथा खोजियों द्वारा संगृहीत किया जाता रहा है। अफ्रीका की अनेकानेक अनुजाति (एथनिक)-समूहों की लगभग दो हज़ार भाषाएँ एवं बोलियाँ हैं।

यहाँ की बहुलवादी सामाजिक व्यवस्थाओं में समवर्ती खानाबदोश, आखेटक, लड़ाकुए, कृषक की जीवन-प्रणालियाँ मिलती रही हैं। इनमें घाना के अकान, दक्षिण अफ्रीका के जुलू, उगांडा के गान्डा, नाइजेरिया के योरूबा, ईथोपिया के कोमा, केन्या के अकाम्बा, पूर्वी अफ्रीका के मसाई, ज़िम्बाबवे के मकोनी आदि प्रमुख हैं।

महाद्वीप के उत्तर में मोरक्को ईजिप्ट, ईथोपिया, मध्य में सहारा-रेगिस्तान, ट्रापिकल जंगल, ऊगांडा, ज़ाम्बिआ; नीचे सूडान, केन्या, नामीबिआ आदि हैं। इनमें से ऊगांडा, दक्षिण अफ्रीका तथा नाइजीरिया अधिक विकसित तथा रुवांडा, बुशमैन और पिग्मी कम विकसित हैं।

अफ्रीकी मिथकों में काष्ठशिल्प प्रमुख है। इनमें चित्र के बजाय रँगे-पुते मुखौटे मिलते हैं। पत्थर बेहद कम हैं। शिल्पों के रूपायन आदिम बर्बरता, गहन प्रशान्ति, समानुभूतिपरक विलक्षण अंग-अनुपात से प्रचुर हैं। इन्होंने आधुनिक चित्रकला को नितान्त नया सन्दर्श दिया है। पाब्लो पिकासो की मौलिकता का अधिकांश स्रोत **अश्वेत अफ्रीकी सौन्दर्यबोध** है। अफ्रीका जाज़-संगीत का भी उद्‌गम है। इनके मिथकायनों में पवित्र सर्प बहुत ज्यादा संचालन करता है।

ग्यारहवीं शताब्दी में इस्लाम का आगमन होने पर लिपि का प्रचलन शुरू हुआ। अठारहवीं शती के उपरान्त यूरोपीय देशों ने अफ्रीका को खंड-खंड बाँटते हुए **साम्राज्यवाद** और गुलामों का व्यापार चालू किया। इस्लाम और ईसाइयत दो प्रमुख धर्म होते गये। इस भाँति प्राइमॉर्डियल, प्रिमिटिव, आर्केइक दशाओं के धुँधलकों से कढ़ता हुआ अफ्रीका **गुलामी-प्रथा, साम्राज्यवाद** और **शहरीकरण** के दौर को झेलता-भोगता हुआ अब स्वतन्त्र देशों का पुंज है। कभी-कभी यह अकाल, कबीलाई युद्धों तथा क्रूरता-तानाशाही से आक्रान्त हो जाया करता है। तथापि पेट्रिस लुमुम्बा, अंतोनियो नेटो, काब्राल, फ्रेंज फेनन, नेल्सन मंडेला तथा अफ्रीकी मूल के अमेरिकी बराक ओबामा इसकी भावी महानता वाले इशारे हैं।

यह आदिमता वाला महाद्वीप अब भविष्य का दीप्तिमान महाद्वीप होने को प्रस्तुत है।

अफ्रीका की मिथकैतिहासिक काल-तालिका

ई.पू. 1300-900 — नूबिया के हब्शी (नीग्रो) लोग कुश-सभ्यता का निर्माण करते हैं। उसके नज़दीक ईजिप्ट के पिरामिड भी बने थे।

ई.पू. 900-500 — नील नदी के नपाटन-जनगण लोहे का इस्तेमाल सीख लेते हैं।

ई.पू. 500-100 — नोक की हब्श राजशाही की प्रफुल्लता। इस सभ्यता में खूबसूरत मृण्मूर्तियाँ (टेराकोटा) निर्मित हुईं। अब हब्श जन नील तथा नाईजर नदी से पूर्व की ओर फैलते गये।

ई.पू. 100—ई.प. 100 — उत्तरी ईथोपिआ में ग्रीक भाषी एक्सुम-साम्राज्य का अभ्युदय।

ई.प. 300-500 — एक्सुम-साम्राज्य के विस्तार में कुश राजशाही का विलय। बाइज़ेंटियम के मिशनरियों द्वारा इनका ईसाइयत में धर्मान्तरण (330 में)।

ई.प. 700-900 — आठवीं शती में घाना की रजवाड़ी की स्थापना। सहारा के आर-पार के व्यापार से खुशहाली आयी।

ई.प. 900-1100 — घाना-साम्राज्य का टिम्बकटू तक विस्तार; 1175 में सहारा-क्षेत्र के अलमोरा ब्रिड लड़ाकों द्वारा जीत लिया गया तथा इस्लाम धर्म एवं संस्कृति में ढल गया।

ई.प. 1200-1300 — लालीबेला में ईथोपिआई लोग चट्टानों को काटकर चर्च बनाते हैं; —ईफ़े के मोरुबा जन कांस्य प्रतिमाएँ ढालने लगते हैं। वे बेनिन की संस्थापना भी करते हैं। टिम्बकटू के माली-राज्य द्वारा घाना पर विजय।

ई.प. 1300-1400 — नूबिया की आखिरी ईसाई-रजवाड़ी पर इस्लाम की फतह। केवल ईथोपिआ ही ईसाई बच रहता है (इंदोनीसिया के बाली द्वीप की भाँति)।

ई.प. 1400-1500 — ऊगांडा की राजशाही की स्थापना (1450); पुर्तगाली बेनिन पहुँचकर मूल निवासियों को गुलाम बनाकर उनका निर्यात-व्यापार चालू करते हैं; उत्तरी-दक्षिणी अमेरिका तलक।

ई.प. 1500-1600 — गुलाम-युद्ध छिड़ते हैं। केप (दक्षिण अफ्रीका) में पहले डच लोग आबाद होने पहुँचते हैं।

ई.प. 1800-1900 — अफ्रीका के भू-भाग की यूरोपियनों द्वारा लूट-खसोट; सहारा के दक्षिण का समूचा क्षेत्र उनकी बन्दरबाँट का नक्शा बना; ब्रिटिश डचों से केपटाउन छीन लेते हैं (1814)। हीरों की खोज (1867); सोने की खोज

(1886)। ब्रिटिश युद्ध करके बोअर-इलाक़े को हथिया लेते हैं। (1899-1902)।

ई.प. 1900 सन् 1950 के मध्य से अफ्रीकी देश आज़ाद होने लगते हैं। अफ्रीकी एकता की शुरुआत; उनकी एशिया से मैत्री। ईजिप्ट के नासेर, अंगोला के अंतोनिओ नेटो, ज़ायरे के पेट्रिस लुमुम्बा, दक्षिण अफ्रीका के नेल्सन मंडेला नये महानायक होते हैं।

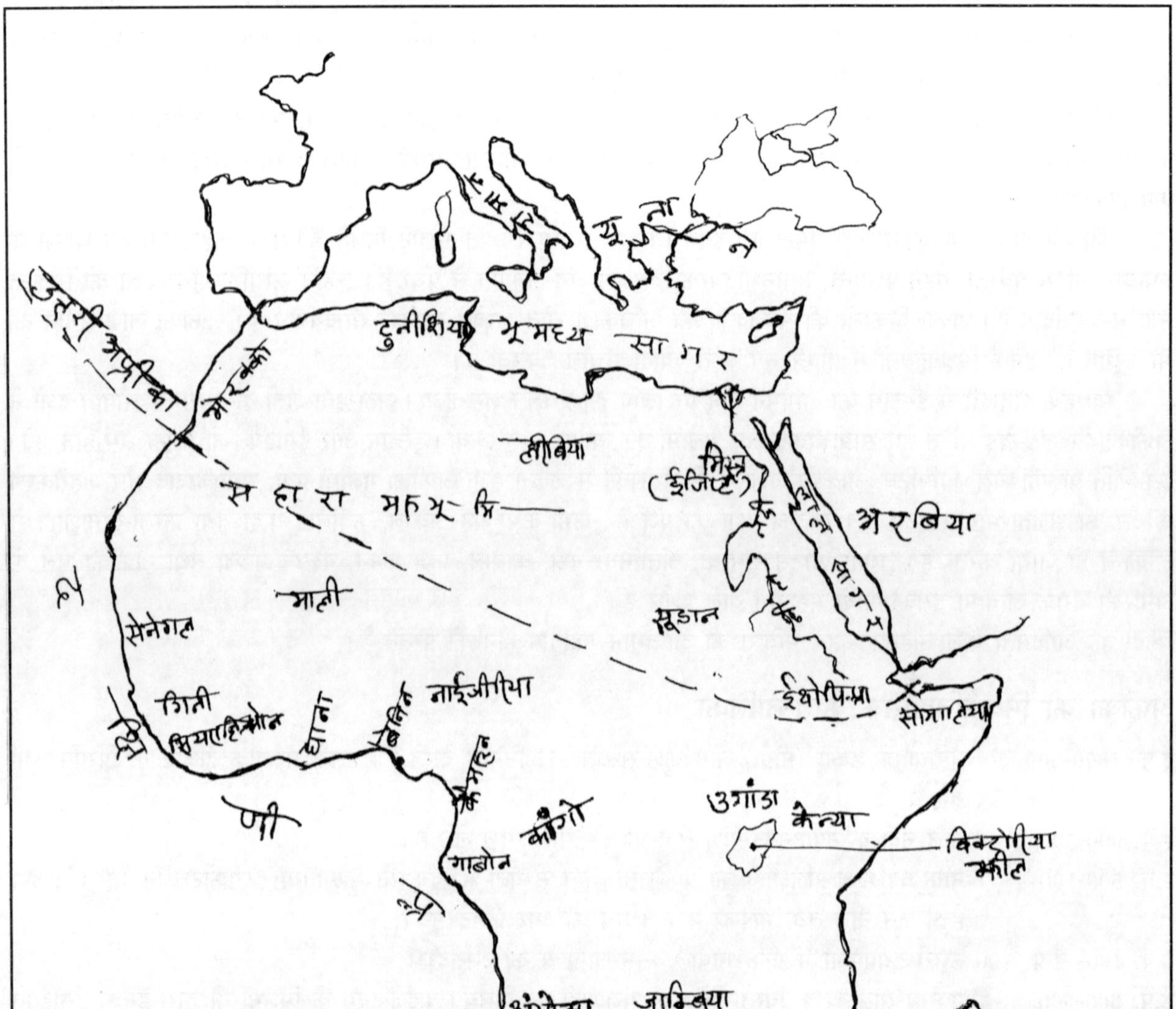

अफ्रीका

1.14 समुद्रायनी अथवा सागरिका (ओशेनिआ)

यह इंडोनीसियाई-आस्ट्रेलियाई का उपरान्तक क्षेत्र है जिसके तीन प्रखण्ड माइक्रोनेसिया, मेलोनेसिया तथा पोलिनेसिया हैं। यह प्रशान्त महासागर में अनेकानेक छोटे-बड़े द्वीपों का पसरा हुआ विशाल सागरीय कोलाज-चित्र है। हवाई द्वीप, फीजी, ईस्टर द्वीप, अन्ततः न्यूज़ीलैंड, भी इसमें शामिल हैं।

ये लोग ऐसे कुशल नाविक (सेलर) तथा जलपोत-चालक (नेबिगेटर) थे जो सूर्य और चन्द्रमा, लहरों और उठानों, पक्षियों की उड़ानों तथा बादलों के रंगों के अनुसार अपनी दिशाएँ निश्चित करते थे।

ई.पू. 1500 से पोलिनेसिया में बसने वालों ने **पोलिनेशियाई संस्कृति** निर्मित की। ई.पू. 150 से वे पूर्व की ओर फैलने लगे : पहले मार्क्विसाज़-द्वीपों में। ई.प. 300 से प्रसार का नया चरण शुरू हुआ जब ये लोग हवाई-द्वीपों, ईस्टर द्वीप तथा अन्ततः न्यूजीलैंड तक पहुँचे।

इस परिवेश तथा परिप्रेक्ष्य में इनकी मिथकों तथा आदिम कलाओं का उन्मेष हुआ। इनकी मौखिक-चित्रित मिथकों के भरत-पाठ (मास्टर टैक्स्ट) बेहद प्राचीन हैं; 'स्वप्न समय' वाले।

इस क्षेत्र की संस्कृति शामन-उद्‌गम वाली है जिसमें अनुष्ठानों तथा अध्यात्माओं (स्पिरिट्स) द्वारा नियन्त्रण के उद्देश्य हैं। इस क्षेत्र में लिजंधरों, लोककथाओं, पशुकथाओं की भरमार है। उनमें भी उपपरिवर्तनकारी कपटी-कुटिल पात्रों की भरमार है। जो यात्राएँ हैं वे भी जीवात्माओं-अध्यात्माओं के सहयोग से हैं। अतः इस बर्बर क्षेत्र में जादू टोने-टटकों का अद्‌भुत समावेश है। यही नहीं, उनकी वास्तविक यात्राओं तथा तद्‌भूत मिथक-कथाओं में परस्पर आच्छादन इतना है कि फ़र्क़ करना मुश्किल हो जाता है। उनके रूपे तथा माउई जैसे मिथकीय नायक तक वास्तविक थे। इसलिए उनके लोकजीवन में तारकों की नाना स्थलों के उद्‌गम की सामूहिक स्मृतियाँ भी मिथकरंजित हैं।

—पोलिनेसियाई लोग श्रेष्ठ पोतनाविक भी थे। वे सामोआ तथा टोगा में बस गये (ई.पू. 1000 में)। बिखरे हुए द्वीपपुंजों की यात्राओं के कारण भी उनकी ब्रह्मांड-संरचना में जीवन का एक वैश्विक वृक्ष है, तथा संसार का बिम्ब भी दर्पणात्मक है। इस वजह से उनके ब्रह्मांड में अनेक स्वर्ग और अनेक पाताल हैं।

—इन विभिन्न द्वीपपुंजों में से ईस्टर के लोगों ने लगभग 1200 में दैत्याकार आवक्ष मानव की पाषाण-मूर्तियाँ गढ़ीं जो साढ़े नौ मीटर तक ऊँची हैं। सामोआ में किशोर-किशोरियों के वयस्क होने का मानवशास्त्रीय अध्ययन मार्गरेट मीड ने किया। ताहिती में फ्रेंच चित्रकार पाल गोगेन ने आदिम ऊर्जा, प्रगाढ़ रंगों तथा बलिष्ठ नग्न देहों वाले अपने अलबेले चित्र बनाये। हवाई द्वीप (अब अमेरिका का एक उपराज्य) में घुटनों तक के गजरे झुलाती, फूलों से सजी झूमती युवतियाँ पर्यटन-उद्योग का संवर्धन करती हैं। टोंगा की स्वच्छन्द सैक्स क्रीड़ाओं पर ललचाऊ फिल्में बनी हैं। पोलिनेसिया में प्रसिद्ध मनो-नृतत्त्वशास्त्री मेलिनोव्सकी ने उनके आदिम समाजों में प्रेम, सेक्स आदि की गवेषणा की है। न्यूजीलैंड के आदि जन माओरी के कबीले, उनकी कलाएँ व मिथकें शोधों का अनवरत स्रोत हैं। वे मानो सर्वोच्च ब्रह्मांडवेत्ता तथा मिथक-निर्माता थे।

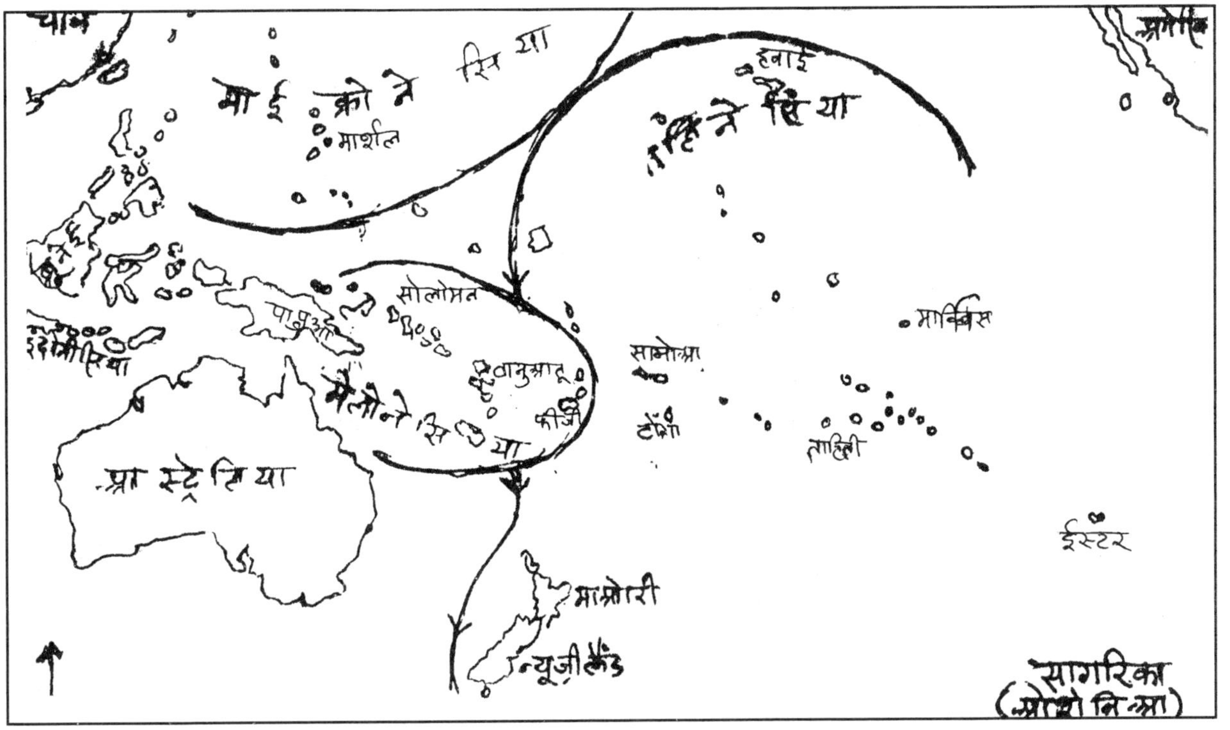

इस भाँति यह परिमंडल आदिम और आधुनिक का गोधूलिवृत्त है।

कुछ प्रमुख काल-चिह्न

ई.पू. 50000	आस्ट्रेलिया में आज के अबार्जिनीज़ आदिजनों के पुरखे आन बसे
ई.पू. 40000	आव्रजक न्यूगिनी में आन बसे
ई.पू. 5000	अन्तिम हिमानी युग की समाप्ति
ई.पू. 3000	दक्षिणपूर्व एशिया से अधिवासी माइक्रनेसिया में आते हैं।
ई.पू. 1500 से ई.प. 400	पोलिनेसियाई मार्क्विसाज़ से लेकर हवाई और ईस्टर तक फैले।
ई.प. 750	पोलिनेसिया से प्रथम माओरी वसनीक न्यूज़ीलैंड आये
ई.प. 1815	ब्रिटिश आबादकार न्यूज़ीलैंड पहुँचे।
ई.प. 1900	भारतीय वसनीक फीजी पहुँचे।

1.15 मिथकीय लोकमार्ग के चक्रचिह्न

लोक (फोक) की धुरी में एक ओर **लोकमार्ग** (फोकवेज़), लोक साहित्य, लोक संस्कृति, लोक परम्परा, लोक नाट्य, लोक कला, लोक गीत, लोक कथाएँ तथा सामूहिक जीवन के अंतर्गत लोकोक्ति-मुहावरे, पर्व, उत्सव, मेले-वेशभूषा आदि आते हैं तो दूसरी तरफ अन्य अक्ष पर **नृतत्त्वशास्त्र** (एंथ्रोपोलॉजी) केन्द्र में रहता है। पीछे जाने पर यह लोक ही पूर्वेतिहास के अन्तर्गत ईजिप्ट, मोहेनजोदारो की सभ्यताओं में लोकजीवन का पुनर्निर्माण करता है तो आगे बढ़ने पर संस्कृति एवं कला के समाजशास्त्र (सोशियोलॉजी) का समावेश करता है। इसमें लोक बनाम आभिजात्य, शहरी बनाम ग्रामीण, पावन बनाम इहलौकिक के भी द्विपर्ण-विरोध (बाइनरी अपोजीशंस) परिलक्षित होते हैं। इसे निर्वचित करने के लिए क्रमशः तीजन देवी की पंडवानी बनाम हेमामालिनी की महिषासुर मर्दिनी शीर्षक नृत्यनाटिका, अथवा जनप्रचेता हाल कृत 'गाथासप्तशती' बनाम बिहारी कृत 'बिहारी सतसई', अथवा जमुनादेवी का मधुबनीय चित्रांकन बनाम मक़बूल फिदा हुसैन की आधुनिक चित्र-कलमकारी के विरोधादि हाथ में आरसी वाले कंगन की भाँति प्रतिबिम्बित होते हैं।

यूँ भी लोक का आदिस्रोत या ऋतु आदिम मानवों के शैलचित्र और मातृशक्तियों द्वारा लोरियों का गायन है। इसके समकालीन उदाहरण गाँवों के मकानों की दीवारों पर रेखांकन अथवा देहरी के सामने रंगोली आदि हैं।

फिलहाल हम एक सीमित और प्रारम्भिक और नीति-प्राचीन **लोकवार्ता** के हाशिये को ही लेंगे। इसके अन्तर्गत मिथक कथा, परीकथा (फेयरी टेल्स), पशुकथा (फेबल्स), लोककथा (फोक टैल्स) तथा लिजंधर (लिजेंडस) को शामिल करेंगे।

(अ) 'भरतपाठ' (मास्टर टैक्स्ट) वाली प्रागैतिहासिक मिथककथा को बगलकाट करने के बाद परीकथा, पशुकथा, लोककथा और लिजंधर गाँवों, गँवई बाजारों तथा कस्बों में बहुतायत से उपलब्ध होती हैं। ये ग्राम्य-केन्द्रित (रूरल) होती हैं। इनमें उन मध्यकालीन वर्गीय स्थितियों की अनूठी शक्तियाँ मिलती हैं, जिनके विषय में इतिहास अँधेरा फैलाता है और निजंधर बाद में उन्हें रौशन करते हैं। इसलिए ये लोकगाथारूप मनोविश्लेषण, नृतत्त्वशास्त्र तथा समाजशास्त्र के उपजीव्य हैं। कला के सामाजिक इतिहास में इन्हें लोकप्रिय कला, कृषक-कला एवं प्रिमिटिव कला के अन्तर्गत रखा जाता है क्योंकि ये समाज के उस वर्ग में प्रचलित होती हैं जो अशिक्षित हैं तथा जिनका शहरीकरण एवं औद्योगिकीकरण नहीं हुआ है। ये गाथारूप सामूहिक क्रियात्मकता के अवशेष हैं जिनमें सामूहिक संवेगों के मनोविज्ञान की प्रचुर सम्भावनाएँ हैं। इन गाथारूपों में सामूहिक आयोजन, जादुई अनुष्ठान, शामनिक संस्कार-कर्म, आद्य उत्सव, और प्रजातीय विश्वास प्रतिबिम्बित होती हैं। इसलिए जनजीवन के सांस्कृतिक इतिहास के लेखन में ये लोकगाथात्मक एवं पूर्वेतिहासिक चेतना के सार्वजनीन धरातल का भी रूपायन करते हैं। इनमें वास्तविक आकांक्षाएँ अतिप्राकृतिकता का वरण कर लेती हैं। यूँ तो यथार्थ इतिहास ही कालबोध का सामान्यीकरण (जनरलाइजेशन) करके लिजंधर हो जाता है तथा सामाजिक अनुभव मुहावरों-कहावतों में ढल जाते हैं। लोकरुचि के निरीक्षण के लिए ये गाथारूप सबसे ज्यादा आस्था-प्रतिरूप हैं।

मिथकीय गाथारूपों में सर्जक तथा ग्रहीता का द्वैत प्रायः विलुप्त रहता है क्योंकि प्रत्येक श्रोता या देहाती समूह अपनी ओर से इनमें कुछ जोड़ता-जुड़वाता चला चलता है। इस तरह ये वैयक्तिक कृति के बजाय नामविहीन संचयित-संवर्धित कृतित्व होते हैं। इनका संशोधन निरन्तर चला करता है। अतएव इनमें मौलिकता को महत्त्व नहीं दिया जा सकता। इसी तरह इनमें सभी प्रकार के सर्वजन-मोहक अभिप्रायों को शामिल किया जा सकता है। इससे इनके कलात्मक स्तर फूहड़ और सुन्दर, अतिसाधारण और अतिप्राकृतिक, लोकसुलभ और अलौकिक का द्वन्द्वात्मक सामंजस्य करते हैं। वस्तुतः इन गाथारूपों के माध्यम से मध्ययुगीन कृषकजनों का मानसिक विधान तथा पिछड़ी जातियों का युगबोध दोबारा गढ़ा जाता है। मध्यकाल में कृषकों का आत्मनिर्वासन कार्य से न होकर वर्णाश्रम से था। उन्होंने ऐसी अनेक मिथकों द्वारा अपना आत्मनिर्वासन भी काटा है, अपनी सामाजिक भूमिकाओं

का उदात्तीकरण किया है, तथा अपने कार्य एवं श्रम को देवमंडलों से परिपूर्ण किया है।

इस तरह इनमें धर्म के मिथकीयकरण के कई सूत्र भी खुलते हैं। जादू तथा टोटकों के आदिम रूप इनमें जन-सामाजिक परिवर्तनों को सुलझाते है जिन्हें वे सहज, अपढ़, लोकजन समझ नहीं सकते थे। परन्तु इनमें लोकचित्र वाले वे वांछित परिवर्तन मानो लिखे गये हैं।

धर्म द्वारा इन मिथकों में विश्वासपरक मतवादी नैतिकीकरण भी होता है। तथा भरतपाठ के समगोत्ररति मूलक (इनसेस्ट) प्रसंग अनुकूलित कर दिये जाते हैं।

अन्ततः इन लोकगाथा रूपों में मौखिक इतिहासलेखनशास्त्र (ओरल हिस्टोरियोग्राफी) की प्रणाली के भी दर्शन होते हैं। यह पौराणिक शैली एवं क्लासिक विधा से भिन्न है; चमत्कार, वरदान, शाप, शर्त, कर्मफल से युक्त। अतः इसमें 'परम्पराओं' का चमत्कारपूर्ण एवं सौन्दर्यबोधात्मक इतिहास लिखा जाता हैं जिसमें तिथिक्रम तथा देशकलन क्षीण हो जाता है, घटना का केन्द्र कोई सामूहिक अनुभव या काम्य कर्मकांड हो जाता है और पात्र मंडल में भी कोई पशु या परी, या देवता या अनाम नायक भी आ जाता है। इस भाँति इसमें व्यक्ति रचयिता भी विलीन हो जाता है। फ्रांसीसी डुमेज़िल के मुताबिक दो प्रकार के शास्त्रीयतावादी होते हैं। पहले यह मानते हैं कि परम्परा में हमेशा ही सत्य का अवदान होता है। लेकिन उसके प्रमाण नहीं मिलते। दूसरे यह मानते हैं कि अनेकानेक परिवर्तनों एवं मिथ्याकरणों से गुजर कर भी परम्परा किसी एक यथार्थ घटना का अभिलेख होती है। 'मौखिक परम्परा' पर तो बर्नहाइम, फेडेर, सुमनेर, वायेर के अलावा भारत में कल्हण, वासुदेव शरण अग्रवाल, हज़ारी प्रसाद द्विवेदी, सत्येन्द्र, राहुल सांकृत्यायन, मेघाणी, वेरियर एल्विन आदि के प्रवर्तक कार्य हुए हैं। इन सभी लोक-आलेखकारों में प्रत्यक्षसाक्षी स्रोत तो विलुप्त हो जाता है किन्तु उनका स्थान अनुश्रुतियाँ, किंवदन्तियाँ एवं दन्तकथाएँ ले लेती हैं। अतः इसके चक्र में साकार इतिहास भी लिजंधर (लिजेंड), एवं फान्तासी में रूपान्तरित हो जाया करता है। इसलिए मिथक-गाथा-रूपों के कई प्रति-पाठों में-से भरतपाठ में ही यथेष्ट ऐतिहासिक विश्वसनीयता मिल सकती है। अतएव इनका इतिहासलेखन 'पाठ' के बजाय 'वाक्' पर आश्रित है जो मूलरूपेण रूपकात्मक (मेटेफारिकल) अथवा साम्यरूपकात्मक (एनालॉजिकल) स्वभाव वाला हो जाता है। इनमें 'प्रजातीय स्मृति' सर्वोपरि होती हैं। फलतः ये सहज स्फूर्ति (स्पांटेनिएटी) द्वारा एक व्यक्ति से लेकर सम्पूर्ण समुदाय तक स्वीकार्य होते हैं। इनका संक्रमण बेहतरीन तथा व्यापक होता है। ऐसी संक्रमण-प्रक्रिया के दौरान इनका भरतपाठ धूमिल और ओझल होता जाता है एवं विषयवस्तु (कानटेंट) भी भिन्न-भिन्न हो जाया करती है। इनमें सौन्दर्यबोधात्मक भावन करने की अपेक्षा 'वातावरण' का प्रभाव घनीभूत किया जाता है। सो, इनकी कलात्मक निष्कृति उतनी नहीं है जितनी कि समाजशास्त्रीय अन्वीक्षा। ऐसे मौखिक इतिहास-आलेखन में तथ्य के प्रति आग्रह के बजाय उत्तेजन (सेंसेशन) प्रेय हो जाते हैं। इस भाँति ये अनाम प्रवाचक की अभिरुचियों के बजाय अवसर श्रोताओं के प्रतिबोध (रेस्पांस) के प्रतिबिम्बन होते हैं। ऐसे अजूबे इतिहास-बोध में रोमांच और चमत्कार (मिरेकल) के अलावा अफवाहों (रूमर्स) की भी विधायक भूमिका हो जाती है। इस तरह रोमांच और अफवाहें मिलजुल कर तथ्यात्मक विरूपीकरण (फैक्चुअल डिस्टार्शन) करते हैं। अन्ततोगत्वा यह एक शौकिया (एमेच्योर) तथा अधकचरा (क्रूड) इतिहास-संचरण है जिसमें सच्चाई भी गल्पात्मक हो जाया करती है, तथा ऐसी गल्पात्मक सच्चाई ही प्रत्येक समूह या समय की सामाजिक यथार्थता के द्वन्द्वात्मक सम्बन्धों को उद्‌घाटित करती है।

(आ) अब हम क्रमशः पाँचों लोककथारूपों की संक्षिप्त तुलनापरक अन्वीक्षा करेंगे।

[i] इन सभी कथारूपों की बीज-चेतना तो मिथक-कथा ही है।

मिथकें मानवजाति की शिशुता के सामूहिक स्वप्न एवं सामुदायिक अनुभव की पुंज हैं। वे अवचेतन की उपज हैं और तर्कपूर्व (प्रि-लॉजिकल) चिन्तन का प्रतिफल हैं जिसमें चमत्कार संवाहक होता है। मिथकों की यथार्थता भी प्रायः पुनीत (सेकरेड) होती है। और इतस्ततः ऐसी पुनीत यथार्थतः विश्वास की धुरी पर सत्य (ट्रुथ) का प्रतिभास भी कराती है। अतः मिथक आस्था पर आश्रित एक हठात् विश्वास (मेक-बिलीफ़) है। मिथक के पात्र एवं घटनाएँ, काल और देश सभी शाश्वत् तथा पवित्र हुआ करते हैं। यह बात 'भरतपाठ' (मास्टर टैक्स्ट) पर तो लागू होती ही है। सो मिथकीय चेतना शाश्वत वर्तमान (इंटर्नल टुडे) में निरन्तर जीवन्त रहती है। इस प्रकार से यह ऐतिहासिक चेतना को हाशिये पर धकिया देती है। परन्तु अपने ऐतिहासिक एवं सौन्दर्यबोधात्मक कारणों से यह हमारी अनादि वासना को उद्‌दीप्त कर देती है। यह किसी भी युग में, किसी भी देश में [आस्थ-चक्र से छिटककर], किसी समस्या का येनकेन प्रकोरण 'सामाजिक रजिस्टर' हो जाया करती है। भरतपाठ के वृत्त में मिथक अन-नैतिक (अ-मॉरल) तथा अन-धार्मिक (अ-रिलीजस) होती है। इसलिए यह आधुनिक चक्र में भी हममें आदिम (मूलवृत्तिपरक : इन्सटिंकचुअल) सरल-सहज प्रतिबोध अभिगृहीत करती है जो रूढ़ियों, अन्धविश्वासों तथा धर्मान्धता का भी कारक हो जाया करता है।

यह हमें स्वप्न एवं दिवास्वप्न के सीमान्तों तक ले जाकर हमारी आदिम संचेतना को उन्मिषित करती है। यह हमारी कल्पनात्मक क्षमताओं को भी नीले पंख लगा देती है। सिग्मंड फ्रायड ने तो यह भी पाया है कि मिथक-निर्मिति, स्वप्न-निर्मिति

एवं कला-निर्मिति, तीनों लगभग एक समान हैं। मिथकों के बहिर्वृत्त में प्रतीकों और अलंकारों और अन्यापदेशों (एलिगरीज़) का झिलमिलाता लोक हुआ करता है। इसे मनोवैज्ञानिक सघनीकरण (कंडेन्सेशन), विस्थानान्तरण (डिसप्लेसमेंट), विपरीतों के रूपान्तरण (ट्रान्सफार्मेशन) आदि की विधियों द्वारा अव-कूटित किया जा सकता है। अतः मिथक की व्याख्या (विश्लेषण नहीं) स्वप्न-व्याख्या की तरह ही है जो हमें शताब्दियों-सहस्राब्दियों पीछे तक मानवता के बचपन तक ले जा सकती है। उसकी भाषा अधिभाषा (मेटा-लैंग्वेज) होती है। मिथककथाएँ पुनीत संस्कृति तथा परा-समाज की आधार-भूमि हैं—आज तक।

[ii] अब परी-कथाएँ (फेयरी टेल्स)

फ्रायडवादी मनोविश्लेषक रिकलिन ने मिथक तथा परी-कथा के अभिप्रायों का अध्ययन किया है। परीकथाएँ कवि के 'शिशुवत्' भोलेपन की उपज हैं। मानो वे शिशुवत् भोले सृजेता के दिवास्वप्न (डे-ड्रीम्स) हैं। इनकी आधारशिला वास्तविक दुनिया नहीं होती बल्कि ये कल्पित सम्भावनाओं को ही यथार्थता की भ्रान्ति बना देती हैं। ये शैशव-फन्तासियों को जादू के डोरों से बुनने का तकनीक अपनाती हैं। इनमें मिथकीय देश तथा स्वप्निल काल की निर्विकल्प चेतना मौजूद होती है। कोई परी, कोई राक्षस, कोई चुड़ैल, जादुई उपकरण, एक राजकुमार, कोई सुन्दर राजकुमारी, एक भोला बालक और पशु-पक्षी आदि परीकथा के उपादान हुआ करते हैं। बस इनकी आधार-भूमि ही सामान्यीकृत होती है। इनमें-से कम से कम एक पात्र परी अवश्य होता है। बहुधा एक राक्षस भी होता है। ये क्रमशः मानवीय स्वप्नों एवं आकांक्षाओं तथा भयों और सम्मोहनों का प्रतिनिधित्व करते हैं। इनमें मानवीय पात्र पक्षी या पशु या पेड़ या फूल आदि में कायान्तरित (मेटामार्फोज्ड) होकर अवचेतन की दमित एवं सुषुप्त इच्छाओं का उदात्तीकरण करते हैं।

परीकथा का केन्द्रीय भाव **कौतूहल** है तथा अन्त हमेशा सुखान्त होता है। ये हमेशा सद्गुणों की विजय दिखाती हैं। इस तरह ये शिशुओं और बालकों के सुखभोग एवं न्यायबोध की धात्रियाँ हैं। इन पात्रों के चरित्र में आमूलचूल परिवर्तन नहीं होते।

मिथकीय पृष्ठभूमि वाली परीकथाओं में नैतिकता की पहली-पहल झीनी शिक्षा का अवगुंठन होता है। मिथक में तो अपराध (या पाप) छिपाया नहीं जाता, जबकि परीकथाओं में उन्हें खारिज कर दिया जाता है। मिथक में आदिम निर्बाधित साहस होता है। जबकि परीकथा में शिष्ट छल-कपट। ओटो रैन्क के मुताबिक मिथक-रचयिताओं की तुलना में परीकथा के रचनाकारों की पीढ़ी अपेक्षाकृत कम चरितनायकीय तथा अधिक न्यूरोटिक एवं साइको-डेलिक थी।

परीकथाएँ भोली शिशु-संस्कृति की आधारशिला हैं। ये मनोकामिनी हैं।

[iii] पशुकथाएँ (फेबल्स)

क्योंकि पशुकथा का आद्यरूप **टोटेम** में अन्तर्निहित है इसलिए ये कबीलों के आपसी सम्बन्धों को मित्र और शत्रु-पक्ष के पशुओं-पक्षीओं के पंचतन्त्र के माध्यम से प्रकट करने को इस्तेमाल हुई होंगी। कालान्तर में कृषि-संस्कृति के विकास ने इनमें कबीलाई अनुभवों के अतिरिक्त विकसनशील अंतरसामाजिक अनुभवों का भी समावेश कर दिया होगा।

परीकथाओं के असमान पशु-कथाएँ यथार्थ जगत् से संवर्धित हुई हैं। इनमें अति-प्राकृतिक (सुपरनेचुरल) के स्थान पर अन्यापदेश (एलिगरी) का अन्वयन हुआ है। इनके प्रमुख पात्र पशु-पक्षी, नदी-पर्वत, आदि होते हैं जो मानुषी भाषा बोलते हैं और मानव-साहचर्य से अपने स्वभाव के मुताबिक **आचरण** (बिहेवियर) करते हैं। ऐसा आचरण मानव-जीवन के समानान्तर रू-ब-रू हो जाया करता है जिससे सीख, साक्षी और सूक्त सिद्ध हो जाते हैं। ये कथाएँ नैतिक उपदेश देने के साथ-साथ व्यंग्य-विद्रूप (आयॅरनी) के द्वारा सामाजिक आलोचना भी करती हैं। इस भाँति पशुकथाओं में सामाजिक यथार्थता की कठोर मीमांसा भी हुई है तथा व्यवहार-परक दृष्टान्तों के आधार पर नीतिवादी उपदेश भी दिये गये हैं।

[iv] लोककथाएँ (फोकटेल्स)

लोककथाएँ मानवता के (मिथकों वाले) शाश्वत् अनुभवों के बजाय विशिष्ट और सार्वजनीन ग्रामलोक के समूहों की विलक्षण परिपाटियों वाली मौखिक आख्यायिकाएँ हैं जिन पर पूर्ववर्णित 'शौकिया इतिहासलेखनकारी' की कुछ प्रमुख विधियाँ लागू होती हैं। इनमें स्वप्न तथा अन्यापदेश के बजाय संस्मृति का तानाबाना बुना जाता है। इनमें कथा के माध्यम से लोकचित्त तथा लोक-परम्पराओं तथा विश्वासों को प्रत्यभिज्ञात्मक अभिव्यक्ति मिलती है। अतः ये लोक-संस्कृति के इतिहास की ऐकान्तिक स्रोत हैं। इसलिए ये नृतत्त्वशास्त्र एवं मानवशास्त्र (एथनोलॉजी) की भी उपजीव्य हैं।

लोककथाएँ हर दृष्टि से परम्परा-चक्र में ही त्रासदी और सुखान्तिकी के यथार्थ खोलती हैं। ये परम्परानुगामिनी ही होती हैं। नवीनता के मुकाबले में ये **मर्यादा** (मोरेलीज़) का ही गौरवान्वयन करती हैं। इनमें मौतिक्तता का इतना महत्त्व नहीं होता। वस्तुतः ये मिथक-कथाओं के तदानुगतिक सामाजिक रूपान्वयन हैं। इनमें भी जादू-टोना, वशीकरण, शकुन, भूत-प्रेत आदि से लेकर

रीति-रिवाज, अनुष्ठान और त्योहार, पर्व और मेले, नाच और नौटंकी आदि भी शामिल हो जाते हैं। अतएव इनमें मिथकीय चेतना (जादू), सामाजिक चेतना (परम्परा) एवं मनोवैज्ञानिक चेतना (सुपरईगो) की त्रयी का संकुल है। यही 'लोक-इथॉस' का प्राण है।

[v] मिथक-चक्र वाली उक्त विधाओं का (हमारा) अन्तिम पड़ाव लिजंधर या निजंधर (लिजेंड) है

यह एक ऐसा आमूल कथानक है जिसमें इतिहास के देश एवं काल की पहचान अस्त-व्यस्त एवं पूर्वापर हो जाती है। यह इतिहास है भी और नहीं भी। इसके अलावा यह लोकसाहित्य और आभिजात्य साहित्य की संधि पर अवस्थित होता है। अतः यह ऐतिहासिक एवं सामाजसांस्कृतिक प्रस्थान-बिन्दु का द्योतक है। किंवा ऐतिहासिक सामग्री को लोक-तत्त्वों के तानेवाने में बुनकर लिजंधर का निर्माण हो जाता है। अतएव इसमें ऐतिहासिक रस, काल एवं देश के अक्षों को सौन्दर्यानुभूति से भी रसीला बना देता है। तथापि मिथक की भाँति यह देश-काल से पूर्णतः विमुक्त नहीं होता। लिजंधर में स्वयमेव इतिहास ही रोमांस तथा रोमांच में पुरागमन करता है। (इसका बृहद् स्वरूप ऐतिहासिक रोमांस में पल्लवित-पुष्पित होता है।) इस तरह लिजंधरी अभिप्रायों की कुछ पृथक् सत्ता हो जाती है। वे इतिहास के पात्र, घटना, समाज तथा समस्या का सामान्यीकरण कर डालते हैं अर्थात् वे सामान्यीकृत अभिप्राय (जनरलाइज़्ड मोटिव्ज़) होकर मानवीय वृत्तियों के संवाहक हो जाते हैं। लिजंधर में ग्राम्य से नागर, तथा पावन से इहलौकिक के सातत्य का संश्लेष दृष्टिगोचर होता है।

इस भाँति मौखिक परम्परा के कथामानदंड में मिथक एवं लिजंधर, दो छोरों पर प्रतिष्ठित हैं। मिथक 'प्रागैतिहासिक' हैं तो लिजंधर 'ऐतिहासिक रोमांस' के सूत्रधार।

उपर्युक्त पंचायतन में-से मिथक की परवर्ती परीकथा हैं तथा लिजंधर की पूर्ववर्ती लोककथा हैं। पशुकथा मानो इन अश्विनों की गोधूलि-संधि पर है। वास्तव में इन सभी लोकगाथारूपों का उद्गम मिथक तथा मिथकीय मानस ही हैं।

निष्कर्ष :

विश्वमिथकयानों और विश्व की सभ्यताओं के ऐतिहासिक परिवेश-परिप्रेक्ष्य के अन्योन्याश्रय का रूपायन करते हुए हमने मिथक-आलेखकारी की एक केन्द्रीय समस्या का सामना लगातार किया है। जिन मिथकयानों के भरतपाठ 'गिल्गामेष', 'इलियाड', 'ओडिसी', 'ऋग्वेद', 'रामायण', 'महाभारत', आदि महाकाव्यों तथा अन्य क्लासिक महाकवियों के साहचर्य से संशोधित करके प्राप्त हो सकते हैं, वहाँ हम मिथक और इतिहास, लिजंधर-और धर्म की चतुरंग धारावाहिकता भी पाते हैं।

लेकिन **मौखिक** परम्परावर्ती मिथकयान तो **क्षेत्रकर्म** (फील्डवर्क) पर ही निर्भर रहते हैं। अगर यह पर्याप्त नहीं हुआ है अर्थात् उनके धर्मक्षेत्र अर्थात् यथासम्भव वैध एवं विश्वसनीय प्रवाचकों के सहयोग तथा निष्पक्ष प्रकथन की स्वीकृति नहीं प्राप्त हो सकी है, तो वहाँ हमें द्वितीयक स्रोतों की सहायता अपेक्षित रही है। जब मौखिक परम्पराव्रती मिथकों की सही और विविध पाठ-संख्या कम हो तो मिथक-आलेख-कारी की विश्वसनीयता उसी अनुपात से घट जाती है। अगर **कर्मकांड** के वितान पता ही न चलें तो मुश्किलें दुगुनी हो जाती हैं। उनके ठीकठाक, या अनुमित भरतपाठ छानना लगभग असाध्य हो जाता है।

यह समस्या अफ्रीका, उत्तरी अमेरिका, मंगोलिया, समुद्रायनी में ज्यादा अवरोध पैदा करती रही है। वहाँ कर्मकांड भी क्षीण है, महाकाव्य भी नहीं हैं, मौखिक प्रवाचक भी दुर्लभ हैं। दक्षिण-पूर्व एशिया में भी इसका सामना करना पड़ा है। ऐसी घेरेबन्दी से बाहर निकलने के लिए अन्यमार्गों की खोज अनिवार्य है।

तदनन्तर मूर्तियों, चित्रों, चित्रकथाओं, मन्दिरों, वास्तु-अवशेषों आदि से उनके खोये सूक्त, भूले सुराग, धुँधले मिथकाभिप्राय पुनर्निर्मित किये जाते रहे हैं। अतः अगर मौखिक मिथकों के अभिलेख खंड-खंड अधूरे हों तो ये उपस्कर हमारे सहायक रहे हैं। अलबत्ता हमें अनुचिन्तन (रिफ्लेक्शन) तथा अभिज्ञान पर भी आश्रित होना पड़ा है। शायद मौखिक परम्पराओं के आधार पर 'राजतरंगिणी' का प्रणयन करने वाले काश्मीरी कल्हण या कोरियाई..., या चीनी...या ग्रीक हेसियड को भी इन उपर्युक्त साधनों-संस्रोतों की सहायता लेनी ही पड़ी होगी।

चित्र-आकृतियाँ

मानचित्र-तालिकाएँ

2

होगी जय, होगी जय पुरुषोत्तम नवीन : ब्रह्मांड-व्युत्पत्ति तथा मानवजाति-प्रजाति की निर्मितियाँ

आधुनिक विश्व में अन्तरिक्ष-विज्ञान एवं 'जीनोम' ने तो भविष्यशास्त्र (फ्यूचरोलॉजी) द्वारा यूटोपिया तक को यथार्थता में रूपान्तरित कर दिया है। परन्तु इस शिखर सीढ़ी तक पहुँचने में कपिल तथा कणाद, आर्कमिडीज़ एवं आर्यभट्ट तथा भास्कराचार्य से लेकर न्यूटन तथा आइंस्टाइन, रामानुजम् तथा हाकिन्स के योगदान जुड़ते आये हैं। आज पदार्थ और प्रतिपदार्थ (एंटी मैटर), सापेक्ष्यता और क्वांटम, जीनोम तथा स्टेमसेल तक का संदर्शन-दिग्दर्शन हो रहा है। परन्तु कम से कम एक लाख साल पहले मानवजाति के आद्य मिथक आलेखकार (मिथोग्राफर) तथा मिथकनिर्माता (मिथमेकर) और लोकयानवेत्ता (फोकलोरिस्ट) आदि भी ब्रह्मांड-व्युत्पत्ति एवं मानवजाति-निर्मितियों की फान्तासी तथा संघटनाएँ गढ़ रहे थे। उनके अन्तर्बाह्य प्रत्यक्षण के आयामों में पदार्थ तथा पंचभूत, जीवन और पंचेन्द्रियाँ, भौतिक ऊर्जा तथा रसायन, जैवभौतिकी तथा खगोलदर्शन के आदिम सूत्रबंधान रहे हैं। अस्तु।

कई लाख साल पहले विश्वमिथकयानों ने महाअन्धकार तथा महत् जलराशि में अनन्त यात्राएँ शुरू कीं। तब सम्भवतः पृथ्वी हिमशैल एवं हिमपटल से आच्छादित थी। जीवन तथा वनस्पति का उन्मीलन नहीं हुआ था। डायनासोर और मैमथ (महागज) भी नहीं जन्मे थे। तारों तथा ज्वालामुखियों के सहकार से पृथ्वी में ऊष्मा पैदा हुई, जीवन जन्मा, हिम पिघला और महत् जल ने उसे आच्छादित कर लिया।

चारों ओर बस नेति-नेति ही परिव्याप्त थी। क्वाँरी पृथ्वी की पहचान तथा आकाश के कौतूहल ने प्रथम मानव को अस्तित्व एवं अन्तर्सत्ता की सम्भावनाएँ सुझाईं।

× × ×

सृष्टि के प्रारम्भ में अनन्त-अगाध जलराशि फैली थी। उसमें 'आदि कारण' (?) द्वारा एक अंड—ब्रह्मांड—तैरता आया। तब केवल यही परिकल्पना हो सकती थी कि 'आदि स्रष्टा' (ब्रह्मा) उसे दो फाँक करके पृथ्वी और आकाश का वास्तुशास्त्र गढ़े। इसी अनन्त जलराशि में, किसी दौर में, जल-प्रलय (हिमयुग का पिघलना) हुआ। फिर उसकी भाटा-तरंगें दूर हुईं तो पृथ्वी प्रकट हुई। मिथक-निर्माताओं के सम्मुख महामत्स्य, कूर्म (कछुवे), मगर, वाराह, नाग और गौ, सिंह आदि जैसे पशु सहवासी मौजूद थे।...समुद्र तथा पृथ्वी को मिलाने वाले कच्छप और वाराह हुए। अतः परवर्ती भारतीयों ने ब्रह्मांड के बाद यह कल्पना की कि **विष्णु-महावाराह** ने जल में डूबी हुई पृथ्वी को अपने दाँतों पर उठाकर उद्धारित किया। इसके पहले **महामत्स्य (रूपी) विष्णु (मनु)** जल-प्लावन से प्राणियों का उद्धार कर चुके थे। कच्छप बचा था। सो, उसके लिए भी मिथक-निर्माताओं ने उसको अपनी पीठ पर पृथ्वी को धारण करने की परियोजना गढ़ दी। सर्प और सिंधु-लहरों के साम्यरूपक से मिथक-निर्माताओं ने सहस्रफणों वाले अनन्त नागराज का महारूपक गढ़ डाला जिसकी शय्या पर शयन करते हुए **पद्मनाभ-महाविष्णु** सृष्टि करते हैं। इस भाँति भारतीय मिथकयान में ब्रह्मांड, सर्प, मत्स्य, वाराह आदि गौरूपी (चपटी) महामही के धारणकर्ता बन गये तथा सूर्य **हिरण्यगर्भ विष्णु** हो गये। एक महाचक्र घूम गया।

जल-प्रलय के सहवर्तन में मेसोपोटोमिआई मिथक ने जल-प्रलय की व्याख्या की, तथा (भारतीय क्षीरसागर के साधर्म्य से) मीठे तथा खारे जल-सागरों के ध्रुवान्त भी गढ़ लिये। तियामत तथा मार्दुक के बीच के संघर्ष की उनकी मिथक का कथाबीज यही है।

जल सिंधुओं में बहुधा विषैले सर्प भी रहते हैं (अतः समुद्र-मंथन में विषघट निकलने की भी भारतीय मिथक उन्मीलित हुई)। उन्हें अधिनेता नाथते (कृष्ण/श्याम), अथवा धारण कर लेते हैं (शिव), अथवा कोई कबीले उन्हें अपना टोटेम एवं पूर्वज मान लेते हैं।

तो यूँ जल के उतरने से पृथ्वी निकली और सृष्टि-चक्र घूमने लगा। आकाश में सूर्य तथा चन्द्रमा भी हर रोज 'घूमकर' परिक्रमा करने लगे।

विश्वमिथकयानों के समानान्तर **मिथकीय भूगोल** का भी उन्मेष होता चला। पर्वतों, नदियों, पुष्करों, झीलों, द्वीपों आदि के द्वारा विलक्षण मिथकीय एटलस भी गढ़ा जाने लगा।

2.1 सृष्टि और सृष्टि-मिथक

आधुनिक विज्ञान तथा टैकनॉलॉजी की मान्यता के मुताबिक लगभग करोड़ों वर्ष पहले एक **'विराट विस्फोट'** (बिग बैंग) हुआ था। जब अन्तरिक्ष में टुकड़े-टुकड़े छिटक गये तो असंख्य रासायनिक प्रक्रियाओं से सौर-मंडल के ग्रहों तथा नक्षत्रों की गणितीय परिक्रमाएँ होने लगीं। करिश्मा तो पृथ्वीग्रह में हुआ कि उसके तीन चौथाई भाग को जल ने ढाँक लिया तथा (अन्य ग्रहों की तरह) वह भी सूर्य की परिक्रमा लगाने लगा। तथापि अकेले पृथ्वी की परिक्रमा करने वाला चन्द्रमा भी प्रकट हुआ। पृथ्वी में जल समेत बैक्टीरिया-कोषाणुओं द्वारा जीवन का बहुविध उन्मीलन होता चला।

❖ फिर प्रथम मनुष्य (नील आर्मस्ट्रांग : 1969) ने अपोलो नामक अन्तरिक्षयान द्वारा चन्द्रमा पर भी कदम रखे। आजकल कैसिनी नामक अन्तरिक्षयान शनिग्रह के चन्द्रमाओं की जाँच कर रहा है तो फोनिक्स नामक अन्तरिक्षयान मंगल ग्रह के हिमाच्छादित उत्तरी ध्रुव पर उतर गया है।
❖ फिलहाल पृथ्वी और सूर्य के बीच एक करोड़ सैंतालीस लाख से एक करोड़ बावन लाख किलोमीटर की,
❖ पृथ्वी और चन्द्रमा के बीच तीन लाख सत्तावन हज़ार से चार लाख सड़सठ हज़ार किलोमीटर की,
❖ तथा, पृथ्वी और मंगल के बीच 2750 लाख किलोमीटर की दूरियाँ मापी गयी हैं।

स्टीफेंस हॉकिन्स (1942) ने यह सिद्ध किया कि विराट विस्फोट से ही **काल का जन्म** भी हुआ था। यूँ तो 'महादेश' सारा अन्तरिक्ष और उसके पृथक्-पृथक् ग्रह हैं किन्तु हमारा प्रयोजन पृथ्वी की धरती (मही) से है। इसलिए हमारा देश (दिक्) तो विशाल पृथ्वी, तथा काल पृथ्वी एवं चन्द्र की परिक्रमाएँ हैं। यही 'ऋत्' है। इनसे ही इहलौकिक 'सृष्टि' का आविर्भाव हुआ। यह **विज्ञान** तथा **टैकनॉलॉजी** का आधुनिक संसार है।

तथापि दसियों-हजारलाखों साल के **मिथक** एवं परवर्ती **धर्म** द्वारा भी कई विश्वों, तथा इस विश्व की असंख्य सृष्टि-कथाओं की साम्यरूपकात्मक और पूर्वेतिहासिक विपुल राशि सौंपी गयी है। यह अतिप्राकृतिक तथा अतिमानवीय भी है। इसका संसार 'शाश्वत् वर्तमान' है। यह एक समग्र **मिथकीय संसार** है। यही हमारा मौजूदा लक्ष्य है।

हमारा मिथकीय संसार वैश्विक है अर्थात् यह विश्व की सभी प्राचीन सभ्यताओं, आदिम समाजों और आधुनिक संस्कृतियों में लगभग एक-जैसी अनेक धुरीण 'थीमों' का नाना प्रकार से निदर्शन करता-कराता है। यह सम्पूर्ण जगत् के **'मिथकसरित्सागर'** में मिथकों का विराट् जाल फेंककर कथाओं, कर्मकांडों, चमत्कारों, मिथकाभिप्रायों, प्रतीकों की चमचमाती रंगीन मछलियाँ छेंक-घेर लाता है। इस प्रकार यह सचमुच सम्पूर्ण वसुधा को एक कुटुम्ब बना देता है। इस संसार में ब्रह्मांड की रचनाएँ और स्वरूप हैं; ग्रहों, मानवों और जीवन की उत्पत्ति है। इसमें देव-देवियों-दैत्यों तथा महानायकों की गाथाएँ हैं। इसमे सूर्य और पृथ्वी की, पृथ्वी और आकाश की, पृथ्वी और चन्द्रमा की, जीवन-मृत्यु और अमरता की अतिप्राकृतिक-अलौकिक-पूर्वतर्कात्मक विश्वासी-अन्धविश्वासी अनिर्वचनीय प्रोक्तियों के ऐन्द्रजालिक अन्तर्कुंडल भी गुत्थम-गुत्थ हैं। यहाँ एक समानान्तर किन्तु तुलनात्मक, अतिशयोक्ति तथापि विचलनपरक भाषिकीय एवं सुन्दर संसार भी है। इसमें पलक झपकते ही ग्रहों की अनन्त दूरियाँ तथा चुटकी बजाते ही असम्भव कार्य सम्पन्न हो जाते हैं। अस्तु ॥

सृष्टि-मिथक

यह अस्तित्व की एक जीवनशास्त्रीय (बायोलॉजिकल) पहेली है कि सृष्टि के प्रारम्भ में कोई 'एक' ही आया होगा, कि उसका कोई ज्ञेय लिंग भी नहीं रहा होगा। वही एक से 'दो' हुआ होगा। तब तक कोई सम्बन्ध निश्चित नहीं हुए होंगे। नैतिकता का उदय भी नहीं हुआ होगा। अतः वह 'न नारी-न पुरुष', फिर 'अर्द्धनारी-अर्द्धपुरुष, अर्थात् पुरुष और प्रकृति, 'यांग तथा यिन' गेब तथा नुट 'तत्त्व' ही रहे होंगे। अलबता केन्द्र में कोई आर्केइक शक्ति या उत्पत्ति, अथवा उर्वरता आ गयी होगी। प्रधानता **शक्ति** की ही रही होगी।

अतः सभी सभ्यताओं के सृष्टि-मिथक सूर्य एवं पृथ्वी, पृथ्वी एवं आकाश के युग्म से शुरू होते हैं। उनमें एक ही स्रोत के कारण एकसमान भाई एवं बहन का नाम दे दिया गया। पुरातत्त्व की खोजों में भी प्रथमतः मातृ-प्रतिमाएँ प्राप्त होती हैं लेकिन नृतत्त्वशास्त्र में ऐसे अनुमानादि हैं कि प्रकारान्तर से 'झुंड' पर कुलज्येष्ठ (पेट्रिआर्क) ने अपनी पितृसत्ताक निरंकुशता क़ायम कर

ली थी। इस पर झुंड के नर-नारियों ने मिलकर उसका वध करके उसके एकैक आधिपत्य को समाप्त कर डाला। इस कृत्य से कर्मकांड, और विभेदकता (पूजा-वर्जना का उन्मीलन हुआ। फ्रायड का पशुवत् झुंड (यूथ) क्रमशः मानवीय **'समूह'** में रूपान्तरित हुआ। युगलों (मिथुनों), यौन साथियों (दम्पतियों) के आविर्भाव के साथ-साथ नैतिक मर्यादाएँ भी बनीं। (शिल्पकला तथा तन्त्र में भी ये मुखर हैं) अतः नृतत्त्वशास्त्र भी पुरातत्त्व की इस प्राक्कल्पना का अनुमोदन करता है कि सृष्टि के प्रारम्भ में भाई एवं बहन, पिता-पुत्री, माता-पुत्र के नैतिक बोध स्पष्टतः बँटे नहीं हुए थे। भारत में ब्रह्मा-सरस्वती, यम-यमी के, ईजिप्ट में धरती देवता गेब-आकाश देवी नुट के, चीन में ब्रह्मांड-विधात्री देवी नू-कुआ तथा उसके पति-भाई के सम्बन्धों वाले मिथक इसके सबूत हैं। प्राचीन ईजिप्ट के फाराओ के राजवंशों में तो सगे भाई बहनों के बीच विवाह की आम प्रथा स्वीकृत थी। अतः कुलज्येष्ठ के साथ देवता, देवराजा भी आये। उसी के समानान्तर दम्पति या मिथुन-बोध उन्मीलित होने के साथ-साथ स्वामी शक्ति-केन्द्र हुआ। नैतिकता का उद्‌भव होने पर सम्बन्धता (रिलेशनशिप) निर्धारित होती चली। अतः पशुयूथ से मानव-समूह से संयुक्त कुटुम्ब की अवस्था बनी। 'समाज' की नींवें पड़ीं। मिथकें भी कई पुत्रों, कई भाई-बहनों, उनके आपसी झगड़ों और मैत्रियों से भरी पड़ी हैं। इसकी कुंजी हमें उभयलिंगी 'अर्द्धनारीश्वर' तथा द्विलिंगी 'हर्माफ्रोडाइटस' के (परवर्ती) मिथकों में ढूँढ़नी पड़ेगी। कालान्तर में 'तत्त्व' से 'सम्बन्ध' की अवस्थाएँ मिथकाभिप्रायों (माइथीम) एवं प्रतीकों में परिलक्षित होती हैं। पुरुष-तत्त्व एवं प्रकृति-तत्त्व से शिवतत्त्व एवं शक्तितत्त्व, फिर शंकर और भवानी के सम्बन्धों की शब्दभषिकी भी इसी ओर इशारा करती है। अतएव अनुजातिविज्ञान (एथनोलॉजी) में भिन्न-भिन्न पुरुष-गोत्र तथा नारी-गोत्र के, फलतः भिन्न-भिन्न मन्वन्तरों एवं सृष्टि-लोकों के, दस सूर्यों और बारह चन्द्रमाओं (चीनी मिथक) के, दसदिशाओं में सूर्य का 'दशरथ' तथा दसदिशाओं के चीखते अन्धकार को चीरने वाले 'दशमुख' के मिथकाभिप्रायों को सृष्टि के रहस्यों की आदिम प्रोक्तियाँ भी माना गया है।

इस भाँति पूर्वेतिहास से लेकर पुरातत्त्व, नृतत्त्व से लेकर धर्मशास्त्र तक की अनवरत यात्रा चलती रहती है। मिस्री अभिलेखों में वायु देवता का नाम 'शु' था, सूर्य देवता का नाम 'रे' था।...वायुदेवता 'शु' ने आकाश को उठाकर धरती से अलग किया क्योंकि पहले दोनों संयुक्त थे।

सुमेरी में भी संयुक्त 'अनुकि' (अनु-आकाश, कि-धरती) थे। उनके बीच 'लिल्' था (वायु, हवा श्वास, रूह)।

ऋग्वेद में धरती-आकाश के संयुक्त रूप के लिए द्विवचन रोदसी शब्द है। समानान्तर एक अन्य शब्द भी है; धावापृथिवी अर्थात् सम्बद्ध बहिनें। रोदसी ने वायु को उत्पन्न किया। वायु तथा वात के समानान्तर है मरुत्। ये सब गणरूप में ही प्रकट होते हैं। इन्होंने आकाश को धरती से अलग किया।

पहले सत् था, फिर असत् बना, फिर अंडे में परिणत हुआ। अंडे का एक भाग पृथ्वी तथा दूसरा आकाश बना (छान्दोग्य उपनिषद)। फिर उससे जो उत्पन्न हुआ, वह यह सूर्य है।

अतः जल, वायु, सूर्य की समानान्तरता ईजिप्टी, सुमेर और भारत, तीनों देशों में है। इन्द्र के शत्रु वृत्त ने बड़ा ही अन्धकार फैला रखा था। इन्द्र ने उसका वध करके जलप्रवाहों तथा प्रकाश को मुक्त किया। अतः वृत्त का वध सूर्योदय से पहले होता है। इन्द्र ने सुदृढ़ पर्वत को विदीर्ण किया, सूर्य को आकाश में चढ़ाया। उषा ने पर्वत का द्वार खोला और जलों को बाहर निकाला। देवों ने समुद्र में छिपे सूर्य को बाहर निकाला। अश्विनों का रथ समुद्र में चलता है। उन्हें उषा जगाती है। वे अपने रथ पर उसका अनुसरण करते हैं। जहाँ उषा और अश्विन प्रकट होते हैं वहाँ समुद्र है। इन्द्र ने अपने बल से हिलने-तैरने वाले पर्वतों को स्थित किया, पृथ्वी को धारण किया तथा आकाश को नीचे गिरने से रोका। सुन्दर हाथों वाला सविता नदियों को आगे ले चला है। ईजिप्ट के फाराओ रेमसेस द्वितीय (1301-1234 ई.पू.) भी सूर्यदेवता अमोन रे के सामने अंकित है; उस पर पंखयुक्त सूर्य है। थोर देवी के शिर पर भी सूर्यबिम्ब है। प्रिचार्ड द्वारा ईजिप्टी अभिलेखों के अनुवाद में सृष्टि-रचना की भी चर्चा है कि आदमि जलराशि के ऊपर से एक पर्वत उठा था और उस पर बैठे हुए **अतुम्** देव ने सर्वप्रथम अन्य देवों की रचना की। इस तरह समस्त देवों और प्राणियों समेत यह जगत् जल से उत्पन्न हुआ।

जल के देवता का नाम नुन् था। अतुम् नुन् में अकेला रहता था।...नुन् स्वयं भू है। अतः नुन् स्वयं अस्तित्व में आया। वह देवों का पिता है।

अक्कादी भाषा में अप्सू मीठा पानी है तथा **तिःआमत्** (समुद्र का खारा पानी)। इनके संयोग से सृष्टि हुई व जल से धरती, आकाश उत्पन्न हुए। उसी से देवता उत्पन्न हुए।

भारतीय परिकल्पना में तब सत् नहीं था, असत् नहीं था; न लोक था, न जो आकाश के परे है, वह था। सबको आवृत्त करने वाला क्या था? तब अन्धकार था, सब कुछ अन्धकार से ढँका था। अज्ञात् दशा में यह सबकुछ जल ही जल था (सातवलेकर) : 'आपः' उस सबकी माताएँ हैं।

दो देवताओं का आदर्श जोड़ा अश्विनों का है। मरुत्-गण समूह में होते हैं (रथ की अराओं-से एकसाथ)। इसके अलावा मित्र-वरुण, इन्द्र-बृहस्पति, सोम-पूषन आदि के भी जोड़े हैं।...इसी से बाद में देव-देवी की कल्पना हुई। 'द्यावापृथिवी' वृत्त में

श्याम-श्वेत, यिन और यांग, पुरुष और स्त्री, प्राइमोर्डियल 'केऑस' में यिन-यांग का मिथुन बना। इनके द्वारा ही ब्रह्मांड-रचना हुई। यिन ने जल तथा चन्द्रमा को, यांग ने अग्नि और सूर्य को जन्म दिया। तप्त-उष्ण, महीपरक-स्वर्गजनित, मादा-नर। पान-कू तथा नू-बा इसकी सन्तानें थीं।

पान-कू ने अपने सिर से आकाश को तथा पाँवों से धरती को उठाया-दबाया। उसकी एक आँख सूर्य, दूसरी चन्द्रमा हुई। उसकी भुजाएँ शैलमालाएँ, धमनियाँ मार्ग बनीं। नू-वा ने भी अपनी प्रत्येक अँगुली का यिन या यांग से गर्भाधान कराया–यांग ग्रहण करने वाले पुरुष, यिन धारण करने वाली नारी हो गयी।

हानवंश (206 BCE–220E) के समय से उक्त दोनों देवता (पान कू–नू वा) मानव शिर वाले सर्प के रूप में माने गये जो परस्पर कुंडलित हैं। गुआन-डी (कुआन यू, कुआन कुंग)–युद्ध देवता है। **नू-वा** (नू गुआ, नू कुआ, नू वा) सबसे महान् सृष्टि-कर्त्री देवी है। वह अतिप्राचीन उर्वरता-देवी है (यक्षिणियों के समान)।

पान कू ब्रह्मांड से व्युत्पन्न माना गया। शेन नो-ङ पक्षीशिर युक्त दिव्य अध्यात्मा है (ईजिप्टी होरस जैसा)।

संस्कृति-धारक

भारतीय मिथकायन के अन्तर्गत वैदिक आर्यों की पहली लहर में देवताओं के नेता, पुरों के विध्वंसक (पुरन्दर), स्वर्ग के स्वामी **इन्द्र** ने 'आनन्द' की उपासना को, तथा परवर्ती लहर में यथार्थता के शुक्ल-श्याम पक्षों के संद्रष्टा **वरुण** ने 'करुणा' की वृत्ति को प्रसारित किया। इनके सहवर्तन में प्राकृतिक शक्तियाँ तथा संघटनाएँ भी दीप्तिमान देवदेवियाँ हो गयीं। इन्द्र मेघों का स्वामी तथा वरुण जलदेवता था (कविदार्शनिक जयशंकर प्रसाद की मान्यता)। साथ-साथ अग्नि-सोम, मित्र-अरुण, पूषण-पर्जन्य, मरुत्गण, रुद्र, हेमवती उःषा, अदिति, वसु, स्वाहा, गायत्री।

इसी लड़ी में **रामअक्ष** तथा **कृष्णअक्ष** भी हजारों वर्षों से आजतक धर्म एवं संस्कृति के संवाहक रहे हैं। इनमें अनेकानेक मिथक-कुलक (सेट्स) तथा मिथक-शृंखलाएँ (चेन्स) परस्पर गुँथी हुई हैं। राममनोहर लोहिया ने बताया कि राम ने उत्तर से दक्षिण तक की धुरी को मिलाया तो कृष्ण ने पश्चिम से पूर्व की। राम की यात्रा में अनेक कबीलाई, बर्बर, वन्य तथा ग्रामीण जनजातियाँ भी आर्यमैत्री का अंग बनती गयीं। निषाद (केवट), भील (शबरी) जैसे वनजातियों, वानर-टोटेम वाले (बालि-सुग्रीव के) कबीलों, गृद्ध-टोटेम वाली बर्बर प्रजातियों (जटायु-सम्पाती), ऋक्ष-टोटेम वाली वन्य अनुजातियों (जामवन्त) से सांस्कृतिक-राजनीतिक मैत्री कायम हुई। अहल्या के प्रकृत् नारीत्व की पुनर्लब्धि और सीता का आग्नेय पवित्रीकरण भी हुआ। राक्षसों के चक्रचिह्नों में भी ताड़का, खर-दूषण, मारीच, रावण-मेघनाद आदि का वध किया गया। कृष्ण की लीलाएँ गोप (पेस्टोरल) एवं कृषि (एग्रिकल्चरल) संस्कृति की गोधूलि वाली हैं। उनमें प्रेम की रोमांटिकता, परिवारों का सहज भोलापन तथा आक्रामक प्राकृतिक शक्तियों पर नियन्त्रण परिलक्षित है। इन्द्र के विपरीत कृष्णत्व का वर्चस्व (गोवर्धन-धारण), नाग-कबीलों की अधीनता (कालिय-मंथन), आर्यमर्यादा के 'द्विपर्ण-विरोध' में गोप-गोपियों की उन्मादपरक, मधुर और निर्बाध यौन लीलाएँ तो हैं ही; पूतना वध, बकासुर-वध, तृणावर्त-वध, **गजासुर-वध** भी है।।

2.1.1 जल-प्रलय की मिथक

इसका सर्वप्रथम लिखित रूप ई.पू. 2100 में बेबीलॉन में आया। जब उनके रचे हुए मानवों ने उनकी उपासना तथा उनको बलि देने में लापरवाही बरती तब क्रुद्ध देवताओं ने धरती पर मानवजाति तथा जीवन को नष्ट करके जलप्लावन कर दिया। तदपि कुछ अच्छे देवताओं ने मानव सन्तान, पशु-पक्षी, वृक्ष-अन्न को बचा भी लिया।

प्राचीन मेसोपोटामिआ में सुमेर की राजधानी शुरूपाक में दज़ला नदी के तट पर देवता और मानुष साथ-साथ रहते थे क्रमशः देव-मन्दिरों की मिट्टी के घरों में ही स्थापना थी। देवताओं के अधिपति एनलिल की मनुष्यों की घनी आबादी, शोर-शराबे से नाराज़गी बढ़ती गयी। अतः उन्हें विनष्ट करने को उसने वर्षा-देवता अदाद को रात-दिन लगातार धुआँधार वर्षा का आदेश दिया ताकि भयंकर बाढ़ में मानवजाति व सृष्टि समाप्त हो जाए।

देवताओं में-से इआ मानवजाति से प्रेम करता था। उसने शुरूपाक के सम्राट उतानपिश्तिम से अनुरोध किया कि सृष्टि को बचाने के निमित्त वे एक विशाल नौका का निर्माण करें। अतः वृत्तचाप की शक्ल की एक विशाल काष्ठ-नौका बनाई गयी ताकि उसमें वे सभी सुरक्षित तैर कर पार हो जाएँ।

बाढ़ आने पर धरती तथा पूरा ब्रह्मांड अन्धकार में डूब गया। सातवें दिन के बाद प्रलय शान्त हुआ। महानौका एक स्थान पर आकर थमी : निसिर पर्वत के शिखर पर। एनलिन ने उतानपिश्तिम-दम्पति से नये मन्वन्तर को शुरू करने का वरदान लिया। उन्हें अमरता भी दी।

नोह की विशाल नौका तथा महामत्स्य द्वारा मनु की नौका का उद्धार भी जलप्रलय की मिथक के ही अन्य संस्करण हैं। इन्हें हम वैश्विक अन्तर्कुंडन की प्रक्रिया में संयुक्त कर सकते हैं।

मेसोपोटामिआई मिथकयान में अथाह जलराशि मीठे तथा खारे खंडों में बँटी थी। निनवेह के शहर बेबीलॉन में खारे जल की अधिष्ठात्री मातृदेवी तियामत तथा मीठे जल के अधिष्ठाता पितृदेव आप्सू थे। ये दम्पति थे। इनकी अगली सन्तति-धारा भाई-बहनों की हुई जो पति-पत्नी भी बने। तीन-चार भाई-बहन वाली दम्पति-पीढ़ी में महाभारत छिड़ा। इआ ने अपनी बहन दामकिना से विवाह किया, मीठे जल पर कब्ज़ा कर लिया तथा हँसी-खुशी से रहते हुए मार्दुक नामक शक्तिशाली अधिनेता को पैदा किया। [उसके चार-चार आँखें तथा कान थे। वह लम्बे कद का था। उसके मुँह खोलने पर अग्नि निकलती थी। सो उसके सिर के चारों

मार्दुक का तियामत से सीधा रण

ओर दस सूर्यों का प्रभामंडल था]। वह सूर्यदेवता के समान था। फिर एक अन्तिम लम्बे महाभारत में मार्दुक ने मातसृत्तामयी तियामत का वध कर डाला तथा सभी दैत्यों को जाल में बन्द कर दिया। उसने मातृमही तियामत की देह को दो-फाड़ कर डाला जिससे आकाश और पृथ्वी की रचना की। उसके सर से पर्वत, आँखों से दज़ला-फरात नदियाँ बन गयीं। अन्ततोगत्वा मार्दुक ने पिता इआ को धरती का, तथा प्रपितामह आप्सू को स्वर्ग का शासक बना दिया। मार्दुक ने सिन (चन्द्रमा) तथा शम्स (सूर्य) भी रचे, रोशनी के लिए उसने बेबीलॉन नामक देवमन्दिर बनाया। इस तरह 'बेबीलॉन' (अर्थात् महान् देवताओं का प्रासाद) क्षेत्र सत्ता में आया। भूगोल भी बना।

ध्यातव्य है कि **जलप्रलय** की (प्रथम) मिथक का उद्‌गम भी बेबीलॉन है। तब **अन्तिम हिमानी युग** (ई.पू. 100000-10000) गुज़र चुका था। अतएव जल-प्लावन ईसा पूर्व दस हज़ार वर्ष पहले की घटना रही होगी।

2.1.2 जलप्रलय के **भारतीय** प्रतिपाठ में मानव जाति चौदह जनकों में से सातवें वैवस्वत मनु (सत्यव्रत) अकेले नौका में सवार हुए और एक महामत्स्य उन्हें खेकर पृथ्वी पर सुरक्षित ले आया। वैवस्वत (सूर्यपुत्र) **मनु** से ही आधुनिक सृष्टि का निर्माण हुआ।

[चौदह मनुओं में से प्रथम तो स्वयंभुव है, जिसने दस प्रजापतियों को उत्पन्न किया। एक अन्य अनुपाठ के अनुसार ब्रह्मा द्वारा अपनी पुत्री तथा पत्नी शतरूपा के साथ गोत्र-व्यभिचार के फलस्वरूप वैवस्वत की उत्पत्ति हुई]

जिस छोटे नर-मीन को इस मनु ने बचाया था वह भविष्यवाणी भी करता है कि सृष्टि-विनाशक जलप्रलय में वह उसकी रक्षा करके कृतज्ञता चुकाएगा। जब वह बढ़कर महामत्स्य हो गया तब मनु की नौका को अपने काँटे से फाँसकर ऊँची धरती पर ले आया। फिर मनु ने यज्ञ-बलि दी जिससे उत्पन्न एक बाला आयी और उसने स्वयं को मनु की पुत्री बताया। उसके संसर्ग से वैवस्वत मनु ने आधुनिक मानवता की सृष्टि की। (प्रसाद ने अपने महाकाव्य 'कामायनी' में इसका अतुल्य-अद्वितीय मिथकीय प्रतिपाठ किया है। वह कामबाला श्रद्धा बताई गयी है)।

इस तरह हिमयुग की समाप्ति के बाद आये जलप्रलय, उसमें महामत्स्य (ह्वेल) द्वारा थपेड़ों से किनारे तैरना; आदिम मानवता में पुत्री तथा पत्नी का एकैक होना आदि मिथकीय भूगोल तथा मानवीय भूगोल के हाशिये उद्‌घाटित करते हैं। कूट-तोड़ने पर जल और सूर्य (मनु) के संगम से सृष्टिरचना में मनु तथा श्रद्धा का उन्मेष भी अभिलक्षित है।

ईजिप्ट में आइसिस तथा ओसाइरिस की मिथक मृत्यु और पुनर्जन्म, फसल-कटाई एवं बीजारोपण से पुनर्वृद्धि को प्रतिबिम्बित करती है। कारण कि, अतिप्राचीन ईजिप्टी जन अमर जीवन को पाने के विश्वासी थे। इसके लिए वे मृतदेह का ममीकरण करते थे जिसे श्रृगालसिरवाला देवता **अनूबिस** सम्पन्न करता था। अथ आगामी मिथक आलेखते ॥

देवाधिदेव रे (सूर्य) ने वायुदेवता शू तथा तुहिन देवी टेफनुट के प्राक्तन मिथुन को उत्पन्न किया जिन्होंने बाद में भूदेवता गेब तथा अनिन्द्य सुन्दरी भू-देवी नुट को पैदा किया। नुट सुन्दरी तथा कृपालु थी। उसपर (पिता) सूर्यदेवता रे मोहित हो गया तथा उससे विवाह कर लिया (इसी तरह ब्रह्मा ने स्वजाया पुत्री सरस्वती से सम्भोग किया था)। रे ने अपनी अलौकिक शक्ति से ज्ञानदेवता थोट को आविर्भूत किया ताकि ब्रह्मांड-संचालक नियम तथा न्याय व्यवस्था चालू हो। रे-कान्ता नुट अपने भाई भूदेव गेब से भी गुप्त प्रणय-व्यापार करती रही। कई शर्तों तथा परीक्षाओं में उत्तीर्ण होती हुई नुट ने ओसाइरिस को जन्म दिया। वह रे का (सूर्य-) पुत्र था। अतः धरती का सम्राट बना। दूसरे दिन नुट ने होरस को जन्म दिया। वह भी रे-पुत्र था। तीसरे दिन अपने भाई गेब के पुत्र सेश को तथा चौथे दिन टोथ की पुत्री आइसिस देवी को जन्म दिया। अन्तिम पाँचवें दिन गेब-पुत्री नेफथाइस को जन्मा। यह मातृसत्ताक व्यवस्था का वर्चस्व था (कुन्ती ने भी इसी प्रकार पांडवों को जन्माया था)। बाद में ओसारिस-आइसिस, तथा सेथ-नेफथाइस दम्पति हुए। ये परस्पर भाई-बहन भी थे। तथापि ओसाइरिस तथा सेथ के बीच जानी दुश्मनी थी।...ओसाइरिस उत्तर-दक्षिण ईजिप्ट को एकीकृत करने वाला सम्राट तथा ईजिप्टी सभ्यता का प्रवर्तक बना। उसके मुकुट में उत्तर का बाजपक्षी तथा दक्षिण का सर्प रथिका बने। उसने ख़ानाबदोश प्रजा को किसानी सिखाकर बसाया। ईजिप्ट में शान्ति स्थापित हो गयी [इस व्याज से ईजिप्ट में मिथक तथा इतिहास भी अन्तरावलम्बित हो गये]।

बाद में सेथ ने ओसाइरिस के विरुद्ध षड्यन्त्र करके, उसे आदमकद मंजूषा में बन्द करके, रेगिस्तान में छोड़ दिया। पत्नी आइसिस पक्षी होकर अपने डैने पसारे उसे शीतल छाँह तथा नमी देती रही। उसके वीर्यबीज को ग्रहण करके उत्तराधिकारी को जन्म दिया। ठीक कृषि-कर्म में भी ऐसी ही अनुकृति का पाठ प्रचलित हुआ। बीजांकुर-पौधे की तरह ओसाइरिस को भी पुनरुज्जीवन मिलता रहा। उनका उत्तराधिकारी पुत्र होरस कहलाया। उसने प्रतिशोध लेकर सेथ का वध कर दिया। बाद में इस भरतपाठ के कई अन्तर्कुंडल बनते चले गये। होरस ने ही अपने पिता ओसाइरिस का मुख खोलकर ममीकरण की शुरुआत की थी ॥

2.1.3. हम **ग्रीकों** के सुव्यवस्थित सृष्टि-मिथक तथा उसके कई प्रति-अनु-विपरीत पाठों की व्याख्या करेंगे। पिछले पन्नों में

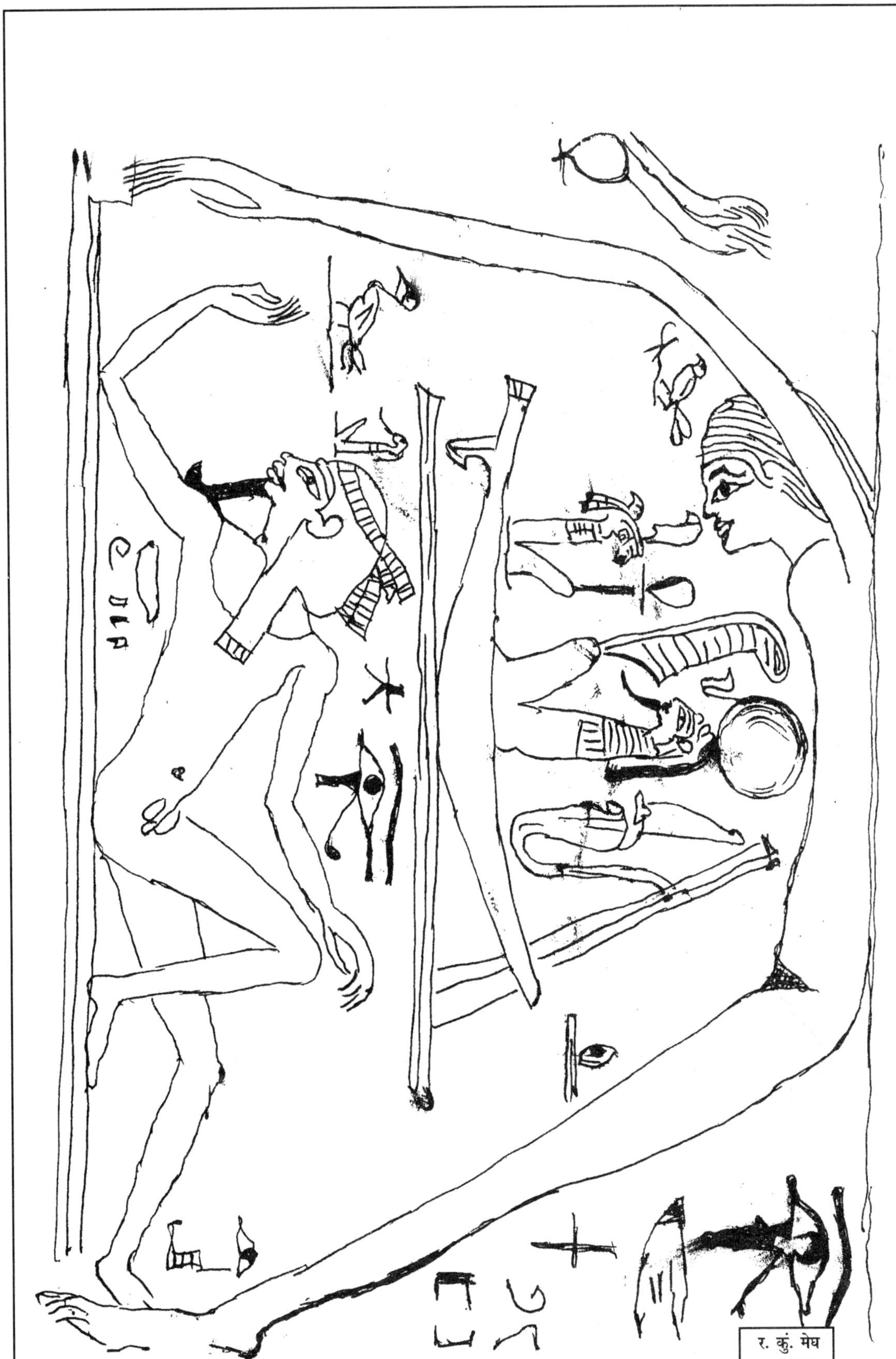

मिस्र-मिथकायन के धरा-देवता गेब तथा गगन-देवी नुट। उनके बीच में अपनी नौका पर तैरता सूर्य देवता रे।

देवी आइसिस। ओसाइरिस-पत्नी यह देवी ईजिप्ट की चार प्रमुख देवियों में से एक है। यह मृतकों की संरक्षिका है। यहाँ घुटनों के बल बैठी अपनी पंखयुक्त बाँहें फैलाकर (ओसाइरिस के) शव की रक्षा कर रही है। सेती के मकबरे का चित्रांकन, थीब्स, उन्नीसवाँ राजवंश, ई.पू. 1375 से 1202

एक ममी की भाँति आवृत्त ओसाइरिस। वह जीवनोत्तर सफेद मुकुट पहने है।

ओसाइरिस की बहन तथा पत्नी आइसिस। इनका पुत्र होरस देवता हुआ। आइसिस की पूजा शिशु-संरक्षिका के तौर पर भी होती थी। वह बहुधा गोशृंग धारण करती थी जिसके मध्य में सूर्य-गोलक प्रतिष्ठित होता था।

ब्रह्मांड-रचना की सप्रंसग ईजिप्टी व्याख्या के दरमियान हम कई चरणों में सत्ता के लिए षड्यन्त्र तथा हिंसा का उल्लेख कर आये हैं। यहाँ भूदेवी गेइया और यूरानस ने पहले छह अमर सन्तानों को जन्म दिया। फिर तेरह अन्य टाइटन पैदा किये। उत्तराधिकार के षड्यन्त्र-चक्र में गेइया तथा सबसे छोटे पुत्र टाइटन क्रोनस ने मिलकर यूरानस का लिंग काटकर समुद्र में फेंक दिया। क्रोनस ने अपनी बहन रिया से विवाह कर लिया। उनसे डिमीटर, हेरा, हेडीस तथा पोसाइडन पैदा हुए। जब रिआ के पुनः एक सन्तान पैदा हुई तो उसे एक गुफा में छिपा दिया गया। उसका लालन-पालन जलपरियों ने किया। वही देवाधिदेव ज़ियस था। पुनः षड्यन्त्र और हिंसा का दौर चला। यूरानस और क्रोनस के बीच अनिर्णीत युग्म युद्ध जारी रहा। उधर ज़ियस और क्रोनंस के बीच द्वन्द्व-युद्ध छिड़ा। पाताल-लोक में निष्कासित टाइटन वापस ले आये गये। एटलस ने अपने कन्धों पर आकाश थाम लिया। ज़ियस ने अपने दैवी ग्रीक संसार की सीमा-रेखाएँ तय कीं। ज़ियस ने आकाश का, पोसाइडन ने सागर का, हेडीस ने पाताल का शासन सँभाला। अपनी (ज़ियस की) तीन बहनों में-से ज़ियस ने हेरा से विवाह तथा अन्नपूर्णा डिमीटर से प्रेम किया। हेस्टिया कुँवारी रहकर गृह-अभिभाविका तथा नैतिकता की संरक्षिका बनी। सो ग्रीक मिथकयान में भी जल की परवर्ती भूमिका है। आरम्भ में सृष्टि में महान्धकार था। उसमें से तीन अमर प्राणी आविर्भूत हुए : भूमाता गेइआ, पाताल-स्वामी टार्टारस तथा प्रणयदेवता इरॉस। बिना पुरुषसखा के ही गेइआ ने पुरुष यूरानस को उत्पन्न किया। वह आकाश का अधिपति हुआ और गेइआ ने उसे पति रूप में ग्रहण किया। इसके अलावा गेइआ ने पोन्टस (समुद्र) तथा औरिया (पर्वत) को भी पैदा किया।

मातृदेवी गेइआ तथा यूरानस के समागम से तीन (पचास सिरों तथा सौ हाथों वाले) **दैत्य** (जाइंट्स) और तीन (मस्तक पर अतिरिक्त त्रिनेत्र वाले) **साइक्लोप्स** पैदा किये। यूरानस उनसे भयभीत एवं चिन्तित रहने लगा। अतः जन्मते ही उन्हें भूमाता के अन्तराल में फेंकता गया। [शान्तनु के पुत्र भी गंगा जल में समाधिस्थ कर देती थी।] गेइआ ने फिर तेरह अमर सन्तानों को जनमा जो **टाइटन** कहलाये। अब यूरानस से प्रतिशोध लेने को गेइआ तथा सबसे छोटे क्रोनस के बीच गठजोड़ बना। क्रोनस ने यूरानस का लिंग हँसिए से काटकर समुद्र में फेंक दिया तथा यूरानस को पदच्युत करके ब्रह्मांड का स्वामी बन बैठा। उधर समुद्र में तैरते यूरानस के लिंग से सौन्दर्य-प्रणय-यौनता की देवी एफ्रोडाइट का जन्म हुआ जो झाग भरे समुद्र में सीप पर तैरती हुई क्रीट द्वीप पर आ पहुँची। [क्षीरसिन्धु में अनन्त शेषशायी विष्णु-रूप नारायण अन्तर्लीन अभेद अव्यक्त थे। वे नितान्त एकाकी तथा अनस्तित्वमय थे। अनेक (दो) होने के लिए उनमें (जल की रजरूप) रजोगुण का विक्षोभ हुआ जिससे सुषुप्त ऊर्जा प्रवाहित हो चली और उनकी नाभि से अयोनिज पद्‌म प्रकट हुआ। वे पद्‌मनाभ कहलाए। पद्‌म की पंखुरियों पर ब्रह्मा प्रकट हुए। इस प्रकार नारायण एवं **ब्रह्मा** ने ब्रह्मांड की रचना की। ब्रह्मांड को दो भागों में विभक्त करके द्यावा (आकाश) तथा निचला भाग विशाल जल पर स्थित पृथ्वी हुई।] इसी भाँति गेइआ ने अलिंगोद्‌भूत यूरानस तथा यूरानस ने अयोनिज एफ्रोडाइट को उत्पन्न किया।...बाद में क्रोनस ने अपनी बहन रिआ से विवाह रचाकर तीन पुत्रियों को जन्म दिया। उधर पुनः माता गेइआ ने देवाधिपति ज़ियस को जन्म दिया।...ज़ियस ने अपनी बहन (रिआ की तीन पुत्रियों में-से एक) हेरा से विवाह कर लिया। वह मानवजाति का भी सिरजनहार तथा शठ प्रणयी भी था।

अनुपाठ : एक मिथकपाठ के अनुसार टाइटन प्रोमेथियस के कथिक गलत कृत्य की वजह से देवेन्द्र ज़ियस ने उसे दंड देने को जलप्लावन द्वारा मानवता का अन्त कर डाला। प्रोमोथियस के पुत्र ड्यूकालियन तथा पत्नी पाइर्रा ने इसकी चेतावनी दे दी थी। अतः उन्होंने एक पुल बनाया और प्रलय से बच गये। प्रलय समाप्त होने पर वे डेल्फी पहुँचे। प्रार्थना की। जब दम्पति ने पत्थररूपा गेइआ की अस्थियों को अपने कन्धों से उतार फेंकना शुरू किया तब मनुष्यों का जन्म हुआ : ड्यूकालियन से नरों का, तथा पाइर्रा से नारियों का।

अन्य अनुपाठ : जलप्रलय के बाद दम्पति ने ज़ियस के सम्मान में एक मन्दिर बनवाया। वरदान-स्वरूप मानवता का पुनर्निर्माण हुआ। फिर तीन युग बने और प्रजातियों का भी आविर्भाव हुआ। ज़ियस ने भी स्वर्ण, रजत, कांस्य, लौह आदि प्रजातियों की निर्मिति की।

प्रतिपाठ : अग्नि चुराकर मानवों को देने के साथ प्रोमेथियस ने अभियन्ता देवता हेफेस्टास से पहली नारी पेंडोरा को बनाने की प्रार्थना की। उसे एथेना तथा अन्य देवियों ने सौन्दर्य, शील, एवं राग से मंडित किया; देवता हर्मीज़ ने उसे छल-कपट करने की तरकीबें सिखाईं। तब पेंडोरा एक घट लेकर चल पड़ी। उसका ढक्कन खोलते ही उससे बीमारियों तथा बुराइयों ने फैलकर मानवजाति को लपेट लिया। घट के अन्दर केवल आशा बच रही।

ज़ियस ने अगला दंड प्रोमेथियस को जंजीरों से चट्टान पर बाँध कर दिया। वहाँ एक बाज़ पक्षी प्रतिदिन उसका कलेजा खाता। रात में उसके पुर जाने पर फिर सुबह आकर यही प्रतिकर्म करता। बाद में हेराक्लीज़ द्वारा प्रोमेथियस बन्धनमुक्त किया गया।

उत्तरपाठ : गेइआ ने उरानोस के साथ सम्भोग करके तीन शाखाओं को जन्म दिया : (क) बारह शक्तिशाली नर-नारी **टाइटन,** (ख) तीन साइक्लोप्स (गर्जन, विद्युत, दीप्ति), (ग) तीन दैत्य (प्रत्येक सौ हाथों वाला)।

यूरोनास अपनी सन्तति से विकर्षित था। अतः उन्हें एक घड़े में बन्द करके समुद्र में बहा दिया। प्रतिशोध में गेइआ ने

अपने सबसे छोटे बेटे टाइटन क्रोनोस से पिता का वध करने को कहा। यूरोनस का लिंग काटकर बहा दिया गया। उसके रक्त ने समुद्र में घुलकर जलपरियों (निम्फ) तथा रुद्रिकाओं (फ्यूरीज़) को, तथा (लिंग द्वारा) प्रणयदेवी एफ्रोडाइट को जन्म दिया।

[क्रोनोस को भी रिहूआ से कई सन्तानें हुईं। ज़ियस भी उनमें से एक था।...ज़ियस ने ही मानवजाति के महानेता टाइटन का पतन किया। ज़ियस ने यूरोनस के रुधिर से जन्मे दैत्यों को भी पराजित किया। इस तरह वह स्वर्ग एवं पृथ्वी का देवेन्द्र-स्वामी बन गया और ओलिम्पस-पर्वत में रहने लगा]।

[शाखाओं का जन्म दिति-अदिति की सन्तानों से भी तुलनीय है।]

2.1.4 जापान में भी जल द्वारा ही सृष्टि की मिथक है। आरम्भ में प्राक्तन तैलीय समुद्र था जिससे काई (सीवार) जैसा पदार्थ प्रकट हुआ। यही प्रथम देव था। उस समय क्षिति-गगन आवृत्तिरहित, गुरुत्वरहित तैरते हुए पदार्थ थे। बाद में भारपूर्ण अंश पृथ्वी तथा भारहीन आकाश बन गया। तदनन्तर दो दैवी प्राणियों का प्रादुर्भाव हुआ। उनके बाद देवी-देवतों की कई पीढ़ियाँ अस्तित्व में

ग्रीक देवेन्द्र ज़ियस। अपने पिता क्रोनोस की हत्या करने के बाद कई सृष्टियों का निर्माण किया।
एथेने, अपोलो, आर्तेमिस, तथा डायोनीसस एवं आरिस के पिता।
ओलिम्पस-पर्वत में आवास। ग्रीक शिल्प ई.पू. चौथी शताब्दी।

आयीं। इनमें स्वर्ग से जन्मे देवता इज़ानागी तथा देवी इज़ानामी भी थे। वे इन्द्रधनुष के सेतु से तैलीय सिन्धु में उतरे। वे दोनों भी भाई-बहन थे। दोनों ने रत्नजटित भाला लेकर समुद्र में घोंपा जिसे बाहर खींचने पर टपकती बूँदों से ठोस पृथ्वी बनी। इसी से ओनो-कोरो नामक पहला द्वीप बना।...दोनों इन्द्रधनुष से उतरते हुए उस जमीन पर आ गये। एक सुन्दर महल बनाकर उसके बीच में भाले को मेरुदंड की तरह स्थापित कर दिया। इसके पश्चात् उन्होंने विवाह कर लिया। किन्तु उन्हें कामकला का कोई ज्ञान नहीं था। सामने एक मैथुनरत क्रौंच जोड़े से उन्होंने सम्भोग सीखा। उन्होंने आठ सुललित बालक पैदा किये। उन्होंने ही जापान का विधान किया। इस तरह धरती (जापान) के आठ द्वीपों का निर्माण हो गया। बाद में प्रकृति और वनस्पति के देवों-देवियों को उत्पन्न किया। पत्नी इज़ानामी ने पुत्री, सूर्यदेवी, आमाटेरासू को उत्पन्न किया जो स्वर्ग की अधिशासिका बनी। वह सर्वाधिक दीप्तिमयी तथा अपार सुन्दरी थी। उसे आकाश में आरोहण करने को कहा गया। ताकि ब्रह्मांड दीप्तिमान हो सके। बाद में चन्द्र देवता को जन्म दिया। उसे भी इन्द्रधनुष की सीढ़ी पर चढ़कर स्वर्ग में रहने का विधान किया गया। बहन-भाई चन्द्रदेवता तथा सूर्यदेवी का विवाह हो गया। इसी के साथ इज़ानागी-इज़ानामी दम्पति ने सुसानो नामक विध्वंसक पुत्र को जन्म दिया तथा इज़ूमा नामक पाताल लोक का शासक बना दिया। यूँ आकाश-धरती-पाताल से पूरा ब्रह्मांड बन गया।

2.1.5 मध्य अमेरिका की **माया-सभ्यता** के जुड़वाँ हुनाहफ् एक्सालानक्रू ने धरती को दैत्यों तथा राक्षसों से विमुक्त किया। पेरू की इनकाई-मिथक के मुताबिक शारनाहुआ नामक नाग-रमणी थी। इनकाई लोकजन सूर्य अर्थात् इन्टी को अपना पूर्वज मानते थे। मामा-किल्या अर्थात् शशी उसकी बहन एवं पत्नी थी। पाचा कामाक (अग्नि एवं पृथ्वी के देवता) और वीराकोचा (वर्षा तथा जल प्रवाह के देवता) उनके पुत्र थे। वीराकोचा की बहन-पत्नी सिंधुमाता मामाकोचा थी। मामाकोचा सृष्टिकर्त्री देवी भी थी।

दो भाई-बहन तथा पति-पत्नी शिंटो–देवते इज़ानागी तथा इज़ानामी। इन्होंने ही दिव्य हीरक-भाले से महत् जल को आलोड़ित करके आद्य (जापान) भूमि का निर्माण किया। एक क्रौंच-मिथुन ने इन्हें सम्भोग की कामशिक्षा दी जिससे मानवता का उन्मीलन हुआ।

उसने अन्धकार वाली पहली दुनिया बनाई जिसमें विशाल दानव रहते थे। उन्हें पत्थरों से निर्मित किया गया था। उन उद्दंडों को उन्होंने जलप्रलय द्वारा विनष्ट कर दिया। तब उसने (गीली, कुम्हारी) माटी से मानव बनाये। फिर शशि, सूर्य, सितारों को आकाश में भेजकर दुनिया आलोकित कर दी। वीराकोचा का निवास टिटीकाका झील थी। उसके बाद वह चला गया। मेसो-अमेरिका का भूगोल मिथकीय अतः पुनीत भी, होता आता है।

2.1.6 जल तथा ज्वाला को क्लाद लेवी-स्ट्रास द्विपर्ण विरोधी मानते हैं। **ज्वाला** की भूमिका तो रेगिस्तान के ताप-दाह क्षेत्र में ही हो सकती है। अतः ईजिप्ट की नीलनदी की देवताओं की घाटी के बाद सृष्टि-मिथक मरु तथा शाद्वल भूमि में यात्रा करने लगती है। जाहिर है कि अब सूर्य की प्रमुख प्रचंड भूमिका भी शुरू होती है।...रे अर्थात् एटान अर्थात् सूर्य-देवता को फाराओ अखनातेन एकल स्रष्टा तथा उपास्य मान लेता है।

2.1.7 प्यूब्लो के रैड इंडियनों की मिथकों में देवते तथा काचिना अध्यात्मकाएँ (स्पिरिट्स) मानवों के साथ चलती फिरती थीं। कालान्तर में मनुष्यों की पूँछ झड़ गयी और वे पूर्णतया मानव हो गये।

विश्व की रचना :

सृष्टि के प्रारम्भ होने के पहले केवल एक था जो सर्वसम्पन्न था (वन हू कन्टेन्स एवरीथिंग) उर्फ़ अवोनाविलोना; अन्यथा अन्धकार और नेतितत्त्व (नथिंगनेस) व्याप्त था। अवोनाविलोना ने अपने अन्दर से ही जीवन की व्युप्ति की। उसमें से ही वर्धता का धुन्ध और संवृद्धि की धाराएँ बह निकलीं। उसने एक **रूप** ग्रहण किया तथा प्रकाश-सूर्य का निर्माता बना। जब सूर्य प्रकट

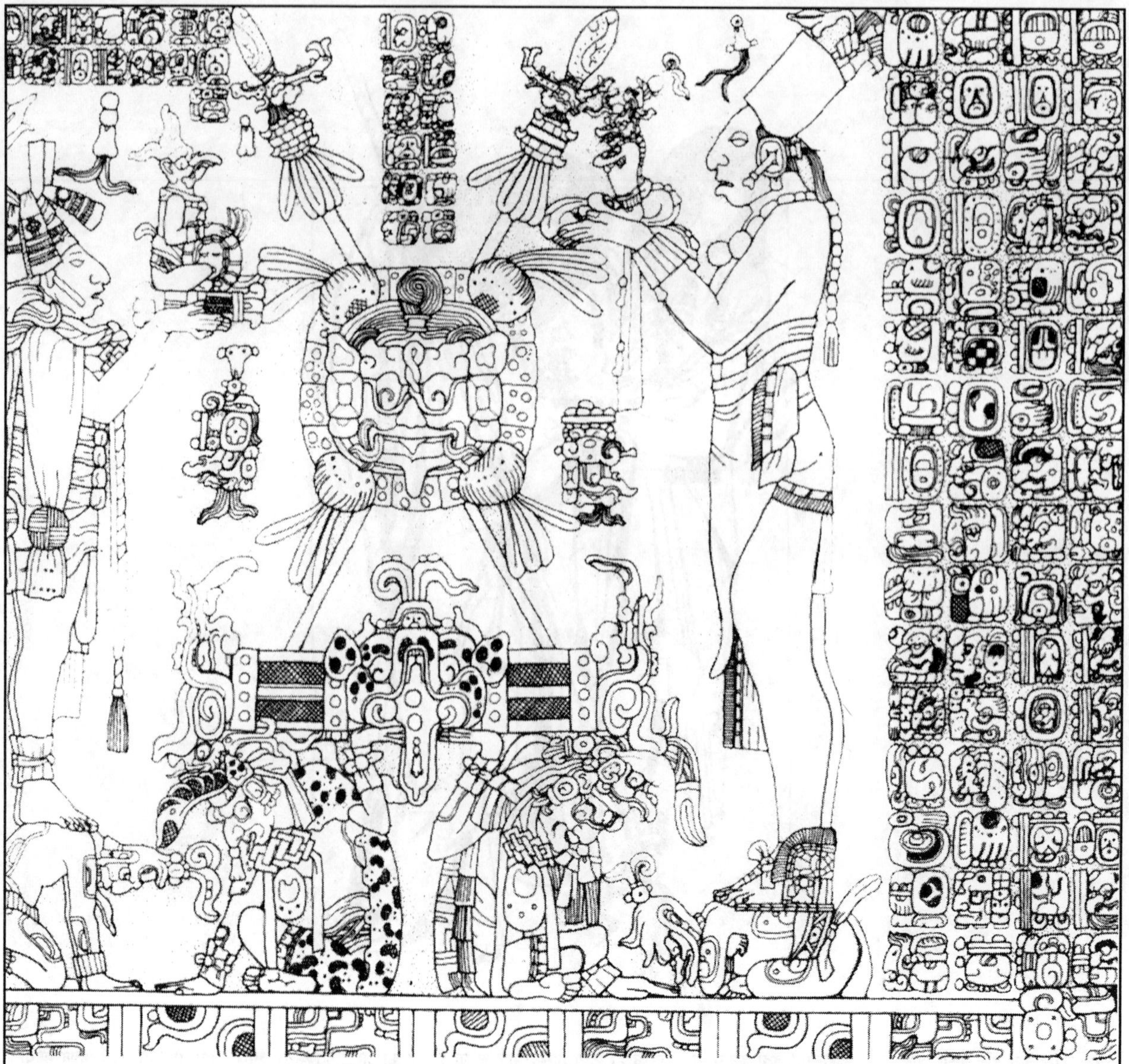

सूर्य-मन्दिर में कान बाहूलाम देवता को रक्तबलि की रस्म-अदाई। इन्का-मायाई सभ्यता।

हुआ तो धुन्ध (कुहरा) इकट्ठा होकर और **पानी** के रूप में नीचे गिरा। बाद में वह समुद्र हुआ जिस पर दुनिया तैर रही है। अपने अन्दर से ही अवोनाविलोना ने बीज बनाये और जल को गर्भधारण कराया। फिर सूर्य के ताप में विशाल जल पर हरी काई बन गयी जो ठोस और मजबूत होती गयी। इसका विभाजन हुआ जो चारदिशाओं वाली **धरती माता** तथा **आकाश पिता** हो गये। ये ही सब कुछ को ढाँक रहे हैं।

धरती और आकाश युगनद्ध पड़े रहे। चार परतों वाली धरती के गर्भाशय में सभी प्राणियों का गर्भाधान हुआ। लेकिन अब तक प्रसव नहीं हो सका क्योंकि सभी को तैयार जो होना था। इसलिए धरती और आकाश ने पुरुष और नारी के रूप धारण किये और पृथ्वी की रचना पर परामर्श किया। धरती-माता ने पानी का एक कटोरा लेते हुए बताया कि पर्वतों को कैसे भूमि से भूमि को अलग कराया जाए और संसार के कोर में खड़ा किया जाए। उसने पानी में थूका और उँगलियों से मथा जिससे झाग उफनाया। उसने अपने स्तनों से दूध निकाल कर उसे जीवनदायी बनाया। इस तरह उसने जीवन के आगमन के इंगित दे दिये और यह दिखा दिया कि शिशुओं का लालन-पालन कैसे हो। उसने झाग के ऊपर जोर से उसाँसें भरीं जिससे समुद्र के ऊपर से कुहरे तथा इन्द्रधनुष तिरते हुए बादल बन गये। फिर आकाश ने जोर से उसाँसें भरीं तो बादलों से वर्षा होने लगी। यह प्रदर्शित करता है कि मनुष्य को किस प्रकार धरतीमाता के पास से ऊष्मा और जीवन प्राप्त तथा आकाशपिता से शीत प्राप्त करना होगा, कि आकाशपिता की साँसें धरती पर पुनः गर्भकारक वर्षा ले आएँगी। इंडियनों का विश्वास था कि इन्हीं कारणों से स्त्री में ताप

र. कुं. मेघ

मायाई सूर्य देवता

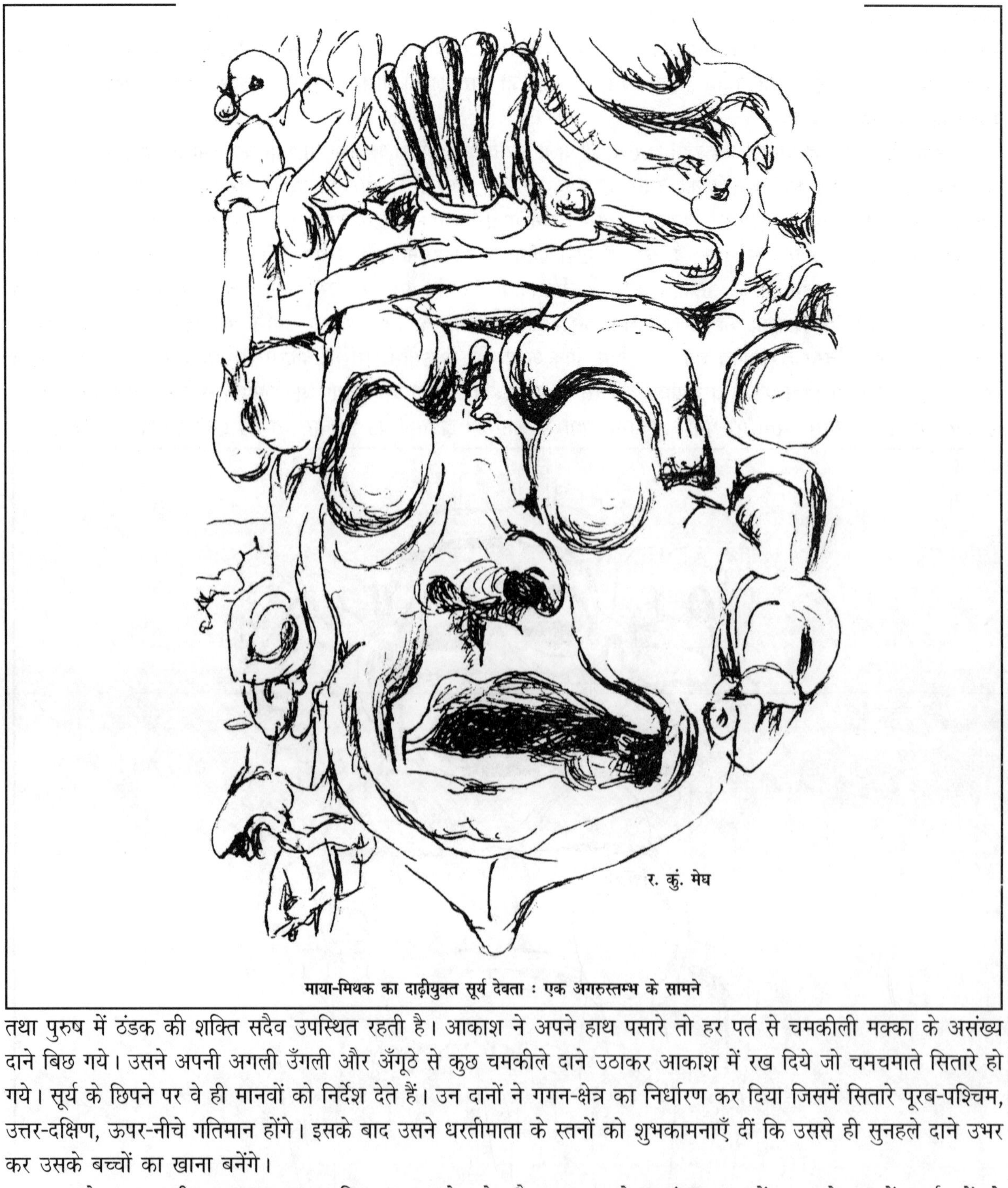

माया-मिथक का दाढ़ीयुक्त सूर्य देवता : एक अगरुस्तम्भ के सामने

तथा पुरुष में ठंडक की शक्ति सदैव उपस्थित रहती है। आकाश ने अपने हाथ पसारे तो हर पर्त से चमकीली मक्का के असंख्य दाने बिछ गये। उसने अपनी अगली उँगली और अँगूठे से कुछ चमकीले दाने उठाकर आकाश में रख दिये जो चमचमाते सितारे हो गये। सूर्य के छिपने पर वे ही मानवों को निर्देश देते हैं। उन दानों ने गगन-क्षेत्र का निर्धारण कर दिया जिसमें सितारे पूरब-पश्चिम, उत्तर-दक्षिण, ऊपर-नीचे गतिमान होंगे। इसके बाद उसने धरतीमाता के स्तनों को शुभकामनाएँ दीं कि उससे ही सुनहले दाने उभर कर उसके बच्चों का खाना बनेंगे।

इसके बाद धरतीमाता तथा आकाशपिता अलग हो गये और पुनः अपने ब्रह्मांड-स्वरूप में आ गये। चारों गर्भाशयों के अंतस्तल—'जनन-स्थल' से जीवन शीघ्रता से उभर उठा। प्राणियों की शुरुआत का विन्यास हुआ—घनेरे तथा विकराल और अन्धकार में छटपटाते हुए। उनमें न तो ज्ञान था और स्वच्छता एक-दूसरे पर रेंग-रेंगकर चढ़ते-चलते वे किसी अच्छी दुनिया में पलायन को बेचैन थे। केवल एक पवित्र स्वामी पोशाइ यांग क्यों ही बच कर निकला रौशनी की खोज में।

सूर्यपिता ने अपनी किरणें झाग पर बिछा दीं जो धरती को चारों ओर से ढँके हुए था। उसने इस 'झाग-माता' को गर्भवती बना दिया। उसने जुड़वाँ मुन्नों को जन्म दिया : पूर्वागामी व अनुगामी। जुड़वाँ सीढ़ी पर चढ़कर दूसरे गर्भाशय में जा पहुँचे। शेष सारे प्राणियों ने उनके अनुगमन का प्रयत्न किया। तदपि कई गिरे पड़े। बाद में वे धरती द्वारा ऊपर उछाले गये—दैत्यों के रूप में।

दूसरी गर्भदानी 'नाभि के नीचे का स्थल' कहलाती थी। वह चौड़ी तथा ऊँची थी लेकिन तूफानी बादलों के नीचे धरती की तरह तिमिराच्छादित थी। लोगबाग और पशुओं की तादाद बढ़ती चली गयी और सीढ़ियों के जरिये उससे भी व्यापक तीसरी दुनिया पर चढ़ पहुँचने का संघर्ष शुरू हो गया। जुड़वों ने पशुओं तथा मानवों को भेजा। उन्हें छह समूहों में बाँट दिया—पीले,

बादामी-भूरे, लाल, सफेद, काले तथा सबरंगी मिश्र। पहले की तरह ही कई रास्ते पर ही ढुनग गये तथा बाद में दैत्यों के रूप में, लूले लँगड़ों तथा मूढ़ों के रूप में अस्वीकार कर दिये गये। कई चेष्टाओं के बाद आरोहण सफल रहा और सर्वसमर्थ ही जिन्दा बचे। अन्ततः वे 'धरती की योनि' की भूमि में दाखिल हुए। सैक्स-जन्म की इस दुनिया में प्रकाश मानो तारों की रौशनी में घाटी की तरह से था। यहाँ उन्होंने सैक्स की प्रकृति का अभिज्ञान किया तथा जन्म में नया जीवन लाने के लिए ऐका कर लिया। वे कई तरह से विकसित हुए और उनकी जन्म-संख्या बढ़ी।...जुड़वों ने मनुष्यों को इंसट्रक्ट करना शुरू किया कि उन्हें सबसे पहले सूर्य को ढूँढना चाहिए। वही उन्हें ऊपरली दुनिया के जीवन की विधियाँ सिखाएगा। लोगों ने अपने बीच के बुद्धिमानों की खोज शुरू की। पुरोहित यानौलूहा विशाल समुद्र से पानी का एक कुम्भ, पौधों के बीज, और जीवन प्रदायक छड़ी ले आया। वह औषधीय छड़ी बेहद खूबसूरत थी, कई रंगों से रोगन की हुई, पंखों, सीपों तथा बहुमूल्य रत्नों से सजी हुई।

अचानक चार अंडे प्रकट हो गये—दो सफ़ेद व दो नीले। नीले अंडे से रंगीन तथा सुन्दर पक्षी पैदा हुए। सादे सफेद अंडों से चमकीले रंगों वाले मकावो तोते पैदा होकर उड़ चले। ये सभी परम सुन्दर थे।

इस घटना के बाद लोग दो सामाजिक समूहों में बाँटे गये—ग्रीष्म के लोग, शीत के लोग।...उनमें से कुछ को पुरोहित की शक्तियाँ प्रदान की गयीं।

निष्कर्ष यह कि जलप्रलय से जुड़े 'संहार' (और उसके पश्चात् पुनः-पुनः सृष्टि) की घटना कई मिथक-चक्रों में है। आइसलैंड के नोर्स इसे 'रेग्नारोक', भारतीय 'जलप्लावन' कहते हैं। सुमेरियाई-बेबीलोनीओं के 'गिल्गेमिश' नामक महाकाव्य में इसे 'उटनापिशटिम' कहा गया है। तदुपरान्त नोआह की तरह से, मनु की तरह से सृष्टि बचाई गयी।

2.2.0 सृष्टि, प्रकृति तथा अनेकरूपिम (पॉलीमार्फिक) मन्वन्तर

सम्प्रति हम धार्मिक आयाम को विलम्बित ही रखेंगे। गीता में वासुदेव कृष्ण के आदि स्रष्टा के **विराट्रूप** को सैकड़ों सूर्य के तेज से वर्णित किया गया है ('दिवि सूर्य सहस्रस्य भवेद्युगपदुत्थिता')।

अनुसारतः कई विश्वमिथकों के मौखिक भरतपाठ में भी अनेक सूर्य हैं। अनेक चन्द्रमा हैं तथा अनेक प्रकार की मानव-सृष्टियाँ भी हैं। कुछ परवर्ती मिथकों में भी यह मिथकाभिप्राय (माइथीम) लगातार प्रक्षेपित हुआ है, यद्यपि धर्म के साहचर्य से खुद मिथकें द्विधा तथा द्वैत में स्थायीरूप से बँट गयी हैं। धर्म से प्रतिश्रुत होने पर मिथक में दार्शनिक प्रत्याभास, प्रतीकत्व तथा अर्थभ्रान्ति के साथ-साथ अनुष्ठान आदि की संलग्नता भी अनुस्यूत होती जाती है। यह परवर्ती आयाम हमारा आर्ष प्रतिपाद्य नहीं है।

मूल कथाबिन्दु दसों दिशाओं में व्याप्त महा अन्धकार से शुरू होता है जब चारों ओर जल ही जल था। फिर आकाश तथा पृथ्वी के देवता-देवी ने सृष्टि का आरम्भ किया। आकाश और स्वर्ग, पृथ्वी और जल, पाताल और अन्धकार का विभाजन हुआ। सूर्य-चन्द्रमा-तारे आकाश में फैले। अन्धकार पाताल लोक में छा गया। सबके यात्रा-पथ बनने लगे; प्रथम नक्षत्र विद्या (एस्ट्रोनॉमी) का भी उद्‌भव हुआ।

सूर्य : सूर्य आकाश का देवाधिपति स्वीकृत हुआ। जापान में वह देवीरूप में आमातेरासू कहलाया। ईजिप्ट में अटुम या **'रे'** का सूर्यस्वरूप एकमात्र एकेश्वर है। **भारत** में वह सात इन्द्रधनुषी रंगों वाले सप्तअश्वों के रथ में आरूढ़ पूर्व से पश्चिम तक हेमवती उषा-सुन्दरी का दिन-प्रतिदिन पीछा करता है। वस्तुतः व्यास मिथकों में देवराज तो इन्द्र अथवा ज़ियस न होकर सूर्य ही है जो मित्र (मिथरा) है। वह विद्युत तथा गर्जन के बजाय धरा पर किरणों का जाल फेंकने वाला मारीच या अंशुमाली है।

कनाडा के हेडा कबीले की एक विरल विलक्षण मिथक कथा है। कबीले ने पशुओं-पक्षियों से अन्तरंग रिश्ते बना लिये थे। मिथक के मुताबिक रावेन नामक एक नितान्त बलशाली बुद्धिमान दैवी प्राणी था जिसके पक्षियों-जैसे विशाल डैने थे। जब ब्रह्मांड की रचना की गयी तो सिरजनहार ने आकाश में सूर्य को स्थापित किया। उसने एक कबीलाई सरदार को उसकी देखभाल की जिम्मेदारी सौंप दी। रोशनी की लालच में उस रखवाले ने सूर्य, चन्द्र, तारे पकड़कर कहीं एक जगह छिपा कर रख दिये। वस्तुतः उस क्षेत्र की प्रकृति में घने बादल और कुहरा छाया रहता था जिससे आकाश-मंडल खंड-खंड हो जाया करता था, या कई दिनों तक रोशनी नहीं फैलती थी। सो, सूर्य के अभाव में धरती में वनस्पति उगाना अवरुद्ध हो गया तथा चंद्रिका के अभाव में हेडा जनजाति रात में मछलियाँ नहीं पकड़ सके। हेडा-जन की बस्ती के नज़दीक रावेन रहता था। उसे बताया गया कि (सफ़ेद-कजरारे मेघों जैसे) थैलों में सरदार ने सूर्य-चन्द्र नक्षत्रादि को बन्द करके छिपा रखा है। अतः उसने सहायता करना ठान लिया। वह सरदार के गाँव में पहुँचा। उसकी बेटी नदी से पानी लाकर मटकों में रखती थी। रावेन एक बीज बन गया।

एक दिन सरदार की बेटी ने मटके से पानी निकाल कर पिया तो बीजरूपी रावेन गर्भ में चला गया। गर्भवती बेटी ने एक शिशु (रावेन) को जन्म दिया। वह नाना का बेहद लाड़ला तथा शरारती था। वह सरदार-नाना के उस कक्ष में पहुँचता गया जहाँ (फटे-से श्वेत-श्याम बादल खंडों जैसे) थैलों में सूर्य-चन्द्र-सितारे बँधे हुए रखे थे। बाल रावेन ने थैलियाँ ऊपर उछाल दीं जो छत की चिमनी से कूदते हुए आकाश में जाकर खुल गयीं। रावेन भी चिमनी से उड़कर बाहर निकल आया। वह मूलरूप में विशालकाय

विशाल डैनों वाला अपने पंजों में सूर्य को पकड़े हुए आकाश में उसे गतिमान कर उठा। रोशनी तथा चन्द्रिका तथा नक्षत्र-मालाएँ लौट आयी और हेडा आदिम जनों में खुशहाली का वसन्त आ गया। सूर्य पक्षी के समान आकाश में उड़ने लगा।

[पक्षिराज देवता रावेन ने तो वैसे ही करिश्मा किया जैसे कि हनुमान लघुतर रूप धारण करके समुद्र में सुरसा के पेट में घुस गये और बाहर निकलकर लंका की ओर अपहृत धरती-पुत्री सीता की खोज में पुनः उड़ चले]।

[देवपक्षी का ईहामृग भी कुछ प्राचीन मिथकों में प्राप्त है। विष्णु का वाहन गरुड़, ईजिप्टी फाराओ के मुकुट का रथिक श्येन तथा मेक्सिको की अज़टेक मिथक में भविष्यवक्ता महापक्षी-व-सर्पदेवता, अथवा रावण से सीता-मुक्ति के लिए युद्ध करता गृद्ध राज जटायु कुछ मिसालें हैं]।

अथच सूर्य के छिपने का ललितोदात्त का मिथकाभिप्राय (माइथीम) तो **जापानी मिथकयान** का नाभिक (न्यूक्लियस) ही है। वस्तुतः यहाँ उषा और सूर्य की अन्योन्याश्रिता का रूपक-न्याय है।

सूर्यदेवी अमाटेरासू के पिता इज़ानागी ने अपनी हरेक सन्तान को दर्पण दिया था। स्वर्ग के लुहार द्वारा जो पवित्र दर्पण बनाया गया उसे पवित्र साकाकी वृक्ष पर लटका दिया गया। जब अमाटेरासू गुफ़ा के बाहर निकली तो वह स्वयंदीप्ति से अन्धी हो गयी। देवताओं ने उसे छल से समझाया कि वे एक ऐसी देवी के आगमन का उत्सव मना रहे हैं जो उससे भी बहुत अधिक दीप्तिमयी है। ता-जीकावा-वो उसका हाथ पकड़ कर पूरी तरह बाहर लिवा लाया था। इससे पृथ्वी का भविष्य सुरक्षित हो गया। अब अमाटेरासू केवल रात को ही अन्तर्धान हुआ करेगी।

इसके पूर्वपक्ष में अमाटेरासू को गुफाद्वार में चट्टान रखकर बंदी बनाने वाले तूफान के देवता सुसानो-वो-मिकोतो के देवताओं ने अंग-अंग काट डाले। **एक अन्तर्कुंडल जुड़ा।** कुसा-नाडा-हिमे धान की राजकुमारी थी। उसे नाग-मकर (ड्रेगन) से बचाने के लिए सुसानो से उसे कंघी में बदलकर अपने सिर पर खोंस लिया। ड्रेगन को आठों हौदियों में भरी साके पिलाकर नींद में बदहोश करते हुए सुसाने ने जादुई तलवार से उसका सिर काट डाला।...तब सुसाने ने उक्त तलवार अमाटेरासू को अपने आत्मसमर्पण के चिह्न के रूप में भेंट की। अब अमाटेरासू का दर्पण तथा मणिजटित तलवार जापान की राजशाही के चिह्न हैं। उधर सुसानो ने भी धान की राजकुमारी को मानवाकृति में वापस कर लिया और उसे अपनी पत्नी बना लिया। तब से धान की फसलें तूफानी हवाओं में भी मजबूती से लहलहाने लगीं।

दूसरा अन्तर्कुंडल भी : इज़ानागी ने अमाटेरासू को स्वर्ग का, चंद्र देवता सूकी-योमी को रात्रि का, सुसानो को समुद्र का शासन सौंप दिया। दोनों अमाटेरासू के प्रतिद्वन्द्वी बन बैठे। एक प्रतियोगिता में अमा से हारे हुए क्रोधी एवं अपमानित सुसाने ने उस पवित्र बुनाई-भवन पर आक्रमण कर दिया जहाँ अमाटेरासू अपनी सहायिकाओं के साथ ब्रह्मांड का ताना-बाना बुन रही थी। भयभीत तथा अपमानित सूर्यदेवी एक गुफा के एकान्त में जा छिपी। धरती-आकाश पर अँधेरा छा गया।

उसे बाहर निकालने के लिए देवताओं ने ढोल बजाये ताकि गुफा के बाहर उषा की देवी अमा-नो-उज़ूमे नाचती रहे। बाहर टँगे पवित्र दर्पण में अमाटेरासू का बड़ा प्रतिबिम्ब झिलमिलाने लगा। इससे वह गुफा के बाहर निकल आयी। इस तरह रात्रि के चन्द्रमा देवता त्सूकी योगी, दिवस की सूर्यदेवी अमाटेरासू, उसकी उषा-सहेली अमा-नो-उज़ूमे, तथा प्रभंजन देवता सुसाने के समतोलन से जापानी द्वीपसमूह का पर्यावरण, जलवायु तथा आर्थिक भूगोल निश्चित हो गया।

सूर्य (की 'गतियों') के उदय-अस्त तथा चन्द्रमा की अयन-परिक्रमाओं के कारण आद्य मिथकीय प्रत्यक्षीकरण में कई सूर्यों तथा कई चन्द्रमाओं की उद्भावना कर डाली गयी। भारतीय देवमंडल में देवमातृ अदिति दक्ष की माता तथा पुत्री थी [क्या वे एक दूसरे से जन्मे थे?]। अदिति की देह से आठ पुत्र जन्मे थे। सात के लिए वह देवताओं के पास गयी किन्तु आठवें मार्तंड को पृथक् कर दिया। ये सातों आदित्य कहलाये तथा अनन्त आकाश के बंधान बने। सात आदित्यों में वरुण प्रमुख था।...बाद में (बारह माहों की संगति में) बारह आदित्य हो गये। वे दिव्य आलोक विकीर्ण करते हैं। संजना सूर्य की पत्नी थी। सूर्य ने अश्वीरूप छाया से अश्व होकर सम्भोग किया जिससे जुड़वाँ अश्विनी कुमारों का जन्म हुआ।

एक आद्य **चीनी मिथक** के अनुसार स्वर्ग के सम्राट डी जुन तथा उनकी पत्नी सूर्यदेवी क्सी-हे के दस सूर्यपुत्र थे। वे एक विशाल शहतूत के वृक्ष में रहते थे। जो स्वर्ग की घाटी के खौलते हुए पानी से उगा था क्योंकि दसों सूर्य आकाश में चमचमाया करते थे। हर सुबह हरेक सूर्य अपनी-अपनी बारी से गगन-पथ में आ जाता तथा बाकी वृक्ष पर अपनी बारी तक विश्राम करते थे। एक दिन उकताए हुए सभी सूर्य एक साथ आकाश में आकर बेलौस ऊधम मचाने लगे। धरती झुलसने लगी। अपने पिता के मना करने पर भी वे सूर्यबालक वश में नहीं आये। लाचार होकर डी जुन ने अपने धनुर्धर होऊ यी को भेजा। उसने नौ सूर्यपुत्रों उसकी को मार गिराया। वियोगाकुल पिता ने धनुर्धर और उसकी पत्नी चांग ई की भी अमरता छीन कर स्वर्ग से बहिष्कृत कर दिया। चांगई ने तो अमृत चुराकर छक लिया। वह चन्द्रमा के मन्दिर में उड़ गयी और वहाँ पर एक टर्राने वाली मेंढकी बन गयी।

इसी लड़ी में मेसोअमेरिका की **अजटेक तथा माया** सभ्यता के मिथकयान में यह दुनिया पाँचवीं है। अज़टेक के अनुसार इस सृष्टि के पहले चार सूर्य उदित हो चुके हैं। यह नाहुई आफ्लिन नामक सूर्य की दुनिया है जो (महासूर्य-) क्वेटज़ल कोएट देवता

गुफा से बाहर निकलकर किरण-राशि फैलाती सूर्यदेवी अमाटेरासू (जापान)

के उच्छ्वास द्वारा आकाश में वायुवाही होता है।...नेटिव अमेरिका के मिथकायन में इसी तरह हर माह में कई (पन्द्रह) कलाओं के बढ़ने घटने के कारण चन्द्रमा का भी महत्त्वपूर्ण स्थान है। चन्द्रमा-सृष्टि सामान्यतः सूर्य-सृष्टि से जुड़ी हुई है। वैदिक चक्रचिह्न में सोम एक मादक तथा औषधिक पेय है। बाद में यह चन्द्रमा का पर्याय हो गया। चन्द्रमा 'औषधि-पति' हो गया। यह प्रकृति की संघटना तथा आश्चर्यजनक शक्तियों की उपासना की आर्य वैश्विकदृष्टि है। बाद में यह अत्रि-अनसूया-सुत भी बता दिया गया। इसने दक्ष की सत्ताईस कन्याओं से विवाह रचाया। बाद में इसने ब्रहस्पति-पत्नी तारा का भी अपहरण किया। शिव के हस्तक्षेप से वह वापस लौटा दी गयी। चन्द्र से चन्द्रवंश की भी शुरुआत हुई।

चन्द्र : एपाचियों जनगणों के **प्राकट्य** तथा प्रव्रजन का विवरण अक्सर चन्द्रमा तथा सूर्य के उक्त विभिन्न दशारूपों के अनुरूप भी है। कुछ कबीलों में शशी स्त्री, तो कुछ में राकेश पुरुष रूप में देखा गया है। इन्यूट-गाथाओं में वह सूर्य-रमणी का भाई पुरुष है...विधु बहुधा वर्षा से सम्बन्धित है। हैडा, क्वाक्यूटल ओर टिलिंगिट कथाओं में शशी को पानी का एक डोल ले जाती नारी के रूप में बताया गया है। जब भी वह जगमगाती है वर्षा छलक उठती है।

उत्तरी अमेरिका के पश्चिमी **इन्यूट कबीलों** में चन्द्रमा की आत्मचेतना (टाटक्यू-क्यू) समुद्री ज्वार-भाटों तथा उत्ताल तरंगों को प्रभावित करती है। मृगांक चन्द्रमा शिकारियों का सौभाग्य प्रदाता भी है। दक्षिण पश्चिमी नेटिव अमरीकियों को चन्द्रमा में 'मनुष्य का मुख' अथवा खरगोश दिखाई देता है। कई कबीले उसमें मेंढक देखते हैं।

शशी-रमणी (रूप में) मक्की तथा महिषी (भैंस) की संवाहिका है। एक बार एक युवक ने शशी की गुफा के सामने उपवास करना शुरू कर दिया ताकि भोजन एवं जल प्राप्त हो सके। शशी-रमणी ने आकर उसे एक जलाशय से पानी पीने को कहा। उसमें उसे विभिन्न उम्रों की रमणियों के प्रतिबिम्ब दिखाई दिये (जो शशी की विभिन्न कलाओं को प्रतिछवियाँ थीं)। [वह युवक मानो ग्रीक नायक नार्सीसस के जैसा था जो ईको पर आसक्त था]। शशी-रमणी ने (एंडिमियन की मानिन्द) उस युवक को कई उपहार दिये जिनमें मक्की का कटोरा शामिल था। मनोरथ यह रहा कि लोगों को खिलाया जाए। शशी-रमणी ने उसे कई अनुष्ठान भी सिखाये जिनमें उसकी गुफा से भैंसों को बाहर बुलाना भी शामिल था। बाद में गुफा गायब हो गयी। भयवश समूहवत् लोग बिखर गये तथा क्षेत्र के विभिन्न पर्तों में समुदाय बन गये।

नक्षत्र : नक्षत्र मालिकाएँ भी मिथकीय मानस पर वशीकरण करती रही हैं। ग्रह, राशि, तथा नक्षत्र चन्द्रहीन रजनी की संघटनाएँ हैं। सन्दर्भ बदलते हैं तो सूर्य-चन्द्र, बुध-ब्रहस्पति, मंगल-शुक्र, शनि और राहु-केतु मानवीय चक्र में परिलक्षित होते हैं। ग्रहों तथा देवताओं के बीच भी संघर्ष एवं एकता के अन्तर्विरोधी चक्र घूमते हैं।

ग्रीक तथा रोमन मिथकयान में ग्रहों के नामों का अन्यथाकरण हुआ है किन्तु घटना एवं अधिनायकत्व लगभग एक-सा है। ग्रहों तथा चरित्रों में प्रायः समतुल्यता भी नहीं रही है।

ग्रीक	अपोलो	सेमिली	एरीज़	हर्मीज़	ज़ियस	एफ्रोडाइट	क्रोनस
रोमन	अपोलो	डाएना	मार्स	मर्करी	जुपीटर	वीनस	सेटर्न
भारतीय	सूर्य	चन्द्रमा	मंगल	बुध	ब्रहस्पति	शुक्र	शनि

(भारतीय राहु-केतु सूर्य तथा चन्द्रगहण के कर्ता हैं, यद्यपि ये शुद्ध फैन्सी हैं; तदपि भारतीय ग्रहमंडल यूनानी होराशास्त्र से प्रभावित है।) ज्योतिष तथा सामुद्रिक ने ग्रहों का एक भरपूर विधान ही गढ़ डाला है।* होराशास्त्र के अनुसर अँगूठे का शुक्र से, तर्जनी का जुपीटर से, मध्यमान का शनि से, मुद्रिका का सूर्य से तथा कनिष्का का मर्करी से सम्बन्ध होता है।

भारतीय ग्रह-नामों से किरणों की संख्या भी जोड़ दी गयी है।

सूर्य परम तेजस्वी है। विश्वकर्मा की पुत्री संजना उसकी पत्नी थी। उनके वैवस्वत मनु, यम तथा यमी सन्तानें पैदा हुईं। किन्तु संजना सूर्य की तेज काम-ऊर्जा आगे नहीं झेल सकती थी। अतः उसने छाया को साथ कर दिया। छाया एक अश्वारूप में वन में बसती थी। कामासक्त सूर्य उसका पीछा करने लगा। वह आगे और पीछे तेज़ी से बड़े डग भरती हुई दौड़ जाती थी। अतः सूर्य ने अश्व होकर उसके साथ सम्भोग किया। उससे अश्विनीकुमार (जुड़वाँ) पैदा हुए। सूर्य फिर संजना के पास पहुँचा। वह अभी भी उसका कामताप नहीं झेल सकती थी। अतः पिता विश्वकर्मा ने सूर्य को खराद में घिसकर नौवाँ भाग घटा दिया। एक सन्तुलन स्थापित हो गया। बाद में महारथी कर्ण भी उसका पुत्र हुआ।

चन्द्रमा (इन्द्र के समान ही) उच्छृंखल और निर्बाध कामुक था। वह सोम-प्रकृति का जो था।...उसने **ब्रहस्पति** की पत्नी तारा का अपहरण करके उसे गर्भवती बना दिया। बाद में ब्रह्मा ने सुलह कराकर तारा को पति के पास भिजवा दिया। अब पुत्र के दो दावेदार थे : ब्रहस्पति तथा चन्द्रमा। तारा असली पिता का भेद खोलने को प्रस्तुत नहीं थी। अन्ततः उसने बताया कि नवजात चन्द्रमा की सन्तान है। सन्तान का नाम **बुध** था।

शुक्र भृगुपुत्र तथा (उशनस् सूत्रों का विधायक था।) इन्द्र पुत्री जयन्ती से उसका विवाह हुआ था।

शनि सूर्य तथा छाया का पुत्र था। वह श्यामवर्ण था। वह 'क्रूरदृश' कहा जाता है।

मंगल युद्धदेवता कार्तिकेय से सम्बन्धित है। उनका जन्म शिव के स्वेद (?) तथा धरती से हुआ। वह लोहित वर्ण है तथा अंगारक बताया जाता है।

कालान्तर में नौ ग्रहों से मिथकत्व तो क्षीण होता चला गया परन्तु कर्मकांड-अनुष्ठान प्रधान होते गये। यह माना जाने लगा कि आदित्य से लेकर शुक्र तक की दशा का प्रभाव मानव-शरीर पर पड़ता है। सो, नौ ग्रहों की नौ शक्तियाँ तथा नौ दुर्गाएँ (महाशक्तियाँ) मान ली गयीं। धर्माचरण ही विधान हो गया। अन्धविश्वास भी व्याप्त हुआ। भविष्य-कथन तथा अनिष्ट-निवारण भी आन जुड़े।

ग्रह एवं उनके शक्तिस्वरूप

अग्नि एवं सोम के यज्ञ से निर्मित भास्कर

1. [आदित्य ग्रह] → शैलपुत्री
2. चन्द्रमा → चन्द्रघंटा
3. मंगल (युद्ध का देवता) → स्कन्द के रूप में सनत कुमार
4. ब्रहस्पति → कात्यायनी
5. बुध → महागौरी
6. शुक्र → सिद्धिदात्री
7. शनि (अन्धकार का देवता) → कालरात्रि
8. राहु → कूष्माण्डा (?)
9. केतु → स्कन्दमाता

इसी क्रम में तारा-समूहों के कुछ आकृतिबन्ध **राशियाँ** बनाते हैं। इनके बिम्ब तथा नाम हैं। राशिचिह्न अभिप्राय भी हैं। कुछ प्रारूप हैं, यथा कन्या, कुम्भ। कुछ पशुओं के चरित्र के अनुसार नाभित हैं। मेष (एरीज़), वृषभ (टारस), मिथुन (जेमिनी), कर्क (कैन्सर), सिंह (लिओ), कन्या (वर्जो), तुला (लिब्रा), वृश्चिक (स्कार्पिओ), धनु (सागाटारीयस), मकर (कैप्रिकॉर्न), कुम्भ (एक्वारिस), तथा मीन (पिस्केस) नामक बारह राशियाँ हैं। इनके भी ऋतु-चिह्न के मुताबिक कुलक हैं–1. वसन्त के चिह्न-मेष (मंगल), वृषभ (शुक्र), मिथुन (बुध); 2. ग्रीष्म के चिह्न–कर्क (चन्द्रमा), सिंह–(सूर्य), कन्या (बुध); 3. पतझड़ के चिह्न–तुला (शुक्र), वृश्चिक (मंगल), धनु (ब्रहस्पति) तथा 4. शीत के चिह्न–मकर (शनि), कुम्भ (शनि, या यूरानस), पिस्केस (ब्रहस्पति या नेपच्यून)।

इन सन्दर्भों में धर्मेतर मिथक की कोई सहज भूमिका नहीं बच रहती।

अलबत्ता कुछ नक्षत्रों में मिथकों की मोहक वापसी होती है।

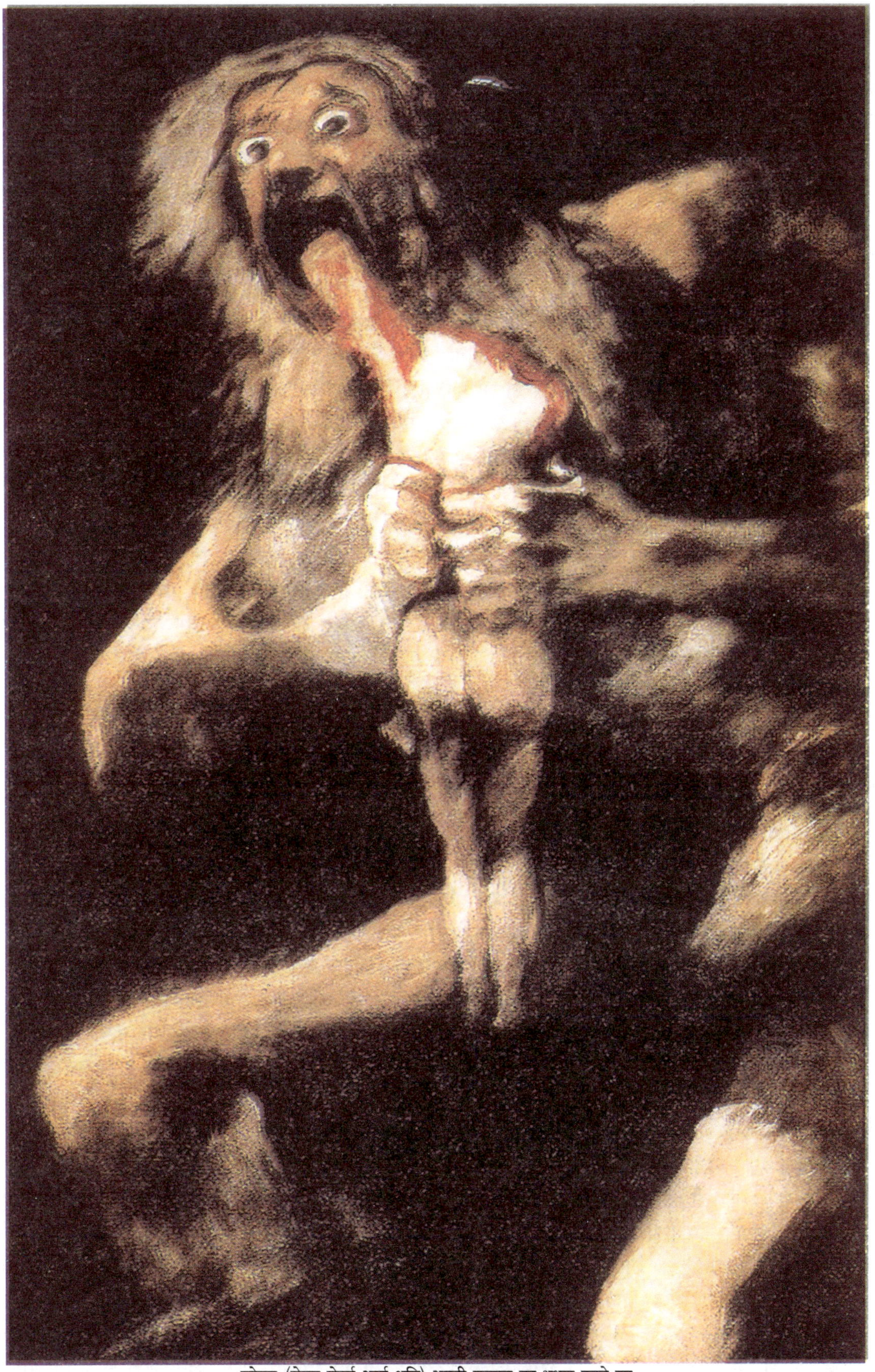

क्रोनस (रोमन सेटर्न आर्य शनि) अपनी सन्तान का भक्षण करते हुए
स्पेनी चित्रकार गोया (1746-1828) का फलक,
असौन्दर्यबोध का भयानक एवं बीभत्स प्रकार

2.3.0 मानव-प्रजातियों की संरचना एवं मिथकीयकाल की गणना

जैसा कि हम बता आये हैं कि अन्तिम हिमानी युग कोई ई.पू. दस हज़ार साल से आठ हज़ार साल तक रहा। उत्तरी हिम-शैल (ग्लेशियर) पीछे खिसकने लगे। दैत्याकार विशाल जन्तु तथा विभीषण वनस्पतियाँ नष्ट हो गयीं। तत्पश्चात नवीन **आर्केइक संस्कृति** का उन्मीलन हुआ और मिथक-निर्माताओं ने लोक के दिल-ओ-दिमाग़ की खोजें शुरू कीं। आधुनिक युग में उनके अवशेष चिह्न पुरातत्त्व, डी.एन.ए., भाषिकी, और कर्मकांड-लिजंधर में मिलते हैं। इन्हें नत्थी करके हम आद्य मिथकों के भरतपाठों की पुनर्निर्मिति करते चलते हैं।

कई प्राचीन सभ्यताओं में जनजातियों का सृष्टि-संहार, उजड़ना-बसना, आव्रजन-प्रव्रजन, भिन्न उत्पादनसाधन-उत्पादनसम्बन्ध का सिलसिला चलता रहा। इसे देवताओं तथा मनुओं द्वारा काल के मन्वन्तरों तथा दिक् में मानव-प्रजातियों के निर्माण के स्वरूपों में मिथकालेखितवाचित किया जाता रहा है। वे विभिन्न रंगों तथा तत्त्वों से पैदा हुईं। इसके अलावा पशुओं एवं पक्षियों द्वारा अतल से दलदली माटी को ऊपर लाकर भूमि-निर्माण की मिथकें भी प्रचुर हैं। इस सबके पहले पृथ्वी जल के महत् (तत्त्व) से आच्छादित थी। इसलिए प्रकृति की, तथा पशु-पक्षियों की वैश्विक अभिव्यंजनाएँ मिलती हैं—'कस्मै देवाय हविषा विधेम!' इसके बाद अद्ध दैवी एवं मानवीय, उभयात्मक सांस्कृतिक **अधिनेताओं** का अभ्युदय होता है, जो जल, अग्नि, वायु, वर्षा जैसे बुनियादी तत्त्वों, शिकार-पशुओं, पवित्र पौधों को सँभाल लाते हैं। ऐसे योद्धा तथा उद्धारक देवता और दानव बहुधा युगल या जुड़वाँ होते हैं :—अश्विनी कुमार, लवकुश, कृष्ण-बलराम, राम-लक्ष्मण, दिति-अदिति, इज़ानागी-इज़ानामी, खर-दूषण, रोमुलस-रेमिस अहुरमाज़्दा-अहिरीमान, एनलिन-एनकी, शुम्भ-निशम्भु, किलात-आकुलि, फ्रे-फ्रेया आदि। ऐसी सृष्टि में जीवन एवं मृत्यु की अवधारणा मरणोपरान्त विश्व (पाताल, स्वर्ग, नर्क) की मिथकीय भूमिकाएँ भी उजागर करती हैं। अस्तु।

इस लड़ी में हम **भारतीय मिथकयान** में मन्वन्तर के कालिक चक्र ले सकते हैं। प्रथम स्वयम्भुव मनु के समेत चौदह परवर्ती मनु हुए जिनमें से प्रत्येक की अवधि तैंतालीस लाख बीस हज़ार वर्षों की गिनी गयी है। तदपि प्रथम स्वयम्भुव मनु का आरम्भ मिथकीय तुषार में धुँधला है। इस मनु ने चौदह प्रजापतियों को उत्पन्न किया। आधुनिक (?) युग वैवस्वत मनु का है जो सातवें हैं। इस मनु के समय में ही जल-प्लावन हुआ बताते हैं (शतपथ ब्राह्मण)। इस मध्यबिन्दु से मिथकीय काल की अनुमानित, किन्तु अप्रामाणिक, गणना की अनुमिति हो सकती है।

2.4.0 कबीलाई मानस, मिथकीय मानस और मिथकीय अधिभाषा की खोज : पूर्वाभ्यास (रिहर्सल) तथा पुनश्चर्या (रिफ्रेशर) ।।

तो लगभग दो से एक लाख तीस हजार साल पहले मानव पृथ्वी पर आया। तर्क तथा विश्लेषण की आगामी क्षमता के लिए उनका मस्तिष्क बड़ा था। वस्तुओं को ले जाने तथा औजारों का इस्तेमाल करने के लिए वह द्विपाद (द्विभुज भी) था। वस्तुओं की पकड़ और जकड़ के लिए उसके विरुद्ध अँगूठे गढ़े थे। सबसे विलक्षण तो वाक् का उद्भव था, सम्प्रेषण तथा ज्ञान की सुदीर्घ भागीदारी के लिए। वाक् ही मिथक की धात्री बनी। साथ ही अधिनायक तथा देवते भी आविर्भूत हुए।

उसके बाद से आज हमारे वैज्ञानिक, समाजवैज्ञानिक, दार्शनिक, कलाकार एकसाथ पूर्वानुमितियाँ (प्रि-सपोजीशन्स) करते आ रहे हैं कि 'ब्रह्मांड (कॉस्मोस) की व्युत्पत्ति 'महानू विस्फोट' (बिग बैंग) से हुई, कि उल्कापातों तथा सितारों से प्राप्त जल से पृथ्वी के महासागर लबालब भर गये, कि ज्वालामुखियों तथा कार्बन डाइऑक्साइड गैस के ताप ने पृथ्वी पर नाना प्रकार के जीवों के स्वरूपों को विकसित तथा संरक्षित किया, कि सृष्टि में (देवासुर-संग्राम जैसा) जीवन-मरण का निरन्तर संघर्ष चला करता है तथा उसमें सर्वाधिक क्षमतापूर्ण ही उत्तरजीवी होते हैं कि मानव के 'जीनों' का पूरा नक्शा (जीनोम) उसकी प्रकृति तथा परवरिश को निर्धारित करता है।

परन्तु पाँच हजार साल पहले से बनती और विनष्ट होती कई सभ्यताओं के भी पहले के पाषाण-कांस्य-लौह युगों के ई.पू. 40000—1200/1000 साल से भी बहुत-बहुत पहले अर्थात् आद्यवानर अथवा वानर-मानुषों (प्राइमेट्स) के विकास के आस-पास की कई शताब्दियों से, अर्थात् बीस हजार साल से भी पहले से मनुष्य ने कौतूहलवश ब्रह्मांड, सृष्टि तथा मानव-अस्तित्व के बारे में जो देखा समझा-सोचा था वह केवल आद्य मिथक के सहज-सुन्दर-साम्यरूपकात्मक **भरत-पाठों** (मास्टर टैक्स्ट) में से निहारा जा सकता है।

वस्तुतः सृष्टि के प्रारम्भ से ही हेमवती उषा के कपोलों की लाली दूर-दूर तक क्षितिज में फैलती रही थी। तथापि लाखों-लाख साल बाद किसी एक दिन को चकित मन्त्रमुग्ध गुफावासी अग्रणी संवेदनशील मानवों ने बाहर कढ़कर अलस्सुबह जो लाली देखी तो वे "उःश..श्...श्...श्!!" पुकार उठे। बस 'उःषा' का नामकरण हो गया। इतस्ततः वर्ण, अक्षर, शब्द झरझराने शुरू हो उठे। 'उःमा' (अर्थात् 'उई माँ') भी आविर्भूत हुई। तो उषा-द्रष्टा आदिम मानव ने सर्वप्रथम मिथक-उषा के गाल चूमे थे। इस तरह विश्व में **प्रथम मिथक** का जन्म हुआ! वाक् का पालना भी तैयार होता चला। तब मानव के झुंड (यूथ) शनैः-शनैः; समूह (ग्रुप) तथा समाज (सोसाइटी) में विन्यस्त हो रहे थे। तब वे गोत्रकुल तथा **कबीले** कैसे थे? उनकी अद्भुत **मिथकें** कैसी थीं? उनकी **वाक्**

कैसी थी? पूर्वेतिहास के देवी-देवते प्राकृतिक एकांश थे। जल और सर्प, पक्षी और अंडा सृष्टि के कारक थे। मातृदेवी और महामाता एकैक थी। वह उर्वरता, प्रजनन, जीवनोपरान्तता की धारक थी। वह जीवन के पवित्र बीज उगाने वाली थी। तथापि पाषाणयुग (ई.पू. 40000-10000) के बाद ही मानव ने जैविक गर्भाधान के भेद को समझा। लिंगपूजा, शिश्नदेवता, तथा योनि की शक्ति-उपासना पवित्र अनुष्ठान हुई। सीरिया में उगारीत शहर की प्रेम-सौंदर्य-उर्वरता की देवी अफ्रोदीती ग्रीक एवं रोमन जगत में छा गयी।

वस्तुतः मिथक ही अनगिनत शताब्दियों तक उनकी चिरसंगिनी बन गयी। वह **आदिम कबीलाई समाजों** के क्रियाकलापों तथा अनगढ़ संस्कृति के मनोलोकों का दर्पण तथा दीपक बनी। वही उनकी साक्षी तथा सार्थ भी रही। यह मिथक का विश्वरूप एवं विराट्रूप था।

× × ×

आरम्भ में आद्यमिथक के मुख्य सरोकार पंचभूततत्त्वों के भव्य तथा भैरव पक्षों से रहे थे। साथ में पाँच भौतिक ऊर्जाएँ, पाँच मानुषी शक्तियाँ, पाँच तन्मात्राएँ आदि का आयत्तीकरण होता चला शताब्दियों तक। पाँच भौतिक ऊर्जाएँ हैं– ताप, प्रकाश, विद्युत, चुम्बक तथा ध्वनि। पाँच मानुषी शक्तियाँ हैं–इच्छा, क्रिया, ज्ञान, प्रकाश एवं विमर्श। पाँच तन्मात्राएँ शक्तियाँ हैं–शब्द, स्पर्श, रूप, रस तथा गन्ध। और पंचतत्त्व हैं– पृथ्वी (भू-पाताल), जल (मीठा अमृत/खारा गरल), अग्नि (दाह/प्रकाश), वायु (वेग/गन्ध) तथा आकाश (शून्य/स्वर्ग)। जीवित मनुष्य नेत्र, जीभ, कान, त्वचा, तथा नाक द्वारा अपने ऐंद्रियिक अस्तित्व तथा तात्विकता को सिद्ध करता है। ये मिथक के आवरण तथा परिधान भी हैं।

मिथक का अनुचिन्तन (रिफ्लेक्शन) करने वाले **कबीलाई मानस** की संरचना की सम्भावित पुनर्निर्मिति की जा सकती है।

सम्प्रति मैं जिस पुरावानस्पतिक क्षेत्र (कनाडा और उत्तरी अमेरिका का झीलों वाले भू-खण्ड) में हूँ वहाँ बारह करोड़ वर्ष पहले की जन्तुशास्त्रीय (जूओलॉजिकल) प्राक्कल्पना के मुताबिक हिमभालू, ह्वेलें, कमोडोर, मैमथ, डायनासोर आदि रहा करते थे। तब नृ-प्राणियों का उद्भव ही नहीं हुआ था। अतः देवता भी नहीं जन्मे थे। दो लाख साल पहले उनका भी आविर्भाव हुआ था। तब तक महागजों (मैमथ) और डायनासोरों का सफाया हो चुका था। फिर घोंघे-सीप खाने वाले आदि जन शिकारी अवस्था से आगे बढ़ते हुए कन्दमूल-संग्राहक, कृषक होकर आजीविका यापन करते रहे। इसी के साथ-साथ कबीलाई समाज में कबीलाई मानस भी विकसित होता चला।

कबीले (ट्राइब्स) सम्पूर्ण प्रकृति तथा ब्रह्मांड के अंश तथा उससे एकात्म के विश्वासी थे। वे सारे जड़-चेतन में जीवन मानते थे। इस भाँति सर्वात्मवाद या जड़चेतनावाद (एनिमिज़्म) का उन्मीलन हुआ। अब जीवन को एक नया पदनाम दिया गया; संचेतना (स्पिरिट) या आत्मा (सोल)।

परवर्ती चरण में विश्वास एवं आस्था के साथ-साथ विवेक का भी जो प्राथमिक उन्मेष हुआ उससे समस्त/विभिन्न आत्माओं के लिए एक 'परमात्मा' की अवधारणा भी रची गयी। इस तरह कबीलाई मानस में शनैः-शनैः **मिथकीय मानस** का भी स्पन्दन हुआ। यह अ-लौकिक, जादुई, साम्यरूपकात्मक अर्थात् समावेशी तथा तुलनात्मक था।

फलतः कबीलाई मानुष तथा उनके कुलज्येष्ठ पुरोहित और शमन समभाव वाले रहे। वे आत्मा को सम्पूर्णभूतों में स्थित तथा सम्पूर्ण भूतों को आत्मा में परिकल्पित देखते थे। अतः वे सम्पूर्ण भूतों (जड़/चेतन) में सबके आत्मरूप 'स्वात्मन' को देखते थे।

इससे आत्मा के लिए सम्पूर्ण भूत अदृश्य नहीं होते, और न ही आत्मा सम्पूर्ण भूतों के लिए अदृश्य होता है।

ऐसी दशा से ही कायान्तरण (मेटामार्फोसिस) और रूपकों (मेटाफर्स) तथा ईहामृगों (सेन्टार, किन्नर) का भी उन्मेष हुआ। इन सबसे मिथक में नये-नये स्वरूपों के लिए **मिथकीय अधिभाषा** (मिथिक मेटा-लैंग्वेज) भी विकसित हो चली।

मिथकीय अधिभाषा का स्रोत **मिथकीय मानस** (मिथिक माइंड) के रहस्य अर्थात् मिथक एवं भाषा में ही प्राप्त होंगे। आदिम मानव की रहनी आदिम **सामुदायिक व्यवस्था** में थी। उसमें **पर्यावरण** संचालक होता था। वे प्रकृति तथा उसके भागों में जड़देववाद (एनिमिज़्म) के द्रष्टा होने के नाते नितान्त निर्वैयक्तिक थे। वे विश्वास करते थे कि चेतनात्माएँ (स्पिरिट्स) मानवों तथा पर्यावरण, दोनों को ही प्रभावित करती हैं। बाद में यही बोध धर्म तथा नैतिक आदर्शवाद में उन्मीलित होता गया। अतः दोनों (मिथक एवं दर्शन) में वैश्विक दृष्टिकोण अन्तर्निहित होता है।

मिथकीय मानस मूलतः बाल-अन्तःकरण था। इसलिए मिथक मानवता को बचपन की अवस्था से संलिप्त की जाती है। इसीलिए मिथकें सीधे हमारे अवचेतन से संलिप्त होती हैं। ये अनुष्ठान से सम्बद्ध होकर समुदाय की भावना, अस्मिता के चिह्न तथा ब्रह्माण्ड में उसके निज स्थान की समझदारी स्थापित करती हैं। आदिम बर्बरीक का प्रकृति से संग्राम में ही देवता, दानव, तथा चमत्कारों का उन्मीलन हुआ। बर्बर अवस्था का मानव अपने परिवेश का नृतात्त्विकीकरण कर देता था। ऐसे कृत्य में कबीले अपना उद्गम खनिजों, पौधों, पशुओं, पक्षियों, सरीसृपों के 'टोटेमों' में मानने लगे। इसके साथ ही उसने (कबीले ने) देवताओं को नृमानवीय एवं जन्तुतात्त्विक स्वरूपों में सृजित किया। उसने दानवों (असुरों) को हिंसक पशुओं के रूप में भी देखा [विज्ञान भी मानव का उद्गम आद्यवानर (प्राइमेट) में अनुमित करता है]।

अतः इन प्रकारों के आदिम अनुचिन्तन में शरीर एवं आत्मा में अद्वैत था। आदिम चिन्तन में जब कार्य के विपरीत परिणाम हुए तब बिचौलियों (मध्यस्थों) की उद्‌भावना की गयी ताकि सामंजस्य तथा समरसता उपलब्ध हो। मिथकवृत्त में यह अनुपूरक/समर्थक। विस्तारक लघुकथाओं (प्रकरियों) के अन्तर्कुंडलन द्वारा प्रसिद्ध किया गया। फलतः शाप और वरदान, शर्त और परीक्षा, चमत्कार और कूट के हेतु आये। प्रकारान्तर से श्रम तथा औजार, गणित तथा टोटेम तथा एनिमिज़्म आदि की भूमिकाएँ सयुक्त होती गयीं और **मिथकीय ज्ञान** का प्रथम पल्लवन हुआ। इससे शताब्दियों बाद आत्मगत (सब्जेक्टिव) बनाम वस्तुगत (आब्जेक्टिव) के अन्तर भी खुलने लगे और संवेगों (इमोशंस) का भी परिपाक होने लगा।

कदाचित् सदियों के अन्तराल के बावजूद मिथकीय मानस तथा कबीलाई मानस काफी गुत्थम-गुत्थ रहे तो इन सब दशाओं (आखेट, कन्दमूल-संचयन, खानाबदोशी, खेती-बाड़ी आदि) के पुरातात्त्विक अवशेष, नृतात्त्विक तथ्य तथा अनुजातीय (सामूहिक) अतीत की स्मृतियाँ कहाँ संरक्षित हैं? पृथ्वी से जीवाश्मों, कंकालखंडों, पदचिह्नों को खोजकर उनके आधार पर वैज्ञानिक उन दैत्याकार जीवों की प्रामाणिक आकृतियाँ बनाते हैं।

तब न तो इतिहास था और न ही लिपियाँ। तब शताब्दियों तक लगातार मौखिक परम्पराएँ ही थीं। तब पाषाण-युग भी नहीं प्रतिफलित हुआ था ताकि भौतिक कलावस्तुओं के द्वारा काल का विभाजन या निर्धारण अर्थात् इतिहास की परिकल्पना हो सके।

अर्थात् चार-छह हज़ार वर्ष से पहले के हज़ारों वर्षों का मानव-समाज किस प्रकार का रहा होगा? प्रजातीय अतीत (रेसियल पास्ट) के प्रत्याह्वान द्वारा ज़ाहिर है कि वह यूथ व समूह व्यक्तिकेन्द्रित न होकर समूह की रहनी तथा कबीलाई चेतना वाला था। वह संश्लिष्ट समाज सरदार-पुरोहित-कवि-शमन के उद्‌गीथ तथा वाक् को ही आप्त सूत्र, सूक्ति सत्य, नियम, कूट, आदेश-सन्देश मानता था।

वह समाज तार्किक ज्ञान वाला कतई नहीं था। उसमें भौतिक यथार्थता के विकल्प में **कल्पना** ही दर्पण और दीपक और रथिका थी। उस समाज में कल्पना ही परिपूर्ण एवं सर्वोच्च थी। उक्त कल्पना की प्रकृति मूलतः **रूपकात्मक** (मेटेफारिकल) थी। कल्पना जादुई चमत्कारों से मंडित रहती थी। अतएव चार-छह हज़ार सालों से पहले के बीस-चालीस या अधिक हज़ार सालों वाले सामूहिक-कबीलाई समाज का आद्य-आर्ष चार्टर केवल मिथक में ही पुनर्लब्ध हो सकता है। उस समाज में झूठ और सत्य का, सम्भोग और गर्भाधान का, नैतिक-अनैतिक का, पावन-पार्थिव का फर्क भी स्पष्टतः समझ में नहीं आ पाया था। उस अनादि-अनन्तकाल की स्वरूपता, बिम्ब तथा सम्मूर्ति (आइकन) के अलिखित एकल दस्तावेज केवल मात्र मिथक हैं। निष्कर्ष यह कि उस समाज का तथाकथितत इतिहासत्व ही मिथक है; मिथक ही इतिहास है [ऐतिहासिक सन्दर्श के बगैर]। दैवसंयोग ही बहुधा कार्यकारण-न्याय होते थे।

सो ऐसे मिथितिहास में अधिकल्पना अर्थात् फंतासी संचेतना की धुरी है। वह सर्वचेतनवादी वैश्विक दृष्टि से ब्रह्मांड की सभी वस्तुओं को रूपकात्मकता से संयुक्त कर लेती है। उस मिथक में तार्किकता के बजाय चमत्कार निष्कर्ष देते हैं। उस मिथक में काल-बोध नहीं है। अतः वह शाश्वत वर्तमान में उत्तरजीवित है। उस मिथक में सत्य और झूठ का, नैतिक-अनैतिक का, पावन-पार्थिव का फर्क वाला अभिज्ञान भी नहीं है। तो, मिथक का हमारा **भरतपाठ** (मास्टर टैक्स्ट) यही है।

निष्कर्षतया प्रथम नृतात्विक अनुमिति संलक्षित करती है कि प्राथमिक कबीलाई महाव्यवस्था का चार्टर **मिथकें** प्रस्तुत करती है जहाँ मिथक समाजरूप (मिथ एज़ सोसाइटी) है। इसमें सामूहिक चेतना तथा सामुदायिक कार्य-व्यापार ही होता है। इसमें इतिहासबोध अनुपस्थित है। यह आद्यन्त समावेशी है।

दूसरा चरण पाषाणकांस्य-लोह-युगों से होते हुए तथा आखेटक कंद-मूल संग्राहक, गोचारक व्यवस्थाओं को लाँघ करके कृषि-व्यवस्था में इतिहासरूप-समाज (हिस्टरी एज़ सोसाइटी) का है जब मातृसत्ताक से पितृसत्ताक रूपायनों में भी अनुप्रवेश होता है। किंवा समाज परिपूर्ण अभिलेख **इतिहास** हो जाता है। यहाँ मिथक और धर्म, मिथक और लिजंधर की भेंट होती है।

तीसरा चरण समाजशास्त्र एवं समाजविज्ञानों से अन्विषित है। अब **मनुष्य** एवं **ज्ञान-विज्ञान** के ध्रुवान्त निर्देशक होते हैं। इस चरण में भी मिथक-निर्माण होता है।

ये सभी चरण अर्थरचना (इकॉनामी) द्वारा मानव-समूहकुल-वंश, वर्ग-समुदाय, परिवार, उत्पादन-सम्बन्ध एवं साधन आदि को रूपान्तरित करते चलते हैं। ये मिलकर नाना सामाजार्थिक रूपाकारों को गढ़ते हैं। ये ऐतिहासिक काल को भी परिभाषित करते हैं। आगे हम मानवजाति-प्रजाति के सृष्टि-परक मिथकवृत्तों को गतिमान करेंगे।

भारतीय आर्य (वैदिक एवं पौराणिक) सृष्टि-मिथकों के कई चरण, कई दिशाएँ तथा कई चक्र हैं। वैदिक त्रिमूर्ति-देव हैं—सूर्य, अग्नि तथा इन्द्र। इनकी संपूरकता में ब्रह्मा-विष्णु-महेश (शिव) का उन्मेष होता है। साथ में सरस्वती, लक्ष्मी, जैसी देवियों का भी अभ्युदय हुआ।

प्रथमतया ब्रह्मांड से हिण्यगर्भ निर्विकल्प ब्रह्मा प्रकट हुए। उन्होंने कारणजल में तैरते हुए ब्रह्मांड को दो भागों में विभक्त करके आकाश तथा पृथ्वी का निर्माण किया। ब्रह्मांड वस्तुतः स्वर्णिम अंड था।

द्वितीय पाठ में महत्-तत्त्व से सृष्टि हुई। कारणजल रूपी क्षीरसागर में शेषनाग की अनन्त-शय्या पर शयन करते हुए विष्णु

ने निर्माण की इच्छा प्रकट की तब महत्तत्व आदि से निष्पन्न पुरुष-रूप ग्रहण किया जिसके दस इन्द्रियाँ, एक मन और पाँच भूत थे। ये ही सोलह कलाएँ थीं [भागवत्, प्रथम स्कन्ध, अध्याय-3] फिर जब उसने अपनी योगनिद्रा का विस्तार किया तब उसकी नाभि-सरोवर से उत्पन्न कमल से प्रजापतियों के आदि पति ब्रह्मा प्रकट हुए। वे फिर उसके अंग-प्रत्यंग (विराट् रूप) में ही समस्त लोकों, एकादश शिव के रौद्र तथा योगी रूपों की परिकल्पना की गयी। अबसे ब्रह्मा चतुर्भुज हो गये। बहुमुख-बहुहाथ देवगण केवल भारतीय मिथकयान की विलक्षणता है।

अपने हिरण्यगर्भ तथा चतुर्मुख दशा के पश्चात् ब्रह्मा ने सात ऋषियों तथा सरस्वती को उत्पन्न किया। अपनी ही पुत्री सरस्वती से सम्भोग करने के कारण वे अन्धकार रूप में विलीन हो गये।

अपनी चौथी दिशा में उन्होंने (ब्रह्मांड-विभक्ति की तरह) स्वयं को ही विभाजित करके मनुरूप (ब्रह्मा) तथा शतरूपा (ब्रह्मी) उत्पन्न किये। इन्होंने जोड़ा बनाकर सम्भोग करके मैथुनी सृष्टि का विस्तार किया। ये सृष्टि में प्रथम पुरुष-प्रथम नारी हुए [तदपि ये भी भाई-बहन ही थे]।

इस चक्र में हिरण्यमय ब्रह्मांड से ब्रह्मा, शेषनाग तथा पद्म के साहचर्य से चतुर्भुज, स्वयंविभक्ति से मनु-शतरूपा के आविर्भाव का चक्र घूम जाता है।

मानवजाति के चौदह आदि प्रजापतियों में मनु की शृंखला है। इनमें से हरेक का तैंतालीस लाख बीस हज़ार वर्षों का एक **मन्वन्तर** होता है। प्रथम स्वयंभुव मनु हुए। उन्होंने दस प्रजापतियों की रचना की। वे महर्षि कहलाये। यूँ आधुनिक युग वैवस्वत मनु (सूर्योद्भव)* का है। वे सत्यव्रत भी हैं। उन्हें जल-प्लावन में महामत्स्य (विष्णु) ने बचाया था।

हमने देखा कि भारतीय ब्रह्मांड (यूनिवर्स) कम-से-कम व तीन पगों (लोकों) वाला है (स्वर्ग, भू, पाताल)। इनमें एक तो आद्य समुद्र, दूसरे हिरण्यगर्भ से सृष्टि का आविर्भाव हुआ। तीसरी सृष्टि मैथुनी है। ब्रह्मांड में स्वर्ग के देवी-देवताओं के साथ-साथ भूलोक के मनुष्य, प्रकृति, आकाश के सूर्य-चन्द्र नक्षत्र और पाताल के राक्षस, दैत्य, सर्प, प्रेत [बीच के यक्ष, किन्नर, गन्धर्व, अप्सरा] आदि- भी हैं। इसमें चार युग तथा कई मन्वन्तर हैं। इसमें कैलास, मेरु, मंदर, उदयाचल-अस्ताचल है। इसमें सूर्य है जो मेरु का चक्कर लगाता है तथा ध्रुवतारा है जो स्थिर है। इसमें चन्द्रमा को निगलने वाले राहु-केतु हैं। इसमें सभी प्राणियों की गुणवत्ता त्रिगुण (सत्व-रज-तम) करते हैं। सत्व दिव्यों का है। दीप्त एवं शुद्ध है। रज मानवों का है; प्रकाश गति एवं आवेग वाला है। तम असुरों का है; काला, जड़ता तथा देवशत्रुता वाला है। इन्हें ब्रह्मा-विष्णु महेश (रुद्र) से (भी) सम्बद्ध किया गया। इसके अलावा रूपक-न्याय से ब्रह्मा की देह से चतुर्वर्ण भी उद्भूत माने गये—मुख से ब्राह्मण, वक्ष से क्षत्रिय, जंघा से वैश्य, एवं चरण से शूद्र। निष्कर्षतः **त्रित्व** एवं **त्रिमूर्ति** तथा **त्रिगुण** मिलकर ब्रह्मांड हैं। अथच, मेरु पर्वत के नीचे एककेन्द्रिक सात द्वीप हैं। केन्द्र में जम्बूद्वीप है। स्वर्ग से अवतरित होकर गंगा मेरु पर गिरती है। देवलोक में शिव-अलकों से गुजरती हुई जम्बूद्वीप में आती है। यह भी आद्य मिथकीय भूगोल है कि पृथ्वी चपटी है तथा शेषनाग के फण पर स्थित है। स्वयं शेष एक आदि कच्छप-पीठ पर स्थित है। अथच, ब्रह्मांड से जो पहला हस्ति (हाथी) आविर्भूत हुआ वह ब्रह्मा के दायें हाथ से दिव्य ऐरावत था। उसके बाद सात अन्य हाथी प्रकट हुए। ब्रह्मा के बायें हाथ से आठ हथिनियाँ प्रकट हुईं जो स्वर्ग एवं पृथ्वी में निवास करती हैं। आठ हाथी आठों दिशाओं का वहन करने वाले दिग्गज (दम्पति) हैं। इस तरह यह परवर्ती **पौराणिक ब्रह्मांड** है। ये प्रायः अन्योक्ति-कथन हैं।

× × ×

काल-गणना भी अनोखी है। प्रत्येक काल तैंतालीस लाख बीस हजार मानवीय वर्षों का है। चारों काल (सतयुग, त्रेता, द्वापर, कलियुग) के चक्र को **महायुग** कहा जाता है। एक हजार महायुग मिलकर एक **कल्प** बनाते हैं जो ब्रह्मा का मात्र **एक दिन** होता है। चौदह मनुओं के मन्वन्तर होते हैं। प्रत्येक कल्प में विष्णु वराह रूप में अवतार लेते हैं और पृथ्वी का उद्धार करते हैं। सो, यह 'प्रलय के बाद' का **वैवस्वत मनु का वाराहकाल** है। [दे. डालापिकोला : 'हिन्दू मिथ्स', 2003, पृ. 22-25, 29-30]। अतएव सब कुछ चक्राक प्रतीत होता है।

इनका आधुनिक अन्तर्कुण्डलन करते हुए प्रसाद ने 'कामायनी' महाकाव्य में मनु और कामबाला (श्रद्धा : कामायनी) तथा इला को आधार बनाया है। केदारनाथ मिश्र प्रभात ने मनु और शतरूपा की छाया लेकर 'ऋतम्वरा' का प्रणयन किया है।

पूर्ववर्ती कुछ चरणों, दिशाओं एवं चक्रों से परिलक्षित होता है कि देवताओं की पहली चिन्ता 'सृष्टि' थी। 'नारी' का साहचर्य बाद की व्याकुलता है। इससे सृष्टि का प्रारम्भिक तात्पर्य एकाकारिता एवं अन्तरहीनता के स्थान पर विभक्ति तथा बहुलिंगता रही है। भारतीयों का विश्व चक्राक तथा द्वैतपरक रहा है। विश्व की सृष्टि-मिथकों में द्वयिता का क्रम ही चलता हुआ परिलक्षित होता है:—यांग-यिन (चीन), गेब-नुट (ईजिप्ट), रान्गी-पापा (माओरी), ब्रह्मा-सरस्वती (वैदिक), पृथ्वी-आकाश अम्मा-डोमोन (अफ्रीका) आदि।

ब्रह्मांडीय वास्तुबिधान (कॉस्मिक आर्किटेक्चर) भी वैश्विक होने की प्रतीति देता है— सूर्य और चन्द्र भाई बहन, तथा पति-पत्नी

* शेष मनुओं के नाम—1.स्वयंभुव, 2. स्वारोचित, 3. औत्तमी, 4. तामस, 5. रैवत, 6. चाक्षुष, 7. वैवस्वत या सत्यव्रत, 8. सवर्ण, 9. दक्ष-सावर्ण, 10 ब्रह्म-सावर्ण, 11. धर्म-सावर्ण, 12. रुद्र-सावर्ण, 13. रौच्य, 14. भौत्य, ॥ वैवस्वत मनु के एक पुत्र इक्ष्वाकु भी हुए।

हैं; पृथ्वी-आकाश प्रेमी-प्रेमिका भी हैं। [पुरुष-सूक्त में बलि द्वारा भी वास्तुपुरुष का रूपक खुलता है।] उसकी गहराई में विश्वसर्प है। इसके अलावा एक विश्ववृक्ष है, उसके ऊपर विश्वपक्षी है अथवा विश्व का आद्य सिंधु है। ब्रह्मांड की तीन पर्तें हैं—स्वर्ग, पृथ्वी और पाताल। विश्व को गतिमान करने के हेतु प्राकृतिक शक्तियों का भी प्रतीकायन देव-दानव संग्राम में हुआ है। इस संग्राम का प्रयोजन एक जैसा है परन्तु नायकत्व बदल गये हैं; यथा सेथ और ओसाइरिस (ईजिप्ट), इश्तार और इरेशल (मेसोपोटामिआ), इन्द्र और कृष्ण, अमाटेरासू और सुसानो (जापान)। देवासुर-संग्राम के अलावा जलप्रलय तथा समुद्रमंथन के भी महत् मिथकाभिप्राय छा रहे हैं। ग्रीकों में स्वर्णयुग से लेकर लौहयुग तक चिरन्तन यौवन तथा जादुई परिश्रम-शक्ति की भी महत्वाकांक्षा है। अज़्टेकों (मध्य अमेरिका) में मन्वन्तरों की भाँति पाँच संसारों का क्रमवार सृजन तथा संहार हुआ है।

यही प्रासंगिक है कि वर्तमान के पहले भी मानवता की सेक्स, जन्म, अतिप्राकृतिक, नैतिकता, अमरता तथा मरणशीलता के प्रति लगभग एक जैसी मनोजिज्ञासाएँ थीं। इसलिए उन्होंने समानान्तर एक सदृश्य बिम्बावली तथा फान्तासियों का इस्तेमाल किया है। अतः **सृष्टि की मिथकें** मानवता के मानस के वातायन हैं। तदपि 'वे मानवीय' दशा का भिन्न-भिन्न सन्दर्श (विजन) पेश करती हैं।

ध्यातव्य है कि ब्रह्मांडीय वास्तुशिल्प की भाँति **ब्रह्मांडीय अव्यवस्था** भी प्रायः साम्यतापरक है। सभी में रंगमंच आदि-महत् सागर है। सृष्टि-संहार चक्र चला करता है। [विनाशकारी (नारी) शक्ति-सिद्धान्त के रूप में **दुर्गा और काली** जैसी देवियाँ हैं। वे संहारक नारीत्व-सिद्धान्त के **आसुरीकृत स्वरूप,** एवम् लिंगम् (स्वयंभू लिंगम्) के पुरुषत्व-सिद्धान्त से संयुक्त होकर, प्रकृति की प्रजननशीलता की विभ्रान्ति का भी प्रतीकीकृत विस्तार है।]

2.4.1 ग्रीस

ग्रीक देवेन्द्र ज़ियस ने चार प्रकार की मानव प्रजातियाँ बनाई—सोने, चाँदी, कांस्य, तथा लोहे एवं नायकों की ['कामायनी' में त्रिपुर के अरुण भावलोक, रजत ज्ञानलोक तथा श्यामल कर्मलोक से तुलनीय]। देवराज ज़ियस अमर देवताओं का सृजेता होने के साथ-साथ मानवीयों का भी सिरजनहार था। उसके द्वारा निर्मित धरती पर **चार प्रकार** की मानव-जातियाँ वस्तुतः सभ्यता की **चार अवस्थाएँ** तथा **चार युग** थे।

स्वर्णवाली प्रजाति सर्वोच्च गुणशील तथा उच्चतम मूल्यों की साधक थी। यह बन्धनमुक्त होकर भी आत्मसंयमी थी। वे काम और लोभ, शोक और घृणा से विहीन थे। उनका युग दैवी कृपाओं तथा वैभव से प्रचुर था। वहाँ दूध की नदियाँ बहती थीं तथा अमृत की वर्षा होती थी। पशु और अन्न की अधिकाई थी। घृणा तथा स्वार्थ से रहित होने के कारण सत्ता और सेना की अनुपस्थिति थी। वह **स्वर्णयुग** था। वहाँ देवता और मानवों के बीच समरसता थी। (क्या वह ग्रीक सभ्यता के 'ज्योमेट्रिक युग' का अमूर्तीकरण था? पौराणिक आर्यों की 'सतयुग' की कल्पना भी लगभग ऐसी ही थी)।

रजत प्रजाति मानवों की दूसरी पीढ़ी थी। मानवों में भोलेपन का लोप हो गया तथा वे झगड़ालू हो गये थे। इससे क्रुद्ध होकर देवाधिराज ज़ियस ने चिरन्तन वसन्त को समाप्त करके वर्ष को चार ऋतुओं में बाँट दिया। इस युग में मनुष्य को घर बनाने पड़े, खेत जोतने पड़े, पैदावार बढ़ानी पड़ी। उनकी जीवनावधि घट चली और मरणोपरान्त वे पाताल में जाने लगे। इस युग में मनुष्य को दैन्य, दुःख-पीड़ा, और द्वन्द्व से जूझना पड़ा।

कांस्य प्रजाति का युग पृथ्वी पर युद्ध तथा विनाश, हिंसा तथा दरिन्दगी वाला रहा था। [शायद यह स्पार्टनों तथा ऐथेनियनों के बीच चले सुदीर्घ संग्राम की छाया का दुःस्वप्न या नाइटमेयर रहा]। इसके प्रतिवाद में ज़ियस ने अधिनायकों की उच्चतर प्रजाति का निर्माण किया जो अधिकाधिक गुणवान कुलशीलवान थी। ज़ियस ने इन्हें शाश्वत् शान्ति तथा सुख का वरदान दिया।

ज़ियस को लगातार मोहभंग होता रहा। इसलिए अन्त में उसे अन्धकार युग तथा **लोहे की मानवजाति** का विधान करना पड़ा। उस युग में चिरन्तन दुःख और शोक, संघर्ष और संकट, रोग और मृत्यु, हिंसा और क्रूरता, अन्याय और अत्याचार फैल गये। प्रीत और मर्यादा भी क्षीण हो गयी। वस्तुतः यह काला-कठोर **कलिकाल** था।

तो, यूँ ग्रीकों की मिथकीय मानव-सृष्टियों में मिथक और स्वप्न, भ्रान्ति और यथार्थ की दुविधाओं तथा अन्तर्विरोधों के इंगित इन अतिशयोक्त ध्रुवान्तों में परिलक्षित हैं। ऐसे में ओलिम्पस पर्वत के देवप्रासादों तथा मानवों के साधारण गृहों के बीच बेहतर मानवता का सेतु बनाने वाली अर्थात् समन्वयकारिणी जनपद-कल्याणी **डिमीटर** ही थी। वह ज़ियस की बहन तथा पत्नी थी। ऐसी ही उसकी लवनीन पुत्री **पर्सेफोन** थी।

क्या इस यूटोपिआ के मधुर स्वप्न तथा त्रासद यथार्थता में महाकवि होमर-हेसियड बनाम ज़ियस-ओलिम्पस की बीच के प्रजातीत अतीत एवं सामूहिक अवचेतन की मैट्रिक्स है? फिलहाल हम इन्हें अवकूटित (डि-कोड) नहीं कर पा रहे हैं। हमें यह ध्यान में रखना होगा कि प्राचीन ग्रीकों में अन्यलौकिकता अपेक्षतया नहीं है। हम जानते हैं कि एथेंस के पेरिक्लीज़ ही स्वर्णयुग लाये थे। उनके युग में धनबल, बाहुबल, सैन्यबल तीनों थे। उनके समय में देवी एथेना तथा देवता पोसाइडन का भी अभ्युत्थान हुआ था। उनके समय में ही पार्थिनॉन का भव्य (ओलिम्पियन) मन्दिर निर्मित हुआ था। पेरिक्लीज़ का स्वर्णयुग भव्य तथा वैभवपूर्ण

था। क्या कलियुग में पेलापोनेशियाई युद्ध और एथेंस की पराजय की दर्दनाक स्मृतियाँ हैं? क्या ये चार-पाँच युग ग्रीस के ऐकीकृत राज्य के बजाय कई नगर-राज्यों के परस्पर द्वन्द्वों तथा संघर्षों का मिथकीय प्रक्षेपण हैं? हम फिलहाल इन सबको अवकूटित करने की स्थिति में ही नहीं हैं। तथापि यह काफी परवर्ती समयों का मिथकायन-कांड है।

× × ×

पश्चिमी गोलार्ध तथा उसकी **अज़टेक, माया, इन्का** जैसी प्राचीन सभ्यताएँ भी सोलहवीं शताब्दी तक पूर्णतः अज्ञात रहीं। कोर्टेज तथा पिज़ारो जैसे स्पेनी सौदागरों तथा आक्रांताओं ने उनकी संस्कृतियों का आद्योपान्त विध्वंस कर डाला। इसके पश्चात् स्पेनी, पुर्तगाली, अंग्रेज राष्ट्रों ने बेहद नृशंस, बहशियाना, पाशविक छलकपट भरे घोर अमानवीय उपनिवेश कायम कर लिए। यह गोरे कुलीनों द्वारा विश्व को सुसभ्य-सुसंस्कृत बनाने का ऐसा नस्लकुशी वाला वैश्विक मिशन था। फिर उन्नीसवीं शताब्दी में साइमन बोलिवर (1783-1830) ने स्वतन्त्रता संग्रामों द्वारा दक्षिण अमेरिका में कई राष्ट्रवर्ती राज्यों की संस्थापना की। उनकी महानता की यादगार स्वरूप एक बोलिविया देश का नामकरण किया गया। विडम्बना तो यह रही कि वैश्विक क्रान्ति द्वारा समूचे लैटिन अमेरिका को एकैक समाजवादी गणराज्य संघ बनाने के स्वप्नद्रष्टा महाभियानी चे' ग्वेवारा (1928-1967) की हत्या बोलिविया में ही की गयी। आज बोलिवर तथा 'चे' समूचे विश्व में आधुनिक मिथकीय अधिनायक भी हो गये हैं। इनके मध्यवर्ती जोस मार्ती थे एक क्रान्तिकारी थे। यह परम्परा ह्यूगो शावेज़ (1954-2013) तक जारी है।

एक ऐसा विचार भी परिचलित है कि कोई बीस हजार वर्ष पहले अर्थात् अन्तिम हिमानी युग में मंगोल नस्ल के मानव ने साइबेरिया के सँकरे गलियारे से होते हुए अमेरिका में पहले पहल प्रवेश किया। वे उत्तरी अमेरिका से मध्य अमेरिका से धुर दक्षिण अमेरिका तक फैलते गये।

द्वैतता तथा अन्तर्विरोधों के खुलासे के लिए हम उत्तरी तथा मध्य अमेरिका (मेसो-अमेरिका) की इकाइयाँ लेंगे।

उत्तरी अमेरिकी आदि जनों के विश्वास-चक्र में जड़चेतन का जुड़वाँ **सर्वदेववाद** तथा **शामनवाद** का अनुशासन था। वे रूहानी जगत् तथा जीवों की अध्यात्मा वाले लोक पर निर्भर थे। विशाल वनभूमि ने उन्हें खानाबदोश और शिकारी बना दिया। मध्य-दक्षिण की ओर आबाद होते हुए वे कृषि-व्यवस्था में पदार्पण करते गये। इन जनजातियों की 'मौखिक संस्कृति' प्रकृति से अन्तर्भुक्त थी और 'सामाजिक चार्टर' पुनीत था। ये दोनों ही उनके दैनिक जीवन तथा क्रिया-कलापों में अभिलषित हैं। "मिथकों का इस्तेमाल मानवीय, स्वर्गिक एवं अध्यात्माई (स्पिरिचुअल) दुनियाओं की व्याख्या एवं संश्लेषण के लिए, कबीलाई वंशकुल वाले एवं पारिवारिक जोड़सूत्रों के लिए, मौसम के देवताओं तथा अन्य अध्यात्माओं (स्पिरिट्स) की सन्तृप्ति के लिए, उर्वरता को सुनिश्चित करने के लिए और युद्धभूमि में बहादुरी को कायम रखने के लिए किया गया।"* खानाबदोश से शहरी सभ्यता कायम होने के उपक्रम तक भी ये कबीले प्रायः **टोटेम-केन्द्रित** थे क्योंकि किसी कबीले की अस्मिता पूज्य शुभंकर (टोटेम) से ही स्थापित होती है। वस्तुतः टोटेम ही इनका कवच-कुण्डल, इनकी वेदिका, तथा इनके उपासना-स्तम्भ का ध्वज होता था।

2.4.2

मध्य अमेरिका की **अज़टेक, माया, इन्का सभ्यताएँ** इस कदर बर्बाद कर दी गयी थीं कि इनकी पुनर्निर्मितियाँ मुख्यतः अनुमानित तथा प्राक्कल्पित हैं। इनके मिथक-लोक में आकाशपिता तथा धरतीमाता ही परम धीर अध्यात्माएँ हैं। पृथ्वी के विधान में बहुधा एक तिकड़मी नायक भी होता है। उसने मनुष्यों की रचना की, स्वर्ग से अग्नि चुराई, संसार का निर्माण किया तथा उसे बाढ़ से बचाया। वह पशुदानव तथा ज्यादातर मानवपशु अधिक था। पृथ्वीमाता की ये जुड़वाँ औलाद मिथकों तथा लिजंधरों में सक्रियमाण हैं। वे अच्छाई तथा बुराई के लड़ाकू देवते भी हैं। इस तरह से वे द्वैतता तथा अन्तर्विरोधों का खुलासा करते हैं। यही उनका कालजयी आकृतिबन्ध है। पहले कई स्तरों वाले धरती-आकाश डूबकर विलीन हो गये। आज द्वितीय विश्व अस्तित्वमान है। उनके मिथकविश्वासी ब्रह्मांड में जगुआर (छोटा बाघ) तथा मातृदेवी की विशिष्ट भूमिकाएँ चालू रही हैं। उनके कुछ विशिष्ट पिरेमिड तथा कर्मकांडी इमारतें बच गयी हैं जो ओमलेकों (ई.पू. 800-400) से जुड़ती हैं— सूर्य का मन्दिर, चन्द्रमा का मन्दिर तथा सपक्ष सर्प का मन्दिर। बाद के अज़टेकों के प्रधान देवताओं में सपक्ष सर्प ही प्रतीक था। सपक्ष सर्पदेवता क्वेटज़ाकोआटल के अलावा टुलालॉक नामक वर्षादेवता था।

मायाइयों का क्षेत्र नदी-प्रणाली से प्रचुर था। उनके नगर मुख्यतः धार्मिक एवं साम्प्रदायिक केन्द्र थे जिनमें पुरोहितों का प्रभुत्व था। ऐसा ही हड़प्पा-मोहनजोदारो, मेसोपोटामिआ तथा ईजिप्ट के शहरों में होता था। प्राचीन मायाइओं की उपलब्धियाँ बेहद चमत्कृत कर देने वाली हैं। उन्हें ग्रीकों की उपलब्धियों के समकक्ष भी माना जाता है। उनका गणित तथा खगोल-विज्ञान अत्यन्त समुन्नत था (ई.प. 750-900)।...अज़टेक जन अपनी मिथक-भूमि से प्रस्थान करके वर्तमान मेक्सिको के मैदानों में बस गये। यहीं उनका उत्थान-पतन हुआ। वे ओलमेक एवं टोलटेक संस्कृतियों से बेहद प्रभावित थे। उन्होंने उनके देवताओं को भी

* "मिथोलॉजी : ए विज़ुअल एनसाइक्लोपीडिया", जो फोरटी, पी-आर-सी. पब्लिशिंग, लन्दन, 1999, पृ. 340

आत्मसात् करते हुए उन्हें रूपान्तरित कर दिया। अज़्टेकों का भी ह्युज़िलोपोचली नामक प्रभुख देवता था जो उन्हें मेक्सिको तक पथ-प्रदर्शन करके ले आया था।...दक्षिण अमेरिका के इन्काइयों में लघु बाघ जगुआर तथा उर्वरता की मातृदेवी की प्रमुखता थी। मायाइयों की तरह उनकी भी सुव्यवस्थित सिंचाई-व्यवस्था थी। उनके पिरेमिडी मन्दिरों में सूर्य और चन्द्रमा की उपासना होती थी। मुख्यतः उनकी झील-सभ्यता थी। वह उच्च ऐंडीज पर्वतमाला की टिआहुआनाको तथा बोलिविया की टिटिकाका झीलों पर केन्द्रित थी [कश्मीर-सभ्यता भी झील केन्द्रित थी]। उनकी राजधानी कुज़्को (ई.प. 1200) थी। उनकी मिथकें केवल पुरोहितों द्वारा नहीं, बल्कि चारण-पुरोहितों द्वारा प्रसारित की जाती थीं। उनके देवमंडल में सूर्यदेवता इन्टी तथा सर्जक-देवता वीराकोचा शामिल था।

इस तरह तीन संस्कृतियों की सृष्टि-मिथकों का एक महात्रिकोण है—आकाश और पृथ्वी, पिता और उर्वर मातृदेवी, एवं सूर्य तथा चन्द्रमा। आगे सूत्रों-सूक्तियों का कीर्तन भी।

लैटिन अमेरिका के मिथकायनों के वास्तुशास्त्र में भी अनेक अनुपाठों-प्रतिपाठों-अन्तर्कुंडलों की दरारों की भराई-टिपाई हुई है। किन्तु नावाहो (कनाडा) तथा **माया-अज़्टेक** (मेसो-अमेरिका) की सृष्टि-मिथकें अपेक्षतया विस्तृत हैं।

उत्तरी अमेरिका की **नावाहो जनजाति** भी संसारों की संरचनात्मक बहुवचनीयता की विश्वासी थी। अपनी मिथकों में वे विभिन्न रंगोंवाले संसारों से गुजरते हुए शनैः-शनैः धरती पर अवरोहण करते हैं। उनमें तिमिंगल (चमगादड़) जनों वाला लाल संसार, गौरैया-जनों वाला नीला, घास के टिड्डों वाला हरा संसार था। अन्ततः वे उस बहुरंगी संसार में आन प्रकट होते हैं जो उन किसानों से आबाद हैं जो चतुर्वर्ण देवताओं के उपासक हैं।

उन देवताओं ने प्रथम नर तथा नारी को व्युत्पन्न किया। उन्होंने सन्तानोत्पत्ति की। अगली दुनिया से कोयोटे आ धमका। उसने कई समस्याएँ पैदा कर दीं जिससे मानवजाति प्रायः विलुप्त होने को हो गयी। लेकिन आस्टे हासिन एवं आस्टे एस्टन के बालक बच गये। तथापि वे मृत्यु भोगने को अभिशप्त थे। यह मिथक अनेकानेक विपर्यय-नियताप्तियों से गुँथी है जिसमें कई देवता-कई चरित्र शामिल हैं। उनमें शिला-स्फटिक बालक और बालिका, भूस्पर्शी हृदय-बालिका, कच्छप-बालक तथा मक्की-बालिका आदि शामिल हैं।

[कोयोटे एक चालबाज देवता है। संसार की उत्पत्ति के बाद वह अपने स्थानिक झुनझुनाते सर्प के साथ भूमि से ऊपर आया। उसने सर्जक देवता वोमोनी को प्रथम पुरुष तथा प्रथम नारी का निर्माण करते देखकर नकल उतारते हुए खुद कुछ लोग बनाये। वह इस प्रक्रिया में हँसता रहा जिससे उनकी आँखें काँच की हो गयीं। ईर्ष्यावश वोनोमी की मानवीय सृष्टि की टक्कर में उसने बीमारी, कष्ट, और मृत्यु बना डालीं। वह एक मक्कार, शरारती तथा विनाशक ताकत था। वस्तुतः वोमोनी मानव-संसार में कोयोटे जीवन के कई अन्तर्विरोधों को इंगित करता है।]

[उत्तर अमेरिकी इंडियनों की मिथकों में तिकड़मी देवों तथा ताकतों की भरमार है। वे सभी रूपों तथा रूपाकारों के हैं; विशेषतः खरगोश, रावेन, कोयोटे, मिंक और मकड़ी के। वे घटनाओं को मोड़ देते हैं तथा विडम्बनाओं को उद्घाटित करते हैं। उनका अन्त मृत्यु तथा घायल होने में होता है। कारण कि, वे स्वार्थी तथा दग़ाबाज़ हैं। समाज में वे अस्वीकृत आचरण के प्रतिनिधि थे। वे समझदारी तथा मर्यादाओं का भी उल्लंघन करते हैं। (वस्तुतः अप्रतिमानता (एनोमी) की जैसी अवस्था का आगाज था]

पश्चिमोत्तर अमेरिका के ज़ूनी इंडियनों में एक उभयलिंगी देवता अवोनाविलोना है जिसके दो प्रथम लिंगी सन्तानें पैदा हुईं। ये भूमाता (एवटेलिन ज़ीटा) तथा आकाशपिता (एपोयान टाचू) थे। इस दैवी दम्पति द्वारा ही सृष्टि-रचना हुई। यह एक अतुल्य मिथकाभिप्राय (माइथीम) है। बेहद बिरला है (हर्माफ्रोडइट-संरूप)।

× × ×

मध्य अमेरिका की मैक्सिको के प्रायद्वीप (पेनिनसुला) में हजारों वर्ष पुरानी माया तथा अज़्टेक सभ्यताएँ फैली-फूलीं। उनके बीच घनिष्ठ अन्तरंगता थी; जैसी कि अवेस्ता और ऋग्वेद में, या ग्रीक और रोमनों में। इसलिए हम मायाइयों तथा अज़्टेकियों को एक ही कोष्ठक में रखने की सहमति के प्रार्थी हैं; फिलहाल।

हम बता चुके हैं कि मायाइयों का उत्सव केन्द्र **कोपान** शहर (वर्तमान होंडुरास में) था। इसी तरह **टिओटीहुआकान** अज़्टेकी देवताओं का नगर था जहाँ उनके मन्वन्तर का समारम्भ हुआ। उनके एक अन्य शहर **टोलॉन** के बाबत विश्वास था कि वहाँ महान् पुरोहित-राजा 'टोपिल्टज़िन क्वेटज़ालकोआटल' (हमारा युवा राजकुमार : पंखों वाला सर्प) रहता था। वह बड़े देवता 'क्वेटज़ालकोआटल का अनुयायी तथा प्रतिनिधि भी था। टोलॉन कला एवं ज्ञान के प्रसुमन का केन्द्र भी था। सूर्य का पिरामिड तथा चन्द्रमा का पिरामिड अज़्टेक-मिथकयान के प्रतीक थे। उनके अनुसार बलि के विचार से ही सृष्टि का आरम्भ हुआ। इसलिए युकातान क्षेत्र के पुरोहित-राजा रोपिल्टज़िन क्वटजालकोआटल (हमारा राजकुमार : पांवों वाला सर्प) रहता था। वह बड़े देवता 'क्वेटजालकोआटल का अनुयायी तथा प्रतिनिधि भी था। पिरेमिड तथा चन्द्रमा का पिरेमिड अज़्टेक-मिथकयान के प्रतीक थे उनके अनुसार बलि से ही सृष्टि का आरम्भ हुआ। इसलिये युकातान-क्षेत्र के चिचेन-इत्ज़ा मन्दिर के बलिकुंड में मनुष्यों तथा शुचियोनि वाली वन्याओं की बलि चढ़ाई जाती थी। इस स्थल को टिओटीहुआकान (=ईश्वर हो गयों का स्थान) कहा जाता था।

मक्की-देवता, आबमुन (इन्का, दक्षिण अमेरिका)

कबीलाई संस्कार से अज़टेक चार सूर्यों (= चार युगों) के विश्वासी थे जिनमें सृष्टि-संहार का क्रम चलता रहा। ये ही सूर्य के अवतार हुए।

सृष्टि के प्रारम्भ में न तो वायु थी, न ही अग्नि। चतुर्दिक पूरी खामोशी तथा प्रशान्ति विराजमान थी। धरती पर महत् जल की चादर फैली थी। ऊपर केवल आकाश था। कोई तीसरा तत्व अस्तित्व में नहीं आया था। देवतागण मौजूद तो थे लेकिन अभी तक मानव उत्पन्न नहीं किया गया था। देवतागण हरितनील पंख ढाँके हुए जल के अतल में रहते थे। कि वे सोचा करते थे किस प्रकार ऊपर निकल आएँ और चतुर्दिक फैले अन्धकार को विदारित कर दें। अतएव एक दिन उन्होंने सृष्टि-निर्माण का फैसला ले लिया।

प्रथम सूर्य अर्थात् प्रथम युग में सूर्य तथा चार जगुआर (छोटे बाघ) पर वर्चस्व के लिए देवता आपस में लड़कर मरे थे। यह युग उत्तर के देवता टेज़ीटलिपोका का था।

दूसरे सूर्य अर्थात् दूसरे युग का देवता पश्चिम का क्वेटज़ालकोआटल था। समुद्र को संकुचित करके धरती को निकाला गया। प्रकाश बनाने का फैसला लिया गया। सुन्दर जंगल तथा पर्वतमाला, पक्षी-पशु-सर्प उभरे। तूफान आये। जादू-टोने के कारण इस सृष्टि में मनुष्य बन्दर बन गये।

तीसरे सूर्ययुग का देवता दक्षिण का ट्लालॉक था। उसने खामोशी को दूर करने को आवाज़ें प्रदान कीं। किन्तु पशु-पक्षी-सर्प देवताओं की स्तुतियाँ तथा उपासना नहीं करते थे। उनकी ध्वनियाँ भी शब्दार्थहीन थीं। चारों ओर अग्नि फैल गयी। मनुष्य पक्षियों में रूपान्तरित हो गये। अन्तिम चौथा सूर्ययुग पूर्व की तथा जल की देवी चाचीहूयूटलिक्यू की दुनिया है। इसमें नाहुई आफ्लिन नामक सूर्य देव-उच्छ्वास द्वारा आकाश में वायुवाही होता है। अतः अब एक उच्चतर मानव-प्रजाति (माया एवं अज़टेक) के निर्माण का फ़ैसला लिया गया जो उक्त तीनों प्राणियों (पशु-पक्षी-सर्प) पर शासन करे, तथा भोजन के लिए उन्हें मार सके; जो देवताओं की स्तुति और उपासना करे, और उनसे रागात्मक रिश्ते भी रखे।

अतएव उन्होंने दलदली माटी से जो प्रथम जीवित प्राणी रचे वे बेहद कोमल थे, अबोध भाषा बोलते थे तथा प्रजनन में अक्षम थे। इसलिए उन्हें नष्ट कर दिया गया।

दूसरे माध्यम या प्रादर्श के तौर पर देवताओं ने काष्ठ को माध्यम बनाया। नये प्राणी मानवों की तरह दिखते थे, बोल सकते थे, लेकिन वे भावनाविहीन, आत्मारहित और प्रणयविहीन थे। अतः देवताओं ने उन्हें नष्ट कर दिया। तीसरे प्रादर्श (मॉडल) के रूप में जब उन्होंने मक्की के भुट्टों (छल्लियों) को देखा तो उन्हें पीसकर उनके आटे से आहार तथा पेय तैयार किया। उनसे ही चार उच्चतर प्राणियों की रचना की।

उत्तर तथा पश्चिमोत्तर अमेरिका के **प्यूब्लास** में ज़ूनी जनजाति की मिथक में मक्की की छल्ली का दैवीकरण तथा मानुषीकरण भी हुआ है। दानेदार भुट्टे के दस छिलके दस सुन्दर नृत्यांगनाएँ थीं जो मानवजाति के साथ दुनिया में ऊपर निकल आयीं। वे स्वयं तो अदृश्य थीं किन्तु जब नाचती थीं तो उनकी उपस्थिति प्रभंजन के चलने पर, फसलों की पौध के लहराने पर पता चलती थी। चुड़ैलों

ने उन्हें मानव-रमणियाँ बनाकर बन्दिनी बना लिया जिससे चारों ओर दुर्भिक्ष फैल गया। तब फसलों के देवता पायाटामू ने उनको मुक्त कराया क्योंकि वह पीत बालियों की उन देवबालाओं से प्रेम करता था। वह दसों को ज़ूनी जनों के बीच वापस ले आया। वहाँ वे पुनः नाचने लगीं तथा फसलों को पकाने में सहायिकाएँ बनीं। इसी कबीले में इयातिकू पाताल की देवीरानी मक्की तथा उर्वरता की देवी भी है। इसी कुलक में सिन्टिओल अज़्टेक मक्की-देवता तथा एक इन्काई मिथक में आब मुन मक्की-देवता है। अस्तु। आगे–

तत्पश्चात् उन्होंने चार नारियों की रचना की और प्रत्येक को एक-एक पुरुष के साथ दम्पति बना दिया। उनकी संख्या बढ़ने लगी। उनमें-से कुछ गोरी त्वचा के, तथा कुछ काली त्वचा के हुए, कुछ अमीर और कुछ गरीब बन गये। तथापि सभी देवपूजक थे। बलि चढ़ाते थे। इस प्रकार नयी (वर्तमान) सृष्टि हुई। सृष्टि में खुशी और खुशहाली छा गयी। सभी प्राणी, सारी वनस्पतियाँ देवताओं की अनुगृहीत हो गयी। इस तरह माया-सभ्यता तथा अज़्टेक-सभ्यता का उन्मेष हुआ।

अन्ततोगत्वा चौथे सूर्य के पश्चात् विश्व के महाअन्धकार को विदीर्ण करते हुए देवतागण टिओटीहुआकान अर्थात् देव-निवास में एकत्र हुए। अग्नि के चारों ओर से (ताप के लिए) सूर्य, संसार तथा जीवन की पुनर्रचना की। एक देवता ने स्वयं को अग्नि में बलिदान किया जिससे सूर्य-कुल उत्पन्न हुआ।

इस भेद को क्वेटज़ालकोआटल (पंखों वाले सूर्य) देवता ने सुलझाया जब सूर्य पूर्व से उदित होना शुरू हो गया। तब वह दहकता लाल (अरुण) था।

इस तरह माया-खगोलशास्त्र की गणना में ऋतुओं, नक्षत्रों, ग्रहों का (सूर्य-पर्यायों द्वारा) कैलेंडर भी तैयार हो गया। मायाई तथा अज़्टेकी सभ्यताओं का उदय सृष्टि-मिथक में प्रक्षेपित कर दिया गया प्रतीत होता है।

× × ×

इस मिश्रित मिथक-मंडल के वास्तुपुरुष में अन्तर्कुंडलों द्वारा भराई-टिपाई :

[पाँच सूर्यों की तरह टेज़्केटलिपोक (= धुँधवाता दर्पण) है जो ओलमेक तथा टोलटेक देवमंडल से यात्रा करता आ रहा ऐसा मेक्सिकोई सौर देवता है जो निरन्तर अपने वर्ण बदल कर अन्य देवताओं में परिवर्तित हो जाता है। वह वृहद् निशाचरी तथा अँधियारी शक्तियों का इन्द्रजालिक है। अतः उससे सभी भयभीत रहते हैं। वही नीलवर्ण टेज़्केट लिपोका वर्षा देवता त्लाकलॉक हो गया, लाल वर्णी ज़ाइप टोटेक हो गया, श्वेत क्वेटज़ालकोआटल हो गया। वही प्रथम सूर्य का अधिनायक था।

इसी अनुपूरकता में सृष्टि-निर्माता मायाई धन्वन्तरि एन्गाकोक है। वह शामन (ओझा) भी है। इनुइट कबीले का यह वैद्य शामन परम्परा-संरक्षक तथा अध्यात्माओं का अभिभावक था जो तीन प्रकार की थीं– पत्थरों की आकृति की, मानवाकृति की, तथा ध्रुवीय भालू की शक्ल की। वे अध्यात्माएँ रोगोपचार करती थीं, मौसम पर नियन्त्रण रखती थीं और भविष्यवाणियाँ करती थीं। एन्गाकोक महान् आत्मा को बलि देने का अनुष्ठान भी आयोजित करता था।...अन्य परिपूरकता के अन्तर्कुण्डल में कई सूर्यावतारों वाली सृष्टि के प्रतिपक्ष में इक्सी बाल्वा नामक मायाई पाताल-लोक था। उसमें नौ स्तर थे। उनका अधिशासन कई गणपति करते थे। मायाई ब्रह्मांड को भी तीन स्तरों में अस्तित्वमान मानते थे–स्वर्ग, पृथ्वी तथा नरक। इन तीनों को एक केन्द्रस्थ महान् वृक्ष जोड़ता था जिसके माध्यम से आरोहण-अवरोहण होता था। उनके बीच संख्या तथा वर्ण वाला विशिष्ट सम्बन्ध था। इससे जटिल कैलेंडर तथा विकसित गणितशास्त्र की रचना भी हुई।

प्रकृतिवेश और वातावरण-परिवर्तन उस क्षेत्र की कई मिथकों के जनक रहे हैं। एक अज़्टेक हरे घाँघरेवाली जलदेवी चालचीहयूटलिकू थी। वह योनिशुचिता, विवाह तथा शिशुओं की संरक्षिका थी। वह या तो एक नदी की तरह से थी जिसमें फलों से लदा 'पिअरवृक्ष' उगता है, अथवा एक सुन्दर युवती थी जिसके झीने जलीय हरे परिधान थे। उसने अपने भाई त्लालोक से विवाह रचाकर 'चौथे सूर्य' (के युग) में शासन किया था जिसकी समाप्ति बाढ़ से हुई थी तथा लोगबाग मछलियाँ बन गये थे।...

अन्तेवासी पेरू-क्षेत्रो के एक मिथक-अन्तर्कुंडल में पाचा माक नामक धरती-निर्माता देवता है। इसे इन्का-मिथकचक्र में भी शामिल कर लिया गया। प्रथम पुरुष और प्रथम नारी का निर्माण करने के बाद वह उनकी अवहेलना करने लगा और उन्हें भोजन भी नहीं उपलब्ध कराता था। पुरुष की मृत्यु हो जाने पर पत्नी ने सूर्य पर उपेक्षा का दोषारोपण किया। इस पर उसने उसे उर्वर प्रजननिका बना दिया। जब उसके पुत्र पैदा हुआ तो पाचा माक ने उसे छील डाला (मक्की के भुट्टे की तरह)। जब दूसरा बेटा विचामा पैदा हुआ तो वह उसे पकड़ नहीं सका किन्तु उसकी माता (प्रथम नारी) का वध कर दिया। प्रतिशोध में विचामा ने उसका पीछा करते हुए महासागर में उसे निष्कासित कर दिया। यह तो ऋतुओं और फसलों का एक सलोना सोंधा आंचलिक रूपक है। ...इसके अनुषंग में एक उत्तरी अमेजन मिथक के अनुसार सूर्यपिता पागे आबे और 'रजनी सूर्य' अर्थात् चन्द्रमा थे। उसको कोई पत्नी नहीं थी। सो, कबीलाई रस्म के मुताबिक चन्द्रमा पागे आबे की पत्नी चुरा लाया। क्रुद्ध सूर्य ने उसे अपने घर से निकाल दिया। तब से दोनों स्वर्गाकाश के एक ही हिस्से में नहीं रहते।...इसके बाद पागे आबे ने धरती का निर्माण करके फूल-पौधों तथा मानवों की रचना की।...इसके लिए उसकी दत्तक पुत्री आबे मान्गो अपने टुकानो कबीले की प्रशिक्षिका बन गयी। उसने गृहनिर्माण, अग्नि, मृत्तिका-भांड-निर्माण, बुनकरी तथा पाककला के उपहारों से कबीलों को सभ्य बना दिया।

अन्ततः दक्षिण गिनी के वाराऊ कबीले का सर्जक देवता कोनोनाटू एक अद्‌भुत मिथकाभिप्राय का विधान इंगित करता है। सारा कबीला स्वर्ग के एक छिद्र द्वारा धरती पर उतरा। इसकी खोज एक शिकारी ने की थी। कोनोनाटू को यह ख़याल घेरे रहा कि वह दोबारा उन्हें स्वर्गलोक ले आएगा। दो सुन्दर वाराऊ युवतियों ने पवित्र जल में स्नान भी किया। उसमें स्नान करना वर्जित था। अतः वे जलदेवता द्वारा गर्भवती कर दी गयीं। नतीजतन उन्होंने नागवंश को जन्म दिया। यह वाराऊ कबीले में स्नान के प्रति वर्जना का कूट (कोड) प्रतीत होता है।

× × ×

पेरू-अमेज़न क्षेत्र में अनाकोंडा जैसे विशाल **नागराज** तथा बड़े पक्षी भी होते हैं। अतएव वहाँ कई प्रकार की सर्पर्वमिथकें तथा पक्षिराज-मिथकें प्रचलित हैं। मिथकीय मानस में वे विचित्र साम्यरूपकों में साकार हुए हैं।

तो सबसे पहले क्वेटज़ालकोटल नामक कलगीधारी साँप। यह पवनदेवता भी है और तेज़काटलीपोका का प्रतिपक्षी भी। प्राचीनतर टोलटेक सभ्यता में इसका उद्‌भव हुआ किन्तु अज़टेकी मिथक में यह अंतर्लीन होकर संशोधित भी हो गया। इस तरह इसने सांस्कृतिक समन्वय स्थापित किया। यह विश्वास था कि यह पीतवर्ण सर्प पाँचवें सूर्ययुग में लौटकर आ जाएगा, यद्यपि फिलहाल तो टेज़काटलीपोका द्वारा सताच्युत किया जा चुका था। जब अज़टेक-साम्राज्य का अकस्मात् अन्त हुआ और पीतवर्ण स्पेनी आक्रान्ता कोर्टेज़ आया तो यह अन्धविश्वास सच हो गया कि पीतवर्ण क्वेटजालकोएट्ल ही अपना राज्य वापस लेने आ पहुँचा है। इस तरह मिथक तथा इतिहास का भी अन्तर्बन्ध हुआ।

सर्पदेवी कोटलीक्यू ने भूदेवी का निर्माण किया था जो प्रजनन-ऊर्जा के साथ-साथ सूर्य की एक साथ माता, पत्नी तथा बहन थी। एक दिन एक पंखोंवाली (अज़टेकी खेल वाली गेंद) उसके ऊपर गिरी जिससे वह गर्भवती हो गयी। इससे उसके अनेक पुत्र क्रुद्ध हो गये। वे जानना चाहते थे कि पिता कौन है। एक संघर्ष के बाद सर्पदेवी ने पाया कि उसका लिबास तो फुँफकारते सर्पों वाला, उसका कंठहार मानवहृदयों से गुँथा तथा शिरफूल एक कपाल है। उसके हाथ-पाँव पंजे वाले हैं। यह बलिप्रथा की बीभत्सता एवं भयानकता के साथ-साथ मृत्यु का डरावना दिवास्वप्न भी है।

हैटी के वूडू मिथकायन में डामवल्लाह सर्प हैटी के ऊपर आकाश में अपनी सर्प-पत्नी आयिडा के साथ दम्पति के रूप में रस्सी की तरह निरन्तर सम्भोगरत तथा संसार पर घेरा डाले हुए हैं। धरती पर सिम्बी नामक नदी-सर्पिणी उसका ही अवतार है। इस क्षेत्र का झुनझुनिया साँप (रैटल स्नैक) भी मिथक में अभिकथित हुआ है।

मध्य तथा दक्षिणी अमेरिका की मक्की तो विश्व को प्रधान खाद्यान्न की देन है। मायाइयों का युम काक्स नामक मक्की देवता जीवन, सम्पत्ति तथा सुखभोग से युक्त समृद्धि का सूचक है। इसका चिह्न मक्की की बाली है। भुट्टे भूनने के समय इसे खून की भेंट चढ़ाई जाती थी।

ईजिप्ट की तरह **मध्य अमेरिका** के मिथकयानों में भी मिथक और इतिहास की अन्तरंग अदला-बदली हुई है। इसलिए इनके भरतपाठ (मास्टर टैक्स्ट) अधिकाधिक ऐतिहासिक तथा अकाल-कालकवलित होते प्रतीत होते हैं। ऐसे में सृष्टि-मिथकों वाले आकाश, पृथ्वी, सूर्य, चन्द्र आदि की भूमिकाएँ द्वितीयक होती जाएँगी। तब मिथक एवं इतिहास की कान्त मैत्री समरसता उद्‌घाटित करेगी। एक बात और; जब कोई सभ्यता ही विलुप्त या विनष्ट हो जाती है और उसके खँडहर, शिल्प, अभिलेख आदि भी अनपहचाने तथा सन्दर्भ-विहीन हो जाते हैं तब उनके अवशेष तथा संस्मृतियाँ किंवदन्ती, जनश्रुति, लोकगाथा, लिजन्धर और मिथक हो जाया करते हैं। इन्काइयों के साथ तो ज्यादातर ऐसा भी हुआ। (ऐसा ही कम्बोडिया के अंगकोरवाट में तथा सुमात्रा के शैलेंद्रों के साम्राज्य के साथ भी हुआ)।

पहले एक छोटे मिथितिहास का प्रक्षेप। कुकुलकान मायाइयों का **पवन-देवता** तथा सांस्कृतिक अधिनायक एकसाथ था। वह मानो अज़टेकिये क्वेटज़ालकोआट्ल का प्रतिपक्षी जैसा था। माया-कोडेक्स की शोध के मुताबिक कुकुलकान पश्चिम से समुद्रीमार्ग द्वारा युकातान में पहुँचा। लगता है कि यह टोलटेक नेता अपनी विद्रोही प्रजा द्वारा देश-निकाला दे दिया गया होगा।

इसकी पूरकता में इन्काई राजवंश का लिजंधरी संस्थापक **मानकोकापाक** या अयार मानको है। इसकी मिथक के तीन प्रतिपाठ हैं—(क) बहुत पुराने जमाने में चार बहनें चार भाई एक डेरा बनाने की तलाश में कुज़को की ओर मुखातिब हुए। उनमें से एक भाई अयार मानको—जो बड़ी जादुई ताकतों से सम्पन्न था—अपने तीनों भाइयों से बेहद डरा हुआ था। उसे सोते में उन्होंने एक गुफा में बन्द कर दिया। बाकी दो भाई क्रमशः पवित्र पाषाण तथा खेतों के संरक्षक हो गये। इससे बचे हुए अकेले भाई ने अपनी बहनों के साथ कुज़कों पर कब्जा जमाने के साथ एक बहन ओकल्लो से शादी कर ली। (ख) सूर्यदेवता इन्टी मानवजाति की विपन्नता और विवशता पर दयालु हो गया और अपने मानको कापाक तथा मामा ओकल्ला को सभ्यता की संस्थापना हेतु भेजा। उनके साथ एक बड़ी स्वर्णपट्टिका भी दी गयी। उसमें स्पष्ट निर्देश थे कि जहाँ कहीं भी यह धरती पर गिरेगी वहीं वे एक शहर का निर्माण करेंगे। [वही स्पेनियों के लिए 'एल डोराडो' का लिजंधर हो गयी थी]। निर्मित शहर कुज़को था जहाँ से उन्होंने ऐंडीज पर्वत तक अपनी दिग्विजय यात्रा की। (ग) इन्का मुकुट की दैवी विभूति और मानको कापाक का देवराजत्व स्थापित हो

सर्पदेवी कोआटलीक्यू (माया-अज़टेक)

इन्का सभ्यता (दक्षिणी अमेरिका के पेरू) के पवन देवता (हनुमान) कुकुलकान

गया। उसकी शान शौकत तथा अथाह दौलत ने प्रजा को अभिभूत कर दिया था।

एक अन्य प्रतिपाठ। कुकुलकान की तरह **वीराकोचा** का उद्भव भी पूर्व-इन्काई है। किन्तु वह कोरमकोर इन्काई हो गया। वह इन्टी का पुत्र होने के नाते अन्ततोगत्वा परम सर्जक देवता भी हो गया। उसने अनेक कबीलों को एकजुट करके (मंगोल कुबलाई खान की भाँति) एक विशाल इन्का-साम्राज्य की संस्थापना की। यह मान्यता थी कि वह टिटिकाका झील में निवास करता है, कि वह सूर्य देवता तथा आकाश देवता भी है, कि वह सर्वव्यापक अगम असंकुचित है, कि वह सभी वस्तुओं का जीवनदाता है। इसके बावजूद वह 'सृष्टि' से दूरी बनाये रखता है। पृथ्वी का निर्माण करने के उपरान्त उसने उसके ओर छोर यात्रा करके सम्पूर्णता प्रदान की और अपनी निर्मिति को प्रशिक्षित भी किया। वह कभी-कभी बलि की भेंट लेता था।

अन्ततः **इन्टी** तथा **जगुआर** की मिथक-गाथा।

जैसा कि हम बता आये हैं, **इन्टी** एक साथ इन्का राजवंश का आदि संस्थापक और सौर देवता था। (जिस प्रकार ईजिप्ट की देवी आइसिस के मुकुट पर सौर चक्र सुशोभित होता था उसी प्रकार–) इन्टी को एक चपटे सौर चक्के के रूप में भी विवृत्त किया गया, जिसके चारों ओर से किरणें फूट रही थीं। उसकी पूजा का प्रमुख केन्द्र कुज़को का सूर्य-मन्दिर था [मानो वह ईजिप्टी सूर्य देवता रे या एटॉन था]। वह विग्रह स्वर्णपट्टिकाओं से मढ़ा अुआ था। इन्टी के वीराकोचा, पाचाकामाक तथा मानको कापान नामक तीन बेटे थे। इन्काई शशीदेवी मामा क्विल्लया उसकी पत्नी और बहन थी। वह विवाहिताओं की संरक्षिका थी। एक खगोलीय फेनामेना को साक्षात् करने के लिए सूर्य-चन्द्र ग्रहण के मौके पर एक दैत्याकार राक्षस उसे निगलने का प्रयास करता था जिससे बेहद (ज्वार-भाटे का) शोर पैदा होता था। वह इन्काइयों के दैनिक जीवन के क्रिया-कलापों की भी धुरी था। भारतीय पंचायतन की भाँति सूर्यदेवता इन्टी (के मन्दिर-परिसर में) अरुण, वर्षा, आकाश, तथा पृथ्वी के देवता भी उपास्य थे।

इन्टी के विपरीत **जगुआर** ने पूर्व-कोलम्बियाई धर्मस्थल से अनुप्रवेश किया था। वह विकराल-विदीर्णकारी दाँतों वाला लघु बाघ देवता था। [दुर्गा के सिंह की तरह]। उनकी खौफनाक आँखें थीं। बोलिविया के लोग तो जगुआर से ऐकल मुकाबले के बाद ही महायोद्धा की पदवी के हक़दार होते थे। वह सैन्य संगठन का संचालक तथा पुरोहितों का सहकारी था। वह प्रजनन-देवता भी था। मानव-नारियों के साथ वह सम्भोग करता था। उसकी मानव-पत्नी ने ही उसे स्वादिष्ट पका हुआ मांस खिलकर पाककला की भी शुरुआत की थी।

जगुआर का बेटा **सिना** ब्राज़ील के जुरुना कबीले का पूर्वज था। जाहिर है कि उसका पिता एक भीमकाय (?) जगुआर बाघ तथा माता एक मानवी नारी थी। पितापुत्र दोनों के मस्तक के पीछे एक त्रिनेत्र भी था। यह भविष्यवाणी की गयी थी कि जब सिना आकाश को थामने वाला त्रिशूली बल्ली हटा लेगा तब संसार का अन्त हो जाएगा। वह स्नान द्वारा अपनी खाल उतारकर पुनर्नवीकृत हो जाया करता था।

तथापि न तो आकाश गिरा और न ही अपने लघुसिंह-सुत सिना का सर्प की भाँति पुनर्नवीकरण हुआ। किन्तु अब हमें मिथकीय मत्तवारिणी में चलना होगा, त्रासद विश्रान्ति के निमित्त।

लघुबाघ जगुआर (पाताल, युद्ध, अग्नि का इन्काई-मायाई देवता) का आह्वान करता पुरोहित

पाताल लोक का जगुआर देवता

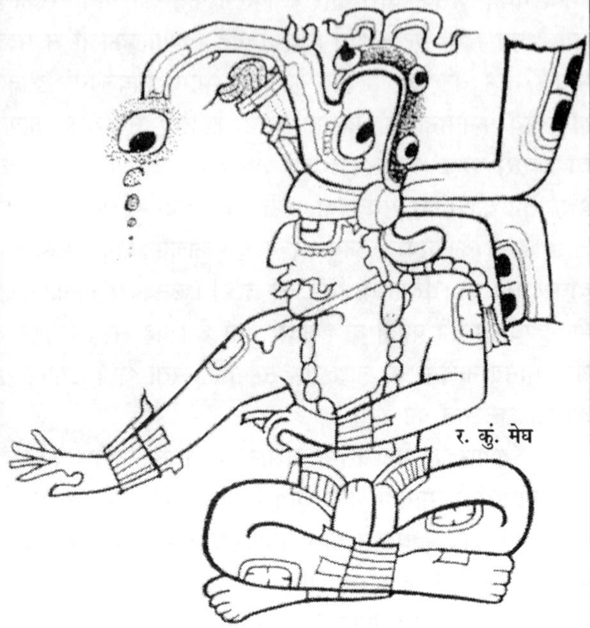

किनिच आह्वा (सूर्यदेवता)

2.4.3 अफ्रीका

अंधियाला महाद्वीप कहे जाने वाले अफ्रीका (के ईथोपिया) में ही होमो सेपियंस (मानव प्रजाति) का सर्वप्रथम उद्‌भव हुआ था। आधुनिक नृतत्त्वशास्त्र ने इसी अँधेर तथा आश्चर्य को सिद्ध किया है। इसलिए यह वैज्ञानिक (?) मिथितिहास है। यह विशाल महाद्वीप अनेक छोटे-छोटे कबीलों में बँटा हुआ है। इसलिए हमें एक समेकित वैश्वक सृष्टि-मिथक नहीं मिलती। बल्कि, नाना प्रतिरूपों वाले छोटे कबीलाई इतिहासों की अनुपालना में उनकी भौतिक और आध्यात्मिक व्यवस्थाओं को जारी रखने के लिए अनेकानेक छोटी, सृष्टिपरक मिथकों का भी उन्नयन होता चला।

दूर-दूरान्त फैले छोटे-छोटे कबीलों के भी अपने-अपने सर्जक-देवताओं के बहुत-बहुत बड़े मिथक-बिम्ब थे क्योंकि मिथकयान ही उनके जीवन की विधि थी जिसमें मिथक एवं रस्म/रिवाज़ (राईट) घुलेमिले थे। इससे उन समाजों की सभी पर्तें सहक्रमिक (साइमलटेनियस) होने के साथ-साथ परस्पर आच्छादक (ओवर-लैपिंग) भी थीं।

घाना का कुटिल देवता **अनान्सी** एक मकड़ा था। अपने जाले के दावों के लिए उसे अजगर, बर्र, चीता या प्राकृतिक अध्यात्मा की कीमत चुकानी पड़ती थी। इस भाँति वह अशान्टी कबीले की मिथकों का समुच्चय बन गया।...माली के **डोगोन कबीले** का **आम्मा** मुख्य सर्जक देवता था। वह चाक की माटी से सम्पूर्ण सृष्टि गढ़ता था। उसने शुरुआत सितारों से की और उन्हें गगन-मंडल में थाप दिया। फिर जोड़ा बनाने को नारी गढ़ी। इसके बाद एक तिकड़मी देवता, फिर दो नाग-सदृश्य अन-सैक्सपरक जुड़वाँ नुम्मा पैदा किये। उनके लिंग-योनि भी बनाए ताकि वे समागम कर सकें। इस जुड़वाँ ने ही वाक् का आविष्कार किया, धरती को वनस्पति का आच्छादन दिया। अन्ततः आम्मा ने धरती के साथ सम्भोग करके जुड़वाँ की दूसरी जोड़ी बनाई। यही डोगोन कबीले के पुरखे हुए। हेत्सी-आइबिब—एक गाय के गर्भ से पैदा हुआ था जिसने कोई जादुई घास चर ली थी। वह बुरे दैत्य का प्रतिपक्ष भी था। वह नाना प्रकार का कार्मिक था—जादूगर, योद्धा, शिकारियों का संरक्षक। इसी लड़ी में कांगों के बुशान्गो जनों का प्रमुख सर्जक **बुम्बा** था। उसने धरती, सूर्य, चन्द्रमा, आकाश और सितारों का वमन किया था। इसके बाद विभिन्न पशुओं को भी उगला।

कुछ छोटी सृष्टि-मिथकों में दस्तकारी और कुटीर-उद्योगों का भी विधान है। नेटाल के **जुलू जनों का** प्रथम पूर्वज **उन्कुलुन्कुल** था जो आकाश (नर) तथा धरती (नारी) के मिथुन की सन्तान था। उसके वाल्दैन ने सारी वस्तुएँ भी बनाईं।...किलिमिंजारो के ज़ागा कबीले का सर्वपुनीत देवता रूवा था। वही मानवजाति के लिए खेती-बाड़ी तथा सभ्यता लाया था। प्रजा के एक विश्वासघात के लिए उसने मनुष्य को यातना तथा मृत्यु का चिरन्तन दंड दे डाला। उत्तरी नाइजीरिया के सर्जक देवता **सोको** ने अपने जादू के माध्यम से लोगों को कई प्रकार की कलाओं में **कर्मकांड** तथा **कौशल** का इस्तेमाल करना सिखाया। इसी तरह पश्चिमी अफ्रीका के आखेटक देवता **ओगुन** ने युद्ध और धातु-कौशल से हथियार तथा औज़ार बनाने सिखाये। वह न्याय-देवता बनकर अपने लोहे की पवित्र धातु पर ही लोगों को शपथ दिलाता था। वह कठोर किन्तु गरिमापूर्ण था।

कुछ कबीलों में मातृसत्ताक व्यवस्था वाली मिथकें मिलती हैं। दक्षिण अफ्रीका के काओन्डे कबीले के प्रमुख देवता **लेज़ा** ने मधुमक्खी को दूत बनाकर मानवजाति को तीन अदद भेजे जिनमें-से एक में खाद्यबीज तथा दूसरे में सारी दुष्टताएँ एवं दुर्गुण थे। मधुमक्खी रानी ने उसे भी खोल दिया जिससे वे संसार में फैल गये। ट्रांसवाल के लुवेदू कबीले के मातृसत्ताक समाज में रानी **खुजगने** ही उनके भौतिक तथा आध्यात्मिक अस्तित्व का आधार थी। लुवेदू जन मानते थे कि उनकी रानी प्रकृति पर भी नियंत्रण रखती है।

उक्त प्रकीर्णकाओं के परिप्रेक्ष्य में ही उपलब्ध बृहत्तर सृष्टि-मिथकों का सन्दर्श है। बन्तू कबीले के सृष्टिकर्ता देवता **एनज़ाम्बी**

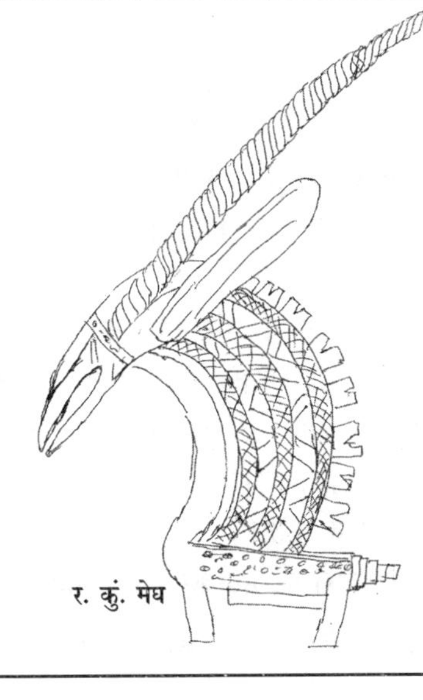

माली के बाम्बारा की मिथकीय कारक। स्रष्टा ने इसे मनुष्यों को धान उगाना सिखाने के लिए भेजा था।

ने फाम नामक पहले मनुष्य को बनाया। उसने धरती को बहुत क्षति पहुँचाई जिससे उसे दफना दिया गया। फिर दूसरा मानुष सेकुमे बनाया गया। वह मानवजाति का पूर्वज था। सेकुमे ने अपने लिए एम्बोंगवे नाम की पत्नी को एक पेड़ से गढ़ा। इधर एन्ज़ाम्बी एम्बोया नामक एक लड़की के प्रेम में डूब गया जिससे उन्हें **बिन्गो** नामक बेटा पैदा हुआ। वाल्दैन में यह बहस छिड़ी कि बच्चा किसे ज्यादा चाहता है। बहस की गर्मी में एन्ज़ाम्बी ने बच्चे को स्वर्ग से नीचे फेंक दिया। वह नीचे गिरा। एक जादूगर ओटोयोम ने उसे पाला। दम्पति बच्चे को खोजते रहे। लेकिन ओटोयोम ने उसे छिपा लिया। वयस्क होने पर बिन्गो ही समग्र मानवजाति का शिक्षक बना। बन्तू जनजाति राजपूजा तथा पूर्वज-पूजा को समान आदर देते हैं क्योंकि पुरखे मानवीय एवं **दैवी संसारों** के बीच बिचौलिए रहे।

इस सृष्टि-क्रम में अन्य अवान्तर भी हैं। अफ्रीकी मिथकयान में कबीले का एकछत्र सरदार बनने के हेतु सन्तान को भी बहिष्कृत कर देने का पैटर्न काफ़ी व्याप्त है। केन्द्रीय अफ्रीका के न्योकोन कबीलों का प्रमुख देवता **न्योको** अपनी माँ का ही प्रेमी बन बैठा (ओडीपस-ग्रन्थि)। अतः पिता ने बेटों को स्वर्ग से बहिष्कृत कर दिया। इसी की अनुपूरकता में मेडागास्कर के देवमंडल का प्रमुख सर्जक-देवता **ज़ानाहारी** उभयलिंगी (हर्माफ्रोडाइट) था। इस स्वर्ग के देवता को मानवीय पत्नी पाने की तृष्णाग्नि उसे मरणशीलता तथा अमरता के बीच द्वन्द्वग्रस्त रखती है। इसका अन्य द्विपर्ण-विरोध ईथोपिया के गाल्लाजनों की मिथक में है। सृष्टिकर्ता होलावाका ने गाल्लाजनों को इस पक्षी के जरिए सन्देश भिजवाया कि जब वे बूढ़े हो रहे हों तो अमुक तरीके से अपनी त्वचा मलमल कर पुनर्नवा हो सकते हैं। जब पक्षी चला तो रास्ते में उसने एक साँप द्वारा पशु को खाते देखा। लालच में उसने भी साँप से साँझा माँगकर होलावाका का रहस्य-सन्देश भी बता दिया। इससे अब मुनष्य तो मरते हैं लेकिन साँप अपनी केंचुल उतारकर पुनर्जन्म पा लेता है।

प्रकारान्तर से अब यह स्पष्ट हो जाता है **समुद्रायनी** (ओशेनिया) के स्वप्न-समय के आसपास के छोटे-छोटे कबीलों तथा अँधियाले महाद्वीप **अफ्रीका** के छोटे-छोटे कबीलों का मिथकीय मानस लगभग एकसमान तथा समानान्तर है। अथच इनमें पूर्वजों और पुरोहित नेताओं की दैवी भूमिकाएँ एकसमान हैं। इनके अलग-अलग **कबीलाई इतिहास** हैं तथा इनके समाजों में अध्यात्माओं तथा चुड़ैलों तथा **ओझाओं** का महत्त्व है। इनके समाजों में पुनीत (सेकरेड) तथा पार्थिव (प्रोफेन) के बीच, आध्यात्मिक तथा भौतिक के बीच की खाई दृष्टिगोचर नहीं है। इन छोटे-छोटे कबीलाई समाजों में मिथक तथा रिवाज (राईट) परस्पर अन्तर्लीन हैं और यही उनके जीवन तथा जीवनी की विधि है।

प्लूबलो जनगण के मसखरों का मिथकीय समूह **कोशारे** था जो अनुष्ठानों में नाच-गाकर मनोरंजन करते थे। वे दंडविधान तथा प्रतिबन्ध प्रणाली से अभयदान पाये हुए विदूषक थे। मूलतः वे गन्धर्वों की भाँति प्रथम मनुष्यदल थे जिन्हें एक देवी ने अपनी सखियों के मनोविनोद के लिए अपने देहांगों पर एक कामोद्दीपक क्रीड़ाकन्दुक को रगड़ कर बनाया था। इनके ही पूरक (उत्तरी अमेरिका में इंडियनों के) सभी कबीलों में मौजूद सभी आकृतियों तथा संरूपों वाले तिकड़मी नायकों के समूह थे। वे बहुधा पशु थे तथा हास-परिहास और विडम्बनाओं के प्रस्तोता थे। अज़टेक मिथक में इयूकोयोट्ल नामक तिकड़म देवता भी था। वह सैक्स में भी संलिप्त रहता था।*

मनुष्य की महायात्राएँ : प्यूब्लो की मिथकों में मनुष्य के आविर्भाव के बाद ज़रूरी हो गया कि वह ज्यादा सुरक्षित निवास-स्थलों को तलाशे। इस खोज-यात्रा में उनका नेतृत्व प्रिय जुड़वाँओं ने ही किया। उन्होंने सलाह दी की वे 'उत्थान स्थल' पर थोड़ा विश्राम करें क्योंकि यह सूर्योदय की ओर उन्मुख है। उन्हें निर्देश दिया गया कि वे पूरब की ओर चलते चलें जहाँ सूर्य-पिता उदित होते हैं, जब तक कि धरती की नाभि तक न पहुँचा जाए। वहीं शान्ति और स्थायित्व मिल सकेगा।...सूर्य ने फैसला किया कि जोतने-बोने के लिए धरती को खंड-खंड तोड़ा जाए। अतः जुड़वाँओं ने बिजली तथा गर्जित वज्रों (थंडरबोल्ट) को गिरने दिया। लोग शरणस्थलों में छिपते चले। इससे सभी दैत्य मारे गये।

तथापि आज भी कभी-कभी चट्टानों में दैत्यों की हड्डियाँ दिखाई पड़ जाती हैं। (इस क्षेत्र में डायनोसोरों के जीवाश्म भी मिलते हैं)। इसके अलावा खंडित तथा झुलसी चट्टानों के कई इलाके भी मिलते हैं। जूनी (कबीले) विश्वास करते हैं कि इस प्राक्तन महाविपत्ति (कैटास्ट्राफी) से ही ऐसा हुआ। अन्ततोगत्वा वे उस स्थान पर पहुँचे जहाँ पेड़ों के तने पानी पर गड़े-खड़े थे। वह एक शान्त और समृद्ध भूमि थी।

उनकी यात्रा का अगला चरण 'जल पर कुहरे का स्थल' था। वे एक बड़े कस्बाई (काउंटी) नगर के जलने से जो धुआँ उठा था वही दलदली आर्द्र भूमि में कुहरा बन गया।...फिर लम्बे समय तक रस्मोत्सव। मनाये गये जिनमें ऐसे नृत्य थे जिनमें लड़कों और लड़कियों ने आलिंगन-चुम्बन से वृक्षों और पौधों को शुभकामनाएँ दीं। जहाँ कहीं भी वृक्षों-पौधों को स्पर्श किया गया वे रंगबिरंगे फूलों तथा सुन्दर मृणालों में फूट पड़े। तब चारों ऋतुओं के देवता-गण पूरब से प्रकट हुए। अन्नदायी वृक्ष समृद्ध हुआ। अब इस विशाल दुनिया में रहने को मनुष्य समर्थ हो गया। सृष्टि-चक्र पूरा घूम गया।

उत्तरी अमेरिका के **नवाजो-मिथकें** अजटेकों की **शिकार** तथा **मक्की उगाई** से परे हट कर हैं। वे ग्रीक नाट्यों की तरह मिथकों

* दोनों अमेरिकाओं के प्रसंगों के लिए हम जो फोर्टी की एनसाइक्लोपीडिया पर अत्यधिक निर्भर रहे हैं। इसे साभार स्वीकार करते हैं।

का नाटकीय उच्चार करते थे जिनमें देवताओं तथा मानवों के बीच के सम्बन्धों की काव्यात्मक अभिव्यंजना होती थी। उनके अभिकल्पों में प्रतीकत्व भी झिलमिलाता दृष्टिगोचर होता है। अतः उनकी मिथकें लम्बी, जटिल तथा अन्तर्कुंडलित (शृंखलाबद्ध) होती हैं। उनका संप्रेषण भी मौखिक रहा। अतः अनुपाठ-प्रतिपाठ भी बनते गये। इस परम्परा को शामनों तथा चारणों (लोकगायकों) ने अभी तक जीवित रखा। बहुधा प्रत्येक शामन (ओझा) अपनी-अपनी व्याख्याएँ भी जोड़ता रहा है।

उदाहरणार्थ—(मौजूदा दुनिया पाँचवीं है) पहली दुनिया के अँधेरे में तीन प्राणी थे—प्रथम पुरुष, प्रथम नारी और कोयोटे (निर्माता) उनके लिए यह पहली दुनिया बेहद छोटी थी। सो वे दूसरी दुनिया में पहुँचे जहाँ दो आदमी थे। वे सूर्य और चन्द्रमा हो गये। उस दुनिया में (अँधेरे के बजाय) धुँधली और तुषार वाली रौशनी थी। पूरब में कालिमा, दक्षिण में नीलिमा, पश्चिम में पीलिमा तथा उत्तर में श्वेतिमा थी ये रौशनियाँ दिन और रात ले आती थीं। जब दूसरी दुनिया में तीन प्राणी आ गये तब सूर्य ने प्रथम नारी से प्रेम करने की कोशिश की और मतभेद पैदा हो गया। कोयोटे को सब कुछ पता लग गया और उसने चारों दिशाओं के निवासियों को बुलाकर पंचायत करने को कहा। उन्होंने फैसला किया कि दूसरी दुनिया भी बहुत छोटी है इसलिए उन्हें ऊपर तीसरी दुनिया में चढ़कर चलना चाहिए जहाँ सूर्य के लिए सुन्दर प्रथम नारी से अलग रहने को कमरा होगा। वहाँ उन्हें धरती के जैसी जमीन मिली। किनारों में चार पर्वत भी थे। पर्वतों के तल में झीलें थीं। ढलानों पर लोग रहते थे। पर्वतीय लोगों ने इन आगन्तुकों से 'आरोहण-स्थल' पर भेंट की और स्वागत करके खबरदार किया कि इस विशाल दुनिया में सब कुछ भला होगा अगर जलदैत्य टिचोल्टसोडी को शान्ति से रहने दिया जाए।

अब कोयोटे ने पर्वतीय लोगों की सलाह का उल्लघंन किया। कौतूहलवश वह महान जलराशि को देखने झाँकने जा पहुँचा। पूर्वी जलराशि में उसे टिचोल्टसोडी के दो सम्मोहक बच्चे मिले। वह उन्हें कम्बल में ढाँककर ले उड़ा। जलदैत्य ने दुनिया के चारों कोनों में बच्चों की खोज की किन्तु सफलता नहीं मिली। उसने अनुमान लगाया कि हो न हो वे नये लोगों के पास हों। अतः उसने जल पर अपनी महाशक्ति का इस्तेमाल करने का फैसला कया। इससे चारों समुद्र भर गये और जल ऊपर चढ़ने लगा। सभी लोगों ने मिलकर सलाह की और तय किया कि बाढ़ से बचने को वे चारों दिशाओं के पर्वतों को हटाकर जमीन के बीच में एक के ऊपर एक करके जमा कर लें। फिर भी बाढ़ चढ़ती रही। लोगों ने इकट्ठे पर्वत के शिखर एक विशालकाय नरकुल या सरकंडों को रोप दिया। जब वह पूरी तरह पल्लवित होकर आकाश छूने लगी और चौथी दुनिया में छेद कर दिया तो तीसरी दुनिया के सभी पुरखें, पशु उस सरकंडे में चढ़ आये। सबसे आखिर में टर्की (मुर्गा) आया जो बांग लगाएगा अगर पानी उसके पंजे को भिगाने लगे। चौथी रात में वे चौथी दुनिया में आ गये। आज भी टर्की की पूँछ के रंग हलके होते हैं क्योंकि वे बाढ़ में धुल गये थे।

तीसरी के मुकाबले चौथी दुनिया बड़ी थी। यह भी धुँधली थी। बस कोहरे की रोशनी में झिलमिल थी। यहाँ भी समुद्र व पर्वत तीसरी दुनिया के जैसे ही थे लेकिन बीच में एक विशाल नदी बहती थी। उसके उत्तरी किनारे पर मानवजाति रहती थी। दक्षिण में अन्य प्राणी रहते थे जो पशुरूप वाले थे। समय जल्दी से बीतने लगा। एक साल एक दिन के बराबर था। किन्तु मुसीबत तो अब आनी थी।

एक दुरभिपूर्ण झगड़ा शुरू हो गया जिसमें हरेक लिंग (जेंडर), जीवन तथा पोषण का दावेदार होने का ऐलान करने लगा। स्त्रियाँ बहस करने लगीं कि उन्होंने आग पैदा की; कपास बनाई, खेतों को रोपा और मिट्टी के बर्तन भी बनाये। पुरुषों ने प्रत्युत्तर दिया कि उन्होंने शिकार किया तथा मेहनत करके खेत तैयार किये, मकान बनाये और सबसे महत्त्वपूर्ण यह कि वे देवताओं के गतिविधान को जानते हैं, कि वे उन नाचों तथा उत्सवों को रचाते हैं जिससे फसलें बढ़ सकें।

अन्त में स्त्रियों और पुरुषों ने फैसला किया कि वे अलग हो जाएँगे। पुरुष नौका बनाकर केन्द्रीय मैदान में नदी के पार चले गये जिससे स्त्रियाँ छूट गयीं। वे अपने छोटे-छोटे खेतों को बीजने लगीं किन्तु नृत्यों व उत्सवों के बिना। चार साल तक यही सिलसिला चला। उनकी फसलें घटती चली गयीं किन्तु पुरुषों (के क्षेत्र) में बेहतर फसलें होती चलीं। उनके पास शिकार और खाद्यान्न, दोनों का अधिशेष जमा हो गया। अतः दोनों ने अनुभव किया कि एक-दूसरे के लिए दोनों की आवश्यकता है। तब वे पुनः एकसाथ हो गये। किन्तु अगली मुसीबतों को बुलाने को कोयोटे अभी भी जल-दैत्य के दोनों बच्चों को रखे हुए था।

इसके बाद कहानी चलती है : सूर्य और चन्द्रमा ऊपर आकाश में फेंक दिये जाते हैं।...सूर्य को गतिमान करने के लिए मानवबलि दी जाती है। एक बड़े सरदार की पत्नी खुद की बलि कराती है इस तरह मृत्यु की भी संस्थापना हो जाती है।...प्रथम पुरुष ने ऐसे 'तारे' को स्थापित किया जो अचल है (ध्रुवतारा)। फिर उसने सात तारे रखे (सप्तर्षि)। फिर चारों कोनों में चार चमकीले तारे। एक लाल तारा। **इस तरह आकाश सुन्दर दिखने लगा।** कोयोटे ने अभ्रक की धूल को बेतरतीब बिखरा दिया। वे ही आकाश में तारे बन गये।...सूर्य के घर की पहरेदारी **भालू** तथा **सर्प** करते हैं।*

प्राचीन **चीन** की किसी सुव्यवस्थित-संग्रथित ब्रह्मांड-सृष्टि-मिथक का संज्ञान हमें नहीं है। वहाँ मिथकों की रचना एवं संग्रह ज्यादातर कवियों तथा अध्येता विद्वानों ने किया था। उनकी तो सुदीर्घ परम्पराएँ रही हैं।

* दोनों अमेरिकाओं के प्रसंगों के लिए हम जो फोर्टी की एनसाइक्लोपीडिया पर अत्यधिक निर्भर रहे हैं। इसे साभार स्वीकार करते हैं।

वहाँ वैश्विक मनुष्य की **मनोदैहिक संरचना** को निर्मित करने में कायनाती **यिन (नारी तत्त्व) एवं यांग (पुरुष तत्त्व)** का द्वैत एवं युग्म है। यह बहुत कुछ भारतीय शिव-शक्ति, या पुरुष-प्रकृति की द्वयता-ऐकता के जैसा है [यह मनोवैज्ञानिक 'एरॉस' बनाम 'थेंटास' के द्वन्द्व के समकक्ष नहीं हैं]। इनमें परस्पर पूरकता भी अन्तर्निहित है।

चीनी दर्शन के अनुसार सभी वस्तुएँ, घटनाएँ, प्राणी, कालखंड आदि में व्यवस्था-क्रम है। इसे ऋणात्मक **यिन-सिद्धान्त माना गया।** यह नारीत्वमय, अन्धकारपरक, भूमिधर्मा, निष्क्रिय भी है। इसकी पूरकता में धनात्मक **यांग-सिद्धान्त** है। इसके तत्त्व पुरुषत्वमय, प्रकाशपरक, आकाशधर्मा, सक्रिय तथा अटूट शृंखला वाले हैं।

उक्त दो सिद्धान्त प्राक्तन आरम्भ की ऐकता के ध्रुवान्तीकरण के प्रतिनिधि हैं। ये पृथक होकर भी एक वृत्तचक्र में बराबर-बराबर सन्तुलन बनाये रखते हैं। इन्हें जोड़ने वाली एक सर्पिल रेखा है। दोनों संक्षेत्रों के मध्य में एक 'बिन्दु' है जो अन्य क्षेत्र का भी वर्ण है। अतः यहाँ दोनों सिद्धान्तों की परस्पर-निर्भरता है। यांग एवं यिन की शक्तियाँ, मूलतः परस्पर-विरोधी नहीं हैं; प्रत्युत में धारावाहिक रूप से परस्पर-प्रभावशाली हैं। ये शक्तियाँ विशिष्ट कालखंडों में क्षय तथा वृद्धि की प्रक्रिया से गुजरती हैं।

यह **भारतीय मिथकीय** दर्शन में शिव के ऊर्ध्वमुखी त्रिशूल तथा शक्ति के अधोमुखी पाश द्वारा प्रतिरूपित किया गया है। प्रतिरूपण में दोनों समबाहु त्रिकोण हैं। उनका केन्द्र 'बिन्दु' एक है। ऊर्ध्वमुखी त्रिभुज की इच्छा-ज्ञान-क्रिया की भुजाएँ त्रिशूल है, तथा अधोमुखी त्रिभुज की वे ही भुजाएँ अधोमुखी पाश हैं। इसी सिद्धान्त को तन्त्र में शिवलिंग तथा पार्वती-योनि, पारद तथा अभ्रक, कुलिश तथा कमल से प्रतीकायित किया गया है।

2.4.4 सर्वान्तिम निर्णय

ब्रह्मांड, प्रकृति और सृष्टि से जुड़ी वैश्विक मिथकों के गहराई परक अनुशीलन से हम मानवजाति के वैश्विक मानस की प्रथम निर्मितियाँ भी प्राप्त करते हैं–

(क) विश्वमिथकों का कालचक्र तो एक नहीं है, तदपि उनका काल-चारित्र्य लगभग एक जैसा है। इसे विश्वमिथक के अनादि इतिहासबोध की व्यास-रेखा माना जा सकता है। अगर काल-विभाजन (पीरियेडाइजेशन) करना ही है तो उक्त अनादि काल

नावाजो अति प्राकृतिक आकृतियाँ : चाँदी में कामगीरी

के स्वप्न-समय में दो-चार शताब्दियों की एक कोष्ठक-इकाई अर्थात् एक मिथकीय कालखंड मानना होगा। भारत में ऐसा अभ्यास युग, महायुग, मन्वन्तर आदि के द्वारा हुआ है।

(ख) विश्वमिथकयानों की अपरा संचेतना में पारिवारिक रक्त-सम्बन्धों (भाई-बहन, पिता-पुत्र, माता-पुत्र) के बीच सैक्स-नीति का उन्मीलन नहीं हो पाया था क्योंकि सृष्टि-रचना का स्रोत एकरेखाक है (ब्रह्मा या नुट, या गेइया)। इसलिए सर्वत्र कथित गोत्र-व्यभिचार (इनसेस्ट) परिव्याप्त है। देव-देवियों की सन्तति, अथवा पृथ्वी-आकाश की सृष्टि, प्रायः योनिजा और मैथुनी न होकर 'प्रकट' होती है। (किसी अंग अथवा तत्त्व से भी)।...अतएव इन सृष्टियों में सैक्स तथा गर्भाधान के बीच के प्रसूति वैज्ञानिक जैविक सूत्रों का भी अभिज्ञान नहीं उभर पाया है। एकरेखाक वंश-धारणा की वजह से जो प्रजनन-सम्बन्ध होंगे वे भी एक ही रक्तधारा के होंगे (भाई-बहन, पिता-पुत्री, माता-पुत्र)।

(ग) आद्य विश्वमिथकों में सृष्टि एवं संहार के बीच प्रकाश (देव) तथा अँधेरा (असुर), भ्रान्ति (विरोध) तथा चमत्कार (विराज) की दुविधाएँ और संग्राम भी हैं। अन्य आयाम में आकाश एवं पृथ्वी, जल एवं ज्वाला, सूर्य एवं चन्द्र के मानुषीकरण (पर्सोनिफिकेशन) संलक्षित हुए हैं।

(घ) आदिम प्राथमिक मानवजाति में मूलवृत्तियाँ (इंसटिंक्ट्स) ही प्रधान थीं। तत्कालीन प्रकृति भी प्रचंड विक्षोभों वाली शक्तियों के रूप में साक्षात् थी। वह भी दैवी अथवा दानवी थी (मानवीय कम)। इस पर्यावरण में सूक्ष्म मनस्तात्विक (साइकिक), मनोवेगों (इमोशंस) का उन्मीलन भी बेहद क्षीण अथवा विरक्त अथवा अकस्मात् था।

(ङ) तब सौन्दर्यबोध भी नहीं उद्वेलित हुआ था। प्राकृतिक शक्तियों का ही आतंक, अनुराग और आदर था। प्रथम दीप्ति सुन्दरता की पहली सिहरन हेमवती उषा की छवि के संदर्श से ही प्रतीयमान थी।

(च) तब वस्त्रालंकार की विविधता की भी अन्वीक्षा नहीं उभरी थी; यद्यपि सौन्दयनिुभूति वाली रूपकात्मक अधिभाषा का उद्वेलन तो हो रहा था। उस समय के शैलचित्र भी औजार तथा आयुधों का अंकन करते हैं। अतएव कई शताब्दियों के बाद शिल्पायनों तथा चित्रायनों में इनके दर्शन की प्रकृति तथा प्रवृत्ति उभरी। शिल्प के षडंग भी निर्धारित हुए।

(यिन-यांग)

(छ) किसी भी विश्वमिथक में वानर से नर बनने की वैज्ञानिक (डार्विनवादी) विकासवादी-दृष्टि का इंगित अथवा स्पष्ट चक्रचिह्न नहीं है ॥ अस्तु ॥

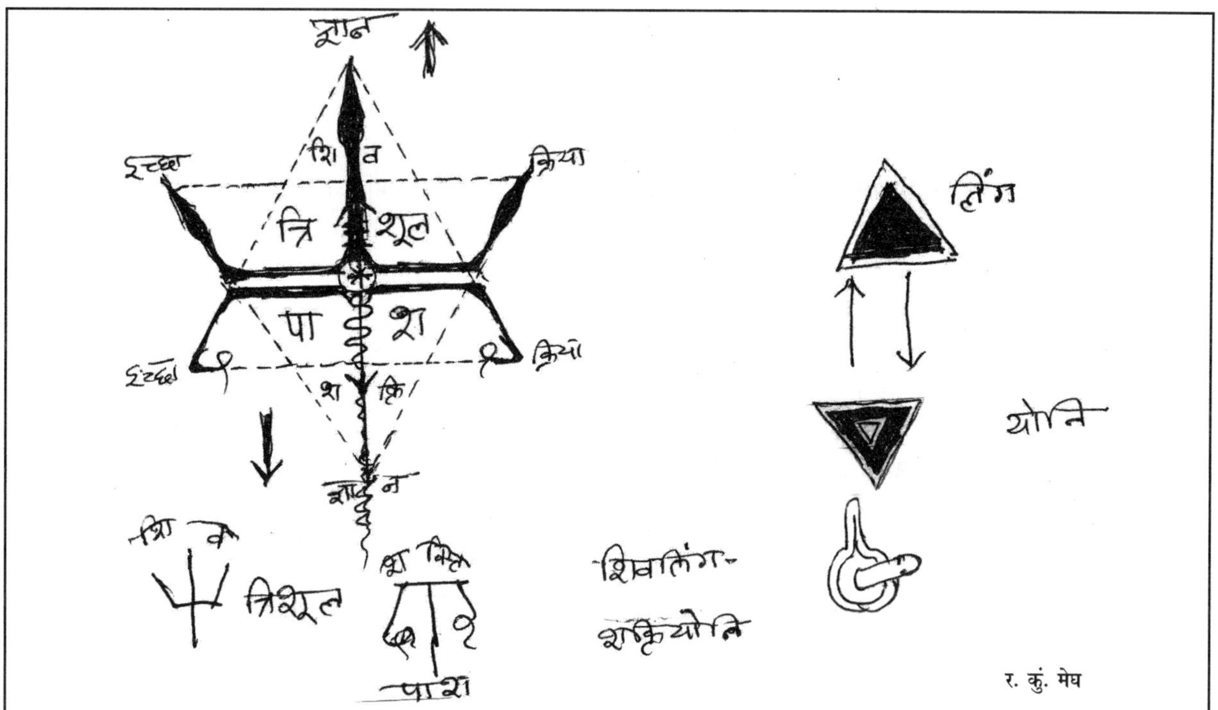

2.5.0 सृष्टि तथा मानव-कबीलों की व्युत्पत्ति एवं गठन

2.5.1 कबीलाई गठन

इस अनुच्छेद के अन्तर्गत सृष्टि में भारतीय सृष्टि मिथकों के प्रतीकों (कच्छप, नाग, जल, पर्वत) तथा अभिप्रायों (मंथन, वृक्ष, युग, मन्वन्तर आदि) की यथेष्ट छायाएँ भी झिलमिलाती हैं।

विश्व-मानव के समाजों के प्ररूपों के औसत कालों का अनुमान है—शिकारी संचयन (50000-10000 वर्ष पूर्व), कन्दमूलफल संचयन (10000-5000 वर्ष पूर्व), घुमन्तू गोचारण (10000-5000 वर्ष पूर्व), कृषि कर्म (5000 वर्ष पूर्व से 1750 ई. प.)। इनमें से कन्दमूल-फल तथा घुमन्तू-चरवाही अवस्थाओं में सामाजिक संगठनों में सर्दारियाँ तथा निपुण धार्मिक एवं सैनिक अभिभूमिकाएँ उभर चुकी थीं। मानवों के झुंड (यूथ) शनैः-शनैः 'समूह' बनते जा रहे थे। अर्द्ध-स्थायी ग्राम तथा अर्द्ध-खानाबदोशी शिविर बस्तियों के पैटर्न गढ़ रहे थे। पशुओं को पालतू बनाया जा रहा था। कुल मिलाकर **'कबीलाई गठन'** अस्तित्व में आ गये थे। देवी-देवतों एवं असुर-दानवों, सांस्कृतिक अधिनेताओं तथा प्रकृति और पशु-पक्षियों वाला सर्वचेतनवादी संसार सामूहिक चेतना में व्याप्त हो गया था। इस व्यवस्था-पुंज में 'मानवता का बचपन' परत-दर-परत दबा हुआ बताया गया है (कार्ल जुंग)। कारण कि, इसमें कबीलाई गठन से पहले का भी प्रजातीय अतीत गुँथा है। उसका श्रुति-स्मृति बिम्ब-रूपक-परक प्रथम वाचिक-अवाचिक उद्‌गीथ **मिथक** में मुखर हुआ। इसका सबूत शैल-गुफा-चित्र भी हैं जो करीब बत्तीस के पश्चात् तीस और पन्द्रह हज़ार साल तक पुराने हैं। अथच, हिमानीयुग के बाद के जल-प्रलय की दूरागत संस्मृतियाँ भी स्पन्दित हैं। मिथकीय मानस में सम्पूर्ण ब्रह्मांड समाया हुआ था।

लगभग सभी आदिवासी, जनजाति, गिरिजन के एकेः-के दो सामाजिक ध्रुवान्त होते हैं—कुटुम्ब (क्लान) तथा कबीला (ट्राइब)। इन्हें मिलाकर ही एक पूरे के पूरे **कबीले** का वजूद कायम होता है।

कबीला टोटेमीय अर्थात् पूज्य **शुभंकर** का आद्योपान्त विश्वासी हो जाता है जिसके व्यक्तित्व से (गोत्र) अथवा एक संश्लेष (सूर्य, चन्द्र, सर्प, मगर, पक्षी) से उसकी वंश-परम्परा चलती है। पूज्य शुभंकर कोई पशु, कोई वृक्ष, कोई प्राकृतिक संघटना, कोई पक्षी हो सकता है। इनसे कबीले के जादुई, रहस्यात्मक तथा धार्मिक सम्बन्ध-सूत्र जुड़ते हैं। अतः यह **शामनवाद** और **सर्वदेववाद** से भी संयुक्त होता है। टोटेम में अध्यात्मा तथा शक्ति अन्तर्निहित होती है। वह एक अस्तित्व तथा जीवन्तता होता है। उसकी उपासना तथा उसको भेंट से प्रसन्न रखा जाता है। वस्तुतः टोटेम एक साथ ही कवच-कुंडल, और पूजावेदिका, वंशपरिवारवृक्ष और अस्मितास्तम्भ होता है। टोरेम सर्वसंरक्षक होता है। यह सदस्यता का भी पहचान-पत्र-जैसा है। [कई भारतीय गोत्र किसी ग्रह, पशु, पक्षी या ऋषि के उद्‌गम वाले हैं।] अतएव कबीला प्रकृतिपूजक (प्राकृतिक शक्तियों से अनुकूलित) होता है।

किसी खास अवसर तथा उम्र में विशिष्ट अनुष्ठान द्वारा कबीले में विधिवत् दीक्षित किया जाता है। उनमें एक साधन **गोदना** भी है जो जादुई या प्रतीकात्मक अभिप्राय हुआ करता है। यह कुल की सदस्यता के साथ-साथ हैसियत का भी द्योतक होता है। यह देहालंकार भी है। इसका दूसरा उपरूप **खँरोचना-तराशना** भी है। [मुसलमानों में खतना या योनिक लिंग (क्लिटोरिस) का तराशना] इसके अन्तर्गत देह-रँगना भी शामिल है।

इस भाँति कबीले के चक्रचिह्न टोटेम [टैबू-(निषेधन) भी], टैटू (गोदना) तथा कर्मकांड (रिचुअल) की त्रयी होते हैं। वस्तुतः कबीलाई समाज आदिम समाज तथा देशान्तर-समाज होता है। इसकी यथार्थता अतिप्राकृतिक, अनुष्ठान जादुई और धार्मिकता आनुष्ठानिक (सेरेमोनियल) एवं निष्पादक (पफार्मिंग) होती है। ये ही इसकी परम्पराएँ हैं।

कबीलाई समाज की **चित्रक परम्परा** के अन्तर्गत चित्रांकन (गुफ़ाचित्र, शैलचित्र, भित्तिचित्र समेत), देहगोदना और देहरंजन, तथा (सीप, कौड़ी, अस्थि, काष्ठ आदि द्वारा) गृहसज्जा शामिल हैं। हम पेलिओन्टोलॉजी, पुरातत्त्व, नृतत्त्व, समाजशास्त्र द्वारा इनकी आधुनिक खोजें करते हैं।

इनकी **मौखिक संस्कृति** होती है जिसमें लोकयान एवं मिथकयान की द्विपर्णी एकता है। ये भी अनुष्ठान द्वारा पवित्रार्थ और पार्थिव शुभलाभार्थ ग्रहण किये जाते हैं। आदिम कबीलाई समाजों में उत्सव-नृत्य, पूजा तथा बलि उसके प्रमुख अनुषंग हैं। उससे वरदान तथा देवकृपा मिलती है; शत्रुसंहार भी होता है।

2.5.2 शामनवाद तथा पूर्वज-अध्यात्माएँ

कबीलाई गठन में **शामनवाद** अर्थात् ओझा-पुरोहितों की भूमिका का वर्चस्व होता है।

शामन (या ओझा) प्रयोगों व निरीक्षणों के द्वारा प्रथमस्थ अनुभव का संचय करते हैं। **पुरोहितों** की तरह वे भी रूहों (या जीवात्माओं) के राज से सम्बद्ध हैं। **वैज्ञानिकों** के असमान उन्हें किंचित् कलात्मक स्वतन्त्रता मिली होती है तथा उनका क्रमानुस्थापन सृजनप्रक्रिया की सुरभि है।

शामन रूहों के लोक में यात्राएँ करते हैं। वे जनसमूहों के लिए विशेषज्ञ हैं। वे भौतिक सीमाओं का अतिक्रमण करके इल्हाम

की दशा में यात्रा करते हैं। ये स्वप्न-यात्राएँ भी तो मिथकीयकरण के-जैसी हैं। इनका प्रयोजन पर्यावरण तथा संस्कृति पर निर्भर रहता है।

बाल-क्रीड़ा की तरह शामन भी अपनी अभिभूमिकाओं (रोल्स) का पूर्वाभ्यास करते हैं क्योंकि वे भी चीजों के कारणों का पूरा अन्दाज़ा लगा नहीं पाते। वे निरन्तर उसे समझाने की कोशिश करते हैं। उनकी यह क्रीड़ाधर्मिता मिथकीय प्रक्रिया से कभी विच्छिन्न नहीं होती; भले ही उनका प्रमेय खतरनाक हो। वजह यह है कि उसका लक्ष्य जीवन के सभी पक्षों को अन्तःसम्बद्ध करना है तथा सभी को एक संश्लिष्टता में गूँथने का प्रयत्न करना है। इस तरह यह नितान्त गहराई भरे अर्थों को आलोकित तथा सम्प्रेषित करने का विभ्रम फैलाता है। क्योंकि वे निर्देश तथा मनोरंजन, रहस्य तथा भय, सभी कुछ प्रदान करते हैं।

सन्दर्भ में आत्मा (सोल), अध्यात्मा (स्पिरिट) तथा पुरखों (एंसेस्टर्स) की अवधारणाओं को ध्यान में रखना अपेक्षित है।

आत्मा (सोल) भी अक्सर देह की एक अन्य प्रतिलिपि के तौर पर अवधारित की जाती है। लेकिन यह कई बुनियादी तरीकों से सारत्व में भिन्न होती है। मृत्यु के बाद आत्मा को एक परवर्ती अन्य संसार में रहने का प्रावधान होने से वह (आत्मा) अन्य लोक में यात्रा करती है जो आत्माओं का लोक या भूमिगत या संसारेतर लोक है।

ये स्वप्नयात्राएँ भी हैं जो भौतिक सीमाओं का अतिक्रमण करती हैं। ये प्रमुख उदाहरण भी प्रदान करती हैं कि कल्पना करने तथा मिथकीकरण की प्रवणता क्या है?

अध्यात्मा (स्पिरिट) या चैतन्यता या रूह—माना जाता है कि कभी-कभी किन्हीं खास कारणों से मृत्यु होने पर अध्यात्माएँ 'लिम्बो' में भटकती रहती हैं। वे मानवीय धरातल पर प्रतिक्रियाएँ करती हैं तथा अपने अतीत जीवन के निर्णयों का पालन करती हैं।

[भारत में कर्मचक्र, आवागमन और पुनर्जन्म की अवधारणाओं के कारण **पुरखों** (एनसेस्टर्स) का अस्तित्व उन्हीं में अन्तर्भुक्त हो गया है]

आदिम मानव के लिए शिकार, लड़ाइयाँ, मछली मारना, इसके बाद खेती-बाड़ी ही मुख्य पेशे थे। ये ही उनके हित एवं अभिरुचियों की कार्यवाहियाँ थीं। और ये उनके मिथकों, धार्मिक रस्मों तथा कर्मकांडों के विषय बने। इनके प्रभाव-वृत्तों में ही शुद्ध-नृत्य, वर्षा-नृत्य, आखेट-नृत्य, प्रजनन-नृत्य होते थे। ये ही बाद में धार्मिक अनुष्ठान (राईट) एवं कर्मकांड (रिचुअल) बनते गये। इस तरह अतीत की पुनर्निर्मिति के ये पहले प्रारूप हैं तथा इनकी रंगभूमि मिथक एवं कर्मकांड हैं। इसलिए कर्मकांडों में मिथक को केवल **कहते** ही नहीं, बल्कि उसमें जिन्दा रहते हैं। इस उपक्रम में सभी पुराने धर्मो में मिथकयान हठमत (डॉग्मा) का स्थान ले लेते हैं। इस तरह मिथक-निर्मिति आदिम इतिहासलेखनशास्त्र का ही एकरूप कहा जाएगा। अलबत्ता यह धर्म से संलग्न हो जाती है।

सो धर्मपूर्व, धर्मस्थ, धर्मेतर, धर्मप्रस्थानक मिथकयान तो पुरावाक् होते हैं। इनमें असली 'भरतपाठ' गुँथा होता है। उन्हें ऐतिहासिक, सामाजिक तथा तार्किक क्रम से लेते हुए उन्हें विकासमान पारिवारिक सम्बन्धों, नैतिक मान्यताओं, सैक्स-कृत्यों, अश्लील एवं असांस्कृतिक कार्यों के मानदंडों के मुताबिक जाँचना किंचित् अनपेक्षित ही माना जाएगा। इस प्रकार की परिस्थितियाँ एवं मानसिकताएँ कृषिपरक समाजों की स्थापना के आले-दुआले बलवती हुई हैं। नातेदारी-रिश्तेदारी, गोत्र-व्यभिचार, असामाजिकता, कठोर टैबू तथा सकर्मक टोटेम आदि परवर्ती विकासयात्रा में विधानित होते हैं। गौरतलब है कि हम तीन-चार हज़ार सालों पहले के परिप्रेक्ष्य में यह अनुशीलन कर रहे हैं।

ग्रीक और भारत-आर्य के मिथकयान सबसे समृद्ध हैं। ईजिप्ट और मेसोअमेरिका में देवी-देवताओं से जुड़े **कर्मकांड** ही बहुतायत से हैं। अतः उनमें वृत्तान्तों का कला-रस एवं अद्भुतरस क्षीण है। यदाकदा वैश्विक मिथकाभिप्राय सहसा झलक आते हैं। किन्तु वांछनीय 'मिथक-संरचना' एवं 'सामाजिक पंचांग' नहीं हो पाते। इसके अलावा इनके मिथक-चक्रों में अपने कोई महाकाव्य या वृत्तान्त भी नहीं हैं। [ईजिप्ट में तो कारतूसों तथा चित्रों में क्षीण इतिहास झिलमिलाता है]।

पेरू की इन्का मिथकीसंस्कृति में तो पूजित पशुवाद (टोटेमिज्म) लम्बे अरसे तक क्रियाशील रहा। इससे एंडीजपर्वत शृंखला की सभ्यता में जगुआर (छोटा शेर) तथा पूमा (छोटा पालतू पशु) और लामा (भारवाही पशु) के मततंत्र प्रचलित रहे। अज़टेक संस्कृति में तो पशुपक्षी रूपी देवों की भरमार है। इस स्थिति का प्रमुख कारक कर्मकांड तो है ही, इसके अनुषंग में **शामनवाद** (ओझा-वैद्य-जादूगर) भी है। इनकी धुरी आस्था (फेथ) है।

आस्था दर्शन, विज्ञान और तर्क से लगभग बहिर्भूत है। इसलिए इसे समझना अक्सर मुश्किल होता है। चिकित्सा, धर्म एवं जीवन्त मिथकों में तो यह कारण होती है। अनुष्ठान से तो सहृदयता, उपचार, फलप्राप्ति में विश्वास बनता है। आस्था की शक्ति संस्कृति, समूह, और परिवार को जोड़ती है। इसलिए आस्था की शक्ति अलौकिक तथा चमत्कारी मानी जाती है। अक्सर आस्था और अन्धविश्वास हमजोली हो जाते हैं। इससे तर्क का, विवेक का बहिष्कार हो जाया करता है। सो, अन्धभक्ति में आप सवाल नहीं करते क्योंकि यह धार्मिक आस्था से संलिप्त है। यह स्थिति खतरनाक हो जाती है। फिर सम्प्रदाय एवं मततन्त्र (कल्ट) और भी संकुचित तथा गुप्त हो जाते हैं। इन जैसे संगठनों में सूचनाएँ और मस्तिष्क पूर्ण नियन्त्रण में रखे जाते हैं; या फिर पूर्ण समर्पण

तथा गहन अन्तरात्मा की दुहाई दी जाती है। ये सब प्रक्रियाएँ शनैः-शनैः हमारा असली वजूद एवं अहसास छिन्न-भिन्न कर देती हैं। अतः हम बारम्बार दोहराते आ रहे हैं कि धर्मक्षेत्र से अनजुड़ी मिथकें प्रायः/मात्र विश्वास नि अंधनिष्ठा नहीं की अपेक्षा रखती हैं। डेन ब्राउन के उपन्यास 'द विंची कोड' में धर्म बनाम मिथक ⇌ लिजंधर—इतिहास का संघर्ष बखूबी उभारा गया है। [उसकी लगभग चार करोड़ प्रतियाँ बिक चुकी हैं]। इसी के प्रतिपक्ष में हमारा मुक़द्दमा है कि आदिम धर्मरूपों में **'शामनवाद'** ही बुनियादी धर्म होता है। यह स्वरूप देवताओं की अवधारणा का प्रतिस्पर्धी होता है। यह मानवता से भी ऊँचा होता है। कारण कि, शामन अपने तन्त्र, मन्त्र, यन्त्र के जादू से हरेक को नियन्त्रित कर सकता है। शामनवाद का बुनियादी तत्त्ववाद यह है कि सभी प्रमेयों में एक आत्मा, शक्ति, चैतन्यता होती है। उसे बस एक उच्चतर तथा ज्यादा समर्थ शक्ति ही वश में कर सकती है। वही शक्ति शामन जादूगर की होती है। इसलिए आदिम धर्मों का चरित्र सर्वात्मवादी अथवा सर्वचेतनवादी होता है।...यह यकीन किया जाता है कि शामन शुभ और अशुभ, दोनों ही प्रकार की अध्यात्माओं (स्पिरिट्स) से सम्प्रेषण कर सकता है। शामन में यह क्षमता मानी जाती है कि वह अशुभ को काबू तथा शुभ को आगे अग्रेषित कर सकता है। इसके लिए वह मन्त्र के उच्चार से बुरी चैतन्यताओं को भगा देता है तथा भावचेतनोत्तीर्ण अवस्था में शुभ आत्माओं से संवाद करके भविष्यवाणी करता है, तथा निवारण के उपाय भी बताता है। शामनवाद की ऐन्द्रजालिक लीला ऐसी है। यूँ कबीलाई समाज में शामन और पुरोहित एकैक भी होते हैं तथापि **पुरोहित** उससे भिन्न है। उसका सीधा सम्पर्क देवता से होता है। वह देवता और मनुष्य के बीच बिचौलिया है। अफ्रीका तथा समुद्रायनी के मिथक-व्यूहों में शामन को भी पूर्वज (एन्सेस्टर) विस्थापित कर देते हैं। अस्तु।

आज हम मिथकों में **विश्वास** करें, अथवा नहीं करें, लेकिन उन्हें **स्वीकार** करना लाजिमी है। अन्यथा **विश्लेषण** द्वारा तो उनकी निर्मम हत्या हो जाएगी। उनका तो निर्वचन (एक्सप्लेनेशन) एवं व्याख्या (इंटरप्रिटेशन) ही हो सकती है। इसलिए हमारी स्वीकारोक्ति का महासूत्र है—"वे हैं। वे थीं। वे सदैव रहेंगी।"

कुछ चुने दृष्टान्तों के लिए हम दक्षिण एशिया के सन्दर्भ लेते हैं।

सुमात्रा में प्राक्आदिम समय में ईश्वर के पास एक दिव्य नीली मुर्गी थी—मानुक मानुक। पत्नी के बजाय राजा को इससे तीन अंडे हुए जो क्रमशः पाताल-भू-स्वर्ग लोक बनाने वाले देवता हुए। बीच के भूलोक में अनन्त सागर था। देवता **बटारा गुरु** (भट्टार गुरु) की बेटी बोरू डेक परूदियार स्वर्ग से उतरकर नीचे आयी क्योंकि वह (वहाँ) अनचाहे देवता मंगलबुलान के प्रेम-प्रदर्शन को नापसन्द करती थी। जब बटारा गुरु को समुद्र में गर्क अपनी बेटी की दुर्दशा का पता एक अबाबील पक्षी द्वारा चला तो उन्होंने मुट्ठी भर मिट्टी के साथ उसे वापस भेजा। वह भारी समुद्र पर फैलती गयी, नाना भाँति के पशु आदि प्रकट होते गये तथा पृथ्वी उभर आयी। तब देवता गुरु ने अपना एक वीर अवतार भेजा जो पाताल के दैत्य पडोहा नाग से युद्ध कर सके। अवतार ने उसे पाताल में ही रहने को विवश कर दिया। अवतार व बेटी की शादी से मानवसृष्टि हुई।

पश्चिमी बोर्नियो की एक डायक कबीलाई मिथक के अनुसार आद्य युग में एक कुंडलीमारे जल-नाग के मुख में सब कुछ बन्द था। तब पाताल से स्वर्ण पर्वत तथा स्वर्ग के रत्नपर्वत उभरे। इन दोनों पर्वतों के बीच कई बार संघर्ष हुआ जिससे ब्रह्मांड बनता गया। पहले बादल, फिर स्वर्ग का चँदोवा, फिर पर्वत, फिर सूर्यचन्द्र, फिर गरुड़, फिर हा-ही-लंगित नामक महामत्स्य। फिर दो अति मानवीय दैत्य—स्वर्ण लार वाला रोवांग रीवो। तथा रत्न नयनों वाला दीदिस महेंदेरा। अन्ततः स्वर्ण मुकुट महाताल। यह सृष्टि का प्रथम युग था।

दूसरे युग में नदियाँ बनीं। दिव्य कुमार जटा (=जया) ने भूमि और पर्वत बनाये। जीवन का वृक्ष उगा जिसकी स्वर्ण पत्तियाँ तथा चाँदी के फल थे। यह वृक्ष पाताल से स्वर्ग तक को एकतान करता था।

तिमोर की काराबाउलो जनजाति की मिथक के अनुसार **आरम्भ** में केवल समुद्र था। मानव नहीं थे। भूमि के दो टुकड़े उभरे। वे ही तिमोर द्वीप बने। तब भूमि में एक विशाल योनि उभरी जिससे वर्तमान आबादी के पूर्वज पैदा हुए। पहले भू स्वामी एरिस्टोक्रेट, फिर आम लोक, फिर मजदूरी पाने वाले कर्मी। योनि से ऊपर निकलने के लिए उन्होंने एक वृक्ष-लता के सहारे रास्ता तय किया।

पशु-जनित : कूर्म (टरटल) एक लोकप्रिय संरूप है जो हिन्दू-मिथकों में अक्सर प्रकट होता है—कभी वह अपनी पीठ पर पृथ्वी को आधार देता हुआ, या कभी दो के बीच सन्तुलन करता हुआ [समुद्र मंथन-प्रसंग], या जीवनयात्रा में एक बुद्धिमान सलाहकारी तथा पथ-प्रदर्शन करता हुआ। **कम्बोडिया** के अंगकोरवाट मन्दिर के प्रसिद्ध 'क्षीरसागर मंथन' के रिलीफ में कच्छप मेरु पर्वत की मथानी की धरन बनता है। उसमें सागर मंथन से अमृत तथा अन्य वस्तुएँ प्राप्त होती हैं।

नागगण ड्रेगन-सर्प या नागसिंह अजीब प्राणी है जो सारे क्षेत्र में विज्ञात है। भारतीय मिथकों में वह विष्णु तथा शिव, दोनों के साहचर्य में हैं कम्बोडिया के अंगकोर-राजवंश तथा म्यांमार के मोन जनगण स्वयं को एक ब्राह्मण राजकुमार तथा एक नाग-राजकुमारी के संगम का प्रतिफल मानते हैं।...तेरहवीं शताब्दी के एक चीनी वृत्तान्त के अनुसार राजा से यह अपेक्षा होती थी कि वह एक ऊँची मीनार पर नाग-राजकुमारी के संग अपना पहला जगराता बिताये। यदि वह इसमें असफल हो तो साम्राज्य का

पतन होता था (क्योंकि यह दुर्भाग्य द्योतक था)।

वियतनामी जन भी अपने उद्‌भव की कथा यूँ बताते हैं : हुंग वंश के पूर्वज किन्ह दुओंग वुओंग के जल के ड्रेगन-स्वामी की बेटी से विवाह किया था। उनका बेटा लाक लोंग क्वान वियतनामी लोगों का पिता माना जाता है। वह कृषि, पाककला तथा सभ्यता के अन्य घटकों का उद्‌भावक भी माना जाता है।

बर्मा से लेकर **न्यू गिनी** तक सर्प तथा पक्षी की लड़ाई का बिम्ब बहुधा दृष्टिगोचर होता है। अनुमान है कि यह आकाश तथा धरती के तत्त्वों के सन्तुलन का प्रतीक है। भारतीय मिथक में गरुड़ पक्षी का विष्णु से, तथा सर्प का विष्णु और शिव दोनों से साहचर्य है। बर्मा में अध्यात्माओं (स्पिरिट्स) को **नट** कहा जाता है। अन्तिम ज्ञात नटों में शायद भाई-बहन हैं।

ईर्ष्यालु क्रोध के कारण राजा ने, नगातिन दे की हत्या कर दी थी। वह एक मजबूत तथा सुन्दर लुहार था। उसकी बहन राजा से ब्याही थी। जब उसने यह सुना तो चिता जलाकर जल मरी। उसे हत्यारे के साथ रहना मंजूर नहीं था। (उसे फुसलाकर ही अनजाने में उसके भाई को मृत्युजाल में फँसाया गया था)। अब उसके पति के पास पत्नी का सुनहला मुखड़ा ही बच रहा। इस तरह प्राचीन पगान शहर के **संरक्षक नटों** के रूप में भाई-बहन अंधिष्ठापित हो गये। नगा तिन दे को भेंट अर्पण करने से भवनों की आग से रक्षा होती है।

सघन वन क्षेत्रों में भेड़िया-मानवों तथा बाघ-मानवों का अपार भय होता है। इसलिए ऐसी कथाएँ प्रचलित हैं कि जंगलों में अकेली जाने वाली स्त्रियों पर उनकी रूह आ जाती हैं तथा वे उनसे विवाह रचाने को मजबूर होती हैं। **न्यूगिनी** में माना जाता है कि स्वर्गपक्षी को उसके पंख स्वर्ग की रूहों ने बख्शे थे, या वास्तव में स्वर्ग से बचकर उड़ आने को; क्योंकि वह इतना सुशोमन है तथा पृथ्वी का स्पर्श नहीं करता। इंदोनीसिया में मृतकों की आत्माएँ उन पक्षियों की आकृति ग्रहण कर लेती हैं जो अपने वंशजों की जमीनों पर से उड़ते हैं।

कालीमन्तान (बोर्नियो) के न्गाजू जनगण की मान्यता है कि ताम्बारीनान्ग ने जीवन के वृक्ष से उनकी सृष्टि की है। ताम्बारी नान्ग स्वर्ण-पर्वत का कठफोड़वा (हार्नबिल) पक्षी है। हार्नबिल पक्षी ने ही जलसर्प की रचना की है (तु. भारतीय गरुड़-सर्प का द्वन्द्व)। लेकिन सर्प और हार्नबिल पक्षिणी के बीच लड़ाई में नर-हार्नबिल सर्प का नाश कर डालता है। सर्प की आकृति तथा पक्षी आकृति के नौकाग्र से युक्त होकर (काल के प्रथम प्रभात में जीवनतरु से) डोंगी भी प्रकट होता है।

तीन फणों वाला नाग
अंगकोर शैली, कम्बोडिया

प्रकृति : धान की देवी तथा धान की आत्मा पर कई प्रकृति-मिथकें हैं। कालीमान्तान (बोर्नियो) के ही मोदान्ग जनगणों में एक पवित्र नृत्य किया जाता है जिसमें मुखौटाधारी नर्तक पूर्वजों का प्रतिनिधित्व करते हैं। ये पुरखे जंगलों से आकर गाँवों में प्रवेश करते हैं तथा साथ में धान की बालियाँ लिये होते हैं जो चावलों (धान के दानों) की आत्मा से युक्त होती हैं। उनके समायोजन से ही धान की फसल को दुआएँ मिलती हैं व उपज बढ़ती है।

प्रायः सभी समुदाओं में पूर्वजों का दैवीकरण किया गया। अनुजातीय-समूहों का उद्गम भी उन्हीं मिथकीय संरूपों में खोजा गया। पुरखे अद्धदैवी, या अतिमानवीय या कोई पशु-पक्षी हुआ करते थे।

2.5.3 मिथक में पशुकथा (फेबल) के मेल से सभ्य समाज के नियम तथा व्यवहार

मलाया के शिकारी-संग्रहाक चेवोंग जनों की कथा। बूजेगन येद शिकारी था। वह एक दिन अपना शिकार पक कर खा रहा था। कि उसने वृक्षतने का चैतन्य यिनलूगेन बुड को देखा जो मानवों से भी पुरातन था। उसने शिकारी को मांस-भोजन आपस में बाँटकर खाने की सलाह दी।...शिकारी घर गया और उसने अपनी पत्नी को मांस बाँटकर खाने को दिया। उस गर्भवती को बच्चा होने वाला था। अतः जंगली शिकारी एक चाकू लेकर उसका पेट चीरने लगा किन्तु बाँटने की प्रथा 'मारो' सीख चुके शिकारी से प्रसन्न, वृक्षचैतन्य 'यिनलूगेन बुड' ने प्रकट होकर शिशु का विधिवत् प्रसव सिखाया। उसने दम्पति को प्रसव के सभी गुर और प्रक्रियाएँ बताईं। यह भी सिखाया कि स्तनपान कैसे कराया जाए। तब से चेवोंगे जनों में हमेशा बाँटकर खाने की प्रथा प्रचलित हो गयी।

थाई देश लाओस तथा उत्तरी थाईदेश में मानव-समाज, व्यावहारिक कौशलों तथा संस्कृति का उद्गम तीन दैवी पूर्वजों 'थेन' तथा तीन इहलौकिक पूर्वजों अर्थात् तीन महा पुरुषों को दिया जाता है।

स्वर्ग में भूतल नहीं था। अतः निवासियों ने पाताल या धरती में जाने की प्रार्थना की। थेनों के राजा ने (तब) सूराख कराकर उन्हें धरती में रहने दिया। लोग पाताल से ऊपर आये। दूसरे निर्गत से निकलने वाले थाई जन थे। उन्हें तीन महापुरुषों ने खेतीबाड़ी और बुनकरी सिखाई (वस्तुतः दसवीं शती में चीन क्षेत्र से ही थाई जनों का आव्रजन हुआ था)। इसके बाद थेनों के सम्राट ने थेन टेंग भेजा जो विश्वकर्मा था, पित्सानुकुकन भेजा जो शिल्पी था। थेन टेंग ने थाइयों को कालगणना सिखाई कि कैसे खेतों, बागों, उद्यानों को उगाया-बढ़ाया जाए। पित्सानुकूकन ने उन्हें धातुकर्म के साथ औज़ार बनाने, कपास और रेशम बुनने की विधियाँ सिखाईं। वे वेशभूषा बनाने तथा भोजन पकाना सीख गये।

इसके बाद थेनों के सम्राट ने गन्धर्वों के स्वामी 'सिह-अन्ट' (श्रीकांत?)। को भेजा। उसने बड़े मंजीर, ढोल, बाँसुरी तथा वाद्यवृन्द के अन्य साजों को बजाना सिखाया, गाना और नाचना भी सिखाया।

बोर्नियों के इबान जनों की एक फेबल (पशुकथा) : सुरोंग गुंटिंग नामक एक आदमी अपने पितामह से मिलने चल पड़ा। पितामह की आत्मा का नाम सेंगालोंग बुरोंग था। रास्ते में उसने सितारों से कृषि-चक्र के बारे में सीखा। फिर उसके पितामह ने पक्षी-शकुनों के माध्यम से खेतीबाड़ी तथा (मानव) शिर-आखेट की शिक्षा दी। जब सुरोंग गुंटिग ने अपनी चाची (दारा चेम्पक तें पुरोंग) को ही गर्भवती कर दिया तब पितामह ने उसे अपने सामूहिक निवास से निष्कासित कर दिया और चेतावनी दी कि यह गम्भीर अपराध है—गोत्र-व्यक्तिचार है। तब वह पौत्र अपने सामूहिक निवास में लौट आया तथा इबान लोगों को तदनुसार शिक्षित किया।

2.5.4 कायान्तरण (मेटामार्फोसिस)

मलेशिया के मा बेतिसेक जनों में पुनर्जन्म पर विश्वास होने के कारण जीवन के सभी रूपों के अन्तसम्बन्धों पर भी विश्वास है। जब इतिहास के एक चरण में उनकी आबादी बहुत बढ़ गयी कि तबाही मच गयी, जमीन कम होती गयी तब ईश्वर ने उन जनों की सहमति से आधी आबादी को वृक्षों में तब्दील कर दिया। अधिक मूलस्थ जनों में यह प्रबल विश्वास है कि जीवन का कोई भी रूप अन्य में कायान्तरित हो सकता है। मलेशिया के चेवांग जनों का विश्वास है कि बच्चे फूलों में कायान्तरित हो जाते हैं (प्रह्लाद ध्रुवतारा में कायान्तरित हुआ ही था, अहल्या पत्थर बन गयी थी, किष्किन्धा का काला सर्प सप्त ताड़-वृक्ष में; आदि)। इसी तरह **बोर्नियो** के दयाक जनों का विश्वास रहा था कि विश्व की सभी वस्तुओं का स्रोत एक केवल एक है अथवा वे परस्पर एक-दूसरे से सम्बद्ध हैं। वे मानते हैं कि मानव, पशु और वनस्पति सभी का उद्भव एक ही चैतन्यता (स्पिरिट) से हुआ है। अतः वे अन्तःसम्बन्धित हैं। **फिलिपाइन** में मिंडानाओं के बागोबो जनों का विश्वास रहा कि एक समय में बन्दर हूबहू आदमियों की शक्ल के थे और वैसा ही व्यवहार करते थे। उनका वर्तमान स्वरूप तब बना जब ईश्वर द्वारा एक पृथक् प्रजाति के रूप में मानवों की रचना हुई। (ईश्वर का नाम 'पामलाक बागोबो' था)। वे यह भी मानते हैं कि कुछ लोग बन्दर में और कुछ बन्दर मानव में बदल सकते हैं।

[(तुलनीय : नारद की भाषा=क्रीड़ा : वे हरि→विष्णु→बन्दर) हो गये : इसकी मिथक : "नैषधचरित में"]

[पुनश्च तुलनीय : मेसो-अमेरिका में मक्की-देवता की तरह बाली द्वीप में भी धान-पति, धान-पत्नी, धान-देवी, धान-जननी की प्रतिमाओं की पूजा होती है।

मेसो-अमेरिका के इन्का-शिल्प में मक्की-देवता 'आब मुन' के सिर पर एक भुट्टे की कलगी लगी होती है।]

कायान्तरण के पीछे मिथकीय न्याय वैश्विक हैं। छाया नामक घोड़ी से प्राप्त सूर्यपुत्र अश्विनी कुमार अनुगत अश्वशिशु थे। इसी प्रकार उत्तरी एवं पूर्वी यूरोप में ये जुड़वाँ होते हैं (रोम के रोमुलस–रेमस)। वे मानवाकृत होते थे–नारियों को तीव्र यौनाकर्षण तथा प्रचंड जोश से आविष्ट करने वाले। वे चन्द्रमा से भी सम्बद्ध रहे। ग्रीक (चन्द्रिका देवी?) ऐक्टाओन के शिकारी कुत्ते मानव ही थे जो जादू द्वारा भेड़ियों में देहान्तरित हो गये थे। पूर्णिमा को छोटे भेड़िये या श्वान हो जाने वाले वे केवल चाँदी के बाणों से ही आहत होते थे, अन्यथा अमर्त्य थे।

2.5.5 लिजन्धर-मिथक-इतिहास का चक्र

सम्प्रति हम एक दो ऐसी मिथकें ले रहे हैं जिनके आदि स्रोत तो एक हैं परन्तु शताब्दियों तथा संस्कृतियों के अन्तराल की वजह से उनके आदि पाठ तथा (उत्तर पाठ में विस्मयकारी परिवर्तन हो गये हैं। ये उदाहरण कम्बोडियाई हरिहर बनाम हिन्दू–'हरिहर', तथा बाली (इंदोनीसियाई) और भारतीय 'रीति' की मिथकों के हैं [ऐसा ही बौद्ध मिथकों के चीनी रूपान्तर में कन्फूशियसवाद के, तथा जापानी संस्करण में शिन्तोवाद के सामंजस्य से भी हुआ है)]।

हिन्दू **हरिहर-मिथक** द्विलिंगी या उभयलिंगी (एनड्रोगाइनस) है अर्थात् इसके दक्षिण में शिव और वाम में विष्णु, संहार और स्थिति, मृत्यु और जीवन की द्वन्द्वात्मक एकता एवं संघर्ष की द्विपर्ण विरोधता है। जब राक्षस गुह, वरदान पाकर, शिव अथवा विष्णु से अलग-अलग पराजित नहीं हो सका, तब अन्ततः दोनों ने एकमेव होकर उसका मुकाबला किया। विष्णु शिव हो गये जब जीवन अपनी पराकाष्ठा तक पहुँच गया। शिव विष्णु हो गये जब उन्होंने विवेक और विश्रान्ति बख्शी। इस तरह दैवी श्रेयों ने आसुरी विद्रूपताओं को समाप्त किया।

कम्बोडिया के अंगकोरवाट के मन्दिर तथा बायोन की मूर्तियों में इनका अद्वितीय रूपान्तरण हो गया। वहाँ भी इस रूपान्तरण के लिए पचहत्तर स्वकीय वर्ष लगे। अब विष्णु के काल तथा शिव के महाकाल (अनन्तता) वाले मोक्ष के बजाय बौद्ध निर्वाण का दैवी-अभिप्राय केन्द्र में आ गया। अब राक्षस गुह अनुपस्थित हो गया। अब मिथक धर्म तथा इतिहास से एक साथ अनुस्यूत हो गयी। अब हम पाते हैं कि ख्मेर सम्राट सूर्यवर्मन द्वितीय स्वयं को विष्णु का अंशावतार घोषित करके 'देवराजा' तो हो ही जाते हैं, साथ ही अंगकोर वाट का विशाल विष्णु मन्दिर (सन् 1112) भी बनवाते हैं। इसके पश्चात् जयवर्मन-सप्तम (1181-1201) परम श्रद्धालु बौद्ध होने के नाते इसे बौद्ध संघाराम की तरह बना देते हैं। इस तरह अंगकोर वाट स्वयं में विष्णु और बुद्ध का समन्वय बन जाता है। इसकी अगली कड़ी अन्तेवासी बायोन की चतुर्मुख शिव-प्रतिमाओं में बदलती तथा जुड़ती है।

दूसरा उदाहरण बाली द्वीप की हिन्दू **रति के मिथकाभिप्राय** से सम्बद्ध है। बाली इंदोनीसिया का शेष एकल हिन्दू-द्वीप है। वहाँ प्रचंड अन्धविश्वासों का, भूत-प्रेतों में आस्था का माहौल भी छा-सा गया। वहाँ पितर-पूजा भी जीवितम् है। उनकी रति की अवधारणा में आसुरीवृत्तियों का भी समावेश है। वह एक विद्रूप गर्भवती देवी के रूप में, उर्वरता-देवी के रूप में अवधातृ हुई है जिसका लम्बोदर है तथा विशाल लटके-से स्तन हैं। यह परिकल्पना बाली की अतियथार्थवादी सौन्दर्यतात्विक प्रवृत्ति का लक्षण है। उसमें मातृपरक तथा सैक्सपरक वृत्तियों की विचित्र 'विडम्बना' ढल गयी है। सब कुछ स्थूल और असौम्य है, किंचित्, सौन्दर्य छायाओं के सिवाय। ऐसी मिथक-सन्द्रष्टि में हम भयाक्रान्त सम्मोहन, विकर्षक आकर्षण का द्वन्द्व पाते हैं। वस्तुतः इसमें विकरालता तथा विमुग्धता की एकता एवं संघर्ष का द्वन्द्व न्याय है।

तुलना में भारतीय मिथक की रति काम की पत्नी है। वह न तो गर्भवती है और न ही उर्वरता की देवी। वह आद्योपान्त यौन सुख की प्रतिमा है (जबकि काम कामना तथा प्रेम का अभिप्रेरक)। उसका अगला यौन-सुख-जनित प्रतिकर्म तृष्णा तथा अग्नि अर्थात् तृष्णाग्नि धधकाये रखता है। भारतीय रति और काम में मिथुन और दाम्पत्य है। इसके समानान्तर हम ग्रीक प्रेम देवी एफ्रोडाइट तथा उसके सम्भोगरूप पुत्र इरास को ले सकते हैं। (यद्यपि रति का पुत्र भी अनिरुद्ध कहा गया है। किन्तु यह बड़ी दूर की कौड़ी की तरह पौराणिक छल्लेबाजी है)। पूरे मिथक-व्यूह में उसे कामकला, कामप्रिया, राग लता, कलिकिला, शुभांगी आदि ही कहा गया है। ये प्रतिपाठ भी हमें उसे मात्र यौन सुखदात्री कान्ता ही रहने देते हैं। वह बाली द्वीप की रति भी नहीं है। वह तपस्वियों और पवित्रतावादियों से भी कोई सरोकार नहीं बनाती। कम से कम भारतीय तथा बालीय रति में यह एकात्मता तो है।

बाली की तरह एक अन्य ऐतिहासिक लिजन्धर जावा की रानी महेन्द्रकान्ता का है। वह अनिन्द्य सुन्दरी और शक्तिमती थी। लेकिन वज्रयानी जादू-टोनों को करने के कारण सम्राट धर्मोदय ने उसे निष्कासित कर दिया था। राजा की मृत्यु के बाद विधवा रानी ने राजा के पुत्र तथा उत्तराधिकारी इरलंग्गा को प्रताड़ित किया क्योंकि उसने पिता को दूसरी पत्नी करने को मना नहीं किया। उसने काले जादू से राज्य को ही नष्ट करने की कोशिश की। आधी आबादी प्लेग से खत्म हो गयी। तब एक पवित्र ओझा ने

उससे बड़े जादू द्वारा उसका अन्त किया। यह निजन्धर बाली द्वीप की तदनुकूल उपजाऊ मिथकीय भूमि में रांगड़ा (=विधवा) और डाकिनी रानी बन गयी।

क्या डाकिनी, शाकिनी, योगिनी, भूत-प्रेम मात्र बुरी अध्यात्माओं (स्पिरिट्स) एवं काले जादू के बीभत्स एवं भयानक रस हैं? वे मानव रक्त-मांस-कपाल में खाने वाले हैं। तो वे डाकिनियाँ काली की अनुगता, योगिनियाँ तथा शाकिनियाँ दुर्गा की अनुचर तथा भूत-प्रेत शिव के गण क्यों हुए? यह पौराणिक उलझन है जो दुर्गा से जुड़ने पर मिथक-संगत न होकर नर्क-अभिप्रेत है। इसकी तुलना में हज़ारी प्रसाद द्विवेदी के 'चारुचंद्रलेख' उपन्यास में रानी चन्द्रलेखा भी तान्त्रिक साधनाओं में अलौकिक लोकों तथा जादुई सिद्धियों का साक्षात्कार करती है। तदपि यह चन्द्रलेखा महेन्द्रदत्ता नहीं है। वह एक भावोत्तीर्ण एवं भोगोत्तर मिथकीय स्वप्नादर्श बना दी गयी है।

एक और बालीनीय मिथक लेते हैं जिसमें सृष्टिक्रम में इतिहास की एक त्रासदीय घटना भी गुँथी है। इसमें कई तरह की कई पर्तें हैं।

विश्व कच्छप की पीठ पर दो कुंडली मारे सर्प तथा एक काला पत्थर था जो पाताल का ढक्कन था। तब सूर्य चन्द्र नहीं थे। पाताल में देव **बटारा–काल** तथा देवी सेतसुयारा का शासन था। वह महानाग बासुकी का निवास भी था। काला ने प्रकाश और पृथ्वी की रचना की और उस पर जल की पर्त फैला दी। उसके ऊपर कई गुम्बद और आकाश के चँदोवे ताने। तैरते हुए आकाश के बीच में प्रेम देवता सेमारा (=स्मर) का सिंहासन है। ऊपर के नीले आकाश में सूर्य चन्द्र हैं। उससे ऊपर सुरभित आकाश है जो सुन्दर और सुगन्धित फूलों से भरा है (नन्दनकानन)। वहाँ त्जाक (मानवमुखी पक्षी) और सर्पराज तक्षक का आवास है जिसके पैर तथा पंख हैं। टूटते तारे भी 'अवान' सर्प हैं। उससे ऊपर ज्योतियों से परिपूर्ण पूर्वजों का स्वर्ग है। सबसे ऊपर देवलोक है जिस पर 'तिनतिया' महादेव का शासन है। जब 1250-1600 के बीच जावा मुस्लिमों के कब्जे में आ गया तब विक्षुब्ध हिन्दू देवते बाली के इन्हीं लोकों में आकर बस गये तथा चार कोनों पर पर्वतों को गढ़कर अपने पदों के अनुसार रहाइश कर लीं। मध्य में ज्वालामुखी गुनुंग-आगुंग बनाया जो विश्वनाभि कहलाता है।

अन्ततः सटीक इतिहास का लिजन्धर से मिथक हो जाने की एक और मिसा पूर्वोक्त इरलंगा की है। वह बाली का अकेला राजकुमार था और (बाद में) जावा का शासक भी। उसे गरुड़ पर आरुढ़ विष्णु का अवतार माना गया। सन् 991 में जन्मा इर लिंगा उन्नीस वर्ष की उम्र में जावा के राजदरबार में राजकुमारी से शादी करके युवराज हो गया। सन् 1006 में लगातार आक्रमणों से राज्य बिखर गया। आन्तरिक कलह और गृहयुद्ध भी फैल गया। युवराज भी जंगलों, पर्वतों, आश्रमों में भटकता रहा। तीस साल बाद वह राष्ट्रीय एकता कायम कर सका। इस प्रकार इर लंगा का उद्देश्य फलीभूत हो गया। राज्य को दो भागों में बाँटकर वह सन्

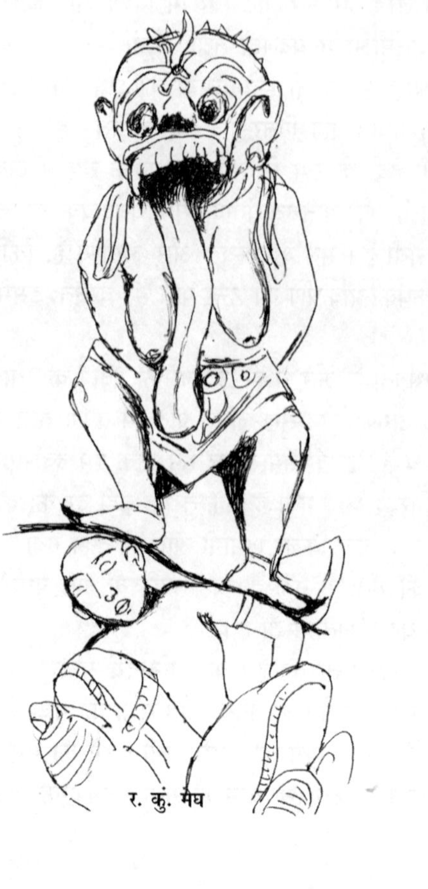

र. कुं. मेघ

जावा-बाली में डाकिनी रानी रांगड़ा (महेन्द्रदत्ता) को जादू-टोना करने पर राजा धर्मोदयन ने निष्कासित कर दिया था। [बाली के मुखौटा-नृत्य से]।

दक्षिणपूर्व एशिया : राजशाहियों का युग
1, 2, 3, 4
बर्मा
पागान
चीन
पेगू
थाई देश
हुए
कम्बोडिया
जाम्बी
पालेमबांग
बोरोबुदुर
बाली
9th – early 11th century
10th – 13th century
late 11th – 13th century

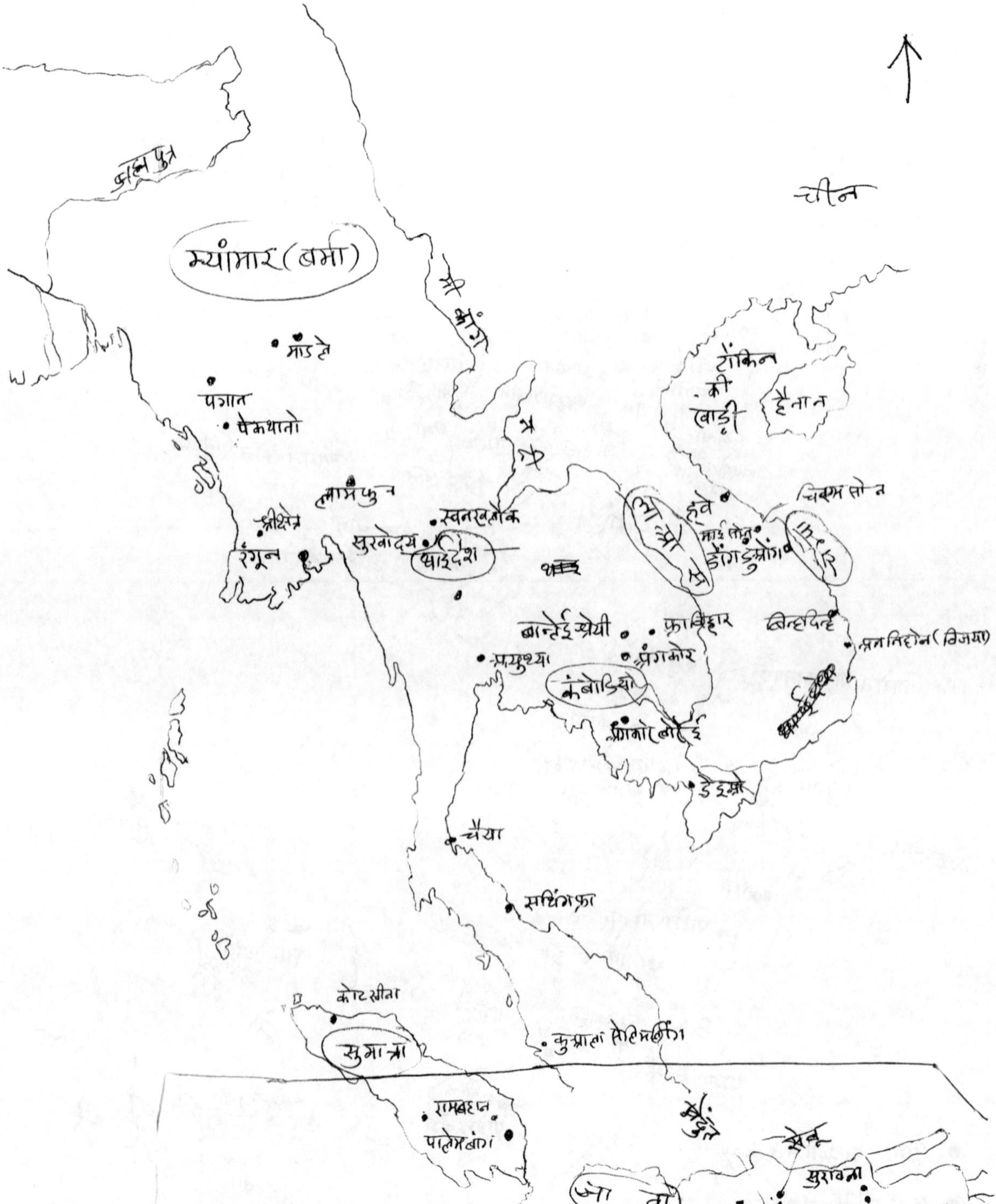
ब्रह्मपुत्र
म्यांमार (बर्मा)
चीन
टोंकिन की खाड़ी
हैनान
पगान
श्रीक्षेत्र
रंगून
सुखोदय
कंबोडिया
चैया
सथिंगफ्रा
कोटसीना
सुमात्रा
पालेमबांग
जावा
प्राम्बानान
बोरोबुदुर

1051 में दिवंगत हो गया। बाद में उसे भी ख्मेर के वर्मन देवराजा की तरह विष्णु का अवतार माना गया। कबोडिया के राजा स्वयं को विष्णु का अवतार मानते ही थे।

इसी तरह बोर्नियो की एक मातृदेवी कुमांग ने आदिवासियों के बीच मनुष्य के सिरों को काटकर शिकार की बर्बर-प्रथा को समाप्त कराकर पुरखों तथा देवताओं के उत्सव 'गवाई' को प्रचलित किया था।

सारांशीकरण के शीर्ष बिन्दु में हम जावा-बाली क्षेत्र के एक अभिनव आयाम को रेखांकित करते हैं।

जावा-बाली के हिन्दू-अतीत से संस्कारित क्षेत्रों में **मिथकों का नाट्याभिनय** होता है। बाली में मुखौटाधारी नर्तक 'रामायण' तथा 'महाभारत' की चुनी हुई कथाओं का नृत्याभिनय करते हैं। इसके अलावा अपने अच्छे दैत्य सम्राट बारोंग तथा चुड़ैलों की बुरी रानी रांगड़ा के बीच संघर्ष भी प्रस्तुत करते हैं (रांगड़ा लगभग नग्न चित्रित एवं अभिनीत होती है)। ख़ास बात यह भी है कि उन प्रस्तुतियों में हिन्दू-बौद्ध तथा आदिवासियों की धारणाओं की परस्पर लीनता है। वेशभूषा पर किंचित् इस्लामी असर भी है। ये 'कर्मकांडी नृत्य' भी है।

(क) **समय-सारणी** : दक्षिण एशिया में हिन्दू-युग

	कम्बोडिया	**थाई**	**वियतनाम**
ई.प. 1	मानसून-हवाओं के अनुसन्धान से भारत महासागर, लाल सागर, दक्षिण सागर से व्यापार वृद्धि		
ई.प. 254	फूनाम में प्रथम राज्य की स्थापना।		
ई.प. 800	ख्मेर राजशाही		
ई.प. 802	जयवर्मन-II द्वारा अंगकोर राजशाही की स्थापना		
ई.प. 1150	अंगकोर वाट का निर्माण		
ई.प. 1180	अंगकोर वाट उन्नति के शिखर पर		
ई.प. 1200	अंगकोर थोम में बायोन मन्दिर		
ई.प. 1100-1200	श्रीलंका से म्यांमार होते हुए थेरवादी बौद्धधर्म की कंपूचिआ तथा लाओस में पहुँच		
ई.प. 1220		प्रथम थाई राजशाही	
ई.प. 1394		थाई का कम्बोडिया पर हमला राजधानी फोनोम-पेन्ह से हटकर आयी	
ई.प. 1471			वियतनामियों का चाम्पा पर अधिकार
ई.प. 1585		फ्रानाराई द्वारा स्वतन्त्र स्याम की स्थापना	

(ख) समय-सारणी : हिन्दू-जावायी युग

	जावा	**बाली**	**सुमात्रा**	**अन्य द्वीप**
ई.प. 100	हिन्दू उपनिवेशों की स्थापना का आरम्भ			बोर्निओ की हिन्दू राजशाही
ई.प. 300	मलेशिया में हिन्दू राजशाही की स्थापना			
ई.प. 600			मल (ा)यु की राजशाही श्रीविजय की राजशाही पालेम्बांग : बौद्ध विद्या का केन्द्र	

	जावा	बाली	सुमात्रा	अन्य द्वीप
ई.प. 700	शैलेन्द्र राजवंश (778) महायान बौद्धमत	बौद्धधर्म के प्रथम चिह्न	श्रीविजय जावा का प्रोटेक्टेरेज होकर; सत्ता सुमात्रा में स्थानान्तरित हो गयी।	
ई.प. 800	मातारम राजवंश (864) बोरोबुदूर में बौद्ध मन्दिर की स्थापना			
ई.प. 900 पूर्वीय जावायुग	मपू सिन्दोक (928-950)	तीर्त अम्पुल राजा उदयन पूर्वी जावा की राज कुमारी महेन्द्रदत्ता। पुनः इरलिंगा	शैलेन्द्रराजे सुमात्रा और मलय के शासक	माताराम द्वारा श्रीविजय पर आक्रमश (992)
ई.प. 100	श्रीविजय का हमला (1000) इरलिंगा (1010-1049)	बाली पर जावा का सांस्कृतिक प्रभाव; क्लासिक युग का का समारम्भ	सुमात्रा के शैलेन्द्रों का जावा पर हमला श्रीविजय-शक्ति का ह्रास	
	केदरी राजवंश (1045-1222)			
ई.प. 1070	शैलेन्द्रवंश द्वारा श्री विजय राजशाही की स्थापना			
ई.प. 1100				
	साहित्य का उन्नयन : काकाविन रामायन काकाविन भारतयुद्ध (मपू सेदाह और एम्पू पानुलाह (1157)			
ई.प. 1200		केर्तांगारा (1284) द्वारा बाली की स्वतन्त्रता का हरण	मलय द्वारा जावा की प्रभुसत्ता की स्वीकृति इस्लामी युग का आरम्भ	
	मजापहित राजवंश (1294-1520)		समुद्र : प्रथम इस्लामी राज्य	
ई.प. 1300	राजेन विजय (कर्त्तराजस 1294-1309) बाली में जावा के उपनिवेश की स्थापना (1343)	गज मद द्वारा विजय		अधिकांश आर्किपेलागो मजापहित के अधीन
ई.प. 1350	मजापहित साम्राज्य का स्वर्णयुग			
ई.प. 1400	मजापहित का अवसान इस्लाम में धर्मान्तरण शुरू मालिक इब्राहीम (1419)	बाली संस्कृति का स्वाधीन उत्थान	मल्लका की मुस्लिम राजशाही	
ई.प. 1500	देमाक की सुल्तानशाही (रादन पातह) पुर्तगाली द्वारा मलक्का फतह (1511) हिन्दू जावा-युग का अन्त (C. 1520)		पुर्तगाली द्वारा मलका-विजय (1511)	मोलुक्का का पुर्तगालियों द्वारा ईसाईकरण

	जावा	बाली	सुमात्रा	अन्य द्वीप
	इस्लामी-काल का आरम्भ पश्चिमी जावा का वली-राजवंश जकार्ता की संस्थापना पजाजरन की हिन्दू राजशाही का अवसान माताराम की इस्लामी राजशाही			
ई.प. 1600	डच ईस्ट इंडिया कम्पनी की स्थापना (1602) जकार्ता की बर्बादी बाटविया का निर्माण		अजेह का इस्कंदर मूदा (1607-1636)	दक्षिणी सेलेबेल का इस्लाम में धर्मान्तरण
	डच ईस्ट इंडिया कम्पनी का वर्चस्व शुरू	गेलगेल की राजशाही का अवसान	ई.इ. कम्पनी मलक्का जीतती है	
	माताराम का सुलतान आगुंग (1613-1645) ई.इ. कम्पनी से टकराव		आजेह की सत्ता का ह्रास	ई.इ. कम्पनी सेलेबेस पर कब्जा करती है
	अलंकारी कलाएँ, संगीत, नृत्य का प्रसुमन मेना (हम्ज़ा) रोमांस वली-शाही खानदान का अन्त (पूर्वी जावा)		मलय भाषा इंदोनीसिया की राजभाषा	
ई.प. 1800	जावा-युद्ध (1825-30)			

समुद्रायनी (ओशेनिया) हमारी भूमंडलीय गणेश-परिक्रमा का अन्तिम पड़ाव है। इस क्षेत्र का फैलाव पेसिफिक महासागर में विस्तृत द्वीपांचलों के रूप में है। इसकी पहली पट्टी में पोलीनेसिया, मेलानेसिया तथा माइक्रोनेसिया के साथ आस्ट्रेलिया है। एक कड़ी न्यूजीलैंड, हवाई तथा ईस्टर द्वीप की है। पल्लू के छोर-जैसे छोटे-छोटे द्वीप-पुंजों के बंधेज हैंः—सामोआ, ताहिती, टोन्गा तथा टुआमोरू।

नृतत्त्ववैज्ञानिकों, पुरावैज्ञानिकों, लोकतत्ववेत्ताओं, मनोवैज्ञानिकों के अनुमानों एवं प्रमाणों के अनुसार तो समुद्रायनी के पेसिफिक महासागर वाला नौकायन तो मेसोपोटामिआ, ईजिप्ट, चीन, भारत, ग्रीस और पेरू की प्राचीन सभ्यताओं से भी पहले पहुँचा देता है। आस्ट्रेलिया के शैल चित्रांकन का समय 45000 वर्ष पूर्व तथा विश्व का प्रथम शव-संस्कार 26000 वर्ष पूर्व माना जाता है, दक्षिण आस्ट्रेलिया में। पोलिनेसियाई जन तो प्रथम महानाविक थे। वे सामोआ और टोन्गो में दस हजार साल पहले बस गये थे। परन्तु इसके पहले पच्चीस शताब्दियों तक पूर्वी पोलीनेसिया, ताहिती, ईस्टर, हवाई, न्यूजीलैंड, कुक्स आदि तक यात्राएँ करते थे। उनकी मिथकें भी इन यथार्थ महासिन्धु-यात्राओं को प्रतिबिम्बित करती हैं। हाँ उनके ऊपर अध्यात्माओं (स्पिरिट्स) की यात्राओं का भी झीना आवरण पड़ गया है। उनके **रूपे** तथा **मोई** जैसे यथार्थ नायक भी अर्द्धदेवता या पूर्वज (आत्मरूप) बन गये हैं। ये नाविक अपनी यात्राओं की कथाओं पर कथाएँ बुनते जाते थे (अरबी 'अलिफ लैला' की हजार रातों की तरह)। हम मिथकचक्र के साथ अन्तर्भुक्त करते हुए इन्हें **वृत्तांतीय चक्र** कह लेते हैं। ये कहानी कहाउओं तथा शामन-ओझाओं के तोहफ़े हैं। इसलिए इनमें लोककथाएँ और नाविकों की पशु- कथाएँ भी घुलमिल गयी हैं। शैलचित्रों के बाद मिथक के सहज उद्‌भव की धुँधली-प्रक्रिया की झलक भी यहाँ पायी जा सकती है।

इसी अनुमति के तहत लोककथाएँ, पशुकथाएँ, शामनी (इल्हामी) अनुष्ठान-सूक्ति उछलकर मिथक बनती आती हैं। शायद ऐसे अंकुरण की अवस्था पर आर्थर कोटरेल ने कहा है कि समुद्रायनी में 'मिथकयान (कथावृत्तों के बजाय-यह मेरा संलग्नक) और आर्केटाइपल प्रतीकों की अन्तर्भुक्ति है और यह हमारे अज्ञात चितिमय जीवन को दैनिक ज़िन्दगानी में ले आया था।' पोलीनेसिया के महानाविकों से भिन्न मेलानेसिया में शामनों (ओझाओं) द्वारा आह्वानित अध्यात्माओं तथा चालबाजों (ट्रिकस्टर) का बोलबाला मिलता है। अनेक कबीलों तथा मततन्त्रों के असर से यहाँ जादू तथा टोना (सॉर्सरी) कथाशिल्प गढ़ते हैं। यह एक वैश्विक वृत्ति भी है।

नतीजतन इस क्षेत्र में अध्यात्माओं तथा पूर्वजों की पूजा के साथ उनके टोटमो (पूजित चिह्न/वस्तु) के जादुईपन तथा देवत्व का घालमेल हुआ है। फलागम यह हुआ—और अद्वितीय हुआ कि समुद्रयानी में आकाश तो है लेकिन स्वर्गाकाश नहीं। अधिकतर भूलोक तथा पाताल-लोक के बीच ही आदिमूलस्थ जन का मानस क्रियमाण रहा है। सो, यहाँ देवी-देवते अगर हैं तो वे पवित्र एवं दिव्य के बजाय पूर्वज, या ओझा, या वैद्य, या चालबाज से तादात्म्य करते चलते हैं। अतएव अति आदिम मानव में **देवत्व की** अवधारणा परवर्ती चरण का उत्थान प्रतीत होती हैं।

निष्कर्ष तो यह निकालना चाहिए कि आदिमूलस्थ (अबॉर्जिनल) मनुष्य की आदिमूल स्मृति-श्रुति को उद्घाटित करने वाले समुद्रायनी के संसार में 'मिथकी मानस' का पूर्ववर्ती भी **आदिमूललोक-मानस** रहा था, और 'मिथकीय समय' से भी पहले **स्वप्न समय** की अवधारणा आस्ट्रेलिया में सार्वत्रिक है : आरम्भ में पृथ्वी में अँधेरा छाया था। जीवन सतल के नीचे मौजूद था, सुषुप्त। स्वप्नलीन दुनिया में, पुरखों ने धरती की पर्त्त को चटका दिया जिससे भूमि के ऊपर सूर्य उछल आया। तब उन पुरखों ने धरती की यात्रा की और उसका निर्माण शुरू किया। उन्होंने पर्वत बनाये तथा भूचित्र के अन्य स्वरूप। अन्ततः जब वे इस कार्यवाही से थक गये, तब ये मिथकीय पुरखे पुनः धरती में समा गये और चिरन्तन निद्रा में निमग्न हो गये। वे कभी भी मरे नहीं। वे प्रकृति में लीन हो गये। वे पवित्र विश्वासों तथा कर्मकांडों में रहने लगे। उनमें से कुछ की आत्माएँ चट्टानों, वृक्षों, तथा अन्य पवित्र-स्थलों में बदल गयीं। वे ही आज आस्ट्रेलिया का भौतिक भूगोल हैं।

अतएव स्वप्न-समय केवल अतीत का कोई समय नहीं है—यह 'चिरन्तन वर्तमान' है जहाँ पवित्र कर्मकांडों द्वारा पहुँचा जा सकता है—स्वप्नलीनता तथा पवित्र भूचित्र से। ये मानवता के बचपन से पहले विकसित होने वाली अवस्थाओं की गोधूलियाँ हैं। यही सारांश है।

उपर्युक्त कारणों से इनकी सृष्टि-कथाएँ भी विलक्षण हैं। यद्यपि प्राचीन मिथकयानों में अनेक विश्वों तथा सृष्टियों की, अनेक पातालों की संरचनाएँ मिलना वैश्विक रुझान है तथापि यहाँ विश्ववृक्ष, जीवनजल तथा विश्वबिम्ब पर आग्रह है।...

समुद्रायनी में एक और करिश्मा है। यह मिथकेतर और शिल्प-क्षेत्र वाला है। उसके **ईस्टर द्वीप** में आठ सौ सत्तासी महाभीमकाय मूर्तियाँ हैं। वे आजानु (टोर्सो) हैं। लगभग प्रत्येक बयासी टन वज़नी और सवा बत्तीस फीट (दस मीटर) ऊँची ज्वालामुखी वाले लावा राख-पत्थर से निर्मित हैं। इनका रेडियो कार्बन पद्धति द्वारा पुरातन काल ई. पू. 1100-1680 के बीच है। माना जाता है कि ये प्रेत-मानव **मोआई** की अनुष्ठानिक मूर्तियाँ हैं। सभी आजानु हैं (घुटने धरती पर मुड़े हैं) तथा सभी के अनुपात-विपरीत हाथ पेट पर धरे हुए हैं।

तदपि इन्हें क्यों, किसने कैसे निर्मित किया, यह अभी तक **रहस्य** बना हुआ है। मिथकीय मानस रहस्य को **चमत्कार** मान लेता है। ये तो आधुनिक मानस के लिए भी चमत्कार बने हुए हैं। ईस्टर के मिथकमंडल में पक्षी-मानव टंगाटा मानू का मततन्त्र ज्यादा प्रचलित रहा था। ये मूर्तियाँ मोआई-कावा-कावा अर्थात् पवित्र पारिवारिक गुफाओं के अभिभावकों की बताई जाती हैं।

इसके अलावा ईस्टर में करीब चार हज़ार 'पेट्रोग्लाइफ्स' (चट्टानों में खुदी चित्र रचनाएँ) भी हैं। पोलिनेसिया की यह भी एक अमीर विरासत है। इनके प्रयोजन टोटेम पैदा करना, किसी घटना अथवा इंसान को याद रखना तथा पक्षी-मानव को अनुष्ठानित करना, आदि रहे थे।

इस समावेशी अंचल में पोलीनेसिया का चालबाज **मोआई,** मेलानेसिया की अलौकिक शक्ति **मामा,** माइक्रोनेसिया का दैवी पूर्वज **आनी** तथा आस्ट्रेलिया का **अलचेरा** (स्वप्न-समय) प्रमुख मिथकीय चक्रचिह्न हैं। तदपि चालबाज मोआई सर्वाधिक लोकप्रिय है। (नारदमुनि जैसा)।

[इस क्षेत्र के पशु-पक्षी भी विचित्र हैं—पंखहीन पक्षी कीवी, पेट की थैली में बच्चे पालने वाला कंगारू, अंडा देने वाला पशु एमू, छोटा रीछ क्वाला, आदि]।

'थीमों' की प्रवृत्ति : अधिकतर मिथकीय थीमें वास्तव में प्रधान मिथक-चक्रों में सन्निहित हैं। ये अधिकांश द्वीपसमूहों में पाये जाते हैं यथा ईश्वरों से अवरोहण (धरती पर आना), जन्म-प्रजनन और मृत्यु से सम्बद्ध उन अनुग्रहों को पूरा करना (जो ईश्वर के प्रति हैं), रूह की यात्रा, पारंगति के अनुष्ठान भी जो बाढ़, अकाल तथा युद्ध से सम्बद्ध हैं।...

प्रधान देवताओं की मौजूदगी हमेशा ही एक आह्लादोन्मादक अनुभव रहा है। कतिपय जड़ी-बूटियों को खाने से, सोम रस पीने से या हरा कावा पीने से वशीभूततादशा छाने लगती है। इसके संग-संग देवता भी तो नीचे उतर आते हैं अगर कलात्मक श्रेष्ठता वाले महोत्सव हों : खास तौर पर नृत्य तथा संगीत के आयोजनों में। अधिकांश पोलीनेसिया में प्रमुख ऐकल नृत्यकर्ता युवानारियाँ होती थीं। बहुपतिप्रथावाली मार्क्विसन लुगाइयाँ एक छैलछबीला नौजवान पसन्द करती थीं जो श्रीकृष्ण की तरह कोई रासमंडल रचाएँ। मुखौटे तथा अन्य सहवस्तुएँ (प्राप्स) देवताओं का अभिनय करने में इस्तेमाल होती थीं। आधुनिक काल तक में कुक द्वीपसमूह के मैन्गाइया में पंखों से युक्त पूर्वज-रूह टान्गीआ सार्वजनिक उत्सवों में प्रतिभागी होती थी।

घटनाओं तथा देवताओं के अंकन के लिए मुखौटे इस्तेमाल होते थे। न्यू ब्रिटेन की गाजेली पेनिनसुला के माली-बाईनिंग

जन अपने मान्डा उत्सवों में प्राक् आदिम युगों की घटनाओं का प्रतिनिधित्व करते थे। सृष्टि-कला का वृन्दगान स्त्रियाँ करती थीं जबकि अस्सी **मुखौटे** समुद्र के उद्भव की, धरती के उद्गम की, जंगलों तथा विभिन्न पौधों के जन्म की, हवाओं, पशुओं-पक्षियों के जन्म की तथा सर्वान्त में, प्रथम मानवों के आरम्भ की कथाओं का अभिनय करते थे। समुद्र के उद्भव का प्रतिनिधित्व करने वाला मुखौटा एक देवता के बजाय चक्रवात् को प्रतीकायित करता था।

मुखौटों की भाँति **काष्ठ** में उत्कीर्णता भी ओशेनिया क्षेत्र की महान् मिथकीय कला थी।

*__उर्वरता :__ उर्वरता तथा युद्ध के देवगण बहुधा सम्बद्ध थे। शिर-आखेटक समाजों में सिर को शक्ति का स्रोत माना जाता था। अनेक ओशेनियाई मिथकें बताती हैं कि सिर और देह अर्थात् मुण्ड और रुण्ड दफ़नाए गये और उनसे नारियल, ईख तथा कावा जैसे मूल्यवान पौधे फूट निकले। युद्ध एवं उर्वरता के नर-देवताओं और पवित्र राजाओं के प्रधर्म एक समान थे।

*सागर द्वीपसमूह का तागालोआ एक सागर-देवता है— सामोआ और टोंगा का। शायद वह पश्चिमी पोलोनेसिया में बाद में आया और नौका निर्माताओं का देवता हो गया। एक समुद्री देवता के रूप में वह शीघ्र ही पूर्वीद्वीपों तथा न्यूजीलैंड पहुँच गया। सोसाइटी द्वीप समूह में वह **ता'आरोआ** हो गया। शायद उसने सर्जक देवता आटिआ की भूमिका हथिया ली तथा एक भयंकर सम्प्रदाय का अधिष्ठाता हो गया। अगली बारी में ओरों देवता ने उसे स्थानापन्न कर दिया। उसकी प्रसिद्धि हवाई द्वीप में पहुँची और वहाँ पर वह कानालोआ बनकर एक छोटी भूमिका निभाने लगा। प्रतिपक्ष में फिर वह मानु'आ तथा पश्चिम में पहुँचा, और एक शक्तिशाली आकाश-देवता बन बैठा (समुद्र देवता के बजाय)। बाद में एक शाही पूर्वज भी हो गया। कभी-कभी वह नरभक्षक शार्क मछली के रूप में भी चीन्हा गया। कभी वह सामोआ में चट्टानें नीचे फेंककर द्वीप बनाता था और कहाँ अब नरभक्षी शार्क मछली बन बैठा।

इसी तरह कई संख्यावाची मिथकों में पक्षियों और मछलियों, मछलियों और चींटियों, या पक्षियों की विभिन्न प्रजातियों के बीच लड़ाई कही गयी हैं। लगता तो यही है कि ये लड़ाइयाँ विभिन्न टोटमीय समूहों के बीच लड़ी गयी होंगी। यह भी हो सकता है कि ये संग्राम शमनों के विभिन्न प्रतिस्पर्धी गुटों के बीच हुए हों और ज़रूरी नहीं है कि ये भौतिक रहे हों।

यद्यपि कई समुद्री देवता पशु या सरीसृप (रेप्टाइल) रूपों में प्रकट हुए तदपि अधिकतया वे नृरूपात्मक (एंथ्रोपोमार्फिक) ही थे।

× × ×

तो **सृषि**-मिथकों से कौतुकी शुरुआत की जाए।

माओरी-वृत्त में आकाश **रांगी** ने धरती **पापा** का इतना फौलादी आलिंगन किया कि उनके अनेकानेक गर्भस्थ शिशु बाहर नहीं निकल पा रहे थे। शिशुओं ने आपस में सलाह-मशविरा किया। तब ताने महूता की राय से उन दोनों को मार डालने की अपेक्षा बलपूर्वक पृथक् कर दिया गया। यह भी फैसला किया गया स्वर्गाकाश हमारे ऊपर तथा धरती हमारे नजदीक धातृमाता की तरह रहेगी। इसका विरोध तूफान देव ताहिरी-मा-तिया ने करते हुए झंझावात, वात्याचक्र, प्रलय-मेघ, विद्युत्-गर्जन आदि फैला दिये। अन्ततः वहाँ के जनों ने तूफान-देव को भोजन बनाकर खा लिया। किन्तु उनकी लम्बी लड़ाई से क्षेत्र की जमीन का क्षरण हुआ।

इसके विपरीत धातृमाता धरती **पापा** देवताओं की जननी तथा पाताल-देवी थी। उससे मर्त्यमान पुरखा वाकीआ सरदार बना। उससे हवाई-वंश परम्परा शुरू हुई। उसने पापा से विवाह कर लिया। किन्तु वाकीआ अपनी बेटी से ही गोत्र-व्यभिचार करने लगा। इससे क्रुद्ध पापा ने उससे रिश्ता तोड़ लिया। पिता से जो पहली सन्तान जन्मी वह फेंक दी गयी। वह एक पौधे में बदल गया। नाम : हा-लोआ। इस तरह वनस्पति की प्रचुरता इंसानों से असम्बद्ध होती गयी (न कि कृषि)। इस तरह पारिवारिक नातेदारी-रिश्तेदारी की पंक्तियाँ तय की गयीं। पापा सर्जना-देवी, पातालदेवी तथा धात्री धरती-माता के रूप में अधिष्ठापित हुई। ...इस कथा के एक रूपायन में आकाश रांगी का नाम अरेआ था जिसने फा-होतू से शादी की। किन्तु उनके नवजात मरते चले गये। इसलिए उन्होंने अपने लिंग बदल लिए—अरेआ नारी तथा फा-होतू पुरुष हो गया। अतः आकाश पितृ-मातृ हो गया। मौजूदा विषय-क्रम में **हिना और तूना** की मिथक प्रासंगिक होगी।

हिना और तूना : ऊँचे कुल की हिना या सिना एक संरक्षित कौमार्यवती (वर्जिन) थी जो सामोआ में रहती थी। शायद वह महिला वर्जिन मानुआ की सर्वोच्च मुखिया थी। एक देवता विद्युत ईल मछली का रूप धारण करके सामोआ पहुँचा और उसके स्नान-सरोवर में उसकी योनि में आ बसा। जब हिना गर्भवती हो गयी तो हरेक जानना चाहता था कि उसका आदमी कौन है। "वह ईल है चमचमाता ईल!" उसके संरक्षकों ने तालाब को छान मारा, ईल को बाहर निकाल लिया तथा उसके टुकड़े-टुकड़े कर डाले। आर्कटिक-वृत्त की एक मिथक में भी सेडना के अंगों के भी टुकड़े-टुकड़े कर डाले गये जो समुद्र में मछलियाँ, ह्वेल, सील बन गये। हिना ने माँग की कि उसके सिर को उचित ढंग से दफनाया जाए। पाँच रातों के बाद सिर एक नारियल वृक्ष में अंकुरित हो उठा जिसने उसके शिशु को तेल तथा शरण प्रदान की।

ताहितीयों व तुआमोतुआई ने इसे चालबाज माउई के कथाचक्र में निगमित कर लिया। तुआमोतुआई-संस्करण ब्रह्मा-सरस्वती में हिना टिकी की पुत्री-पत्नी थी। जब हिना टिकी को पुनरुज्जीवित नहीं कर सकी तो उसने संसार में मृत्यु का अनुप्रवेश करा दिया। तब उसने शाश्वत जल के तूना को अपना प्रेमी स्वीकार कर लिया। जब वह तूना से ऊब उठी तब उसके सभी होने वाले प्रतीक्षारत प्रेमी तूना से डरने लगे जब तक कि माउई ने लड़ाई करके उसे मार नहीं डाला। वह एक महायुद्ध था। माउई ने सिर काट लिया जिसे उसकी माँ ने भूमि में रोप दिया और वह एक नारियल वृक्ष बन गया। ताहितीय लोग कहते हैं कि हिना ने सर को एक झरने के पास छोड़ दिया था। तब वह नहा रही थी। बस, तत्क्षण ही वह अंकुरित हो उठा।

'आरिओई' समाज की मिथक : 'ओरों' तथा उच्चकुलीन बोराबोरा का मिलाप दो जातियों की एकता थी। ओरो के भाई या पुत्रगण सुअरों में बदल गये थे। वे अवध्य थे तथा समाज के संरक्षक के रूप में पूजे जाते थे।...सम्भवतः उनके कायान्तरण का सम्पूर्ण प्रयोजन वैराऊ माती को मानबलि देना था। इस विचार को माही से बल मिला जो चाहता था कि एक सूअर उसका बेलन बने ताकि वह अपनी डोंगी संचालित कर सके : यह मानवबलि का एक कर्म था। शायद ओरो की बलि की याद में नवजात की बलि आवश्यक तो नहीं किन्तु वांछनीय रही होगी। (कथा : महान् देवता ओरो ने अपनी पत्नी का तिरस्कार कर दिया जो बालुका-राशि बन गयी।)

तब किसी तरह से बोराबोरा में उन्हें सुन्दरी वैराऊ माती मिली जिसने सफेद तथा बैंगनी वस्त्रों का आवरण ढाँक रखा था। जब उन्होंने उसके आवरण की तहों को उघाड़ा तब वे उसकी सुन्दरता से उसी प्रकार सिमटते गये जैसे विद्युत से अँधेरा। उसका मुखमंडल चन्द्र ज्वार-तरंगों की तरह ज्योत्स्ना-पूर्ण तथा उसके नयन नीलाकाश जैसे थे।...

ओरो की बहनों ने दया करके स्वर्ग में उसे खबर दी कि वाइआ ताहा में उसकी दुल्हन मिल गयी है। वह उड़कर वहाँ पहुँच गया। दोनों ने तीन दिन-तीन रात तक प्रलयलीलाएँ कीं। किन्तु उसके पास दुल्हन को उपहार देने को कुछ नहीं था। तब उसने बहनों के भाइयों में से एक को सूअर में तथा दूसरे को आरी में बदल कर पत्नी को भेंट करने का फैसला किया। जिस रात वे संगम कर रहे थे दो सूअर निर्मित हुए। उनसे पाँच नन्हे सूअर जन्मे जिन्हें पुरोहित ने ओरो को भेंट चढ़ा दिये। ओरो वराह-स्वामी बन बैठा। ओरो एक महल की तलाश में था। सो उसने माही को ताहिती भेजा।...माही ने लोगों को कई उपहार दिये।

समुद्री देवते : अनेक द्वीपों के कबीलाई देवते पर्वतों, घाटियों तथा द्वीपों से अलग-अलग हो गये थे। तदपि पोलीनेसिया में ऊँचे देवतों तथा माइक्रोनेसिया में अध्यात्माओं का दबदबा था। प्रत्येक समूह के अपने-अपने देवमंडल थे—विशेषतः टोन्गो, ताहिती तथा हवाई में। अधिकांश देवताओं की मानवीय या नृरूपिम आकृतियाँ थीं। इससे यह भी निर्दिष्ट होता है कि उस समाज में बहु-कबीलाई विविधता एवं विभेदकता थी। इसे रेखांकित किया जाना चाहिए।

मौई पोलीनेसियाई संस्कृति का अधिनेता तथा चालबाज नायक भी था। उसकी मिथक का व्यापक प्रसार न्यूजीलैंड से हवाई द्वीप तक है। उसकी माता ने उसे समुद्र में फेंक दिया था किन्तु एक पुरखे तामानुई-कीटे-रांगी ने उसे बचा लिया। वह धरती पर वापस आकर परिवार में शामिल हो गया।

उसने बंसी लगाकर सिन्धु-तल से द्वीपों को ऊपर निकाल, आकाश को भाले की नोंक से ऊपर उछाल दिया, सूर्य को अपनी गति मन्द करने को मजबूर किया। इस प्रकार मानवजाति के रहने के लिए ज्यादा और सुविधाजनक धरती बनाई। वह अपने पुरखे के जबड़े की अस्थि से ये करतब करता था। उसके अन्य भाइयों ने धरती बाँटकर (समुद्रायनी को) छोटे-छोटे द्वीपों तथा पर्वतों, ज्वालामुखियों में ढाल दिया। एक मिथकीय प्रतिपाठ के अनुसार मौई ने भाले से आकाश को इसलिए ऊपर उछाला था ताकि अपनी प्रिया की अनुकम्पा प्राप्त कर ले।

अधिनेता मौई ने अग्नि को मुर्गियों से चुराकर मानवों को बख्शी। वास्तव में वह मुर्गी अग्नि-देवी थी। इसके अलावा भी उसके जन्म, शादी, मरण के कई उत्तर-पाठ हैं। (हिना और तूना की मिथक पीछे दी जा चुकी है)। अन्ततः मौई की चालबाजियों से परेशान हवाई के जनगणों ने उसको मार दिया।

अनेक शैलचित्रों में भी ये मिथकें चित्रित मिलती हैं। इसके उपरान्त **वनस्पति तथा ऋतुचक्र** से भी सम्बन्धित दो आस्ट्रेलियाई मिथकें हैं—मून तथा डुडोंग, एवं अतैन ज़िना।

मून तथा डूगोंग : (आस्ट्रेलिया) थिरित्ज़ा मोइती का मून नामक एक आदमी अपनी बहन डूगोंग के साथ रहा करता था। एक बार वे कमलिनी तथा कमल के पौधों के खाद्य कन्द (गाँठों) को खोदने निकले। जब वे खोद रहे थे तो बहन को 'खाजबूटी' चुभ गयी। खुजली मिटाने के लिए वह समुद्र में दौड़ गयी। डुबकी लगाने के पहले उसने अपने भाई से पूछा कि वह अब क्या करेगा। उससे बातचीत के उपरान्त बहन ने तय किया कि वह एक डूगोंग बन जाएगी। उसका भाई भी उसके साथ चलने को राजी हो गया। जब दोनों मर चुके तो डूगोंग की अस्थियाँ तो मिल गयी लेकिन वह स्वयं वापस न लौटी। माई मून किंचित्, मरा तो नहीं, लेकिन उसकी अस्थियाँ समुद्री सीपियाँ बन गयीं। वह खुद कमलिनी व कमल की जड़ें (मूल) खाकर पुनरुज्जीवित हो उठा।... उत्तर पूर्वी आर्नहेम लैंड के यिर्कोल्ला क्षेत्र की इस मिथक की चित्रकारी में एक बंकिम चन्द्र तथा एक पूर्ण चन्द्रमा का

चित्रण हुआ है। मून तवे को घेरने वाले क्षेत्र में जालीकाट उपजालियें प्रदर्शित हैं। यो लंगू ने बताया कि यह मून का आर्द्रऋतु का शिविर है। लम्बी खिंची डिजाइन सम्भवतः कमलिनी, कमल गट्टों तथा कमल मूलों की है। पृष्ठभूमि (क्रास-हैचिंग) सम्भवतः दलदल का अंकन है जहाँ ये वनस्पतियाँ उगी हैं। ये चन्द्रमा पर पड़ती हुई कँपकँपाती चाँदनी के लिए भी हो सकती है। यह सान्ध्यतारे का भी प्रतिनिधित्व कर सकती है जो मून व डूगोंग के टोटम-स्थल पर चमक रही हैं। इस मिथक से जुड़े (लोक-चक्र) 'गीत' में ऐसा ही रेकार्ड किया गया है।

अतैन-ज़िना (वर्षा-मानव) : आस्ट्रेलिया के केन्द्रीय रेगिस्तान के अरांडा लोगों के लिए वर्षामानव, अतैनाज़िना नामक मिथकीय प्राणी सबसे अधिक महत्त्व का था। उसका टोटेम भी 'मुरुण्टा' अर्थात् जलसर्प था। अनेक कनिष्ठ वर्षा-नरों के साथ दूर-दराज के समुद्रतट पर उसने अपना शिविर कायम किया। वह इन छोटे (वर्षानरों) का शिकार करता था। उन्हें पकड़कर समुद्र में अ-छाल (उछाल का उल्टा) देता जहाँ उन्हें एक भीमकाय जलसर्प निगल लेता। दो दिनों के बाद अतैन-ज़िना जलसर्प को आदेश देता कि वह युवा मनुष्य की निगली हुई देह को अग्नि के धुएँ में वाष्पित कर दे। जलसर्प के पेट में पड़े रहने पर उन नरों पर भी सर्प-पट्टियाँ बन जातीं जो सफेद की द्युति वाली थीं। विमुक्त होने के बाद उनमें से एक युवाजन खुले मैदान में चलकर आ गया और पत्थर पर रगड़ कर जेब अपनी सर्प-धारियाँ मिटाने लगा तो बादल बन गया और आकाश में चढ़ चला। इस रूप में वह पेट के बल उल्टा हो लिया, उसके बाल नीचे वर्षा के रूप में लटक पड़े। धरती पर वर्षा गिरने लगी। युवा नर ने अपनी देह से और भी सर्पधारियाँ फेंक डालीं जो सर्पदेह से उस पर बन गयी थीं। फिंकाये जाने पर वे बिजली की कौंध में बदल गयीं।

तत्पश्चात् अतैन-ज़िना की रूह उसके सोते हुए शरीर को त्याग कर आकाश में इन्द्रधनुष बन कर उठ चढ़ी। युवक मेघपुरुष ने इन्द्रधनुष को थामकर अपने सिर से बाँध लिया। दोनों साथ-साथ पश्चिम की ओर चल पड़े, तथा वर्षा थम गयी।

(यही वजह है कि केन्द्रीय आस्ट्रेलिया में दीर्घकालीन सूखे की हालत रहती है)। आज भी वे दोनों लगातार चलते रहते हैं। जबतक कि अतैन-ज़िना एक अन्य युवक नर को समुद्र में नहीं फेंकता। इस तरह ऋतुचक्र दोबारा शुरू हो जाता है (...सूखे की एक प्राणीविज्ञानी व्याख्या भी है कि एमू नामक पशु ने भूख से पत्थर का गोला खा लिया था। इससे वह बच्चे जन्मने के बजाय अंडे देता है)।

× × ×

सबसे अन्त में ॥ कबीलों के उद्गम से सम्बन्धित तीन अनिवार्य आदिमूलस्थ (एबार्ज़िनल) मिथकों से समापन किया जाएगा।

ज्झांग्गावुल : तीन ज्झांग्गावुल (क्षेत्र के?) प्राणी थे—एक पुरुष, उसकी बड़ी तथा छोटी बहनें। सभी डुआ मोएती के थे और आर्न हेमलैंड के किनारे ब्रालगू द्वीप में रहते थे। पुरुष का लिंग लम्बाकार था। इसी तरह उसकी दोनों बहनों के भगलिंग (क्लिटोरिस) भी लम्बे थे। जब वे चलते तो उनके अंग ज़मीन पर घिसटते तथा गड्ढे बना देते थे। वे अंग पवित्र रैंग्गा स्थम्भों की तरह थे। रास्ते में भाई बहनों के भगलिंगों को उठाकर उनके साथ सम्भोग करता था [उस काल में अपने ही गोत्र (मोएती) जनों के साथ सम्भोग की वर्जनाएँ नहीं (बनी) थीं]।

ब्रालगू द्वीप की स्वप्नदर्शिता को त्याग कर उन्होंने अपनी डोंगी देखी और मुख्यभूमि की ओर चल पड़े। खेते समय उन्होंने विभिन्न प्राणियों के नामकरण किये। जिन-जिन स्थलों से वे गुज़रे वहाँ-वहाँ अपनी स्वप्नदर्शिता छोड़ते चले। भाई ने जलछिद्र बनाये, ज़मीन पर अपने मौवालन रैंग्गा थम्भ को गाड़-गाड़कर। इसमें इन स्थलों से पानी फूट निकला।

उनकी यात्रा जारी रही। एन्गानमारुवी (स्थल) में बड़ी बहन गर्भवती नज़र आयी। अब भाई ने उसकी योनि में पहले जोड़ तक अपनी उँगली दबाई और एक शिशु जनमा गया। वह बेहद ऐतिहाद बरत रहा था क्योंकि अगर ज्यादा खोल देता हो कई जन बाहर टपक पड़ते क्योंकि उसकी यूटेरस में वे जो संचित थे।

उन्होंने यात्रा जारी रखी। रास्ते में पवित्र वस्तुएँ रखते गये। भाई अपने मौवालान रैंग्गा थम्भ से और अधिक जलछिद्र बनाता चला। उन्होंने अन्य कई प्राणी देखे और उनके नामकरण किये। उन्होंने अपनी यात्रा जारी रखी : अपने लिंग तथा भगों के ज़मीन पर घिसटते हुए और स्त्रियाँ गर्भवती बनी रहीं। वे अन्य प्राणियों का नामकरण करते रहे तथा और अधिक स्पप्न-दृश्यों को छोड़ते चले। वे उन स्थानों से बचते चले जो उनके ज़्झिरित्जा मोएती (गोत्र) के थे। ज्यों-ज्यों वे आगे यात्रा करते, पवित्र रैंग्गा शुभंकर भी छोड़ते जाते। वे जिन-जिन चीज़ों का सामना करते उनको 'अंदरूनी' (गुप्त) तथा 'बाहरूनी' (सार्वजनिक) नाम प्रदान करते जाते।...भाई अपनी बहिन की योनि में उँगली डालकर बच्चों को बाहर जन्माता रहा। हर बार वह उँगली को ज़्यादा गहरे अधिक गहरे लेता जाता था। इस तरह वह अपना पूरा हाथ, पूरी भुजा को अन्दर तक ले गया और असंख्य बच्चे गिरते गये। ये ही आर्न हेमलैंड में विभिन्न भाषा (माडा)-भाषी समूहों के पूर्वज हुए।

वागीलाक काल के आरम्भ में वागीलाक बहनें पैदल ही समुद्र की ओर चल पड़ीं और स्थानों, पशुओं तथा पौधों का नामकरण भी करती चलीं। उनमें से एक गर्भवती थी तथा दूसरी के एक बच्चा था। अपने प्रस्थान के पहले दोनों के ही अपने गोत्र (मोइएती-मोयेती) के पुरुषों से गोत्रव्यभिचारी (इंसेस्टुअस) रिश्ते थे। छोटी बहन को बच्चे के जन्म के बाद उन्होंने (पुनः)

अपनी यात्रा जारी रखी और एक दिन वे एक जलछिद्र के पास रुक गयीं। वहाँ विशाल अजगर युर्लुंगोर रहता था। बड़ी बहन ने उसमें रजस्वलित जल को बहाकर प्रदूषित कर दिया। इससे क्रोधित अजगर बाहर निकल आया तथा दोनों स्त्रियों तथा उनके बच्चों को निगल लिया। जब अजगर ऊपर उठता तो जलराशि ज़मीन और वनपस्ति को ढँक लेती और जब वह नीचे पड़ता तो बाढ़ छँट जाती।

...आस्ट्रेलियाई अर्बोजीनी मिथकायन में सभी प्रकार के सर्प आये हैं। इनमें-से इन्द्रधनुष-सर्प एक आर्केटाइपल रूप तथा मोटिफ़ है। यह विराट आकार का है तथा गहरे जलछिद्रों में रहता है। यह बहुरूपिया भी है। मिथकों में पर्वत कोन्नोर के चारों ओर परिक्रमा करके उसने लम्बे सर्पपथ बनाये थे जिन्हें सम्प्रति बड़े एककेंद्रिक वृत्तों की पेंटिंगों द्वारा प्रतीकायित किया जाता है। ये पथ शिला-निर्माणों, बालू के टीलों के निशानों वाले हैं। ये आज भी दृष्टिगोचर हैं। उत्तरी क्वींसलैंड की प्रोसरपाइन नदी के अन्तेवासियों का विश्वास है कि भूमि पर जिन स्थलों को इन्द्रधनुष (-सर्प) स्पर्श करता है वहाँ स्फटिक क्वार्ट्ज़ के चमकीले टोरे निर्मित हो जाते हैं। इन्द्रधनुष-सर्प सृष्टि तथा प्रजनन का शक्तिमान चैतन्य है। रेत में उसकी लहरदार गति नदी-शय्याएँ तथा अन्य रूपाकार बनाती हैं। सावधानी से उपचार करने पर वह सर्प शान्तिपूर्वक सोता रहता है लेकिन छेड़े जाने पर तूफ़ान और बाढ़ लाता है। इनमें से एक सर्प का नाम योर्लुंगूर है जो एक जलीय सूराख में रहता है। अन्य पूर्वज-सर्प का नाम 'बोब्बी-बोब्बी' है जो आस्ट्रेलिया की सर्वस्वीकृत "संमूर्ति" (आइकन) है।

यह सर्प उड़न-लोमड़ियों को बाहर निकालकर लोगों को खाने को उपलब्ध कराता है। यद्यपि इन चकमेबाज जीवों को पकड़कर मारना आसान नहीं है। यह सर्प अपनी एक पसली को निकालकर ऊपर उछालता है। यह 'बूमेरांग' बन जाती हैं।

वृषभ-रम्भक : लकड़ी का एक लम्बा छरहरा अंडाकृत टुकड़ा है जिस पर पवित्र डिज़ाइनें अंकित होती हैं। इसे एक डोरी से बाँधकर सर के ऊपर से हवा में घुमाया जाता है। ऐसे में यह जोर से आवाज़ करता है। तब यह माना जाता है कि यह पुरुष-पुरखो की आवाज़ है जो दीक्षित नर पर वशीकरण करती है। इस ध्वनि को रहस्यात्मक बताकर रखा जाता है (शायद यह कामातुरता की ध्वनि है)।

ऊन्मबल की सर्जना-मिथक : उत्तर-पश्चिमी आस्ट्रेलिया के ऊन्मबल कहते हैं कि प्रारम्भ में केवल धरती और आकाश का ही अस्तित्व था। स्रष्टा-प्राणी उंगुड एक विशाल अजगर के रूप में धरती के नीचे रहता था। उसका ज़मीन और जल, दोनों से साहचर्य है। आकाशप्राणी वाल्लंगांडा का साहचर्य आकाशगंगा से है। माना जाता है कि वाल्लंगांडा ने ही सर्वस्व निर्माण किया है किन्तु उंगुड ने जल को गहरा और वर्षा को झरने वाला बनाया है। इस तरह से पृथ्वी पर जीवन का समारम्भ हुआ। वाल्लंगांडा और उंगुड ने मिलकर सभी चीज़ों की रचना की।

तदपि सृष्टि-कर्म केवल रात को होता था जब ये दोनों प्राणी स्वप्न देखते थे। उंगुड खुद को उन प्राणियों में **रूपान्तरित करता** था जिन्हें वह स्वप्न में देखता था जब कि वाल्लंगांडा जिन्हें स्वप्न में देखता था, उन्हें (वह) **जन्म देता** था। आध्यात्मिक शक्ति से वाल्लंगांडा ने इन स्वप्नसम्भव प्राणियों को लाल, काले, सफेद प्राणियों में प्रक्षेपित किया। ऊन्मबल (लोगों) के अनुसार इनके बिम्ब आज भी गुफ़ाओं तथा चट्टानों में मिलते हैं। (**i.e.** शैलचित्र)।

आर्नहेम लैंड में झांगावुल तथा वागीलाक सिरजनहार ही सभी प्रजातियों तथा स्थानों के रचने और नामित करने के जिम्मेदार हैं। उन्होंने ही जलछिद्रों में पवित्र चक्रचिह्न **रंगा** रखे हैं।

(केरल के अयप्पा मन्दिर में महोत्सवी ज्ञान केवल पुरुषों के हाथ में है।)

समुद्रायनी अथवा **सागरिका** (ओशेनिया) तीन द्वीप समूहों (पोलिनेसिया-मेलानेसिया-माइक्रोनेसिया) का एक संकुल है। इनका मिथकयान शामन-उद्गम वाला है जिसमें अनुष्ठानों तथा अध्यात्माओं (स्पिरिट्स) के नियन्त्रण के लक्ष्य हैं। इस क्षेत्र में लिजंधरों, पशुकथाओं, लोककथाओं की भरमार है जिसमें रूपपरिवर्तनकारी, कपटी-कुटिल खलनायकों की भी भूमिकाएँ हैं। अतः जादू और टोनों-टटकों का भी अद्भुत विकास हुआ। महापोतनाविक पोलिनेसियाई लोगों की वास्तविक यात्राएँ तथा तद्भूत मिथक-गाथाएँ एक-दूसरे को छाप लेती हैं। **रूपे** तथा **माउई** जैसे मिथकनायक वास्तविक भी थे। अतः उनकी तारकों वाली मिथकें, अग्नि एवं स्थलों के उद्गम वाली भौगोलिक मिथकें भी प्रचुर हैं।

उनमें अनेक स्वर्गों तथा पातालों वाली ब्रह्मांड-संरचनाएँ भी उभरीं। जीवन का एक वैश्विक वृक्ष, तथा संसार का एक दर्पणात्मक बिम्ब उनमें प्रमुख है। **पापा** और **एटेआ** उनके वाल्दैन देब-दम्पति हैं। न्यूजीलैंड में अटेआ की जगह **रांगी** ले लेता है।

एक मिथक के भरतपाठ (मास्टर टैक्स्ट) में अतीआ सर्जक-आकाश-देवता है; पोलिनेसिया के टुआमोटू द्वीप के निवासियों का (वे स्वयं को उसका वंशज मानते हैं)। धरती की देवी फाहतोऊ के साथ वह ऐसा आलिंगनबद्ध हुआ कि उसने विभिन्न बच्चों को जन्म दिया। वे सब के सब मरते गये जब तक कि उनको दूध पिलाने का जिम्मा उसने नहीं लिया [क्योंकि बच्चों की माता के स्तनपान लायक दूध ही नहीं होता था]। अतएव पृथ्वी-आकाश के पार्थक्य की इस मिथक के एक अन्य विभेदक प्रतिपाठ के अनुसार **भूख** से व्याकुल तथा **भूमि** से जुदा होकर ताने-माहूता स्वर्ग में भटकता रहा और एक परिस्थिति में तो नरभक्षण भी शुरू

कर दिया। संयोग से वह एक पूर्वज पर काबिज हो गया। इस बीच वह अतीआ से बचता रहा। प्रौढ़ होने पर उसने वज्र (हथियार) का प्रयोग करके अतीआं को हरा दिया।

इसी तरह माइक्रोनेसिया के गिलबर्ट द्वीपों का अर्द्धदैवी कबीलाई नेता **बूये** सूर्य देवता तथा एक मानवी का पुत्र था। बड़ा होने पर उसने अपने कबीले में लौटकर कई कौशलों—वास्तुनिर्माण, समुद्र-यात्रा, दैवी-दीक्षा, दैवी-संवाद तथा जादू को सिखाया। ये तो अद्वितीय **'सामाजिक-चार्टर'** भी हैं।

प्रसंगक्रम से पुनः बगलकाट करके हम **समुद्रायणी** (ओशेनिया) से श्रीगणेश करते हैं। यह एक त्रिभुज है—पोलीनेसिया—मेलानेसिया—माइक्रोनेसिया+आस्ट्रेलिया-न्यूजीलैंड+हवाईद्वीप समूह का। हमें ऐसा व्यतिक्रम इसलिए करना पड़ा कि इस क्षेत्र के अनोखे आद्यमूलक जन (एबार्जिनीज़) अज्ञात मिथकनिर्माता ऐतिहासिक समय तथा मिथकीय समय से भी पीछे छलाँग लगाकर **'स्वप्न-समय'** (ड्रीम टाइप) के महायात्री रहे जो लगभग अकालिकता (टाइमलेसनेस) की दशा थी। स्वप्न-समय ग्रीक तथा मध्य एशिया के एक-रेखांक काल से, तथा भारत-दक्षिण एशिया के चक्राक काल की धारणा से नितान्त भिन्न है। इस काल में वे अनादि पुरखे स्वयम्भू थे, अतिपूजनीय थे। उनकी अध्यात्माएँ (स्पिरिट्स) भूगर्भ से उठकर धरती पर विचरण करती थीं। वहाँ अतिप्राकृतिक एवं प्राकृतिक के बीच सहज विपर्यय था। स्वप्न-समय में देवता तथा टोटेमीय पूर्वज एकसाथ आबाद थे। यह ब्रह्माण्ड की सम्पूर्ण समावेशी अवधि थी। अतः यह वर्तमान (और शाश्वत् भी) था। जीवों में अस्तित्व का वैसा ही आकृतिबन्ध चला आ रहा था जिसकी कुंडलिनी प्रकृति का अन्तहीन अक्ष थी। अतः यहाँ के आद्यमूलक लोक उसी शिष्टाचार में भागीदारी करते रहे थे। ऐसे कर्मकांडों में संलिप्त होकर वे 'समय से बाहर समय' में मौजूद रहते थे। तदपि यह मिथकक्षेत्रे-कर्मक्षेत्रे छिटका हुआ था। इसलिए इन अति प्राचीन अनाभिलेखित समाजों को नृतत्त्व-शास्त्र तथा अनुजाति-क्षेत्र के निष्णात आकर्षित करते हैं। उनके सहयोगी कलाकार, चित्रकार, फोटोग्राफर भी हैं। अतएव यह काल का समय भी है तथा अस्तित्व की अवस्था भी। इसके सन्दर्भ में पूर्वज इलाके के ओर-छोर तक यात्राएँ करते थे। तब वे भूचित्रों, समाज के संरूपों का निर्माण करते चलते थे। अजन्मे शिशुओं की अध्यात्माओं (स्पिरिट्स—चैतन्यताओं को) भी रूपप्रद बनाते थे। कर्मकांड के वृत्त में भी स्वप्न-समय भागीदार के रूप में उपलब्ध होता था जो इल्लहाम की दशा में पुरखे की होंद हो जाया करता था। सुदूर अतीत को वे जन पुरखों के आत्मिक प्रत्याह्वान द्वारा जानते थे। तदपि इसमें वर्तमान-अतीत-स्वप्नसमय की सीमाएँ धुँधली हैं। अतः स्वप्न-समय पूर्वजों की (आत्माओं के) इल्हामी उपस्थिति से जुड़ा है। यह मौखिक परम्परा में ही है। अब इस मौखिक संस्कृति का भविष्य अनिश्चित है क्योंकि मूलादिम की भाषाएँ अवनत हो रही हैं।

ईस्टर द्वीप ई.प. 400 में पोलिनेसियाइयों द्वारा आबाद किया गया। पहले ही वहाँ ऐसी दैत्याकार आवक्ष मानवमूर्तियाँ बनाई गयीं (पूर्वेतिहास की प्रहेलिकाओं में से एक)। इनकी ऊँचाई नौ फीट से भी ज्यादा है।

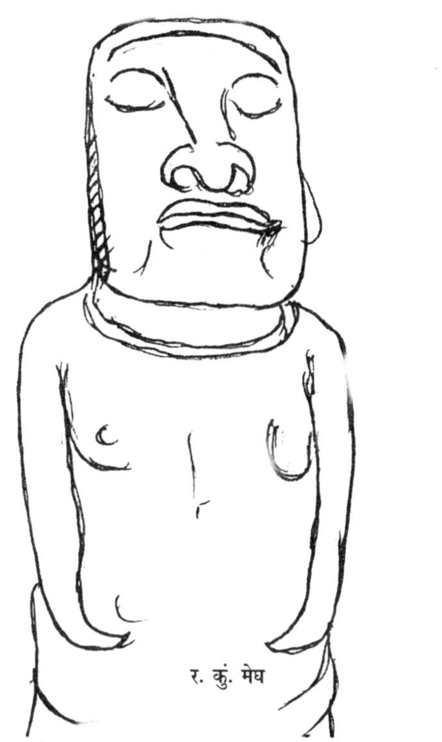

एक मोआई (पक्षी-मानव)-ईस्टर द्वीप (ई.पू. 1100-1680)

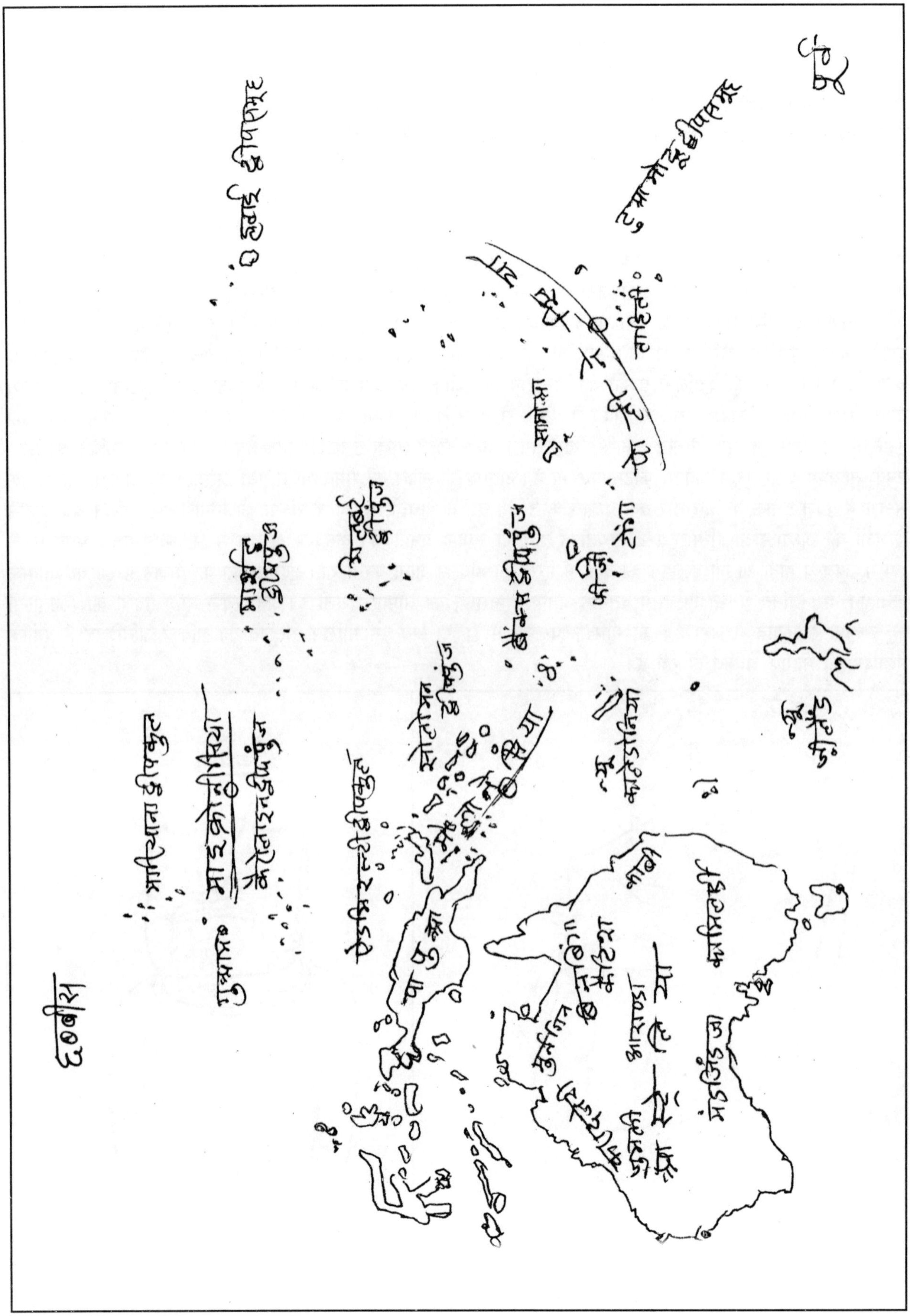

कंट्रास्ट में मिथकयान में **शाश्वत् वर्तमान** की अन्य अवधारणा है। इसमे कालचक्र अतीत-वर्तमान-भविष्य के बजाय स्वर्ग-पृथ्वी में शंखगति से चलता है। इसमें त्रिकालों का संपुंजन (फ्लक्स) होता है। वे सभी एक साथ सहवर्तन में आद्य मिथक में घटित होते हैं।

यह क्षेत्र जीवन के उद्गम वाली मिथकों से रहित है। कई पोलिनेसियाई कबीले नरभक्षी भी रहे। बिखराव की वजह से एक मिथक के भरतपाठ के कई-कई अनुपाठ-प्रतिपाठ अभिलिखित किये गये। ब्रानिस्लाव मेलिनोवस्की (1884-1942) तथा मार्गरेट मीड (1901-1978) ने अद्वितीय अध्ययन प्रस्तुत किये हैं। वस्तुतः उन आद्यमूलक जनों की मिथकें यात्रा-धुरी पर गतिशील हैं। पोलीनेसिया का विख्यात देवता तथा अधिनायक **मोई** था। वह तिकड़मी तथा चालबाज रहा था। इसी कड़ी में न्यूजीलेंड की माओरी जनजाति का क्षिति-देवता ढोंगी **रोंगी** है। वह एक उच्छृंखल यौनाचारी था जिसने अपनी पत्नी पापा के गर्भ में शिशुओं को निरन्तर बंदी बनाकर रखा ताकि वे उसका वध न कर दें (यही भय ग्रीक यूरानस को था)। अन्ततः सन्तति ने दम्पति को चिरन्तन सम्भोग से विच्छिन्न करके स्वयं को आज़ाद किया तथा संसार और जीवन का नया चक्र प्रवर्तित किया। आगे हवाई द्वीप में क्षिति-देवता **काने** ने मनुष्य का निर्माण किया।...वस्तुतः पोलीनेसियाई अधिनायक मरणशीलता के सवाल, तथा अग्नि की, खोज के लिए स्वर्ग की, सूर्यलोक की, पाताललोक की लम्बी यात्राएँ करते हैं। यह भी ध्यातव्य है कि मेलानेसियाई मिथकयान में भी देवताओं का कोई श्रेष्ठ पद या प्रयोजन नहीं है। वे अधिमानक यात्राएँ करते हुए उन प्रथाओं को लेते आते हैं जो मरणशीलता,

मेलानेसिया के न्यू आयरलैंड की एक पूर्वज-आकृति

यौनता, करुणा, युद्धनीति से सम्बद्ध हैं। वे माया (माना) की सुषुप्त महत्‌शक्ति में विश्वास करते थे। उससे मिथकीय शिष्टाचारों का अनुपालित संचालन होता था।

इसी के साथ समाजार्थिक पक्षों का भी क्रमशः विकास हुआ। पोलीनेसिया के मार्क्विसाज़ द्वीपों की प्रभातदेवी **अटानुआ** संघर्ष से पैदा हुई थीं। वह अतीआ का विरोध करने के उपरान्त उसकी पत्नी बनी। उसके गर्भपात की वजह से समुद्र की रचना हुई। इसी की पूरकता में उत्तरी आस्ट्रेलिया के पापुआ कबीले में आक्रामक देवता डुडुगा का जन्म एक महामत्स्य तथा नारी के पैर के समागम से हुआ था। जब वह नारी सिन्धु में नहा रही थी तब दैत्याकार मत्स्यदेव ने उसकी टाँगजाँघ का संवाहन-मर्दन किया। वह कामोद्दीपन से फूलती गयी जिससे डुडुगा का जन्म हुआ। बाद में पिता मत्स्यदेव उसे स्वर्ग ले गया। वहाँ वह सूर्य बन गया। यूँ भी उन पूर्वज सर्जक देवताओं की एक तिकड़ी थी जिसमें दो बहनें तथा एक सूर्य से उत्पन्न भाई था। बहनें उर्वरता तथा मातृदेवी के दोहरे प्रमूर्तन को दर्शाती हैं। मातृसत्ताक से पितृसत्ताक समाज में संक्रमण को प्रकटाने को भाई को बाद में शामिल कर लिया गया। पितृसत्ताक में संक्रमण के अन्तर्कुंडल के अनुसार उन नहाती-धोती बहनों के विधेय परिधान पुरुषों ने चुरा लिए। सो प्रतीक खुल गया।

उन छिटके-बिखरे द्वीपमंडलों में घर तथा हस्तकौशल से भी जुड़ी मिथकें हैं। मसलन हवाई द्वीप में हऊमिआ उर्वरता की पुरखिन देवी है। उसने शिशु-प्रसव की सुरक्षित तरकीबों से अवगत कराया। उसके धाय-निर्देशों के पहले को प्रसव-पद्धति में शिशु माता से काटकर अलग किये जाते थे जिससे संक्रमण से माताएँ मर जाया करती थीं। उसने इस प्रथा को समाप्त कर दिया। [ईजिप्ट की आईसिस से तुलनीय] इसी तरह गोत्र-व्यभिचार की समाप्ति की भी एक मिथक है। द्वीप की विविधमुखी कथा में हीने माओरी अपने पिता ताने की पत्नी थी। उसको एक पुत्री का जन्म हुआ जो उसी नाम (हीने) की थी। त्रुटि से उसने बेटी से विवाह कर लिया। जब सच प्रकट हुआ तो बेटी ने आत्महत्या कर ली। वह मृत्युदेवी हो गयी। [ग्रीक त्रासदी में इलेक्ट्रा-ग्रन्थि से तुलनीय]। ताहिती द्वीप के एक अन्य अन्तर्कुंडल के मुताबिक हीने अपने भाई रू के सुदूर चन्द्रमा तक की यात्रा में गयी। वहाँ उसे चन्द्रमा इतना पसन्द आया कि उसी की होकर रह गयी। एक अन्य माओरी अन्तर्कुंडल के अनुसार हीने ने तिनिवाऊ से विवाह रचा लिया। वह एक द्विधापरक सिन्धुदेवता था। उसने भी हीने के सृजनात्मक तथा विध्वंसात्मक, दोनों पक्षों को ग्रहण कर लिया।

एक माइक्रोनेसियन मिथक में केरोलीन द्वीपों का निर्देशक बुद्धि-देवता **लुगेईलान** एक ठग था। वह आकाश से उतर कर आया और मानवजाति को गोदना गोदने, वेशभूषा-सज्जा तथा नारियल का तेल निकालने के कौशल सिखाये। उसके दूसरे भाई ने काष्ठशिल्प तथा वास्तुशास्त्र के कौशल सिखाये। गोदने द्वारा समुदाय की अस्मिता चिह्नित हो चली। फीज़ी की एक मिथक के अनुसार **एन्डाउथीना** अग्नि-देवता तथा नाविकों और मछुआरों का प्रदर्शक था। उसकी माँ ने बचपन से ही उसके ललाट पर एक ज्योतिपट्टी लगा दी थी। अतः वह रात को भी देखकर पथ-प्रदर्शन करता था। वह अभिसारिकाओं, छिनालों, पर-पुरुष-सम्भोगिताओं का भी संरक्षक था। वह रात्रि के चढ़ते यामों में उनकी मदद भी करता था। और सहकार में स्वप्न-समय में लम्बे रेगिस्तानों का घुमन्तू लिंग-देवता (शिवलिंग से तुलनीय) था जो कामिनियों का अन्वेषी और उनके प्रति नितान्त समर्पित था। येन-केन प्रकारेण वह उन्हें अपने वशीकरण में फँसा लेता था। वह भूमि-तल में छिपकर सहसा प्रकट हो जाता था और रमणियों की देह कंटकित कर देता था [नागफनी (कैक्टस) की मरुमय दशाएँ भी ऐसी हैं]। उर्वरता तथा प्रजनन-परक अन्य मिथकें भी विश्वासवृत्त में सुनी ही नहीं जातीं, बल्कि जी भी जाती हैं।

धन्य हो समुद्रायनी! तुम तो स्वप्न-समय वाली मिथक और यथार्थता को प्रपानक-रस की तरह घुला-मिला देती हो। वहाँ देवी-देवते न तो आदर्श महाबलशाली हैं और न ही अलौकिक तथा दिव्य। उस सिन्धु-अंचल की वे कमाल की मिथकें दैनिक जीवन, सचसच रहनी-करनी का सही अभिलेख हैं। अतः हमारे मिथकयान में तो वे परम श्रेष्ठ हैं। वे **भरतपाठों** के प्राक्तन् विश्वकोश तथा द्वीपद्वीपान्तरों के सन्तरण-संचरण करते हुए विश्वसनीय, किंवा **सामाजिक चार्टर** भी हैं। तुम्हारे यहाँ तो मिथक-लिजंधर, इतिहास और समाजशास्त्र का अरुण-नील सागर-संगम है।

2.5.6 अंततोगत्वा नतीजे

अब तक ऊपर विवेचित की गयी दुनिया कम-से-कम हिमानीयुग के बाद की, अर्थात् ई.पू. दस हजार साल के आले-दुआले की, दुनिया है। उस रहस्यगामी विश्व में हम मिथकों के जो भरतपाठ पाते हैं वे लगभग एक जैसे तो नहीं, एकसदृश हैं। इससे हम कालोत्तीर्ण विश्वमिथकों का अनुमान विश्वसनीयता के साथ कर सके हैं। तब उस विश्व में देश-राष्ट्र, प्रजाति-अस्मिता, देश-काल, आदर्श-यथार्थ, धर्म-नैतिकता, जड़-चेतन आदि की सामाजैतिहासिक स्थितियों का सुस्पष्ट बोध प्रायः अनुपस्थित था। इनके अभ्युदय के पूर्व की जो दशा थी वह वर्ग-विहीन समतावादी थी। उसे कार्ल मार्क्स ने सर्वप्रथम वैज्ञानिक विधि से खोजा है। अतः उक्त अवस्थाओं के पूर्व ऐसे **मिथकीय मानस** और उसकी सार्वभौम-सार्वकालिक **आद्य मिथकें** भी लगभग एक (—सदृश) थीं। उनका

'विश्वमिथकसरित्सागर' ऐसा था।

आद्य मिथकों से यह भी परिलक्षित होता है कि हिमानीयुगोपपरान्त उस दुनिया से डायनासोर, महागज (मैमथ) आदि विलुप्त हो चुके थे। होमो इरेक्टस आज के होमो सेपियेंस में स्थानान्तरतः उन्नीत हो रहे थे (तभी कई संस्कृतियों में कई मानवजातियों की सृष्टियों का क्रम भी परिकल्पित है)। उस समय में मानवों की पशुवृत्ति वाले यूथ (झुंड) शनैः-शनैः समूह (ग्रुप) में संगठित हो रहे थे। तब विशाल नाग, वाराह, सिंह, महामत्स्य, विशाल पक्षी (गरुड़, बाज, गिद्ध, क्रौंच) धरती और गगन को आबाद कर रहे थे। तब विद्युत और गर्जन, वर्षा और तूफ़ान, बाढ़ और आग होते रहते थे; नदियाँ लबालब भरी हुई पाताल तक गहरी थीं। तभी आदिम मानव अपने सहचर भीषण तथा भव्य प्राणियों के स्वरूपों तथा स्वभावों की जोड़-घट, गुणा-भाग करके कई शिरों, कई भुजाओं वाले **दैत्यों** अथवा दुहरी कायाओं वाले **ईहामृगों** की फान्तासी भी उन्मीलित कर रहा था। हम आज भी जलअश्व, जलसिंह के, गजग्राह के, किन्नर आदि के नामकरणों का इस्तेमाल कर रहे हैं। यही विश्व का पटल तथा विश्वमिथकों की शुरुआती अनुचिन्तनात्मक साम्यरूपकता की ऐसी मूल प्रवृत्ति थी। यहीं विश्वमिथकसरित्सागर का उद्गम है तथा उनके भरतपाठ की लहरें आज भी कलकल-निनाद कर रही हैं।

उस अनगढ़ कथित विश्व-मानव-समाज में सर्गात्मक प्रथम **भरतपाठ** धरती-जल तथा आकाश-सूर्य की मिथुन-दशा वाला है। दूसरे **अनुपाठ** में अलिंगज-अयोनिज नर-नारी का भी आविर्भाव होता है। सहवर्तन में पुरुष-पुत्र तथा नारी-पुत्री के विषम सम्बन्ध पुरुष-पुत्री, नारी-पुत्र तथा भाई-बहन के मिथुनत्व और कथित दाम्पत्य में क्रियाशील होते हैं। इन सम्बन्धों में यौनता (सेक्स) से आवृत्त एक अशालीन आसक्ति मात्र थी। संवेगों का प्रभावशाली होना निष्पन्द-सा था। तदपि योनिज (योनि से जन्म लेने) के सूच्य कम हैं। लिंग के उल्लेख हैं (वेदों में शिश्न देवता/मोहेनजोदारो का उत्थित लिंग पशुपति; यूरानस का कटा लिंग आदि)। फिर बहुत बाद में लिंग-योनि-पूजा परक शिवशक्ति की भी धार्मिक मिथकें उद्भासित हुईं। यूँ गणेश तथा कार्तिकेय, दोनों ही अयोनिज हैं।

तीसरे **प्रतिपाठ** में जब मातृसत्ताक तथा पितृसत्ताक के बीच फर्क होने लगता है तब उत्तरपाठों में विभक्ति होने लगती है। ब्रह्मा ब्रह्मांड को दो फाड़ करते हैं तथा पुत्री सरस्वती के साथ पूर्ववर्ती सम्भोग की गलती को सुधार कर वे स्वयं ही विभक्त होकर मनु तथा शतरूपा के रूप में अवतरित होते हैं। मनु और शतरूपा दम्पति बनते हैं (क्योंकि वे स्पष्टतः भाई-बहन नहीं हैं। इसी तरह ग्रीक यूरानस का कटा लिंग अकेले ही एफ्रोदीती को जन्म देता है, सुमेरियन मार्दूक द्वारा तियामत की देह के टुकड़े-टुकड़े किये जाने से प्रकृति की सृष्टि होती है; शिव के कन्धे पर धरे सती के शव के खंड-खंड होने पर धरती पर अनेक शक्तिपीठ बनते हैं। शनैः-शनैः अब **पूजित चिह्न** (टोटेम) तथा **प्रतिनिषिद्ध** (टैबू) के आयाम उद्घाटित होने को हैं। कारण कि, आरम्भिक अनगढ़ मानव-समूहों में पुरुष-कुलज्येष्ठ तथा महामाता के अधीन पुरुषसत्ताक और मातृसत्ताक व्यवस्थाएँ बेहद धुँधली थीं कि पिता-पुत्री, माता-पुत्र, भाई-बहन की पृथक् अस्मिता का पता ही नहीं था। इसके अलावा मिथकीय दैवी अधिनेताओं की व्यवस्था थी कि केवल दिव्यरक्त से दिव्य रक्त का ही मेल हो सकता है। इसलिए भी ईजिप्ट में फाराओ अपनी बहन से ही शादी करते थे।...ऐसी दशा की एक नृतात्त्विक-मनोविश्लेषणात्मक परिकल्पना सिग्मंड फ्रायड (1856-1939) भी ने पेश की है। वे बताते हैं कि प्रारम्भ में तो महान् बलशाली कुलज्येष्ठ द्वारा समूह या कबीले के हर नारी-पुरुष, युवक-युवती पर एकछत्र अधिकार था। तब पुत्र-पुत्री, भाई-बहन

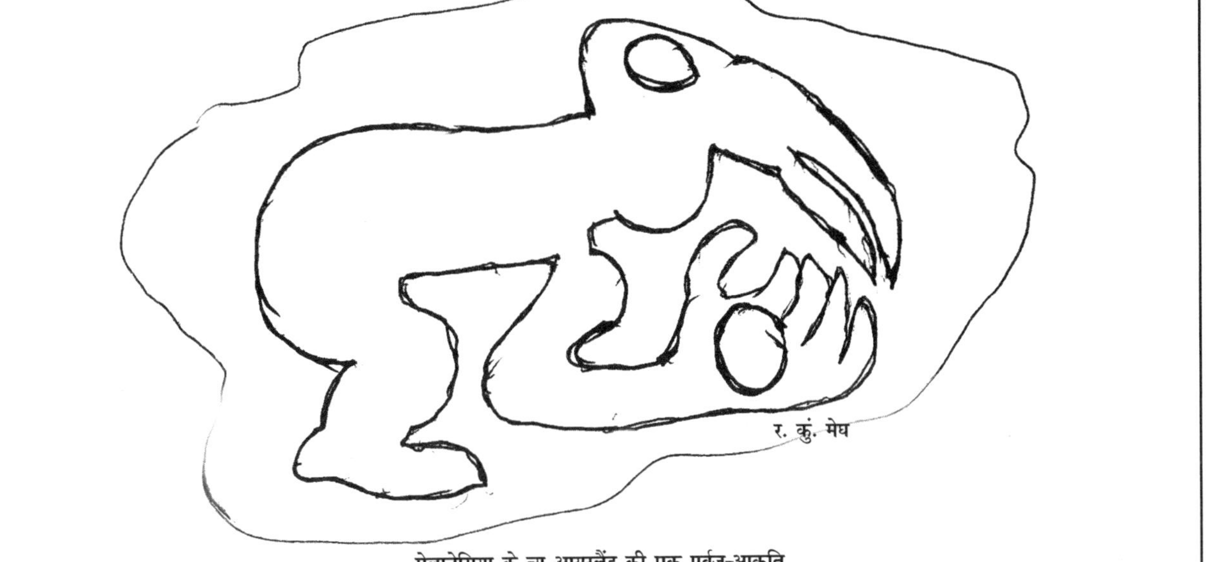

मेलानेसिया के न्यू आयरलैंड की एक पूर्वज-आकृति

की कोई स्पष्ट अस्मिता नहीं थी। अतः युवक-युवतियों ने इकट्ठे होकर कुलज्येष्ठ की हत्या की, उसके शव के टुकड़े-टुकड़े करके खेतों में बिखेर दिये तथा इसका अनुष्ठान आयोजित किया जिससे त्रासदी नाट्यरूप का और ओडीपस-ग्रन्थि एवं इलेक्ट्रा-ग्रन्थि की गाँठ पड़ी। किन्तु साथ-साथ टोटेम और टैबू का अनुशासन लागू हुआ। इससे समगोत्री यौन सम्बन्ध व्यभिचार हो गये। नैतिकता के नियम बनने लगे। इस तरह समाज और उसमें ढलती परवर्ती मिथकें भी बदलने लगीं। मातृसत्ताक से पितृसत्ताक व्यवस्था में यह रूपान्तरण आर्थिक शक्ति के केन्द्रीभवन का भी नतीजा था। मिथकीय मानव की सर्वदेववादी (एनिमिस्टिक) एकरूपता भी विच्छिन्न हो गयी। अतएव जो जीता जा सके वह तो शत्रु, तथा जो जीता नहीं जा सका वह बुरी अध्यात्मा (स्पिरिट) के टाइप बन आये। अब देवता-मानव-दैत्य के, अथवा स्वर्ग-भूलोक-पाताल के, या स्वर्ग-नरक के, या सूर्य-चन्द्र के, या जल और ज्वाला के द्वन्द्व तथा दुविधाएँ तथा विरोधताएँ उजागर होने लगीं।

चित्र-आकृतियाँ

मानचित्र-सारणियाँ

3

'सृष्टि के प्रारम्भ में मैंने—उषा के गाल चूमे, दीप्त भाल विशाल चूमे!' : कालिक सभ्यताओं का अवसान लेकिन मिथक-माँझियों की कालोत्तीर्ण यात्राएँ

3.0.0 कालिक सभ्यताओं के सभी मिथक-नाविक तथा हिरण्य अनन्तनाग

प्राचीन युगों में विभिन्न मानव-प्रजातियों (रेसेस) तथा अनुजातीय समूहों (एथनिक ग्रुप्स), और आदिम कबीलों के इकट्ठ से पुरातन सभ्यताओं के केन्द्र उभरे। वे विश्वमिथकों के सृजन-केन्द्र भी बने। उनके आकृतिबन्ध तथा वाच-वाक् भिन्न-भिन्न थे। मेसोपोटामिआ (सुमेर-बेबीलॉन-असीरिया), ईजिप्ट, इन्का, ग्रीस, क्रीट, मोहेनजोदारो-हड़प्पा, पर्शिया, चीन, जापान आदि में सांस्कृतिक उन्मीलन एवं मिथक-कुसुमायन अन्योन्याश्रित भी था। विश्वमिथकों का भी एक कालोत्तीर्ण संसार उभरा जहाँ शताब्दियों लम्बी मिथक-यात्राएँ तथा उनके बीच आदान-प्रदान होने लगे। उनकी एक सामान्य-जैसी व्यासरेखा भी झिलमिलाई। कालिक सभ्यताओं और कालोत्तीर्ण विश्वमिथकयानों की चमत्कारपूर्ण मैत्री हुई।

विश्वमिथकयानों का समारम्भ **ब्रह्मांड**, एवं सृष्टि-उत्पत्ति से हुआ। महत् जलराशि के महाअन्धकार में तैरते ब्रह्म के अंडे के दो-टूक होने से नीचे पाताल, ऊपर आकाश तथा बीच में पृथ्वी बनी। अन्य कारकों में सर्प, पक्षी, वृक्ष, चन्द्र, सूर्य, मीन, कूर्म, वृषभ आदि भी थे।

कर्दम और माटी से पृथ्वी बनी। उस पर **हरित प्रकृति** की रचना हुई। मातृदेवी जीवन के पवित्र बीज बोने वाली हुई। भू-माता उर्वरता, प्रजनन, जीवनोपरान्तता का आदि कारण बनी। पहले सम्भोग एवं गर्भाधान के बीच सम्बन्धता का संज्ञान नहीं था। पाषाण-युग के बाद से मानव ने जैविक गर्भाधान को समझा। लिंग-पूजा प्रचलित हुई। स्वर्गाकाश सृष्टिपिता बना।

युगल बने : तियामत-मार्दुक (मोसोपो या टामिआ), नुट-गेब (ईजिप्ट), ब्रह्मा-सरस्वती (भारत), गेइया-यूरानस (ग्रीस), यांग-यिन (चीन), इज़ानागी-इज़ानामी (जापान)। इनमें भाई-बहन और पति-पत्नी, मातापुत्र और पितापुत्री के बीच रिश्तों का नैतिक पार्थक्य नहीं था। साथ-साथ गतिचक्र के लिए **द्विपर्ण विरुद्धता** का भी बन्धान हुआ—देव-असुर (भारत), ओसाइरिस-सेट (ईजिप्ट), ज़ियस-टाइटन-जाइन्ट्स (ग्रीस), अहूरमाज़्दा-अहरिमन (पर्शिया), मार्दुक-तियामत (बेबीलॉन), यांग-यिन (चीन) आदि।

3.1

सबसे पहले **मेसोपोटामिया-संकुल** (ई.पू. 5500-2000) सभ्यता का पालना बना। परकोटे वाले मिट्टी के शहर बने : उर (प्रथम नगर), इरीदू, उरुक, निनवेह, अशुर, निमरूद आदि नगर-राज्यों में हर एक का एक मन्दिर, एक नगर देवता और एक सेनापति (राजा)। यहाँ से मिथकें पवित्र स्नान करके दीप्तिमयी होकर बाहर निकलीं।

इनका पालना सुमेर—बेबीलॉन—असीरिया का (दज़ला-फरात नदियों समेत) त्रिभुज था।

× × ×

क्योंकि विश्व में सर्वप्रथम मिथक का उन्मेष इसी सभ्यता में लक्षित हुआ था इसलिए कुछ दिशाएँ गौरतलब हैं:—

(1) प्रत्येक नगर के स्वामी या अधिष्ठाता देवता ही हैं। राजा और सेनापति को पद-प्रतिष्ठा देवता ही प्रदान कर रहे थे। (राजा

की देवांश-धारणा नहीं उभरी थी)। अतः नगर-राज्यों में युद्ध-शान्ति, प्रेम-हिंसा, सत्ता-समर्पण जो भी होता था उसमें सब कुछ देवताओं के नाम से। राजा और सेनापति तो एवज़िए (प्रोक्सी) अभिकर्ता थे। अतः बेबीलॉन का सर्वशक्तिमान देवता मर्दुक, निप्पुर का एनलिल, उरुक की इनान्ना, असीरिया के अशुर-उबालिट ऐसे ही नगर-देव-देवियाँ थे। इनमें सत्ता के लिए युद्ध होते थे। उरुक में गिल्गामेष और देवी इनान्ना (ई.पू. 2700), बेबीलॉन में हम्बूराबी के संचालक मर्दुक (ई.पू. 1792-1731), असीरिया में अशुर-उबालिट (ई.पू. 1363) और युद्ध-देवता निनुर्ता के बीच एवज़ीदारी दृष्टिगोचर होती है।

(2) असली समस्या कृषि-उर्वरता की थी। अतः खारे पानी की राक्षसी तियामत और मीठे पानी के प्रथम देवता आप्सू के बीच दोस्ती-दुश्मनी, दोनों चली। किन्तु कृषि में मौसमी फसलों की कटाई-पैदावारी होती थी। इसलिए दज़ला दोआबे के मीठे जल पर प्रभुत्व कायम किया गया। मिथक विकसित हुई कि सुमेरियन देवता एनू के पुत्र एनकी ने मीठे जल के देवता आप्सू का वध करके शव के टुकड़े-टुकड़े छिटका दिये। इसी के साथ नदियों को मीठे जल तथा मछलियों से सराबोर कर दिया। वह स्वयं भी अर्द्धमानव-अर्द्धमीन का ईहामृग-देवता हो गया। दूसरे प्रसंग में मौसमी फसलों के देवता तामुज्ज (डुमुजी) का पाताल-लोक में निष्कासन कर दिया गया। वह फिर-फिर पुनरुज्जीवित होता रहा। यह मिथकाभिप्राय युद्ध में **बलि** के रूप में आलेखित हुआ। तीसरे संदर्भ में बेबीलॉन के मिथकयान में मार्दुक ने समुद्री राक्षसी तियामत का वध करके टुकड़े-टुकड़े कर डाले जिससे उसके शिर से पर्वत, दोनों आँखों से दज़ला-फरात नदियाँ बह निकलीं। इसके साथ ही नान्ना (चन्द्रमा), उसका बेटा शम्स (सूर्य) तथा प्रेम-देवी इनान्ना की त्रयी बनी।

अधिनेता गिल्गामेष, पकड़े गये सिंह के साथ ई.पू. आठवीं. सदी, लूव्र संग्रहालय (पेरिस)

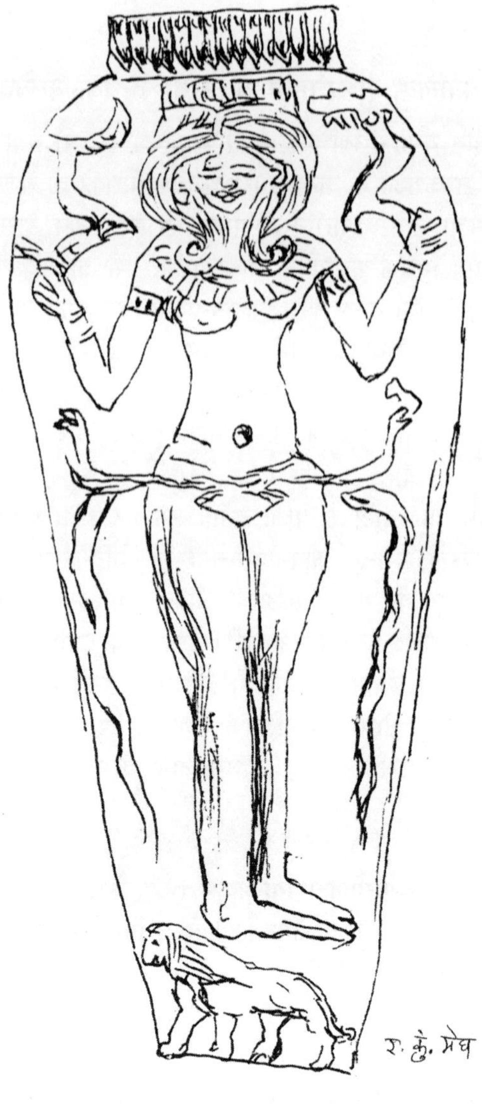

उक्त अलंकृत पट्टिका में उर्वरता की उगारीत (सीरियाई) देवी एस्ट्रार्ट है। यह तथा इनान्ना ग्रीक मिथकयान में प्रणय-देवी एफ्रोडाइट हो गयी।

(3) उस त्रिराष्ट्र में सुखभोग तथा सम्भोग की उत्तप्त धारा छलक रही थी। अतः देवी-देवताओं की छतरी के नीचे एवज़िये राजा, सेनापति और दलपति आदि ने उस व्यवस्था को भोगा। तब पितृसत्ताक-मातृसत्ताक के बीच डाँवाडोल सम्बन्ध थे। मार्दुक के पिता एनकी ने समृद्धि की दशा में कला-कौशल भी विकसित किये तो पितृसत्ताक अहं का इस्तेमाल करके अपनी बेटियों-पोतियों से अवैध सैक्स-सम्बन्ध चलाये। इससे वह यौन रोगों का शिकार हुआ। एनकी का हवा-पानी का भाई एनहिल देवता अपनी भावज को नंगी नहाते देखकर उन्मत्त हो उठा और उसके साथ बलात्कार किया जिससे नान्ना (चन्द्रमा) का जन्म हुआ। यही स्वेच्छाचारिता मातृसत्ताक धुरी में भी थी। प्रेम और युद्ध और वेश्यावृत्ति की धुरी हुई इनान्ना एक साथ बीसियों पुरुषों के साथ सम्भोग करके भी अतृप्त रहती थी। वह वेश्याओं की प्रथम संरक्षिका देवी बनी।

इस प्रकार मिथक की इस प्राकादिम (प्राइमार्डियल) उत्पत्ति की उक्त तीन दिशाएँ रही हैं। क्योंकि ये यहाँ सर्वप्रथम मिलती हैं, अतः हमने इनकी मिथकैतिहासिक मिथोग्राफी बखूबी अंकित की है। एक हाशिया और! मानवता की यह प्रथम मिथक-नैया अपने पाल खोलकर भूमध्यसागर, क्रीट, ग्रीस और यूनान तक पहुँची : नाम-रूप बदलकर। इनान्ना, एफ्रोडाइट अथवा वीनस होकर, ताम्मुज़ एडोनिस होकर, दामकिना डिमीटर होकर अभिनन्दित हुईं। दूसरा हाशिया और। मेसोपोटामिआई की त्रयी के देवता आपस में लड़ते-झगड़ते, फिर मरते भी थे। उन्हें आत्मा का बोध नहीं था और न ही उनकी कोई स्वर्ग की यूतोपिया थी।

मेसोपोटामिआ के उर शहर में पशु-वर्ग

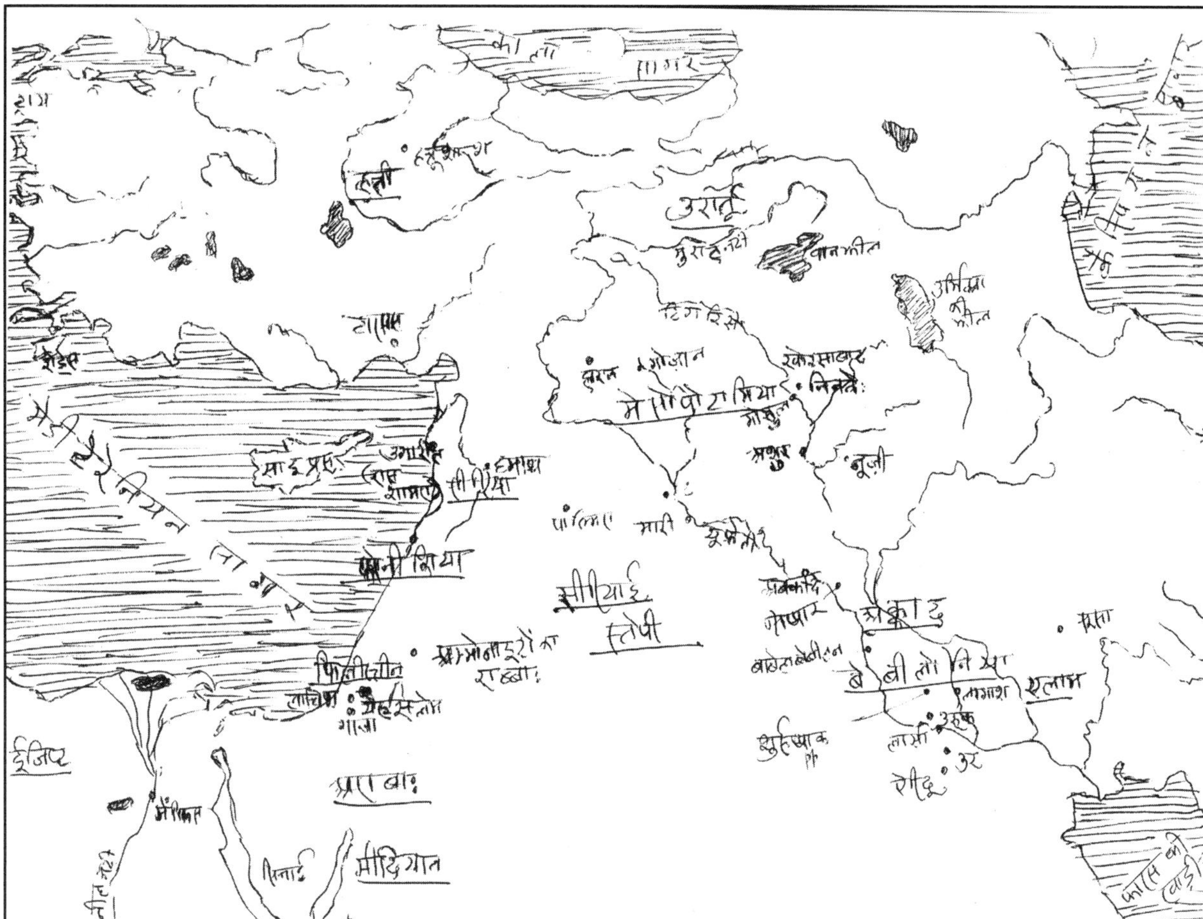
हत्ती
उरार्तू
वान झील
मेसोपोटामिया
निनवे
असुर
नूजी
मारी
सीरियाई
स्टेपी
अक्काद
बेबीलोनिया
एलाम
उरुक
उर
एरीदू
फिलिस्तीन
गाजा
इजिप्ट
अरब
मिदियान
सिनाई
फारस की खाड़ी

प्राचीन मध्यपूर्व

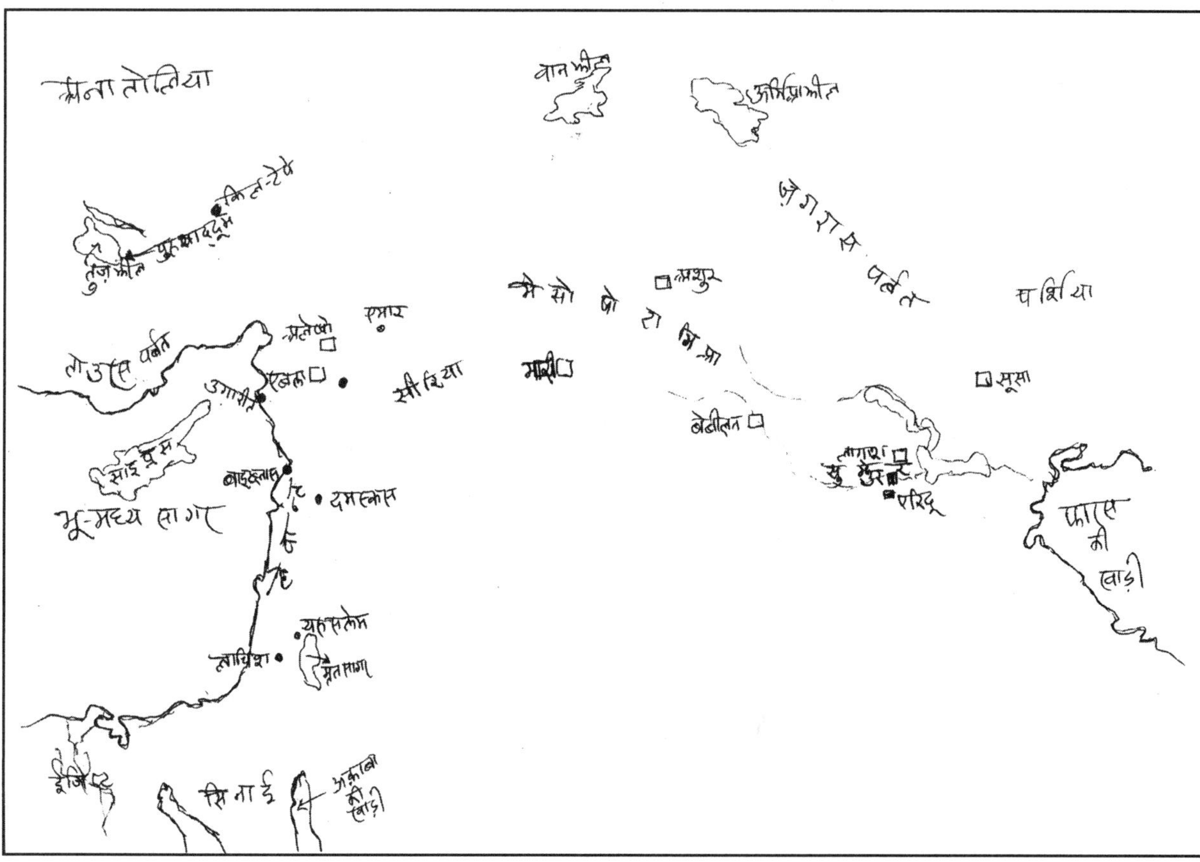
अनातोलिया
वान झील
उर्मिया झील
जेगरास पर्वत
मेसोपोटामिया
असुर
पर्शिया
मारी
सीरिया
उगारीत
एबला
सुसा
बेबीलोन
दमस्कास
भू-मध्य सागर
यरूसलेम
फारस की खाड़ी
इजिप्ट
सिनाई
अकाबा की खाड़ी

3.2

इसके बाद **ईजिप्ट** का मिथकयान एक मुश्किल द्वन्द्व पेश करता है। उसके अधिकांश स्रोत ग्रीकी-रोमनीय हैं क्योंकि उनमें प्रायः वृत्तान्त (नैरेशन) नहीं अभिलिखित हुए हैं। कर्मकांड, अनुष्ठान, उत्सव, संस्कार और रिवाज़ ही मिलते हैं। इससे हमारा निर्वचन भी सीमित हो जाता है। तदपि हमारी कोशिशें जारी रहेंगी।

ईजिप्ट का मिथकायन एककेन्द्रित न होकर बहुकेन्द्रित होने के कारण, तथा तीन हज़ार साल पुरानी सभ्यता में पालित-पोषित होने के कारण, जटिल है। जैसाकि हम बता आये हैं कि इसमें देवताओं-राजाओं-पुरोहितों का प्राधिकरण कायम था। मिथकें तो ई.पू. 20000 के पहले से भी उद्भूत होना शुरू हो जाती हैं। उनका उद्गम भी वृत्तान्तों से हुआ। मसलन, होरस और सेट के बीच का संघर्ष दूसरे राजवंश (ई.पू. 2008) के समरूप था। तब देव-सम्प्रदाय प्रधान थे; मिथकें नहीं। कर्मकांडों के अलावा देवताओं की मततान्त्रिक (कल्टिक) छवियाँ बनने लगी थीं। इसके अलावा होरस निचले के तथा सेट उपरपले के शासक देव बने।

नील नद के उपरले उद्गम तथा निचले मुहाने (डेल्टा) के अनुरूप ईजिप्ट की संरक्षिका देवियाँ नेरवेब तथा वादजेत थीं; एथेंस की एथिने देवी की तरह। मध्य के थीब्स (आधुनिक लक्सोर) में ही ज़्यादातर मिथकें बच सकीं। निचले भाग में **मेम्फिस** का भी बहुत महत्त्व था। थीब्स तो करीब एक हज़ार वर्ष तक धर्म केन्द्र रहा था। वहीं देवताओं की घाटी में मन्दिर और मकबरे बने। अतः कर्मकांड के कारण प्रतीकायित मिथकें सुरक्षित रहीं। नगर का प्रमुख देवता आमुन था। उसने देवता मोन्ट को प्रतिस्थापित किया था। यह सब कहने के लिए ईजिप्ट के पास कोई महाकाव्य नहीं है, कर्मकांड प्रदर्शक भित्तिचित्रों तथा चित्राकृत लिपि के सिवाय। यही कहना पड़ता है कि वहाँ पाँच धार्मिक-मततान्त्रिक (कल्टिक) नगर-केन्द्र उभरे थे। अतएव मिथक-कथाएँ अपेक्षतः कम हैं। देवताओं के अनुष्ठान-कर्मकांड सर्वाधिक हैं।

हज़ारों साल पहले बसने वाले कबीले नील नद के कछारों में खेती-बाड़ी तथा चहुँओर शिकार करते थे। इस वजह से हरेक कबीले के अपने-अपने पशुचेतना वाले देवता जुड़ते गये। वे मानते थे कि हरेक पशु-पक्षी तथा वस्तु में चैतन्यता (स्पिरिट) होती है। शनैः-शनैः उन पशु, पक्षी, देवताओं का मानुषीकरण होता चला। तथापि उन्होंने अपनी मूल पशु-पक्षी विरासत को मुख एवं शिर पर बनाए रखा। देह (धड़) मानवों की हो गयी। कभी-कभी उनका पूरा कायान्तरण भी हुआ है। (जैसे **गेब** एक बत्तख हो जाता है)।

यह प्रतीत होता है कुछ देवते अपने कबीलाई टोटेम सुरक्षित रख लेते हैं तो कुछ इस प्रकार रूपान्तरित होते गये कि आकाश, सूर्य और मरणोपरान्त जीवन से सम्बद्ध हो गये। जाहिर है कि नील नदी पर जीवन तथा लोकजनों की जरूरतों और भावनाओं ने इन देवताओं के स्वरूप गढ़े तथा बदले हैं। अतएव विनायक देवता और उनके विधायक मानव, दोनों ही जटिल प्रक्रियाओं से गुजरे हैं।

सो, ईजिप्टी मिथकयान में देवताओं को खुश रखने की कोशिश की जाती थी। नील नदी की बाढ़ वहाँ के जीवन और खुशहाली का स्रोत थी। अगर नदी सूखने से अकाल पड़ जाए, या युद्ध में पराजय हो जाए तो देवताओं और फैरो के रिश्तों के बीच में दरारें पड़ जाती थीं। नये **फैराओ** आते थे और उन्हें **देवताओं** का दर्जा दिया जाता था। अतः नये फाराओ के लक्ष्य थे–(i) मौत के बाद ज़िन्दगी पाना, (ii) देवताओं में शामिल हो जाना तथा (iii) इतिहास में अपनी छाप छोड़ जाना। रेमसेस (ई.पू. 1290) के शासन में ईजिप्ट अतिमहाशक्ति हो गया था। इसलिए उसकी अनेकानेक आदमकद मूर्तियाँ देव-मन्दिरों में लगीं।

रैमसेस का काल मिथकीय हो गया था : वह 'स्वर्णकाल' भी था। उसने उत्तर में हित्ताइती योद्धाओं को हराया था। वह महान् निर्माता था। अबू-सिम्बेल का विशाल शैल मन्दिर उसने बनवाया था। थीब्स में उसने अपना शवगर्भगृह भी बनवाया था। उसकी कई रानियाँ थीं। नेफरतारी प्रमुख थी। वह देवी की तरह मान्य थी। मकबरों की दीवारों पर उत्कीर्णन तथा चित्रकारी में इतिहास और मिथक तथा संस्कृति की **त्रयी** सुरक्षित है।

यह त्रयी ईजिप्टी देवमंडल की भी पृष्ठभूमि है। इसके प्रमुख देवी-देवतों में मानवाकृत **ओसाइरिस** पाताल तथा मृतकों का देवता, और फसलों तथा प्रजनन का देवता था। **आइसिस** ओसाइरिस की बहन तथा पत्नी, तथा मातृदेवी थी। उनका पुत्र होरस बाजमुखी था और यह मिथकीय विश्वास था कि होरस ही पुनर्जन्म लेकर फाराओ बनता है (इससे एक धारावाहिक शृंखला इतिहास बनाती थी)। **हाथोर** सूर्यदेवता रे की बेटी; नारीमुखी एवं गोमुखी थी। वह सींगधारी थी। **आमून** थीब्स का देवता था। नव्य राजशाही में सर्वोच्च देवता के रूप में उसका उत्थान हुआ। **प्टाह** मेम्फिस का अधिशासी तथा टैकनालॉजी का देवता था। **इमहोटेप** एक वास्तविक जीवितम् था। वह विद्या तथा आयुर्विज्ञान का देवता और फाराओ का परामर्शदाता भी था। **माट** शुभम् सत्यम् की न्याय-देवी थी। इसका प्रतीक एक पंख–सत्य का पंख–था। **थोट** देवताओं का चित्रगुप्त तथा सन्देशवाहक नारद था। यह आइबिस पक्षी के मुखवाला था। **तावरेट** गर्भिणी दरियाई घोड़ी अर्थात् गर्भिणी नारियों की धात्री देवी थी। **सेत** पशुओं का देवता था, बुराई और अराजकता फैलाने वाला, तथा भाई ओसाइरिस का हत्यारा। **सोबेक** मगरमुखी जल-देवता था। **अनूबिस** शृगाल (सियार) मुखी देवता था। वह कब्रगाहों तथा ममीकरण का देवता तथा आत्माओं को तौलने वाला भी था (ताकि ज़मीन में गड़े हुए शवों को सियार नोचकर नहीं खाएँ!)। नील नदी का देवता **हापी** उभयलिंगी है (उसके स्तन भी हैं)।

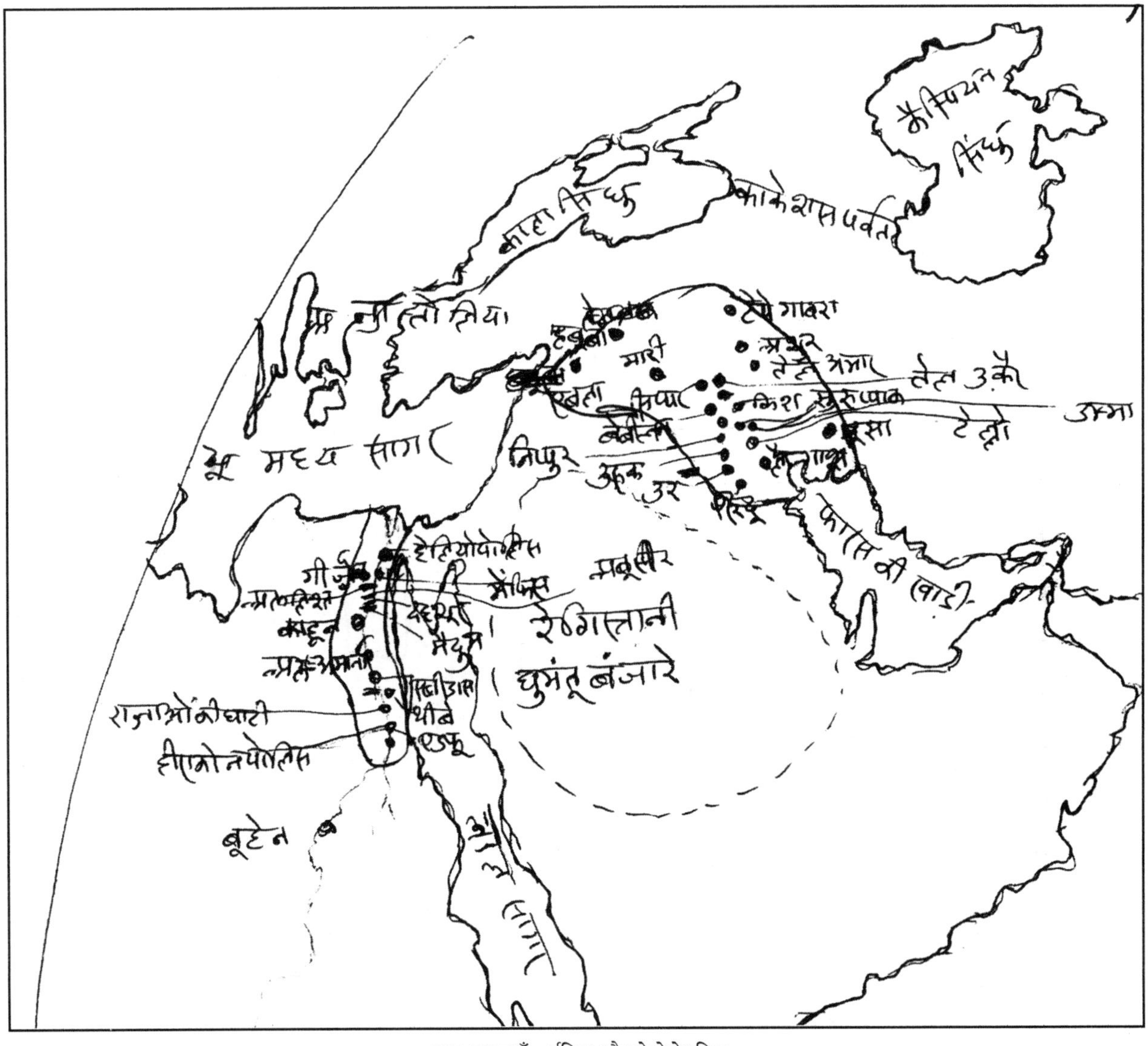

प्रथम सभ्यताएँ : ईजिप्ट और मेसोपोटामिया

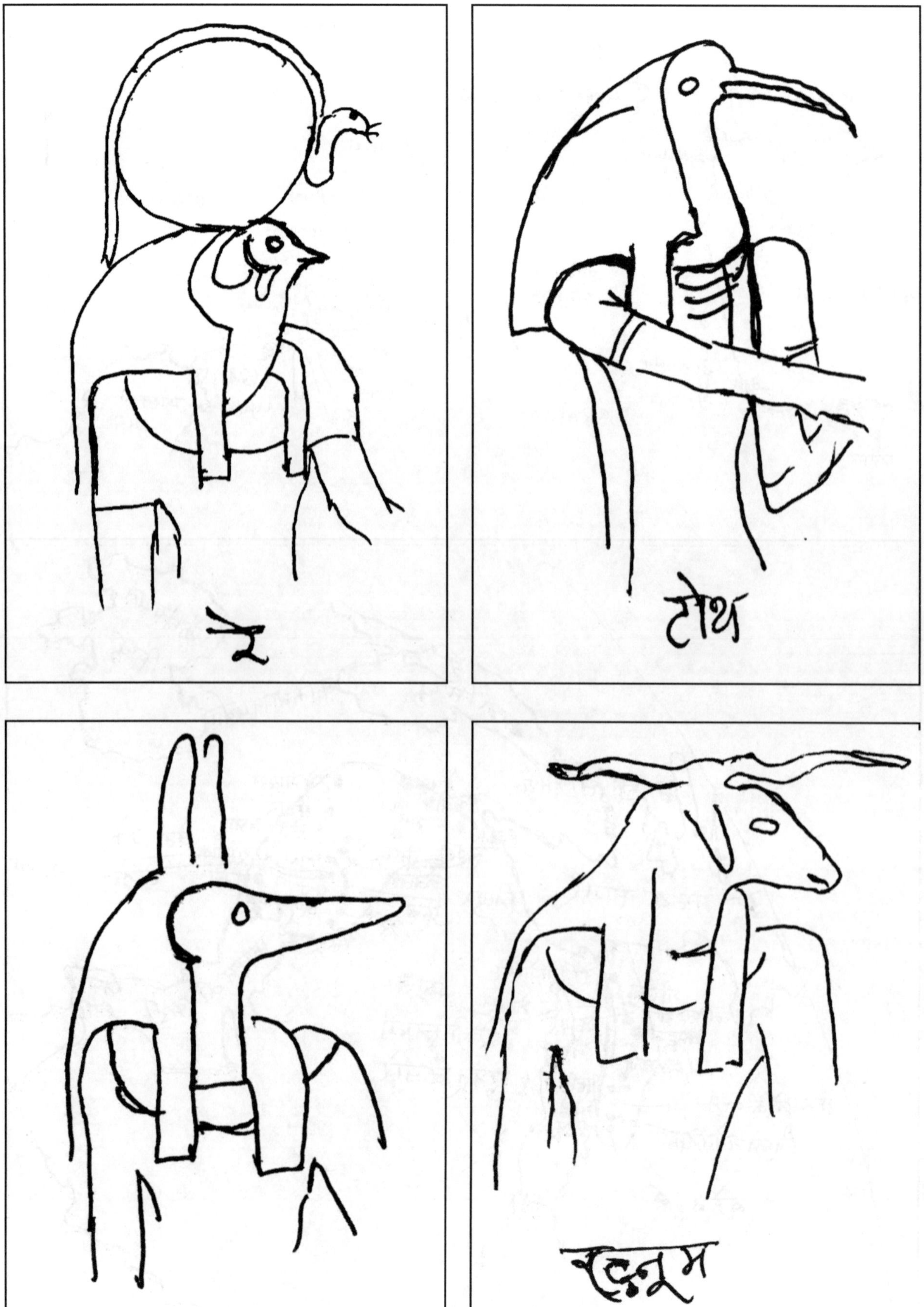

सभी का रेखांकन रमेश कुंतल मेघ द्वारा

थोथ

होरस

अन्हाई में प्राप्त पपीरस (ई.पू. 1150)

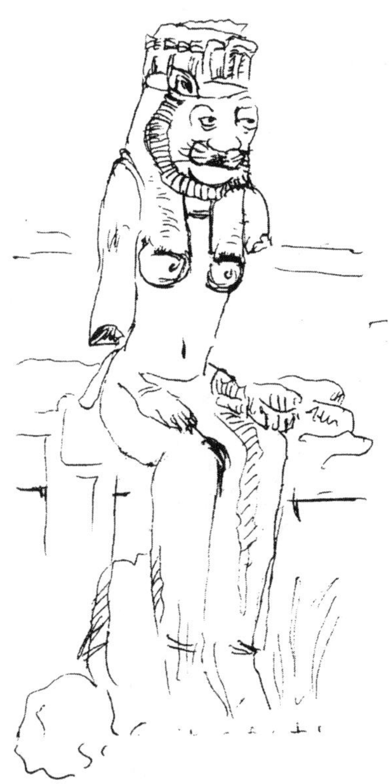

ईजिप्ट
ग्रेनाइट पत्थर में सिंहमुखी देवी सेखमेत का उत्कीर्णन, मुट का मन्दिर, कार्नाक

सभी का रेखांकन रमेश कुंतल मेघ द्वारा

माट : ईजिप्टीय दैवी न्याय की देवी, यह शुतुर्मुर्ग की कलगी लगाये होती है जो सत्य का प्रतीक है। स्वर्ग में आत्माओं की भी प्रदर्शिका है।

ईजिप्ट : लेखनी लिये हुए थोट देवता।
(ग्रीक देवता हर्मीज़ से तुलनीय)

हाथोर देवी : मानव-शिर, गोकर्ण, गो-सींग। गले पर पेपीइरस/अन्नबालियों की माला

गोकर्णवाली मिस्री देवी हाथोर, मस्तक-अलंकरण के साथ

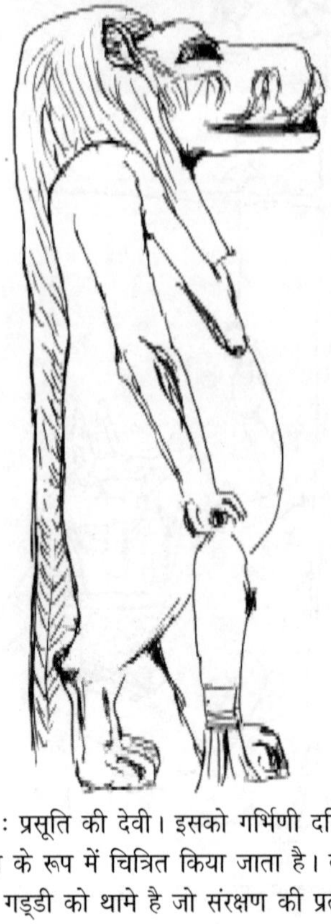

तौरेत : प्रसूति की देवी। इसको गर्भिणी दरियाई घोड़ी हिपोपोटेमस के रूप में चित्रित किया जाता है। वह पैपीरस पत्रों की गड्डी को थामे है जो संरक्षण की प्रतीक है।

सभी का रेखांकन रमेश कुंतल मेघ द्वारा

मेष-मुंख देवता आमोन

ईजिप्ट में कमल पुनर्जन्म का प्रतीक है। कमल बहता हुआ आया जिससे 'रा' और नेफेरतुम का आविर्भावस हुआ

ममीकृत बाज 'सेकेर' देवता ओसिरिस का ताज पहने अगर सिर के ऊपर सूर्य - गोलक होता कुंडलित सर्प के साथ तो यही 'रा' (सूर्य) देवता हो जाता।

हापी आतूर : स्वर्गिक नील नदी का देवता। दिन का सूर्यपंथ इसका भी मार्ग था।

सिंहमुख सेखमेत : पेपीरस पर्णों का दंड लिये। सूर्य गोलक पहने। प्टाह की पत्नी।

सभी का रेखांकन रमेश कुंतल मेघ द्वारा

अतएव यह निष्कर्ष निकालना भी असंगत नहीं होगा कि उक्त पूज्य, कबीलाई, टोटेमीय देवता पूर्वेतिहासिक चरणों वाले हैं। कुछ सर्वोच्च ब्रह्मांड के अभिकर्ता हैं। केंद्रीय महादेवता 'रे' (या 'रा' अथवा बाद में 'आमून') तो प्राचीन राजशाहियों का शिखर सूर्यदेवता था। फाराओ अखेनातेन (ई.पू. 1360) ने अमार्ना को राजधानी बनाया तथा क्रान्तिकारी कदम उठाते हुए सभी देवताओं को खारिज कराते हुए केवल अटेन (सूर्य) को प्रतिष्ठित किया। पुरोहित-वर्ग ने इसे पूर्णतः नाकामयाब कर दिया।

वस्तुतः भूमध्यसागर के इस तट पर ईजिप्टी सभ्यता की धुरी ही मृतकोपासना थी तथा केन्द्र पिरामिड थे। इस सिन्धु के उत्तरी तट पर ग्रीस में स्वस्थ, सुन्दर, पेशल, मांसल, नग्न देह का अभिनन्दन होता था।

सबसे विलक्षण तथ्य यह है कि ईजिप्टी मिथकयान में दैत्य और राक्षस गायब हैं। उन्होंने तो सभी भीषण और हिंसक पशुओं को भी पूज्य टोटेम बना डाला था। एक अन्य आश्चर्य यह भी है कि फाराओ रेमसेस की विश्व में सर्वाधिक, विशाल मूर्तियाँ गढ़ी गयी हैं। ऐसे तथ्य की दूसरी मिसाल दक्षिण एशिया के अंगकोर वाट में सम्राट जयवर्मन की मुस्कुराती हुई अनेक आवक्ष प्रतिमाएँ हैं।

3.3

भारत में मिथकयान की अपनी विलक्षण समस्याएँ हैं। एक तो कालिक सभ्यता के इतिहास में मोहेनजोदारो—सिन्धु एवं हड़प्पा-गंगा की प्रथम सभ्यता, तथा वैदिक सभ्यता के बीच शताब्दियों का भूला-बिसरा अन्तराल है; दूसरे वैदिक युग के बाद 'हिन्दू युग' में निरन्तरता तो अवश्य है परन्तु वैश्विक सन्दर्श एक सौ अस्सी डिगरी घूम चुके हैं। वैदिक युग में इन्द्र के विश्वदेवत्व की धुरी आनन्द थी तो परवर्ती चरण में करुणा तथा अहिंसा होती गयी। हिन्दू-चरण में तो जब सामाजिक परिवर्तन को नश्वर, क्षणभंगुर और मिथ्या मान लिया गया तो इतिहासकार क्या अभिलेख तैयार करते? यह मान्यता हो गयी कि जो अपरिवर्तनशील है, वही सत्य है और युगे-युगे उसकी केवल आवृत्ति होती है। अतः इतिहासकार के बजाय पुराणकार की पुरोहिती आर्ष प्रमाण हो गयी। परिवर्तन की अस्वीकृति से दार्शनिक पूर्वानुमिति को तीन चक्रों द्वारा पुनरावृत्ति के न्याय से स्वीकार किया गया—कालचक्र, नियतिचक्र एवं कर्मचक्र। अतः मिथकों का **पौराणिकीकरण** हुआ और सम्प्रदायों तथा मततन्त्रों के अनुसार उनके नये-नये, भिन्न-भिन्न पाठ स्वीकृत होते गये। जब-जब मिथक धर्म में प्रतिरूपित होती है तब-तब विस्तारपूर्ण कर्मकांडों का प्रभुत्व हो जाता है। अतः भारतीय मिथकायन के ये प्रमुख अन्तर्विरोध रहे हैं; खंड-खंड निरन्तरता तथा, एकता एवं संघर्ष।

आखिर सिन्धु-घाटी का पुरातात्विक एटलस कैसे इशारे करता है? आर्यों की वैदिक रचनाएँ इन्द्र, अग्नि, सोम, वरुण, पर्जन्य-पूषण, विश्वदेव आदि के माध्यम से कई कूट छिपाए हुए लगती हैं। यह पूरा ध्यान है कि यहाँ शताब्दियों के अन्तराल भी हैं।

विश्व की प्रथम साक्षर सभ्यताएँ मेसोपोटामिआ (ई.पू. 3500), ईजिप्ट (ई.पू. 3200), सिन्धुघाटी (ई.पू. 2500) तथा उत्तरी चीन (ई.पू. 1800) में पली-फूलीं। ये नदियों की बाढ़ से उपजाऊ कृषि और आबादी के बसने पर बनीं और **शहरी** थीं। [आर्यों के पास तो अन्य जैसे मन्दिरों, नगरों और मकबरों के कोई अवशेष नहीं हैं]। ये सभी कृषि तथा (हस्तकौशल जन्य) **व्यापार** से जुड़ी भी थीं—नदीय और मैदानी मार्गों से। इनके अपने स्वतन्त्र या जनपदपरक नगर-राज्य थे।

मेसोपोटामिआ के उर तथा उरुक में सिन्धुघाटी के ठप्पे मिले हैं। निश्चित तौर पर इनमें दास और राजनेता होते थे। नदियों की बाढ़ आदि भी उनके क्लासिकी मिथकयान में शामिल होती गयी हैं। पुरातात्विक एटलस बताता है कि सिन्धुघाटी-सभ्यता के ढहने के बाद वहाँ के उर तथा अन्तेवासी शहर भी वैभवक्षीण हो गये थे और केन्द्र उत्तर के नगर-राज्य बेबीलॉन में स्थापित हो गया था।

सिन्धु-गंगा क्षेत्र, और बड़े वृत्त में, मोहेनजोदारो, हड़प्पा, कालीबंगान, सूरनकोट, लोथल के अलावा सैकड़ों छोटे केन्द्रों, पुरों तथा नगर राज्यों का संजाल था। उनमें पकी ईंटों के परकोटे होते थे, एक टीला और एक गढ़ी होती थी। बड़े केन्द्रों में भंडार तथा स्नानागार होते थे। उनके व्यापार के साधन बैलगाड़ियाँ तथा नौकाएँ थीं। तथापि उनके राजनीतिक संगठन, सामाजिक व्यवस्था के बारे में लगभग अज्ञानता है। ई.पू. 2000 के आसपास यह सभ्यता अज्ञात कारणों से विलुप्त हो गयी। लगता है कि अज्ञात कारण शायद बता सकेंगे कि क्यों उनकी भूमि, उनकी सत्ता तथा उनके हथियारख़ाने उनको संरक्षित नहीं कर सके।

यह सुनिश्चित है कि आर्यों के पास **श्रुति** एवं **स्मृति** के आधार थे। उनके पास ठीकरे, ठप्पे, छापे नहीं थे। ऋचाई मिथकें संकेत करती हैं कि आर्यों के पास वज्र तथा गर्जन (यज्ञमन्त्राग्नि) के बेहतर हथियार थे, उनके योद्धा राजसत्ता वाले 'राजन' और देवेन्द्र थे। वे सिन्धु-गंगा की शहरी सभ्यता के बचे-बसे परकोटों, टीलों, गढ़ियों का विनाश करते जाते थे। उनके पास अग्नि का विध्वंस था। और सोम का इहलौकिक आनन्द। उनकी व्यवस्था **गोत्र**-केन्द्रित थी। उनके पुरोहित **ऋषि** थे। तदपि मिथकें और ऋचाएँ उद्‌घाटन करती हैं कि घुमन्तू आर्यों ने गेहूँ, जौ और चावल की पैदावार का खूब इस्तेमाल मोहेनजोदारियों-हड़प्पियों से सीखा (यज्ञ के लिए भी)। उन्होंने कपास के वस्त्र भी ग्रहण कर लिए। सबसे बड़ी क्रान्ति तो यह है कि उन्होंने उनकी **लिंगपूजा** तथा **मातृदेवियों** की शक्ति भी शिरोधार्य कर ली (आर्य-जगत् में नारी पृष्ठभूमि में रही थी)। अतः पृथ्वी-माता है किन्तु शक्तिशाली देवी नहीं।

सही है कि आर्यों के भारत आगमन के एक भी पुरातात्विक सबूत नहीं मिलते हैं जबकि सिन्धु-सभ्यता के मेसोपोटामिआ-असीरिया तक से व्यापार-सम्बन्ध होने के कई पारिस्थिक प्रमाण मिलते हैं। यह एक रिक्त कोष्ठक है।

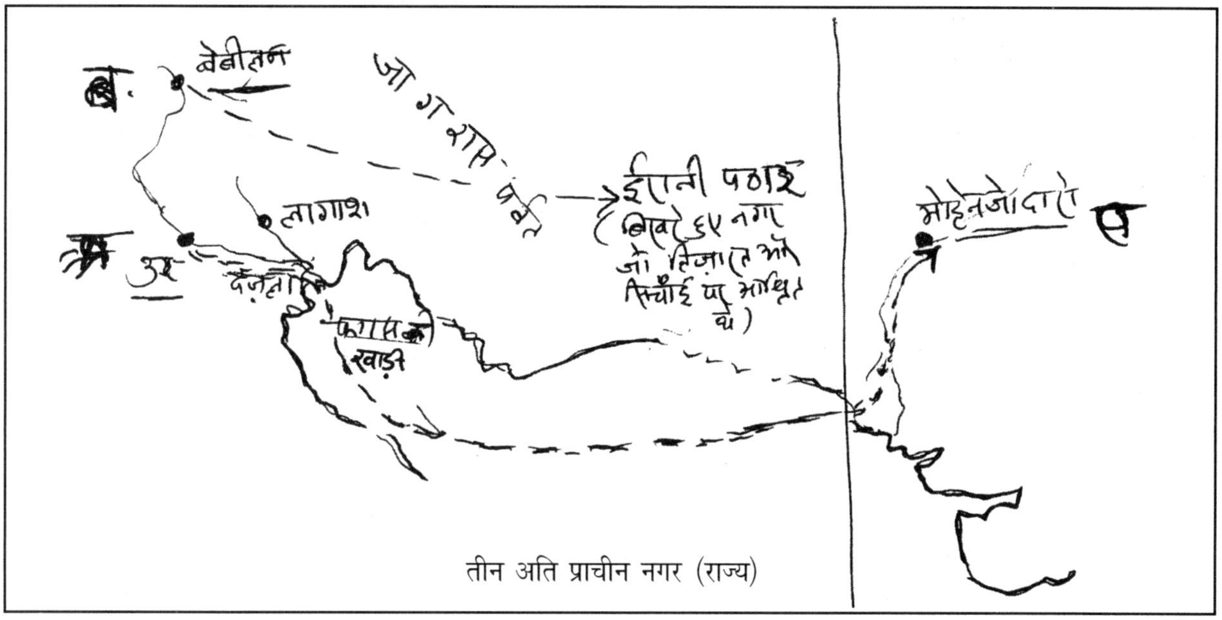

तीन अति प्राचीन नगर (राज्य)

तथापि इन्द्र का पुरन्दर [नगर-विध्वंसक] होना तथा आर्यों द्वारा सूर्य को केन्द्र में लाना [पर्शिया के ज़ेन्द आवेस्ता से समानान्तरता] और इसके साथ अग्नि की उपासना (यज्ञ/दाह) आदि उनके सम्पर्क सूत्र पार्थियानों तथा बैक्ट्रियनों से जोड़ सकती है। उनके बीच में आरियन क्षेत्र [अरियान-क्षेत्र] /हेरात [हरैव] है। बैक्ट्रियन 'ज़र्यास्प' हैं। यह क्षेत्र आमू तथा सीर दरिया के नीचे मैदान में है। इसमें पश्चिम में छोटा अराल सिन्धु तथा बड़ा कैस्पियन सिन्धु है। घेरे में पाँच या सात छोटी-बड़ी नदियाँ हैं।*

मेसोपोटामिआ के असीरिया तथा बेबीलोनिया क्षेत्र भी दज़ला एवं फ़रात नदियों के बीच में हैं।

आर्य भी सिन्धु और गंगा के बीच में सक्रिय हैं। (जबकि सिन्धु सभ्यता के लोग पंचनद पर ही मुख्यतः केन्द्रित रहे थे)। इसलिए आर्य कहाँ से आये? आए यदि।

हमें तो यह अभिज्ञान होता है कि असीरिया-बेबीलोनिया के सीमान्तों से पूर्व की तरफ़ जो एक त्रिगर्त है—पार्थियनों-आरियानों-बैक्टीरियनों का, वह सीधे ही सिन्धनदघाटी तक एकान्वित क्षेत्र है। सीर दरिया पर मारव (Marv) जगह है मेरु जैसी। उसके पूर्व में मारकंड (आज का समरकन्द) है। मार्कंड वा मार्तण्ड में अदल-बदल हो सकती है। किन्तु लोकमान्यतिलक की यह धारणा तो संगत नहीं लगती कि आर्यो का मूल स्थान आर्कटिक का हिमक्षेत्र है। इसके अलावा इस विवाद पर पुरातत्त्व, पेलियोजैविकी, इतिहास सभी लगभग मौन-से हैं।

अथच : पर्शिया का आर्केमेनिद साम्राज्य ई.पू. छठी शताब्दी के मध्य में अस्तित्व में आया था। वह संसार का सबसे बड़ा क्षेत्र था जिसके घेरे में ईजिप्ट का हृदय-क्षेत्र, बेबीलोनिया, असीरिया ही नहीं बल्कि एशिया माइनर समेत पूरा सिन्धुनद क्षेत्र भी इनके साम्राज्य में आ गया था। इसमें ईरानी पठार और सिन्धु-घाटी भी शामिल थी। पुरातत्त्व का एलटस तो ऐसा बनता है। अतएव हम यह पूर्वानुमान लगाकर कोई भूल-गलती नहीं कर रहे हैं कि आर्यो को सुमेर क्षेत्र के ऊँचे मेरु लोग, असीरिया क्षेत्र के 'अशुर' जनों से जबर्दस्त संग्राम भी लड़ने पड़े : देव-असुर-संग्राम। यह मिथकों में रेकार्ड है। लेकिन यहाँ परवर्ती चरण वाला देव-दानव, देव-राक्षस संग्राम नहीं है क्योंकि ईजिप्टियों की तरह उनके प्रथम चरण के मिथकयान में दानव, दैत्य, राक्षसों के वन्य कबीले इतने ताकतवर, भयंकर और बीभत्स नहीं हो पाये थे। बहुत बाद में हिन्दू-युग में वे इन्द्र के 'शासन और सिंहासन' को डगमगाते रहते थे। इन सबको एक ही पर्याय में निबन्धित कर दिया गयाः—असुर और दानव, अर्थात् राक्षस। पौराणिक सन्दर्श की अलौकिकता तथा चमत्कार का वर्चस्व (हेजिमनी) कायम हो चला था। वस्तुतः यह भूमि और सत्ता तथा सभ्यता का भी संघर्ष था। विडम्बना यह कि इतिहास-विवेक के बजाय यह सब कुछ पौराणिक कथाओं में ढलता चला गया। मिथक तथा पुराण तदात्मक-से होते गये। बहुधा ऐसी भी समाज-वैज्ञानिक प्रक्रिया चालू हो जाती है।

अगर हम नीचे की सूची को देखें तो तीन चौथाई से भी ज्यादा वैदिक देवमंडल के देवी-देवते कूच कर गये हैं अथवा केवल मात्र कर्मकांडों में उनका आह्वान होता है :—विश्वदेव, सविता, दिति, अदिति, आदित्य, मित्र, अरुण, प्रजापति, विश्वकर्मा, विराज, पुरुष, द्यौसपिता, इन्द्र, अग्नि, सोम, सूर्य, यम-यमी, अश्विन, वायु, स्वाहा, दक्ष, अंगिरस, पर्जन्य, पूषण, मरुत, उषा, मनु, गन्धर्व, पुरुष, अगस्त्य, क्रतु, काम, ऋभु आदि। हिन्दू-चक्र में इन्द्र-सोम-अग्नि-सूर्य के चतुरंग के बजाय महेश-ब्रह्मा-विष्णु (विशेषतः राम, कृष्ण अवतार) की त्रिमूर्ति पंचायतन समेत प्रमुख हो गयी। देवियों के मंडल में लक्ष्मी, पार्वती, सरस्वती, शक्ति, दुर्गा, काली, सती,

* विस्तार हेतु पढ़ें : 'वैदिक देवता' प्रथम खंड, पृ. 43-140, भारती विद्या प्रकाशन, दिल्ली, 1981

राधा, सीता, तारा, मंजुश्री, आदि शैव-वैष्णव-शाक्त धाराओं में प्रतिष्ठित हुईं। बौद्धों में ध्यानी बुद्धों, जैनियों में तीर्थंकरों का समन्वय तथा सह-अस्तित्व स्थापित रहा। हिन्दू-चक्र में धार्म्मिथकीय गाथाओं के स्रोत पुराणों से अधिक 'महाभारत' और 'रामायण' जैसे संवर्धनशील महाकाव्य (ई.पू. पाँचवीं से तीसरी शती; परिष्कृत संस्करण कुषाण युग में), तथा 'भागवत्' रहे हैं। भूमि और सत्ता और उपासना की दृष्टि से परमभागवत, परम वैष्णव, परम माहेश्वर राजाओं के धर्मचक्र घूमे। साथ ही राम और कृष्ण के चरित लोकनाट्य लीलाओं में भी उज्ज्वल रसकेन्द्र होते गये। इसी के समानान्तर शिवपार्वती-धारा तथा कामरति-धारा की मिथकें भी लोककंठहार बन गयीं। [इनसे तो हम खूब परिचित हैं। अतः इनका विवरण-विवेचन स्थगित किया जा सकता है]।

सटीक सन्दर्भ के लिए ऐतिहासिक एटलस की छोटी कुंजी प्रासंगिक होगीः–

ई.पू. 2500-1700	:	1200 × 700 मील फैली, अस्सी नगरों वाली सिन्धु-गंगा की मोहेनजोदारो-हड़प्पा सभ्यता का अवसान (रेडियो-कार्बन विश्लेषण से)
ई.पू. 3000-1500	:	आर्यों का भारत आगमन (?)
ई.पू. 2000-1000	:	ऋग्वेद का प्रणयन (जी.एम. घूर्ये के अनुसार)
ई.पू. 500-300	:	रामायण-महाभारत का संग्रहण
ई.पू. 700	:	रामायण-काल (सांकलिया के अनुसार)
ई.पू. 322	:	चन्द्रगुप्त द्वारा मौर्य-साम्राज्य की संस्थापना
ई.प. 60	:	कुषाण-साम्राज्य का उत्थान
ई.प. 100	:	पुरुषपुर (पेशावर) घाटी की गान्धार बौद्ध-कला में ग्रीक-हेलेनीय प्रभाव
ई.प. 320	:	चन्द्रगुप्त (वैशालीय) द्वारा गुप्त-साम्राज्य की स्थापना
ई.प. 475	:	अजन्ता के गुफ़ा मन्दिरों में बौद्ध-भित्ति-चित्रांकन सम्पन्न
ई.प. 480	:	गुप्त-साम्राज्य का उच्छेदन
अथच :–	:	
ई.प. 1150	:	कम्बोडिया में अंगकोर वाट के विष्णु (बाद में बौद्ध-) मन्दिर का निर्माण
ई.प. 1400	:	ख़्मेर-सत्ता का पराभव (कम्बुज)
ई.प. 1500-1565	:	विजयनगर-हम्पी-साम्राज्य का काल
ई.प. 1526	:	बाबर द्वारा दिल्ली की सल्तनत पर फतह, मुगल साम्राज्य की स्थापना"

हमारा लक्ष्यीभूत सरोकार तैंतीस देवताओं–उन्चास मरुतों–गन्धर्वों–अंगिरस–भृगुगणों से खास हो सकता है। वे हमारे

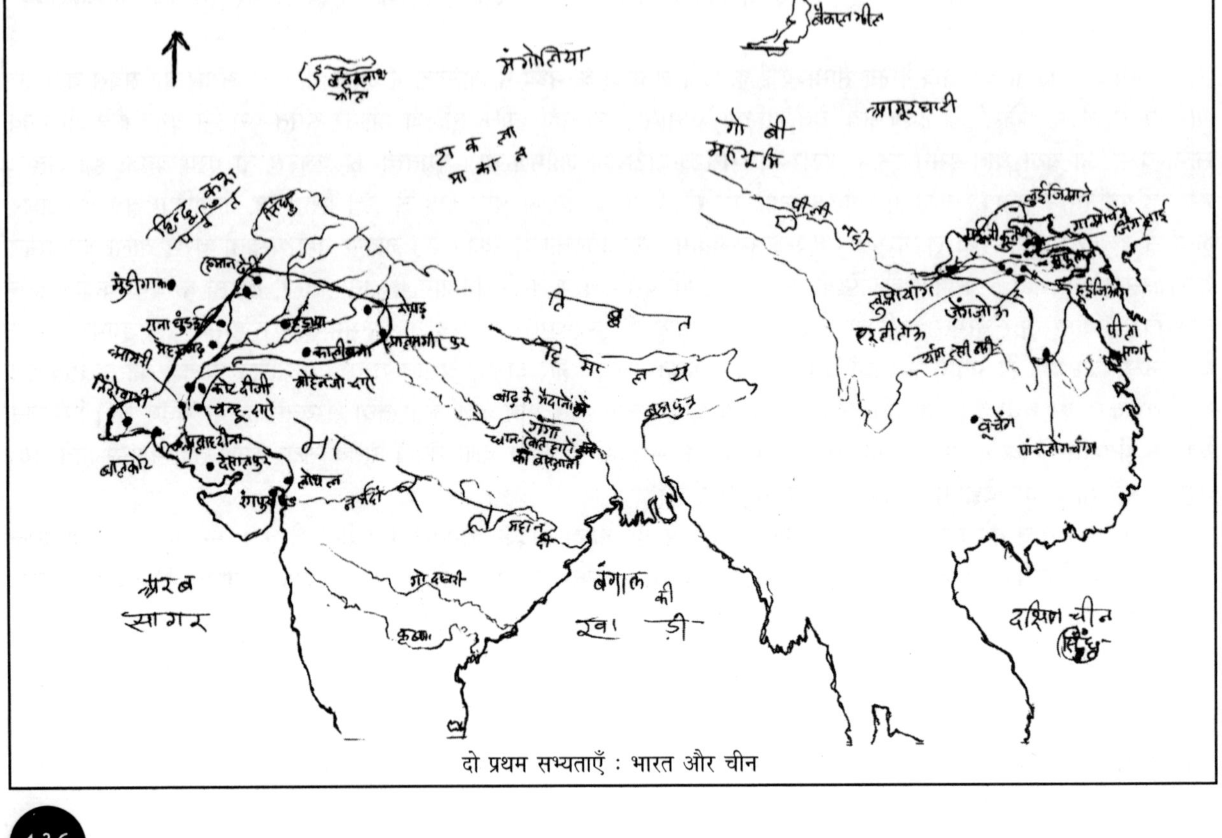

दो प्रथम सभ्यताएँ : भारत और चीन

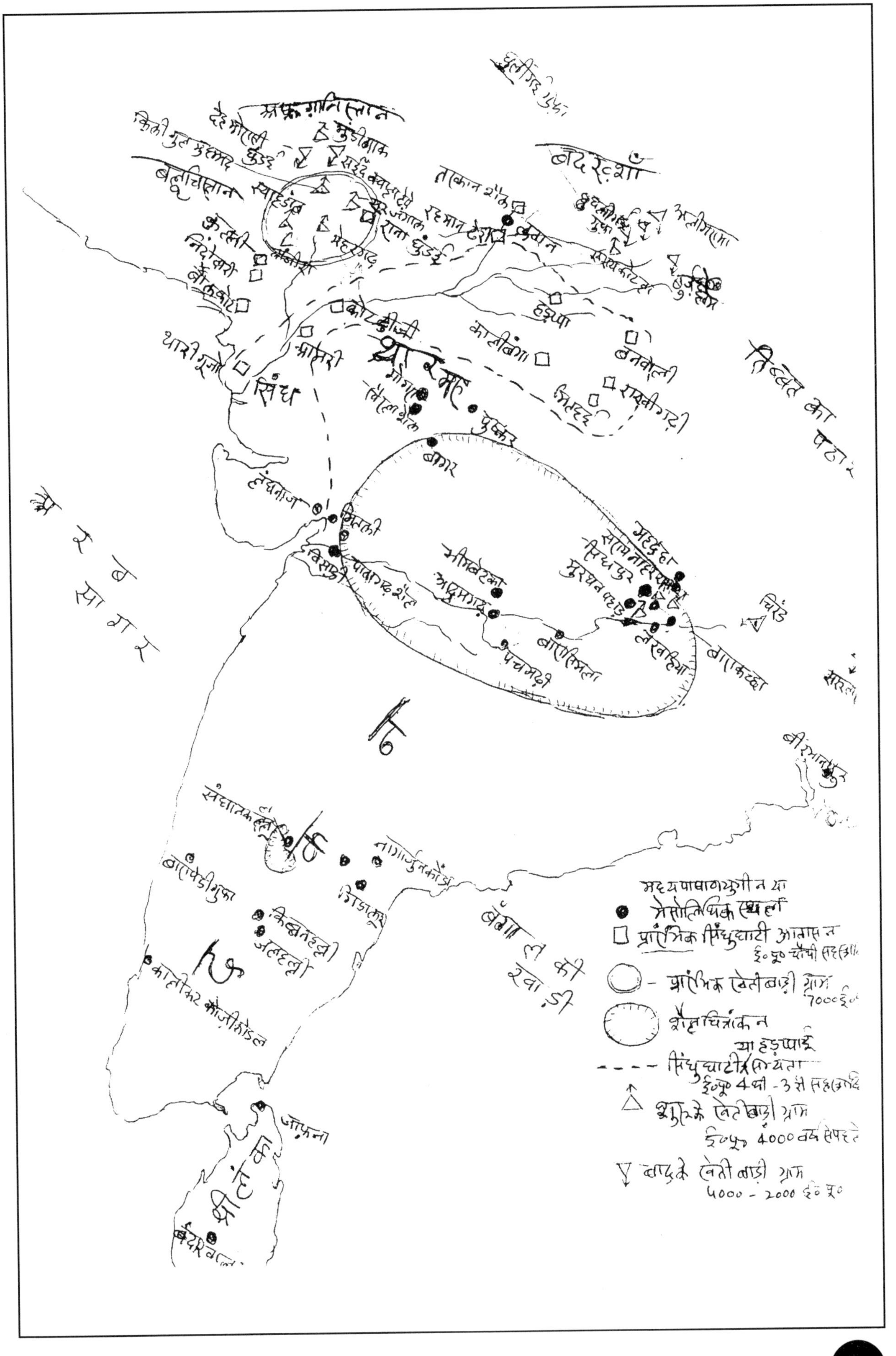
बलूचिस्तान
सिंध
थार मरु
हड़प्पा
पुष्कर
बागोर
भीमबेटका
पचमढ़ी
तिब्बत का पठार
अ र ब सा ग र
बंगाल की खाड़ी
नागार्जुनकोंडा
जाफना
श्रीलंका

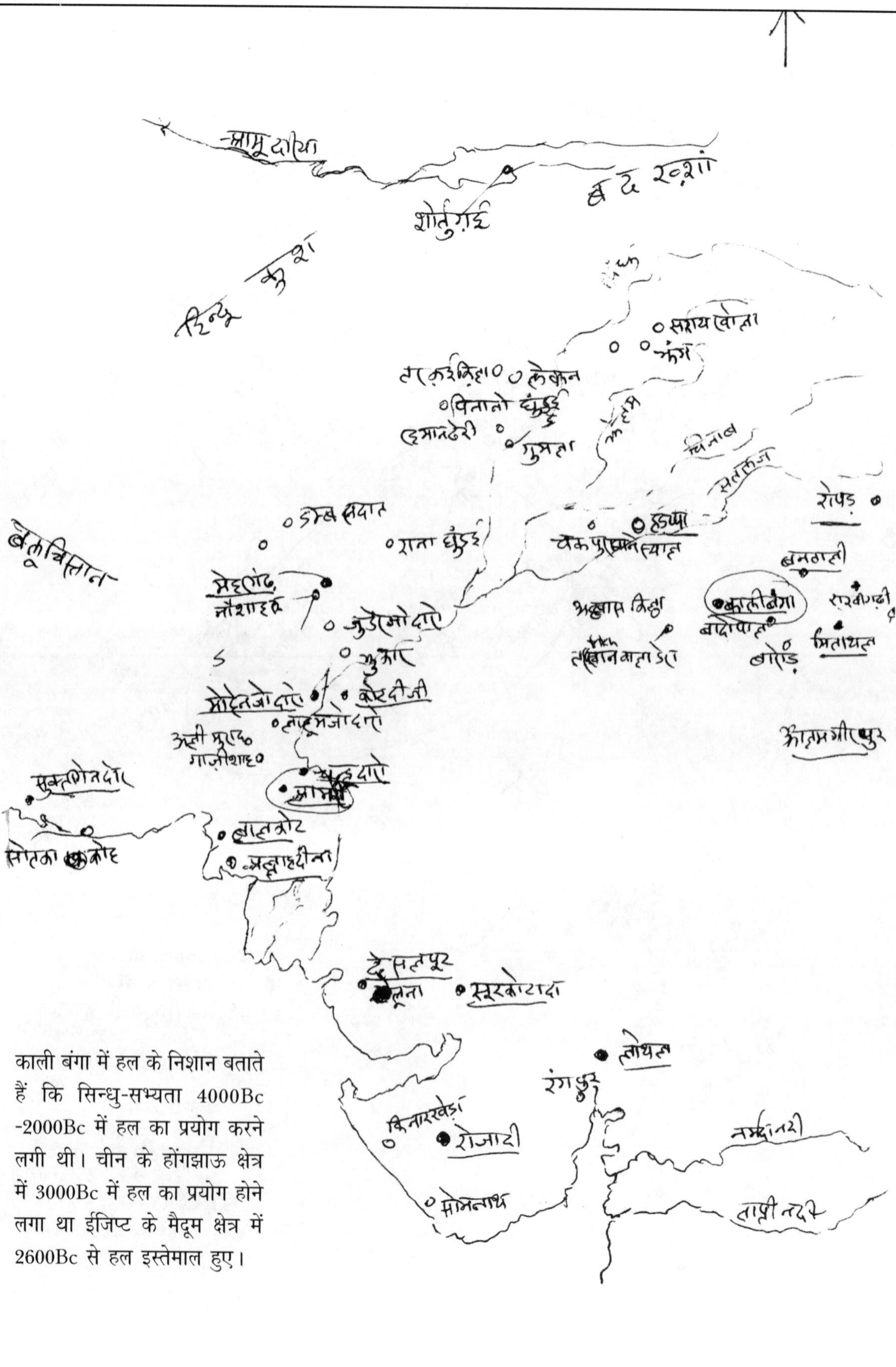

काली बंगा में हल के निशान बताते हैं कि सिन्धु-सभ्यता 4000Bc -2000Bc में हल का प्रयोग करने लगी थी। चीन के होंगझाऊ क्षेत्र में 3000Bc में हल का प्रयोग होने लगा था ईजिप्ट के मैदूम क्षेत्र में 2600Bc से हल इस्तेमाल हुए।

सिन्धुनद के शहर

मिथक चक्र के परिक्रामी हैं। आर्यों की रणनीति मेघ (इन्द्र)—बलि (यज्ञ) तथा स्वाहा (अग्नि) की रही है। ऋग्वेद तो अग्नि की स्तुति से ही शुरू होता है। यज्ञ का तात्पर्य ही उच्छेदन-उत्पादन-सृजन है। अतः ऋग्वेद में आर्ष-मिथकें कही ही नहीं, बल्कि जी भी गयी हैं। इन्द्र-अग्नि-सोम-सूर्य देवता तो जातीय संस्कृति के भी अंग हो गये थे। बेबीलॉन में मर्दुक (या मार्दुक), असीरिया में अशुर, सुमेर में मेरू, तथा आर्यावर्त में मेघवर्षा का देवता इन्द्र देवाधिपति भी हो गये। इन्होंने पहले जल-प्रलय का सामना किया था और शताब्दियों बाद सत्ता और व्यापार के लिए भारत में (गुप्त युग में) दक्षिण एशिया का नौकायन द्वारा सागर-मंथन कर डाला। इस तरह वैदिक-हिन्दू रथिका-चक्रों में मिथकों में तथ्यों की प्रमाणन से दूरी, तदपि विश्वासों से समीपता होती गयी। वे विरासत का सशक्त अंग होकर इतिहासानुभवों को पौराणिक गाथाओं में ढालती रहीं। तथापि इनके मूल सिरजनिये तो प्रायः अज्ञात ही रहे हैं। वेदव्यास या हेरोडोटस ने सुविज्ञात वृत्तान्तों का पुनर्विस्तार ही किया है। बाद में शूद्रक और कालिदास, या ईस्किलस और सोफोक्लीज़ ने इन्हें कला-धार्मिक इतिहास में अन्तर्कुंडलित कर डाला। शनैः-शनैः धुरियाँ भी नैतिकता और धर्माचरण होती गयीं। सहवर्तन में **मिथकीय भूगोल** के अक्ष ने तो लोकचित्त पर जादू-टोना कर डाला। मिथकों के कर्मक्षेत्र अभी और यहीं, सदा और सर्वत्र, होते गये। फलतः वे अनवरत तथा समकालीन भी होती चलीं।

प्राक्मिथकें विशुद्ध कुँवारी नहीं होतीं। उनमें योनि-शुचिता का आदर्श नहीं है। वे कई संस्कृतियों में घुल-मिलकर वहाँ बसतीं, शृंगार करतीं, भोग करतीं तथा निष्क्रमण करती हैं। मसलन, वाल्मीकि की 'रामायण' तथा होमर की 'एलियड' की भारोपीय धरोहर एक जैसी है। दोनों में ही स्त्री-हरण तथा युद्धोपरान्त उनकी पुर्नप्राप्ति होती है। दोनों में ही क्रमशः सीता भूमिजा और हेलेन अंडजा है। अतएव अपहरण एवं पुनर्लब्धि के महान मिथकाभिप्राय एक हैं। दोनों के वृत्तान्त अनेकानेक कुशीलव-परंपराओं की देन है। उन महाकाव्यों में पवित्र कथाएँ हैं, छल-कपट हैं, नाना अनुष्ठान ैं, असामान्य-अद्भुत घटनाएँ हैं तथा बाद में ऐतिहासिक भ्रान्तियाँ भी हैं। ये सभी घटक नाना मिथकाभिव्यंजनाओं के स्वायत्त-प्रकरण-प्रकार भी होते गये हैं। मसलन, स्त्रीहरण को रावण-सीता के साथ बालि-रूक्मा से भी जोड़ा गया है, अथवा भीष्म द्वारा अम्बा-अम्बालिका के, अर्जुन द्वारा सुभद्रा के, तथा श्रीकृष्ण द्वारा रुक्मिणी के हरण को आदर्श तथा अनुराग से अनुरंजित कर डाला गया है।

3.4

चीन की प्राथमिक प्राचीन चौथी सभ्यता है। चीनी सभ्यता का उद्गम बड़ी नज़ाकत से पर्यावरण से जुड़ा हुआ है, पर्यावरण ीय-भौगोलिक व्यवस्था में बँटे तीन क्षेत्र :

1. उत्तर चीन का समशीतोष्ण क्षेत्र : उपजाऊ भुरभुरी जमीन, पीली नदी की देन है, किन्तु कठोर सर्दी, सूखा और बाढ़ भी।
2. दक्षिण चीन का हल्का आर्द्र क्षेत्र : सभी ऋतुओं में उपजाऊ। यांगत्सी नदी-क्षेत्र।
3. धुर दक्षिणी क्षेत्र : तटीय मछली-उत्पादक क्षेत्र।

उत्तर-दक्षिण के ऐसे ध्रुव अन्तर ने मानवीय संस्कृति के दोहरे पक्ष पेश किये। पहले चीनी शांग-राज्य का आविर्भाव उत्तरी चीन में हुआ था। यह हेनान प्रांत की लोंगशान-संस्कृति से उभरा था तथा अभूतपूर्व सांस्कृतिक एवं टैक्नोलॉजिकल विकास को छू सका। शांग-अवधारणा एक 'पुरोहित सम्राट' की थी। वह महान् देवता 'दी' की अन्तस्थता के जरिए शासन चलाता था। बाद में ई.पू. 1123 में झाऊ लोगों ने शांग को जीत कर अपना राजवंश चलाया। उन्होंने अपनी सत्ता का विस्तार मंचूरिया, अन्दरूनी मंगोलिया तथा यांगत्से नदी के उत्तर व दक्षिण तक फैलाया। उन्होंने शांग के महान् देवता को भी छोड़कर आकाश देवता 'तियान' की उपासना चलाई। उन्होंने 'तियान ज़ी' (आकाश देवता का पुत्र) की पदवी ग्रहण की। ई.पू. 771 में झाऊ-शक्ति काफी क्षीण हो गयी थी। कई राजशाहियाँ उभर आयीं : 'युद्धरत राज्यों' की (ई.पू. 5-3 शती)। इनमें से सबसे ताकतवर क्विन (आधुनिक शाङ्जी) था। इसने बचे हुए राज्यों को इकट्ठा करके प्रथम चीनी साम्राज्य की संस्थापना की।

झाऊ राजवंश के विघटन के बाद से क्लासिकल लेखकों ने भावी पीढ़ियों के लिए दस्तावेज़ तैयार करने शुरू किए। उनके लिए इतिहास पवित्र था। उन्होंने मिथकों की रचना करने के बजाय **मिथकीय वृत्तान्तों** को अपने दर्शन तथा शासन की पुस्तकों में शामिल करने की पद्धति चलाई। उनके मिथकीय वृत्तान्त सुस्थिर हैं जिससे अनुमान लगाया जाता है कि उनके स्रोत एक ही रहे होंगे। वे स्रोत 'मौखिक परम्पराओं' के थे जिनमें से प्रथम ई.पू. 600 का था। यद्यपि मिथकों का उद्गम तथा कालनिर्धारण सदैव के लिए लुप्त हो गया, किन्तु क्लासिकल पाठ्यों में मिथक-कथाएँ सदैव के लिए सुरक्षित हो गयीं।

अतः प्राचीन चीन में मिथकों का आविर्भाव मौखिक परम्पराओं में हुआ। वे **दार्शनिकों के युग** के क्लासिकी पाठों में सं. रक्षित हैं। चीनी लेखकों ने मिथकीय वृत्तान्तों के खंडों को अपने निजी कृतित्वों में शामिल करके तर्कातीत तर्क प्रस्तुत करने एवं आधिकारिकता प्रदान करने की प्रवृत्ति ग्रहण की।

आर्थर कॉटरेल चीनी मिथकों को ऐसा भुरभुरा संग्रह बताते हैं जो छिटका-छितरा है, जो ऐसी अज्ञात, प्राक्तन अभिव्यक्तियों

का संग्रह है जिसके सन्दर्भ दार्शनिक, साहित्यिक अथवा ऐतिहासिक हैं। वे संक्षिप्त तथा असम्बद्ध होने के कारण बड़ी पहेलियाँ खड़ी करते हैं। वे विभिन्न क्लासिक पाठों में समाविष्ट हो गयी हैं। इससे ये मिथकीय कथांश अपनी वृत्तान्त-रीतियों में विभिन्न हैं। अक्सर विद्वान लेखकों ने अपने वैश्विक तथा जीवनीपरक दृष्टिकोण के मुताबिक उनका आहरण कर लिया है। इसका नतीजा यह हुआ कि चीनी मिथक के कई-कई अनुपाठ, प्रतिपाठ हो गये हैं। उनमें एक स्थिरता तो है लेकिन तफसीलों में बहुत फ़र्क़ है। तुलना के लिए हम कह सकते हैं कि ग्रीक और रोमनीय मिथकों के जो कलात्मक वृत्तान्तपरक साहित्यिक प्रतिपाठ ढले उनमें विश्वसनीय मौखिक वाक् की हानि होती गयी है। लेकिन मिथकों को अंशों-भागों में अभिलेखित करने की चीनी तरकीबें उन्हें समृद्ध तथा प्रचुर वृत्तान्त-संरूपों में परिवर्तित कर देती हैं। इससे उनकी आदिम विश्वसनीयता के विलक्षण प्रदर्शन का प्रतिभास होता है। ['एनसाइक्लोपीडिया ऑफ़ वर्ल्ड मिथोलॉजी', पेरागान का इम्प्रिंट, डेम्पसीपार्ट बुक्स, यू.के., 1999, पृ. 174]

इतिहास के झरोखे से देखें तो ईसा पूर्व 8500 में चीनी कुम्हारी गढ़ी गयी, 3500 में हरित धान की खेती शुरू की गयी, 2700 में रेशम-बुनाई का कौशल प्रचलित हुआ, तथा ई.पू. 2500 में परकोटे वाले प्रथम नगरों का निर्माण हुआ।

ई.पू. 1523-1027 शा'ङ में राजवंश में अस्थियों का टोटकों के रूप में दाधीचि जैसा इस्तेमाल हुआ और लिपि भी ढली। ई.पू. 1027-221 में झाऊ राजवंश में कांस्य-ढलाई का अनुसन्धान हुआ। क्विन राजवंश (ई.पू. 214-206) में समस्त चीन का प्रथम सम्राट शि हुआंग सारे देश को एकीकृत करता है। उसके मकबरे से 1974 में सात हजार गढ़े गये मृत्तिका-योद्धा मिले हैं। हान राजवंश (ई.पू. 136-110) में कनफूशियसवाद राजधर्म घोषित होता है तथा मध्य एशिया के आरपार रेशम-मार्ग का उद्‌घाटन होता है।

फिर ईसा पश्चात् 65वें वर्ष में बौद्ध धर्म का प्रवेश होता है। वेई, शू तथा वू राजवंशों के बीच (ई.प. 220-265) खंडित एकता व्याप्त होती है। चीनी बौद्ध भिक्षु फा-हियान् (399) बौद्ध धर्म का अध्ययन करने भारत आया।

ई.प. 477 में बौद्ध धर्म राजधर्म घोषित कर दिया जाता है। युंग यांग के उत्तरी प्रान्त में चित्रांकित बौद्ध गुफाओं का विशाल परिसर बनाया जाता है (ई.प. 477)।

पूज्य-पवित्र ड्रेगन

सूई राजवंश (ई.प. 590-610) पुनः सारे चीन को एकीकृत करता है। पुस्तक-मुद्रण की शुरुआत होती है। ताङ राजवंश (ई.प. 618-906) द्वारा विशाल चीन-साम्राज्य खड़ा होता है और राजसभा में बौद्ध धर्म को कोरिया, मंचूरिया, मध्य एशिया में प्रसारित करने का अभियान मंज़ूर होता है (ई.प. 626)। सुंग-वंश (ई.प. 960-1279) के काल में उत्तर चीन में मंगोलों का कब्ज़ा हो जाता है। चंगिश खान् का विशाल साम्राज्य खड़ा होता है। कुबलाई खान का शासन (1260-94) उसका शिखर है। इटैलियन

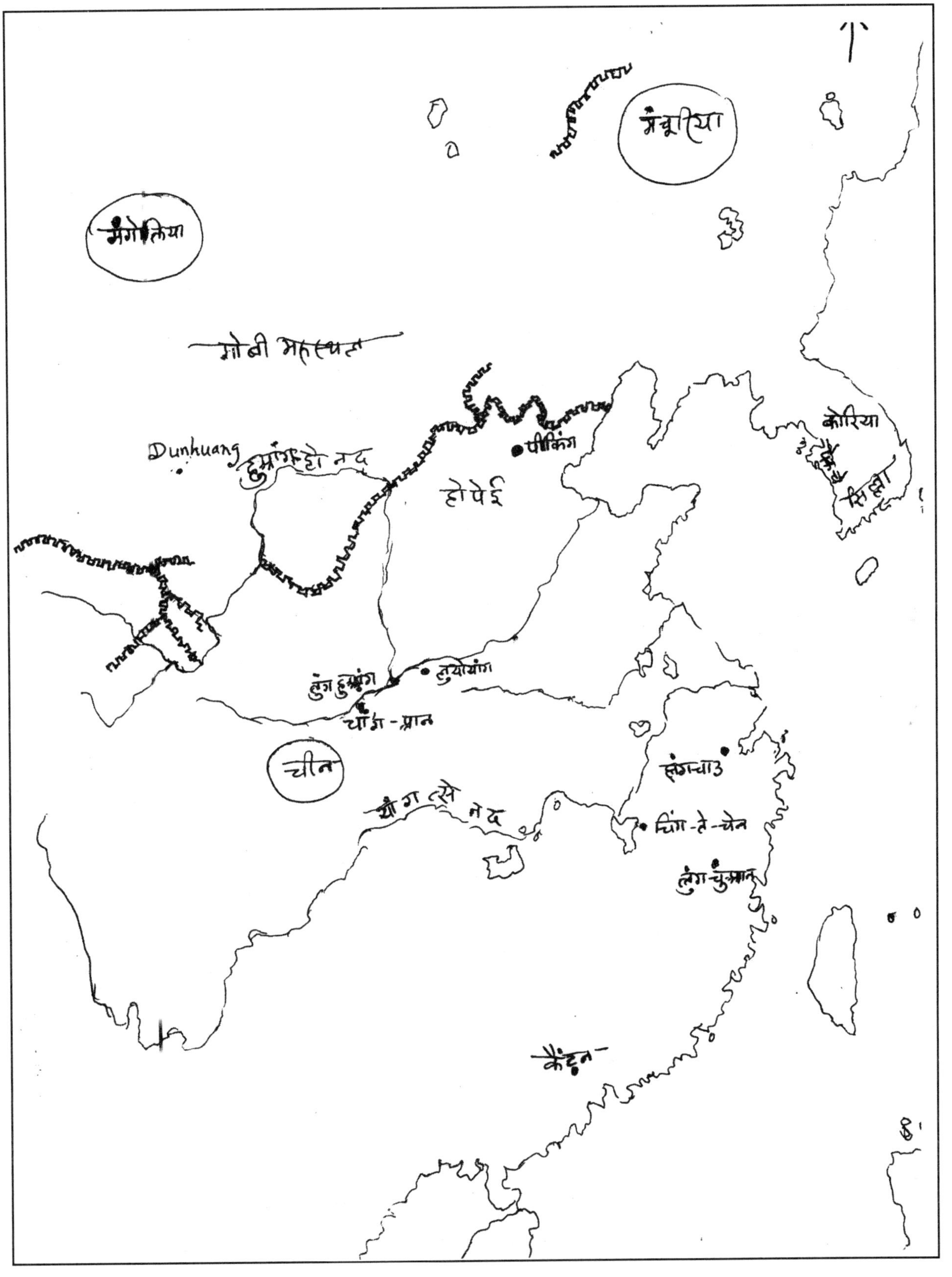

मार्को पोलो राज-शासन में भागीदार होता है (1275-95)। फिर कई छोटी-छोटी राजशाहियाँ बनती-मिटती हैं। इस इतिहास-चक्र में शुंग-राजवंश के समय को ही **रिनासाँ-काल** कह सकते हैं (गुप्त काल के जैसा)।

फिलहाल अर्द्ध सारांश में : चीनी मिथकयान में, पाँच राजवंशों, पाँच पवित्र पर्वतों, तीन पवित्र नदी-देवियों के अक्षों में इतिहास को ही मिथक तथा साहित्य में रूपायित कर दिया गया। उनमें मकराकृत सर्प या 'ड्रेगन' प्रायः शुभ भूमिकाएँ निभाते हैं। इसमें विश्व वृक्ष हैं, देवी रानियाँ हैं, क्वाँरी वधुएँ हैं, पीत सम्राट और पीत नदी है, नदियों की बाढ़ें हैं। और; यी जैसा धनुर्धर है, बाढ़ की मिथक का नियन्त्रक यू है, होऊ जी तथा शुन जैसे नैतिक अधिनायक हैं, गुन जैसा चालबाज है, गुआ जैसी संरक्षिका देवी है, विवेकवान बन्दर हैं तथा जीवनदायी ड्रेगन आदि है। इस प्रकार समूचा चीनी मिथकयान एक विशालकाय शासनतन्त्र (ब्यूरोक्रेसी) की भाँति प्रकट होता है। सम्राट सर्वोच्च देवता की तरह तथा राजतन्त्र दैवी-विधान की तरह हैं। इसके अलावा सबसे अद्वितीय वैश्विक दृष्टि यह है कि सभी चीनी देवी-देवते-मानवीय संरूपों में अभिनन्दित हैं। यह सभ्यता पीली नदी (ह्वांग हो) से फैली। इसमें कन्फ्यूशियस (551-479), ताओ तथा बौद्ध का संगम हुआ। ई.पू. 353 में विशाल चीन की दीवार का निर्माण हुआ तथा ई.पू. 100 में रेशम-मार्ग विकसित हुआ। चीनी सभ्यता ने कागज, बारूद, रेशम और जेड का अन्वेषण किया। चीनी मिथकें कूट (कोड) तथा रूपकात्मक वाक्यों के रूप में विकसित होकर शिक्षा, रिश्तों तथा समाज-व्यवस्था का नियमन करती हैं। उनमें भूगोल की भी प्रमुखता है। चीनी मिथकों के आर्ष तथा भरतपाठ नहीं हैं। वे उत्तरपाठ के रूप में कवियों तथा लेखकों की कृतियों में मिलती हैं।

अन्ततः हम **नदी देवता** तथा **क्वाँरी वधुओं** की मोहक मिथक से मेलिनोवस्की एवं क्लाद लेवी-स्ट्रास सम्मत **सामाजिक चार्टर** की पुनर्लब्धि करेंगे—

नदी-देवता द्वारा हर साल क्वाँरी वधुओं की फिरौती माँगने की मिथक अपने **इतिहास के स्रोतों** में घुल जाती है। ईसा पश्चात् दूसरी सदी में यिंग शाओ ने सामाजिक प्रथाओं के निर्वसन के अन्तर्गत ईसा पूर्व तीसरी शती की इस संघटना का विवरण दिया है। कार्य-व्यापार का दृश्यपटल चिइन के सम्राट चाओ श्यांग (ई.पू. 106-251) के समय का है जब उसने शू (वर्तमान सेज़्वान) को जीतने के उपरान्त अपने प्रशासक ली पेंग को इस कार्य के लिए भेजा था।

चीनी वृत्तान्त चित्रात्मक, तफ़सीलों वाले होते हैं : ऐतिहासिक नायक ली पेंग द्वारा एक चतुर और छलिया देवता से मुकाबला; दो सुन्दर कुमारियों की प्रबल यन्त्रणा; देवता की नायक के प्रति घृणा और नायक की चुनौती; देवता और मनुष्य के बीच रण; देवता तथा मनुष्य का नीले वृषभों में कायान्तरण और सुखद फलागम।

इसके साथ-साथ ऐतिहासिक नायक प्रशासक ली पेंग द्वारा चेंग-तू शहर के चारों ओर नहरें बहाने, तथा परिवहन और सिंचाई का प्रबन्ध करने के भी तथ्य प्राप्त हैं। इसके साथ-साथ नायक द्वारा चालाकी से देवता की पराजय इस रूप में पेश की गयी है कि देवता की शक्ति तथा सत्ता घट जाती है और मानवीय अधिकरण, विशेषतः नौकरशाही, की बढ़ोतरी हो जाती है। यहाँ एक दुविधा है कि देवता-धुरी का वृत्तान्त मिथक में प्रमुख हो गया है लेकिन देवत्व को उत्पन्न करने वाली विश्वास-प्रणाली (अर्थात् शू-क्षेत्र पर जीत) को कमज़ोर बना दिया गया है।

चीनवेत्ता एने बिरेल इसकी दूसरे परिप्रेक्ष्य में व्याख्या करती हैं। वे समाजशास्त्रीय तथा अनुजातिविज्ञान की दृष्टि से सवाल उठाती हैं। शू की स्थानीय नदी का देवता जो हर साल दो कुवाँरियों की फिरौती माँगता है। क्या वह उस क्षेत्र की कोई ऐसी सामुदायिक प्रथा तो नहीं है? वे इसका औचित्य तलाशती हैं। उन्हें पता मिलता है कि ली पेंग के आगमन से पहले भी स्थानीय शासन दो कुँवारियों के परिवारों को मोटी रकम का मुआवज़ा दिया करता था (ताकि नुकसान की भरपाई हो सके)। इस भाँति यह सालाना विनिमय स्थानीय समुदाय को वित्तीय फायदे भी पहुँचाता था। इसका एक प्रयोजन यह भी हो सकता था कि अवांछित बेटियों को नदी में डुबाने के बजाय उनकी रक्षा कर दी जाए। इसके प्रतिकल्प में यह स्थानीय घोटाला भी हो सकता था क्योंकि खुद ली पेंग ने भी अपनी बेटियों को तथाकथित नदी-देवताओं को अर्पित की थीं। तो क्या हो सकता है?

एक बार जब नदी-देवता अन्तिम रस्म में शराब का तर्पण लेने बाहर नहीं आया तो ली पेंग ने उसे लड़ाई के लिए ललकारा। किन्तु वह गायब हो गया। तब? तब नदी के उस टीले पर दो नीले सांड़ लड़ते हुए मिले। तब ली पेंग ने नदी-देवता का वध कर डाला।

इस तरह मिथकीय वृत्तान्त से **सामाजिक चार्टर** (सामाजिक पंचांग) के पुनर्निर्माण की यह विधि मेलिनोवस्की, लेवी स्ट्रास, एनॅ बुरेल और हमारे लघु-लघु अन्तर्पाठों से गर्भित की गयी है। निष्कर्ष यह है कि इस अनूठी मिथक का सरोकार तत्कालीन सामाजिक प्रथा के खिलाफ है।

निरंकुश **नृपतन्त्र** में कुछ अन्य उदाहरण हैं। पीली नदी (ह्वांग हो) के स्वामी की नदी-देवी रानी लो पिन का धनुर्धर यी ने अपहरण करके उसके पति की हत्या कर दी।

वास्तव में लो पिन एक जलपरी (निम्फ़) थी और लो नदी की देवी भी। वह नदी में डूब मरने के बाद देवी हो गयी। इसी तरह देव टी शुन अपनी दो क्वाँरी माशूकाओं शी-हो और चांग-शी के संसर्ग से दस सूर्यों तथा बारह चन्द्रमाओं को जन्म दिलाता

धनुर्धर यी और विश्ववृक्ष

[यी द्वारा नौ सूर्यों को बेध कर गिराने की मिथक की व्याख्या हम कर चुके हैं]

फिडियास की एथेनी पार्थिनॉस, एथेंस

है। वे स्वर्गपक्षी श्यांग-ची-शा से भी सम्बन्धित है। नदी-केन्द्र में भी पीली नदी को गगन-गंगा की प्रतिछवि माना जाता है। हम समापन श्यांग रानियों से करते हैं। वे याओ द्वारा अपने उत्तराधिकारी तथा श्यांग रानियों के पिता शू की बेटियाँ थीं। वे श्यांग नदी में डूब मरीं (श्यांग तो यांग त्से नदी की सहायिका है)। बाद की मिथकों में उन्हें श्यांग रानियाँ कहा गया। उनके नाम ओ-हुआंग तथा नूः यिंग थे।

अतः ये मिथकें कर्मकांडीय आत्महत्या, बलि और अवांछित नारियों की मृत्यु की व्यथाएँ रेकार्ड करती हैं। (भारत में भी ऐसे ही अच्छी नेक रमणियों को सती बनाकर पाखंडी पुजाई की जाती है)।

3.5

ग्रीस की समृद्ध भारोपीय विरासत रही थी। इसके अलावा उसका मिथक-संसार ईजिप्टी और एशिया माइनर से भी संप्राप्त किया गया। उनके मिथकलोक के दो ध्रुवान्त थेः—आकाश का देवता ज़ियस तथा उसका ओलिम्पस-पर्वत पर देवमंडल।

इसलिए ग्रीक मिथकों का ठीक उद्गम जानना प्रायः नामुमकिन है। ये उनके विभिन्न द्वीपों में, तथा विविध नगर-राज्यों में व्युत्पन्न हुईं। ज़ियस तथा ओलिम्पस के साथ उनका तीसरा उद्गम होमर के दो महाकाव्य 'इलियाड' तथा 'ओडिसी' (ई.पू. 750) हैं जिनमें ये संकलित की गयीं। इनका चौथा अभिज्ञान हेसियड एवं सोफोक्लीज, ईस्किलस, ऐरिस्टोफेनीज़ के नाट्य हैं। रंगमंच में इनका रोमांचक अभिनय होता था। इस प्रकार इस मिथक-रथ के चार पहिये हैं—स्वर्गदेवता, ओलिम्पस, होमर के महाकाव्य तथा नाट्य रूपान्तर। उनमें अन्य-लौकिकता अपेक्षतः नहीं है।

पूर्व-सोक्रेटियनों तथा प्लेटो (ई.पू. 399, 359), दोनों ने ही मिथकायन की नैतिकता को कठोर चुनौती देकर उन्हें मिथ्या अर्थात् प्रतिभास, अन्यापदेश (एलिगरी) और भ्रान्ति (झूठ नहीं) बताया। प्लेटो ने तो उन्हें अपने आदर्श राज्य 'रिपब्लिक' के प्रतिकूल घोषित कर दिया।

तदपि देवी एथेना के अनुकरण पर एथेंस नगर का नामकरण हुआ। उसके मन्दिर का मूल स्वरूप 'पार्थिनोस' से निकला है जिसका अर्थ कुमारी सती (वर्जिन) है। इसके सहवर्तन में देवी डिमेटर कृषि-देवी थी। उसका लक्ष्य उर्वरता था। वह 'बीजों की माता' थी।

वास्तव में एथेंस के पेरिक्लीज़ ही 'स्वर्णयुग' लाये थे। उन्होंने धनबल, बाहुबल, नौसेना-बल का विस्तार किया। एथेंस ने भव्यता तथा वैभव की ऊँचाइयाँ छुईं। एक ओर दो देवियाँ थीं—एथेना तथा एफ्रोडाइट; तो दूसरी ओर दो देवते थे—पोसेइडन तथा अपोलो। ज़ियस तो निरंकुश देवेन्द्र था ही। इस बीच हेलेन को लेकर ट्रोजन-युद्ध हुआ। और (ई.पू. 404) पेलापोनेशियन युद्ध भी एथेंस की पराजय से समाप्त हुआ। इनकी बेहद आतंककारी और भयंकर छायाएँ ग्रीक मिथकायन पर छाती गयीं। अनेक दानव, साइक्लोप्स, जाइंट्स आदि शत्रु-मित्र होकर जीत-हार के लिए संघर्ष करते रहे। आग उगलते देवता, समुद्री सर्प बने देवसर्प, हार्पीज़ साइरनें, जलपरियाँ छा गयीं। उनके अनेकानेक कायान्तरण (मेटामार्फोसिस) भी नये-नये अमानवीय प्राणियों के रूप में सक्रिय रहे। इनमें षड्यन्त्रों और दुराचारों से जकड़ती ज़ियस की, एफ्रोडाइट की दुराचारी कामलीलाएँ भी जुड़ती गयीं।

तथापि हम ग्रीक मिथकरथ के चार पहियों के बिना कालयात्रा नहीं समझ सकते। पहले पोसेइडन और अपोलो। फिर दोनों देवियाँ।

पोसेइडन सिन्धुपति है; अपने भाई ज़ियस की तरह दुर्दमनीय। वह समुद्र तथा प्राकृतिक शक्तियों का नियन्त्रक है। वह अपने त्रिशूल से धरती को दो-फाड़ कर सकता है। उसकी आक्रामकता का प्रतिनिधि वृषभ, तथा रचनाशीलता का दृष्टान्त अश्व है। वह अक्सर एथेना से लड़ाई करता रहता था। (=एथेंस में उभरते ज्वार-भाटे, व तूफान)। वह अनेक भयंकर दानवों का भी पूर्वज था (जैसे हाइड्रा तथा स्फिंक्स का)।

ज्ञानदेवता अपोलो जलदेवी डाफ्ने के प्रेम में कामोद्दीप्त रहा है। डाफ्ने पुरुषों और शादी को नामंजूर करती आ रही थी। तदपि अपोलो लगातार उसका पीछा करता है। अन्त में डाफ्ने के नदी-देवता-पिता को दया आ गयी। उसने उसे (डाफ्ने को) एक लारेल वृक्ष बना दिया। तब से लारेल अपोलो का पुनीत वृक्ष हो गया। रोमी महाकवि ओविड ने इसका मज़ाक भी उड़ाया कि सम्राट आगस्टस सीज़र द्वारा सर्वोच्च पद प्रदान किया गया देवता अपोलो तो जल-अप्सरा के बजाय एक वृक्ष के तने के आलिंगन में तल्लीन है।

एथेना देवेन्द्र पिता ज़ियस के मस्तक से पूर्णतः सज्जित होकर पैदा हुई। तात्पर्य यह कि वह ज़ियस की मानस-पुत्री है। वह विवेक तथा शुद्धता की देवी है। वह हस्तकौशलों तथा बुनाई तथा नारीत्व की भी देवी है अर्थात् उनके औज़ारों एवं रक्षक हथियारों से सुसज्जित है। वह यौद्धेय कुँवारी है। तदपि बेमतलब खून-खराबे की कट्टर शत्रु भी है। वह खूँखार देवता पोसेइडॉन से भी प्रचंड प्रतिद्वन्द्विता करके अन्ततः विजयिनी होकर एथेंस की शासन-देवी बनती है। वह ट्रोजन-युद्ध के बाद वापस लौटते हुए ओडिसस की सहायक निर्देशिका भी है। उसने चट्टान पर भाला धँसाकर ओलिव वृक्ष पैदा किया था। अतः वह उसका प्रिय

वृक्ष भी है। वस्तुतः एथेना ओलिम्पस मंडल की साक्षात् दुर्गाशक्ति जैसी है। वह योनि-शुचिता का भी प्रादर्श है। अतः वह ग्रीक नारीत्व का बेहद उदात्त, संयमित, पूर्ण रूप है जो एथेंस के राज्य की रक्षा करती है।

एफ़्रोडाइट प्रतिपक्ष में है। वह समुद्र में बहते यूरानस के कटे लिंग की बूँदे के सीप में पलने से पैदा हुई और झाग से नहलाई जाती हुई क्रीट द्वीप आ पहुँची। वह यौनिक, प्रणय और अनुराग की देवी थी। वह साक्षात् मूर्तिमान सौन्दर्य थी। वह उद्दाम कामना की देवी देवों और मानवों, दोनों को ही सम्मोहित करती थी। देवों में उसके प्रणय-प्रसंग एरीज (उससे पुत्र एरॉस जन्मा), डायोनीसस तथा हर्मीज़ से थे। मानवों में वह एडोनिस तथा एंकिसेस की अंकशायिनी बनी। वह लौहकार बदसूरत पति हेफ़ेस्टस के प्रति सदैव बेवफ़ा रही। उसने पारिस को विश्व सुन्दरी हेलेन दिलाने का लालच देकर ओलिम्पस की सर्वश्रेष्ठ सुन्दरी होने का निर्णय अपने पक्ष में करवाया जिसके फलस्वरूप (जब पारिस मेनेलस पत्नी हेलेन को भगा ले गया तब) ट्रोजन-युद्ध हुआ। जब इरॉस साइकी के प्रणय पाश में जकड़ गया तो उसने असम्भव शर्तें लगा दीं। वह उन्हें पूरा करके ही स्वर्ग पहुँचकर खुशहाली पा सकी। एडोनिस के प्रेम को लेकर उसका पाताल की (मृत्यु-) देवी पर्सेफोन से भी संघर्ष हुआ किन्तु सदा की तरह वही विजयिनी रही। उसका देवीरानी हेरा से भी प्रतिरोध चला। यूँ तो उसे गुलाब तथा मार्टल के फूल, तथा हंस, डाल्फिन, फाख्ता तथा मेष पवित्र-प्रिय रहे। कुल मिलाकर उसमें नारी-मनोविज्ञान की अनादि वासना तथा दैहिक ऐन्द्रियिक भोग के सभी पक्षों का संपुजन है। [भारत में श्री लक्ष्मी भी इसी प्रकार समुद्र-मन्थन से पूर्ण सौन्दर्य तथा वैभव की देवी के रूप में प्रकट हुई (उसमें प्रेम का हाशिया नहीं है।)। वह भूदेवी की सपत्नी-सी विष्णुप्रिया है]।

एफ़्रोडाइट रोम में वीनस हो जाती है। नगर-संस्थापक ऐनियास की माता के नाते पूजनीय है। वह 'जेनेट्रिक्स' (राजमाता) मानी जाती है। वहाँ वह प्रौढ़, शानवाली तथा ऐरिस्टोक्रेटिक जननी मानी जाती है। एफ़्रोडाइट के वीनस, फिर वीनस (मंगल) ग्रह के रूप में कई मिथकीय पुनःपाठ हुए हैं।

निष्कर्ष रूप में—ग्रीक मिथक-रथ के चार पहियों वाले आसन के चार आरोही एथेना-पोसेइडन, एफ़्रोडाइट, अपोलो हैं। कुल मिलाकर ग्रीक संस्कृति के चार केन्द्र भी जगमगा उठते हैं:—रंगमंच (संगीत भी), मन्दिर (पर्वादि भी), जिमनेसियम तथा एगोरा (हाट बाजार)। यही ग्रीक नगर-निवेश का वास्तुपुरुष भी है। एडिथ हेमिल्टन ने भी सारांश दिया है कि ग्रीक मिथकायन का चमत्कार यह है कि उसमें मनुष्यीकृत संसार है, ऐसा संसार जिसमें मनुष्य एक सर्वशक्तिमान अज्ञेय के लकवे जैसे भय से मुक्त रहते हैं। जिस आतंकवादी अबोधगम्यता की दूसरी जगहों पर आराधना होती थी और धरती, हवा तथा समुद्र में जिन भयानक अध्यात्माओं का जमावड़ा होता था, वे ग्रीस से प्रतिबन्धित-सी कर दी गयी थीं ['मिथालॉजी']।

एक ग्रीक मधुपात्र पर रेखांकन : किशोर गेनीमीड पर आसक्त ज़ियस उसका अपहरण करते हुए

वीनस तथा क्युपिड

वीनस तथा एडोनिस

यूँ हेलेनीय मिथकों के सांस्कृतिक पंख फोनीसिया तथा ईजिप्ट, क्रीट से लेकर मौर्यीय भारत तक पसारे गये थे।

अन्ततः हम मिथकयान की छाया-उपच्छाया वाली ग्रीक कालिक सभ्यता का सारांश देंगे :

साधारण युग के पहले

3000 : क्रीट द्वीप में आरम्भिक मिनोअन सभ्यता की स्थापना

1600 : ग्रीस की मुख्य भूमि पर माइसीनियन सभ्यता का अभ्युदय

1280-1148 : माइसीनियन ग्रीकों के साथ ट्रोजन-युद्ध

980-800 : आर्केइक युग का आरम्भ; ग्रीक नगर-राज्य या 'पोलेइस' कायम होते हैं जो अपनी-अपनी सरकारों के साथ स्वतन्त्र हैं।

750-700 : होमर के 'इलियाड' तथा 'ओडिसी' का सर्वप्रथम लेखन।

480-336 : क्लासिकी युग : ग्रीक उपलब्धियों का उत्कर्ष।

476 : ओलिम्पस में ज़ियस के विशाल मन्दिर का निर्माण।

460-430 : एथेंस में पेरीक्लीज़ का स्वर्णयुग : तीन महान् त्रासदीकारों की प्रफुल्लता : ईस्किलस (525-450) सोफोक्लीज़ (496-406) तथा यूरोपिडीज़ (485-406)

447 : एथेंस में पार्थिनन का निर्माण शुरू और देवी एथेना की प्रतिमा की स्थापना।

385-359 : प्लेटो द्वारा 'सिम्पोज़ियम' तथा 'रिपब्लिक' का प्रणयन।

335 : एरिस्टॉटल द्वारा लाइसियम की संस्थापना।

312 : सम्राट कांस्टेंटाइन का ईसाई सन्दर्श।

330 : बाइज़ेंटियम रोमन साम्राज्य की राजधानी (आधुनिक तुर्की क्षेत्र में इस्तानबुल)।

426 : ईसाई कट्टरपंथी थियोडोसियस-II द्वारा ज़ियस का मन्दिर अग्नि में भस्मीभूत। ओलिम्पस के स्थलों का भी विनाश।

ग्रीक एफ्रोडाइट (रोमन अनुकृति, मिलान द्वीप से प्राप्त)

3.6

रोम और ग्रीस लगभग आश्विन रूप रहे थे। ईसा के जन्म से पूर्व साम्राज्यीय रोम पश्चिमी जगत की कील बन गया था। उसमें अनेक मिथकीय परम्पराएँ समाहित होती गयीं। शताब्दियों में ग्रीस और रोम में प्रगाढ़ सम्बन्ध हो गये। किन्तु रोमनों ने ग्रीक मिथकों को अपने राजकीय सरोकारों के हितार्थ मोड़ लिया। उनके लिए कृषि और युद्ध ज्यादा लाजिमी थे। इसलिए ग्रीक अथेना और अपोलो के बजाय युद्ध देवता मार्स को अपनी चेतना की नाभि बनाया। वह उनकी साम्राज्य-विस्तार की महत्वाकांक्षा की भी आपूर्ति करता था। अतएव रोम मिथकायन फांतासीय कमतर तथा देशकाल में अधिकाधिक जड़ें जमाता गया। ग्रीक देवते अधिकाधिक नृसंरूपी (एन्थ्रोमॉर्फिक) थे। उनकी रोमन संस्कारीयता मानव-मनोविज्ञान से प्रस्थान करके अमूर्त गुणवत्ताओं

का मानवीकरण हो गयी। वे गुणों के बजाय प्रकार्यों की प्रत्याशा करते थे। अतएव रोमन देवमंडल का चमत्कारिक अन्यथाकरण हुआ : जुपीटर (ज़ियस), जूना (हेरा), नेपच्यून (पोसाइडन), वेस्टा (हेस्टिया), प्लूटो (हेडेस), सेरेस (डिमेटर), अपोलो (?), डाएना (आर्तेमिस), मिनर्वा (एथेना), मर्करी (हर्मिज़), वल्कन (हेफेस्टास), वीनस (एफ्रोडाइट), बैकस (डायोनीसस), क्यूपिड (एरॉस), मार्स (एरीस) आदि।

इसके अलावा रोम की अपनी आदिजातीय मिथकें नहीं थीं। उसमें ग्रीक देवी-देवते तथा उनके (रोम के) वर्चस्व तले के, ईजिप्टी, केल्टिक, कार्थेजी मिथकीय देव-पात्रादि घुलमिल जाते हैं। प्रत्युत एक गड्डमड्ड हो गया। वे वर्णसंकर-रोमनीय बन गये। इस तरह ईजिप्टी देवी आइसिस रोमनी 'आइसिस-फार्चूना', अमोन रोमनी शाही सेनाओं का संरक्षक 'एम्मोन देव' हो गया। वस्तुतः ई.पू. 900-500 के बीच एट्रसकनों द्वारा रोम में ग्रीक तथा पश्चिम एशियाई मिथकीय अध्यायों का उत्तरपाठ किया गया। जब ई.पू. 312 में ईसाई धर्म रोम में स्वीकार कर लिया गया तो सम्राट कांस्टेनटीन ने ईसाइयत को साम्राज्य-धर्म बना दिया। मन्दिरों में मूर्ति पूजा हुई तथा 'क्रास' पवित्र चिह्न हो गया। ई.पू. 201 में कार्थेज पर रोम की विजय हुई और उसका विध्वंस कर दिया। ईसाई रोमन साम्राज्य द्वारा पवित्र नगर को वापस जीतने के लिए ग्यारह से तेरहवीं शती तक आठ धर्मयुद्ध (क्रूसेड) भी हुए। इस बीच सबसे बड़ी वैश्विक महत्त्व की क्रान्ति ई.पू. 74 में स्पार्टाकस के नेतृत्व में दासों का विद्रोह हुआ। लेनिन ने स्पार्टाकस को 'दासों के महानतम विद्रोहों का एक महत्तम वीर नेता' घोषित किया। इसके सहवर्तन में आले दुआले रोमन-गणतन्त्र के पतन के बाद **रोमन साम्राज्य** का उत्थान हुआ और जूलियस सीज़र महाधिपति सम्राट बना। (ई.पू. 44 में उनकी हत्या हो गयी)।

रोमन देवता जुपीटर (ग्रीक ज़ियस)

रोमन देवी जूनो (ग्रीक हेरा)

मिथक-अक्षों पर हम बेहद प्रवर्तक मिथक-आलेख-कारी का मिलान कर सकते हैं :

प्रकाश (हेलेनिज़्म)
[पैगन रोम]
|
जूलियस सीज़र
क्लिओपेट्रा
सिसरो
नीरो
|
'रोमन साम्राज्य'
(सारा दक्षिणी यूरोप, उत्तरी अफ्रीका,
मध्यपूर्व एशिया, यरूसलम,
भूमध्यसागरीय किनारे)

मधुरता (हिब्राइज़्म)
[ईसाई रोम]
|
पोप --- चर्च
धरती पर ईश्वर की छाया — मठों के संत
सम्राट
|
'पवित्र रोमन साम्राज्य'
(सामन्तीय समाज तथा चर्च की साँठगाँठ)
|
इटली के नगर
फ्लोरेंस — मिलान — नेपल्स — वेनिस — रोम
पन्द्रहवीं शती का 'रिनासाँ'

दान्ते का महाकाव्य — बोकेशियो की कहानियाँ — लियोनार्दो राफेल माइकेलएंजिलो जैसे चित्रकार

रोमन देवी वीनस तथा सेटिर

तथापि एक अछूते हाशिये के उत्कर्ष से हम निर्णय के नज़दीक पहुँच सकते हैं।

इस अवधारणा के उद्गम तो अज्ञात हैं कि ट्रोजन-लोग ग्रीकी रोमनों के भी पूर्वज थे और ट्रोजन-युद्ध के उपरान्त उनके नेता एनीज़ ने रोम की मिथकीय संस्थापना की। इस मिथक का उपचार महाकवि वर्जिल (ई.पू. 31) ने अपने महाकाव्य 'एनिईड' में किया है जिसमें एनिईड, कार्थेज में देवी एफ़्रोडाइट के समर्थन से कार्थेज में शरण पाने के उपरान्त देवता ज़ियस के आदेश से, रोम-संस्थापना का अभियान पूरा करता है। बाद में वह मृतक लोक में भी यात्रा पर पहुँचता है। वहाँ उसका पिता भविष्यवाणी करता है कि रोम का भावी उत्कर्ष होगा जिससे सारे विश्व पर रोमनों का शासन हो जाएगा। तदपि रिनासाँ-चित्रकला पूरे विश्व में प्रेरणा-प्रदीप है तथा रोमन मूर्तिकला का चरमोत्कर्ष आवक्ष मूर्तियों, विराट एम्फीथियेटर में नज़र आता है। कोलोसियम वास्तुकला का एक करिश्मा है।

अथच : रोम की (मिथकोज्ज्वल) वेस्टल कुँवारी युवतियाँ (वर्जिंस) अर्थात् 'वेस्टा' हर घर में पूजी जाती थीं। मन्दिर में छह पुरोहितनें अग्नि को निरन्तर प्रज्वलित रखती थीं। ये वेस्टा कुँवारियाँ तीस वर्षों तक आराधना करती थीं। इस अवधि में उन्हें अपने कौमार्य की रक्षा अनिवार्य थी। [इनकी तुलना मेसोअमेरिका में इन्काई पुजारिनों तथा दक्षिण भारत में देवदासियों से की जा सकती है]। अन्ततः हम कुछ कालबिन्दुओं को पुनः लिखते हैं–

ई.पू. 1500 : ईट्रस्कनजन एशिया माइनर की लीडिया से आकर पश्चिमी इटली में प्रकट हुए।
ई.पू. 753 : रोम की संस्थापना एक भेड़ियन द्वारा संपोषित रोमुलस-रेमस दो बालकों से।
ई.पू. 350 : गॉल कबीलों का आक्रमण झेलते हुए 'रोमन अभिजातीय गणतन्त्र' की स्थापना।
ई.पू. 218-202 : कार्थेज के सेनापति हनीबाल द्वारा उत्तरी इटली पर आक्रमण तथा पराजय।
ई.पू. 314 : डिडा (दिडा) द्वारा कार्थेज की स्थापना।
ई.पू. 241 : रोम द्वारा कार्थेज पर कब्ज़ा।
ई.पू. 146 : रोम द्वारा कार्थेज का विध्वंस।
ई.पू. 71 : दासों का स्पार्टाकस की अगुआई में विद्रोह।
ई.पू. 58 : सम्राट जूलियस सीज़र का अभ्युदय।
ई.पू. 31 : वर्जिल के महाकाव्य 'एइनीड' का प्रणयन।
ई.प. 697 : अरबों द्वारा कार्थेज का दोबारा विनाश।

घरेलू रसोई की देवी वेस्टा की एक पुरोहितन वेस्टल कुँवारी (वे मन्दिर की ज्योति प्रज्वलित रखती थीं)

3.7

पर्शिया (ई.पू. 850-ई.पू. 637) की मिथकायन-धुरी एकलवादी नहीं है अर्थात् यह एक ही महत् की विभक्ति तथा एकता वाला नहीं है बल्कि इसमें प्रकाश बनाम अन्धकार, अच्छाई बनाम बुराई, फरिश्ते बनाम ज़िन्नात का कड़ा द्वैत है। पैगम्बर ज़ोरोआस्तर या ज़रथुस्त्र (ई.पू. 628-551) ने इस प्रकार पूर्ववर्ती मिथकीय व्याख्या में एक सौ अस्सी डिगरी का घुमाव दे दिया।

इस सिद्धान्त का यह प्रभाव हुआ कि स्वर्गिक आह्लाद और नारकीय यन्त्रणा, पुरस्कार और दंड, अच्छे तथा बुरे मनुष्यों की नियत होती है और वह अन्तिम संस्कार (दफ़न) के बाद की ज़िन्दगी में भी निरन्तर चलती रहती है। इसलिए अहुर माज़दा उर्फ़ प्रकाश, तथा अहरिमान उर्फ़ अन्धकार अस्तित्व में पहले से ही (गर्भ से ही) जुड़वाँ हैं। सो, यह संघर्ष बिना समन्वय, एकता या विनिमय के चलता रहता है। इसका प्रभाव जूडाई-ईसाई-धारा पर भी पड़ा।

पर्शियनाई स्वयं को आर्य मानते थे। वे आर्यान् (वर्तमान ईरान) के थे। उनके और भारतीय आर्यों के बीच, 'ज़ेंद अवेस्ता' और 'ऋग्वेद' के बीच, पर्शियन देवमंडल की नाममाला और आर्य-देवयान के नामों के बीच काफ़ी एकरूपता तथा समानताएँ हैं। दोनों ही अग्नि-पूजक थे; सोम (होआम्) पायी थे।

पर्शियनों ने भूमध्यसागर से लेकर सिन्धु-घाटी तक 'एकेमेनिड साम्राज्य' स्थापित किया था। इनमें शुचिता और पवित्रता के मूल्य नारियों को भी पालनीय थे।

ई.पू. 539 में साइरस ने बेबीलॉन पर अधिकार कर लिया। फिर ई.पू. 525 में ईजिप्ट को भी जीत लिया। ई.पू. 333 में ग्रीक अलक्षेंद्र (एलेक्ज़ेंडर) ने पर्शिया को हरा दिया। इससे ई.पू. 330 में अकेमेनिड-साम्राज्य का पतन हो गया। ...बहुत बाद ई.प. 226-652 में एक बार फिर नये सासनी-साम्राज्य की स्थापना हुई। अब उस मिथक-धर्म के मुट्ठी भर 'पारसी' अनुयायी भारत में बचे हैं। सासनी-साम्राज्य तक भी सपक्ष सिंह इनके मिथकाभिप्राय थे। ये विशाल स्तम्भों के माथे पर चारों ओर आकृतियाँ बनाते थे। इस शैली का प्रभाव अशोक की लाटों तथा साँची के स्तूप में भी लक्ष्यीभूत है।

3.8 अज़टेक तथा इन्का और माया (मेसो-अमेरिका)

अ. अज़टेक : प्राचीन **मेक्सिको** तथा **पेरू** के धर्मों का उद्गम खाँटी 'लाल इंडियन' हैं। उस पर ईसाई या बौद्ध या किसी एशियाई प्रभाव की जल्पना ही व्यर्थ है।

इसलिए वह अमेरिकन मिथकायन भी मूल खाँटी है। उस पर कहीं भी यूरोपीय या एशियाई प्रभाव नहीं पड़ा है। उसमें मिथक तथा निजन्धर ऐसे अन्तर्भुक्त हुए हैं कि विभेद करना भी समीचीन नहीं है। पश्चिमी गोलार्ध में जो विदेशी आव्रजन हुए वे अपेक्षतया बहुत बाद में पन्द्रहवीं शती के अन्त व सोलहवीं के आरम्भ (कोलम्बस 1492; स्पेनियार्डो का अनुप्रवेश 1599 कोर्टेज़ द्वारा) से जारी हुए।

नृतात्त्विक प्रतिमानकों के अनुसार भी 'अमेरिंड' लोगों का एशिया की मंगोल प्रजातियों से किंचित् सादृश्य है।

मैक्सिको के अज़टेक-विजेताओं ने जो साम्राज्य बनाया वे उसके आदि मार्ग अज़टलान, टोल्टेक्स से होकर मैक्सिको के टेबिललैंड में आये थे।

युकातान और पेरू में चारों ओर संस्कृति-सभ्यता के केन्द्रों के खँडहर बिखरे पड़े हैं। ये सभ्यताएँ अज़टेकों तथा इन्काओं की पूर्ववर्ती हैं। अलबत्ता समय-निर्धारण नहीं हो सकता। इनके दफनाए शहरों में ही मैक्सिको के मिथकयान का उन्मीलन हुआ होगा।

अज़टेकिये केन्द्रीय अमेरिका की पुरातन सूर्योपासना (ओमेटे कूटली) तथा चन्द्रोपासना (ओमेसीहुआटुल) से प्रभावित हुए थे। सम्भवतः ये उनके प्रथम महत् देवते थे। और ये दोनों विश्व के अन्य मिथकयानों में भी समुपस्थित हैं। इनके गुणधर्म विस्तारित होकर देवी-देवताओं की परिकल्पनाओं में साकार हुए। ये प्रायः नृरूपिम देवते थे। तथापि इनमें-से खासकर दो राष्ट्रीय देवता भी हो गये—युद्ध देवता हूज़ियोपोचटुली तथा तेज़काटलीपोका (ऋतु देवता)।

(क) **हूज़ियोपोचटुली** एक कूजित पक्षी के जैसा था। अतः उसके दायें पाँव में एक कूजित पक्षी के पंख होते हैं। यह उनका युद्ध-देवता तथा प्रमुख कबाइली देवता भी था।

मेक्सिको शहर के एक भाग का नामकरण इसी पर किया गया था।...इसके उद्गम की कथा भी कई राष्ट्रों के आम उद्गम जैसी है। इसकी माता कोटलीकू या **कोटलान्टोना** (नागिन) एक नैष्ठिक विधवा थी। जब वह एक दिन सूर्य-मन्दिर में दाखिल हुई उसकी पूजा करने, तो उसने देखा कि चमकीले पंखों वाला एक गोलक उसके पैरों में आ गिरा। पंखों की चमचमाहट से मुग्ध कोटलान्टोना ने उसे अपने वक्षस्थल में छुपा लिया और तय किया कि उसे सूर्य-देवता को अर्पित करेगी। थोड़े समय बाद उसे अपने गर्भवती होने का भान हो गया। इससे अपमानित उसके बच्चे क्रुद्ध हो गये और उसे मारने ही जा रहे थे कि

पंखयुक्त अहुरमाज्दा (देवतादीप्तिमान)

र. कु. मेघ

एक ईरानी देवांगना मृण्मूर्ति (ई.पू. 1500-1100)

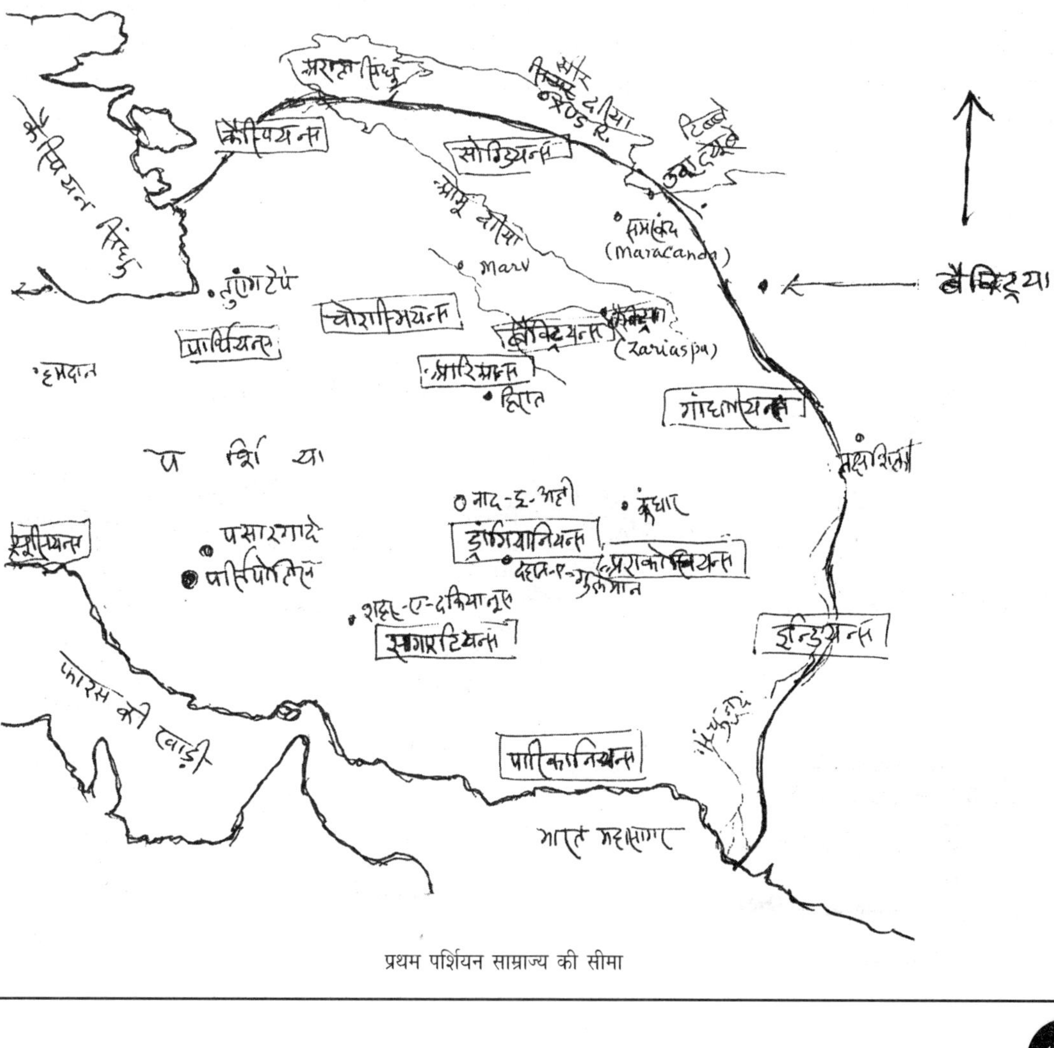

प्रथम पर्शियन साम्राज्य की सीमा

उसका बेटा हूज़िलोपोश्ली पैदा हो गया। हू ने दोनों हाथों में भाला और ढाल तथा शिर पर भनभनातक पक्षी के पंखों की कलगी धारण की हुई थी। उसकी भुजाओं पर नीली पट्टियाँ अंकित थीं। वह अपनी माँ के शत्रुओं पर टूट पड़ा तथा उनका वध कर डाला। इस तरह वह अज़टेक-राष्ट्र का नेता बन गया। शौर्य के अनेक करतब करने के बाद ये माँ-बेटे स्वर्ग में आ गये जहाँ माँ को 'पुष्पों की देवी' बना दिया गया।

क्या यह मिथक किसी प्राकृतिक संघटना का अनुवाद है? (मैक्समूलर शायद नहीं मानते)। फ्रांसीसी धर्मविद एम. रेविले इस मैक्सिकन युद्ध-देवता में सूर्य-सन्तान तथा वसन्त के पल्लव-पुष्पन का सन्दर्श करते हैं।

टाइलर हूटज़िलोपोश्ली को एक जटिल संयुक्त देवता मानते हैं। लेविस स्पेंस के अनुसार वस्तुतः गुनगुन करता पक्षी उस अज़टेक कबीले का मूल टोटेम था। इस तरह कालान्तर में यह टोटेम अज़टेकों का युद्धदेवता हो गया। मर्त्यमान नारियों के पशुओं से सम्बन्ध-व्यापार उन कई निजंधरों में मिलते हैं जिनका उद्‌गम टोटेमीय है। आज भी कई अमेरिकी-इंडियन कबीलों में ऐसे विश्वास प्रचलित हैं कि उनके आदि पुरखे भालू या भेड़िये और मर्त्यमान नारी के संगम से जन्मे। [रोम के संस्थापक शिशु रोमुल्स एवं रेमुस एक भेड़ियन द्वारा ही पोषित-पालित हुए थे]।

तथापि हूज़िलोपोश्ली के कुछ सौर-बन्धन भी थे। उसके साल में तीन उत्सव मनाये जाते थे जिनमें-से एक में उसकी ऐसी प्रतिमा बनाई जाती थी जिसे बलि दिये गये शिशुओं के खून से पोता जाता था तथा पुरोहित जिसे तीर से बेधता था। यह अनुष्ठान इसका द्योतक था कि सूर्य की हत्या कर दी गयी है और वह एक ऋतु के लिए मर चुका है।

(ख) किन्तु एक अन्य मूलरूपेण टोटेमीय देवता था जो अज़टेक-देवमंडल में ऊँचा आसन पा गया। वह **तेज़काटलीपोका** (चम. चमाता दर्पण) था। वह युद्ध देवता हूज़िलोपोश्ली का भाई था; किन्तु सगा नहीं। बस, सूर्य से सम्बन्ध उन्हें जोड़े था। इस तरह तेज़काटलीपोका ठंडी ऋतु का देवता था जबकि वर्ष के उस खंड में सूर्य रूखा हो जाता है। बाद के अनुचिन्तन में उसे न्याय-देवता भी बना दिया गया जिसके दर्पण में मनुष्यों के चिन्तन और कर्म प्रतिबिम्बित होते हैं। वस्तुतः मूलरूपेण वह एक हिमदेवता रहा होगा। लगता है कि विशाल प्रेयरी मैदानों का वह मूलरूपेण वायु-दैत्य रहा होगा जो हिमदेव में बदल गया।

(ग) लेकिन मेक्सिको के देवताओं में सबसे विलक्षण था **क्यूज़लकोल** (पंखों वाला सर्प)। इसकी पूजा ज़्यादा उन्नत तथा मानवीय थी क्योंकि यह अज़टेकों के पहले के एक कबीले टोलटेक का देवता था। लगता है कि अनाहुआक के प्राचीन देवता क्यूज़लकोल को नये आने वाले कबीलों अर्थात् उनके देवता तेज़काटलीपोका का अतिक्रमण पसन्द नहीं था। किन्तु आखिरकार उसे अपने क्षेत्र से भागना पड़ा। सो वह एक नाव पर सवार होकर गहरे समुद्र में चला गया। और भविष्य में लौट आने का वचन देता

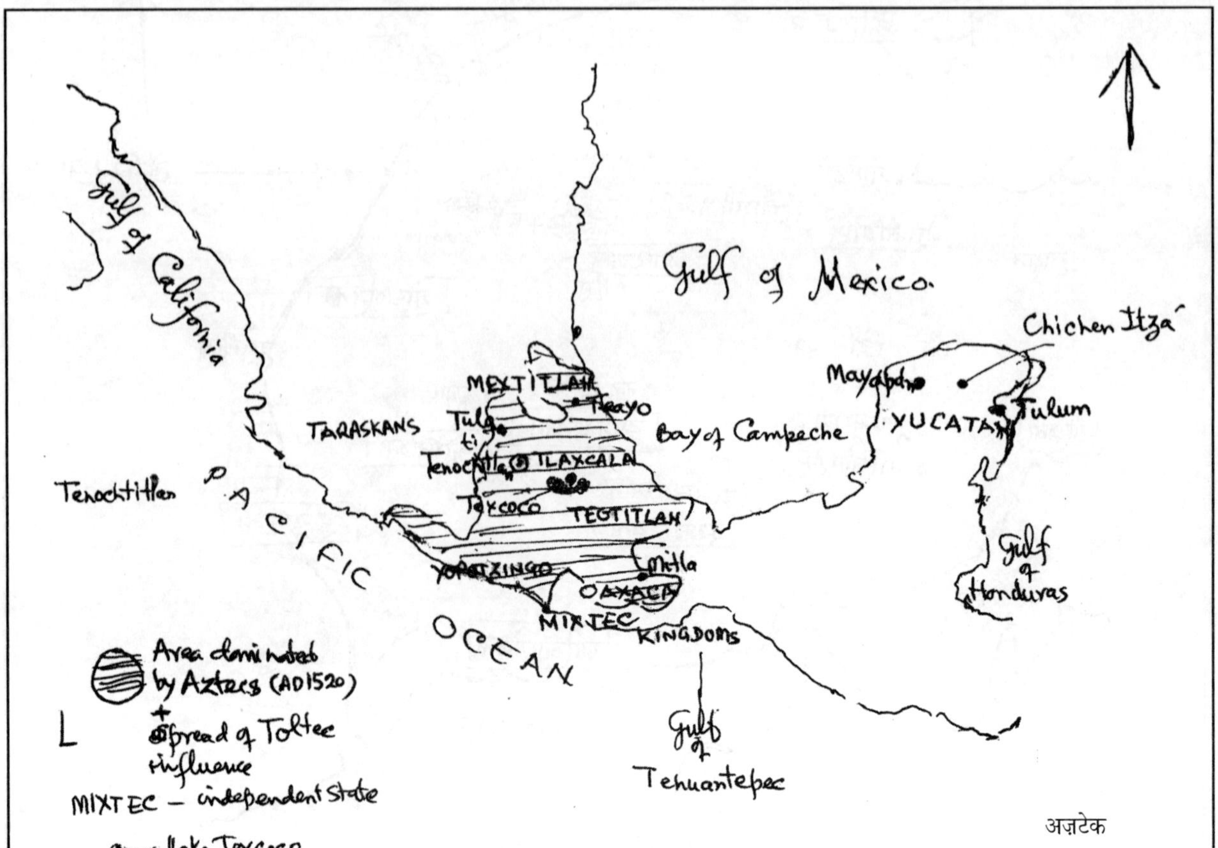

अज़टेक

गया। अज़टेक उसकी वापसी से भयभीत थे। सो उन्होंने हूजी. तथा झी. के साथ-साथ उसकी आराधना भी जारी कर दी। क्या क्यूज़लकोल पुरवाई का देवता था (जैसा कि रेविले मानते हैं)? लेविस स्पेंस इसे प्रभात का देवता मानते हैं। वह भली-भ. ाँति एक संस्कृति-देवता था और सूर्य से सम्बद्ध था। सभ्यता की ओर के प्रारम्भिक संघर्षों में क्यू. ने संस्कृति का अनुप्रवेश कराया। रेविले के मुताबिक क्यू. तथा तेझ. के बीच का झगड़ा वास्तव में वायु तथा ठंडे और गर्म मौसम के बीच का संघर्ष है। यह भी मुमकिन है कि यह सभ्यता बर्बरता के बीच संघर्ष का सूचक हो। तय है कि तेझ. सादगी तथा ठंडे उत्तरी क्षेत्र का देवता था। स्वभावतः वह भोगविलासी बनाम दक्षिणी सभ्यता का उचित विरोधी रहा होगा।

त्लालाक वर्षा का देवता था। जिस क्षेत्र में सूखा एक राष्ट्रीय विपत्ति हो वहाँ तो वह एक महत्त्वपूर्ण देवता था ही। उसका नाम एक पोषक का संकेतक था। पर्वतों में उसका आसन होता था जहाँ से वह अनाहुआक के प्यासे तथा धूप से झुलसे मैदानों में जल भरे बादल भेजा करता था।

(घ) त्लालोक की पत्नी का नाम (Chal chi huit licue) **चालचीहूटलिकू** (या चालचीहूट की महिला) था जिससे उसके कई परिवार हुए। उन सभी के नाम एक हैं और उसी की नकल है।

(ङ) अग्निदेवता **ज़्यूटकटली** या प्राचीन देवता ह्यूचियोट्ल मेक्सिको के अति प्राचीन देवों में से एक है। वह काले मुख वाला है, शिर पर हरे पंखों की टोपी लगाता है तथा अपनी पीठ पर एक पीले पंखों वाले सर्प को लादे हुए रहता है। (अग्नि के कई रंग और सर्प की तरह लहराती चाल होती है)। तेझ. की तरह वह भी दर्पण लिए हुए होता है जो चमकीले स्वर्णचक्के का होता है। इससे ही सारा ताप निकलता है। (यह भी सूर्य से सम्बद्ध लगता है)। ये कई देवते मानो एक ही सूर्य थे, तथा उसके टोटेमीय या प्रकृतवादी उद्‌गम के कुछ लक्षणों/प्रगुणों के द्योतक थे।

(च) अज़टेक की दो प्रमुख देवियों में मकई-देवी **सेंटिओलथी** तथा दूसरी थी प्रणय-देवी **त्लाज़ोलटोल** ईजिप्ट की कुमारिकादेवी हेस की भाँति है। उसकी काँख में एक शिशु होता है जो बढ़ती हुई मकई का द्योतक है। बाद में वह दाढ़ीवाला पुरुषत्व प्राप्त करता है (मक्के का भुट्टा)।

इस देवी की उपासना में बलि की लोमहर्षक रस्में की जाती थीं। इसके **प्रमुख आखेट/शिकार** स्त्रियाँ होती थीं।

त्लाज़ोलटोल प्रणय अथवा ऐन्द्रिकता की देवी थी। उसके लिए अज़टेक (कैलाश/ओलिम्पस) के देवताओं में भयंकर युद्ध छिड़े थे। उसका आवास एक मनोहारी उपवन था जहाँ वह संगीतज्ञों तथा उत्सव-उल्लासकों से, मसखरों और बौनों से घिरी रहती थी। एक समय में वह वर्षा-देव त्लालोक की प्रेयसी थी। बाद में तेज़काटलीपोका (शीत देवता) के साथ भाग गयी थी। इस तरह शायद वह प्रकृति का ही प्रतिनिधित्व करती है। वर्षा (देवता) के बाद शीत ऋतु (के देवता) का।

(छ) **अज़टेक के लघु देवता**— भूरावर्णी देव **इक्सटलीटोन** उपचार का देवता था, ग्रीक ईस्कलपियस की भाँति।

ज़ाइप (गंजा देवता) सुनियारों का देवता था। मिक्सकोआटल (मेघ सर्प) जलोद् भूतफुहारों का देवता। इसकी पूजा के बजाय इसके प्रकोप को शान्त करने के उपाय किये जाते थे। ओमाकाटल उल्लास व उत्सव का देवता, याकाटेकूटली यात्रियों व

जीवित मनुष्य का हृदय निकाल कर देवता को बलि का मायाई अनुष्ठान, चिचेन इत्ज़ा मन्दिर युकातान (मध्यअमेरिका)

ज़्यूटेक्यूट्ली : अज़टेक अग्नि का देवता
(पूरे मध्यअमेरिका में चूल्हे की अग्नि गृह का हृदय मानी जाती है। मूर्ति शिर के ऊपर खाली है ताकि उस पर अग्नि प्रज्वलित की जा सके)

व्यापारियों का देवता। अज़टेक का व्यवसायी समूह इसकी उपासना ज़्यादा करता था। इसका प्रतीक एक मुबारक छड़ी थी जिसे उपासक हाथ में लेकर चलता था।

(ज) **लघुत्तम देवता**—ये घरेलू देवता थे। ये ओझाई से सम्बद्ध थे। इनसे यह भी सिद्ध होता है कि अज़टेक धर्म में वस्तुरति (फेटिशिज़्म) मौजूद थी।

बलि-अनुष्ठान—बलि-अनुष्ठान में भीड़ के सामने संगीत वाद्यों के साथ बलिकृत मनुष्य को बलि-वेदी पर पाँच पुरोहितों द्वारा लाया जाता था जो दोनों हाथ, दोनों पाँव व सिर पकड़े होते थे। फिर खूनी लाल रंग का चोगा पहने पुरोहित तेज छुरी से बलि की छाती चीरकर उसमें हाथ घुसेड़ते हुए धड़कता हुआ गर्म दिल बाहर निकाल कर सूर्य की तरफ़ ऊपर उठाता था। फिर वह रक्तरंजित नैवेद्य को **(अ)** ह्यूज़िलोपोटचली की मूर्ति के चरणों पर अर्पित करता था। फिर पुरोहित उपदेश देता था कि यह बलि-मानुष का भाग्य-दृष्टान्त है कि मृत्यु के हाथों में सम्पूर्ण मानवीय सुखोपभोगों का निष्कर्ष निकलता है।

(आ) इसी तरह 'सेंटिओल' अर्थात् मकई-देवी को नारी-बलि दी जाती थी। अपनी बलि के पहले वह नारी कई प्रतीकात्मक अनुष्ठान करती थी जो मकई के अंकुराने से पकने तक के प्रतिनिधि थे। आधी रात में उसकी खाल छील ली जाती थी जिसे पुरोहित ओढ़ लेता था। खाल का एक हिस्सा सेंटिओल के मंदिर में भेंट चढ़ाया जाता था। बाद में चार गुलामों की भी बलि दी जाती थी। अन्ततः खाल अज़टेक साम्राज्य के सीमान्तों पर ले जाई जाती थी ताकि बाहरी आक्रमणों के खिलाफ़ वह तिलिस्म का कार्य करे।

(इ) हम बता ही चुके हैं कि 'त्लालोक' को शिशु-बलियाँ दी जाती थीं। इससे भी भयंकर कृत्य **एक्सीहूटेकूटली** के उत्सव पर होते थे। जब अभागे शिकार आधे भूने जाते थे और अन्त में उनके हृदय नोचकर निकाल लिए जाते थे। बाद में उनके-नर मांस का प्रीतिभोज होता था।

क्या ये सचमुच मांसभक्षी नरपशुओं के रहस्यानुष्ठान (ऑरज़ीस) थे? क्या स्पेनियार्डो के पूर्वाग्राही विवरण सही हैं? (बलि-मानव बहुधा जीते गये राष्ट्रों के युद्धबन्दी हुआ करते थे)।

क्या अज़टेकों के ये देवता—क्रूर तथा अमिट रक्तपिपासु थे? क्या घुमन्तू अज़टेक लोग निष्क्रमणवाली पाशविकता की दशा से उबर नहीं पाये थे?

आ. इन्का अज़टेक के अनुष्ठानों का उद्‌गम भी उनके मिथक-देवताओं में क्रूरता तथा हत्याओं के सिलसिले में निहित है। किन्तु पेरू की **इन्काई सभ्यता** में ऐसा नहीं था। ये दोनों सभ्यताएँ एक-दूसरे से अपरिचित भी थीं। इन्काइयों का उद्‌गम टिटिकाका-झील का क्षेत्र था। वहीं उनका **कुज़को** शहर स्थापित हुआ था। यद्यपि उनकी इमारतें विशाल तथा शोभाशाली थीं किन्तु

ओमेटेकूहटली, उभयलिंगी सर्जक-देवता (अज़टेक)

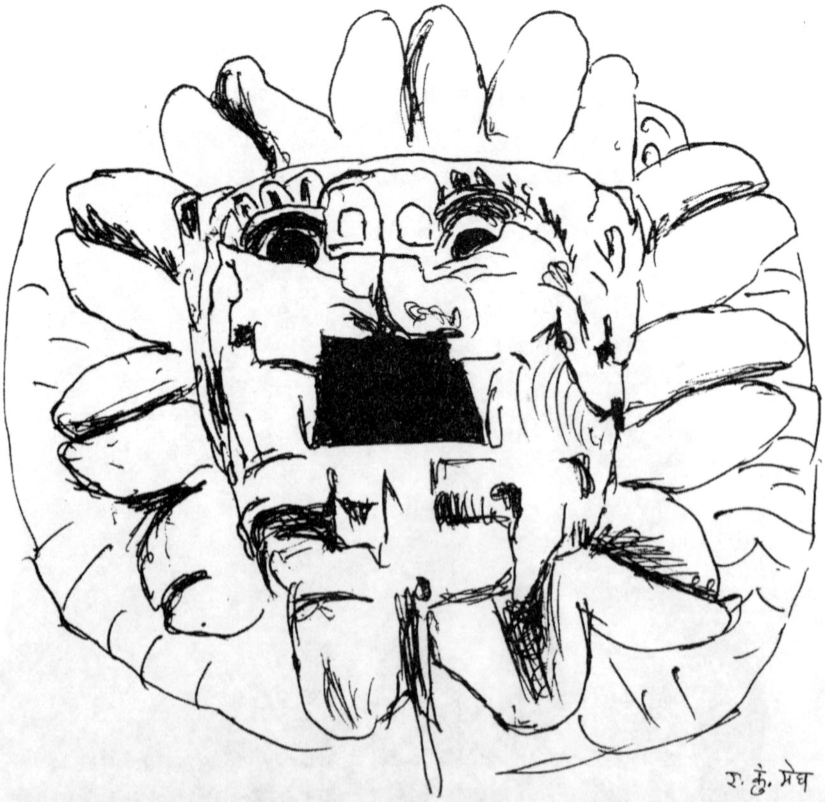

ह्यूज़िलोपोचटजी (पंखोंवाला सर्पदेवता), मन्दिर (अज़टेक : मेक्सिको)

शिल्प में क्वेटज़ालकोट्‌ल (पंखों वाले सर्प) का अंकन।
अन्य अज़टेक देवताओं की तरह यह मानव-बलि से सन्तृप्त नहीं होता, बल्कि ज्ञान का देवता है।

उन पर मक्की के फूस के छप्पर होते थे। इन्काई लम्बी सड़कों, सुरंगवाले पर्वतों, मन्दिरों और प्रासादों के निर्माता थे। उनकी संस्कृति रोमन सभ्यता के बराबर भी तुलनीय बताई जाती है। (मोहेनजोदारो की तरह उनके उत्सवी स्नानागार होते थे)।

यदा कदा मिथकें मात्र **दिवास्वप्निलताएँ** (फैन्सी) होती हैं। तथ्यों (फैक्ट्स) से उनका दूर-दूर का नाता नहीं होता। कभी-कभी उनमें कथा भी नहीं होती। और कभी-कभार वे तथ्यरहित मात्र कहानी रह जाती हैं। परवर्ती चरण में सत्ताधारी वर्ग तथा समूह मिथकों एवं मन्दिरों का इस्तेमाल अपने स्वहितों के लिए करते हैं। मेसो अमेरिका की सभ्यताओं में ऐसा होता रहा है।

साबुत मिले **माचूपिच्चू** शहर का इन्का लोगों ने निर्माण किया था। यह 'गुमशुदा शहर' कहा जाता है—एक रहस्यपूर्ण शहर। कहा जाता है कि यह सम्राट का व्यक्तिगत आरामस्थल था जहाँ शाही परिवार और इनका सामन्त अवकाश का आनन्द लेते थे। बारहवीं शती में इन्का लोगों ने राजधानी कुज़को का, तथा शायद माचूपिच्चू का भी निर्माण किया। सभी बड़ी स्थलियों का सादृश्य किसी पक्षी या पशु से है जिनकी यहाँ पूजा होती थी। उनके लिए मन्दिर बनाये गये थेः—इन्टी (सूर्य), क्विल्ला (चन्द्रमा), चास्का (नक्षत्र), एल्लापा (बिजली)। उन्होंने पर्त्तदार खेती-बाड़ी की शानदार प्रणाली विकसित कर ली। इसे उन्होंने एक राजमार्ग से भी जोड़ दिया था।

इन्का-साम्राज्य वर्तमान कोलम्बिया से लेकर पेरू, बोलिविया, चिली और अर्जेंटीना के भागों में फैला था। उसमें अनुमानतः 100 लाख प्रजा रहती थी। उनका एक धर्मसंश्लिष्ट राज्य था। सम्राट को सूर्यपूत्र तथा देवांश माना जाता था। पुरोहित नरबलि तथा ममीकरण का अनुष्ठान करते थे। वहाँ अनेकानेक ममीकृत बच्चे मिले हैं जिनकी बलि दी गयी थी। स्पेनियार्ड पिज़ारो (जो एक अनपढ़ सूअर-पालक था) के बर्बर लुटेरों के लिए न्याय का कोई मतलब नहीं था। बस बन्दूकों, संक्रामक रोगाणुओं (चेचक) तथा फौलाद ने इन्काओं का विनाश कर डाला। यूँ विजेता नवाँ इन्का-सम्राट पाचाकूटी (1438) इन्काअवें का 'महान एलेक्सांडर' माना जाता है। वह कुशल सेनापति तथा सुदक्ष प्रशासक था। उसने राजधानी कुज़को* का भी निर्माण कराया। बाद में उसे 'सृष्टिकर्ता देवता' भी माना गया। उसने ही माचूपिच्चू का निर्माण कराया था (1450 के आसपास)।

माचूपिच्चू के बाद भी सन् 2002 में ब्रिटिश पीटर फ्रास्ट तथा पेरूई अलफ्रेडो वलेंसिया की टोली ने पेरू की राजधानी लीमा से 500 किमी. दक्षिण-पूर्व में बीहड़ बिलकबाम्बा इलाके में स्थित **कोरिहू आराधिना** नामक शहर का पता लगाया। बादलों और धुन्ध, लताओं और सैकड़ों वर्ष पुराने वृक्षों से घिरे इस शहर को ग्यारह हज़ार फीट की ऊँचाई पर एक सँकरी पट्टी पर खोजा गया।

यह मूल निवासियों के धर्मस्थल, मकबरों, सूर्य-मन्दिर तथा खाद्यान्न भंडारों से भरा था जिसे बाद में स्थानीय लोगों ने भी खूब लूटा। अब वहाँ टूटे बर्तनों के टुकड़ों तथा हड्डियों के सिवाय कुछ नहीं मिलता।

सम्भवतः प्राचीन और भव्य इंका-साम्राज्य के जिन योद्धाओं ने स्पेनी हमलावर पिज़ारो के झुंड से लोहा लिया था, वे पराजय के बाद यहाँ आकर छिप गये होंगे। स्पेनियों के खुलेआम कत्लेआम मचाने से करीब एक करोड़ बीस लाख की आबादी (1520 में) घटकर सिर्फ़ पचास लाख रह गयी थी (1548)। बाद में यूरोपियनों के साथ आयी यौन बीमारियों, खसरा, मलेरिया, प्लेग ने भी भयंकर तांडव मचाया।

इन्काई स्वयं को सूर्य-सन्तान मानते थे। वे सूर्योपासक थे तथा उनका राज्य धर्मराज्य कहा जा सकता है। उनकी मिथकीय संसृति की स्थापना मानको कापाक तथा मामा क्विल्लो ने की थी। उनका पर्याप्त सरकारीकरण भी हुआ। नगर-राज्य की स्थापना हो जाने पर **मानको कापाक** ने पुरुषों को सभ्यता के पाठ सिखाये। उनकी प्रिय पत्नी ने नारियों को पारिवारिक सद्‌गुण जैसे बुनाई और कताई सिखाई। अपने प्रतिनिधियों को बेटे व बेटी के रूप में छोड़कर वे स्वर्गारोहण कर गये। धरती में छोड़ी गयी उनकी सन्तान से ही इन्का-जाति का आविर्भाव हुआ। इस तरह यह विधान बना कि सभी इन्का-नरेशों को अपनी बहनों से विवाह करना अनिवार्य है क्योंकि सूर्य के रक्त की अवहेलना नहीं की जा सकती। इसका उल्लंघन पेरू-साम्राज्य के पतन का हेतु बना।

(क) सूर्य-देवता के बाद इन्काइयों के इष्टदेवता वीराकोचा (विराकोचा = जलझाग) तथा पाचाकामाक थे। पहला टिटिकाका झील की गहराइयों में से ऊपर प्रकट हुआ था फिर उसने सूर्य, चन्द्र, नक्षत्रों का निर्माण किया; आकाश में उनके प्रदक्षिणा पंथों की भी गणना की। फिर खुद के द्वारा तराशी गयी पाषाण-प्रतिमाओं से मनुष्य रचे। उन्हें कुज़कों में बसाया। अन्त में वह खुद भी झील में अन्तर्धान हो गया।

(ख) **कोचा** विराकोचा की बहन थी तथा उसकी कान्ता भी। वह स्वयं झील थी। मैक्सिकनों के त्लालोक की तरह उसे भी मानव बलि प्यारी थी। किन्तु वैसी दानवी क्रूरता नहीं थी।

(ग) पाचाकामाक का तात्पर्य है—पृथ्वी का सर्जक। वह लीमा शहर के नज़दीक लुरिन एवं रिमाक घाटियों में पूजा जाता था। वह एक श्रेष्ठ सभ्यताकारक था। काफी हद तक उसने विराकोचा के दावों को हड़प लिया था जिसे उसने हरा दिया था। उसके हारकर भाग जाने पर पाचाकामाक ने अपना एक मनोनुकूल संसार रचा। उसने धरती पर मानव-जाति को भेजकर बनैले पशुओं में तब्दील कर दिया तथा एक उच्चतर मानवता की सर्जना की। वह उर्वरता का देवता भी था क्योंकि उसके

* 'ओम्फालोस' की अवधारणा के मुताबिक कोई स्थल सृष्टि-कील (धुरी) माना जाता है। इस न्याय से कुज़को का तात्पर्य 'नाभि' (इन्का भाषा 'क्वेचुआ' में) है।

इन्का की पूर्ववर्ती दुनिया का ओल्मेक : (1200-900 ई.पू.) एक शासक का शिर

मन्दिर के अवशेषों में मछलियाँ मिली हैं।

अतएव पाचाकामाक और विराकोचा का बैर मिथकीय महत्त्व से परिपूर्ण है। पाचाकामाक ज्वालामुखियों, भूकम्पों तथा पातालाग्नि का देवता था। अतः वह जल के विरुद्ध था। अतः उसकी पूजा भी बहुत ज्यादा रहस्यपूर्ण थी। पेरूवासी उसे खूँखार और अदृश्य देवता मानते थे।

(घ) पाकारी टाम्बो की मिथक तो संकेतक है, 'प्रभात का भवन' की। कूजको शहर के दक्षिण-पश्चिमी भाग में रहने वाले पर्वतीय कबीले कोल्ला में यह निजंधर चालू है कि एक दिन पाकारी टाम्बो की गुफ़ाओं से चार भाई बहन निकले। सबसे बड़े ने पर्वत पर चढ़कर कम्पास के सभी बिन्दुओं पर पत्थर डाले और उन पर अपना अधिकार प्रदर्शित किया। बाकी तीन-विशेषतया सबसे छोटा–इसे नापसन्द करते थे। सबसे छोटा सभी से ज्यादा धूर्त था। बहला-फुसलाकर उसने भाई को गुफ़ा में जाने को राजी कर लिया। जैसे ही वह अन्दर घुसा एक बड़े पत्थर से सदैव के लिए द्वार बन्द कर दिया गया [बालि-सुग्रीव प्रसंग से तुलनीय]। अपने भाई को खोजने के बहाने से उसने दूसरे भाई को पर्वत पर चढ़ने को राज़ी किया और वहाँ से उसे नीचे ढकेल दिया और अपने जादू से उसे पत्थर में रूपान्तरित कर दिया। तीसरा भाई बचा और यह देखकर भाग निकला। पहला भाई सबसे प्राचीन धर्म (पाचाकामाक का धर्म) हुआ। दूसरा मध्यान्तरीय फेटिशिज़्म अर्थात् पाषाणपूजा का धर्म हुआ तथा तीसरा विराकोचा का। चौथा सूर्योपासना का शुद्ध और सरल धर्म बना। सबसे छोटा बाकी सभी पुराने धर्मों पर विजेता हुआ। इसका सबूत यह भी है कि सबसे छोटे भाई का नाम पिर्हुआ मान्का अर्थात् सूर्यपुत्र मान्को कापाक के समकक्ष बना।

(ङ) **पेरूई मिथकायन के अन्य लघु देवताः**–ये **प्राकृतिक शक्तियाँ** तथा **प्राकृतिक संघटनाएँ** थे।

चास्का : शुक्रतारा : लम्बे बालों वाला सूर्य का पहरुआ।

कूय्यचा : इन्द्रधनुष : सूर्य तथा चन्द्र दोनों का सेवक, अग्नि की पूजा भी होती थी।

काटेक्विल : गर्जन (थंडर) का देवता : सूर्य का दास। इसके तीन प्रतिरूप थे (गर्जन, विद्युत एवं वज्रपात)।

इसी के साथ जीवनपालक वनस्पतियाँ भी प्रतीक के रूप में सजीं : एक्सूमामा के प्रभामंडल में आलू तथा मक्की। वृक्ष भी पूजित देवते बने [पूषण एवं पर्जन्य एवं यक्षों की तरह]।

कतिपय पशु भी : जैसे उरकागुए सर्प (अनाकोंडा) जो भूमिगत स्वर्णभंडारों का संरक्षक था, एंडीज-पर्वत के गृद्ध तो सूर्य के

सन्देशवाहक थे और समुद्रतीरवासियों की पूज्य व्हेल तथा शार्क मछलियाँ भी थीं।

तदपि हम इस तरह की प्रकृति-पूजा तथा पशुपूजा के टोटेमीय उद्गम को कैसे निखारें?

हम निर्दिष्ट कर आये हैं कि टोटेम-संहिता का मूलाधार पशु या पक्षी या तरु के साथ रक्त-रिश्तेदारी होती है। पेरू के इन्काइयों के राज्य के गठन तथा विवाह-विधानों में तो टोटेम-दशा अनुमित की जा सकती है लेकिन उनके धर्म-विधान में इसका समावेश नहीं है। इसलिए अगर किसी पशु या तरु की उपासना—इस भाँति की जाए कि उसकी कबीले से नातेदारी नहीं हो तब वह टोटेमवाद के बजाय प्रकृत्वाद मानी जाएगी। इस न्याय से अज़टेक-चक्र टोटेमवादी था, किन्तु इकाई-चक्र प्रकृतवादी। इसे रेखांकित किया जाना चाहिए (दें लेवी स्पेंस : ''दि मिथोलॉजीस इन ऐंशियेंट मेक्सिको एंड पेरू'', 1907)। हमें मालूम है कि दोनों का स्रोत एक ही सूर्योपासना थी किन्तु दोनों के संविधायक एवं विधायक तत्त्व क्रमशः टोटेमीय और प्रकृतवादी थे।

इसी क्रम में दोनों मिथकीय संरचनाओं में 'कोरीकांचा' का स्वर्ग अभिजात वर्ग के लिए ही सुरक्षित था जबकि गरीब कृषक और कर्मी नरक की छाया में घुटते रहते थे। उनके सूर्य-मन्दिर तथा चन्द्र-मन्दिर में सोने तथा चाँदी के भंडार भी थे। इन मन्दिरों में इन्द्रधनुष, वीनस-नक्षण, कृतिकाएँ तथा काटेक्विल (गर्जन-देव) भी प्रतिष्ठित था। इनमें सोने-चाँदी की बरसात होती थी। इसीलिए 'एल डोराडो' की मिथक ने स्पेनी आक्रान्ताओं से बहशियाना ज़ुल्मो-सितम कराकर व्यापक नस्लकुशी कराई (दक्षिण अफ्रीका का नस्ल-रंगभेद तो कुछ भी नहीं है, मुकाबले में)।

पेरू के इन्काइयों की एक और रस्म थी—सूर्य-कुमारियों का चयन। सूर्य-मन्दिर के लिए, मामा कोनेस के निर्देशन में जन्म और सुन्दरता के आधार पर योनि-शुचिता-पूर्ण क्वाँरियों को सूर्य-पूजा के अनुष्ठान के लिए नियत किया जाता था। उनके कर्तव्यों में पुरोहिती वसनों को बुनना, मन्दिर के शोभा-उपकरणों को बनाना-सँभालना, तथा आनन्द का कल्पित उपभोग करना होता था। वे पवित्र अग्नि की भी देखभाल करती थीं। किसी प्रेम-प्रसंग का पता लगने पर उन्हें जीवित भू-समाधि दी जाती थी।

कुज़को के योगिनी-संघाराम में करीब एक से दो हज़ार कथित शाही रक्त की विवाह-योग्य सुन्दर यौवनाएँ रहती थीं जो 'सूर्य-वधुएँ' कहलाती थीं। उन्हें सखी गोपियों के जैसा इन्का का लीलावतार माना जाता था। विडम्बना यह है कि उनमें से चुनी हुई सम्राट व सामन्तों व पुरोहितों के अन्तःपुर में शर्तमाफ भोग्या होती थीं।

दोहरा दिया जाए कि अज़टेकों का विश्वास था कि ब्रह्मांड के संचालन के लिए देवताओं को मानव-बलि देनी होती है। इससे उन्हें युद्धों और पड़ोसी कबीलों पर छापे डालने की अभिप्रेरणा मिली। कभी-कभी एक दफ़े में ही हज़ारों लोगों का वध कर दिया जाता था। इसीलिए अन्य कबीलों ने स्पेनी हर्नांडो कोर्टेज़ को अज़टेकों के उन्मूलन में मदद की।

अज़टेकों की व्यवस्था में भी पुरोहित तथा पुरोहितनें होती थीं। ये (चुनी हुई नारियाँ) सुन्दर होती थीं। दस साल की उम्र में ही विशेष प्रशासकीय तथा धार्मिक तथा बुनाई-कताई के कामों में उन्हें प्रशिक्षित किया जाता था। कुछ सम्राट की रखैलें बना दी जाती थीं या सौतों के रूप में कुलीनों के बीच बाँट दी जाती थीं। कुछ सूर्य-सम्प्रदाय की पुरोहितनें बन जाती थीं। तथा मन्दिर से जुड़ी हुई बुनकरियाँ।

इन्का अज़टेकों की भाँति विशाल पैमाने पर मानव-बलि में लिप्त नहीं थे। इसके विकल्प में वे लामाओं (पशु) की बलि देते थे। कुज़को में सूर्य-मन्दिर में वे सफेद पशु लामा की बलि देते थे।

इस सन्दर्भ में राबर्ट रेडक्लिफ़ ने एक बुनियादी सवाल उठाया है कि आखिर **कृषक-सभ्यता** की धुरी क्या है? फसलों की तरह मानव बलि? खाद्य की तरह नारी भोग? कृषक-सभ्यता भूमि (फसल) उत्पादन पर केन्द्रित थी। यही उसकी धुरी बने। 'वस्तुओं' के आदान-प्रदान से शहरों और मंडियों के विकास के हेतु भी बने। सो, क्या 'किसानों की जीवनशैली' यही है? क्या मेसोपोटामिआई, ग्रीक, चीनी, ग्वाटेमालाई मिथक-साहित्य में ऐसे नजरिये तथा मूल्य उभरते ही हैं? यह जरूर प्रतीत होता है कि कृषक-सभ्यता में प्रकृति के प्रति उपयोगितावादी विचारवृत्ति रही है और वह धार्मिक दृष्टिकोण से संयुक्त हो गयी। उसमें स्थायित्व, सुरक्षा और भोग-उपभोग, सन्तान-नारी-सम्पत्ति की कामना झिलमिलाती रही है। फॉस्टर इस कृषक जीवन-शैली में 'स्थानीय देवता' की अवधारणा भी जोड़ते हैं जिसके अन्तर्गत उनके छोटे सीमित संसार की सभी काम्य वस्तुएँ सीमित मात्रा में उनके लोकदेवता दे सकते हैं। अतः कृषकों की जीवन-रीति श्रेष्ठी, व्यापारियों अथवा घुमन्तू समूहों से भिन्न है। इसी से उनमें कृषक-वर्गों के बीच कारीगरी, श्रम और प्रकार्यों का स्तरीकरण (स्ट्रेटिफिकेशन) भी होता है। इसीलिए मूल मिथक की नाभि से अनेक लघु-लघु देवी-देवतों की कथाएँ भी प्रकट होती जाती हैं। दुर्भाग्य से मेसो अमेरिका की अज़टेक-इन्का-माया सभ्यताओं के सारे वृत्तान्त विजेताओं (कानक्विस्टेडारोस) ने नष्ट कर डाले। अतः हमारे पास उनके कर्मकांड एवं अनुष्ठान ही बच रहे। इसी आधार पर हम उनके मिथकयानों का पुनर्निर्माण करते हैं। [और भी देखें : 'फिज़िकल ऐंथोपोलॉजी एंड आर्कियोलॉजी' विक्टर बार्नो (तीसरा संस्करण), दि डोरसे प्रेस, होमवुड, इलिनोएस, 1978]

एक इकसाई-मायाई पुरोहित काँटोंवाली रस्सी से अपनी जीभ काटते हुए।

मायाई-इन्काई त्रिमुखी सूर्य देवता 'काटेक्विल'

MAYA

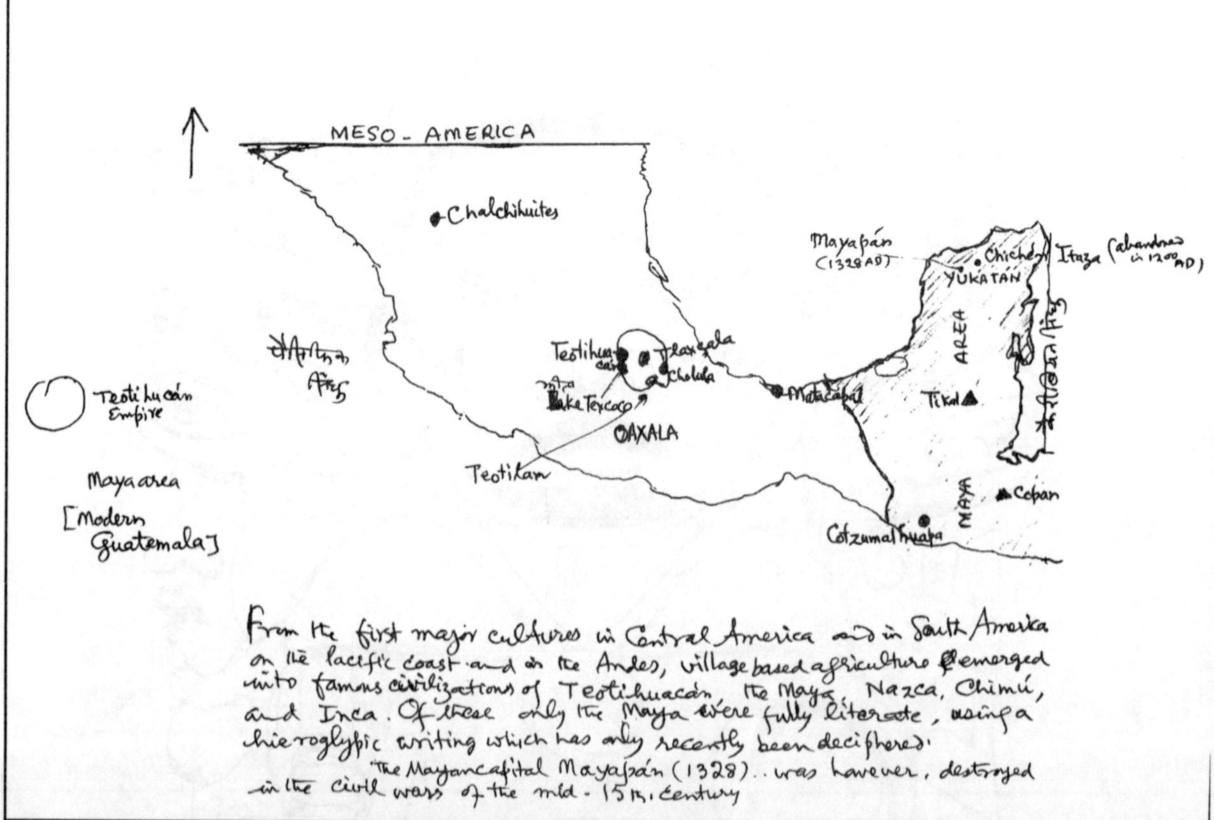

इ. माया यह ई.प. 250-900-1500 की कालावधि की मध्य-अमेरिकी सभ्यता है।

अन्तिम चरण की व्यास-रेखा पर इसमें (i) विकसित कृषि, (ii) स्थायी तौर पर बसे गाँव, (iii) नतीजतन ज्यादा बड़ी ज्यादा जटिल सामाजिक संरचनाएँ जिसमें नगर, स्मारकीय वास्तुनिर्माण, कालगणना का पंचांग, आरम्भिक चित्र-लिपि, आदि। इस सभ्यता में राजा राजवेत्ता तथा धार्मिक नेता, दोनों होता था।

ईस्वी 1502 में क्रिस्टोफर कोलंबस ने मायाइयों का प्रथम सामना किया था और बाद में माया पर धोखे-फरेब के द्वारा स्पेनी विजय हो गयी। बिशप डियोगे दे लान्डा ने महत्त्वपूर्ण दस्तावेज़, क्रतुवास्तु (आर्टिफैक्ट्स) एकत्र करने के साथ-साथ ऐतिहा. सिक-सांस्कृतिक अभिलेखों को 'शैतान के अन्धविश्वास' जताकर जला डाले। इस तरह एक अत्युत्तम सभ्यता के मिथकायन तथा संस्कृति के आधार विलुप्त हो जाते हैं। हमारा प्रमुख सरोकार तो मिथकयान की पुनर्लब्धि है। इसके वृत्तान्तपरक स्रोत तो कम से कम बचे हैं, खँडहर और कर्मकांड के माध्यम ही साधन हैं। मायाइयों के पास भी गणनाजन्य पंचांग-प्रणाली (कैलेंडर) थी। इससे हम जलवायु और उत्पादन को आधार बनाकर मिथक के विभिन्न देवी-देवताओं, उनकी अनेक चरणों वाली विविध सृष्टियों, तथा उनके युगों का बँटवारा समझ सकते हैं। कई प्रकार की मानव-उत्पत्ति, कई सूर्य, कई चन्द्र, कई नयी-नयी प्राकृतिक संघटनाओं के प्रतिनिधि देवी-देवते धम्म से कूद आते हैं। उनके नामरूपगुण के विधान में राजा केन्द्र में होता है जो एकसाथ राजवेत्ता तथा धर्मनेता होता था। मायाई सभ्यता में कुलीनों, सामान्य जनों, मज़दूरीदारों तथा ग़ुलामों के चार वर्ग उभर चुके थे। मिथकों में, कर्मकांडों के जरिये उनके संघर्ष तथा एकता के द्वन्द्व परिलक्षित होते हैं। पहले भी मेसोपोटामिआ, ईजिप्ट, सिन्धुघाटी, मेक्सिको, पेरू आदि में ऐसे ही श्रम-विभाजन एवं अनगढ़ वर्ग-संरचना दृष्टिगोचर होती है। हमें ज्ञात है कि पूर्व-पाषाणयुग में पुरुष शिकार करते थे तो स्त्रियाँ कपड़े बुनतीं तथा मिट्टी के बर्तन बनाती थीं। तब हस्तकौशल बेहद क्षीण थे। गोर्डन चाइल्ड बताते हैं कि कांस्ययुग में अधिशेष (सर्पलस) कृषि उत्पादन से एक निपुण वर्ग कृषि से इतर प्रकार्यों में भी लग गया। फलतः मायाइयों में एक ओर उन्नत कताई-रँगाई-बुनाई वाले कपड़े तथा मिट्टी के पात्र मिलते हैं तो दूसरी ओर चूने के गारे से बने भव्य खँडहर [जान लायड स्टीफेंस ने 1841-42 में ग्वाटेमाला तथा मेक्सिको के जंगलों में टीलों, मलबों, ज़मीन की विभिन्न रासायनिक भारी परतों के आधार पर उनका अनुसन्धान किया था]। वे पत्थरों के भी कुशल शिल्पी थे। सन् 2004 में एक महल के खँडहरों में एक मकबरा भी मिला जिसमें कोई मायाई रानी दफ़न थी (ई. 900 की)। वहाँ कई मोती तथा मुकुट के रत्नाभूषण, जेड के कलावास्तु भी मिले। ('न्यूयार्क टाइम्स', मई 11, 2004)।

इससे माया में **व्यापार** का संवर्धन हुआ। वह मन्दिर-केन्द्रित था जिससे कुलीन और श्रेष्ठि-वर्ग समृद्ध हुआ। जब उत्पादन में

बढ़ोतरी हुई और आबादी भी बढ़ी तो आसपास युद्ध भी छिड़ने, लगे तथा मिथक में कई प्रकार के युद्ध और गर्जन के मौकापरस्त देवगण भी पधारने लगे। इसके बावजूद वे उपनिवेशवादियों की नृशंसताओं के सामने उनके घोड़ों और बन्दूकों और षड्यन्त्रों के द्वारा, समूल नष्ट होते चले गये [सोलहवीं शती का पूर्वार्ध]।

मध्यवर्तीय माया-सभ्यता के दो महान् नगर केन्द्र थे–**टिकाल** तथा **कोपान**। इनमें राजवंशों के अभिलेख भी खुदे हैं।

स्थानीय मायाई जनता का विश्वास था कि तत्कालीन चेतन वस्तु में एक अदृश्य शक्ति या अध्यात्मा होती है। वह वृक्षों, चट्टानों, पशुओं और मानवों में वास करती है। इसलिए हरेक का, हरेक काम के लिए एक देवता है। इस भूमिका के साथ हम कुछ विशिष्ट मायाई (मायावी नहीं) देवों की संस्तुति करते हैं–

हुन हुनाह पू : मक्की का देवता।

किनिच-अहौ : प्राचीन सूर्य देवता। ईजिप्टी 'रे' की तरह यह भी ऋतु एवं दिवारात्रि की यात्राओं में विभिन्न रूप धारण करता है। रात को छोटे बाघ जगुआर में कायान्तरित। मायाई पुरोहित भी जगुआर-चर्म धारण करते थे। जगुआर पाताल पर भी शासन करता था।

पौवाह तुन : चार अंशावतारों वाला दिक्पाल देवता। विश्व के चार कोनों में स्थित होकर आकाश को थामे हुए। प्रभंजन-गर्जन का देवता। मदिरापायी भी।

इक्स ताब : असामान्य आत्महत्या की देवी। वृक्ष से लटकती हुई।

इट ज़ामना : स्वर्ग का प्राचीन देवता। दिन-रात और चन्द्रमा का देवता। लेखन का प्रदाता। ज़ियस के विपरीत वृद्ध देवता।

इक्स चेल : भयंकर इन्द्रधनुष-देवी। इट-ज़ामना की पत्नी। एक गुस्सैल बुढ़िया के रूप में वर्णित। शिर पर आकाश सर्प को धारण किये तथा हाथ में संहार का घट थामे जिससे वह कभी भी विनाश-वर्षा कर सकती है।

चाक : एक युद्ध देवता जिसके आँसुओं से वर्षा आती है। वर्षा, कृषि तथा उर्वरता का देवता।

अमेरिकानिया (अमेरिन्डी)

उपनिवेशवादी विजेताओं द्वारा विध्वंस के कारण मध्य अमेरिकीयों के प्राचीन अज़टेकी, मायाई, इन्काई मिथकायन भी प्रायः विनष्ट हो चुके हैं। अतः हम प्रतिलोम-विधि से पहले ऐतिहासिक एटलस देते हैं (बाद में भी देवताओं की व्याख्या कर सकते हैं)।

सामान्य महायुग के पहले (/बी.सी.ई./)

5000 : केन्द्रीय अमेरिका में मक्की की खेती शुरू।

2200 : दक्षिणी अमेरिका के एंडीज पर्वत के तट पर बड़े मन्दिर-परिसर की उसारी।

1750 : पेरू में विशाल उत्सव-केन्द्रों का निर्माण।

1200 : युकातान की नीची भूमि पर प्रथम कोलम्बियन-पूर्व बृहद् **ओलमेक** सभ्यता का प्रकटन।

850 : पेरू में **चाविन** संस्कृति के अन्तर्गत अर्ध-मानव, अर्ध-पशु जीवात्माओं की उपासना का उत्कर्ष। शव समाधियों से पीतल के गहने, अलंकृत मानव-कपाल तथा तम्बाकू नलियाँ प्राप्त।

800 : मायाई जनों का मध्य से दक्षिण मेक्सिको में निष्क्रमण।

400 : उत्तर **पेरू** में मोचे सभ्यता का समारम्भ।

200 : पेरू में **नाज़का**-संस्कृति का अभ्युदय। पेरू-रेगिस्तान के शिलापटों पर भौगोलिक तथा रूपप्रद उत्कीर्णन। सम्भवतः वे आकाश तथा पर्वत के देवताओं को अर्पित थे।

150 : ओहिओ के टीले पर 1312 फुट (405 मीटर लम्बी सर्पवत् संरचना)

150 : मेसो अमेरिका में माया के 'स्वर्णयुग' का आरम्भ।

50 : ट्योटी-हुआ-कान जैसा सबसे बड़ा शहर, मेक्सिको की घाटी में।

सामान्य युग

100 : मेक्सिको के ट्योटी-हुआ-कान में सूर्य तथा चन्द्रमा के पिरामिडों का निर्माण।

700 : ट्योटीहुआकान शहर आग में भस्मीभूत।

790 : कई स्थलों के परित्याग के कारणरूप माया-सभ्यता की गिरावट।

900 : टोलटेकों का अभ्युदय। माया-साम्राज्य के पतन से केन्द्रीय मेक्सिको में उनका उत्थान। अगले तीन सौ वर्षों तक केन्द्रीय क्षेत्र में उनका वर्चस्व।

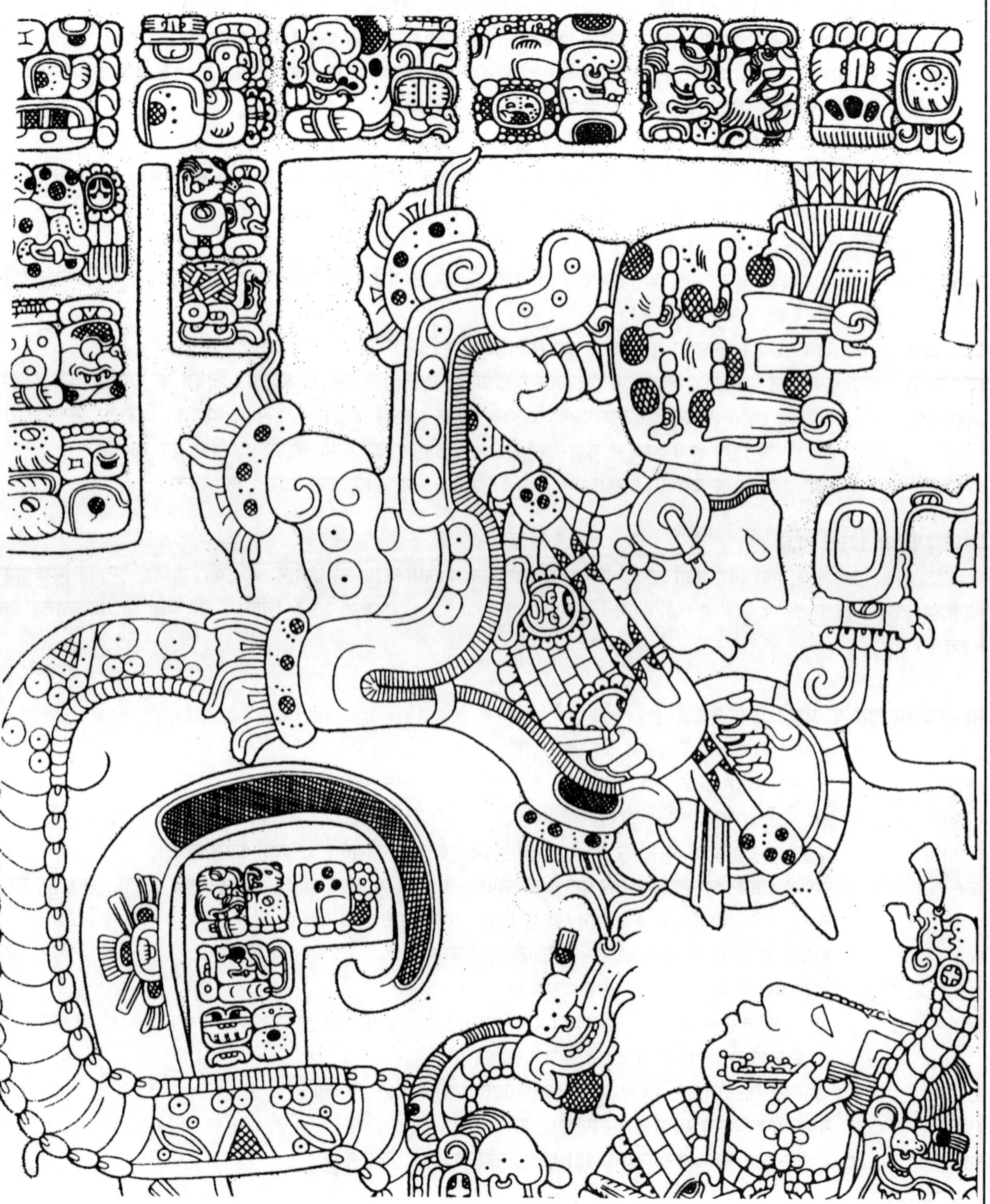

महासर्प के मुख से प्रकट होता यात यलाम। नीचे दायीं ओर महीयसी ज़ो देखती हुई [मायाई मिथक]

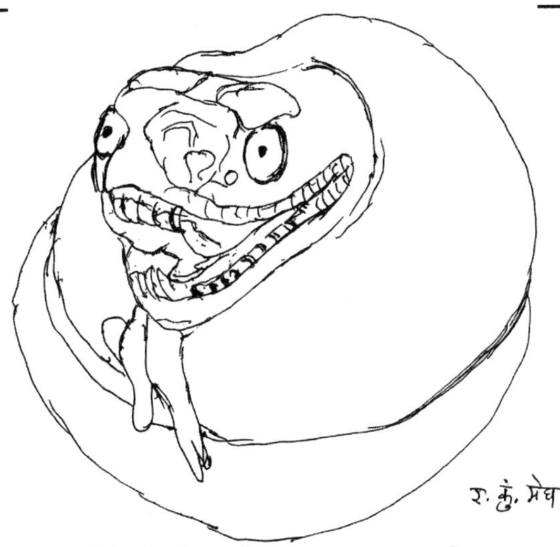

मेक्सिको के मायाई जनगण का एक नाग देवता

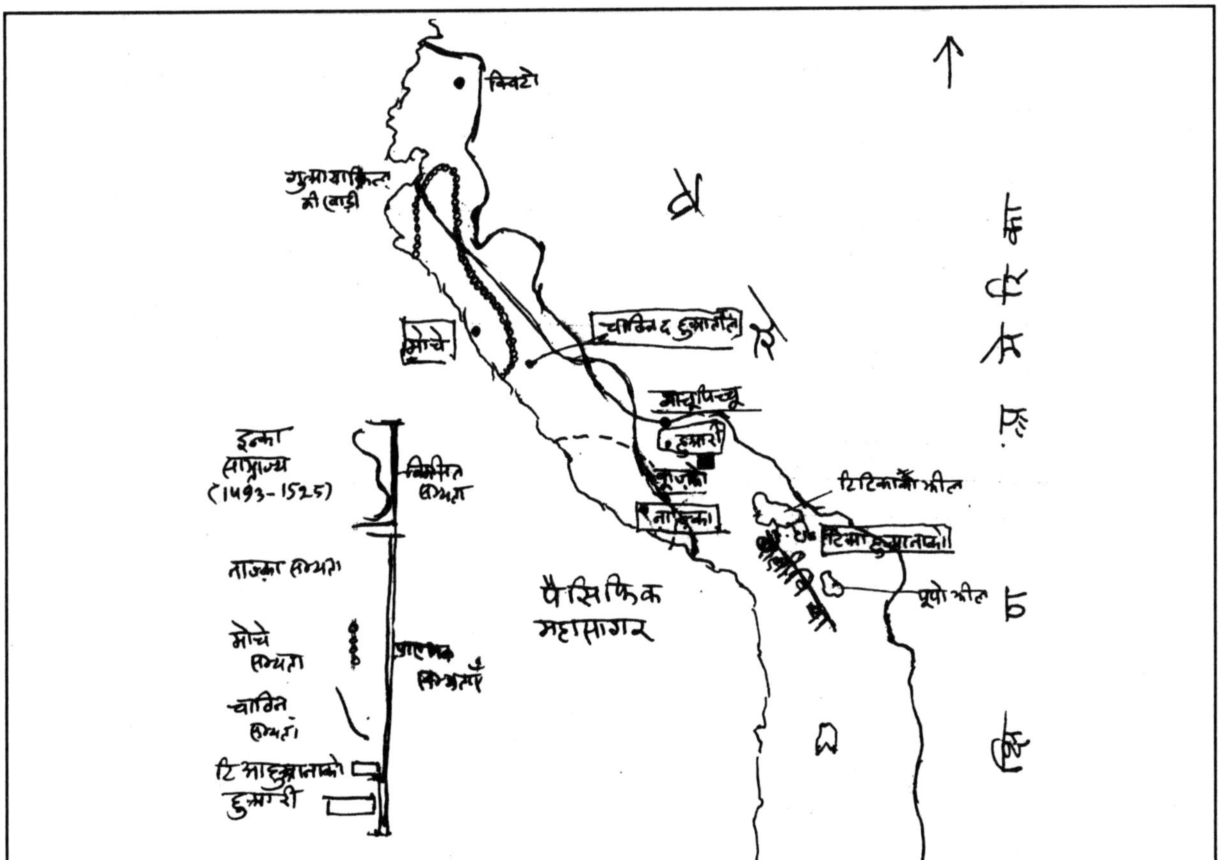

967 : मानव बलिकर्ताओं के प्रतिद्वन्द्वी मततन्त्र के प्रभुत्व से उदार टोलटेक पुरोहितों का निष्कासन।

990 : निर्वासित टोलटेकियों द्वारा चिचेन इत्ज़ा नामक माया-नगर पर अधिकार। यह युकातान पर स्थित है।

1000 : इन्काइयों द्वारा कुज़को नगर (पेरू) की स्थापना।

1175 : अकाल, आग और आक्रमण से टोलटेक-साम्राज्य का खात्मा।

1200 : अज़टेक प्रजाति का मेक्सिको घाटी में बसना। टेक्सकाका झील के द्वीप पर उनका केन्द्र। टेनोचिट्टिलान शहर (वर्तमान मेक्सिको शहर) की स्थापना।

1410 : पेरू के इन्का-साम्राज्य का विस्तार।

1428 : अज़टेक-साम्राज्य का विस्तार।

1492 : भारत की खोज में भटककर क्रिस्टोफर कोलंबस कैरिबियन के बहामास, क्यूबा और हिस्पानिओला (सान्तो डोमिन्गो) पहुँच जाता है।

1500 : ब्राज़ील में पुर्तगालियों का पदार्पण और क्षेत्र पर दावेदारी।

1502 : मोंटेज़ुमा-II के शासन का प्रारम्भ। कैरिबियन क्षेत्र में अफ्रीकी गुलामों की आवक

1514 : मौत के अल्टीमेटम के तले स्पेनी फौजों द्वारा मूलवासियों को ईसाई बनाना।
मूलवासियों को गुलाम बनाया जाना।

1519 : हर्नान्डो कोर्टेज़ पाँच सौ आदमियों के साथ वेराक्रूज़ में आकर उतरता है और अज़टेक राजधानी पर कूच करता है। मोंटेज़ुमा-II आत्मसमर्पण करता है और 1520 में स्पेनियों द्वारा उसकी हत्या कर दी जाती है। अन्ततः 'न्यू स्पेन' के नाम से स्पेनी-साम्राज्य कायम होता है।

1530 : पुर्तगाली ब्राज़ील का उपनिवेशीकरण करते हैं।

1533 : फ्रांसिस्को पिज़ारो इन्का मुखिया अताहुआल पा को पकड़कर फाँसी पर चढ़ा देता है।

1545 : पोटोसी (पेरू) में चाँदी की विशाल खदानें। स्पेनियों द्वारा बेरहम शोषण व खनन।

उत्तरलिपि

इसके पश्चात् : नृशंस उपनिवेशवादियों ने मुखौटे पहनकर, दो छद्म मिथकों को गढ़कर उनका सर्वव्यापी प्रचार-प्रसार किया–

1519 : (अ)–'स्पेनी आक्रान्ता ही देवता क्वेटज़ालकोआटल है जो मरा नहीं है। मिथक में वह श्वेतवर्ण दाढ़ीयुक्त देवता समुद्र में पूर्व की ओर तैर गया था और एक दिन अपने खोये राज्य की दावेदारी करने लौटेगा। इस न्याय से कोर्टेज़ गौरश्वेतवर्ण का दाढ़ीयुक्त देवता का छद्म ग्रहण करता/करा देता है और अज़टेक-साम्राज्य समर्पण द्वारा जीत लेता है।

1531 : (आ)–टेपेयाक नामक छोटे से कस्बे में जुआन डीइगो नामक सीधे-सादे ग्रामीण को एक 'उज्ज्वल छाया' के दर्शन होते हैं। वह स्वयं को (ईसा की माँ) 'वर्जिन' बताती तथा वहाँ एक चर्च बनाने का आदेश देती है। चर्च बन जाती है। वह 'ग्वाडालूप की सान्ता मारिया' बन जाती है। इसके बाद हर रोज़ हज़ारों की संख्या में मूल इन्कावासी ईसाई बनने लगते हैं। [1531] इस भाँति परामनोवैज्ञानिक हैलुसिनेशन या विभ्रम से यह मिथक गढ़ी गयी और उसे मान्यता मिल गयी।
दोनों ही प्रसंगों में उपनिवेशवादियों ने कबीलाई और अन्धविश्वासी लोगों का शोषण तथा उत्पीड़न किया।

चित्र-आकृतियाँ

मानचित्र-तालिकाएँ

4

''बीते युग, पर बना हुआ है अपना मतवाला संसार'' : लोकयानी-कर्मकांडी मिथक से कैसे गुनें-पढ़ें, सभ्यताओं के 'सामाजिक पंचांग' (सोशल चार्टर)॥

4.1 पद्धति एवं प्रकर्म

4.1.1 कुछ अनुप्रयोग

अज़टेक (मध्य अमेरिका)—सम्प्रति हम एक अर्द्धमिथक-अर्द्धलिजंधर-अर्द्ध-इतिहास से युक्त एक **अज़टेक मिथक के सामाजिक पंचाग** (सोशल चार्टर) की छानबीन करेंगे। (इसके पहले भी एक चीनी मिथक 'नदी-देवता तथा क्वाँरी वधुएँ' शीर्षक मिथक के सामाजिक चार्टर का खुलासा प्रस्तुत किया जा चुका है)।

यह मिथक ह्यूज़िलोपोचटली (वीह-सी-लोहपोचटली) तथा क्वेटज़ालको **आटल** (केट-साहल-का-अटल) से सम्बद्ध है। (हम इन्हें संक्षेप में 'ह्यूटली' तथा 'क्वेटल' कहेंगे)। ह्यूटली एक भयंकर रक्तपिपासु देवता था जिसे नरबलि दी जाती थी। वे बहुधा युद्ध बन्दी होते थे। उनकी छाती चीरकर ताज़े धड़कते हृदय की उस देवता को बलि दी जाती थी। युद्धबन्दी-बलिमानव 'युद्ध प्रसून' कहलाते थे क्योंकि उनका निकाला दिल लाल फूल की तरह होता था। यह अज़टेक युद्धदेवता था जो भूदेवी के गर्भ से पूर्ण देह पर अस्त्र-शस्त्र सज्जित पैदा हुआ था। यह खौंखियाता सूर्य-देवता भी था जो अन्धकार की छाती चीरता था। यह बिजली और झंझावात का भी देवता था जिसने 'दूसरे' ब्रह्मांड के सूर्य-देवता क्वेटजल को प्रचंड प्रभंजनों द्वारा बर्बाद कर दिया था। युद्धोन्मादी, क्रूर और बर्बर अज़टेक सम्राट इस भयंकर युद्धदेवता के मन्दिर में मानव-बलि का अनुष्ठान कराते थे। इस देवता का अर्थ 'गुनगुनाने वाला पक्षी' था। यह पंख तथा सर्प से युक्त था।

दूसरा प्राचीन देवता क्वेटल था। उसका मततन्त्र (कल्ट) ई.प. 900 से चला आ रहा था। वह वातावरण तथा सभ्याचार का; उर्वरता और जीवन का (मृत्यु के बजाय); हवा (प्रचंड झंझावात के बजाय); विवेक और व्यावहारिक ज्ञान का **देवता** था। वह नेक **सम्राट** भी था। उसने कृषि, कला तथा कैलेंडर का अन्वेषण भी किया था। वह अलग-अलग पंख तथा सर्प के बजाय, पंखयुक्त सर्प भी था। वह **पुरोहित** भी था। वह दूसरे ब्रह्मांड का सूर्य भी था। वह वीनस नक्षत्र अर्थात् भोर के तारे द्वारा प्रतिनिधित्व पाता था। उसका जुड़वाँ एक्सोलोटल अर्थात् सन्ध्यातारा था। इस प्रकार क्वेटल का तिहरा व्यक्तित्व था देवता, मानव सम्राट तथा पुरोहित का। जो अन्य अच्छे अज़टेक नृपति थे उनके लिए वह नेक **इंसान** था।

यहाँ अज़टेक समाज और सत्ता के बीच द्वैत, द्वैत और दुविधा संलक्षित है। क्वेटल बड़ा राजा है, कई मंत्रालयों का। वह पुरोहित है कृषि-कला-कैलेंडर के अन्वेषित-अनुष्ठानों का। एक नेक इंसान है—विवेक तथा व्यावहारिक ज्ञान का। तुलना में ह्यूटली तो देवता के छद्म में एक राक्षस है (विश्व मिथकायन में वही एक मानव-हृदयभक्षक देवता की मिसाल है)। उसके मुकाबले में सेट (ईजिप्ट), ऐरेशकिगाल (मेसोपोटामिआ), काली (भारत) आदि भी नगण्य हैं।

यह 'टल' और 'टली' के बीच द्वन्द्व तथा एकता का भी उद्घाटक है। टल पंखयुक्त सर्प से, तो टली पंखयुक्त पक्षी और सर्पों से अभिहित है। पहला मानव-सभ्याचार का उद्धारक है तो दूसरा विनाशक। टल सूर्य भी है जो टली द्वारा विनष्ट कर दिया

अज़टेक-माया-मिथक का दाढ़ीयुक्त सूर्य-देवता

'क्वेटज़ालकोआट्ल'

गया था। टली अन्धकार को उसी प्रकार चीरता है जैसे उसके पुरोहित बलि देने में मानव-वक्ष। अपनी द्वितीय सृष्टि में विनष्ट होकर भी टल (सूर्य रूप) प्रभात नक्षत्र वीनस के रूप में नित नवीन है तथा उसका जुड़वाँ सन्ध्या-तारा एक्सोलोटल भी साथ है। **क्वेटल एक दाढ़ीयुक्त इंसान** है किन्तु उसकी इस दैवी मानव की छवि का उपयोग आक्रान्ता स्पेनी कोर्टेज़ ने किया था जब उसने स्वयं को क्वेटली का अवतार तथा प्रतिनिधि घोषित कर दिया और अज़टेक राजा मोंटेजुमा से समर्पण कराकर उसकी हत्या करा दी।

इस प्रकार, यहाँ दो देवते ह्यूटली तथा क्वेटल, दो प्रकार के सम्राटों के प्रादर्श, दो प्रकार के पुरोहितों द्वारा सामाजिक पंचांग खोला गया। अज़टेक-सभ्यता में पक्षी और सर्प पूजित टोटेम भी थे। ये देवता रूप होते गये। सम्राट के रूप में कई क्रूर तथा अज़टेक राजाओं ने अपनी फौजी ताकत मजबूत करने के लिए ह्यूटल का राजनयिक इस्तेमाल किया किन्तु उपनिवेशवादी कोर्टेज़ क्वेटल के बिंब की भ्रान्ति का कुचक्र फैलाकर सत्ता हथिया बैठा। (यह भ्रान्ति थी कि पूर्वी समुद्र में तैरकर पार चला गया टोल्लान का देवराजा दाढ़ीयुक्त क्वेटल एक दिन वापस लौटकर अपने राज्य की दावेदारी करेगा। कोर्टेज़ ने स्वयं को अनमरा क्वेटल घोषित कर दिया)। अतः अज़टेक राजाओं ने स्वयं को कभी ह्यूटली का, तो कभी-कभार क्वेटल का उत्तराधिकारी पेश किया।

सो, यहाँ संयुक्त मिथकव्यूह से अज़टेकी सभ्यता एवं समाज का सम्पूर्ण द्वन्द्व-दुविधा, द्वैत-संघर्ष खुल-खुल पड़ता है। देवता के दो पक्ष, मनुष्य के दो पक्ष, (टालटेक शहर के) पुरोहितों के दो पक्ष, प्रकृति-रुद्रता के दो पक्ष—सभी के कूट (कोड्स) मिल जाते हैं।

इसमें धार्मिक कर्मकांड और सत्ता के निहित-स्वार्थ एक ही बिन्दु पर संलीन हो गई। मिथक की मूल तथा विभक्त प्रकृत (विकासवादी) तथा भयंकर (विनाशकारी) वेदिका भी निदर्शित करते हैं।

अन्ततः एक नेक इंसान-देवता बनाम एक देवताछद्मी राक्षस का चिरन्तन अन्तर्विरोध एवं धुँधली वर्गीय संरचना को भी खोलता है।

उत्तरी अमेरिन्डीया

कोलंबस-पूर्व उत्तरी अमेरिका में कोई बड़ी अथवा महत्त्वपूर्ण सभ्यता नहीं पनपी।

स्पेनी आक्रान्ताओं द्वारा उत्तरी अमेरिका में मूल निवासियों का समग्र नरनारी-संहार नहीं हुआ। इससे उनकी मौखिक परम्प. राएँ बच गयीं और मिथकें, लिजंधर तथा लोकयान भी उपलब्ध हो गये। दूसरी बात; इसके अलावा लूटपाट और तबाही-बर्बादी उस तरह से नहीं हुई कि कबीलों तथा आदिम जनजातियों के कृतित्व ही विलुप्त हो जाएँ। तीसरे, इस विशाल क्षेत्र में आर्कटिक वृत्त के एस्किमो लोगों से लेकर नीचे उतरते हुए पर्वतों, मैदानों, रेगिस्तान तक की सामाजार्थिक संरचनाएँ पता चल जाती हैं। और अन्ततः इस क्षेत्र में उत्तर पेलियो-पाषाण युग से लेकर अग्रिम नव्य पाषाणयुग तक के समाजों की मानवीय कारगुजारियों के वृत्तान्त हासिल किये जाते रहे हैं। यह सही है कि पूर्वेतिहास के कुहरे में उनकी जीवनशैलियाँ यूरोपीय तथा एशियाई संस्कृतियों के लिए भी अजनबी-जैसी प्रतीत होती हैं। इस दुनिया में ज़्यादातर अवचेतन से उभरे देवताओं के बजाय रूपप्रद **आद्यरूपात्मक देवतादि** हैं, ऊपर आकाश महाशक्ति (शाली) है, नीचे धरतीमाता है, और वैश्विक खलनायक या चालबाज (ट्रिक्स्टर) भी हैं। यहाँ पौधों, मछलियों, रीछों, पशुओं की चैतन्यताएँ हैं, विशेष रूप से मक्की की बालियों की, दिव्य कुमारिकाओं की, इत्यादि।

उत्तर अमेरिका के विशाल क्षेत्र को एस्किमो, उत्तरी तटक्षेत्र, उत्तरी वनक्षेत्र, पूर्वी काष्ठक्षेत्र, विशाल मैदान, विशाल रेगिस्तान तथा दक्षिण-पूर्व में बाँटा गया है। यह विभाजन मिथकयानों के मद्देनज़र किया गया है। सो, हम कुल मिलाकर यही यात्रापथ अपनाएँगे।

[यहाँ भी वही चिरन्तन पहेली मौजूद है—ऐकल मनुष्य से उपजी मानवीय संसृति का आरम्भ पिता-पुत्री, माता-पुत्र, भाई-बहन, पति-पत्नी की एक ही पंक्ति से होगा। अतः इनमें नैतिकता का अभ्युदय भी अनुपस्थित है]।

सभारम्भ में ही बता दें कि कर्मकांड (रिचुअल) में मिथकों का अभिनय और अनुवाचन शामिल होता है। इनका लक्ष्य प्रार्थनाओं और कष्टों के द्वारा मानव और देवताओं के बीच सम्बन्धता स्थापित करना होता है। ''पूर्व में जन्मी चैतन्यताओं तथा अतिप्राकृतिक ताकतों का मकसद शिकारी के पास पशुओं का खोज ले आना होता था। किन्तु कृषिकारों के अग्रगामी समूह के समक्ष यह स्वयंसिद्ध होता है कि ज्यादा ताकतवर चैतन्यताएँ उन देवताओं के रूप में देखी जाती हैं जिनके ठीक से परिभाषित प्रकार्य होते हैं और वे सभी प्रथम कारण या महान् चैतन्यता से हीनतर होती हैं। मिथकें रोज़ की ज़िन्दगी के मामलों और ब्रह्मांडीय घटनाओं का विवरण देती हैं और नवोन्मिषित मिथकों के माध्यम से समस्त सृष्टि को मनुष्य से सूत्रबद्ध करती हैं।''*

हम ऊपर बता आये हैं कि गहरे अवचेतन से उभरे आर्केटाइपल प्रक्षेपण वास्तव में वैयक्तिक चिति (साइकी) के अंश होते थे। वैसे आद्यरूपात्मक संरूप अमेरिन्डी मिथकों में प्रचुर हैं। वे पुराने सरदार या शामन मनुष्य तथा प्रकृति के आपसी रिश्तों की ज्यादा समझ रखते थे। उनके इल्हाम मुख्यतः उनकी कबीलाई मिथकों के विकास के गुणगान पर निर्भर होते थे। उनके जो उद्घाटन

* 'नार्थ अमेरिकन मिथोलॉजी', कोटी बर्लेंड, हेमलिन, न्यूयार्क, 1965, पृ. 130

होते थे वे पुरोहित के बजाय देवदूत वाले होते थे। वे देवता और चैतन्यता या अध्यात्मा (स्पिरिट) के बीच आत्मसंवाद करते थे। इस उपक्रम में धर्म के विकास के अगले चरण में शामन के बजाय मनुष्य ईश्वर में अन्तर्लीन होने के उपक्रम में आता जाता है। यहाँ कई मिथकें मनोविज्ञान के रहस्यों को भी उद्घाटित करती हैं। अनुजातिशास्त्री (एथनोलॉजिस्ट) मानते हैं कि समाजवैज्ञानिक दबावों के कारण मिथकों का अवतरण लोककथाओं एवं लोकवार्ता में हो जाया करता है। तथापि मिथकें जनता के गहरे-से-गहरे अतल विश्वासों का दर्पण तथा दीपक रही हैं। यह हमारी **मिथक-आलेख-कारी** की एक प्रमुख बुनियाद है।

मैदानों के शिकारी-कबीलों तथा पैसिफिक सागर के मल्लाह-कबीलों की विशिष्ट जीवनशैलियाँ थीं। पहले भैंसों के शिकार से, तथा दूसरे मछलियों-सीलों और जलसिंहों (वालरस) के शिकार से आराम से जीवनयापन करते थे। इसकी वजह से भी छोटे-छोटे समुदायों के बीच छोटी-मोटी लड़ाइयाँ भी आम थीं। इसलिए उनकी मिथक-कथाओं में नायकों की दुःसाहसिक कथाएँ भरी हैं। इस भाँति इस क्षेत्र में संस्कृति के विभिन्न स्तर होने की वजह से मिथकों के उपागम भी बदलने पड़ेंगे। यह भी ध्यान में रखना होगा कि मिथकयात्रा समय के माध्यम में नहीं होती है। ग्रीष्म में वालरस तथा ह्वेल मछलियों के शिकार ने एक ओर तो उन्हें **सौन्दर्य** का करिश्मा जताया तो दूसरी ओर दुःसाहसिक **किस्से** गढ़ने को अनुप्रेरित किया।

ऐस्किमो का कोई एक संगठित धर्म नहीं था। सागर ही उनके जीवन का बड़ा स्रोत था। अतः वह शक्तिशाली चैतन्यताओं का—विशेषतः अति-अति पुरातन उर्वरता की जननी का—निवास था। उनका धर्म उनके शामन ओझा **अंगाकोक** द्वारा बुलाया जाने वाला समावेश होता था जिसमें वह मौसम की, मछलियों के आने की, सील और शार्क की गतियों की मँजे अनुभव से सूचना

ऐस्किमो

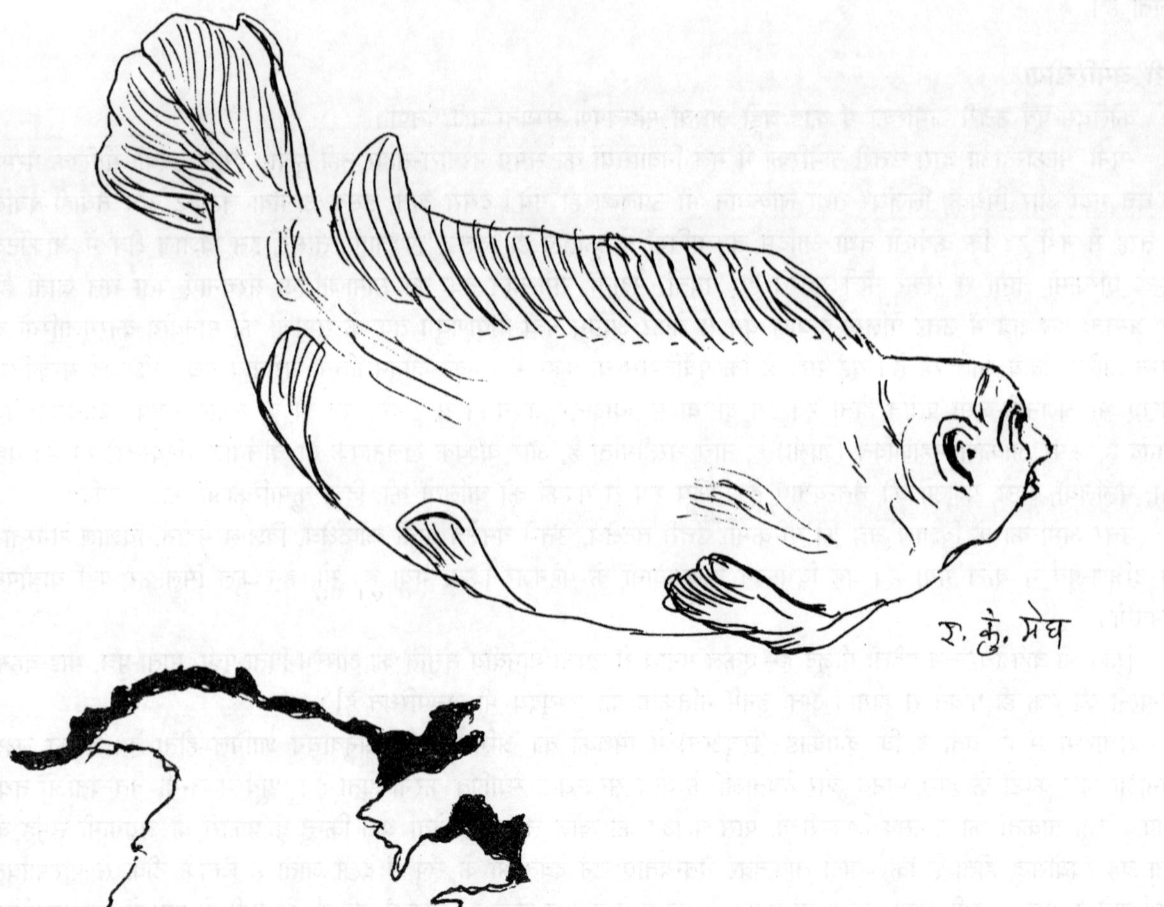

ऐस्किमो मानते थे कि सभी पशुओं की आत्माएँ होती हैं जिन्हें वशीकरण के जरिये शिकारी और मछुआरों के जाल में फँसाया जा सकता है। सो, यहाँ पर एक मछली का नारीमुख वाला अंकन।

देता था जिन्हें चमत्कारी भविष्यवाणी माना जाता था। इस तरह ऐस्किमो प्राकृतिक जगत् पर पूर्णतः निर्भर था। इसलिए उसकी जीवनदृष्टि में उसके आभ्यन्तरिक व्यक्तित्व एवं चतुर्दिक संसार के बीच कोई रहस्यात्मक सम्बन्धता की मौजूदगी थी। उसके परिव्यापी संसार में सूर्य तथा चन्द्रमा बहन-भाई थे जिनमें आपस में दौड़ लगी रहती है और जिसमें भाई चन्द्रमा बहन सूर्य के पास-पास दौड़ता है। कभी गायब हो जाता है, कभी प्रकट हो जाता है। इस तरह से ऐस्किमो को खगोल का सूक्ष्म ज्ञान होता है ताकि वह शीत ऋतु की रातों के हिमीकरण या शारदागम में बर्फ़ के पिघलने तथा मछलियों के शिकार के लिए तारापुंजों की स्थिति के मुताबिक जीवनचर्या चलाएँ।

सेडना की मिथक का एक प्रतिपाठ : किस प्रकार एक समय में दो दैत्य थे। कोई नहीं जानता था कि वे कौन थे और किस तरह आये थे। ऐस्किमो की तरह वे भी शिकार की बदौलत अस्तित्वमान थे। उनके एक बच्ची थी जो बहुत जल्दी बड़ी हो गयी। वह अद्‌भुत ढंग से मांस ढूँढ़ निकालती थी और अपनी **अदम्य** भूख को मिटाती थी। दैत्य-बेटी के हिसाब से वह बहुत भूखी होती थी। एक रात को जब उसके दैत्य वाल्दैन सो रहे थे उसने उनकी बाँह चबाना शुरू कर दिया। भयभीत होकर वे जाग उठे। भयंकारी बेटी को नाव में बैठाकर ले चले—दूर गहरे सिन्धु में। तब उन्होंने उसकी उँगलियाँ काटनी शुरू कीं। वे उँगलियाँ ही ह्वेल, सील और मछलियों के झुंड बन गयीं। इससे भी वे दैत्य वाल्दैन भयाक्रान्त हो गये। सो उन्होंने बच्ची को गहरे समुन्दर में फेंक दिया और जल्दी से जल्दी घर वापस हो लिये। कहानी आगे बताती है कि तब से वे लम्बे बुढ़ापे तक जिन्दा रहे और अन्त में सो जाने पर बर्फ में जम गये। (जिस तरह कई ऐस्किमो लोगों के साथ घटता है)। समुद्र-तल में रहती हुई सेडना (दैत्य पुत्री) महामाता हो गयी जो अपनी असंख्य सन्तानों (मछलियों, ह्वेलों, सीलों, वालरसों और अन्य अनेक प्रकार की मछलियों) के देशान्तरण पर नियन्त्रण रखती है। ऐस्किमो लोकजन विश्वास करते हैं कि सेडना वहाँ सदैव मौजूद है और इल्हाम की दशा में शमन अंगाकोक उससे सम्पर्क करता है।

इसमें महामाता की अवधारणा भी उन्मीलित होती है।

उत्तर-पश्चिमी ग्रीनलैंड की इस नक्षत्र-कथा में ऐस्किमो के धुर-उत्तर में इतनी नज़दीक रहने का वैज्ञानिक वृत्तान्त है कि बड़ा सप्तर्षि-मंडल क्षितिज के दक्षिण में नज़र आता है।

(क) अन्य ऐस्किमो की तरह धुर-उत्तर के ऐस्किमोओं के लिए सूर्य (दाहक और विराट् न होकर) एक सुन्दर सी लड़की है जो आकाश में एक मशाल उठाये दौड़ती है जब उसका भाई चाँद उसका पीछा करता है। चाँद का नाम ऐनीनगान है। चाँद अपने घर में एक दैत्य चचेरी बहन इर्दलिर्विरिसिस्सोंग के साथ रहता है। इर्दलिर्विरिसिस्सोंग एक हँसोड़ मादा है जो कभी-कभी आकाश में आकर नाच दिखाते हुए लोगों को हँसाती है। लेकिन अगर और कोई खासतौर से आगत ओझा अंगाकोक नज़दीक होता है तो लोग नज़रें चुरा लेते हैं क्योंकि (तब) अगर वे हँसे तो वह मसखरी राक्षसी उन्हें सुखा देगी तथा उनकी अंतड़ियाँ खा डालेगी।

चाँद भी एक बड़ा कुशल शिकारी है। वह हमेशा अपने 'स्लेज' इगलू के साथ रहता है। उसका इगलू सील मछली की खाल से मढ़ा होता है। उसके साथ धब्बेदार कुत्तों की स्लेज-टोली भी होती है जो कभी-कभी आकाश से धरती पर उतरकर पुच्छलतारों की तरह सुलग उठती है। सूर्य की माता जुपीटर नक्षत्र है। वह भी जादूगरों के लिए बेहद खतरनाक है। लोगों को सतर्क रहना पड़ता है कि कहीं वह उनके गुर्दे न खा डाले।

(ख) प्रमुख नक्षत्रों व उनकी राशियों पर भी कई मिथकें हैं और उनके स्वरूपों के अनुसार गढ़ी गयी हैं।

एक बार एक भालू था। कुत्तों के एक दक्ष झुंड ने उसका पीछा किया। वे इतनी मेहनत से दौड़े कि आकाश में आन पहुँचे और कृत्तिका-नक्षत्र का रूप बना लिया। ऐस्किमो का विश्वास है कि वह नानूक नामक भालू तथा शिकारी कुत्तों का समूह है।

सिर के ठीक ऊपर एक विशाल रेन्डियर नीचे की ओर निहारता है। वह बृहद् सप्तर्षि नामक नक्षत्रपुंज है। उसके सामने आकाश के आरपार छोर पर पत्थरों का एक ढेर है जो खाना पकाने वाले दीवे का आधार है। वहीं कैसिओपेइआ नामक नक्षत्रपुंज है। दोनों के बीच आकाश के छोर पर बर्फ के तट पर तीन सीढ़ियाँ कटी हुई हैं। वे मृग नामक नक्षत्रपुंज हैं। कभी-कभी अमावस की अँधेरी रात में पिता-पुरखे आकर आकाश में नृत्य करते हैं तथा अलाव जलाते हैं। यह 'आरोरा ब्रोलियालिस' का उल्लास भरा पुल है (जिसमें क्षितिज में स्फुल्लिंगों की बौछार होती है।)

उत्तर-पश्चिमी सिन्धुतट के कबीलों के परिवार टोटेम-समूहों में बँटे होते हैं। अतः पारिवारिक टोटेमों का नया भेद दृष्टिगोचर होता है; यथा भालूजन, ह्वेलजन, सालमनजन। यह भी विश्वास है कि वे जन उनके ही वंशज हैं। [तुलना में आस्ट्रेलिया के आदिमूलजन अपने पुरखे पर नामकरण करते हैं]। पाषाण तथा गुरियों (वीड) पर शिल्प, और टोटेम (खम्भे) के आगे पृष्ठ पर निदर्शन-निर्देश :

(क) एक सिरटोपा 'समुद्र का रहस्य'। इसे मिथकों के अभिनय के मौके पर धारण किया जाता है। इसका प्रचुर अलंकरण तथा चमचमाहट क्षेत्रीय जनों के पर्यावरण की द्योतक है।

(ख) एक किमाकृति (ग्रोटस्क), मानवमुख के रूप में। इसमें चालबाज 'रावेन' का मुख है जो अन्य सिरों से घिरा है। ये

रावेन के अन्य व्यक्तित्वों के उद्घाटक हैं।

(ग) टोटेम-खम्भ (दक्षिण अलास्का)। इसमें ऊपर श्येन (बाज) पक्षी, मानव-शिर, हत्यारा ह्वेल मत्स्य, और सबसे नीचे शैतान रावेन का शैलीकृत शिर है।

उत्तर पश्चिमी सिन्धु-तटों पर सालमॅन मछलियों के झुंड के झुंड आते जाते हैं और लाखों की तादाद में संचित कर लिए जाते हैं। अतः शीत ऋतु में लम्बी बर्फ जमाऊ रातें जनजीवन के लिए बेहद उत्सवधर्मी होती हैं जब वे मिथककथाएँ सुनते-सुनाते हैं। उनका तथा टोटेमीय लिजंधरों का रंगमंचन करते हैं। इनमें पशु अधिनायक तथा मनुष्यीकृत होते हैं और जनों की दुस्साहसिक कथाएँ जुड़ी होती हैं। इनमें भी सूर्य, चन्द्रमा, आकाश और चालबाज़ रावेन के अलावा कोई देवता नहीं होता। यह ध्यातव्य होना

(क)

(ख)

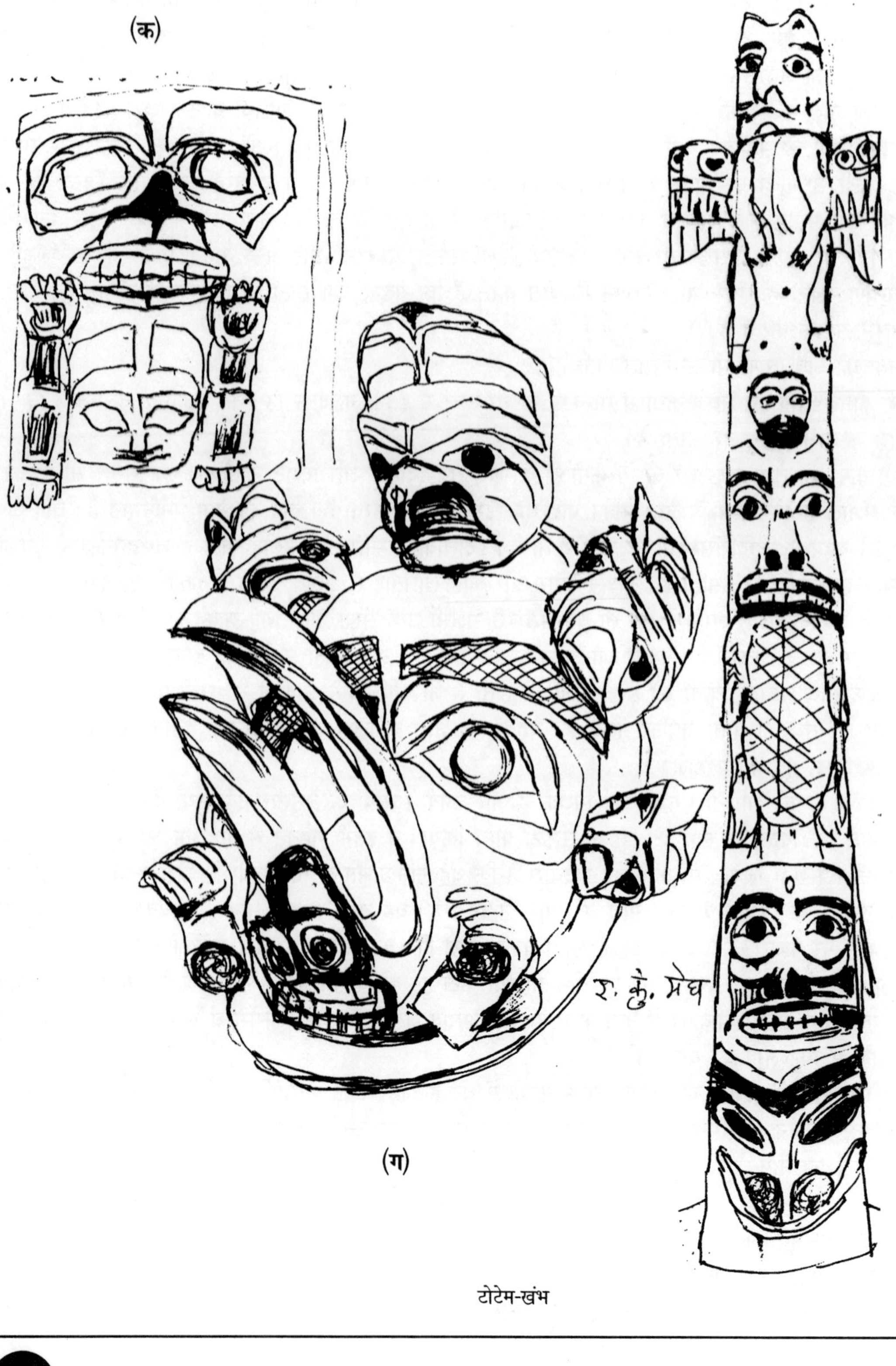

(ग)

टोटेम-खंभ

चाहिए कि प्राक्तन् जनों की संस्कृति में किसी ऐकल बड़े देवता की अवधारणा स्वदेशी नहीं होती। इसका तात्पर्य है कि मिथकयान अभी तक धर्मचक्र में प्रवर्तित नहीं हुए। उनकी बेहद मनमोहक फांतासियाँ हैं। एक बूढ़ी औरत के घर में सूर्य रहता था जो लम्बी-अँधेरी ठंडी रातों में उसे ताप देता था, अथवा हत्यारी ह्वेलों के समुद्र तल में जादुई महल होते हैं, अथवा समुद्र पाखियों के भी उत्सव मनाने के लिए उल्लास भरे चहकते डेरे होते हैं। मृतकों की अध्यात्माएँ पाताल (मृत्यु-लोक) लोक में रहती हैं। उनसे मिलने तो जाया जा सकता है किन्तु वहाँ उनका परोसा भोजन खाने पर वापस नहीं लौटा जा सकता। इस तरह उन शिकारियों की अध्यात्मपरक जिन्दगी में कभी भी कुछ भी हो सकता है। उनके मिथकीय लोक में चैतन्यताओं की शक्तियाँ सदैव सक्रिय रहती हैं। सालमॅन-मछलियों तथा नदी की चैतन्यताएँ (फँसाने वाले मछुआरी जालों से) तनिक भी फिक्रमंद नहीं होती। वे सदैव से अस्तित्व में रहती आयी हैं और भविष्य में भी वर्तमान रहेंगी। उनकी कला में भी सालमॅन और समुद्रपाखी अपना जलवा बिखेरते हैं।

(I) भालू माता की थीम यह है कि एक जवान औरत अपने देस से बड़ी दूर भटक कर एक जानवर की माँद में इस भ्रम में पहुँच जाती है कि वह किसी मनुष्य के घर में आ गयी हो। वह काल का बोध खो चुकी होती है। जब वह अपने वाल्दैन द्वारा बरामद की जाती है तब तक वह पशु-बच्चों की माँ बन चुकी होती है लेकिन उसे लगता है कि गोया कुछ ही दिन बीते हैं।...इसके मुकाबले में यूरोपीय कथाएँ परियों के संसार से सम्बन्धित हुआ करती हैं। नायक पाताल में परी-रानी के घर में पहुँच कर खो जाते हैं। वे भी काल-बोध का ज्ञान नहीं रख पाते।

हैडा कबीले की एक कथा है 'भालू माता' की। इसमें भालू-कबीले की राजकुमारी रिपीसंट भालुओं की गन्दी आदतों की निन्दा करती है। उसे दो युवक जंगल से भालू सर्दार के घर में ले आते हैं। उसकी मदद 'मूषक माता' करती है। अन्यथा वह भालू जनगणों के टैबुओं के उल्लंघन में दंडित की जाती।...

(II) चालबाज रावेन : दुनिया के कई लोगों में यह आदिम विश्वास है कि संसार की सृष्टि किसी चाल/छलकपट से हुई। कभी वह ईडेन के बाग़ का साँप होता है; कभी मोहिनी रूप धारे विष्णु, कभी इन्का सभ्यता का रावेन। कई आदिम कबीलों में

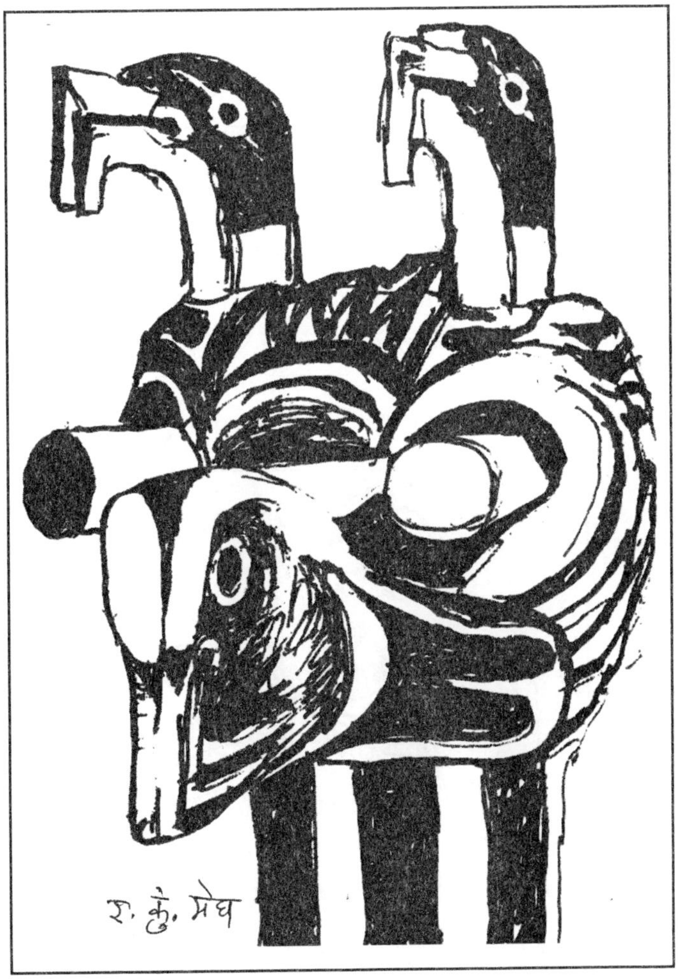

तीन सिरों वाले जलपाखी का काष्ठ-मुखौटा। यह कबीलाई नृत्य के मौके पर पहना जाता है; आकाश के अधिपति की संरक्षा पाने के लिए।

स्रष्टा की धोखाधड़ी बेहद स्पष्ट होती है (जैसी कि इन्द्र की)। रावेन की महत्त्वपूर्ण पर्सनेलिटी ने इंसान को उसके बेहद अद्भुत उपहार प्रदान किये हैं लेकिन वह लोगों को उल्लू बनाने से कभी बाज नहीं आया।

(III) रावेन और चाँद की कथा : एक दिन रावेन को पता चला कि उत्तर दिशा के एक द्वीप में एक बूढ़ा मछुआरा अपनी बेटी के साथ रहता है। उसके बक्से में एक चीज बन्द है, चन्द्रमा। उसने उस अद्भुत चीज को हासिल करने का फैसला किया। झट से एक पत्ती में खुद को बदल डाला और मछुआरे के पिछवाड़े एक झाड़ी में जड़ गया। जब मछुआरी-कन्या उस झाड़ी से झरबेरी/मलबेरी/स्ट्राबेरी चुनने आयी तो पत्तीरूप रावेन गिरकर उसके गर्भ में आ गया। वह एक शिशु के रूप में जन्मा जिसकी टेढ़े काँटेदार नाक थी—परिन्दे के चोंच जैसी। जैसे ही शिशु घुटनों के बल खिसकने वाला हुआ कि चन्द्रमा की रट लगा दीः 'चाँद, चाँद, चमकीला चाँद'।

लड़की ने सन्दूकची खोली। सन्दूक के अन्दर सन्दूक खोलती गयी। आखिर में एक बेहद गोलाकार चमकीली चीज़ निकली जिससे चारों ओर रोशनी फैल गयी। माँ ने उसे बच्चे को लौका दिया। थोड़े दिनों बाद बच्चा फिर रोकर हठ करने लगा। बूढ़े मछुआरे नाना ने वजह पूछी तो बेटी ने कहा कि अब वह बाहर ताकना चाहता है तथा आसमान के तारे देखना चाहता है। सो बूढ़े ने अपने तम्बू के धुएँ की चिमनी के छेद को खोल दिया। जैसे ही वह चिमनी का ढक्कन खुला कि बच्चा पुनः रावेन के अपने असली रूप में लौट आया। चोंच में चाँद दबाये हुए वह उड़ गया। थोड़ी देर एक पर्वत-शिखर पर उतरा तथा चाँद को आसमान में फेंक दिया। तब से चाँद वहीं है जहाँ रावेन ने उसे फेंका था। तब से वह निरन्तर आकाश का चक्कर लगा रहा है।

[इसी तरह नृत्य में मुखौटे लगाने/भालू बाज़ आदि की खाल या पंख ओढ़ने/खोंसने के पीछे पशु-पक्षी एवं मनुष्य के बीच अन्तर विनिमय की अवधारणा क्रियमाण रहती है : भालू-गण में दो भालू दो सुन्दर युवक हो गये। यह वेश बदलने के बजाय रूप बदलने की प्रक्रिया है]।

उनकी मिथकों तथा लोककथाओं में विशाल गरजते पक्षी (एक अतिरिक्त 'उदरमुख' वाले) अर्थात् प्रचंड वात्याचक्र और हरीकेन तूफान के प्रतीकायन, और हत्यारे ह्वेल महामत्स्य, दोनों ही भीषण शोर और उत्ताल चौंध फैलाते हैं। इनका अपना ही हर्षोल्लास है।

(IV) पुरातन काल की हत्यारी ह्वेल मछलियों की एक मिथक यूँ है जिसमें उनकी अध्यात्माएँ महासागरों की विशाल शक्ति भी है—गुन्नारने सेमग्येत नामक निष्णात शिकारी ने समुद्र-तल पर ह्वेल के सम्मोहक गेह में भेंट की और बच निकला। एक बार उसने एक सफेद समुद्री···(ओटर या ऊदबिलाव) को मार कर उसकी खाल उतार ली थी। ऐसा करने में थोड़ा-सा खून खाल से बहकर उसके फर-कोट में आ लगा। उसने धोने को अपनी पत्नी को दे दिया। वह उसे समुद्र-तट पर बिछाकर रगड़ने-धोने लगी और अपने दोनों पाँवों को उसके ऊपर थमा दिया। बस खाल समुद्र में बह चली। तभी एक विशाल काली ह्वेल आयी तथा खाल को उसकी पीठ पर लपेट दिया। वह सिन्धु-तल में गोता लगा गयी। शिकारी पति खोजते-खोजते नीचे पहुँचा। वहाँ उसे अनेक कार्मोरेंट लोग मिले जो अन्धे थे। तब शिकारी ने उनकी पलकें चीरकर नेत्र खोल दिये जिससे सभी देखने लगे। प्रतिफल में उन्होंने स्वेल के ठिकाने का रास्ता बताया और यह गुर भी बताया कि वह उसी रास्ते से न लौटकर दूसरे मार्ग से बाहर जाए। तो ऐसे ही अनेक मिथक-अधिनायकों से हमारा सामना होता रहता है।

उदरमुख गर्जन-पक्षी

तुलना में उत्तरी वनों के शिकारी-जनों में परवर्ती पालियो-पाषाणयुग की संस्कृति के क्षीण अवशेष मिलते हैं। लम्बे बर्फीली ठंड के मौसम में वे नदियों की बर्फीली पर्तें तोड़कर मछलियाँ तलाशते हैं तथा अन्य ऋतुओं में हरिणों तथा ऊदबिलाव (बीवर्स) और भालुओं का शिकार करते हैं। अतः उनके मिथकयान की नाभि **शिकार** है। तदपि उनका अनगढ़ धर्म अपने पुरखों के साथ के अंतरंग रिश्तों से विकसित हुआ है। जंगलों के परिवेश में हवाओं को लेकर कई लिजंधर हैं। उनके संसार में मानवों तथा (शिका. र/शिकारी) पशुओं का अन्तरंग संश्लेष है। जब तक उनका मुकाबला खेतीबाड़ी से नहीं हुआ तब तक उनके मिथक-संसार में उर्वरता की देवियों की भी प्रतिष्ठा नहीं हुई। अतः उनके संसार में नारी-जीवन की विविध-विधियों का दर्पण भी नहीं प्रतिबिम्बित होता (यह तथ्य रेखांकित किया जाए)। वे बहुधा चन्द्र-कलाओं से संचालित होते रहे। उनके ध्यान-केन्द्र हवाएँ तथा जोरदार बारिशें रहीं। अतः सितारों तथा मौसमों की मिथकें उत्पन्न हुईं (हियावाथा के गीत से हम परिचित ही हैं)।

मिथकीय चक्रव्यूह में यह भी संलक्षित होता है कि **मौखिक परम्पराएँ** तभी फलती-फूलती हैं जब गाँवों में बड़े समुदायों का बसना मुमकिन हो जाता है। तब वे खंड-खंड छोटी कथाओं के अलावा महाकाव्यों का भी प्रणयन करने लग जाते हैं। उन व्यवस्थाओं में खलनायकों, रावेनों, चालबाजों का भी प्रतिपक्ष उभरता है। [तुलना में आदिम शिकारी कबीलों के पास **सृष्टि-मिथकों** का लगभग अभाव होता है]।

ओल्गोन्कियन कबीले की सृजनात्मक ताकत के रूप में नायक ग्लुस्काप था जिसका विनाशक भेड़िया-भाई माल्सुम था। जब उनका सिरजनहार मर गया तो माल्सुम ने चट्टानें, झुरमुट तथा जहरीले जानवर बनाये जबकि ग्लुस्काप ने इस धरतीमाता के शरीर को लेकर सुखदायी मैदानों, खाद्य, पौधों, पशुओं और मानव जाति का निर्माण किया। माल्सुम यह जानने की कोशिश करता रहा कि ऐसा कौन-सा जादू है जिससे उसका प्रतिद्वन्द्वी मर जाये। हँसी-मजाक में वह उससे ही पूछ बैठा कि वह किससे मर सकता है। अलबत्ता उसने यह भी बता दिया कि केवल फर्न की जड़ से उसकी मृत्यु हो सकती है। ग्लुस्काप ने बताया कि केवल उल्लू के पंख से ही उसकी मृत्यु हो सकती है। बस एक शाम को उसने उल्लू के पंख को तीर बनाकर निशाना साधा और अपने भाई ग्लुस्काप को मार डाला। किन्तु अपने बड़े जादू से वह पुनजीर्वित हो उठा। उसे अपने भाई पर ही शक हुआ। सो वह जंगल गया और झरने के किनारे बैठकर घोषित किया कि केवल फूलने वाली सिवार ही उसे मार सकती है। एक मेंढक ने यह सुना और छलाँग लगाकर माल्सुम को यह रहस्य बताने जा पहुँचा। उसने उड़ने की शक्ति का इनाम माँगा। माल्सुम ने मना कर दिया। उसने कहा कि अगर उसके पंख लगा दिए जाएँ तो वह बेहूदा लगेगा। बदला लेने के लिए मेंढक ग्लुस्काप के पास लौट कर आया और उसे खतरे से आगाह किया। तब ग्लुस्काप ने फर्नजड़ का बड़ा तना उखाड़ा और उससे माल्सुम को मार डाला। इससे उसने माल्सुम के काले जादू को धरती के नीचे फेंक दिया। अपने भाई की तरह माल्सुम में दोबारा जी उठने की ताकत नहीं थी। इसलिए वह एक खूँखार तथा प्रतिशोधी भेड़िया हो गया। इसके बाद शान्ति प्राप्त कर लेने पर ग्लुस्काप ने अपनी माता की देह से संसार का निर्माण पूरा किया। सारे दुष्ट प्राणियों को भगा दिया तथा पाषाण-दैत्यों को जीत लिया। ग्लुस्काप थोड़ा झक्की था और घमंडी भी। एक गरीब औरत तथा नन्हे शिशु ने उसके सर्वनिर्माता होने के घमंड को चकनाचूर किया। आखिरकार ग्लुस्काप एक दिन बर्च वृक्ष की छाल की नौका पर सवार होकर सूर्योदय की दिशा में चला गया क्योंकि उसका काम पूरा हो गया था। लेकिन यह विश्वास किया जाता है कि वह किसी एक दिन लौट आये।

अब हम **काश्तकारों** की दुनिया में चलते हैं। पूर्वी दारुभूमियों (वुडलैंड्स) के किसानों का प्रमुख 'आइरोक्वीस' कबीले में अनेक अध्यात्माओं (स्पिरिट्स) के ऊपर एक 'परम आत्मा' की अवधारणा का उन्मेष होता है। वह परम आत्मा उनकी खेती को संरक्षक नारीत्व-चैतन्यताओं की अनुकम्पा देती है; वह वृक्षों-मेघों-ऋतुओं को एक छन्द भी देती है। (यह बहुत कुछ शाश्वत नियम 'ऋत्' जैसा है)। इस व्यापक क्षेत्र की प्रमुख फसल मक्की थी। अब जब इनके विश्वासलोक में परमात्मा प्रतिष्ठित हो गयी तो पितर-पूजा का प्रसार होना भी कृषि-चक्र का विधान होता है। इन लोगों ने भी मुखौटों (मास्क) तथा मुद्राभिनयों (माइम) का खूब उपयोग किया। ऋतु-महोत्सवों में बुरी आत्माओं को भगाने के लिए यह एक आम अभ्यास रहा है जिसमें ओझा की भूमिका प्रमुख हो जाती है। इसके द्वारा उर्वरता तथा प्रजनन के चमत्कार सिद्ध होते हैं। इनमें वर्जनाएँ भी कमतर होती हैं। कृषिपरक समाजों के ये आम लक्षण हैं।

(अ) इस दारु-क्षेत्र की एक खगोलीय मिथक में सूर्य और चन्द्रमा मानवीय वाणी तथा कार्यों को सम्पादित करते हैं और पति-पत्नी की तरह हैं। एक बार आकाश के छोर पर एक छेद से शशी अपने पति से पहले निकल आया। गुस्से में मर्द (सूर्य) ने उसकी इतनी क्रूर पिटाई की कि वह (शशी) एक अवधि के लिए गायब ही हो गयी। इस बार एक छोटा-सा कछुवा पाताल की निचली दुनिया में ढूँढ़ने निकला। उसे शशी-रमणी मिल गयी जो अपनी चाँदनी खो चुकी थी क्योंकि वह व्याकुल बनी रही। वह इतनी दुबली-पतली हो गयी कि एक गोलक के बजाय मात्र बंकिम शशी रह गयी। छोटे कछुवे ने शशी को समझा-बुझाकर अपने रास्ते पर दोबारा चलने को संचालित किया। शनैः-शनैः वह अपने असली गोलक स्वरूप में आ गयी। लेकिन चूँकि सूर्य विपरीत दिशा से गुजरता है वह दूसरी ओर नज़रें किये रहा और उसे (शशी को) पहचानने से भी इंकार कर दिया। अतः वह दोबारा व्याकुल

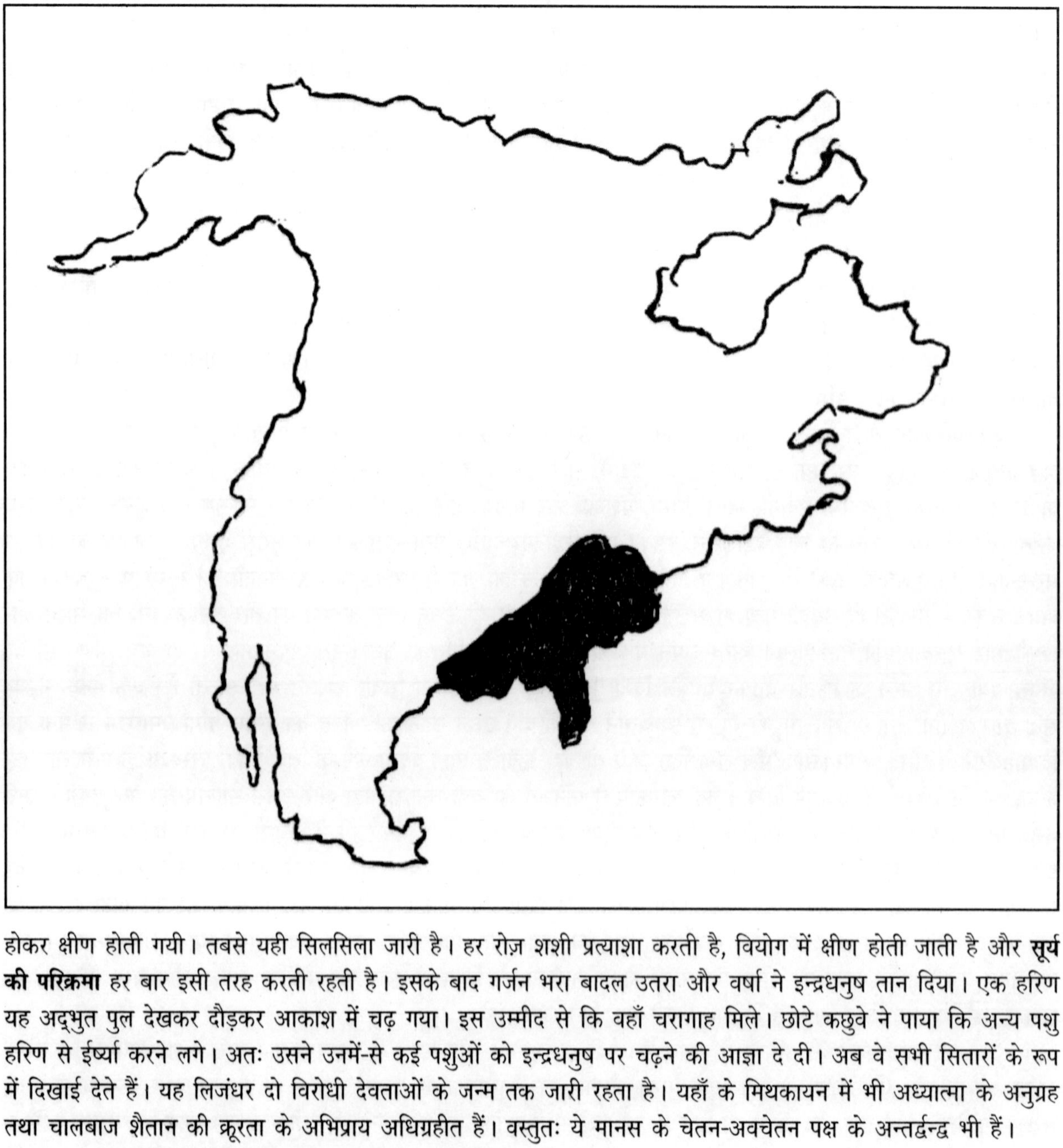

होकर क्षीण होती गयी। तबसे यही सिलसिला जारी है। हर रोज़ शशी प्रत्याशा करती है, वियोग में क्षीण होती जाती है और **सूर्य की परिक्रमा** हर बार इसी तरह करती रहती है। इसके बाद गर्जन भरा बादल उतरा और वर्षा ने इन्द्रधनुष तान दिया। एक हरिण यह अद्‌भुत पुल देखकर दौड़कर आकाश में चढ़ गया। इस उम्मीद से कि वहाँ चरागाह मिले। छोटे कछुवे ने पाया कि अन्य पशु हरिण से ईर्ष्या करने लगे। अतः उसने उनमें-से कई पशुओं को इन्द्रधनुष पर चढ़ने की आज्ञा दे दी। अब वे सभी सितारों के रूप में दिखाई देते हैं। यह लिजंधर दो विरोधी देवताओं के जन्म तक जारी रहता है। यहाँ के मिथकायन में भी अध्यात्मा के अनुग्रह तथा चालबाज शैतान की क्रूरता के अभिप्राय अधिग्रहीत हैं। वस्तुतः ये मानस के चेतन-अवचेतन पक्ष के अन्तर्द्वन्द्व भी हैं।

4.1.2 निर्माणकारी तथा विध्वंसकारी युग्म (जुड़वाँ)

(आ) जब आकाश से 'अधोगामी नारी' विश्वद्वीप में बस गयी तब उसे महसूस हुआ कि वह गर्भवती है। जुड़वाँ में-से एक तावेस्कारे उसकी कोख को पैर से चीरकर जन्म लेगा और दूसरा सेनत्सा दुर्गुण है जो सामान्य ढंग से जनमेगा। नारी की माँ आकाश से उतर आयी तथा उसे ढूँढ़ लिया। किन्तु प्रसव के समय दुर्गुण सेनत्सा उसकी काँख चीरकर पैदा हुआ जिससे माँ की मौत हो गयी। अतः दोनों जुड़वाँ बच्चों को नानी ने पाला। बड़ा होने पर रोज जो शुभकर्म तावेस्कारे करता था उसका ठीक अशुभ सेनत्सा कर देता था। जब एक ने उपजाऊ मैदान तक हरी-भरी घाटियाँ बनाईं तो दूसरे ने सूखे पर्वत, गहरी खन्दकें बनाईं। एक ने फल तो दूसरे ने काँटे की झाड़ियाँ बनाईं। युगों से उन दोनों के बीच यही संघर्ष चलता रहा है। गर्जन (थंडर) भी बनाया। वस्तुतः गर्जन-वायुमंडल के परिवर्तनों को संकेन्द्रित करता है और वसन्त के आगमन की अगवानी भी करता है, और ये किसान-कबीले गर्जन को अनुकम्पा की वर्षा मानते थे। कभी-कभी इसका उलट भी होता है। अतः आइरोक्वीस जनों ने वर्षा तथा विद्युत् की अत्यात्माओं का मिथकयान विकसित किया। मसलन गर्जन हेंग सात भाइयों में से एक था। वह बड़े आकार का छोटा किन्तु औरों का लाडला था। यह बदकिस्मती थी कि वह जिस चीज को छूता था, वह टूट जाती या भद्दी हो जाती थी। हेंग के इस बर्ताव से

क्षुब्ध होकर भाई लोग उससे अलग हो गये। वे उसे एक द्वीप के पर्वत की झील पर ले गये। फिर वे उसके 'केनो' अपने साथ लेकर नौ-दो-ग्यारह हो गये। शुरू में तो हेंग बेतहाशा नाराज़ हुआ और भयंकर तूफान उठाये लेकिन फिर वह द्वीप उसे भा गया। वह उसी में बस गया। अब गर्जन धरती और आकाश के बीच वास करता है। यह एक मौसम वैज्ञानिक सत्य है। इसके विपरीत सौदामिनी साँपिन की तरह से है जो ऊपर-नीचे दोनों ओर प्रहार करती है। इससे वर्षा के बाद पौधे ऊपर की ओर उठते हैं तथा फल धारण करते हैं। यह मिथक किसानी की मुसीबतों का भी चिट्ठा है।

× × ×

मैदानों के भैंसे-शिकारी भी लाखों की संख्या वाले वन्य भैंसों के झुंड के साथ जीवनयापन करते हैं। वे यूथ उत्तर से दक्षिण की, मौसम के अनुसार, लम्बी यात्राएँ करते हैं। उनको लेकर भूमि-माता तथा महिष-अत्यात्मा की कई लिजंधरी मिथकें विकसित हुईं।

(क) पेड़ की गाँठ : एक वक्त पतझड़ में भैंसों का शिकार नाकामयाब रहा। इसे सभी लोग बिना खाये रह गये। औरतें प्रार्थना करती रहीं। सरदार देवताओं को पवित्र तमाखू की भेंटें चढ़ाते रहे। इसके बाद तीन दिनों के बाद उन्होंने आगे बढ़ते महिष समूहों की गर्जना सुनी। तब पुरोहित ने कुछ चुने हुए जवानों को एक जवान सांड को पकड़कर महिषी-सरदारनी के सामने पेश करने को कहा। वे पूरा पंजर ले आये। तब पुरोहित ने वे मिथक-मंत्र उचारे जिससे वे आदमियों में तब्दील हो गये।

एक अन्य कथा में एक महिषों का गाँव था जो मजबूत-बलिष्ठ मानवों से मिलते-जुलते थे तथा सींग (जरूर) पहनते थे। उस गाँव में वे पवित्र औषधियों का एक बंडल भी रखते थे। महिष-पुरोहित ने मिथक-मन्त्र उच्चार के बाद पवित्र वृक्ष पर प्रहार किये। उसने मानव-जैसे लोगों से सहायता की गुहार सुनी। वृक्ष से वे बाहर निकलने लगे। महिष लोगों ने उनका पशुओं की तरह शिकार किया। मानव-मांस की शानदार दावत हुई। एक बचा युवक पेड़ में जाकर बचे हुए लोगों को सावधान कर आया। महिष-नारी ने उसे दबोचने को पीछा किया। वह अंगूर-लताओं में छिप गया। वहाँ वह छोटे पशुओं व बेरियों को खाता रहा। एक दिन उसने सफेद चमड़े की खाल पहने तथा सींग लगाये एक सुन्दर युवती देखी। उसकी केश-राशि कमर के नीचे तक लटक रही थी। युवक ने उसका पीछा किया। युवती ने उसका स्वागत करके अपने साथ सोने को आमन्त्रित किया : आलिंगित शयन में लीन दोनों। युवती ने अपनी सफेद खाल के वस्त्र से उसे ढँक लिया। जब युवक भूखा दिखा तो उसने उसे मांस भी खिलाया। किन्तु जब युवक जागा तो 'टीपी' (बाड़ी) नहीं थी। महिष-युवती ने बताया कि महिष लोग वास्तविक पशु में रूपान्तरित होना चाहते हैं लेकिन ऐसा जादू करने वाला पुरोहित/ओझा अभी तक नहीं मिला। इसलिए उसने उसे (युवक को) इस कार्य का नायक चुना है। किन्तु अगर उसे सफलता पानी है तो उसे क्रोधित मांसभक्षक महिष-लोगों का खतरा मोल लेना होगा। उसे सरदार की टीपी में पहरेदारों की कतारों को पार करते हुए जाना होगा। उसने (युवती ने) उस युवक को महिष-खाल से ढँक दिया और कतारों के पार तक ले आयी। कइयों को लगा कि मानव मांस की गन्ध आ रही है किन्तु कुछेक ने बताया कि यह इसलिए लग रहा है कि वे सब मानव-लहू के धब्बों से सने हुए हैं—शिकार के वक्त से। अन्ततः युवक सरदार की टीपी में आ पहुँचा। महिष-बाला उसे पशुखालों के एक ढेर तक ले आयी। उसने सरदार के जादुई मन्त्रों/अनुष्ठानों को जान लिया छुपकर ढेर में। सुबह जब सरदार शिकार के लिए चला तो महिष-युवती ने आकर उसे हौसला बँधाया। उन आलों खानों तक ले आयी जहाँ मानव की अस्थियाँ तथा मांस सूख रहा था। युवक क्रोध से उन्मत्त हो उठा। युवती ने उसे मन्त्रपूत भस्म के तीर बनाने के गुर सिखाए। तब वे दोनों वृक्ष के पास आये। तय हुआ कि वह महिष-पुरुष को तीर से मारेगा। बाद में सभी ऐसा ही करेंगे। अगले दिन युद्ध हुआ। महिष-लोग बिना लड़े भस्मसिक्त तीरों के सामने से भाग निकले। बाद में वे असली **महिष रूप** में तब्दील हो गये क्योंकि हरेक को तीर लगा था। अब से वे मात्र महिष बनकर प्रेरी के मैदान में घास चरने लगे, मानव-मांस खाने के बजाय। महिष-कुमारी ने युवक से विवाह रचा लिया। उनकी सन्तान ने अरीकारा-राष्ट्रीयता की नींव रखी। अरीकारा-जनजाति की मिथक बताती है कि मैदानों के कबीलों में कृषि के प्रसार से 'मक्की मातृ' का अभ्युदय हुआ और वह इस क्षेत्र के अमेरिन्डों का मुख्य पेशा बन गयी। इसी के साथ अरीकारी जन महिष टोटेम वाले जनगण भी बन गये।

(ख) चन्द्रमा की टोकरी : जब संसार की सृष्टि हो गयी तो देवताओं ने प्रथम मानव को बनाने का निश्चय किया। उन्होंने मिट्टी की दो आकृतियाँ बनाईं—एक लड़के व लड़की की। लड़के को धनुष-बाण दे दिया गया ताकि वह भोजन के लिए शिकार कर सके। उसने एक काली-श्वेत महिषी को मार गिराया। वे युवक-युवती जंगल में शिकार करते रहे। एक दिन वे एक मकई के खेत तथा निवास में आये जहाँ कोई उत्सव चल रहा था। निकट पहुँचने पर एक स्त्री उन्हें आवास में ले आयी। धुँधली रौशनी में एक केन्द्रीय वेदी के चारों ओर चार लोग अपने शरीर पर लाल मिट्टी व तेल चुपड़े हुए बैठे थे तथा औषधि-ढोल को बजाकर मन्त्रोच्चार कर रहे थे। नाच बस शुरू होने वाला था। नर्तकियों का एक झुंड था लड़कियों का। यह आवास चन्द्रमहिला तथा उसकी बेटियों—तारिकाओं का था।

गोलाकार नृत्य शुरू हुआ। प्रथम जनों से कहा गया कि पहले वे देखें ताकि तारों के नृत्य को समझ सकें।

जो चार वरिष्ठ नागरिक उच्चार का नेतृत्व कर रहे थे वे पवन, बादल, विद्युत और 'गर्जन' थे। ये चारों आकाश की शक्तियाँ

हैं। नृत्य के दौरान विद्युत 'सान्ध्यतारा-नारी' वेदी के सामने खड़ी थी, पश्चिम की ओर थोड़ा मुड़ी हुई। उसने पवित्र टोकरी में चन्द्रमा रखा हुआ था। उसके सामने पूरब में चार अन्य स्त्रियाँ नाच रही थीं जो विशाल काले धूमकेतु की बेटियाँ थीं। (सम्भवतः ब्रह्म हृदय नक्षत्र या अल्गोल)। वह धूमकेतु पावनी जनों के आकाश में उत्तर-पूर्व में स्थित था। वह जादुई तारा पुच्छलतारा था। बाद में उसे औषध-मनुष्यों का आदेशक बनना था। उसकी बेटियाँ पश्चिम की दिशा में नृत्य कर रही थीं। हरेक एक टोकरी लिये हुए थी जिसमें हंसग्रीवा की दो श्वेत-खालें और दो श्येन-खालें थीं। प्रतीकों से युक्त अपनी टोकरियों को सान्ध्यतारा-नारी के चरणों पर रख दिया। नृत्य समाप्त हो गया।

मूल टोकरी जादुई थी। [हंस व बाज की खालें देवताओं के दो जोड़ों का प्रतिनिधित्व करती थीं जो पश्चिम में सन्ध्यातारक-नारी के क्षेत्र में स्थित थे]।

प्रथम जनों को टोकरी दी गयी जिसे बारह तीलियों से बनाना उन्होंने सीख लिया। उन्होंने चन्द्रमा को बनाया; बारह बड़े तारों (सम्भवतः कृत्तिका-नक्षत्रपुंज) को बनाया। तीलियों व पाषाण-गुटकों को जुए के खेल में नीचे फेंका जाना था ताकि लोग खेल सकें और तारों की गतियों के रहस्यों को जान सकें। यह सब कुछ संयोग के निपात से सीखा जा सकता था।

इन जनगणों का प्ररूपित (टिपिकल) आखेटीय मिथकायन तथा पुरखों की गाथाएँ हैं।

प्रेरी (घास के मैदान) के सीमान्तों से सटे रेगिस्तानी इलाक़े में 'नवाजो' कबीले रहते हैं। वे शिकारी हैं। दो विपरीत पर्यावरण

विशाल रेगिस्तान के शिकारी

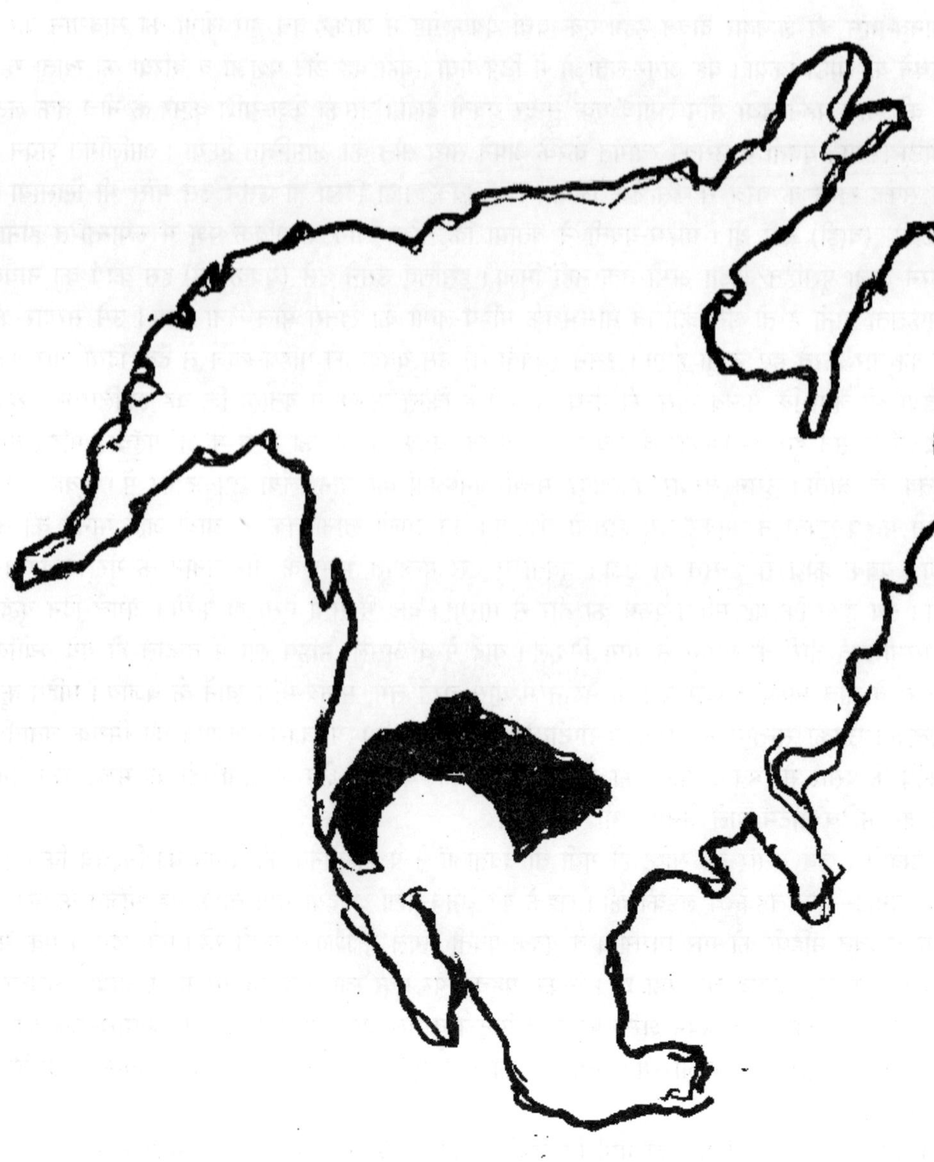

प्रमुख कबीले : अपाचे, नवाजो, मापागो

में वास करने के कारण उनकी प्रकृति-शोभा सम्बन्धी मिथकों की अपनी खूबसूरती है।

(ग) सुन्दरता का उद्गीथ : भालू, साँप, मेंढक और कछुआ एक साथ लोगों के एक गाँव में छापा मारने निकले जो महासमुद्र के तल में रहते थे। कछुआ अकेले ही गया एक hogan में, कुछ लड़कियों को ज़िन्दा पकड़ने के मकसद से। गाँव के लोग बाहर निकल आये जिससे दो दुःसाहसिकों को लड़कियों का वध करना पड़ा और उनकी खोपड़ी ले जानी पड़ी। बड़ी लड़की के बाल सफ़ेद शंखों से सजे थे तथा छोटी के फिरोजा (टर्कवाइज़) रंग से। हमलावरों ने खोपड़ियों को अपने चोगों में छिपाकर रखा और 'होगान' के बाहर जल्दी से निकल भागे। जब ग्रामीणों ने उन पर हमला किया तो छोटा मेंढक कछुवे की ढाल में छिप गया। ढाल इतनी मजबूत थी कि पत्थर की कुल्हाड़ी भी उसे तोड़ नहीं सकी। तब ग्रामीणों ने उन्हें एक जलती भट्ठी में झोंकना तय किया। कछुआ दहल उठा लेकिन जलचर मेंढक ने पानी को इस तरह मथा कि आग बुझ गयी। जब भट्ठी खोली गयी तो दोनों ज़िन्दा पाये गये। तब ग्रामीणों ने बेवकूफी से उन्हें एक सोते में फेंक दिया। वे दोनों दूसरे किनारे पर तैर कर पहुँचे। वहाँ उन्होंने 'सीपियों के भुवन' के रत्नों के साथ खोपड़ियों को प्रदर्शित किया।

भालू और सर्प को वायु ने बताया कि वे समुद्र से ऊपर निकलते हुए कछुवे और मेंढक से मिलने तट के किनारे-किनारे चलते चलें। जैसे ही वे घर के नज़दीक पहुँचने को हुए उन्हें अपने ही गाँव के आठ लोग मिले। उन्होंने पूछा कि किसके पास खोपड़ियाँ हैं। लेकिन उन्होंने बताने से इनकार कर दिया। उनमें से दो ग्रामीणों ने—जिनकी बेटियाँ घर पर ही थीं—कहा कि वे अपनी बेटियों के हाथ उन्हें सौंप देंगे जो सबसे ज्यादा दूरी का निशाना लगाएँगे। असल में वे जानना चाहते थे कि सबसे मजबूत कौन है ताकि बाद में जबर्दस्ती रत्नजटित खोपड़ियाँ हासिल कर सकें। सभी छोटे थे, भालू और साँप को छोड़कर। उन दोनों ने भी कहा कि तीरंदाजी के लिए वे भी बूढ़े हो गये हैं। तिस पर भी प्रतियोगिता में वे ही जीते। इसके लिए आठ लोगों और इन चारों ने तीरन्दाजी की थी। अतएव बाकी दस इतने गुस्सा थे कि वे निकल चले और भालू तथा सर्प उनका अनुसरण करते ही चले। वे ज्यादा दूर चले नहीं थे कि बड़ी जोड़ी उनके बराबर आ पहुँची। तीन प्रतियोगिताएँ और हुईं। हर बार भालू और साँप (की जोड़ी) ही विजयी रहे। किन्तु कोई भी लड़कियों को उनके साथ भेजने को तैयार नहीं था। इसलिए सारी पार्टी घर में मुंड-नृत्य के लिए लौट पड़ी। इस बार भालू और सर्प ने दूसरों के साथ जल्दबाज़ी न की। गाँव से थोड़ी दूर उन्होंने डेरा डाला तथा सेज-झाड़ी को आश्रय बनाया।

ग्रामीणों ने खोपड़ी-नृत्य शुरू किया। ढोल बजे और गाने शुरू हुए। सभी नौजवान नाचने लगे। लड़कियों ने भी नाच में हिस्सा लिया। वे भी शामिल थीं जिन्हें प्रतियोगिता में देने का वायदा किया गया था। जब नाच जारी था दोनों लड़कियाँ एक अद्भुत और अजीब सुगन्ध (इत्र) से सजग हो गयीं। उस सुगन्ध के स्रोत का पता करने का कोई उपाय नहीं था। इसलिए वे उसका अनुगमन करने लगीं। (तु. काली की मुंडमाला)

खुशबू उन्हें सेज (sage) झाड़ी के आश्रय तक ले आयी। वहाँ उन्हें दो सलोने नवयुवक मिले। भालू मानुष वाले लिबास में तथा सर्प इन्द्रधनुषी लिबास में थे। वे सुन्दर और प्रचुर रत्नाभूषणों से भी सुसज्जित थे। बड़ी लड़की ने भालू से अद्भुत सुगन्ध से युक्त तंबाकू माँगी लेकिन उसने कहा कि इससे नाच रहे युवक रुष्ट हो जाएँगे। तिस पर साँप ने कहा कि वे अन्दर आ जाएँ युवतियों को तंबाकू पीने को दी जा सकेगी। लड़कियाँ उनके सौन्दर्य और मेहरबानी से अभिभूत होकर उनसे प्रेम करने लगीं। भालू ने बड़ी लड़की को अपनी सीपी वाली चिलम तथा साँप ने छोटी को अपनी डोरों-गुँथी वाली चिलम दी। एक बार दम लगाते ही दोनों बेहोश हो गयीं। अगली सुबह उन्हें सचेतन करने को अगरुधूप दी गयी। जागने पर उन्होंने सूरज को चढ़ा हुआ पाया। उन्होंने यह भी पाया कि भालू और सर्प बूढ़े आदमी हो गये हैं। वे लड़कियाँ भयभीत हो गयीं लेकिन जब ग्लिप्सा नामक छोटी लड़की ने भाग निकलने की कोशिश की तो उसने पाया कि वह साँप के टखने से बँधी हुई है। एक नीले धावक साँप ने उसे बाँध दिया है। जब भी वह भागने की कोशिश करती साँप जाग जाता था। जब वह शान्त हो जाती तो साँप सो जाता था। आखिर में उसने नागपाश को ढीला कर लिया तथा दरवाजे तक आ पहुँची। वहाँ उसने एक सर्पसेना को मौजूद पाया जो उस पर फूत्कार कर रहे थे। वह जितना ज्यादा भयभीत होती है सर्पझुंड उतना ही ज्यादा फुंकारे मारता था। आखिर में अविचलित होकर उनके बीच से चलकर वह निकल भागी। थोड़ी देर बाद उसे मानवीय आवाज़ें सुनाई दीं जिनमें गाँव के उसके रिश्तेदारों की भी आवाज़ें थीं। वे बेहद क्रोधित थे। उसे मालूम था कि अगर वह उन्हें मिल गयी तो वे उसे मार डालेंगे। वह पीछे मुड़ी तो साँप को पीछा करते हुए पाया। जल्दी से वह नदी की तरफ़ चल पड़ी और अधोगामी धारा में तैर चली ताकि उसकी सुगन्ध के सहारे पीछा न किया जा सके। जब वह 'आविर्भाव स्थल' के पास के पर्वतों पर पहुँची तो उनकी परिक्रमा की। उसे प्यास लग पड़ी तो सामने अचानक झील प्रकट हो गयी। 'सर्प-जन' उसके पास आकर पूछने लगे कि वह कहाँ से आयी थी। तब उसने सारी कथा सुनाई। जब वह कथा कह चुकी तो उन्होंने झील को ऊपर उठाया और उसे बताया कि यह सब इसलिए हो सका कि वह सच बोली है। इसलिए उसको उनकी दुनिया में आने की इज़ाजत दी जाती है।

वह मक्की के खेत में आयी। खाया। वह 'सर्प-जनों' से मिली जिन्होंने उसे पानी के कटोरे भेंट किये। उसने पानी पिया। उसने देखा कि वे अडोबे मकानों में वैसे रहते हैं जैसे कि प्यूबलो लोग। उन्होंने उसे एक घर में आमन्त्रित किया और आश्वासन

दिया कि वह बूढ़े आदमी से सुरक्षित रहेगी। वह रुक गयी। उसे जादुई हलुवा खाने को मिला। उसने पाया कि वह चाहे जितना खाये कटोरा कभी खाली नहीं होता। जब वह यहाँ रह रही थी तभी 'सर्प-मनुष्य' दावत में दोबारा आ पहुँचा। वह दोबारा एक युवक तथा सलोना आदमी हो गया था। वह अपनी बहुरंगी पोशाक पहने हुए था। ग्लिप्सा को खुशी हुई कि वह दोबारा युवक हो गया है। उसे मालूम था कि वह इतना खुश पहले कभी नहीं थी। वह खूब हँसी। उसके साथ खाया। 'सर्प-पुरुष' ने बताया कि वह एक शामन है तथा पूरा होज़ोनी मन्त्र का उच्चारण कर लेता है तथा बालू में बनी चित्रकारी भी पढ़ लेता है। यह मन्त्रोच्चार आयुर्वेदिक उपचार था। अब युवती को घर की याद सताने लगी। साँप ने बताया कि जब समय आएगा तब वह अपने परिजनों के पास जाए और अपने भाई को होज़ोनी मन्त्रोच्चार सिखाये ताकि वह लोगों का इलाज कर सके।

कुछ समय के बाद ग्लिप्सा ने मकई के भुट्टे से कुछ दाने लिए। जब वह मन्त्रोच्चार गा रही थी तब उसने हर महत्त्वपूर्ण स्थल पर दाने बो दिये। चार दाने मिलकर एक गीत बनाते थे। वे रात भर कतारों में पड़े रहे। फिर उसने एक बन्धक गुलाम को उत्सव के लिए खास तौर पर बनाई गयी टोकरी में खाना लाने को कहा। जब उसके भाई ने खा लिया तो उसकी स्मृति अमोघ हो गयी। वह सारे अनुष्ठान, मन्त्रोच्चार, बालुका-चित्रकारी तथा पंखों पर लिखी प्रार्थना की आहुति सीख गया। ग्लिप्सा ने जड़ी-बूटियों, वृक्षों और बालू के साथ अनुष्ठान-गायन किया। इससे उसका भाई एक बड़ा शामन हो गया तथा अन्य को इस विद्या की दीक्षा देने के योग्य भी बन गया।

नवाजो जनों की सौन्दर्योच्चार के उत्सव की अवधि चार दिन-चार रात तक चलती थी। इस बीच नर-नारी झरने में आनुष्ठानिक स्नान करते थे। इसका प्रतीक गूढ़मति अतीत से विमुक्त होना था। तब 'सर्प-मानुष' की वापसी होती थी। ठीक ऐसे मौकों पर सर्पमानुष का छलावरण धारण किये हुए शामन (ओझा) प्रकट हो जाता था। इसके द्वारा मनोरोगों का भी झटके द्वारा उपचार किया जाता था। इस तरह नवाजो जनों के ऐसे मन्त्रोच्चार एक प्रकार से मनो-चिकित्सा थे। ये विखंडित व्यक्तित्व अर्थात् शिज़ोफ्रेनिया में भी काफी सफल होते थे।

दक्षिण-पूरब में टीलों के निर्माता

ओक्लाहोमा के स्पिरो क्षेत्र से प्राप्त एक उत्कीर्ण शंख। 'श्येनमनुष्य' की नृत्यमुद्रा से अंकित (ई.प. 1200-1600)

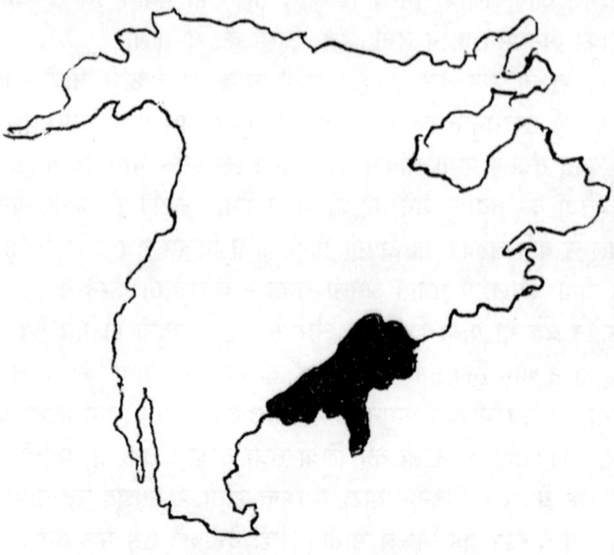

प्रमुख कबीले क्रीक, नाट्चेज़, हिटचीटी। मिसिसीपी नदी तथा ओहायो क्षेत्र

इस तरह मिथक का यह नया सूत्रबंध मिथक और इलाज को एकतान करता है। यह सब कुछ कर्मकांडी संसार के माध्यम से होता था।

नृतत्वविज्ञानियों ने पिछले कुछ दशकों में ही इस क्षेत्र की खोज करके मिथकों तथा लिजंधरों को रेकार्ड किया है। इसका नामकरण भी 'टीलों के निर्माता' किया। यहाँ एक प्राचीन सभ्यता के भी अवशेष मिले हैं। अनुश्रुत अभिलेखन में कई अनुपाठ तथा प्रतिपाठ मिलते रहे। क्या हम इसे मिथक की अवनति मानें, अथवा शिनाख्त की भ्रान्ति? भरतपाठ पाने में ज्यादा दिक्कतें पेश आएँगी।

(घ) मसलन **तम्बाकू के उद्गम** की कथा लें। मैदानी क्षेत्र में यह तारांकित पौधा है तो दक्षिणपूर्व में इसे सैक्स से तथा शान्ति-प्रदान से जोड़ा गया।

एक नौजवान मर्द तथा लड़की एक साथ यात्रा को निकले। उनका आपस में प्रेम हो गया और वे सम्भोग के आनन्द में लीन हो गये। वे इतने खुश हुए कि शादी की रज़ामन्दी कर दी। बाद में शिकार के एक सफर में वे उसी जगह दोबारा लौटे जहाँ सबसे पहले मिले थे। वहाँ उन्हें एक सुन्दर फूल खिला हुआ मिला। वे अपने लोगों के बीच अपनी खोज को ले गये। उन्होंने बताया कि जब यह सुखा लिया जाए तब हम इसका धूम्रपान कर सकते हैं। इसलिए इसका नाम रखें : ''जहाँ हम एक साथ आये''। इलाके के बुजुर्गों ने कहा, क्योंकि ये नर-नारी पूरी तरह शान्ति और खुशी का अनुभव कर रहे हैं, जब इसको सुखा कर धूम्रपान किया गया। इसके बाद इसे कबीलों के बीच शान्ति और मैत्री को उन्नत करने के लिए इस्तेमाल किया गया।

(ङ) मक्की का उद्गम : इसमें भू-मातृ देवी के सृजनात्मक जादू की छाया को संरक्षित रखा गया है। पाठ के रेकार्ड में भी मूल की रक्षा की गयी है।

ज़मीन में पड़ी खून की एक बूँद को एक बूढ़ी स्त्री ने सकोरे से ढाँक दिया था। उठाने पर नीचे एक शिशु मिला जो उसे नानी कहकर पुकारता था। जब वह सात साल का हुआ तो नानी ने उसे तीर-कमान देकर कहा कि शिकार करो। उसे घर ले आओ लेकिन क्षितिज के नीले पर्वत के पार कभी मत जाओ। जब वह घर आता तो नानी मकई के गूदे का भी स्वादिष्ट भोजन बनाती जो शिकार से भी ज्यादा लज़ीज होता था। उसे पौधे के बाबत कुछ भी नहीं पता था। उसने तय किया कि वह झाँककर मालूम करेगा। एक दिन जब वह भोजन बना रही थी तो उसने देखा कि नानी ने अपने कपड़े उतार दिये और एक भुट्टे की बाली खोलकर फैलाई। ज्योंही उसने अपनी एक जाँघ फैलाई कि मक्की के दाने झरझरा के नीचे गिरने लगे। जब उसने खाने से मना किया तो नानी को अन्दाज़ा लग गया कि नाती भेद जान गया है। अतः उसने उससे कहा कि चूँकि वह भेद जान गया है इसलिए उसे छोड़कर नील पर्वतों के पार जाना होगा। उसकी रक्षा के लिए उसने एक जादुई टोपी बनाई जिस पर झुनझुनाने वाला साँप तथा नीला 'जे' पक्षी गोलमगोल लिपटा था। ज्योंही वह टोपी सर पर रखता तो वे क्रमशः झुनझुना उठते और गाने लगते। नानी ने कहा कि यात्रा की सारी तैयारी हो चुकी है। अब वह जिस लड़की को **सबसे** पहले देखे उससे शादी कर ले और फिर लौट आये। जब वह बाहर निकले तो दरवाज़ा बन्द कर ले। (जब नानी भी अन्दर हो) तथा घर में आग लगा दे ताकि सारा कुछ खाक हो जाए। नाती ने आदेशों के अनुसार किया। पर्वत के पार जाकर उसने प्रथम द्रष्टया लड़की से विवाह किया। उसके साथ खरगोश और कछुवे साथ हो लिए। कुछ और एडवेंचर हुए। खरगोश चालाक था। उसने जादुई टोपी चुरा ली। नाती और खरगोश के बीच नदी को चार बार पार करने की प्रतियोगिता हुई। खरगोश ने कपट किया। लोगों ने खरगोश को पकड़कर गाँव-निकाला दे दिया। इसके बाद अनाथ लड़के और उसकी पत्नी ने यात्रा जारी रखी। वे उसी जगह लौट आये जहाँ उनकी नानी जल मरी थी। उस जगह को उन्होंने मक्की के पौधों से लहलहाता तथा फलियों से झूलते पाया (मक्की और सेम)। हर मक्की का पौधा धरती की घाँघरिया पहने हुए था, अपने तने के चारों ओर। यही वजह है कि आज भी इंडियन लोग अपनी मक्की के लिए छोटी-छोटी अँगिया बनाते हैं जिससे बीज अँकुरा कर बढ़ सकें। उनका विश्वास है कि मक्की-फसल में नानी ही है।

दक्षिण-पश्चिम इलाके में जो अमेरिंड समुदाय रहते हैं वे बेहद सुसंगठित हैं। उनके गाँव बड़े होते हैं जिन्हें 'प्यूब्लोस' कहा जाता है। वे ऊपर पड़ी चट्टानों पर बनाये जाते थे। यह क्षेत्र कमोबेश वर्तमान कोलोराडो है। उनके कबीलाई संगठन में एक बड़ा नेता होता था तथा विभिन्न गोत्रकुल वाले शामिल मुखिया होते थे। स्त्रियों का सम्मान होता था तथा वंशरेखा नारी से चलती थी।

प्यूब्लो इंडियन चैतन्यताओं की पूजा करते थे। उनका नाम **'काचिना'** था जैसे मधुमक्खी काचिना। यह एक धनुँही तथा तीरतीली लिये होती थी। इसका नाम 'मोमो' था। 'मोमो' भनभन करती हुई एक दर्शक से दूसरे के पास जाती थी और उन पर तीर चलाती थी। अगर कोई बालक भय से चिल्ला पड़ता तो कथित घाव पर पानी के छींटे छिड़क दिये जाते।

सभी उत्तरी अमेरिंडियन देह पर चित्रांकन के अत्यन्त शौकीन रहे हैं। दक्षिण वाले तो खूबसूरत आकृतिबन्ध अंकित करते हैं। वे सिर पर पंखों वाले टोपे तथा सीपी-घोंघों-शंखों के गहने पहना करते। उनकी गर्दन के चारों ओर जादुई कंठी होती।

मोमो-काचिना

नर्तक

4.2 अफ्रीका

आधुनिक नृतत्ववैज्ञानिककर्मी अफ्रीका को मानवता का पालना बताते हैं।

हमारे लिए अफ्रीका विशाल आकार का एक ऐसा महाद्वीप है जिसमें काली नस्लों वाली अनेक अनुजातीयताएँ (एथनिसिटी) हैं जिनके कबीलाई-मिथकीय सन्दर्भ मौखिक परम्पराओं वाले हैं, जिनका कबीलाई इतिहास लिजंधरीय है, जिसके कई समाजों के छोटे-छोटे प्रतिमान हैं, जिसमें कई लघु-लघु जादुई संस्कृतियाँ हैं। अतः इस विशाल महाद्वीप का **समेकित मिथकयान** नहीं है और न ही इसका एक नातिदीर्घ सम्बद्ध **देवमंडल** ही है। यहाँ विभिन्न तथा सीमित मिथकायानों का अपना-अपना संसार है जो मुख्यतः 'सृष्टि' की धुरी पर घूमता है। इस भाँति भौगोलिक विभेदकता मिथकीय विभिन्नता प्रदान करती है। यहाँ संकुचित मिथकयान ही जीवन-राहें हैं जिनमें मिथक तथा रस्म (राइट) अंतर्भुक्त हैं। इसलिए यथार्थता की सभी परतें या तो सहक्रमिक (कालेतर) हैं, अथवा परस्पर अन्तर्लीन (देशाभिसारी) हैं। पुनः दोहरा दें कि ज्यादातर मिथकें सर्जक-देवता (की सृष्टि) से सम्बद्ध हैं।

केवल **मौखिक परम्पराओं** की अधीनता के अलावा समग्र अफ्रीका का ऐकीकृत कोई इतिहास अथवा थीम-परक मिथकायन हमारे देखने में नहीं आया है। इन कबीलों के बिखराव में न कोई मुख्य भव्य भाषा, न ही कोई आधिकारिक धर्म और न ही कोई समान राष्ट्रीयताएँ (नेशनलिटीज़) मिलती हैं। कबीले लगातार निष्क्रमण (माइग्रेशन) करते रहे हैं। अतः सभी कुछ पृथक्-पृथक् जैसा है। उत्तरी अफ्रीका के ईजिप्ट, कार्थेज और ईथोपिया में अथवा मेसो-अमेरिका की अज़टेक-माया-इन्का सभ्यताओं में महल और मन्दिर तो मिल जाते हैं किन्तु अफ्रीका में वे भी नहीं हैं। यह भी तथ्य है कि ईजिप्ट में लिपि नहीं थी। परन्तु उनकी कला ही लिपि एवं लेखन थी। अफ्रीका में काष्ठशिल्प और मुखौटा, देह-रँगाई ही रही। पत्थर का काम लगभग नहीं है। इसलिए मिथकीय पुनर्निर्माण भी सहज सम्भव नहीं लगता।

पुराने भारतीय इतिहास-चक्र में पूर्वी और पश्चिमी घाटों से हाथी दाँत, ऊन, चमड़ों, खालों आदि के व्यापार के सूत्र मिलते हैं। प्राचीन अफ्रीका में ईजिप्ट-ईथोपिया के अलावा नूबिया-सूडान, बन्टू-पिग्मी, बुशमैन थे

निश्चित तौर पर तो ईजिप्ट का ही समग्र ज्ञान सिद्ध कर लिया गया है। उत्तर से नीचे उतरने पर पता चलता है कि नीग्रो-

नोक (अफ्रीका) से प्राप्त शिल्प
प्राचीन अफ्रीका में नील-ईजिप्ट के अलावा नूबिया, ईथोपिया, सूडान थे।
नीचे बन्तू, पिग्मी, बुशमैन थे।

जन बुश-सभ्यता का निर्माण नूबिया में करते हैं (ई.पू. 1300-900)। उसी के नज़दीक ईजिप्ट में पिरामिडों का निर्माण हुआ था। दूसरा तथ्य उत्तरी ईथोपिया में ग्रीक भाषी एक्सुम-साम्राज्य के अभ्युदय का है। उसके विस्तार में बुश का विलय हो गया लगता है। बाद में बाइजेंटियम के रोमन-ईसाई पादरियों द्वारा लोगों का धर्मान्तरण कर दिया गया (ई.पू. 330)। तीसरा तथ्य घाना-साम्राज्य के टिम्बकटू तक विस्तार का है (ई.प. 900-100)। ई.प. 1300-1400 में नूबिया की अन्तिम ईसाई राजवाड़ी पर इस्लाम की फतह हो जाती है। केवल ईथोपिया ही ईसाई-क्षेत्र बच रहता है।

फिर **गुलामों का घृणित व्यापार** चालू होता है (ई.प. 1500-1700)। नौ लाख से भी ज्यादा अफ्रीकी नर-नारी भेड़-बकरियों-मवेशियों की तरह ठूँस-ठूँस कर उत्तरी-दक्षिणी अमेरिका में ले जाए जाते हैं। एक सौ साल तक ग़ुलाम-युद्ध जारी रहते हैं। कई अनजान-अज्ञात स्पार्टाकस शहीद हो जाते हैं। फिर सन् 1800-1900 से अफ्रीका के भूभाग की यूरोपीय उपनिवेशवादियों द्वारा लूट-खसोट चलती है। हीरे (1867) और सोने (1886) की खोजों ने अफ्रीका को उजाड़ दिया। बीसवीं-इक्कीसवीं शती में पेट्रिस लुमुम्बा, कॉबारेल और नेलसन मंडेला जैसे क्रान्तद्रष्टा नेताओं ने नवजागरण की मशाल और तेज़ रौशन की। एलेक्स हेली ने 'रूट्स' नामक पुस्तक में इन घनश्याम काली अफ्रीकी अनुजातियों की जड़ें तलाशीं (1976)। तदपि हमारा अक्ष तो पुरातन अफ्रीका के मिथकयान में जो बँधा है।

उपर्युक्त प्रकथन के अन्तर्गत उत्तरी अफ्रीका में मोरक्को, ट्यूनीशिया, अल्जीरिया, लीबिया, ईथोपिया, ईजिप्ट आते हैं। ये अफ्रीकी इथॉस से प्रस्थान भी करते हैं। मध्य अफ्रीका में सहारा तथा ट्रापिकल जंगल आते हैं। सूडान और केन्या से नीचे दक्षिणी अफ्रीका में यूगांडा, ज़ांबिया, नामीबिया, तंजानिया और मेडागास्कर आते हैं। जब ग्यारहवीं शती से इस्लाम का आगमन हुआ, तब लिपि का भी प्रचलन शुरू हुआ।

कुल मिलाकर अफ्रीकी खंड-खंड मिथकचेतना में पवित्र एवं पार्थिव के बीच गहरी खाई नहीं है। उसमें यथार्थता के

अनेकविध स्तर घुल-मिल गये हैं। उसमें कबीलाई सरदार-तन्त्र, राजन्य मततन्त्र (कल्ट) एवं पूर्वज-पूजा की त्रयी केन्द्रीभूत होती गयी है। हम कह सकते हैं कि कबीलाई अफ्रीका में चैतन्यताओं या अध्यात्माओं (स्पिरिट्स) की दुनिया है। इसमें सर्जक-देवता और वैद्य-ओझा, पूर्वज-पूजा और प्रारब्ध तथा भाग्य के प्रतिभास का चतुरंग है। निषेधता में चालबाज विदूषक, चुड़ैलें तथा इल्हामी ओझा भी मौजूद हैं। प्रमुख द्वैतता सर्जक-देवता तथा वैद्य-ओझा के बीच चलती है। इसी व्यास-रेखा पर अफ्रीकी मिथकयानों का विकास होता है।

बहुविध अफ्रीकी मिथकयानों में दो अन्य सामान्य दिशाएँ भी परिलक्षित होती हैं : **(क)** सर्जक-देवताओं की बहुलता तथा **(ख)** पुरुष तथा नारी मानव जीवन की बुनियादी इकाई के रूप में दृष्टिगोचर होते हैं, कभी जुड़वाँ रूप में, कभी उभयलिंगी (हर्माफ्रोडाइट) रूप में अन्योन्याश्रित बताये जाते हैं (यही दिशा अफ्रीकी कला में भी द्रष्टव्य है)।

अतएव हमारे सामने एक ही आदि मार्ग है कि इन मिथकयानों की थीम-आधारित चुनिन्दा मिथक-आलेख-कारी पेश की जाए।

सबसे पहले **सर्प**। अफ्रीकी मिथकों में सर्प अधिकाधिक कार्यरत हैं।

सर्प पाताललोक तथा पृथ्वीलोक के बीच का सम्पर्क हैं। वह केंचुल बदलने के कारण हर बार नया-नया जन्म लेने वाला तथा विषदन्ती होने के कारण मृत्यु का भी अभिकर्ता है। सर्प अनन्तता का प्रतीक भी हो जाता है जब वह अपने मुँह में पूँछ धर लेता है और काल-चक्र का द्योतक हो जाता है (भारतीय मिथक में वह अनन्त है, सहस्त्र-फण है जो उद्वेलित-विक्षुब्ध क्षीरसागर में कुंडली मारकर स्थित है)।

अशान्टी कबीले की एक मिथक में साँप ने ही मानवमिथुन को कामकला का प्रशिक्षण दिया। इस व्याज से जन्म के रहस्य भी बताए :

युगों पहले स्वर्ग से एक पुरुष तथा एक नारी, तथा धरती से भी एक पुरुष एक नारी उतर आये। स्वर्ग के स्वामी ने विषहीन एक अजगर को भी भेजा जो नदी का वासी हो गया। आरम्भ में पुरुषों-स्त्रियों के कोई सन्तान नहीं थी क्योंकि वे उत्पत्ति तथा जन्म की प्रक्रिया नहीं जानते थे। अजगर ने उन्हें सिखाई। उसने युगल को एक दूसरे के आमने-सामने (बैठे या) खड़े होने को कहा, फिर नदी के अन्दर गया और मुँह में जल भरकर बाहर आया। उसने "कुस" "कुस" कहते हुए उसे उन दोनों के पेट पर छिड़क दिया [ये शब्द आज तक अशान्टी लोगों के कबीलाई कर्मकांड में व्यवहृत होते हैं]। इसके बाद अजगर ने उन्हें घर जाने तथा एक साथ लेटने-रहने को कहा। नारी गर्भवती हुई और शिशुओं को जन्म दिया। इन बच्चों ने नदी-आत्मा को आत्मसात् किया। जहाँ अजगर रहता था उसे अपनी कुल-आत्मा माना। आज भी अजगर को मारना उनमें निषिद्ध है।

एक अन्य मालगासी कहानी के अनुसार एक दिन एक मनुष्य जब नदी में मछली पकड़ रहा था तो उसे बंसी की छड़ी पर काफी भार लगा। उसने भारी मछली को फँसा मानकर ध्यानपूर्वक बंसी के बेंत को खींचा। जल से एक नारी को निकलते देखकर वह भयभीत होकर सब कुछ छोड़-छाड़कर भागने लगा। तब नारी ने कहा कि वह उससे डरे नहीं क्योंकि वह उससे शादी करेगी। बस एक शर्त है कि वह वायदा करे कि वह उसके (नारी के) भुजमूल (या जंघामूल) के नीचे कभी नहीं देखेगा। जब बच्चे बड़े हो गये तब वह अपनी पत्नी के भुजमूल या जंघामूल को देखने का लोभ संवरण नहीं कर सका। पत्नी को सोता हुआ समझकर उसने यह किया। पत्नी जाग गयी। वह कुछ नहीं बोली। पति से कहा कि वे दोनों स्नान करने चलेंगे। पहले नदी में पुरुष गया फिर पत्नी। किन्तु वह पानी में यह कहते हुए गायब हो गयी कि वह उसे छोड़कर जा रही है क्योंकि उसने टैबू (निषेध) को भंग किया है। इसका तात्पर्य यही है कि पति द्वारा उसे नंगे नहीं देखना चाहिए था। अतः वह जोर से चीख मारकर ओझल हो गयी। ये सेक्स-टैबू तथा प्रजनन-रहस्य के गर्भित संकेत (एलुजन्स) हैं। आज भी वहाँ वह नारी मछुआरों की कुलमाता मानी जाती है।

योरुबा के मिथकयान में भी पुरुष-नारी-सर्प की त्रयी है। इसके साथ मसाई कबीले की नृत्यगति में सर्प के लहराकर अन्दर प्रवेश करने की जो अभिव्यंजना की जाती है वह सम्भोग तथा गर्भाधान का प्रत्याह्वान है। इन कबीलों में अजगर-सर्प पवित्र तथा विषरहित, जीवन एवं चिरन्तनता का प्रतीक माना जाता है। हमारे पास तो अन्य कथाएँ भी हैं जिनमें यह मिथुन को प्रजनन का व्यावहारिक प्रशिक्षण देता है।

इसी क्रम में **सर्प की कुंडली** की मिथकें हैं। योरुबा के फोनो जनों के अनुसार जब सृष्टि हो गयी तब सर्प ने सारी धरती को अपनी कुंडली में इकट्ठा करके मनुष्यों को साथ रहने का स्थान दिया। वह आज तक पृथ्वी का स्थितिकर्ता है तथा उसकी कुंडली ढीली नहीं होनी चाहिए अन्यथा सम्पूर्ण सृष्टि बिखर जाएगी। कहा जाता है कि धरती और धरती के नीचे पैंतीस-पैंतीस सौ सर्प-कुंडलियाँ हैं।

एक अन्य अनुपाठ में स्वर्ग को उठाये रखने के निमित्त चार आधार बिन्दुओं पर सर्प ने चार स्तम्भ बनाये और उन्हें सीधा रखने के लिए उनको कुंडलित कर लिया। काला, सफेद और लाल (तीन प्राथमिक वर्ण) वे वस्त्र हैं जिन्हें सर्प क्रमशः रात, दिन और गोधूलि में पहनते हैं। ये ही रंग देवी स्तम्भों के चारों ओर बँटे हुए हैं। सर्प मूलतः प्रवहमान गति का प्रतीक है। यह गोलाकृति का भी विधायक है।

एक अफ्रीकीय मिथक के अनुसार अजगर-सर्प द्वारा मानव-युगल को कामक्रीड़ा का प्रशिक्षण

इन्द्रधनुष : लुयिआ-जनजाति में इन्द्रधनुष इतना सुन्दर नहीं बल्कि विचित्र और खतरनाक माना जाता है। उनके अनुसार ईश्वर ने वर्षा पैदा की जिससे धरती पर सारा जल बरसा। जब जरूरत नहीं हो तो वर्षा रोकने के लिए उसने दो इन्द्रधनुषों का भी निर्माण किया। पुरुष-इन्द्रधनुष सँकरा तथा नारी-इन्द्रधनुष चौड़ा है। जब पतला पहले और चौड़ा बाद में आता है तभी बारिश थमती है।

अबोमे के फोन मिथकायन में (दो के बजाय) दोहरा इन्द्रधनुष प्रकट होता है : लाल भाग पुरुष तथा नीला भाग नारी है। अतः इन्द्रधनुष सर्प का प्रतीक है। अफ्रीकी कला तथा इतिहास में भी धरती को थामने वाला सर्प दोहरे रूप वाला होता है : एक धरती को तथा दूसरा आकाश को वलयित करता है।

दक्षिण अफ्रीका के ज़ुलू लोग इन्द्रधनुष को महारानी की मेहराब (आर्च) मानते हैं जहाँ स्वर्ग की रानी रहती है।

जब साँप डोलता है, तब भूचाल आते हैं। इनके साथ इन्द्रधनुष जुड़ा है।

इसका प्रतिपक्ष भी है। हम ईथोपिया के गाल्ला लोगों की मिथक का जिक्र कर आये हैं जिसमें सृष्टिकर्ता ने एक मिथकीय पक्षी के जरिये रहस्यात्मक सन्देश भिजवाया था कि बूढ़े होने पर अमुक तरीके से त्वचा बदल लेने पर पुनर्नवा हो सकते हैं। एक साँप ने चालबाजी से वह रहस्य पूछ लिया। रहस्य खुलने से शर्त भंग हुई। अतः मनुष्य तो मरते रहेंगे लेकिन साँप अपनी केंचुल बदलकर युवा होता तथा पुनर्जन्म पाता रहेगा। यहाँ मृत्यु का चिरन्तन सत्य एक चालबाजी (ट्रिकस्ट्री) द्वारा उद्घाटित हुआ है।

सर्प का यह बहुविध मिथकाभिप्राय (माइथीम) अत्यन्त विश्वासप्रिय है।

अध्यात्माएँ अर्थात् चैतन्यताएँ (स्पिरिट्स)

देवमंडल तथा इतिहास की क्षीणता में कबीलाई वंशमूल की शिनाख्त में पूर्वज-पूजा एक प्रभावशाली अनुष्ठान है। वह चैतन्यताओं से भी ज्यादा समर्थ है। इसके उदाहरण भरे पड़े हैं। उगांडा के अलुर कबीले का विश्वास था कि पूर्वज साँप या बड़े पाषाण गुल्मों अथवा शिलापटों में रूपायित होते हैं। उत्तर-पूर्वी ट्रांसवाल के मातृसत्ताक समाज में लुवेडाओं के लिए प्रकृति-माता महत्त्वपूर्ण थी। किन्तु वे मानते थे कि पुरखिन रानी-माता ही उन पर नियन्त्रण रखती है। यौद्धेय फोन गोत्र के लोगों के दैवी पूर्वज टोहवियो हैं। सर्जक-देवता मावा-लीसा की आकाशवाणी हुई कि मावा (चन्द्रमा) तथा उसकी जुड़वाँ बहन लीसा (सूर्य) के साथ

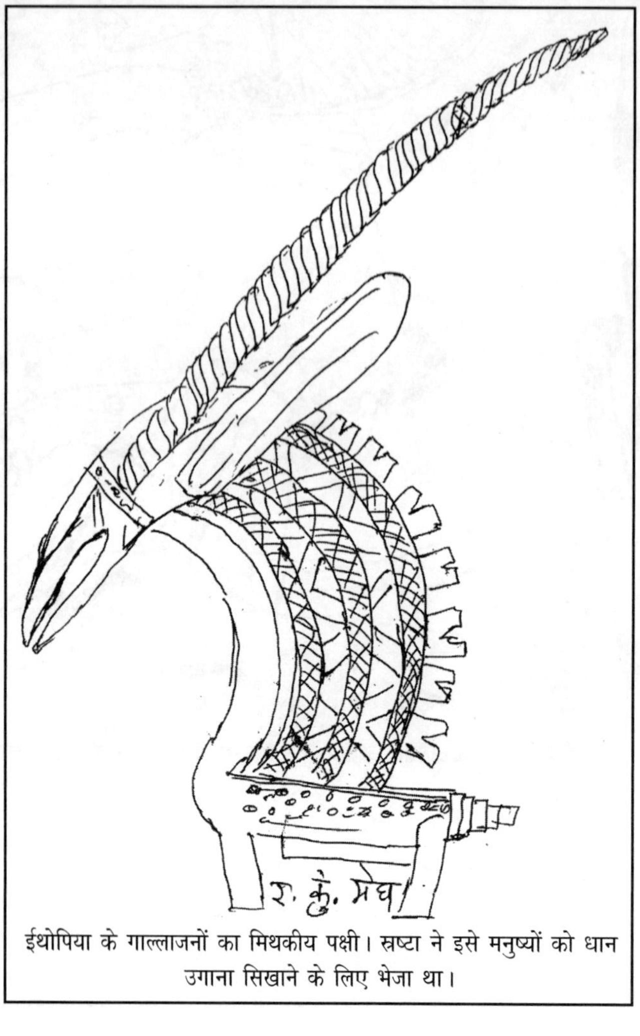

ईथोपिया के गाल्लाजनों का मिथकीय पक्षी। स्रष्टा ने इसे मनुष्यों को धान उगाना सिखाने के लिए भेजा था।

टोहवियो के रूप में अति प्राकृतिक प्राणी प्रकट होंगे। वे ही फोन गोत्र के संस्थापक पूर्वज हैं। वास्तव में भिन्न-भिन्न अनुजातीय (एथनिक) समूहों की पृथक्-पृथक् पहचान के लिए पूर्वज-पूजा एक प्रमुख विधान भी है।

चुड़ैलें और दैत्य

चुड़ैलगीरी (विचक्राफ्ट) पर सारे अफ्रीका भर में यकीन किया जाता है। मुख्यतः यह स्त्री-केन्द्रित है और इसमें बीभत्स, भयानक तथा रौद्र दशाओं का मिश्रण है। यह माना जाता है कि जब कुछ स्त्रियाँ अपने शत्रु, या उसके सम्बन्धी, की भी देह और अध्यात्मा का शिकार करती हैं तो उनमें अपने रूप तथा भेष को बदलने की ताकत होती है। इस तरह यह काले जादू जैसा है। इसमें ताबीज या मन्त्र द्वारा हानि अथवा सहायता पहुँचाई जाती है। इसी वजह से अच्छे ओझा या हकीम के अजीबोगरीब इलाजों का भी अभ्यास लागू है। कबीलाई समाजों में इस पर अन्धविश्वास है क्योंकि उनके संसार में ऐसी बुरी अध्यात्माएँ चारों ओर छाई हैं और कुछ भी कर सकती हैं। उन समाजों में कई लोगों की ऐसी किंवदन्तियाँ प्रचलित हैं कि रातों में वे अपनी देह त्यागकर उल्लू या चमगादड़ पर सवार होकर पेड़ों के ऊपर मनुष्य के गोश्त की दावतें खाते हैं। इसी क्रम में ये जनश्रुतियाँ भी प्रचलित हैं कि चुड़ैलें किसी पशु या पक्षी का रूप धारण करती हैं, या शत्रु की देह धारण करके उनकी शय्या पर सोतीं या घर में रहती हैं। इस तरह जब उनकी परिवर्तित आकृति मारी जाती है तो वे मूल रूप में शय्या या घर में मर जाती हैं। **प्रेतबाधा** की यह एक किस्म है।

आइवरी कोस्ट की एक चुड़ैल-कथा के अनुसार एक चुड़ैल मगर में रूपान्तरित होकर एक नहाती हुई लड़की को दबोचकर पानी में ले गयी लेकिन एक आदमी ने उसे कुल्हाड़ी से काट डाला। तभी उस घर में शय्या पर मृतक देह पाई गयी जहाँ वह चुड़ैल रहती थी। चुड़ैल की आत्मा मगर की देह में प्रवेश कर गयी थी। होटेनटॉट मिथकयान में विचित्र नरभक्षी दैत्यों की कथाएँ हैं जो अक्सर सुनसान बीहड़ों में रहते हैं। वे इन्हें ऐगा मुक्सा कहते हैं जिनकी एक आँख पाँव में होती है या जिनके पाँव के पंजे उलटे होते हैं।

पश्चिमी अफ्रीका में घाना के निजंधर में 'आनान्सी' नाम का एक मकड़ा बेहद चालबाज है। पहले उसे संसार की रचना का काम सौंपा गया था लेकिन वह एक संस्कृति-विधायक नायक बन बैठा। उसकी अनेक कहानियाँ हवा में फैल गयीं। आखिर. कार वह एक मोमबाला द्वारा काबू किया गया। इसके पहले वह कभी अजगर, कभी मधुमक्खी, कभी चीते, कभी अदृश्य आत्मा की एवज़ में आ जाता था और शिकार को फाँस लेता था। अतः अशान्टी कबीले में उसके बाबत किस्सों का खजाना है। वहाँ आनान्सी की तरह 'है-उरी' भी है। वह एक टाँग, एक बाँह, अर्धांग, अर्धदृश्य **दैत्य** है। वह लपक कर इंसान का शिकार करता है। इस बहाने अनेक लोक-दवाओं का भी निघंटु तैयार होता चला। मसलन दक्षिण अफ्रीका के काओन्डे कबीले का 'लेज़ा'। उसने मधुमक्खी को दूत बनाकर मानव-जाति को तीन अदद भेजे जिनमें-से दो में खाद्यान्न पैदा करने के बीज तथा इलाज की दवाएँ थीं। तीसरे को केवल लेज़ा की मौजूदगी में खोलने का आदेश था। किन्तु कौतूहलवश मधुमक्खी ने रास्ते में रुककर उसे खोल लिया कि उसमें है क्या। बस सारी दुष्टताओं तथा बीमारियों तथा दुर्गुणों की राशि संसार में बिखर गयी जिसे न तो लेज़ा, और न ही ममाखी रोक पाई। [शहद प्रमुख कबीलाई औषधि है]। इस क्रम में जादूगर, ओझा और वैद्य एकधर्मी होते गये।

मसलन मध्य दक्षिणी अफ्रीका के कालाहारी-बुश लोगों का 'कागून'। वह एक जादूगर भी था। उसकी ताकत एक खास दाँत में थी जिसके जरिये वह कोई भी शक्ल ग्रहण कर लेता था। उसकी दुस्साहसिक यात्राएँ और करतब बुश लोगों के मिथकयान का बुनियादी-चक्र हैं। उसका भूत-प्रेतों से लगातार संग्राम होता रहता है और इस प्रक्रिया में अनेक निषेध (टैबू) खंडित होते जाते हैं जिससे पुरखे अर्थात् मान्य परम्पराएँ तिकड़मी चालबाजों से विमुक्त होती जाती हैं।

हम यह भी जान पाते हैं कि वैद्य-ओझा तथा कबीलाई मुखिया पुराने मानवीय एवं दैवी संसारों के बीच मानो बिचौलिये हैं। तुलना में यहाँ दैत्य तथा दानव अर्धेक मानुष हुआ करते हैं [एकांगी 'है उरी' का प्रसंग बताया जा चुका है]। एक स्वाहीली मिथक में समुद्र-तट पर एक लड़की को एक सीप मिल जाती है। वह इसे चट्टान पर रखकर अपने साथियों को दूर ढँढ़ने चल पड़ती है। भूल-भटककर घर लौट आती है। याद आने पर अपने साथियों से वह सीप ले आने को कहती है लेकिन उनके मना करने पर वह अकेले ही चल देती है। अँधियारे में डर से बचने के लिए वह गाती जाती है। चट्टान पर उसे एक परीजाद पुरुष मिलता है जो उसके गाने पर मुग्ध होकर उसे पास बुलाता है और दोबारा गाने को कहता है। लड़की को काबू में करते हुए वह उसे एक नली में बन्द कर देता है। गाँव-गाँव में वह अद्भुत संगीत बजवाता हुआ मधुकरी पाता रहता है लेकिन लड़की को कुछ नहीं देता। अन्ततः जब वह परीजाद पुरुष लड़की के गाँव पहुँचता है तो लड़की के माता-पिता बेटी की आवाज़ पहचान लेते हैं। वे परीजाद को शराब से छका कर सुला देते हैं। लड़की का उद्धार करके उस नली में बर्रें और चींटियाँ ठूँस देते हैं। जब परीजाद अगली थाप देता है तो बर्रें तथा चींटियाँ उसे डंस-काट खाती हैं।

इसी तरह **भेड़िये** भी मानव-आकृति धारण कर लेते हैं; तेंदुए भी। कई कहानियाँ प्रचलित हैं। जैसे कि, यह सर्प-अभिप्राय :

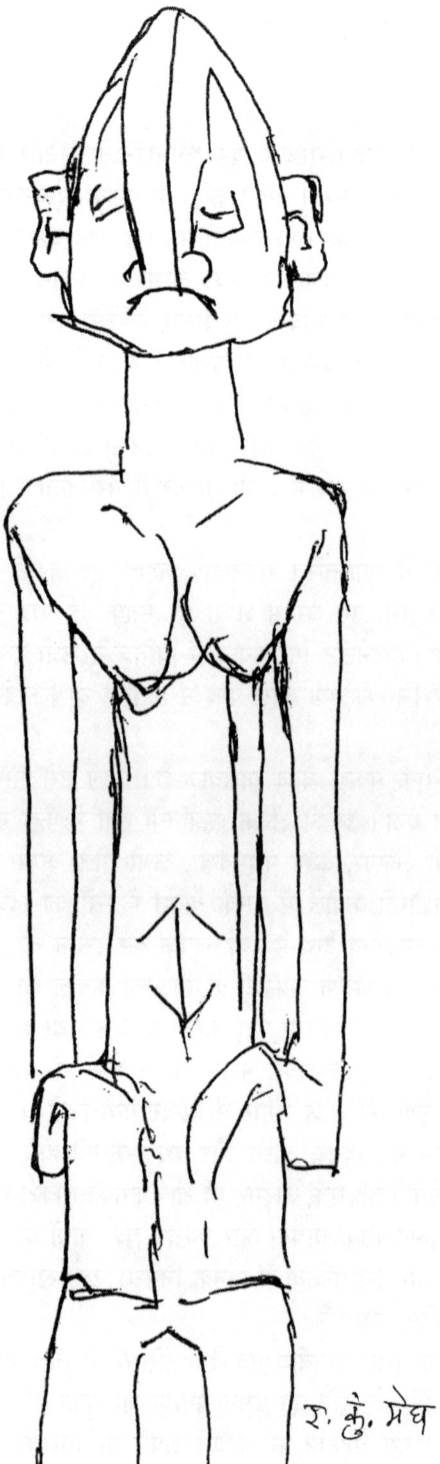

माली के डोगोन जन की महिला पुरखिन

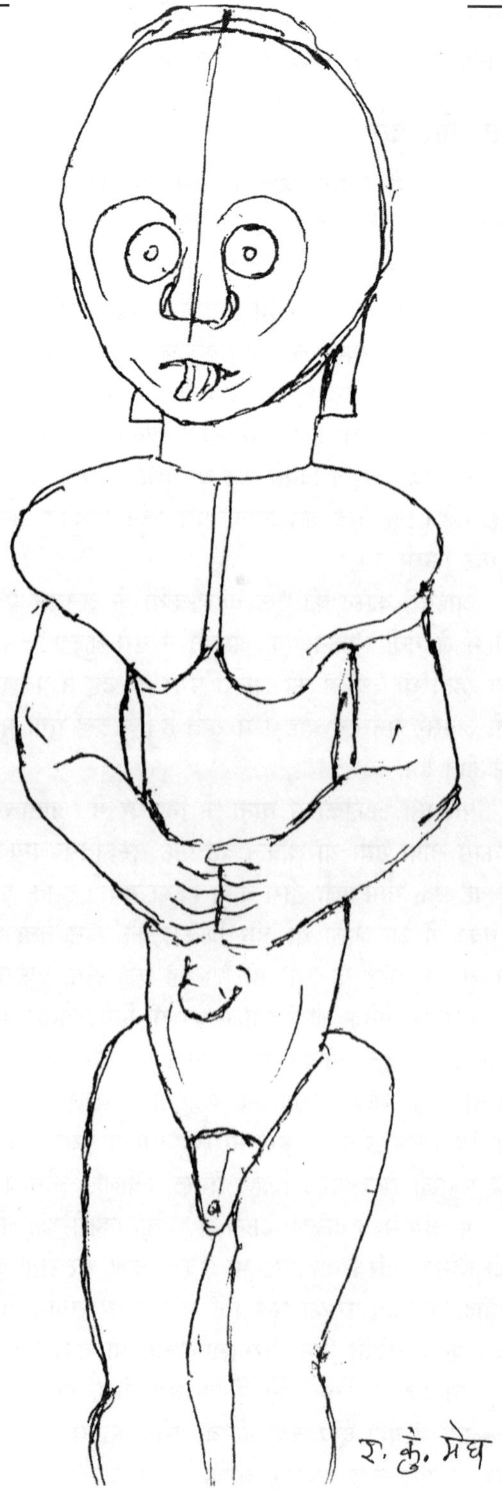

गालोन के फाम जन का पुरुष-पुरखा

एक सर्प-पुरुष सुन्दर पुरुष के चोगे में उसकी पत्नी के पास रातों-रात आता था। उसकी पत्नी एक रात उसके खूबसूरत चोगे में सूई तागा टाँक देती है, यह जानने को कि आखिर वह है कौन। वह सर्प गुफा में कराहते-कराहते मर गया क्योंकि (निषेधन टैबू) की सूई उसकी देह को चीर गयी थी। यह गुप्त सैक्स का एक मिथकाभिप्राय है।

सबसे अन्त में सर्जक देवताओं की बारी : अफ्रीकी मिथकयानों में **सर्जक देवता** ही सर्वप्रधान है।

इतने विभिन्न कबीलों तथा अनुजातियों के आदिम **कबीलाई मानस** के समुच्चय की सबसे बड़ी अनबूझ पहेली यही लगती थी कि एक ही जीवन-पंक्ति से पुरुष ने स्त्री को, तथा स्त्री ने पुरुष को कैसे उत्पन्न किया; कि एक ही सर्जक देवता ने देह और अध्यात्माएँ, तथा जीवन और मृत्यु बनाईं; कि एक ही सर्जक ने सूर्य-चन्द्र से लेकर आकाश और पृथ्वी और पाताल का विधान किया; कि उस देवता ने प्रकाश और अन्धकार, हवा और जल के साथ-साथ दैत्य और मधुमक्खी, मनुष्य और वनस्पति, सर्प और गरुड़, सभी को कब और कहाँ, कैसे और क्यों निर्मित किया? ठीक उत्तर के लिए विविध मिथकयानीय संजाल सारे महाद्वीप में फैलते चले गये।

शायद छोटे कबीलों ने अपने लघु-लघु निर्वचन किये, क्योंकि उनका संगठन प्राथमिक तथा अनजटिल था। शायद पहले अनुष्ठानी इल्हाम में किसी मुखिया, या ओझा, या वैद्य या शामन, या पुरोहित कवि ने विलक्षण कथारूप पेश किया होगा और बाद में पूरे समुदाय ने उसे विश्वास-रूप में स्वीकार कर लिया होगा।

मेडागास्कर का देवता ज़नाहारी विविध द्वि-लैंगिक एवं उभयलिंगात्मक क्षमताओं वाला था। उसके अस्तित्व में अन्तर्विरोधी तथा अन्तसंघर्षी पक्षों का विनिमय मिलता है। इस न्याय से उसके पृथ्वी वाले अवतार का रातोवो अन्तारी नामक आकाशी अवतार से द्वन्द्वभेद होता है। अन्ततः एक समझौता होता है कि आकाश-ज़नाहारी पृथ्वी के ज़नाहारी को मनुष्यों और पशुओं आदि की सृष्टि का ज़िम्मा सौंप देते हैं। इसमें शर्त यही है कि जीवन-ऊर्जा की समाप्ति पर वे ईश्वर के प्रत्येक मूल संस्करण में प्रत्यर्पण करेंगे। एक अनुपाठ इसकी व्याख्या यूँ करता है कि आकाशी ज़नाहारी की आकांक्षा है कि वह एक मानवीय पत्नी को प्राप्त करे।

अब **शिशुरूप** देखें। यह एकल विलक्षण सम्बन्धपरक मिथक है।

टोगो की क्राची जनजाति की मान्यता के अनुसार सूर्य ने चन्द्रमा से विवाह किया और अनेक तारों को जन्म दिया। परन्तु वक्त गुजारने पर चन्द्रमा सूर्य से उकता गयी और एक प्रेमी को पा लिया। इससे सूर्य गुस्सा हो गया। उसने फैसला किया कि आइन्दा अपने घर में चन्द्रमा को नहीं रहने देगा। उसने अपनी सम्पत्ति का बँटवारा चन्द्रमा के साथ कर लिया। कुछ बच्चे सूर्य के साथ रह गये, तथा कुछ चन्द्रमा के साथ चले गये। किन्तु चन्द्रमा असन्तुष्ट रही और वह सूर्य के खेतों में जाती है। सूर्य के साथ रह गये बच्चे। चन्द्रमा और उसके तारों से लड़ाई करते हैं। तथापि चन्द्रमा को यह पसन्द नहीं कि बच्चे लम्बे समय तक लड़ते ही रहें। इसलिए वह एक सन्देशवाहक को कई रंगों वाले कपड़े अर्थात् इन्द्रधनुष देकर भेजती है। कभी-कभार सूर्य चन्द्रमा को खेतों में पकड़ लेता है तथा उसे काबू करके संभोग भक्षण की कोशिश करता है। यही वजह है कि लोग चन्द्रग्रहण को देखते ही इतना चिल्लाते, ढोल बजाने लगते हैं कि सूर्य डरकर चन्द्रमा को चले जाने देता है।

अस्पष्ट उभयलिंगी तथा शिशुवत् सृष्टि के बाद अब यह मावू-लीसा की जुड़वाँ जोड़ी द्वारा सर्जनाः—टोगो गणतंत्र (बेनिन तटक्षेत्र) के अबोमे के फोन लोग मावू का उल्लेख करते हैं जो उभयलिंगी है और जुड़वाँ भी। अर्थात् वह दोनों ही है। उसका उद्भव 'नाना बुलूकू' नामक आदिमाता से हुआ। मावू नारीलिंग थी और लीसा पुल्लिग। पहले वे पृथक्-पृथक् थे किन्तु एक सौर-ग्रहण में उनका मिलन हुआ जिसके फलस्वरूप उन्होंने प्रणय-लीला निष्पादित की। इस प्रकार वे अन्य देवताओं के वाल्दैन बने। वे भी सात जुड़वाँ युगल थे। सबके बीच सृष्टि के अधिशासी क्षेत्र क्रमशः बाँट दिये गये : पृथ्वी; तूफानी आकाश (विद्युत गर्जन समेत); जंगल तथा खेती की ज़मीन-औजार व हथियार; समुद्र तथा सभी जलचर; भाषाएँ, देवता-मनुष्य के बीच संवाद; आदि।

इसी लड़ी में नेटाल के ज़ुलू लोगों की मिथक में आकाश (नर) तथा धरती (मादा) मिथुन बने और शादी की। इससे सारी वस्तुएँ तथा लोगबाग जन्मे। ज़ुलु का प्रथम पूर्वज उन्कुलुन्कुलू था जो उनके संयोग से जन्मा था।

कुछ कबीलों में सृष्टि-रचना की समझ के बाद के चरणों में क्रमिक सृष्टि की मिथकें उभरती हैं—

(क) कांगो के **बन्तू** कबीले का सृष्टिकर्ता एनज़ाम्बी देवता था। उसने 'फान' नामक पहले मनुष्य को बनाया जिसने धरती को बड़ी क्षति पहुँचाई जिससे उसे दफ़ना दिया। फिर दूसरा मनुष्य सेकुमे बनाया जो मानवजाति का पूर्वज था। सेकुमे ने अपने लिए एम्बोंगवे नामक पत्नी को एक पेड़ से गढ़ा। फिर एन्ज़ाम्बी एम्बोया (Mboya) नामक लड़की के प्रेम में संलिप्त हो गया जिससे उन्हें बिंगो नामक बेटा पैदा हुआ। वाल्दैन में यह बहस छिड़ी कि बच्चा किसे ज्यादा चाहता है। बहस के बीच क्रोध में एन्ज़ाम्बी ने बच्चे को स्वर्ग से नीचे फेंक दिया। वह नीचे गिरा और उसे एक जादूगर ओटोयोम ने पाला। दम्पति बच्चे को खोजते रहे किन्तु ओटोयोम ने उसे छिपा दिया। वयस्क होने पर बिंगो समग्र मानवजाति का शिक्षक बना।

(ख) माली के डोमोन जनों का सर्जक देवता 'अम्मा' था। वह एक कुम्हार था जो कर्दम-माटी से सारी सृष्टि रचता था। उसने

सूर्य और चन्द्रमा गढ़े। फिर सितारों को आकाश में फेंका। उसने सूर्य को लाल ताम्बे के आठ छल्लों से तथा चन्द्रमा को सफेद चाँदी के छल्लों से घेर दिया। अब उसने जोड़ा बनाने के लिए स्त्री को गढ़ा। इसके लिए उसने पहले एक चालबाज सियार (गीदड़) दैत्य बनाया। [वह अम्मा का प्रतिपक्ष था। सियार यूँ पैदा हुआ था कि धरती की योनि में त्रुटि आ गयी थी]। इसके बाद उसने सर्प के जैसे सेक्स-निरपेक्ष जुड़वाँ बनाये। उन्हें 'नुम्मो' कहा। उनके जननेंद्रियाँ भी बनाईं ताकि सही ढंग से सम्भोग किया जा सके। नुम्मो-जुड़वाँ ने ही वाक् का अन्वेषण किया तथा धरती को पौधों और वनस्पति से ढाँक दिया। अन्ततः अम्मा ने तीसरी बार धरती से सम्भोग किया। इससे फिर वे जुड़वाँ पैदा हुए जो डोगोन कबीले के पूर्वज बने। बस सृष्टि में जन्म-मरण का चक्र चल पड़ा।

लिबान्ज़ा कांगो के उपोटो कबीले का पुनीत देवता था। उसने धरती व चन्द्रमा दोनों के वासियों को स्वर्ग की राजसभा में उसके सामने हाज़िर होने को कहा। चन्द्रवासी आज्ञा का पालन करते हुए पहुँच गये। लेकिन धरती के निवासी इस समन पर कतरा गये। इसलिए चन्द्रमा संक्षिप्ततः मरता है और हर माह पुनर्जन्म ले लेता है किन्तु धरतीवासियों को मृत्यु का दंड दे दिया गया।

अफ्रीका के कबीलाई रंगमंच पर फलागम होता है, अग्नि के रहस्य तथा औज़ार-हथियार बनाने के धातुकर्म से। इसलिए कांगो के बुशोन्गो जनों के मिथकयान में मुख्य सर्जक देवता **'बुम्बा'** ने धरती, सूर्य, चन्द्र, स्वर्गाकाश तथा सितारे उगले, फिर विभिन्न पशुओं को उगला। पहले कभी धरा और स्वर्ग दम्पति हुआ करते थे किन्तु फिर वियुक्त हो गये। तब केरी-केरी नामक आदमी के सपनों में बुम्बा ने अग्नि का रहस्य दिखलाया। केरी-केरी इस रहस्य ज्ञान को अपने पास रखते हुए खाना पकाने पर क़ाफी ऊँची कीमत वसूलता था। इस पर राजा की बेटी मुशान्गा ने उसे अपने प्रेम में संलिप्त होने को प्रेरित किया ताकि वह अग्नि-रहस्य को सीख ले। उसने बेहद ठंड में कँपकँपाने का बहाना बनाकर केरी-केरी को वह भेद बताने को लाचार कर दिया। बस बात बन गयी। मुशान्गा अग्नि-ज्ञान को जन-जन में पहुँचाने वापस लौट आयी। उसने केरी-केरी का परित्याग कर दिया।

अभिनव अग्नि-ज्ञान ने धातु विज्ञान को, फलतः युद्ध-कौशल को भी संवर्धित किया। अतः **'ओगुन'** नामक लौह देवता तथा युद्ध-देवता का एक साथ प्रार्दुभाव हुआ। पश्चिमी अफ्रीका की योरुबा तथा एन्गाओ जनजातियों का वह नया देवता पहले आखेट-देवता था। सभ्यता के विकास से उसकी भी प्रोन्नति हुई। वह कठोर, उग्र तथा आतंकी है किन्तु अशुभ अध्यात्मा नहीं है। किंवा वह वैभव तथा विजय के लिए औज़ार और हथियार प्रदान करता है। पहले उसे नर-बलि दी जाती थी। लेकिन अब उसे काले भैरव कुत्तों की बलि दी जाती है। उसके पूजा-महोत्सव में दोनों कबीले खूब नाचते तथा कुत्तों का मांस खाते हैं। वह एक कृपालु-करुणाशील-सहायक देवता बनता गया।

अबास्सी तथा अम्मा की कड़ी में बुम्बा और ओगुन तक आने पर कबीलाई समाज के कुछ हिस्से सभ्यता में प्रवेश करते हैं और मिथकयान दूर-दूर चले जाने लगते हैं। अस्तु।

निष्कर्ष रूप में : आगे-पीछे भाग्य तथा प्रारब्ध के लिए दैवी कृपा तथा करुणा मिलने की अनिवार्यता मिथक के दैवी मिथकाभिप्राय होते आये हैं। इसके लिए भेंटें और बलि चढ़ाई जाती रही थीं।

मिथकवृत्त में शर्त तोड़ने पर वरदान समाप्त हो जाता है तथा कठोर दंड मिलता है। साथ ही सारे प्रदत्त सुरक्षा-कवच निष्प्रभावी हो जाते हैं।

मौखिक, खंड-खंड कबीलाई लघु मिथकों का यथेष्ट अंश पुरातात्त्विक कल्पना, नृतात्त्विक अनुमान तथा समाजशास्त्रीय पुनर्निर्मितियों से मंडित एवं अनुरंजित होता है। ऐसी संलिप्तताएँ ही निष्णातों के सिद्ध बलबूते के मुकद्दमे होती है।

4.3 जापान

मिथकेतिहास तथा **मिथकीय भूगोल** की कान्त मैत्री वाला अनुपम देश जापान है। प्राक्तन जोमोन-युग की संस्कृति (ई.पू. 11000-300) के बाद यायोई संस्कृति (ई.पू. 300-ई.प. 300) के अन्तिम चरण से असली शुरुआत मानी जाती है जब जापानी बेड़ों ने, दैवी शक्तियों की सहायता (?) से, कोरिया के निकटवर्ती क्षेत्रों पर अधिकार कर लिया। इससे इतिहास में पहली बार जापान धार्मिक तथा सांस्कृतिक प्रभावों से संवाहित हुआ। अगली दो शताब्दियों में मूल **शिन्तो मत** के बाद बौद्ध धर्म का भी आयात हुआ (ई.प. 593-621)—दर्शन, कला एवं सामाजिक नैतिकता के साथ। यह अभिराम आयात कोरिया से हुआ। साथ में चीनी लिपि भी आयी।

मिथकयान के नज़रिये से बौद्ध धर्म के अतिप्राकृतिक विचार जादू करने लगे : देवताओं की कथाएँ चीन और भारत से यात्रा करके आती गयीं। शिन्तो-मत का देवमंडल अमूर्त थी। **बौद्ध देवमंडल** में शास्त्रीय-साकार-साक्षात् देवमंडलों की उसी प्रकार सौन्दर्यबोधात्मक सिरजना हुई जिस प्रकार कुषाणों ने भारत में नदी-देवियों, देवी-देवताओं, तथागत बुद्ध की प्रतिमाएँ गढ़ी थीं। यहाँ स्वयं बुद्ध 'साका मुनी', 'बोसात्सु', 'अमीदा' (अमिताभ) हो गये। बच्चों का मूल जापानी देवता बौद्ध 'याकुशी न्योराई' (भैषज्य गुरु) हो गया; बौद्ध मैत्रेय 'मोन्जू बोतात्सु' हो गये। इसके अलावा 'एज़ेन म्यो' बौद्ध देवता आये जो यौन प्रणय के प्रतिनिधि हैं और जो कामुकता को बुद्धत्व में उत्तीर्ण कर देता है। उसकी मुखाकृति उग्र तथा शिर में सिंह-अंकित है। उसकी तीन आँखें भी हैं

(तीसरी आँख लालसा-कामुकता आदि का दमन करने वाली मानी गयी है)। अथच, 'क्वान्नोन' नामक ग्यारह सिरों वाला करुणा का बौद्ध देवता भी है जो सहस्रभुजा भी है (यह खजाने से भरी नाव में तैरते हुए भी अंकित है)।

प्रसंगात् जापान की समृद्धि तथा प्रगति के संसूचक **सप्तदेवता** भी आ धमके : बेनतेन (समुद्र देवी, नागारूढ़ा), बिशामोन (सन्त-सिपाही), दाईकोकू (धनकुबेर), एबिसू (कठोर श्रमिक), फुकूरोकूजू (बुद्धि का देवता), होतेई (प्रसन्नचित्त, बड़ी नंगी तोंद, बच्चों का संगी-साथी) तथा जूरोजिन (दीर्घायु का देवता)।

बौद्ध अतिप्राकृतिक चमत्कार के पक्ष में **शिंतों** में **प्राकृतिक जगत्** तथा उसके मानवीय वसनीकों के बीच सम्बन्धता एवं सन्तुलन का प्रतिपादन है। मूल जापानी धर्म के रूप में यह जापानी मिथकयान से अन्तरंग रूप से जुड़ा है। अनेक पूजा एवं तीर्थ-स्थल उन देवताओं के हैं जिनका लीलागान मिथकों में हुआ है। यह विश्वास रहा है कि जापान के ऐतिहासिक राज्य तथा इसकी समृद्धि महान शिन्तो देवी अमा-तेरासू की कृपा का परिणाम है। अतएव शिन्तो का तात्पर्य है 'देवताओं के (विधि-) विधान।' शिन्तो में किसी नीति-विधान का उपदेश देने के बजाय 'हृदय की शुद्ध प्रेरणा' के अनुगमन का आदेश है। प्रत्येक वस्तु में चाहे वह पशु हो, पर्वत हो, झील हो, या वृक्ष हो, एक **कामी** (चैतन्यता) का वास है—यह विश्वास ही कई सृष्टि-मिथकों का हेतु है। कामी अविनश्वर है (यह वैदिक ऋत् एवं क्रतु का संगम है)। सारी प्रकृति कामी-वृन्द से आबाद है। जो कामी के किसी भी आयतन में/पर रहते हैं, उनकी रक्षा कामी करती है।

तथापि छठी शताब्दी में बौद्ध धर्म एवं कन्फूशियस-मत के प्रवेश से वफादारी (फिलिया) तथा वत्सलता (पाइटी) का प्रसार हुआ। शुद्धिकरण की भी भूमिका महत्त्वपूर्ण हुई।

इसका नतीजा यह हुआ कि मिथकयान में विभक्ति आयी। एक ओर मुख्य मिथकधारा थी जो जापान के शासकों को

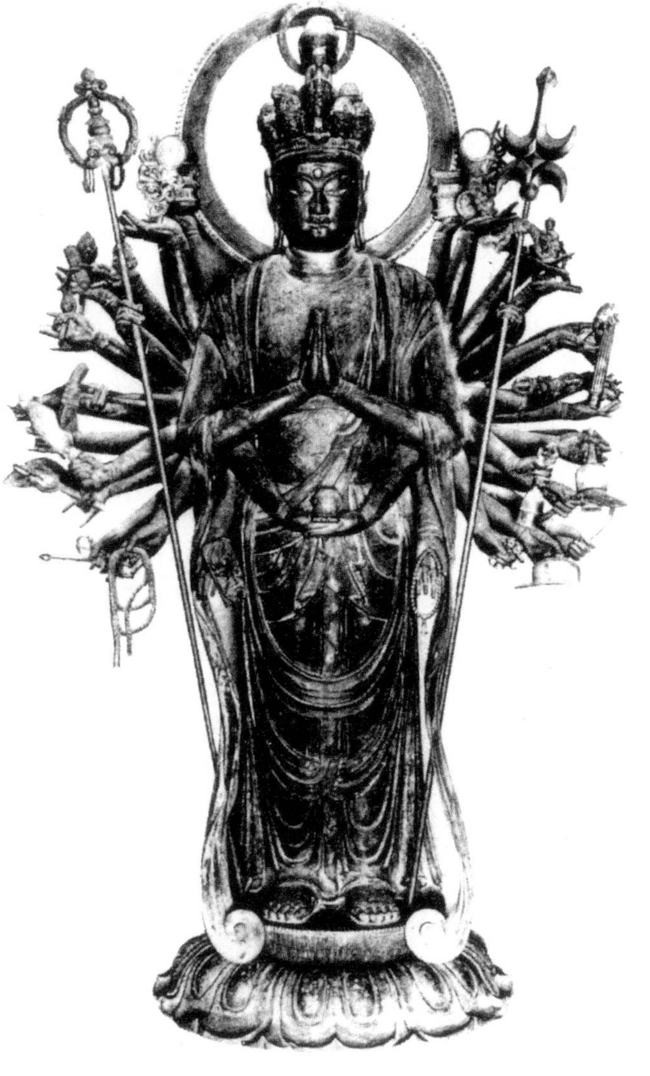

सहस्रभुजा बौद्ध 'क्वान्नून', जापान

दाईनीची : बौद्ध त्रिदेव में-से एक

होतेई, भाग्य के सात देवताओं में-से एक : यह उघारे बड़े पेट तथा बहुधा बच्चों के साथ अंकित होता है।

अमा-तेरासू के अक्ष पर स्वर्गाकाश की उच्च भूमा से संलग्न करती है तो दूसरी ओर इज़ूमो-आँचल में अराजकता कारक सुसानो एवं उसके वंशजों की स्वेच्छाचारिता है। इसी चिरन्तन मिथकीय द्वैतता, द्वन्द्व, जुड़वाँपन में जापान भी गतिमान रहा।

जापान की भू-भौतिकी संरचना भी प्रमुख कारक रही है। यह चार द्वीपों का एक पुंज है—उत्तर में होक्कैडो, मुख्य द्वीप तथा जापानी संस्कृति का केन्द्र होन्शू (इसमें ही तोक्यो, कोबे, योकोहामा, हिरोशिमा जैसे शहर हैं), शिकोकू तथा दक्षिण पश्चिम में क्यूशू। साथ में लघु-लघु द्वीप भी हैं। इसलिए जापानी मिथकों में खाँटी पर्वत, द्वीप, समुद्र, ज्वालामुखी, वृक्ष और मन्दिर खूब आये हैं। इनमें सूर्यदेवी अमा-तेरासू तथा फूजी पर्वत, दोनों ही स्त्रीलिंगपरक हैं।

एक जल-पक्षी-मिथुन से प्रथम प्रमुख सर्जक देव-मिथुन इज़ानागी-इज़ानामी ने प्रजनन-विधि सीखी [अफ्रीकी-मिथक में एक अजगर सर्प ने सम्भोग-प्रशिक्षण दिया था]। सो, इस दम्पति की पहली सन्तति जापान के द्वीप समूह थे। फिर देवियों और देवताओं के मंडल जन्मे। अन्त में अग्निदेवता (दो नाम मिलते हैं) जन्मा। इसने जन्म के समय अपनी माता को बुरी तरह झुलसा डाला। इससे उसकी मृत्यु हो गयी (जापान में भूकम्पों तथा लकड़ी के घरों के कारण यह सबसे ज्यादा भयोत्पादक है)। माता की मृत देह से और देवता जन्मे। साथ ही इज़ानागी के आँसुओं से भी देवता जन्मे। इज़ानामी मृतकों के पाताललोक 'योमी' चली गयी (वह खुद भी बाद में एक राक्षसी हो गयी)। इज़ानागी के शरीर तथा वस्त्रों से भी अनेक देवी-देवताओं का प्रादुर्भाव हुआ। उनमें सर्वप्रमुख सूर्यदेवी अमा-तेरासू तथा चन्द्रदेव त्सूकी योगी एवं तूफानों का देवता सुसा-नो-ओ थे। सुसानोओ अपनी बहन से ईर्ष्या करता

किचिजो तेन (श्री-महादेवी)
कामाकुरा काल, जोरूरीजी मन्दिर, क्योटो प्रेट, जापान

किचिजो तेन (श्री-महादेवी)
हेइयान-काल, राष्ट्रीय संग्रहालय तोक्यो, जापान

था। दाँव-पेंच चले। अन्त में आकाश में अमा-तेरासू को अपना सही स्थान मिल गया। यह ऋत् (कास्मॉस) तथा वृत्र (केऑस) के बीच का शाश्वत् संघर्ष है जो विश्व सभ्यताओं के सभी मिथकयानों में मिलता है। मसलन् मेसोपोटामिआ में मार्दुक और तियामत के बीच, ईजिप्ट में सेट और ओसाइरिस, भारत में इन्द्र और वृत्रासुर, पर्शिया में अहूरमाज़्दा और अहरीमान के बीच आदि।

उपर्युक्त भूमिका के अनुच्छेदों के बाद नाभिक सत्य यह मिलता है कि जापानी मिथकों की साझेदारी अक्सर देश के संलक्ष्य स्थानों से जुड़ी हैं। इसे रेखांकित किया जाए।

नारा शहर के बंक में, ताकामा-गा-हारा नामक स्थान है जो पड़ोस के माइ के बाजू आइसे में स्थित है। इसे ही क्योटो के पार्श्व में स्वर्गाकाश के उच्च मैदान के रूप में चिह्नित किया जाता है।

इज़ूमो-मंडल में एक गुफ़ा है जिसके बाबत यह अनुमान है कि अमा-तेरासू यहीं आकर छिपी थी और ओकूनी नुशी ने साकू नाबी कोना से मुलाकात की थी। नारा और ईडो में, क्योटो और होरूजी में अनेक स्थल हैं जो बौद्ध मिथकीय-निजंधरों से जुड़े हैं। जिज़ोबोसात्सू (भारतीय क्षितिगर्भ) यात्रियों, गर्भिणी नारियों, तथा बच्चों का संरक्षक देवता है। इसकी मूर्तियाँ खुले में रास्तों के किनारे मिलती हैं। विशाल कामाकुरा बुद्ध-प्रतिमा, किनकाकू जी का मन्दिर है, होयू जी में (अजन्ता की तरह) भित्ति चित्रांकन की चुनिन्दा मिसालें हैं।

अनेक जापानी मिथकें हैं जो उन वास्तविक लोगों के कुलगोत्रों से जुड़ी हैं जो मुख्य भूमि से आने के बाद आवागमन करते रहे थे।

इज़ूमो प्रभाग तो अधिकांश प्रारम्भिक मिथकों की परिवेशी-भूमिका रहा है। दो दृष्टान्तः—

(क) तूफानदेवता सुसानो : आमातेरासू के दिव्य लोक से निष्कासित होने के बाद सुसानो जापान के होन्शू द्वीप के इज़ूमो प्रान्त में चला गया। वहाँ उसने अपनी दाढ़ी के बालों से कोरिया के जंगलों में वृक्षारोपण किया। अतः वह सामान्यतः वनों से सम्बद्ध हो गया तथा ऐनू नामक आदिम निवासियों से भी सामान्यतः जोड़ दिया गया। सुसानो के बारे में शुभ और अशुभ छद्म में कई कथाएँ कही जाती हैं। सबसे ज्यादा लोकप्रिय वह कथा है जिसमें उसने इज़ूमो में **आठ** सिर वाले **नागदैत्य (ड्रेगन)** का वध किया। उसे 'साके' के **आठ** प्यालों को पिलाकर मारा गया। एक संस्करण में 'साके' अलकोहल की मदिरा है, दूसरे में जहर। सुसानो ने नागदैत्य को इसलिए मारा ताकि वह एक देवबालिका का उद्धार कर सके जिसकी कई बहनें वह खा चुका था : बारी-बारी से हर साल। इस अन्तिम बालिका का उद्धार किया। उसने सुसानो से विवाह कर लिया और उसकी सन्तति मिथकेतिहास व उसके परे में चली गयी। मृतक ड्रेगन की पूँछ में सुसानो को एक तलवार मिली जो एक शाही चिह्न बन गयी। सौमनस्य के क्षणों में सुसानो ने उस तलवार को आमातेरासू को भेंट कर दिया। प्रत्योपहार में आमातेरासू ने उसे अपने कुछ रत्न दिये। वे भी शाही चिह्न बन गये।

(ख) वृक्ष तथा चट्टानें : एक बालक और बालिका भटक कर दूर चले गये। रात भर बेचैन रहे। पौ फटने पर वे दो पाइन वृक्षों में रूपान्तरित हो गये। इसी प्रकार वफादार दम्पति के भी पाइन वृक्ष में रूपान्तरित होने की कथा है। अतः **पाइन वृक्ष** वफादारी तथा दीर्घायु का प्रतिनिधित्व करते हैं।

क्यूशू में मत्सूरा के तट पर एक चट्टान है—'सायोहीमे'। कहा जाता है वह एक अफसर की पत्नी थी जिसकी ड्यूटी उसे चीन ले गयी (प्राचीन काल में एशिया मूलभूमि के लिए मात्सूरा बन्दरगाह था)। तट पर खड़े-खड़े पत्नी उसे अलविदा करती रही जब तक कि नौका आँखों से ओझल नहीं हो गयी। आज तक भी वह चट्टान बनी खड़ी है और उसका नाम ही 'सायोहीमे' है।

प्रकृति-पंचांग (नेचर चार्टर) से जुड़ी एक मिथक में दो राजकुमार थे। अग्निक्षीण छोटा भाई और अग्निकौंध बड़ा। छोटा श्रेष्ठ शिकारी तथा बड़ा श्रेष्ठ मछुआरा था। दोनों में कौशल की श्रेष्ठता की प्रतियोगिता हुई। अग्निक्षीण हारने वाला था कि सिन्धु के नागसिंह (ड्रेगन) दैत्य 'रयूंजिन' अर्थात समुद्र के बूढ़े मनुष्य ने—सलाह दी कि अग्निकौंध ने जो मछली का काँटा खो दिया है उसे खोजने अग्निक्षीण समुन्दर में एक छोटी नौका से जाए। वहाँ वह समुद्र के राजा की बेटी से प्रेम कर बैठा। उन्होंने शादी कर ली और वह खोया हुआ काँटा पा लिया (वह 'ताई' मछली के गले में मौजूद था)। अब अग्निक्षीण घर आने को हुआ। उसकी पत्नी गर्भवती थी। उसने उसे दो रत्न दिये—ज्वारतरंग वाला रत्न तथा भाटा-तरंग वाला रत्न।

परवर्ती कई मिथकों में ये दो रत्न प्रकट होते रहते हैं। तो, प्रकृति-पंचांग का खुलासा करें। दो रत्न मोती हैं जो चन्द्रमा के पूर्ण होने पर ज्वार-तरंग तथा घटने पर भाटा-तरंग उत्पन्न करते हैं। जब इनके आधार पर ही मछलियों को मछुआरे पकड़ते हैं तथा यात्री एवं शिकारी रास्तों में भटकते नहीं हैं। समुद्र और राजकुमारी सिन्धु के प्रचंड विक्षोभ और प्रशान्त सुकुमारता की दशाओं के द्योतक हैं। इतनी श्रेष्ठ वैज्ञानिक कल्पना तो शायद जयन्त नार्लीकर जैसे वैज्ञानिक भी नहीं करेंगे।

[परिशिष्ट में वानस्पतिक प्रकृति का एक छोटा लिजंधरी निरीक्षण। इसे फ्रांसिस पिगॉट ने रेकार्ड किया है। एक दिन महान् राजकीय सलाहकार किन्तो फूजीवारा और मन्त्री ऊजी के बीच बहस छिड़ गयी कि शरद और पतझड़ का सबसे सलोना फूल कौन है : चेरी, अथवा क्राइसेंथिमम, अथवा प्लम? परिवेश को कसौटी बनाया गया। फैसला हुआ : शरद की सुबह में, बर्फ के भूचित्र पर, लाल प्लम का पुष्पायन ही सर्वोत्तम है?]

दो रत्नों या मणियों या मोतियों का मिथकाभिप्राय प्रायः कई उपरूपों में आगे आया है। एक मिथक में यह, पूर्ववर्ती अग्निक्षीण तथा समुद्र के बूढ़े की बेटी के प्रेम-विवाह के पश्चात्, टोटेम से चली वंश-परम्परा का सूचक है। मिथक अग्निक्षीण की ही अगली कड़ी है। अग्निक्षीण की गर्भवती पत्नी का पिता अर्थात् समुद्र का बूढ़ा मनुष्य वास्तव में समुद्र का नागसिंह सम्राट र्यूजिन है जो अपने हाथ में ज्वार-भाटे की मणियाँ लिये रहता है। समुद्र के दैत्य सम्राट की गर्भवती बेटी ने पति अग्निक्षीण से वचन लिया था कि वह प्रसव के समय उसे नहीं देखेगा। किन्तु अपने बेटे के जन्म की उत्सुकता में वह वचन भूलकर अकेला ही झोंपड़ी में घुस गया। वचन तोड़कर उसने देखा कि उसकी पत्नी का रूप तो नागसिंहनी का है। शर्त टूटने पर वह अपने पिता के पास लौट गयी किन्तु बेटे को अपनी बहन के पास भेज दिया ताकि उसका लालन-पालन हो सके। जब शिशु वयस्क हुआ तो उसने इसी मौसी से शादी कर ली। और इन दोनों का पुत्र **जिम्मू टेन्नो** ही जापान का सर्वप्रथम सम्राट हुआ।

मणि-मोटिफ़ के तीसरे प्रतिपाठ की काफी ऐतिहासिकता है। कोरिया की तीन राजशाहियों ने जापानी सम्राज्ञी जिंगो को वचन दिया कि वे उसका प्रभुत्व स्वीकार करते हैं तथा उसे नज़राने भी भेजेंगी 'जब तक कि सूर्य पूर्व में उदित नहीं होगा और पश्चिम से निकलेगा।' इसकी ऐतिहासिकता के बाबत कुछ नहीं कहा जा सकता लेकिन तीसरी-चौथी शताब्दी में जापानी समुद्री बेड़े ने कोरिया के निकटवर्ती क्षेत्रों को जीत लिया था। आज भी सम्राट ओजिन की भाता-जिंगो की विजय के कारणों में यह विश्वास प्रचलित है कि उसके पास [जिम्मू टेन्नो वाले] ज्वार-तरंग तथा भाटे-तरंग के दो रत्न थे। समुद्र के इन मिथकीय रत्नों के द्वारा वह ज्वार-भाटों को नियन्त्रित करती थी और इस तरह अपने नौकाओं के बेड़े तथा आक्रामक मछलियों की विशाल सेना का व्यूह रचाती थी। ये उसके अभियानों में साथ चला करती थीं।

जापानी मिथकयान के अक्षों में राजनीतिक ऐतिहासिकता के साथ-साथ युवा शक्ति की अग्रगामी प्रेम-यात्राएँ भी संलग्न हुई हैं। इनसे जापानी परिवार और सत्ता के बीच की उन संरचनाओं का भान होता है जिन पर क्लाद लेवी-स्ट्रास केन्द्रित रहते है। **ओह-कुनी-नुशी** साम्राज्य की अर्द्धेतिहासिक संस्थापन के पहले मिथकीय युग में पहुँचने के लिए हमें इज़ूमो द्वीपसमूह में पहुँचना होगा। तूफान के देवता सुसानो के क्रियाकलाप इसी द्वीप पर केन्द्रित हैं। उसका दामाद ओह-कुनी-नुशी एक युवा देवता था—'महान भू-स्वामी।' उसने सुसानो की बेटी का अपहरण करके उससे ब्याह रचाया था। सुसानो की केशावली को उसके घर की बल्ली में बाँधा। प्रेमी जोड़ी निकल भागी। साथ में वे सुसानो की तलवार, धनुष-बाण और उसकी सारंगी (कोतो) भी लेते गये। किन्तु जब वे कोतो के तारों को झंकृत करके सुसानो की कोई धुन बजाते हुए जा रहे थे तभी सुसानो जाग गया और आवाज़ के पीछे-पीछे चलता गया। अन्त में उसने प्रेमी युगल को पा लिया तथापि उनकी चालबाज़ी से बेहद प्रभावित होकर उसने न केवल उनका ब्याह करा दिया बल्कि साथ ले जाए गये खजाने को भी रख लेने दिया। उससे भी आगे बढ़कर उसने ओह-कुनी-कुशी को क्षेत्र का शासनाधिकार भी दे दिया। इज़ूमो में राज्य की स्थापना तो हो गयी लेकिन सूर्यदेवी अमातेरासू की इच्छा थी कि उसका पौत्र **निनीगी** ही समूची द्वीप-शृंखला का शासक बने (जिसकी उत्पत्ति इज़ानगी एवं इज़ानामी द्वारा हुई थी)। लंबे समय तक के वाद-विवाद के बाद फैसला लिया गया कि निनीगी ही इज़ूमो-मंडल पर शासन करे। अतः अमा-तेरासू ने उसे तीनों राजवंशीय चिह्न—तलवार, दर्पण और रत्नराशि प्रदान कर दिये। जब वह इस प्रकार से जापान पठाया गया तो वह राजकुमारी को-नो-हाना से प्रेम कर बैठा। वह वृक्षों और फूलों को खिलाती है। उसके पिता की एक बड़ी बेटी भी थी—इहा नागा (चट्टान की तरह लम्बी राजकुमारी)। तदपि निनीगी ने कोनोहाना को ही चुना और उसके प्रति वफादार रहा। इससे बड़ी बहन को जलन तथा दुःख हुआ क्योंकि आइन्दा नये दम्पति की सन्तति फूलों की तरह क्षणभंगुर होगी। तथापि अमरता के बजाय प्रेम के कुसुमायन को श्रेयस् माना गया। वस्तुतः यहाँ जापान की शिला (बड़ी राजकुमारी) बनाम कुसुम (छोटी राजकुमारी) के बीच भूचित्र का भी भूगोल है।

इस सन्दर्भ में हम शिन्तो-मत की हर्षोल्लास की देवी **अमा-नो-उज़ूमे** की मिथक अवश्य लिखेंगे। उसने अपने स्नान-कुंड में गर्जन-देवता राइडेन को धर पकड़ने के अलावा मुख्य रूप से अमा-तेरासू को प्रलोभन देकर गुफान्धकार से बाहर निकाल कर जापान को उगते सूर्य का द्वीप बनाया था। सो वह उषा-देवी है। यह एक नृत्यमस्ता देवी है। उसने नृत्य करके ही उसके घेरेबन्द प्रभाव-चक्रों द्वारा अमा-तेरासू को बाहर निकाला था। जैसे-जैसे वह नृत्य करने लगी वैसे-वैसे वह तेज़ और तेज़, चक्रनृत्य करती चली, वैसे-वैसे उसके परिधान एक-एक करके उतरते गये। इससे हुड़दंगिये पुरुष-देवों द्वारा इतनी उन्मादक चीखें-चिल्लाहटें गूँजीं कि बेचैन अमा-तेरासू गुफा से बाहर निकल आयी। जब बाहर साकाकी वृक्ष पर टँगे दर्पण में उसने अपनी छवि की कई गुना द्रुतदीप्ति देखी तो चारों ओर प्रकाश लौट आया।

फिर देवताओं ने पुरस्कार-स्वरूप उज़ूमे को स्वच्छ जल की संरक्षिका नियुक्त कर दिया। यही स्वर्ग-धरती को मिलाने वाला 'तैरता हुआ पुल' है। कुछ इसे आकाश में दूध की गंगा (आकाश गंगा) की धारा भी बताते हैं। कुछ इसे इन्द्रधनुष बताते हैं। तदपि उज़ूमे की इच्छा रहती है कि मर्त्यमान मानव यह जलपान करते हुए अमरता का अनुभव करें।

अब उज़ूमे-मिथक का आनुष्ठानिक हाशिया है कि वह एक नारी-शामन, या योगिनी, या भैरवी जैसी भी हो गयी। वह 'मिको' कहलाई अर्थात् आह्लादक नृत्य में तल्लीन रहने वाली सुन्दरी (अर्थात् परवर्ती 'गीशा' बाला)। इस तरह परवर्ती समयों में

अमानो-उज़ूमे एक उषादेवी के रूप में—सूर्य देवी की अग्रेत्वरी—प्रकट होती है। निबोन-शोकी के वृत्तान्त के मुताबिक वह सूर्योपासना में भेंट में चढ़ाई जाने वाली चूनरी का 'फेटिश' हो गयी। इस अवसर पर वह मोहिनी अपने सम्मोहन का जादू फैलाकर स्थानीय सौर देवता 'सारूटाही-को' या "बन्दर राजकुमार" से लोकचित्त को परे फेर देती है क्योंकि उसी ने अमाते सासू के पौत्र के राजमार्ग में अड़चनें पैदा की थीं। हालाँकि बाद में उज़ूमे ने सारूटाहिको से ही शादी की गाँठ बाँधी। इसके फलस्वरूप इतिहास-क्रम में—'सारूमे' नामक हेयान राजनर्तकियों के कुल का अभ्युदय भी हुआ। बाद की गीशा-बालाएँ भी इसी धारावाहिकता में आती हैं।

रे विलिस ने सूर्योदयी जुगलबन्दी की आलेखकारी की कुछ दिशाएँ पेश की हैं* :

(i) कुछ अध्येता इसे शीत ऋतु के अन्धकार के बाद वसन्त का आगमन मानते हैं;

(ii) वसन्त ऋतु में गुफ़ा (योनि-प्रतीक?) के सामने उज़ूमे के कामोत्तेजक नग्न नृत्य के कारण अमा-तेरासू बाहर प्रकट होती है जो वस्तुतः एक उर्वरता का अनुष्ठान है;

(iii) बहरहाल कुछ निष्णातों का अनुमान है कि दो रत्नों के कई दूरागत मिथकाभिप्रायी भेदों के कारण यह सूर्य-ग्रहण से भी उद्भूत है।

तो इस प्रकार भी घूमा करते हैं मिथकाभिप्राय के रथिका-चक्र।

यहाँ **उराशीमा** की मिथक भी सहवर्तिनी बनाई जा सकती है। यह मिथक **कछुआ** के टोटेम पर केन्द्रित है जो जापानी संस्कृति में बुढ़ापे का प्रतीक होने के कारण आदरणीय है।

उराशीमा एक नौजवान मछुआरा था। उसने समुद्र-तट पर उलटे कर दिये गये एक कछुए को मरने से बचाया था। एक दिन जब वह नाव में जा रहा था तब उसी कछुए को देखा। दोनों ने बातचीत की। कछुए ने भेद बताया कि वह समुद्र के नागसिंह (ड्रेगन) देवता की बेटी है। इसके बाद वह एक सौन्दर्यगर्विता युवती में कायान्तरित हो गयी। उराशीमा उसको सिंधुतल की उसकी राजशाही तक छोड़ने गया। अभिप्राय के अनुसार दोनों में प्रेम, फिर विवाह हो गया। नागसिंह सम्राट भी इस पर रजामन्द हो गया। थोड़े अरसे के बाद उराशीमा अपने देस में अपने वाल्दैन के पास जाने तथा अपनी शादी की बात बताने को बेताब हो गया। वह यह पता लगाना चाहता था कि वाल्दैन की ठीक-ठाक देखभाल हो रही है कि नहीं; क्योंकि वे ज्यादा बूढ़े हो चले हैं। उसकी पत्नी को यह अच्छा तो नहीं लगा लेकिन जब उराशीमा ने वापस लौटने का वायदा कर दिया तो वह राजी हो गयी। शादी को जारी रखने के निमित्त यह वायदा जरूरी था। तब उसकी पत्नी ने उसे एक सन्दूकची दी और यह वचन लिया कि वह यात्रा-अवधि में उसे नहीं खोलेगा। वह सन्दूकची रेशम की डोरी से बाँधी गयी थी। पत्नी ने यह भी साफ़ बता दिया कि अगर वचन-भंग करके उराशीमा उसे खोलेगा तो वह कभी भी उसे (पत्नी को) देख नहीं पाएगा। फिर उसने अपना कछुए का रूप धारण किया तथा उसे किनारे तक छोड़ आयी ताकि सूखी भूमि से वह अपने पुराने घर चला जाए।

किन्तु जब वह अपने घर पहुँचा तो सब कुछ बदल चुका था। वह हतप्रभ तथा चकित था। वह अपने वाल्दैन का घर भी नहीं ढूँढ़ पाया। यहाँ तक कि गाँव वाले भी अजनबी लग रहे थे। तब उसे एक बूढ़ा मनुष्य मिला। उसने बताया कि उराशीमा के वाल्दैन तो शताब्दियों पहले ही मर चुके हैं (अर्थात् शताब्दियाँ बीत चुकी हैं)। उसने यह भी बताया कि जहाँ तक उसे पता है कि उन बुज़ुर्गों का इकलौता बेटा उराशीमा भी चार सौ साल पहले डूब कर मर गया था।

हताश उराशीमा सिन्धु-तट पर लौट आया। वह समझ गया कि समुद्री राजशाही में बिताया गया उसका समय मानवों के मरणशील वर्षों से नहीं मापा जा सकता।

अब उसे समय की पहेली भी सुलझानी थी। वचन-भंग करते हुए उसने ज्योंही सन्दूकची खोली तो धुएँ की एक पतली रेखा होकर वर्ष-दर-वर्ष विलुप्त हो गये। साथ ही उसके बाल सफेद हो गये। शरीर झुर्रियों से भर गया तथा हृदयगति धीमी होने से उसकी आँखें मुँदने लगीं। इस तरह उराशीमा के ऊपर से शताब्दियों का धुआँ गुजर गया।

बाद में गाँव वालों की रेत पर बहुत बूढ़े आदमी का शव पड़ा हुआ मिला।

(कछुए की उम्र सौ वर्ष के आसपास होती है। मिथक में वह दस शताब्दियों के 'मैक्रोकास्म' में संवर्धित हो गयी। मानव-जीवन में बूढ़ेजन-वर्षों के लांछन भी उभार दिये गये हैं)।

कच्छप-कुमारी की तरह ही हिम-नारी **यूकी ओन्ना** की मिथक में भी शर्त या वायदा टूटने पर पुरुरवा-उर्वशी जैसी दशा हो जाती है। यह भी एक अत्यन्त स्वीकृत वैश्विक मिथकाभिप्राय है। दूसरे वातावरण-प्रभाव में यह वर्णित है। ये अत्यन्त सुन्दर दिखने वाली हिम-रमणियाँ वास्तव में प्रेतिनी और विकराला होती हैं जो बर्फ के (ठंडे) प्रभाव से मनुष्यों को तंद्रा में डुबाकर उन्हें मौत में सुला देती हैं।

यूकी ओन्ना एक अत्यन्त सुन्दर, श्वेत वर्णा तथा चमकीली रमणी थी। प्रौढ़ और जवान, दो मनुष्यों ने ऊँचे बर्फीले पर्वत में एक झोंपड़ी में शरण ली। यूकी ओन्ना ने अपनी अत्यन्त शीतल साँसों से प्रौढ़ पुरुष को तो मौत की नींद में सुला दिया। किन्तु कच्चे युवक पर मोहित होकर उससे शादी रचा ली। उसने वचन लिया कि उसका पति कभी भी झोंपड़ी में रुकने तथा प्रौढ़ के

* 'वर्ल्ड मिथोलॉजी', सं. रे विलिस, हेनरी होल्ट एंड कम्पनी, न्यूयार्क, एनवाई-10014, 1993, पृ. 116

मर जाने की बात किसी को नहीं बताएगा। वह एक बेहद वफ़ादार तथा आज्ञाकारिणी पत्नी साबित हुई और उसके बच्चे भी पैदा हुए। किन्तु एक दिन जब चमकीली बर्फ वाले एक दिन दोनों बैठे थे कि युवक ने झोंपड़ी, प्रौढ़ की मौत, यूकी से मिलन की सारी बातें बता दीं। तत्क्षण ही यूकी (हिम) की आकृति बदल गयी और वह अपने हिम-नारी के असली रूप में प्रकट हो गयी। क्रोधित होते हुए उसने युवक द्वारा वचन-भंग की बात बताई। तथापि उसने युवक को मृत्यु की गोद में नहीं सुलाया क्योंकि अब वह बच्चों की माँ भी थी। तदपि वह अपने मर्त्यमान मानवीय परिवार में कभी नहीं वापस लौटी।

इन मुख्यतः इतिहासान्वित प्रकरणों में हमने जापान को अति समृद्ध मिथकों, लिजंधरों, लोकगाथाओं तथा लोकावार्ताओं के

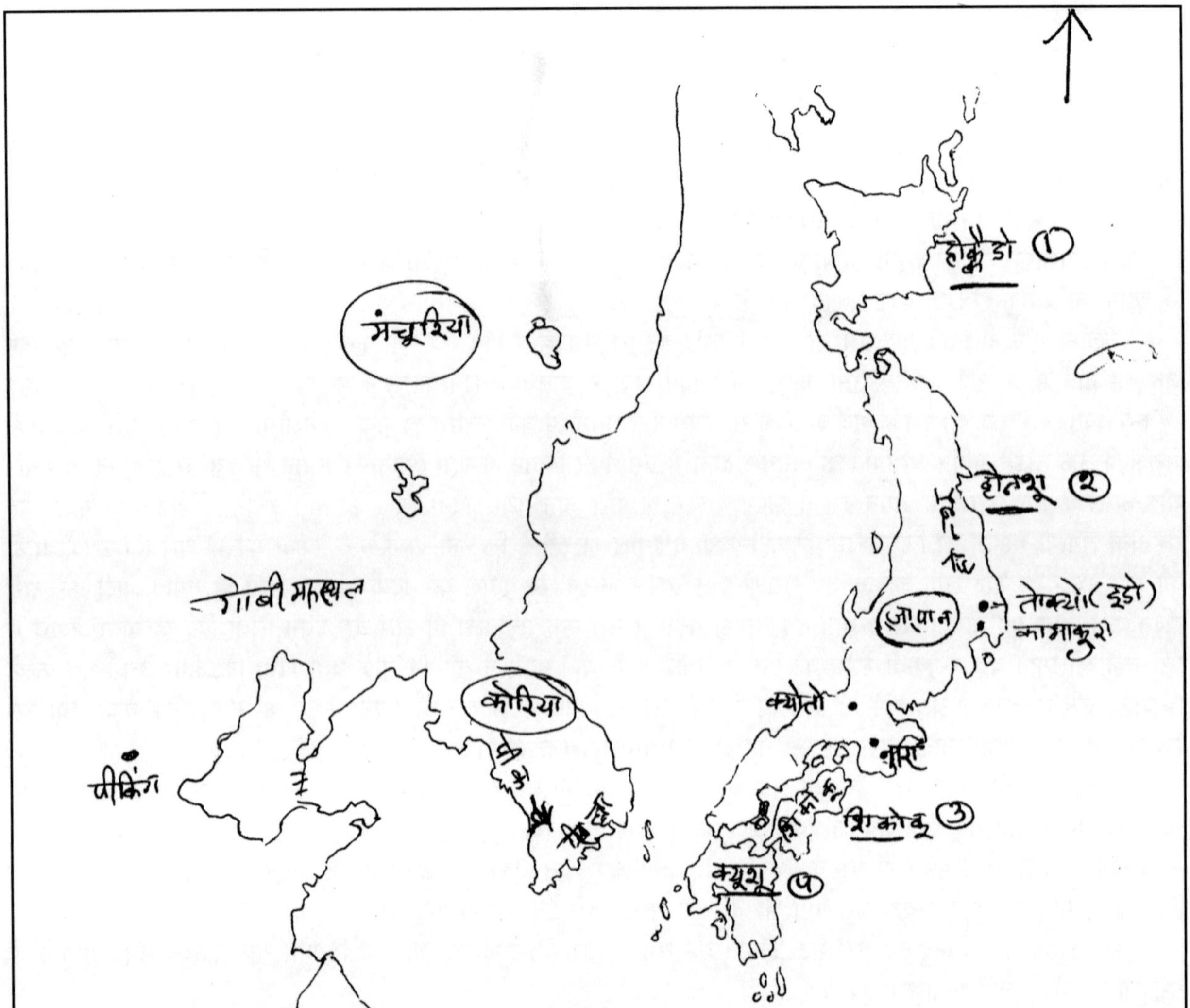

सुसंस्कृत एवं मिथकयान-प्रचुर देश के रूप में खोजा तथा पाया।

ई.पू. 1000-200 : जोमोन-युग

ई.पू. 660 : जिम्मू-तेमो प्रथम लिजंधरी मानव-सम्राट

ई.पू. 500 : चीन से संप्राप्त धान की खेती

ई.पू. 300-200 : कुम्हारी कौशल, कुम्हारी-चाक का प्रयोग

ई.प. 260 : ईसे में अमाटेरासू के मन्दिर की स्थापना, शिन्तो-मत का पवित्रतम तीर्थ

ई.प. 400 : लिखत समेत चीन और कोरिया के सर्वपूर्व सांस्कृतिक प्रभाव

ई.प. 552 : पेकचे (कोरिया) से बौद्ध धर्म का अभिग्रहण

ई.प. 607 : होर्यूजी मन्दिर की स्थापना

ई.प. 685 : बौद्ध धर्म राजधर्म हो जाता है।

ई.प. 700-741 : चहुँओर बौद्ध मन्दिर-विहारों की स्थापना

ई.प. 710-784 : नारा-युग : बौद्ध धर्म का जापानीकरण; होर्यूजी में भित्ति-चित्रांकन

ई.प. 752 : विशाल बुद्ध-प्रतिमा की प्रतिस्थापना

ई.प. 762 : बौद्ध स्थविर गान्जिन की मूर्ति

ई.प. 794-876 : आरम्भिक हेयन काल; बौद्ध एवं शिन्तो मतों का समन्वय

ई.प. 900 : फूजीवारा : मौलिक जापानी दरबारी संस्कृति का कुसुमायन

ई.प. 1185-1392 : कामाकुरा काल : यौद्धेय संस्कृति का उन्मेष

ई.प. 1200 : ज़ेन बौद्धमत का अनुप्रवेश; चीनी शुंगकाल का क्लासिकी प्रभाव; विशाल कामाकुरा बुद्ध-प्रतिमा; उनके. ई-स्कूल की शिल्पकला

ई.प. 1300 : आशीकागा (मूरीमाची) काल, ज़ेनकला का पल्लवन (स्याही से चित्रांकन, चाय-उत्सव), किनकाकू जी का मन्दिर

ई.प. 1615-1886 : तोकूगावा काल; ईडो (तोक्यो) राजधानी, राजाओं का शक्तिपीठ

1688-1703 : गेनरोकू समय

1753-1806 : यूटामारा की नारी-देह-सौन्दर्य-कला का गणिकाओं चक्र वाला चरमोत्कर्ष

4.4 कोरिया-मंगोलिया

कोरिया के जनों का भी मिथकीय स्रोत है। तथापि तुंगोसी नस्ल के लोगों द्वारा मंचूरिया तथा कोरिया पर अधिकार करके बसाने की जनश्रुति प्रचलित है। कोरियाई जनों का जापानियों से नस्ली तथा सांस्कृतिक एवं ऐतिहासिक सम्बन्ध भी रहा है। उनका घनिष्ठतम सम्बन्ध एवं सम्पर्क चीन के जनों से रहा। चीनी भाषा से कोरियाई भाषा को समृद्धि तथा आभिजात्य संस्कार मिले। तदपि कोरियाई मिथकें संरचना, चरित्र तथा अभिप्रायों की दृष्टि से चीनी मिथकों से फ़र्क़ रखती हैं। अलबत्ता दोनों ही सभ्यताओं की धर्म संस्कृति धुरी एक ही अर्थात् बौद्ध धर्म रही थी।

कोरियाई मिथकों को दो वर्गों में विभाजित किया जाता है– **(i)** संस्थापनापरक मिथकें, इनमें जनता तथा राज्य की संस्थापना में तीन राजशाहियों के विवरण हैं। वे **सामगुक यूसे** में दर्ज है। इनमें चन्दन वृक्ष के टोटेम से वंश-शाखा चलाने वाले ताङ-गुन की मिथकें प्रमुख हैं; तथा **(ii)** सृष्टि एवं उत्पत्ति सम्बन्धी मिथक-धारा। इसका मुख्य स्रोत **सिल्लोक** है जिसे इर्योन नामक एक बौद्ध भिक्षु ने संगृहीत किया था। उन्हें कोरिया का प्रथम लोकवार्ताकारण भी माना जाता है। इसमें (कल्हण की 'राजतरंगिनी' की भाँति) चोसोन वंश (1392-1910) का अनुक्रमिक वृत्तान्त है। किन्तु मिथकीयक्ष **मुगा** (अर्थात् बौद्ध-श्रमण-गान) में संकलित है।

दोनों ही शाखाओं में कर्मकांडों की लम्बी परम्परा रही है। इनमें ताङ्गुन के प्रारूप प्रमुख हैं। उन्हें कोरियाई राष्ट्र का संस्थापक भी माना जाता है। ताङगुन की मिथक विवरण देती है कि किस प्रकार से स्वर्ग के राजा का बेटा मानव-जाति पर शासन करने को चुना गया। वह स्वर्ग-पुत्र धरती पर अवतरित हुआ और वहाँ उसने संस्कृति की संस्थापना की : एक बाघ तथा एक भालू मनुष्य होने के लिए होड़ लगाने लगे। भालू-नारी ने पैरवी की कि उसे एक पुत्र की प्राप्ति हो। सो, बालक ताङगुन ने प्रथम कोरियाई राज्य की स्थापना की; यह मानकर कि मानवता पहले से अस्तित्व में आ गयी है, यह कथा तीन प्रकार्य निभाती है–सभ्यता पृथ्वी पर कैसे लाई गयी, इसका विवरण; किस तरह से प्रथम कोरियाई राजवंश संस्थापित हुआ था; तथा किस प्रकार प्रथम कोरियाई राजाशाही का निर्माण हुआ। मिथक में दो अभिप्रायों का इस्तेमाल हुआ है : एक विश्ववृक्ष तथा एक ब्रह्मांड-शैल का जो पृथ्वी व आकाश के बीच सम्पर्क कायम करते हैं।

अब स्वयं ताङगुन की मिथक : प्राचीन काल में स्वर्ग के अधिपति को एक **रखैल** से बेटा था—ह्वानुंग। ह्वानुंग धरती पर उतर कर मानव-संसार पर राज्य करना चाहता था। पिता ने धरती पर **तीन** महान् पर्वत उतारे और यह ध्यान रखा कि मानवजाति उसके पुत्र के शासन से लाभान्वित होगी। ये नाम चीन की झाऊ डाइनेस्टी (11-3 बी.सी.ई.) में रूहों के नाम के सदृश हैं। उसने बेटे को तीन स्वर्गिक शाही शुभंकर दिये और मानवजाति पर शासन का आदेश भी दिया। अपने साथ **तीन हजार** रूहों को लेकर ह्वानुंग 'महान श्वेत पर्वत' की चोटी पर पवित्र चन्दन वृक्ष के पास उतरा। उसने उस स्थल को 'पवित्र नगरी' बताया। वह एक स्वर्गिक राजा के रूप में माना गया। फिर पवन के मुसाहिब, वर्षा के स्वामी तथा मेघ के स्वामी के साथ मिलकर उसने लोगों को कृषिकार्य की, जीवन-संरक्षण की, रोगों के उपचार की तथा शुभ-अशुभ के अन्तर की प्रशिक्षा दी। कुल मिलाकर **तीन सौ साठ** प्रकार के कार्य सिखाये। उस समय एक गुफ़ा में एक भालू तथा एक शेर भी रहते थे जिन्होंने ह्वानुंग से लगातार मनुष्यों में कायान्तरित किये जाने की पैरवी की। ह्वानुंग ने उन्हें कुछ पवित्र मगवोर्ट तथा लहसुन की बीस कनियाँ दीं। यह हिदायत दी कि वे उन्हें खा लें तथा सौ दिनों तक सूर्य प्रकाश न देखें। फलतः उन्होंने ऐसा ही किया तथा एक-एक सप्ताह करके तीन बार उपवास किया। **भालू को स्त्री शरीर प्राप्त हुआ।** लेकिन बाघ उपवास नहीं कर पाया था। अतः उसका रूपान्तरण नहीं हुआ।

अब ऐसा कोई भी नहीं था जिससे ऋक्षरमणी (भालूनारी) विवाह कर लेती। इसलिए वह हर रोज़ चन्दन वृक्ष से प्रार्थना करने जाती कि उसे एक बच्चा जन्मे। ह्वानुंग ने ही अपना संरूप बदल कर उससे विवाह कर लिया। वह गर्भवती हुई तथा उसको एक पुत्र पैदा हुआ जिसे राजकुमार ताङ'गुन कहा गया। ताङ'गुन अर्थात् चन्दनतरु का स्वामी। ताङ्गुन ने 'प्योंग यांग' को अपनी राजधानी चुना तथा राष्ट्र का नाम चोसोन रखा।

देवतात्मा पर्वत : पर्वत-देवता के चित्र पर्वतों के पूजा स्थलों में पर्वतीय दर्रों में, तथा लगभग **सभी बौद्ध मन्दिरों में मिलते हैं।** इन पूजा स्थलों को शांसिन-गाक कहा जाता है तथा ये **पर्वत देवता** को अर्पित होते हैं जो कोरिया के सभी पर्वतों का अधिपति है। इनमें सान-शिन (शांसिन) एक बूढ़े पितामह की आकृति वाला लम्बी दाढ़ी के साथ, एक बाघ पर आरूढ़, तथा एक पाइन वृक्ष के नीचे चित्रित होता है। उसका तादात्म्य ताङगुन से होता है क्योंकि वह अपनी मृत्यु के बाद पर्वत-देवता में रूपान्तरित हो गया [ईजिप्ट के ओसाइरिस व होरस से तुलनीय]

चू मोंग की मिथक : विराट-महान् श्वेत पर्वत के निकट यात्रा करते हुए सम्राट कूम्वा की भेंट यूह्वा से हुई जो नदी के अधिपति (अर्ल) की पुत्री थी। उसने बताया कि येलू नदी पर भालूआत्मपर्वत के नज़दीक स्वर्गाधिपति के बेटे ने उसके साथ बलात्कार किया। इससे क्रोध से उसके वाल्दैन ने उसको निष्कासित कर दिया है। सम्राट कूम्बा ने उसे एक एकान्त कमरे में रख दिया। जब सूर्य किरणें उसके शरीर से आरपार हुईं तो वह गर्भवती हो गयी और उसने एक बड़ा सा अंडा पैदा किया। सम्राट ने उस अंडे को कुत्तों, सूअरों, गायों तथा घोड़ों को दे दिया। किन्तु उन्होंने उसको खराब नहीं किया। उसे फोड़ने में असफल होकर कूम्वा ने उस अंडे को उसकी माँ को लौटा दिया। एक बहादुर शिशु उस अंडे को फोड़कर निकला। सात वर्ष का होने पर वह खुद अपने तीर-कमान बनाने लगा तथा एक के बाद एक सौ लक्ष्यों को बेध सकता था। इससे उसका नाम चूमोंग (बढ़िया तीरन्दाज) पड़ा। क्योंकि उसके अर्द्धाले भाई उससे ईर्ष्या करते थे, उसकी माँ ने उसे भाग जाने को कहा। राजा को झाँसा देकर वह कुछ उत्तम घोड़ों और तीन मित्रों के साथ भाग निकला। एक नदी तक पहुँचा। वहाँ उसने चिल्लाकर घोषित किया कि वह स्वर्गाधिपति तथा नदी की अर्ल का वंशज है। उसी क्षण मछली और 'टेरापिन' ऊपर उठीं और एक पुल बना दिया। चूमोंग ने उसे पार करके एक राजधानी का निर्माण किया तथा अपने राष्ट्र का नाम 'कोगुर यो' रखा। स्वयं भी 'को' उपनाम को धारण किया।

कोरिया मिथकेतिहासिक काल-सारणी

ई.पू. 108-313 ई.प.	:	नान्ग-नान्ग : हान उपनिवेश (समानान्तर चीन में हानवंश)
ई.पू. 100-668 ई.प.	:	कागूर्यो
ई.पू. 100-663	:	पेकचे
ई.पू. 100-608	:	सिल्ला
ई.प. 200	:	चीन से रेशम के कीड़ों की तस्करी; आयात
ई.प. 384	:	पेचके बौद्ध मतावलम्बी हो जाता है। (समानान्तर चीन में गान्धार के आंशिक प्रभाव से बौद्ध प्रतिमाएँ)
ई.प. 424-524	:	सिल्ला बौद्ध मतावलम्बी (समानान्तर जापान पर भी प्रभाव)
ई.प. 600-700	:	प्रारम्भिक बौद्ध कला का कुसुमायन
ई.प. 668-935	:	बृहत्तर सिल्ला-साम्राज्य में राजशाहियों की एकल राजधानी : क्योंग-जू
ई.प. 700-900	:	ताङ प्रभाव के अन्तर्गत बौद्धकला। (समानान्तर चीन में तियेङ-लुङ शान गुफ़ाओं का उत्तर काल)
ई.प. 932-1392	:	कोरया-समय। राजधानी : काएसोन्ग। 'सामगुक यूसा' : मिथकों-निजंधरों का बौद्धभिक्षु इरियोन

बैठे बोधिसत्व, कोरयो, ई.पू. 10वीं शती हानसोन मन्दिर राष्ट्रीय संग्रहालय स्योल

बैठे हुए बुद्ध कांस्य मूर्ति
इयान हाइ मन्दिर उत्तरी क्वांगसांग कोरिया

		द्वारा संग्रह (आंशिक चीनी सुंग-प्रभाव से सिल्ला-कला की निरन्तरता)
ई.प. 1097	:	चाङ (सोन)। बौद्ध धर्म का कोरिया में व्यापार प्रसार।
ई.प. 1269-1280	:	मंगोलों का हमला।
ई.प. 1392-1910	:	'यी' वंश। कनफूशियनवाद का व्यापक प्रसार। बौद्ध धर्म की क्षीणता। (बौद्ध श्रमण-गानों (मुगा) में सृष्टि-मिथकें)

4.5 मंगोलिया

मंगोलिया में खानाबदोश कबीलों तथा उनकी सर्दारियों का ढीला-ढाला सह-अस्तित्व रहा था जिसे चंगेज़ खान ने एक बड़े सामाजिक समावेश में उन्नत कर दिया। उनकी पहचान तेज दौड़ने वाले छोटे घोड़े, तांतों से बनी मजबूत-लचीली डोरी के धनुष (जो उस समय का अत्यन्त प्रभावशाली अस्त्र था), तथा तम्बू रहे थे। उन पर भी हमारे पास न्यूनतम सूचनाएँ तथा अभिज्ञान हैं, इंटरनेट के बगैर।

फिर भी : चंगेज़ खान के नेतृत्व में संगठित मंगोल-समूह एशिया-विजय करते हुए यूरोप तक विजय के झंडे गाड़ते हैं। उन्होंने चीन की तो दिग्विजय ही कर ली (1279-1368)। यूँ 1234 में उन्होंने चीनी साम्राज्य को छिन्न-भिन्न कर डाला था।

चीन के विजय-अभियान के सन्दर्भ में इसके पहले **पवित्र रोमन साम्राज्य** तथा मेसो अमेरिका का **इन्का साम्राज्य** ही ऐतिहा. सिक चमत्कृतियाँ हैं। उनका तीसरा विशाल साम्राज्य स्थापित हुआ। चीन की दिग्विजय के मौके पर अपने क्षीणता-साम्राज्य वाले तिब्बतियों ने खानाबदोश मंगोलियों को अपने स्वरूप वाले 'महायानी लामाई बौद्ध मत' में दीक्षित कर लिया। सन् 1322 में तीन सौ टन वजनी बुद्ध की विशाल प्रतिमा की स्थापना पीकिंग (वर्तमान बीजिंग) के अन्तेवास में की गयी। फिर तिब्बत-मंगोलिया में अवलोकितेश्वर बुद्ध के अवतार की धारावाहिकता को दलाई लामा को भी निरन्तरता दे दी गयी। यह सब चंगेज़ खान के पौत्र कुबलाई खान द्वारा बौद्ध धर्म में दीक्षा लेने से भी मुमकिन हुआ। तब वह चीन से लेकर यूरोप के सिंहद्वार तक के साम्राज्य का महासम्राट था। फिर अल्ताखान बौद्ध बना। सन् 1264 में कुबलाई खान ने युवान्न-वंश स्थापित किया।

बौद्ध धर्म तथा **लामावाद** के साथ मंगोलिया में **शामनवाद** भी वैसी ही स्वीकृत शक्ति थी। ये ही मंगोलिया के त्रिरत्न थे। शामनवाद तो अर्द्ध-दैवी महत्ता वाला हो गया था। शामन सर्वज्ञ तथा भविष्यज्ञाता माने जाते थे। वे अधिनेताओं की, शिकार की चैतन्यताएँ जानते थे। वे भाग्य-नक्षत्रों को प्रभावित करते थे। वे घोड़ों और गायों के संरक्षक थे। वे इल्हाम तथा दैवी उन्माद की दशा में अज्ञात-अदृश्य देशों की यात्राएँ कर सकते थे। वे जीवन के द्वन्द्व-दुविधाएँ भी सुलझा सकते थे। अतः मंगोलियाई मिथकों में शामन-चैतन्ताओं की प्रकृति छाई है। सहवर्तन में अवलोकितेश्वर एवं 'वृद्ध श्वेत मनुष्य' की बौद्ध आकृति, दोनों भी पूजे गये। मंगोलियाई 'पंच पशुजन' भी हैं—भेड़, बकरी, गाय, ऊँट तथा घोड़ा। बौद्ध धर्म की दृढ़ आस्था से वहाँ तन्त्रों के **'हयग्रीव'** ने भी काफी मान्यता पाई। बोधिसत्व अवलोकितेश्वर के हृदय के विकराल पक्ष के रूप में, हयग्रीव का वास है। मंगोलियाई जन हयग्रीव का अश्व-नृत्य भी करते हैं, जो राक्षसों के सिरों को कुचलते हुए, विश्वविजय करता है।

विश्वमिथकों में अत्यन्त गोपनरति-दर्शन (वोयूरिज़्म) परक, वशीकरण वाला एक मिथकाभिप्राय है : नग्न स्नान करते समय वस्त्र उतार देना। उनके चोरी/गुम हो जाने पर छद्म रूप में ही उनका बने रह जाना; अथवा बिना निर्वसन हुए ही इच्छानुसार कायान्तरण कर लेना। पहली मिसाल नीचे की बेहद खूबसूरत मंगोलियाई मिथक है जिसमें नौ हंसिनियाँ सुन्दर नारी होकर सरोवर में नग्न नहाती हैं किन्तु एक के पंखिल वसन चोरी हो जाने पर वह नारी ही बनी रह जाती है। दूसरी मिसाल अंगकोर वाट (कम्बोडिया में) इच्छाधारी नागिनों की है जो छद्म से नारियाँ बनकर रह सकती हैं और इच्छानुसार पुनः नागिनों के मूल रूप में प्रत्यर्पित हो सकती हैं।

यथा : हंसिनी का मिथक (अर्थात् मंगोली कबीलों की उद्भव)

बहुत समय पहले बैकाल झील के ओखोन नामक छोटे से द्वीप में खुदार नदी बहती है तथा जिसके तटों पर बिर्च के वृक्षकुंज खड़े हैं। वहाँ खारी तुमेद ने उत्तर-पूर्व से उड़कर नीचे उतरते हुए नौ हंसों को देखा। अपने पंखों के लिबास उतारने पर वे नौ सुन्दर कुमारियाँ बन गयीं जो झील में नंगी नहाने लगीं। खोरी तुमेद ने उनमें से एक का लिबास चुरा लिया। इस वजह से केवल आठ हंस ही उड़ सके जबकि उसमें रुक गयी (हंसिनी) से शादी कर ली। उसने ग्यारह शिशुओं को जन्म दिया। वे दोनों खुशी-सुखी साथ-साथ रहते रहे लेकिन खोरी तुमेद ने यह भेद कभी भी नहीं खोला कि उसने हंसिनी का लिबास कहाँ छुपा रखा है। एक दिन हंसिनी ने पुनः पूछा, 'ओह कृपा करके मुझे एक बार अपने पुराने लिबास का अभ्यास तो कर लेने दो। अगर मैं उसे पहने हुए दरवाज़े से बाहर चल दूँ तो तुम मुझे आसानी से पकड़ सकते हो। इसलिए मेरे बच निकलने का कोई खतरा नहीं है।'

इस तरह मनुहारे जाने पर उसने लिबास दे दिया और अचानक ही वह 'गेर' की आकाशदीप्ति के जरिये उड़ चली। ऐन मौके पर खोरी तुमेद ने उसके पाँवों के टखने पकड़ लिए और याचना करने लगा कि जाने से पहले कम से कम वह अपनी सन्तति का **नामकरण** करती जाए। इस प्रकार ग्यारह बेटे बालिग हो गये। उनके नाम खोवदूद, गालज़ूत, खाल्बिन आदि रखे गये। तब

खोरी तुमेद ने अपनी हंसपत्नी को जाने दिया। वह तम्बू के चारों ओर उड़ी तथा अपने कुलकबीले को खूब बधाइयाँ बख़्शते हुए उत्तर-पूर्व में उड़ गयी।

थोड़ा प्रसंगेतर। हंस और मानव के बीच सम्भोग से उत्पन्न सन्तान के वैश्विक अभिप्राय का ज्यादा मोहिनी-रूपक दृष्टान्त ग्रीक मिथक में है। हसीन स्पार्टानी राजरानी लिडा यूरोटास नदी में नंगी नहा रही थी कि देवेन्द्र ज़ियस उसे देखकर लालसा से उत्तप्त हो उठा। उसने प्रणय-देवी एफ़्रोडाइट से सहायता माँगी। वह तो हंस बन गया तथा देवी ने बाज के रूप में पीछा करते हुए (नकली ढंग से) उसे घायल कर दिया। वह छद्म हंस-पक्षी लिडा की जाँघों के बीच आ गिरा [एक प्रतिपाठ के अनुसार लिडा भी हंसिनी हो गयी]। बहरहाल, दोनों के बीच समागम से लिडा से दो अंडे उत्पन्न हुए। अंडों से दो जुड़वाँ सन्तानें हुईंः—एक से विश्वसुन्दरी हेलन और क्लाइटेमनेस्ट्रा तथा दूसरे से केस्टर और पोलुक्स। देवतांश से अमर पुत्र तथा लिडा के अंश से मर्त्यमान नारियाँ। छद्म हंस बना ज़ियस तो उड़ गया। केस्टर और पोलुक्स आकाश में युग्म अश्विनी-नक्षत्र बन गए और लिडा मरने के बाद प्रतिशोध की देवी नेमेसिस में अन्तर्लीन हो गयी [लिडा को आदर्श छवि रेनेसाँ चितेरे माइकेल एंजिलो ने दी, तो उन्नीसवीं शती के रोमांटिकों के बीच गीली नंगी लिडा एवं चाँदी-सा उजला-धुला चमाचम ज़ियस बहुत प्यारी थीम रहा। कवियों में गोएथे, इयेट्स तथा आन्द्रेजीद ने भी कविताओं में इस कथ्यविचार के काव्य-अनुपाठ लिखें]।

अधिकांश कबीलाई मिथकयानों में चैतन्यताएँ या अध्यात्माएँ (स्पिरिट्स) सर्वत्र व्याप्त हैं। जापान में ये 'कामी', अल्ताई तातारो में 'कुट' तथा मंगोलों में 'उकुलान तोजोन' नाम से सम्बोधित हैं। मंगोल जल को अत्यन्त पवित्र मानते हैं। नदी पार करने के लिए वे जल को बलि चढ़ाते थे तथा गन्दी दशा में नदी में नहीं नहाते थे।

मूलतः यह ज्यादा पीछे की कबीलाई एकजुटता थी जहाँ 'उकुलान-तोजोन', लामा (बौद्ध-शामन-श्रमण) तथा खान की मिथकध ार्मिक एकष्ठता रही थी।

4.6 दक्षिण-पूर्व एशिया ('बृहत्तर भारत')

पेसिफिक महासागर की हदबंदी करता हुआ दक्षिण-पूर्व एशिया मुख्य भूमि तथा अन्य द्वीपों का एक समूह है। इसे **द्वीपपुंज-चाप** (आइलैंड आर्क) भी कहा जाता है। मुख्य भूमि में म्यांमार (बरमा), स्याम (थाईदेश), कम्पूचिआ (कम्बोडिया), लाओस, वियेतनाम, मलाया तथा चाप क्षेत्र में इंदोनीसिया, आर्किपे लागो (इसमें 13677 छोटी-छोटी द्वीपल्लवियाँ हैं)। सारे क्षेत्र की बहुसंख्यक जन. संरचना मंगोलीय नस्ल वाली है जो 5000 तथा 1000 ई.पू. आबाद हुई थी। यह दक्षिण चीन से होती हुई द्वीपों में फैलती गयी तथा घनी आबादी नदी-घाटियों तथा सिन्धु समीपी शैल मालाओं में जमी। केन्द्र मलेशिया तथा इंदोनीसिया रहे।

सदियों पहले दक्षिण एशिया में **चीन** से वृहद् आव्रजन हुआ। फिर भारत का व्यापक सांस्कृतिक-सामाजिक प्रभाव पड़ा। इसमें बौद्ध-हिन्दू मत, इनके मिथकयान, इनकी शिल्प-वास्तु-कला आदि प्रमुख रहे। भारतीय श्रेष्ठियों तथा धर्माचार्यो ने वैश्विक दृष्टिकोण ों का भी विधान किया। इसके अलावा इनका कलिंग, चोल, पल्लव राज्यों की राजसभाओं तथा नौ-सेनाओं से भी सम्पर्क और संघर्ष होता रहा। आगे दी गयी समय-सारिणी इसे निर्दिष्ट करती है।

× × ×

दक्षिण-पूर्व एशिया के 'बृहत्तर भारत' (ग्रेटर इंडिया) प्रभाग में हमें मिथकों के (मूल) भरतपाठों के बजाय प्रायः धार्मिक-मतता. न्त्रिक (कल्टिक) मिथकें, लिजंधर तथा लोकगाथाएँ मिलती हैं। पन्द्रहवीं शताब्दी के बाद इंडोनेशिया से बोर्नियो-ब्रूनेई तक इसका अधिकांश रूपेण इस्लामीकरण हो जाता है और पूर्ववर्ती बहुविध मिथधार्मिक संस्कृतियों का अवसान। चीनी वृत्तान्तों, पुरातत्त्व, शिल्पामनों, लोक-संस्कृति आदि के द्वारा ही उनकी पुनश्च संरचना होती है। अतः हम भी तदनुरूप **सामाजिक चार्टरों** की रचना करते चलेंगे।

यद्यपि हमने इस अनुशीलन में अधिकांशतः आदि-आर्ष मिथकों के भरतपाठ, अनुपाठ, प्रतिपाठ, उत्तरपाठ आदि ही लिये हैं और प्रायः उनके धार्मिक मिथक वाले हाशिये लाँघे हैं किन्तु इस क्षेत्र की अनिवार्यता के वशीभूत हम मिथक-धार्मिक आयामों और लोकवार्ताओं (फोकलोर) के साथ इतिहास, पुरातत्त्व एवं समाजशास्त्रीय सौन्दर्य-बोध का भी संगम करते चलेंगे। अतः हम ध ार्म के पवित्र तथा पार्थिव दोनों अक्षों की उपस्थिति दर्ज करेंगे। पहले पावन अक्ष में धर्म आस्था तथा निष्ठावानों में विस्मित भय (ऑव), श्रद्धा तथा आदर की प्रबल प्रेरणा देता है (दुर्खीम) तथा दूसरे पार्थिव (इहलौकिक) अक्ष पर यह रोज़मर्रा के जीवन में व्यवहार किये जाने वाला, परिपाटी से अनुकरणीय, मामूली, आमफहम तथा नितनियम परक होता है। तदपि औद्योगिक क्रान्ति ने धर्म और समाज के रिश्ते बदल डाले हैं। फलतः तीन परिष्कार प्रस्तुत हुए—कार्ल मार्क्स, एमील दुर्खीम तथा मेक्स वेबर द्वारा। भारत में भी उन्नीसवीं शती से ऐसी चेष्टाएँ राजा राममोहन राय, स्वामी दयानन्द सरस्वती, स्वामी विवेकानन्द, दामोदर धर्मानन्द कोसाम्बी, राहुल सांकृत्यायन और गाँधी द्वारा की गयीं।

अथच यदि पश्चिम एशिया पर राहुल सांकृत्यायन, भगवतशरण उपाध्याय, रामविलास शर्मा, आचार्य नरेंद्र देव ने निष्पादन

किया तो दक्षिण एशिया पर लोकेश चन्द्र, बी.आर. चैटर्जी, रेजिनाल्ड ले मे तथा बैजनाथ पुरी आदि के प्रवर्तक कार्य हुए।

× × ×

म्यांमार (बर्मा) से अन्नाम (स्याम/थाई देश) से मलाया (मलेसिया) से इंदोनेसिया से लाओस से कम्बोडिया से वियेतनाम (चंपा) का क्षेत्र **दक्षिण-पूर्व एशिया** है। इसमें भी लाओस-कम्बोडिया-वियेतनाम का (पूर्ववर्ती फ्रांसीसी) प्रभाग **इंडो-चाइना** कहा जाता है। यह पूरा क्षेत्र प्राचीन 'बृहत्तर भारत' के रूप में अभिहित था। भारत में यह चंपा (भागलपुर), ताम्रलिपि (मिदनापुर का तामलुक कस्बा), ओड़िसा के कलिंग तथा तमिल चोल के नागपट्टनम् से शताब्दी-पर्यन्त सम्बंधित रहा है।

इसका प्रमुख सन्दर्भ 'रामायण' में मिलता है। जब वानरराज सुग्रीव सीता को खोजने के लिए अपने वानर-सेनापतियों को महासागर (सप्तसिन्धु) पार के यवद्वीप, सुवर्णद्वीप जाने का आदेश देते हैं। फिर थाई और म्यांमार के लिजंधरों में सोना तथा उत्तरा नामक बौद्ध भिक्षुओं का उल्लेख है जिन्हें सम्राट अशोक ने भेजा था। और पीछे मिथकीय हाशिये पर केन्द्रीय जावा के एक शिलालेख से ज्ञात होता है कि ऋषि अगस्त्य ने 'समुद्र पी लिया' (अर्थात् समुद्र पार कर लिया)। अगस्त्य को भट्टार गुरु (शिव) का दर्जा दिया गया। यह वहाँ की सर्वव्याप्त मिथकीय मान्यता है। इसके बाद एक बौद्ध राजशाही (किंग्डम) का उदय-अस्त हुआ। बोर्नियो में मूलवर्मा द्वारा वैदिक यज्ञ करने का भी उल्लेख है। तथापि चीनी वृत्तान्तों से अपेक्षतया अधिकाधिक सूचनाएँ प्राप्त होती हैं।

इस बड़े क्षेत्र में शताब्दियों तलक बौद्ध एवं ब्राह्मण (हिन्दू) धर्मों के बीच एकता तथा प्रतिस्पर्धा का निरन्तर अन्तर्विरोध चलता रहा है। बाद में इस्लाम ने दोनों का अवसान कर दिया।

बृहत्तर भारत के विन्यास में पुरोहित वर्ग तथा श्रेष्ठि वर्ग द्वारा धर्म एवं व्यापार केन्द्रीय उन्मेषक रहे। पुरोहितों तथा अधिनायकों ने स्थानीय कबीलाई नेत्रियों एवं राजकुमारियों से विवाह कर लिया। एक ब्राह्मण आचार्य कौंडिन्य 'अश्वत्थामा के भाले से सज्जित होकर' आया, रानी सेनामा को हराकर उससे विवाह किया और संसृति बसाई (चंपा का शिलालेख) चंपारानी ने भी जावा से गये महानाविक बुद्धगुप्त से प्रणय-सम्बन्ध बनाये (जावा का एक शिलालेख)। शनैः शनैः विष्णु तथा बुद्ध, हरि (विष्णु) तथा हर (शिव) की धर्ममिथकीय मैत्री होती गयी।

सबसे पहले **सुमात्रा** तथा **जावा** का दिग्दर्शन करें।

भारत के गुप्त-सम्राटों के समय से ही दक्षिण एशिया से व्यापार तथा (वैष्णव) धर्म का व्यापक फैलाव हुआ। बुद्ध प्रकाश समुद्र-मंथन की मिथक का उद्भव भी इस काल में मानते हैं जब धन्वन्तरि की औषधियाँ (जायफल, दालचीनी, कालीमिर्च), अप्सराएँ (क्षेत्र की सुन्दर-कामोद्दीप्त रमणिकाएँ), श्री लक्ष्मी (वैभव और सम्पन्नता), यात्रा-पथ निर्देशक (चन्द्रमा) आदि की महत्ता स्वीकृत हुई। जावा के सम्राट ने श्रीविजय रानी से शादी करके श्रीविजय साम्राज्य कायम किया। इसकी शक्ति विशाल नौसेना थी। लिजंधर है कि कम्बोडिया के सम्राट जयवर्मन द्वितीय जावा से वन-निष्कासित होकर वहाँ पहुँचे थे। हिरण्य नामक ब्राह्मण ने एक वैदिक यज्ञ किया। इसके बाद उन्होंने 'देवराजा' की पदवी ग्रहण की। वे एक शक्तिशाली सम्राट थे [अरबी लेखकार सुलेमान ने उन्हें सर्बुजा (श्रीविजय) बताया है]। इसी तरह सम्राट शैलेन्द्र ने भी श्रीविजय की कुमारी से विवाह करके जो साम्राज्य कायम किया वह सुमात्रा-जावा-मलय तक फैला था। इसे बाद की शताब्दी में चोलों ने पराभूत कर दिया।

श्रीविजय के समय में ही चीनी बौद्ध यात्री ईत्सिंग ने बोरोबुदुर में संस्कृत पढ़ी थी। आचार्य दीपंकर भी बोरोबुदुर आये और बौद्ध दर्शन का ज्ञान पाया। फिर वे बंग (बंगाल) चले गये। अन्ततः तिब्बत के थोलिंग मठ में पहुँचकर उन्होंने लाल लामाओं को पीले लामाओं (महायान) की दीक्षा दी। (उस मठ में अजन्ता-धारा के भित्तिचित्र भी हैं)। ऐसे महानाविक तथा महाश्रेष्ठि-वर्ग वाले श्रीविजय के लोगों को भ्रष्ट **तन्त्रवाद** ने अस्तमित कर दिया। तन्त्रवाद के कारण ही हिन्दू-बौद्ध धारा लुप्तप्राय हो गयी। तथापि वहाँ की अनेकानेक मिथकें तथा धार्मिक मिथकें और लोक-लिजंधर बच गये। यहाँ से आगे भी **हरिहर, विष्णुबुद्ध** के अतिरिक्त ब्रह्मा-विष्णु-महेश की **त्रिमूर्ति** भी सम्मिलित की गयी।

पूर्वी जावा द्वीप में **बोरोबुदुर** (ई.प. 800) का एकल बौद्ध स्तूप है। इसका निर्माण शैलेन्द्र-काल में राजा समुद्रतुंग द्वारा किया गया। तब इंदोनीसियाई विश्वास था कि देवता शैल-शिखरों पर निवास करते हैं। सो एक प्राकृतिक टीले पर इसका निर्माण किया गया। महायान बौद्ध शाखा के इस स्तूप में महायानी मिथक-मंडल की पूरी आत्मछवि है—उसके ब्रह्मांडीय मेरु-पर्वत की परियोजना वाली।

सम्भवतः शैलेन्द्र राजे भारत से सीधे आये थे। वे कलिंग के शैलोद्भवों से सम्बद्ध थे। तथापि जावा-कला और वास्तु का यह काल पाल सम्राटों (ई.प. 750) से निकट सम्पर्क में रहा था। पाल महायानी बौद्ध थे। जावा में इसका संगम शैव मत से हो गया। इनके शिल्पों में रमणीयता तथा कोमलता तो भारतीय शैल्पिक सौन्दर्यबोध को भी मात करती है।

इसकी दो पर्तें हैं; चौकोर आकार है और स्तूप का व्यास (डायमीटर) बावन फीट है। कुल मिलाकर छत्तीस कोने हैं जो दोमुखी (रिडैन) आकृति के हैं। सबसे पहले चार दीर्घाएँ हैं जो उत्तरोत्तर उत्तीर्ण होती हुई एक-दूसरे से उत्तरोत्तर दूर हैं। शिखर की दीर्घा पर चपटी सतह है जिस पर तीन गलियारे हैं जो एक-के-ऊपर एक-केन्द्रीय धरे हुए हैं। सर्वोच्च शिखर ही सम्पूर्ण संरचना की धुरी है (यह मुख्य स्तूप है)।

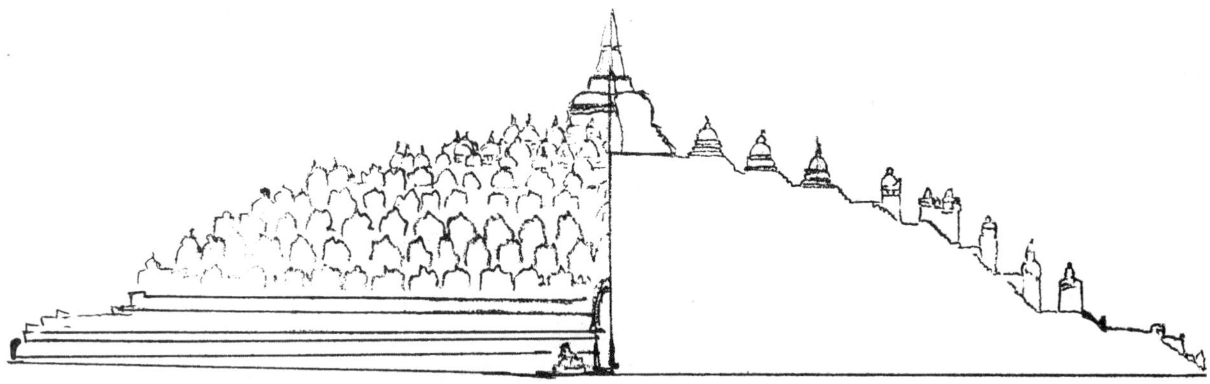

बोरोबुदुर के बौद्ध मन्दिर का उत्थापन (एलिवेशन), जावा (इंदोनेसिया), ई.प. आठवीं शताब्दी

हर दिशा के मध्य के प्रत्येक सीढ़ी-मार्ग के बीच एक खिड़की है। इन द्वारों एवं खुलाई के ऊपर 'कालमकर' के अलंकरण हैं।

चारों दीर्घाओं की भीतरी दीवारों में पत्थर पर (बेस रिलीफ) खुदे हैं जो कुल एक मील से थोड़े ज्यादा लम्बे हैं। इनमें से प्रत्येक के ऊपर आले (निचेस) के खालीपन हैं।

महास्तूप के ऊपर के तीन गोलाकार पथों पर खुले-खुले (छोटे) स्तूप हैंः—बत्तीस पहले पथ में, चौबीस दूसरे में तथा सोलह तीसरे में। पथों के इस खंड में कोई शैल्पिक अलंकरण नहीं है। चार दीर्घाओं की पट्टिकाओं में क्रमशः बुद्ध की जीवनी (प्रथम), तथा बाद की दीर्घाओं में विभिन्न बोधिसत्वों की जीवनी अंकित है।

इस भाँति स्तूप के विभिन्न स्तरों वाले प्रदक्षिणा-पथों में बहत्तर ध्यानी बुद्धों, रत्नसम्भवों, अमिताभों, तथा अमोघसिद्धों की मूर्तियाँ हैं। ये भारतीय शिल्पशैली की न होकर **भारत-जावाई शैली** की हैं। इसमें 'ललित विस्तर' पर आधारित जातक-कथाएँ उत्कीर्ण हैं (जैसी कि अजन्ता में चित्रित हुई हैं)।

स्तूप से संलग्न वृत्ताकार पथ निर्वाण का प्रतीक है; जब आवागमन अथवा पुनर्जन्म-मृत्यु नहीं होती। अतः यह समस्त विशालकाय स्मारक उपासना के प्रयोजन के निमित्त था : ध्यान और समाधि लगाने के लिए। उपासक के दायीं ओर हमेशा बेस रिलीफ होता था।

जावा के **पालेमबांग** में चीनी विद्वान ई-चिंग ने भी त्रिपिटकों का अध्ययन किया था। यहाँ काश्मीरी सम्राट ललितादित्य के भाई भी एक महास्थविर आचार्य थे। पास ही के कलासन गाँव में एक मन्दिर था जिसे पानांगकारै के महाराजा ने बौद्ध देवी तारा को समर्पित किया था। यहाँ का मन्दिर समूह **'प्रामबानन'** कहलाता था। राजा सिन्द्रोक (ई.पू. 929) के काल में राजधानी जोग्याकार्ता (जोगियों का कटरा) से पूर्व की ओर स्थानान्तरित कर दी गयी। उसके शासन-काल में जावायी रामायण तथा बौद्ध तन्त्र पर संहिताओं का प्रणयन हुआ।

शताब्दियों के दौर में यह लगभग खँडहर होता गया था। लेकिन 1907-12 में प्रसिद्ध पुरातत्त्ववेता टी.वी. एर्प ने इसका जीर्णोद्धार कराया।

इसकी गणना तथा तुलना कम्पूचिया के बारहवीं शती के अंगकोर वाट के प्रसिद्ध हिन्दू विष्णु-मन्दिर से की जाती है। यह क्रमशः हिन्दू-बौद्ध मतों से आयतनित होता गया। इसका भी **ख़्मेरी शिल्प-विराज** विशालकाय भव्य है।

बोरोबुदुर (आठवीं शती) तथा अंगकोर वाट (बारहवीं शती) के बीच चार शताब्दियों का अन्तराल है। दस मंज़िला यह वास्तु-चमत्कार पन्द्रह हजार वर्ग मीटर तक फैला है। यह ज्वालामुखी-राख में दबा रहा। सन् 1814 में थामस स्टैनफोर्ड ने इसका उद्धार किया।

कम्बोडिया की कहानी मिथकीय लिजंधर भी उद्‌घाटित करते हैं। ई.प. दसवीं शताब्दी में उनका विशाल साम्राज्य थाई देश—लव देश-मलय-चंपा-कोचीनचीन तक फैला था। उसमें जावा के महर्षि के बजाय देवराजा धुरी हो गये और इससे एक क्रान्तिकारी ऐतिहासिक रूपान्तरण हो चला।

कम्बोजों के कई सन्दर्भ स्रोत हैं : इन्दप्रस्थ के राजकुमार ने कम्बोज क्षेत्र में आकर अपना राज्य स्थापित किया या कम्बु ऋषि ने एक अप्सरा से विवाह किया; या कम्बोज उत्तरी काश्मीर (पुंछ) के राजपूत थे जो यौद्धेयों के साथ महाभारत-युद्ध में शामिल हुए; या पालवंश (ई.प. ग्यारहवीं शती) के समय में असम-अंचल में एक कम्बोज राजा था।

बहरहाल ई.प. आठवीं शती के लगभग कम्बोडिया में जयवर्मन द्वितीय सर्वशक्तिशाली सम्राट हुए। तेरहवीं शती में सूर्यवर्मन द्वितीय ने अंगकोर वाट (वाटी → वापी) मन्दिर बनवाया। इसकी बाहर की दीवार पर रामायण तथा भीतरी दीवार पर उनकी राजसभा उत्कीर्ण है। यहीं समुद्र-मथंन वाली भव्य मिथक भी उत्कीर्ण है। जयवर्मन सप्तम महान् निर्माता थे। उसने पंचमुखी की. र्तिस्तम्भ बनवाये जिनके शीर्ष पर पंचमुख है—ब्रह्मा के जैसे। इसके बाद से कम्बुज-साम्राज्य का पतन हो गया।

कम्बोडिया (कम्पूचिया) की मीकांग नदी क्षेत्र में **अंगकोर वाट** (ई.प. बारहवीं शती के आरम्भ) का विशाल मन्दिर है। यह हिन्दू-ब्रह्मांडीय परिकल्पना के अनुसार मेरु-मथानी पर खड़ा है। पूरे वास्तु-विधान में समुद्र-मंथन का महारूपक भी अभिलक्षित हुआ है। समुद्र-मंथन की मिथक का उद्‌भव गुप्तों के स्वर्ण युग में हुआ था जब दक्षिण की ओर व्यापार, कला, धर्म का प्रसार हो रहा था और समुद्र-मंथन द्वारा धन-लक्ष्मी प्राप्त हो रही थी; साथ में अन्य रत्न तथा अनेक अप्सराएँ भी। इसलिए आठ शताब्दियों बाद अंगकोर वाट का प्रवेश ही समुद्र-मंथन का वास्तु-रूपायन है। वह करीब साढ़े सत्रह सौ दिव्य सौन्दर्यगर्विता अप्सराओं के किंकिणी नूपुरों से झंकृत होता रहा था। यह नौ सौ फीट चौड़ा है।

इसके निर्माता सम्राट सूर्यवर्मन (1113-30) इतिहास-पुरुष हैं। वे मिथक के सूर्यवर्मन से नितान्त भिन्न हैं (इसका उल्लेख आगे यथास्थान होगा)।

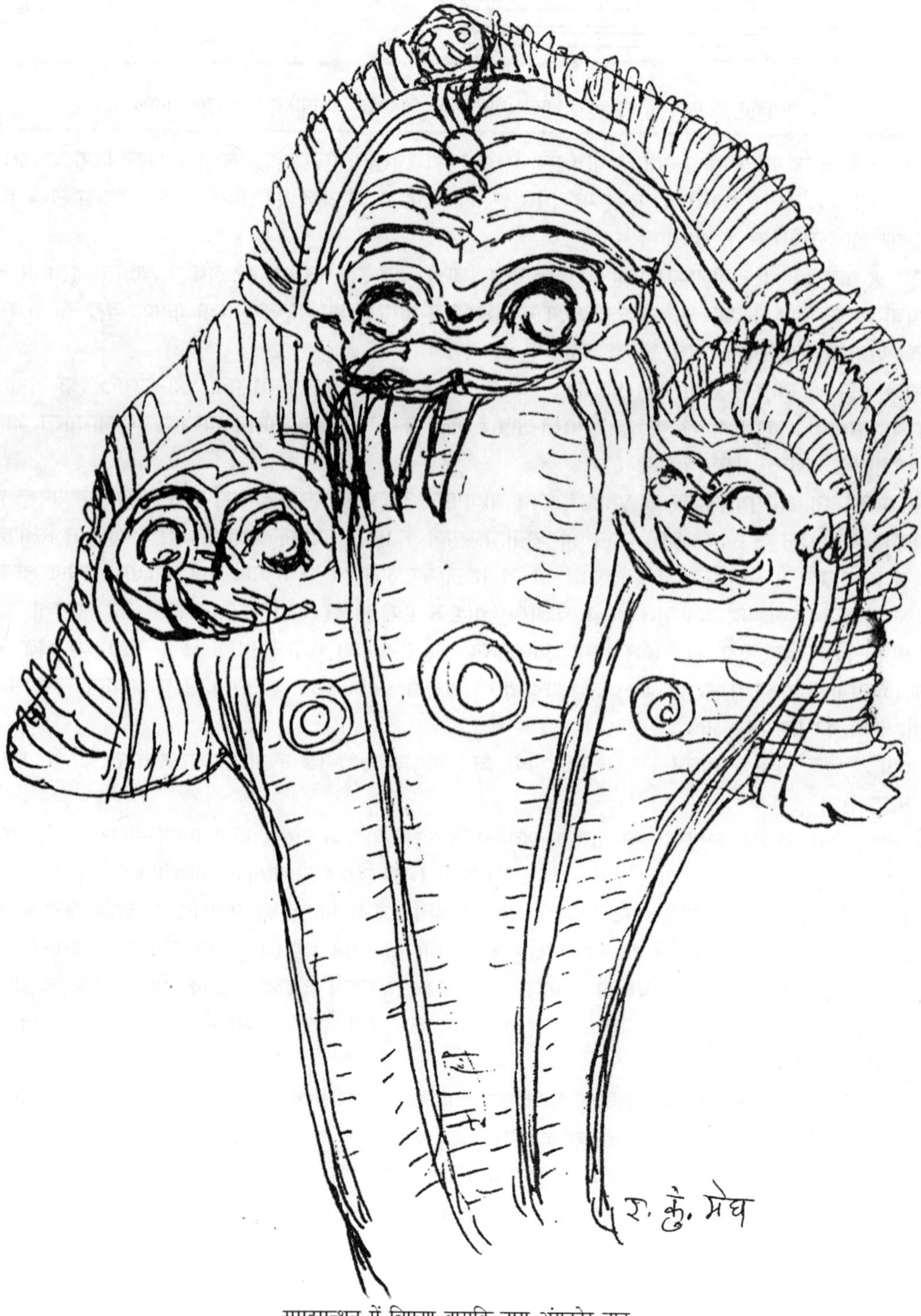

समुद्रमन्थन में त्रिफण वासुकि-नाग अंगकोर वाट

सम्राट सूर्यवर्मन द्वितीय ने इसे विष्णु को समर्पित किया था। ये प्राचीन भारतीय मिथकीय विष्णु नहीं थे; न ही पारम्परिक अवतार थे; बल्कि स्वयं सूर्यवर्मन द्वितीय थे। उन्होंने विष्णु से ऐसा स्वमेव तादात्म्यीकरण कर लिया था कि 'देव राजा' हो गये थे। अतएव वे विष्णु के बैकुंठ जैसे अंगकोर वाट मन्दिर में अधिष्ठापित हो गये। वह उनका ऊँचा रात्रिशयन-आवास भी था। हर रात एक नाग अप्सरा वहाँ आती थी।

इस सुमेरु-पर्वताकार मन्दिर का सर्वोच्च शिखर भूमि से दो सौ इक्कीस फीट ऊँचा है। यह पल्लव-चोल शिल्पकारों-सूत्रधारों के बजाय उनकी परम्परा में (कभी) प्रशिक्षित, धुँधली, छायाओं से संयुक्त, मूलरूपेण काम्बुज शिल्पियों द्वारा उसारा गया आश्चर्य लगता है।

सन् 1181 में सम्राट जयवर्मन-सप्तम (1181-1201) के सिंहासनारूढ़ होने पर अंगकोर के महाविष्णु मन्दिर में विष्णु-पूजा के बजाय महायानी बुद्ध की उपासना होने लगी। फिर सौ सालों तक स्याम के साथ इतस्ततः युद्धों के कारण (ई.प. 1140) ख्मेरों (कामारि = काम + अरि) का साम्राज्य धराशायी हो गया। वास्तुकला का यह स्वर्गिक बैकुंठ शताब्दियों तक सघन वनकान्तार में खो गया था।

इसी रवायत में—ख़्मेर-प्रभाव से भी थाई देश के दक्षिणी भाग द्वारावती तथा म्यांमार के पेगू के श्रीक्षेत्र में भी हरिहर तथा हरिबुद्ध, फिर पाँचरात्र एवं पाशुपत मूर्तियाँ भी बनीं। फिर तन्त्रवाद का कलुष इसके विध्वंस का भी कारण बना।

अथच : जावा में जो कथित नितान्त शान्तिपूर्ण ढंग से हिन्दू-बौद्ध मतों से इस्लाम में धमान्तिरण हुआ, उसके पीछे (भ्रष्ट-पतित तन्त्रवाद के अलावा) आर्थिक कारण भी हैं।

अरब सौदागरों तथा सुलतानों की खुशहाली तथा वैभव के कारण वर्गीय शोषण-उत्पीड़न बढ़ा और निर्धन-निर्बल गरीबजन उन पर पूर्णतः आश्रित होते गये; सम्भवतः सुरक्षा तथा जीविका के लिए इस्लाम कुबूल करते गये हों। इसके अलावा पूर्ववर्ती राजा मजाहपहित के शासन में भी मूल आदिवासियों तथा उच्चवर्ग वर्ण वाले अभिजनों के बीच शोषण-उत्पीड़न अनियन्त्रित हो गया हो।

इससे भारतमूल के गरीब सवर्णजन भी अपनी सुरक्षा तथा भलाई के लिए इस्लाम में दीक्षित होते गये हों। चारों ओर आतंक और अत्याचार असह्य हो रहा हो।

× × ×

अंगकोर वाट के मन्दिर के प्रवेशपथ में समुद्र-मंथन का गाथा-शिल्प : देवों-दानवों की कतार

सुन्द तथा उपसुन्द के बीच अप्सरा तिलोत्तमा (दुविधा में) : अंगकोर वाट मन्दिर, कम्बोडिया,ई.प. बारहवीं शती का आरंभ

4.5 चम्पा (वियेतनाम) में चीनी प्रभाव प्रबल रहा। इसके उत्तर में अमरावती, कोठार तथा दक्षिण में पांडुरंग स्थित था। यहाँ के शिखराकृत मन्दिर हैं जिनमें गणेश की प्रतिमाएँ बेहद सुघर-सुन्दर हैं।

चम्पा अर्थात् प्राचीन वियेतनाम की संस्कृति **चाम** कहलाती है जो देसी चम्पाई मन्दिरों तथा संस्कृत के शिलालेखों में, शिव और ब्रह्मा की प्रतिमाओं में, ब्राह्मण पुरोहितों में दृष्टिगोचर हुई। वह उन्नीसवीं शती के पहले तक अज्ञात रही थी। आज अर्थशास्त्रियों और भारतविदों को यह जानकर खुशी होगी कि चाम-संस्कृति भारत-चम्पा के बीच आर्थिक व्यापार तथा धार्मिक समन्वय का परिणाम थी। उसमें भारतीय विजेताओं के बजाय व्यापारियों की मुख्य भूमिका रही थी। आज वहाँ भारतीय पुरातत्त्व सर्वेक्षण (ए.एस.आई.) के विशेषज्ञ पुनरुद्धार करने जा रहे हैं जैसा कि पहले वे कम्पूचिया (कम्बोडिया) के अंगकोर वाट के बौद्ध विष्णु-मन्दिर के कुछेक खंडों का कर चुके हैं।

चाम-संस्कृति के 'भारतीयकरण' की प्रक्रिया में उन छोटी-छोटी कबीलाई राजवाड़ियों (किंगडम्स) की अहम भूमिका रही थी जिन्होंने हिन्दू-धर्म ग्रहण करने के साथ ही संस्कृत-भाषा को भी अपना लिया। उन्होंने ब्राह्मणों को वर्चस्व दिया [ये तथ्य यूनेस्को के तत्वावधान में सलाहकार पेट्रिज़िया ज़ो लेसे की रपट में दर्ज है]।

'माईसोन क्षेत्र प्रकल्प' को **विश्वविरासत सूची** में शामिल कर लिया गया है। इस क्षेत्र में अमेरिकी बमबारी ने बेहद बर्बादी की है।

× × ×

इस तरह पहले तन्त्रवाद और उसके दुष्परिणामों से इस्लाम की विजय द्वारा ब्राह्मण-बौद्ध धाराएँ क्षीण हो गयीं और पश्चिमी क्षेत्र में तो लुप्तप्राय हो गयीं। पश्चिमी क्षेत्र (इंदोनेसिया, मलेशिया, बोर्नियो) इस्लामी हो गया। इसके बाद पूर्व की ओर यह प्रक्रिया अवरुद्ध होती गयी।

विष्णु का शिर, टैप नाक, थाईलैंड

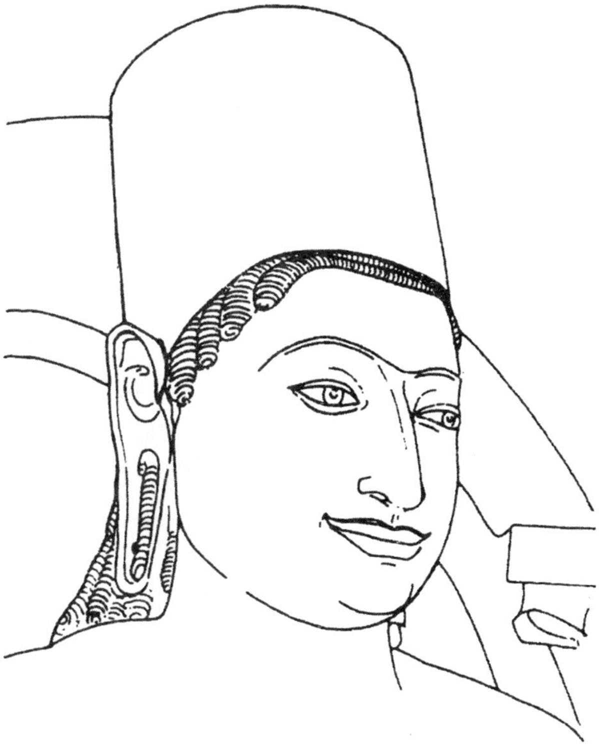

विष्णु का शिर, नोमडा, कम्बोडिया

विष्णु, थाई देश

हरिहर का शिर, सातवीं-आठवीं शती पोम दा, कम्बोडिया

हरिहर, पूर्व-अंगकोर समय, फूनान, पोम पेन संग्रहालय, कम्बोडिया

श्रीकृष्ण, अंगकोर वाट, सोलहवीं शताब्दी, कम्बोडिया

गरुड़ारूढ़ विष्णु, एर्लिंगा, ई.प. 1050, इंडोनीसिया

ब्रह्मा

सुन्दर-सुगढ़ गणेश-मूर्ति, चम्पा, वियेतनाम

नृत्यरत शिव, दसवीं शती का पूर्वार्ध, चम्पा (वियेतनाम)

पद्मनाभ विष्णु तथा ब्रह्मा की उत्पत्ति, डा नांग, चम्पा (वियेतनाम)

किन्नरी, थाईलैंड, राष्ट्रीय संग्रहालय, बैंगकाक

किन्नर, 10-11 शती का उत्तरार्ध, फाट टिच, इतिहास - संग्रहालय हनोई, वियेतनाम

नागछत्र युक्त बुद्ध

केवल बाली द्वीप में हिन्दू धर्म कबीलाई मतों के साथ घुलमिल गया। राजा मुजही के पतन के पहले पाँच ब्राह्मण आये। किन्तु वे भी अवसान नहीं बचा सके। तथापि बचे हुए बाली द्वीप में आज भी ब्राह्मणों के पाँच गोत्र हैं। इसके साथ ही अपनी कबीलाई विरासत के सबब से वे (लेह-वासियों) की तरह गोमांस भी खाते हैं तथा वीतराग कतई नहीं है। आजकल बाली द्वीप इंदोनेसिया का एक समृद्ध वित्त-कमाऊ पर्यटन-क्षेत्र है।

चित्र-आकृतियाँ

मानचित्र-सारणियाँ

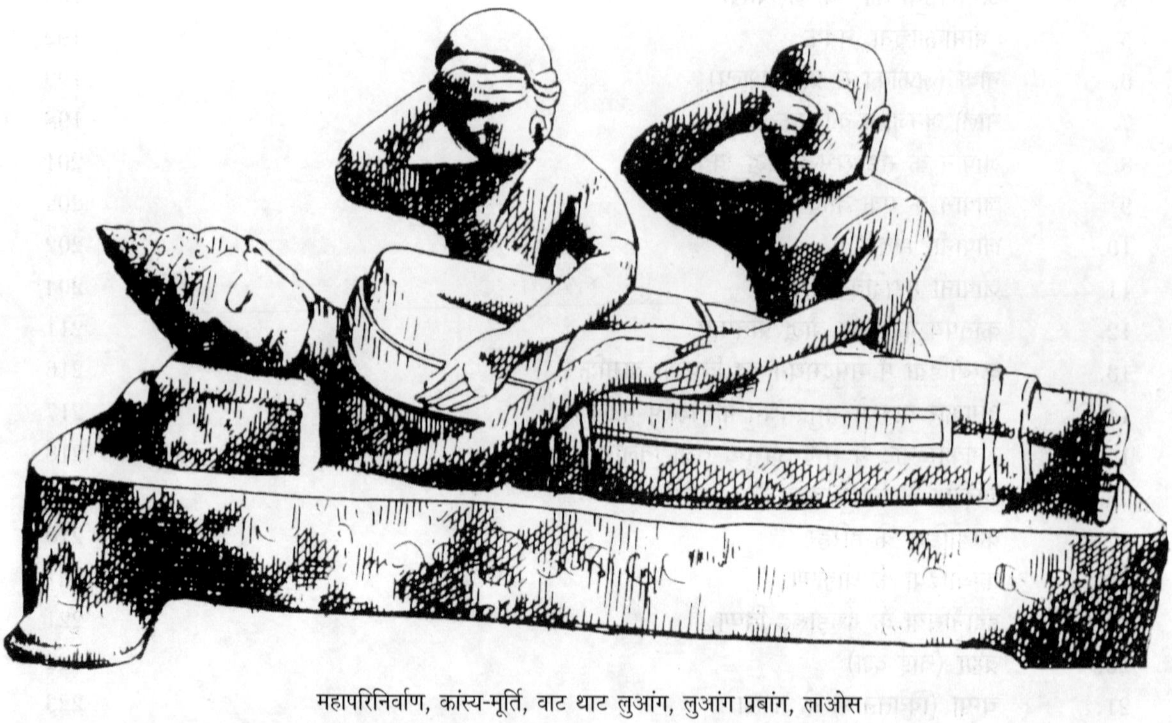

महापरिनिर्वाण, कांस्य-मूर्ति, वाट थाट लुआंग, लुआंग प्रबांग, लाओस

5

'मिथक आदि मिथकानि अनन्ता! मिथक क्या है—सपना, कि जादू, कि धर्म, कि अनुष्ठान, कि कथा, कि सामाजिक पंचांग? आखिर वह है कैसी??

मिथकीय विश्व

विश्व-मानव के एक पुरा आदिम अंचल **'समुद्रायनी'** (ओशेनिया) में मिथक के 'स्वप्न-समय' का पहला आगाज़ हुआ था।

यह आदिमूलस्थ जनगणों (एबार्जिनीज़) का वह अतीत है जो मानवजाति के पहले भी **अस्तित्वमान** था, और जिसकी **सत्ता** अतीत से लेकर वर्तमान एवं भविष्य तक परिव्याप्त है। इसकी पूर्वानुमिति 'मिथकीय मानस' ही करता आया है।

अतः वर्तमान ही साक्षी **है**, निरन्तर **है**। इसलिए वह जीवन्त चिरन्तन है। यही तो प्राक्कल्पित काल है।

इसमें अतीत एवं भविष्य का बोध क्षीणतर होता **है**। यही आद्यरूपात्मक मिथकों का **'शाश्वत् वर्तमान'** है।

अतएव नाना परिभाषाओं के स्वभावज अलंकारों से जगमग मिथकों, ऐतिहासिक रोमांसों, फान्तासीय भव्यवृत्तान्तों का उन्मीलन भी सदैव वर्तमान में होता है। उनकी भावी परिकल्पनाएँ भी परवर्ती वर्तमान ही होती हैं।

यह स्टीफेन हाकिन्स द्वारा प्राक्-कल्पित 'काल' कतई नहीं है ॥

पूर्वेतिहास से लेकर 'सिविल समाज' तक यही अव्यक्त शब्द एवं अक्षर गूँजता रहा है कि **'मिथक'** क्या है? उसकी त्रिकाल-प्रासंगिकता क्यों है? क्यों वह मनुष्य की सर्वपुरातन विरासत और धरोहर बनी है? कैसे उसने 'एक विश्व' तथा 'एक मानव' की व्यासरेखा पर असंख्य रूपेण काल-यात्राएँ की हैं?

यही सच है कि शायद, ऐसा ही हुआ कि, जगत् की प्राक्तन अवस्था में, मानवता के बचपन में, विश्वमानव के विकसनशील मस्तिष्क में, देशकल के अरुणनील संगम पर, स्वप्न और कल्पना, सत्य और यथार्थता एक ही उद्‌गम में एकसाथ उन्मीलित हो उठे। तब स्वप्न-समय था, आदि विश्व-मानव था, तथा अनादि पश्यन्ती-वृत्ति थी।

तो, हम अवान्तर से ब्रह्माण्ड की व्युत्पत्ति तथा सृष्टि के प्रारम्भ से चलें ॥

× × ×

मिथक और **स्वप्न-दिवास्वप्न** के बंधान अंतर्लोक के भी हैं। मिथक और **यथार्थता-आधुनिकता** के वितान बहिर्जगत के हैं। ये एकता एवं संघर्ष के अन्तर्विरोधों से संयुक्त हैं। लेकिन मिथक और **विश्लेषण-विज्ञान** के बीच निरन्तर तथा अनवरत प्रतिकूल-सा—(एंटागोनिस्टिक) बैर सक्रियमाण है। सो, मिथक (विश्लेषण के बजाय) विश्वास (बिलीफ) एवं व्याख्या के ध्रुवान्तों में केन्द्रित है। ऊपर-वर्णित त्रिकोण के मध्यबिन्दु में विश्व-मानवता संस्थित है।

अतएव हम भी ऐसा ही विश्वास लेकर आगामी प्रत्याख्यानादि करेंगे ॥ **मिथक-व्याख्याएँ** (इंटरप्रिटेशन) ही हमारा उपागम होंगी ॥ अस्तु ॥

5.1 विश्वमिथकों के नामरूपगुणधर्म

जल-भरी पृथ्वी तथा नक्षत्र-मालिकाओं और आकाशगंगा से जगमग आकाश में सूर्य तथा चन्द्रमा का नित्यप्रति प्रकट और

विलुप्त होना, रातों में चन्द्रमा का घटते जाना-बढ़ते जाना, सूर्य का उदय शीर्षारोहण-अस्त होना, पृथ्वी में ऋतुचक्र का नियमित घटना, वर्षा-वायु-अग्नि के प्रकर्म होना, सृष्टि के संघर्ष तथा विराज आदि इन सबके बीच एक अद्‌भुत प्राणी की उत्पत्ति और विकास हुआ। वह मनुष्य था।

होमो सेपियेंस अर्थात् आधुनिक मानव लगभग दो-तीन लाख साल पहले धरती पर आये। इनसे पहले (पूँछ रहित-एपेंडिक्स सहित) 'प्राइमेटों', अर्थात् वानरों से मानव का उद्‌भव हुआ माना जाता है। उनके पहले **होमो इरेक्टस** विकसित हुए जिनकी छोटी गर्दन-छोटा कद-गठीला बदन था। वह ध्वनि पैदा कर सकता था, किन्तु अक्षर नहीं। फिर **नियंडरथल मानव** (ई.पू. साढ़े तीन लाख साल पहले) विलुप्त हुआ। नियंडरथल तथा होमो सेपियेंस साथ-साथ धरती पर रहे किन्तु अस्तित्व के संघर्ष में पहले विलुप्त हो गये तथा बचे हुए दूसरे उत्तरजीवी हो गये।

दस हज़ार साल के करीब अन्तिम हिमानी युग भी समाप्तप्राय हो गया था। इस दीर्घ कालावधि में पशुयूथ से मानव-समूह बनने में मानव की देह-संरचना में पाँच देहभौतिक परिवर्तन हुए–**(i)** चार में-से दो अगले पाँव मुक्त होकर हाथ हो गये जिससे औज़ारों-हथियारों का इस्तेमाल होने लगा। मानव वस्तुएँ भी बनाने लगा; **(iwi)** रीढ़ की हड्डी (मेरुदंड) प्रलम्ब हो गई जिससे मानव उछलने के बजाय खड़ा होकर चलने लगा; **(iii)** आँखें दायें-बायें पार्श्व से खिसककर ठीक मस्तक के सामने हो गयीं जिससे दृष्टि में त्रि-आयामी मापन तथा बौद्धिक एकाग्रता विकसित हुई। **(iv)** लम्बे हिलते कान बदलकर छोटे और दिशाग्राही हो गये जिससे ध्वनियों की मात्रा तथा दिशा का फर्क़ किया जाने लगा साथ ही काकु (लेरिंक्स) नीचे सरक गया जिससे ध्वनियाँ जीभ और दाँत से मिलकर स्वर तथा व्यंजन–फलतः भाषा के शब्द–उत्पन्न करने लगी; तथा **(v)** मनुष्य की त्वचा सबसे कोमल होती गयी तथा उसके जीवशास्त्रीय प्रजननवर्ती ऋतुचक्र में, और काम-केलि के आसनों में भी, सभी वातावरणों वाला अनुकूलन हो गया। उसकी आबादी बढ़ती चली।

इस तरह महासृष्टि में मनुष्य उसकी सर्वोत्तम उत्पत्ति हो गया। अब मनुष्य ने सृष्टि की रचना के रहस्यों से सर्वप्रथम सामना किया। जल था, आकाश था, सर्प थे, पक्षी थे, उनके अंडे थे, पशु थे। मनुष्य ने इनमें-से यत्र-तत्र चुनाव करके सृष्टि के **आदि कारण** खोजने शुरू किये। फिर **आदि कर्ता** का प्रश्न उठा। यह सबसे कठिन पहेली थी। सम्भोग और गर्भाधान के बीच, नर और नारी के जैविक सम्बन्धों के बीच अभी तक कोई संज्ञान नहीं उन्मीलित हुआ था। अग्नि की उत्पत्ति का ज्ञान भी नहीं हुआ था।

अन्ततः आदि कारण और आदिकर्ता की खोज में मानव ने देवताओं की संकल्पना शुरू कर दी। फिर देवताओं का निवास स्वर्गाकाश, मानवों का पृथ्वी तथा मृतकों का पाताल परिकल्पित हो गया। इस तरह से **मिथकों** तथा **भाषा** का जन्म भी प्रायः एक साथ हुआ।

विश्व की आद्य मिथकों की दो ही प्रमुख समस्याएँ थीं। एक यह कि सृष्टि कैसे हुई? दूसरी कि मानव कैसे उत्पन्न होता है? लक्षित अलक्षित यह संदेश गुंजार कर उठा कि देवता (-ओं) के बगैर कुछ नहीं होता। यही नाना सभ्यताओं, समाजों, संस्कृतियों में मिथकों द्वारा–अनेक प्रकार से कहा गया। ईजिप्टी मृतक-संहिताओं में, ग्रीक महाकाव्यों में, भारतीय वेदों तथा काव्य-इतिहास में पशुरूपी या रूपैश्वर्यशाली देवता-देवी उपस्थित होते आये। वे घटनाओं के कार्यकारण को, तथा जीवन की देशकालिक कर्मणा को–प्रकृति के विरुद्ध भी–नियंत्रित करते हैं। अतः **पवित्र** और **चमत्कारी** संघटनाएँ ही नियामक मान ली गयीं। बस दो ही संक्षिप्त मुद्दे : आर्य स्टेपी-क्षेत्रों में पशुपालक तथा आरम्भिक प्राकृत उत्पादक थे। उन्होंने गौ-वृषभ, अश्व तथा ऊष्ट्र को पालतू बना लिया था। तब तक काकेशस में पहियेवाली गाड़ी अर्थात् 'रथ' का अन्वेषण भी हो गया था। अतः देवता वाहनों पर आरूढ़ होने लगे। (ऐडिथ हेमिल्टन : "मिथोलॉजी" 1940)।...तुलना में ग्रीक देवते मानवीय-देवता जैसे थे–सारी अच्छाइयों-बुराइयों तथा स्वार्थों और निरंकुशताओं से लबरेज।

अतः मनुष्य के **मिथकीय मानस** ने मिथकयान को गतिमान किया। हम इसे सभ्यता एवं संस्कृति का संवेगीय प्रारम्भ क्यों न मानें? हम क्यों न संदर्श करें कि मिथक के प्रारम्भ में ही विश्व-मानव ने उषा के गाल चूमे थे, विशाल दीप्त भाल चूमे थे! हम तो यह स्वीकार करते हैं, कवि श्री बच्चन!

जो भी आदिम मानव के लिए रहस्य थे वे चमत्कार थे, पवित्र थे। उनपर भी उनका प्रगाढ़ विश्वास था। तब प्रतिपक्षी अन्धविश्वास का आविर्भाव ही नहीं हुआ था। पुरखे तथा पितृज्येष्ठ की सर्वोच्च सत्ता थी। उनके सम्मुख जो भी कारण थे, वे अलौकिक थे। उन्हें वे साम्यरूपकत्व द्वारा ही समझ पाते थे (तर्क से नहीं)। अतः जो भी वाचिकता थी, वह यथातथ्य नहीं थी। वह पश्यंती तथा अधिवर्ती थी। वह **अधिभाषा** थी; अभी वह व्याकरण से निरपेक्ष थी।

एक वैश्विक दैवीकरण-मानवीकरण का सिलसिला शताब्दियों तक चलने लगा। मिथकें उनके **सांस्कृतिक-सामाजिक पारिवारिक पंचांग** हैं (वे इतिहास नहीं हैं)। दिवि से देवते, सत्ता से देदीप्यमान होकर, संसार को प्रकाशित करने लगे थे। इस तरह सृष्टि के प्रारम्भ में शैलचित्र के सहक्रम में सबसे पहले मिथक का जन्म हुआ, फिर उसकी अधिभाषा का। कालान्तर में भाषा, जादू, धर्म, विज्ञान के प्रतीकात्मक संरूप विकसित हुए (अर्नस्ट कैसाइरर, सुज़ाने लैंगर)।

हाँ, तब **मिथक** और **भाषा** का उद्‌भव तथा उन्मीलन अन्योन्याश्रित हुआ। तब शताब्दियों की गुफ़ाएँ आलोकित हो उठीं, शैलचित्र गतिशील हो उठे और मिथक-निर्माता के प्रणवशब्द कथा-गुंजार करने लगे। तब मिथक के प्रारम्भ में मैंने उषा के गाल चूमे तथा दीप्त भाल विशाल चूमे थे। तब कवि बच्चन और भी चकित थे।

आधुनिक तथा उत्तर-आधुनिक युग तक में तो यह नितान्त असम्भव फान्तासी है। किन्तु तब ऐसा ही हुआ था। आज का आलोचिन्तक इस पर विश्वास नहीं भी करें, तदपि स्वीकार तो अनिवार्यतः करना पड़ेगा। सो हम भी अविनश्वर मिथक-संसार को स्वीकार करते हैं।

× × ×

विश्वमिथकयानों का अपना समानान्तर-स्वायत्त, अमूर्त-अदृश्य विराट् छायालोक है जिसमें छल्लों और कुंडलों के सूत्रबन्ध हैं। हम कह सकते हैं कि मिथकों का अपना ब्रह्माण्ड, अपनी सृष्टि-रचना, अपने सामाजिक पंचांग, अपनी भाषिक पारिवारिक-सांस्कृतिक संरचनाएँ हैं जो प्रायः सार्वत्रिक-सार्वकालिक हैं। इसके (क) लड़ीवार छल्लों में—सृष्टि एवं उत्पत्ति की परत-दर-परतें, सूर्ययुग-मन्वन्तर, स्वर्ग-पृथ्वी-पाताल वंश संस्थापना, सांस्कृतिक ध्वजवाहक अधिनेता, मनुष्य का जन्म, जलप्रलय आदि हैं; तथा प्रभामंडलाकृतं कुंडल बनाती मिथकों में देव-देवियाँ-दैत्य-शामन, प्रेम-सम्भोग, वरदान (अमरता)-शाप (मृत्यु), फूल-पौधे, अर्द्धदेवते-ईहामृग, पशु-पक्षी, बाज-सर्प-भालू, समाज-संस्कृति-परिवार की अमूर्तीकृत-साधारणीकृत छायाएँ, विखंडन-पुनःसंयोजन आदि हैं।

इस तरह आधुनिक शब्दावली में मिथकलोक एक समानान्तर अविनश्वर ब्रह्माण्ड (कॉस्मास) हैं। इसमें सर्वजड़चेतनावाद, वस्तुरतिवाद, टोटेमवाद, बहुदेववाद, एकेश्वरवाद की अन्योक्तिपरक-अन्यथाकृत-रूपान्तरित रूप-संरूपों की गतिविधियाँ, क्रीड़ा-लीला चलती रहती है।

× × ×

विश्वमिथक में सम्पूर्ण ब्रह्माण्ड ही 'एक कथानक-इकाई संलक्षित' हुई। उसमें भी त्रिलोक (स्वर्ग-पृथ्वी-पाताल) उसकी पर्तें हैं। इनमें से प्रत्येक मिथक में पात्र, घटना, संचेतना के साथ सहभागी है। यह मिथक का **'वैश्विक संश्लेष एकात्म'** है। उसमें देश-काल के बीच भी स्पष्ट विभक्ति नहीं है, और न ही जड़-चेतन के बीच फर्क। सभी में अध्यात्मा (स्पिरिट), चेतना, प्राणक्ता है। उनके पारस्परिक आदान-प्रदान, द्वैत और अद्वैत के जरिये ही जन्तु वैज्ञानिक, भौगोलिक, वानस्पतिक, जीववैज्ञानिक आवागमन होता है। इसे हम आज अन्याय देश, साम्यरूपकत्व, छलछद्म, रूपान्तरण, कायांतरण आदि से बर्हिरूपित करते आ रहे हैं।

अतः जब सागर विश्वमिथक में इतने देशों, क्षेत्रों (भूमध्यसागर, पेसिफिक सागर, एटलांटिक सागर, आर्कटिक-एंटार्टिक वृत्त, मेसोपोटामिआ, मेसोअमेरिका, नार्डिक, इंदोनीसियाई-कम्बोडियाई तथा सबसे प्राचीनों में ईजिप्ट, भारत, चीन, ग्रीक आदि के अपने-अपने मिथकयान हैं तो उनमें-से अनेकानेक देवी-देवते, नेता-चालबाज, दैत्य-दानव भी जन्मे होंगे। उनसे निकले या गुँथे कई सम्प्रदाय-मत-मततंत्र (कल्ट)-धर्म-कर्मकांड-अनुष्ठान आदि भी आविर्भूत हुए होंगे। सभी की नाभि तथा धुरी **विश्वास** है। मिथकीय विश्वास कालोत्तीर्ण है।

अगर वर्तमान में भी कुछ मिथकयान निरन्तर हैं (जैसे कि हिन्दू, ईसाई, यहूदी, चीनी, जापानी आदि) तो उनके देव-देवी, दानव-राक्षस भी अनवरत मौजूद हैं। वर्ना अन्य भूले-खोये मिथकयानों के वे सभी पात्र कूच कर गये हैं तथा मिथकें मात्र काल्पनिक किस्से होकर मनोविज्ञान की हेतु बन गयी हैं।

सम्प्रति हमारा प्रयोजन केन्द्रापसारी तथा केन्द्राभिसारी मिथकें हैं—क्रमशः संस्कृतियों और विश्वमानव की एकता की व्यासरेखा पर। **धर्म** के त्रिभुज को मिथक तथा कर्मकांड जुड़कर पूरा करते हैं। मिथक में धर्म का कलापक्ष है, नैतिकता का प्राचल है और सौन्दर्यतत्त्व की लीला है। उसके कर्मकांड सामाजिक तथा वैयक्तिक फलागम से जुड़े हैं। **दर्शन** मिथक को प्रतीकवत् अभिनन्दित करता है। यह सब परवर्ती चरण के हैं।

काश, हम अपने जीन और जीनोम को उत्ज्वलित करके प्राक्-पुरा-कल्पों में पुरागमन कर सकते! काश, हम लाज़र, गामा, एक्स, माइक्रो आदि किरण-तरंगों का मनोरथिक इस्तेमाल करके कण और क्षण, रज और वीर्य, बीज और बिन्दु, डिज़ाइनर शिशु और स्टेम-सेल द्वारा सृजित मानवबाल को वैश्विक त्रिनेत्र भी दे पाते; एक अनादि रचनाकर पाते!

सहयात्री बन्धु, हम इस ग्रन्थ में इन्हीं अनादि-अनन्त सपनों को खोजने चल रहे हैं!!

हमने कबीरी अन्दाज में मिथक-झरोखे बैठ के जग का मुजरा उसी तरह लिया है जैसे कि ग़ालिब ने : 'बनाकर फक़ीरों का हम भेस ग़ालिब ज़माने का अहलो-करम देखते हैं।'

इसलिए जाने जाँ! अबतक मिथक के जो प्रत्याख्यान होते आये हैं वे आदिम समाजों की मौखिक परम्पराओं या क्लासिकी काव्य वाक् के आधार पर हुए हैं। अतएव वे पूर्वेतिहासिक-पूर्वतर्कात्मक-साम्यरूपकत्वात्मक, चिरन्तन वर्तमाननाभिक-पवित्र-दिव्य आदि लक्षणों वाले माने गये। क्या हम इसी लकीर के फकीर बन जाएँ?

जब हमारे सामने इनसे यथानुकूल प्रस्थान करके **मिथक-आलेखकारी** का द्वन्द्वात्मक सन्दर्भ उपस्थित हुआ तो उक्त लक्षणों

में अपूर्णता, अधूरापन, तथ्येतरता, तथा अविश्वसनीयता भी झिलमिलायी। उनके आधार प्रति-कल्पित व्यासपाठ अथवा भरतपाठ थे जो आदि स्मृतियों में विलीन हो चुके हैं। उन्हें प्रज्ञा के झटिति-प्रत्यय द्वारा, या परानाभि की कुंडलिनी के प्रकम्पन द्वारा ही अकस्मात् जाग्रत पाया जा सकता है। अब हम अनादिवासना के झिलमिलाते कौंधते अवचेतन को मौखरी तक कैसे लाएँ? कोई एक लक्ष्यभेदी तीर कमान नहीं मिला।

हमें समाज तथा परिवार की संरचनाओं (स्ट्रक्चर्स) में, जनजीवन के मनोलोकों में, इतिहास के आभासी लिजंधरों तथा लोकयानों में उन्हें ढूँढ़ने बढ़ना पड़ा है। हमने पाया कि आधुनिक मानस के लिए मात्र परीकथाएँ, पशुकथाएँ, आश्चर्य-वृत्तांत अथवा जादुई यथार्थता लगने वाली अविनाशी मिथकें प्रशान्त सुचित्त हैं। हमने देखा कि नृतत्त्वशास्त्री, सौन्दर्यबोधशास्त्री, पुरातत्त्ववेत्ता, मिथकीय भूगोल के यात्री, उच्चारणध्वनि के स्फोट से चतुर्भुख भाषावैज्ञानिक, मनोवैज्ञानिक आदि उन्हें स्पंदित तथा पुनरुज्जीवित कर रहे हैं। हमें पता चल गया कि विश्वमानव के सामूहिक अवचेतन को अनावृत्त करके ही मिथक की सुदर्शन देह का दिग्दर्शन किया जा सकता है।

तो हम निष्कर्षतः मिथक ढूढ़ें और पहचानें कैसे?

अधिकांश वैश्विक मिथकें सृष्टि (उर्वरता) तथा प्रजनन, सेक्स (भोग और मोहकता) और घृणा, युद्ध और प्रेम, नेता और राक्षस धुरियों पर सक्रिय हैं। ये देव-दानव के, भाई-बहन के, कायान्तरण और रूपान्तरण के विरुद्धों में सक्रिय होती हैं।

हमारे पास मिथक के जो **व्यास-पाठ** या भरतपाठ मिलते हैं वे मौखिक परम्पराओं की किंवदंतियों, लिजंधरों तथा लोकयान से छनते-आये हैं। अतः वे एक प्रकार से **प्रतिपाठ** हैं। इनके **उत्तरपाठों** को इतिहास फिर धर्म, फिर दर्शन, फिर सामाजिक आवश्यकताओं आदि रूपान्तरित किया है। अतः मिथकें धुँधले स्वप्न (भ्रान्ति) तथा यथार्थ (सम्भावना) के ध्रुवान्तों में दोलायमान रही हैं।

आज हम उनमें अनैतिकता, उन्मत्तता, बलात्कार, व्यभिचार के, अन्याय और अनौचित्य के, क्रूरता और दहशत के, छल और कपट के जो आरोपण-प्रक्षेपण करते हैं वे उनके आर्ष और आद्य स्वरूपों को विपथित तथा विचलित कर देते हैं। क्योंकि उनकी प्राक्आदिम भूमि मधुमती भूमिका वाली है। तब तक शुभ-अशुभ, पाप-पुण्य, नैतिक-अनैतिक, सही-गलत के मूल्य-मानक विकसित

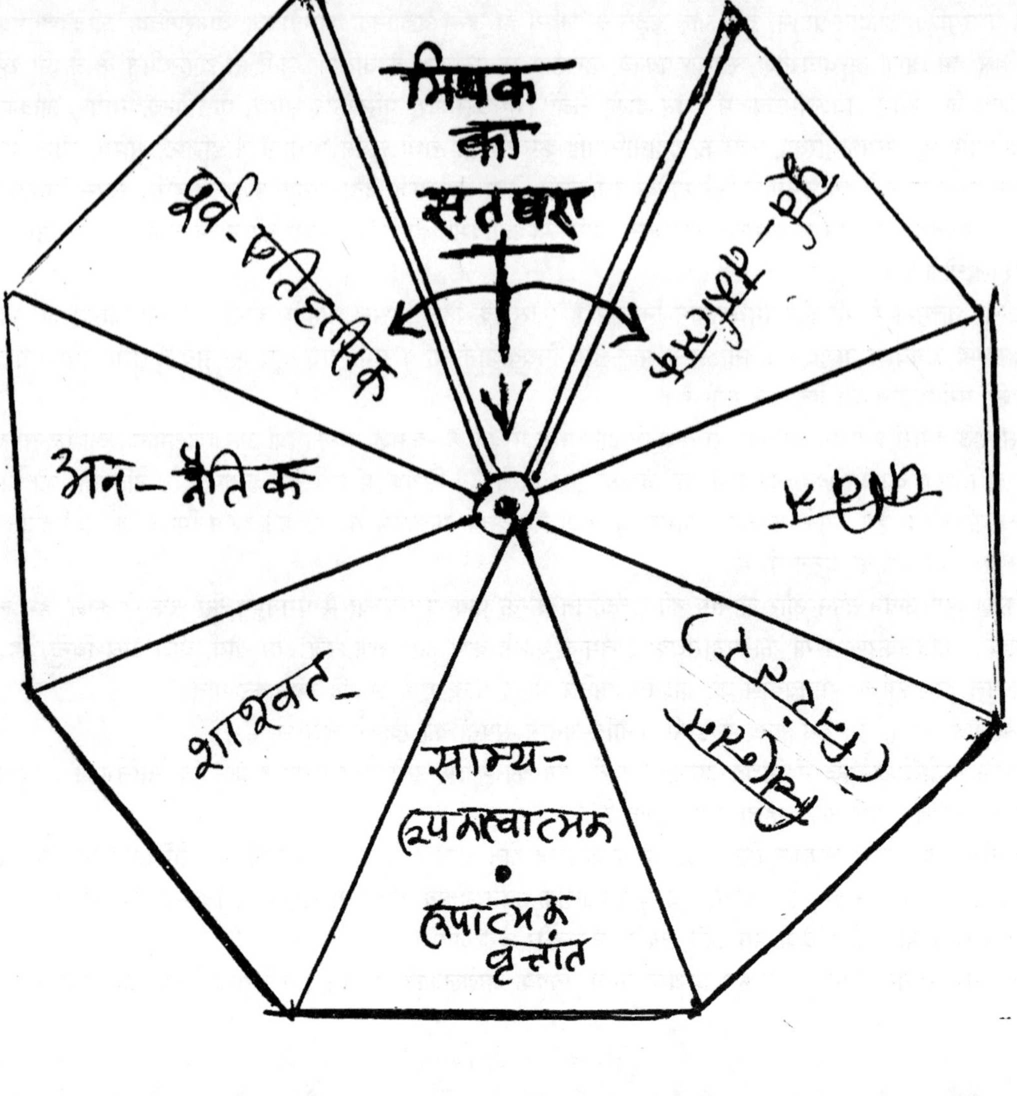

नहीं हुए थे। वे शनैः-शनैः विकसित हो चले थे।

अतः मिथक वैसी स्रोत और भण्डार हैं जिनमें नीतिशास्त्र, मनोविज्ञान, नृतत्त्वशास्त्र, अर्थशास्त्र, सौन्दर्यबोधशास्त्र, राजनीतिशास्त्र, इतिहास, भूगोल आदि सभी अपने संकेतों, चिह्नों, रूपकों, प्रतीकों, आर्केटाइपों में अनादि वासना से संलिप्त हुए खोजे तथा पहचाने जा सकते हैं। जैसा हम बता आये हैं कि अभी तक मिथकयान के मिथकवेत्ताओं तथा व्याख्याकारों ने मिथक के जो सात घटक-तत्त्वों का **सतघरा** बनाया है उसमें समसामयिकता के हाशियों पर संशोधन तथा संवर्धन, परिवर्तन तथा परिसीमन की फौरन अपेक्षा है वर्ना **धर्म** तथा **विज्ञान** के दोहरे तनाव-दबाव में मिथक के मनोदैहिक एवं सामाजसांस्कृतिक व्यक्तित्व का सौगंधिक कमल पूर्णतः खिलकर सुशोभित नहीं हो सकेगा। इन सात घटकों में **धर्म** (कर्मकांड, पवित्रता, नैतिकता) तथा **समाज-विज्ञान** (तर्क-इतिहास) की गहरावीं-लम्बावीं छायाएँ हैं—

उक्त परिप्रेक्ष्य में **मिथकीय मानस** की ध्यानछवि बनाना श्रेयस्कर है।

पहले तो **एक ब्रह्माण्ड** (सृष्टि एवं विश्व) था। सब कुछ एकैक था। उनमें वैज्ञानिक दृष्टि एवं धार्मिक वर्जना, इहलौकिकता, बहिर्मुखता का विकास नहीं हुआ था। तब उन प्राक् समाजों में **सामूहिकता** थी।

ऐसे में जो मानव-मस्तिष्क की दशा थी, उसे **मिथकीय मानस** (मिथिक माइन्ड) कह लो। मिथकीय मानस हर वस्तु के नाम-रूप-गुण, हर फेनामेना के लक्षण-परिमाप को समझने-सम्प्रेषित करने के लिए भरतपाठ (मास्टर टैक्स्ट) के ही अनुपाठ-प्रतिपाठ जोड़ देता था। इसलिए उनका एक साध्य—'एक की अनेकता तथा अनेक से एकता'—संप्राप्त करना होता था। दूसरा साधन साम्यरूपकता (एनालॉजी) वाले सम्बन्ध थे। तीसरा कार्य-कारण-परिणाम की असंगत शृंखला रही है। आगे चलकर यह मर्यादा (मोरेलीज़) तथा नियमन (रूल) से संवाहित होने लगी। चौथी सहकारिता देशकाल के अक्षों का आपस में घुल-मिलकर चमत्कार का परिणामी सन्निवेश करना था।

धर्म के अनुशासन में अगर देवेच्छानुसार या कर्मकांडीय विधि-विधान पूर्वक अनुष्ठान सम्पन्न नहीं होता तो समुदाय या समूह के बजाय शामन या देवता (का न्याय) दंड देगा। तब स्वर्गलोक तथा पाताललोक के तराजू हस्तक्षेप करके दंड एवं शाप देंगे। ईजिप्ट की धर्मसाधनाओं में यह निर्णय शृगाल देवता अनूबिस करता था। अनुकूलता में देव-प्रसन्नता के फलस्वरूप अनुकम्पा, कृपा, शरण ाागति भी मिलेगी। सदियों तक ऐसी मिथकदेवी न्याय की निष्ठा लागू रही है। सामाजिक भूमिका पर पूर्वपश्च जन्मान्तरता तथा कर्मसिद्धान्त का अटल विश्वास हो गयी। इसी के उपसाध्य से इहलौकिक करनी-रहनी की समतुल्यता सुनिश्चित हुई। पुण्य तथा पवित्रता के नीतिविधान आन जुड़े। अपने पौराणिक चरण में (भारतीय) मिथकें प्रायः धर्मकथाएँ ही हो गयीं। सो, जब मिथक ध ार्म की घेरेबन्दी में बँध जाती है तब एक ओर वह आस्था में संलिप्त होती है तो दूसरी ओर इतिहास के छलावे में भी जकड़ती जाती है। इससे मिथक-आलेखकारी खतरे तथा खबरदारी में डावाडोल होती रहती है। अतएव मिथक को सामूहिक विश्वास बनाम इल्हामी अन्धभक्ति से अलगाना वांछनीय है।

अतएव धर्मकथा की पूर्ववर्ती **मिथककथा** में सच-झूठ, अथवा सही-गलत मानने की कोई एक कसौटी नहीं हो सकती।

आद्य (मूल) मिथक-बीज (थीम) के देशकाल नितान्त धुँधले हैं। उनके भूगोल और इतिहास भी प्राक्कल्पित हैं। कालान्तर में उनमें जो अनेक पताका-प्रकारियाँ छल्ले या कुंडल बनाती है वे भी किसी कबीले, सम्प्रदाय, मततंत्र, कर्मकांड या अनुष्ठान को जीवनदृष्टि में तथा विचारधारा को जीवन-शैली में शामिल करती हैं। मानो वे मूलमिथक के रिक्त-स्थानों या अन्तरालों को भरकर समग्र-सम्पूर्ण बनाती हैं। अतः विश्वास और कर्मकांड, समूह की अपेक्षा और आकांक्षा के किसी बिन्दु पर किसी मिथक को सच भी-झूठ भी, अथवा सही भी-गलत भी मानने के पारिस्थिक प्रमाण दे दिए जाते हैं। इससे वे **स्वयंसिद्ध** हो जाती हैं।

इससे विखंडित (टूट-फूट गयी) मिथक के अवशिष्ट जीवांश एवं जीवाश्म हैंः—लोककथाएँ एवं, पर्व तथा अनुष्ठान।

विज्ञान की पंचतत्त्व केन्द्रीयता, प्रकाश-विद्युत-ताप-चुम्बक-ध्वनि की शक्तियों की आधारभूति, बहिर्निष्ठता, आस्था, विश्वास-वैयक्तिकता निरपेक्षता आदि मिथक के विरुद्ध हैं। अतः वैज्ञानिक विश्लेषण, प्रयोग, बहिर्निष्ठता से मिथकहंसों का सम्पूर्ण कत्लेआम हो जाएगा। मिथक को विश्लेषण की छुरियाँ चीर देती हैं। इसको विश्वास का आच्छादन ही जीवित रखता है। मिथक तथा विज्ञान के बीच द्वन्द्वात्मक विरोध तथा बैर होता है। विश्लेषण के अलावा भी सत्य को जानने के अन्येतर प्रमाण हैं। यह भी श्रेयस्कर होगा कि हम क्षयशील मिथक तथा अन्धविश्वास एवं रूढ़ियों के पक्षधर नहीं बनें।

इस ग्रन्थ में **विश्वमिथक** का अध्ययन हुआ है। अतः मिथकीय एटलस में मेसोपोटामिआ, ईजिप्ट, चीन, भारत, ग्रीस, नार्डिक तथा केल्ट, रोम, जापान, कम्बोडिया-थाईदेश, इंदोनीसिया, आस्ट्रेलिया समुद्रायनी, अमेज़ीनिया, इन्का-माया-अज़टेक (मध्य अमेरिका), उत्तरी अमेरिका, आर्कटिक-वृत्त आदि शामिल है। हमें शुद्धतावादी, ऐकल श्रेष्ठतावादी राष्ट्रीय जीवन दृष्टि का परित्याग करना पड़ा है। अध्ययन की प्रवृत्ति **तुलनात्मक मिथकयान** है। इसलिए फालतू की समानताओं का तिरस्कार करना पड़ा है। हमने प्रमुखतः थीमों की संरचना तथा कथाचक्रों के मिथकाभिप्राय लिए हैं। अतः इनमें समानता की फूहड़ता से बचकर **समानान्तरता** का वरण किया गया है। द्विपर्ण विरोधता तथा सादृश्य तो हमारे प्राचल रहेंगे ही। हमें एक लाभ और प्रलोभन भी मिल जाता है कि विश्व-मिथकलोक

के विभिन्न मिथकयानों को कठोरता से देशकाल में नहीं बाँधा जा सकता। वे इनसे उत्तीर्ण होते चलते हैं। दूसरा लाभ है कि हमने नृतत्त्वशास्त्रियों के क्रान्तिकारी योगदान को शिरोधार्य करते हुए लोककथाओं का यथाप्रसंग समावेश किया है।

विश्वमिथक के प्रसंग में ही प्राचीन संसार में मिथकें 'सत्य' थीं। आधुनिक विश्व में वे 'असत्य' हैं; 'मिथ्या' हैं यह विभ्रंति है।

ग्रीक भाषा में 'माइथॉस' अन्यापदेशिक कथा या वाक् है। प्लेटों ने हज़ारों साल पहले मिथक की निन्दा में मिथकायन को गढ़ा था। वे मिथक को 'तफ़्सील वाला गल्य' ही मानते रहे थे जो देवताओं का विकृत रूप तथा पतित चरित्र पेश करती हैं। रोमांटिसिज़्म में प्रकृति 'प्राकृतिक' है जबकि मिथकयान में वह 'अति-प्राकृतिक' है।

'मिथक' शब्द सन् 1961 में हज़ारी प्रसाद द्विवेदी ने गढ़कर प्रयुक्त किया था। अतः जिन गणलोकों ने प्रथम सभ्यताओं का निर्माण किया, उन्हीं ने मिथकों का भी विकास किया। मिथक को सभ्यता से विच्छिन्न नहीं किया जा सकता। गाँवों से शहर, शहर से संस्कृति-सभ्यता बनने की प्रक्रिया में मिथकें भी सरल से जटिलतर होती गयीं। उन्होंने हमारी 'विश्वास-व्यवस्था' को भी पेचीदा बनाया। किन्तु प्राचीन सभ्यताओं में वे **पवित्र** तथा **सत्य** थीं। क्या हम बिंदास यह कह दें कि प्राचीन सभ्यताएँ तो मर चुकी हैं लेकिन मिथकें मृत्युंजय हैं?

विश्वमिथकयान में कई प्रवर्तक उपसिद्धान्तिकाएँ (थियौरी) प्रचलित हैं। हम प्रमुख के आधारों का उल्लेख करेंगे–

एक तो फ्रायडीय धुरी पर मनोलोक में गोताखोरी करती है और वैयक्तिक तथा सामूहिक अवचेतन के अतल तक जाती है। इसके अनुसार मिथक दमित चिन्ताओं तथा आक्रामकताओं की, कामेच्छाओं तथा भीतियों की निवारक है। **दूसरी** की धुरी नृतत्त्ववादियों को सुप्रिय है कि मिथक की आकृति तथा संरूप इच्छापूर्तियों द्वारा सृजित है। **तीसरी** दिशा अर्नस्ट कैसाइरर की रही है जो मिथक के अंतःस्वरूपों की अन्तर्दृष्टि में पैठती है। यह मिथक-अभिव्यंजना के स्रोत तथा उसकी विधात्री संचेतना की शिनाख्त करती है। **चौथी** दिशा संरचनावादियों–विशेषतः क्लाडलेवी स्ट्रास की है जिनके अनुसार (जुंग सम्मत आर्केटाइपों की संरचना में) मिथक की संरचना का मूल तो विनिमय (एक्सचेंज) है–आर्थिक विनिमय, नातेदारी में स्त्रियों का विनिमय, भाषा में संगीत तथा तालमुक्त ध्वनि (फोनीम) का विनिमय। इनसे ही सम्प्रेषण के अर्थ तथा विनिमय की नातेदारी निर्धारित होती है। वे घूम-फिर कर कार्ल मार्क्स के नतीजे पर भी एकत्र होते हैं कि संरचना एवं बुनियादी सम्बन्धता अर्थवत्ता (तथा आर्थिकता भी) पर निर्भर होती है।

अतः सबसे महत्त्वपूर्ण उन्मेष यह हुआ कि लेवी स्ट्रास ने **संस्कृति तथा प्रकृति** के **बीच के सम्बन्धों को,** अतिरंजित ढंग से ही सही, उजागर किया है। इस तरह उन्होंने पूर्ववर्ती नृतात्त्विक प्रवृत्ति की यथेष्ट क्षतिपूर्ति कर दी है जो एकांतिक रूप से केवल मिथक पर केन्द्रीभूत थी अर्थात् उन्होंने मिथक एवं संस्कृति का आश्विन-सिंड्रोम स्थापित कर दिया।

वे साम्यरूपता (एनालॉजी) द्वारा बुनियादी कूट (कोड) को अनावृत्त करने की विधि बनाते हैं तथा यह प्रतिष्ठापना करते हैं कि **संरचना ही मिथक का सन्देश सम्प्रेषित** करती है। जी.एस. किर्क के अनुसार वलाद लेवी-स्ट्रास की मान्यता है कि मिथक ध्रुवान्तीय अतियों के बीच मध्यस्थता करती है। इसके लिए वह कोई उपमिथक गढ़ती है (अंतर्कुंडलन), अथवा कोई अन्य प्रस्संकरण पेश करती है। इस भाँति अन्तर्विरोध का समाहार हो जाता है। इसके अलावा अन्य तरह के अन्यापदेश (एलिगरी) का इस्तेमाल करके भी किसी समस्यामूलक स्थिति को अवकूटित किया जाता है। इस भाँति **दुविधा और समाधान** का भी मिथक-चक्र घूमता है–जैसे सूर्यवंशी राम बनाम स्वर्ण मारीच (सूर्य), सूर्यवंशी राम बनाम अन्धकार रूपी रावण; या बालि तथा सुग्रीव के बीच एक गले की माला द्वारा ही पहचान, अथवा बालि द्वारा (रावण की तरह) सुग्रीव की पत्नी रुक्मा का हरण, अथवा सुग्रीव द्वारा (बालिवध के बाद) बालिपत्नी तारा को अपनी रानी के रूप में पदमान देना तथा संस्कृति में पंचसतियों में एक स्वीकार किया जाना।

इस विधि से नये साहचर्य, नये सम्बन्ध, नयी रिश्तेदारी, नयी भाषिक शब्दावली में पेश करके समस्या की जटिलता तथा दुविधा क्षीणतर से शून्यवत् कर दी जाती है।...हम एक कदम आगे बढ़कर सुमेरियाई मिथकों में पड़ोसी नगर-राज्यों की आपसी अदावटों को, उनके नगर-देवताओं के माध्यम से, प्रतिबिंबित होता हुआ पाते हैं–मार्दुक बेबीलान का नगर-देवता है वह प्रकृति-देवता से नगर-देवता में उन्नीत होता है। इसी भाँति वहीं की इनान्ना एवं एनकी की कहानी है जो एरुदू-नगर केन्द्रित है। वस्तुतः क्लाद लेवी स्ट्रास का भरतसूत्र है–'दो ध्रुवान्तीय अतियों के बीच में मध्यस्थता का विचार।'

अतएव विश्वमिथकयान के वृत्तान्त कल्पना और अभिव्यंजना, संस्कृति और प्रकृति, संरचना और कूट, निर्वचन और अनुमिति के **प्रारूपविधान** (टाइपोलॉजी) से सन्निहित होते हैं।

मिथकों की एक विलक्षण श्रेणी या **प्रारूपविधान** (टाइपोलॉजी) पाताल तथा मृतकों का काल्पनिक लोक है। मृतक देवता तथा निष्क्रिय (मृत) मानव पृथ्वी के नीचे पहुँच जाते हैं, मार्ग में वे क्या-क्या देखते हैं, पाताल का भूगोल कैसा पाते हैं, धरती में समुचित दाह-संस्कार न होने से मृतक कौन सी यंत्रणाएँ भोगते हैं, शासक और प्रजा वहाँ किस तरह जीवन विताते हैं इत्यादि के वृत्तान्त मिलते हैं। ईजिप्ट तथा नोर्स मिथकों में यह पक्ष ज्यादा उजागर हैं।

इसीलिए आगे मिथक-सम्बन्धों के अष्टछाप छापे गये हैं–

अध्यादेश : (1) मिथक और स्वप्न-दिवास्वप्न (फ्रायड, जुंग)

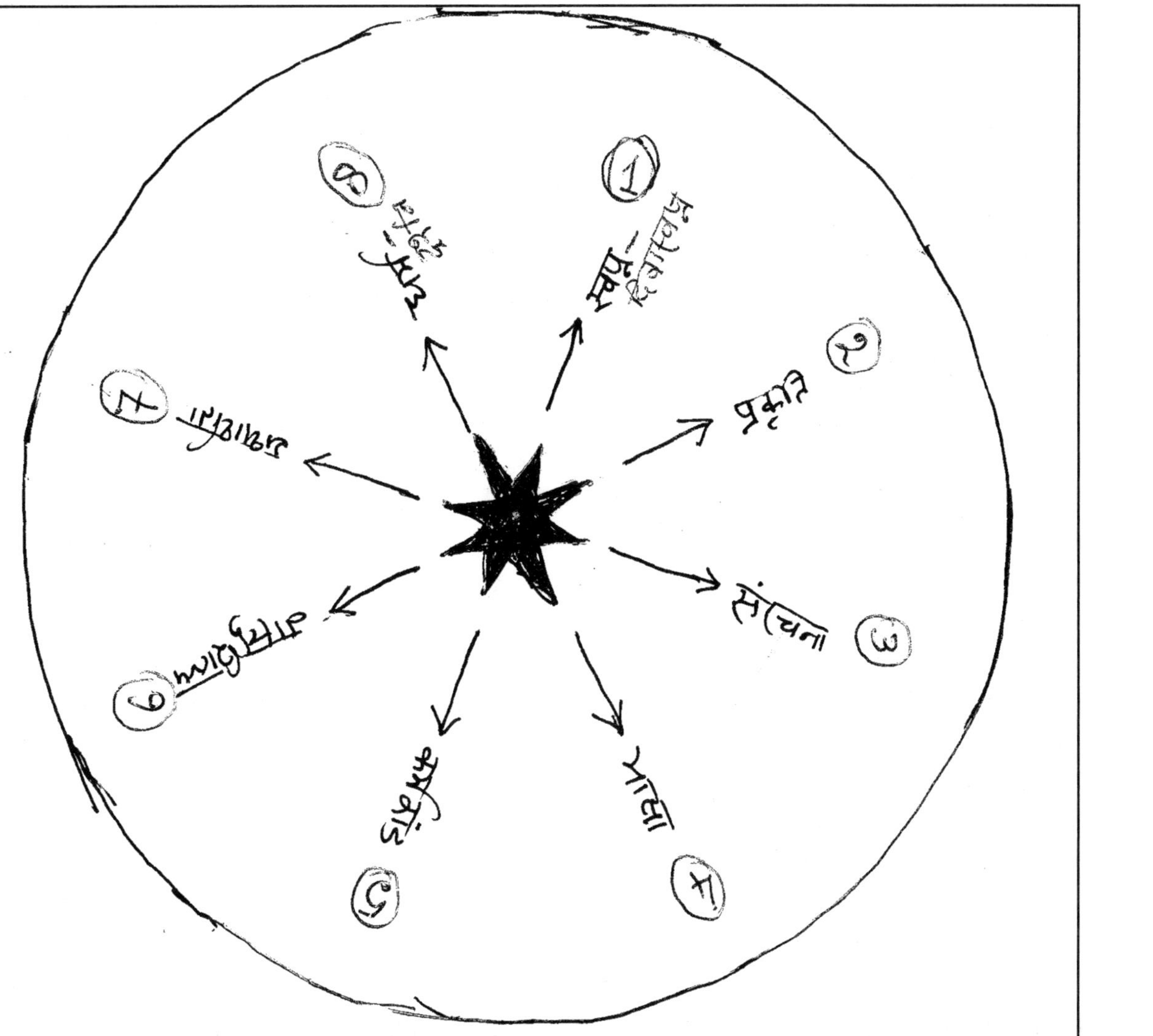

मिथक-सम्बन्धों का अष्टछाप

(2) मिथक और प्रकृति (मेलिनोवस्की, बोआस, रूथ बेनेडिक्ट)

(3) मिथक और समाज-संरचना (क्लाद लेवी-स्ट्रास; वैरियर एल्विन)

(4) मिथक और भाषा (कैसाइरर, लैंगर, मैक्समूलर)

(5) मिथक ओर कर्मकांड (हैरिसन, मर्सिया ऐलियाद, क्लाद क्लुकोन)

(6) मिथक और वास्तुशिल्प (वासुदेवशरण अग्रवाल, कपिला वात्स्यायन)

(7) मिथक और यथार्थता (कोसाम्बी, भगवतशरण उपाध्याय, कार्ल मार्क्स)

(8) मिथक और धर्म-दर्शन (हज़ारी प्रसाद द्विवेदी, विद्यानिवास मिश्र, उषा चौधुरी)

अतएव मिथक केवल कथा नहीं है, अपितु यह एक समानांतर ब्रह्माण्ड है। इसमें इस ब्रह्माण्ड का पूरा संरूपात्मक आलेख है; प्रकृति है, संस्कृति है सम्बन्ध है, सम्प्रेषण हैं, इत्यादि।

विश्वमिथकयान तथा मिथकायतन का एक समानान्तर स्वायत्त विश्वरूप संसार जो है वह है तो अमूर्त, किन्तु सदा-सर्वदा हमारा सन्दर्भ एवं आचरणमूलक मानक बना रहता है। यह हमारे मौजूद वर्तमान संसार के समक्ष तथा समकक्ष है, लोक तथा मर्यादा, अनुष्ठान तथा कर्मकांड कथा तथा दृष्टान्तरूप में

(i) मिथक विश्वास तथा आस्था (धर्मधुरी पर) की आधारभूमि पर अपनी **सत्ता** स्वीकार करती है तथा कर्मकांडों के द्वारा अपनी **शक्ति** को अनवरत कायम रखती है। विशेषरूप से धार्मिक मिथकें आस्था-विश्वास के युग्म-सी भवानी-शंकर-रूपिणी हुआ करती हैं।

मिथक को पूरा समूह निर्मित करता, गढ़ता तथा परिष्कृत करता है। वह कहानी कहता और सुनता है। अतः कई स्तर तथा कई प्रकार की विधियाँ जुड़ती जाती हैं। यह ऐकल सिरजना नहीं होती; एक कालावधि, एक आंचलिक सीमा में भी सम्पन्न नहीं होती।

(ii) मिथक सर्वांगीण पूर्वेतिहासिक नहीं होती। शिकार और शिकारी पशु-पक्षियों वाले, दानवों-दैत्यों की अधिकता वाले मिथक, या घुमन्तू तथा निष्क्रमण वाले मिथक तो आदिम कबीलों, आर्केइक समाज-व्यवस्थाओं वाले हो सकते हैं। बाकी मिथक बहुधा

मिथकमान से निकले होते हैं। उनमें पूर्वेतिहासिक चेतना भी हुआ करती है। उनमें जादू-टोना, कर्मकांड तथा मानवीय मोहक व्याख्याएँ जुड़ना लक्षण हैं।

(iii) मिथकें इतिहास में (नायकों, स्थानों, राजाओं, घटनाओं) का दैवीकरण करके **मिथकीय इतिहास** बनाती हैं तथा इतिहास में मिथकीय सिस्टम (वचन-शर्तें, अभिशाप-वरदान, कायान्तरण-देशकालोत्तीर्णता) आदि संलिप्त करके **ऐतिहासिक मिथक** का आभास भी देती हैं। ईजिप्ट, चीन, और जापान की मिथक-आलेखकारी, तथा यूनान और भारत के मिथकायन इसके द्योतक हैं।

(iv) मिथकें निरन्तर विकसनशील परिवर्तमान भी होती हैं–मिथक-कुल, मिथक-कुलक, मिथक-शृंखला, मिथक-कुंडलन आदि के द्वारा। यही उनकी प्रासंगिकता अर्थात् 'शाश्वत् वर्तमान' भी है।

मार्क शोरर ने कवि विलियम ब्लेक के पाठ्य एवं अभिप्रायों की पारस्परिक मिथक-आलेखकारी का नायाब नमूना प्रदर्शित करते हुए मिथक के स्वरूपों की परिकल्पना पेश की है–

(i) मिथक 'एक बृहद् बिम्ब' है जिसकी नींव मनुष्य के अनुभव में है (सभी संदर्भों से वियुक्त तथा अमूर्तीकृत अवधारणा नहीं),

(ii) परिभाषा से मिथ्या नहीं, यह उतनी ही, 'सच' होनी चाहिए जैसी कि हो सकती है;

(iii) यह 'बौद्धिकता विरोधी' नहीं है, न ही निषेधात्मक, या विचारों की विरोधी है, बल्कि उनका आधार तथा संरचना भी है;

(iv) मिथकायित बिम्ब वे तत्त्व हैं, जो चाहे जितना अंतर्लीन हों, फिर भी उनके द्वारा अनुचिन्तन, विचारधाराएँ निसृत होती हैं;

(v) हमारी अपनी सभ्यता भी 'एक मिथक के हेतु संघर्षरत है जो बहिर्गत ढंग से नैतिक तथा राजनीतिक भी होगी।' इस भाँति शोरर 'मिथक' का इस्तेमाल उन सामूहिक **स्वप्नों** लिए करते हैं जो प्राक्तन समाजों में न केवल पवित्र तथा पार्थिव हैं, बल्कि आधुनिक मनुष्यों के उन्मिषित संदर्शो के लिए अपेक्षित हैं।

अथच, मिथक को (कर्मकांड से इतर) संघटना (ईविंट) में केन्द्रित करने पर हम सामूहिक मानस में **कल्पित मिथक,** शब्दों मे प्रतिवाचित **वृत्तांतिक मिथक** तथा अन्य **कलात्मक संरूप में अभिनेत मिथक** को भी संप्राप्त करते हैं। **क्लासिकी मिथकों** में-से इनका क्रमशः प्रसारण होता आया है। इनकी भी बरामदी के जरिये अन्यापदेश (एलिगरी), पूर्वरूपायन (प्रि-फिगरेशन), अथवा पुनर्निवचन (री-इंटरप्रिटेशन) की अन्य तरकीवें हैं*। (हेरी लेविन)। इस तरह मिथक समानुभूति (इम्पैथी) की उद्‌भाविका, विश्वास की उत्प्रेरिका तथा आचरण की निर्देशिका हो जाया करती हैं।

मार्क शोरर के समकक्ष एक समावेशी मिथक।

मिथक-रथ-यात्राएँ शताब्दियों के बीच हुआ करती थीं। भारती-कम्बोडिया का एक बहुआयामी उदाहरण है जिसमें इतिहास और मिथक, लोकयान और अनुष्ठान का चतुरंग है।

कम्बोडिया (कम्पूचिया) के ख़्मेर (कामारि)-साम्राज्य (ई.प. 300) के सम्राट जयवर्मन द्वितीय (ई.प. 802) ने अंगकोर वाट नामक विष्णुमन्दिर बनवाकर उसमें **अष्टभुजाविष्णु** के भव्य विग्रह की स्थापना कर दी। तब उसने स्वयंमेव को विष्णु का अंशावतार अर्थात् **देवराजा** घोषित कर दिया। कालान्तर में वह स्वयं में विष्णु का प्रत्याभास भी करने लगा।

अंगकोर-वाट-मन्दिर का वास्तु गिरिपुंजवत् है ताकि उसमें मेरुपर्वत का प्रतिनिधित्व हो सके जो हिन्दू-देवताओं का निवास माना जाता है। वह स्वयं उसके एक ऊँचे तल पर रात्रि को **अनन्त शयन** करता था। (ई.प. 1 अंगरोकर वाट के गर्भगृह का प्रवेशपथ समुद्र-मंथन वाले सर्पों तथा देवों की प्रतिमाओं के गलियारे-जैसा है। उसने समुद्र-मंथन से प्राप्त (व्यापार द्वारा), ऐश्वर्य तथा सौन्दर्य की देवी लक्ष्मी का वरदान तो पाया ही था; साथ में कई अप्सराओं का समागम भी भोगा।

अतः जब सम्राट अनन्तशय्याशायी विष्णुरूप हो गया तब अन्य मिथकवृत्तों तथा अभिप्रायों का अंतर्कुंडलन भी हुआ। उसकी भी शेषशय्या के लिए प्रासाद में हर दिन एक आप्सरा-नाग-रमणी नागिन-सी सजधजकर उसके साथ शयन करती थी। यह भी लोकश्रुति फैली कि जिस दिन शेष-शय्या पर इच्छाधारी नाग-रमणी से यह केलि-रमण नहीं होगा उस दिन संसार स्थित नहीं हो सकेगा और देवराजा स्वर्गारोहण कर लेंगे।

अतः वे सुन्दर-रमणियाँ कम्बोज राज्य तथा राजधानी क्षेत्रों के नाना डिज़ाइनों वाले मनमोहक सर्पाकृत परिधान पहन कर सम्राट की अंकशयिनी होती थीं। वे नागराज कोबरा के काले-चमकीले वस्त्र, करैतके से बादामी व सफेद धारी वाले केंचुल-रंगी लिबास, शिर में मणियाँ गूँथे तथा नूपुर-ध्वनियों करती हुई सुमधुर-से टँके कटिबन्ध तथा हरी ओढ़नी पहनकर जाया करती थीं। वे सर्पनृत्य करने में कुशल नृत्यांगनाएँ भी थीं। इस तरह **वृत्तान्ती मिथक** तथा **अभिनेत-मिथक** का भी संगम हो गया था।

अतः हम विश्वमिथकयानों के लिए प्रकर्म का जो बीड़ा उठा रहे हैं उसमें उनके भरत-पाठ (मास्टर टैक्स्ट) के दो ध्रुवान्तों–मिथकाभिप्राय एवं कथाबीज–को छानना पड़ेगा। यही हमारी अनुशासनी ईमानदारी रहेगी। लेकिन सभ्यताओं, समूहों, इतिहासों लिजंधरों के संघातों से जो परि-पाठ (कॉन-टैक्स्ट) बने हैं उनकी विविध-बहुल व्याख्याएँ ही जालीदार छन्ने से अलगाई जाएँगी। यही मीनाक्ष लक्ष्य हमें याद रखना चाहिए। शब्द एवं वाक्य अतिरेकी सिसिफस तथा उसके कन्धे पर लदी चट्टान तो नहीं बनायी जा सकती।

---

* **डेडेलस** : (मिथ एंड मिथमेकिंग अंक), स्प्रिंग, 1959, सं. जेराल्ड होल्टन, हार्वड यूनिवर्सिटी, कैम्ब्रिज, मेसाचुरोट्स, पृ. 215, 225

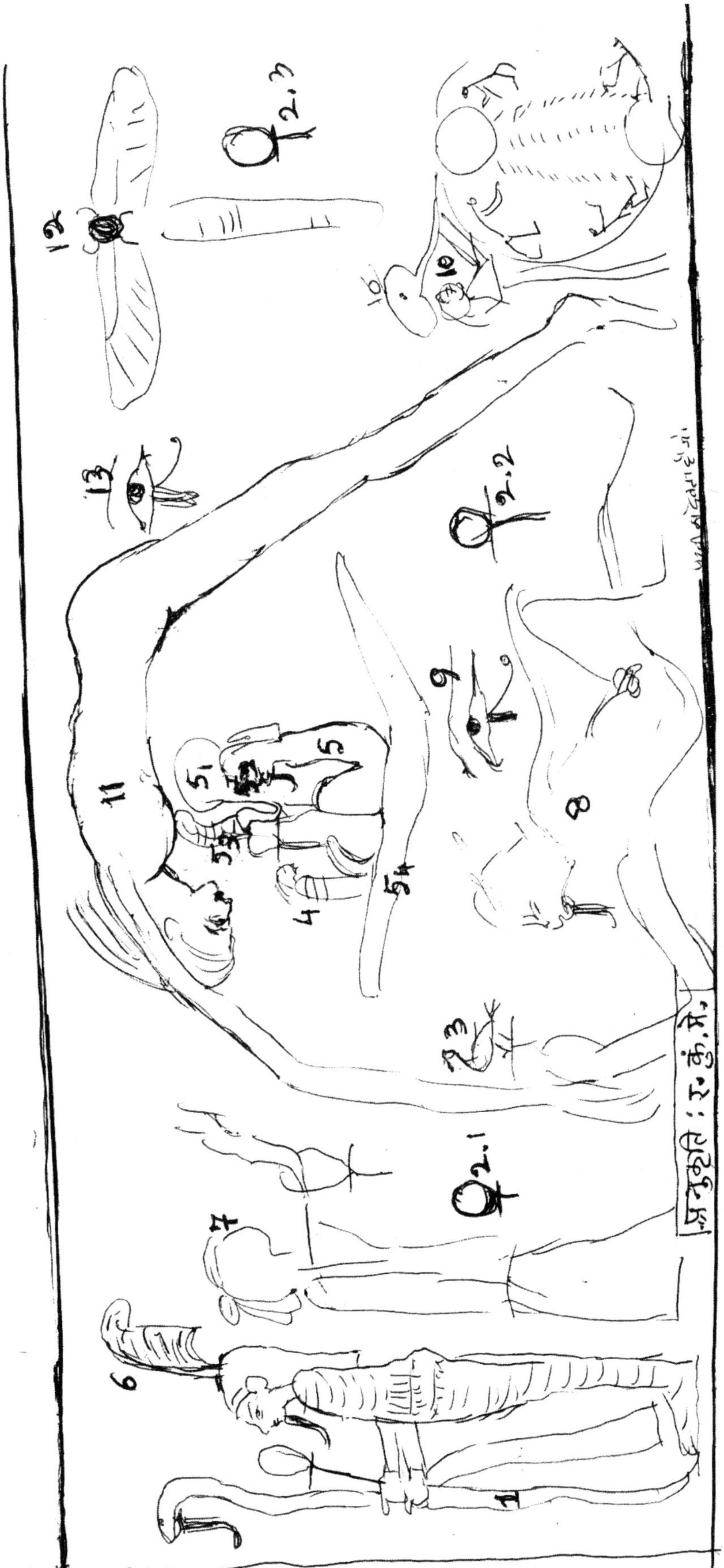

मिथक-आलेखकारी की ऐनिओलॉजी द्वारा इजिप्टी-अनुष्ठानों में बहुविध मिथकीय चक्रचिह्न

1.	2.	3.	4.	5.	6.	7	8.	9.	10.	11.	12.	13.
'शू' का दंड सर्पाकृत है क्योंकि सर्प केंचुल उतार फेंकते हैं। अतः वे पुनर्जन्म और जीवनशक्ति का संकेतन है	'आन्ख' जीवन का प्रतीक है जिसकेपास भी यह होती है वह जीवनदान या जीवनहरण कर सकता है। केवल देवता, राजा, रानी ही आन्ख के धारण करने के अधिकारी थे। (2.1, 2.2, 2.3)	'गेब' की बत्तख। गेब कभी-कभी एक बत्तख के रूप में भी पुनर्प्रस्तुत होता है। वह 'बेहद कूजने वाला' भी कहा जाता है। उसके अण्डे से काल-प्रभात में 'बेनू' पक्षी निकलता है।	'माऽट' न्याय तथा व्यवस्था की देवी हैं जो 'रे' (सूर्य) की पुत्री भी बताई जाती है; जो उसके सामने बैठती है।	5.1 सूर्य देवतता 5.2 यूराइस 5.3 न्याय का पंख 5.4 'रे' की नौका	'शू' नुट का पिता है उसकी पहचान शुतुरमुर्ग पक्षी की कलगी से होती है। वह नुट तथा गेब की अलग थामे रहता है।	'घ' पश्चिमी रेगिस्तान का देता है। यह कमर में बैल की पूँछ धारण करता है तथा ईजिप्टी राजचिह्न भी है।	गेब (पृथ्वी का देवता) अपनी भगिनी प्रिया की छाँह-तले लेटा है। ईजिप्टी व अन्य संस्कृतियों के विपरीत पृथ्वी को पुरुष मानते थे।	देवता 'रे' की आँख की सेमिओटिक्स सूर्य है। उसकी एक आँख रात में सोती है तथा दिन में खुलती है बारी-बारी से।	सुफलता का जल यह नेकीतीस देवी है जो आइसिस की बहन है। यह धरती पर फल-फूल का जल उड़ेलती है, जबकि मनुष्य खेत को जोतते है। ओसिरस की ममीकृत काया का भी पुनर्जन्म होता है जब जल का धरती से संपर्क हो जाता है।	नुट सबकी देवी है। वह अपनी देह से दिन की मेहराब (गुम्बद) बनाती है। हर रात वह सूर्य को निगल लेती है तथा हर सुबह जन्म देती है। वह अपने भाई गेब से समागम करती है। सितारे उसके शिशु हैं। बेनू पक्षी ने ही जल के आर-पार उड़कर प्रकाश फैलाया तथा प्रभात की सूचना दी। ग्रीको ने इसे 'फोनिक्स' पक्षी के रूप में रूपान्तरित कर दिया। कार्नाक के महानू आमून मन्दिर में उसकी उपासना होती है।	स्कारा पतंगा : यह देता 'रे' (सूर्य) का शलभ है। जो ओसिरिस की ममीकृत देह के साथ धरती से उभरता है। यह उसके यह उसके पुनर्जन्म का तथा 'रे' का दिन-प्रतिदिन जन्म का भी सूचक है।	होरस का बायीं आँख : इसे चन्द्रमा से तदाकृत किया जाता है। यह चाचा सेथ के साथ लड़ाई में नष्ट हो गई थी लेकिन दोबारा सम्पूर्ण हो गई (वेडजाट आई)।

अथच :

नुट ने चन्द्रदेवता 'टोथ' से जुआ खेला। इससे समय खण्ड-खण्ड बँटा। पाँच अतिरिक्त दिन जीते जिनमें उसने पाँच पुत्रों को जन्म दिया—ओसिरिस, अंधाहोरस, सेथ, आइसिस (पुत्री), नेफथीस (पुत्री)।

हमें विश्वमिथकयानों की अंतःसांस्कृतिक यात्राओं का जो दिग्दर्शन होता है वह जोखिमों तथा आह्लाद से परिपूर्ण है। उनमें राष्ट्रीय गर्व तथा अकादमिक पूर्वाग्रह हमें विपथित कर देते हैं। मसलन ग्रीक ज़ियस-लेब्रौंडास का मततन्त्र एशिया माइनर के दैत्य संहार ऋतु-देवता से, प्रणय-देवी एफ्रोडाइट रास-सामरा की मातृ देवी एस्ट्राटे से उधार-सा लिया गया है। रोमन देवता मिथरा आर्यों तथा पर्शियिनों से अधिग्रहीत है। आर्यो के पूर्वसहयोगी असीरियाई आंशुर बाद में शत्रु असुर हो गये हैं। भारतीय देवी (दुर्गा) की परिकल्पना में भी अंतसांस्कृतिक विनिमय परिलक्षित है : मेसोपोटेमिआई देवी ईश्तर-इनान्ना नग्न होकर आग उगलते सिंह (रथ) पर आरूढ़ है। पीछे बज्रशूल धारी देवता भी है। वह गिल्गामेष का वध करने को कटिबंद्ध है। भारतीय दुर्गात्व में भी इसकी कुछ कुहरीली रखाएँ झिलमिल हैं। वह सिंहारूढ़ा युद्ध-देवी है; वह अस्त्रों से सुसज्जित है। वह महिष का वध करने तथा महेष की सहकर्मिणी होने को प्रतिबद्ध है। कन्नान (फोनीसिया) का मरणशील वसन्त-देवता एडोनाई ग्रीक एडोनिस हो गया जिसके प्रेम में एफ्रोडाइट उन्मादिनी हो गयी थी। अगर हम एफ्रोडाइट की मिथकीय वंशरेखा पीछे खींचें तो वह हिब्रू की आशीरा, उसके पीछे एस्टोरेचट, उसके भी पीछे सेमेटिक देवता बाल की प्रणयिनी एनात में मिलती है। इसी तरह ईजिप्ट के कई देवी-देवते हाथोर, अनूबिस, प्टाह आदि पड़ोस के ईथोपिया लेबनान से चलकर शामिल हुए हैं। अज़टेक तथा इंकाई मिथकों के भी कई पुराने देवता आवागमन करके नये उपास्य हो गये हैं। अतः मिथकीय विनिमय में पासपोर्ट की कोई शर्त लागू नहीं होती थी। जिस तरह आज नयी टेकनालॉजियाँ भौगोलिक सीमाओं के विलयन में सहायिकाएँ हैं, उसी तरह प्राचीन युगों में नयी नवेली मिथकें यह करती थीं। अथच, ईजिप्ट व ग्रीस के बीच उत्तर कास्ययुग में प्रभावशाली सम्पर्क हुए। आइसिस की पूजा तथा ओसाइरिस के खंडित देहांगों की खोज ने ग्रीस को बेहद प्रभावित किया (ई.पू. पाँचवीं शती का उत्तरार्ध)। ईजिप्ट की मिथकों का व्यवस्थापन किसी महाकाव्य के आधार पर नहीं, बल्कि शव के नाना ममीकारक अनुष्ठानों के रिकार्डो-चित्रलेखों द्वारा हुआ। इसके साथ उत्तर व दक्षिण ईजिप्ट की एकता ने भी मिथक-संरचना को संश्लिष्ट बनाया। ईजिप्ट ने शू तथा तेफनुत ने गेब (पृथ्वी) तथा नुत (आकाश) को पृथक किया, हेलियोपोलिस के ब्रह्माण्ड-विधान के अनुसार।...मनुष्य सूर्य-देवता रे की अश्रु बूंदें हैं (शब्द व्युत्पत्ति के आधार पर)। रे-देवता हर दिन अजदहा एपोफिस को पराजित करता है (वैसे ही ओसाइस का पुनरुज्जीवन होता है।)

भारतीय मिथकयान और ग्रीक मिथकावली का मूल स्रोत भारोपीय भाषा है। ज़ियस=द्यौस। फिर भारतीय-ईरानी-धारा भी फैली है : हड़प्पा-सभ्यता तथा ऋग्वेद (1000 ई.पू.) धारा में दिव्य मातृका—अदिति/पार्वती/आदि। सो, तीन धाराओं का यह संगम है। फ्रांसीसी स्कालर ज्योर्ज डुमेज़िल ने तुलनात्मक-मिथकायन का प्रयोग करते हुए भारोपीय संस्कृतियों के मिथक-सिस्टमों में प्रकर्म का त्रिभुजी विभाजन पाया—पुरोहित, योद्धा, उत्पादक (किसान, चरवाहे, कारीगर)। इसे पूर्णतः लागू नहीं किया जा सकता। ऋग्वेद में ही आदित्यों तथा दानवों के बीच संघर्ष है। इन्द्र ने वृत्त पर धड़ाधड़ आक्रमण पर आक्रमण किये।

अथच, अगर इसे बहुत दूर की कौड़ी लाना न माना जाए तो मिथकें, **चमत्कार** तथा **अलौकिकता** द्वारा, देश-काल के अवरोधों का उल्लंघन तथा अंतर्विलयन भी करती थीं, आज की सम्प्रेषण-संचारण प्रौद्योगिकी के बरक्स।

चतुर्दिक वैश्विक सम्प्रेषण के हेतु भी सर्वप्रथम प्रमेय ईजिप्ट की **ओबेलिस्क** कहलाई जाने वाली बेहद ऊँची लाटें हैं। वे सूर्यदेवता की आभा की अगवानी करती थीं। इसी कड़ी में साढ़े चार हज़ार साल से भी ज्यादा पुराना **स्फिंक्स** [मानवमुखी सिंह] है। वह उगते हुए सूर्य को देखता रहता है (आजतक)। यह 150 फीट लम्बा है। इसका चेहरा चौदह फीट चौड़ा तथा तीस फीट लम्बा है। सारे भारत में सम्राट अशोक की **लाटें** भी विश्वभर में तथागत के धर्मचक्र-प्रवर्तन तथा अशोक की मानवतावादी चिन्ताओं को अभिव्यक्त करती थीं। हमें यह भी जानना चाहिए कि कमलकली या मानव-शरीर की हथेली अथवा कुहनी से मध्यमा-उँगली तक का माप ही 'दिक्' (स्पेस) की प्रथम इकाई रहा है। ये विश्वमिथकयानों के कलात्मक आश्चर्य रहे थे।

विश्वमिथकयान के सन्दर्भ में अगर हम भी समुद्र-मंथन के चश्मदीद गवाह होते तो देखते कि सारा का सारा अमृतघट तो देवी-देवते पी गये और अमर हो गये। श्री लक्ष्मी तथा सुन्दर अप्सराएँ भी देवलोक के सुख-विलास में खुश हो गई। बस, 'दरिद्रा देवी, ही यहाँ हमारे बीच अजर-अमर रह गयी (वह भी तो समुद्र-मंथन से निकली थी—भविष्यपुराण)। अगर चार-पाँच बूँदें भी मानव-लोक में अनसूखे गिरा दी जातीं तो बीमारी, गरीबी, अनपढ़ता, सूखा, अन्याय-अत्याचार भ्रष्टाचार के भस्मासुर का असुर-प्रभुत्व परास्त होता जाता।

इसी तरह ग्रीक मिथकायान में बाहुबली देवी-देवताओं की दादागीरी खुलकर चली। उनमें भी पाप-पुण्य के लोगॉस की अपेक्षा भोग तथा शक्ति-सत्ता की होड़ रही। ज़ियस शक्ति-संग्राहक धुरी है तो हेरा अन्याय-प्रतिरोधिनी। देवमंडल तो था, पर धर्म की भावना क्षीण थी। अतः प्लेटो ने उनकी कथाओं को अपनी 'रिपब्लिक' में प्रतिबंधित करने की पैरवी की थी। बाद में यह बोध ईसाई-मिथकों से आविर्भूत हुआ।...भारत में आर्य-चक्र के पश्चात् पाप-पुण्य की भावना प्रबल होती चली गयी, नैतिकता तथा पारलौकिकता के ध्रुवांतों पर। धर्म का आकार बनता गया।

ऐसी भूल-भुलैयों से चलकर मिथक में अतिक्रमण करके समाज के अन्तर्विरोधों तथा बाह्य सिद्धियों का समायोजन होता है। यह **'सामाजिक पंचांग'** (सोशलचार्टर) द्वारा जाँचा जा सकता है।

ऐसे में प्राक्तन् समाजों की अस्मिता की खोज प्रथम साक्ष्य के तौर पर **मिथक** करती है। उसके साथ-साथ **पुरातत्त्वशास्त्र** तथा **नृतत्वशास्त्र** का भी साध्य है। कलावास्तु (आर्टिफेक्ट) तथा लक्षण तथा थीमें भी माध्यम होती हैं। रेडियो-कार्बन-विधि से **प्रवाही कालनिर्धारण** अनुमित किया जाता है। तथापि भूचित्रायन (लैंडस्केपिंग), आवासन (सेटलमेंट) के आकृतिबन्ध आबादी के ढाँचे ज्यादा निकटवर्ती इशारे देते हैं। इनकी बहुतायत मिथक में ही अन्तर्निहित हुआ करती है। अतएव विश्व-मिथकों द्वारा **सापेक्ष्य कालानुमिति भी** होती है।

शैलचित्र प्रमुखतः पुरातत्त्व, नृतत्त्व तथा सौन्दर्यबोध के हेतु है। इनकी आदिमता तो पन्द्रह से तीस हज़ार साल तक पुरानी है। अतः ये मिथक-शिशु के धातृ-धात्री हैं।

वस्तुतः पुरातत्त्व तथा नृतत्त्व के बीच प्रगाढ़ अन्तर्बन्ध होते हैं।

आदिम शैलचित्रों के साथ-साथ मेसोपोटामिआ और मोहेनजोदारो की मुहरों, ईजिप्ट के पिरामिडों तथा मेक्सिको के बलितीर्थ-पिरामिडों, अजंता-इलौरा की गुफ़ाओं तथा तुङ-ह्यांग की गुफ़ाओं, ईस्टर-द्वीप की पर्वताकार आवक्ष शिल्पाकृतियों तथा मामाल्लपुरम् के शिलागुल्म पर अंकित त्रिभुवनक्षणों के साथ-साथ नानाविध **विश्व-मिथकें** भी भाषा और धर्म, कला और कर्मकांड, कथा और अ-काल से संलिप्त हो जाती हैं।

शैलकला में आखेट तथा पितर-पूजा से लेकर यूनान के डेल्फी तक, जापान के नारा-मन्दिर तथा जावा के बोरोबुदुर-मन्दिर तक, उत्तरी अमेरिका के—टोटम-स्तम्भ और विदिशा के गरुड़-स्तम्भ तक, वास्तुकला, नृतत्त्वशास्त्र से दिव्य सौन्दर्यबोधशास्त्र तक की मैत्री कराती हुई, विश्व-मिथकें पूर्वेतिहास एवं आधुनिक समाजशास्त्र की धारावाहिकता भी निरूपित करती हैं। लगभग सभी सभ्यताओं की मिथकों में सृष्टि और उर्वरता के रहस्यों का अन्वेषण के अलावा आद्य महासागर से निकलती पृथ्वी और आकाश, सूर्य और चन्द्रमा की यात्राएँ, देव-देवियाँ और राक्षस, पशुपक्षी और वनस्पतियाँ, जन्म-जीवन और मृत्यु, स्वर्ग-पृथ्वी पाताल, अमृत और विष आदि के अनगिनत कथा-सारत्व (थीम) तथा मिथकाभिप्राय (माइथीम) विद्यमान हैं। वे अनादि से अनन्त तक, स्वप्न-समय से लेकर शाश्वत् वर्तमान तक को वलयित किए हुए हैं।

विश्वमिथकयानों के व्यूह में ही ग्रीक तथा भारतीय मिथकयान में अपने-अपने अन्तर्विरोध तथा विरोधाभास हैं। ग्रीक मिथकयान में देवस्थान एक ही ओलिम्पस-शैलमाला है। उसमें बारह देवी-देवताओं का मंडल है, उसके साथ ही उनमें कोई अन्य दर्शन या विभिन्न वैश्विक सन्दर्श नहीं है। भारतीय देवमंडल वैदिक तथा परवर्ती वैष्णव, शैव, शाक्त, बौद्ध, जैन आदि का योगायोग है। उसमें कम से कम तीन, स्वर्ग में इन्द्रलोक, कैलाश में शिव-निवास, बैकुंठ में विष्णु-आवास हैं। इसी विधि से उन स्थलों के अपने-अपने देवमंडल हैं। (ईजिप्ट में भी चार-पाँच देव-स्थान कायम हुए थे किन्तु कर्मकांड प्रायः एकैक थे)।

ग्रीक देवी-देवते मानव-संसार में आ-जाकर भी मानवीय समाज तथा जीवन से विमुक्त हैं वे मानव नर-नारीयों से छल-कपट, हत्या-बलात्कार, स्वार्थ-सत्ता के साथ व्यवहार करते हैं। अपने स्वार्थों के लिए छल के साथ कायान्तरण करते हैं। उनमें आदर्श, मानवीय मर्यादाएं तथा मानवीय ईमानदारी नहीं मिलती। अतः उनमें दैवी बनाम मानवीय अन्तर्विरोध अन्त तक अनसुलझे पड़े रहते है। ग्रीक (हीरोइक) मिथकों में सामान्य कथा-बीजों में-से बीस को वर्गीकृत किया गया है। कुछ मुख्य निम्नलिखित हैं—(1) चालें (छल) तथा पहेलियाँ अर्थात् देवताओं एवं अधिनेताओं द्वारा दुविधाओं के समाधान (ढाँकने या बेपर्दा करने को, चोर या विवाहित व्यभिचारी को पकड़ने के लिए); (2) रूपान्तरण (मनुष्यों, देवताओं, स्त्रियों का पक्षियों, वृक्षों, पशुओं, साँपों, सितारों में रूपान्तरित हो जाना, दंड से बचने या गतिरोध दूर करने के निमित्त); (3) किसी रिश्तेदार, या प्रणयी या दोस्त की संयोगवश हत्या (एक्टाओन की शिकारी कुत्तों द्वारा, मेगारा की हेराक्लीज द्वारा, हेसिंथस की अपोलो द्वारा); (4) जांइट्स, दैत्य तथा सर्प (सौ शिरों वाले जाइंट्स, कुछ साइक्लोपीज़; कुछ सेंटार, कभी-कभी इहामृग जैसे स्फिंक्स, मिनोटार, सेटिर; (5) प्रतियोगिताएँ (वधू या राजत्व या सम्मान के लिए); (6) अपवित्रता (इम्पाईटी) के लिए दंड (डायोनीसस से, या एफ्रोडाइट से श्रेष्ठतर होना); (7) अपने ही शिशु को मार देना या मारने की कोशिश, (8) माता का प्रतिशोध लेते पुत्र (उत्पीड़नकारी से रक्षार्थ); (9) बेवफ़ा पत्नी; (10) बेवफ़ा पुत्री; (11) गोत्र-व्यभिचार (इनसेस्ट); (12) देवियों के मर्त्यमान प्रेमी और देवताओं की रखैलें; (13) असामान्य जन्म (जियस की जाँघ से डायोनीसस तथा मस्तक से एथेना का), (14) नज़रबंदी या क़ैद (किसी पिटारी, या मकबरे या सुराही में)। (दे.जी.एस. किर्क, वही; पृष्ठ 187-189)।। भारतीय मिथकयान में **अवतारवाद** विश्वमिथकयान में भी एक अद्वितीय आयाम है। यहाँ स्वयं ईश्वर ही युग-युग में मानवरूप में **अवतार** लेता है ताकि प्रकृति पृथ्वी और मानवता का **उद्धार** हो सके। मानवरूप में आने पर वह छल-कपट नहीं कर सकता। वह कायान्तरण भी नहीं कर सकता (आरम्भ के कच्छप, मत्स्य, वराह का सम्बन्ध मनुष्य की अपेक्षा पृथ्वी से है)। उसके सारे कर्म मानवीय मर्यादा के लिए मानक हैं। अतः वह ईश्वर **पुरुषोत्तम** एवं **लीलापुरुषोत्तम** ही है। ईश्वर का पुरुषोत्तम होना एक अभिनव मिथकीय आदर्श (आइडियल)-प्रादर्श (माडल)-प्रतिदर्श (दृष्टान्त) है। इसके साथ ही मिथक की ही दो स्तरीय संरचनाएँ हो जाती हैं : एक दैवी या पारलौकिक, दूसरी मानवीय या इहलौकिक। पहली संरचना में उसके ईश्वरीय प्रयोजन हैं तथा **कर्म** हैं। दूसरी गहरी संरचना में उसकी **लीला** है। अतः कर्म एवं क्रीड़ा मानवजगत के बीच दुविधा बनाये रखती है। कभी-कभार

ईश्वर का संदेशवाहक नारद मुनि लीला को क्रीड़ा-घट से चुवा देते, अथवा लीला की दराज से फूँक देते हैं। तब भविष्यवाणी का चौंकन्नापन या त्रासदिक विश्रांति मिल जाती है। यहाँ एक अकेला प्रसंग ध्यातव्य है शिव बारम्बार कहा करते हैं कि राम ईश्वर हैं और मानवतार होकर आये हैं। सती को विश्वास नहीं हुआ। अतः उन्होंने खुद इसकी जाँच करनी चाही। शिव ने इसके लिए मना किया। तदपि वे वनपथचारी राम के सम्मुख सीता का (छद्म) रूप धारण करके सामने पहुँच गयीं? देखते ही राम ने प्रणाम करके पूछा : 'देवी, शंकर प्रसन्न तो हैं?' सती का भ्रम टूट गया। अवतार राम का विष्णु-ईश्वरत्व सिद्ध हो गया कि– वे नर हैं और नर-समाज में लीला कर रहे हैं)। विश्वमिथकयान में भारतीय मिथकें ही सर्वाधिक बहुकालिक (वैदिक, उपनिषदीय, पौराणिक) तथा भिन्न केन्द्रिक (आर्य, गान्धार, कुषाण, गुप्त, पल्लव-चोल, काश्मीरी आदि) पाई जाती हैं। फिर भी उनमें बिखरी निरन्तरता है।

विश्वमिथकयान में ऐसा विरोधाभास प्रायः दृष्टिगोचर नहीं है। 'सामाजिक पंचांग' के प्रकार्य जानने में भी हमें मिथकीय कथा, अभिप्राय एवं थीम में-से उसकी गहरी संरचना उथालनी पड़ती है। मिथक-आलेख-कारी की यह एक **पद्धति** है जो परिणाम या फलित का खुलासा करती है।

सारतः क्लुकूहान की शब्दावली उधार लेकर हम कह सकते हैं कि विश्वमिथकयान की विराट् इकाई में 'अन्तर-सांस्कृतिक-वैश्विकों' (क्रास कल्चरल यूनिवर्सल्स) की खोज-खबर ली जाती है। क्लासिकी मिथकयानों में इनकी पुनर्लब्धि के तीन आधारभूत साधन हैं—अन्याप्रदेश (एलिगरी), पूर्व-रूपायिता (प्रि-फिगरेशन) तथा पुनर्भाष्य (रि-एक्सप्लिकेशन) ॥

हमें मिथकयान के कुछ ओझल या परित्यक्त या ओझल मुद्दे भी भासित होते हैं।

शताब्दियों से मिथक का साफ्टवेयर ये प्रमुख छानबीनें (सर्च) करता रहा है कि संसार कैसे अस्तित्व में आया? मनुष्य की उत्पत्ति कैसे हुई? मानवजीवन पर कौन-सी ताकतों का अधिशासन है? उन ताकतों को कैसे अंगीकृत एवं अनुकूलित किया जा सकता है?

इसके लिए सर्च-एंजिन सीधे अवचेतन से सम्पर्क करता रहा है। उसका 'माउस' तर्क के परे से इंगित ग्रहण करता है, उसका इंटरनेट भी प्रमा के बजाय प्रज्ञा (इंटूशन) अनुपाठित करती है। इसलिए विज्ञान, इतिहास, अर्थशास्त्र, राजनीतिशास्त्र उतने प्रभावी तथा प्रासंगिक नहीं हैं जितने कि अन्तर्मुखी-से मनोविज्ञान, सौन्दर्यबोधशास्त्र, अनुजातिप्रकल्प (एथनोग्राफी), नृतत्त्वशास्त्र (विशेषतः सांस्कृतिक), भाषिकी, तुलनात्मक मिथकयान तथा तुलनात्मक धर्म आदि के ब्लॉग। अतः अब यह क्रमशः ज्यादा परिष्कृत विद्यानुशासनों द्वारा अनुसंधानित भी हो रहा है। अवचेतन तथा आर्केटाइप, संरचना तथा पंचांग, 'जीन' तथा 'क्लोन' आदि ऐसे ही आधुनिक, किन्तु उन्मेषक, प्रतिपादक हैं।

ऐसी जीवनीय प्रणालियों से हम पुनर्भाष्य भी कर रहे हैं। सामयिक व्याख्याओं के उक्त सूत्राधार हस्तगत हो जाने पर हम कह सकते हैं कि ईस्किलस तथा ऐसीस्टोफेनीस ने एथेंस में लम्बे युद्धों की अराजकता, उच्छृंखलता, अनैतिकता अर्थात् देवसंयोगों (चांस) से आहत होकर ही **'त्रासदी'** का विधान किया था जिसमें मिथकों की नाटकीय आलेखकारी में प्रेम और आनन्द के बजाय भय तथा करुणा को केन्द्रीय संवेग बनाया। हम भलीभाँति निश्चिंत होकर कह सकते हैं कि कालिदास ने 'मालविकग्निमित्र' की रचना में इहलोक तथा पार्थिव प्रेम तथा दुविधाओं का ऐसा तलस्पर्शी उद्घाटन किया कि वे जनश्रुतियों के महावट पेड़ में पैठकर अपनी ही शाखा को काटने वाले महाजनों, तथा कुष्ठ रोग की अफवाहों से परेशान हो गये। अतः बाद में उन्होंने अपनी सारी कृतियों के केन्द्र में अप्सराएँ, देवियों तथा यक्ष आदि ही रखे ताकि लांछन का बाँस ही न रहे और बाँसुरी नहीं बजे। वे **'सुखान्तिकी'** रचनाएँ करने लगे। नाटककार शूद्रक के बाद लोकचित्त अनुदार तथा कुंठित होता जा रहा था।

आद्यप्रारूपों (आर्केटाइप्स) के अक्ष पर **मिथकवित् (मिथो-पोइक) याम** का अभिनव आयाम उद्घाटित हुआ है। इसके आधार पर मिथकीय तथा आर्केटाइपल काव्य की कांतमैत्री हुई है। चंचल चौहान, कृष्णमुरारी मिश्र, लल्लनराय, सुमनिका सेठी ने मुक्तिबोध के काव्य में मिथार्केटापल दिशाओं का अनुसंधान किया है। मैथिलीशरण गुप्त के भी मिथकीय काव्य के ऐसे अनुशीलन की प्रतीक्षा रहेगी। अतः कालक्रम में संसार तथा काव्य की ऐसी ताजी जीवन्त व्याख्याएँ सांस्कृतिक एकता की भी बुनियाद होती है।

हमें मिथकक्रोड़ में **भविष्यवाणियों** के तिलिस्म की भी पहचान-परख करनी होगी। यह रेखांकित कर लेना होगा कि इनका कार्ल मार्क्स के द्वन्द्वात्मक भौतिकवाद से कोई भी सीधा लेना-देना नहीं। यहाँ अरविन्दो घोष के दिव्यजीवन, ओशो के सहजध्यान की भविष्यवाणियों की अन्वीक्षा हो सकती है। मूल मिथकों में या तो ग्रीक धुरी पर डेल्फी की भावी देव वाणी (ओरेकल) है अथवा भारत-धुरी पर अवतारवाद, जिसमें विशेष प्रयोजनों के लिए विशिष्ट युग में देवता-अधिनायक की यात्राएँ (लीलाएँ) होती हैं। अतः अवतारवाद और डेल्फी के ओरेकल के पवित्र धुव्रान्त से ईस्किलस-एरिस्टोफेनीज़ और कालिदास के पार्थिव ध्रुवान्त की चक्राक दिग्विजय आदि मिथक-अश्व को आगे करके आती जा रही हैं। अलबत्ता हमने इस पर गौर नहीं किया है। हाँ, मर्सिया ऐलियाद की इस खबरदारी को याद रखा जाए कि मिथक में चक्राक काल ही चिरन्तन वापसी—अर्थात् भविष्यवाणी—की चेतना देता है। (वरदान एवं शाप भी ऐसे धर्म निभाते हैं)।

वस्तुतः देवी-देवतादि, दैत्य-राक्षस आदि हमारी परावृत्ति (अन्तरात्मा) के उच्छलित उल्लास और भीषण भय के ही तो प्रक्षेपण एवं अन्यथाकरण हैं। एक मिथकयान में वे आते हैं, दूसरे में दूरान्त शून्य हो जाते हैं। एक समय में वे अलौकिक शक्ति होते

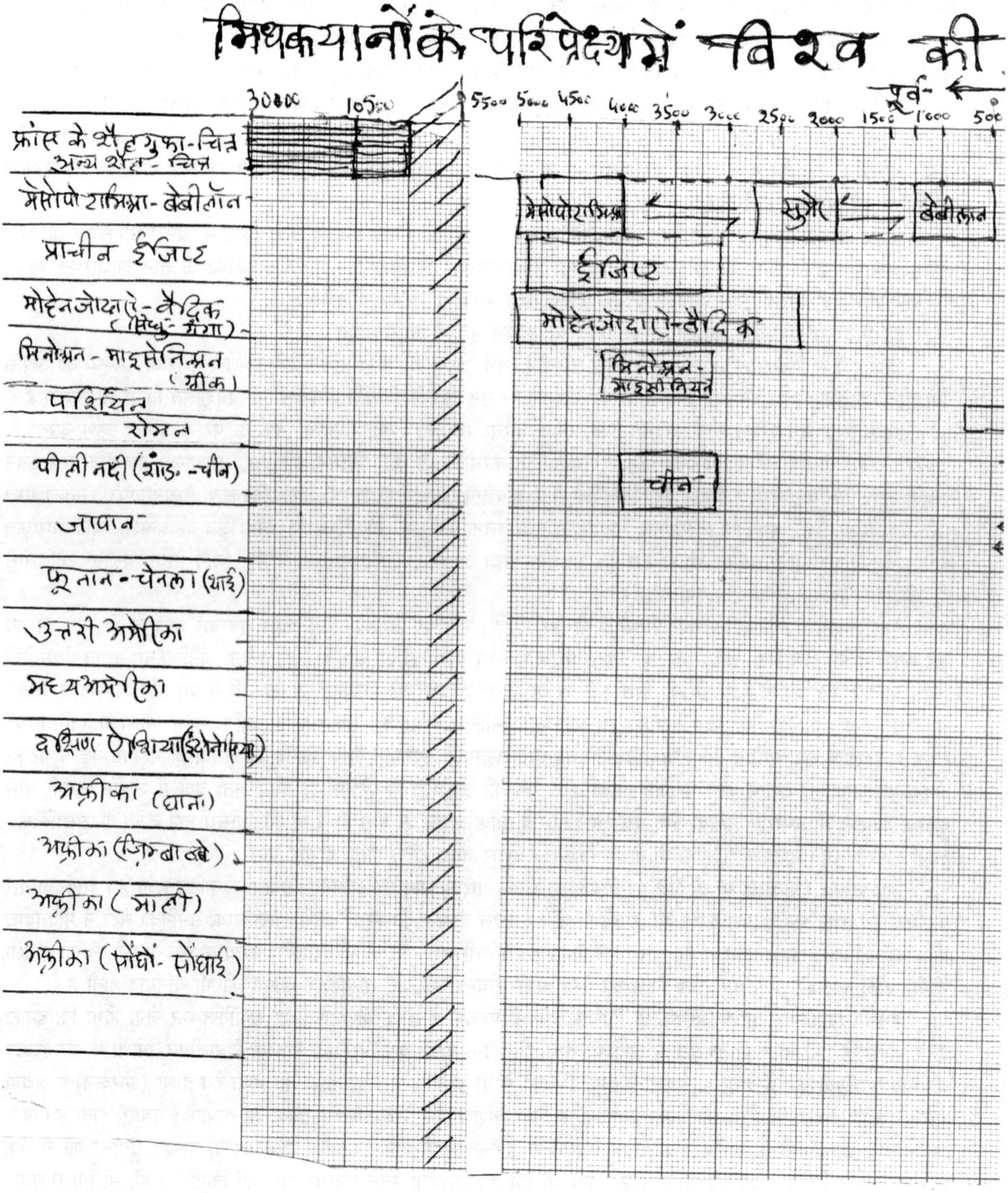

टीप : हाल ही में फ्रांस के 'बोलोन पोंटेल आर्क' की चोवेट गुफा में चार घोड़ों के चित्रांकन तकरीबन 36000 वर्ष पुराने माने गए हैं। अन्य परा-पुरातन शैल चित्र अफ्रीका, मध्यभारत (भीमबेटका) आदि में भी मौजूद है।

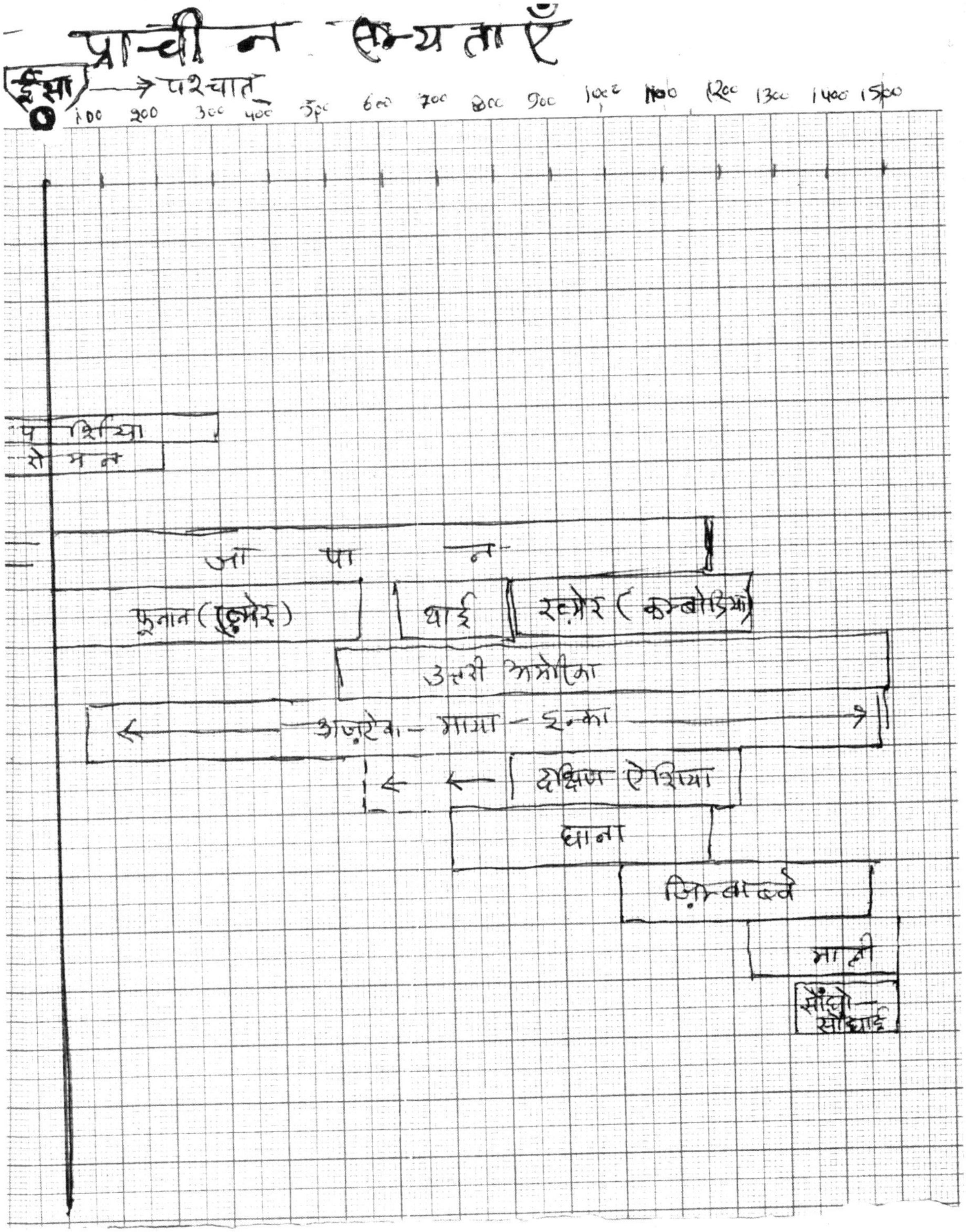
प्राचीन सभ्यताएँ
ईसा → पश्चात
0
100
200
300
400
500
600
700
800
900
1000
1100
1200
1300
1400
1500
पर्शिया
रोमन
जापान
फूनान
थाई
ख्मेर (कम्बोडिया)
उत्तरी अमेरिका
अज़टेक - माया - इन्का
दक्षिण एशिया
घाना
ज़िम्बाब्वे
माली
सोंघाई

है, दूसरे में मात्र कथानाम! अतः मिथकें तो दर्पण हैं जो हमारी अंतश्चैतना, अनादिवासना, पराचिति के आह्लाद और आतंक को देव-दानव, खौफ़नाक पशु, ललचाती अप्सराओं को बारम्बार कई रूपों में प्रतिविंबित करती है, वे मानवीय अस्तित्व, मानवीय प्रकृति तथा मानवीय अनुभव के हाई टेंशनवाले विद्युत्-स्टेशन जैसी हैं। ऐसी छानबीन तथा प्रतिबिम्बन में मिथक के भरतपाठ, और मिथकलीन सौंदर्यतात्त्विक कलाकृतियाँ भी कुषाण तथा अजन्ता से लेकर ग्रीक संगमर्मरी प्रतिभाओं और इटैलियन रिनासाँ के चित्रफलकों, ईजिप्टी मकबरों के भित्तिचित्रों, जापान की नारा-नगरी के मन्दिर शिल्पों के अपरिहार्य अनुषंग हैं। बस यही ध्यान रखें कि मिथक कभी भी शुद्ध तथा परिपूर्ण नहीं होती। भरतपाठ को ही अनुपाठों-प्रतिपाठों-उत्तरपाठों से रू-ब-रू कराने पर यह महासत्य सहस्रों सूर्य की दीप्ति से आलोकित होता रहता है।

तो **मिथक के भरतपाठ** (मास्टर टैक्स्ट) में परिवर्तन-परिवर्धन-संशोधन-संयोजन कैसे होता है?

इसके लिए कोई नियम या निश्चित पद्धतियाँ नहीं हैं। यह त्रुटि और पर्यवेक्षण द्वारा ही संप्राप्त हो सकता है।

जब किसी नये पक्ष को शामिल करना हो या उसकी आमूल से संगति बैठानी हो; जब किसी सम्प्रदाय या मततन्त्र (कल्ट) के अनुसार एक अनुपाठ द्वारा संशोधन-समावेश करना हो; जब किसी नयी आंचलिकता की जरूरत या नये दीक्षित समूह को शामिल करना हो तथा विपरीत हिस्सों को निकालना बहिष्कृत करना हो प्रतिपाठ के द्वारा; जब नये अनुभव नई प्रकृति के उन्मेयी को उत्तर-पाठ द्वारा जोड़ना तथा व्याख्यायित करना हो तब हमें प्रासंगिकता-आवश्यकता, पवित्रता-सौन्दर्यात्मकता से अनुपाठों-प्रतिपाठों-उत्तरपाठों के छल्ले पर छल्ले, कुडल पर कुडल मिलते हैं। ऐसे में हमें इन सभी परतों से एक समान घटक-तत्त्वों के लेकर भरतपाठ की परियोजना की जाती है। यह मिथक के पुरातत्त्व का उत्खनन-जैसी पद्धति है।

कला भी मिथक की अतल-अवचेतन गहराइयों में-से प्रज्ञा और तन्मयता से चित्रात्मक शिल्पात्मक पाठों का जो विधान करती है उससे भी हम मूल वासना तथा सहज चिति का स्पन्दन पाते हैं। कलाकारों की शैलियों तथा फलक की संघटना ही उनके एवं मिथक के गूढ़ सृजन-बिन्दुओं को गोधूलि-क्षेत्र से ऊपर उछाल देती है। इटैलियन रिनासाँ में रेफाएल, माइकेल एंजिलो, बोटिशेली, यूरोप में टिशियाँ-रूबेंस ने, भारत में गढ़वाली मोलाराम तथा कश्मीरी पंडित सेऊ ने ऐसी दशाएँ बताई हैं। यहाँ अवचेतन के अतल में निमग्न होना होता है। समुद्रायनी में पाल गॉगिन ने भी मिथक की चेतना के प्रवाह में बड़ी गहरी तथा लम्बी तैराकी की है।

जब साहित्य से संलिप्तता की बात होती है तो हम **मिथकवित् याम** के मनोलोक में पहुँचते हैं। अन्योक्तियाँ, आर्केटाइप तथा अन्तरानुभूतियों द्वारा, हम समय से परे और प्रमाण से परे जाकर, सह-पाठ पर केन्द्रित होते हैं और तुलना की भूलभुलैया से मार्ग पाते हैं जहाँ से मूल पाठ का उद्गम हो सकता है। चन्द्र कुँवर बर्त्वाल तथा बलदेव वंशी के मिथकवित्व का आर्केटाइपल आधार हमें मूल थीम के प्रकोष्ठ में ले जाता है। मार्क शोरर ने वरिष्ठ रोमांटिक कवि विलियम ब्लेक में भोलेपन और अनुभवन की संगीतात्मकता के मिथक की भी एक प्रवर्तक व्याख्या की है (आगे के पृष्ठों में देखें)। बहुधा देखा जाता है कि मिथक साहित्य का ही अनुषंग हो जाती है। तब मिथक का नया अवतार होता है :– एक 'साहित्यिक कृति'। वर्जिल कृत 'एनियास', जेम्स ज्वायस कृत 'यूलिसिस' प्रसाद कृत 'कामायनी' तथा दिनकर कृत 'उर्वशी' धर्मवीर भारती कृत 'अन्धायुग' अप्रतिम साहित्यिक मिथकें हैं।

इस भाँति हम मिथककथा के अनेकरूपेण पाठों, शिल्प-चित्र-साहित्य के माध्यमों से उसके बहुविध रूपान्तरणों के समरस तत्त्वों को उपलब्ध करके भरतपाठ को रससिद्ध करते हैं। यह मिथक ही है जो कलाकृति, प्रतिमा, चित्रफलक, धर्मगाथा तथा साहित्यिक कृति में रूपान्तरित होती है।

मिथकवेत्ता जोसेफ़ कैंपबेल ने 'मिथक के जादुई छल्ले' (या कुंडल) का मिथकसूत्र गढ़ा था। हमारी मिथक-आलेखकारी में उससे भी अपने विश्वमिथकयानों की पालें तथा लंगर साधे गये हैं।

किन्तु इन्हें सरित्सागर तक खेवा लाने में हमें विश्व की सभ्यताओं के पलाश-वनों से लगातार गुजरते रहना पड़ा है। सो हम भी एकाधिक दशक से उन पलाश (टेसू) के फूलों के इतस्ततः प्रोक्ति-गुच्छे बनाते आ रहे हैं। ये अधबने-अधसिंगारे तो हैं लेकिन गर्भशोध-प्रसूत बिल्कुल सहज और स्वच्छ और शुद्ध हैं। हम इन्हें जस-का-जस उपहार में भेंट कर रहे हैं, सेनापति के एक पदांश के साथ कि, 'सेनापति माधव महीना में पलास-वन देखि-देखि भाव **कविता** के मन आये हैं।' [यहाँ कविता के स्थान पर 'विश्वमिथकसरित्सागर' पढ़ लिया जाए]। यह भी गुजारिश है कि निम्नांकित प्रोक्ति या वृत्त कई वर्षों के क्रम में लिखे गये हैं। अतः पुस्तक के कई प्रतिपाद्यों से इनकी संगति नहीं बैठ सकती है। अथच, ये काल-क्रमानुसार भी उद्धृत नहीं हैं ॥ अस्तु ॥

- आज से लगभग 4500 साल पहले (या उससे भी पाँच सौ साल पहले) मिथक का जन्म हुआ होगा।
- भारतीय **पद्मासन**-सी मुद्रा अन्यत्र नहीं मिलती (एन बी)
- पुनर्जन्म-आवागमन मिथकों के 'स्ट्रक्चर्स' को छल्लों से पुह देते हैं। सीता को छोड़कर पार्वती/राधा/सरस्वती किसी के गर्भ से दैवी जन्म नहीं हुआ।
- आर्यों की पुरुष-विराज मिथक सांख्य से होती हुई काश्मीरी शैवदर्शन में पुरुष-प्रकृति शक्ति-शिव में प्रतीकायित हो गयी।
- शुरू में धर्म ने मिथकों में आस्था के साथ-साथ नैतिकता की प्रबल वेदिका अधिष्ठापित की।

- **मिथकों का जन्म** अनन्त समुद्र, अनादि आकाश और अज्ञात पृथ्वी में हज़ारों सालों से विकसित होते हुए आदि मानव के अवचेतन-चेतन की गोधूलि-गुफाओं में होता रहा है। वे पृथ्वी-जल-अग्नि-वायु-तूफान-सूर्य-चन्द्र के साथ सप्तसिन्धुओं-सप्तद्वीपों की यात्राएँ करती आ रही हैं। उनका विश्व 'वसुधा का कुटुम्ब' है।
उनकी अधिभाषाएँ विश्व भर में गुफाओं के शैलचित्रों, ईजिप्ट-मेक्सिको के पिरामिडों की चित्र-शिल्प-लिपियों, मेसोपोटामिआ-बेबीलॉन के महाकाव्य-रूपकों, फूजी-पर्वत-ओलिंपस-पर्वत-अमेज़न के सघन कांतार, अफ्रीका के कबीलों, पीली नदी, अंगकोर वाट, वैदिक आर्यों की ऋचाओं—रामायण-महाभारत में आज तक गूँजती चली आ रही हैं। ग्राफ (आरेख) में वे इतिहास के **ox**-अक्ष, **oy**-अक्ष पर पूर्वेतिहास को गढ़ती हैं। सो वे अन्तर्बद्ध भी हैं।
सो उनकी यात्रा अनन्त से अनादि तक अनवरत हो रही है। मिथकीय कल्पना, तर्कपूर्व, संस्कृतिपूर्व, नैतिकतापूर्व रही है। वह कालबोध एवं देशबोध का अतिक्रमण करती है। उसमें इतिहास और समाज भी तिल-तंडुलवत् आन मिलते हैं। उनका काल 'शाश्वत् वर्तमान' है (6.7.08)
- **सोना =** सूर्य का पसीना (इन्काई मिथक)
- ईसा-पश्चात् 2008-13 में हम ईसा-पूर्व 2008 की मानवीय चिति को न जाँचें। पहले कर्मकांड, फिर धर्मदर्शन, अब विज्ञान व यथार्थ अपने युग के प्रसंगानुसार व्याख्याएँ करते हैं।
- मिथक के आधुनिक व्यास मैक्समूलर ही हैं। बाद में फ्रेज़र और कैम्पबेल, मेलिनोवस्की और क्लाद लेवी-स्ट्रास, जुंग और कैसाइरर ने नये प्रस्थान-कलश रखे।...अब तो मिथकायन के बजाय मिथक-आलेखकारी धुरी है। मैं कार्तिकेय, तथा ईश्वर की मिथक-कथाओं द्वारा इसे निरूपित करना चाहूँगा (इसी नोटबुक के शुरू में हैं)।
- 'फेटिश' :—रागरथिका/पंचबाण/अफ्रोदीति की कामना-करधनी/फ्रेया का ब्रिसिंगा-मेन कंठहार आदि ॥
- मिथकें हमारे सामूहिक अवचेतन की दर्पण तो हैं ही, साथ ही, अवचेतन और चेतन के अनेक गुप्त-छिपे-ढँके कोनों को भी अचानक प्रकाशित कर देती हैं (5.7.08)।
- भारत-चीन-जापान की सभ्यताओं में खंड-खंड निरन्तरता भी है। अतएव हमारी (?) पूजा-भावना और नैतिक लक्ष्मण-रेखाएँ उनकी मिथक-आलेखकारी में वस्तुनिष्ठता, इहलौकिकता, निरपेक्षता को ढँकती हैं। इसलिए हमने फूँक-फूँक कर कदम रखे हैं। बैल, मत आओ, और न ही मुझे मारो ॥
- विश्व-मिथकायन इतिहास के समक्ष तथा समकक्ष (?) है। वह पूर्वेतिहास से लेकर अनन्त काल तक हमारी **मिथकीय विरासत तथा समाजवैज्ञानिक कल्पनाओं की धरोहर** है। वह सहस्राब्दियों से विकासमान मानवीय मस्तिष्क का अधकचरा एवं परिपक्व 'सामाजिक चार्टर' है। वह तीसरी पीढ़ी के कम्प्यूटर में दर्ज वैश्विक इंटरनेट तथा 'वेबसाइट जैसा है (4.7.08)।
- सम्पूर्ण विश्व में सृष्टि-चक्र में इतने अधिक देवी-देवता जन्मे और मरे हैं और विभिन्न जन-जातियों, कबीलों, गोत्रों, धर्मों, सम्प्रदायों, सभ्यताओं ने—स्वयं विलुप्तता के साथ ही—इतने अधिक देवी-देवते पैदा करके मारे भी हैं कि 'देवजन-संख्यागणना' का एक बड़ा रजिस्टर बन जाएगा। वे मिथकों में अवश्य छायारूप में मौजूद रहेंगे। भारत में भी अस्सी प्रतिशत वैदिक देवी-देवते हिन्दू चरण में आकर या तो विसर्जित हो गये अथवा अवनत। वे बस दो ही कार्य करने लगे—किसी दैवीकार्य की सफलता में दुन्दुभि बजाना, अथवा फूल बरसाना। वे कौवे-जैसे भी बना दिये गये (जयन्त)।
- मिथक में ज्यों-ज्यों धर्म के ब्रह्म, आत्मा, पाप-पुण्य, स्वर्ग-नरक के प्रत्यय जुड़ते हैं त्यों-त्यों उसका भव्य मिथकत्व कृष्णपक्ष के चन्द्रमा की तरह, क्षीण होता जाता है। अन्त में कुछ दार्शनिक अवधारणाएँ तथा धार्मिक व्याख्याएँ ही बच रहती है (10.7.08)।
- एकेश्वरवाद तथा निर्गुण ब्रह्म ने भी देवताओं के मंडल की—दिव्यता की—मिथकविदाई कर दी है।
आज से 4500 साल पहले, उषा की तरह, मिथक आयी होगी। कवि बच्चन के शब्दों में मनुष्य ने ऐसी सृष्टि के प्रारम्भ में उषा के गाल चूमे होंगे।
- आज वे संसार, मानव-जीवन की प्रकृति तथा अस्तित्व के बारे में वैज्ञानिक उत्तर नहीं दे सकती। वे इंसान सरलतर तथा बेहद खतरनाक दुनिया में रहते थे। मृत्यु उन्हें सदैव घेरे रहती थी—अतः स्वर्ग, आत्मा, अमरता...देवगण सर्वत्र गतिमान हैं। मनुष्य ने उन्हें अमरणशील, आयु-अतिक्रान्ता तथा सर्वशक्तिमान बना दिया; वे भी इसी दशा की कामना करते थे। ये मानवीय सीमाओं पर विजयी होने की स्वप्निल कोशिशें हैं। वे ईश्वर भी 'अपनों' की ही सहायता करते हैं—शक्तिशाली लोगों की। वे पक्षपाती हैं। फिर भी उनमें नियति-न्याय के प्रति आदर है। देवते-देवियाँ इतनी हैं कि निर्विकल्प (एब्सोल्यूट) नियंत्रण हो ही नहीं सकता। शक्ति बिखरी और खंड-खंड बँटी है। देवता चिन्तामुक्त हैं। उनके पास अमृत है, सोम है, देवी है, स्वर्ग है। प्रसाद ने उनके विलास व भोग के कारण देवसृष्टि का नाश बताया है। नारी के अस्तित्व के पहले देवताओं की चिन्ता सृष्टि थी। वे 'मानवछवि' ही धारण करते हैं या शक्तिवाला मुख धारण कर लेते हैं।

- 'रिलीजन एज़ डिस्क्राइब्ड इन मिथ'; 'एनशियेंट नैरेटिव' से 'ऐनशियेंट मिथ' की पुर्नलब्धि करना हमारा लक्ष्य नहीं है। हमने समाजवैज्ञानिक कल्पनाओं द्वारा मानवीय प्रारब्ध को समझा है।
- मिथकों को जब धर्मशास्त्रों से 'कैननाइज़्ड-कोडीफाई' किया गया तब वे प्रतीकों के रत्नों से जड़ दी गयीं और जब उनका मौखिक गायन-वाचन हुआ तब वे लिजंधर तथा लोकयान से रंजित होती गयीं। इस तरह आज हम एक त्रयी पाते हैं—मिथक-लिजंधर-लोकयान। यह एकतान व्यापार-सा है (14.7.08)।
- कई बार देवतागण असुरों से हारे हैं, हार कर भागे भी हैं, फिर शक्ति (देवी) संचय करके, एकजुट होकर लड़े हैं, सौन्दर्य और समृद्धि के रणकौशल अपनाकर अन्ततोगत्वा विजयी हुए हैं। उनमें भी शुक्र, कश्यप, माया, ब्रह्मा, शिव कूटनीति करके शक्ति-सन्तुलन डाँवाडोल किया करते थे। यही 'सोशल चार्टर' था। देवताओं की कई भुजाएँ, कई मुख, विविधता में एकता के द्योतक हैं (16.7.08)।
- देवताओं का मानो एक भंडार (पूल) है जिसमें-से उन्हें चुन-चुन कर अपने क्षेत्र, सम्प्रदाय, गोत्र, कबीले, युग के अनुसार मिथकें गढ़ी गयीं। अतः वे पात्र छल्लों में, कुंडलों में भी परस्पर गुँथे हुए हैं। सूर्य, चन्द्र, अश्विन, गणेश, ब्रह्मा, स्कंद, लक्ष्मी, विष्णु, शिव आदि ऐसे (?) ही हैं (13.7.08)।
- मिथकों की नाभि तो **मौखिक परम्पराएँ** ही हैं। ये पूर्वेतिहास-इतिहास से गुँथी हैं। शिकारियों को जंगली जानवरों, हिंसा-आतंक, अस्त्रों-शस्त्रों (जादू), तथा पहाड़ों-खाइयों से जूझना पड़ता था तो दैत्य और दानव बने। किसानों को अकाल-बाढ़-वर्षा-रोग-आँधी-तूफानों से लड़ना पड़ता था, सो देवदानव संग्राम।...परवर्ती चरण में प्रेम व परिवार के लिए देव-देवियों का कुल, देवपुत्र आदि उभरते चले गये (13.7.08)।
- मिथकों की दुनिया प्रमाणों तथा विश्लेषण की नहीं, आस्था और व्याख्या की है। यह महासूत्र है। तथापि आधुनिक भारतीय साहित्य में भी मिथकों का सर्वांगीण महत्त्व है, हरिऔध से लेकर विनय और कुँवर नारायण तक। उनका मानवता का समसामयीकरण होता चला गया है।
- मिथकों की प्रामाणिकता सिद्ध करना नामुमकिन-सा है। अलबत्ता क्लासिकल कृतियों तथा धर्मग्रन्थों में-से उनकी बहुबिध-बहुपाठ वाली विश्वसनीयता और जवाबदेही का अनुमान लगाया जा सकता है। उनमें परिवर्धन तथा विभेद होते रहते हैं। मिथकें सही या गलत, झूठ या सच, नैतिक या अनैतिक नहीं होतीं। वे सब कुछ ही "होती" हैं : (7.7.08) : 'फिज़िकल मेटाफिजिकल डायलेक्टिकल' है।
- मिथकें नैतिकता और नियम-कानून से बहुधा (हमेशा नहीं) निरपेक्ष हुआ करती हैं।
- छल्लों की वजह से मिथक-कथा अन्तहीन चलती रही है। कई-कई अन्तों से संयुक्त : अन्यत्र और अपूर्ण।
- लगभग पैंतालीस वर्षों बाद हम अपनी मिथक-सम्बन्धी कई प्रमुख अवधारणाओं को आमूलचूल बदलकर मिथकसरित्सागर के किनारे ब्रह्माण्ड-दर्शन कर रहे हैं (6.7.08)।
- हर मानक किताब में विश्व मिथकों के पाठ-प्रतिपाठ के प्रस्तुतीकरण भिन्न-भिन्न हैं। इसलिए मिथक में शुद्ध या सच्चे, सही गलत के सवाल उठाना ही उसके प्रति ज्यादती होगी। जो छूट गया उसे घटत, और जो जुड़ गया उसे बढ़त मानना ही वांछनीय है। धर्म तथा इतिहास इसमें गुणावर्ध और विज्ञान इनको लगभग शून्यवत् कर देता है (11.7.08)। हम मिथक के 'मूल पाठ' की रचना कतई नहीं कर सकते हैं। सम्प्रति हमारा लक्ष्य यह तो नहीं, बल्कि प्रयोजन यही है कि समाजवैज्ञानिक कल्पनाओं के आयामों में मिथक-आलेखकारी की जाए (11.7.08)।
- हमारा मकसद मिथकों का शब्दकोश या विश्वकोश बनाना नहीं है। मिथक-आलेखकारी में समाजविज्ञानों के अन्तर्गत नृतत्त्व शास्त्र, समाजशास्त्र, धर्म और नीति, भूगोल और इतिहास, मनोविज्ञान, भाषिकी आदि को अन्तर्ज्ञानानुशासन की व्यास-रेखा पर समाजवैज्ञानिक कल्पनाएँ भी पूर्वानुमित की गयी हैं। उन्हें विश्व तथा सभ्यताओं के अक्षों पर व्याख्यायित, संरचित, सिस्टम-निबंधित किया है। अतः कथाओं, तथा सूचनाओं का भी यथेष्ट समावेश है। जो भी नवीनता है वह बहुविध ज्ञान के सिस्टम ढूँढ़ने में परिलक्षित हो सकेगी (17.7.08)।
- इस पुस्तक में संस्कृतियों का गौरवान्वयन नहीं है, न ही मूलपाठों तक हमारी पहुँच है। हमने प्रमुख मिथकों से पताका-प्रकारियाँ जोड़कर एक बड़ा पाणिवृत्त (पैनोरमा) तैयार किया है।

  भारत में अभी भी जनगण अपने देवों-देवियों की उपासना करता है। अतः मिथक-आलेखकारी बड़ा जोखिम भरा काम है। इसमें न 'मिथकशास्त्र' है, न 'मिथक विज्ञान', बल्कि 'मिथकायन' (मिथोलॉजी) की व्यास-रेखा पर 'मिथक-आलेखकारी' (मिथोग्राफी), की समाजवैज्ञानिक कल्पनाएँ तथा पूर्वानुमितियाँ हैं। (16.7.08)

  पुस्तक में विभिन्न सभ्यताओं के रोमन अक्षरों वाले नामों का रूपान्तरण हुआ है। अतः वे सामान्यतः ही ठीक होंगे, यह नहीं कहा जा सकता। अतः मैंने शब्द-विन्यास को ही ध्वन्यान्तरित किया है।

- इस पुस्तक में हम आपको कालरेखा से पीछे लिवा चलते हैं। देवी-देवते, तथा वह संसार भी आज के मानकों में हमारी प्रत्याशाएँ पूरी नहीं कर सकता। उन प्राचीन मनोभावों के प्रति हमारी वैसी प्रासंगिकता तथा यथार्थता नहीं रही है।
- मिथकों के पास मानव-जीवन को सीख देने के लिए सर्वाधिक या बहुत कुछ है, यद्यपि जिस ब्रह्माण्ड का वे निरूपण करती हैं, वह मानवजाति पर केन्द्रित नहीं हैं।
  यह मेरा प्रथम स्वर-शब्दबद्ध **हंसगान** है (20.7.08)।

पुनश्च : 20 मई, 2010 में

['विश्वमिथकसरित्सागर' के लिए नार्थविले (मिशिगन :अमेरिका) में प्रथम लिखतें]

- हमें **कबीलाई मानस** (जंतुरूपिम आकार : वराह, नरसिंह, गणेश, हनुमान : गज, ग्राह, गृद्ध-बाज, गरुड़, सिंह, वृषभ, सर्प, महामत्स्य, कबंध) से भी **मिथकीय मानस** (मानवीयकरण/मनुष्यीकरण) विकसित हुआ भासित होता है।
  आद्यमिथकें **मानवता के बचपन** का प्रत्यक्षीकरण, अनुभवन तथा अनुचिन्तन हैं जो आर्केटाइपल बिम्बों तथा मानवीय अनुभव/आस्था/विश्वास के माइथीमों/ एवं प्रतीकों में प्रकट हुई हैं।
- मानवता की अवस्था वाली मिथकों को हम व्यासपाठ अथवा भरतपाठ (मास्टर टैक्स्ट) कहना समीचीन मानते हैं। ये मौखिक परम्परा से अनुस्यूत हैं। ये तब तक धर्म तथा नैतिकता के प्राचलों से नहीं जुड़ी हैं। तदपि ये कर्मकांडी हो सकती हैं।
- विशिष्ट देश-काल तथा संस्कृति में जब ये मानवीय अनुभव से संलिप्त होने लगती हैं, तब धर्म, नैतिकता, अनुष्ठान, लिजंधरों से भी अनुकूलित होने लगती हैं। इससे **मिथक छल्ले** गुँथते हैं। इन्हें हम 'मिथकीय अंतर्कुंडलन' कहेंगे।
- प्रकारांतर से **मिथकीय मानस** (मिथिक माइंड) इतिहास से लेकर आधुनिक युग तक में भी मिथकाभिप्रायों को मिथकों नेताओं-घटनाओं को प्रक्षेपित एवं तादात्मयीकृत करता है। तब वह चमत्कार, रूपकत्व, दैव संयोग, समानान्तरता से भी उपचारित होकर व्याख्यायित होता है।
  अतः मिथकें मानवीय अनुभवों का बहुविध प्रतीकायन हैं।
- मिथक में जो रूपान्तरण होते हैं वे **अतिमानवीय** (सुपर ह्यूमेन) भी हैं। वे आकाश-पृथ्वी-पाताल लोकों तक के सहकालिक यात्री हैं। उनमें पात्र मनुष्य का बिम्ब (संकल्प। सामर्थ्य) मनुष्य से बहुत बड़ा है जो देवताओं तथा दानवों से रूबरू होकर मुठभेंड़ करता है। धर्माचार और दर्शन, घटना व जादू, इतिहास और निजंधर, जनश्रुति और लोकयान भी उसके अनुषंग हैं।
- मिथक में ब्रह्माण्ड (कॉस्मॉस) और ऋतु, ऋतुचक्र और प्रकृति, दिक् और काल, लौकिक और अलौकिक, कार्यकारणता और चमत्कार, सभी का अन्तर-घुलन और परिपाक हो जाता है। यह हमें **महामिथक** के शाश्वत् सन्दर्भ की प्रतीति कराता है। अतः ये पवित्र भी हैं और पार्थिव...(प्रोफेन) भी।
  'मिथकीय अनुभव' वह (फेथ) आस्थावान या पवित्र अनुभव है जो उन्हें अनुष्ठान की संरचनाओं में भी ढालता हैं (पर्व, त्योहार, कर्मकांड)। इस प्रकार वे गहरे चिरन्तन विश्वास (बिलीफ़) हो जाते हैं (नवरात्र, दशहरा, क्रिसमस, वट पूजा, अशुभ शनि)। इसी व्याज से कार्लजुंग ने मिथक को 'सार्वभौम-सार्वकालिक सामूहिक चेतनता कहा है।
- मिथकों का तन्तुजाल उस **शैलशृंग कल्पना** द्वारा बुना जाता है जिसमें आदिम कला का सौन्दर्यबोध परिव्याप्त होता है। अतः वे जादुई या फांतासीय, या फैंसी होकर भी हमें मोहित करके तल्लीन करती हैं। उनकी इस वृत्ति से ही कालान्तर में रूपकों, अलंकारों, तथा सौन्दर्यानुरागों का उन्मीलन हुआ है। अतः वे सौन्दर्यबोधशास्त्र के शृंग एवं काव्यशास्त्र (वाक्→काव्य) का आदि स्रोत हैं। इस प्रक्रिया में मिथकों में सुन्दर और कुरूप, उदात्त और भयंकर, ऐंद्रियिक एवं तापसी का भी एकसमान समावेश हुआ है। अतः ये सभ्यता के चक्रचिह्न तथा संस्कृति की बहुमूल्य जातीय पहचान भी है। अतः ये नृतत्त्वशास्त्र का भी मूलाधार हैं। अतः मिथकों में **वैश्विक साझीदारी** होती आयी है। इसलिए हम **मिथक को वैश्विक क्रोड़** वाली सत्ता भी स्वीकार करते है।
- मिथक की धुरी में कोई शाश्वत् प्रश्न, कोई चिरन्तन जिज्ञासा भी सुलगती होती है जिसकी आँच मानवता, तथा विशिष्ट संस्कृतियाँ शताब्दियों चलती रहती संगोष्ठियों में नाना विधियों, नाना रूपों द्वारा खोजती आयी हैं। (रामकथा, इलियेड-एनीड...)। यही सब मिथकों का **दिव्यालोक** या प्रभामंडल बनाता है। यथा—ब्रह्माण्ड (यूनिवर्स) की प्रकृति, प्राकृतिक संघटनाएँ, जीवन और मृत्यु, स्वर्ग और पाताल, दैवी शक्तियाँ और मानवीय संघर्ष, सामाजिक सम्बन्ध और पारिवारिक गठन, प्रेम और युद्ध आदि। इसके मूल में यह वैश्व मानवीय जिज्ञासा है कि आखिर भौतिकशास्त्री संघनाओं के पीछे कौन-सी छिपी हुई [ब्रह्माण्डी में] यथार्थता है जो जड़भूतों से, तथा क्षयक्षरण मृत्यु-चक्र से अप्रभावित रहती है। मिथकें ऐसी अनुभूतियों एवं विश्वासों का पालना हैं। इसीलिए भी इन्हें मानवता के बचपन से संलग्न किया गया है।
  अतः सही मिथकें विज्ञान-विरोधी, यथार्थता-शत्रु नहीं मानी जा सकतीं। वे मनोरंजन की बालकथाएँ भी नहीं हैं। वे भाषा की बीमारी भी नहीं हैं। वे जादू-टोना भी नहीं हैं। वस्तुतः वे संस्कृति का अनिवार्य अंग हैं तथा हमारे आचार-व्यवहार के

भी सूत्र एवं कूट (कोड) हैं। अतः वे 'संस्कृति का चारित्र्य' भी निर्धारित करती आयी हैं। वे समाज में मानवीय व्यवहारों के आदर्श (आइडियल), प्रादर्श (मॉडल), प्रतिदर्श (सेंपल) भी पेश करती आयी हैं।

- दिवा-रात्रि, ऋतु-चक्र, जन्म-मृत्यु, सर्प का (केंचुल बदलकर) नवजन्म, तितली के कायान्तरण (मेटामाफोसिस), वृक्षों में वसंत और पतझर, आदि के प्रत्यक्षणों से, तथा देवताओं के अजर-अमर, चिर-युवा, नियम-संयम से स्वच्छन्द होने से आदि मानव ने कबीलाई व्यवस्था से ही एक ओर ईश्वर-अवतार, देवराजा, आदि के अभिकल्प गढ़े तो दूसरी ओर पुनर्जन्म तथा अमृत की परिल्पना की। उन्होंने मानवों और देवताओं के स्वर्गारोहण का तथा दानवों और बुरे लोगों का नरक (पाताल) अवरोहण की यात्राएँ निर्धारित करके नीतिशास्त्र की भी बुनियादें रखीं।

इसी लड़ी में गलत कर्मों से देवताओं के क्रोध, प्राकृतिक कोप से विनाश तथा जलप्रलय से संहार की मिथकीय अनुशंसाएँ रची गयी हैं। अन्ततः उपयुक्त अधिष्ठापनों के आधार पर हम पाते हैं कि मिथक की प्रकृति और चरित्र वैश्विक है, कि मिथकी मानस विश्व मानवता का एकरूप-पारसरूप दर्पण है, कि मिथक की एक वैश्विक एकता तथा एक सामान्य संरचना होती है; और कि सृष्टि में दो लाख साल पहले मानव के आविर्भाव के बाद...पूर्वेतिहासिक काल में मनुष्य ने सबसे पहले मिथक के अधर चूमे थे और उस प्रथम मुद्रा तथा अनुरणन से ही ध्वनि-स्फोट, अक्षर, शब्द, वाक् भाषा का उन्मीलन हुआ है।

5.2 विद्वानों के दर्पणों में मिथक-छवियाँ : (सामाजिक पंचांग अथच मानस-संरचना)

हम ईजिप्ट के राजा फाराओ **अखनातोन चतुर्थ** (ई.पू. 1352-1336 या आमेनहोटेप) को विश्वमिथक का सबसे पहला मिथक-आलोचिन्तक मानते हैं। उसने अपनी प्रथम व्याख्या में सारे के सारे पशु-देवताओं को खारिज कर दिया और केवल एकेश्वर सूर्य-देवता 'रा' की उपासना संस्थापित की। कबीलाई टोटेमवाद से विमुक्ति का यह नया अभियान था। एकेश्वरवाद की उसकी यह क्रान्ति सफल नहीं हो पायी। इसे 'अमारना क्रांति' कहा जाता है।

दूसरा मिथक-आलोचन ग्रीक दार्शनिक **प्लेटो** (ई.पू. 428-347) का था। उन्होंने ग्रीक मिथकों को देवताओं का गलत तथा अनैतिक अंकन करने वाला घोषित किया। इससे युवक-युवतियों पर गलत प्रभाव पड़ता था। इसलिए उसने अपने प्रजातंत्र (रिपब्लिक) से कवियों तथा एलीगरीय या अन्यापदेशिक मिथकों को ही निष्कासित करने की वकालत की। उसके अनुसार मिथक एक मिथ्या उवाच है, झूठी नहीं। उसने 'माइथॉस' के प्रतिवाद में 'लोगॉस' की अधिष्ठापना की।

और तीसरा उदाहरण यास्क तथा निरुक्तकार सायण का है। जब उनका सामना इस मिथकीय पहेली से हुआ कि अदिति दक्ष की पुत्री है तथा माता भी है, तो उन्होंने इसे देवताओं का दिव्यन्याय बताकर झेल लिया।

फिर बीस-पच्चीस शताब्दियों के बाद मिथक-सन्दर्भ का वैश्विक रिनासाँ जगमगाता है। फ्रेज़र (1854-1941), मैक्स म्यूलर (1823-1900), ब्रोनिस्लाव मेलिनोवस्की (1884-1942), कैंपबेल (1904-1987), अर्नस्ट कैसाइरर (1874-1945), सिग्मंड फ्रायड (1856-1939), फ्रांज़ बोआस (1858-1942), क्लाड लेवी-स्ट्रास (1908-2009), डी.डी. कोसाम्बी (1907-1966) आदि से यह विद्व त्परम्परा चालू हो गयी। साथ में लोकयानी जनजीवन की मिथकें जुड़ीं।

× × ×

मैक्स म्यूलर के सौरमंडलाधारित मिथक सिद्धान्त के समानान्तर जेम्स जार्ज **फ्रेज़र** ने प्रकृतवादी नज़रिये से मानवचेतना का विस्तार पीछे अतीत के अन्धकार तक कर दिया। उसने कर्मकांडों, अनुष्ठानों तथा प्रथाओं का व्यापक अध्ययन-मनन करके विश्व-मानव की परिकल्पना की।...अगली कड़ी में लेवी बूल ने आदिम मानसिकता या मनोवृत्ति को सृष्टि-विद्या (कॉस्मोलाजी) के रहस्यों की उद्घाटिका बताया। फिर मेलिनोवस्की ने आदिम, बनैले, (सैवेज) समाज के मनोविज्ञान में मिथक का पंचांग अनुमित किया इस प्रकार एक नयी पूरी पृष्ठभूमि तैयार हो गई। हमारा आधुनिक अक्ष झिलमिल होने लगा।

नृतत्त्वशास्त्र (एंथ्रोयोलॉजी) ने मिथक-आलोचिन्तन की दिशा ही एक सौ अस्सी डिगरी घुमा दी। फ्रांज़ बोआस तथा मेलिनोवस्की तथा क्लाड लेवी-स्ट्रास ने बिल्कुल नये आयाम खोल दिये। यह दिशा **संक्षेत्रीय प्रकर्म** (फील्ड वर्क) से प्रस्फुटित हुई।

अब क्लासिक महाकाव्यों, प्राचीन वृत्तान्तों, प्राचीन सभ्यताओं वाले मिथकयान केन्द्र से छिटककर परिधि में चले गये। केन्द्र में आदिम जनजातियों का जीवन, दैनिक समस्याएँ, इच्छापूर्तियाँ, सपने आ गये। अर्थात् **'लोक'** और **'लोककथाएँ'** केन्द्र में आ गये। वे ही संस्कृति तथा समाज, जनजीवन तथा इच्छाओं, प्रथाओं और कर्मकांडों की विषयवस्तु बन गयीं। अतः जीवित वर्तमान में लोकचित और लोक परम्पराएँ, लोक जीवन और लोकसंस्कृति के कथारूपों, बिम्बों, समस्याओं और समाधानों के बीच से ही उनकी मिथकयान में उत्तीर्णता खोजी गयी। मानवीकरण, अलौकिकीकरण, पुनीतीकरण, पौराणिकीकरण की वृत्तियों ने उन्हें मिथकों में उन्नीत कर दिया। वे मिथकें ग्रीकों, आर्यों, फाराओं, शामनों, पुरोहितों आदि पर एकमात्र निर्भर नहीं थीं। उनके अपने देवी-देवते रंगमंच में आ गये अथवा क्लासिक देवी-देवते स्थानीय होते गये।

एक प्रकार से यह लोककथा का अभिनव मिथककथा में कायान्तरण (मेटामार्फोसिस) जैसा ही हुआ।

दूसरे ये कथित मिथक आदिम जनजीवन के दैनिक, यथार्थ, जटिल और सरल संसार का भी दपर्ण हो गयीं। अब इनमें शाप और वरदान की, स्वर्ग और पाताल की चिन्ताएँ कम होती गयी। संसार तथा मनुष्य की उत्पत्ति भी केन्द्र से नीचे सरक गयी। अतः इन्होंने सही अर्थो में प्रासंगिक सामाजिक पंचांग, समुदाय के मानस की संरचना की उद्‌घाटक, समाज और संस्कृति के ललित और लौकिक सन्दर्भ के रूप में पुनर्जन्म ले लिया। ये भव्यवृत्तान्तों वाली क्लासिकल मिथकों के समानान्तर तथा सम्पूरक **लोकयानी मिथकें** हैं। इन दोनों की कान्तमैत्री ही हमारा अभीष्ट है। हम इन्हें युगल तथा युग्म मानकर एक इकाई बनाते चलेंगे। एक और एकसमान तथ्य कि, लोककथा, मिथककथा तथा लिजंधर-कथा, तीनों ही वृत्तान्तरूपी हैं। इनसे मिथक निर्माण की प्रोद्यौगिकी भी समझी जा सकती है।

फ्रांज बोआस (1858-1942) पहले निपुण सांस्कृतिक नृतत्त्वशास्त्री के रूप में शुभागमन करते हैं।

अपनी खोज की राह तय करने में सबसे पहले उन्होंने अपनी परामापी रेखा पर मिथक का नृतत्त्वशास्त्री गाथाकुल निर्धारित किया कि 'हम निस्संकोच उन्हीं कहानियों को मिथक के तौर पर वर्गीकृत कर सकते हैं अगर वे सृष्टि की उत्पत्ति का लेखा-जोखा करती हों तथा किसी ऐसे मिथकीय काल में घटित हुई हों जो हमारे मौजूदा रहने वाले तत्काल से भिन्न हो।' जाहिर है कि उन्होंने चिरन्तन वर्तमान के बजाय मौजूदा वर्तमान को तथा सामाजिक संक्रान्ति के बजाय आद्य निरपेक्ष संसार को लिया। अतः उन्होंने 'लोक' तथा 'आद्य' के ध्रुवान्त सहवर्ती कर दिये।

इस परिवृत्त में उन्होंने **'लोक'** अर्थात् आदिम जाति का परिसीमन किया कि वह किसी ऐतिहासिक क्रम में धर्म से आबद्ध नहीं हुई हैं, जो दार्शनिक वृत्ति के अन्तर्गत मीमांसा के तर्कचक्र से असम्बद्ध रही हो, तथा जगत-जीवन पर उन्नत चिंतन-विचार न करती हो तथा सबसे अन्त में अभिव्यक्ति-विधियों में सरल हो अर्थात् कलात्मक या अलंकार शोभित नहीं हो। तात्पर्य यह कि वह तृणमूल वाली हो और परिवर्तन तथा अन्तर्विरोधों से निर्बन्ध हो। इस तरह उन्होंने क्लासिकल अक्ष की मिथकों के बजाय वर्तमान के जन-जीवन की नाभि से मिथककमलों का खिलना देख लिया यह एक बहुत दूरगामी विचारगामी क्रान्ति है; मिथकीय चिन्तन को नया मोड़ देती है।

लोकचित्त की भूमि पर आ जाने पर बोआस मिथक की भावमूलक एवं आदर्शोन्मुख व्याख्याओं से प्रस्थान कर गये। उन्होंने मिथक तथा लोककथा को पारसरूप मान लिया। मसलन, यदि किसी आर्कटिक लोककथा में भालू की दुम इसलिए नहीं है कि मछली का शिकार करते हुए वह हिमशिला में दबी रह गयी है और तब से नहीं पनपी। इस जीवशास्त्रीय तथ्य का व्यापक स्वरूप लेते हुए (अर्थात् चमत्कार तथा दिव्य पात्र से सम्बद्ध करके) क्लासिकी मिथक कथा में कहा गया कि देवेन्द्र ज़ियस ने अपनी पत्नी हेरा की ईर्ष्या तथा क्रोध से बचाने के लिए अपनी प्रेमिका अप्सरा कैलिस्टो को भालू बनाकर आकाश में सुरक्षित कर दिया (उर्सा मेजर नामक नक्षत्रमाला) इसी कथा-बीज का उत्तरी अमेरिका के नवाहो कबीले में रूपान्तरण हुआ कि एक सुन्दर युवक एक रमणी को ब्याह कर अपने गाँव ले आया। युवती ने युवक को भालू तथा गाँव को भालुओं का गाँव पाया।...फिर वह वहीं रहने लगी। रहस्य खुला। दो कबीले जुड़ गये।

बोआस की दृष्टि से भालू-धुरी के तीनों आद्याधुनिक प्रतिपाठों में दोनों आदिम जनजातियों की संस्कृति की परस्पर तुलना की जा सकती है। इसी के साथ इस तुलना के साथ क्लासिकी मिथक के साथ भी तुलना की जा सकती है। इस विधि से जातियों के पारिवारिक सम्बन्धों, प्राकृतिक घटनाओं, धार्मिक आचारों को जानते हुए संस्कृति का परावर्तन (कल्चरल रिफ्लेक्शन) बखूबी जाना जा सकता है। यह भी कि, क्लासिक एवं लौकिक, पवित्र एवं पार्थिक की नज़रों में कैसे तथा क्यों मोड़ आते हैं। ऐसी पद्धति से बोआस ने शिमशियन, क्वाकिउल्ल, वेल्लाकूल्ला जैसी उत्तरी अमेरिन्ड जनजातियों की संस्कृति तथा मानस का प्रवर्तक दिग्दर्शन कराया है।

तीसरे उपसाध्य के रूप में उन्होंने साम्यरूपकता के लोकमिथकीय गर्भ की अल्ट्रासाउंड जाँच की। उन्होंने बताया कि जब बाढ़, तूफान, आग जैसी प्राकृतिक घटनाओं को किसी पराशक्ति की इच्छा या विधान मान लिया जाए—जैसा कि आदिम कबीलाई समाजों में होता ही है—तो मानव-मस्तिष्क उनका एक दैवी सम्मूर्तन से अभिषेक कर देता है। अतः नदी, गंगामैया से लेकर गगन गंगा तक, कछुआ विष्णु के अवतार तक, गाँव की कोई छोटी झील मेसो अमेरिका की टिटिकाका तक, कोई पहाड़ी सृष्टि-कील तक, सियार ईजिप्टी अनूबिस देवता तक में रूपकान्तरित हो जाया करता है। इसमें उन्होंने एक अन्य भेद भी निरूपित किया : गोपनीय (इज़ोटेरिक) मिथक बनाम लोकयानी (एक्ज़ोटेरिक) मिथक का। पहले में विशिष्टता-क्लासिकता वाले छोटे समूह, तो दूसरे में सर्वत्र जनसाधारण, गूढ़कुतूहल आकांक्षी व्यापक जाति। इस कारण से भी (बोआस मानते हैं कि) मिथकयान एक गुह्यज्ञान (इसोटेरिक नालेज़) में ढल जाता है।

× × ×

जिस तरह मिथक के दर्शन ने **सांस्कृतिक नृतत्त्वशास्त्र** को दिग्दर्शन प्रदान किया उसी तरह ग्रीक मिथकयान ने फ्रायड तथा नव्य फ्रायडवादियों को मनोविश्लेषणात्मक परत-दर-परत सुझाई हैं। **सिग्मंड फ्रायड** (1856-1893) ने तो अपने प्रमुख सिद्धान्त

ग्रीक मिथकयान से ही निर्मित किये हैं। उसने पाया कि ओडिपस ने पिता की हत्या करके माता से शादी की, इलेक्ट्रा ने माता की अवहेलना करके पिता से अनुराग किया। सो, उसने क्रमशः ओडिपस-ग्रंथि तथा इलेक्ट्रा-ग्रंथि की प्रस्तावना की। उसने देखा (उदाहरणार्थ) कि देवेन्द्र के भी दो पक्ष हैं। प्रकट रूप में वह वज्रधारी देवता है किन्तु अप्रकट रूप में अपनी वासना की पूर्ति के लिए कभी सर्प, कभी वृषभ, कभी हंस, कभी यह कभी वह कायान्तरित हो जाता है। उसे अनुमिति हो गयी कि मानस के प्रकट (चेतन) तथा अप्रकट (अवचेतन) स्तर हैं, कि अवचेतन के नाना दबे-ढँके छिपे-बनैले रूप ही असली संचालक हैं। इस भाँति अवचेतन-चेतन के मानसिक ढाँचे पर भी ग्रीक मिथक परिलक्षित हुई। बाद में एरॉस-थेंटास के ध्रुवांत भी ग्रीक मिथकयान की छायाएँ हैं। 'टोटेम' एवं 'टैबू' में उसने आदिम समाजों के नृतात्त्विक अध्ययनों से उधार लिया। यहाँ भी आदिम-कबीले में सन्तति द्वारा कुल ज्येष्ठ की हत्या यूरानस-क्रोनस के कृत्य का रूपान्तरण है। इसी न्याय से फ्रायड ने आदिम समाज, कर्मकांड तथा मिथकयान की त्रयी से यह स्थापना की कि वस्तुतः मिथकें व्यक्ति के अवचेतन में ढँके-दबे भयों तथा कामनाओं का नानारूपेण प्रतिबिम्बन हैं। अतः फ्रायड का बीजमन्त्र **'अवचेतन'** मिथकीय मानस तथा आधुनिक मानस दोनों पर लागू हुआ। उसने मिथक को स्वप्न की सजातीय एवं इच्छापूर्ति-विधायक बताया।

उनके बेहतर अनुवर्ती **कार्ल गुस्टाफ जुंग** (1876-1961) ने भी दूसरे हाशिये पर यह सिलसिला जारी रखा। उसने ग्रीक 'गुथॉस' के बजाय 'लोगॉस' को धुरी बनाया और कुंडलिनी-ऊर्जा को 'लिबीडो' मानकर उसका चतुर्विक प्रसारण किया। उसने फ्रायडीय व्यक्ति के अवचेतन के बजाय 'सामूहिक अवचेतन' की मिथकीय स्थिति का प्रक्षेपण किया। उसने आद्यमिथकों के नैतिकता-रहित, तर्क-सहित, बुद्धि-निरपेक्ष दशा को सही तौर पर 'मानवता का बचपन' घोषित किया। ऐसा प्रादर्श गढ़े जाने के बाद बिम्ब तथा प्रतीक भी आद्य अर्थात् **'आर्केटाइपल इमेज़** अथवा प्रतीक' हो गये। जुंग का बीजमन्त्र **आद्यप्ररूप** बना। इस आधार-भूमि पर उसने मिथक को सामूहिक अवचेतन की अभिव्यक्ति मानते हुए (मिथकीय) चिन्तन तथा प्रतीकों में आद्य प्ररूपात्मक आकृतिबन्ध (आर्केटाइपल पैटर्न्स) गुँथे हुए बताया।

जुंग के 'आद्यप्ररूपों' में केवल सूर्यचन्द्र, नदियाँ-पर्वत ही नहीं हैं बल्कि प्राक्तन नेता, जादूगर, स्वर्ग-पाताल यात्रिक भी शामिल हैं। अब वे ऐकल समुदायों अथवा सर्जकों के अन्वेषण न होकर समूचे सामूहिक अवचेतन की निर्मितियाँ बन गये; बल्कि सम्पूर्ण मानवप्रजाति की रचना हो गये। जुंग ने भी यही पाया कि सभी देशों तथा कालों के मानवों में सेक्स, जन्म, मरण, अतिप्राकृतिक, अलौकिक, नैतिकता, मरणशीलता के प्रति एक जैसी अभिवृत्तियाँ होती हैं। इसलिए उन्होंने ऐकल समुदायों के बजाय सम्पूर्ण मानवता को अपने आर्केटाइपों तथा मिथकों को मूलाधार बनाया। मिथकीय व्यवस्थापन अपूर्व-अनुमानित, अनियंत्रणीय तथा अपरिणामीय होने के साथ-साथ अ-लौकिक तथा अ-शान्त भी होता है। अगर हम इसे मिथक की वृतान्त-व्यवस्था में स्थानान्तरित करें तो ऐसी प्रश्नाकुलता से उसका उद्घाटन होगा—हम क्या जानते हैं? हम क्या कल्पना करते हैं, क्या अस्तित्व में है? तथा, क्या अस्तित्व में हो सकता है?

विश्वमिथकयान में नृतत्त्वशास्त्र ने आगत-अनागत होकर ये प्रश्न भी विकसित किये हैं। इनके लिए ही एक पर्यावरण की परिकल्पना करनी पड़ी "चिरन्तन वर्तमान (आज)"।

इस तरह 'माइथॉस' अक्ष पर फ्रायड तथा 'लोगोस' अक्ष पर जुंग मनोविश्लेषक रहे। सचमुच, जुंग प्रणीत आर्केटाइप की अवधारणा सम्पूर्ण मिथक-देह के जीन्स तथा 'जीनोम' प्रतीत होती चली है।

आगे परवर्ती चरण में जोसेफ़कें पबेल, तथा कुछ हद तक, क्लाड लेवी-स्ट्रास भी इन अधिष्ठापनाओं के येनकेन प्रकारेण संवाहक बने ॥

अर्वाचीन समय में **जोसेफ़ कैम्पबेल** (1904-1987) ने जुंग-सम्मत मिथक में आद्यप्ररूप की अवधारणा को पल्लवित किया। उन्होंने मिथकरूपी अधिनेता की हज़ारों जिह्वाओं के रूपक का उन्मीलन किया। उनके अनुसार मिथक के चार प्रकार्य हैं—

(i) विश्वब्रह्म (यूनिवर्स) के रहस्य तथा आश्चर्य को अभिव्यक्त करना,
(ii) विश्वब्रह्म के स्वभाव का विवरण देना,
(iii) आचार-संहिता तथा सांस्कृतिक परम्पराओं को समर्थित और अग्रसारित करना, तथा
(iv) लोगों को संसार में समरसतापूर्वक रहना सिखाना।

मिथक में समकालीनता के प्रति आग्रह के मोह में उन्होंने मिथक को उसके (मूल) मनोरथ से भी वंचित किया है। यूँ भी किसी अभिलिखित मिथक की यथावत्ता तीन परिवर्तकों पर निर्भर करती है जो कथा-प्रवाचक, अनुवादक तथा उसके अभिलेखकर्ता होते हैं। इससे पाठ में अन्तरण तथा विविध पाठों में अंतर्कुंडलन हो जाता है।

मर्सिया एलियाड (1907-?) ने भी जुंग प्रणीत **आद्यप्ररूप** तथा केम्ब्रिज-स्कूल के **कर्मकांड** की अवधारणा से प्रभावित होकर मिथक को प्राचीन अतीत एवं समकालीन यथार्थता के बीच का सम्पर्कसूत्र बताकर अपनी संस्थापनाएँ की हैं। तथापि उन्होंने उसके (हेतु निरूपी) (एटियोलाजिकल) चरित्र-लक्षणों पर भी बलाघात दिया।

कर्मकांड मिथक तथा लोककथा के बीच की कड़ी रहे हैं। रूसी लोकयान वेत्ता **प्लादिमीर प्राप** ने रूसी लोककथाओं में कुल मिलाकर इकतीस कथ्यकांड (एपीसोड) अथवा प्रकार्य (फंकशन या माइथीम?) ढूंढ़े। इन्हें 'बुनियादी निर्माणकारी ईंटें' बताया इनमें शामिल हैं:—अंतर-पदरचना का उल्लंघन, खलनायकी, छानबीन के लिए घर से प्रस्थान, जादुई सहायकों से संवाद, खलनायक का प्रकट हो जाना, पलायन, छानबीन या खोज से छुटकारा। प्राप ने एक सौ से ज्यादा लोककथाओं का विश्लेषण किया उन्होंने इनकी लड़ीवारिता भी एक जैसी पायी।

अब हम मिथक तथा लोककथा में अन्तर कर सकते हैं। मिथक और लोककथा और लिजंधर वृत्तान्त के तीन प्रमुख रूप हैं। रो विल्स ने खुलासा किया है।

एक ओर इनके समाज में वर्ग के प्रारम्भिक रूप वाले समूहों का स्तरीकरण नहीं हुआ होता है। ये बहुधा सरल समाजी होते हैं जो शिकार और संग्रह पर निर्भर करते हैं तथा प्रकृति पर अन्तरंगता से आश्रित रहते हैं।

दूसरी ओर हम वैज्ञानिकता-पूर्व के समाजों के अतिजटिल मिथकयानों को पाते हैं जिनमें वे प्राकृतिक परिवेश पर निर्भरता से पर्याप्तरूप में मुक्त हो चुके हैं। उन्होंने पदानुगामी वर्गों की व्यवस्था भी विकसित कर ली है जिसमें विशेष प्रभुत्वप्राप्त बौद्धिक पुरोहित वर्ग भी सम्मिलित हैं। भारत, चीन, ग्रीस, जापान, तथा मेसो-अमेरीका के इन्का जन इसकी मिसाल हैं।

इनमें घुलमिल करके लोककथाएँ मुख्य रूपेण उन समाजों में फूलती-फलती हैं जो कृषि पर आधारित हैं। वे एक प्रकार से शिकारी-संग्रहाक समुदायों तथा वर्ग-विशिष्ट राज्य के बीच बिचौलियाँ हैं। इनका सरोकर वर्गीय द्वन्द्वों तथा विशेष समस्याओं से होने लगता है और ये विश्वब्रह्म (कॉस्मास) के उन मुद्दों से आज़ाद होती हैं जो मिथकों की तो जीवात्मा रहे हैं।

इस तरह लोककथा किसी एक सामाजिक संदेश का प्रेषण करती हैं। इसके निर्माण में प्रश्नोत्तरपरक शैली, या श्रम की ताल परक आवृत्ति द्वारा श्रोताओं को भी प्रतिभागी बनाया जाता है। लोककथाएँ तथा मिथक, दोनों ही अनेकानेक ग्रामीण तथा कबीलाई समाजों मैं 'जीवित' रहती हैं।

इसलिए (जैसा कि हम पहले भी बता आये हैं कि) छोटे-पैमाने वाले समाज ही जीवन्त मिथक-निर्माण की उर्वर भूमि होते हैं। वहाँ जन-जन बहुधा बराबर होते हैं, विशेषों की टोली या वर्गीय ढाँचा नहीं होता। उन समाजों में विशेषज्ञ शामन तथा निपुण पुरोहित ही होते हैं। वे ही उनके वैज्ञानिक हैं।

दूसरे मिथक-निर्माण का क्रोड़ सृजनात्मक, ललित अथवा गूढ़ क्रीड़ाधर्मिता है (जैसे मनुष्य का भालू हो जाना, सूर्य का अश्व होकर, या ज़ियस का हंस बनकर नारियों से रमण करना, नागिन का नारी हो जाना, दुर्गा के ललाट से उनका रौद्र भाव काली होकर प्रकट होना)

तीसरे मिथक तथा लोककथाएँ लगातार पाठों, अनुपाठों, प्रतिपाठों, उत्तरपाठों में विकसित तथा संशोधित होती रहती हैं। किन्तु वे अपने क्रोड़ तथा क्रोध के शमन में पुरोहित, भोक्तापात्र से कभी विच्छिन्न नहीं होतीं।

अतः मिथक और कर्मकांड, मिथक और लोकयान की पदरचनाएँ रूपकात्मक तथा प्रतीकात्मक, बिम्बविधायक तथा संवोगात्मक होती हैं। मैक्सम्यूलर से लेकर फ्रेज़र, कैम्पबेल, मेलिनोवस्की, क्लाद लेवी-स्ट्रास आदि ने उनमें अन्तर्निहित **प्रकृति** के आर्केटाइपों, **मस्तिष्क** के विभिन्न स्तरों तथा **समाज** की विभिन्न दशाओं की छानबीन की है। इन दिशाओं से सर्वाधिक छानबीन तथा संक्षेत्रीय कर्म नृतत्त्वशास्त्रियों एवं संरचनावादियों ने किया है, संग्राहकों तथा वर्गीकरणकर्ताओं के पश्चात् हम मैक्सम्यूलर, **ब्रोनिस्लाव मेलिनोवस्की** (1884-1942) तथा फ्रायड को लेकर वार्ता बढ़ाते हैं।

मैक्सम्यूलर ने एक ग्रीक वृत्त लिया। पर्सीफोन को हेडीज़ पाताल में अपहरण करके ले जाता है। फिर वर्ष के दो तिहाई अंश में ऊपर धरती पर रहने, तथा शेष एक तिहाई अंश में पाताल में रहने की आज्ञा दे देता है, ताकि वह बारम्बार आती-जाती रहे। मैक्सम्यूलर इस वृत्त में शीत से वसन्त में ऋतु-परिवर्तन का अन्यापदेश बताते हैं।...मेलिनोवस्की ने मेलोनेसिया के टोब्रियान्ड द्वीप-समूह के चार कबीलों को कतिपय पशुओं से मिथकेण उद्भूत पाया बताया गया कि, वे काल के प्रारम्भ में एक भूराख से निकले थे। ये चारों कबीले एक-दूसरे की सम्बन्धता में सामाजिक पदक्रम को निश्चित करते हैं...पशुओं के पहले, दूसरे...आने के क्रम से।

मेलिनोवस्की के दो वक्तव्य ध्यातव्य हैं—

(क) मिथक मुख्य रूप से एक समाजशास्त्रीय चार्टर, अथवा व्यवहार का पूर्वानुगामी नैतिक पैटर्न को स्थापित करती है।

(ख) प्राक्तन संस्कृति में मिथक एक अपरिहार्य प्रकार्य की सम्पूर्ति करती है : यह विश्वास को अभिव्यक्त, अभिवर्धित तथा आदेशबद्ध करती है; यह नैतिकता को संरक्षित तथा लागू करती है; यह कर्मकांड की दक्षता का दावा करती है; तथा मनुष्य के पथ-प्रदर्शन के व्यावहारिक नियमों को जारी रखती है। मिथक इस तरह से मानव-सभ्यता का अनिवार्य सत्वांश है। यह कोई किस्सा नहीं है बल्कि कठिनाई से सिद्ध की गयी ताकत है। यह कोई बौद्धिक प्रत्याख्यान अथवा कोई कलात्मक बिम्ब-विधान नहीं हैं, बल्कि प्राक्तन आस्था एवं नैतिक विवेक का व्यावहारिक पंचांग (चार्टर) है। (1954 : 144, 101)। उन्होंने गोत्र-व्यभिचार (इनसेस्ट : जैसे भाई-बहन की शादी) तथा पुनरुद्भव (रिजेनेरेशन, जैसे साँप की केंचुल, केकड़े का खोल) पर भी विचार किया है।

मेलिनोवस्की का अभिक्षेत्रीय प्रकर्म (फील्डवर्क) बहुत लम्बा और व्यापक रहा। समुद्रायनी के त्रिभुज में उन्होंने वर्षों तक काम करके विभिन्न जातियों के रीति-रिवाजों, धार्मिक संस्थाओं, रिश्तेदारी-विवाह, गोत्र-व्यभिचार-सैक्स आदि का अध्ययन किया है। उन्होंने पाया कि **संस्कृति** मानवता की समग्रतामूलक अभिव्यक्ति होती है और मिथकें कर्मकांडों तथा प्रकार्यों से जुड़ी होती हैं। उन्होंने प्राक्तन समाज में मिथक के माध्यम से सैक्स तथा संस्कृति का समावेशी अनुशीलन किया है। उस क्षेत्र में सृष्टिमूलक कथाएँ कम हैं तथा देवता भी इहलौकिक जीवन से जुड़े हैं। अतः वे सांस्कृतिक शक्ति हैं तथा आदिवासी जीवन के सामाजिक चार्टर भी। उन समाजों में धार्मिकता भी एक जरूरी घटक है चार्टर के रूप में मिथकें आदिवासियों के जीवन, विश्वासों, नैतिक व्यवहारों तथा आचार-निर्देशों को भी एकतान करती हैं। इसीलिए वे सक्रिय सांस्कृतिक शक्ति, सामाजिक चार्टर तथा जीवित आस्था हैं।

संरचनावादी **क्लाड लेवी-स्ट्रास** (1908-2009) तथा मेलिनोवस्की, दोनों ने यह दिखाया कि **मिथकीय वृत्तान्तों** से सामाजिक पंचांगों की पुनर्रचना अक्सर सम्भव होती है। उनके अन्तरालों में विशिष्ट सामाजिक रीति-रिवाजों तथा प्रथा-परिपाटियों के भी सरोकार परिलक्षित किये जा सकते हैं।

मेलिनोवस्की ने तो मानो मिथक-कथाओं को उन आदिवासी सृजेता समुदाओं की 'देह एवं आत्मा के वातायनों' के रूप में इस्तेमाल किया। वे मिथकों को प्राथमिक प्रमाण बताते हैं। उनकी दृष्टि ग्रीक 'माइथॉस' से तुलनीय है।

क्लाद लेवी-स्ट्रास ने मिथक-कथाओं (को वातायन मानकर चलने की अपेक्षा उनकी विनिर्मिति की ताकि उनमें अन्तर्निहित किसी समुदाय) की देह एवं आत्मा की अपेक्षा उसके सांस्कृतिक, मनोवैज्ञानिक, धार्मिक तथा अन्यान्य आवेशों का अनुसन्धान किया जा सके।

वे आदिम संस्कृति के आधुनिक पहरेदार थे जिन्होंने ब्राज़ील के अमेज़न-क्षेत्र के वर्षा-वनों में रहने वाले आदिवासियों का अध्ययन करके **'सेवेज माइंड'** की पहचान की। उन्होंने पाया कि आदिम जन बौद्धिक रूप से अत्यन्त **कल्पनाशील** होते हैं, उनकी अजीब सी मिथकों में भी **तर्कशक्ति** की नफासत होती है। मिथकों में ऐसे तत्त्व होते हैं जो एक-दूसरे के **विरोधाभासी** प्रतीत होते हैं और ऐसे तत्त्व भी होते हैं जो उनके विरोधाभासों का समाधान बताते हैं। यह उनके **'द्विपर्ण-विरोध'** (बाइनरी अपोजीशन) की बुनियाद है।...हमारा संसार विविधतापूर्ण संस्कृतियों के कारण ही जीवनीय रहा है।

वे आधुनिक मानवविज्ञान के जनक माने जाते हैं तथा संरचनावाद के सशक्त पुरोधा भी। उन्होंने संक्षेत्रीय प्रकर्म (फील्ड वर्क) को बहुत महत्ता दी। इससे उनकी स्कॉलरशिप का असर समाजशास्त्र, मनोविज्ञान, एथनोलॉजी, एथनोग्राफी, दर्शनशास्त्र, पुरातत्त्व शास्त्र, तथा सामाजिक नृतत्त्वशास्त्र पर पड़ा। उन्होंने **कबीलाई और औद्योगिक समाजों** की समानताओं की भी छानबीन की थी **अधकचरा और परिपक्व** के भाष्यवर्ती द्रष्टान्त द्वारा।...

उन्होंने **संरचनावाद** के अन्तर्गत एथनोग्राफी की व्यासरेखा पर **व्यवहार तथा चिन्तन** के सामान्य आकृतिबन्धों को पाया, विशेषतः मिथक में जो, मानव-समाजों में सर्वव्याप्त रही है। अतः संरचनावाद-प्रदत्त प्रणालियों में सामान्य तत्त्वों का अन्वेषण माना जा सकता है, मानव-क्रियात्मकता के सभी रूपों में। अतः संरूपों की गहरी पर्त्तों की छानबीन हुई। अतः **मिथकों की संरचनाएँ** उन्मीलित हुई जिनमें प्रथाएँ एवं संस्कृतियों की व्याख्याएँ अभिलक्षित हैं ताकि वैश्विक समानताएँ प्राप्त की जा सकें।

लेवी स्ट्रास का पहला प्यार संगीतरचना तथा वाद्य-वृंद-संचालन था। किन्तु वे हो गये संरचनावादी मिथक आलेखकार! मूलस्थ संस्कृति तथा समाजों के समर्थक वे 'एकैक संस्कृति' के विरुद्ध थे। उनकी शिष्यावत् कैथरीन क्लेमेंट ने बताया है कि अपने अन्तिम वर्षों में वे स्वयं को इस शताब्दी से बाहरला महसूस करते थे; जो देख रहे थे, उसे नापसन्द करते थे; यथा, भूमंडलीकरण, तथा संस्कृतियों एवं कबीलों का विनाश।

उन्हें विश्वास हो गया था कि आगे चलकर किसी दिन छोटे, सुसंरक्षित कबीलाई समाज जल्दी ही विलुप्त हो जाएँगे और वे भीड़भाड़ वाली सभ्यता (मास सिविलाइजेशन) द्वारा निगल लिये जाएँगे।

लेवी-स्ट्रास का प्राथमिक प्रयोजन 'मानव चिन्तन की बुनियादी संरचना' का उद्घाटन रहा हैः—अनुसन्धान से उद्घाटन। उनकी दृष्टि ग्रीक 'लोगॉस' से तुलनीय है। उक्त दोनों दृष्टियों में, को बड़-छोट, कहत अपराधू।

दोनों ही मानते हैं कि उनकी पद्धतियों से मिथक में मानव-चिन्तन की संरचना के उन वैश्विक तौर-तरीकों का उद्घाटन होता है समाज पर पड़ने वाले बहिर्वर्ती प्रभावों से सारतःअपरिवर्तनीय रहते हैं। अतः वे विश्व के प्रत्यक्षण के ब्रह्मवैश्विक (यूनिवर्सल) विधियों के दर्पण हैं। इस भाँति से मिथक स्वयं में अविपथित तथा अविचलित सन्दर्भ है।

इस तरह लेवी-स्ट्रास मेलिनोवस्की-सम्मत प्रकार्यवादी (फंकशनल) यह परिभाषा स्वीकार करते हैं कि मिथक 'सामाजिक कार्यवाही का चार्टर है, लेकिन, अपनी संरचनावादी प्रणाली से प्रदत्त समाज के समुदाय की मिथक में, मानस तथा समाज, दोनों की संरचना को भी अन्तर्निहित मानते हैं। वे द्विपर्ण विरोधता (बाइनरी अपोजीशन) तथा माइथीमों (मिथक के अभिप्राय) को विखंडित घटनात्मक इकाइयाँ मानकर अपनी पद्धति लागू करते हैं। जाहिर है कि मिथक का तथ्य साम्यरूपकता (एनालॉजी) भी है किन्तु यह भी सत्य है कि साम्यरूपकता में भ्रांति भी तो अन्तर्निहित हुआ करती है। दो एकांशों की तुलना यथावत् कदापि नहीं हो सकती।

शायद इसी की काट के हेतु यह फ्रांसीसी विद्वान फ्रांस के ही 'सेमिओलॉजी अध्ययन-चक्र में रोलांबार्थ प्रणीत संगीत एवं पाठ्य के अन्तःसम्बन्धों की धारणा का भी सुदुपयोग करते हुए यह भी घोषित करते हैं कि (अर्थ एवं दृश्य के परे) मिथक वैसा संगीत है जिसके मौन निष्पादक उसके श्रोता हैं (मिथोलाजीक़-I, पेरिस, 1964)।

यही नहीं; लेवी-स्ट्रास ने अनुक्रमिकता के प्रतिपक्ष में यह भी बताया है कि ब्राजील तथा समुद्रायनी (ओशेनिया) की मिसालों में तो चक्राक कालगति के बोध से अतीत तथा वर्तमान परस्पर घुलमिल गए हैं अर्थात् वे साकार जीवंत वर्तमान भी हैं। इस तरह अपने विश्लेषण-मार्ग से नृतत्त्वशास्त्री लेवी-स्ट्रास **मिथकों** की संरचना का उसी प्रकार उद्घाटन करते हैं जिस तरह जुंग ने **'आर्केटाइपों'** का किया। दोनों ही दैनिक जीवन में संलक्षित अन्तर्विरोधों से पारंगत होने में विरुद्धों का सामंजस्य स्थापित करते हैं।

यही तो मिथक में अन्तर्निहित आधारभूत हमारी आलोचिंतना है। वे मिथक की आन्तरिक संरचना (डीप स्ट्रक्चर) के खोजी हैं जो वैषम्य को दूर कर सके। वे यह भी जानते हैं कि भरतपाठी मिथक एक साथ त्रिकाल (अतीत-वर्तमान-भविष्य) धर्मा होती है। यही उसकी भाषा की भी कुंजी है।

नृतत्त्वशास्त्री-संरचनावादी स्ट्रास ने अन्तर्सांस्कृतिक अध्ययन के भी सूत्रधार बनते हुए तुलनात्मक अध्ययन की पहल की। यह विश्वमिथकयान के लिए तो मृत्युजंय उपचार सिद्ध हुआ।

जार्जेस डुमेज़िल (1898-1986) लेवी-स्ट्रास के नीम प्रतिद्वन्द्वी भी रहे हैं। उन्होंने **'तुलनात्मक मिथकयान'** पर बहुत बढ़िया कोटि का कार्य किया है। उनकी आधारशिला भी नृतत्त्वशास्त्र ही है। हम उनकी प्रणाली में तीन आयाम पाते हैं–**(i)** मिथक तथा मिथकीय थीमों (कथाबीजों) की तुलना, **(ii)** फिर एक जैसी थीमों को अलगाना, और **(iii)** फिर उन्हें एक-से प्रतीकात्मक प्रतिनिधित्व द्वारा अंतरबद्ध करना। उनकी पद्धति की एक महत्त्वपूर्ण उपलब्धि मित्र-वरुण की संप्रभुता पर नातिदीर्घ आलोचिंतना रही है ('मितरा-वरुना :...' बिब्लिओथेक् द-इकोल..., सेक्शन रिलीजियासे, भाग 46 पेरिस, प्रेसेस यूनिवर्सिटेयर, द फ्रांस, 1940)।

संकेतवादी **रोलां बार्थ** (1915-1980) 'चार्टर' के बजाय **मेसेज** की अधिष्ठापना करते हैं जो भाषा के बजाय वाक् (स्पीच) की विधि द्वारा **संप्रेषित** होता है। अतः वे मौखिक दशा को महत्ता देते हैं। वे कहते हैं कि मिथक यथार्थता को वाक् या वाच में अन्तरित कर देती है। अतः मिथक की वाक् का उपचार भाषा की तरह नहीं किया जाना चाहिए। अतः मिथक संकेतविज्ञान (सेमिओलॉजी) का एक अंग है।*

इससे रोलांबार्थ **संकेत** या चिह्न (साइन) तथा **चिति** (साइकी) की सम्बन्धता स्थापित करके उसे वैश्विक व्यासरेखा देते हैं क्योंकि इसमें भाषा से इतर वाक् और चिह्न का सामंजस्य है। अतः मिथक एक चुराई हुई भाषा की तरह है।

जब इतिहास लुप्तप्राय अथवा क्षीण हो जाए तो लोकवार्ता, निजंधर के–**मिथकीय प्रकारों** का अनुप्रवेश होने लगता है। यह अन्ततः कांची और कम्बोडिया के मन्दिरों में दृष्टिगोचर होता है। इनकी कथाएँ एक समान हैं किन्तु (सांस्कृतिक-) आकृतिबन्ध (पैटर्न) भिन्न-भिन्न हैं (पृथक-पृथक नहीं)। दोनों स्थानों में तथा बृहत्तर दक्षिण एशिया में, मन्दिर तो शिव और विष्णु को अर्पित हैं किन्तु हिन्दू-परम्परा एक समान नहीं है। समुद्र-मंथन और शिव की कथा एक-सी हैं किन्तु उनके बिम्ब (सिग्निफायर) भिन्न-भिन्न हैं।

इस न्याय से मिथक को आदिम मानव-समाज में विचारों तथा अनुभवों तथा संघटनाओं का इतिहास माना जा सकता है जो देश तथा काल के बन्धनों में यथावत नहीं बँधा होता।

नृतत्त्वनेत्री **रूथ बेनेडिक्ट** (1887-1948) ने स्थानिक देवताओं की अवधारणा पर सबसे पहला अनुचिन्तन किया है।

प्राक्तन-प्राचीन संस्कृतियों के मिथकयानों की मिथक-आलेख-कारी में हम मिथक से लोकयान से लिजंधर से इतिहास से (फिर) लिजंधर का एक सिलसिला भी पाते हैं। ये मिथक-परम्पराएँ भी बनाते हैं, जैसे बेबीलोनी-ईजिप्टी मिथकयान पशु-पक्षी-प्रधान है, भारतीय मिथकयान अनेकभुजा-अनेकमुखी देवी-देवता प्रधान है, ग्रीक मिथकयान देह-भोग तथा देह-शोभा का आराधक है, चीनी-जापानी प्रकृति-प्रधान हैं, मेसोअमेरिकी (अज़टेक-माया-इन्का) आतंक और युद्धप्रेरित हैं तथा समुद्रयानीय एवं अफ्रीकी मानव-प्रधान हैं। इनके अपने-अपने मिथक-मानसिक प्रत्यक्षीकरण हैं तथा विश्वास-प्रणाली एवं धार्मिक आस्थाएँ हैं। ये मिलकर मानव-अनुभवों के विकास और जटिलताओं से संलग्न है। ऐसे में रूथ बेनेडिक्ट ने आंचलिकता की खोज की है।

उन्होंने लोक-धुरी पर विलक्षण नतीजे निकाले। आदिम समाजों की (मौजूदा) संस्कृतियों के अध्ययन में उन्हें व्यक्तियों के बर्ताव न तो विकासमूलक मिले और न ही तुलनात्मक।

मनुष्य के व्यवहार की समझदारी के साथ ही उन्हें मिथकों के साथ धर्म एवं कर्मकांड का घनिष्ठ सम्बन्ध मिला। धर्म में इहलौकिक के साथ अ-लौकिक जगत् का समावेश भी हो जाता है जिससे दोनों संसारों की जटिलताएँ, द्वन्द्व तथा दुविधाएँ पैदा होती हैं। इस परामापी रेखा (पैरामीटर) पर वे मिथकयान तथा लोकवार्ता को एकतान करती हैं। उन्होंने यह भी पाया कि अफ्रीका की जनजातियों में सृष्टि-विद्या (कास्मोलॉजी) विशेष महत्त्व नहीं रखती। उनमें प्रायः मृत्यु और अलौकिकता का विचित्र मेल हैं जिससे टोटेम तथा पुरखे भी प्रभुत्वशाली होते गये।

* 'मिथोलॉज़ीस' पालाडिन, ग्रानडा पब्लिशिंग हाउस लि., पुनर्मुद्रण, 1976

आगे रूथ बेनेडिक्ट मिथक-विवरणों की कथात्मकता में अनुपाठों-प्रतिपाठों की जो अनेकरूपता पाती हैं उसमें इच्छापूर्ति (विश-फुलफिलमेंट) की प्रवृत्ति सक्रिय है क्योंकि (यह प्रवृत्ति) सांस्कृतिक विविधता की द्योतक है। वे यही नतीजा निकालती हैं कि 'विश्वमिथक मनुष्य की इच्छा तथा उद्देश्य का वैश्विक प्रक्षेपण सिद्ध होती हैं।'

लोकयान इसी कड़ी में **क्लाइड क्लुकहान** सांस्कृतिक नृतत्त्वशास्त्र मे एक अध्याय जोड़ते हुए उत्तरी अमेरिका की नवाहो जनजाति पर केन्द्रित रहे। हम भी प्रसंगानुसार इसका महत्त्व निरूपित करेंगे।

अर्नस्ट कैसाइरर (1874-1945) नव्य कांटवादी थे। वे द्वयता में विरुद्धता नहीं, बल्कि समरसता प्रतिपादित करते हैं। अतः वे 'माइथॉस' बनाम 'लोगोस' के अन्तर्विरोध से प्रस्थान करके निर्वचन करते हैं कि यदि मिथक 'महाकाव्य' है तो कर्मकांड 'नाटक'। उनके अनुसार दोनों एक ही मिथकीय चिन्तन-प्रक्रिया के घटक-तत्त्व हैं। इसी भाँति वे मिथक तथा कर्मकांड को अन्योन्याश्रित मानकर एक कोष्ठक में बाँधते हैं।

अथच वे मिथक एवं कर्मकांड को एकात्म मानकर **मिथक** और **भाषा** का युगल बनाते हैं। वे दोनों को चैतन्यता (स्पिरिट) के प्रतीकात्मक संरूप मानते हैं।

एक क्रान्तिकारी उद्भावना यह है कि कैसाइरर इन संरूपों का प्रधान उद्गम न तो देवता, और न ही अमूर्त मानवता मानते हैं। उनके अनुसार उनका उद्भव एक विलक्षण सांस्कृतिक प्रक्रिया है जिसकी नाभि **विश्वास** है। इसलिए किसी भी मिथकीय कल्पना में 'विश्वास का कृत्य' अन्तर्निहित होता है।

अपने विचार-प्रवाह में वे मिथक की क्वाँरी शुद्धता को इतनी गहराई तक खोजते हैं कि मिथक की 'एक स्वकीय संस्कृति' को मानते हैं जो किसी अन्य साम्यरूपकता अथवा अन्यापदेश (एलिगरी) में नहीं घटाई जानी चाहिए। उनकी अपनी ही 'लघु संस्कृति' होती है। अतः मिथक की अभिव्यंजना मानो प्रज्ञात्मक (इंटूशनल) हो गयी। इसमें अपने ही स्वयं के अपरावर्तित तत्त्व हुआ करते हैं।

कैसाइरर के विषय में डेविड विडने की टिप्पणी है? "अधिभौतिक तथा समाजशास्त्रीय उपागम का अनुगमन करने में कैसाइरर को कोई अंतर्विरोध नहीं लगा। उनके आधिभौतिक उपागम के अनुसार मिथक जीवन की विश्वब्रह्मांडीय (कॉस्मिक) एकजुटता की प्राक्तन **प्रज्ञा** पर आधारित है। इसलिए वे स्वीकारोक्ति करते हैं कि मिथक एक गतितंद्रिल **धर्म** है। जितनी दूरी तक वे दुर्खीम तथा मेलिनोवस्की के समाजशास्त्रीय उपागम का अनुकरण करते हैं वहाँ तक मिथक **कर्मकांड** को विवेकसम्मत तथा वैध बना देती है। इस कड़ी में वह मानवीय आशाओं तथा खौफ़ों को, विशेषतः मौत के भय को, कायान्तरित कर देती है।"*

दामोदर धर्मानन्द कोसाम्बी (1907-1966) ने हंगेरियन मार्क्सवादी ज्योर्जी लुकाच की भाँति भारतीय सृजनात्मक मार्क्सवाद को दिशा दी। उन्होंने इसके सर्वश्रेष्ठ भारतीय इतिहास में अनुप्रयोग किये हैं।

कोसाम्बी ने पुरातत्त्व-इतिहास-संस्कृति का संगम किया और इस प्रकार समाजविज्ञानों में भी लम्बे डग भरे। उन्होंने सोवियेतों (समाजवादी रूसी संघियों) की यह स्थापना अस्वीकार कर दी कि प्राचीन भारत में गुलामों की उत्पादन-प्रणाली ही प्रमुख थी। तिस पर भी यह माना कि हड़प्पा-सभ्यता दास-प्रथा की समीपी अलबत्ता थी। इससे वैदिक मिथकों की व्याख्याओं पर (मैक्स म्यूलरीय दृष्टि से इतर) मोड़ आया। मिथकाभिप्राय 180 डिगरी घूम गये।

उन्होंने **उत्पादन की एशियाई प्रणाली** को भी पूर्णरूपेण स्वीकार नहीं किया। वे मानते हैं कि प्राचीन भारत में **कई उत्पादन-प्रणालियाँ** समकालिक थीं। वे मानते हैं कि प्राचीन भारत में सैन्य के साथ-साथ **हिंसा की धुरी** भी क्षीण थी (बुद्ध तथा महावीर का प्रभाव)। वे **जाति** को भी गतिमान घटक के बजाय महज एक जीवाश्म जैसा मानते हैं जो सामाजिक नियंत्रण का एक साधन अथवा यांत्रिकता थी।

अतएव उन्होंने आबादियों और जनजातियों के संक्रमण-निष्क्रमण-संस्थितियों (बसनीकी) के आधार पर भी अधिनायकों की सांस्कृतिक यात्राओं तथा मिथकीय अभियानों की दृष्टियाँ सुझाईं। उन्होंने मैक्सम्यूलर के विपरीत पुरुरवा-उर्वशी का अपना भाष्य पेश किया, ऋग्वेद के सौजन्य से।

इसके अलावा बिल्कुल नयी दिशा में प्रयाण करते हुए उन्होंने धातु तथा धातुकर्म, मुद्राओं (सिक्कों) तथा मृदभाण्डों को उपजीव्य या निमित्त बनाकर, मिथक एवं इतिहास का मेल कराते हुए, भारतीय मिथकयान को (पूर्व एवं पश्च) ऐतिहासिक यथार्थताओं से अन्वित कर दिया। अतः वे मिथक तथा ऐतिहासिक यथार्थता की धारावाहिता के अनुक्रम के बीच में, स्वप्नचरण को लाँघने की, लम्बी छलाँग लगाते हैं। इस प्राचल में उनका महासूत्र है : 'उत्पादन की प्रणालियों द्वारा सामाजिक, आर्थिक, ऐतिहासिक तथा मिथकैतिहासिक प्रक्रियाओं का अनुशीलन करो।'

इसकी अगली अनुपालना में वे मोहेनजोदारो के भैसों के सींग धारण किये हुए नग्न देव को शिव का उद्भव मानते हैं। वे वेदों में विष्णु की सत्ता तो पाते हैं किन्तु नारायण की नहीं। समानांतरता में वे क्षीरशय्याशायी नारायण तथा मेसोपोटामिआ के नीरशय्याशयनी एनकी के मिथकाभिप्राय को उद्घाटित करते हैं।

* 'दि नेचर आफ़ मिथ' जान बी. विकरी द्वारा सम्पादित' **मिथ एण्ड लिटरेचर**, 1971, पृ. 11-12

कोसाम्बी भारतीय तथा विश्वमिथक की सांस्कृतिक धरोहर का सही सन्दर्भ देखते हैं।

योगी श्री अरुबिंदो (1872-1950) ने पूर्वार्द्ध तथा उत्तरार्ध खंडों वाले "वेद-रहस्य" में ऋग्वेद के आध्यात्मिक, और भाषा वैज्ञानिक आधारों को उद्घाटित करते हुए सोम, अग्नि, वरुण, अश्विन, इन्द्र, विश्वदेव, उषा, अंगिरस, सूर्य आदि के प्रतीक एवं कूट के उद्घाटन में प्रकाश (बनाम अंधकार) अक्षर और आनन्द, चैतन्य और सत्य के बहुविध भाष्य प्रस्तुत किये हैं। उन्होंने सात नदियों, गौओं, उषा की व्याख्याएँ की हैं। उनकी केन्द्रीय धुरी प्रकाश के संरक्षक देवता रहे हैं। उन्होंने अग्नि के सूक्त, मित्रावरुण के सूक्त, उषा के सूक्त की व्याख्याएँ की हैं। वे मिथक को **'गाथा'** नाम देते हैं। उनका एकान्तिक लक्ष्य मन्त्रों सूक्तों, स्तुतियों, ऋचाओं के आध्यात्मिक अर्थों का उद्घाटन रहा है। अतः वे मिथक से प्रायः प्रस्थान करते हैं। मानो वे 'प्रकाश' के चिरन्तन खोजी रहे।

उषा चौधरी* वैदिक मिइथोपोईआ का प्रत्यय गढ़ती हैं। वे 'इन्द्र एंड वरुण इन इंडियन मिथोलॉजी' में इन्हें दो पक्षों का प्रतिनिधि बताती हैं। इन्द्र अस्तित्व का सत्य है, तो वरुण सत्ता का सत्य; एक चैतन्य का तो दूसरा भूततत्त्व का प्रतिनिधि; एक सिसृक्षा का, दूसरा अमूर्त का प्रतीक : तथा एक दिन का तथा दूसरा रात्रि का रूपकायन करता है। (उनकी ये स्थापनाएँ डुमेज़िल प्रणीत मित्र और वरुण की युगल व्याख्या से तुलनीय हैं)। वे प्रसंगवश क्लाद लेवी-स्ट्रास की भी तुलना-वृत्ति में भाषा एवं नातेरिश्तेदारी का प्रत्याख्यान करती हैं। उनकी दृष्टि मौलिक तथा प्रज्ञात्मक है।

गया चरण त्रिपाठी ने अपने दो खंडों वाले अध्ययन 'वैदिक देवता : उद्भव और विकास'** में (क) भारोपीय काल के देवताओं का विहंगावलोकन करते हुए अवेस्ता और उसके वैदिक देवता, वैदिक तथा परवर्ती देवशास्त्र का सिंहावलोकन तथा द्युस्थानीय देवताओं का अध्ययन किया है, (ख) इसके अन्तर्गत ऋग्वैदिक देवताओं की प्रमुख विशेषताओं के अन्य संहिताओं, ब्राह्मणों, सूत्रग्रन्थों तथा महाभारत एवं पुराणादिकों में हुए विकास का निरूपण किया है। पहले खंड में हो उस्, उओरुएनॅस, पृथ्वी, तड़ित्, सूर्य-चन्द्र उषस्, अश्विनी, अग्नि, वायु तथा जल जैसे भारोपीय देवता, अवेस्ता के देवता, ईरानी देवता, वैदिक देवशास्त्र (मिथोलॉजी) का सिंहावलोक किया गया है। द्युस्थानीय देवताओं में आदित्य, सूर्य, विवस्वान्, सविता, पूषा, अर्यमा, मित्र, वरुण, मित्रावस्तु, अश्विनी 'विष्णु लक्ष्मी', गरुड़ को विस्तार दिया है।

दूसरे खंड में रुद्र, इन्द्र, मरुत् आदि अन्तरिक्ष स्थानीय, अग्नि, यम, सोम आदि पृथ्वी स्थानीय एवं प्रजापति, बृहस्पति तथा अदिति आदि भावात्मक देवताओं की उत्पत्ति एवं परवर्ती विकास की विवेचना की गयी है।

अश्विनी पाराशार*** ने हिन्दी काव्य की सामाज-सांस्कृतिक पृष्ठभूमि में 'मिथोपोईआ' का अनुशीलन किया है। हिन्दी काव्य में यह एक व्यापक तथा गहरा कार्य है। उन्होंने मिथकीय चेतना-सम्पन्न काव्यास्वाद एवं प्रयोजन का भी अनुशीलन किया है।

ललिता हांडू ने लोकयान तथा मिथक पर एक छोटे अनुबन्ध में यूरोपीय मिथकयान का विहंगावलोकन किया है, विभिन्न सम्प्रदायों के बीच एकता-परम्परा-संघर्ष का सर्वेक्षण करते हुए उन्होंने विभिन्न मिथक-सम्प्रदायों का वर्गीकरण किया है–(i) खगोल मिथकयान (मैक्सम्यूलर), (ii) बेबीलॉन-संघट्टीय मिथकयान, (iii) नृतत्त्वशास्त्रीय मिथकयान, (iv) कर्मकांडपरक मिथकयान (जेन हैरिसन, राबर्टसन स्मिथ), (v) फिनिशप्रणालीय मिथकयान (vi) आकृतिबन्धवादी मिथकयान (रूथ बेनेडिक्ट), (vii) मनोविश्लेषणवादी मिथकयान (कैंपबेल, रीक) (viii) मततन्त्रपरक मिथकयान (मर्सिया एलियाड), (ix) नृतत्त्वशास्त्रीय मिथकयान (फ्रांज बोआस, मेलिनोवस्की), (x) संरचनावादी मिथकयान (क्लाद लेवी-स्ट्रास) आदि।

उन्होंने निष्कर्ष में समकालीन दिशाओं का सारत्व दिया है कि मिथक संस्कृति के दर्पण के रूप में, या सामाजिक संरचना की तरह, धार्मिक सप्रेषण के अनुष्ठान के रूप में, अथवा सामाजिक चार्टर के दर्पण की तरह होती है। उन्होंने मिथक-उपचार की व्यापक श्रेणियाँ ऐतिहासिक, मनोवैज्ञानिक, समाजशास्त्रीय तथा संरचनावादी गिनाई हैं।****

× × ×

अन्ततोगत्वा विद्वानों के दर्पणों मे कई ढंग में मिथक-छवियाँ प्रतिबिम्बित हुई हैं। हम सम-आधुनिक आयाम पर स्वयं-केन्द्रित रहे हैं।

एक दिशा मिथक को कर्मकांड के रूप में मानती है (कैंब्रिज-स्कूल की जेन हैरिसन की अगुआई), दूसरी मिथक को लोकयान से सम्बद्ध करती है (व्लादीमीर प्राप तथा ललिता हांडू), तीसरी उसे सामाजिक चार्टर मानती है (मेलिनोवस्की), चौथी मिथक की संरचनावादी विनिर्मिति करती है (क्लाद लेवी-स्ट्रास, डुमेज़िल), पाँचवीं उसे व्यक्ति अथवा मानव के अवचेतन की गुप्त इदमीय वासनाओं का उभार मानती है (फ्रायड, जुंग), छठी मिथक को लोकयान तथा आंचलिक क्षेत्रों से भी संलग्न करती है (फ्रांज़ बोआस, रूथ बेनेडिक्ट, क्लाइड क्लुकहान) आदि, आदि।

---

* 'वैदिक मिथोपाईआ', नाग पब्लिशर्स, दिल्ली, 1983

** भारतीय विद्या प्रकाशन, 108 कचौड़ी गली, वाराणसी, 1981-1982

*** 'हिन्दी नयी कविता : मिथक काव्य', दीर्घा साहित्य संस्थान दिल्ली, 1985

**** 'फोक एण्ड मिथ', ललिता हांडू, सेंट्रल इंस्टीच्यूट आफ़ इंडियन लैंग्वेजेस, मानसगंगोत्री, मैसूर, 1998, पृ. 56-58-73

इस भूमिका के साथ हम विलियम जी. डोटी द्वारा दी गयी कतिपय अपेक्षित एवं बेहतर परिभाषाएँ दे रहे हैं–

(1) मिथक सौन्दर्यबोधात्मक दक्षताएँ हैं, साहित्यिक;

(2) मिथक की विषयवस्तु के सरोकार देवताओं, और अन्य/अतिरिक्त विश्वों से होते हैं;

(3) मिथक सृष्टि के उद्‌गम का निर्वचन हैं;

(4) मिथक को प्राक्तन् विज्ञान के रूप में चीन्हा जा सकता है; गलतफहमी भी होती है;

(5) मिथक किसी रस्म (राईट) का पाठ्य है, या वैसे अनुष्ठान पर आधारित है जिसकी (वह) व्याख्या करती है;

(6) मिथक विश्वब्रह्माण्डीय (यूनिवर्सल) 'सत्य' का निर्माण करती है, अथवा मूर्त एवं बोधगम्य विचारों का विधान करती है;

(7) मिथक विश्वासों का, सामूहिक अनुभव का, या मूल्यों की प्रायोजिका हैं; तथा

(8) मिथक का अनुषंग 'चैतन्याई' (स्पिरिचुअल) अथवा 'चितिमूलक' (साइकिक) अभिव्यंजना है।*

निष्कर्ष यही है कि विश्वासधर्मी मिथक के व्याख्यापरक **निष्कर्ष** ही दिये जा सकते हैं; वैज्ञानिक विश्लेषण और निर्णय (जजमेंट) नहीं दिये जा सकते।

महानिष्कर्षरूपेण अगर यक्ष-प्रश्न के उत्तर में से कालान्तरों-मन्वन्तरों में से सर्वश्रेष्ठ-सर्वोच्च कल्पना के धनी को पूछा जाए तो इनमें महाकाव्यकारों या हॉलीवुड-बॉलीवुड की स्वप्न-फैक्ट्रियों के निर्माताओं से भी बहुत ऊँचे पायदान पर **बालकों की कल्पना** होती है। इसी के समकक्ष **मिथकनिर्माताओं की कल्पना** भी होती है; इतनी ऊँचाइयाँ आजतक कोई नहीं छू सका है। जुंग के **मानवता के बचपन** के पदांश में यह अर्धनारीश्वरत्व सिद्ध हुआ है।

5.3 विश्वमिथकयानों की रूपरेखावलियाँ

विश्व की कई प्राचीन सभ्यता-संस्कृतियाँ या विलुप्त हो चुकी हैं, अथवा स्थिर होकर पिछड़ चुकी हैं, या फिर उनका कायान्तरण हो गया है।

अगर हम उन्हें **एक इकाई** मानें तो परिदृश्य रूपान्तरित हो जाता है : विश्वमिथक महासागर है, विभिन्न सभ्यताओं के मिथकायन अथवा मिथकयान जलपोत या सरिताएँ हैं जो अन्ततः महासागर में जा मिलती हैं। अतः विभिन्नता **एवं** एकता है विभिन्नता **में** अनेकता है।

इसलिए इस सबको एक क्रम, एक व्यवस्था, एक संगठन देना लाजिमी है। इसलिए प्रणाली अथवा **पद्धति की समस्या** (प्राब्लम ऑफ़ मेथड) हमारी धुरी है। हमें कई 'प्राक्‌कल्पनाएँ' (हाइपोथीसिस) करनी पड़ती हैं, कई 'न्याय' तथा 'रूपक; गढ़ने पड़ते हैं ताकि **एक विश्वमिथकसागर,** एक विश्वमानवता तथा एक वैश्विक मिथकीय मानस की पूर्वानुमितियाँ (प्रि-सपोजीशंस) हो सकें।

इसके लिए ही हम रूपरेखावलियों के माध्यम से एकत्रीकरण (संग्रहण) और सूचीकरण (गणना), वर्गीकरण (अलगाना) तथा आलेखीकरण (उपागम) की प्रक्रियाओं को अपनाते हैं ताकि विविध रूपरेखावलियों के मध्य से एक अपेक्षित **रूपरेखा** का निर्माण हो सके।

इस सबके लिए हमें कई प्रक्रियाओं से गुजरना होता है क्योंकि हमारी इकाई विश्वरूप जो है।

× × ×

राष्ट्रीय पूर्वाग्रहों तथा रूढ़ संस्कारी दुराग्रहों से परे जाना हमारी पहली जरूरी बाध्यता रहेगी।

दूसरी बात आती है, **स्वीकार** और **विश्वास** के बीच के विकल्पों की : **(i)** हम स्वीकार भी करते हैं और विश्वास भी करते हैं; **(ii)** हम स्वीकार नहीं करते और विश्वास नहीं करते। ये दोनों दशाएँ प्रादर्श हैं। इनमें द्वन्द्व की कोई उपस्थिति नहीं है। आगे **(iii)** हम स्वीकार करते हैं लेकिन विश्वास नहीं करते। इसमें द्वयता है तथा बहिर्गति है; तथा **(iv)** हम स्वीकार नहीं करते लेकिन विश्वास करते हैं। इसमें दुविधा है तथा अन्तर्मुखता है।

हमने तीसरा अर्थात् 'हम स्वीकार करते है' लेकिन आद्यंत विश्वास नहीं करते' वाला विकल्प अपनाया है। अगर हम हज़ारों वर्ष पुरानी मिथकों के आद्य स्वरूपों को स्वीकार नहीं करेंगे तो मिथकों की आलेखकारी में एक कदम भी आगे नहीं चल सकते। इसके साथ ही मिथक की व्याख्या हो सकती है, (वैज्ञानिक) विश्लेषण नहीं। अन्यथा सर्जन की मेज पर मिथक-हंस का कत्ल हो जाएगा। हम निष्कर्ष दे सकते हैं, निर्णय नहीं कर सकते क्योंकि आद्य मिथक के देश-काल, कार्यकारण तथा यथार्थता, प्रमाण तथा तथ्य प्रायः निश्चित नहीं हैं।

अतएव उपर्युक्त व्यासरेखा हमारे उपागम (एप्रोच) की दशा हो सकती है। और, रही भी है।

तीसरी बात ध्यातव्य है कि मिथकें **मृत्युंजय** हैं, भले ही वे दुर्लभ, अनुपलब्ध, गवाची, अज्ञेय या मौखिक हों। यही नहीं; विश्वमिथकें अज्ञात भूमियों तक स्वप्न-समय में और समय के परे यात्राएँ करती रही हैं। अतः वे विश्व-मानव के मिथकीय मानस में अवचेतन की गहराई में अमर रहती हैं।

* 'मिथोग्राफी : द स्टडी आफ़ मिथ्स एण्ड रिचुअल्स' (डोटी), यूनिवर्सिटी आफ़ अलाबामा प्रेस, 1986

चौथी बात कि, विश्वमानव की सम्भावना तथा यथार्थता, समतामूलक मानववाद के सहकार में, आद्य विश्वमिथकों में भी सिद्ध होती है।

पाँचवीं बात कि अपेक्षित रूपरेखा के निर्माण में हमें **रूपक** का अलम्बन लेना अभीष्ट होगा; मसलन विश्वमिथकयान मधुमक्खियों के छत्ते की तरह हैं, या बया के घोंसले की तरह बुने हैं, अथवा ऊन की लच्छी की तरह गुँथे-उलझे हैं। ये सभी अवस्थाएँ एकजुट भी हैं तथा इनमें से कोई एक ही मुख्यबंध है।

× × ×

हमने इस संहिता में सर्वत्र मिथक का प्रयोग स्त्रीलिंग में किया है। इसे आद्योपांत नज़र में रखा जाए।

विषयों की **धुरी पर** विश्वमिथकयानों के निम्नांकित प्रकार हो सकते हैं–

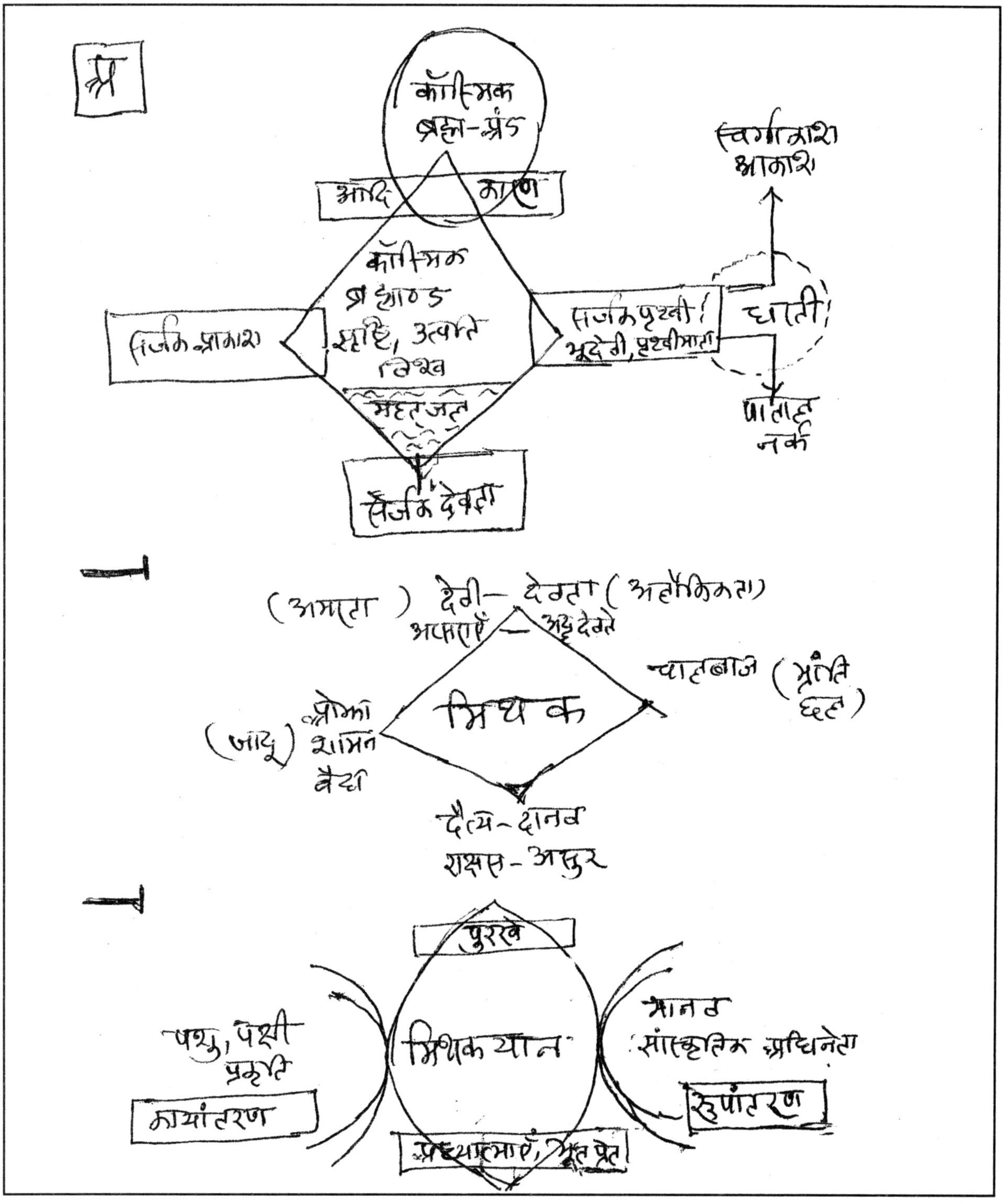

(आ) देशिक–राष्ट्रीय मिथकयानों की कतिपय स्वकीयताएँ हो सकती हैं।

(इ) रूपरेखा-विधान के विविध उपागम (एप्रोच) संज्ञानित हैं।

रूपरेखा-निर्माण के दौरान एकत्रीकरण-सूचीकरण, वर्गीकरण-आलेखीकरण की जो प्रक्रियाएँ जारी होंगी वे प्रायः समावेशी तथा निरपेक्ष होंगी। उनके विषयों में–

(क) एक सदृश्यता (सिमिलेरिटी) और अनसदृश्यता (डिस्सिमिलेरिटी) होती है, (ख) उनमें रूढ़िगत प्ररूपों (स्टीरियोटाइप्स) तथा गतिक प्ररूपों (डायेनाटाइप्स) का द्वन्द्व होता है, एवं (ग) वे जाने-पहचाने (फेमिलियर) अथवा अनजाने (अन-फेमिलियर) होते हैं।

इनके नतीजों में हमें अन्तराल मिलते हैं, पुनरावृत्तियों की भरमार होती है, जड़ठहराव (स्टेलमेट) का सामना करना होता है तथा विलक्षण नवलता भी झलक उठती है। ये ही विषय की मात्रात्मकता को गुणवत्ता में उत्तीर्ण कराते हैं। सबसे घटिया तथा घिसी-पिटी पुनरावृतियाँ होती हैं जिसमें प्रायः सूचीकरण को ही अभिप्रेत मान लिया जाता है। तब प्रदर्शनकारिता का घटाटोप छाता है। अतः खोज एवं मौलिकता के लिए हमें अनछुए तथा अ-चीन्हें घटकों का सहारा लेना होता है। तभी हम व्यक्तिगत उपागम से उचित पद्धति तथा अभिकल्प (डिज़ाइन) से नवीनता और रमणीयता ला सकेंगे।

एकरेखाक सूत्रबन्धता (सीरियल कनेक्शन) में ठहरी हुई तटस्थता तथा गैर-सरोकारी गुँथी होती है, जबकि कारणपरक सूत्रबन्धता (काज़ल कनेक्शन) में गतिशीलता, बहुसूत्रता तथा अन्वेषण होता है। ज्याँ पाल सार्त्र ने भी पद्धति की समस्या में इन्हें संकेतित किया है।

× × ×

हमने राष्ट्रीय मिथकयानों के सुपरिगठन (सुपर-स्ट्रक्चर) तो अनिवार्यतः तथा लगातार लिये हैं लेकिन हमारा मूलाधार आद्योपान्त विश्वमिथकयान और वैश्विक मिथकीय मानस रहे हैं। इसलिए आगे विशिष्ट एवं आधुनिक रूपरेखावलियों के सर्वेक्षण में हमने विश्वमिथकयान को ही प्राथमिकता तथा प्रधानता दी है। कर्मकांड, लिजंधर, लोकयान आदि को प्रसंगानुसार ही लिया गया है।

रूपरेखावली के लिए अनेक राष्ट्रीय मिथकों तथा समेकित विश्वमिथक के **घेराछेंकी क्षेत्रों** (कैचमेंट एरियाज़) का आकलन भी लाजिमी है–

(i) इतिहास और भूगोल : (इसके मिथकीय हाशिये भी)। इनकी कई व्याख्याएँ, कई संशोधन होते रहते हैं।

(ii) कबीलाई जीवन : (शिकारी कंद-मूल-फल के संग्राहक, खानाबदोश, घुमन्तू, खेतिहर)। इनसे ही अपेक्षतया प्राथमिक एवं मूलमिथक के भरतपाठ प्राप्त हो सके हैं। मिशनरी, पर्यटक, नृतत्त्ववेत्ता, पुरातत्त्ववेत्ता, लोकयानवेत्ता, प्रशासक आदि इनकी मौखिक परम्पराओं का अनुलेखन करते हैं।

(iii) प्राचीन महाकाव्य : वेद, अवेस्ता, इलियाड-ओडिसी, रामायण-महाभारत, गिल्गामेष, एनीड, थियोगनी, मेटामार्फोसिस, गेंजी का किस्सा आदि।

(iv) कर्मकांड और अनुष्ठान : त्योहार, उत्सव, यात्राएँ भी शामिल हैं।

(v) धर्मग्रन्थ : वेद-पुराण, बुक ऑफ डेड (ईजिप्ट), बाइबल, अवेस्ता, भागवत, जातक आदि।

(vi) लिजंधर और लोकवार्ता : तीर्थ, मिथकीयभूगोल, झीलें, सरोवर, गुफ़ाएँ (अमरनाथ, वैष्णोदेवी), पर्वत।

(vii) कलाएँ : (क) शैलचित्र, गुफ़ाचित्र, (ख) चित्रकला, शिल्पकला, वास्तुकला (मन्दिर, थीब्स, नारा, एथेंस, मेक्सिको, बोरोबुदुर, अंगकोर वाट, सिल्ला आदि), (ग) नाट्य कठपुतलियाँ (जावा)।

(viii) शोध एवं अध्ययन : मेलिनोवस्की, फ्रेज़र, कैंपबेल, मैक्सम्यूलर, जुंग, लेवी-स्ट्रास, कैसाइरर, ज्योर्जीडुमेज़िल, रोलां बार्थ, फ्रायड, जुंग, कैसाइरर, फ्रेंज़ बोआस, आर्थर कोटरेल, वेरियर एल्विन, श्यामाचरण दुबे, डी.डी. कोसाम्बी, डी.पी. चट्टोपाध्याय, ब्रह्मदत्त शर्मा, एल.पी. विद्यार्थी, कामिल बुल्के, हजारी प्रसाद द्विवेदी, भगवान सिंह, ललिता हांडू, उषा पुरी, उदय प्रकाश अरोड़ा, आदि आदि।

(ix) टोटेम, टोटेममुखौटे, उपकरण : टोटेम तो विश्वमिथकायानों में गुँथे-पुहे हैं। उत्तरी अमेरिका में टोटेम-थंभ विशेष हैं। उपकरणों में नानाविध चक्रचिह्न हैं, जैसे होरस की आन्ख (ईजिप्ट), इन्द्र का वज्र (भारत), जियस का वज्र (ग्रीस), थोर का हथौड़ा (नार्डिक), फ्रेया का कंठहार (नार्डिक), एफ़्रोडाइट की 'कामुकता की करधनी, (ग्रीस), कामदेव का पंचबाण (भारत), विष्णु का सुदर्शन-चक्र (भारत), एथेना का गोर्गूनी ग्रीव मुखौटा (ग्रीस), समुराई की तलवार (जापान), सपक्ष सिंह (बेबीलॉन), सर्पपक्षी (अज़टेक) आदि। ये 'प्राक्तन चक्र-चिह्न' भी रहे हैं।

इतनी तैयारी के उपरान्त ही अपेक्षित रूपरेखा का प्रावधान किया जा सकता है।

× × ×

कुछ प्रमुख **आधुनिक** रूपरेखाओं का सिंहावलोकन कई दिशाएँ-दशाएँ निरूपित करता है–

(अ) चीनी मिथकयान में एक तो इतिहास से घुलमिल गये हैं, दूसरे उन्हें शताब्दियों में विद्वानों-कवियों-अध्येताओं ने लिखा है।

अतः निर्धारित पाठ और विषय-क्रम में कठिनाइयाँ है।

(क) एंथनी क्रिस्टीकृत 'चाइनीज़ मिथोलॉजी' की रूपरेखा–*

1. मिथकीय एवं ऐतिहासिक वंशावलियों का कालानुक्रम
2. चीनी पृष्ठभूमा
3. आरम्भिक जन
4. प्रथम ऐतिहासिक काल
5. सामन्तीय समाज की संवृद्धि
6. मिथकें तथा उनके स्रोत
7. विश्व की रचना
8. पृथ्वी, जल और वायु
9. उपयोगी कलाएँ
10. कृषकी मिथकें
11. स्वर्गिक साम्राज्य
12. मनुष्य तथा पशु
13. आधुनिक मिथकें

इसमें पृष्ठभूमि की सामाजसांस्कृतिक पृष्ठभूमि पर ज्यादा बल दिया गया है जबकि मिथकयान तथा वर्गीकरण आनुषंगिक हो गये हैं।

(ख) एने बिरेल कृत 'चाइनीज़ मिथोलॉजी : एन इंट्रोडक्शन' में चीनी मिथकों का कठिनाई से वर्गीकरण करते हुए प्रत्येक के **कथाबीज** (थीम) देते हुए **मिथकाभिप्राय** (माइथीम) भी दियें हैं। परिशिष्ट में नाममाला तथा पारिभाषिक भी दिये हैं। यह एक उत्तम स्तरीय कार्य है। चीनी मिथकयान पर इससे बेहतर कार्य सम्भवतः दूसरा नहीं है। इसमें प्रमुख मिथकों के भरतपाठ के साथ-साथ महत्त्वपूर्ण अनुपाठ भी दिये गये हैं।

रूपरेखा–

1. उद्गम
2. संस्कृति के वाहक
3. अभयक और विनाशक
4. करिश्माई पैदाइश
5. प्रमुख देवताओं की मिथकें
6. देवियाँ
7. अमरता
8. कायान्तरण
9. अधिनेता
10. लोकायत में फूल पौधे
11. विचित्र भूमियाँ तथा जन
12. संस्थापक मिथकें**।

इसमें आधारशिलाएँ खोजी और संस्थापित की गयी हैं। वर्गीकरण भी कृती के स्वविवेक के आधार पर है। इस अध्ययन की धुरी **पाठ्य** तथा **अभिप्राय** हैं।

(आ)अब तीन तरह के वर्गीकरण के आधार

(क) मिथकें कैसे बढ़ती हैं

सर्वात्मवाद (एनिमिज़्म) [अध्यात्मा या स्पिरिट एक प्रमेय का अंतःपक्ष है; पशु से पौधे से शिला से अग्नि तक]
वस्तुरतिवाद (फेटिशिज़्म) [अध्यात्मा की प्रमेय या वस्तु में पृथक इयत्ता है]
टोटेमवाद (टोटेमिज़्म) [प्रत्येक समूह या कुल ने इसे वंशवृक्ष का बीज मान लिया]
बहुदेववाद (पोलिथीइज़्म) [स्पष्ट है]

* 'चाइनीज़ मिथोलॉजी', एंथनीक्रिस्टी, पाल हेमल्टिन, मिडलसेक्स, 1968

** दे. दिन जान हापकिन्स यूनिवर्सिटी प्रेस, बाल्टीमोर, 1993

एकेश्वरवाद (मोनोथीइज़्म) [प्रथम उन्मेष ईजिप्ट में अखनाटोन ने किया]

(ख) **वर्गीकरण**

सृष्टि मिथकें
मनुष्य के उद्‌गम की मिथकें
ब्रह्माण्ड (कॉस्मास) की मिथकें
जलप्रलय की मिथकें
संसार के अन्त की मिथकें
पाताल की मिथकें
पाताल-अधोगमन की मिथकें
स्वर्ग तथा नरक की मिथकें
अधिनेता की मिथकें
मिथकों का विघटन
यहाँ प्रथम चरण की शृंखला है तथा भरतपाठों की वृत्ति पर आग्रह है।

(ग) **अनेक मिथकयानों के रास्ते से कतिपय देवते**

आकाशीय देवते
सर्जक-देवते
सूर्य-देवते
विद्युत्‌गर्जन-देवता
वर्षा-देवते
उर्वरता-देवते
युद्ध-देवते
अग्नि-देवते
सिन्धु-देवते
चन्द्र-देवते

मातृ देवियाँ
भू-देवियाँ
उर्वरता-देवियाँ
शशी-देवियाँ
प्रेम-देवियाँ

मृत्यु-देवियाँ

(i) जनरल सम्पादक आर्थर काटरेल ने ''एनसाइक्लोपीडिया आफ़ वर्ल्ड मिथोलॉजी''* में प्रत्येक देश की विभिन्न विचार-वस्तु आधारित मिथकों को लिया है।

(ii) आर्थर काटरेल ने ही 'ए डिक्शनरी ऑफ़ वर्ल्ड मिथोलॉजी'** में विश्व के विभिन्न क्षेत्रों को अध्यायों में बाँटकर प्रत्येक क्षेत्र के मिथकीय पात्रों (की कथाओं) को वर्णाक्षर क्रम से लिया है।

भूमिका	:	मिथक का अर्थ
पश्चिम एशिया	:	ईजिप्ट, सुमेर, बेबीलॉन, केन्नान, एशिया माइनर, पर्शिया, अरेबिया
दक्षिण तथा मध्यएशिया	:	भारत, श्रीलंका, तिब्बत
पूर्व एशिया	:	साइबेरिया, मंगोलिया, चीन, जापान, दक्षिणपूर्व एशिया
यूरोप	:	ग्रीस, रोम, दि केल्टिक लैंड्स, उत्तरी तथा पूर्वी यूरोप
अमेरिका	:	उत्तर अमेरिका, मध्य अमेरिका, दक्षिण अमेरिका
अफ़्रीका	:	सहारा, दि वेस्ट कोस्ट, पूर्वी तथा दक्षिण अफ़्रीका, मेडागास्कर
ओशेनिआ	:	पोलीनेसिया, मेलानेसिया, माइक्रोनेसिया, आस्ट्रेलिया,

* डेम्पसी पाई बुक्स, यू.के., 1999

** आक्सफोर्ड यूनिवर्सिटी प्रेस, 1986

इसमें सम्पूर्ण विश्व को लिया गया है। यहाँ विश्वकोश तथा पात्रों के शब्दकोश की मैत्री हुई है।

× × ×

इस प्रकार कुछ सर्वस्वीकृत दिशाओं का अनुमान हो जा रहा है–

1. सृष्टि की महान् मिथकें
2. सूर्य, चन्द्रमा, आकाश तथा पृथ्वी की कथाएँ
3. मृत्यु, पुनर्जन्म और पाताललोक
4. लिजंधरी प्रेमी तथा दैवी कामना (कामुकता भी)
5. अधिनेता, योद्धा और उनके खोजी प्रयाण
6. चालबाज, जानवर और दैत्य

(iii) सर्वाधिक प्रतिपादन **सृष्टि** तथा **सम्भोग** की धुरियों पर ही हुआ है नीचे हमने कुछ अति अनिवार्य वैश्विक सृष्टि-मिथकों को छाँटा है–

I : सृष्टि

एशिया – अहुर माज़दा, बटार गुरु, नाग पहोडा
भारत – ब्रह्मा, दक्ष, इन्द्र, कश्यप, प्रजापति, मिथ्रा, पुरुष, सरस्वती, वराह, वरुण, विराज, विश्वकर्मा
जापान – इन-यो, इज़ानागी-इज़ानामी
ओशेनिया (समुद्रायनी) – रांगी और पापा
चीन – पानगू, हुनडुन, नू-गुआ, फू-क्शी
अफ्रीका – बुम्बा, डो, डेन्ग,
मेसोपोटामिया – इआ, ऐल, ऐनकी, मार्दुक
नार्डिक – ओडिन
ग्रीस – यूराइनस और ओसियन, गेइआ, प्रोमेथियस
ईजिप्ट – अटुम, ख्नुम, मिन, नेइट, नुन, प्टाह, रा, थोट
मध्य अमेरिका – वीरा कोचा

II : लालसा और सम्भोग

और अब सम्भोग धुरी। इन दोनों को हमें आद्यन्त लेना होगा।

भारत – इन्द्र-अहल्या, दुर्गा-शुंभ-निशुंभ, महिषासुर, उर्वशी, मित्रवरुण, रति, सूर्य-संजना, मेनका, रंभा, ब्रह्मा-सरस्वती, शूर्पणखा।
ईजिप्ट – हाथोर, क्लिओपेट्रा-एसेट
नार्डिक – फ्रेया, नौ तरंग-सुकुमारियाँ
अमेरिका – चालचीह्यूटलीक्यू, कोयोटक्ज़ाउक्वी, दस मक्कीकुमारियाँ
ग्रीस – एफ्रोडाइट, सिर्से, हेलेन, निम्फें, डिमीटर, रिया, साइरनें।
मेसोपोटामिआ – ईश्तर, आस्त्रताते
ओशेनिया – हीना (इना)
कार्थेज – डिडो

(i) जनरल सम्पादक रॉय विल्स ने 'वर्ल्ड मिथोलॉजी'* में कुछ नये ढंग से विचार-बिन्दु तथा कथाबीज (थीम) आधारित रूपरेखा ली है जो विश्वमिथकयान को एक वृत्त में जोड़ती है–

1. सृष्टि-सृजन (विश्व का उद्गम)
2. कॉस्मिक वास्तु (ब्रह्माण्ड की संरचना)
3. मानवता की मिथकें (जीवन एवं मृत्यु के कारण)
4. अतिप्राकृतिक प्राणी (देवता, अध्यात्माएँ एवं दैत्य : राक्षस-दैत्य, दानव-मानव, असुर-देव)
5. कॉस्मिक हादसे (संसार का अन्त)
6. अधिनेता और चालबाज (परिवर्तन के अभिकर्ता)
7. पशु और पौधे (ऊर्जा-रूपान्तरण तथा नातेदारी)

* हेनरी होल्ट एंड कम्पनी, इत्का., न्यूर्याक 1993

8. देह एवं आत्मा (अध्यात्मा (स्पिरिट) और जीवनोपरान्त)
9. विवाह और नातेदारी (सामाजिक व्यवस्था की मिथकें)

(ii) हम अपनी अपेक्षित रूपरेखा के लिए उक्त वैश्विक अनुक्रम में कुछ पूर्तियाँ करना चाहेंगे।

(1) सृष्टि-सृजन का आरम्भिक तात्पर्य एकाकारिता तथा अंतरहीनता के स्थान पर स्व-विभक्ति तथा उभयलिंगता रही है। नारीत्व के उन्मीलन के पहले देवताओं की चिन्ता उत्पत्ति की रही थी। सृष्टि के तीन **आदि कारण** महाअन्धकार, महाअण्ड तथा महत् जलराशि रही है। उससे ही **आदि स्रष्टा** या सर्जक देवता (आकाश-पृथ्वी भी) ने विविध नामों से सृजन, निर्माण, उत्पत्ति की। यांग-यिंग, पान-गू, गेब-नुट, रान्गी-पापा (माओरी), ब्रह्मा-सरस्वती, अम्मा-डोगोन (पश्चिम अफ्रीका) में ये कर्ता हैं।

(2) कॉस्मिक वास्तुसंरूप में एक स्तर तो अण्डे से निर्धारित आकाश-पृथ्वी, सूर्य-चन्द्र, अन्धकार-प्रकाश रहे हैं तो दूसरे स्तर पर सृजेता पिता-पुत्री, माता-पुत्र, भाई-बहन इसलिए पति-पत्नी भी रहे हैं।

तीसरे स्तर पर विश्ववृक्ष, विश्वसर्प भी कुछ वैश्विक मिथक बीजों में संप्राप्य हैं।

यह कॉस्मास तीन विश्वों या लोकों का होता गया—स्वर्ग, पृथ्वी एवं पाताल।

इसके आदि कर्ता/कार्य एक तो देव-दानव या देव-देव संग्राम रहे, अथवा जल-प्रलय और (भारत में) समुद्र-मन्थन भी। इसके सहवर्तन में तूफान-देवता, कड़क-विद्युत् देवता, वर्षा-देवता, अग्निदेवता आदि ने भी भागीदारी की।

द्वन्द्व और संघर्ष में सेट-ओसाइरिस (ईजिप्ट), ईश्तर-एरेशकिगाल (मेसोपोटामिया), अमातेरासू-सुशानो, इन्द्र-वृत्त अभिकर्ता रहे। बेबीलॉन में दैवी सम्राट मार्दुक सर्पदैत्य तियामत का वध करके उसके शव से निर्माण करता है। नार्स-मिथक में तीन सर्जक देवते द्विलिंगी दैत्य वाइमीर का वध करके क्षिति-गगन बनाते हैं।...अज़टेक (मध्य अमेरिका) में पाँच संसारों का क्रमवार सृजन-संहार हुआ है। भारत में भी कई मनु और मन्वन्तर हुए हैं। ग्रीकों ने स्वर्णयुग से लेकर लौहयुग की परियोजना बनाई।

कॉस्मिक वास्तु के अन्तर्गत केन्द्रीय धुरी की भी परिकल्पना है—मेरु (भारत) और मंदार में पंचतत्त्व (पृथ्वी, जल, अग्नि, वायु और आकाश) का सिद्धान्त सर्वव्यापी है। तिब्बती मंडल की संरचना मानते हैं। ईजिप्ट में प्रकृति का बल हाप नामक साँड़ था तथा उसकी उर्वरता की शक्ति हाथोर नामक गौ थी। पूरे अमेरिका में सूर्य-चन्द्र भाई-बहन या पति-पत्नी है। एक उत्तरी अमेरिका में पुरुष का कटा सिर सूर्य तथा नारी का कटा सिर चन्द्रमा है। अफ्रीका मे चन्द्रमा अपनी लवलीनता की डींगें मारता है जिससे गुस्सा होकर सूर्य ने उसके दस बारह टुकड़े कर दिये। तब से भयभीत चन्द्रमा कभी भी उसके पास नहीं आया इत्यादि।

(3) मानवता की मिथकें ज्यादातर कुम्हार के रूपक हैं—ईजिप्ट में, ग्रीस में, अफ्रीका में। ईश्वर कई रंगी मिट्टी से नानाविध इन्सान बनाता है। कई मिथकयानों में जनजातियों का जन्म मगर, सर्प, भालू, मछली, सूर्य-चन्द्र, आदि द्वारा हुआ।

मृत्यु पर भी कई मिथकें हैं। एक प्रतिनिधि कथा माओरी जनजाति (आस्ट्रेलिया) की है। जंगलों और वृक्षों के देवता टाने ने हवाई-द्वीप की मिट्टी से प्रथम नारी को बनाया जिससे हीने-टिटामा (उषा बाला) नामक बेटी जन्मी। हीने-टिटामा को पता नहीं था कि टाने ही उसका पिता है। जब यह ज्ञात हुआ तब वह पाताल चली गयी। टाने ने उसका पीछा किया। उसने कह दिया कि 'संसार की गर्भनाल' विच्छिन्न कर दी है। तब से वह वहीं रहती है तथा टाने की संतति (मानवों) को वहीं अन्धकार में ले आती है। इस तरह मृत्यु तथा गोत्र-व्यभिचार की समाप्ति की शुरुआत हुई।

दुर्भाग्य तथा बुराइयों के कारण भी पूर्वज्ञात या पूर्वसूचित संघटनाएँ नहीं होतीं। वे अक्सर देवताओं की झक या पूर्वग्रह-दुराग्रह, उनके आज्ञोल्लंघन का नतीजा है। वे स्वार्थपरता अथवा कबीलाई नियमों की अवज्ञा का भी परिणाम हैं। ऐसा करने वाला भोक्ता इन्हीं के काबिल माना जाता है। इसी प्रकार यौनातिक्रमण पर भी दंड मिलता है, लेकिन खुद देवी-देवते सैक्स-कामना, क्रोध या ईर्ष्या जैसे मानवीय संवेगों के वशीभूत होकर भी ऐसा करते हैं। वहाँ निषेध एवं दंड का विधान अप्रभावी होता है।

यूँ भी मिथकीय चक्र में **दुर्भाग्य** तब शुरू होता है जब किसी सांस्कृतिक टैबू (वर्जना) का उल्लंघन किया जाए, युद्ध तब होता है जब किसी की पत्नी का अपहरण हो या वह बेवफ़ा हो, अथवा किसी को दुत्कार दे या उसकी चीजों की चोरी कर ले। ये मिथकाभिप्राय बन जाते हैं। ये सभी एक मनुष्य अथवा संस्कृतियों के बीच प्रतियोगिता को संज्ञापित करते हैं। ये व्यक्ति की मूढ़ता तथा उसमें सूझबूझ की कमी पर उँगली धरते हैं। कभी-कभी (मिथकव्यूह में) आलसी पक्षी या शरारती पशु भी यही करते हैं। अन्ततः **मौत** लाजिमी हो जाती थी, वर्ना ऐसी लगातार की निरर्थक उथल-पुथल में तो जीवन ही घुटता रहेगा। सो, मृत्यु मुक्ति का निमित्त तथा बहुलता (प्लूरलिटी) की नियंत्रक-व्यवस्था भी हो जाती है (असुर-संहार, शाप द्वारा)। शायद अवश्यंभावी अराजकता तथा विखंडन को इस तरीके से भी रोका जाता रहा होगा।

(4) अतिप्राकृतिक प्राणी अर्द्धमानव या अमानवप्राणी हैं। सृष्टि के आरम्भ में तो सभी स्वरूप-परिवर्तक थे (जब धर्मदर्शन चला तब केवल अवतारों को यह स्वत्वाधिकार मिला। निषेधी आयाम में दैत्य-राक्षस आदि इसे जादू के तौर पर इस्तेमाल करने लगे।

दैत्य और दानव, असुर और राक्षस देवताओं के विरुद्ध अपने **भीषण** संग्राम तथा छलकपट वाली लड़ाइयों में ब्रह्माण्डीय समर में डटे रहते हैं।

इनके कंट्रास्ट में देवताओं के प्रकार्य कला तथा कौशल में, प्रेम और युद्ध में भी प्रदर्शित होते हैं। भारत में विद्या एवं कला की देवी सरस्वती के चार हाथ हैं, चीन में स्रष्टा फू-क्सी के चार मुख थे, चारों दिशाओं के लिए। मेक्सिको में इक्सचेल इन्द्रधनुष-देवी है, केन्द्रीय अमेरिका में ब्रह्माण्ड के चार भागों के चार खंड देवते थे। अज़टेक में ब्रह्माण्ड की चार सृष्टियों के विनाशक देवते थे—जगुआर (प्रथम), हरीकेन, (द्वितीय), अग्नि (तृतीय), बाढ़ (चौथा) तथा आज पाँचवाँ विश्व है जो भूचालों में विनष्ट होगा।

(5) कॉस्मिक हादसे का सच जलप्रलय है ही। इससे जुड़ी नोह की मिथक तथा एक छोटी-मत्स्य द्वारा मनु को डोंगी समेत बचाना है। दक्षिण अमेरिका के एंडीज़ पर्वत के इंकाइयों के विश्वास के अनुसार सूर्यदेवता ने धरती पर जलप्रलय लाने के बाद अपने पुत्र मान्को कापाक तथा पुत्री मामा ओकल्ले को शेष ज़िन्दा बचे मानवों को कलाएँ एवं सभ्यता सिखाने भेजा।

ग्रीक मिथकयान के विरुद्ध आस्ट्रेलिया के आदिमूलस्थ जनों में यौन अतिक्रमण पर कठोर दंड मिलता है। दो बहनों को उसी गोत्र के दो पुरुषों के साथ यौन सम्बन्ध करने पर विनाशक बाढ़ आयी।...अर्द्धमानव अजगर युर्लुनगुग्गुर ने दोनों स्त्रियों तथा उनके दोनों पुत्रों का अंगोच्छेदन किया।...जापान में भी सूर्यदेवी अमाटेरामू का विनाशक तूफान-देवता से संघर्ष का परिणाम महाअन्धकार होता है।...भारत में यौन-अतिक्रमण की मिसाल से अहल्या तो पाषाण होती है तथा इन्द्र सहस्र-भग।

(6) अधिनेता तथा चालबाज मिथकों की द्विपर्ण विरुद्धता है। माना जाता है कि चालबाजों में यह योग्यता होती है कि वे मानवप्राणी तथा पशु के बीच आवागमन कर लें। वे शरारती, मक्कार तथा हँसोड़ होते हैं। उत्तरी अमेरिका का रावेन तथा केल्ट का नोकी प्रादर्श चालबाज हैं। समुद्रायनी की मिथक में एक लड़की केले के वृक्ष के तने में नारियल का तेल भर देती है ताकि एक दैत्य उस पर कब्ज़ा न कर सके। दैत्य उसकी बहन की आवाज़ निकाल कर उसे निगल लेता है। नार्डिक मिथक में चालबाज लोकी वर्र बनकर रतिदेवी फ्रेया का स्वर्णिम कंठहार चुरा लाता है। भारत में मारीच स्वर्णमृग बनकर श्रीराम से छल करता है। अधिनेता में तो विश्वभर के मिथकयानों में सबसे विलक्षण चरित्र हनुमान हैं। वानर (बन्दर नहीं) मुख तथा मानवदेह वाला यह अमर युवा देवता गणेश के साम्यांतर है। वह आकाश में उड़कर सूर्य को लपकने पर मुँह ललौछा कर बैठा, उड़कर लंका पहुँच सीता का पता करके लंका नगरी जला दी, उ़कर संजीवनींय पर्वत उठा लाया। समुद्र में सुरसा की महामत्स्य-सी दहे के आरपार हो गया। पाताल में अहिरावण की क़ैद से राम-लक्ष्मण को छुड़ा लाया। स्वर्ग-आकाश-समुद्र-पाताल के अलावा हनुमान (सीता हरण के बाद) सदैव राम-लक्ष्मण के साथ रहे। राम-रावण-संग्राह के एक सेनापति भी। वे अमर, युवा देवता शक्ति तथा शील का चरमोत्कर्ष निर्विकल्प निष्ठा का आदर्श तथा सम्पूर्ण प्रतिबद्धता की पराकाष्ठा था। उसके वृत्त में असंभवता तथा असफलता कहीं नहीं रही। शारीरिक शुद्धता का वह प्रकृत् स्वरूप था। वह सम्पूर्ण ब्रह्माण्ड-चारी रहा विश्वमिथकयान में उस जैसा कोई दूजा पात्र नहीं है। अधिनेत्री में द्रौपदी अपने सभी यातनाकारियों, अपमानकर्ताओं, तथा वासना-लोलुपों का गिन-गिन कर वध करवा देती है।

(7) पशु और पौधे प्रमुखतः शेषनाग, जाम्बवान्, जटायु, के साथ-साथ तुलसी और पारिजात पौधे-वृक्ष सकारात्मक हैं। मछली और कछुवे (भारत में अवतार हो गये)। ग्रीक मिथक में पंखों वाला घोड़ा पेगेसस मेडुसा के रक्त से पैदा होता है, तो इन्द्र का उच्चैःश्रवा अश्व समुद्रमंथन से निकलता है। सर्प केन्द्रीय अफ्रीका तथा आस्ट्रेलिया में इन्द्रधनुष है तो ईजिप्ट में सूर्य का सर्प अपेप से युद्ध होता है। कई राष्ट्रीय मिथकयानों में सर्प और बाज (गरुड़), सर्प और पक्षी शुभंकर हैं।

अमेरिका के उत्तर-पश्चिम तट के कबीलों का विश्वास है कि उनके पुरखे पशु रहे थे जो धरती पर समुद्रतटों पर उतरने के बाद मानवों में रूपान्तरित हो गये। आर्कटिक गोलार्ध के इनटुईट कबीलाई के जन एक प्राक् समय की चर्चा करते हुए बताते हैं कि तब मानव और पशु एक ही समुदाय में एक साथ रहते थे, एक ही भाषा बोलते थे, बहुधा स्वरूप अदल-बदल लेते थे और आपस में शादी-ब्याह करते थे। यह भी माना जाता है कि ध्रुवीय भालू मानव के निकटतम था।

इसी तरह मिथकों में पशु का प्रिय अथवा प्रिया के रूप में होना एक अनवरत मिथकाभिप्राय है। अमेज़न क्षेत्र में जगुआर (बाघ) ने एक मानव-पत्नी को ग्रहण किया। उत्तरी अमेरिका में एक नवयुवक स्वयं को हरिणों के गाँव में पहुँचा हुआ पाता है क्योंकि उसकी पत्नी मूलतः एक हरिणी थी। दक्षिण अफ्रीका में एक महासर्प मानवी से ब्याह करके उसे अपने नीरगृह में लिवा ले जाता है। स्काटलैंड में कई मिथकें ऐसे पुरुषों तथा नारियों की हैं जो मूलतः सील मछलियाँ हैं किन्तु विवाह मानव-पुरुषों से करती हैं। अतः यह पशुओं में मानवीय स्वरूप ग्रहण करने की क्षमता में विश्वास है।

(8) देह एवं आत्मा : यह दैनिक जीवन की अदृश्य मिथकीय कल्पना है। मेलानेसिया के मिथकपटल में पाताल में एक महादर्पण है जिसमें सारी संघटनाएँ मुकुर-संसार की ही प्रतिछवियाँ हैं। केल्टिक मिथकों में एक दूसरी दुनिया है जादू की रहस्यमयता की, खतरों की। उसमें झीलों तथा गुफाओं के द्वारा पहुँचा जाता है। यही विश्वमिथकयानी विश्वास है कि दृश्यमान मानव-शरीर की (हू-ब-हू) अदृश्य दोहरी प्रतिरूप होती है, आत्मा। इसे कभी 'छाया', कभी 'हंस' भी कहा जाता है।

यह भी विश्वमिथकीय विश्वास है कि मौत के बाद मानव-आत्मा दंड या पुरस्कार के फलागम में क्रमशः नर्क या स्वर्ग में जाती है (ईजिप्ट, भारत, ग्रीस)।

तीसरा विश्वास है कि मानव-आत्मा यात्राएँ करती है। आत्मा का पुनर्जन्म होता है, अवतार होता है (भारत)।

चौथा विश्वास कि, आत्मा स्वर्ग में स्थायी निवास करती है, कि वह स्वप्न-यात्राएँ करती है। कि आत्मा के रहने के लिए एक मृत्युलोक भी है।

(9) विवाह और नातेदारी : नातेदारी-रिश्तेदारी के कई प्रतिरूप हैं; शासक तथा शासित, विभिन्न सामाजिक-सांस्कृतिक वर्ग, वृद्ध और युवक, नर और नारी, देवता और मानव, वाल्दैन और सन्तति।

इस क्रम में पुरखाई, ओहदा तथा नातेदारी की भूमिकाएँ मिथकों में भी प्रतिच्छायित होती आयी हैं। जापानी सम्राट सूर्यदेवी अमाटेरासू के वंशज हैं। श्रीराम भी सूर्यवंशी हैं। पोलिनेसियाई तथा इन्का (मध्य अमेरिका) के सम्राट स्वयं को सूर्य-सन्तानें मानते थे। ईजिप्ट के फाराओ-सम्राट ओसाइरिस-आइसिस की सन्तानें हैं। मिथकीय ट्रोजन नेता तथा रोम-साम्राज्य का (मिथकीय संस्थापक) एनियास देवी एफ्रोडाइट का पुत्र था। भारत में परमभागवत तथा परममाहेश्वर सम्राटों की शाखा क्रमशः विष्णु तथा शिव से व्युत्पन्न मानी गयी है।

नातेदारी में एक बंकिमता भी है। दक्षिण अमेरिका, आस्ट्रेलिया और पापुआ गिनी की कई मिथकों में अधिनेता यह भी स्पष्ट करते हैं कि शुरू में तो स्त्रियाँ ही समाज पर शासन करती थीं लेकिन कुछ त्रुटियों के कारण उन्होंने यह विशेष नियति गँवा दी (ईव, पान्डोरा, होमर-सम्मत अमेज़न-नारी-राज्य आदि)।

इस संलक्षित रूपरेखा से एकैक विश्वमिथक का वृत्तवृत्तिपरक प्रस्थान उन्मिषित होता है।

(iii) अगले चरण में हम क्षेत्रीय-आंचलिक, सांस्कृतिक तथा राष्ट्रीय-प्रजातीय विभिन्न मिथकयानों का सारत्व लेते हैं ताकि अपनी रूपरेखा का न्यायोचित्य स्वयं सिद्ध कर सकें।

मिथक-आलेखकारी की सर्वोत्तम सिद्धियाँ तो वाल्मीकि-वेदव्यास, होमर-हेसियड, वर्जिल, आदि के आदि वाक्-काव्य के भव्यवृत्तान्त रहे हैं। अथच मिथकयानों के लंगर कई देश-देशान्तर-द्वीपान्तर रहे हैं। मिथकों का विकास देवताओं के बीच आपस में, तथा देवता-दानवों के विरुद्धेय संघर्षों की क्रिया-प्रतिक्रियाओं में भी हुआ है। इसलिए मिथककथा का कोई एक रूपसंस्कार सही नहीं माना गया। भिन्न-भिन्न परिस्थितियों तथा विश्वासियों के अनुसार विषयवस्तु का अभिग्रहण होता रहा। तथापि कभी कहीं मिथक का क्रोड़ सुरक्षित रहा। इसका ही हमने **भरतपाठ** (या व्यासपाठ) नामकरण किया है। इसका स्रोत मौखिक पाठ में ही है जो दुर्लभ है। परवर्ती अनुपाठों, प्रतिपाठों, उत्तरपाठों में लक्ष्य बदलते गये हैं।

मध्यपूर्व : सेमेटिक आक्रमणकारी असीरियन लोगों, बेबीलॉन, सुमेर का इकट्ठ है। यह नदी-सभ्यता रही। कीलाक्षरों वाली लिपि का विकास सुमेरियनों ने किया। उर, बेबीलॉन, निनवेह के पाठ्य मुट्ठी भर देवताओं के अभियानों का लेखा-जोखा है। यही मिथक के स्रोत हैं। उनके अधिनेता अर्द्ध-देवी हैं। उनके अभिप्राय तथा लिजंधर भी सीमित हैं। इन्होंने शहरों का निर्माण किया।

उर, बेबीलॉन, अशुर, निनवेह आदि। हर शहर ने अपनी सभ्यता, अपनी मिथकों का निर्माण किया।

मेसोपोटामिआइयों का काम मुट्ठी भर देवताओं से चल गया। ईजिप्टियों को जंगलों से कोठरी भर पशु-देवते लाने पड़े। ग्रीकों को ओलिंपस पर महान् देवताओं का स्वेच्छाचारी तंत्र फैलाना पड़ा। भारतीयों को सप्तसिन्धु भरने कई मुखों—कई भुजाओं वाले देवी-देवताओं की जरूरत पड़ी। उसी के अनुरूप मिथकों का संधान हुआ।

ग्रीस की नाभि होमरायन है। अधिकांश ग्रीक मिथकें परस्पर विरोधी नगर-राज्यों का उत्पादन हैं। उनका बर्बरीकों से जो विरोध चला उससे मृततांत्रिक मिथकयानों का भी विकास हुआ। महाकाव्यधुरी ट्राय या इलियम या इलम का महायुद्ध है। फिर ओडिसियस की वापसी यात्रा में ग्रीस के सारे छोटे-छोटे द्वीपों—एड्रियाटिक से एजियन सागर तक के—की अपनी मिथकें, अपने नेता तथा अपने धार्मिक महोत्सव थे। स्थल : ओलिंपस पर्वत, पार्थिनन, एथेंस, ट्राय, थीबेस, डेल्फी, स्पार्टा। ओलिंपिआ में अनेक सम्प्रदाय कायम थे। ग्रीकों के मिथक-प्रसारण के केन्द्र थे—थियेटर, कथावाचन-चौराहे।

रोम : ई. से चार शताब्दी वाले विशाल रोमन साम्राज्य में एक धार्मिक तथा मिथकीय अनुशासन नहीं चल सकता था। इसलिए इसमें ईजिप्टी (आइसिस-ओसाइरिस), भारतीय (मिथरा), ग्रीक (ओडीपस, मिनर्वा, वल्कन) केल्टिक मिथकों का भी आयत्तीकरण हुआ। रोमनों ने विजितों की मिथकों को भी आत्मसात कर लिया। एनियास तथा रोमुलस की मिथकें सर्वप्रधान रहीं। रोमनों के लिए तो उनकी रोमशहर-गाथा ही एक महामिथक थी। उन्होंने ग्रीक देवी-देवताओं का रोमनीकरण कर डाला। उनके नाम बदल डाले। समर्पण करने वाले, नैतिकता की नज़र में बहुत बुरे काम करने वाले, षड्यंत्रकारी देवताओं को सेवामुक्त कर दिया गया। रोमन ग्रीकों के मुकाबले अधिक सभ्य, शक्तिशाली तथा यौद्धेय थे। उनका वैश्विक दृष्टिकोण 'महान साम्राज्य-ग्रन्थि' से ओतप्रोत था। उन्होंने उन मिथकों को ज्यादा पसन्द किया जिनमें बहादुरी और कर्तव्यनिष्ठा हो; वे नेता गौरवान्वित किये गये जिनमें शक्ति तथा कुलीनता हो। अतः उन्होंने डायोनीसस-सम्प्रदाय के कामहिंसोन्माद को सख्ती से कुचल डाला। हाँ, स्पार्टाकस के नेतृत्व वाले गुलामों के विद्रोह को भी संहार द्वारा खत्म कर डाला।

महाकवि वर्जिल (ई.पू. प्रथमशती) ने रोम के मिथकीय संस्थापक एनियास की गाथा कही है। उसमें उसके कार्थेज की रानी डिडो के प्रगाढ़ उन्मत्त प्रेम को भी अंगीकार किया गया है।

केल्ट : इनकी पुरोहित-जाति ड्रूइस थी। वह स्वयं को मृतकों के देवता डोन की वंशज मानती थी।

चीन का मिथकयान कोई चार हज़ार वर्ष पुराना तो है किन्तु बेहद केन्द्रापसारी और अनिबंधित, विभाजित है। क्सिया जनों का टोटेम सर्प था जो बाद में ड्रेगन (नाग मकर) में रूपान्तरित हुआ। फिर यिन जनों का प्रभुत्व आया। उनके देवते सूर्य-चन्द्र से लेकर पवर्त-नद तक थे। वे पूर्वज-पूजक थे। कालान्तर में कनफूशियस तथा बौद्ध धर्म का प्रभाव फैला। अतः मिथकों के नये अक्ष भी जुड़े। इनमें यिन-यांग का द्वन्द्वात्मक सिद्धान्त सर्वमान्य रहा।

जापान में ई.प. 552 में कोरिया के राजा द्वारा बौद्धधर्म प्रवेश कराने से ऐतिहासिक परम्पराएँ शुरू हुईं तथा शिल्पशास्त्र और कलासंहिताएँ बनीं। यामातो वंश (ई.प. छठी शती) ने वर्चस्व बढ़ाया बौद्ध तथा शिंटो मतों का मेल तथा समन्वय अद्वितीय रहा। एक धारा सूर्यदेवी अमाटेरासू की, तो दूसरी अमिताभ बुद्ध की रही। उन्नीसवीं शती में शिटो राजधर्म घोषित कर दिया गया।

दक्षिण एशिया : इस बहुदेशीय क्षेत्र की बहुविधेन विरासत है। मूलतः आदिम कबीलाई संस्थापनाओं पर भारतीय धारा, चीनी धारा तथा बाद में अरबी-इस्लामी धारा की पर्तें और प्रकल्प रहे। अतः इस क्षेत्र के मिथकायन भी बहुविध-विविध हैं। उनकी ब्रह्माण्ड-परियोजना में इहलोक से ऊपर के सात तथा नीचे के सात लोक हैं। इसी प्रादर्श पर समाज की पर्तें भी बनीं।

जीवन के सभी संरूपों में एकसंघता है (बोर्नियो, मलाया)। मान्यता है कि मानव-शिर में आध्यात्मिक शक्ति केन्द्रित है। सो, पहले मानवशिर का आखेट भी होता था।

यह धान-उगाई वाला गीला क्षेत्र है। तथा तब वनवासी, शिकारी-संग्राहक जनों से भी आबाद था। अतः धान को लेकर कई मिथकें हैं।

इनके प्राचीन वास्तुकौशल के अवशेष बोरोबुदर (इंदोनीसिया) तथा अंगकोर वाट (कम्पूचिया) हैं।

ओशेनिया अर्थात् समुद्रायनी का विशाल समुद्री क्षेत्र सैकड़ों छोटे-छोटे द्वीपों मे फैला है। इस क्षेत्र की मानसिकता में ब्रह्माण्ड विषयक रहस्य-भावना व्याप्त रही है। शासक सरदारों की धार्मिक वंशावलियाँ हैं। कुछ ऐसा दृढ़ विश्वास है कि प्राचीन सांस्कृतिक अधिनेताओं (माउई) के कार्य आज तक भी उनके जीवित वंशजों में क्रियमाण हैं।

इनकी मिथकों का प्रमुख माध्यम कर्मकांड हैं जिन्हें वे 'ईश्वरों तथा पूर्वजों के कृत्य' मानते हैं। हवाईयों तथा माओरियों में ईश्वर को बलि दी जाती है; लोनो तथा कू देवताओं को।

यह तीन संक्षेत्रों का संघट्ट है—पोलीनेसिया, माइक्रोनेसिया तथा मेलानेसिया।

अफ्रीका : कबीलाई संस्कृतियों की व्यापकता तथा विविधता केन्द्रीय मिथकें सर्वोच्च देवता तथा ब्रह्माण्डीय सर्प की हैं। सहारा, कालाहारी, कांगो, बंटू मुख्य मिथक-घेराछेंकी इलाके हैं।

मेसो-अमेरिका किस्म-किस्म की भाषाओं, राष्ट्रों, मिथकयानों एवं कलाशैलियों वाला महाविस्तार है। सोलहवीं शती के आरम्भ तक अपने मूलवासी-रूप में रहा। बाद में यूरोपीय शक्तियों ने उपनिवेशों में बाँट लिया। यह रेगिस्तान से लेकर वर्षावनों तक फैला है। विविधता है तथा अस्थिरता है।

अज़टेकों ने पाँच सूर्य (युग सृष्टि) मानेः—हर सूर्य का एक कल्प। रक्तपिपासु देवताओं का विश्वभर में एकल संसार है। 'चाक्'-मूल शिल्पों में भी यह मिथकबोध है। सूर्यदेवता ह्यूज़िलोपोचट्ली प्रमुख था। दक्षिण में इन्का-क्षेत्र है। यह अमेज़न का अन्तेवासी है तथा एंडीज़-सभ्यता वाला है। इनमें पूर्वजों की पूजा भी प्रमुख थी। सारा भूचित्र देवताओं-आत्माओं से आबाद है।

भारत : यहाँ मोहेनजोदारो की मुद्राओं और वैदिक ऋचाओं मन्त्रों की पहली परम्परा, फिर जातकों और पुराणों की दूसरी परम्परा धारावाहिक रही है। यही आश्चर्य है।

इसके इतिहास में मिथक-संस्कृति की दृष्टि से, पर्शिया-अवेस्ता, ग्रीक-गांधार, कुषाण-गुप्त-शक धाराएँ प्रवहमान रहीं और परस्पर घुलीमिली रहीं।

व्यापक पहाड़ी आदिवासी क्षेत्रों में मातृसत्ताक संस्कार प्रबल रहे। शक्तिपीठों का जाल है। साथ ही कबीलाई जादू-टोने, तंत्र-मंत्र, परक कई मंत्र-तंत्र भी चलते रहे।

इस बहुविध मिथकयान में देवी-देवताओं की परिकल्पनाएँ विश्वभर में विरल तथा एकेल हैं—वे कई भुजाओं, कई शिरों वाले हैं। (यह प्रभाव तिब्बत, चीन, जापान, मंगोलिया तक व्याप्त रहा)।

एक ओर देवी-देवताओं, बोधितत्वों-तीर्थंकरों की धारा है तो दूसरी ओर (इहलौकिक) यक्ष-यक्षिणियों, नागराजाओं-नागरानियों, तथा मिथुन-दम्पतियों की मनमोहक सौन्दर्य-लहरी है।

अपेक्षित रूपरेखा के लिए हम संग्रह (सूची), वर्गीकरण तथा आलेखन की तीनों दशाओं को छानते हुए अब **विश्वमिथक-आलेखकारी** के चरण में प्रवेश करते हैं।

मिथक में अनिवार्यतः **मिथकाभिप्राय** (माइथीम), **कथाबीज** (थीम), तथा **रूपक** (मेटेफर-प्रकट या आवृत्त) की त्रयी होती है। क्योंकि हमारी इकाई 'विश्वमिथक' है, इसलिए हमारा महत्त्वपूर्ण घटक **तुलना** भी होगा। अतः हमारी परामापी रेखा (पैरामीटर) तुलना एवं संश्लेष के युग्म वाली होगी। इसमें प्रासंगिक बिन्दुओं का प्रतिज्ञान (नोटिस) संलग्न रहेगा। इसी से निसृत दूसरी दिशा में **परिवस्तु** (कान्टेंट) तथा **परिपाठ्य** (कान्टैक्स्ट) का समायोजन अपेक्षित है।

इसलिए हम एक मिथकयान अथवा क्षेत्रीय मिथकयानों, अथवा भूमंडलीय मिथकयानों को क्रमशः या एक साथ ले सकते हैं। जो भी इकाई बनाई जाएगी उसमें एक मिथक कथा (क्लासिक) को चुन सकते हैं, एक मिथकाभिप्राय (मोटिफ) लेकर उसकी बहुविध परम्पराओं की व्याख्या कर सकते हैं, एक टोटेम या एक रूपक को लेकर निर्वचन तथा निदर्शन की सूक्ष्मता को दर्पणवत् देख सकते हैं। अन्ततः मिथक-संरचना (आकृति) को निथार तथा निखारकर (विश्वमिथक के) तुलनात्मक मिथकयान की पद्धति लागू करके उसे नृतत्त्वशास्त्र तथा मनोविज्ञान की आधारभूमि में संस्थित कर देते हैं। इसके बाद मिथक और मिथकथीमों की समानान्तरता, उनमें-से एक-समान या प्रतिलोमी को पृथक कर लेते हैं। अन्ततः हम प्रतीकात्मक तथा रूपकात्मक प्रतिनिधित्व से समूचे शीराज़ा को अनुस्यूत कर देते हैं।

अतएव उपर्युक्त चतुष्टय (अभिप्राय, कथाबीज, रूपक तथा तुलना) द्वारा ही हम मिथकवृत्त की दोनों संरचनाओं (स्ट्रकचर्स) का रहस्योद्घाटन कर लेते हैं—मानस की संरचना का, तथा समुदाय के समाज की संरचना का इस द्वयता में 'द्विपर्ण विरोधता' भी अन्तर्निहित है। हमने इन्हें ही अपने लहजे में 'मिथकीय मानस' तथा 'सामाजिक पंचांग' के नामों से अभिषेकित किया है। हमारी **मिथक-आलेख-कारी** की पद्धति/प्रणाली की ताली यही रहेगी। इसी आधार पर हम अपेक्षित **रूपरेखा** का विधान कर सकते हैं।

प्रायः सभी विश्वमिथकों की आलेखकारी में हमें दो ध्रुवांतों के बीच द्वयता, द्वन्द्व, विरोध, दुविधा, सामंजस्य के चक्रव्यूहों से गुजरना पड़ा है—अतिप्राकृतिकता तथा अलौकिकता। रूपरेखावलियों के निर्वचन से भी हमें यह संप्राप्ति हुई है। हम निर्दिष्ट कर आये हैं कि **अतिप्राकृतिकता** के अन्तर्गत सर्वचेतनवाद, वस्तुरतिवाद, पशु एवं अध्यात्माएँ शामिल होती है तो अलौकिकता के अन्तर्गत बहुदेववाद एवं एकेश्वरवाद, दैत्य एवं राक्षस के विरुद्धों के अनुषंग से जीवन एवं अमरता, मृत्यु एवं पुनर्जन्म, स्वर्ग एवं पाताल, देवसंतति एवं उनके परिवार अभिलक्षित हैं। इनसे साक्षात्कार तथा सन्दर्भ के लिए दोनों उपागमों की जरूरत पड़ी है—बहिर्गत एवं सिस्टमीयता के लिए समाजविज्ञानों की तथा अंतर्मुखी एवं कल्पनात्मक के लिए मानविकी-ज्ञानों की। एक ओर अतिप्राकृतिकता के रहस्य हैं तो दूसरी ओर अलौकिकता के संविश्चमत्कार!

अतः हमें एक संरचना एवं सामाजिक पंचांग को प्राप्त करना होता है। इसके लिए साम्यरूपकता के **उपमान** तथा वृत्त के **अभिप्राय** और **घटना** की प्रकृति हमारी सहायिका है।

हमें परिवर्तमान मिथक के पाठों, अनुपाठों, प्रतिपाठों, उत्तरपाठों के बीच से यथातथा 'भरतपाठ' प्राप्त करने की यथासम्भव

कोशिश करनी होती है। मिथकीय अंतर्कुंडलन (मिथिक इंटरलाकिंग) तथा विभिन्न मतदृष्टियाँ हमें मार्ग सुझाती हैं।

हमें मिथकीय अधिभाषा के भेद जानने पड़े हैं क्योंकि इनमें व्याकरणिकता दूरगता होती है। साम्यरूपकात्मकता तथा (पूर्व तार्किकता से परे) तर्कपूर्वा मिथकीय तार्किकता अपने भेद एवं कूट खोल देती है।

और हमें मिथक के वृत्त, वृत्तान्त (नैरेशन), विवृत्ति (एक्सप्लानेशन), निर्वचन (डेस्क्रिपशन), निदर्शन (इलस्ट्रेशन) आदि की ओर दिशाएँ भी समझनी पड़ती हैं। मिथकीय एटलस, मिथकीय शिल्प एवं चित्र और वास्तु, मिथक, प्रोक्तियों के उद्घाटक आरेख, चार्ट, रेखाचित्र, फोटोप्रिंट आदि हमारे अनिवार्य उपकरण रहे हैं।

नाना प्रकार के अनुशासनों से प्राप्त बहुविध व्याख्याएँ मिथक की व्यापक सम्भावनाओं तथा विषयवस्तु का विस्तार करती हैं। उनके सारांशीकरण द्वारा हम मिथकों की किसिम-किसिम की **परिभाषाएँ** सूत्रबद्ध कर सकते हैं, बशर्ते कि (क) किसी परिभाषा में अपवाद कतई न हों तथा (ख) वे सर्वतत्त्वसमावेशी हों। वे ही वैश्विक ऋतूकृति (इथॉस) का अभिधान करती हैं। तभी वे सर्वमान्य हो सकती हैं।

विश्वमिथक तो काल के आरपार हमारे सर्वोच्च सन्दर्शों का आहवान करती हैं। वे संस्कृतियों तथा सभ्यताओं के भी आरपार यात्रा करती हैं। **विश्वमिथकयान** का बिम्बलोक ऊर्जावान तथा प्रेरणादायक है।

जब यह **विश्वमानव** के अनुभवों से सकीर्तिमान होती है तब वैश्विक थीमें भी आविर्भूत होती हैं। तब मिथकें अनेकानेक आवरणों, छलावरणों, परिधानों में सौन्दर्यगर्विता और भयकराला होकर उपस्थित होती हैं। अतः वे व्यक्ति, मनुष्य, समूह की अपेक्षा वैश्विक मानवीय अनुभव से हमें संलिप्त करती हैं जिस पर कानून, जातीय नैतिकता, राष्ट्रीय पूर्वाग्रहों का दबाव नहीं होता। इस तरह विश्वमिथक हमारे वैयक्तिक तथा सामूहिक मानस और अवचेतन का सिंहद्वार खोलती हैं। इनमें वैश्विक यात्राएँ और खोजें भी हैं; अधिनेता और अधिनेत्रियाँ हैं; देवता और देवियाँ हैं; दानव और असुर हैं, पवित्र तथा पार्थिव है, हिंसा और अभय है, प्रेम तथा संभोग है; सृष्टि की उत्पत्ति, जीवन और मृत्यु, स्वर्ग और पाताल हैं; तथा खूँखार जानवर और अप्सराएँ हैं।

विश्वमिथकसरित्सागर का हमारा लक्ष्य तथा प्रयोजन भी उपर्युक्त है। उपर्युक्त विश्वमिथक, विश्वमानव तथा विश्वमिथकयान की त्रयी कैसे सिद्ध हो सकती है?

रूपरेखावलियों के प्रकरण में झाँकें तो संग्रहण तथा सूचीकरण की अवस्था तो संसाधनों तथा कठिन परिश्रम पर निर्भर करती है। यह मात्रात्मक है।

आगे वर्गीकरण का चरण ही **पद्धति (मेथड) की समस्या** उत्पन्न करता है। अगर हम देशानुसार या कालानुसार, अथवा संस्कृति या सामाजार्थिक रूपायनों के अनुसार अंगी को अंग-अंग में बाँटते हैं तो विश्वमिथक तथा विश्वमानव का हमारा प्रतिज्ञान पूर्णरूपेण बिखर जाएगा। अधिकांश विश्वमिथकयानों तथा विश्वमिथकीय विश्वकोषों में यही खंड-खंड चित्र रूप बने मिलते आये हैं। इस पद्धति से हमारा प्रबन्धन (मैनेजमेंट) अर्थात् आलेखन कैसे होगा? वही सृष्टि-उत्पत्ति से लेकर पारिवारिक व्युत्पत्ति तलक का सिलसिला! वह भी देश-काल के अक्षों में शाखाओं और धाराओं में बिखर कर नदी के द्वीप और पठार, घाटी और पर्वत बना डालेगा। अतएव हमें अच्छी से उत्तमोत्तम रूपरेखाएँ यथेष्ट मनोरथिक नहीं लगीं।

अगली समस्या **मिथक-आलेख-कारी** की बनी रहेगी। हम अनेक मिथकयानों तथा विश्वमिथक की आलेखकारी को भी बिखरे विश्वरूपैश्वर्य द्वारा ग्रहण नहीं कर सकते। हमारी तो नयी, अनखोजी, जोखिम भरी महायात्रा होनी है। अतः हमने भावकल्पित (हाइपोथेटिकल) **भरतपाठ** के केन्द्राभिसरण के केन्द्र से आद्यप्ररूपों में, साम्यों में, मिथकाभिप्रायों में माइथॉस व लोगोस में, ऋत् तथा क्रतु में **केन्द्रापसरण** किया है। हमें विश्वास है कि हम अवश्य कामयाब होंगे; और, हो रहे हैं।

पुनश्च : इस अनुशीलन में विश्वमिथक के चक्रचिह्नों में अनगिनत देवी-देवता, दैत्य-राक्षस, लोक-अन्य लोक आये हैं। अतः उनके प्रति हमारा पूजा या प्रशंसा, घृणा या उदासीनता का भावबोध गलत तथा अवांछनीय रहा है। इसी तरह हमने सर्वत्र एकवचन तथा उत्तम-मध्यम पुरुष का व्याकरण लागू किया है क्योंकि हमारे अध्ययन में वे पात्र-चरित्र, घटना-प्रवृत्तियाँ ही रहे हैं ॥ अस्तु ॥

आगत रूपरेखा की पूर्वा के रूप में—अन्तिम प्रतिज्ञापन :

हमारा लक्ष्य न तो मिथकयानों का कोई विश्वकोश तैयार करना रहा है, और न ही मिथकीय पात्रों की नाममात्रमालाओं तथा पारिभाषिकों का कोई प्रामाणिक शब्दकोश बनाना।

हमारा एकांतिक लक्ष्य रहा है कि **विश्वमिथकों** को एक इकाई मानकर काल की अनादि-अनन्त यात्रा की जाए। इस विश्वनीड़ में मानवता के **वैश्विक मिथकीय मानस** की संरचना में झाँका जाए।

अतएव हमने सूचीकरण तथा वर्गीकरण, का कमोकम आश्रय लिया है, न ही विश्व को भौगोलिक इकाइयों में पृथक् किया है, हमने विश्वमिथक में विश्वमानवता के मिथकीय मानस का आलेखन किया है। इसके लिए हमने **मिथक-आलेखकारी** की आधुनिक प्रणाली तथा स्वकीय पद्धति की कांत-मैत्री कराई है।

× × ×

अन्त में **'विश्वमिथकसरित्सागर'** (रमेश कुंतल मेघ प्रणीत) की अनुमानित रूपरेखा प्रस्तुत है जो ऐतिहासिक सभ्यता-संस्कृति, देश-राष्ट्र आदि के पूर्वेतिहास में अनुमित है। इसका व्याससूत्र हैं–**'एक विश्व का एकैक मिथकीय मानस!'** इसमें पूर्वेतिहास से लेकर उत्तर-आधुनिकता तक का समावेश किया जा सकता है। सम्प्रति केवल अध्यायों-अनुच्छेदों के शीर्षकों का उल्लेख अभीष्ट होगा।

(1) 'प्र भ्रातृत्वं सुदानबोऽध द्विता सामान्या। मातुर्गर्भे भरामहे ॥'–ओ विभूतिवानो, अब तक हमने मातृगर्भ में सामान्य तथा सदानिरन्तर भ्रातृत्व स्थापित कर लिया है : मिथकगर्भिता विश्वसभ्यताओं के ऐतिहासिक आँचल।

(2) 'होगी जय, होगी जय, पुरुषोत्तम नवीन' : ब्रह्माण्ड-व्युत्पत्ति तथा मानवजाति–प्रजाति की निर्मितियाँ।

(3) 'सृष्टि के प्रारम्भ में मैंने उषा के गाल चूमे। दीप्त भाल विशाल चूमे।' : कालिक सभ्यताओं का अवसान लेकिन मिथक-माँझियों की कालोत्तीर्ण यात्राएँ।

(4) 'बीते युग, पर बना हुआ है अपना मतवाला संसार।' : लोकयानी-कर्मकांडी-मिथक से कैसे गुनें-पढ़ें–'सामाजिक पंचांग' (सोशल चार्टर)।

(5) 'मिथक आदि, मिथकानि अनन्ता।' : मिथक क्या है–सपना, कि जादू, कि धर्म, कि अनुष्ठान, कि कथा? आखिर वह है कैसी??

(6) 'यस्ते गन्धः पुष्करमाविवेश यं संजभ्रुः सूर्याय विवाहे।' : मूल प्रकृति की शक्ति तथा महाशक्ति।

(7) 'आह, सर्ग के अग्रदूत तुम, असफल हुए, विलीन हुए।' : ये विश्वदेवते तथा देवियाँ; और दानव भी ॥

(8) 'या देवी सर्वभूतेषु...' : मातृदेवियाँ, देवरमणियाँ, सौन्दर्यमयी शक्तियाँ ॥

(9) 'महाजन येन गत स पन्था' : सांस्कृतिक अधिनेता तथा अधिनेत्रियाँ बनाम चालबाज अथवा चतुर सुजान।

(10) 'नयन का इन्द्रजाल अभिराम' : अहा, कैसी हैं मिथक-कलाओं की मदमाती बनीठनी शोभनिकाएँ एवं अशोभनाएँ।

(11) 'रति-काम मिथुन हैं अमृत रस' : जन्म-मृत्यु, प्रेम-सैक्स, तथा नग्नता की मिथकीय दृश्यगोपन रति (वायोरिज़्म)।

(12) 'समय की शिला पर मधुर चित्र कितने किसी ने बनाये, किसी ने मिटाये।' : मिथक में प्रातिभासिक यथार्थता का अभिकल्प ॥

(13) 'पश्य, मिथकस्य यात्रा चालू आहे!' : अनादि से अनन्त तक की यात्रा ॥

5.4 विश्वमिथक-भाषा की मुरली तो त्रिकाल के अधरान धरी है!

मिथक की यह कौन-सी भाषा है? कैसी भाषा है?

यह त्रिकाल क्षणों में अंतःप्रज्ञा द्वारा मंथनोच्छल होती हुई भाषा है। यह भाषा मस्तिष्क में न्यूरोनों की अकस्मात् बमबारी से प्रस्फुटित होती है। यह ऐसी अधिभाषा है जिसका संचालन गतिशील 'ऋत्' तथा कर्मशील 'क्रतु' करता है।

जिस तरह उत्तरी ध्रुव के क्षितिज में 'औरोरा ब्रोलियालिस' की फुलझड़ियों की आतिशबाजी होती है उसे हम आकाश की नक्षत्र-मालाओं की (भाषा के प्रतिरूप) खगोलीय अधिभाषा कहते हैं उसी प्रकार से व्याकरणिक भाषा के परे मतवाली **मिथक की अलबेली अधिभाषा** होती है।

इसे थोड़ा और मुकुरित करते हुए कहा जाएगा कि यह रूपक (मेटेफर) की नहीं, बल्कि **साम्यरूपकात्मकता** (एनालॉजी) की भाषा है।

हम त्रि-भुवन मिथक-वृत्तों से स्थितियों का भाष्य करेंगे :

(i) वैदिक **सोम** अग्नि तथा इन्द्र के बराबर का महत्त्व रखता था। वह चन्द्रमा का उज्ज्वल प्रकाश, मानस में अमरत्व तथा जीवन में आह्लादकारक था। वह पेय होकर भी यज्ञ का आह्वानकर्ता था। वह आनन्द तथा अमृत का प्रदाता था।

जब देवता धरती पर थे तब सोम स्वर्ग में था। देवताओं ने उसे उतारने को वाग्देवी 'सुपर्णा' से प्रार्थना की। उसकी तीन बेटियों ने प्रयत्न किये जिनमें जगती तथा ऋष्टुभ असफल रहीं। गायत्री उसे उतार लाई–पूरे मन्त्र के समेत भी। अतः पवित्र ऋचाओं के लिए गायत्री को चुना गया और सोम देवता पेय चन्द्रमा हो जाने के साथ ही 'वाक्'-उत्प्रेरक हो गया।

प्रदत्त सन्दर्भ में स्वर्णवर्ण सोम देवता स्फटिकशिला पर लेटा है। यज्ञ की तैयारी में दस रमणियाँ अपनी हथेलियों से उसकी स्वर्णिम देह का संवाहन (मालिश) कर रही हैं तथा 'इदम् अमृतम्', इदम् अमृतम्' का वाक् उद्गीथ भी गुँजा रही हैं तथा उनकी हथेलियाँ लाल हो गयी हैं।

यहाँ यज्ञ की अग्नि के साथ सोम का आह्वान करने का कर्मकांड है। यहाँ कोई रूपक तथा प्रतीक प्रथमदृष्ट्या अलक्षित है। अब इसमें साम्यरूपकात्मकता का कूट (कोड) खोलें : सोमलता का वर्ण सुनहला होता है। वह एक स्फटिकशिला पर बिछा दी गयी है। एक वाग्देवी अपनी दसों उँगलियों से उसे पीसकर सोमरस निकाल रही है। वे दसों उँगलियाँ रुधिरवर्ण से रंजित हो गयी हैं।

दस उँगलियाँ ही दस रमणियाँ हैं। देवी द्वारा उन्हें शिला पर पीसना सोमदेवता का संवाहन करना है। उसके चारों ओर 'इदम् अमृतं' 'इदम् अमृतम्' का मन्त्रोच्चार हो रहा है तथा सोम यज्ञपात्रों में भरा जा रहा है।

यह भाष्य मिथक में कर्मकांडों की भाषा का अधिरूप है।

(ii) ग्रीक मिथक में **ओरियन** एक निपुण शिकारी तथा वरुण देवता पोसेइडान का पुत्र था। वह (सात नक्षत्रों के प्लेइडीज़-पुंजउर्फ कृत्तिका में से एक) मेरोपी पर इस कदर दीवाना हुआ कि अपनी शिकारी-उग्रता के कारण उसे बलपूर्वक उठा लाने की कोशिश की जिससे मेरोपी के पिता ने उसे अन्धा कर दिया। बाद में साइक्लोपों तथा देवताओं के विश्वकर्मा हेफेस्टस की पैरवी से देवता अपोलो ने उसे नेत्रज्योति प्रदान कर दी। बाद में मेरोपी ने सिसिफस से ब्याह कर लिया किन्तु शिकारी ओरियन की नज़रों से बचती हुई दूर-दूर छिपती ही रही।

अब साम्यरूपकात्मकता की अन्य वक्रता का सन्दर्श करें। एक अनुपाठ में अब अपोलो के बजाय देवता ज़ियस मेरोपी के पक्ष में आये और उन्होंने मेरोपी को आकाश के प्लेइडीज़ नक्षत्र-पुंज में शामिल कर दिया। उन्होंने यह भी व्यवस्था की कि यदि शिकारी ओरियन उसका पीछा भी करें तो उसे छह नक्षत्र ही दिखें। सातवीं तारिका मेरोपी बेहद धुँधली किंवा प्रायः अदृश्य रहे।

यहाँ सारूप्य का तुलनात्मक फलक हैः—एक मिथक-कथा का, दूसरा (उसी का) नक्षत्र-पुंज में ॥

[ग्रीक मिथकीय प्रतिपाठ के मुताबिक शिकारी ओरियन को क्वाँरी शिकारिन-देवी आर्तेमिस भी चाहती थी। एक बार लक्ष्य-भेदन के अभ्यास में ओरियन जलधारा में बड़ी दूर निकल गया। अपोलो भी वहाँ मौजूद था। अब उसने आर्तेमिस से दूर झिलमिलाते बिन्दु (ओरियन की दूरान्त छाया) पर निशाना लगाने की चुनौती दी। आर्तेमिस से—अनजाने में ही—वाणबिद्ध ओरियन मारा गया। पश्चात्ताप वश शिकारिन देवी ने उसे आकाश में एक नक्षत्र के रूप में स्थापित करा दिया। अतः वहाँ भी वह आखेट को उद्धत धनुष ऐंचे रहता है।

पहले पाठ में ज़ियस ने मेरोपी को, तो दूसरे में आर्तेमिस ने ओरियन को नक्षत्र-रूप में गगनमंडल में स्थापित किया।]

(iii) तीसरा भाष्य, अमेज़ोन (दक्षिण अमेरिका) के कोलंबिया के बारासाना लोगों की एक लोककथा का है। इसमें मिथकवृत्त भी परावर्तित हो गया है। इसकी सरल-स्पष्ट भाषा दैनिक जीवन के वाच का अनुहरण करती है। इसमें आर्केटाइप भी गुँथे हुए हैं। इसमें लोकधारा की सामाजिक समस्याओं एवं पारिवारिक अनुभवों, तथा मिथकधारा के अलौकिक निदानों तथा व्यतिरेकों का संगम भी हुआ है।

सूर्य तथा चन्द्रमा भाई-भाई थे। एक दिन चन्द्रमा ने घोषित किया कि वह दिन के होने तथा स्त्रियों के गर्भों को बंजर बनाने जा रहा है। छोटे भाई सूर्य ने मानवों की आवश्यकताओं का ख़याल करते हुए इस मुद्दे को उठाया तथा अपने भाई से दिन को लेकर रात दे दी। जबकि सूर्य-प्रकाश प्रखर और ज्योतिर्मय था, तो चन्द्रमा का क्षीण। इसलिए उसने अपनी देह को रुधिर में बदल डाला तथा लाल रोग़न का एक लोथड़ा बन गया। तब वह धरती के एक घर में उतर आया जिसके सभी वसनीक मर चुके थे। उसने अपना चमकीला पंखमुकुट उतार कर रहाइश के बीचोबीच खूँटी पर टाँग दिया जिससे सारे घर में रौशनी फैल गयी। इसके बाद चन्द्रमा एक आर्माडिला पशु में रूपान्तरित हो गया और मृतकों की अस्थियों को झाड़ने-बुहारने लगा। एक आदमी (जिसने घर में अपनी शहतीरें छिपा रखी थीं) ने चन्द्रकिरीट को ले लिया तथा एक घट में छुपा दिया। इससे घर में अँधेरा छा गया। अन्ततोगत्वा चन्द्रमा ने अपने मुकुट को पुनर्लब्ध कर लिया, उसे अपने मस्तक पर रखा तथा आकाश में वापस लौट आया। इस तरह से चन्द्रमा धरती पर उतरकर और उन पुरुषों की अस्थियाँ खाता है जिन्होंने रजस्वला स्त्रियों के साथ सम्भोग किया है। कारण कि, चन्द्रमा का रुधिर ही तो रजस्वला स्त्रियों का रक्त है। अतः जब चन्द्रमा लाल हो जाता है तो लोग उनके लिए आर्तनाद कर उठते हैं जो बस मरने वाले हैं...तब मृतक की रूह जवाब देती है और जो अभी जिन्दा रहेंगे, उनके वास्ते कोई उत्तर नहीं है।

इस तरह सूर्य तथा चन्द्रमा का यह लोककिस्सा एक अमूल्य 'मिथकीय चार्टर' है, उन पुरुषों के खिलाफ़ जो रजस्वला नारियों से सम्भोग करते हैं। उस मौके पर वे नारियाँ शारीरिक तथा प्रतीकात्मक तौर पर दैनिक जिन्दगानी से परे रहती हैं। इसी कड़ी में साले-साली, देवर-ननद, बहनोई-भावज के बीच विषम गोत्र-रति की वर्जनामूलक कथाएँ हैं जो अजनबी सालों बहनोइयों को ही चुनने का आदेश देती हैं।...इसी तरह अमेज़ोनिया में रूह-सहायक **पुरखों के भूत** ताकतवर पशु-जगुआर अथवा बाज की तरह—या तम्बाकू-धुआँ, चमकीले रवे, या विद्युत तक होकर उपस्थित हो सकते हैं। ये शिशु-प्रसव से लेकर शवयात्रा तक में **शामन** की सहायता से सक्रिय हो सकते हैं।

× × ×

अब इसके उद्गम हमें मिथक-भाषिकी (माइथो-लिंग्विस्टिक्स) में देखना शुरू करें—वाक्य के उद्देश्य-विधेय क्रम के साथ शब्दों (संज्ञा-सर्वनाम, क्रिया-क्रियाविशेषण) के भी कई क्रम हो सकते हैं—

भाषाएँ	शब्द-क्रम
हिन्दी, उर्दू, तुर्की, जापानी	अंडा जलधि तैरता सर्पफण पृथ्वी थामता
अंग्रेजी, फिनिश, चीनी	अंडा तैरता जलधि सर्पफण थामता पृथ्वी
मेडागास्करी, मध्य अमेरिका की मायाई जेंटज़िल	तैरता जलधि अंडा थामता पृथ्वी सर्पफण
उत्तरी काकेशस की काबार्डियन	जलधि अंडा तैरता पृथ्वी सर्पफण थामता
ब्राज़ीली	जलधि तैरता अंडा पृथ्वी थामता सर्पफण

इस क्रम में दो संज्ञाओं को क्रिया जोड़ती है। और इस प्रकार दोनों के बीच सम्बन्धता स्थापित करती है। यह सम्बन्ध-संयुक्तता मिथक में भी चिति की आभ्यंतरिक दशा एवं यथार्थता की दिशा को जोड़ती है। अतः यह व्याकरण-धुरी को डाँवाडोल कर डालती है जिससे छन्द तथा ताल भिन्न-भिन्न हो जाते हैं। भाषा तथा मिथक, काव्य तथा कला भी तो यही करती हैं। कारक छोड़ने से भी रहस्य एवं चमत्कार तथा प्रसार है।

भाषिक-अन्तर्घुलन

जिस तरह तमिल भाषा में संस्कृत की मैत्री से मणिप्रवाल-भाषाशैली का विकास हुआ, उसी प्रकार दक्षिण (पूर्व) एशिया में संस्कृत, पल्लवलिपि, बहासा इंदोनीसिया का संगम हुआ। उन भाषाओं के तद्भव शब्दों से मूलरूप, मिथक तथा इतिहास की भी पुनर्लब्धि होती रहती है। कुछ उदाहरणः–

(i) फूनाम (चीनी) → फनम् (इंदोचीनी) → वनम् (कम्बोडियाई)
(ii) कम्बु-ज (शंखोत्पन्न) → कम्बोज
(iii) कामारी (शिव) → खामारी → ख़्मेर (कम्बोडियाई जन)
(iv) नरोत्तम सिंहनख → नोरोदोम सिंहानूक
(v) बालीय अंक (रामायण) → बालि (द्वीप इंदोनेसिया)
– शुभ कर्ण → सुकार्णो (इंदोनेसिया के एक राष्ट्राध्यक्ष)
– अली शास्त्रोमिजोजो → शास्त्रअनुजयो (इंदोनेसिया के एक मंत्री)
– दिति-अदिति → डी.एन. अडीती (इंदोनेसिया के पूर्व कम्युनिस्ट नेता)
– पुरोहित → पाडंगा
– जगकर्ता → जकार्ता
– जोग्याकार्ता → जोगियों का कटरा
– बर-भूधर → बोरोबुदुर
– लावण्य अंग-अंग → बोरोयांगरांग (पार्वती)
(vi) कुश-लव-पुर → कुआलालंपुर
(vii) लवदेश → लाओस आदि

× × ×

अन्त में हम मैक्स म्यूलर की उस अधिष्ठापना का जिक्र करेंगे जिसमें उन्होंने मिथक को **'भाषा की रुग्णता'** की संज्ञा दी है। यह भी अनोखा सत्य है कि सायण के पश्चात् वे ही थे जिन्होंने ऋग्वेद का भाष्योद्धार किया। किन्तु सम्भवतः उनकी तात्पर्य-वृत्ति शब्द और अर्थ के बीच संगति तथा अन्विति की दूरान्तता, और वाक्यविन्यास में संज्ञा तथा क्रिया, धातु तथा शब्द के बीच अर्थ-भ्रान्तियों (एम्बिग्विटीज़) का होना भी रही थी। वस्तुतः उन्होंने एक 'पंचागीय (आल्मानेक) तिथि-भाष्य' में अनुवाद करने की विचित्र मिथक-आलेखकारी विकसित की। हम उर्वशी-पुरुरवा की मिथक की उनकी मिसाल लें। उर्वशी पुरुरवा से प्रेम करती है, इसका तात्पर्य 'सूर्य उदित हो रहा है'; उर्वशी पुरुरवा को नंगा देखती है, इसका तात्पर्य 'अरुणोदय बीत गया है'; उर्वशी पुरुरवा को दोबारा पा लेती है, इसका तात्पर्य 'सूर्य अस्त हो रहा है'; इस भाँति की समतुल्यताएँ औचित्य एवं तर्क एवं न्याय की

व्यवस्थाओं में नहीं अँटती। इसमें वे 'शतपथ ब्राह्मण' तथा 'विक्रमोर्वशीयम्' को भी विच्छिन्न कर गये, तथा नग्नता के मिथकाभिप्राय का भी अवांन्तर अर्थान्तर कर दिया। मिथक की भाषा में ऐसी उलझनें पग-पग पर टकराती हैं।

× × ×

अब एक अन्य सन्दर्भ में मिथक-भाषिकी की सम्बन्ध-संयुक्तता का अनुशीलन करें। केरल के अयप्पा-स्वामी-चक्र में तीन घटक हैं—सबरीमला, शास्ता तथा हरिहर-पुत्र।

(क) केरल की सह्याद्रि शैलमाला में मकर-संक्रान्ति (पोंगल) में **सबरीमला-मन्दिर** की तीर्थयात्रा में मंडल-पूजन में भाग लेने को मन्दिर के अयप्पा-स्वामी हरिहर-सुत तथा विष्णु-अवतार माने जाते हैं। देवता का अवतार इसलिए कि वे उतर कर मानव का ऊर्ध्वगामी उद्धार करें! अतः अयप्पा = आर्याभा। और शास्ता = शत्रुसंहारक, भक्त उद्धारक। और हरिहरपुत्र = मोहिन रूप विष्णु (हरि) पर शिव (हर) आसक्त हो गये। फलतः शिव = हर, एवं मोहिनी = हरि के समागम से अयप्पा का जन्म हुआ।

—यह सम्बन्ध-संयुक्ता आगे खुली : हरिहर → हरहरि → हरिभि → अन्धकार का हरणकर्ता

(ख) मन्दिर के परिसर में **मंडल-पूजा** के अवसर पर इकचालीस दिनों तक ब्रह्मचर्य तथा शुद्धता एवं त्याग का पालन किया जाता है। स्त्री का कोई भी प्रेक्षण नहीं होता। इसके अन्तर्गत तुलसी-पत्तों की माला (वैष्णव) तथा रुद्राक्ष (शैव) धारण किया जाता है। हरेक यात्रा को **अयप्पा-मय** जानना पड़ता है। पंचमनोविकारों से मुक्त रहना पड़ता है।

—यात्रा में 'स्वामिये शरणं अयप्पा' का जाप करते हुए पर्वतारोहण करना होता हैः नादब्रह्म से ऊर्ध्वगमन।

—अन्ततः **कूट** खुलता है : मंडल = ब्रह्माण्ड

पूजा = पृथ्वी, जल, अग्नि, वायु, आकाश की; अर्थात् ब्रह्माण्ड और देह-पिंड एक हैं।

अर्थात् कालान्तर में मिथक-धुरी वैश्विक एकात्मता की ही होती है। इस प्रसंग में भाषा से मिथक, मिथक से भाषा, मिथकभाषा से कर्मकांड का एक क्रम परिलक्षित होता है। अतः मिथक अर्थ से लम्बी छलाँग लगाकर कर्म (कांड) एवं प्रकार्य (फंकशन) से सम्बन्ध-संयुक्तता करती है। इससे मिथकीय भाषा नाट्यधर्मी तथा कर्मवाची, दोनों से संयुक्त हुआ करती है। इसमें कथित 'सत्य' तथा 'चमत्कार' की संयुक्तता एवं विरोधाभास भी होता है।

भाषिकीय तथा पुरातात्विक साक्ष्यों के अनुसार मानव ने ध्वनियों से अक्षरों का विकास कोई एक लाख साल पहले किया था। तब सम्प्रेषण की प्रथम गोधूलि शैलचित्र अर्थात् मिथकीय चित्र-भाषा ही थी। शनैः-शनैः काकुयंत्र (लैरिंक्स) तथा फैरिंक्स (मुखाकृति-कंठनली) ने मिलकर ध्वनि को स्वर एवं व्यंजन में ढाल दिया। जीभ की स्थिति ने विविध प्रकार की नियंत्रित ध्वनियाँ पैदा कीं। नियंडरथल नृवानरों में फैरिंक्स की अवस्थिति ऊँची थी जो उनकी ध्वनियाँ सीमित करती थी। होमो सेपियंस में उसका नीचे निपात हुआ और मिथक तथा भाषा का जन्म हुआ।

मिथक और भाषा में समाज-संस्कृति या प्रजाति या कबीले के **सामूहिक मानस** (सामूहिक चेतन, सामूहिक अवचेतन) की अभिव्यक्ति के साथ-साथ (स्वप्न-समय में) स्वप्न की भाँति **सामूहिक स्वप्न** भी अभिव्यंजित हुआ—पूरे समुदाय द्वारा। यह मिथक और भाषा में, काव्य और कला में, नाट्य और गान में उभरा। इस तरह ये दैनिक जीवन में, संस्कृति और सामाजिक आचरण में मनोवृत्तियों में भी छा जाती रहीं। देवता और दानव, पशु-प्रकृति आदिम मानव की चिति का अंग हो गये।

हमारा विशेष आग्रह है कि 'सामूहिक चेतन' के साथ-साथ सामूहिक स्वप्न को भी संयुक्त कर लिया जाए। तभी मिथकीय-मानस की सामूहिकता की अनुमिति हो सकेगी।

× × ×

इस भूमिका के अनावरण के बाद हम **वृत्तान्त** (नैरेशन) की दिशाओं को ले सकते हैं। सबसे पहला रहस्योन्मूलन यह है कि मिथकीय वृत्तान्त साहित्यिक वृत्तान्त से विभेदित होता है। साहित्यिक वृत्तान्त **भव्य** (ग्रैंड) होते हैं, अपनी पदरचना तथा रूपकात्मक सौन्दर्य के कारण भी। उनमें संवेगीय तीव्रता की तथा संप्रेषणीय भागीदारी की प्रचुरता होती है। उनमें अनुभव तथा कल्पना के ध्रुवान्त होते हैं। उत्तर-आधुनिकता खेमे के मिशेल फूको तथा डेरिडा जैसे चिन्तक भव्यवृत्तान्तों को, संस्कृति को, इतिहास को, समाज व्यवस्था को भी नेतिवादी जीवन-दृष्टि से देखते हैं। उनके पक्ष से तो मिथक निरर्थक तथा अप्रासंगिक होगी क्योंकि यह भव्य होती है, सांस्कृतिक होती है, वैश्विक होती है, प्रकृति से युग्म बनाती है।

विलियम बासम ने गद्यात्मक वृत्तान्त अथवा इतिवृत्त के तीन रूप प्रस्तावित किये हैं—मिथक, लिजंधर तथा लोककथा। एक तालिका में इनकी तुलना प्रस्तुत हैं*—

* 'दि फार्म्स ऑफ फोकलोर', विलियम बासम 'सेकरेड नैरेटिव : रीडिंग्स इन दि थ्योरी ऑफ़ मिथ्स' सं. एलेन डन्डोस, यूनिवर्सिटी ऑफ़ केलिफोर्निया प्रेस, बर्कल, 1984, तालिका सं. II

गद्यात्मक वृतान्त

रूप	मिथक	लिजन्धर	लोककथा
संयोजक आरम्भ	कोई नहीं	कोई नहीं	अक्सर, हाँ
सँझवाती के बाद	कोई बन्धन नहीं	कोई बन्धन नहीं	अक्सर, हाँ
विश्वास	तथ्य	तथ्य	गल्प
प्रदर्शक वितान	कोई समय और कोई स्थान	कोई समय और कोई स्थान	समय रहित, स्थान रहित
काल	दूरगत अतीत	हाल ही का अतीत	कोई काल
देश	बहुत पहले या अन्य संसार	संसार, जैसा कि आज है	कोई स्थान
मनोदृष्टि	पवित्र	पवित्र या पार्थिव	पार्थिव
मुख्य चरित्र	अन-मानवीय	मानवीय	मानवीय या अन-मानवीय

इस क्षेत्र में सुमनेर ('फोकवेज़') तथा लिओ लोवेन्थाल के कार्य भी जानना श्रेयस्कर है।

अब हमें अपने पहले प्रश्न की ओर ही मुड़ना पड़ रहा है—विश्वमिथक की कौन-सी (वैश्विक) भाषा? कैसी भाषा?

मिथक-श्रोता, मिथक-कर्मकांडी, मिथक-व्याख्याता, मिथक-अनुलेखाकार तथा मिथक-आलेखकार, सभी एक अनवरत द्वैत में क्रियाशील रहे हैं। उनकी क्रोड़भाषा निजी होती है किन्तु लक्ष्यभाषा मिथक की अस्मितावाची होती है।

ग्रीकों के पास वेद अथवा अवेस्ता जैसा कोई पवित्र ग्रंथ नहीं था। उन्होंने ई.पू. आठवीं-सातवीं शताब्दी में देवताओं की मिथकों पर प्रणयन किये गये होमर तथा हेसियड के काव्यों, विवरणों, तथा बाद के एथेनियन नाटककारों के नाट्यों से जीवन, समाज तथा संस्कृति को जिया था। उनके महोत्सवों में काव्यवाचन, कथा-रंगमंचन, मन्दिर-अनुष्ठान, वृषभ-बलि, मदिरापान, (सिम्पोज़ियम), शिल्प एवं कलश-निर्माण-कौशल, ओलंपिक खेल, नगर-राज्यों का नियमन, सभी मिथकीय वितान तले होते थे। ई.पू. 323 में एलेक्ज़ेंडर की मृत्यु के बाद उनकी वह सभ्यता तथा समाज, वह मिथकलोक और मानसिक-चेतना क्षीण हो गयी। पराये बारबेरियनों से बचने के बाद उनकी मिथकें तथा देवमंडल रोम में कूच कर गये। बाद में ईसाइयों द्वारा स्वयं पर 'पेगन' का लांछन भी लगा बैठे। उनकी ग्रीक भाषा को अभिग्रहण द्वारा नहीं, बल्कि अनुवादों द्वारा हम साक्षात्कार करते हैं।

भारत में 'रामायण' को काव्य, 'महाभारत' को इतिहास तथा पुराणों को धर्मकथा मानकर विचित्र विभाजन होते रहे। तथापि एक धारावाहिकता जारी रही। ईजिप्ट में चित्रलिपि पढ़ी जाने के बाद से उनकी मिथकें विविध भाषाओं में अनूदित हुईं। मेसो अमेरिका के माया तथा इंका-मिथकायन भी ऐसे ही उपलब्ध हुए। अतः विश्वमिथकों की मूल भाषा के बजाय अनूदित भाषाओं के एटलस से हम भाषा-देहवादी दृष्टि से प्रस्थान करके मिथक-अंतर्वस्तुवादी वैश्विक दृष्टि को आत्मसात करते हैं। इसलिए हम विश्वमिथक को किसी एक भाषा, एक भाषा-परिवार, एकदेशिक संस्कृति में नहीं बाँध पाते। इसीलिए भी विश्वमिथक व्याकरण ामुक्त, विशिष्ट दैहिक रीतिशैली से मुक्त भाषा है। तो, हम इसे **अधिभाषा** कहते हैं। इसलिए यहाँ व्याकरणिक नियम नहीं, बल्कि निरूपण तथा रुझान ही हमारी आधार-भूमि होते हैं।

भारत के सन्दर्भ में एक यह दुविधा जारी है। हम जानते हैं कि मिथक इतिहास नहीं है तथा इतिहास भी मिथक नहीं है। फिर भी हम मिथक को ऐतिहासिक विधा (योनर) में तथा इतिहास को मिथकीय शैली में प्रस्तुत करते रहते हैं और यह स्वीकार भी कर लिया करते हैं। मिथक को 'मिथक' ही बने रहना दिया जाए। तभी वह त्रिभुवन-त्रिकाल यात्रिक बनी रह सकेगी। हमें **अधिभाषा** की अवधारणा भी पल्लवित-पुष्पित-बीजसम्पन्न करते चलना होगा।

अधिभाषा परावृत्ति से लेकर वैखरी अक्षर-शिखर तक की समावेशी है। शीर्ष की ओर यह अतिवचनीय तथा अतिशयोक्तिपूर्ण है तथा परा की गहराई में अनिर्वचनीय तथा अन्योक्तिपरक है। तब वहाँ आर्केटाइपों, संकेतों, संगीत, शब्दों की कालोत्तीर्ण क्रीड़ा चलती रहती है। इस भाषा में प्रायः अलंकारों पर आग्रह नहीं होता इसमें रूपक-धुरी से परे साम्यरूपकात्मकता (एनालॉजी) के ध्रुवान्त पर चक्र-चिह्न परिक्रमा करते हैं। प्रसंगात् यह भी स्पष्ट होना चाहिए कि परवर्ती मततंत्र के मंत्र, धर्मचक्र की स्तुतियाँ, प्रार्थनाएँ, प्रशस्तियाँ, नाममालाएँ आदि धर्मप्रधान हैं। वे खांटी मिथक नहीं हैं।...हम देखते आ रहे हैं कि मिथक में अर्थ उतने प्रभावी नहीं रह जाते। एवज में कर्म (कांड) तथा प्रकार्य (फंकशन) केन्द्रस्थ हो जाते हैं। मिथकीय शब्द कर्मवाची तथा प्रकार्यधर्मी हो जाते हैं। ये कीर्तिमान हैं।

अधिभाषा में घटनाएँ सीधे नहीं कही जातीं। अन्योक्तियों, आद्यप्ररूपों, मिथकाभिप्रायों के अलावा कूटों, संकेतों, ध्वनियों से भी मनोरथ खोले जाते हैं। मिथक के **कूट** (कोड) अर्थविज्ञान के विविध अभिलक्षण होते हैं जो एक-दो-तीन कई अर्थवत्ताओं में-से एक के द्वारा अवकूटित होते हैं। ये अर्थवत्ताएँ चमत्कार (जादू), अनुकथा (निमित्त), पर्याय (उपादान), विरोध (द्वन्द्व), साम्यरूपता

(द्वन्द्व), अभिप्राय (आवृत्ति) आदि हुआ करते हैं। हम यह भाषिक रहस्य भी बताते हैं कि भ्रांति से ही कूट बनते हैं कि, भ्रांति सादृश्य की बिटिया है।

एक दो कूट ज्यादा स्पष्टता देंगे—होलिका-मिथक में होलक अग्नि पर भूना जाना, तथा प्रह्लाद प्रसन्नता है। यह भी आयुर्वेदिक तथ्य है कि शीतल चीर ओढ़ लेने से व्यक्ति नहीं जलता। होलिका तथा प्रह्लाद के संसर्ग में हिरण्यकशिपु सोने की गद्दी वाला अर्थात् सुबह का गोल सूर्य है। शीतल चीर ओढ़ने का मतलब प्रातःकालीन सूर्य (अरुणादित्य) हैं।

इस तरह प्रातःकालीन सूर्य (शीतल चीर ओढ़ना)

मध्य दोपहर का सूर्य (प्रचंडता, होलिका)

तथा सान्ध्यकालीन सूर्य (प्रह्लाद)

इस भाँति यह प्रक्रिया विभिन्न वेलाओं में सूर्य के उदय से अस्त तक की प्राकृतिक घटना को भी समाहित करती है।

दूसरा कूट ऋग्वेद से :

वशिष्ठ सुरभि की, जमदग्नि कामधेनु की, दिलीप नंदिनी की कथा के रूप में गौ-धुरी पर सांस्कृतिक अस्मिता के पहलू प्रकटाते हैं; 'दुहन्ति सप्तैकामुय द्वा पंच सृजतः। तीर्थे सिन्धोरधि स्वरे' [ऋग्वेद, 8/72/7]

—'गो (माता) का सात जन दोहन कर रहे हैं। उनमें दो पाँच अन्य को प्ररित करते हैं। स्वरयुक्त सिन्धु के तीर्थ पर यह हो रहा है।' **अवकूटन :** यहाँ गो 'चैतन्यता' है। दो प्रेरक हैं—मन तथा अहंकार। प्रेरित पाँचों जन पाँच ज्ञानेंद्रियाँ है (श्रोत, चक्षु, रसना, घ्राण, और त्वक्)। वाक् रूपी समुद्र के तीर्थ में यह सब हो रहा है (यहाँ वाक् से आशय परावाक् से है)। ऐसा ही एक कूट हम प्रारम्भ में सोम-संवाहन-वृत्त में बता आये हैं।

मिथकीय मानस में 'साम्य'-चक्र के अन्तर्गत उपमान-उपमेय पारसरूप हो जाया करते हैं—अर्थात् इनमें अद्वैत हो जाता है।

आँख → मछली (मछली जैसी आँखें, मछली की आँखें, पात्र की आँखों के बजाय मछली)

वृषभ जैसा पुरुष → वृषभ पुरुष (वृषभ में कायान्तरित ज़ियस अश्व में कायान्तरित सूर्य)

अश्वमुखी पुरुष → किन्नर, सेंटार (ईजिप्ट के अनेक पशु-देवता)

दो का ईहामृग → अज़टेकों का सपक्ष सर्प देवता, स्फिंक्स

× × ×

प्राचीन महाकाव्यों की मिथकों में तो नाटकीय ढंग के कथोपकथन भी हैं। उनमें बहुत से कवित्वपूर्ण तथा कल्पनापूर्ण हैं। तथापि कतिपय अस्पष्ट तथा गूढ़ार्थक है। उनमें सैकड़ों सुन्दर उपमाएँ, अतिशयोक्तियाँ तथा रूपक भी हैं। तुलना में वैदिक ऋषि वाक् कवि अक्षर एवं शब्दों की पुनरावृत्ति को अधिक पसन्द करते थे। वे ध्वनि और अक्षर की सन्धि में संगीत की ध्वनि भी गुँजाते थे जिसे मन्त्र कहा गया। बाद में इससे ही शब्दालंकार—अनुप्रास, यमक, श्लेष आदि उद्भूत हुए। ऋषि की भाषा सम्बोधात्मक तथा आह्वानपरक, सामूहिक तथा अनुष्ठानेन्मुख होती है। इस भाँति यहाँ मिथक के 'अधि' (भेटा) रूप अत्यन्त परिष्कृत रूप एवं विधा परक हैं। चाहें तो हम इन्हें मन्त्रधर्मी **ऋचा-भाषा** भी कह लें तो इसमें कोई आपत्ति नहीं होनी चाहिए। हाँ, यह गूढ़ सूत्रात्मक एवं कर्मकाण्डीय भी हैं। इस तरह **संरूपकात्मकता गर्भित भाषा** तर्कपूर्व, कवित्वपूर्ण, कल्पनापूर्ण, व्याकरण-प्रस्थानक, आलंकारोत्तोर्ण है। इससे **मिथक भाषा** का जो लपलपाता समग्र गोलक दिपता है वह अर्थभ्रांतियुक्त-बहुअर्थीय, संरूपात्मक-विवरण ात्मक, आद्यप्ररूपीय-कूटचिह्नित हो जाता है। कैसा विचित्र तथा अद्भुत है यह मन्त्र तथा मिथक का आश्विन-सिंड्रोम! एक अन्य सिंड्रोम भी स्मृतेय है : अनिर्वचनीयता तथा अधिवचनीयता।

—तो एक ओर अनिर्वचीयता तथा अधिवचनीयता के घेरों में हमें **विश्वमिथक भाषा** में (i) कार्यकारण की अपेक्षा कथा तथा आख्यायिका, (ii) व्याकरण की अपेक्षा साम्यरूपकात्मकता (एवं अर्थभ्रांति), (iii) तथ्यपरकता एवं संघटनात्मकता के बजाय अभिप्राय तथा (iv) प्रोक्ति-क्रम में अन्तरालों के बजाय क्यों-कहाँ-कैसे का प्रत्युत्तर; एक लघु कथात्मक अंतर्कुंडलन के द्वारा।

दूसरी ओर मंत्र और मिथक के सम्बोधन-संगीतात्मकता के वृत्त में लुभावनी-ललचावनी शब्द-क्रीड़ाएँ श्रुतिगोचर हैं।

ईजिप्टी मिथक में सूर्यदेवता के लिए रे, रा है, तो गेब और शुट के साथ नू, नुट, मुट (सूर्यपत्नी) भी है। बेबीलॉन में लिल (वायु और एननिल (नर-नारी) है, तो इआ और एन-की भी है। नार्डिक में फ्रे, फ्रिग-फ्रेया (उन्माद देवी) है; इसके साथ भारत में सुर-असुर, दिति-अदिति, शव-शिव भी हैं। अज़टेक-माया में देवताओं के नाम-प्रत्ययों में-कोएट्ल-कोटली है।

तो क्या गर्भशोध से विश्व में निकलती शिशु-मिथकों के प्राक् देवते एक या दो अक्षरों वाले थे? तो क्या जब मिथक एवं शब्द, मिथक एवं मन्त्र जुड़वाँ-स्वरूप में अश्विन-जन्म के सौभाग्यधारी थे तो तभी मानवता (के बचपन) की भी प्रथम उषा उष्ः...ध्वनि से चकित्-चमत्कृत् करती प्रकट हुई थी? कौन साक्षी बचा है? हम तो वारिस है!

पुरातात्त्विक दशा से नृतात्त्विक अवस्था में आने पर आदि मानव (होमो सेपियेंस) का पहला अनुभव तो ध्वनिमूलक ही रहा

था। अक्षर तो कंठ में लैरिंक्स-फैरिंक्स उपांगों के कुछ नीचे सरकने पर ही उद्भूत हुए थे। इस तरह पहला अनुभव ध्वनिमूलक स्वर से ध्वन्यर्थक शब्द के उच्चरित होने, फिर शब्द के देवता-रूप में दीप्त होने अथवा दिव् (देवता) को ही शब्द-ब्रह्म में विश्वरूप-रूपैश्वर्यशाली होने में रहा होगा। तो पारिस्थिक प्रमाण से हम कहते हैं कि मिथक एवं भाषा सहजात-सहकालिक रहे होंगे। 'ऊँ', 'श्री'...इसकी आदि-जन्मपत्रियाँ हैं।

तदपि पहेली तो है कि–

छै माह के बाद एक शिशु पहले **स्पर्श** (स्तन, देह) द्वारा माँ की पहचान करता है, फिर **दर्शन** (प्रत्यक्षण) और फिर **वाक्** द्वारा अनुभव करके मा-मा, पा-पा, आदि दो वर्णों को बोलने लगता है। यहीं भाषा का जन्म होता है–इन्द्रियों द्वारा अनुभव के बाद। एक बहरा **बोल** तो सकता है किन्तु सुन नहीं सकता। एक गूँगा सुन तो सकता है किन्तु बोल नहीं सकता। अतः कंठ और कर्ण इसके पूर्व स्पर्श और दृश्य के बीच तालमेल से ही ध्वनि वर्ण, अक्षर, शब्द जन्म लेते हैं। जटिल दशा में बाद में वाक्य बनते हैं–वाक् के पूर्वाभ्यास।

तो मिथक भाषा-पूर्व की दशा ठहरती हैं। इंद्रियों के संचित अनुभव वर्ण और शब्द के रूप में अंकुरित होते हैं। मिथक में वे गूँगी, बहरी तथा गूँगी-बहरी और स्पर्श-दृश्य-द्रव्य-वाच् त्रयी की दशा में होते हैं। प्राक्कतन अवस्था (परा-पश्यन्ती) में ये अनिर्वचनीय होते हैं। जब मध्यमा-वैखरी में आते है तब वाक्य तथा वाक् तथा काव्य या कथा का उन्मीलन होता है। इसी प्रक्रिया में भाषा और मिथक की पारस्परिकता कायम होती है। इनके बीच के अन्तरालों में से रूपक, अलंकार, चमत्कार आदि का उद्भव होता है। ये कालचक्र तथा देशचक्र को भी घुला-मिला देते हैं। इस तरह मिथक में अलौकिकता तथा चमत्कार के झीने आवरण पड़ने शुरू हो जाते हैं।

मैक्स म्यूलर ने न जाने क्यों मिथक को 'भाषा की बीमारी' बता दिया।

ऐसी मिथकीय सिसृक्षा का अगला साक्ष्य भी तो है।

वाद-विवाद के अन्तर्विरोध, द्विपर्ण-विरुद्धता, विपरीत द्वयता, पुरुष-प्रकृति, यांग-यिन, अहुर-अहरी (पर्शिया), नामी-नागी (जापान) आदि से भी सृष्टि-रचना तो प्रकल्पित हो चुकी है। देव-दानव, देवताओं-जाइंटों, प्रकाश-अन्धकार, (कभी-कभी) सूर्य-चन्द्र के बीच के द्वन्द्वों तथा दुविधाओं से भी देवमंडल तथा देवकथाएँ विकसित हुई हैं। इस भाँति अर्थवत्ता के 'रजिस्टरों' और 'सिगनिफिकेशन' में बदलाव की पहचान का प्रमुख माध्यम कायान्तरण भी है :

(क) सोमलता से प्राप्त सोमरस से वैदिक देवता सोम से सोम का आगार चन्द्रमा।
(ख) एक देवी का नदी में रूपान्तरण (सरस्वती), तथा एक नदी का देवी में रूपान्तरण (गंगा)। गंगा के कई जटिल कायान्तरण हुए। स्वर्ग की गंगा, आकाश गंगा, विष्णुपगा, शिवकेशी आदि। यम-यमी की पुत्री यमुना नदी, दिव्य मेंढक के मुख से निकली (ईजिप्टी) नील नदी।
(ग) 'वसु' से वासुदेव तथा वासुकि का द्वन्द्व। 'दस' से दशों दिशाओं के सूर्य का प्रकाश (श्रीराम) तथा दसों दिशाओं का श्यामान्ध कार (रावण)।
(घ) मही से महेष और महिष का द्वन्द्व। बीच के संक्रमण में शिंभु-निशुंभ-शंभु।
(ङ) हाथोर देवी (ईजिप्टी) का शेरनी से गौ में कायान्तरण।
(च) अज़टेक (मेसो अमेरिका) की युद्ध-देवी।
(छ) आर्तेमिस द्वारा एक्टाओन का जलधुरी पर वध तथा ओरियन का भी जलप्रवाह में शिकार।
(ज) एडोनिस तथा नार्सिसस का फूल में, प्रह्लाद का ध्रुवतारे में अहल्या, का पाषाणशिला में, कैलिस्टो (ग्रीक) का भालू में कायान्तरण आदि।
(झ) समुद्रमन्थन से संप्राप्त लक्ष्मी का पद्मजा, पद्मिनी पद्मावती, श्री में आर्केटाइपल प्रतिरूपायन।
(ञ) यूरानस के कटे लिंग के श्वेत झाग से प्रणय देवी एफ्रोडाइट (ग्रीक) का जन्म। आदि-आदि।

× × ×

भाषिक दृष्टिकोण से जब हमारा आधार अपनी क्रोड़-भाषा ही है तो विश्वमिथक का एक **मूल पाठ** अपाठ्य अर्थात् अस्तित्व शून्य हो जाता है। इसलिए हम पाठ को द्विधाविभक्त करने को ही निर्देशित हैं। एक पक्ष में तथ्यों का द्वन्द्व तथा भावों की लय पकड़नी पड़ती है तो दूसरे पक्ष में संकेतविज्ञान (सेमिओटिक्स) के चिह्नकों को लेना पड़ता है : आद्यप्ररूप, एकाक्षरी शब्द, कूट, बिम्ब (और अभिप्राय भी) इस हाशिये पर शामिल हो जाते हैं।

इनके ऊपर हमारा कम्प्यूटरीय 'सर्चएंजिन' है **मौखिक बनाम मौलिक** की दुविधा का निराकरण करना। हम सर्चएंजिन द्वारा शायद मिथक के पूर्वाभासी रूप में अनुप्रवेश कर सकें। मौलिक-धुरी तो सन्दर्भ-विहीन है क्योंकि अब यह एक प्रतिभानशाली कवि के कंठ का हार न होकर पूरे समूह तथा समुदाय का संवर्धनशील अभ्युत्थान है। हमें इसकी सीधी वर्णनात्मक-गल्पात्मक विवृत्तियों में ही हाइपोथेटिकल भरतपाठ का प्रतिकल्प पूर्वानुमित करना ही पड़ेगा। मिथक में हम 'कृति' की स्वायत्तता को कतई

स्वीकार नहीं करते। यह व्यक्तिगत सृजन तो कदापि नहीं है। अलबत्ता यह सही है कि मिथक तथा महाकाव्य (मिथक-वृत्त) : दोनों के ही 'भव्य वृत्तान्त' होते हैं। मिथक प्रायः सरल-सहज है तो कृति अलंकृत-परिष्कृत; मिथक में समूह प्रतिभागी है तो कृति में सीमित गोष्ठी या उपनिषद्; मिथक में जिया जाता है किया जाता है, तो कृति में तल्लीन हुआ जाता है, रसाविष्ट हुआ जाता है; अन्ततः मिथक प्रकर्मव्रती है, जबकि कृति समाधिभूत ॥ अन्तः हमें मिथक के पाठ (टैक्स्ट) से भी प्रस्थान करते हुए परिवृत्त-पाठ (कॉन-टैक्ट्स) का आश्रय लेना होगा। इसके लिए कथाबीज, क्रतु-बिन्दु निकालो, सारत्व खोजो, सारांश रेखांकित करों, तत्त्व छानो। तभी हम अनेक पाठों-पाठ्यांशों में-से सर्वव्याप्त एवं अधिकाधिक एकसमान अंशों को जोड़कर भरतपाठ या व्यासपाठ स्वयंसिद्ध कर पाएँगे। विधि बड़ी कड़ी और कठिन दुर्लभ और दुरूह है। इसका कोई विकल्प नहीं है।

अथच, मिथक-भाषा में मेरी (व्यक्तिगत) सबसे बड़ी मुश्किलें–

जब मिथक की अधिभाषा (ओं) की कोई निश्चित संरचना–तत्कालीन समाज तथा परिवार की तरह–नहीं है तो हम कौन-सी भाषा, कैसे गढ़ें?

एक तो मिथक व्याकरण से नहीं बँधी। यह शब्दार्थ-इकाई के विकल्प में शब्द-कथा इकाई से बनी है। इसमें वाक्य-विन्यास, अर्थमीमांसा, रूपिम-विज्ञान भी व्याकरणता से परे जाते हैं। यह कार्य-कारण-परिणाम की श्रृंखला का सदैव अतिक्रमण करती है। तो, मध्यमावृत्ति की वाणी को वैखरी चित्र में स्थानान्तरित करना ही मेरी पहली मुश्किल है।

दूसरे; मिथक अपनी व्यासरेखा (पैरामीटर) के मापदंड पर वास्तविक-यथार्थ का युगल नहीं बनाती। इसका प्रथम युगल पात्र-घटना के प्रतीकत्व का भी नहीं है। यह तो वास्तविक तथा रूपकत्व का युगल बनाती है। इस वजह से इसमें दो अथवा अनेक यथार्थताओं के बीच दर्पण या दीपक का, वास्तव और चमत्कार का, यथार्थ और कल्पना का एक मिश्रित परिमंडल बन जाता है जो तथ्य, तथा सत्य की पकड़ के बाहर होता जाता है।

मिथक कार्य-कारण की एकसूत्रता भी नहीं विन्यस्त करती। वह परिणाम को सदैव चमत्कार, कौतूहल, अनिर्वचनीय अप्रत्याशित बना देती है। इसलिए, उसमें रहस्य तथा अज्ञेयता की छायाएँ झिलमिलाती रहती हैं।

अतः मिथक में सृष्टि और उत्पत्ति, प्रकृति और संस्कृति, परिवार और समाज, मनुष्य और व्यक्ति, यौन और सम्भोग सब कुछ शामिल है किन्तु उनके तदनुसार शब्द या पारिभाषिक नहीं हैं। हम उन्हें समाज-विज्ञान की तर्कपूर्ण भाषावृत्त में नहीं बाँध सकते। अतः हमें भी उसके लिए अवकूट, रूपक, अभिप्राय, प्रकरण, आदि का खुलासा करने के लिए शब्द-क्रीड़ा एवं भाषा-क्रीड़ा करनी ही पड़ती है। विश्लेषण-बहिर्भूत होने के कारण मेरी भाषा भी विवरण, निरूपण, निदर्शन, निर्वचन, कथायन के तानों-बानों से बुनी जाती है और इसके अलग-अलग पैटर्न होते हैं।

मैं उत्सुक और उद्विग्न रहता हूँ कि काश कई-कई हज़ार साल पहले उस युग में अपनी सूक्ष्म काया को प्रतिस्थापित कर लूँ जहाँ आदि मानव ने सर्वप्रथम वाक् और मिथकों के उभय संसारों को उन्मिषित किया होगा। अस्तु।

(क) निसर्ग अवस्था तब आयी होगी जब पूर्ववाक् के अपूर्व **अवाचिक संरूप** सरोवर के कमलों तथा नदियों की चमचमाती मछलियों की तरह डूबते निकलते रहे होंगे। इन अवाचिक संरूपों से आर्केटाइपल बिम्बों या **आद्यप्ररूपों** का जन्म हुआ होगा। ये ध्वनियों, मुद्राओं, तथा संकेतों से चमत्कार तथा उदात्त भय की दशा में उभरे होंगे। इससे इनमें फांटासी का प्रक्षेपण होता चला। इस तैयारी के पश्चात इन्हें फोनीमों ने मार्फीमों में बदलकर व्याकरणरहित वाच की डगमगाहट दी होगी।

इन्हें सीमेंटिक्स के आयाम देने में उत्तरोत्तर मिथकीय मानस के **टोटेमों, मुखौटों, शैलगुफ़ाचित्रों** ने मिलजुल कर शब्द और अर्थ की समानान्तरता दी होगी। तभी लिपि की आवश्यकता प्रबल हुई होगी, सम्प्रेषण और संस्मरण के लिए।

लिपि ने ही शब्द और अर्थ को एकतान किया। पहले **चित्रलिपि** निर्मित हुई होगी। इसमें प्रतीकत्व द्वारा **शब्दार्थ** का उद्‌भव हुआ। इससे अनुभूतियों-अनुभवों-घटनाओं की पूर्वानुमिति होनी शुरू हुई होगी।

अब **मिथक-भाषा युग्म** की मात्र चित्रलिपियाँ ही बची हैं।

(ख) पुराचीन शैलचित्रों की भाँति चित्रलिपियाँ भी मिथक एवं पुरातत्त्व के कूट (कोड्स) समाहित किये रहती हैं–ईजिप्ट, मेसोपोटामिआ, मोहने-जो-दारो, मेसो-अमेरिका की इन्का की चित्रात्मक, प्रतीकात्मक, संकेतात्मक, चक्रचिह्नपरक, अथवा संख्यावाचक लिपियाँ इसकी मिसाल हैं।

इसके बाद पूर्वेतिहास-पुरातन इतिहास की गोधूलि में मिथक और अक्षर, मिथक और भाषा एकमेव होकर अधिभाषा में तिलोत्तमावत् होती गयी। और, हम अब तक अर्पित कर चुके हैं कि अधिभाषा तो अपना ही वाक्य-विन्यास रूपिम शास्त्र-अर्थ विज्ञान विकसित करती है : अपनी ही छंदात्मक लयपूर्ण पंक्तियों की रचना करती है जो आद्यप्ररूपों, बिम्बों, कूटों, प्रतीकों, अभिप्रायों आदि से गुँथी होती है। इसमें प्रोक्तियों के संग-संग कथात्मक पदबन्धों, वृत्तान्तों, पदरचनाओं का भी समावेश हुआ। अर्थ के साथ-साथ तात्पर्य, मनोरथ, प्रयोजन, संकेत एवं अन्ततः चिति एवं परावृत्ति का भी अनावृत्त या निर्वस्त्र संदर्शन-दिग्दर्शन हुआ। सो, इस अलबेली-अगम्या भाषा में अनिर्वचनीय तथा अतिशयवचनीय के हिंडोले की झूलन है। फिर एक कालोत्तीर्ण लम्बी

छलाँग लगाई गयी। विश्वमिथकयान ऐसे ही कालयात्री रहे हैं। मिथक और भाषा का द्वैत **मिथकीय भाषा** के अद्वैत में संघनित होता गया (शब्द एवं अर्थ की सहितता परवर्ती ऐतिहासिक परिष्कारोन्मुख कदम है)।

पुराचीन शैलचित्रों की कड़ी में हाल ही में (जुलाई 2010) में अफ्रीका के बंटू क्षेत्र में कुछ ऐसे अंकन मिले हैं जिनमें (मानव या पशु के) रक्त से अंकन किया गया है। यह नरभक्षी-नरशिरआर वेटक कबीलों की कार्यवाही भी रही होगी। तथापि, पुराचीन शैलचित्र तथा चित्रवरगी लिपियाँ भी मिथक तथा पुरातत्त्व के कूट समाहित किये रहती हैं—ईजिप्ट, इन्का, मेसोपोटामिआ, मोहेनजोदारो की चित्रात्मक, संकेतात्मक, अथवा संख्यावाचक लिपियाँ इसकी जीवन्त मिसालें है।

इस दशा-दिशा को इससे भी पहले शताब्दियों की 'सामूहिक स्वप्न', एवं 'सामूहिक अवेचतन' वाली पूर्ववाक् आर्केटाइपल अस्मिता में प्रतिस्थापित करें : टोटेम, मुखौटे, शैलचित्र, गुफाचित्र, चित्रलिपियों, संकेतवृत्त (सीमिओटिक्स) तथा टैबू। इनके उपरान्त ही **अधिभाषा** का विकास हुआ होगा।

मध्य (अर्थात् मेसो-) अमेरिका तथा समुद्रायनी (ओशेनिया) क्षेत्रों में क्रमशः इतिहास तथा पुरातत्त्व, अतीत तथा वर्तमान, मिथकयान तथा लोकयान आदि का अरुणनील संगम हुआ है। इसलिए ये, इतिहासकारों, मिथक-आलेखकारों, पुरातत्त्व-वेत्ताओं-नृतत्त्ववेत्ताओं, समाजवैज्ञानिकों-सौन्दर्यबोधशास्त्रियों के लिए एकसमान न्यौता और चुनौती देते रहते हैं। कारण कि, इनमें पूर्वेतिहासिक अनुभवों, गोधूलीय यथार्थताओं; तथा अज्ञेय स्वप्न-समय वाली प्रतिकल्पनाओं-परिकल्पनाओं का मृत्युंजय रसायन है। यहाँ व्याकरण नहीं, वृत्तान्त की दखलन्दाजी है।

भारत की समुद्रमग्न द्वारका, दक्षिण अमेरिका के पेरू के माचूपिच्चू, मध्यप्रदेश (ताला ग्राम : बिलासपुर) का कबीलाई शमन-सारदार, तमिलनाडु की चेन्नई के मामल्लपुरम् का शिलापटल, मोहेनजोदारो का विध्वंस, तथा आधुनिक भारत की गरीबी एवं शोषण-उत्पीड़न आदि आज तक भी लगातार ऐसी कई मिथकीय पहेलियाँ तथा अनबूझ चुनौतियाँ पेश करते आ रहे हैं।

फिर भी नृतत्त्वशास्त्रीय भाषिकी (एंथ्रोपोलॉजिकल लिंग्विस्टिक्स) की शाखा मिथक के देश तथा काल का कच्चा अनुमान लगा लेती है।

और भी : हमारे एक ब्रह्माण्डीय विश्व में अनेक मिथकायन तथा असंख्य लोकयान तो हैं, लेकिन एक भी भाषा-परिवार नहीं है। और भारत के **'सृजनधर्मी अल्पसंख्यक'** भी इंडिया दैट इज़ भारत और इंग्लिश दैट इज़ हिन्दी' की मानसिक गुलामी दूर करने में एकजुट नहीं हैं।

5.5 फाराओ अखेनाटोन*, सच-सच बतलाना कि मिथक-आलेखकारी तथा मिथकीय पूर्व-तार्किकता है क्या?

सामान्य युग-पूर्व (बी.सी.ई.) चौदहवीं शती में फाराओं सम्राटों के अठारहवें वंश में अखेनाटोन ने मिथक-संसार में प्रचंड उथल-पुथल करते हुए सभी देवताओं को कूच करा दिया तथा केवल एक सूर्यदेवता 'रा' की उपासना लागू करा दी। वह विश्व में **एकेश्वरवाद** का सबसे पहला प्रवर्तन था और बेहद अस्थायी रहा था।

इससे होरस-ओरियन की निरन्तरता के मिथकीय देवों के चिरन्तन काल तथा फाराओ के ऐतिहासिक समय के बीच दरार पैदा हुई। इससे देवता और सम्राट के बीच की **साम्य रेखा** लड़खड़ा गयी तथा मिथकीय मानस की **तर्कात्मकता** में विपथन हो गया।

हमें इसी नाभिक दीप्ति से मिथकयान (मिथोलॉजी) और मिथक-आलेख-कारी (मिथोग्राफी) का फर्क अलगाते हुए पहले तो मिथक-आलेख-कारी की **पद्धतियों** (मेथड्स) की व्याख्याएँ करनी होंगी।

इसके पश्चात् ही हम **मिथकीय पूर्वतार्किकता** के विचित्र लोक में अनुप्रवेश कर सकेंगे।

मिथकयान (मिथोलॉजी) से मिथक-आलेख-कारी (मिथोग्राफ़ी)

ज्याँ पाल सार्त्र (1905-1980) ने ज्ञान के अस्तित्ववादी समाजशास्त्र में **पद्धति या विधि (मेथड)** की **समस्या** को धुरी माना है। इससे मौलिकता, दिशा तथा उत्तम उपलब्धि की सिद्धि होती है।

हमें भी मिथकयान से **मिथक-आलेखकारी** की ओर प्रस्थान करना पड़ा है क्योंकि हमारा संदर्शपटल दो लाख वर्ष पहले मानव के धरती पर आने से आरम्भ होता है तथा तब हमने एक विश्व तथा एक मानव (ता) ही पाई है। इसके अलावा फ्रेज़र तथा अन्यादि की परिपाटी प्रायः मिथकयान-केन्द्रित रही है।

(क) मिथकयान (मिथोलॉजी) प्रारम्भिकतया कथन-श्रवण की, अनुष्ठान-कर्मकांड की, अन्यापदेश (एलीगरी) मनोरंजन का प्रवाह रहा है। यह किसी सभ्यता-संस्कृति, देश-महादेश, प्रजातीय क्षेत्र-द्वीप द्वीपान्तर की मिथकों का एक संचित-सुगठित समूह है जिसकी एकसमान परम्परा एवं उद्‌गम होता है। यह मिथक-समूहों का वृत्तान्त एवं वर्गीकरण भी है। अतः एक मिथकयान में लक्ष्यीभूत

* ईजिप्ट का सम्राट (1352-1336 सामान्य वर्ष पूर्व) जिसने सूर्य की एकेश्वरवादी उपासना लागू की। उसकी 'अमारना-क्रान्ति, अल्पकालिक ही रह सकी।

जनों की ही एकसमान परम्पराएँ तथा विरासत होती हैं।

इसी के सहवर्तन में मिथकयान के अन्तर्गत मिथकों के भाषिक उद्गम (मैक्स म्यूलर) समेत उनके पूर्वेतिहास तथा इतिहासछायाओं ईजिप्ट, पेरू, (इन्का), ग्रीस (साइप्रस, ट्राय), नार्स (यूरोप) एवं प्रकृति-चक्र का भी अनुशीलन हुआ है। इतिहास के लिजन्धर के साथ फान्तासी की उपछायाएँ भी घुलमिल जाती रही हैं। इसी भाँति मिथक तथा धर्म भी अंतर्लीन होते रहे हैं। फलतः मिथकयान मानवता (के बचपन से आगे) का अन्योक्तिपरक वृत्तान्त है जिसमें प्रथाएँ, रिवाज, लौकवार्ता, जलवायु, पर्यावरण, भूगोल आदि घुलमिल जाते हैं।

इस भाँति मिथकयान वर्तमान संसार को पूर्ववर्ती दुनिया के वृत्तान्त का निर्देशक, लोगों के कर्मकांडों का नियामक, तथा आस्थावानों के शिक्षाप्रद मनोरंजन का कौतुक है। इसके ध्रुवान्त विश्वास-आस्था तथा मनोरंजन-अनुशीलन हैं।

(ख) मिथक-आलेख-कारी (मिथोग्राफ़ी) के सन्दर्भ में पद्धति ही केन्द्र में आ जाती है और विश्वास के विकल्प के रूप में उनकी **स्वीकृति** तथा **व्याख्या** के मानक के ध्रुवान्त सुगबुगाने लगते हैं।

मिथक-आलेख-कारी की केन्द्रीय मान्यता है कि सभी प्राक्तन् पश्यंती-वाक्, जादुई, चमत्कारिक, असम्भव-अद्भुत, अविश्वसनीय, अलौकिक-से पुंज हैं। मिथकों की बुनियादी जमीन तो भौतिक जगत् एवं निहंग मूलवृत्तिमय-शील-अश्लील अनुभव ही हैं जो सामाजिक पंचांग, भाषा-नाभिक, तथा परिवार एवं कबीले की संरचना के अंतर्यामी अभिलेख हुआ करते हैं। उनमें नैतिकता के पहरेदार तथा सौभाग्यशील के चतुर्धीर चितेरे नहीं होते थे। अलबत्ता पुरखों-पुरोहितों, शामनों-गाथिनों का संयोजन होता है। अतएव मिथक-आलेख-कारी हमें सूचित करती है कि ये आदिम-कबीलाई-सामूहिक समाजों के प्रत्यक्षण हैं जो (तब के) नित-नवल, गुप्तगूढ़-अबूझ अनुभवों तथा प्रतिक्रियाओं को अपने अवश्यंभावी **मिथक-सिस्टमों** (यथा, शर्त-परीक्षा, शाप-वरदान, यात्रा-बाधा, अतीत-भविष्य आदि) को द्वन्द्व-द्वैत-दुविधा वाले विधानों द्वारा उद्घाटित करते हैं।

बहुधा इससे इनमें कई प्रतिबिम्बों वाली यथार्थता का गुत्थम-गुत्थ बहुधा फांतासीय एवं अन्यापदेशिक भी हो जाया करता है। फलस्वरूप ऐसे मिथकालेखित सिस्टम अलौकिक, चमत्कारिक, वैश्विक एवं अपौरुषेय भी प्रतीत होते हैं।

तदपि दिव्य तथा धार्मिक चरण में मूल मिथक विभक्त अर्थात् दो-फाँक होकर शब्द (मंत्र, ऋचा) तथा प्रतीक (शिव-शक्ति-प्रकृति) में भी अंतर्लीन होने लगती है। तब उसमें कर्मकांड-अनुष्ठान, संस्कार-सिद्धान्त, नीति-उपदेश, दर्शन-चिन्तन, पाप-पुण्य, शुभ-अशुभ शकुन-अपशकुन आदि के भी संजाल बुने जाने लगते हैं।

तदपि जन्म और मृत्यु, तथा सम्भोग और गर्भ-धारण, भाई-बहन के पति-पत्निवत् आद्य रहस्यों में निरन्तर उलझाव रहा है। फिर प्रेम बनाम सम्भोग (सैक्स) की स्वेच्छाचारिता व्याप्त रही है जिससे सौन्दर्य की सत्ता क्षीण होकर वासना की ऊर्जस्विता प्रमुख रही है।

इस भाँति रक्त और रज, वीर्य और जल, अग्नि और अमृत के योगायोग से अजान विश्वमिथकें ज्यादातर कुहक-जाल में मुग्ध हैं। इससे मिथक-आलेख-कारी हसीन झरोखे खोल सकी है कि, वह हमें सर्वोत्तम फान्तासी का बखान कर देती है, गुप्त-भेदक-अनुचित रहस्यों को स्वीकार करा देती है तथा मनोकामनाओं के झिलमिलों से हमारी आकांक्षाओं में भी पंख लगा देती है।

(ग) मिथक-आलेख-कारी में भी **देश एवं काल**—कारण शृंखला से विमुक्त होकर—चमत्कार तथा जादू (आश्चर्य) की सृष्टि करते आए है। **काल** (अब-जब, कब-तब, पहले-बाद में, अभी-तभी, मध्यान्तर) बनाम **देश** [इधर-उधर, यहाँ-वहाँ, कहाँ-जहाँ] के स्तर तिरोहित-से हो जाते हैं। इससे अलौकिक, अद्भुत, अतिमानवीय-दैवी, चमत्कारी होने के प्रतिभास होते हैं। इससे जन्म के पहले तथा मृत्यु के पश्चात् का जीवन-चक्र मिलकर प्रत्येक कार्य की नानाविध व्याख्याएँ करता है। इनका निर्णायक देवमंडल तथा अद्ध दैवीनायक एवं राक्षसीय खलनायक भी हुआ करते हैं।

मिथक-आलेख-कारी में कथानक एक ओर स्वर्ग-पृथ्वी-पाताल तक व्याप्त होता है जिससे नये-नये सिस्टमों का योगायोग होता है; तो दूसरी ओर अतीत-वर्तमान-भविष्य भी एकतान हो जाया करते हैं जिससे समकाल तथा बहुकाल का विचित्र युगल बन जाता है। और इन्हें अनेकानेक मिथकीय पद्धतियाँ (तरकीबें) जोड़ती हैं। इनमें से प्रमुख हैं : बीजशब्द (ॐ, उ, हुं, संख्याएँ, वसु, दिति आदि), आसंग (एसोशियेसंस), मिथकाभिप्राय (माइथीम), अभिसूचक (इंडेक्स), द्विपर्ण-विरोध (बाइनरी अपोजीशन), अन्तर्विरोध (कांट्रेडिक्शन), विरोधाभास (पैराडाक्स) आदि। हम यथा प्रसंग इनका खुलासा करते रहे हैं।

(घ) (I) कथातन्त्र को गढ़ने के लिए प्रमुख मिथकीय **विधियाँ**—(i) त्रिपुर-त्रिकाल यात्राएँ, (ii) शाप-वचन-वरदान, (iii) परीक्षा-बाधा-निराकरण, (iv) पूर्वजन्म-आगामी जन्म, (v) शुभ-अशुभ, (vi) छलकपट-जादू, (vii) मरण-अमरता, (viii) देवादि-दानवगण, आदि किस्सागोई के उपागम हैं।

(II) अन्ततः मिथक-आलेख-कारी के **कुलक** (सेट्स) तथा द्वन्द्व-द्वैत आदि—(i) सृजन-संहार, (ii) देश-काल, (iii) जादू-अनुष्ठान, (iv) अवतार-उद्धार, (v) पूर्वजन्म-आगामी जन्म, (vi) पूर्वज-अध्यात्मा (स्पिरिट), (vii) यात्राएँ-बाधाएँ, (viii) दंड-पुरस्कार, (ix) कथासत्व (थीम)-व्याख्या, (x) अभिप्राय-अनुसूचक, (xi) बिम्ब-निरूपण, (xii) प्रतीक-मूल्य, (xiii) लांछन-लक्षण, (xiv) सम्भोग-अपहरण, (xv) पशु-पक्षी-नक्षण, (xvi) रूपक-कायान्तरण

(मेटामार्फोसिस), (xvii) संरचना (स्ट्रक्चर)-पंचांग (चार्टर), (xviii) पाठ-अन्यादिपाठों के अंतर्कुंडलन, इत्यादि।

ध्यातव्य हो कि हरेक मिथक को छोटा-बड़ा, किन्तु स्वायत्त-सा, आकृतिबन्ध होता है जो विशिष्ट समूह एवं संस्कृति, सामूहिक-अवचेतन एवं अभिलषित, भूगोल तथा इतिहासपूर्वेतिहास द्वारा उन्मीलित-परिवर्तित-संशोधित-संस्कारित होता रहता है। इसलिए प्रत्येक मिथक में उक्त प्रदत्त सभी विधियों एवं कुलक-घटक का जमावड़ा नहीं होता, अपितु प्रासंगिक-अपेक्षित-उचित तथा अभिलषित आदि का ही मिथक-निर्माताओं द्वारा चयन-संचयन होता आया है। हम उसी का अनुमानित अनुकरण करते हैं।

अलबत्ता विश्वमिथकयानों में हम यथोक्त घटकों, कुलकों, आधारों, तत्त्वों आदि का लघुत्तम समापवर्तक तथा बृहत्तर गुणसंवर्धक का पर्यवेक्षण करते रहते हैं।

× × ×

अन्ततोगत्वा हम यही पाते हैं कि विश्वमिथकयानों में कितने देवी-देवताओं का जन्म हुआ; कितने मर-खप गये; कितने ही सुन्दर-विकराल देवी-देवते, राक्षस-दानव प्रकट हुए तथा अनन्त में विलुप्त होते गये। लेकिन वैश्विक इंसान की फितरत का ऐसा अनोखा अजूबा रहा कि उसने उन असंख्य देवी-देवताओं-दैत्यों का लगातार, निर्माण किया—शैलों-गुफ़ाओं में, शिल्पों-चित्रों में, मन्दिरों-स्तूपों में, धर्मों-दर्शनों में। यही नहीं; विश्व-मानव ने देवताओं के स्वर्ग में भी उनके साथ [अप्सराओं-गन्धर्वों-मरुतों के सहकार से] रहने और अपनी अमूर्त 'आत्मा' को उनकी तरह ही अमर-अमृतभोगी बनाकर इस क्षणभंगुर जीवन के बाद की भी शाश्वत् जीवन की अनेक आध्यात्मिक अथवा स्वप्निल यूटोपियाएँ गढ़ डाली हैं।

(आ) मिथकीय पूर्व-तार्किकता

विश्वमिथक में ईश्वर तथा मनुष्य (राजा) के बीच के सम्बन्ध, सृष्टि-रचना की भाँति, प्रमुख तर्कात्मक पहेली रहे हैं। आर्यमंडल के परावर्तन में तो महाविष्णु स्वयं ही श्रीराम, कृष्ण आदि के अवतार लेकर मानवलोक में अधिशासन करके नरलीला करते हैं, परन्तु ईजिप्ट के इतिहास में होरस-धारा के दिव्यांश फाराओं में से महान् रेमसेस-**II** (बी.सी.ई. 1279-1313) में हित्ताइयों (तुर्कियों) को परास्त करने के बाद स्वयं को ही ईश्वर मनवा दिया था। ईजिप्टी मिथकीय तार्किकता का एक बंधानः—मृत्यु के बाद भी जीवन है? इसलिए आत्मा को रहने के लिए शरीर भी चाहिए। शरीर को घर चाहिए। घर में चीजें चाहिए ताकि वे मृत्यु के पार के जीवन में जाकर रह भी सकें।

इसलिए वे लाश को **ममी** बनाते थे। (शरीर के भीतरी अंगों को निकालकर फिर से शरीर में रखने के लिए)। इस तरह ममी आत्मा का उत्तम वाहन हो जाती थी। अबू सिम्बेल में उसकी सिंहासन पर बैठी हुई बीस फीट ऊँची पत्थर की प्रतिमाएँ गढ़ी गयीं। वह एक सर्वदा विजयी महायोद्धा था। उसकी एक बेहद प्यारी खूबसूरत रानी का नाम नेफरतारी था। उसके समय में ही पैगम्बर मोज़ेस के नेतृत्व में लाखों यहूदियों ने ईजिप्ट से महापलायन या 'महाप्रव्रजन' किया था। उसके बहुत बाद महिला फाराओ क्लिओपेट्रा ने स्वयं को देवी आइसिस घोषित कर दिया था। अंगकोर वाट के सम्राट जयवर्मन (ई.प. ग्यारहवीं सदी) ने भी स्वयं को विष्णुबुद्ध मान मनवा लिया था। जब वे स्वयं को दिव्य-पवित्र रक्त का मानने लगे तो मानुषों से पारिवारिक रिश्ते नहीं हो सकते थे। अतः अंतर्वर्ती प्रजनन की परम्परा चल पड़ी। यही तर्कात्मकता थी, भाई-बहन का पति-पत्नी भी होने की।

ध्यातव्य यह है कि वर्तमान के सन्दर्भ-बिन्दु से जिसे हम **पूर्व तर्कात्मक** कहते हैं वह मिथकीय काल में मिथकीय तर्कात्मकता थी। जिसे हम भव्यसाहित्य-चक्रों में अलंकारों-रूपकों का व्याकरण कहते हैं वह भी मिथकीय-तर्कात्मक चक्र में **साम्यरूपकात्मकता** थी। ये दो प्रमुख ध्रुवान्त हैं जिन पर हमें वाद-विवाद-संवाद करना है।

इसके अलावा 'मिथकीय तर्कात्मकता' (अर्थात् हमारे अनुसार पूर्व तर्कात्मक) को लेकर 'चिरन्तन वर्तमान' या अनादि-अनन्त काल की अवधारणा, पवित्रता की अवधारणा भी पुनश्चर्या तथा पुनर्व्याख्या की अपेक्षा रखती है। अतः उनका भी दर्शन-दिग्दर्शन करना वांछनीय है। हम शुरू में ही **मिथक तथा पद्धति** की एक प्राक्कल्पित सारणी में दो उदाहरण दे रहे हैं। परख-पहचान तो आगे की जानी है।

मिथक तथा पद्धति (मेथड)			
	कारण	**कार्य**	**परिणाम**
(क)	जब अज्ञात, गुप्त या अवचेतन हो	छलावे या छद्मपूर्ण हो	कल्पना के विपरीत चमत्कृत करने वाले
	उदाहरण सीता से शूर्पणखा के अंगभंग का बदला	साधुवेश में रावण भिक्षा माँगने आता है	सीता-हरण, स्वर्णमृग के पीछे राम, लक्ष्मण के प्रति सन्देह
(ख)	पिछले जन्म में स्थित कर देना	अनुचित या अद्भुत	अनबूझ, अप्रत्याशित दैवी विधान
	उदाहरण अपने श्रीराम वाले पूर्व-अवतार में (विष्णु रूप में) समुद्र को सुखा देने की धमकी दी थी। इससे सिन्धु आहत था।	समुद्र ने श्रीकृष्ण (विष्णु रूप में) की काया को स्वीकार नहीं किया	बहेलिये 'जर' द्वारा कृष्ण के पद्मांकित दीप्त कमल पर बाण; कृष्ण की देह द्वारिका से आगे समुद्र में बहती गयी—पुरी तक
		जीवशास्त्रीय निर्वचन	
(ग)	गिलहरी अपने मुँह में बालुका-कण लाकर सेतुबंध में मदद करती है	राम ने गिलहरी की पीठ सहलाकर आशीष दिया	गिलहरी की पीठ पर धारियाँ अंकित हैं।
	उदाहरण नाग ने बुद्ध को छाया तथा सुरक्षा दी—फण तानकर	बुद्ध ने नागफण का दोनों उँगलियों से स्पर्श किया	श्याम नाग की पीठ पर हथेली तथा दो उँगलियों की पोरों के चिह्न अंकित हैं।

एक : पूर्व-तर्कात्मकता

पूर्व-तर्कात्मक (प्रि-लॉजिकल) क्या है?

पहले तो तर्क से **तर्कात्मक** के गुण का मतलब है तर्कोन्मुख, तर्क की ओर रुझान करती हुई स्थिति। पूर्व-तर्कात्मक का तात्पर्य है ऐसे रुझान के पहले की स्थिति। अर्थात् तर्क का सिस्टम, तर्क की प्रक्रिया, तर्क की वृत्ति के पहले (उस—) की तैयारी। सो यह प्रति-तर्कात्मक अर्थात् तर्क-विरोध कतई नहीं है।

तर्क (एवं तर्कात्मक) में एक प्रणाली (सिस्टम) एक सोपानीय प्रक्रिया, निष्कर्ष की ओर पहुँचने का सह-अनुमोदन (कन्विंसिबिलिटी) होता है। तर्कात्मक में नियम एवं क्रम सहानुमोदक, संगत तथा स्पष्ट होता है। इसमें कार्य-कारण-परिणाम का संयोग क्रमानुसार होता है। इसमें अपवाद और त्रुटियाँ नहीं होतीं। इसमें देश तथा काल के अक्षों की विभेदकता स्थापित रहती है; तथा अन्तःश्रेणियों (कैटेगरीज़) के बीच घालमेल नहीं होता। इसमें यथार्थ तथा इहलौकिक जीवन की परिधि होती है। सारांश में, इसमें अक्ष तथा धुरियाँ, तथ्य तथा प्रमाण ठीक से वर्गीकृत तथा लक्ष्योन्मुख होते हैं।

पूर्व-तर्कात्मक में ये दशाएँ अँगड़ाती, उन्मीलित तथा प्रस्फुटित होती हैं। अतः यह स्थितियों (सिचुएशंस) का पुंज है। इसमें तर्क की परवर्ती प्रणाली तथा प्रक्रिया का अपना विधान होता है। वह कैसा है?

जिस प्रकार धर्म के पूर्व जादू, विज्ञान के पहले धर्म होता है, उसी प्रकार तर्क के पहले प्रज्ञा (इंट्यूशन) होती है। तर्क की बौद्धिकता के पहले की दशा की अवचेतना होती है।

इसलिए पूर्व-तर्कात्मक में **प्रज्ञा,** और **अवचेतन** होता है। यह **स्वतः परिणामी** होता है अर्थात् कार्य-कारणन्याय से बिना जुड़े परिणाम सिद्ध होता है। यह **चमत्कारिक** होता है अर्थात् देश और काल के अपने-अपने अक्ष में एक-दूसरे में घुलने-मिलने लगते हैं। इसमें **अलौकिकता** होती है अर्थात् लौकिक के स्वाभाविक के बजाय **अनस्वाभाविक,** तथा प्राकृतिक के बजाय **अति प्राकृतिक** की व्याप्ति होती है। इससे इसमें **अकारण** भी, अर्थात् नियम एवं विधि के बजाय **संकल्प** और **इच्छाशक्ति** और तप-तेज भी प्रभावशाली हो जाते हैं। इस तरह हम निष्कर्ष निकाल सकते हैं कि **मिथक की पूर्व-तर्कात्मकता** से ही यथार्थता की तर्कमयता का विकास हुआ हैं। मिथक की पूर्व-मिथकीयता में स्वप्न हैं, इच्छापूर्तियाँ हैं, अवचेतन के दुःस्वप्न (नाइटमेयर्स) तथा ख्याली घोड़े (हॉबी हार्स) हैं।

अतः मिथक में पूर्व-तर्कात्मक के भी अपने आद्य तथा कुंडलिनी-परक सिस्टम और विधियाँ हैं। उनमें इहलौकिक से इतर अतिप्राकृतिकता, असाधारणता तथा अकारणता की विधियों की यह **अनलौकिक त्रयी** सक्रिय और कारगर होती है। फलतः मिथकीय पूर्व-तर्कात्मक दशाओं में अलौकिकता, दिव्य-दंड (शाप) एवं पुरस्कार (वरदान), आकस्मिकता (प्रकट/अन्तर्धान), असम्भवता (कायान्तरण/रूपान्तरण), परिस्थितियाँ (शर्तें) तथा सिद्धि (मुक्ति, आरोहण) आदि की विधियों की मिथकीय तार्किकता है। कुछ छोटे-छोटे दृष्टान्त : शापवश अहल्या पाषाणशिला हो गयी तथा एक गन्धर्व उदरमुख कबन्ध हो गया। वरदानवश प्रह्लाद आकाश

में ध्रुवतारा हो गया तो ग्रीक एडोनिस एक पुष्प-प्रजाति हो गया। शापित का **उद्धार** भी होता है। वरदान की शर्तें/पूर्तियों पहेलियों से बँधी होती हैं। उल्लंघन नहीं होता बल्कि काट होती है। जैसे वरदान सशर्त मिलते हैं। राक्षस मधु-कैटभ को वरदान था कि क्षीरसागरशायी विष्णु के क्षेत्र अर्थात् जल में उसका वध न हो। सो, विष्णु ने अपनी जंघा का विस्तार करके धरती में बदला। फिर उनका वध किया। हिरण्यकपिशु को वरदान मिला था कि मृत्यु न क्षिति में, न थल में, न रात-न दिन, न नर द्वारा-न पशु द्वारा हो। अतः विष्णु ने नरसिंह-अवतार लिया (जो न नर था, न पशु), वे गोधूलि में (जब न सुबह थी, न रात) खम्भे से प्रकट हुए (जो न आकाश था, न थल)। इस तरह वरदान की सभी शर्तें पूरी करते हुए उन्होंने दैत्य का वध किया।

यही यथार्थ की पूर्व-तर्कात्मक, परन्तु **मिथकीय तर्कात्मकता** है।

दो : मिथकीय तर्कात्मकता

इसमें पेंच तथा काट, दोनों ही अन्तर्निहित होते हैं। ये मिथक के 'पुर' हैं और जब मिथकीय तर्कणा पर हम आधुनिक तकरीखाएँ थोपते हैं तो फूहड़ता की चन्द मिसालें : गणेश का चूहा कम्प्यूटर का 'माउस' है, रासलीला में कृष्ण तथा गोपियाँ प्रोटोन-इलेक्ट्रोन हैं; शिव का त्रिशूल एक विद्युत-कंडक्टर है, अष्टावक्र एक रोबोटिक इन्सान है, हनुमान स्पाइडर मैन है, इत्यादि-इत्यादि। आजकल रामायण तथा महाभारत के भी ऐसे संस्करण लोकप्रिय हुए हैं।

निष्कर्षतः समसामयिक तार्किकता के प्रतिपक्ष वाली पूर्व-तर्कात्मकता को **मिथकीय-तर्कात्मकता** कहा जा सकता है और हम इसका सारांश दे सकते हैं। यह हमारा प्रवर्तक उत्तर-प्रतिउत्तर है।

क्योंकि यह सही है कि मिथकीय तर्कविधान शास्त्रीय परिपाटियों में नहीं अँटता है। वह कार्य-कारण के, तथा देशकाल के नियमसूत्रों से लगभग विमुक्त है। तथापि मिथक का काल **महाकाल** (त्रिकाल) है तथा देश त्रिलोक (त्रिभुवन) है जिसमें स्वर्ग-पृथ्वी-पाताल संयुक्त है तथा इनमें परस्पर आवागमन है। इसलिए मिथक के कथाचक्र अतीत में चले जाते हैं तथा भविष्य की गतिवाणी भी उद्घाटित कर डालते हैं। इसी तरह कार्य-कारण मिथकीय तर्कणा में स्वेच्छा/इच्छापूर्ति/स्वप्न-सिद्धि से संचालित होते हैं। अतः हम इसे चमत्कार-न्याय क्यों न बताएँ?

मिथक में आदि-मध्य-अन्त का न्याय भी नहीं चलता। कहीं से, कभी भी, कैसे भी, कुछ भी हो जाता है। मिथक कथा अनादि-अनन्त के क्रम वाली हैं।

मिथकीय तर्क-गतियाँ द्वैत-द्वन्द्व-युगल परक हैं। वे हैं बलि-उर्वरता, शर्तें-परीक्षा, पूर्वजन्म-आगामी जीवन, अमरता-भस्मीभूति, शाप-वरदान, मुक्ति-भोग, अवतार-उद्धार आदि।

उनमें वेग-गति-स्थिति-स्थल से विमुक्त यात्रा-चर्चाएँ भी आश्चर्यपूर्ण हैं। वे स्वर्ग और नरक, पाताल और पृथ्वी, के बीच अन्तर्धान-प्रकट हुआ करती हैं। इनकी धुरी हैं—नेता देवता है, राजा ईश्वर है, नायक ईश्वरावतार है।

मिथक-तर्कणा में मुद्दे या बहस के नुक्ते या संशय के स्पष्टीकरण को नये घटक तथा कथांश द्वारा खोल दिया जाता है। इससे मिथकीय अंतर्कुंडलन तथा अनुपाठों-प्रतिपाठों की शृंखला जारी हो जाती है। यह भी प्रतिभास होता है कि अपेक्षया उन्नत टेकनालॉजी को ही राक्षसों की जादुई क्षमता या इन्द्रजाल में बुन दिया गया है।

इस भाँति मिथकीय तर्कात्मकता में (i) देशकाल के अक्ष, (ii) कार्य-कारण के न्याय तथा (iii) अनादि-अनन्त की धारावाहिकता के तीन मूलाधार हैं। इनमें **अंतर्कुंडलन** (इंटर-लॉकिंग) होता रहता है।

जिस तरह नाटक में मूलकथा को विस्तृत करने फैलने-मोड़ने के लिए पताका, प्रकरी के लघु-लघु कथाखंड जोड़े जाते हैं उसी प्रकार मूलमिथक के भरतपाठ में, अथवा प्रस्संकारित मिथक में यत्र-तत्र लघु मिथकें गूँथ दी जाती हैं। इन्हें हमने **मिथकीय अंतर्कुंडलन** की संज्ञा दी है।

यह प्रक्रिया कई दशाओं में संचालित की जाती है : (i) जब किसी मिथक में नये क्षेत्रों, नये समुदायों, नये मतों की दीक्षा का समावेश होता है तब निशानी के तौर पर मूल में लघु मिथक के कुंडल शृंखलित हो जाते हैं जैसे चतुर्भुजा, अष्टभुजा, षोड्श भुजा दुर्गा। (नया दीक्षित मंडल अपने टोटेम को एक नयी भुजा में शामिल कर लेता है)। वनदेवी-उर्वरतादायिनी यक्षिणी जब मौर्य, शुंग, कुषाण, युग की यात्रा करती है तब उसकी करधनी की लड़ियों की संख्या और किंकिणी-बंध का शुभंकर बढ़-बदल जाया करता है। (ii) विशिष्ट नैतिक व्याख्या के लिए या अपने सिद्धान्त की स्थापना के लिए सहकारी मिथकें जुड़ जाया करती हैं। जैसे शिववृत्त में योग और भोग, वैष्णव पुराण और आगम, तंत्र और दर्शन के अनुरूप सती, पार्वती, गौरी, उमा, अपर्णा एवं नवदुर्गाओं स्वरूप आदि। (iii) जब काल का अतिक्रमण करने के लिए कर्मसिद्धान्त, या पुनर्जन्म या शाप-वरदान के विधान रचाए जाते हैं। (iv) जब बृहद् मिथक को पुरुष-प्रकृति, शिव शक्ति, नर-नारायण, महामुद्रा-महाभाव आदि के दार्शनिक प्रतीकों में सिद्धान्तीकृत किया जाता है। भारतीय (धार्मिक/साम्प्रदायिक) मिथकों में अवतारवाद तथा जन्मान्तरवाद के कारण यह प्रक्रिया और प्रसुमन विलक्षण तथा कालोत्तीर्णपरक रहा है।

वास्तव में एक (प्राक्कल्पित) भरतपाठ के अनुपाठ-प्रतिपाठ-उत्तरपाठ आदि (के वृत्त) अंतर्कुंडल नहीं हैं जो एक ओर स्वकीय

लघुकथा हैं तो दूसरी ओर, मूलकथा में अपनी स्वायत्तता बनाये हुए भी, उसका विस्तार, संवर्धन तथा उक्त तीन मूलाधारों से भी संलग्न होते हैं। ये केवल 'उत्तररामचरितम्' अथवा लवकुश वाले उत्तरकांड न होकर आदि से अंत तक कहीं भी रिक्ति को भरते हैं अथवा नये निर्वचन की प्रविष्टि करते हैं।

यात्राओं में अंतर्कुंडल की आवश्यकता तथा गुंजाइश, दोनों होती है, चाहे वे ओडिसी (ग्रीक) की हों, राम और हनुमान की हों, वीराकोचा (मध्य अमेरिका) की हों एनियास (रोमन) की हों अथवा आइसिस (ईजिप्ट) की हों। अंतर्कुंडलन ही नये पात्रों नयी पहेलियों, नयी घटनाओं को समाविष्ट करते हैं। इसके दो रूप हो सकते हैं—(क) छल्लेवार में एक लड़ी होती है। उसमें एक ही थीम के परिपाठ गुँथे-पुहे जाते हैं : जैसे चन्द्रमा के धब्बे, चन्द्रमा की कलाएँ, चन्द्रमा के ज्वार-भाटे की मणियाँ। (ख) कुंडलवत् में एक ही कथामुख पर कई उपथीमों को जोड़ते हुए घुमाते रहें जैसे चन्द्रमा और इन्द्र, चन्द्रमा और रोहिणी के कथा-कुंडल; या समुद्रमंथन में शिव द्वारा विषपान, और फिर विष्णुरूप-मोहिनी से समागम। ये झूले की पींग तथा झुमके की झूलन जैसे होकर कथा के आदि-अन्त के बीच आते-जाते हैं। ये मिथककथा में विभिन्न अभिप्रायों तथा सांस्कृतिक प्रतीकों को गूँथने का कार्य करते हैं। इनका विधान मिथक की लिजन्धरी एवं लोकयानी यात्राओं में प्राय : होता है।

लड़ीवार छल्लों-झुमकों के बन्धान को निर्दिष्ट करने के लिए बहुधा अस्तमित अधिनेता की उत्तरयात्रा, या उसके पुनर्जन्म, अथवा नवीकरण की प्रवृत्ति साधती है। लीलान्त में कृष्ण-मिथक की कई पताका-प्रकरियाँ ध्यातव्य हैं :

(i) जब यादवों की आपसी परस्पर नाशी लड़ाई के बाद कृष्ण तो महावृक्ष के नीचे विश्राम कर रहे थे तो एक पाँव घुटने के ऊपर रखा था जिससे तलुवे पर अंकित पद्म दीपित हो रहा था। जर (वृद्धावस्था) नामक बहेलिये ने उसे हरिणनेत्र समझ कर तीर बेंध दिया। कृष्ण का अवसान हो गया।

(ii) कृष्ण का शव समुद्र ने ग्रहण करने से मना कर दिया क्योंकि अपनी विष्णुधुरी के पूर्वावतार में जब वे राम थे तो उन्होंने सेतुबंध के अवसर पर समुद्र को सुखाने के लिए अग्निबाण चढ़ा लिया था। समुद्र ने तब के अपमान का प्रतिकार किया। अतः कृष्ण का शव समुद्र में डूबा नहीं।

(iii) जब शेषावतार बलराम का भी अवसान हुआ तब समुद्र ने शेष के साथ कृष्ण-शव को तैराते हुए शबर क्षेत्र (उड़ीसा) में तट पर लगा दिया। (वह उड्डियान पीठ भी है)।

(iv) यहाँ कृष्ण जगन्नाथ स्वामी होकर, बलराम तथा बहन समुद्रा के साथ रहने लगे। (पुरी नगरी का तीर्थ)।

(v) वह क्षेत्र 'द्वितीय वृन्दावन' हो गया। एक ब्राह्मण कुमारी ने उनका दर्शन करके वरण कर लिया। जब कृष्ण मथुरा की यात्रा पर गए तो ब्राह्मण युवती पीछे-पीछे गयीं और कृष्ण को पति मान लेने का अपना प्रण बताया। कृष्ण के पास **सशर्त स्वीकृति** के अलावा कोई विकल्प नहीं था। उन्होंने कहा कि वह वापस लौटते हुए वंशी बजाते रहेंगे और वह नूपुर की झंकार करती आगे-आगे चलेगी। अगर उसने पीछे मुड़कर देखा तो वे वापस लौट जाएँगे। द्वितीय वृन्दावन में आते ही कृष्ण प्रकृति-नियति पर मुग्ध हो गये। वेणुनाद थम गया। सशंकित वाग्दत्ता ने पीछे मुड़कर देख ही लिया। वचन-भंग हो गया। ब्राह्मण कुमारी ने कहा कि वह तो उन्हें पति मान चुकी है। अतः वह साथ-साथ रहेगी। कृष्ण को मानना पड़ा। वह स्थान 'साक्षी गोपाल' है। वहाँ कृष्ण और ब्राह्मण युवती दम्पति के रूप में निवास करते हैं।

[(vi) इसके पूर्व भी एक छल्ला है। कौरवों का पूर्ण नाश हो जाने पर गान्धारी ने वासुदेव कृष्ण को उत्तरदायी ठहराते हुए शाप दिया था कि उसी प्रकार यादवों के पारिवारिक युद्ध में उनका भी नाश होगा। सो हुआ। और कृष्ण को वह शाप शिरोधार्य करके यह भी करना/कराना पड़ा।]

यहाँ छल्ले और कुंडल से मरणोन्मुख अधिनेता तथा उसके पुनरुद्धार (पुनर्जन्म) के दोनों अभिप्राय परिलक्षित हैं। ये 'मिथकीय तर्कात्मकता' के प्रदर्शक हैं। इनमें कई नेपथ्य में हैं। तदपि गान्धारी-वासुदेव, कृष्ण-जर, कृष्ण-समुद्र, कृष्ण-ब्राह्मण युवती, बलराम-दुर्योधन, कृष्ण-सुभद्रा, बलराम-सुभद्रा के छल्लों की लड़ी गुँथ गयी है।

ऐसे ही छल्ले ओसाइरिस की ईजिप्टी मिथक में गुँथे हैं : ओसाइरस-सेट, ओसाइरस-आइसिस, आइसिस-नेप्थीस, सेट-होरस, होरस-फाराओ के।

तीन : अन्य छोटी विधियाँ

(इ) मूल भरतपाठ का कथा बीज प्रायः संरक्षित रहता है; लेकिन परिपाठ (कॉन-टैक्स्ट), रूपान्तरण, कायान्तरण आदि जुड़ते हैं। शर्त यही है कि उनमें मनमानी नहीं हो। सम्प्रदाय, मततंत्र, कबीले, स्थान, समय के मुताबिक उनमें जोड़-तोड़, घट-बढ़त, संशोधन-परिवर्धन होता है। अतः मिथक कोई शास्त्रीय दस्तावेज़ नहीं है। जब मिथककथा **धर्मकथा** होती जाती हैं, तब उसमें धार्मिक प्रतीक, नैतिक मूल्य, आनुष्ठानिक व्यवहार जुड़ जाता है। तब हमें **दोहरी संरचना** मिलती है—सतही संरचना प्रायः इहलौकिक भी, तथा गहरी संरचना अलौकिक। धर्मकथा में अगर देवी-देवता हुए, विशेषतः अवतार हुए, तो लौकिक कथा **क्रीड़ा** तथा धार्मिक कथा **लीला** हो जाती है। इसे अवतारी नर (देवता) सप्रयोजन सम्पादित करते हैं। इसे वे तो जानते हैं (कि नर-लीला कर रहे हैं) लेकिन मानव

नहीं जानते। इस भाँति मिथककथा से हरिकथा से लीलागान में परिणति होती है।

इसका दूसरा मिथकीय तर्क-चक्र **वामन** (माइक्रोकाज़्म) **बनाम विराट्** (मैक्रोकाज़्म) का है। यह भी देववर्ग का कथित तर्कात्मक कृत्य तथा प्रकार्य है। इसमें द्विपर्णी विरोधता है : मसलन वामनावतार विष्णु याचक हैं तो वे विराट्रूप में तीन पगों से त्रिलोक मापते महाविष्णु हैं; वृन्दावन-गोकुल में बाल कृष्ण नंगे कन्हैया हैं तो कुरुक्षेत्र के समरांगण में वासुदेव कृष्ण रूपैश्वर्यशाली आदिकारण आदिकर्ता हैं; सुरसा के उदर में प्रवेश करते हनुमान एक पतंगे की तरह हैं तो अशोक वन में सीता को अपनी शक्ति दिखाते हुए कनकभूधराकार शरीर हैं; तथा सती अनसूया के द्वार पर भिक्षाटन करते त्रिदेव मानव यती हैं किन्तु नग्न सती के तेज के सम्मुख रोते हुए नन्हे छुटंकू शिशु हैं।

ऐसे ही मिथकीय तर्कात्मकता में योगी-भोगी, कृष्ण-काली, क्रीड़ा-लीला, नटराज-नटनागर, विष-अमृत, शिवलिंग-ज्योतिर्लिंग आदि की द्विपर्ण-विरुद्धता उद्दीप्त होती रहती है।

मिथकीय तर्कात्मकता के अंतर्गत कार्य-कारण न्याय में **भविष्यवाणी** की विधि परिणाम की पूर्वनिश्चयता वाली की घोषणा भी है। यह पूर्वजन्म के आधार पर भावी-जीवन को भी नियतिचक्र एवं कर्मचक्र में नचाती है। यह असम्भव को सम्भावनाओं की परिधि में घेरकर **यथार्थता** बना डालती है।

एक अक्षुण्य भरतपाठ में गणेश का जन्म पार्वती की तन-रज से होता है। किन्तु जन्म में आयुर्वेदिक न्याय का उल्लघंन हो गया है।

(i) श्री गणेश पार्वती के गर्भ से जन्म नहीं लेते बल्कि नहाने की प्रक्रिया में उनके उबटन, त्वक्मैल, रजजल से उत्पन्न होते हैं

(ii) दूसरे अनुपाठ में जब पार्वती स्नान करने के बाद कठौती का पाँच तत्त्व युक्त रजजल नदी में फेंकती हैं तो उसे गजमाता मालिनी पी लेती है। इससे गजमाता को छै गजमुखों वाला पुत्र पैदा होता है (जो छै मुखों वाले देव सेनापति कार्तिकेय जैसा है)। यह गाणपत्य-मत तथा मुरुगान-मत के बीच होड़ का सूचक है।

(iii) पार्वती ऐसे शिशुको देखकर बहुत परेशान होकर, शिव से निदान चाहती हैं। शिव उसे एक गजशिर वाला **गजानन** बना देते हैं।

(iv) एक अन्य पाठ में जब कामोन्मत्त शिव नहाती पार्वती के स्नानागार में घुसना चाहते हैं तो (पार्वती के देहांश से बना) 'पुत्र' इसका विरोध करता है। शिव त्रिशूल से उसका सर उड़ा देते हैं [कामदहन का प्रतिपक्ष जो है]। पार्वती शिशु को जीवित चाहती हैं। शिव के गण दूर-दूर तक खोज करके एक सद्यः नवजात गज का शिर ले आते हैं। शिव उसे शिशु के धड़ से संयुक्त कर देते हैं। वही **गणपति** है।

(v) और भी उत्तरपाठ : अपने अत्यन्त सलोने-सुन्दर नवजात को दिखाने पार्वती सभी देवताओं एवं ऋषियों को आमंत्रित करती हैं। बस केवल शनि अपनी नज़रें नीची किये रहता है। पार्वती के आग्रह, फिर आदेश के बाद वह ज्योंही अपनी दृष्टि उठाता है तो (अशुभ शनि-दृष्टि के कारण) शिशु का सिर भस्म हो जाता है। एक गज का मस्तक उस पर प्रत्यारोपित किया जाता है। तब से गणेश ठिगने, **वक्रतुंड,** लम्बोदर हो जाते हैं। (ज्योतिष के सन्दर्भ)।

अतएव हम मिथकों के कई पाठों का निर्वचन/निदर्शन 'मान' लेते हैं। इनमें हमारी पूर्व-तर्कात्मकता किन्तु **मिथकीय तार्किकता** विद्यमान है। इनमें समकालिक प्रसंगों में तर्क की प्रातिभासिक सत्ता है। इन्हें समूह/सम्प्रदाय का **विश्वासी** होना ही अनिवार्य शर्त है। ये सत्य नहीं, संगत होती हैं। ये सही या गलत नहीं, अच्छी या बुरी नहीं, ये सब "हैं" और आद्यंत "होती हैं"। ये निर्णय नहीं करती; ये सकर्मक निष्कर्ष बताती हैं।

अन्ततः हम विविध छोटी विधियों को उनके अधि-व्याकरण समेत समेटते हैं।

चार : पूर्व-तार्किकता में विविध रूपान्तरणों (ट्रांस्फामेशन्स) का अधिव्याकरण

जब ईजिप्टी फाराओं अखेनाटोन ने सभी प्रकृति गर्भित तथा पशुदेवताओं को निष्कासित करके एकेश्वर **सूर्य** = (रे, आमून) की उपासना लागू की, अथवा उपनिषद् के चिन्तकों ने वैदिक प्रकृति-देवों को, विश्वदेव के समच्चय को, अमूर्त-अविनश्वर **ब्रह्म** की जिज्ञासा का आरम्भ किया, तब वे आभास तथा मिथक की पूर्वेतिहासिकता तथा पूर्व-तार्किकता से प्रस्थान कर रहे थे। अतः दोनों मिथकयानों में विभिन्न प्रकार्य करने वाले विभिन्न देवी-देवताओं, इष्ट देवताओं आदि की पौराणिक पुनःप्रतिष्ठा हो गयी। उन बहुल कबीलाई, बहु गोत्रीय समुदायों में, कृषि-चक्रों में ग्राम्यकेन्द्रों की स्थापनाओं ने, बदलते हुए आर्थिक समीकरणों ने अनेक नये देवता या पुनर्नवीकृत पूर्ववर्ती देवताओं का प्रत्याह्वान कर डाला। आहुतियाँ फान्तासी, जादू, चमत्कार की दी गयीं।

तो **नाम-रूप के युग्म** की पूर्व तार्किकता के कई सोपानों को विश्वमिथकनिर्माताओं ने प्रतिष्ठापित किया। यह चक्र नामरूप से रूपक में, साम्यरूपकत्व में, रूपान्तरण में, विद्रूपता-विसंगति में और अन्ततः कायान्तरण में प्रफुल्लित होता चला।

देवी-देवताओं, दैत्यों-राक्षसों को जैविक-वानस्पतिक संसार से अंगीकार करके उनकी सुन्दर-असुन्दर, पार्थिव-पावन **ध्यान-छवियाँ** परियोजित हुईं। इनके ध्रुवान्त **नाम** तथा **रूप** द्योतक मिथकशब्द थे : वसु, दिति, नू, अहु, ऊँ आदि ऐसे ही मिथकशब्द के उदाहरण हैं।

जब दो वास्तविकताएँ या फेनामेना आमने-सामने उपस्थित हुए तब मूल छवि अन्य के नाम-रूप-गुण से तादात्म्य करने लगी, या स्वयं विभक्त हो गयी। रूपक-चक्र में फाराओ का होरस हो जाना, अथवा विष्णु का अवतारों में अवतीर्ण होना यही प्रक्रिया हैं। परिष्कृत अभिकल्प होकर वे **रूपक** (मेटेफर) में सौन्दर्यशाली हो गये। इसमें दोनों की पृथक-पृथक अस्मिता का साम्य या साधर्म्यपरक सत्ता बरकरार रहती है किन्तु उपमेय-उपमान का क्रम बन जाता है। वे बढ़ते या घटते हैं, गुण में।

रूप-रूपक की एक अधोदशा **विद्रूप** की होती है जब अनुपात, समरसता, सन्तुलन विश्रृंखल हो जाता है। ऐसे में किमाकार (ग्रोटस्क) तथा उनसे निष्पन्न ईहामृग, कीर्तिमुख, विकराल-भयावह-बीमत्स दानव एवं राक्षस कुरूपों की उद्भावना-उत्प्रेक्षा होती है, मानव के आरम्भिक प्रत्यक्षीकरण-अनुचिन्तन की स्थितियों में हम इनको प्रकट होते हुए पाते हैं; यथा मातृमूर्तियाँ, पुराचीन शैलचित्र आदि। ईहामृग भी विद्रूप हो जाते हैं जब दो देहों की मिश्रित रुण्ड-मुण्डवत् उपस्थिति भी रहती है और वे खंडित होकर रूपगुणविहीन होकर भी एकदेही हो जाते हैं।

अतएव मिथक-तार्किकता में **रूपान्तरण** से ईहामृग या किमाकृतिकरण (ग्रोटस्क) से कायान्तरण (मेटामॉर्फोसिस) का एक उत्तरोत्तर अनुक्रम है। प्राकृतिक संघटनाओं के लिए भी यह अभिषित हुई है।

[यह भी पाया गया है कि विश्वमिथक-विधान में जब समुचित विकल्प नहीं सूझता तो वरदान या रक्षा, अथवा शाप या प्रायश्चित हेतु पात्रों का रूपांतरण (शूर्पणखा) अथवा कायांतरण (पाषाणी अहल्या) कर देते हैं।]

(क) रूपान्तरण के अन्तर्गत देह का द्वैत या दुविधा व्यक्तित्व में अदल-बदल करता है। मूल विकराल राक्षसी शूर्पणखा राम-लक्ष्मण के सम्मुख अद्वितीय सुन्दरी होकर कामयाचना करती है अथवा ग्रीक रमणीय गोगोर्न शापवश सर्पकेशी मेडुसा हो जाती है। इस प्राचल में देह वही होती है, उसके रूप-गुण बदल जाते हैं।
वस्तुतः यह टोटेमों तथा आर्केटाइपों की चौकन्ना करने वाली लीला हैं।

(ख) रूपान्तरण के मूल रूप तो अग्नि, सोम, वरुण जैसी प्राकृतिक शक्तियों का सम्मूर्तीकरण है।
इसके उपरान्त मुख मानव का, अथवा टोटेम का, तथा देह पशु की अथवा मानव की होती है। विश्व में ऐसा प्रथम रूपान्तरण ईजिप्ट के स्फिक्स का है जिसका मुख मानव का, तथा देह सिंह की है। इसी लड़ी में सेटिर (मानव-बकरा), सेंटार (मानव-अश्व), मिनोटार (मानव-वृषभ), मरमेड (मानव-मीन), नागदेव (मानव-सर्प)।

(ग) जब मानव-पशुपक्षी के संयोग के बजाय पशु-पशु, पक्षी-पक्षी, पशु-पक्षी को संयुक्त किया जाता है तब रूपान्तरण का अगला रूप ईहामृग (ग्रोटस्क) का उन्मेष होता है। हमने यथास्थान पर इसकी व्याख्या की है।

(घ) देवताओं-देवियों में मुख अन्य का तथा शेष देह मानव की होती है—ईजिप्ट के सभी देवता-देवी ऐसे ही हैं। भारतवृत्त में गणेश, हनुमान, नृसिंह, विष्णु-मत्स्य, विष्णु-कूर्म, विष्णु-वराह, हयग्रीव, आदि ऐसे हैं।

(ङ) पहले रूपान्तर, फिर कायान्तरण की मिथकीय संरचनाएँ भी होती हैं—

- **सेंटार** प्राचीन थेसाली से आये बताये जाते हैं। वहीं के लोग बढ़िया अश्वारोही होते थे। उनकी आकटि देह मानव की तथा कटिनिम्न व टाँगें अश्व की होती हैं।
  चिरॉन एक सभ्य सेंटार था। वह अप्सरा फिलाइरा तथा शनि के समागम से जन्मा था। पत्नी से इसे छुपाने को शनि अश्व में कायान्तरित हो गया था। चिरॉन उत्तम संगीतज्ञ था। वह वैद्य भी था। उसने आर्किलीज़, हर्कुलीज, ऐस्कल्पियर और जेसन जैसे अधिनेताओं को शिक्षा दी थी। एक दावत में हर्कुलीज ने उसे जहरीले तीर से दुर्घटनावश घायल कर दिया था। घुटने की प्रबल पीड़ा से उसने देवताओं से अपने अमरत्व को वापस देने की याचना की। अतः वह तीर-कमान के साथ आकाश में सेगीटारियस-राशि बन गया।
- **एक्टाओन** द्वारा आर्तेमिस को नंगी नहाते देखने पर उसने उसे अपने जंगली-शिकारी कुत्तों द्वारा नुंचवा डाला। एक पाठ के अनुसार उसे हरिण में, दूसरे के अनुसार नक्षत्र में कायान्तरित कर दिया (कायान्तरण) अन्त में उसे तारा बना दिया। अप्सरा **ऐमाल्थिया** ने शिशु ज़ियस को बकरी का दूध-पिलाकर पालन*-पोषण किया था। सो उसने उस पर बकरी के शृंग का रूपान्तरण करके इच्छाधारी बना दिया।

पाँच : कायान्तरण (मेटामॉर्फोसिस) का तो विश्वमिथकयानों में विपुल-विशाल समानान्तर संसार है। इसमें एक प्रजाति की देह अन्य प्रजाति की देह या अन्य (जड़) वस्तु में पूर्णरूपेण आद्योपान्त बदलकर ग्राह्य देह या इकाई के नामरूपगुणधर्म को धारण कर लेती है। हिन्दू मिथकों में इसके कारण श्राप या पूर्वजन्म का फल होता है, ग्रीक चक्र में किसी प्रयोजन को सिद्ध करने के लिए कायान्तरण होता है। अहल्या का पाषाण हो जाना, देवेन्द्र ज़ियस का हंस, या वृषभ, या सर्प, या स्वर्ण मेघ हो जाना, मारीच का स्वर्णमृग हो जाना आदि कुछ उदाहरण हैं। इस प्रक्रिया में पूर्ववर्ती प्रथम प्रमेय का अस्तित्व एवं सत्ता दोनों विलुप्त-विस्मृत हो जाती हैं। शाप-निवारण या प्रयोजन-सिद्धि के बाद पूर्व इयत्ता प्राप्त भी हो जाती है।

मिथकीय पूर्व-तार्किकता के मंडल में कायान्तरण की कई उप-दशाएँ भी लक्षित होती हैं, जिनकी सूची अन्त में दी गयी है।

इसके अन्तर्गत एक देह बिल्कुल अन्य देह अथवा वस्तु में पूर्णरूपेण बदल जाती है, यद्यपि रूपकत्व की धुँधली छायाओं के कूट (कोड) सुगबुगाते रहते हैं। नार्सीसस (ग्रीक), वृंदा (हिन्दू), अहल्या (वैदिक), यमलार्जुन (कृष्णमार्ग), विष्णु के आरम्भिक दो अवतार, आयुधदेवतादि इसके प्रथमद्रष्टया उदाहरण हैं।

- अप्सरा ऐरिथुसा जल में नग्न स्नान कर रही थी कि नदीदेवता आल्फियस उस पर आसक्त हो गया...उसे बचाने को डायना (आर्तेमिस) ने उसे पहले एक बादल में, फिर एक भूमिगत झरने में बदल दिया।
  अप्सरा डाफने पर अपोलो आसक्त हो गया। क्युपिड ने उस पर जो तीर चलाया था वह गलती से अपोलो को चुभ गया। बस अपोलो उसका पीछा करने लगा। बचते-बचते वह लारेल वृक्ष बन गयी। उसके बाँहें शाखा, पाँव जड़ें तथा वक्ष वृक्षछाल बन गये। अन्ततः अपोलो ने उसकी ('डाफने' की) शाखाओं से पत्र-किरीट बनाया तथा अपने सरोद पर टहनियाँ लपेट लीं।
- कैलिस्टो को इहलौकिक परेशानियों से छुटकारा (कायान्तरण) दिलाने के लिए ज़ियस ने उसे एक बादल में बदल दिया।
- अपोलो पर क्लाइटी आसक्त थी। उसके पिता ने उसे जमीन में दफन कर दिया। अपोलो उसकी उपेक्षा करता रहा। अन्ततः वह सूर्यमुखी फूल बन गयी और जिस तरफ सूर्य चलता था उसका अनुकरण करने लगी।
- हर्माफ्रोडइटस एक दूरदराज के तालाब में नहा रहा था कि परी सेल्मासिस उस पर आसक्त हो कर जल में उससे इस तरह लिपट गयी कि वे एकदेही हो गये—हर्माफ्रोडाइट।
- बुनाई की एक प्रतियोगिता में एराक्ने ने एथेना को परास्त कर दिया। अपमानित होकर ईर्ष्यालु एथेना ने उसे पीट-पीट कर चपटा कर दिया। फिर एक मकड़ी बना दिया ताकि वह चिरन्तनतया जाले बुनती रहे।
- **वल्कन** (हेफेस्टस) धातु-ढलाई का देवता था। ज़ियस ने उसकी माँ जूनो (हेरा) को किसी अपराध में जंजीरों से बाँध दिया था। उसे आज़ाद करने की कोशिश में वह देवपर्वत ओलिंपस से बहिष्कृत कर दिया गया था। ग्रीस के लेमनॉस द्वीप में आकर उसने अपना प्रासाद बनाया और धमन भट्ठियाँ भी बनाईं जिन्हें पृथ्वी के ज्वालामुखी बताया जाता है।
  एकनेत्र साइक्लोपीज़ उसके परिचारक थे। दुर्भाग्य से ओलिंपस पर्वत से धरती पर गिरने पर उसकी एक टाँग टूट गयी जिससे वह लँगड़ा हो गया।
  वल्कन ने आर्किलीज़ तथा एनियास की खुबसूरत ढालें बनाई थीं। उससे जूपीटर (ज़ियस) के भी अस्त्र-शस्त्र बनाये थे। पुरस्कार-पाने के लिए उसने क्वाँरी मिनर्वा (एथेने) को जूपीटर से माँगा। उसके साथ सम्भोग में विफल होने पर उसका वीर्यपात धरती पर हुआ जिससे एरिकथोनियस का जन्म हुआ [वीनस का जन्म भी यूरानस के वीर्यपात से हुआ था]।
  फिर वल्कन ने वीनस से विवाह किया जो लगातार बेवफा रही। उसने वीनस और मार्स (एरेस) को प्रगाढ़ आलिंगन में पकड़ने के लिए एक अदृश्य संजाल बनाकर उसमें फँसा लिया और देवताओं के सामने उनका भंडाफोड़ कर दिया था। मर्करी (हर्मीज़) ने तो कड़े ताने दिये थे।)
- 'कायान्तर-उलट' की प्रक्रिया भी घटती है :
  अहल्या।
- ऋषि गौतम ने अपनी बाँझ युवा-पत्नी अहल्या को इन्द्र के साथ सम्भोग करने के दंड में पाषाण-शिला बना दिया। बाद में राम ने उसका नारी-रूप लौटा दिया।
- **गणेश** के शरीर पर हाथी का मस्तक, तथा **हनुमान** के देह पर वानर-मुख रूपान्तरण के दृष्टान्त हैं।
- दो यक्ष शापवश वृक्ष हो गये थे। बाल कृष्ण द्वारा उन्हें धराशायी करने पर वे अपने **यमलार्जुन** के मूल रूप में प्रकट हो गये।
- बेकस के वरदान से **मिडास** जो चीज भी छूता था वह सोना बन जाती थी। अतः उसका भोजन और शराब भी सोना बन गयी।
- **पर्सियस**—यह डानाएँ (आर्तेमिस) तथा ज़ियस का पुत्र था।
- **मेडुसा** वह गोर्गान थी जो जिस किसी को देखती थी वह पत्थर बन जाता था। उसका वध पर्सियस ने किया था अपनी ढाल में उसका प्रतिबिम्ब देखकर। उसने बंदिनी ऐंड्रोमिडा का उद्धार करके उससे शादी की थी।

निष्कर्षरूपेण कायान्तरण की उपदशाएँ—

(i) लिंग-रूपान्तरण : विष्णु मोहिनी हो गये, या दमयन्ती-मोह के उपरान्त नारद स्त्री हो गये, या अर्जुन बृहन्नला किन्नर।

(ii) दो लिंगों का समुच्चय या युगलता : अर्द्धनारीश्वर, हर्माफ्रोडाइटस, युगल किशोर (राधाकृष्ण)।

(iii) एक ही लिंग के दो का एकदेही हो जाना : हरिहर।

(iv) जंतुरूपमि संरूप (ईहामृगपरक) : स्फिंक्स, किन्नर, सेटिर, सेंटार, मिनोटार, साइरन, गणेश, हनुमान, हयग्रीव।

(v) पूर्णरूपेण अन्य प्रजातीय हो जाना : ग्रीक लिडा या भारतार्य उर्वशी का हंसिनी हो जाना, सूर्य का मृग हो जाना, यमलार्जुन

यक्षद्वय का वृक्ष हो जाना, अहल्या का पाषाण-शिला हो जाना।

(vi) दो या तीन खंड-खंड प्राणियों का एकदेह हो जाना : ईहामृग।

तो, इस प्रसंग में 'करण' के दो ध्रुवान्त देदीप्यमान रहे हैं:—रूप के नाना **रूपान्तरण** तथा **कायान्तरण** ॥

छह : मिथकीय तर्कात्मकता की विलक्षणताएँ

विश्वमिथक के असमान भारतीय मिथक-तर्कात्मकता की तीन-चार विलक्षणताएँ हैं—**(i)** देवताओं के कई शिर तथा कई भुजाएँ होना (दानवों तथा राक्षसों के तो ऐसे रूपाकार ग्रीक, अज़्टेक; रोमन, केल्टिक में मिलते हैं); **(ii)** देवियों की भुजाएँ तो कई लेकिन मुख एक ही होना (गायत्री को छोड़कर); **(iii)** पूर्वजन्म और आगामी जन्मों को कर्मचक्र-कालचक्र-नियति चक्र में घुमा देना, तथा **(iv)** देवताओं का अवतार लेकर मानवीय समाज तथा लौकिक संसार 'लीला' कर्म करना।

मूलाधार भी अन्य प्रवृत्ति है जो मिथकीय तार्किकता के जाल बुनती है। इससे वरदान और शाप, क्षमा और परीक्षा का एक विधि-विधान बनता है। यहाँ **दैवी न्याय** का भी प्रावधान है।

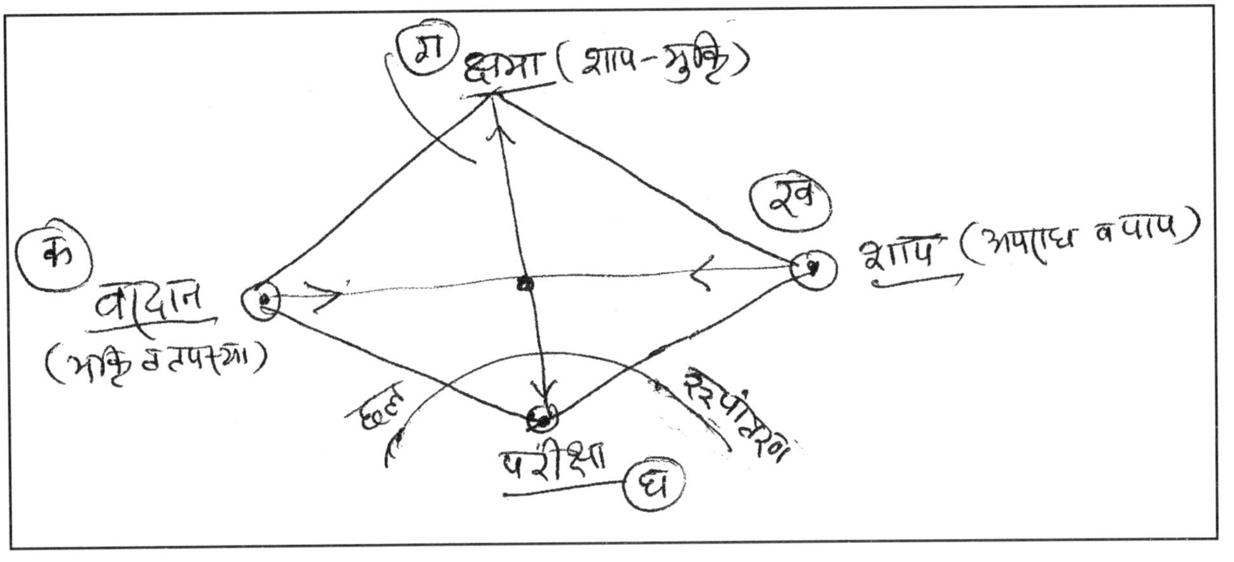

(क) **वरदान** प्रसन्नता का फलागम है। यह भक्ति या तपस्या से प्राप्त होता है। इसका लघु रूप वचन भी है। वरदान पाया जाता है तथा वचन दिया जाता है। वरदान देवी-देवता तथा ऋषि या तेजरूप देते हैं।

(ख) **शाप** भी दिया जाता है। इसकी पराकाष्ठा संहार है। बहुधा देवताओं का प्रतिशोध, दुष्कर्म भी मानवजीवन में या तो न्याय दिलाने का एक उपक्रम है या छल छद्म का संजाल भी है। धर्मपूर्व विश्वमिथकों में देवताओं (इन्द्र, ज़ियस, ओडिन, डायोनीसस, एफ्रोडाइट) को स्वेच्छाचार, व्यभिचार, समगोत्री-सम्भोग, (इंसेस्ट), विवाहेतर सम्भोग (एडल्टरी) आदि का 'वीटो'-अधिकार मिला था।

(ग) **क्षमा** से शाप-मुक्ति होती है तथा शरणागत वत्सलता भी सिद्ध होती है। यह करुणा तथा अनुकम्पा केन्द्रित है एवं करुणानिधानता का भी लक्षण है।

(घ) **परीक्षा** में प्रायः शर्त पूरी करनी होती है या बाधाओं पर विजय पानी पड़ती है। ग्रीकमिथक में हरक्यूलीज़, मेसोपोटामिआ में ईश्तर, इसके वैश्विक प्रतिनिधि हैं। अधिनेताओं के अपने यात्राभियानों में कठिन शर्तों को पूरा करके परीक्षाओं में भी सफल होना पड़ता है। परीक्षा में शर्तों के पालन करने से ही सिद्धि प्राप्त होती है। शर्तों से बच निकलना उनका उल्लंघन है। इससे कठोरतम दंड के रूप में पहले की यथास्थिति में अभिशाप झेलना होता है। क्षमावृत में दंड स्थगित भी हो जाया करता है। बहुधा शापमुक्ति और परीक्षा-सफलता पर मुक्ति या उद्धार हो जाता है।

असुरों के प्रति कोई मुरव्वत नहीं। उनको प्रथमांतिम दंड मिलता है—संहार। उनकी प्रथमांतिम वर-कामनाएँ होती हैं:— अमर्त्यता तथा रमणी-रमण, इन्द्र का सिंहासन और दैवी-अनुशासन व्यवस्था की समाप्ति। आर्य तथा ग्रीक मिथकायनों में असुरों को अस्थायी सशर्त अभय भी मिलता है। देवता कभी-कभी उनकी सहकारिता भी लेते हैं—ओलिंपस में साइक्लोपीज़ का सहकार, समुद्र-मंथन में असुरों की समानभागिता, लंका में रावणभ्राता विभीषण से संधिमैत्री, गिल्गामेष-वध की कोशिश में ईश्तर द्वारा भीषण वृषभ दैत्य का सहयोग (बेबीलान), इत्यादि। तथापि विश्वमिथकों में देवताओं द्वारा भी **छल और कायान्तरण;** तथा दानवों द्वारा प्रचंड **प्रतिशोध** एवं **अधीरोद्धता** सर्वत्र व्याप्त है। उक्त चारों मिथक के 'घटना चिह्नक' (इविंट मार्कर) हैं।

(ङ) विश्वमिथकयान की मिथकीय तर्कात्मकता का दूसरा आयाम **साम्यरूपकात्मकता** (एनॉलाजी) का है। यह पूर्व-तर्कात्मकता

के बाद दूसरा ध्रुवान्त है। यहाँ हमें एक अन्तराल को भी अन्तर्निहित करना होगा—**विषमरूपकात्मकता।** इस तरह हम युग्म एवं युगल तथा द्विपर्ण विरुद्धता को भी सामहित कर सकते हैं:—

(i) उदाहरण			**(ii) उदाहरण**		
पुण्य	—	पाप	रेमस	—	रोमुलस
सही	—	गलत	बालि	—	सुग्रीव
अच्छा	—	बुरा	नल	—	नील
शुभ	—	अशुभ	जटायु	—	संपाती
अ-नैतिक	—	नैतिक	लव	—	कुश
			राहु	—	केतु
			शुंभ	—	निशुंभ
			सुन्द	—	उपसुन्द
			यमल	—	अर्जुन
			रति	—	प्रीति
			मित्र	—	वरुण
			सन्ध्यातारा	—	भोर का तारा

हम साम्यरूपकात्मकता में रूपक (मेटेफर) को अर्धव्यास (रेडियस) पर रखते हैं। विषमता तथा विरोधाभास तब प्रज्वलित होता है जब संरूप का कायान्तरण (मेटामार्फोसिस) हो जाए। विश्वमिथक में यह पद्धति बेहद छाई है। बस, एक दो स्मरणार्थ : ओरियन का नक्षत्र बन जाना, ज़ियस का हंस, वृषभ, सर्प, स्वर्ण-वर्षा (छद्म आर्तेमिस भी) हो जाना, इन्द्र का गौतम होना तथा अहल्या का शिला हो जाना, तामुज्ज का सर्प हो जाना (सुमेर), सूर्य का अश्व हो जाना (वैदिक) आदि।

नृतत्त्वशास्त्रीय भाषाविज्ञान भी युग्म-द्वन्द्व, युगल-मैत्री, द्वारा सम्पूर्ण मिथकीय प्रभामंडल तक को निर्मित करता है। यह अक्षर-क्रीड़ा, शब्द-क्रीड़ा, भाषा-क्रीड़ा द्वारा होता है। आगे हम इनका प्रस्तार करेंगे। अभी मात्र संकेत सूत्र—**(i)** वसु से वासुदेव बनाम वासुकि, **(ii)** दश से दशरथ बनाम दशानन, **(iii)** मही से महेश बनाम महिष, **(iv)** शुक से शुक्राणु बनाम शुकदेव, और अनेक विदेशी उदाहरण (जो बाद में आएँगे ही)।

मिथकीय तार्किकता की अन्तिम पहेली **वंशानुक्रम है।** प्रथम में जब अण्ड को आधार लिया गया तो ऐकपांक्तेय उत्पत्ति ही होगी—ब्रह्मा, गेब, गेइआ। अतः पुरुष के अंग से ही नारी का प्रकटन हुआ। अतः वह बेटी भी हुई और पत्नी भी।

फिर उभयलिंगी कल्पना हुई। अर्द्धनारीत्व को प्रकट करने को हर्माफ्रोडाइटिस (ग्रीक), ओमेटेकूटली (अज़टेक) जैसे सर्जक आये। अन्ततः इज़ानागी-इज़ानामी (जापान), नुट-गेब ने प्रजनन द्वारा जन्म-बेल फैलाई। विश्व-मिथकें नृतत्त्व तथा पुरातत्त्व द्वारा भी ऐसी सम्बन्धता की संपुष्टि करती हैं—शुरू में पिता-पुत्री और माता-पुत्र ही पति-पत्नी बने; फिर भाई-बहन ही पति-पत्नी हुए। बाद में भाई-भाई शत्रु हुए। और बाद में सम्राट-देवता (फाराओ सूर्यवर्मन), देव सम्राट (राम), देव-पिता (मोज़ेज), पितृदेव (भीष्म के पिता, परशुराम के पिता, पुरु के पिता ययाति) आदि।

आदिम तथा विचित्र **सम्बन्धता** के प्रभामंडल में हमें विश्वमिथकों में (भारतीय मिथकों के विपरीत) **विधवा** नहीं मिली (धर्मकथाओं का ज़िक्र नहीं है)। बस रति ही वैधव्य की एक दो प्रहर की संक्रांति से गुजरी है। विश्व तथा पश्चिम तथा भारत की प्रारम्भिक मिथकों में विधावाएँ अथवा अविवाहिताएँ भी पुरुष या पति या प्रणयी कामिनी रही हैं। इसी तरह **विधुर** भी नज़र नहीं मिलते। (आर्फियस को छोड़कर)। वियोगी, बलात्कारी, योगी, और यती तो बहुतेरे हैं।

ज्यादातर विश्वमिथकों में सूर्य-चन्द्रमा और कुछ तारे (जो पात्र आकाश में प्रतिष्ठित कर दिये गये) तो आते हैं, लेकिन अन्य ग्रह नहीं। ग्रीक एवं भारतीय मिथकों में कोई-कोई कभी-कभार आ जाते हैं। (भारतीय मिथकों में मंगल, शनि, वृहस्पति उल्लिखित हुए है)।

× × ×

इस भाँति साम्य-वैषम्य मूलक रूपकात्मकता की पूरी आदिम-आरम्भिक सम्बन्धता चित्रारेखित की जा सकती है—

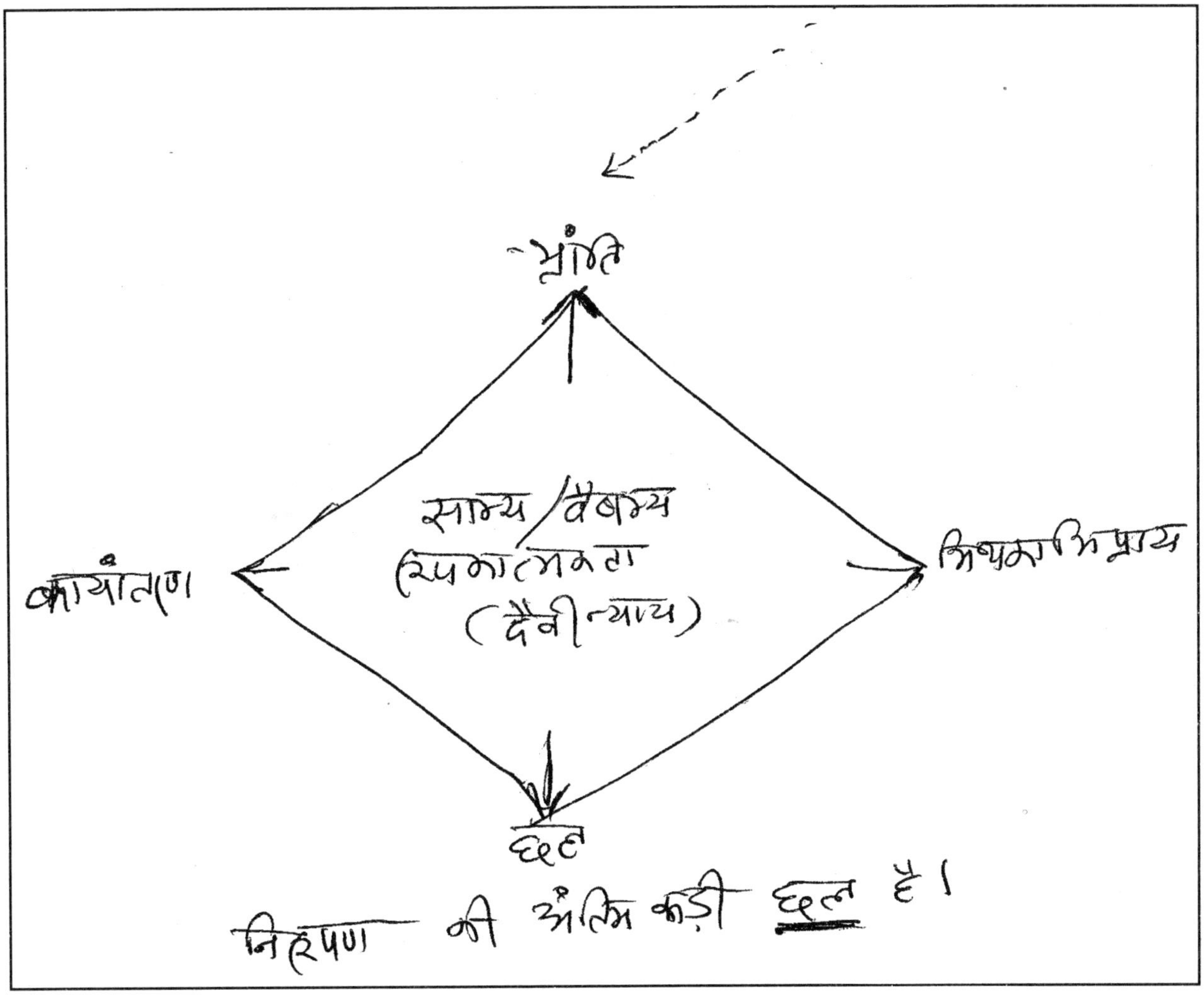

पूर्वतार्किकता के दायरे में हम **छल-केन्द्र** की कुछ प्रतिनिधि मिथकें ले रहे हैं क्योंकि उनमें न्यायोचित-अनुचित, अच्छे-बुरे, नैतिक-अनैतिक, संयम-निरंकुशता आदि के बीच संचेतना विकसित ही नहीं हुई थी। अतः उनके निर्वचन में हम आधुनिक अप्रतिमानता (एनोमी) की अवधारणा का सहारा ले रहे हैं। यहाँ निषेधात्मक अप्रतिमानता है जहाँ गलत प्रयोजन को असामाजिक साधनों द्वारा सिद्ध किया गया है।

(क) बूढ़े ऋषि गौतम की युवा बाँझ पत्नी अहल्या से समागम करने के लिए देवता इन्द्र गौतम का रूपवेश धारण करता है और चन्द्रमा मुर्गा होकर बाँग देकर आधीरात को ब्रह्मवेला की योगमाया बनाता है। ऐसा छद्मी इन्द्र रजामन्द अहल्या के साथ उन्मुक्त समागम इस तीव्रता से करता है मानो सहस्रभग की-सी दशा व्याप्त हो गयी हो।

(ख) विष्णु दैत्य सम्राट जालन्धर की पत्नी वृन्दा के रूपलावण्य पर विक्षिप्त हो गये। उन्होंने भी जालंधर का छद्म-रूपवेश धारण करके उसके साथ सम्भोग किया। ज्ञात होने पर वृन्दा ने चिन्ता में आत्मदाह कर लिया। विष्णु वृन्दा की चिता-भस्म को अपनी देह में मलते हुए श्मसान में भटकते रहे। वे लक्ष्मी से भी उदासीन चले। फिर उनका उद्धार गोपन लक्ष्मीरूपा त्रिपुरसुन्दरी ने ही किया।

(ग) समुद्र-मन्थन के दौरान भी असुरों से अमृतघट हथियाने को विष्णु ने मोहिनीरूप धारण कर उनसे मोहासक्ति का छल किया और अमृतघट लेकर गायब करा दिया। असुरदल नशे में मदहोश पड़े रहे।

इसी तरह मधु-कैटभ से लगातार हारते हुए विष्णु को बचाने के लिए आदिशक्ति ने भी मोहिनीरूप धारण करके उनका छलपूर्वक वध कराया था।

दुर्गा ने भी, नाना शक्तियों से सम्पन्न होने के पहले, महिषासुर के शुम्भ-निशुम्भ नामक दोनों सेनापतियों से छद्म प्रणय का छल प्रपंच रचाया था। वे अशक्त कर दिये गये थे।

(घ) सबसे नाटकीय छल-शृंखला लिडा-ज़ियस की ग्रीक मिथक में है।

ग्रीक देवते मनुष्यों के मामले में बेहद मतलबी रहे हैं।

देवी उषस् के साम्यरूपिम मातृदेवियाँ

लिडा स्पार्टा के राजा की सुन्दर पत्नी थी। एक दिन देवेन्द्र ज़ियस ने उसे यूरोटास नदी में नंगी नहाते देखा तो वासना से उत्तप्त हो उठा। परन्तु वह एक वफादार पत्नी थी।

देव ज़ियस ने प्रणयदेवी एफ्रोडाइट के साथ मिलकर छल का जाल रचा। एफ्रोडाइट बाज़ तथा ज़ियस हंस बना। गगन में नदी-ऊपर बाज़ ने हंस का पीछा करके पंजों से घायल कर दिया और वह लिडा की जाँघों के बीच आ गिरा। लिडा प्यार से उसे सहला-कर दुलार करने लगी। बाज़ चूक के दिखावे से शिकार खोकर ऊपर उड़ गया। लिडा ने घायल हंस को दुलराया और हंस ने अपनी गर्दन तथा डैनों से लिडा को जकड़ लिया। लिडा के साथ सम्भोग करने के बाद हंस अर्थात् ज़ियस उड़ गया। सम्भोग के दौरान लिडा भी हंसिनी बन गयी थी। उसने दो अण्डे दिये जिससे दो देव-शिशु तथा दो मानव-कन्याएँ पैदा हुईं। उनमें एक विश्व सुन्दरी हेलेन भी थी। वह बाद में ट्रोजन-युद्ध का कारण बनी। इस तरह छल की त्रिमुखी परम्परा है। यह इन्द्र-चन्द्र-अहल्या के त्रिभुज से तुलनीय है। एफ्रोडाइट बाज बनकर शिकारिन का छल करती है, ज़ियस हंस बनकर घायल शिकार होता है तथा लिडा भी हंसिनी होकर देवपुरुष का निर्द्वन्द्व भोग करती है। अतः तीन स्तरों पर छल ही छल का अकुंठ जाल है।

हमने देखा कि मिथकीय **कायान्तरण** किस तरह पूर्वतार्किक है। यह **भ्रांति** हैं, तथा **छल** भी। यह अद्‌भुत-भयानक वासनापूर्ण तथा उन्मुक्त भी है।

× × ×

मिथकों की कथित पूर्व-तर्कात्मक एवं कथित साम्यरूपकतात्मक ध्रुवान्तों की नाराशंसी पुनश्चर्या

हम कई विधियों की व्याख्या, उल्लेख एवं निर्वचन करते आये हैं। आगे कुछ चुनिंदा द्रष्टान्त–

(I) पूर्व-तर्कात्मक उपचार

(क) शिव ने समुद्र-मन्थन से निकला गरल जब पी लिया तो पार्वती ने तुरन्त उनके कंठ के नीचे हथेली लगाकर रोक लगा दी ताकि वह कंठ में ही रहे, नीचे न जाए। वे 'नीलकंठ' हो गये। (यहाँ भी कार्य सम्पन्न हो गया, लेकिन आगे....) विष्णु ने आकर शिव का मुख बन्द कर दिया ताकि वह बाहर छितरा कर मृत्यु एवं संहार न करे।

(ख) अब इसका अन्य प्रतिपाठ–शिव के कंठ में पहुँचे गरल को सर्पमाता देवी मनसा ने मुँह से चूस कर निकाल दिया। (यहाँ से भी काम चल जाता। परन्तु आगे....) चूसे हुए विष को मनसा ने अपनी सर्प-संतति के मुखों में छिड़क दिया ताकि वह उनमें ही स्थित हो जाए तथा फैलकर मृत्यु न फैलाए।

यूँ परिणाम सिद्ध हो गया।

(II) साम्यरूपकात्मक एवं पूर्वतर्कात्मक

(अ) कुमार स्कंद को छह कृत्तिकाओं ने बारी-बारी से अपना स्तनपान कराया। अतः उनके छह मुख हो गये तथा छह धात्री माताओं के कारण उनका नाम 'कार्तिकेय' हो गया।

(आ) अब आगे–

वे कृत्तिकाएँ आकाश में प्रतिष्ठित हैं तथा छह नक्षत्रों का पुंज बनकर **देवों के सेनापति** की दिग्विजयों को देखा करती हैं।

अथवा देवसेनापति की पत्नी का नाम भी देवसेना है।

(ऐसे अनुक्रम के सांगरूपक तथा श्लेष भी गढ़े जा सकते हैं; कथा-छल्लों या मुखबन्ध के कुंडलों के द्वारा। श्रीहर्ष-विरचित 'पंचनली' प्रख्यात है ही।)।

(इ) ऐसी पद्धति मानव-दानव, दिति-अदिति, सुर-असुर, वाक्-काव्य, महेष-महिष, शिव-शव, दशानन-दसरथ, वासुदेव-वासुकि आदि के द्वन्द्वों-द्वयताओं, द्विपर्ण-विरोधताओं में विस्तीर्ण होती जाती हैं।

(ई) अगली कड़ी कायान्तरण है। मोहक उदाहरण है इच्छाधारी नागिनों का, जो रमणी-वेश में पुरुषों के साथ रहती हैं। विश्वमिथक से अनेकानेक उदाहरण हम दे आये हैं। बहुत सम्मोहक देवेन्द्र ज़ियस द्वारा ग्रीक मानवी लिडा से हंस में कायान्तरित होकर समागम करता है। इसे हम उल्लिखित कर आये हैं।
दैत्यों तथा राक्षसों की भीषण-भयंकर छवियाँ भी इसी का उपक्रम हैं।

(उ) मैक्स म्यूलर-सम्मत उर्वशी की व्याख्या को नया क्षितिज प्रदान करते हुए डी.डी. कोसाम्बी एक तो बताते हैं कि ऋग्वेद में दो प्रसंग हैं (iv.1.16 एवं iv.2.18) जिनमें 'उरा' का नामकरण उषस् तथा बहुवचन उषस् हो जाता है, तथा दूसरे 'द्यु' को पुत्र तथा 'आयु' को लेकर उसे मातृदेवी माना जा सकता है। वे इस साम्यरूपकत्व (एनालॉजी) की विश्वमिथकयानों से तुलना करके बताते हैं कि हित्तीय (सीरियाई) सपक्ष देवी (अ), मेसोपोटामिआ की लिलिथ नाम पक्षी-देवी (आ), मेसोपोटामिआ की देवी ईश्तर की प्रतिनिधि (इ) के समानान्तर है। ईश्तर तो मातृदेवी एवं उषा-देवी है जो सूर्यदेव ताम्मुज की माता-बहन-पत्नी थी। (अदिति जैसी पहेली)। अतः वे आर्यपूर्व सिन्धुघाटी (हड़प्पा) की एक मृण्मूर्ति को लेते हैं (ई) जिसकी विहंगीय केश-सज्जा है। ['मिथ एण्ड रियल्टी', पृ. 62-64, पापुलर प्रकाशन, बाम्बे, 1962)]

अथच

मिथकीय तार्किकता के ही अन्तर्गत **विवरण** अथवा **वास्तविकता** का निर्वाचन भी सीधा-सपाट या यथातथा न होकर **वृत्तान्त** अथवा **रूपक** द्वारा ही प्रत्यक्षीकृत होता है। कोई भौगोलिक आकृति या सामाजिक प्रकार्य, कोई छोटी-सी संघटना भी कथा, रूपक या वृत्तान्त में ढल-सँवर जाती है; यथा, उत्ताल तरंगे सहस्रफण-अनन्त नाग, तेज समुद्री हवाएँ गाती साइरनें, एकान्त निर्जन में प्रतिध्वनि नार्सीसस की प्रिया ईकों, लाल मंगल-ग्रह युद्ध-देवता मार्स, समुद्र में पड़े अस्थिखंड सगरपुत्रों आदि के रूप में संदर्शित-दिग्दर्शित होते हैं। इसमें एकरेखांक तथ्यांक द्वि-अथवा अनेक आयामी हो जाया करता है। यह तथ्य अवकूटन (डि-कोडिंग) के लिए अत्यन्त महत्वपूर्ण **मिथकीय यथार्थता** है।

(III) आमूल या आदि मिथक से भरतपाठ (अथवा व्यासपाठ) की पुनर्लब्धि कैसे हो?

मिथक के मूलभूत भरतपाठ (मास्टर टैक्स्ट) का तात्पर्य है अनादि वासना और आद्य प्रज्ञा (इंट्यूशन) वाली संघटना का यथारूप अभिज्ञान। इसमें प्रथम मानवों (होमो सेपियेंस) की उस स्थिति का संदर्श करना अभिलक्षित होगा जब मानव झुंड में रहता था और उसके सामाजिक समूह नहीं निर्मित हुए थे; जब उसका कुटुब-कबीला नहीं बना था और उसकी बस्ती कायम नहीं हुई थी; और जब नैतिकता तथा धर्माचरण का बोध नहीं जगा था। सभी कुछ प्रायः जायमान (नेसेंट) अवस्था में थरथर था।

व्यवहार में इस अवस्था के मिथक की पुनर्लब्धि तो असम्भव है क्योंकि यह हज़ारों साल पहले की दशा थी। अतः हम इसे 'हाइपोथेटिकल' अथवा प्राक्-काल्पनिक मानकर चलें।

तदपि मूल भरतपाठ तो आदिवासियों, कबीलों की मौखिक श्रुतियों की तुलना करके, उनके सामान्य अंशों को लेने से, अथवा मौखिक परम्पराओं से चले आती किंवदंतियों लोकोक्तियों, कूटों आदि में उसके झिलमिलाते सूत्रबिन्दु उज्ज्वलित करने से, अनुमित किये जा सकते हैं। दूसरा संस्रोत उन क्लासिकी रचनाओं में प्राप्त कथाबीजों तथा अभिप्रायों तथा समाधानों से मिलेगा जिनकी आवृत्ति पहले नहीं हुई हो। अतएव नृतत्त्वशास्त्रियों तथा सौन्दर्य-बोध-शास्त्र के मिथक-आलेख-कारों की भूमिकाएँ निर्धारित हो जाती हैं। तीसरा संसाधन ध्यान-छवियों का है जिनका चित्रकारों, शिल्पकारों, अभिनेताओं आदि की कृतियों द्वारा पुनर्नवीकरण होता आया है।

कुलजोड़ करते हुए कहा जाता है कि हमें विशिष्ट प्राचीन सभ्यता एवं संस्कृति तथा उसके परवर्ती प्रतिरूपों की, उसकी भौतिक एवं आध्यात्मिक दशा की, उसके अभिप्रायों, कूटों तथा प्रतीकों की, उसके शब्दकुलकों एवं घटनावृत्तों की, उसके चक्रचिह्नों एवं टोटेमों की, उसके अभिलेखकारों की अनुकरण-दक्षताओं एवं प्रत्यक्षीकरण की पहचान करनी होगी। नृतत्त्वशास्त्र, पुरातत्त्वशास्त्र, सौन्दर्यबोध शास्त्र और मनोविज्ञान प्रबल सहकारी सिद्ध होंगे।

जिन सभ्यताओं में इतिहास और मिथक घुलमिल कर तथा समानान्तर बढ़ते हैं जैसे कि अज़टेक और इन्का (मेसो-अमेरिका) जापान और अंगकोर वाट (दक्षिण एशिया), ईजिप्ट और ओशेनिया में, वहाँ हमें **तुलनात्मक पद्धतियों** को सतर्क एवं समावेशी ढंग से अनुप्रयुक्त करना होगा। मसलन हम ईजिप्ट और ग्रीस, मेसोपोटामिआ और मोहेनजोदारो, सुमात्रा-जावा के शैलेन्द्र और कावेरी-कृष्णा के पल्लव राजन्य, अंग (कलिंग) के गंग और बंग के पाल तथा कम्बोडिया के ख़्मेर आदि के भरतपाठों के गुप्त खजाने खोल सकते हैं। ऐसे पाठों की सामाजिक व्यास-रेखा पर भी मेलिनोवस्की ने **सामाजिक पंचांग** (चार्टर) का प्रतिपादन किया है।

हम और भी अनुप्रयुक्तियों (एप्लीकेबिलिटीज़) के दृष्टान्तों में **इन्द्र तथा अहल्या की मिथक** लेते हैं। इसका आद्यप्ररूप

(आर्केटाइप) तथा कूट (कोड) वर्षा तथा बंजर धरती है। इस एक भरतपाठ के कई अनुपाठ-प्रतिपाठ पेश होते हैं जो बाद में धर्म, लिजंधर (इतिहासाभास), प्रतीक, सौन्दर्यबोध को शामिल कर लेते हैं।

अति महत्त्वपूर्ण मिथकों में-से एक, इस मिथक में भी, किसी प्रमुख घटना, या कोई दुर्निवार प्रत्यक्षण का (पुनरावृत्तियों के कारण) जब एक समूह और दूसरे समूह द्वारा, एक सामाजिक दशा और फिर अन्य संक्रमणपरक दशा में देखा जाता है, (और जब वह देखना समकालिक के साथ-साथ बहुकालिक भी हो) तब उसमें नाना प्रकारेण छानबीन-जाँच-पड़ताल, जोड़-घट, खोज-खबर की अनजानी दिशाएँ और परतें खुलती हैं। ये आमूल कथात्व का रूपान्तरण ही नहीं, कायान्तरण (मेटामार्फोसिस) भी कर देती हैं। इस तरह पाठ से अनुपाठ-प्रतिपाठ-उत्तरपाठ का सिलसिला चल पड़ता है। ये ही उपकथाओं के कुंडल भी बनाती हैं। इन्हें हम **अंतर्कुंडलन** कहते हैं।

अब पाठों के क्रमों में हम नैतिक आयामों में इसे दाम्पत्येतर व्यभिचार (एडल्टरी) बता सकते हैं (शठ इन्द्र द्वारा गौतम-पत्नी अहल्या के साथ सम्भोग), मनोवैज्ञानिक आयाम में एक मातृत्वहीन पूर्णयौवना रमणी द्वारा वृद्ध-पुरुष की अनऊर्जस्विता के विरोध में स्वैच्छिक-प्राकृतिक-सहमतिपूर्ण आचरण कह सकते हैं। वाल्मीकि का मिथक-पाठ ऐसा ही सहज-स्वाभाविक है। मिथक के कूटोद्घाटन में वैदिक देवमंडल की आर्ष सत्ता का दुःखद ह्रास पाते हैं; कामशास्त्रीय आयाम में इसे वृषभ, मेष, अश्व वाहित इन्द्र के माध्यम से संभोग के आनन्द की सहस्रभग वाले रूपक से अभिव्यक्ति कह सकते हैं; धार्मिक लीपापोती के हेतु इन्द्र के इसी विद्रूप को मोरपंखोंवाला सहस्रनयन भी प्रतीकित होता पाते हैं पर्यावरण और प्राकृतिक चक्र की दृष्टि से परिवेश का उद्दीपन (चन्द्रमा का लुकना-छिपना, अधरात में मुर्गे की बाँग) तथा मेघों (इन्द्र) और चाँदनी (चन्द्रमा) की हमजोली तथा परती-बंजर धरती का अनुर्वर (अहल्या) बने रह जाना पाते हैं। अन्ततः वैष्णव-आयाम में अवतार राम द्वारा अहल्या का उद्धार तथा सती रूप में योनि-शुद्ध होकर उसके स्वर्गरोहण की वैष्णवता सिद्ध होती पाते हैं। अन्ततः 'मिथकीय तार्किकता' के अन्तर्गत यहाँ शाप और वरदान (गौतम तथा राम), कर्मचक्र (पूर्वजन्म से पाषाणी अहल्या) तथा मोक्ष (राम द्वारा मुक्ति) देख सकते हैं [जिसमें पाप तथा उसका प्रायश्चित हो जाता है]। इस तरह इसमें विभिन्न मिथकीय तथा धार्मिक दृष्टियों वाले द्विपर्ण विरुद्धों का सामंजस्य हुआ है। इन्हीं की वजह से धारावाहिकता में अर्थभ्रांतियाँ (एम्बिग्विटीज) तथा प्रतीकत्व भी उभरते हैं। बाद में तो गौतम का गैरिक वसन सन्ध्या से लेकर उषा तक का दिवारात्रि-चक्र भी परिलक्षित है। इसी के साथ अनूठे ढंग से मिथकी विस्फोट भी हुआ है : तापसी शुद्धता की दैहिक तथा सेक्सपरक अप्रासंगिकता तथा निरर्थकता दर्शायी गयी है (तुलनीय है रजनीश ओशो कृत सम्भोग से समाधि तक का सूत्र)।

तो यहाँ मिथक का सामाजैतिहासिक चार्टर तथा मिथक-आलेख-कारी का उन्मीलन है। तथा हमने बहुत कुछ आधुनिक विखंडन (डि-कांस्ट्रक्शन) भी परिलक्षित किया है।

एक समानान्तरता में बड़ी दूर मेसोअमेरिका की **अज़टेक मिथक** के भरतपाठ देने का लालच है। यह प्रतिपाद्य ज्यादा साफ करता है।

मूल भरतपाठ का कूट है : आकाश और जल। इनसे ही देवताओं के, फूलों और दर्पण के, मानव-हृदय की बलि और अन्धकार के प्रतिपाठ-उत्तरपाठ खुलते हैं।

(i) आकाश और जल अन्धकार में थे। उससे अज़टेक मिथककारों ने कई सूर्यों की सृष्टि की।

(ii) 'आकाश का हृदय' था क्वेटज़ालकोएटल नामक देवता। उसके नाम का अर्थ है नीले पंखों वाले पक्षी रेक्सम, तथा हरी पूँछ वाले पक्षी क्वेटज़ाल का मेल। अतः आकाशपक्षी और सर्प का मेल हुआ सबसे बड़े देवता क्वेटज़ालकोएटल का। वह सपक्षसर्प-देवता था। सर्प सर्जक देवता, अतल जल की शक्ति तथा पुनर्जन्म का नियामक माना जाता है। इस तरह,

(iii) आकाश और जल से, पक्षी और सर्प, फिर पंखयुक्त सर्प अर्थात् देवता क्वेटज़ालकोएटल (हरितनील = पृथ्वी एवं आकाश)। यह देवता 'आकाश का हृदय' था।

(iv) 'आकाश के हृदय' को हृदय जैसे फूल अर्थात् मानव के हृदय-फूलों की बलि दी जाने लगी।

(v) इसके प्रतिरोध में वातावरण छाता रहा जिससे आकाश की स्वच्छता धूमिल होती थी। इसे भी देवता माना गया—धुँधलेपन का, कुहरे का अथवा कुहरे से 'धूमिल दर्पण' नामधारी देवता टेज़्काटलीपोक।

(vi) तो 'आकाश के हृदय' तथा पृथ्वी-जल के धुंध के बीच संघर्ष छिड़ा। यही अज़टेकों की यौद्धेय-मिथकों की नाभि है। अज़टेकों का मिथकीय विश्वास था कि मृतक योद्धाओं की आत्मा 'गुनगुनाता पक्षी' हो जाती है तथा पाताल में प्रवेश करती है। वह फसलों को भी उर्वरता प्रदान करती है। युद्ध में मृतक, प्रसव में मृतक माताएँ, बलि दिये मनुष्य पाताल में प्रवेश करते हैं।

(vii) अन्ततः एक उत्तरपाठ के अन्धविश्वास में सफेद त्वचा वाला, सुनहली दाढ़ी वाला देवता 'टेज़्काटलीपोका' वापस लौट आता है तथा क्वेटज़ालकोएटल से अपना राज्य वापस ले लेता है। इतिहास-चक्र में वह 'धूमिल दर्पण' स्पेनी आक्रान्त हर्नान कोर्टेज़ (1519 ई.) था तथा 'आकाश-हृदय' का उपासक अज़टेक सम्राट मोंटेज़ूमा।

तीसरी मिसाल : यहाँ सटीक छल्लेदार क्रमरेखा है–कुंडल नहीं है। उर्वरता (फर्टिलिटी) के रहस्य की छानबीन के लिए **त्रिदेव तथा सती अनसूया-मिथक** भी इसी प्रकार अपना भरतपाठ उद्घाटित कर देती है। यह 'सती'-धुरी की अनेक दुविधाएँ प्रकटाती है; योगियों-नाथों के आचार-व्यवहार को भी। सती के महत्त्व से त्रिदेवों का शिशुरूप हो जाता है और वे सती का स्तनपान करते हैं तथा प्रकारान्तर से उनके 'तेजांश' से सती के तीन पुत्र जन्म लेते हैं। अतः लघुरूप से तेजांश जन्म के, गर्भाधान की पहेली के, सतीत्व बनाम समागम की दुविधा के, नग्नदेह की स्वच्छता तथा प्रजनन की पवित्रता के द्वन्द्व के भी पाठ-चक्र देखे जा सके हैं। सती की धुरी है : नग्न देह और विपरीत देहमिलन के बिना प्रजनन का विभ्रम। सती के धार्मिक लक्षण हैं–पवित्रता एक पतिव्रता।

निष्कर्षरूपेण यह नतीजा इंगित होता है कि यद्यपि विश्वसभ्यताओं में मिथकों के भरतपाठों की दुनिया कई शताब्दियों पहले विलुप्त हो चुकी है; तथापि हम मिथक-आलेखकारी की अपनी उक्त पद्धतियों द्वारा उसके क्रोड़ और आद्यप्ररूप और मिथकाभिप्राय (माइथीम) को यथासम्भव पुनर्लब्ध कर सकते हैं। हमने यह प्रयास किया भी है। तथापि मिथक-चक्रव्यूह कौतूहल, चमत्कार, मनोरंजन, तथा मनोरथों के कई-कई कथा-संसार बुनते हैं और उनमें-से हरेक का औचित्य अथवा खंडन एक अतिरिक्त छल्ले अथवा कुंडल द्वारा करते हैं। तथापि धर्म एवं अनुष्ठानों के संरूप में मिथक का शाश्वत ही नहीं, अपितु आधुनिक एवं दैनंदिन रूपाकर भी झिलमिल होता रहता है।...भारतीय मिथकों में तो यह शाश्वति तथा निरन्तरता आज भी दृष्टिगोचर होती है क्योंकि उनके विश्वासी एवं आराधक समाज और समूह आज भी ज़िन्दा हैं। अतएव देवी-देवतादि भी अमर हैं। अलबता, जब मिथकें अमूर्तीकरण की दिग्विजय करने निकलती हैं, तो पावन 'मन्त्र' सबद (शब्द), ऋचा, तथा अरूविंदोवादी 'दिव्यजीवन' भी हो जाती हैं।

(IV) दर्शन के पटल पर

दर्शन-आलोचिन्तना में आकर कथाबीज (थीम)-पात्र-घटनाएँ आदि अमूर्त संकेत एवं प्रतीक बन जाया करते हैं। (शिवतत्त्व-शक्तितत्त्व, एरॉस-साइकी)। तब उनकी पूर्वानुमिति (प्रि-सपोजीशन) के सिस्टम उन्मीलित होते हैं–सांख्य के पुरुष-प्रकृति, चीन के यांग-यिंग, पर्शिया के अहुरमाजदा-अहरीमन आदि। त्रिपुरसुन्दरी-त्रिपुरभैरवी तथा त्रिपुरदाह के महाप्रतीक एवं आर्केटाइप भी। धर्म के द्वारा मिथक-विखंडन के कारण इनके अनेक रूप, अनेक कथाबीज हैं।

(V) कायान्तरण (मेटामार्फोसिस)

(i) इसके अन्तर्गत हम **छल** को शामिल करके इन्द्र-अहल्या, विष्णु-वृन्दा, शिव-मोहिनी तथा ज़ियस-लिडा (या लीडा) के वृत्त ले चुके हैं।

(ii) एक लोककथा है कि एक शिकारी-समूह ने साँप का मांस पकाकर खा लिया फिर वे मगर की तरह लोट लगाकर खर्राटे लेने लगे। सुबह वे सब साँप व सरीसृप में कायान्तरित हो गए।

(iii) अन्य-अन्य रूपों में पशु-प्राणी, पशु-मानव भी कायान्तरित होते हैं। विवाह के बाद पशु-पुरुष, पक्षी-नारी अन्ततोगत्वा अपने मूल मानुष-रूप में लौट आते हैं क्योंकि उनके उद्धारक-सहायक-साथी मानव होते हैं। मिथकें इस तर्कणा से गुत्थम-गुत्थ हैं।

(iv) भारतीय मिथक-सन्दर्श (विज़न) के अन्तर्गत कालान्तर में अमरता तथा आनन्द की कान्त मैत्री हुई है। मिथक के दिव्यरथ के ये दो पहिये रहे हैं। हम बता आये हैं कि यूँ तो भारतीय देवी-देवते कई मुखों-कई भुजाओं वाले होते हैं। ये सारे समय असुरों की टकराहटों से, अथवा स्वर्ग के भोग और इन्द्र की अजेयता में उद्विग्न रहते हैं। मानव इनके बीच प्रायः अनुपस्थित होते हैं (अवतार-धारा को छोड़कर)। अवतार-दशा में वे मनुष्य-रूप में आते हैं। इनके भी परिवार, अपने निवास (स्वर्ग, बैकुंठ, कैलास) तथा अपनी प्रजाति-एकता होती है। यहाँ भी वे 'लीला' करते हैं। प्रतिलोम में मेसोपोटामिआई, ईजिप्टी तथा ग्रीक देवते मानव जीवन तथा समाज के घनिष्ठ रिश्तों को भी रखते हैं। ग्रीक देवते मानवों से प्रणय तथा सहकार के सम्बन्ध भी बनाते हैं। अतः देवता-असुरों के संग्राम की भाँति मिथकीय तर्कात्मकता में देवता-मानव के द्वन्द्व-द्वैत की दुविधा भी निरन्तर चला करती है।

गेनीमीड पर बलात्कार (आज्ञात चित्रकार, 1550)
प्राचीन इमारतों वाले पर्वतीय भू चित्र की पृष्ठभूमि मे बाज (श्येन) में कायान्तरित देवेन्द्र ज़ियस किशोर गेनीमीड का आपहरण करके ओलिंपस-पर्वत में ले जाता हुआ ख्समलिंगी रति की सेमिओ लॉजी,

लेडा तथा हंस में कायान्तरित ज़ियस खलियोनार्दो द विंची की प्रतिकृति 1505-07,
हंस में कायान्तरित ज़ियस लेडा को उन्मत आलिंगनपाश में जकड़े है।
नीचे दो अण्डों से कास्टर तथा पॉलक्स, हेलने और क्लाइटेमनेस्ट्रा–ये चार शिशु जन्में हैं।

अब निचोड़ में जामवन्त की कथा से समापन किया जाए। इसमें पूर्व जन्म-उत्तरजीवन, कायान्तरण-रूपान्तरण आदि की विधियाँ गुत्थम-गुत्थ जो हैं। भालू मिथक-स्रष्टा की प्रिय रचना भी हैं।

जामवन्त भालुओं का सम्राट था। समुद्र-मन्थन के पहले उसने इक्कीस बार पृथ्वी का चक्कर काटकर जड़ी-बूटियाँ संचित कीं और क्षीर-सागर में धर दी। जब समुद्र-मन्थन हुआ तो वे अमृत हो गयी और धवन्तरि एक कलश में उन्हें लेकर ऊपर निकले।

कहा जाता है कि जामवन्त अमर है और (हनुमान तथा अश्वत्थामा की तरह अमर होकर) एक गुफ़ा में रहता है।

बाद में जामवन्त ने श्रीकृष्ण को रूबी या माणिक मणि दी थी जिसे एक सिंह सूर्य से चुराकर ले आया था। कहा जाता है कि इक्कीस दिनों तक लगातार कृष्ण-जामवन्त-संग्राम भी चला। इसके बाद ही जामवन्त ने वह वैदूर्यमणि समर्पण के अवसर पर भेंट की थी। उसने अपनी पुत्री जाम्बावती को भी कृष्ण-कान्ता के रूप में भेंट की थी।

उसके पहले जामवन्त राम-रावण-संग्राह में राम का प्रधान मंत्री भी रहा था। उसने ही नागपाश में बँधे लक्ष्मण के उपचार के लिए वैद्य तथा बूटी का प्रस्ताव किया था। उसने ही हनुमान को उसे लाने को ललकारा था।

और हम आज तक देश में गरीबी-भ्रष्टाचार-अशिक्षा-बलात्कार के राजरोगों से मुक्त होने को वैसी संजीवनी का इन्तज़ार कर रहे हैं। कौन होगा अभिनव हनुमान?

हमारी पूर्व-तर्कात्मक मान्यता तथा मिथकीय तार्किकता का नदी-नाव-संयोग है।

इस परिच्छेद में हम छल-छद्म एवं रूपान्तरण-कायान्तरण, शाप-वरदान एवं क्षमा-परीक्षा, आदि-मध्य-अन्त एवं वामन-विराट्, आदि तरकीबों का ले चुके हैं। अब हम पद्धतियों (मेथड्स) की समस्या-गाँठे बताते हैं–

(1) काल–यहाँ काल-चक्र तथा अविभाजित काल-रेखा है। सूर्य-चन्द्र की परिक्रमापरक यात्राओं से ही काल-चक्र की अवधारणा उद्भूत हुई। दीर्घ परम्परा रहित मिथकों में कालरेखा है। भारत-ईजिप्ट, अज़टेक-माया के मिथकयान द्रष्टव्य हैं।

(2) ब्रह्माण्ड में सर्वप्रथम : तीन विकल्प हैं–(क) 'मैं और तुम' की सम्बन्धता (ख) 'हम और वे' की सामूहिकता (ग) 'मैं' की ऐकलता।

(3) अंश–और सम्पूर्ण अर्थात् अंग और अंगी का अन्तर्भाव एवं अदला-बदली।

(4) वामन बनाम विराट् का चमत्कार।

[उक्त (2) एवं (3) कारण के, दिक् के, काल के प्रारम्भिक विचार थे। आदिम मानव अमूर्त तथा नव्यन्यायवादी या मीसांसक, या हीगैलियन मार्क्सवादी नहीं था।]

(5) उसके लिए जादू ही आदि कारण रहा होगा क्योंकि इसी में संयोग (चांस) एवं आवश्यकता (नेसेसिटी) की अंतःश्रेणियाँ अन्तर्भुक्त हैं।

इस तरह **मिथकीय तार्किकता** का मानव तथा देवता के साथ त्रिकोण बन गया है।

चित्र–आकृतियाँ

मानचित्र–तालिकाएँ

6

'यस्ते गन्धः पुष्करमाविवेश यं संजभ्रुः सूर्याय विवाहे।' (अथर्ववेद 12/1/24) : मूल प्रकृति की सृष्टि तथा महाशक्ति

अथर्ववेद के पृथ्वीसूक्त के उक्त पदांश का अर्थ है : **हे पृथ्वी! पूर्व काल में तुम्हारी गन्ध कमल में सन्निविष्ट हुई, जो देवताओं ने सूर्या के विवाह में भेंट दी।**

सम्प्रति हमारी सीमा विश्वमिथकयान है।

प्रकृति के मिथकीय-धार्मिक, कलात्मक-वैज्ञानिक जैसे भिन्न-भिन्न आयाम हैं। मूल प्रकृति समस्त ब्रह्माण्ड की 'ऋत्' तथा 'क्रतु' मूलक सृष्टि है और महाशक्ति है। हम इसका सन्दर्श विश्वकेन्द्र से करते हैं। यह संसार भौतिक (फिज़िकल) एवं पदार्थमूलक (मेटीरियल) है। यह आधिभौतिक एवं रहस्यात्मक, पवित्र तथा दिव्यपावन, और पंचेंद्रिययुक्त एकल मनुष्य के पूर्वानुमान से अगम्य तथा अदृश्य है।

यह पंचभूत (पृथ्वी, जल, वायु, अग्नि, आकाश) से युक्त त्रिगुणात्मिका (सत्व, रज, तम) है तथा इसकी स्थिति एवं संहार (प्रलय) होता रहता है जिससे मानव अनजान-सा है। यह 'प्रनर्मता (नॉर्म) तथा मर्यादा संस्थापित करती है।

परम्पराव्रती समाजों के मानवीय अनुभव आधिभौतिक पावन तथा ऐंद्रियिक आयामों में परिलक्षित हैं। मिथक के कालचक्र में प्रकृति की अवधारणा का अतुल्य प्रत्यक्षीकरण प्राक्तन कथागाथिन, मिथक-निर्माता, कवि-चित्रकार, पुरोहित-शामन और दार्शनिक आदि करते आये हैं। वस्तुतः पुरातन कथागाथिन और उसके सपने मिलकर आदिम मानव की फांतासियों को चमत्कृत, वशीभूत, अभिभूत करते आये हैं। हमारा केन्द्र यही है क्योंकि ये ही **प्रकृति की महाशक्ति** हैं।

इसलिए मिथकें प्रकृति के जगत्, नक्षत्रमंडल तथा संसारों और शताब्दियों को अपने संसर्ग से एकताबद्ध करती हैं। मिथकों में ही यह सर्वप्रथम पुंजीभूत हुआ है। विश्वमिथकसरित्सागर में तैरते-प्रवाहित होते हुए देवताओं-दैत्यों, देवियों-अप्सराओं, पशुपक्षियों-नक्षत्रों, स्वर्ग-पाताल, सूर्य-चन्द्रमा, पृथ्वी-अन्तरिक्ष, अधिनेताओं-खलनायकों आदि से हमारी भेंट होती है। **पृथ्वी** के भूगोल-इतिहास से लेकर नृतत्त्वशास्त्र, पुरातत्त्व, जीवशास्त्र, वनस्पतिशास्त्र, भूगर्भशास्त्र, सौन्दर्य ऊर्जादि उसके मानवीय-अतिमानवीय, अलौकिक-दिव्य पक्षों से भी हम जैसे मिथक-आलेखक-कारों की भी मुलाकात होती है।

यद्यपि अपनी इस संहिता में हम मिथकोत्तर ऐतिहासिक-धार्मिक-वैज्ञानिक आयामों का यथेष्ट उपयोग करने में अप्रासंगिक अथवा अवान्तर हो जाएँगे, परन्तु हम उनकी वैश्विक द्रष्टियों से प्रदत्त अनुकम्पा को नमन करते हैं। आइज़क न्यूटन (1642-1727), चार्ल्स डार्विन (1809-1882), कार्ल मार्क्स (1818-1883), एडवर्ड बी. टाइलर (1832-1917), जेम्स फ्रेज़र (1854-1941), सिग्मंड फ्रायड (1856-1939), मैक्स म्यूलर (1823-1900), अलबर्ट आइंस्टाइन (1879-1955) आदि ऐसे ही ऋषितुल्य मनीषी-क्रतुमय 'पुरुष' हैं। प्रकृति तथा सामाजिकता और मानवता के पक्षधर इन्होंने अभूतपूर्व अन्वेषण-अनुसन्धान किये हैं ॥ अस्तु ॥

× × ×

अथच नारी-शक्तिः- प्रकृति सौन्दर्यशालिनी है; नारी भी वही है। प्रकृति उर्वरा प्रजननवती है; नारी भी मातृत्वमूर्ति है। प्रकृति के सारे उपादान शोभामानक है; नारी का नखशिख भी प्राकृतिक उपमानों से उद्दीपित है। प्रकृति तथा नारी, दोनों ही सौन्दर्य की श्री हैं तथा जीवन की रचयिता हैं। दोनों ही पूजनीय हैं। इसीलिए मिथकों का आदेश है कि वहीं देवता रमते हैं। कालिदास ने

भी अपने क्लासिक संसार में सर्वत्र प्रकृति और नारी की कान्त मैत्री का महासूत्र दिया है क्योंकि मानवता की यही महाशक्ति है। नारी ही प्रकृति-संहार से संसार की रक्षा करती है।

यहाँ हम कुछ बातें दोहरा दें कि प्रकृति देशकाल में आबद्ध एक गति एवं शक्ति-युक्त, गणित-संचालित एक घड़ी है जिसकी मूर्त तथा अमूर्त सत्ता है।

वस्तुतः प्रकृति पृथ्वी तथा ग्रहों, सौरमंडल तथा अन्तरिक्ष के फेनामेना का साझा उन्मीलन-निमीलन है। यह 'ऋत्' तथा 'स्पंद' द्वारा नियत विधि से संचालित होती है। यह शाश्वत् संगठन है। इसमें सृष्टि एवं संहार का समन्वय है।

पृथ्वी द्वारा सूर्य की परिक्रमा से ऋतुएँ; स्वयं पृथ्वी द्वारा अपनी धुरी पर घूमने से दिवा-रात्रि; चन्द्रमा द्वारा पृथ्वी की परिक्रमा से अमावस-पूर्णिमा क्रम; पंचतत्त्वों के मेल-बेमेल से जन्म-मरण, विकास-ह्रास; तथा पंचेन्द्रियों द्वारा शब्द-स्पर्श-रूप-रस-गन्ध का प्रतिभास; और पंचभूतों द्वारा क्षिति, जल, पावक, गगन, समीर का विलास प्रकृति के ही प्रतिकर्म तथा प्रकार्य हैं। सब आर्गेनिक (जैविक) एवं अकार्बनिक (इनआर्गेनिक) गतिलीन भूत (मैटर इन मोशन) तथा जैविक पदार्थों से उद्भूत इनकी चेतनता विलसती है।

इसमें भूगर्भ-विज्ञान, जंतुविज्ञान, भूगोलशास्त्र, जीवशास्त्र, वनस्पतिशास्त्र, शरीरशास्त्र, भौतिकशास्त्र तथा रसायनशास्त्र है। रसायनशास्त्र की प्रतिक्रियाएँ तथा रूपान्तरण एवं भू-भौतिकशास्त्र की ताप-विद्युत-प्रकाश-ध्वनि-चुम्बक जैसी ऊर्जाएँ तथा वनस्पतिशास्त्र-प्राणीशास्त्र द्वारा जन्म-विकास-विनाश आदि **प्रकृति के नियमों** के अनुपालक हैं।

× × ×

भारतीय प्रकृति-संगीत में चातक-पपीहा, मोर-कोयल, तोते-मैना जैसे गाने वाले पक्षी प्रमुखता पाते हैं।...इसी उपक्रम में सिंह, हरिन, गाय, अश्व, हाथी, सर्प, मछली जैसे पशु-जीवों को भी महत्ता मिली है। पुष्पों में कमल सर्वोपरि है। गेंदा, मालती, चमेली, पलाश इसके बाद। आम फलों का राजा है।

तरंग, कलश (कुम्भ), शैलशिखर, स्तम्भ मानक आकृतियाँ हैं।

≈ ○ △ II

पृथ्वी अपनी परिक्रमा द्वारा ऋतुओं को, तथा घूर्णन द्वारा दिवारात्रि को लिवाती-विदा देती रहती है। अतः वह नित-नवीन शस्य-श्यामला, सुजला-सुफला वेगवती-परिवर्तनकारिणी बनी रहती है। उसका संचालक विष्णुरूपी सूर्य है। अतएव पृथ्वी तथा सूर्य (आकाश) को लेकर भी एक समानान्तर मिथकीय सृष्टि का वैश्विक दृष्टिकोण परिव्याप्त है। यही **'द्यावापृथ्वी'** है।

धरती पर मही (भूमा) तथा जल का अश्विन-न्याय है। विद्युत के आयुध के साथ अग्नि, प्रलय (बाढ़) और सूखे (अग्नि) की मिथकें; बादलों के साथ **वायु** भी जल ही धारण करता है। जल ही जीवन है। अतः **अग्नि**, वायु, आकाश से संयुक्त जल ही पृथ्वी की **प्रकृति** तथा कृति (सृष्टि), शिवं तथा सुन्दरं का विधायक है। यह **'क्षितिजल' संयोग** है। आदिमता में एक से, एक साथ होने का आदिम सम्बन्ध युगल तथा जुड़वाँ भाई-बहन का ही हो सकता है। विभिन्न शाखों से आने पर ही पति-पत्नी का दम्पति/साथी/युगल सम्बन्ध उन्मीलित हुआ।

पुरुष-प्रकृति/यिन-यांग ने धुँधला अन्तर किया। बीच की स्थिति में हर्माफ्रोडाइटस/अर्धनारीश्वर आये।

अतः वायु एवं अग्नि से युक्त जल ही पृथ्वी की प्रकृति, संस्कृति तथा सुन्दरता का सूत्रधार है। अतः अग्नि, वायु, जल, अथवा जल में अग्निवायु ही पृथ्वी को नाना रूप-स्वरूप प्रदान करते हैं; सृष्टि-संहार-स्थिति-परिवर्तन द्वारा। जैविक (आर्गेनिक) पिंडों (बॉडीज़) में इसे जन्म-मरण का चक्र समझा जाता है। इसके साथ-साथ विश्व-मिथकों में देवताओं, देवियों, राक्षसों, अतिमानवों के समूहों की रचनाएँ हुईं। सृष्टि के रहस्य समझे गये। यह मानुषी-सृष्टि है।

अमरता

सोम तथा अग्नि का द्वैत-अद्वैत अमृत तथा अमरता का विधायक है। समुद्र-मन्थन की मिथक में मेरु-पर्वत की मथानी तथा वासुकि नाग की रस्सी से जब देवों-दानवों ने समुद्र का मन्थन किया तो सर्पमुख से अग्नि तथा समुद्र से अमृतघट लिए हुए वैद्य धन्वंतरि, चन्द्रमा, और लक्ष्मी भी निकले। इस तरह सोम (अमृत) तथा अग्नि देवों एवं देवमानवों को सिद्ध हुए। अयरता का रहस्य **धन्वंतरि** को, तथा प्रभाव **मोहिनी** (रूपा विष्णु) एवं **लक्ष्मी** को ज्ञात था। **चन्द्रमा** भी सोम से सम्बद्ध हुआ। **शनि** चालबाज (ट्रिक्सटर) का द्वन्द्वस्वरूप है : देव-दानव की संयुक्ता। चालबाजी तो विष्णु ने भी मोहिनी-स्वरूप धारण करके की। तो, संग्राम के बाद द्वन्द्व। शिव ने अपने नीलकंठ में गरल धारण करके मानवों में सौन्दर्य, और समृद्धि और श्री का संपुजन कराया। यूँ द्वन्द्व भी समाप्त हुआ। सोम और अग्नि का सहकार हुआ।

मिथक

हमारा सभ्यतावर्ती इतिहास मेसोपोटामिआ-ईजिप्ट से कालविभाजित होता है। इसके पहले कांस्ययुग, लौहयुग, पाषाणयुग का पूर्वेतिहास चालू होता रहा था। उसके भी पहले हिमानी-युग, डायनासोर-मैमथ का युग झलकता है। उससे भी तीस हज़ार साल

पहले शैलचित्र झिलमिलाते हैं। और सबसे पहले पुरातत्त्व के जीवाश्म तथा कृतिवास्तु (आर्टिफैक्ट) मिलते हैं। तथा प्रथम सर्ग में हेमवती उषा सूर्यरथ के आगे चलती हुई दिखती है।

तो आधुनिक मानव का ज्ञान-संज्ञान भी मानव-धुरी पर आज से पचास हज़ार साल पहले से पीछे नहीं जाता, जबकि मानव पृथ्वी पर दो लाख साल पहले आया। अतः वे डेढ़ लाख सालों को कैसे जाने? कैसे हम 'समय के परे' जाएँ, कैसे 'स्वप्न समय' में पुनरुज्जीवित हों?

ज़ाहिर है कि उस समय मनुष्य के पास भाषा भी नहीं थी, औज़ार और हथियार भी नहीं थे। घर और वस्त्र भी नहीं थे। बस जंगल, समुद्र, पहाड़, सागर थे। हाँ, उस समय वह यूथ (झुंड) से समूह (ग्रुप) में संघटित हो रहा था। उस समय उसका वाक् उन्मीलित हो गया था तथा मूलवृत्तियों (भूख, सेक्स, भय-हिंसा) के साथ-साथ संवेग (प्रेम, क्रोध, करुणा, वात्सल्य) भी झलकने लगे थे।

उस समय प्रथम क्रान्ति हुई—मिथक का जन्म। उसके बाद ही भाषा आयी। फिर जादू आया, धर्म आया।

तो हम उस समय से परे के **मिथकीय मानस** को कैसे पहचानें? मिथकीय यथार्थता तथा कल्पना, मिथकीय अधिभाषा तथा साम्यरूपकात्मक अनुमिति को कैसे पुनर्लब्ध करें? हम ये अनुमितियाँ करके आगे आ रहे हैं।

वहाँ तक कुछ ही अमर्त्य स्वप्नद्रष्टा जा आये हैं—मैक्सम्यूलर, मेलिनोव्सकी, फ्रेज़र, कैम्पबेल, कोसाम्बी आदि। उनके पग-चिह्नों पर मैं विष्णु-वामन भी चल पड़ा।

उनकी दृष्टियाँ, उनके वर्गीकरण मुझे वर्गीकरण-सूचीकरण तक ही लिया जा रहे थे। वे प्रायः मिथकयान-प्रणयी (मिथोलाजिस्ट) थे। मुझे नृतत्त्वशास्त्रियों, पुरातत्त्ववेत्ताओं, समाजशास्त्रियों, सौन्दर्यतत्त्ववेताओं, भाषावैज्ञानिकों, पुरा-इतिहासकारों, मनोवैज्ञानिकों आदि से भी दिशा-निर्देश लेने थे। मुझे मिथक-निर्माताओं की अधिभाषा समझनी थी तथा उनसे संवाद करने के लिए अपनी भी नयी यक्षभाषा रचनी थी। अतः मेरी धुरी मिथक-आलेख-कारी (मिथोग्राफ़ी) हो गयी। लगा कि विश्वमिथकयानों का आदिमार्ग मिल जाएगा। मैं दक्ष हो सकूँगा।

फिर मैंने **'विश्वमिथक'** को एक इकाई माना क्योंकि विश्व एक है और हमारा आधुनिक-उत्तरआधुनिक युग भी भूमंडलीकरण वाला है। अब प्रतीयमान यथार्थता, वैज्ञानिक फांतासियाँ तथा जादुई यथार्थता भी समझदारी का एक माध्यम बन गयी है। सो मेसोपोटामिआ, ईजिप्ट, पर्शिया, ग्रीस, रोम, भारत, चीन, जापान, मंगोलिया से होते हुए उत्तरी-मध्य-दक्षिणी अमेरिका जाना पड़ा। वहाँ से समुद्रायनी में अन्तेवासी होकर पूरी पृथ्वी-परिक्रया करनी पड़ी।

सो मैं इतनी मिथक-सरिताओं पर यानों के बेड़ों के साथ विश्वमिथक के महासागर का नौसिखिया माँझी होकर यात्रा में चल पड़ा। अकेले माँझी का कुतुबनुमा भी भटकाता रहा। सो, मैंने हंस की तरह डैने पसारकर यह 'हंसगान' गाना शुरू किया। अन्ततः इसे सृजनगान में लिख रहा हूँ।

इन कठिनाइयों के अलावा अभी तक भी मिथकीय रहस्यों में उलझता जा रहा हूँ—ब्रह्माण्ड के अण्डे के बीच के स्वर्णिम अंश से हिरण्य-गर्भ (विष्णु, ब्रह्मा) के साथ हिरण्याक्ष तथा हिरण्यकशिपु क्यों आये? विश्व के सभी प्रारम्भिक मिथकयानों में भाई-बहन ही पति-पत्नी क्यों हैं? विश्व के आरम्भिक मिथकयानों में सम्भोग-धुरी पर प्रणय, सौन्दर्य, नैतिकता का आविर्भाव इतना विलंबित क्यों हुआ? क्यों कुछ देवते भी दानवों की तरह रक्तपान तथा मानव के ताजे हृदय की बलि लेते हैं? किस तरह से अदिति दक्ष की माता भी है, तथा पुत्री भी?

क्यों शैलचित्रों में पक्षियों का अंकन लगभग गायब है और मानवाकृति ज्योमितिक चिह्न मात्र है? कैसे मोहिनी-रूप विष्णु ने शिव से अयप्पा को जन्म दिया और कैसे पार्वती के दोनों पुत्र—गणेश तथा कार्तिकेय—अगर्भज हैं? क्यों दुर्गा के ललाट से काली तथा ज़ियस के मस्तक से एथेना एवं जंघा से डायोनीसस का जन्म हुआ? कैसे दक्ष की कन्याओं से तथा कपिल के पतित्व से सर्पवंश, पक्षीवंश, सूर्यवंश, दैत्यवंश आदि सभी उत्पन्न हुए? कैसे मात्र झाग से अथवा सिंधुगर्भ से एफ्रोडाइट तथा लक्ष्मी का आविर्भाव हुआ? ये अनेक तथा अनन्त रहस्यमयताएँ हैं जिन्हें मिथक के प्रतीक, रूपक, कूट, पूर्वतर्कणा जैसे चक्रचिह्न भी नहीं सुलझा पा रहे हैं।

सबसे बड़ी दुविधा तो यह है कि आज हम मिथक पर विश्वास नहीं कर सकते। हम उन्हें स्वीकार करते हैं। इन्हें बिना शिरोधार्य किये हम इस आदि मार्ग में एक डग भी आगे नहीं रख सकेंगे। इसी के साथ यह ध्रुव सत्य है कि मिथकों में निष्कर्ष तो इंगित किये जा सकते हैं किन्तु निर्णय कतई नहीं दिये जा सकते।

सबसे अन्त में यह आर्ष सत्य है कि विज्ञान तथा विश्लेषण से विश्वमिथक-हंसों का निर्मम कत्ल हो जाएगा। उनकी तो व्याख्या ही की जा सकती है।

6.1 मिथकीय भूगोल

(I) यह काल-गणना का विषय है। इसकी सत्ता अमूर्त है। परिवर्तमान ऋतु-चक्र, पृथ्वी और चन्द्रमा के परिक्रमा-पथ, तथा (ज्योतिष के अनुसार सूर्य का उत्तरायण-दक्षिणायन-गमन तथा राशि-प्रवेश और नक्षत्रों का उदय-अस्त आदि काल की क्षण-अवधि तय करते हैं। तथापि, मिथक में काल के निरन्तर होने के कारण वह **'महाकाल'** अथवा **'चिरन्तन'** वर्तमान होता है। मिथक, कालनिरपेक्ष होकर, 'शाश्वत्' तथा देशनिरपेक्ष होकर, 'सार्वभौम' होती है।

तदपि देश या दिक् नियत होता है। वह नश्वर भी है। भौतिक वस्तु या स्थान-स्थल उसका अभिज्ञान कराते हैं। मिथकमार्ग में वे पवित्र तीर्थ, कर्मकांड-स्थान, संस्कार-केन्द्र अथवा उत्सव-स्थल के रूप में धुरी बनते हैं। वे मिलजुल कर **मिथकीय भूगोल** का निर्माण करते हैं। जब मिथक धर्म, सम्प्रदाय, मत अथवा लोकविश्वास से संलिप्त होने लगती है तब मिथक में कर्मकांड और लिजंधर, जनश्रुति और पर्वोत्सव आदि संयुक्त हो जाते हैं। कुल मिलाकर ये एक प्राक्कल्पित मिथकीय एटलस भी रच लेते हैं। जो मिथकायन शताब्दियों की यात्रा करके धर्म से अनुरंजित होते जाते हैं वे जीवन्त **धर्मकथा** एवं पुराणादि में भी रूपान्तरित हो जाते हैं। ऐसे में मिथक **धार्मिक मिथक** हो जाती है। इस भाँति मिथकीयभूगोल की स्थायी अनुमिति तथा अभिज्ञान हो जाता है। भारत, चीन और जापान, समुद्रायनी और कुछ एशियाई द्वीपों में कई धार्मिक मिथकें आज भी धारावाहिक हैं। अतः मिथकीय भूगोल भी जनजीवन में प्रासंगिक हैं। मेसोपोटामिया, ईजिप्ट, ग्रीस, मेसोअमेरिका की प्राचीन संस्कृतियाँ लुप्तप्राय हैं, किन्तु अवशेषों तथा प्रजातीय अतीत के संरूप में उनके मिथकीय भूगोल आज भी पुरातत्त्व, नृतत्त्व, इतिहास तथा समाजशास्त्र के विषय हैं।

ग्रीस में ओलिम्पस **पर्वत** और **डेल्फी** और **पार्थिनन,** तीनों ही धर्मिमथकीय केन्द्र रहे थे। सर्वोत्तम **ओलिम्पस** में निवास करने वाले बारह देवताओं का देवमंडल था। उसका सम्राट देवेन्द्र ज़ियस था। मंडल में चार प्रमुख देवियाँ थीं। ज़ियस की रानी देवी हेरा, कुवारी शिकारिन आर्तेमिस, प्रेम और सौन्दर्य की देवी एफ्रोडाइट तथा ज्ञान एवं शुचिता की देवी एथेना। देवताओं मे स्वयं ज़ियस, प्रकाश तथा सत्य का देवता अपोलो, युद्ध देवता एरीज़, उन्मत्तता-उर्वरता-वनस्पति का देवता डायोनीसस, अग्निदेवता हेफेस्टस, समुद्र देवता पोसेइडन, अन्नपूर्णा हेस्टिया, फसलों की देवी डिमिटर तथा देवताओं का नारद हर्मीज़ और अन्ततः हर्कुलीज़। बाद में 'पराये' बार्बेयिनों से बचने के बाद ग्रीकों की मिथकें तथा देवमंडल रोम में कूच कर गये।

डेल्फी पारनासस पर्वत की ढलान पर पूजास्थल था। इसे पृथ्वी की धुरी माना जाता था। वह अपोलो देवता का प्रिय स्थल था जहाँ वह बाल्यावस्था में ही आ गया था। उसने घोषणा की कि 'वीणा तथा धनुष मेरे प्रिय होंगे और डेल्फी की देववाणी (ओरेकल्स) में मैं देवेन्द्र ज़ियस की इच्छाओं का रहस्योद्घाटन किया करूँगा।' यहाँ वह एक भविष्यद्रष्टा महानाग का वध करके उसकी पीठ पर आसीन हो गया। उसकी सहयोगिन पुरोहितिन पाइथिआ थी। यहाँ के झरने मे पवित्र स्नान करके तीर्थयात्री शुद्ध होते थे। फिर गर्भगृह से होते हुए ज्ञान एवं प्रकाश के देवता के मन्दिर में प्रवेश करते थे। पुरोहित पाइथिया अगरुधूम सूँघने के बाद भविष्यवाणी करती थी। बाद में अपोलो की क्षमताओं में भी इजाफा होता चला। वह आयुर्वेद, धनुर्विद्या तथा संगीत का भी देवता हो गया।

ग्रीकों का तीसरा पवित्र स्थल देवी अथेना का महान मन्दिर **पार्थिनन** था। वह नगर-राज्य एथेंस की भी शासनदेवी थी। एक्रोपोलिस में स्थापित मन्दिर ग्रीक वास्तुकौशल की एक उपलब्धि थी। इसका स्थपित फिडियास था और यह दस वर्षों (ई.पू. 438) में बनकर पूरा हुआ था। मन्दिर की दीवारों पर अनेक मिथकें उत्कीर्ण हैं। स्तम्भ डोरिक अनुक्रम वाले हैं। बाद में यह ईसाई चर्च में, फिर तुर्की मस्जिद में तब्दील हुआ और सन् 1687 में वेनिसीय गोलाबारी में प्रायः तहस-नहस हो गया।

ऐसा ही हश्र यरूसलेम में **सोलोमन** के परम पावन मन्दिर का हुआ था। आज वहाँ बस एक 'बिलखती हुई दीवार' बची है जो आज भी इसरायल में सबसे पावन स्थल है। देवताओं की पूजा किये जाने वाला नगरतीर्थ 'एक्रोपोलिस' कहलाता था। छह कोणों वाला सितारा सोलोमन की मुहर थी।

ईजिप्ट नील नदी का तोहफा है। यह विशाल नद दक्षिण से बहता हुआ उत्तर में भूमध्यसागर में गिरता है। इसी के किनारे-किनारे तीन हजार साल पुरानी सभ्यता पल्लवित-पुष्पित हुई थी। इसमें देवताओं, राजाओं, पुरोहितों का वर्चस्व रहा था। वे सभी सहवर्ती-सहक्रमिक थे। इसलिए इतिहास के चक्रव्यूह ने मिथक-धार्मिक शहरों का निर्माण किया। इनमें हेलियोपोलिस, हर्मोपोलिस, मेम्फ़िस, थीब्स प्रमुख पवित्र नगर थे। ईजिप्टी जीवनोपरान्त विचारों से संचालित थे। इसलिए वहाँ राजाओं की घाटी, देवताओं की घाटी भी थी। एक प्रकार से वे उनकी ब्रह्माण्ड-मिथकों का भी भूगोल मानी जा सकती है।

गीजा-क्षेत्र में **हेलियोपोलिस-केन्द्र** में मान्यता थी कि महत् जलराशि से देवता आमून का अभ्युदय हुआ। वह "महान् पुरुष-स्त्री" था। फिर गेब और नुट का आविर्भाव हुआ। गेब और नुट के दो पुत्र ओसाइरिस तथा सेथ, दो पुत्रियाँ आइसिस तथा नेरथाइस थीं। ये आपस में भाई-बहन और पति-पत्नी भी थे (तब ईजिप्ट में यही प्रथा थी)।

मध्य ईजिप्ट के खेमेनू-क्षेत्र के **हर्मोपोलिस-केन्द्र** में नन देवताओं का पिता और आठ के देवमंडल वाला था। अन्धकार का समावेश था। तब एक प्राक्आदिम बत्तख ने अंडा दिया जिसमें से सूर्य निकला। एक अन्य मिथक में वह कमल से पैदा हुआ

था। अन्धकार, जल और प्रकाश, तीनों उपस्थित हुए। सात सौ वर्ष ई.पू. में **मेम्फिस-केन्द्र** में राजदंड तथा मुकुट से लैस ममी में लिपटा, सृष्टि का महान् देवता टाह (प्टाह) प्रकट हुआ। रेगिस्तान की सिंहमुखी देवी सेखमेत भी आ गयी। अन्ततः **थीब्स** केन्द्र में नयी राजशक्ति का (मिथकान्वित) युग (ई.पू. 1279-1263) शुरू हुआ। आमून आमून-रे में संवर्धित हुआ। फाराओ अखेनातन की धर्मसाधना में एकेश्वरवाद की अस्थायी प्रस्थापना हुई। फिर थीब्स में नया पवित्र त्रित्व उभरा : आमून-रे (देवताओं का सर्वोच्च देव), मुट (आमुन-रे की प्रिया, यदाकदा एक गृद्धमुख में भी, तो उत्तरी भाग की देवी नेखबेट के प्रतिरूप में) तथा खोन्स (चन्द्रदेवता, आमुन-रे और मुट का शिशु; इसकी शिनाख्त एक केश-अलक से होती है)।

इस प्रकार कई शताब्दियों के दौरान उक्त चार उपासना-केन्द्रों में चार प्रकार की साधनाएँ प्रचलित हुईं जो क्रमशः पुनीत आकाश-देवी नुट और अटूम के; पंचतत्त्वों की ब्रह्माण्डीय व्यवस्था (उत्तरजीवन-समेत) के; कार्नाक-मन्दिर में स्थापित आमून-सम्प्रदाय के; तथा सूर्य गोलकदेव एटॅान की आराधना के केन्द्र हो गये। अन्ततोगत्वा पूर्वेतिहासिक काल में निचले ईजिप्ट का देवता **होरस** ही प्राचीन राजशाहियों के अन्तर्गत राष्ट्रीय देवता भी हो गया। वह मिथकीय ईजिप्ट का सांस्कृतिक अधिनेता भी बन गया।

उत्तरी ध्रुव की 'उषश् दीप्तियाँ' (आरोरा बोरियालिस)

जब तक कि मृतक पुनर्जन्म की प्रतीक्षा करें, उनका आत्माएँ उत्तरी रौशनियाँ अर्थात् 'आरोरा बोरियालिस' को बनाती हैं। लेब्रेडार की एक इनूइट-मिथक बताती है कि पृथ्वी के अन्तिम छोर पर एक गहरी खंदक है जिसमें एक खतरनाक पगडंडी है जो एक सूराख से होकर सीधे आकाश में जाती है। उसके बाद वह मृतक देश में पहुँचती है। जिन लोगों की आत्माएँ इसके पार जा चुकी हैं वे नयी आत्माओं के लिए मशालें जलाती हैं। इनूइट मिथक में यह थीम बार-बार आती है कि मृतकों का देश समृद्धियों की भी भूमि है। जिन लोगों की आत्माएँ वहाँ चली जाती हैं वे वहाँ पर एक वालरस (सिंह मीन) के कपाल से खेलते हुए, दावतें उड़ाते हुए देखे जा सकते हैं। यही 'आरोरा बोरियालिस के रूप में प्रतीत होता है। साइबेरिया के चुवान लोगों का विश्वास है कि ये उत्तरी रौशनियाँ शिशु-प्रसव में आराम प्रदान करती हैं जबकि फिनलैंड के सामी लोग मानते हैं कि ये उत्तरी रौशनियाँ हर समय, यहाँ तक कि दिन में भी, मौजूद रहती हैं और दुष्टता तथा काले जादू से उनकी रक्षा करती हैं (दे. 'एनसाइक्लोपीडिया ऑफ़ वर्ल्ड मिथोलॉजी, प्रमुख संपादक आर्थर कोटेरल, डेमप्से पार बुक्स, यू.के. 1999, पृ. 140)

उत्तरी अमेरिकी मिथक में ध्रुवतारा क्यों अचल है : आकाश जीवित वस्तुओं से भरापूरा है। उनमें वैसी ही हलचल है जैसी स्वयं पाहुटे लोगों में। वे ब्रह्माण्ड के फेरे लगाती हैं तथा आकाश पर अपनी निशानी छोड़ देती हैं। कुछ तो पक्षी हैं जो उष्ण जलवायु में यात्रा करते हैं; कुछ पशु हैं जो बेहतर चरागाहों को तलाशते हैं। आकाश उनकी खुशनुमा आखेटवटी है। तदपि एक है जो यात्रा नहीं करता। वह Qui-am-i Wintook, उत्तरी तारा है। किसी समय वह पर्वती भेड़ नागाह (Nagah) था। एकदिन उसे एक ऊँचा पर्वत मिला जिसकी बगलें ढालू थीं और नुकीली चोटी बादलों को छेदती थी। नागाह उसके शिखर पर चढ़ गया। विराट् आत्मा शिनोब ने उसे तब देखा जब वह आकाश से आर-पार गुज़र रही थी। नागाह शिखर पर फँस गया था। इसलिए शिनोब ने उसे एक दिखावने (See) अर्थात् तारा बनाने का निश्चय किया जो हरेक को दिखाई देते हुए आकाश में चमकेगा। वह आकाश तथा धरती के सभी जीवित प्राणियों के लिए प्रदर्शक होगा।

इस तरह यह हुआ कि नागाह ही ऐकल तारा है जो हमेशा उसी स्थान पर मिल जाएगा। यात्रियों को उससे ही पथप्रदर्शन मिलेगा क्योंकि अन्यतारों के विपरीत वह अचल रहता है। क्योंकि वह उत्तरी आकाश में है। [वही, कोटेनल]

भारत में अनन्त देवताओं की अनन्त हरिमिथकों के कारण बेहद घना मिथकीय नक्शा बनता है जिसमें मिथक और पुराण, धर्म और अनुष्ठान, लोकयान और लिजंधर के अनुसार भौगोलिक संजाल गुँथा है। अतः हम कुछ चुनिंदा मिसालें लेंगे।

परवर्ती कालों में **मिथकीय भूगोल** सिन्धुओं तथा झीलों और पुष्करों का एक एटलस भी बनाता है। इसमें द्वीपों का निर्माण वर्णित हुआ है।

भारतीय मिथकीय भूगोल में मनुपुत्र प्रियव्रत ने **सप्तद्वीपों** का निर्माण कियाः—जम्बूद्वीप (लवण समुद्र के मध्य), प्लक्ष द्वीप (इक्षु समुद्र के मध्य), शाल्मली द्वीप (सुरा-सागर के मध्य), क्रौंच द्वीप (दधि-मंडोद सागर के मध्य), शाक द्वीप (क्षीर सागर के मध्य), पुष्कर द्वीप (मधुसागर के मध्य) तथा कुशद्वीप (धृतसागर के मध्य)।

उपर्युक्त कोष्ठित **सप्तसिन्धु** में ही एक-एक क़र सात द्वीप बने। इनमें से जम्बूद्वीप सबसे लम्बा-चौड़ा है। तदपि शाक द्वीप वाले क्षीरसागर (के मीठे जल) में विष्णु अनन्त-शयन करते हैं।

सप्तद्वीप-सप्तसिन्धु के सहवर्तन में **सप्तपुरी** हैं : अयोध्या, मथुरा, माया (हरिद्वार), काशी, काँची, उज्जयिनी एवं द्वारका। इनके साथ ही **सप्तगंगा** हैंः—भागीरथी, शृद, गंगा, कालिन्दी, कावेरी, नर्मदा, वेणी।

इसी अनन्त जलराशि से **सप्तसिन्धु-सप्तद्वीप** का परवर्ती चरण में **जल-प्रलय** तथा गुप्त-युग में दक्षिण एशिया से व्यापार तथा धर्मप्रसार के फलस्वरूप **समुद्र-मंथन** की मिथकें भी फैलीं। समुद्र-मंथन अमृत के लिए किया गया तथा उससे अमृत के अलावा

आयुर्वेदाधिदेव धन्वंतरि अमृत एवं विष भी निकला; वैभव की देवी लक्ष्मी और अप्सराएँ भी प्रकट हुईं। इसके साथ ही उत्तर में भगीरथ पाँच धाराओं वाली देवनदी गंगा को; पृथ्वी पर लाये। अवतरण के प्रचंड वेग को देवता शंकर ने अपनी उन जटाओं में झेला। इससे वे गंगाधर तथा जटाएँ शिवालक नामक शैलशृंखलाएँ हो गयीं। अवतरण के दौरान गंगा विष्णु के पगनख से होती हुई उतरी। अतः वह 'भागीरथी' के साथ-साथ 'विष्णुपगा' भी हो गयी। स्वर्ग में उसका नाम मंदाकिनी था...इसी उपक्रम में सती अनसूया अपने तपबल से चित्रकूट में गंगा की एक धारा को ले आयीं। वहाँ भी वह मंदाकिनी कहलाई। इसी तरह दक्षिण में अगस्त्य ऋषि कावेरी नदी को पृथ्वी पर लाये। इसके सहवर्तन में अवतार श्रीराम की सेना के लंका-प्रयाण में वानर नल-नील (जुड़वाँ/द्वय) ने रामेश्वरम् में समुद्रसेतु-बन्ध भी किया।

मातृसत्ताक व्यवस्था की क्षीणता तथा प्रत्याहरण (विदड्राल) का प्रचंड उदाहरण **सती-मिथक** है। सती पहली बार खुद स्वतन्त्र निर्णय लेकर अपने पिता के यज्ञ-महोत्सव में शामिल होती है जिसमें उसके पति शिव अनामंत्रित हैं। इस दोहरी चुनौती से क्रोधित शिव सती के अंग-प्रत्यंग काट-काट कर भीषण नृत्य करते हैं। जहाँ-जहाँ सती के अंग गिरते हैं—वे बहुधा पर्वतों में, आदिम प्रजाति अनुजातियों के क्षेत्रों में गिरते हैं—वहाँ-वहाँ शक्ति-पीठ क़ायम हो जाते हैं। इस प्रकार शक्ति-सम्प्रदाय और मातृशक्ति सीमित होकर भी प्रचलित रहती हैं। शाक्तों तथा शक्ति क्षेत्रों में आचार-आहार भी बहुधा आदिम एवं कबीलाई हैं, विशेषतः पंच मकार की साधना। यह अपने ढंग की ऐकल मिथक है जिसमें बलि तथा खंडित बलिकृत अंगों के मिथकाभिप्रायों द्वारा देवी माता के विभिन्न प्रकार के सम्पूर्ण विग्रहों की पूजा का विधान है। कामाख्या, उड्डीयान, विंध्याचल, नैनादेवी, ज्वालामुखी, कालीघाट आदि तंत्र तथा मततंत्र (कल्ट) के **इक्यावन शक्ति पीठ** हैं। इनमें शिवलिंग स्थापित नहीं है। इसी परम्परा में शारदीय नवरात्र तथा वसन्त-नवरात्र में नाना शक्तिरूपों की उपासना होती है। ये ऋतुओं में नक्षत्रों एवं राशियों के संयोजन, तथा नारी-स्वरूप की नौ अवस्थाओं-शक्तियों-शोभाओं के भी उद्भावक हैं।

इसी उपक्रम में सात पुण्य नगरियाँ भी हैंः—उज्जयिनी, काँचीपुरी, द्वारिका, मायापुरी (हरिद्वार), मथुरा, वाराणसी, एवं अयोध्या। इनमें-से चार धाम हैंः—बद्रीनाथ, जगन्नाथ, द्वारिका, रामेश्वरम्।

नद तथा नदी वैश्विक संस्कृतियों में देवी-देवते हो गये। नीलनद, ब्रह्मपुत्र, ह्वांग हो, गंगा, यमुना, सिन्धु नद-नदी हैं।

गौर धवल गंगा तथा श्याम नील यमुना मिथकधारणी एवं संस्कृति-संवाहिका रही हैं। शायद गुप्त-युग से उत्तर से दक्षिण पर्यत प्रमुख मन्दिरों के प्रवेश-द्वारों पर गंगा-युमना की मूर्तियाँ दायें-बायें उत्कीर्ण हुई हैं। [अहिछत्र में उनके विशाल टेराकोटा (मृण मूर्तियाँ) मिले हैं]। दोनों देवियों के वाहन क्रमशः मकर एवं कूर्म हैं। ये विकास की जीवशास्त्रीय शृंखला के भी द्योतक हैं मत्स्य के पश्चात्। दस हज़ार साल पहले हिमयुग से भी लगभग दो सौ पचास साल पहले। इक्यावन शक्तिपीठों की भाँति मिथकोद्भूत **पंचबद्री** तथा **पंचकेदार** हैं। *(चित्र-अगले पृष्ठ पर)*

हिमालय के पाँच भागों में मध्यवर्ती भाग को राहुल सांकृत्यायन ने केदारखंड माना है। मिथकवृत्त के अनुसार किरातवेशी शंकर गुरुहंता, कुलहंता पांडवों को देखना नहीं चाहते थे। किन्तु पांडव पीछा नहीं छोड़ रहे थे। इसलिए शंकर महिषवेश में अन्य महिषों के बीच मिलकर केदारभूमि पर हरी दूब चरने लगे। तभी आगमों के ज्ञानी सहदेव को यह पता चल गया। उन्होंने भीमकाय भीम को बताया। भीम ने अपनी दोनों जाँघों से भैंसों के आने का मार्ग रोक दिया। केवल टाँगों के नीचे का रास्ता बच रहा। अतः लाचार होकर महिषरूपी शंकर वहीं भूमि में धँसने लगे जिससे पांडव केवल उनकी पीठ का ही दर्शन कर सके। अतः मन्दिर में जो अनगढ़ शिलाखंड है, वह शिव की पीठ का है। अन्य अंग भी इस प्रकार फैलेः—तुंगनाथ में बाहु, रुद्रनाथ में मुख, कल्पेश्वर मे जटा तथा सिर, मदमहेश्वर में नाभि। एक अन्य प्रतिपाठ में पशुपतिनाथ शंकर का सिर तो नेपाल के काठमांडू में, तथा धड़ केदारनाथ में ही रह गया। क्योंकि भीम ने पूँछ पकड़कर शिव को अंतर्धान नहीं होने दिया। इस प्रकार केदारनाथ का विशाल मन्दिर आज भी पूजित है (यह लगभग बारहवीं-तेरहवीं शती में पूरा हुआ था)। केदार-क्षेत्र के पाँच मन्दिर **पंचकेदार** माने जाते हैं। यह शैव एवं वैष्णव सम्प्रदायों का सह-अस्तित्व भी इंगित करता है। इसके अलावा यहाँ वासुकिताल, भैंरोनाथ का मन्दिर, गौरीकुंड, त्रिजुगीनारायण मन्दिर भी है।

पंचबद्री के सन्धिस्थल को सदाशिव का स्वयंभू लिंग भी माना जाता है। इस क्रम में रुद्रनाथ का मन्दिर चमोली में, गोपीनाथ का मन्दिर गोपेश्वर में स्थापित है। एक दोहा भी प्रचलित है—'बटुकनाथ भैरव भुजंग, श्री काली के लाल। छित्तरमल पर कर कृपा काशी के कातवाल।' तो काशी के कोतवाल के भी कई मुग़लिया रूप है :—बाल भैरव, बटुक भैरव, आनन्द भैरव आदि।

स्वयंशिव के **बारह ज्योतिर्लिंग** हैंः—ओंकार (मान्धाता), महाकाल (उज्जयिनी), त्र्यंबक (नासिक), घृष्णेश्वर (इलौरा), नागनाथ (दारुकावन), भीमशंकर (सह्याद्रि पर्वत), केदारनाथ (हिमालय), विश्वेश्वर (वाराणसी), सोमनाथ (सौराष्ट्र), वैद्यनाथ (देवघर), मल्लिकार्जुन (श्री शैलम्), रामेश्वर सेतुबन्ध (तमिलनाडु)।

भारत के अनन्त मिथकीय भूगोल को हम **अमरनाथ** (काश्मीर) की यात्रा से भी रंजित करते हैं। काश्मीर के भुजवान पर्वत में अमरनाथ-गुफ़ा स्थित है। मिथक यूँ है कि शिव ने पार्वती को अमरत्व के रहस्य, कामकला तथा ब्रह्माण्ड-रचना के गुप्तज्ञान को

तिरुमला या तिरुपति (आन्ध्रप्रदेश) के श्रीपति विष्णु 'थिरु बालाजी' के मन्दिर को घेरे हुए शेषगिरि या वेंकटाचल के सप्तशैलशिखर अनन्त के सर्पफणों की तरह से हैं। वे सप्तसिन्धु भी माने गये हैं जिन पर वे शयनोपरान्त उठ आये हैं। इन सात चोटियों या पहाड़ियों वाले तीर्थम् (यात्रापथ) हैं—शेषम, कुमारधारा, शंकरानन्द, पापविनाशन, गोपालथुम्बुर, पाशुपु, रामकृष्णा, भीम तथा कपिल। इसी प्रकार पवित्र अमरनाथयात्रा तथा बालाजीतीर्थम् वर्तमान में भी चिरन्तन है।

बताने के लिए यह गुफ़ा चुनी जो मनुष्यों, पशु-पक्षियों, सभी प्राणियों के सम्पर्क से अछूती थी। पार्वती के साथ अमरनाथ-गुफ़ा में आने के लिए उन्होंने सबसे पहले नंदी को पहलगाम में छोड़ा, चन्दनबाड़ी में चन्द्रमा को छोड़ा, शेषनाग झील के किनारे सर्पों को त्यागा तथा महागुणस पर्वत पर प्रिय बेटे गणेश को भी छोड़ दिया। तब पंचतत्त्वों को भी छोड़ दिया। तब पार्वती के साथ उन्होंने गुफ़ा में प्रवेश किया। समाधि लगाकर उन्होंने पार्वती को कामकला की अमरता के रहस्य बताने शुरू किये। संयोग से मृगछाला के नीचे दबा शुक/या कपोत का एक अंडा सुरक्षित बचा रह गया। अंडे से जन्म लेने वाला शुक (तोता) या कबूतरों का जोड़ा रहस्यों को सुनकर अमर हो गये। यहाँ सावन के महीने में बर्फ का शिवलिंग प्रकट होता है। इसी के साथ शुक अमर होकर कामदेव का वाहन तथा शुकदेव मुनि भी कामोत्तीर्ण हो गये। तथा कपोत-युगल आज भी वहाँ दिख जाया करता है। इस पवित्र गुफ़ा को बूटा मलिक नामक गड़रीये ने खोज निकाला था।

सबसे अन्त में परशुराम। हिमाचल की रेणुका घाटी का रेणुका-मन्दिर भी परशुराम द्वारा पिता की आज्ञा से अपनी माता रेणुका के वध की मिथक से जीवन्त है (यह पर्व कार्तिक माह में सिरमौर के **नाहन** में मनाया जाता है)।...परशुराम से दूसरी भौगोलिक मिथक भी जुड़ी हैं कि उन्होंने अपना फरसा (परशु) गोकर्णम् अर्थात् कर्णाटक से कन्याकुमारी तक फेंका था। उस जगह का पानी उतरा और **केरल**-क्षेत्र बन गया। इससे नायर जाति के अभ्युदय तथा शैवक्षेत्र में भागवत धर्म के प्रसार की सूचना भी इंगित है।

× × ×

ईजिप्ट की तरह **मेसो अमेरिका** में भी धुँधला इतिहास ही नेताओं की दैवी यात्राओं में चमत्कारक हो जाता है। वहाँ पक्षियों और सर्पों, पर्वतों और झीलों, पिरामिडों और पूजास्थलों के पवित्र केन्द्रों के माध्यम से मिथितिहास तथा लिजंधर (लेजेंड) की अद्‌भुत जुगलबन्दी है। कभी-कभार यह मेलमिलाप प्रायः समरस हो जाता है।

मिथकीय भूगोल की दृष्टि से मध्य अमेरिका के **इन्काइयों** की **टिटिकाका झील** धुरी है।

देवता वीराकोचा ने कई बार विश्व-रचना की। पहले पत्थरों से, फिर कर्दम से मानव जाति का निर्माण किया। फिर उसने झीलें, गुफाएँ, और पर्वत बनाये। लोगों ने भी उनकी उपासना में वहाँ पूजा-स्थलों का निर्माण किया। तीसरी बार वीराकोचा से अन्धकार दूर करने सूर्य, चन्द्रमा और तारों का निर्माण किया जो टिटीकाका झील के सूर्य-द्वीप से उठकर आकाश में आ गये। ज्यों ही सूर्य प्रथम प्रभात में ऊपर आया वीराकोचा ने इन्का जनों तथा उनके नेता मानको कापाक को चिल्लाकर बताया कि वे संसार में महान्-विजेता तथा कई राष्ट्रों के स्वामी बनेंगे। दैवी आशीर्वाद के तौर पर देवता ने मानको कापाक को राजसी शिरस्त्राण तथा राजसत्ता का प्रतीक समर-कुल्हाड़ी प्रदान की।

मानको कापाक अपने भाइयों-बहनों तथा इन्का जनों का नेतृत्व करके पृथ्वी के हृदय-केन्द्र में ले गया जहाँ से वे दिन की रौशनी में तीन गुफ़ाओं पर आ पहुँचे। वह जगह पेकारीक टाम्बो कहलाती है। इस तरह वीराकोचा ने मानको कापाक को निर्देश देते हुए जादुई तथा रूपान्तरकारक कार्यवाहियों को अंजाम देते हुए पवित्र स्थलों का भी विधान किया।

अज़टेकों का मिथकीय उद्‌गम

अज़टेकी परम्परा के मुताबिक उनके पवित्र पुरखे चिकोमोज़टोक की पवित्र धरती से प्रादुर्भूत हुए थे जोकि 'सात गुफ़ाओं वाला' एक निजन्धरी पर्वत है तथा जो अनेक मेसोअमेरिकी जनगणों का ब्रह्माण्डीय उद्‌गम स्थल है।... फिर वे मेक्सिको की घाटी में दक्षिण पूर्व से आए। (1116 या 1168 ई.प.)। एक कथा के अनुसार अज़्टलान द्वीप से उनका आविर्भाव हुआ जो खरपतवारों से ढँका तथा एक बड़े समुद्र-ताल (लैगून) में स्थित था। अज़्टलान का मतलब है, धवलता की जगह या बगुले का स्थल।

मिथक के अनुसार इस लम्बी यात्रा में उनका पथप्रदर्शन उनके कबीलाई युद्ध देवता हुइत्ज़िलोपोचटली के बोलती मूरत कर रही थी। जब 'मेक्सिका' नामक शिकारी-संग्राहक लोग भी उनके साथ हो लिये तो देवता ने अपने लोगों को समझा-बुझाकर उनका नाम ग्रहण करने और उनकी जीवन पद्धति तथा हथियारों—तीरकमान—ग्रहण करने को राज़ी कर लिया। बीस साल तक वे पर्वतों और रेगिस्तानों में भटकते रहे और किसी एक स्थल पर टिक नहीं पाये। किन्तु देवता हुइत्ज़िलोपोचटली ने अपने लोगों की भावी महानता की भविष्यवाणी की घोषणा कर दी थी। उसने मेक्सिका जनों से उनके पुरोहित के जरिये भी बात करके बताया कि वे कैसे सारे विश्व को जीत लेंगे तथा संसार के सम्राट बन जाएँगे। देवता के अनुसार 'मेक्सिका' जन सोने, मरकत, मूँगा क्वेटज़ाल के पंखों काकाओ (चाकलेट) और कपास के नज़राने पाएँगे।

कुलहुआकान तक यह मिथकयात्रा जारी रही। यह एक घुमावदार पर्वत है। इसके बाद इनके बीच आपसी झगड़े-फसाद शुरू हो गये; जिसके नतीजे में देवता की बहन मालिनालक्सोचिटल का परित्याग करना पड़ा। अलग से यात्रा करते हुए उसने मेलिनालको शहर की संस्थापना की।...'मेक्सिका' लोगों ने अपनी यात्रा जारी रखी। तूला के निकट कोआटेपेटल (सर्पशैल) तक आन पहुँचे। यहाँ धरती माँ ने उसे गर्भ में धारण कर लिया। भ्रूणस्थ देवता को बहन शशी देवी की ईर्ष्या से खबरदार कर दिया गया था। उसका नाम कोआट्लीक्यू था तथा उसके 400 सितारों (रूपी) भाई थे। वे मिलकर देवता और उसकी माँ की हत्या

कर देंगे। किन्तु हुइत्ज़िलोपोचटली अपनी माँ के गर्भ से एक पूर्णतः अजेय ब्रह्माण्डीय योद्धा के रूप में जन्मा तथा एक लपलपाते अग्नि-सर्प के द्वारा कोयालक्साउक्वी का सर काट डाला एवं शरीर के टुकड़े-टुकड़े कर दिये। तब उसने अपने नक्षत्र-भाइयों को आसमान में ओर-छोर बिखरा दिया।...'मैक्सिका' लोग चलते-चलते मैक्सिको की घाटी में तुला तक का रास्ता तय करके आ गये।

जापान

मिथकरंजित पर्वतों के भूगोल में हिमवंत, कैलास, मंदराचल, उदयाचल-अस्तचल, सुमेरु, मैनाक, ऋष्यमूक, फूजीयामा आदि आए हैं। इनमें-से हम जापान के **फूजीयामा-पर्वत** (जापान) का वृत्तान्त लेते हैं।

एक बूढ़े लकड़हारे को फूजी पर्वत के ढलान पर एक सुन्दर बालिका मिली। वह फूजीपर्वत की देवी सानगेन-सामा थी। लकड़हारे ने उसका शिंटो नाम कागूया-हिमे रखा। बड़ी होने पर वह अपूर्व-सुन्दरी हुई और उसका विवाह सम्राट से हो गया। सात सालों बाद उसने राजा को बताया कि वह मरणशील प्राणी नहीं है। अतः उसे स्वर्ग वापस लौटना होगा। सान्त्वना देने के लिए कागूया हिमे ने सम्राट को एक दर्पण दिया जिसमें वह उसे हमेशा देख सकेगा। किन्तु प्रेमदीवाने सम्राट ने उसके साथ ही स्वर्ग जाने की ठान ली (पुरुरवा की तरह)। दर्पण के सहारे ही वह उसका पीछा करने लगा। लेकिन फूजी पर्वत के शिखर से आगे नहीं बढ़ सकता था। उसका प्रेम अग्नि तथा लपटों (ज्वालामुखी) में फूट पड़ा। उस दिन के बाद से पर्वत-शिखर से हमेशा धुआँ उठता है। वह धुएँ से आच्छादित रहता है। उधर अग्नि ने दर्पण को भी ज्वालाओं में लपेट लिया।...तब से सारे जापान से तीर्थयात्री देवी सानगेन सामा की पूजा करने आते हैं। वह हाथ में पवित्र साकाकी वृक्ष की छड़ी या टहनी लिये होती है। इसी वृक्ष द्वारा सूर्य की देवी अमाटेरासू को सम्मोहित करके गुफ़ा से बाहर निकाला गया था। फूजी पर्वत जापानी राष्ट्र का प्रतीक तथा संसार का केन्द्र है। इसके पदतल पर देवी जीवन के जल को प्रवाहित करती है तथा मर्त्यमानों को तीन सौ वर्षों का खुशहाल जीवन प्रदान करती है। यह पर्वत धरती पर अमिताभ बुद्ध का आसन-स्थल भी है।

फूजी पर्वतमाला (स्त्री) का पुरुष-साथी **हाकू पर्वत** है। दोनों में एक बार बहस छिड़ गयी कि कौन सबसे ऊँचा है। इसके समाधान के लिए अमिताभ बुद्ध ने हाकू पर्वत के शिखर से फूजी पर्वत के शिखर तक एक नली डाली। जब फूजी के शिखर पर पानी छलक उठा तो देवी (फूजी की) इतनी क्षुब्ध हुई कि उसने हाकू के सिर पर प्रहार किया जिससे आठ स्थानों पर उसके कपाल में दरारें पड़ गयीं। [ये ही हाकू पर्वत के सात शिखर हैं]। नतीजतन फूजी शैलमाला ज्यादा ऊँची है।

जापानी मिथकें अक्सर देश के खास स्थानों से सम्बद्ध हैं। नारा नगर में निम्नोच्चतल भूदृश्य है जिसे स्वर्गाकाश का ऊँचा समतल 'ताकामा-गा-हारा' कहा जाता है। क्योटो के नज़दीक एक तैरता हुआ स्वर्ग का सेतु है। अन्यत्र एक गुफ़ा भी है जहाँ सूर्यदेवी आमा-ते-रासू जाकर छुपी थी। इससे यह विचार आता है कि कई जापानी मिथकों का सरोकार असली लोगों और उनके वंशकुलों से है। वे यह भी संकेत करती हैं कि मुख्यभूमि से अन्तेवासी इलाकों में आव्रजन करने के बाद वे कहाँ-कहाँ बसे और उन स्थलों को मिथक-एटलस मे जोड़ दिया। जापान में बौद्ध-धर्म के आगमन से उसके अनेक शिल्प तथा चित्रों का ऐसा प्रभाव पड़ा कि शिन्तो धर्म के अदृश्य एवं अमूर्त देवता दृश्य मूर्त मूर्तियों में, पवित्र स्थानों में ढलने लगे। उनका बौद्ध देवताओं तथा तीर्थों से संगम हो गया। इस दृष्टि से मिथकों का 'इज़ूमावृत्त' महत्त्वपूर्ण है।

मध्यजावा में राजकुमारी लोरो जोंगरांग की कथा चलती है। इस भक्तिन राजकुमारी से एक स्थानीय राजकुमार ने प्रणय निवेदन किये लेकिन वह विवाह नहीं करना चाहती है। सो उसने एक असम्भव शर्त लगा दी कि वह एक ही रात में 1000 मन्दिरों का निर्माण कराये। केवल रात में ही प्रकट होने वाले troll-like प्राणियों की सहायता से राजकुमार ने यह करतब सफलीभूत कर ही लिया था किन्तु उसे भरमाने को राजकुमारी लोरो जोंगरांग और उसकी परिचारिकाओं ने धान कूटना शुरू कर दिया। यह कार्य साधारणतया, भोर होने पर शुरू किया जाता है। इससे भ्रमित rooters काँव-काँव कर उठे तथा trolls भाग निकले। उन्हें भय था कि अगर सूर्यप्रकाश फैल गया तो वे पत्थर बन जाएँगे। इस तरह राजकुमार उसका पाणिग्रहण करने में असफल हो गया। क्रोध में उसने राजकुमारी को शाप दिया और वह **दुर्गा देवी** की पाषाण-प्रतिमा में बदल (बन) गयी। यह प्रतिमा **आज तक** अभी भी प्रम्बानान शहर के उत्तरी मन्दिर में स्थापित है।

इस प्रसंग में ओडिशा (भारत) के भुवनेश्वर के एक हज़ार मन्दिरों का लिजंधर ध्यातव्य है।

इसी तरह दक्षिण में इस्लाम के आगमन को एक मिथकी लिजंधर में याद रखा गया है। पश्चिमी जावा के महाराजाधिराज के सामने एक इस्लामी फक़ीर उपस्थित हुआ और यह भविष्यवाणी की कि वह अन्तिम हिन्दू सम्राट होगा, क्योंकि सारे राज्य में नया मज़हब फैल जाएगा। उसकी भविष्यवाणी सच हो गयी क्योंकि जावानी नीची भूमि तक इस्लाम का प्रभुत्व हो गया तथा अन्तिम हिन्दू लोग बाली में पलायन कर गये। **आज भी यही यथार्थ है।**

चीन में पाँच शैल-शिखरों के सम्राट तथा पाँच बुद्ध हैं—(i) हुआंग दी, (ii) झुआन हू, (iii) कू, (iv) याओ, तथा (v) शुन।

चार स्वर्गों के चार (बौद्ध) हीरक सम्राट भी हैं—पाताल डेनकी के चार (बौद्ध) सम्राट भी हैं।

× × ×

निष्कर्षतः मिथकीय भूगोल की प्रमुख धुरियाँ हैं–

(क) मिथककथाओं में देवताओं से जुड़े स्थल;

(ख) अधिनायकों की कथावस्तु में चिह्नित स्थान;

(ग) पृथ्वी की कील, या मेरुदंड (फूजीयामा पर्वत, टिटिकाका झील, पुष्कर, सुमेरु आदि। तथा;

(घ) प्रत्येक अंचल/क्षेत्र के लोकजन अपने किसी स्थान को मिथक के किसी अंश, घटना, पात्र आदि से जोड़कर उसे तीर्थ या दर्शनीय (पर्व, मेला), प्राचीन या पवित्र सिद्ध कर देते हैं। इसी वृत्ति से सबालटर्न, सबर्बन, रीजनल इतिहास-रूपों का उन्मेष होता है।

6.2 वनस्पति-जलचर-पशु-पक्षी हैं मिथकयानों के मरूत्‌माँझी!

देवताओं-देवियों, चालबाजों, दैत्यों-दानवों, असुरों-राक्षसों, सांस्कृतिक अधिनेताओं का दर्शन-सन्दर्श करने के बाद अब हम **यहाँ** हैं : सिंह-हाथी-वृषभ-अश्व, गरुड़-बाज-फीनिक्स, मत्स्य-वाराह-कच्छप-सर्प की श्रेणी आदि के बीच!

विश्वमिथकयानों में देवमंडल-दैत्यझुंड से छिटककर अपने चारों ओर इहलौकिक सन्दर्श को भी रोमांटिक एवं जादुई यथार्थता से अभिषेकित करने की एक समानांतर प्रवृत्यात्मकता संलक्षित होती है। हम इसे दिव्य-रूपिमीकरण (डिवाइनाइजेशन) तथा नृरूपिमीकरण (एंथ्रोपोमार्फाइजेशन) से प्रस्थानक **जंतुरूपिमीकरण** (जूमार्फाइजेशन) का अभिनव नामकरण दे रहे हैं। यह अर्ध-दैवी एवं अर्ध-प्राणिशास्त्रीय है। इसमें द्वन्द्व और दुविधा, संकट-समस्या तथा समाधान की दिशाएँ हैं जिनमें आदिम मिथकीय मानस का मनोरथ छटपटाता है। विभिन्न आद्य संगठनों तथा अवस्थाओं वाले कबीलों से संघर्ष एवं समन्वय से उनके पूज्य टोटेम तथा कुल के चिह्न समर्थ होकर प्रक्षेपित हो रहे हैं। हम इसका खुलासा करेंगे ही।

अब पशु-पक्षी-जलचर–विशेषतः पशु–पालतू हुआ है, पूजित टोटेम हुआ है, गृहकाज-युद्धकाज में वाहन बना है तथा जीवन एवं उर्वरता की वृद्धि के लिए बलिपात्र भी बना है। मिथकों में वृषभ, अश्व और मीन प्रमुख होते हैं। मिथकीय कथाओं के माध्यम से इनके कार्य सम्पादन की सूचनाएँ हैं। ये देवता तो नहीं बनते किन्तु कार्य के शक्ति के गति के प्रतीक बनते जाते हैं। देव-केन्द्र या मानव-केन्द्र के बजाय जन्तुकेन्द्र का यह विलक्षण अक्ष है। पशु और टोटेम और बलि का त्रिभुज गतिमान हो गया है।

दूसरी दिशा **विराटीकरण** (मैक्रोकाज़्म) और **वामनीकरण** (माइक्रोकाज़्म) के बीच तुला के दूसरी ओर डोलने की है। इस आयाम में देवताओं तथा दानवों की विराट् भूमिकाएँ शिथिल हो जाती हैं और अभिकर्ता तथा अभियंता **वामन-धुरी** पर पशुपक्षी जलचर हो जाते हैं। एक कारण यह भी है सृष्टि के प्रारम्भ वाली आद्यमिथकों के अंड, वृक्ष, मेरु, सूर्य, चन्द्र इस धुरी पर इतने प्रासंगिक नहीं रहते। अतः इहविशेष (पर्टीकुलर) की भूमिका पशु-पक्षी निभाते हैं। मातृसत्ता वाले मततंत्र भी समंजित हो जाते हैं। अतः मिथकयानों में इन जीवों-जन्तुओं का ऐसा संसार दिखाई देता है जो आत्मा-केन्द्र से ऊपर है। वृषभ और अश्व के साथ-साथ गरुड़ और सर्प भी देव-दानवों के प्रमुख वैकल्पि नेतृत्व होने लगते हैं। इनकी व्याख्या हम बाद में करेंगे।

तीसरी दिशा पशुलोक-पाताललोक में भी उथल-पुथल की है। यह **ईहामृगों** (हाइब्रिड) द्वारा पर्यावरण तथा परिस्थितियों का विमोचन करती है। यह चमत्कार तथा कौतूहल तथा अज्ञेयतापरक भी है। यह सर्वचेतनवाद से इतर है।

आर्यों के समय में मोहेनजोदारो के समय की जनजातियों और उनके साथ आये दस्यु तथा अशूर लोग, मेसोपोटामिआ में विभिन्न नगर-राज्यों के बीच आवाजाही, मध्य अमेरिका में अज़टेक और माया कबीलों के बीच खूनी संघर्ष, ईजिप्ट में नीलनदी के कछारी लोगों, ईथोपिया के खानाबदोशों तथा लीबिया-नूबिया के जंगली कबीलों के बीच युद्ध आदि के कारण आबादी का सन्तुलन बिगड़ना तथा खाद्य-शृंखला का शिथिल हो जाना है। युद्ध तथा शासन ने मानवीय श्रम, उत्पादों तथा उत्पादन के जो संकट झेले उनको प्रकटाने के लिए अब एक नया मार्ग मिथकों द्वारा ढूँढ़ा गया : दैत्यों तथा देवताओं के बजाय पशुओं की विचित्र विनिर्मितियों द्वारा उथल-पुथल की अभिव्यक्ति। गज और ग्राह का द्वन्द्व 'गजमकर' का ईहामृग, तथा पर्शियन सिंह और बेबीलोनियन बाज का ईहामृग 'सपक्ष सिंह' हो गया। यह विधि चलती रही।

इस प्रकार **'नृतत्त्वशास्त्रीय कल्पना'** से हम मिथकों के भरतपाठों-अंतर्कुंडलों द्वारा तत्कालीन **'सामाजिक पंचांगों'** की पत्री बाँच लेते हैं।

एक ओर आकाश-पृथ्वी, सूर्य-चन्द्र के साथ मेघ, जल, वर्षा, वायु, अग्नि, विद्युत, आदि **महाप्रकृति** की सृष्टि है जो इतिहासपूर्व से तब शुरू हुई जब मनुष्य का अस्तित्व ही नहीं था। मनुष्य के आविर्भाव के साथ ये **ब्रह्माण्ड-देवता** हुए।...बाद के चरणों में आदिम मनुष्य का **पशुसंहित प्रवीर-गाथा...**(एपॉस) उन्मीलित होता है–गरुड़, सर्प, भालू, मत्स्य, कच्छप, वाराह, वानर, गृद्ध, मगर आदि से।

'पेलिओ'–विश्व के कुछ संकेतों से लगता है कि समय से परे की स्मृतियाँ फान्तासी बनकर साकार हुई हैं–महामत्स्य, तिमिंगल, श्वापद, शार्दूल, सुरसा, घटोत्कच, ऋक्षपति आदि। मनुष्य ने इनका प्रत्यक्षण कैसे किया होगा इसका संकेत–सेन्टार (आधा अश्व-आधा मानव) और मिनोटार (आधा वृषभ-आधा मानव), या किन्नर और अश्विन (हयग्रीव के निषेधन के साथ भी)

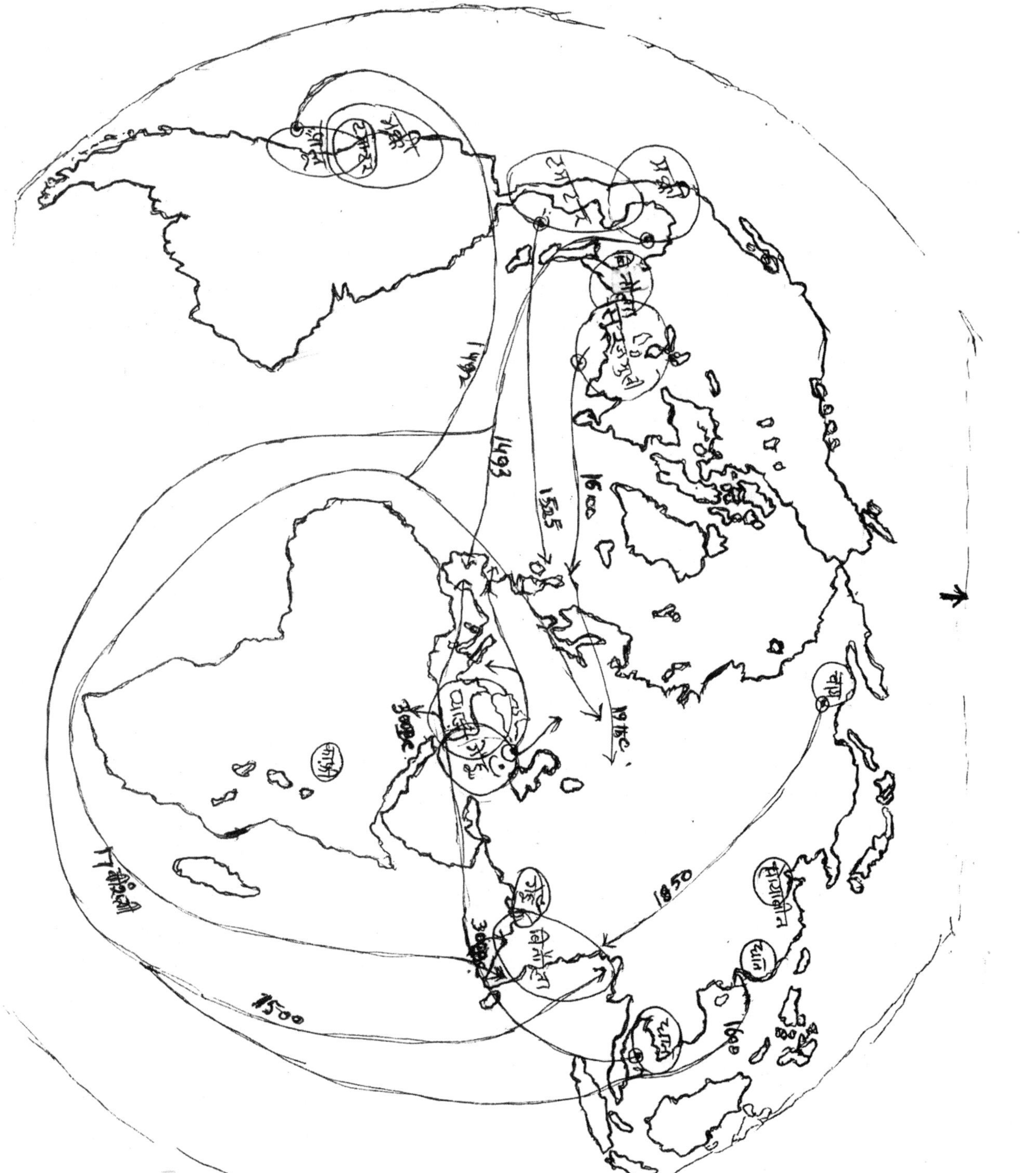

खाद्यान्नों का उद्‌गम तथा प्रसार (भी)

के प्रतिकल्पों में देखा जा सकता है। सामाजार्थिक व्यवस्था के परिवर्तनशील विकास के साथ **वृषभ** तथा **अश्व,** ये दो ऐसे पशु मिथकयानों में छा गये जो गृहपालित थे, जो पूजित तथा गणचिह्न भी थे और जो बलिपशु भी थे। वे तीन रूपों में कई कथा-बीज (थीम्स) बनते गये। इस तरह पशुकेन्द्र में पूजित गणचिह्न (टोटेम) का विकास होता चला।

टोटेम आदिम मनुष्य एवं आद्यप्रकृति के बीच का अद्वैत है; तथा प्रत्यभिज्ञान भी। कुलचिह्न धुरी है जो बीते कल-आगामी कल के मनुष्यों तथा अन्य प्राणियों (पशु-पक्षियों-जलचरों) के बीच के सम्बन्धों को गतिवान करती है। कुलचिह्न लिजंधरों की भी धुरी हैं [दैव-दैत्य ध्रुवांतों के मिथकायन के बाद चलने पर हमें लिजंधरों के चेतना-प्रवाह में तैरना ही पड़ेगा]। लिजंधर का एक पर्ण टोटेम तथा किंवदंती है तो दूसरा पर्ण धुँधला इतिहास है। प्रकृति की सर्वचेतनवादी (एनिमिस्टिक) ध्वनियाँ मानों हमारे पूर्वजों की आवाजें हैं जो दंतकथाएँ सुनाती हैं। उनके उद्गम तथा करिश्में बहुधा मिथक-केन्द्रित होते हैं—कश्यप (कच्छप), अजस (बकरा), गौतम (वृषभ), कौशिक (उल्लू), मांडूक्य (मेंढक), वत्स (बछड़ा), शौनक (श्वान), आदि। इनके द्वारा ही हमारी वंशावली बनती है : गोत्र एवं वंश (सूर्यवंश, चन्द्रवंश, नागवंश आदि)।

जैसा कि हम सूचित कर आये है कि कई कुलचिह्नों वाले टोटेमों (पशु-पक्षी-जलचर) आदि की वेदी पर बलि दी जाती है ताकि उनके रक्त या मांस से पुनर्जीवन का बार-बार लगातार समृद्ध विकास हो (आदिम अवस्था में कई बर्बर कबीलों या परवर्ती चरण में मेसो-अमेरिका में अज़टेकों में मानव बलि का भी प्रचलन था)। सो, बहुधा परिवार की दंतकथाएँ माता के वंश से, या टोटेम से निश्चित होती थी (कुन्ती, देवकी)। मिथकयानों में यह आयाम भी खुलता है कि टोटेम हमारे पशु-पक्षी चारित्र्य भी बन जाने लगे—(गौ जैसा सीधा, लोमड़ी जैसा चालाक, सियार-सा धूर्त, शेर-सा सूरमा)। ये पशु-पक्षी अलौकिक भी हो जाया करते हैं तथा कायान्तरण भी करते हैं। गरुड़ का अलौकिक पक्ष है जो झंझावात-बिजली का रूप लेकर मनुष्य की रक्षा करता है, या मेघनाद के नागपाश में जकड़े लक्ष्मण को साँपों से छुड़ा देता है। रोमन स्वास्थ्य-देवता एस्कलपीज़ ज़ियस के दंड से एक सर्परूप में लिपटकर जीवन तथा स्वास्थ्य प्रदान करता है। इच्छाधारी नाग/नागिनें मानवी/मानव-संरूप धारण करके मनुष्य-वंश भी चलाती हैं। अर्जुन ने उलूपी नामक नाग सुन्दरी से विवाह करके एक पुत्र को जन्म दिलाया था। कश्मीर के सम्राट ललितादित्य कार्कोटवंशी थे। और तो और, एक नागकन्या जब पाताल में भागकर छिपने गयी तो उसके मानवप्रेमी की मुट्ठी में उसके कुछ केश फँसे रह गये। वे ही पानपत्ता और कला में नागवल्ली बन गये। इस भाँति मिथक-चेतना के अन्तर्गत हमारे पूर्वज, कुलज्येष्ठ, कुलमाता, पूज्य पशु, पक्षी, जलचर आदि होकर हमारे बीच ही रहा करते थे।

इस भाँति हम मिथक [टोटेम]→निजंधर [माइथीम]→इतिहास के जैसा कुछ उपागम परिलक्षित कर सकते हैं। मिथक-धुरी के घूमने पर—टोटेम-आयामों में—अलौकिक से लौकिक, कायान्तरण, रूपान्तरण, कुलचिह्न, प्रतीक और मिथकाभिप्रायों से होते हुए हम अभिप्रायों तथा रूपकों (उपमानों) तक चलते जाते हैं।

प्रशान्त महासागर के कई कबीलों का गणचिह्न **भेड़िया** है। मंगोल लोग स्वयं को भेंड़ियों तथा घोड़ों का वंशज मानते हैं। चंगेज़ खाँ एक भेड़िये का वंशज बताया जाता है [अफ़वाहें हैं कि ये भेड़िये नहीं वरन् दुष्टात्माएँ हैं; भेड़ियों की शक्ल में अशुभ पैशाचिक (ईसाई मत)। ये परमदुष्ट तथा व्यभिचारी हैं। दिन में मानव तथा रात में खूँख़ार दैत्य हैं (वैम्पायर)। इनके द्वारा नारी-सहवास से नृ-भेड़िये (वर्वूल्फ) पैदा होते हैं]।

इसी तरह **भालू** को लेकर दक्षिण अमेरिका की एक जनजाति का विश्वास है कि एक दिव्य भालू तथा मानव के संसर्ग से उनकी उत्पत्ति हुई। उटा जाति के जन आज भी भालू-नृत्य करते हैं जिसमें युवतियाँ अपने मनपसन्द नौजवानों को चुनती हैं। उत्तरी ध्रुव में किंवदेती है कि **लोमड़ी** ने अपनी छबरीली पूँछ से भालू को मछली पकड़ना सिखाया (तब भालू की लम्बी पूँछ हुआ करती थी जो ग्लेशियर में दबी-फँसी रह गयी। तब से उसके दुम नहीं उगती)। फिर वे अपने मुँह से ही मछली पकड़ने लगे। कनाडा में वसन्त-ऋतु में शीतनिद्रा के बाद उनका आना शुभ आशा मानी जाती है। अथच, ग्रीक होराशास्त्र में सात तारों वाला लघु एवं दीर्घ नक्षत्र मंडल—छोटा भालू तथा बड़ा भालू नामकरण—कभी एक सौन्दर्यगर्विता मानवी पर मुग्ध होकर धरती पर उतर आये थे। मैत्री की खुशी में मानवों ने उन्हें चाँदी का थैला भेंट किया। भालुओं ने उसको खोलकर गगनमंडल में तारों को चमचमा दिया। इससे ध्रुवीय भालू भी सफेद हो गये। इस तरह भालुओं का रिश्ता आकाश से धरती तक, फिर आकाश तक हो गया। यह अलास्का-क्षेत्र की एक प्रतिभासिक मिथक है।

डाल्फिनें (मछलियाँ) ग्रीक वरुण-देवता पोसेइडोन के रथ को चलाती हैं। अपोलो ने अपना एक नाम डेल्फोनस रखा क्योंकि वह उनका प्रणयी हो गया। डेल्फी का मन्दिर भी उसे समर्पित है। समुद्रदेवता पोसेइडोन की बेटियाँ डाल्फिनों पर सवारी करती थीं।...डाल्फिन की मोनलिसा जैसी, या श्रद्धा की त्रिपुरमोहिनी मुस्कान एक जादू भरा रहस्य-तुहिन फैलाती है। यह जीव चालीस मील प्रति घंटे की गति से तैर सकता है।

हमें जलचर-पशु-पक्षी मिथकीय समय से लेकर लगातार प्रकृति तथा सृष्टि से एकात्म करते आये हैं। मिथकें सबूत हैं कि आदि मानव प्राचीन नियमों को भी टोटेमों तथा दंतकथाओं के माध्यम से समझता आया है।

अश्वविग्रह-नारीमुख

नारीविग्रह–अश्वमुख

एरन का वराह

हम सबकी बड़ी, वनस्पतिशास्त्र की शोधकर्त्री शकुंतला को क्यों न मानें! यह मिथक-प्रणयिनी पक्षियों द्वारा पालित-पोषित होकर मेनका का दिव्यांश भी थी। वह प्रकृति और वनस्पति और पशु-पक्षी का अद्भुत अबलोकन करने वाली है। वह सुगंधित सुगन्धित लताओं-पौधों-वृक्षों को पहचानती है, उनका संरक्षण करती हैं, खींचती-काटती-छाँटती है। वह नेचुरलिस्ट और बोटेनिस्ट है। वह वन्यजीवों, हरिणों, पक्षियों की रक्षा तथा उपचार के लिए आश्रम के संरक्षित-क्षेत्र में रही है। मृगशावक तथा शुकपिक उसके संगी-साथी हैं। अतः कालिदास की शकुन्तला में देह, प्रकृति तथा जीवन का नैसर्गिकीकरण हो गया है। मिथक-चेतना की यही तो सर्वोत्तम वीक्ष्या है।

तथापि मिथक और जीवरूपिमता की दो व्यवस्थाओं का एक महत्तम मिथकीय मेल आरोही तथा वाहन प्रकरण में हुआ है। हम कोष्ठक में आरोहियों को दे रहे हैं—मकर (गंगा), कच्छप (यमुना), हंस (सरस्वती), सिंह (पार्वती), वृषभ (शिव), मूषक (गणेश), महिष (यम), श्वान (भैरव), गर्दभ (कालरात्रि), शुक (काम), मकर (कार्तिकेय), गरुड़ (विष्णु), उल्लू (लक्ष्मी)। इसके साथ आखेट से पशुबलि से वाहन तक की रूपरेखा खिंच जाती है।

इसमें कुछ पशुपक्षी शक्ति तथा **कामशक्ति** के भी उदाहरण एवं लक्षण हो गये हैं (मिथकीय भ्रांति के साथ)—शशक, अश्व, वृषभ, मृगी, हस्तिनी, मत्स्या।

टोटेमों, वाहनों, कामप्रतीकों के बाद एक चौथा विलक्षण आयाम ईजिप्टी मिथकयान में खुलता है जिसमें पक्षी-पशु-जलचर पूजित पशुपक्षी, फिर टोटेम में उत्तीर्ण होने के उपरान्त स्वयं ही **पशुदेवता** हो गये हैं। इनके धड़ मानवों के हैं। इनमें से कुछ देवताओं ने तो अपना मूल स्वरूप बचाये रखा तो कुछ (मिथक कुलक, मिथक अनुपाठ, मिथक कुंडल द्वारा) रूपान्तरित होते गये ताकि वे भी आकाश, सूर्य ('रा'), तथा मरणोपरान्त जीवन से सम्बद्ध हो जाएँ। नील नदी पर जीवन तथा लोकजनों की जरूरतों एवं भावनाओं ने इन देवताओं के स्वरूप गढ़े तथा बदले। **होरस** बाजमुखी आकाश-देवता है जो उर्वरता का प्रतीक हो गया। वह नील घाटी के बिखरे हुए कुटुम-कबीलों का प्रतीक-चिह्न था। वे शायद लीबिया से आये थे। स्पष्ट है कि देवता, तथा उनके विधायक मानव-समूह जटिल प्रक्रियाओं से गुजरे हैं। इसी तरह प्रेमदेवी **हाथोर** को पश्चिम से बुलाया गया था। वह शेरनी से गाय में रूपान्तरित हो गयी। वह सूर्यपत्नी तथा सूर्यमाता, दोनों ही थी। वह होरस की भी माता थी—उसे स्तनपान कराने के कारण। वह हर्ष-हँसी-खुशी की देवी है। उसके शिर पर गायश्रृंग अंकित होते हैं। आइबिस पक्षी के शिर वाला ज्ञानदेवता **थोट** है। वह फाराओं का रक्षक है।

ईजिप्ट की रानियाँ गृद्ध-कंटोप पहनती थीं ताकि उनके कान ढँके रहें। उसकी उड़ान भाग्य का प्रतीक है। **अनूबिस** गीदड़मुखी देवता है जो मृतकों की रक्षा करता है (क्योंकि गीदड़ शवों को चीर-फाड़ डालते थे)। **बबून** भी थोट की तरह है। वह उत्थित-लिंग तथा चन्द्र प्रभामंडल से दीपित है। **दादुर** प्रसव-धात्री है। **मेष** मूलतः पवन देवता है। साथ ही बलिपशु भी। **वृश्चिक** उर्वरता की देवी तथा मृतकों की संरक्षिका है। प्रतीत होता है कि पशु-पक्षी-जलचर रूपी देवते मूलतः प्रारम्भिक शिकारी कबीलों के पूज्य टोटेम रहे होंगे। और, वह निश्चित तौर पर पूर्वेतिहास का वरण था, ईजिप्ट के भी सुदूर पूर्वेतिहास का।

प्रसंगवश अन्य छोटे प्राणियों को भी ले लिया जाए। **चमगादड़** को यूरोप में प्रेत और दैत्य मानते हैं जो रात को 'स्त्रियों' के साथ सोते हैं किन्तु अफ्रीकियों में बुद्धि का प्रतीक हैं। **बिल्ली** को जापान तथा चीन में अपशकुन माना जाता है। **मगर** कई अफ्रीकी कबीलों का पूर्वज हैं। **फाख़्ता** ग्रीक मिथक में हेरा व आर्तेमिस की प्रिय तथा पुनीत है। हंसिनी ऐफ्रोडाइट की प्रिय है। **जगुआर** (छोटा बाघ) दक्षिणी अमेरिका में चन्द्रमा की शक्ति तथा धरती के गुप्त रहस्यों का रखवाला है। **उल्लू** एथेना तथा लक्ष्मी से सम्बद्ध है। **वृषभ** मोहेनजोदारो से चलकर शिव का वाहन बन गया। **शुक** ईसाई मत में वर्जिन मेरी के कौमार्य का प्रतीक तथा भारत में कामदेव का वाहन है। **मोर** कार्तिकेय का वाहन है ग्रीक हेरा तथा रोमन जूनो से जुड़ा है। **फीनिक्स पक्षी** अग्नि में भस्म होकर भी पुनः। पुनः पुनर्जन्म पाता है। **सूअर** नार्डिक देवी फ्रेया का वाहन है। **चूहा** जापान में सौभाग्य का प्रतीक तथा भारत में गणेश का वाहन है। **गिलहरी** सेतुबन्ध में राम की एक श्रमिका है। **कछुआ** भारत-चीन-जापान में दिव्य सिंहासन जैसा है जिस पर ब्रह्माण्ड का आधार है। समुद्रमन्थन में भी यह आधार बना था। मंगोली मिथक में यह स्वर्णिम है तथा देवता है। **यूनीकार्न** एकश्रृंग मिथकीय मेष है जो लिंग-प्रतीक भी है। यह योनि-शुचिता का साक्षी है। वर्जिन मेरी इसे गोद में बैठाती है। (वह कौमार्य में भी पवित्र गर्भवती है)। **भेड़िया** अँधेरे में भी देख सकता है। यह ग्रीक देवता अपोलो का भृत्य है। रोम के संस्थापक दो जुड़वाँ भाइयों को एक भेड़िन ने पाला था। चीनी इसे स्वर्ग का द्वारपाल मानते हैं। ईजिप्टी मूट **गृद्ध**-देवी की शक्ति सूर्य तथा अग्नि है, मायाई मिथक में वह मृत्यु का प्रतीक। शव-भोगी होने के कारण अफ्रीकी मिथकों में रूपान्तरण के असली रहस्यों का ज्ञाता; वर्जिन मेरी तथा सीता की शुद्धता का रक्षक।

विश्वमिथकयानों में नानाभाँति के नानादिशाओं के प्रयोगों के फलस्वरूप टोटेम, वाहन, कामप्रतीक, मानवदेह तथा पशुमुख धारी पशुदेवता के बाद **ईहामृगों** की अद्भुत कौतुकी संरचनाएँ हुईं। इनमें मानवधुरी नहीं रही। पशु-पक्षी-जलचर आपस में भी घट-जुड़कर नये जीवजन्तुओं का प्रकाश करने लगे। इनमें दिव्यता कतई नहीं है। ये ईहामृग हैं। गजग्राह से गजमकर, अश्व-बड़वा से किन्नर-मिथुन, नारी-सर्प से इच्छाधारी नाग, सर्प-बाज़ से होरस का ललाट-चिह्न, सिंह और गरुड़ से सपक्षसिंह (पर्शिया) आदि।

आकृति-साम्य को लेकर भी अश्वमीन (दरियाई घोड़ा), नर-चमगादड़ (वैम्पायर), जलसिंह (सील) आदि। इनमें जिन दो विभिन्न देहों की अंतर्लयता होती है उनमें मुख प्रायः एक का ही होता है। दोनों की आकृतियाँ भिन्न-भिन्न होती हैं। अतः आकार और आकृति, अनुपात और सन्तुलन सभी कुछ विनिर्मिति एवं विपथित होता है। यहाँ भयानक तथा बीभत्स फांतासी है।

एक अन्य विचित्र उदाहरण जापान के ईहामृग-प्रवर्ग का है। वहाँ की मिथकों में **ओनी**-ईहामृगों की दैत्याकृतियों में सींग सर्पों के, देह मानवों की, पाँव बाज पक्षी के थे। वे मर्त्यमानों में प्लेग फैलाते थे और उनके मरने पर उनकी अध्यात्माएँ झपट कर ले जाते थे।

मेम्फिस (ईजिप्ट) का पूजित वृषभ

मोहेनजोदारो की मुहर, 2500 ई.पू. का वृषभ

मिथक-परम्परा के चलते भारतीय मिथकयान में गौ और वानर पवित्र हैं।...ईजिप्ट में देव-देवियों के मुख पशु-पक्षी के तथा देह मानवों की है। यह शुरुआत स्फिंक्स से होती है। हाथोर गौमुखी, माट शुतुरमुर्गमुखी, सेखमेट सिंहमुखी, सेलेकेट वृश्चिकदेही तथा अनूबिस श्रृगालमुखी, रा गुबरैलादेही, थोट आइबिस (बगुला)मुखी हैं, इत्यादि।

अन्ततः कुछ तारक **राशियों** का भी पशु-पक्षियों की साम्यरूपता से नामकरण किया गया—मेष (शिर ♈), वृष (वृषभ का शिर♉), कर्क (केकड़े के पंजे ♋), सिंह (पूँछ ♌), वृश्चिक (बिच्छू की उठी पूँछ ♏), मीन (पीठ मिलाये दो मछलियाँ ♓), मकर (घायल दुम ♑)।

विश्व-मिथकयान में सिंह, वृषभ, अश्व, हाथी, तथा पक्षियों में बाज, हंस और मोर के माध्यम से टोटेम या प्रतीक, या वाहन, अथवा कायान्तरण (मेटामॉर्फोसिस) की प्रवृत्तियों एवं प्रक्रियाओं से मिथकीय रथिकाचिह्न प्रचुर हैं।

वृषभ मोहेनजोदारों से लेकर ऋग्वेद तक, ईजिप्ट के मेम्फिस से लेकर अफगानिस्तान और ग्रीस तक शक्ति तथा कामवृत्ति का प्रतीक रहा है। वह अनेक देवी-देवताओं का उपमान तथा वाहन भी है [शिव का नांदी]।...

वृषभ की रंभाती रंकार युद्ध तथा सम्भोग में वर्चस्व का आमन्त्रण भी है।

वृष एक आर्केटाइप (आद्यप्ररूप) भी है। किसी वृष को दाग़ कर छोड़ देने पर वह 'सांड़' कहा जाता है। बधिया कर देने पर वही 'वृषभ' या 'बैल' है। सांड़ बनाने अर्थात् 'वृषभोत्सर्ग' के संस्कार प्राचीन संस्कृतियों में मिलते हैं। अफगानिस्तान के मंडीगाक जैसे पुरातात्त्विक उत्खननों में मातृमूर्तियों के अतिरिक्त अत्यधिक मात्रा में कूबड़ वाले सांड़ की उत्कीर्ण छवियाँ मिलती हैं। मोहेनजोदारों तथा हड़प्पा में भी इसके प्रभूत प्रमाण पाये गये हैं। वस्तुतः वृषभोत्सर्ग एवं मातृपूजा प्राचीनतम समाज-व्यवस्थाओं में प्रचलित उर्वरक संस्कारों के प्रतिरूप हैं जो उस समय लिंगोपासना तथा योनिपूजा के रूप में प्रचलित थे। वस्तुतः लिंगपूजा वृषभ देवता का ही प्रतीक है।

जहाँ-जहाँ भी वृषभोत्सर्ग के पुरातन संस्कार के प्रमाण मिले हैं, वहाँ-वहाँ किसी न किसी रूप मे शिश्नोपासना के संकेत भी अंतर्निहित हैं। अतः वृषभ-देवता का महाप्रतीक लिंग है। अतएव जहाँ-जहाँ वृषभ-मतसंप्रदाय रहा, वहाँ-वहाँ लिंग-मतकेन्द्र में वृषभपूजा तथा लिंगपूजा एक साथ होती थी।

कालान्तर में पुरुष की कामशक्ति का एक उपमान तथा दृष्टान्त वृषभ भी हो गया। वात्स्यामन मुनि के 'कामसूत्र' में वृषभ, अश्व, शश आदि पुरुष-भेद बताये गये हैं।

[प्रसंगात् ग्रीक देवेन्द्र ज़िउस ने एक सांड़ में कायान्तरित होकर यूरोपा नायिका का अपहरण-बलात्कार किया था।]

विश्वमिथकयानों में सिंह

विश्वमिथकयान में सिंह प्रमुख तथा व्यापक रूप में आया है। इसके साथ/बाद में मत्स्य, मगर, गौ, वृषभ, वराह, हाथी (मेमथ) आदि मिथकावली में आये हैं।

ईजिप्ट में विशाल **स्फिंक्स** की मूर्ति में मानवमुख तथा सिंहदेह युक्त नृ-सिंह बैठा है। यह प्रथम प्रकटावा है। पहले यह सिंहदेह तथा बाजमुख युक्त ईहामृग के रूप में परिकल्पित हुआ था। किन्तु मध्यवर्ती राजशाही में सिंहदेह में राजा (फाराओ) का मुख उत्कीर्ण होने लगा। बाद में रानीमुख भी अंकित होने लगा। इसी अनुक्रम में सेखमेट देवी सिंहमुखी तथा मानवदेही हो गयी। सिंह और मानव का ऐसा समीकरण एशिया के इतिहास में राजाओं तथा क्षत्रियों को सिंहवंशी मानने लगा।

मेसोपोटामिआ तथा पर्शिया में सिंह की जो मिथकीय योजना हुई उसमें वे विशाल डैनों वाले थे। बेबीलॉन की नग्न देवी ईश्तर के रथ में जो सिंह जुता है वह पंखों वाला तथा मुख से आग की लपटें उगलने वाला है।...बाद की शताब्दियों में स्तम्भों तथा लाटों में— पर्शिया तथा भारत में—बैठे हुए सिंह दृष्टिगोचर होते हैं।...भारत में विष्णु का एक अवतार नाभितक सिंह तथा अधोदेह में मानव रूप **'नृ-सिंह'** हैं। सिंह—केन्द्र में विजयी पक्ष से कबीलों का संघर्ष भी संकेतित है। एक मिथक के मुताबिक जब विष्णु नृ-सिंह रूप में प्रकट हुए तो शिव क्रुद्ध हो उठे क्योंकि पहले ने दूसरे का अधोवस्त्र छीन लिया। बाद में विष्णु से कभी भी सिंह नहीं जुड़ा। शैवचक्र में सिंहचर्म तथा वैष्णचक्र में मृगछाला आ गयी। इसी के साथ वृषभारूढ़ शिव की पत्नी पार्वती दुर्गा-वाहन भी सिंह हो गया। इस तरह एक धार्मिक मिथक का उन्मीलन हुआ। इसी भाँति आदिम गहने, वज्र और अस्थियाँ और सीपें होती थीं। सो काली मुंडमाला पहनती है तथा मानव-हाथों की घाँघरिया बाँधती है। वह श्मशान में शिव के साथ समागम भी करती है। इस तरह सभ्यता के विकास का सामाजिक पंचांग भी खुलखुल जाता है।

आम तौर पर सिंह, बाघ, चीता तथा तेंदुआ के बीच जीवशास्त्रीय फर्क मिथकों में अनुपस्थित हैं। तदपि सिंह का एक मिथकीय प्रकल्प **'शार्दूल'** शिल्प में अवश्य दृष्टिगोचर है।

सर्पः विश्वमिथक में सरीसृप **सर्पः** अनंतनाग (भारत) से लेकर हाइड्रा (ग्रीक), होरस की आँख का स्थानापन्न (ईजिप्ट) तथा सपक्षसर्पदेवता (अज़टेक) तक नानारूपों में व्याप्त है। वस्तुतः मिथकों में जिस प्रकार पृथ्वी सर्पफण पर टिकी है उसी प्रकार से मिथक की भूमा भी उसके अनेक रूपायन-रूपी फणों पर स्थित है। हिन्दू-मिथकों में तो प्रचंड झंझावातों वर्षा-प्रलय से विक्षुब्ध मथे

ईजिप्टी सर्पदेवी मर्तसेगेर, फाराओ की संरक्षिका
(नव्य राजशाही काल, 1738-1102 ई.पू., थीब्स)

इन्काई-मायाई नागदेवता

जाने पर क्षीरसागर जैसे श्वेत हो गये एक क्षीरसागर पर सहस्रफण वाला अनन्त ही कुंडली की शय्या बनाता है जिस पर विष्णु शयन करते हैं (अनन्तशायी)। इसमें अमृत तथा विष, दोनों ही भरे हैं [विष ही जीवनौषधि है ग्रीक वैद्य, एसकल्पियस की]।

पगों के बिना चलना, छिद्रों में रहना, पक्षी की तरह अंडे से पैदा होना, केंचुल उतार कर निरन्तर पुनर्नवा होना, अपलक, शीत रक्तधारी होना, पतला-लम्बा, फुर्तीला तथा बेहद चमकीला होना, और चक्षुश्रवा होनाः—ये इसके नौ प्राणिशास्त्रीय चारित्र्य-चिह्न हैं।

इसकी लिंगाकृति इसे सैक्स-प्रतीक भी बनाती है। अफ्रीका के मसाई कबीले की औरतों का विश्वास है कि सर्प ही उनका गर्भाधान करता है। अतः वे कामद मुद्रागतियुक्त नृत्य करती हैं। प्राचीन केन्द्रीय अमरीकी सभ्यताओं की मिथकों की भी यह धुरी है। वहाँ वह रात्रि के आकाश का हरे पंखों वाला सर्प है जो दिन के कच्छपसर्प के विपरीत है। अतः यह कालचक्र पूरा करता है। चीन में पृथ्वी तथा जल से सम्बद्ध होने के कारण यह नारीसृष्टि-प्रतीक 'यिन' है। भारतीय मिथकयान में यह धुरी है। पाताललोक के स्वामी होने के साथ विष्णु की शेषशय्या तथा शिव का कंठहार है। इन कद्रु-सन्तानों की संख्या हजारों में है। भारतीय मततंत्र में यह ब्रह्माण्डीय शक्ति तथा सुषुप्त 'लिबीडो' होकर हमारा मेरुदंड (रीढ़ की हड्डी) है तथा गुदा के मूल (मूलाधार चक्र) में कुंडलिनी

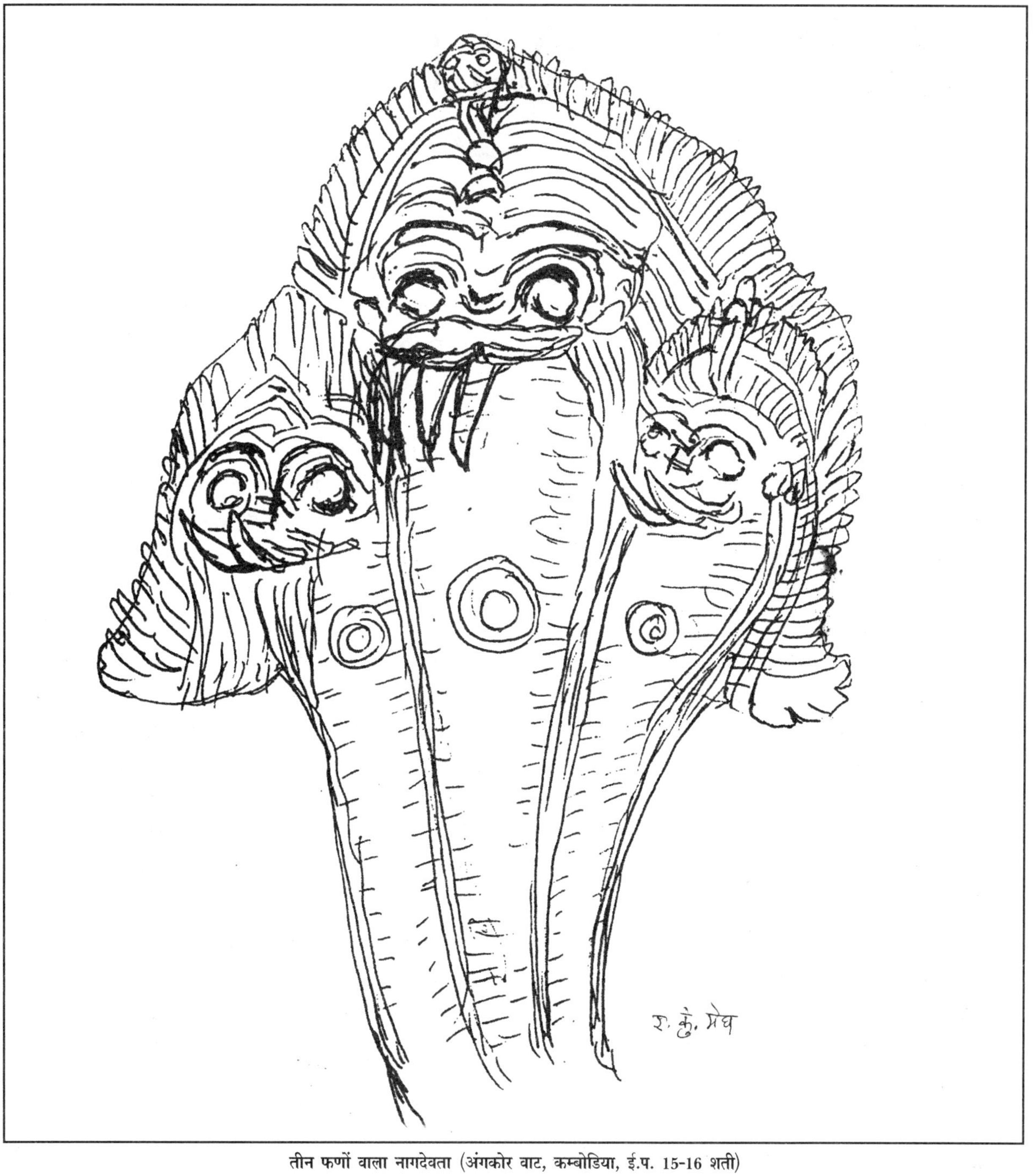

तीन फणों वाला नागदेवता (अंगकोर वाट, कम्बोडिया, ई.प. 15-16 शती)

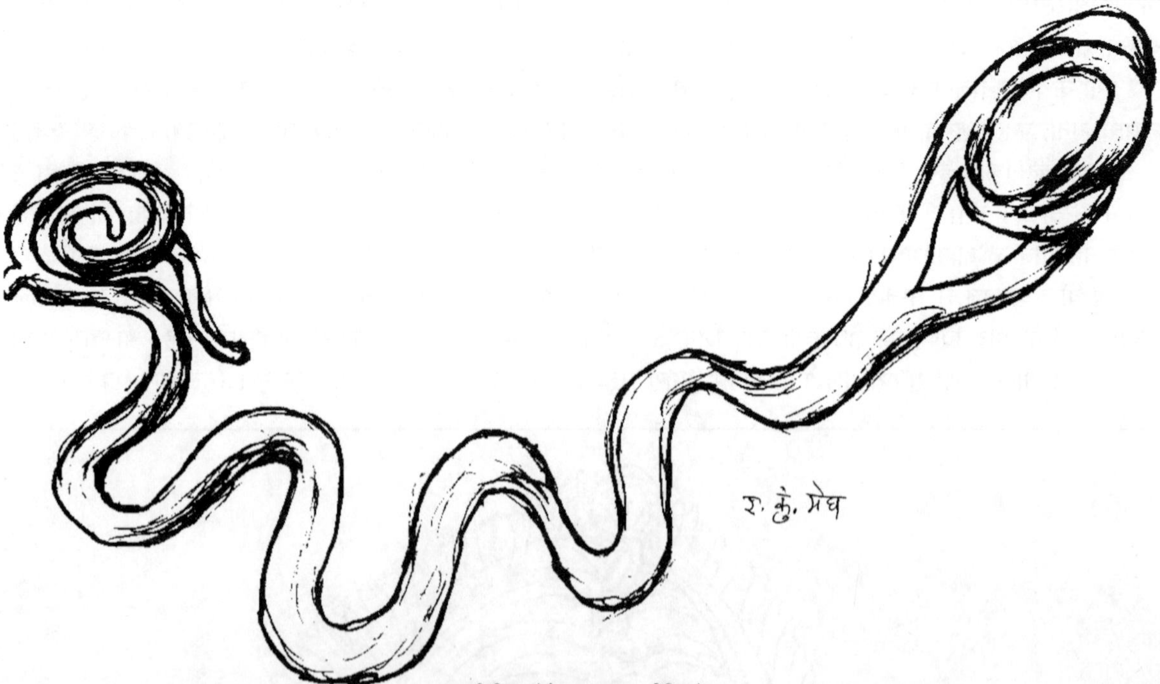

सर्प-टीला (संयुक्त राज्य अमेरिका)

शक्ति है। इसी लड़ी में ईजिप्ट में (होरस की 'आँख' के अतिरिक्त), बूटो एवं मर्तसेगेर वनस्पतियों की नियामक सर्प-दैवी, भाग्य नियंता सर्पदैवी के रूप में पूजित रहे हैं। कई मिथकायनों में ये पंखयुक्त हैं, फण पर पार्वती की नथ की चुराई गयी चमकीली मणि धारण करते हैं (मणिधर), पंजाई पाँवों से चलते भी हैं (ड्रेगन), इच्छाधारी हैं अर्थात् नागिनें नारीरूप धर कर पुरुषों से विवाह तथा समागम भी करती हैं (अर्जुन उलूपी नामक नागसुन्दरी से भी विवाह करके पुत्र जन्म के यशभागी बने थे)। कंबोडिया के अंगकोर वाट के विष्णु-देवराजा नाग-रमणियों से समागम करते थे।

यूराएस सर्प-देवी का प्रतिनिधि है। वह सूर्यनेत्र है जो अग्नि उगलता है (ईजिप्ट)। ईसाई मिथकयान में यह पाप का प्रतिनिधि है जिसके मानवशिर तथा स्तन हैं। सर्प के टोटेम वाले जनगण-निषेधन में 'जनमेजय के नागयज्ञ' की भारतीय मिथक है। परीक्षित को एक सर्प ने डस लिया था जिससे उनकी मृत्यु हो गयी। प्रतिशोध-वश उनके पुत्र जनमेजय ने **नागयज्ञ** किया और तक्ष (क) शिला से नागवंश को समाप्त कर दिया (प्रसाद ने इसी नाम के नाटक में अनुपम व्याख्या की है)। यमुना के मुहाने पर बस रहे कालिय नाग को बालक श्रीकृष्ण ने भी नाथ कर उसके फण पर नृत्य किया था। बाद में वह नदी छोड़कर चला गया (काली यमुना विष से मुक्त हो गयी)। इसी तरह ग्रीक मिथक में नौ फण वाला हाइड्रा सर्प था जिनमें एक केन्द्रीय अमर था (नदी तो सिन्धु से मिलने पर छोटी-छोटी धाराओं में लैगून बनाती है)। हर्क्यूलीज़ ने उसका वध किया। वस्तुतः भारत में नाग-प्रजाति-अनुजातियों ने कई जगह अपने राज्य बना लिये थे। क्षत्रिय उनके केन्द्र जला देते थे। (जैसा कि पुरन्दर इन्द्र योद्धा अशुरों के साथ करता था)। राजस्थान में ऐसे अनेक भस्मी टीले हमने देखे हैं (नागौर शहर से तो सभी सुविज्ञ हैं)। अमेरिका में एक रहस्यात्मक पाषाणी सर्पटीला भी है।

विष्णु के अनन्त-शयन के अधिशेष में समुद्रमन्थन वाली महामिथक भी वैसी ही है। वहाँ भी सर्प सहायक तथा विष्णु-समर्थक की अभिभूमिका निभाता है। महासमुद्र में कच्छप की पीठ पर सुमेरु पर्वत की मथानी रखकर वासुकि नाग की रस्सी द्वारा मन्थन हुआ था। पूँछ देवताओं ने तथा फणीद्र-शिर असुरों ने पकड़ा था। उससे अमृत तथा विष, लक्ष्मी तथा अप्सराएँ, भी निकली थी।

भारतीय शिल्पायन में नाग देवदम्पति सौन्दर्योदात्त हैं। वे सुखासन में पूर्णरूपेण मानव हैं। पीछे पाँच (या सात) फणों का छत्र या प्रभामंडल है।

नाग गरुड़ के विरोधी हैं। भारतीय मिथकयानों में पशु-पक्षियों के पक्ष में भी एकता तथा संघर्ष है। शिवपक्ष में शिववाहन वृषभ (नांदी) तथा देवीवाहन सिंह है, तो विष्णुपक्ष में विष्णुवाहन गरुड़ तथा लक्ष्मीवाहन उल्लू है।

उलूक (उल्लू) में भी सर्प की भाँति द्विपर्ण विरोधता है। वह एक ओर मृत्यु तथा अन्धकार का प्रतिनिधि है तो दूसरी ओर अन्धकार में भी आर-पार देखने वाला इल्हामी है। वह सौन्दर्य एवं ऐश्वर्य की देवी लक्ष्मी का वाहन है, तथा ग्रीक ज्ञान-विधा-देवी एथेना का भी लक्षण-लांछन है।

गरुड़

यह मानो वैष्णव धर्म-मिथक का ध्वज 'गरुड़ध्वज' है। पक्षिराज भी है। अपनी माता विनता के साथ हुए अन्याय के कारण

वह (चचेरे भाइयों) सर्पों का शत्रु है। इसके डैने लाल तथा देह स्वर्णिम है। इसकी पत्नी उन्नति तथा पुत्र सम्पाती (जटायु का बड़ा भाई) था।

नागों की माता कद्रु की बहन विनता का पुत्र है। दोनों ही दक्ष की पुत्रियाँ थीं। दोनों कश्यप की पत्नियाँ थीं।

कद्रु के 100/1000 सर्प-सन्तानें हुईं जिनमें शेष नागराज वासुकि प्रमुख थे। विनता के गरुड़। दोनों बहनों में बहस के कारण सर्पों ने विनता को पाताल में बंदीबना लिया। सर्पो ने शर्त लगाई कि गरुड़ मंदार/मेरु पर्वत के शिखर पर रखे अमृतघट को ले आये तब उनकी माँ मुक्त कर दी जाएगी। घट स्वर्ग में ज्वालाओं से घिरा था आखिरकार गरुड़ घट चुरा ही लाया।

इन्द्र ने वज्र द्वारा घट को चकनाचूर कर दिया। तथापि सर्पों ने विनता को विमुक्त कर दिया। ज्योंही वे चषक से अमृत पीने वाले थे कि इन्द्र ने तत्काल छीन लिया। जो बूँदें नीचे गिरीं सर्पों ने उन्हें चाटना शुरू किया जिससे उनकी जीभ बीच में से कट गयी। वे हर साल अपनी केंचुल बदलने लगे।

शक्तिशाली गरुड़ को देवताओं ने विष्णु का वाहन बना दिया।

अन्य पाठ

सर्पों ने विनता को बन्धनमुक्त करने की यह शर्त लगाई कि पाताल को जगमगाने के लिए गरुड़ चन्द्रमा को लाकर दे, सो, गरुड़ अभियान में चल पड़ा। वह ध्रुवतारे के निकट विश्राम को रुका (जो उसे पिता कश्यप का गृह भी था)। वहाँ उसने पिता से अपनी क्षुधा शान्त करने को भोजन माँगा। कश्यप ने एक झील की ओर इशारा किया जिसमें एक हाथी प्राणरक्षार्थ मकर से संघर्ष कर रहा था। वह सत्तर योजन लम्बा था। गरुड़ ने दोनों पंजों से जकड़कर एक पेड़ पर ला धरा जो हजार योजन लम्बा था।... अपनी यात्रा जारी रखने में गरुड़ को चन्द्रमा मिला। उसने उसे अपने डैनों के नीचे ढाँक लिये और पाताल को चल पड़ा। पाताल के घुप्प अँधेरे में चन्द्रमा की रजतदीप्ति पीत होने लगी। इससे देवगण क्रुद्ध हुए। उन्हें स्वर्ग में चन्द्रमा चाहिए था। सो पूर्णचन्द्र होने के पहले ही उन्होंने उसे कब्जे में ले लिया। यह पक्का करने को कि गरुड़ उनके पक्ष में ही रहे, उन्होंने षड्यंत्र करके विनता को आजाद कराया तथा गरुड़ को विष्णु-वाहन बना दिया।

इस भाँति गरुड़ का उद्‌गम भी कबीलाई इन्द्र तथा टोटेमिक संघर्ष-विराम का दर्पण है। यूँ यह अपने सौन्दर्य तथा शक्ति और वेग के कारण अश्व की तरह वस्तुरतिक (फेटिश) भी है : ईजिप्टी, अज़टेकी, मेसोपोटामिआई तथा भारतीय (वैष्णव) मिथकों में।...विभिन्न मतों के प्रतिद्वन्द्विता का दर्पण भी गरुड़-सर्प विरोध है। ये तत्वतः विष्णु और शिव के वाहन तथा धार्य हो गये। [सर्प के साथ ही मकर और कच्छप भी नदी-देवियों के वाहन बने। यहाँ तक कि विष्णु मत्स्य एवं कच्छप के अवतारों में संकल्पित हुए]। इस अनुक्रम से गरुड़ तथा सर्प के रिश्ते विरुद्धों-के-सामंजस्य वाले हैं। विश्वमिथकयान में इनकी मैत्री ईजिप्ट के (फाराओ-मुकुट के शुभंकर में) ऊपरले तथा निचले राज्यक्षेत्र की एकता में, तथा भारत में वैष्णव-शैव के यथानुकूल समन्वय में, मध्य एवं दक्षिणी अमेरिका के लोकयान में जगुआर

अन्यान्य पशुगण

(सूर्यबाघ) तथा अनाकोंडा (महासर्प) के सहअस्तित्व में दृष्टिगोचर होती है। कालान्तर में शिव और बुद्ध (तंत्र तथा वज्रयान द्वारा भी) दक्षिण एशिया के प्रस्तार में अधिकाधिक सम्बद्ध हुए। दोनों की योगी दश, पद्मासन मुद्रा सामान्य है [विक्रमशिला के वज्रयानी-केन्द्र में तो शिव तथा बुद्ध अदल-बदल तक गये]।

गरुड़-सर्प की तरह एक द्विपर्ण-विरोधता **गज-ग्राह** की मिथक में भी है। यहाँ एक डार्विनीय सत्य है कि अस्तित्व के संघर्ष में सर्वसक्षम ही उत्तरजीवी होता है। धर्म-केन्द्र में इसे स्मरण-भक्ति के शरणागति के सिद्धान्त के तौर पर गजेन्द्र-मोक्ष बना दिया गया। यहाँ तक कि करि-वरद विष्णु की उपासना भी कांचिपुरम् के मन्दिर में होती है [कथा 'भागवत पुराण' में है]।

हाथियों का राजा गजेन्द्र अपनी हथिनी रानियों के साथ त्रिकूट पर्वत के नंदन कानन में क्रीड़ा कर रहा था। त्रिकूट पर्वत के तीन शिखर क्रमशः सोने, चाँदी, ताम्बे के थे। प्यास बुझाने के लिए वह पास के महासर में पहुँचा कि एक मगर (ग्राह) ने उसका एक पाँव जबड़ों में जकड़ लिया। उसने मरते वक्त सूँड़ में एक कमलपुरुष (लक्ष्मी से भी इंगित) लेकर विष्णु का स्मरण किया। गरुड़ पर सवार विष्णु तुरन्त आन पहुँचे। अपने सुदर्शन-चक्र से ग्राह का वध करके गज का उद्धार किया। [धार्मिक उत्तर पाठ में गजेन्द्र नामक राजा अगस्त्य ऋषि के शापवश हाथी, तथा एक गन्धर्व मकर हो गये थे। उन दोनों का 'उद्धार भी हो गया]। तो प्रकारान्तर से विष्णु ने डार्विन के मत का भी अनुमोदन कर दिया।

मिथकीय भूगोल की तरह छोटा-मोटा **मिथकीय वनस्पतिशास्त्र तथा प्राणिशास्त्र** भी है। ईहामृग की परिकल्पनाएँ, कायान्तरण (मेटामार्फोसिस) के प्रकल्प आदि इसी दायरे में आते हैं।

ग्रीक मिथक का 'फीनिक्स' पक्षी भस्म होने पर राख से ही पुररुज्जीवित हो उठता है तो भारतीय मिथक में चकोर अंगारे चुगता है तथा पपीहा केवल स्वातिनक्षत्र से टपकी बूँद ही पीता है। एक बार वन में भटकते रातों में निर्वासित राम द्वारा सीता के लिए विलाप करते हुए देखकर एक चकोर-युगल ने जब उनका परिहास किया तो उन्होंने पक्षीमिथुन को रात में चिर वियोगी होने का शाप दे डाला। सेतुबन्ध के मौके पर एक गिलहरी को भी अपनी पीठ पर बालूकण लेकर सहायता करती देखकर राम ने उसकी पीठ सहलाई। इससे अँगुलियों की रेखाएँ बन गयीं।

इसी क्रम में अक्षय वट, कल्पवल्ली तथा पारिजात के मिथकाभिप्राय शनैः-शनैः **'कवि-समय'** भी बन गये।

अथच अमृतपान देवीदेवताओं को अमर बनाता है। च्यवन ऋषि द्वारा परिपाकी प्राश-रसायन सुन्दर-स्वस्थ-दीर्घायु बनाता है। संजीवनी-बूटी द्वारा युद्ध-हेतु लक्ष्मण पुनरुज्जीवित हो उठते हैं। देवताओं के गले पर पड़ी पुष्प-माला नहीं मुरझाती। गान्धारी के दृष्टि-निपात से दुर्योधन के नग्न देहांग वज्रांग हो जाते हैं। और भीः—

ईजिप्ट में राजा-रानियों की मृत ममियों पर लगा आलेप शताब्दियों पर्यन्त देह को क्षय-क्षरण से रोक देता है ताकि वे स्वर्गारोहण कर सकें। 'सुनहली अलक' की मिथकीय खोज होती है; प्रेमदेवी एफ्रोडाइट देवीरानी हेरा की कामोन्मत्तकारिणी अपनी 'रति-करधनी' पहनने को देती है; साइकी वीनस को 'सौन्दर्य का आलेपन' भेंट करती है; यक्षिणियों के पदाघात, स्पर्श, कुल्ली, शाख-भंजन आदि से वृक्षादि फूलने-फलने लगते हैं। इत्यादि।

ईहामृग

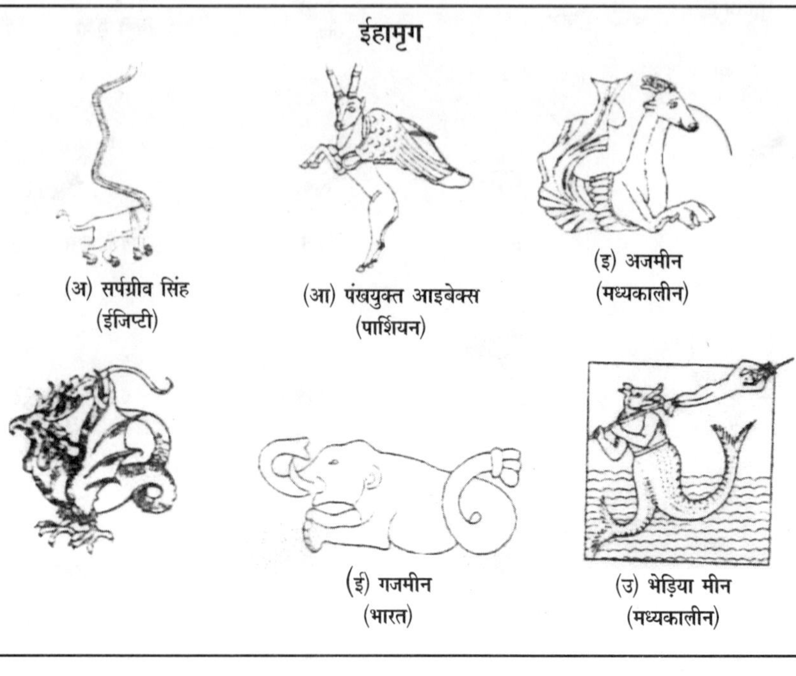

(अ) सर्पग्रीव सिंह (ईजिप्टी)
(आ) पंखयुक्त आइबेक्स (पार्शियन)
(इ) अजमीन (मध्यकालीन)
(ई) गजमीन (भारत)
(उ) भेड़िया मीन (मध्यकालीन)

निष्कर्षरूपेण

वनस्पति-प्रबन्धन भी यदा-कदा अद्वितीय है। अक्षय वृक्ष सृष्टि में सर्वप्रथम उत्पन्न माना जाता है, पारिजात स्वर्ग का वृक्ष है, कल्पवृक्ष से इच्छानुसार वस्तुएँ तथा उपाद्यान प्राप्त हो जाते हैं। कदम्ब पवित्र है क्योंकि कृष्ण इसकी छाँह में मुरली बजाते थे, इसलिए वट पवित्र है कि सावित्री ने इसके नीचे ही यम से मृतक पति सत्यवान का जीवन वापस लिया था। कल्पवल्ली भारतीय शिल्प एवं चित्र में अलंकरण-अभिप्राय है। पीपल कालिदास को भी प्रिय रहा क्योंकि इसके पत्ते 'चलदल' हैं अर्थात् हिलते रहते हैं।

धर्ममिथकों में वट, अश्वत्थ, बिल्व, धात्री और अशोक **पंचवट** हैं। पूजा में आम, पीपल, वट, पाकड़ एवं गूलर **पंचपल्लव** हैं। **पंचदेवता वृक्षों** में मंदार, पारिजात, सन्तान, कल्पद्रुम तथा हरिचन्दन हैं। कामदेव के **पाँच बाणों के भी पुष्प** हैं। तुलसी शालिग्राम से, तथा धतूरा शिव से जुड़ा है। महिलाएँ आँवले के वृक्ष की भी पूजा करती हैं। हरसिंगार भी एक मिथक-अभिप्राय है।

भविष्यपुराण में रूठे ग्रहों को प्रसन्न करने के लिए कुछ वृक्षों का उल्लेख है—आकर (सूर्य), श्वेत कमलिनी (चन्द्र), लालकनेर (मंगल), पलाश (बुध), पीला कनेर (बृहस्पति), कुन्द या मोंगरा (शुक्र), कृष्ण (शनि), आदि।

यक्षिणियाँ तो शाल-भंजिकाओं के उपनाम ही धारण कर चुकी हैं। उनके द्वारा दोहद से ही कई वृक्ष फूलते-फलते हैं।

ईहामृग

ये मूलतः मिथक-कला के सांस्कृतिक तथा धार्मिक मिथकाभिप्राय हैं। मन्दिरों की जगती, धरन आदि के छोर पर इन्हें उत्कीर्ण किया जाता है। ये अभिकल्प (डिज़ाइन) की भी कतार बनाते हैं तथा जादुई क्षमताओं से परिपूर्ण चक्रचिह्न माने जाते हैं। ये रथिका-बिम्ब नहीं होते।

ईहामृग वस्तुतः वे आलंकारिक (सतह से उभरे—बेस रिलीफ) शिल्प हैं जिनमें दो विपरीत प्रजातियों के पशु, पक्षी, जलचर का अन्तर्बन्ध होता है अर्थात् वे 'एकदेह' हो जाते हैं—आधे-आधे मिलाकर। इस प्रकार ईहामृग में दो विभिन्न या विपरीत प्राणियों का दोहरा फांतासीय कायान्तरण (मेटामार्फोसिस) होता है। यह जन्तुवैज्ञानिक संरूपों (ज़ूमार्फिक फार्म) से भिन्न है। मिथकीय किन्नर-युगल, हयग्रीव आदि भी इसी कोटि में शामिल हैं। इनके सौन्दर्यबोधशास्त्र की धुरी किमाकार (ग्रोटस्क) है।

इसमें जो दोहरा कायान्तरण होता है उसमें गज-सिंह, मकर-मीन, सपक्ष-सिंह (अज़टेक तथा पर्शिया), सर्प-मकर आदि की संयुक्तता है। वे अपनी आधी-आधी आकृतियाँ संरक्षित रखते हुए भी **एकदेह** होते हैं।

वस्तुतः इसमें मानवीय कार्यों-कार्यक्षेत्रों, साम्यरूपकों तथा तादात्म्यों का प्रक्षेपण हुआ है।

यह शकुन-आधायक तथा अमंगल-हरण भी माना गया, परवर्ती कालों में। तदपि इसके संकेतशास्त्र (सेमिओलॉजी) में द्वैत है, द्वन्द्व है, तथा दुविधा है। और सामंजस्य तथा समन्वय भी।

महासूत्र यह है कि कायान्तरण एक का अन्यैक में सम्पूर्णतः परिपूर्ण होना है, जबकि **ईहामृग** में एक का आधा-आधा, आगे-पीछे, अथवा खंड-खंड में अनेकैक होना है। यह मूलतः अलंकरण के हेतु संवर्धन करते हैं।

आगे इनकी मिथकीय इयत्ता का नाति विस्तार निरूपण होगा।

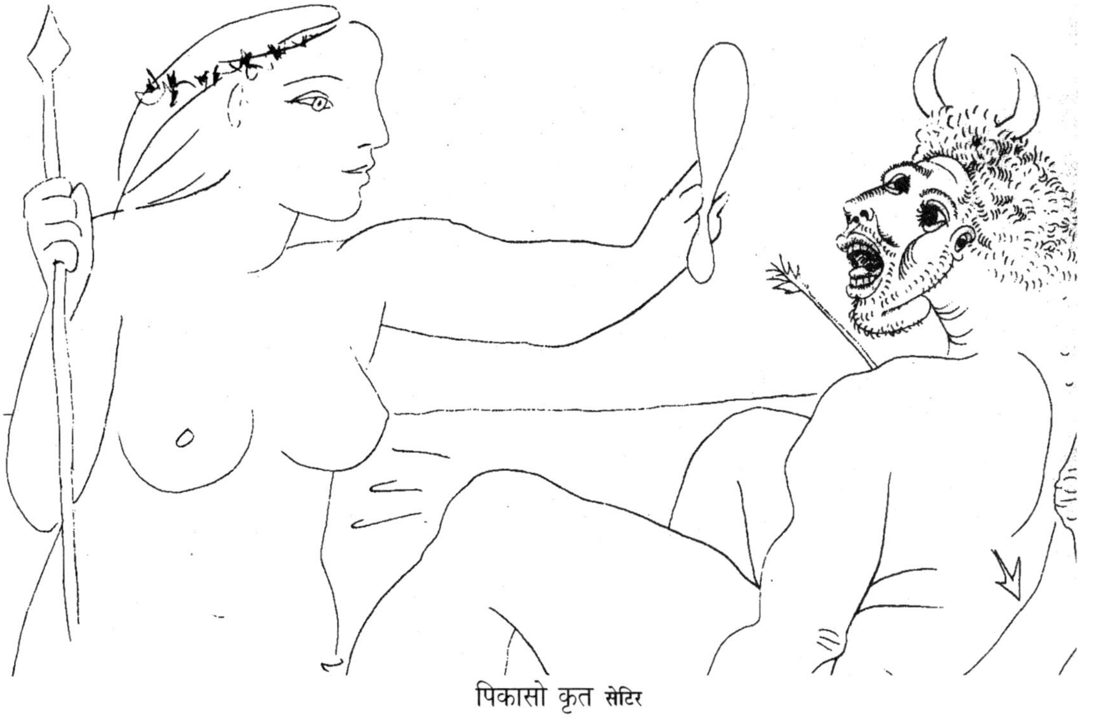

पिकासो कृत सेटिर

6.3 शैलचित्रों के पशुपक्षी तथा मिथकीय ईहामृग, व्याल, कीर्तिमुख आदि

विश्वव्यापी शैलचित्रकारों तथा पिरामिडों के ईजिप्टी चितेरों के पश्चात् विश्वमिथकों के आलेखकार ही विश्व के सर्वश्रेष्ठ सौन्दर्यद्रष्टा हैं। उनका सौन्दर्यबोधानुभव अब से लगभग पाँच हजार सालों तक लगातार तैयार हुआ वह उनकी धर्म-धुरी और विज्ञान-धुरी पर जारी है।

उनके आद्यप्ररूपात्मक **सौन्दर्यबोधशास्त्र** में तर्क की शुष्कता एवं दमघोंटू नैतिकता की गुंजाइश नहीं है। पहले वह मात्र सम्भोग-सुख में केन्द्रित था। कालान्तर में विकसित होते-होते उदात्त-शंखपंथ में 'महामुद्रा', 'महाभाव' तथा 'महासमाधि' तक में परिणत हुआ है। उसने ईश्तर, नेफ्रेतारी, ऐफ्रोडाइट, हेलेन के साथ चलकर उर्वशी और त्रिपुर-सुन्दरी तक का अभिकल्प कुंकुमचर्चित किया है।

उसमें सुशोभन नर तथा सुन्दर नारियाँ हैं।
विकराल दैत्य तथा विद्रूप राक्षसियाँ हैं ॥
उसमें नग्नता और पूर्ण आनन्द के ध्रुवान्त हैं।
प्रारम्भ में उसके सरोकारों में 'शील' विलंबित था ॥

शैलचित्र

शैलचित्र विश्वमिथक से भी हज़ारों साल पहले के हैं। इसलिए वे **'पुरा-परा-आद्य मिथकों'** के अवाचिक अगवानी करने वाले हैं।

(क) ई.पू. 30000-60000 के बीच होमो सेपियेंस (नृमानव) की सबसे प्रथम तथा बड़ी सिसृक्षा उसकी **कला** थी : गुफाचित्र एवं शिल्प। पशु तथा मानव (ऐकल तथा सामुदायिक) शैल-चित्रकारों तथा कारीगरों के आरम्भिक **बिम्बविधान** हैं। उनके **औज़ार** गुम्मे जैसे हथपत्थर, तिकोनो पत्थर तथा पत्थर की छूरियाँ थे। यह पाषाण-युग की स्थिति है। ये ही बाद में गदा और वज्र और खड्ग के प्रतिकल्प में मिथकायित हुए। हथकुल्हाड़ी भी अफ्रीका में इस्तेमाल हुई—परशु तथा चक्र के तौर पर (उत्तर पाषाण युग में)।

(ख) गुफाचित्र के **पशुओं** में, अफ्रीका क्षेत्र में, ई.पू. 8000 में सबसे पहले महिष, फिर गैंडे, दरियाई घोड़े (हिपोपोटेमस), हाथी, ज़िराफ़, शुतुर्मुर्ग, हरिण अंकित हुए। ये ई.प. 1000 तक। महिष (भैंसे) का अंकन ई.पू. 7500 तक हुआ। ई.पू. 6000 से पालतू मवेशी, कुत्ते अंकित हुए। घोड़ा ई.पू. 2000 तथा ऊँट ई.पू. 2500 से चित्रित हुआ। यह सूची टोटेमों के अनुप्रवेश, देवी-देवताओं के वाहन (ईजिप्ट में) पशुदेवों आदि के मिथकीय चक्रचिह्नों की कालिक खोज का निमित्त है। भारत में ई.पू. 8000 में खर (गधा), अज (बकरा), मत्स्य, ग्राह (मगर), गैंडा; ई.पू. 6000 से वृषभ, मृग, शार्दूल (सिंह) तथा ई.पू. 3000 से महिष (भैंसा), हाथी (लक्ष्मी से जुड़ा), गौ, और अश्व (अश्विनी-सूर्य से सम्बद्ध) दृष्टिगोचर होते हैं। ये भारतीय मिथकायन में अपनी अभिमिकाओं तथा समय-कोष्ठकों का भी इशारा करते हैं। इनको मिला-जुलाकर 'ईहामृगों' तथा विद्रूप दैत्यों का भी बिम्ब-विधान होता है। भारत में शैलचित्रों के साथ-साथ मोहेनजोदारो-हड़प्पा की मिट्टी की मुहरें एवं वेद की ऋचाएँ—ये हमारी सर्वप्रथम धरोहरें हैं। ई.पू. दस हज़ार साल पहले में हम इन्हें धुँधला-सा निर्धारित कर सकते हैं। तब से मेसोपोटामिआ की इनान्ना और ईश्तर की हमजोली बनी दुर्गा उत्तर पाषाण-युग में (ग्रीक युद्धदेवी आर्तेमिस की भाँति) पूर्णतः अस्त्र-शस्त्र से लैस अधिष्ठापित होना शुरू होती है। ज्यों-ज्यों वह विभिन्न पर्वतीय क्षेत्रों, तथा कबीलों की भी अधिष्ठात्री देवी बनती जाती है, त्यों-त्यों उसकी भुजाओं की संख्या तथा उसके अस्त्र-शस्त्र के टोटेमीय प्रकारों में भी विभेदकता होती जाती है। तदपि यह सांस्कृतिक नृतत्त्वशास्त्र और 'अनुजातीय (एथनोग्राफिक) एटलस' का विषय भी है।

(ग) शैल-गुफा-चित्रों में पशुओं की आकृतियाँ तो प्रत्यक्षणोन्मुख हैं लेकिन **मनुष्यों** में तद्रूप नैसर्गिकता नहीं है। उनमें हम नर तथा नारी की अलग शिनाख्त नहीं कर सकते। यह तो स्पष्ट हैं कि ये शिकार में जादू से जुड़े हैं। इसके अलावा उनके नियंत्रण के लिए, और उन्हें पकड़ने के लिए या उनकी संख्या बढ़ाने के प्रयोजन से जुड़े हैं। अतएव इनमें एकल या सामुदायिक समूह कर्मकांड के लिए, अथवा दैनिकजीवन यापन के क्रियाकलापों के लिए लक्षित हैं। इसीलिए ये आरम्भिक मिथकों तथा परम्पराओं एवं प्रविधियों का भी निदर्शन करते हैं।

पशु-मानव अंकन के साथ ही इनमें अनेक ज्यामितिक चिह्न हैं—गोला, बिन्दु, रेखा, अष्टावक्र (ज़िग ज़ैग) आदि के। इनसे ही सम्भवतः जादू-टोना, रहस्य-संकेत उद्भूत हुए हैं अर्थात् मिथक और जादू की भी मैत्री हो गई है (वाकणकर ने भी इन पर कार्य किया है)।

शैलचित्र मिथक के **'आदि भरतपाठ'** (मास्टर टैबस्ट) की सूचना देते हैं। इनके रहस्यात्मक बिम्बों से भी देवी-देवते, दानव-राक्षस धीरे-धीरे बाहर निकलते आते हैं। इस प्रक्रिया में अनेक प्रकार से सृष्टि तथा उत्पत्ति के सन्दर्श होते हैं—अण्डे से, जल से, सर्प से, वृक्ष से, आकाक्षपृथ्वी से, सर्जक देवता-सर्जक देवी से इत्यादि। इस तरह से ऐसे विश्वमिथक ही विश्व के पूर्वोतिहास भी हैं जिनका देशकाल प्रायः अनिश्चित-अज्ञात् है।

मिथक के भरतपाठ के दोनों सोपानों से यही परिलक्षित होता है कि **उर्वरता** तथा **संभोग** ही मूल कृत्य हैं। अभी **सौन्दर्य** मात्र दूरागत उत्प्रेरक रहा है।

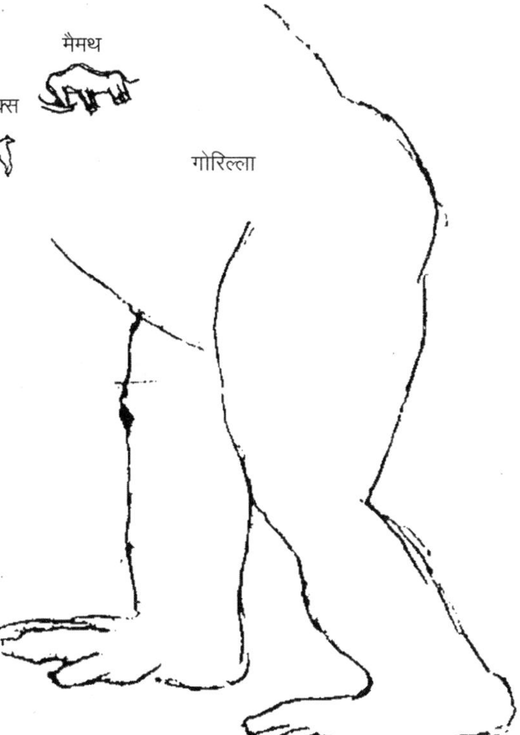

आल्टामीरा (स्पेन में सेंटाडर के निकट) में 14000 वर्ष पुरानी अंकित चित्रछवियाँ : गुफाओं में। ये अंकन गीली माटी पर अंगुलियों से खींचे गये, या खोदे गये, या रंगे गये हैं। इनमें मुखौटे हैं, चिह्न हैं, तथा पशुओं के शिर हैं। अर्थात् इनमें रेखाओं तथा रंगों, चिह्नों तथा प्रतीकों का आंकन तथा उत्कीर्णन हुआ है।
(इसके अलावा तीस हज़ार वर्ष पुराने शैलचित्र भी मिले हैं।)

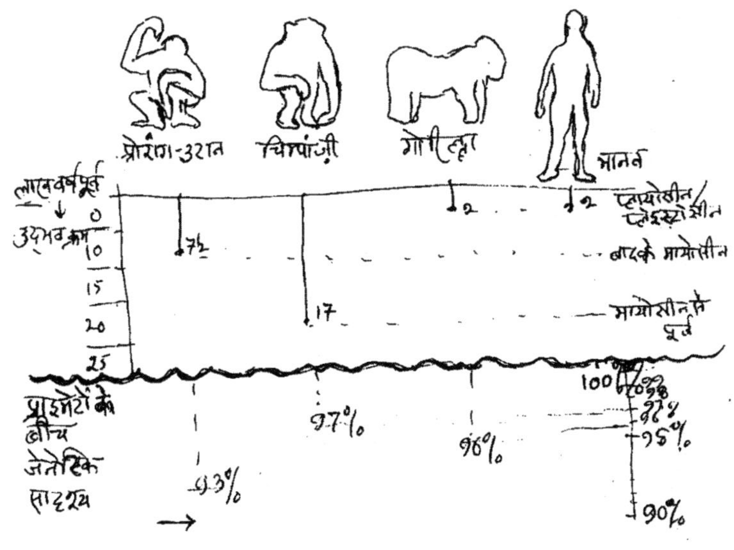

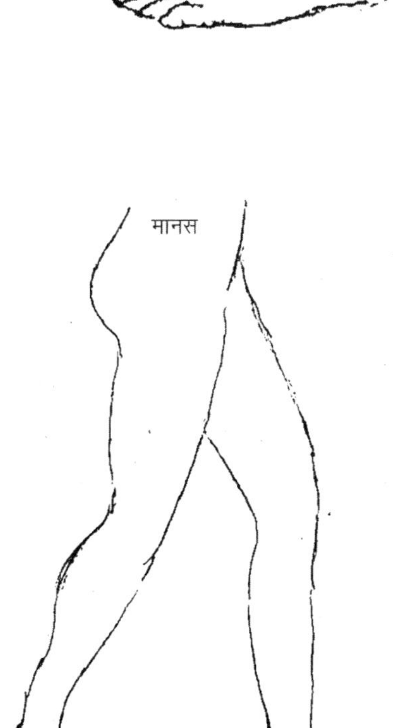

शिकारियों की कलाएँ

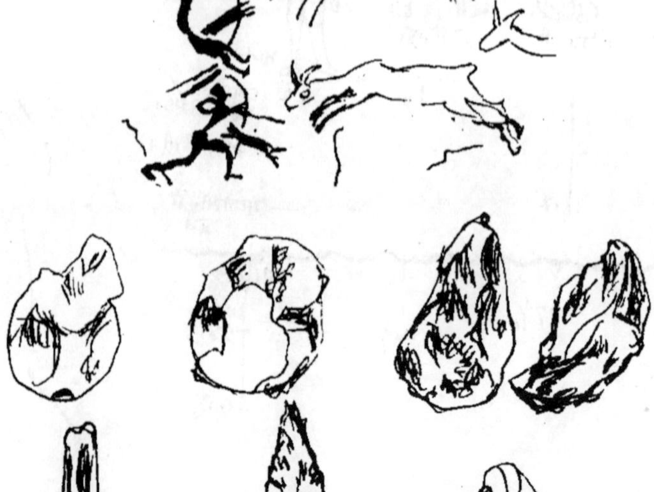

आरम्भिक शिकारियों के औजार

नृवानर-सेना का सामूहिक प्रयाण (श्रीराम के समुद्र सेतुबन्ध में भी ऐसा ही कुछ हुआ होगा)। संरक्षक अगली पाँतों में; नर तथा नारी तथा बालकवृन्द बीच में। युवा वानर परिधि में होते थे।

घुमंतू नाना कबीलों के नेताओं, देवताओं, और सुरों का सम्पर्क तथा सामना वनों-पर्वतों-दूरांचलों के कम-विकसित कबीलों से होता है। वे ही अ-सुर बता/बना दिये जाते हैं। इस तरह सुरों-असुरों का युग-युग वाला द्वन्द्व चलना शुरू हो जाता है। कभी जीतू पक्ष का वर्चस्व स्थापित होता है, तो कभी वह परास्त होता है। यह विशाल मिथकीय **देवासुर-संग्राम** है।

पशु-पक्षियों के (शैलचित्रों तथा घास-मैंदानों, घाटियों, जलवृत्तों में) आविर्भाव एवं उपस्थिति से मानव के मिथकीय मानस ने भी ईहामृगों, राक्षसों तथा देवताओं के आद्य अवतारों की फांतास्यिाँ गढ़ी। मसलन अफ्रीक के **सहारा** की शैलचित्रकारी तथा वन्य जीवन के परिवर्तित पैटनों से वहाँ की मिथकें एवं कबीलाई लोकयान संलिप्त हैं। सबसे पहले भैंसा (ई.पू. 8000), फिर गैंडा (ई. पू. 2000 तक), दरियाई घोड़ा (ई.पू. 2000 तक), हाथी (ई.पू. 500 तक), ज़िराफ़ (ई.प. 1000 तक), शुतुर्मुर्ग (ई.प. 1000 तक), गेज़ेली (ई.प. 1000 तक), मवेशी (ई.प. 1000 तक) कुत्ता (ई.पू. 6000 से 1000 तक), घोड़ा (ई.पू. 6000 से 1000 तक), ऊँट (ई.पू. 6000 से ई.प. 1000 तक)।

इसी तरह **भारत** की शैलचित्रकारी, मुहर-अंकन, तथा वन्य-जीवन के बदलते पैटर्नों में गैंडे, वृषभ, (मोहेनजोदारों) गौ, अश्व, हाथी, शार्दूल, (वैदिक), भैंसा, मृग, वृषभ, गैंडा, मत्स्य, अज, खर (शैलचित्र) आदि आते गए है। मिथकों में ये टोटेम, छलावरण (मुखौटे), लांछन (चिह्न), ईहामृग, देववाहन, परवर्ती नाट्य, नृत्य, चित्र वास्तु एवं शिल्प तक में ये परिव्याप्त हैं। (देखिये तालिका)

(घ) इसलिए इनमें अंकित दृश्य व अभिप्राय पैटर्न तथा तकनीक सटीक **वैज्ञानिक अनुसन्धान** तथा नतीजों की अपेक्षा रखते

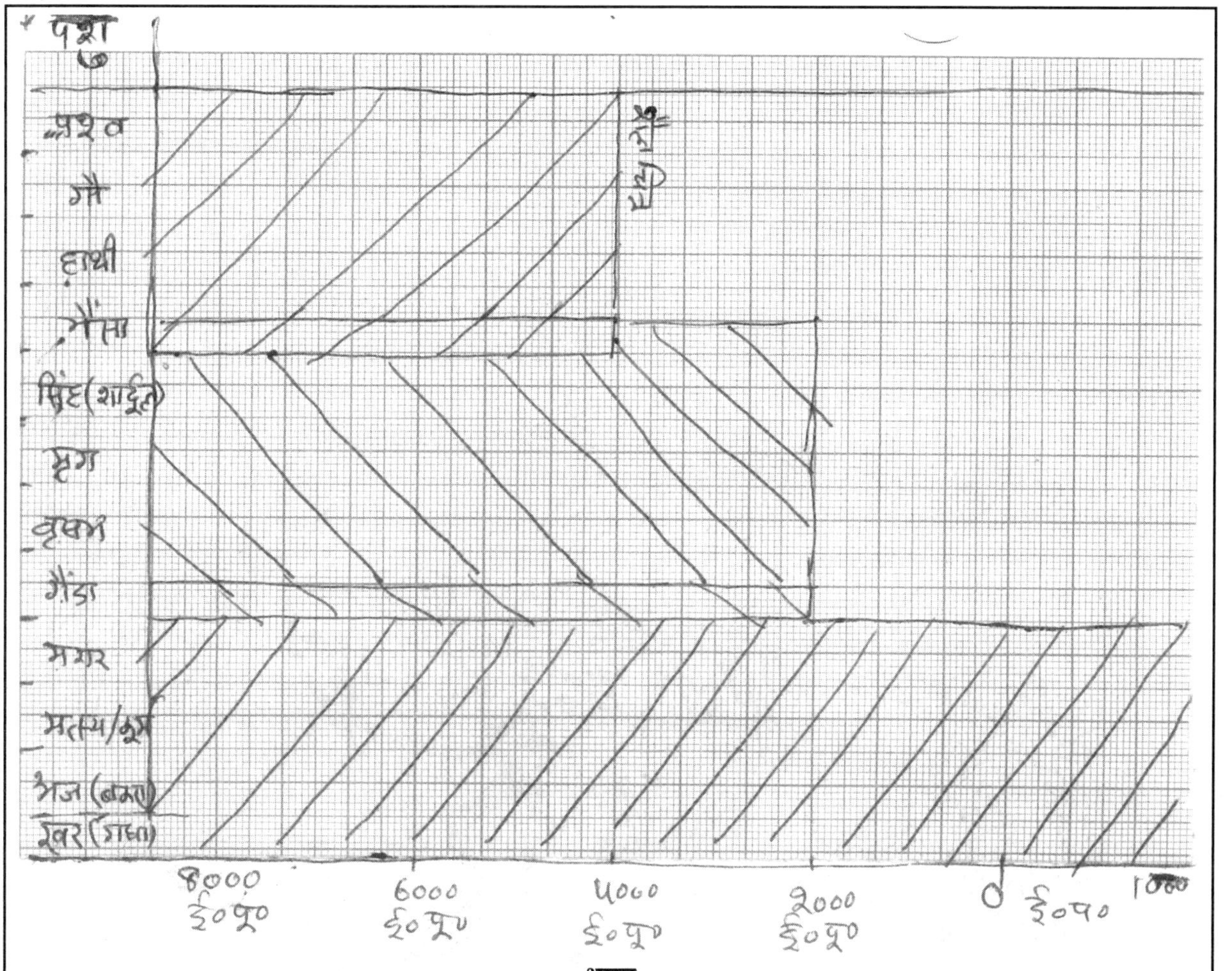

भारत

हैं। विशेषज्ञ ज्याँ क्लॉटे ने बताया है कि शैल कला अतिप्राकृतिक संसार की अध्यात्माओं (स्पिरिट्स) के सम्पर्क के आने के लिए अक्सर एक चहेता रास्ता है। यह शामनवाद का द्वार भी खटखटाती है। विचित्र बात है इससे (मिथक भी) अन्य दुनिया में विश्वास से एवं उसके साथ सम्पर्क में जुड़ जाती है। इसके अलावा वह कला हमें स्वप्न-समय तथा पुरखों से भी सूत्रबद्ध करती है। उन्होंने शैल-कला के विश्वभंडार को चार संवर्गों में बाँटा हैः—

(i) प्राकादिम शिकारी संग्राहक की व्यावहारिक कला। इसमें दृश्य-विधान तो बिरले हैं लेकिन पशु तथा चक्रचिह्न बहुधाव्रती हैं तथा प्राचलों (पैराडाइम्स) की वैश्विक मूल्यवत्ता है।

(ii) विकसित शिकारियों की कला। इसमें वे तीर और कमान का इस्तेमाल करते हैं तथा दृश्यांकन आम हो जाते हैं।

कला अधिकाधिक स्थानिक हो जाती है।

(iii) गड़रियों-मवेशी पालकों की कला। इसमें पालतू पशुओं तथा दैनिक जीवन के दृश्यों का अंकन (भी) होता है;

(iv) जटिल समाजों की कला। इसमें मिथकीय चरित्रों तथा अनेक संकेतों का (रहस्यात्मक) चित्रण है तथा **बिम्ब** एवं **अभिप्रायों** का संकेन्द्रण होता है।*

तो, सौन्दर्य की प्रथम-से-प्रथम रेखाएँ इस प्रकार खिंचीं।

हम यह तथ्य भी लालरेखा से अंकित करना लाजिमी समझते हैं कि शैलचित्रों में देवी-देवताओं के कोई भी संकेत नहीं हैं। यहाँ तक कि अनुष्ठान प्रतीयक चित्रों में भी उनकी न तो कोई छाया-छवि है और न ही कोई रूपप्रद (फिगरेटिव) चक्रचिह्न ॥ ...तब तक अलौकिकता आयाम में देवत्व-दानवत्व का उद्भव नहीं हुआ था। तब तक मनुष्य ने देवताओं का निर्माण नहीं किया था। हाँ, आस्ट्रेलिया तथा समुद्रायनी में पूर्वजों के अंकन हुए हैं।

फ्रांस की भाँति भारत का मध्यप्रदेश (नर्मदा-घाटी समेत) प्रागैतिहासिक सभ्यता का केन्द्र रहा है। यहाँ प्रागैतिहासिक चित्रित शैलाश्रयों के विशाल समूह हैं जो आदि मानव के जीवन के पक्षों तथा दिनचर्या पर प्रकाश डालते हैं। विश्व का सबसे बड़ा शैलाश्रय (तथा उसमें बने शैलचित्र) **भीमबेटका** (रायसेन क्षेत्र) यहीं है। इसके अलावा असंख्य छोटे-छोटे शैलाश्रय समूह छिटके पड़े हैं जो भूगोल को मिथकीय तथा भू-रचना को विभिन्न कबीलों और जनजातियों, उनके जीविकोपार्जन तथा जीवन के विभिन्न पक्षों, लोकयानों तथा अनुष्ठानों के हेतु अपार नृतात्त्विक-पुरातात्त्विक भंडार हैं। इनका समय ईसा से दस हज़ार वर्ष पूर्व अनुमानित किया गया है।

इन चित्रों में पशु और मानव, धार्मिक एवं जादुई आकृतियाँ अंकित हैं। इनमें आखेट के, मधु एवं खाद्यान्न इकट्ठा करने के और नृत्य तथा संगीत आदि के प्रदर्शन हैं। तय है कि इन **शैलाश्रयों एवं शैलचित्रों** में पाषाण-युगीन तथा ताम्रयुगीन संस्कृतियों के स्तर दीप्तिमान हो उठे हैं। इनके द्वारा हम आदि मानव के जीवन तथा संरचना के **तीन आयाम** उपलब्ध करते हैं–(क) आखेट में पशु तथा शिकारी समूह, (ख) खाद्यान्न (मधु, कंदमूल, आदि) की संग्रह-चर्या, तथा (ग) आनुष्ठानिक तथा टोटेमीय संचेतना से युक्त नृत्य और गान।

इनसे यह भी लक्षित होता है कि गुफावासी मानव-समूह रेखाओं की ही प्राणप्रतिष्ठा करते थे, वे भरावों-उभारों को ध्यान न देकर बुनियादी संरचना की गहराई में झाँकते थे, तथा उनकी वैश्विक संदृष्टि चित्र एवं चित्त को अभेद, पर्यावरण और पावन को

रायसेन क्षेत्र के द्वितीय दौर का एक शैलचित्र

* 'वर्ल्ड रॉक आर्ट'–ज्याँ क्लॉटे, 'दि गेटी कंज़र्वेशन इंस्टीच्यूट' लॉस एंजिलेस, 2002, पृ. 115-17.

शिलाचित्रों में नारी-रूप

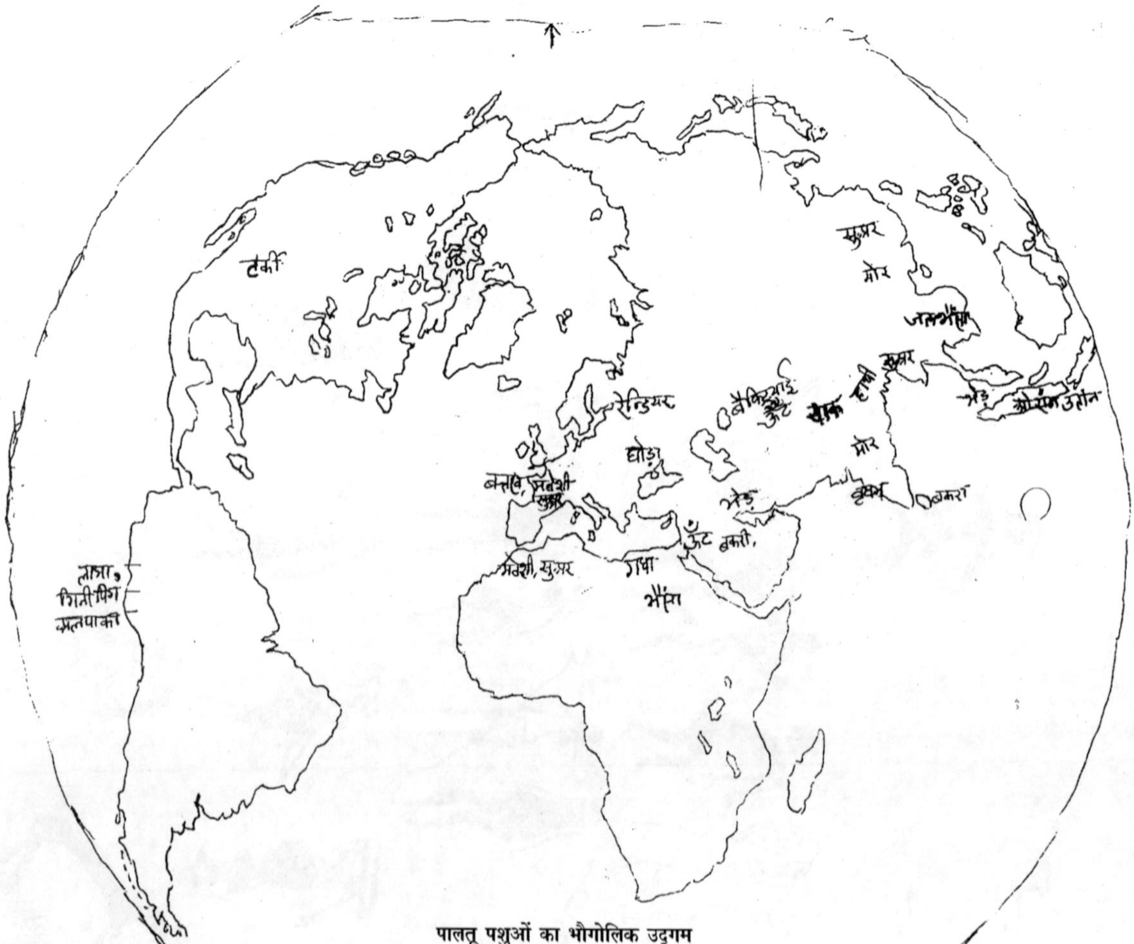

पालतू पशुओं का भौगोलिक उद्गम

आस्ट्रेलिया के आनहेम लैंड के चित्रांकन में आदिमूलस्थ कला

फ्रांस की अल्टामीरा गुफा में लाल रंग से अंकित एड़ लगाता अश्व

एक, दृश्य एवं वाक् को अद्वैत मानने वाली थी। ये ही आयाम शनैः-शनैः **मिथक** और **भाषा** के उद्भावक होते गये।

[शैलचित्रों एवं शैलाश्रय की खोज तथा संरक्षण में उज्जैन के वी.एस. वाकणकर तथा भोपाल के ए. घोष के प्रवर्तक प्रकार्य रहे हैं।] वाकणकर के निष्कर्ष हैं, "पचमढ़ी, आदमगढ़, मोडी, मिर्ज़ापुर और भीमबेटका की खुदाइयों ने पर्याप्त पुरातात्त्विक आँकड़े प्रदान किये हैं। पाटने (महाराष्ट्र) में प्राप्त शुतुर्मुर्ग के अलंकृत अंडे के खोल समेत भोपाल तथा चंदरेसाह के पुरातत्त्व ने भारत में कलात्मक कार्रवाई तथा शैलचित्रांकन की तिथि को उच्चतर पाषाणयुग (सामान्य युग से 25000 वर्ष पूर्व) तथा मध्य-पाषाण युग (सामान्य युग से 4000 वर्ष पूर्व) तक पीछे लौटा दिया है। भीमबेटका में होमोसेपियेन (आदि मानव) की खोज ने तो अब जीवाश्म-मानुष (फॉसिल मैन) के विश्व-एटलस में भारत को भी कायम कर दिया है।"*

ध्यातव्य है कि भीमबेटका का भी **मिथकीय भूगोल** है। उसका नामकरण महाभारत के पांडव नम्बर दो—भीम—पर हुआ है। भीमबेटका में हाथी, जंगली सूअर, बाघ, गैंडे, सांड़, हरिण आदि का अंकन हुआ है। कुछ पक्षी भी हैं। तीर और कमान हैं। वाद्यों में सींग और तुरही (दुंदुभि) भी है। शैलचित्रों में प्रखर गतिशीलता की समानुभूति होती है—मानो चित्र और चित्त में एक ही संघटना छाई हुई है। वाकणकर का अन्दाज़ यह भी है कि इनमें हाथी तथा अश्व के साथ यक्ष भी अंकित है (?)। बहुधा पशुओं के झुंड हैं। कुछ के पेट में जाली बनाकर अन्दर गर्भस्थ छौना भी दिखा दिया गया है। गेरू, काजल, खड़िया तथा वनस्पति-रंगों का इस्तेमाल हुआ है।

तो पूर्वेतिहासिक तथा **मिथकीय संसार** का प्रारम्भ ऐसा था। **मिथकीय मानस** की हलचल के घेरे और वृत्त, चक्रचिह्न और उपादान ऐसे थे। इससे अधिक क्या और कहाँ और कैसे सिद्ध होगा! इन उभय दशाओं से अगला चरण तो **ईहामृगों** का ही परिलक्षित होता है।

अब आगे हमारी धुरी **पूर्वेतिहास** बनेगी।

मिथकीय ईहामृग

प्रथम द्रष्टया **ईहामृग** दो विभिन्न प्रजातियों (जलचारी, भू-चारी, व्योमचारी) के आधे-आधे अंगों का विलयन होकर **एकदेह** में अंतःसंधान है : जैसे मानुष मुख सिंह (स्फिंक्स) ऊर्ध्वदेह-वृषभ अधोदेह (मिनोटार) आदि। दो अधूरों को संयुक्त करके एकाकृति की फांतासी एवं फैंसी **मिथकीय मानस** की विचित्र, तथा विलक्षण, असम्भव तथा अजीववैज्ञानिक अ-कल्पना है। यह **किमाकार** (ग्रोटस्क) तथा विद्रूपता तक के सौन्दर्याभिकल्प (एस्थेटिक डिज़ाइन) का आयत्तीकरण करता है। ईहामृगों का विस्तार विश्वमिथकयानों तक है। अतः यह मिथकीय मानस का अन्तर्राष्ट्रीय रुझान भी है। यह मूलतः कलाओं, मन्दिरों, प्रासादों में अलंकरण का एक उपादान तथा उपागम भी है।

विश्व का सर्वप्रथम ईहामृग तो ईजिप्ट के गाज़ा पिरामिड के सामने विराट् विश्व-रूप बैठा हुआ मनुष्य-मुख सिंह (स्फिंक्स) है। इसके साथ मेसोपोटामिआ का मुँह से आग उगलते सिंह, तथा पर्शिया का सपक्षसिंह आते हैं। बाद में सिंह देह और बाज़ अथवा तोते की चोंच के ईहामृग पश्चिम में **'ग्रिफिन'** के रूप में बहुत लोकप्रिय हुए।

ईहामृग में दो विभिन्न कायाएँ एक काया हो जाती है। जबकि कायान्तरण (मेफामॉर्फोसिस) में एक ही काया पूर्णरूपोण बिल्कुल अन्य काया हो जाती है; जैसे लिडा से समागम करने के लिए देवेन्द्र ज़ियस हंस हो जाता है; इन्द्र से समागमोपरान्त अहल्या एक पाषाणशिला बन जाती है; या यूरोपा का अपहरण करने को ज़ियस वृषभ हो जाता है, अथवा फ्रेया का कंठहार चुराने को शठ पात्र लोकी एक मधुबर्र बन जाता है। यह भी मिथकीय मानस द्वारा विशिष्ट संरचना के आयाम हैं जो कथा-थीम के अनुषंग हैं। ईहामृग डरावने या रहस्यात्मक नहीं हैं। वे कौतुक, अचम्भे, विचित्रता के उद्भावक हैं। वे अलंकरण तथा अभिकल्प की अभिभूमिकाएँ निभाते रहे हैं। मिथकीय मानस के सामूहिक अवचेतन के वे विश्वरूप रूपायन भी हैं। सम्भवतः आदिम कबीलों द्वारा पशुओं-पक्षियों के मुखौटे लगाने से ही मिथकनिर्माताओं तथा चित्रकारों में ईहामृग की अवधारणा उद्भूत हुई होगी। पशु-पक्षियों के ईहामृग अलंकार तथा अभिकल्प हो गए तो मानव-देह पर पशुओं के मुख वाले जंतुरूपिम (ज़ूमार्फिक) देवता के संरूपों में अधिष्ठापित हुएः—भारत में गणेश, हनुमान, हयग्रीव, नृसिंह, वराह आदि ऐसे ही देवता हैं। ईजिप्ट में तो होरस, अनूबिस, थोथ, बास्टेल, खनुम आदि ईहामृगवत् देवतों का लम्बा सिलसिला है। भारतीय साहित्य में ईहामृगों की विपुल संख्या है। ऋग्वेद में इन्हें 'यातु' कहा गया है—उलूक यातु, स्वायातु (श्वान), कोकायातु (कोकपक्षी), सुपर्णयातु (बाज)। भारतीय शिल्प-परम्परा में ईहामृग गान्धार से लेकर भरहुत, साँची, मथुरा, अमरावती, नागार्जुन-कोंडा, अजन्ता की गुफाओं तक में परिव्याप्त हैं।

ग्रीक तथा साँची शिल्पापनों में पक्षीदेहधारी सपक्ष रमणियों का ईहामृग एक प्रबल मिथकाभिप्राय है। ग्रीक महाकाव्य 'ओडिसी' में ओडिसियस की वापसी यात्रा में जब उसका जलपोत एक छोटे-से द्वीप पर पहुँचा तब उसे देखकर 'साइरेनों' ने गाना शुरू कर दिया।

---

* 'पेन्टेड रॉक शेल्टर्स', एम.डी. खरे, आर्केलॉजी एंड म्यूज़ियम्स, मध्यप्रदेश, भोपाल, का मुखबन्ध।।

देवेन्द्र ज़ियस तथा एंटिओपी : (चित्रकार हान्स वान आनचेन)
सेटिर (अज अर्थात् बकरे की टाँगों तथा सींगों से युक्त वन-अपदेवता) में कायान्तरित होकर ज़ियस ने नारी राज्य की रानी से समागम किया (कामशास्त्र का पशु-अभिप्राय)

गान्धार के ईहामृग

भरहुत के ईहामृग

साँची के मिथकीय ईहामृग

साँची के मिथकीय ईहामृग

अमरावती के ईहामृग

अमरावती के ईहामृग

अजन्ता के भित्तिचित्रों में ईहामृग

अजन्ता के भित्तिचित्रों में ईहामृग

ग्रीक 'सेंटार' तथा भारतीय 'किन्नर' भी ऐसे ही लोकप्रिय ईहामृग रहे हैं। इनकी अपनी मिथक-गाथाएँ भी हैं। एक ग्रीक मिथक के अनुसार प्रथम सेंटार चिरॉन ओलिम्पस के युवा देवी-देवताओं से प्रबल संग्राम में पराजित हो गया। तदुपरान्त प्रकाश तथा विमर्श के देवता अपोलो ने उसे दंडित करके अर्ध अश्व-अर्ध मानव बना दिया। ऐसी ही मिथककथा सूर्यपुत्र अश्विनीकुमारों की भी है।

पुरातन युगों में सर्प तथा गरुड़, मकर तथा वराह, सिंह तथा गज, हंस तथा हरिण आदि ही ईहामृगों का विन्यास करते रहे थे। गरुड़ विष्णु का वाहन देवता था। ईजिप्ट में होरस श्येन (बाज) देवता था। ईजिप्ट के फाराओं (सम्राटों) के मुकुट को सर्प तथा गरुड़ सुशोभित करते थे। इसी से 'सर्पश्येन' का ईहामृग उन्मीलित हुआ था। मेक्सिको के अज़टेक का प्रमुख युद्ध-देवता भी सर्पश्येन ही था। वस्तुतः यह युगल अनेक गहरी मिथक-संरचनाओं का भी द्योतक है। पक्षी आकाश में ऊँची उड़ान भरने वाला, तथा सर्प रेंगकर धरती में नीचे उतरने वाला जीव है। अतः यूँ उर्वरता और ऋतुचक्र का समायोजन आदिम मिथकवेत्ताओं ने कर डाला था। ऋग्वेद में श्येन सोम लाने वाला है। इस पक्षी के एशियाई महत्त्व का प्रभाव ही था कि वह ग्रीक देवेन्द्र ज़ियस से सम्बद्ध हो गया।

इसी कड़ी में अर्द्ध-रमणी-अर्ध मछली के रूप में 'मरमेड' है। भारत में यह भरहुत में उत्कीर्ण है। तथापि यह ग्रीक मिथकयान से आव्रजन करके आयी है।

मकर और गज की कथा भी है तथा इनका ईहामृग भी साँची, मथुरा, अमरावती के अतिरिक्त अजन्ता के भित्तिचित्र में भी उपस्थित है। मकर और वृश्चिक का ईहामृग भी व्यापक हुआ था।* सारांश में, ईहामृगों के माध्यम से विदेशी ग्रीक, सीथियन, पर्शियन, मेसोपोटामिआई प्रभाव का पुंजीभवन हुआ है।

कीर्तिमुख

उक्त नामकरण में ही मिथकीय रहस्य तथा आनुष्ठानिक विडम्बना (ऑयरनी) है। इसके कई रूप-प्रतिरूप हैं।

दूषित द्रव्य, वर्षा-नीर, बुरी अध्यात्माओं (स्पिरिट्स) आदि को भगाने, निकास करने के लिए कुछ पद्धतियों को मिथकीय जादुई विश्वासों में बाँध दिया गया है। उत्तरी अमेरिका के टोटेमीय खम्भे, तिब्बत के लामाओं का मुखौटा-नृत्य, भारत का नागपूजा-मत सम्प्रदाय इसी के प्रदर्शन हैं।

इसके अलावा इस जादुई मिथकाभिप्राय के अनेक रूपान्तरण हुए। बेबीलॉन की देवी ईश्तर द्वारा ऋतु एवं कृषि के देवता तियामत को धरती पर लाने के लिए परीक्षा देने वाली पाताललोक की सुरंग-यात्रा, अथवा ग्रीक ऑर्फियस द्वारा अपनी मृत प्रियाकांता यूरिडाइस को पुनरुज्जीवित कराकर संसार में लाने के हेतु देवता हेडीस के निचले मरण-लोक की यात्रा इसी लक्ष्य के निमित्त हैं। इस तरह इनमें से ही एक **कीर्तिमुख** भी हैं। वास्तुशिल्प में यह एक अलंकारी मिथकाभिप्राय है। ये प्रणाल (परनाले) का प्रकार्य करते हुए उत्सर्जन कारक हैं। ये बाहर से डरावने, विकराल, वर्जनकारी, जैसे असौन्दर्यतात्त्विक संरूपों में साकार होते हैं। मूलतः ये मुखाकार ही होते हैं (कहीं-कहाँ पाँव भी खुदे होते हैं)।

कीर्तिमुख सिंह-प्रारूप अथवा भूत-प्रारूप वाले भी होते हैं। क्लासिकी ग्रीक मन्दिरों में 'गोर्गोन-प्रारूप' प्रचलित थे (गोर्गोन वे सपक्ष, सर्पकेशी राक्षसियाँ थीं जो देखने वाले को जड़ीभूत पत्थर में बदल डालती थीं। उनमें-से एक मेडुसा भी थी)। ये कीर्तिमुख क्लासिकी ग्रीस के अतिरिक्त, हैलेनिक एथेंस, साम्राज्यी रोम के मन्दिरों, स्नानागारों, प्रासादों, सुरंगों के छिद्र-द्वारों पर जड़े हुए होते थे।

भारत में इनमें-से कुछ—ईहामृगों की भाँति—विदेशों तथा पश्चिम एशिया से भी बहते-उड़ते यायावरी करते हुए आये। ये मौर्यों से शुंगों से सातवाहनों से शक-कुषाणों के कालों में आन पहुँचे और मूल भारतीय कीर्तिमुखों से हिलमिल गये बाद में ये दक्षिण एशिया, मुख्यतः जावा और कम्बोडिया तक संस्थापित हो गये।

कीर्तिमुख एवं उनके प्रणाल के कई संरूप हैं:—यथा, गज-प्रणाल, ग्रास-प्रणाल, सिंह-प्रणाल, मकर-प्रणाल, भूत-प्रणाल, घट-प्रणाल इत्यादि। वस्तुतः ये आसुरी ध्वंसक लालसाओं के भी प्रतिनिधि हैं जो बहिर्गत अशुभ-अपशकुन, बुरी दृष्टियों, अनिष्टकारी सम्भावनाओं आदि को अपने में लीलकर संकट-मोचन तथा विपत्ति-निवारण करते हैं। इनका एक लघु आयाम सुन्दर तथा मोहक भी है।

तथापि इनकी अशुभ-असुन्दर ऐस्थेटिक्षा में जावा और कम्बोडिया, तिब्बत-चीन और जापान में एक मनमोहक उद्दीपन-शैली का भी उन्नयन हुआ। इनके मस्तक तथा किरीट पर से, अथवा पात्र के अंगों या रमणियों के परिधानों को घेरते हुए लोल-वर्तुल लहरों तथा लपलपाती लपटों के घूर्णनों के प्रवाह एवं वात्याचक्र भी अनुरंजित हुए। ऐसी वक्र शैली मध्य-अमेरिका के माया और इन्का मिथकयानों के वास्तु-शिल्प में भी स्वायत्त ढंग से दृष्टिगोचर होती है। यह भी एक नंदतिक मिथकशैली है।

वस्तुतः मिथकीय मानस की निरन्तरता ने वैश्विक चतुरंग का विधान किया है जिसमें ईहामृग और कीर्तिमुख (प्रणाल), उदरमुख और कबन्ध की फांतासियाँ चकित, मोहित, भयभीत, उन्मिषित, विभाजित-संश्लेषित करने की भूमिकाएँ निभाती रही हैं।

* ईहामृगों पर देखें के. कृष्णामूर्ति की किताब, 'मिथिकल एनीमल्स् इन इंडियन आर्ट', अभिनव पब्लिकेशंस, दिल्ली, 1985

ग्रीक मेडुसा : मर्त्यमान समुद्रदानवी। गोर्गोनकुल की। पहले वह अनिंद्य सुन्दरी थी और स्वयं के रूप की प्रतिद्वन्द्विता देवी मिनर्वा से करने पर श्रापवश सर्पकेशी हो गयी। वह जिस पर भी नज़र गड़ा देती थी वह पत्थर बन जाता था।

फिर उस भयंकर दानवी का वध पर्सियस ने कर डाला। उसके सिर से गिरी बूँदों से पंखों वाला पेगासस अश्व की पैदाइश हुई। बाद में उसके सिर को एथेना ने अपने वक्ष पर लांछन के तौर पर धारण कर लिया। (चित्रकार : कारावाज्जिअतो)।

(क) खजुराहो, विद्याधर-प्रणाल, लक्ष्मण-मन्दिर, जेजाकमुक्ति शैली, ई.प. 954

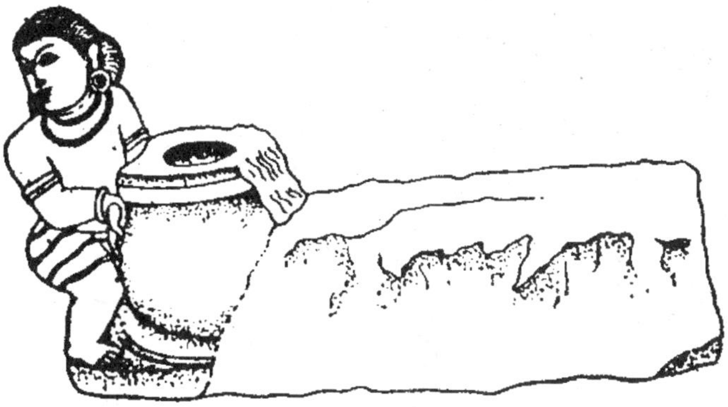

(ख) नागडा, पालि-प्रणाल के साथ चंडेश, महागुर्जर शैली, ई.प. 1000

(ग) गुरगी, विद्याधरी-प्रणाल, दाहलशैली (चेदि) ई.प. 11वीं शती

(घ) केवाण, मकर-प्रणाल (शिवमन्दिर), चंडेश तथा पालि के साथ, चालुक्य ई.प. 11वीं शती

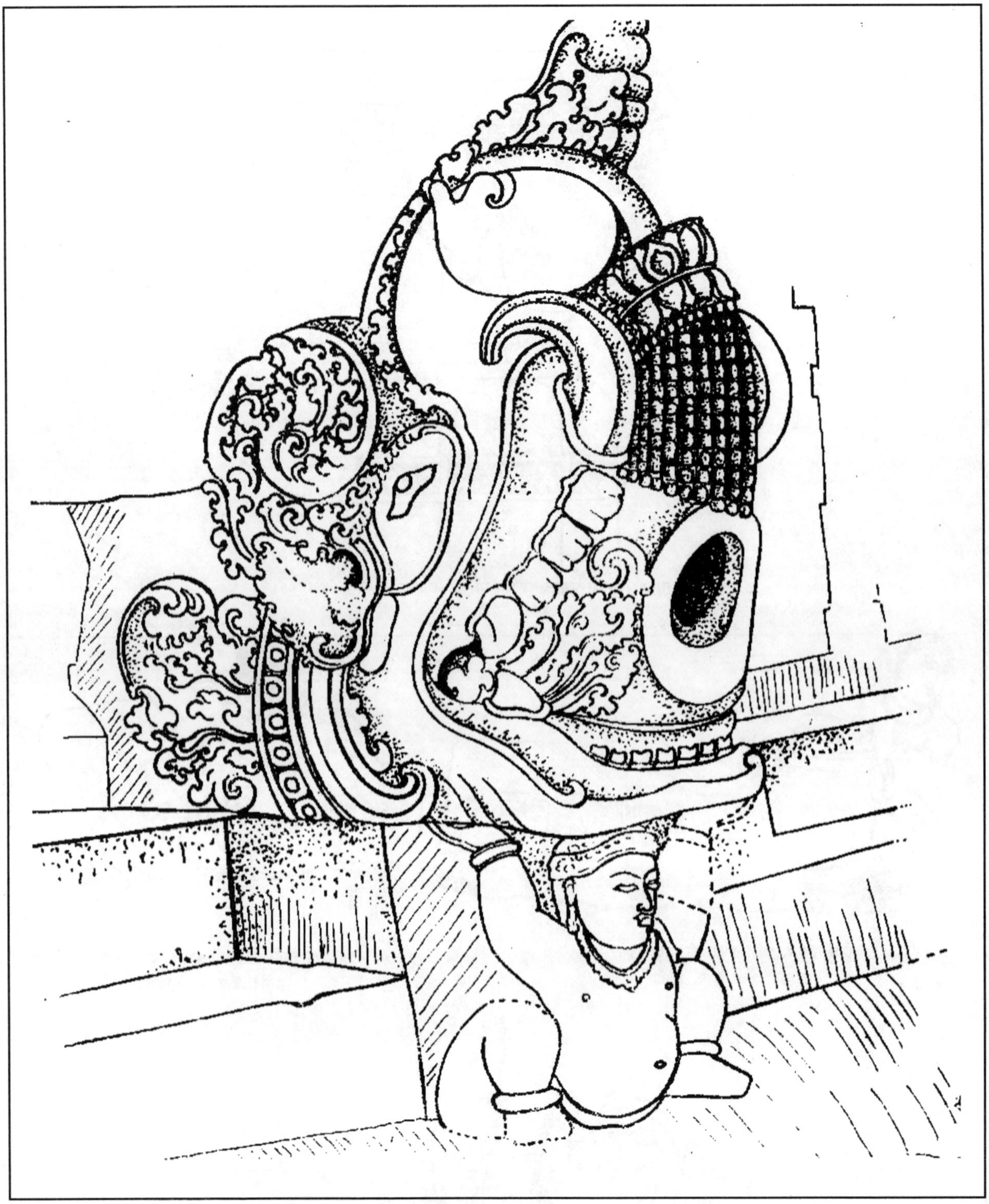

ग्राह-प्रणाल
बोरोबुदुर (जावा : इंदोनेसिया)

प्रम्बानम (जावा) ग्रास-प्रणाल
9वीं-10वीं शती ई.प.

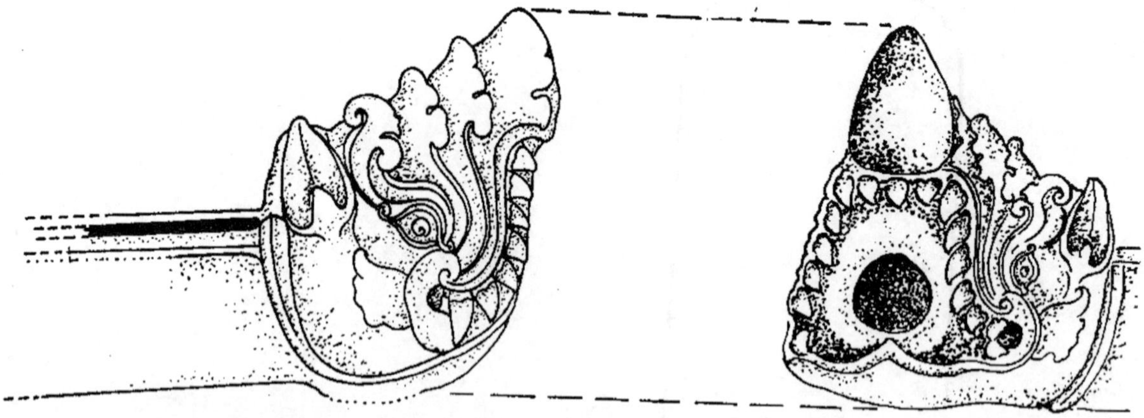

(अ) त्रा-किआयू (चंपा : वियतनाम), मकर-प्रणाल

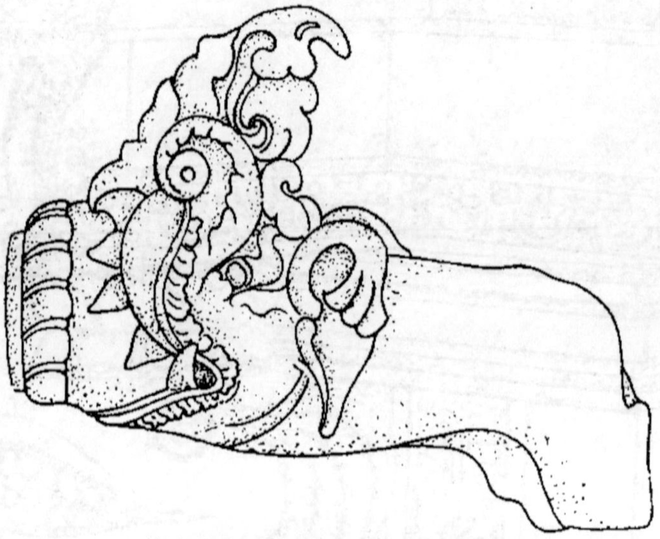

(आ) मी-सोङ (चंपा : वियतनाम), मकर-प्रणाल

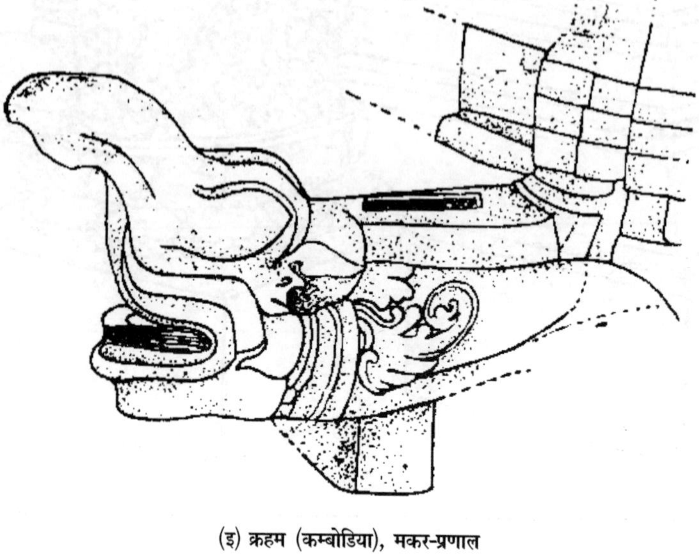

(इ) क्रहम (कम्बोडिया), मकर-प्रणाल

अब हम उदाहरण के लिए कुछ कीर्तिमुखों के शोभाधाम प्रस्तुत करेंगे।

6.4 मिथक-आलेखकारों ने सौरमंडल तथा नक्षत्र-मालिकाओं को भी फलक बनाकर कैसी ललित ललाम मिथक-चित्रलिपियाँ रची हैं?

विश्वमिथक के आकाशों में पृथ्वी स्थिर है तथा सूर्य-चन्द्र-तारे आदि आकाश में हर रोज़ यात्राएँ करते रहते हैं। कोपर्निकस तथा गेलीलियो ने (1564-1642) सूर्य को स्थिर सिद्ध करके **सूर्य-केन्द्रित ब्रह्माण्ड** को सिद्ध किया था। तभी सौरमंडल स्थापित हुआ और उपसाध्य के रूप में मानववादी **मनुष्य-केन्द्रित सृष्टि** की भी वैज्ञानिक अधिष्ठापना हुई। परन्तु हमारा प्रयोजन मिथकीय नक्षत्रायनों से हैं, यद्यपि आर्यभट तथा भास्कराचार्य भी पृथ्वी केन्द्रित विश्व के गणितज्ञ थे।

भारतीय-मिथकों में अदिति के कई आदित्य-पुत्र हैं। तदपि **सूर्य** तथा चन्द्र, या सूर्य तथा सोम के युगल की प्रमुखता है। पहले तो मित्र तथा वरुण की जोड़ी है जो राजस है क्षत्रिय हैं (उनसे ही राजाओं के सूर्यवंश तथा चन्द्रवंश की परम्परा भी चली)। वे विश्वनियम 'ऋत्' के प्रबन्धक हैं (मित्र ने आर्यान (ईरान) के मिथरा तथा आहुरमाज़दा को भी सन्निहित कर लिया है)। वेदों में उषा कभी उसकी पत्नी है तो कभी वह उषा का बालक है और अश्विन उसके युग्म बेटे हैं। संजना उसकी पत्नी है। उसके प्रखर तेज को कम करने के लिए धातुशिल्पी त्वष्ट्रि ने उसे खराद पर चढ़ाकर उसका एक नौवाँ तेज झाड़ दिया। तभी वह **छाया** के सहकार से अश्व होकर अश्वा से सम्भोग करके (अश्वमुखी) अश्विनों का पिता बना। वह सप्त (इन्द्रधनुषी रंगों) वाले अश्वों अथवा सप्तमुख वाले एक अश्व के रथ में पूर्व से पश्चिम की यात्रा करता है। अरुण उसका सारथी है। सूर्य द्वादश हैः—भास्कर, दिवाकर, प्रभाकर, भानु, आदित्य, स्कन्ध, त्रिलोचन, दिवास, गभस्ति, जाभिक, वर्तुल एवं विजय। और उसकी बारह कलाएँ हैंः—तपिनी, तापिनी, धूमा, मरीचि, ज्वालिनी, रुचि, सुधूमा, भोगप्रदा, विश्वा, बोधिनी, धारिणी एवं क्षमा। (मिथकीय अंतर्कुंडलन में ये उसकी पत्नियाँ या बहनें, या परिचारिकाएँ हो जा सकती हैं)। ग्रीक मिथक में सूर्य देवता हेलियस एइआया द्वीप में रहता है। हर शाम वह समुद्र में जाकर रात भर तैरता रहता है और प्रातः रोडेस द्वीप में निकल आता है। उसके चमकीले शिरस्त्राण से चमकीली किरणें देवताओं, मानवों, द्वीपों को एकसमान आलोकित करती हैं।

ईजिप्ट में वह सर्जक देवता 'रा' (रे, फ्रा) है। पहले वह अटुम था तथा महत् सिन्धु में महामाता नुन के वक्षस्थल में एक कमल में मुँदा था [हिन्दू मिथक में ब्रह्मा कमल में थे]। फिर वह चमचमाता बाहर आया और 'अटुम' हो गया। 'एंख' उसका दिव्य नेत्र है। बाद में वह देवी हाथोर हो गयी जो गौरूप भी हैं।

जापान में वह सुन्दर सूर्यदेवी अमाटेरासू है जो अपने भाई सुशानो (तूफानों का देवता) से परेशान होकर एक गुफावासिनी हो गयी थी जिससे अन्धकार छा गया। फिर गुफ़ा के सामने आठ हज़ार से अधिक देवता एकत्र हुए, पवित्र साकाकी वृक्ष पर एक दिव्य दर्पण लटकाया गया तथा देवी अमा नो उजूमे ने निर्वसन होकर नृत्य किया। सूर्यदेवी बाहर निकल आयी। चारों ओर प्रकाश और सौन्दर्य फैल गया। जापानी रमणियों की देह भी पीतस्वर्णा हो गयी।

पेरू के इन्काइयों का सूर्यदेवता इन्टी (या आपू पुंचाऊ) मानवाकृत था। उसके मुख पर सुनहली किरणों से युक्त सोने का प्रभामंडल होता था। और सोना ही उसका पसीना था। इन्का-जन भी अपने को सूर्यपुत्र मानते थे। शशी देवी मामा किल्या मानवाकृत थी। उसके मुख पर चाँदी का प्रभामंडल होता था। वह विवाहित सुहागिनों की संरक्षिका थी। मेक्सिको के अज़टेकों की ब्रह्माण्ड-परियोजना में (कम से कम) "चार सूर्य" थे। प्रथम सूर्य में वर्चस्व के लिए देवता आपस में लड़कट मरे। (यह चार जगुआरों वाला था)। दूसरे सूर्य (चार हवाएँ) में भी देवते आपस में लड़ते रहे जब विशाल झंझावात ने वृक्ष, सूर्य, सब कुछ नष्ट कर दिये। तृतीय सूर्य (चार वर्ष) में अग्नि-वर्षा हुइ और सब कुछ विध्वस्त हो गया। चतुर्थ सूर्य (चार जल) का निर्माण हुआ जब जलप्रलय ने पर्वतों समेत सब कुछ डुबा दिया। पाँचवाँ सूर्य (चार गतिकी) में ही सूर्य नियमानुसार आकाश में आवागमन करने लगा और फिर पृथ्वी में उथल-पुथल मची।...तब देव-निवास अर्थात् टिओटीहुआकान में सब देवते एकत्र हुए तथा सूर्य, संसार तथा जीवन को अन्तरसम्बन्धित करते हुए पुनः रचना की।, एक देवता ने स्वयं की बलि अग्नि में दी जिससे यह शाश्वत् सूर्य उत्पन्न हुआ। इस भेद को क्वेटज़ालकोआटल देवता ने सुलझाया। वह पंखों वाला सर्प-देव था।

समुद्रायनी में भारतार्य या ग्रीक-रोमीय वर्गीकृत देवमंडल नहीं है। विभिन्न द्वीपों के छोटे-छोटे मिथकायन हैं जिनमें सर्जक-देवता रोन्गो तथा पुरखे ही प्रधान हैं। तदपि नौरू द्वीप की एक मिथक के मुताबिक आरम्भ में केवल महत् सिन्धु था जिसके ऊपर एक पुरातन मकड़ी उछलती-बुनती थी। एक दिन उसने दो सीपियाँ लीं। वे उसे छूँछी लगीं। उसने खोला और उनके अन्दर चली गयी। वहाँ भी उसे कुछ नहीं मिला क्योंकि तब सूर्य तथा चन्द्रमा का अस्तित्व ही नहीं था। खोखलेपन से ऊबकर वह घूमती रही। तब वह एक शेलफिश को अपनी बाँहों के नीचे धरकर उसके साथ तीन दिनों तक सोई। फिर उसने अगले शिकार एक घोंघे के साथ भी यही किया। इस बार खोलने पर वह घोंघा चन्द्रमा हो गया। थोड़ी रौशनी हुई। तब पुरानी मकड़ी ने एक बड़ा कीड़ा देखा। उससे जो पसीना निकला उससे निचला अंश समुद्र तथा उपरला आकाश बन गया। रीगी नामक वह कीड़ा फिर मर गया। इसके

बाद बूढ़ी पुरानी मकड़ी ने अन्य घोंघे से सूर्य का निर्माण किया तथा उसे पिछले सीप के आधे हिस्से के बाजू में धर दिया। वह पृथ्वी बन गया। इस प्रकार से सूर्य और चन्द्रमा, आकाश और धरती वजूद में आये। हीना चन्द्रमणी है।

चीनी देवमंडल में देवता दिव्य गुणों से ज्यादा मानवीय कर्मों वाले, नौकरशाही के पदक्रम से, संचालित होते हैं। सूर्य पहले एक मुर्गा था जिसने बाद में मानवाकृति धारण कर ली। फिर दस सूर्य हो गये। यही सम्भवतः वह रानीमाता देवीरानी वांग की उत्सव-बलि से सम्बद्ध था। यही हाल शशी देवी चाङ-ओ का था। वह सर्वोत्तम धनुर्धर यीई की पत्नी थी। उसने दस में से नौ सूर्यों को अपने तीरों से मार गिराया था। बाद में चांड-ओं ने अमृतपान कर लिया तो यीई उसे मारने को उद्धत हो गया। एक शश (खरगोश) ने उसे बचाया। तब से वह चन्द्रमा की गोद में रहने लगा और उसका एक नाम शशी हो गया।

भारतार्य मिथकों में **सोम** एक तप्त मादक पेय रस तथा शीतल चन्द्रमा भी है। यह देवासुरों द्वारा समुद्र-मन्थन से भी प्रकट हुआ है। इसलिए लक्ष्मी का भाई भी है। वह अत्रि-अनसूया-सुत भी बताया गया है। उसने दक्ष की सत्ताईस पुत्रियों से एक साथ विवाह किया किन्तु चौथी रोहिणी से अधिक प्रीति रखने से शेष को बहुत जलन हुई। इससे दक्ष ने उसे शाप दे दिया। उसका क्षय होने लगा। फिर क्षमा कर दिया जिससे पुनः वृद्धि होने लगी। इससे कृष्ण पक्ष और शुक्ल पक्ष बने। एक अनुपाठ में उसने इन्द्र द्वारा अहल्या के बलात्कार में उसके साथ गहरी दोस्ती निभाई थी। एक अन्य उत्तरपाठ में अपनी उद्दंडता तथा कामुकता के कारण उसने दक्ष के राजसूय यज्ञ के मौके पर ब्रहस्पति की पत्नी तारा का अपहरण कर लिया। वह गर्भवती हो गयी। उससे जिस पुत्र का जन्म हुआ वह मंगल है। इस लड़ी में तीन ग्रह जुड़ गये।...चन्द्रमा का तीन पहियों वाला रथ है तथा उसे दस सफेद घोड़े खींचते हैं। जबकि सूर्य के चार पहियों वाले रथ को सात घोड़े खींचते हैं। भारतीय चंद्रमिथक में उसकी सोलह कलाएँ हैंः–अमृता, मानदा, पूजा, तुष्टि, पुष्टि, रति, धृति, शशिनी, चंद्रिका, कांति, ज्योत्स्ना, श्रीप्रीति, अंगदा, पूर्णा तथा पूर्णामृता।

ग्रीक चन्द्र-देवी सिलेनी सूर्यदेवता हेलिओस की बहन है। वह सुनहला मुकुट पहनती है जो घनश्याम रजनी से उद्दीपित है। वह अपने लम्बे पंख पसार कर रात की उड़ानें भरती है जब उसका भाई समुद्र में यात्राएँ करता है। उसके पहले वह अपनी सुकोमल काया को समुद्र-स्नान से उज्ज्वल कर लेती है। उसका जामा भव्य है तथा उसके रथ को श्वेत अश्व खींचते हैं। देवेन्द्र ज़ियस उस पर आसक्त हो गया। फलतः उसके तीन बेटियाँ हुईं। 'पैन' (वन देवता) उसे बेहद चाहता था। वह एक श्वेत मेष बनकर आर्केडिया के घने जंगलों में भगाकर ले जाता था। सिलेनी भी एंडिमिओन की दीवानी थी। एक दफा वह लेटमस-पर्वत पर आखेट करने के बाद एक शीतल कंदरा में विश्राम करने लगा और गहरी नींद में बेसुध हो गया। उसके युवा एवं सोते सौन्दर्य पर सिलेनी उन्मादिनी हो गयी और सोते में ही उसे चूम लिया। एंडिमिओन इस जादू में घिर गया। उसने देवता ज़ियस से प्रार्थना की उसे अमरता तथा चिरन्तन यौवन प्रदान किया जाए। ज़ियस ने इस शर्त पर यह वरदान दे दिया कि वह चिरन्तन निद्रा में डूबा रहेगा। एक अनुपाठ में सिलेनी ने ही अपने चिरन्तन प्रणय-भोग के लिए उसे चिरन्तन निद्रा में रहने का वरदान पा लिया। एक अन्य प्रतिपाठ के मुताबिक एंडिमिओन ओलिम्पस पर्वत का निवासी देवता हो गया। वहाँ वह ज़ियस की पत्नी देवी-रानी हेरा का कामातुर हो गया। अतः जियस ने उसे चिरन्तन निद्रा का दंड-विधान कर दिया। तदपि सिलेनी वफादार प्रियतमा की भाँति चुपचाप अपने सोते हुए प्रणयी के पास आती रही। इसका लाभ मर्त्यमान मानवों को भी हुआ। प्रेमोन्मत्ता सिलेनी की किरणों की प्रभाव छाया उन पर पड़ती है और वे भी प्रेमी युगल, मिथुन, दम्पति होते हैं।

इन्काइयों की चन्द्रदेवी मामा किल्या सूर्य देवता इन्टी की पत्नी तथा बहन दोनों है।...मध्य अमेरिकी मिथकों में (क्षयवृद्धि के कारण) चन्द्रमा के भी आठ, नौ, दस प्रतिरूप हैं।

जापानी मिथक में चन्द्रदेवता-त्सुकी-योगी आदि देवपुरुष इज़ानागी द्वारा दायीं आँख धोने पर प्रकट हुआ था। यह देवता स्वयं को दर्पण में प्रकट तथा उद्दीपित करता है। चीनी मिथक में शशी-देवी हेन्ग-ओ एक बेहद सुन्दर युवती के रूप में प्रस्तुत हुई है जिसके अंक में एक खरगोश मौजूद है।

एक उत्तरी अमेरिकी मिथक में चन्द्र (पति) तथा सूर्य (पत्नी) भाई-बहन भी हैं, अँधेरे में रति-क्रीड़ा नहीं देख पाने के कारण सूर्यदेवी चन्द्रदेव के मुखपर काले धब्बे लगा देती है ताकि उसे बाद में पहचान सके।...इसी तरह ग्रहण में सूर्य पुरुष का तथा चन्द्र नारी का (उल्टे) कटा हुआ सिर है। एक अज़टेक मिथक के पाठों में से एक के अनुसार–कोयोलक्साउहक्वी (सुनहली घंटियाँ) मातृदेवी कोटलीक्यू की सुन्दर बेटी थी। वह छोटी-छोटी सुनहली घंटियों वाला परिधान पहनती थी। जब वह गरुड़ एवं सूर्य देवता द्वारा रहस्यमय ढंग से गर्भवती हो गयी तो उसके सौ बेटे उसकी हत्या को उदृधत हो गये। सूर्य देवता ने उन्हें तीरों से मारना शुरू किया। लेकिन गलती से पहला तीर ही सुनहली घंटियों वाली नारी पर लगा।

तब सूर्य देवता ने उसे आकाश में चन्द्रमा के रूप में प्रतिष्ठापित कर दिया। वे घंटियाँ अभी भी चन्द्रमा के गालों पर दिखाई देती है। अफ्रीका में चन्द्रमा जब अपनी लवहीनता की डींगें हाँकने लगा तो सूर्य ने गुस्सा होकर उसके दस-बारह टुकड़े कर दिये। तब से सूर्य से डरा चन्द्रमा कभी भी उसके पास नहीं आया। वह केवल पूर्णिमा में ही अपने पूर्णरूप को आलोकित करता है।

दक्षिण अमेरिका की इकाई मिथक में नक्षत्र वीनस तो चन्द्रमा की पत्नी है।... दक्षिण अफ्रीका में... (ओरियन) शिकारी है,

कुत्तों के साथ (यह ग्रीक माइथीम का थोड़ा उलटा है)। वहाँ ध्रुवतारे के संगी सात तारों को कैलिस्टो अप्सरा के साथ सम्बद्ध किया गया, फिर उसे मादा भालू बनाया गया, फिर उसके बेटे अर्काज़ के साथ अवस्थित कर दिया।

छोटे भालू-मंडल (उर्सा माइनर, लघुससप्तर्षि मंडल) को उत्तर-अमेरिकी नेटिव स्वर्गीय तथा पवित्र भालू मानते हैं।

निष्कर्ष है कि सूर्य तथा चन्द्र विषयक मिथकों में उगना-डूबना, बढ़ना-घटना (क्षय-वृद्धि), आना-चढ़ना-उतरना, जुड़ना-कटना (सूर्य-चन्द्र ग्रहण) आदि आधार रहे हैं। सूर्य से अन्य मिथकों में कर्ण, इकेरस तथा हनुमान; और चन्द्रमा से मंगल, शनि, बुध, ब्रहस्पति आदि संलग्न है।

इन दो महाग्रहों की नाभि पर मिथक-आलेखकारों ने कथा-रूपकों एवं अभिप्रायों-संघटनाओं द्वारा खगोल-विद्या (एस्ट्रोनॉमी) की सर्वप्रथम जाँच-पहचान की है। वे ही सबसे पहले ज्योतिषी और नक्षत्रवेत्ता थे।

× × ×

नक्षत्र और तारे भी (राशियों में) अगवानी करते हैं। तथापि खगोलविज्ञान मिथकयान का विषय नहीं है।

हम कुछ प्रमुख तारों तथा तारामंडलों को लेंगेः—सप्तर्षि-ग्रेट बियर, आकाशगंगा-मिल्की वे, कार्तिकाएँ-प्लेइडीज़ एंड्रोमिडा, वीनस, लुब्धक, मृगशिरा, पेसोइडोन आदि।

ध्रुवतारा में भू से गगन तक उठने का रूपकाभास (मेटानिमी) है। उत्तानपाद की छोटी सुशील और विनयशील पत्नी सूऋता का पुत्र ध्रुव, तथा बड़ी घमंडिन एवं तेजतर्रार पत्नी का बेटा उत्तम था। इस द्विपर्ण विरोधता के बीच ध्रुव पारिवारिक गृहदाह की विभीषिका से छुटकारा पाकर अपने उत्तराधिकार को छोड़कर वैराग्य और तपस्या का मार्ग अपनाता है तो इन्द्र अपना आसन डॉवाडोल होता देखकर कुचक्र रचते हैं। यह दूसरी द्विपर्ण विरोधता है। किन्तु ध्रुव अटल रहता है। अन्ततः विष्णु निराकरण करते हुए गगन-मंडल में सूर्य की तरह अटल तारा अर्थात् ध्रुवतारा बना देते हैं। हिन्दू विवाह-संस्कार में नवदम्पति को ध्रुवतारे को दिखाकर उसी की तरह परस्पर अटल-अटूट रहने की आजीवन शपथ लेनी होती है।

ऐसे ही जब आर्तेमिस ने ओरिओन को चाहने के बावजूद गलती से उसे मार डाला तो वह एक नक्षत्र-पुंज हो गया तथा आर्तेमिस का कुत्ता सिरियस (अर्थात् श्वान तारक या लुब्धक) हो गया।

उसी को घेरे सप्तर्षिमंडल है, गुस्सैल ऋषिवर्ग का। पहले ये ब्रह्मा के मानसपुत्र सात प्रजापति थेः—गौतम, भारद्वाज, विश्वामित्र, जमदग्नि, वशिष्ठ, कश्यप और अत्रि (शतपथ ब्राह्मण)। महाभारत की सूची में मारीचि, अत्रि, अंगिरस, प्रभा, क्रतु, पुलस्त्य और वशिष्ठ है। वायुपुराण ने आठवें भृगु को शामिल कर लिया। विष्णु पुराण ने दक्ष को जोड़कर नौ बना दिया और उन्हें 'ब्रह्मदर्शी' भी कहा। अन्य स्रोतों ने गौतम, कण्व, वाल्मीकि, व्यास, मनु तथा विभांदक भी शामिल किये। आकाश में 'बड़े भालू' को 'ऋक्ष' तथा 'चित्रशिखंडिन (चमचमाते शिखर) भी कहा गया है।

तो ग्रीकों ने 'उर्सा मेजर' को बड़ी भालुन बना दिया है। अपनी देवी-रानी हेरा की प्राणलेवी ईर्ष्या से बचने को देवेन्द्र ज़ियस ने उसे मादा भालू बना दिया, स्वर्गारोहण कराकर। बाद में ज़ियस से कैलिस्टो को जो पुत्र पैदा हुआ वह आर्केडिया के जनों का पूर्वज तथा वन देवता पैन का जुड़वाँ भाई था। देवी कैलिस्टो डेल्फी में सुन्दर वस्त्राभूषणों से सज्जित होकर वाग्देवियों तथा लावण्यिकाओं के नृत्यों का नेतृत्व करती थी।

ऐसी ही अति लुभावनी मिथक आकाश गंगा की है जो दो संस्कृतियों में भिन्न-भिन्न है। ज़ियस का एक मानवपुत्र हर्क्यूलीज़ था जो महाबली था। देवी रानी उसको विनष्ट करने के लगातार उपाय करती थी। ज़ियस ने उसे अमर बनाने के लिए अपने नारददूत हर्मीज़ की सहायता से रात को शिशु को हेरा की शय्या पर लिटा दिया ताकि उसके दूध को पीने से वह अमर हो जाए। जैसे ही शिशु ने हेरा का स्तनचूचुक ओंठों से लगाया कि हेरा सहसा जाग गयी। बच्चे को नीचे पटक कर वह आकाशपथ में नंगे ही दौड़ पड़ी। इससे उसके दूध की बूँदों की लम्बी कतार बनती गयी। यह 'दुग्ध गली' (मिल्की वे) है।

भारतीय संस्करण में पहले गंगा स्वर्ग में प्रवहमान थी। उसमें हीरे, मोती, मणि माणिक्यों की धारा चमचमाती प्रवहमान थी। पाताल में सगर के हज़ारों पुत्रों को पुनरुज्जीवित करने के लिए भगीरथ उसे पृथ्वी पर ले आये। पहले उसे विष्णु के पग से निकलवाया फिर 'विष्णुपगा' को शिव के जटामुकुट से पार कराया। 'शिवशेखरा' तब पाताल भी गयी। इस तरह वह सुर-सरिता, स्वर्गगंगा, विष्णुपगा, शिवशेखरा होती हुई गंगोत्री के हिमपाषाणों से प्रवाहित होने 'गंगामाता के रूप में आजतक प्रवाहित हो रही है।

एक चीनी मिथक **'चरवाहा तथा जुलाहिन लड़की'** मूलतः आकाशगंगा के दो तारों श्रवण (आल्टेयर) एवं अभिजित (वेगा) की कहानी है।

क्वानन्नू बछड़ा बेटा तथा ज़ी नू (जुलाहिन लड़की) हैं। यहाँ (चरवाहा बैल है और दोनों में खालें हैं)।

आकाश में बुनकर बाला ज़ी नू रहती थी जो विभिन्न रूपों में बादलों को बुना करती थी—सभी ऋतुओं में। स्वर्ग का वह भाग 'रजतनदी' कहलाता था जो आकाश को पार करता हुआ धरती के एक छोर को छूता था। वहाँ चट्टानों तथा नरकुलों (रीड्स)

ने एक दिव्य सरोवर बना दिया था। इसी छोर पर बचपन का एक अनाथ बच्चा—अब युवा चरवाहा—क्वान-नू रहता था। एक बैल ही उसका संघाती था।

बैल ने उसे बताया कि एक अनिंद्य सुन्दरी बुनकर बाला अपनी सहेलियों के साथ रोज वहाँ नहाने आती है। अगर वह उसके परिधान चुरा ले जब वह नहा रही हो तो वह उसकी पत्नी बन जाएगी।

चलकर युवक चरवाहा तालाब के किनारे छुपकर बैठ गया युवतियाँ आयीं। कपड़ें उतारे और नंगे-नंगे स्वच्छ पानी में नहाती जलक्रीड़ा करने लगीं। चरवाहे ने बुनकर बाला के वस्त्र चुरा कर छिपा दिये। हलचल जानकर सहेलियाँ डरी-सहमी भागने लगीं। किन्तु सन्तुलित बाला को कौतूहल हुआ। वह अकेली रुक गयी। उसने कहा, "बाहर निकल आओ! सब ठीक है। मैं तुम्हारा कोई भी बुरा नहीं करूँगी।"

हिम्मत करके युवक बाहर प्रकट हुआ। परिधान वापस किये। हँसते हुए बाला ने कहा, "हाँ तुम्हें ही मेरा पति होना होगा क्योंकि तुमने मुझे निर्वस्त्र देख लिया है।" दोनों की शादी हो गयी। उनके दो सन्तानें हुईं। वे खुशी-खुशी रहने लगे।

तभी स्वर्गदेवता और उनकी पत्नी ने पाया कि बुनकर-बाला धरती में रहने लगी है। उसका अपहरण करा कर उन्होंने आकाशगंगा का मार्ग पृथ्वी से उठा लिया। वियोगी युवक के सामने बैल ने फिर कहा, "मैं मर रहा हूँ मेरी खाल ओढ़कर तुम वहाँ पहुँच जाओगे।" ऐसा ही हुआ। कठिन परीक्षाओं के बाद स्वर्ग के देवी-देवता को उन पर दया हो आयी। उन्होंने कहा कि तुम बुनकर बाला से मिलने आ सकते हो—लेकिन वर्ष में केवल एक बार।

अतः चरवाहा पति और बुनकर बाला रजत नदी (मिल्की वे) के इस पार-उस पार रहते हैं। बाला वेगा नक्षत्र, तथा चरवाहा आल्टेयर

दुग्ध गली (मिल्की वे : गगन-गंगा) की सृष्टि
जेकोपो टिंटोरेत्तो (1518-94)
देवेन्द्र ज़ियस ने अपने नारद हर्मीज़ (मर्करी) को आदेश देकर अपनी (अवैध?) सन्तान हर्कूलीज़ को सोती हुई दैवीरानी हेरा (जूनो) के पार्श्व में लिटा दिया ताकि उसका स्तनपान करके वह अमर हो जाए। ईर्ष्यालु जूनो जाग गई और वह तुरन्त शय्या से उठकर भाग ली। उसके स्तन से चूती हुई दूध की बूँदों से आकाशगंगा की दूधिया-गैल का निर्माण हुआ।

नक्षत्र है। चन्द्रपंचाग के सातवें महीने के सातवें दिन चरवाहा सेतु पार करता है जिसे मेगपाइ पक्षियों के झुंड बनाते हैं और जी-नू से प्रेमभेंट करता है। जब वे मिलते हैं तो बुनकर बाला रो पड़ती है। उसके आँसू धरती पर गिरते हैं। पृथ्वी की नारियाँ जानती हैं कि बरसते बादलों में-से वह रो रही है। ये दोनों तारे नदी के अलग-अलग किनारों पर कायम हैं। आल्टेयर की तरफ चार चमकते तारे बुनकर बाला की बुनाई की पुतलियाँ या तकलियाँ हैं तथा युवक के दोनों बाजू दो तारे उसके लड़के-लड़की हैं। बुनकर बाला के बगल के तीन चमकीले तारे युवक पति के सन्देशे हैं। जब ये शरदाकाश में दिखाई पड़ते हैं तब उनके चिरन्तन प्रेम का प्रमाण मिलता है। यद्यपि इसका मिथकाभिप्राय नग्नता है, तथापि यह एक बड़े चीनी अन्वेषण की भी आख्यायिका है।

कृत्तिका-वृत्त में जब छह कृत्तिकाएँ आकाश से उतर कर नंगी-नंगी गंगा-स्नान करने आयीं तो तट पर लेटे शिवबीज से विकसित अयोनिज पुत्र को उन छहों ने स्तनपान कराकर पोषित किया। अतः वह बालक कार्तिकेय कहलाया और वे उसकी कुमारी धात्री-माताएँ हो गयीं।...यही अभिप्राय एक नॉर्डिक मिथक में उपलब्ध है। सिन्धु-देवता की नौ तरंग-बेटियाँ थीं। जब वे तीर पर जलक्रीड़ा कर रही थीं। तो प्रबल धीरोद्धत योद्धा ओडिन ने सभी नौ के साथ एक-एक करके केलि की थी जिससे (कार्तिकेय की तरह) एक संयुक्त शिशु हाइडाल पैदा हुआ। वे सभी आकाश में आल्साइयोर-तारापुंज हो गयीं।

अन्य मिथकाभिप्राय गर्भित कथाएँ हैं : एंड्रोमिडा, कैसीपोइआ, पेगासस आदि की। पर्सियस ज़ियस एवं उसकी मानुषी-प्रेमिका डानाए का बेटा था। उसने सुन्दरी एंड्रोमिडा का उद्धार किया था। ग्रीक और रोमनी कला में उसका यथेष्टतः चित्रांकन भी है।

ईथोपिआ के राजा सेफियस की पत्नी कैसीपोइआ डींगें मारती थी कि वह उन पचास समुद्री जलपरियों (नेरेइड्स) से अधिक ललित सुन्दर है—साइरेनों के भी विपरीत। नेरेइडें जल की वासिनी थीं तथा अपने बूढ़े पिता नेरियस के साथ विपदा में फँसे माँझियों की सहायता करती थीं।

डींगों से रुष्ट सिन्धु-देवता पोसेइडोन ने उसके राज्य को बाढ़ से डुबा दिया तथा राज्य तबाह करने को एक दैत्य को भेज दिया। सेफियस ने ओझा से मशविरा किया। उसने बताया कि वह अपनी बेटी एंड्रोमिडा की बलि दैत्य को दे। इसके लिए वह बेटी को एक चट्टान से बाँध दे। पर्सियस तुरन्त उड़कर आया और एंड्रोमिडा के प्रेमपाश में वशीभूत हो गया। उसने राजा से कहा कि अगर एंड्रोमिडा उससे शादी कर ले तो वह दैत्य का वध कर देगा। सेफियस ने यह प्रस्ताव मंजूर कर लिया। तब पर्सियस अपना आवश्यक शिरस्त्राण उतार कर, पंखों वाली पगही, तथा वक्र-बंकिम तलवार लेकर चल पड़ा तथा दैत्य का विनाश कर दिया।

एंड्रोमिडा को मुक्त करने के बाद उसे अपनी पत्नी बनाया। उसको पर्सेस नामक बच्चा पैदा हुआ। वह सेफियस का उत्तराधिकारी बना। यह कथा आकाश में भी तारांकित है।

ग्रीक मिथकयान में पेसोइडोन का पंखों वाला अश्व पेगासस मेडुसा के रक्त से उभरा था, जब पर्सियस ने उसका वध किया था। बेलोरोफोन ने उसे पकड़कर उस पर सवारी करके स्वर्ग जाने की कोशिश की लेकिन अश्व ने उसे उठाकर पटक दिया। अन्ततः पेगासस की परिणति एक नक्षत्रपुंज के रूप में हुई : एक अमर्त्य अध्यात्मा के बिम्ब के रूप में। केन्द्रीय आस्ट्रेलिया की मिथक में वाती कुट जारा (जुड़वाँ) कुरुकाडी (सफेद इगुआना), व मुम्बा (श्याम इगुआना) थे स्वप्न समय में। सृष्टि के पहले वे धरती के नीचे सोते थे। जागने पर जगत का चक्कर लगाकर चट्टानों, जल-स्रोत-पौधों और पशुओं को बनाया। उन्होंने नारियों के एक समूह का भी उद्धार किया जिनका चाँद की चेतनात्मा 'कुलू' पीछा कर रही थी। वह मानव जोड़ की तलाश में थी। नारियाँ जुड़वाँ के पास फरियाद लेकर पहुँची। उन्होंने कुलू को अपने बूमेरंग से मार डाला। कुलू की चेतना चन्द्रमा में वापस लौट गयी। तब से वह वर्णविहीन रक्तविहीन है। नारियाँ भी आकाश में नक्षत्र-मंडल होकर रहने लगीं। श्वेत गोरे (आने पर) उन्हें 'प्लेइडस' कहते हैं। जब कुरुकाडी तथा उमुबा की पृथ्वी-निवास की अवधि पूरी हो गयी तब वे भी **जेमिनी** के रूप में नक्षत्र बन गये।

सीरियाई रेगिस्तान में शुक्र तारे के देवता 'अथतार' के प्रति श्रद्धा थी। यह भोर और साँझ, दोनों वेलाओं में उगता है। बाद में इसे खानाबदोश चरवाहों के कबीलों से जोड़ा गया क्योंकि यह तारा चरागाहों में खूब साफ दिखाई देता था।

तारामंडल की कुछ और विलक्षण मिथकें

(i) आर्कटिक ध्रुव-क्षेत्र की नक्षत्रीय अरोरा-आतिशबाजी

उत्तरी यूरोप की नार्डिक मिथक में **उल्ल** पाला (फ्रास्ट) की चौंध का देवता है। उसने अपनी माँ के साथ ही सेक्स किया (ओडिपस-ग्रंथि)।

वह ऐसा तीरन्दाज़ था कि कुहरे-धुंध-अँधेरे में भी शिकार का पीछा करके मार लेता था। वह स्वयं बर्फीले-मैदान की फिसलती दौड़ (स्कीइंग) का भी आविष्कर्ता था। इसके संकटों में भी वह तुर्त-फुर्त बच निकलने वाला था। उसने यह हुनर देवताओं से भी साझा नहीं किया। वे अपने ही ढंग से यात्राएँ करते रहते थे।

वह सारे आकाश में सितारों की आतिशबाजी (आरोरा बोरियालिस) करता रहता था (आज भी करता है)।

वह बड़े देवता ओडिन का प्रतिद्वन्द्वी भी रहा है। उल्ल ने ओडिन की बेटी फ्रिग्स के साथ भी सम्भोग किया। फ्रिग्स

गर्जन-देवता थोर की बहन थी। वह अपने पिता की भी रानी तथा प्रेमिका थी। वह बादलों तथा वर्षा की देवी थी। वह बादलों का परिधान पहनती थी : चमकीले या घनश्याम : अपनी मनमौज के मुताबिक। फ्रिग्स प्रबल गणिका-व्यभिचारिणी थी। कभी-कभार वह झाडू पर सवार होकर आकाश से तूफानों की सफाई-बुहारी करती थी। कुछ नृतत्त्वशास्त्री उसे मध्यकालीन यूरोप में चुड़ैलों का एक उद्‌गम मानते हैं।

इस तरह नक्षत्रों की आतिशबाजी से लेकर वर्षा-तूफान तक का हंगामी पर्यावरण (सम्भोग की सम्बन्ध-दशाओं के ब्याज द्वारा) प्रत्यक्ष किया गया है : सभी कुछ धड़ाम।

(ii) कैसे आइसिस एक तारामंडल हो गयी (ईजिप्टी लिजंधर)

सूर्यदेवता रे ने मनुष्यों की रचना करके उन्हें विभिन्न वर्ण, भाषाएँ तथा भूमियाँ प्रदान कीं। ईजिप्ट को उसने नील नदी तथा प्रचुर वर्षा दी जिससे खूब हरियाली रहे।

किन्तु अतुल बलशाली सूर्यदेवता 'रे' को भी प्रतिदिन बुराई के सर्प से लड़ाई करनी होती थी। यह संग्राम हर रात भर छिड़ता था। किन्तु रे अमरता का रहस्य जानता था और हर रात के युद्ध के बाद वह विजयी हो जाता था जिससे पुनः प्रभात होता था।

आइसिस पृथ्वी के देवता गेब तथा ओसिरिस की पुत्री थी। वह प्रसन्न और सुन्दर थी किन्तु मर्त्यमान होने के कारण दुखी थी। उसके पिता ने बताया कि केवल सूर्य देवता रे ही तुम्हें अमर बना सकते हैं। आइसिस जानती थी कि रे उसे अमरता का रहस्य नहीं बतायेंगे। अतः उसने देवी होने का फैसला किया। उसने रे के थूक को मिट्टी में मिलाकर एक सर्प बनाया और जब शाम को थकामाँदा बूढ़ा रे उतरने लगा तो सर्प ने उसे डस लिया। चीखकर रे गिर पड़ा...तब झाड़ी में छिपी आइसिस ने प्रकट होकर प्रार्थना की कि धरती को अन्धकार से बचाने को रे उस अमर मंत्र (शब्द) का उच्चारण करें और स्वस्थ हो जाएँ। रे के सामने मंदध्वनि से शब्दोंच्चार के अलावा कोई विकल्प नहीं था। यही हुआ। वह स्वस्थ हो गया। आइसिस ने अपने कन्धे पर रे की पीठ को सहारा दे रखा था। अतः उसने क्षीण ध्वनि का मंत्र सुन लिया और सूर्यशक्ति का एक अंश ग्रहण कर ही लिया। वह अमर हो गयी। प्रकारान्तर से वह आकाश में व्याध (सिरियेस) नामक तारामंडल बन गयी।

(iii) क्यों शशी (चन्द्र) में शश (खरगोश) है

(भारतीय बौद्ध मिथक)

जब ब्रह्मदत्त वाराणसी का राजा था तब घने जंगल में बुद्ध एक खरगोश के रूप में जन्मे। वहाँ उसके तीन मित्र थे—बन्दर, सियार तथा **otter** (ऊदबिलाव?)

एक दिन खरगोश ने कहा कि यदि सप्ताह के कुछ दिनों में उपवास रखा जाए तो बचे हुए अन्न की भिक्षा जरूरतमंदों को दी जा सकती है। उसके तीनों मित्र इससे सहमत हो गये।

उपवास के पहले दिन के बचे हुए आहार से बन्दर ने कुछ फल, सियार ने मांस तथा ऊदबिलाव ने मछली संग्रह करके भिक्षा के लिए रख ली। तब खरगोश ने सोचा कि माँद से दूब देने का क्या मतलब। अतः वह स्वयं अपनी देह को ही अर्पित कर देगा।

जब कोई ऐसी तपस्या की जाए तो स्वर्ग में इन्द्र का सिंहासन उत्तप्त होकर डावाँडोल होने लगता है। अतः घबड़ाये इन्द्र ने खरगोश की परीक्षा लेने का फैसला किया। वह ब्राह्मण का वेश धरकर तीनों पशुओं के पास गया और निर्धारित भिक्षा पा गया। अब खरगोश के पास गया। भिक्षा देने के पहले खरगोश ने लकड़ी लाकर जलाने को कहा। इन्द्र ने वैसा ही किया। खरगोश ने कहा कि जब मेरा मांस पक जाए तो तुम उसकी दावत करना और वह अग्नि में कूद पड़ा। किन्तु अग्नि दहन के करने के बजाय बुझ गयी। खरगोश ने भ्रमित होकर पूछा—यह क्यों हुआ? इन्द्र ने बताया कि वह ब्राह्मण न होकर स्वर्गपति है। उसके प्रण की परीक्षा ले चुका तब-तब इन्द्र उसे चन्द्र के ऊपर ले गया। उसकी आकृति चन्द्रमा में बना दी। चन्द्रमा 'शशांक' हो गया।

(iv) चन्द्रमा क्यों घटता-बढ़ता है (मेसोपोटेमिआई मिथक)

वायुदेवता **एनलिन** बचपन से ही एक महान सौन्दर्य-अनुरागी था। वह अपने मुँह में तरंगों को संचित करके फौव्वारों जैसा बाहर फूँक देता था। इससे वृक्षों की फुनगियाँ झूम उठतीं तथा फूल नाच उठते थे। ये सब भी एनलिन के सम्पर्क में प्रमुदित हो जाते थे क्योंकि जहाँ एनलिन है वहाँ सौन्दर्य है।

युवक होने पर उसने एक ऐसे शहर को बनाने का निश्चय किया। उसने देवलोक और स्वर्गलोक के मध्य तथा पाताललोक के घने अन्धकार में स्थल तलाशा। बहुत सोच-विचार कर दजला-फरात नदियों का दोआब ही उसे सबसे खूबसूरत जगह मिली, जहाँ सभी प्रकार के फल-फूल उगते हैं। नाना भाँति के पक्षी गाते हैं तथा मधुमक्खियाँ मधु को छकती हैं।

शहर का निर्माण करने के बाद उसका नामकरण निप्पुर किया गया। फिर उसने विश्व की सर्वोत्तम सुन्दरी की खोज करके उसके पत्नी बनाने की योजना बनाई। उसे निनलिन नामक देवी-रमणी मिल गयी। वायु देवता के प्रभंजन से उसका घर, वस्तुएँ काँपने लगीं। निनलिन ने उससे चले जाने का अनुरोध किया। अब यह असम्भव था। एनलिन ने कहा कि वह बिना उसे लिवाये

नहीं जाएगा। वह उसे विश्व के सबसे खूबसूरत शहर के महल में बसायेगा।

निनलिन को वायुदेवता बेहद गर्वीला और उद्दंड लगा। उसने विवाह-प्रस्ताव नामंजूर कर दिया।

इस पर एनलिन ने गरुड़ का रूप धारण करके उसका अपहरण करके निप्पुर ले आया और उससे शादी कर ली।

इसके लिए वायुदेवता ने वरिष्ठ देवताओं की सहमति नहीं माँगी थी। दूसरे अपहरण करके नैतिक विधान तोड़ा था। इसलिए उन्होंने उसे पाताल लोक के घने अँधकार में निष्कासित कर दिया...आखिर निनलिन एनलिन की प्रेमसखी हो ही गयी। वह भी साथ चली गयी। वहाँ उनके एक शिशु का जन्म हुआ। शिशु का नाम नन्ना था। वह सदैव हँसता रहता, रोशनी फैलाता रहता तथा खुशियाँ बिखेरता रहता था।

कम से कम उसको पाताल से मुक्त करने को एनलिन से उसे एक दीपक बनाकर ऊँचे और ऊँचे उछाल दिया। नन्ना दिन भर सोता था और रात को आकाश में देदीप्यमान हो उठता था। वह यदाकदा अपने वाल्दैन से मिलने पाताल में आता था जिससे अमावस्या छा जाती थी। एक ही उपाय था : वाल्दैन की निप्पुर में वापसी। वरिष्ठ देवता मान गये। अब उन्होंने शर्त लगाई कि तीस दिनों में एक बार वह पाताल आयेगा। तब से एक माह में एक अमावस्या आती है।

परिशिष्ट में अज़टेक (मध्य अमेरिका) की एक मिथक भी : शशि-देवी कोयोलक्ज़ाक्वी का अन्य आकाशीय देवताओं के साथ झगड़ा हो गया जिससे उन्होंने उसे मार कर, उसके अंग-अंग विच्छिन्न कर डाले। इसी वजह से दोनों पखवाड़ों में चन्द्रमा की विभिन्न कलाएँ दिखाई देती हैं।

(v) कैसे आकाश में बादलों का उठान हुआ (पापुआ की मिथक)

एक समय में सिन्धुतट पर एक सुन्दर बगीचा था जो फल-फूल, पेड़-पौधों, पशु-पक्षियों से भरपूर था। वहाँ हर दिन एक नारी आती थी। मन्द पवन के बीच वह गाती खाती थी। एक दिन गर्मी के कारण वह समुद्र में तैरने लगी जहाँ उसे एक सुन्दर महामत्स्य दिखाई दिया। वह उसके साथ खूब खेलते-खेलते थक गयी।

कई दिन बाद रमणी को महसूस हुआ कि मछली ने क्रीड़ा में उसकी एक जाँघ का मर्दन किया है जिससे उसके सूजन हो आयी है और तेज दर्द हो रहा है। गर्भवती के पैरों में सूजन आया। सीज़ेरियन ऑपरेशन का पहला इशारा जब पिता ने पैने चाकू से उसे फाड़ा तो अकस्मात एक शिशु निकल आया। उसकी माँ ने उसका नाम डुडुगेरा रखा। वह बेहद शैतान होता गया जिससे बदनाम भी हुआ। सुधारने के लिए माँ ने उसे पिता-मत्स्य के पास भेज दिया।

समुद्र-यात्रा में डुडुगेरा ने माँ से कहा कि मैंने तुम्हें खूब परेशान किया है। एक दिन मैं सूर्य बनूँगा और अपने ताप से संसार को ताड़ित करूँगा। अतः जब मैं आकाश में चमचमाता चन्द्र उतारूँगा तब तुम और परिजन उस विशाल चट्टान की छाया में शरण ले लिया करना। इसके बाद महामत्स्य प्रकट हुआ और डुडुगेरा को बहा ले गया।

फिर सूर्य का प्रचंड ताप बढ़ा जिससे पशु-मनुष्य-वनस्पति झुलसने मरने लगे। उन्होंने शिला की छाँह ली। माँ ने इस दाह से बचने का उपाय खोजा। एक दिन वह बाहर निकली तथा सूर्य के चेहरे पर रेत फेंक दी। वह रेत विशाल सफेद बादल में परिवर्तित हो गयी और दारुण सूर्य किरणों से धरती की रक्षा करने लगी।

(vi) क्यों हमेशा दिवस की वापसी होती है (अमेज़न मिथक)

युगों पहले संसार में अन्धकार व्याप्त था। तब केवल रात थी। परेशान लोग दो भाइयों **क्वाट (सूर्य)** और **इये (चन्द्र)** के पास गए। किन्तु ये भाई भी इससे अनजान तथा बेबस थे। लोगों ने उनसे ही उपाय ढूँढ़ने का आग्रह किया। भाईद्वय विचार करने लगे।

चन्द्रमा ने अचानक कहा कि पक्षियों के देश में दिन उनके पास है। हमें वहाँ से उसे चुरा लेना होगा। फिर वे जुगुत सोचने लगे। पुतलों पर मक्खियों के झुंडों को संलग्न करके वे पक्षियों के गाँव पहुँचे। भनभनाहट सुनकर गृद्ध-राजा उरुबटासिन कुछ समझ नहीं पाया कि वह कहाँ से आ रही और उसने मंत्रिपरिषद् से विचार-विमर्श किया।

एक गृद्ध पार्षद् ने सुझाव दिया कि हमें पुतला खोलकर पता करना चाहिए। चोंच से पुतला खोलने पर कीड़ों का लार्वा उछल पड़ें। खुश होकर भूखे उरुबटासिन ने उनमें से एक-एक को तथा मक्खियों को भी खा लिया। इसके बाद जमुहाई लेकर वह बैठ गया। तब एक पार्षद् ने कहा कि यह तो हम सबको लोगों के देश में दावत का निमंत्रण है। तब गृद्धराज उरुबटासिन ने कहा कि मैं तो पूरी तरह तृप्त हो गया हूँ। इसलिए तुम सब चले जाओ। तब गृद्ध-कुल के जीवश्राद्ध का लगने के लिए सभी ने अपने सिर मुँड़वा दिये जिससे केवल रंग और आकार में ही थोड़ा अन्तर बच रहा।

जब गृद्धराज को दोबारा भूख लगी और उसने दोबारा भनभनाहर सुना उसने अन्दाज लगाया कि वहाँ से गृद्ध प्रजा ने उसके लिए आहार भेजा होगा जिससे मैं भूखा न रहूँ। इसके बाद मक्खियों का एक और झुंड आ गया। पुतलों में उसमें सूर्य और चन्द्रमा छिपे थे गृद्धराज के उन पर बैठते ही उन्होंने उसके पंजे जकड़कर बाँध लिये। उन्होंने उसे शर्त मंजूर करने पर मजबूर कर दिया अन्यथा वह तथा गृद्धप्रजा उसकी गुलाम बनकर रहेगी। शर्त थी उन्हें दिवस दे दिया जाए और वे सबको आज़ाद कर देंगे। गृद्ध

राज मान गया। उसने यह बात जोड़ दी कि बारी-बारी से दिन और रात ले लो ताकि रात को भी परेशानी न हो। सदैव दिन भी वैसा ही दारुण होगा जैसी सदैव रात। दोनों पक्ष सहमत हो गये। तब से यही क्रम चला आ रहा है।

(vii) कैसे पिंग-नदी तथा शशि-नदी अस्तित्व में आयीं (थाई मिथक)

एक समय में स्याम अर्थात् थाई देश में अतल समुद्र था जिसकी गहराई के डर से मछलियाँ भी एक नीचाई के बाद तैरने से डरती थीं।

महासागर के उत्तरी भाग पर पिंतायोनकवती तथा दक्षिणी भाग पर थाना मोन नामक सर्पों का शासन था। वे दोनों बेहद विशाल थे। इसलिए उन्हें बहुत ज्यादा आहार भी चाहिए होता था।

एक दिन दोनों समुद्र के बीचोबीच मिले। दोनों ने अमिट भूख की बात की कि वे इतने भूखे हैं कि दस लाख-बीस लाख शार्क मछलियाँ तक हजम कर लें। इससे उन्हें भय लगने लगा कि पहले के बाद तो दूसरे को आहार ही नहीं मिलेगा और वह भूखे मर जाएगा। अतः अब दोनों आपस में बाँटकर खाने को राजी हो गये। यूँ बहुत दिन बीतते गये।

थाना मोन की तरफ के पर्वत खंड से एक हाथी फिसल कर नीचे डूब गया। वह उसे खींच ले गया। दोनों ने कई दिनों तक उसके मांस को छका। फिर पिंतायोनकवती की तरफ एक स्याही आकर नीचे गिर गयी जिसके नुकीले तीरों ने उसकी पूँछ को घायल कर दिया। उसके सभी तीर निकाले गये। उन्हें समझ में आया कि इस तरह तो उनका मुँह भी घायल हो जाएगा। तीरों से रहित स्याही का आकार इतना छोटा बच गया कि दोनों एक दूसरे पर चोरी से खा लेने का शक करने लगे।...फिर भयंकर युद्ध छिड़ा। इन्द्र इस युद्ध को देख रहा था। अतः समझौता कराकर उसने आदेश दिया कि पिंतायोनकनती उत्तर-पूर्व तथा थाना-मोन दक्षिण-पूर्व जाकर अपना आवास बना लें। जितनी जल्दी हो सके वे उन दिशाओं में चले जाएँ क्योंकि अगले दिन यहाँ समुद्र नहीं होगा। इन्द्र ने मछलियों को आदेश दिया कि वे भी जिस दिशा में भी जाना चाहें चली जाएँ क्योंकि यहाँ कल समुद्र नहीं होगा।

इन्द्र के क्रोध से भयभीत दोनों सर्प भाग चले। समुद्र सूखने पर जो धरती ऊपर निकल आयी वही स्याम या थाई देश है। भागते समय दोनों सर्पों की विशाल देह से धरती पर जो वर्तुलाकृतियाँ बनी थीं उन पर वर्षा जल संचित होने लगा और आज वे पिंग तथा मोन नदियाँ कहलाती हैं।

× × ×

हमने कुछ प्रतिनिधिया अन्तरसांस्कृतिक मिथकाभिप्राय लिये हैं।

निचोड़ यह है कि उनकी नक्षत्र चित्रलिपियाँ आकाश के औंधे चषक पर अंकित की गयी हैं।

वे धरती पर भी कही गयी हैं। दोनों में समानान्तर तदात्मकता भी परिलक्षित होती है।

निष्कर्ष रूप में हम **अट्ठाईस नक्षत्र** और उनके देवता का विवरण देते हैंः—अश्विनी (अश्विनी कुमार), भरणी (यम), कृत्तिका (अग्नि), रोहिणी (ब्रह्मा), मृगशिरा (चन्द्र), आर्द्रा (रुद्र), पुनर्वसु (अदिति), पुष्य (गुरु), आश्लेष (सर्प), मघा (पितर), पूर्व फाल्गुन (भरा), उत्तर फाल्गुन (अर्यमा), हस्त (रवि), चित्रा (इन्द्र), स्वाति (वायु), विशाखा (इन्द्रग्नि), अनुराधा (मित्र), ज्येष्ठा (इन्द्र), मूला (राक्षस), पूर्वाषाढ़ (डाल), उत्तराषाढ़ (विश्वदेवा), अभिजित (विधि), श्रवण (गोविन्द), घनिष्ठा (वसु), शतभिषा (वरुण), पूर्वभाद्रपद (अजपाद), उत्तरभाद्रपद (अहिर्बुध्न्य) तथा रेवती (पूषा)। इनमें भी देव-कोटि के नक्षत्र ये हैंः—अश्विनी, मृगशिरा, पुनर्वसु, पुष्य, हस्त, स्वाति, अनुराधा, श्रवण तथा रेवती।

अथच—

वसु : आठ हैं। ये इन्द्र के परिचारक हैं। वैदिक युग में ये प्राकृतिक संघटनाओं के मानवीयकरण थे। आप (जल), ध्रुव (नक्षत्र), सोम (चन्द्र), धरा (पृथ्वी), अनिल (पवन), प्रभास (भोर), और प्रत्यूष (प्रकाश)। रामायण के अनुसार वे **अदिति के पुत्र** हैं।

अरुन्धति : भोर का तारा। ऋषि वशिष्ठ से मानवीकरण। सर्वोत्तम दाम्पत्य का मॉडल।

पुनश्च : सौरमंडल-गगनगंगा (की गैलेक्सी) तथा अन्तरिक्ष-पृथ्वी के बीच सोवियेत संघ, संयुक्त राज अमेरिका, चीन ने जो कई अन्तरिक्षयान, चन्द्रयान भेजे, उनके नाम मिथकीय हैं जैसे स्पुटनिक, अपोलो, चांग-ई (चीनी शंशी-देवी)। इस तरह ये यान मिथकान्वेषी तथा उनके वैज्ञानिक भी वैज्ञानिक मिथक-आलेख-कार के रूप में अभिनन्दनीय हैं। हम यूरी गागारिन, नील आर्म्सस्ट्रांग तथा वैज्ञानिक ओपेनहाइमर, ये-पेइ जि यान को सलाम करते हैं।

ओरियन : एक मिथक-कथा : दूसरा नक्षत्र-पुंज। नक्षत्र-पुंज की चित्रलिपि में ओरियन छै तारों की कमान खींचे है, कमर में तीन तारों की शिकारी पट्टिका पहने है, पीछे से एक तेज़ तीर (नक्षत्र) की नोक आगे कर रहा है। तथा मजबूत पाँवों को आधार पर टिकाये है।

दो मिथकीय पटलों (वाक् और आकाश, वाणी और नयन) की समानान्तर-तुलनात्मक 'स्थानान्तर प्रोद्यौगिकी' (ट्रांस्फर

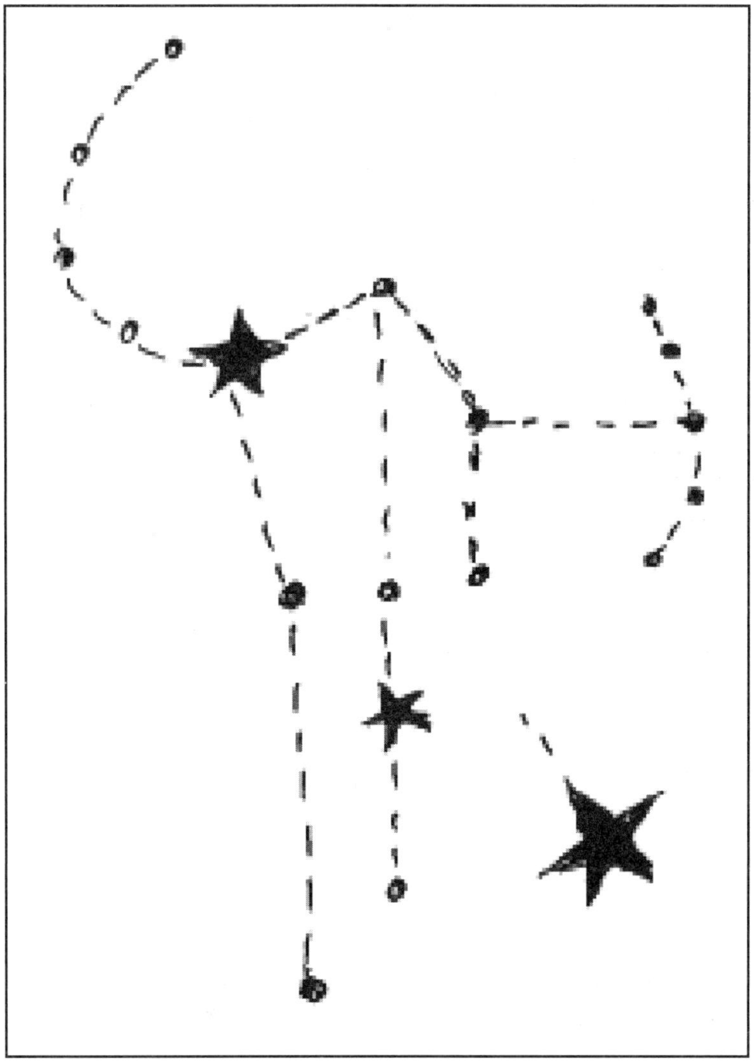

ओरियन नक्षत्र-पुंज (कृत्तिका)

शिकारी ओरियन कृत्तिकाओं का पीछा करता हुआ अथवा एरॉस प्रेमी, आर्तेमिस द्वारा वध किया गया।

टैकनालॉजी) की यहाँ अनायास शोभा है।

यहाँ ग्रीस की शीतऋतु का आकाश है जिसमें तीन तारे नज़दीकी दूरी पर स्थित होकर ओरियन की कमरपट्टी बनाते हैं। तीन मन्द दीप्ति वाले तारे पट्टी से कोण बनाते हुए लटके हैं। वे खड्ग बनाते हैं। ये छै तारे विश्व के कई कबीलों में भी नक्षत्रगाथा की रचना करते हैं [उत्तरी अमेरिका के मूलस्थ जनों में]। वास्को जनों ने ओरियन की पट्टी को डोंगी पर सवार तीन मछुआरे माने। कुछ कबीलों ने तीन पशु माने। केलिफोर्निया के कुमेयाए तथा अरिज़ोना के यूमा जन इन्हें बारहसिंगा या पहाड़ी भेड़ समझते हैं। एक चिनूक लोककथा के मुताबिक यह एक बड़ी नौका (कमरपट्टी) तथा छोटी डोंगी (तलवार) के बीच—बड़ी नदिया आकाशगंगा में—सोलोमन मछली पकड़ने की होड़ है।

टेवा मिथकयान में कमरपट्टी तथा तलवार उनके योद्धा अधिनायक के छोटे बड़े दुपट्टे तथा कमरबन्द हैं। योद्धा उन जनगणों को आकाशगंगा के अन्तहीन छोर के उस पार लिवाये जा रहा है।

इस नक्षत्र-माला का एक अन्य (कृत्तिकाओं के अलावा) मिथकांकन भी है। कालपुरुष (ओरियन) एक अहेरी है, प्रजापति है, मृग का। शीतऋतु के आकाश में वह रात को जगमग रहता है। उसकी आकृति एक अहेरी की है। वह तलवार तथा पट्टी सहित सुसज्जित है। उसके कन्धे पर चमकीले बारासिंगा नक्षत्र (बेटेलग्यूज़) अर्थात् आर्द्रा है तथा बायें पैर पर नीलखेत तारा (वानरराज या राइगेल) झिलमिल है।

चित्र–आकृतियाँ

मानचित्र–तालिकाएँ

7

'आह! सर्ग के अग्रदूत! तुम, असफल हुए विलीन हुए' : ये विश्वदेवते तथा देवियाँ और दानव भी ॥

मिथकवेत्ता-कवि प्रसाद ने देवसृष्टि की विलुप्ति का कारण निर्बाध भोग, ऐश्वर्य, निश्चिन्त विहार, केन्द्रीभूत सुख, और सुरबालाओं की विलासिता माना है जिससे वे ज्वाला में जले तथा जल (प्रलय) में गले गये। (यही तो आधुनिक युग तक होता आया है)।

तदपि लगभग बत्तीस से तीस हज़ार साल अर्थात् बत्तीस सौ शताब्दियों पहले से आदि मानव गुफ़ा के महत्‌रूपी अन्धकार से बाहर निकलकर किसी एक दिन अकस्मात् **हेमवती उषा (देवी) का सन्दर्श** करके आश्चर्यचकित हो गया था, और सरित-सागरों वन-पर्वतों में शिकार तथा खानाबदोशी करते-करते **शैलचित्र** एवं **गुफाचित्र** बनाये थे।

उनसे उसकी तीन वृत्ति-प्रवृत्तियाँ अभिलक्षित होती हैं:—हर कार्य को जादू तथा अनुष्ठान (सेरेमनी) के रूप में दोहराते हुए उसका अभ्यास करना; श्रम से शिकार और उत्पादन-संग्रह में वृद्धि करना, तथा मुखौटे लगाकर या देह को रंग कर कुछ-का-कुछ बन जाना अर्थात् अनजाने-अनपहचाने (डि-फेमिलियर) किसी-कौन का-कहीं प्रत्यक्षीकरण करना। इस तरह कार्य, घटना और प्रकृति के नये-नये विचित्र संरूपों तथा फलागमों से ही देवी-देवतादि का उपमानग्राही जन्म हुआ। उसकी कबीलाई अनगढ़ मातृसत्ताक-पितृसत्ताक दशाओं ने उसे प्रादर्श (मॉडल) भी दे डाले। अतः मानव के पिंड में ही ब्रह्माण्ड समाया। मानव ही अध्यात्मा (स्पिरिट) है, आत्मा (सोल) है, तथा परमात्मा है। उसकी सर्वात्मवादी संचेतना एवं अनुभवन का विस्तार होकर देवमंडल तथा मिथकयान का वैश्विक जमघट बनाता चला।

युगों-युगों से **विश्वमिथकों** और **देवगणों** का जमावड़ा मनुष्य की बुनियादी जरूरतों को नाना प्रकार से प्रतिबिम्बित करता आया है। वह बाहरी शक्तियों के आह्वान, तुष्टीकरण, सहकार, चुनौती आदि के अनुकूलन से उनकी रूपाकृतियों तथा व्यक्तित्व भी गढ़ता रहा है। इस प्रकार देवी-देवताओं का अनेक प्रकारेण जन्म भी मनुष्य द्वारा ही हुआ। देवी-देवताओं का, दैत्यों-दानवों-राक्षसों का, किमाकारों (ग्रोटस्क) तथा ईहामृहों का संकुल आविर्भूत हुआ। कुछेक की, प्रतिनिधि ध्यान-छवियाँ प्रस्तुत हैं। (ध्यातव्य है कि देवी-देवताओं तथा अन्य मानवेतर पात्रों के लक्षण-लांछन, वस्त्राभरण, कर्म-प्रकार्य, प्रकृति तथा प्रवृत्ति, लीला-क्रीड़ा, अलंकार-आवास आदि की 'बायोमेट्रिक' अलौकिक तथा चमत्कारिक होती आयी है)

महत् अन्धकार एवं आदि कारण जल द्वारा ब्रह्माण्ड उत्पत्ति तथा सृष्टि की रचना का विवेचन हम कर आये हैं कि जो सर्वत्र व्यापी जल या अन्धकार था, वह दिव्य नहीं था। मातृदेवी या भूदेवी तथा आकाशपिता या स्वर्गदेवता ने मिलकर ब्रह्माण्ड की सृष्टि की। सूर्य तथा चन्द्रमा का आविर्भाव हुआ (वे सन्तति भी प्रतीत हुए)। यह प्रायः एकलिंगी स्वयंभू-सृष्टि थी। **मातृदेवी**-भू-देवी-भूमातृका 'एक' ही थीं। नुट-गेब (ईजिप्ट), ब्रह्मा-सरस्वती (भारत), ज़ियस हेरा (ग्रीस) तथा अन्य भाई-बहन भी थे। सृष्टि में भाई-बहनों के मिथुनबंध (विवाह) की देववंश-परम्परा कई पीढ़ियों तक जारी रही। ईजिप्ट के फाराओ-सम्राटों की प्रथा यही थी। [शैलचित्रों के बाद की निम्नांकित अतिप्राचीन मृण्मूर्तियों में देवी-देवताओं की छवि तथा व्यक्तित्व का प्रथम दर्शन मिलता है। **मातृदेवी** गुब्बारे जैसे फूले स्तनोंवाली, भारी नितम्बों तथा थुलथुल जाँघों वाली बनाई गयी। मातृपूजा के लिए यही अभिलषित था। इसी तरह पूर्वैतिहासिक शैलचित्रों में पशुपति की आक्रामक छवियाँ हैं]।

पद्महस्ता श्री लक्ष्मी

महिषमर्दिनी सिंहारुढ़ा श्रीदुर्गा

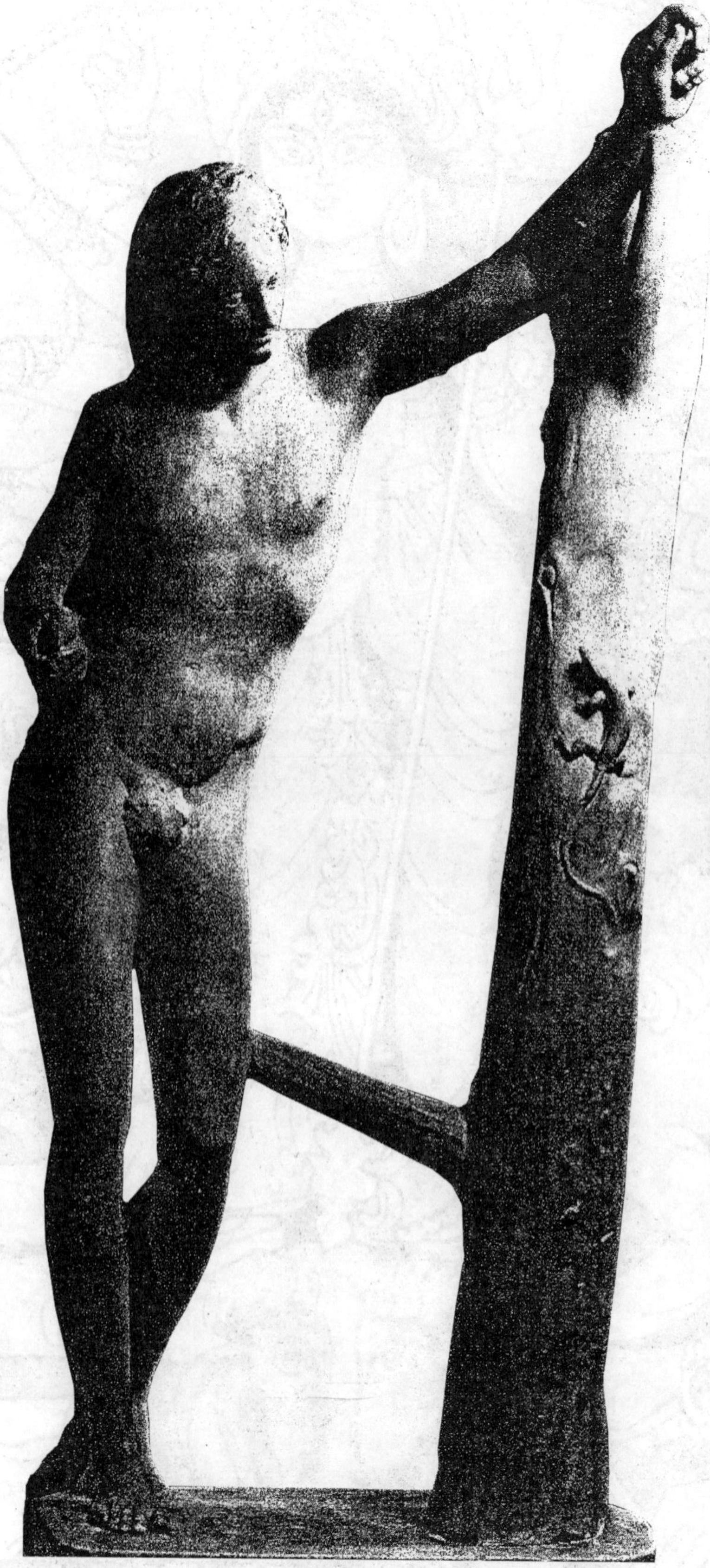

ग्रीक देवता अपोलो सौम्य, सुन्दर युवा, सूर्य का देवता। अपने किरणबाणों से सृष्टि में सौन्दर्य तथा शिवत्व का विधायक। संगीतकार, ग्रीक वाद्य लायर का अन्वेषक, म्यूजेस के वाद्यवृन्द का निर्देशक।
कई अप्सराओं तथा मानवियों से भी प्रणय-लीला में संलिप्त था। चित्र में रोगों के प्रतीक गिरगिट का वधकर्ता। डेल्फी में उसका मन्दिर था। पेक्सीटेलेस (ई.पू. 300) की रोमन प्रतिकृति, वेटिकन नगर संग्रहालय, इटली।

रोमन प्रणय का मद्यप देवता बेकस (ग्रीक इरॉस)

[शिल्पी : माइकेल एंजिलो (1475-1564)]

लांछन : मदिरोन्माद में काया किंचित् डाँवाडोल, सिर पर अंगूर-पत्तों का शकुनबंध बायें पैर से एक तने का सहारा लेकर सन्तुलन बनाता, पूरी लम्बी, उन्मुक्त काया में मदिरा की खुमारी की झलक। पीछे एक छोटा सेटिर (अजमानव) शरारतन अंगूर-गुच्छे से चोरी करता हुआ। खूबसूरत सैक्सी युवा देह।

लक्षण : दायें हाथ में छलकती शराब की प्याली, बायें हाथ में अपने संगी सिंहचर्म को तथा एक अंगूर-गुच्छे को थामे।

देवता हर्मीज़ (रोमन मर्करी) : एक ग्रीक कलश का उत्तान उत्कीर्णन, इस शिल्पगाथा में वह मृतकों का पथप्रदर्शक (ई.पू. 420) दिखाया गया है, सद्यमृत माइथाइन युवती को हाथ पकड़कर एचिरान मृत्युलोक पार कराते हुए। दायीं ओर मृतका के शोकग्रस्त वाल्दैन हैं। हर्मीज़ के पाँवों में पंख उसकी गति के संसूचक हैं।

ग्रीक विश्वकर्मा हेफेस्टस (रोमन वल्कन), एक एम्फोरा में अंकित।

देवनिवास ओलिम्पस पर्वत में अग्निदेव हेफेस्टस की वापसी के लिए मदिरा का मत्तदेवता बेकस उसे लिवाए जा रहा है। उनकी सहायता बेकस की उन्मत्त निरंकुश मीनॉड उपासिकाएँ कर रही हैं।

वीनस और एडोनिस
टिशियान (1487-1576)

नेशनल गैलरी आफ आर्ट वाशिंगटन डी.सी.
शिद्दत से, हसरत भरा-रोकने हेतु, प्रगाढ़ आलिंगन करते हुए प्रेमदेवी वीनस
ने शिकारी एडोनिस से कहा 'मेरे लिए जंगल में शाकाहारी तथा गैर-खूख़ार जानवरों का ही शिकार करना।'
एडोनिस ने बात नहीं मानी और एक हिंसक-सुअर द्वारा मार डाला गया।
[रिनासाँ चित्रकार टिशियान ने अपने इस चित्रफलक में मिथक की निजी स्वायत्त मिथक-चित्र-कारी भी की है। एडोनिस का दृढ़निश्चय, वीनस की मार्मिक कातरता, एडोनिस के खानों को दौड़ने की उद्विग्नता (चित्र में कट गये), बायीं ओर वृक्षछाया में सोता नन्हा क्यूपिड, तथा दायीं ओर के आकाश में उषादेवी आरोरा का रथ (चित्र में कट गया) आदि अप्रतिम है।...रोमांटिक कवि शैले ने कीट्स पर 'एडोनिस' नामक कविता लिखी थी।]

रोमन मिनर्वा अर्थात् ग्रीक देवी एथेनी निकेफोरोस (शिल्पी फीडियास) यौद्धेय देवी के स्वरूप में वह एक भाला, ढाल, तथा शिरस्त्राण के अलावा अजचर्म की 'एजिस' (चोली) धारण करती है। एजिस के बीचोबीच सर्पकेशी मेडुसा का शिर होता है जो भयोत्पादक है।
वह एथेंस के नगर-राज्य की संस्थापिका देवी होने के नाते ग्रीक सांस्कृतिक मूल्यों का पुंज है : यथा, राज्यसत्ता एवं राज्य समृद्धि, युद्ध एवं शान्ति, कानून एवं सुशासन की संरक्षिका, तथा विज्ञान एवं कला, कताई-बुनाई, ज्ञान एवं विवेक की संरक्षिका। वह मनुष्य की श्रेयस् साधनाओं की अग्रेत्वरी भी है।
वह ग्रीक विश्वकर्मा हेफेस्टस द्वारा निर्मित रथ पर आरूढ़ होती है।

विकराल देवी काली

कालान्तर में देवी-देवताओं का अर्द्धमानवीय-अर्धमानवेतर जन्म (?) अथवा प्रगटावा होता चला। मानवता **आस्था** (फेथ) एवं **विश्वास** (बिलीफ़) की नवोन्मिषित चेतन भूमि पर संस्थित होकर अमर देवी-देवताओं के आमने-सामने आ जाती है। यह दशा शुद्ध के बजाय पुनीत ज्यादा है। यह दशा मानवजाति के लिए आभ्यान्तरिक (इंट्रिंसिक) वृत्ति की थी। इससे मनुष्य के अन-सँवारे भौतिक-आध्यात्मिक, मानसिक-सामाजिक विकास के आकृतिबन्ध (पैटर्न) बुने जाने लगे। प्रथम एवं प्राथमिक देवतादि (मेसोपोटामिआ तथा समुद्रायनी में) भी उन्हीं पैटर्नों के तानों-बानों से सांस्कृतिक बंधेज में रूपायित-संरचित किये गये।

इसका भी ध्यान रखा जाए कि अपने आस्थावान-विश्वासी अनुयायियों के मतान्तरण करने अथवा नहीं करने या प्रव्रजन करने की दुविधा में नये मिथकीय देवता प्रतीकात्मक जन्म अथवा अप्रासंगिक मरण का वरण करते हैं। प्रत्युत्तर में उनके छूँछे नामरूप या कथानक बच जाते हैं। उनकी कार्यवाही शक्तियाँ विलुप्त हो जाती हैं। कालचक्र में उन सभ्यताओं का भी अवसान हो जाता है। विश्वमिथकयान में कई पुराप्राचीन सभ्यताओं का प्रारब्ध ऐसा ही हुआ।

मातृदेवी की मृण्मूर्तियाँ

(क)

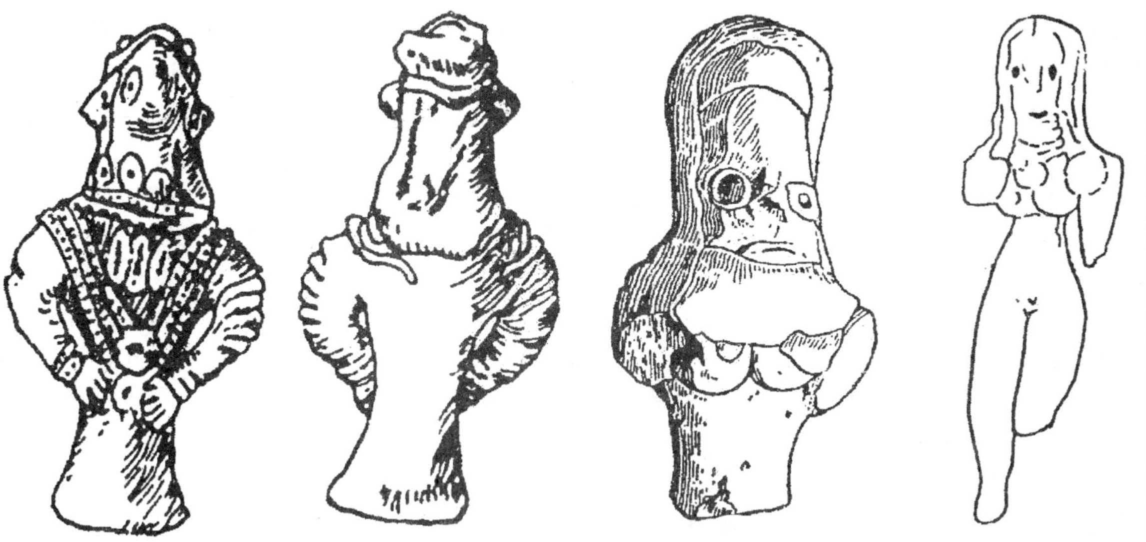

(क) कुल्ली (बलूचिस्तान) की आद्य हड़प्पा-सभ्यतापरक

(ख)

(ख) मोहेनजोदारो से प्राप्त

आदि **भारतीय मिथकायन** के स्रोत एवं भरतपाठ मोहेन जोदारियों-हड़प्पियों तथा वैदिकार्यों के प्राथमिक संसार हैं, यद्यपि दोनों के बीच सम्पर्क के पुख्ता साक्ष्य नहीं मिलते क्योंकि शताब्दियों का अन्तराल जो रहा था। तदपि वे दो सामाजार्थिक व्यवस्थाएँ थीं। सिन्धु-गंगा की पहली सभ्यता अपेक्षतया बहुत ज्यादा उन्नत थी। उनका नगर-निवेश मानो चंडीगढ़ के जैसा था। उनके बड़े-बड़े स्नानागार, भंडारगृह, चौड़ी-सीधी सड़कें, ईंटों के छोटे हवादार मकान थे।

वैदिक आर्य उनसे पिछड़े हुए थे। वे पशुचारी अर्ध-खानाबदोश जनजातियों के समूह थे जो विकसित पितृसत्ताक गोत्रपरक लोकात्मक व्यवस्था वाले थे तथा अर्द्धसैनिक जुझारू दशाओं से गुजर रहे थे। गंगा-घाटी में बसने के साथ-साथ उनके समाज में वर्गीय संक्रमण परिलक्षित होता है। जब अभिजातों तथा छोटे नृपनेताओं का समूह उभरने लगता है; निरंकुश दासप्रथात्मक राज्य भी विकसित होने लगते हैं तथा आद्यमूलस्थ निवासियों से उनकी लड़ाइयाँ भी होने लगती हैं। ऐसे में उनके देवताओं की संख्यां का बढ़ते जाना भी आवश्यक था। **इन्द्र** उनका सबसे पुरातन लक्षणों वाला भी देवता था। उसको दो सौ पचास से ज्यादा ऋग्वैदिक ऋचाएँ समर्पित हैं। युगीन अन्तर्विरोध को प्रकटाता वह एक ओर तो युद्ध का, नगर-विध्वंस का (अग्निदाह का भी) देवता था तो दूसरी ओर वृष्टि, विद्युत्-गर्जन आदि का भी। उसका संघाती देवता **वरुण** था। वह रात्रि के आकाश तथा आकाशीय एवं पृथ्वीय जल का देवता था। उन दोनों के साथ द्यौ था जो दिन के आकाश का देवता था। इसी त्रयी से **सूर्य** और **उषा** का आविर्भाव हुआ। ईजिप्टी सूर्य देवता (रा, रे, आमून आदि) की तरह विभिन्न दशाओं में सूर्य के कई देवरूप मिलते हैं, जैसे **सविता** (पुनरुद्धारक), **पूषण** (तापकारी, पशुधन का संरक्षक), मित्र (मानवों का सहयोगी) तथा धीमे से प्रकट होता अस्पष्ट-सा विष्णु (स्वर्ण तेजोमय)। यही प्राथमिक मिथकयान है। बाद में कर्मकांडी **अग्नि** तथा **सोम** देवता भी प्रमुख होते जाते हैं क्योंकि युद्ध के बजाय **यज्ञ** धुरीण हो जाता है।

तुलना में शहरीकरण के अभ्यस्त मोहेनजोदारियों के व्यापारिक रिश्ते पश्चिम के मेसोपोटामिआ तथा ईजिप्ट से थे [जबकि वैदिक आर्यां ने काकेशस इलाके से पूर्व की ओर ईरान तथा अफगान होते हुए भारत में आव्रजन किया। यह माना जाता है। उनकी सेल खड़ी की मुद्राएँ बेबीलॉन तथा असीरिया में मिली हैं। ईजिप्ट और भारत के बीच के उनके सम्बन्धों की अनुमिति नाग (कोबरा साँप) तथा कमल की उभयपक्षीय महत्ता के साथ चंदन के उपयोग एवं चीते और अरुणचूड़ के अंकनों से होती है। टोलोमी के काल में तो भारतीय व्यापारी ईजिप्ट के मेम्फिस तक यात्राएँ करते थे। इसके साथ ही मुद्राओं में वृषभ, हाथी, बाघ और गैंडे के चित्रों से ज्ञात होता है। कि मोहेनजोदरियों में **पशुपूजा** तथा **वृक्षपूजा** का प्रचलन था। यद्यपि मन्दिरों के अवशेष नहीं मिलते, परन्तु एक शृंगधारी, त्रिमुख, उत्थितलिंग-पुरुष की आकृति को आदि शिव माना जाता है। (जो वैदिक रुद्र का उत्तर रूपायन है)। वैदिककाल में भी मन्दिरों तथा पूजा-स्थलों का उल्लेख नहीं है। वे बहुदेववादी अवश्य थे। उनकी मिथक-आलेख-कारी स्तुतिपरक ऋचाओं एवं प्रार्थना-मत्रों एवं सूक्तों में परिकूटित (एनकोडेड) हुई है।

वैदिक मिथकयान में परलोक सम्बन्धी अवधारणा भी अस्पष्ट है। उनमें स्त्री-देवताओं का लगभग अभाव है। वे पितृसत्ताक व्यवस्था के अनुकर्ता थे। शनैः-शनैः अग्नि तथा सोम जैसे कर्मकांडी देवता अधिक प्रभावशाली होने लगे। धर्मधुरी यज्ञ हो गये। यज्ञ देवताओं से सम्पर्क कराने वाला अनुष्ठान था। उसमें सोमरस का पान होता था, अग्नि में आहुति एवं बलि (पशुबलि) देकर देवताओं को भोजन कराकर प्रसन्न रखा जाता था। शुरू में शायद पुरोहित-वर्ग का आविर्भाव नहीं हुआ था। इस तरह अग्नि तथा सोम ही देवताओं और मनुष्यों के बीच मध्यस्थता करते हुए लगते हैं।

कालान्तर में अनेक देवताओं का एकैक विराटत्व **विश्वदेव** के रूप में हुआ। तदपि (अभी तक) पवित्र स्थल तथा मन्दिर अस्तित्व में नहीं आये थे। और आगे की शताब्दियों में **ब्रह्मा** तथा **विष्णु** (के अवतारों) के साथ आर्य मिथकें विभक्त होकर धार्मिक-दार्शनिक मिथकयान में रूपातरित होती जाती हैं। वेद के उत्तरक्रम में उपनिषद् तथा पुराण आधारशिला होते जाते हैं।

इस भाँति अधिकतर **वैदिक देवतादि** (देवियाँ लगभग, पहल-संकोची महत्त्वहीन-सी हैं) प्रबल प्राकृतिक शक्तियों का आह्वान, तुष्टीकरण, सहकार, चुनौती, कर्मकांड (यज्ञ, बलि), अनुग्रह परक ऋचाओं और **मन्त्रों** के अनुरूप स्वरूप तथा स्वगुण प्रतिभासित करते हैं। सूर्य-किरणों की भाँति सभी देवताओं का पुंज **'विश्वदेव'** बताया गया है। इस देवसृष्टि की नियामक **'ऋत्'** है। यह चार प्रकार का होता है—सामुदायिक, गोत्रीय, घरेलू तथा निजी। यह यज्ञों द्वारा सम्पादित होता है। वरुण ऋत् का अभिभावक है। यह ब्रह्माण्डीय सत्यनियम है जो गतिशील है। इससे ही ऋतुचक्र गतिमान होता है। दूसरा कर्मशील शक्ति-तत्त्व 'क्रतु' है। यह संकल्पधर्मी है; परिपालन तथा उन्मूलन हेतु इतिहासक्रम में ऋग्वेद की ऋचाओं वाला **छंदस् युग** (ई.पू. 1200-1000) तथा **मंत्र युग** (ई.पू. 1000-800) महत्त्वपूर्ण मिथक-काल भी हैं। मंत्रयुग ब्राह्मण ग्रन्थों का काल था जब वेदों की ऋचाएँ संकलित हुई थीं तथा **भरतपाठों** का बंधान हुआ था। उपनिषद्-युग (550-600) के बाद **पुराण-परम्परा** का प्रचलन हुआ। अन्ततः **सूत्रयुग** (600-200 ई.पू.) में यह छन्दस् मिथकचक्रकथा से सूत्र तक एक फेरा घूम जाता है। मिथक का रूपान्तरण **'पुराण'** में भी होने लगता है।

वैदिक (आद्य-आर्य) मिथकों की संरचना (ढाँचा) ऋचा-छंदस्-मंत्र सूक्त वाले वास्तुपुरुष के जैसी है। यदि क्लाद लेवी-स्ट्रास के हवाले से देखें तो इनमें सम्बन्धता है लेकिन परिवार-सूत्रता क्षीणतर है। ऐतिहासिक विकास में इनमें विभिन्न धर्मसाधनाओं

के कर्मकांडी आयाम जुड़ते गए। इससे इनका गल्पात्मक **पौराणिकीकरण** हुआ। इनकी प्रवृत्ति बहुआयामी वृतान्तपरक भी होती गयी। अन्तिम चरण में इनका **दार्शनिक अमूर्तीकरण** भी हुआ तथापि जिससे ये प्रतीकों तथा सिद्धान्तों में सारांशीकृत होती गयीं तथा कथापक्ष धुँधला होता गया। तथापि इनके प्रासंगिक-प्रारंभिक सामाजिक चार्टर तथा आद्यप्रारूप (आर्केटाइप) कालोत्तीर्ण होकर बखूबी देदीप्यमान हैं।

यह पूर्वानुमिति भी दमक उठती है कि उपनिषद्-काल में एक 'ब्रह्म' की अद्वैत धारणा ने जो वैदिक (देवमंडल का) अव-मिथकीयकरण किया था, वह पौराणिक वृत्त में **अवतारवाद**, देव-परिवारों तथा मतान्तरों द्वारा कई-कई गुना वेग से कायान्तरित (मेटामार्फोज़्ड) तथा पुनर्नवीकृत होकर वापस आ गया। अलबत्ता नये-नये (हिन्दू) देवमंडल स्थापित हो गये थे।

[ईजिप्ट की अठारहवीं वंशावली के फाराओ अखनातोन ने भी अनेक देवी-देवताओं की उपासना बन्द करवा कर केवल एक सूर्यदेवता-'रा' की उपासना लागू की थी। पुरोहितवर्ग तथा जनगण में हंगामा मच गया। बाद के फाराओ तूतनखामून के शासन में इन सभी देवी-देवताओं, पशु-पक्षी-देवताओं की धूम-धड़ाके से वापसी हो गयी।]

वैदिक त्रिमूर्ति में इन्द्र-अग्नि (सोम) सूर्य आते है। वरुण को शामिल करने पर चतुरंग हो जाता है। कुछ सिस्टमों में रुद्र भी शामिल हैं। [कोसाम्बी ने वैदिक समाज के गण के नामों को टोटमों से सम्बन्धित बताया है जो बाद में अपदेवते, लोकदेवी-देवते होते गए। अतः **गोत्र** एवं **गण** ने भी देवत्व का चारित्र्य निर्धारित किया।]

अतः विश्वमिथकयान के हाशियों पर भी देवी-देवताओं का अवलोकन-दिग्दर्शन समीचीन होगा।

सूर्य : दिवोयात्रिक **सूर्य** हिरण्य (स्वर्ण, सुनहला) के अनेक पक्षों से मंडित ताप तथा प्रकाश का देवता है जो अनादि काल से प्रतिदिन (प्रातः सन्ध्या : मिथकीय नियम के अनुसार) यात्रा करता है। वह सात अश्वों वाले अथवा सातमुखों वाले अश्व के रथ पर आरुढ़ है। अरुण उसका सारथी है। वह सुमेरु पर्वत के चारों ओर अहर्निश चक्कर काटता है। प्रत्येक सुबह वह हेमवती उषा का पीछा करता है जो सदैव युवती, तथा पूर्णयौवना बनी रहती है। वह भी चमकीले रथ पर सवार है जिसे गायें आकाश में चलाती हैं। संजना (सन्ध्या) उसकी पत्नी है। वह अश्विनी (घोड़ी) बनी छाया के साथ स्वयं अश्व होकर सम्भोग करता है जिससे अश्विनी कुमार-द्वय का जन्म हुआ। उसने (महाभारत की) कुँवारी कुन्ती से भी सम्भोग किया था जिससे कर्ण का जन्म हुआ। वह वानरराज सुग्रीव का भी पिता है।

अनेक अंतर्कुंडलों से जुड़ा सूर्य कई 'द्विपर्ण-विरोधों' का पुंज है। उसमें इतनी अधिक प्रचंड कामाग्नि धधकती थी कि पीड़ित पत्नी ने उसे अश्वी छाया के हवाले पर दिया। फिर भी उसकी अतृप्त तृष्णाग्नि थी। अन्ततः प्रजापति के लौह-काष्ठ शिल्पी त्वष्ट्रि ने उसे खराद में घिसकर नवाँ अंश चूर्ण बना डाला। उससे ही इन्द्र का वज्र, कुबेर का आयुध, कार्तिकेय का भाला, विष्णु का सुदर्शनचक्र, शिव का त्रिशूल आदि बने।...इसके अतिरिक्त सावित्री एवं आदित्य से उसका अद्वैत है और द्वैत भी; कभी वह द्यौसपुत्र है तो कभी अदितिपुत्र; कभी उषा उसकी प्रिया है तो कभी वह उसका बालारुण सुत; कभी उसके एक प्रमुख पत्नी है तो कभी कई कांताएँ। इन द्विपर्णों में उन अन्तर्विरोधों के समाहार की क्षीण छायाएँ हैं जो प्राकृतिक अतियों के सामंजस्य द्वारा हुए हैं, जो तब की ज़िन्दगी में स्वाभाविक भी थे। इनमें से कई 'विरोध' आगे हस्तान्तरित कर दिये गये हैं। इनमें जो नियमित तथा पुनरावृत्त तत्त्व मौजूद हैं वे एक अनुमानित अनुक्रम में हमेशा घटते हैं।

प्रचंड तेज के बँटने-घटने वाली एक चीनी मिथक में पूर्वाकाश के स्वामी जी जुन के (आकाश-पृथ्वी को मिलाकर) दसों दिशाओं के लिए दस सूर्यरूपी पुत्र थे जो विश्व वृक्ष फूसांग में रहकर आकाश में बारी-बारी से आते-जाते थे। एक बार अवज्ञावश वे एक साथ आ गये जिससे सृष्टि झुलसने लगी। अतः स्वामी ने अपने धनुर्धर देवता हाउ यी को उन्हें मार गिराने का आदेश दिया। उसने नौ को धराशायी कर दिया। केवल एक को छोड़ दिया [त्वष्ट्रि ने तेज का नौवाँ अंश छाँटा था] शोकाकुल स्वामी ने धनुर्धर दम्पति को निष्कासित कर दिया। उसकी पत्नी ने अमृत चुरा लिया। वह अमर होकर चीनी सौरराशि की मेंढकी बन गयी जो उर्वरता की प्रतीक है [छाया की तरह अश्वी का अभिप्राय]। तेजस्विता के मिथकाभिप्राय का एक अन्य घुमाव जापानी मिथक में भी है। इसमें सूर्य अमाटेरासू नामक एक देवी है जिसके पास स्वर्ग के लुहार द्वारा बनाया गया पवित्र दर्पण था। उसे गुफा के बाहर पवित्र विश्ववृक्ष साकाकी के वृक्ष पर टाँग दिया गया। जब अमाटेरासू गुफा से बाहर निकली तो स्वयंदीप्ति से अन्धी होकर वापस बन्द हो गयी।...तब देवी अमा-नो उज़ूमे (उषा) ने गुफ़ा के आगे शनैः-शनैः निर्वसन होने का नृत्य किया। इससे देवताओं में उल्लास भर गया। कौतूहलवश अमाटेरासू बाहर आयी। पृथ्वी का भविष्य सुरक्षित हो गया। अब वह केवल रात को ही अन्तर्धान हुआ करेगी।

अज़टेक (मध्य अमेरिका) सृष्टि-मिथकों में चार सूर्य (युग) थे। चौथे सूर्य की समाप्ति पर विश्व एक महा अन्धकार था। तब देवनिवास टिओटीहुआकान में देवतागण अग्नि के चारों ओर एकत्र हुए तथा सूर्य, संसार और जीवन की पुनर्रचना की। एक देवता ने अग्नि में स्वयं की बलि दी जिसके तेज़ से सूर्य उत्पन्न हुआ। इस भेद को क्वेटज़ालकोआटल नाम पंखों वाले सूर्य-देवता ने सुलझाया, जब सूर्य पूर्व से उदित होने लगा। उदयावस्था में वह दहकता लाल था जो क्षितिज में पंख फैलाये था। इसके परिपार्श्व में इन्काई सूर्यदेवता इन्टी के सम्प्रदाय का विस्तार है। उसके साथ उसकी बहन तथा पत्नी चन्द्रदेवी मामा किल्या तथा मौसम और

विद्युत का देवता इल्याप्पा जुड़ा है। ईजिप्टी सूर्यदेव 'रा' की भाँति इन्टी का प्रतीकचिह्न एक सुनहला चपटा चाक था जिसके चारों ओर से किरणें फूट रही थीं। इन्टी-सम्प्रदाय के अन्तर्गत राजा सूर्यपुत्र था तथा स्वर्ण को सूर्य इन्टी का पसीना माना जाता था। इन्टी-मठ में 'एक्ला' चुनी हुई रमणियाँ अर्थात् 'सूर्य का कुँवारियाँ' थीं जिनका नेतृत्व मामा कूनास करती थी। ये सूर्यकुमारिकाएँ मन्दिर की सेविकाएँ के साथ-साथ शाही-परिवार की परिचारिकाएँ भी थीं जो आठ वर्ष की उम्र में ही मठ में दीक्षित हो जाती थीं। वे इन्टी के हेतु पवित्र अग्नि की भी रक्षिकाएँ थीं जब सूर्य के उत्तरायण-गमन में महोत्सव होता था। ये सम्राट की रखैलें भी थीं। ये विदेशियों से राजनीतिक रिश्ते बनाने में यौनकर्मी भी होती थीं।

सूर्योपासना का एक अन्य सम्प्रदाय वैदिक मित्र-अरुण से ईरान (पर्शिया) के मिथरा (मित्र) एवं अहर (अरुण) से होता हुआ पश्चिम में रोमनों का एक रहस्यात्मक सम्प्रदाय बन गया। (ई.पू. पहली शती के उत्तरार्ध में)। **मिथरा** कानून और व्यवस्था का संरक्षक था जिसकी नजर से कुछ भी नहीं छुपाया जा सकता था। वह एक क्रूर तथा क्रुद्ध युद्ध-देवता भी था। यूँ वह न्यायप्रिय तथा मित्रवत् था परन्तु दुश्मन उससे भयभीत थे। वह (सूर्य के साहचर्य में) चार अश्वों वाले चमकीले रथ पर आरूढ़ था।

रोमन साम्राज्य के अधीन **मिथरा** एक रहस्यात्मक-साधना-चक्र का संस्थापक हो गया। पवित्र हाओम (सोम) पान करके वह गुह्य-गूढ़-गुप्त कृत्यों का कर्तदिवता हो गया। मिथरा-सम्प्रदाय में वृषभ की बलि देने की प्रथा सृष्टि के पुनर्नवीकरण की प्रतिनिधि थी। मिथरा वृषभ-बलि द्वारा अपने उपासकों को क्षुधा तथा मृत्यु से विमुक्त करके अमरता प्रदान करता था [यह उस प्राचीन पर्शियाई रस्म की आवृत्ति थी जिसे वहाँ प्रथम मनुष्य यिमा (यम) ने चलाई थी। यहाँ यम अमरता को द्योतक है]। कोणार्क (ओडिशा) तथा मार्तंड (काश्मीर) के सूर्यमन्दिरों की तरह इन्टी-मठ तथा गूढ़ मिथरा-सम्प्रदाय के सामाजैतिहासिक बने मिथकीय चार्टरों के बाद हम एक अनूठी सूर्य-मिथक को लेते हैं जो अफ्रीका के केन्या में लुयिआ आदिम जनों में प्रचलित हैं–स्वर्ग में सूर्य को पाने का सफर! यह जापानी सूर्यदेवी अमाटेरासू के गुफ़ा में जा छिपने वाले कई मिथकाभिप्रायों के समानान्तर है।

जब एक लड़की पर उसकी शादी नापसन्द आदमी से करने का दबाव पड़ा तो वह भागकर झाड़ियों में छिप गयी उसे गगन से लटकटी एक रस्सी दिखी। जब उसने उसे पकड़ा तो स्वर्ग में ऊपर खींच ली गयी तथा एक कूड़े के ढेर पर पटक दी गयी जब वह इस तरह बैठी थी तो सूर्यमाता वहाँ से गुजरी। उसने लड़की से पूछताछ की तब सूर्यमाता ने कहा कि वह उसके साथ रुक सकती है लेकिन उसका बेटा सर्दार है और वह उससे शादी करना चाहेगा। लड़की सूर्यमाता के साथ चलने को तो सहमत हो गयी लेकिन पुत्र-सर्दार से शादी को रजामन्द नहीं हुई। सूर्यमाता ने बताया कि उसका पुत्र बगिया में है। अगर वहाँ कोई लाल-चमकदार वस्तु दिखे तो चौंके-चिल्लाये नहीं।

जब सूर्य लौटा तो सबकुछ चमकीला प्रकाशमान हो गया। लड़की लेट गयी और अपना मुँह ढँक लिया। सूर्य-पत्नियों ने उसे बताया कि उसकी माता उसके लिए एक नयी पत्नी ले आयी है। तब सूर्य अभिवादन करने उसके पास पहुँचा। लड़की आँखें नीचे किये रही और कोई उत्तर नहीं दिया।

तब सूर्य ने अपना प्रमुख भृत्य (नौकर) चन्द्रमा को उससे बात करने को भेजा। तिस पर भी उसने कोई उत्तर नहीं दिया। इसके बाद सात प्रमुख नौकर भेजे गय। उन्हें भी कोई सफलता हाथ नहीं लगी। तब सूर्य ने उस सब कुछ का थोड़ा-बहुत भेजा जो धरती पर पैदा होता है। इस पर भी लड़की नहीं बोली। अन्ततोगत्वा सूर्य ने फैसला किया वह अपनी स्वयं की किरणें लड़की को देगा। उन्हें लेकर वह स्वयं लड़की के पास गया। आखिर में लड़की ने महीन आवाज़ में उत्तर दिया। तब सभी नौकर मिलकर तेल ले आये और उसे वधू का उबटन लगाया। उनका विवाह हो गया।

तदपि इस सारे समय में सूर्यकिरणें एक कुम्भ में बन्द थीं जिसे सूर्य ने लड़की को उपहार में दिया था। अतः वे धरती पर चमक नहीं पायीं।

अब पत्नी ने पृथ्वी पर अपने माता-पिता से भेंट करने का आग्रह किया। नौकर उपहार भी ले चले। सूर्य ने सहमत होते हुए रस्सी को धरती के नीचे लटका दिया। लड़की उतर आयी। माँ-बाप उसे देखकर अचम्भे में आ गये क्योंकि वे उसे झाड़ी में मर चुका समझ चुके थे। एक काले वृषभ को बलि देने के लिए ले आये किन्तु लड़की ने मना कर दिया। अनेक रंगों के बाद अन्त में जब सफेद वृषभ लाया गया तो लड़की ने स्वीकार किया। तब बलि दी गयी; बलि-मांस स्वर्ग से साथ आये लोगों में बाँटा गया। तीन दिनों के बाद लड़की स्वर्ग को वापस इतनी तेजी से रस्सी थाम कर खिंच चली कि माता-पिता से विदाई भी नहीं ले सकी।

अभी तक सूर्यकिरणें फूटकर चमकी नहीं थीं। जब वे सूर्यगृह में पहुँचें और लड़की ने उपहार में दिये गये कुम्भ को खोला तो किरणें धरती पर चमचमा उठीं। मानव जाति में उल्लास छा गया। सूर्य ने अपनी पत्नी को बताया कि उनका प्रमुख नौकर चन्द्रमा अब रात में चमका करेगा।

[सूर्य के प्रतिपक्ष में तूफान देवता **शान्गो** : नाइजीरिया के योरुबा लोगों में यह एक सुदृढ़ शासक, महान वैद्य तथा नृशंस देवता माना जाता है। जो मुँह से ज्वालाएँ उगल फूँकता है]।

× × ×

अग्नि आगे ले चलने वाला वैदिक देवता है। पृथ्वी अग्निगर्भा है; सूर्य अग्निपुंज है तथा अन्तरिक्ष में प्राणतत्त्व तथा जैविक शरीरों में भी अग्नि (तापमान-ऊष्मा) जीवन का लक्षण है। वैदिक मिथक में यह यज्ञ-ज्वाला एवं अन्न-परिपाकी है। विश्वअग्नि-मिथकों की भारती-पर्शियन एक प्रबल धारा भी है। ईरान के जरथुस्त्री अग्नि-उपासक थे।

इन्द्र बान्धव अग्नि पृथ्वी और द्यौस का पुत्र है। दक्ष एवं प्रसूति की पुत्री स्वाहा इसकी पत्नी है। यह आकाश में सूर्य में, अन्तरिक्ष में विद्युत् में तथा धरती में पावक रूप में विद्यमान है। हर बार प्रज्वलित करने पर इसका पुनर्जन्म होता है। अतः अमर है। यह सोमपायी है। इसके सात ज़िह्वाएँ हैं—काली, कराली, मनोजवा, सुलोहिता, सुधूम्रतवर्णी, सफुल्लिगी एवं विश्वरुचि मेष इसका वाहन है। यह चतुर्भुज है तथा लाल घोड़ों वाले रथ पर आरूढ़ है। सप्तपवन इसके रथ के पहिये हैं।

वस्तुतः यह आर्यान् (ईरान) से भी आर्यों के साथ आया है। सो, एक बार भृगु वहाँ के 'असुर' से एक सुन्दरी सुलोमा को भगा लाये थे। असुर ने अग्नि से पूछा तो उसने सच बता दिया। क्रोधित भृगु ने अग्नि को शाप दिया कि वह सभी कुछ भस्म कर दिया करेगा। अन्ततः ढील देते हुए कहा कि जो भी वस्तु उसके मुख का स्पर्श करेगी वह शुद्ध हो जाएगी। शिथिल होने पर अग्नि मरुतरूप भी है।

ग्रीक मिथक में अग्नि देवताओं के साथ था। एक टाइटन प्रोमेथियस उसे चुराकर धरती पर ले आया। इस पर देवताओं ने उसे दंडित करते हुए एक चट्टान से बाँध दिया। हर रात एक बाज़ पक्षी आकर उसके हृदय को खाता था और सुबह उड़ जाता था। यह क्रम चलता रहा। अन्ततः प्रोमेथियस की जंज़ीरें टूटीं तथा अग्नि मानवों का सहायक हो गया।

यही थीम कांगो के सर्जक देवता बुम्बा की है। वह केरीकेन नामक आदमी को अग्नि दे देता है। परन्तु वह लालची इसके लिए लोगों से ऊँची उगाही करता है। जिससे वे खाना पका नहीं पाते। इस पर राजकुमारी केरीकेन उसको अपने प्रेम के इन्द्रजाल में फँसाकर उससे अग्नि के रहस्य सीख लेती है। पूरी जानकारी के बाद वह उसका परित्याग कर देती है। इसी तरह अमेज़न में एक लघुबाघ (जगुआर) की मानवी पत्नी उसे मांस पकाकर खिलाती है। स्वादिष्ट व्यंजन से प्रसन्न होकर जगुआर (और उसका टोटेमी कबीला) पका मांस खाना सीख जाता है।

अनेक मिथकीय दानव मुख से अग्नि उगलते हैं। अधिनेता उनसे युद्ध करके खत्म करते हैं।

इंडोनेसिया के कमोडो द्वीप के ड्रेगन की छाया में एक मिथक में अग्नि द्वारा कबीलाई समाज को सभ्य बनाने के कई मिथकाभिप्राय गुँथे हैं। बोटाइली ऊँचे पर्वत पर रहती थी। उसकी सारी देह पर बड़े-बड़े बाल थे तथा हाथों-पाँवों के नाखून लम्बे थे। वह साँपों और बिसखपरों को खाती थी। अपनी पीठ को चट्टान से रगड़ कर आग पैदा करती थी। वह पूरी तरह से जंगली दशा वाली थी। नीचे सिन्धुतीर पर वातारियान नामक एक पुरुष रहता था। वह मछली पकड़ता तथा ताड़ी (की शराब) पीता था। एक दिन उसने नीचे धुआँ उठते देखा। नीचे एक पेड़ पर वह बोटाइली की प्रतीक्षा करने लगा। बोटाइली साँपों तथा छिपकलियों का शिकार करके लौटी और पीठ रगड़कर आग पैदा करके चूल्हा जलाने लगी। उसने वातारियान को पेड़ पर देख लिया और गुस्से से आग-बबूला हो गयी। वातारियान के पास मछली और ताड़ी थी। बोटाइली ने पहली बार मछली का खाना पकाया। और मछुआरे ने ताड़ी की शराब छककर पिलाई जिससे वह नशे में पस्त होकर गहरी नींद में डूब गयी। वातारियान ने छूरी से उसके बाल बना डाले। तब पता चला कि वह तो एक सुन्दर स्त्री है। शनैः-शनैः बोटाइली ने कपड़े पहनना सीखे। दोनों ने ज्यादा सभ्य होकर शादी कर ली और साथ-साथ रहने लगे। यहाँ तो लाजवाब सामाजिक चार्टर खुलता है।

सोम : सूर्य ही इसका पोषण करता है। प्रतिपाठों में यह सूर्य की बहन, स्त्री तथा प्रणयी है। वैदिक सोम अग्नि तथा इन्द्र के बराबर का महत्त्व रखता है। वह चन्द्रमा की उज्ज्वल ज्योत्सना, मानस में अमृत्व तथा जीवन में आह्लादकारी है। वह मादक पेय होकर भी यज्ञ का श्रेय है। सोम अमरता और आनन्द का प्रदाता है, वह वाक् का उत्प्रेरक है। मिथक के प्रतिपाठ में वह अब सोम नहीं, बल्कि चन्द्रमा का पर्याय बन गया [कालान्तर में एक अन्य प्रतिपाठ में सोम और गंगाजल, दोनों पवित्र तथा पीयूष हुए]। सोम आह्लाद और अमृत और आनन्द प्रदाता हो गया। खगोल-विद्या तथा गहन मनोविज्ञान में यह अवचेतन एवं कामातुरता का प्रतीक है।

सोम का विवाह दक्ष की सत्ताईस पुत्रियों से हुआ लेकिन वह उन सबमें से रोहिणी को सर्वाधिक चाहता था। इससे अन्य पत्नियों को ईर्ष्या हुई और वे पिता दक्ष के पास शिकायत लेकर पहुँचीं। जब दक्ष के समझाने पर भी सोम नहीं सुधरा तो उसे क्षय का श्राप मिल गया। किन्तु बेटियों द्वारा पुनः क्षमा याचना करने पर श्राप की अवधि पन्द्रह दिन कर दी गयी। यह उसकी घटती-बढ़ती कलाएँ हैं। सोम को सत्ता का मद इतना था कि वह फिर भी नहीं सुधरा। इस बार उसने बृहस्पति की पत्नी तारा का अपहरण कर लिया। इससे इन्द्र ने शक्ति-प्रयोग की ठानी। दोनों में युद्ध हुआ। एक ओर बृहस्पति के नेतृत्व में देवगण तो दूसरी ओर शिव, उष्णस् ऋषि के साथ सोम [ब्रह्माण्ड में कई बार यह संघर्ष चला जिसका प्रतिबिम्ब बृहस्पति तथा चन्द्र ग्रह में परिलक्षित है]। अन्त में शिव ने अपने त्रिशूल से सोम को दो खंडों में चीर डाला। इससे नया गतिरोध उत्पन्न हो गया।

अब ब्रह्मा ने सोम से अनुरोध किया कि वह तारा को लौटा दे। सोम ने बेझिझक उसे लौटा दिया क्योंकि वह उससे ऊब

चुका था और तारा उससे गर्भवती भी थी। अब बृहस्पति ने तारा को तब तक वापस लेने से मना कर दिया जब तक कि बच्चे का जन्म नहीं हो जाय। जब नवजात देखा गया तो बृहस्पति ने मोहित होकर दावा किया कि वह उसकी सन्तान है। किन्तु भेद तो तारा के पास था। अन्ततः उसने स्वीकार किया कि वह सोम का शिशु है। उसका नामकरण मंगल (ग्रह) हुआ। ब्रह्मा के अनुरोध पर बृहस्पति ने तारा को स्वीकार कर लिया। बच्चा सभी चन्द्रवंशियों का आदि जनक हुआ।

अब सोम को दंड दिये गये। पहले वरुण ने उससे स्वर्ग से निकाला। किन्तु शिव उसकी सहायता को आगे आये। उन्होंने बालचन्द्र को अपने शीष पर धारण कर लिया। तथापि सोम को स्वर्ग लौटने पर मुनादी रही। वह अन्धकार में बारी-बारी से खो जाता रहा। केवल उसके दुग्धोज्ज्वल रथ के पीछे एक लाल पताका (मंगल ग्रह) फहराती चली। वह रथ दो दैत्याकार सफेद अश्वों द्वारा खींचा जाता है।

एक रोमन मिथक में सोम शशि **लूना** है। वह चन्द्रमा तथा जन्म की देवी है। पूर्व-यूनानी देवी सेलेनी तथा यूनानी आर्तेमिस की समतुल्य मिथक में वह हेलियस और इयस की बहन। अपने सहोदरों की तरह उसके पास भी जो रथ था, जिस पर आरूढ़ होकर वह आसमान के आर-पार आती-जाती थी; उससे सम्बद्ध कई मिथकें हैं। एक में वह एंडिमियोन के प्रेम में लिप्त होती है तथा उससे पचास बेटियों को जन्म देकर उसे शाश्वत निद्रा में लीन कर देती है (वैदिक सोम ने भी सत्ताईस दक्ष-पुत्रियों से विवाह किया था)। कारण कि, इससे एंडिमिओन सदैव पूर्ण यौवन का भोग कर सके। ज़ियस से उसने हर्से (ओस) को जन्म दिया। पांडिआ को भी जनमा। वह चरवाहा तुरहीवादक पेन के साथ भी प्रणयलीलाओं में संलिप्त रही। ग्रीक सेलेनी की मिथक भी लगभग वैसी ही है। तथापि यह अनुमान गलत नहीं होगा कि तब यूनान में यौद्धेय समाजों का अतिक्रमण हो चला था। उनके प्रस्तार से पुरानी उर्वरता-आधारित मातृसत्ताक संरचनाओं को अधिकृत करके अंतर्लीन कर लिया गया था। ज़ियस की निरंकुश प्रेम-उच्छृंखलताएँ इसका एक दृष्टान्त हैं। मिथकायन की दृष्टि से ग्रीस ने पश्चिम एशिया, ईजिप्ट, मेसोपोटामिया तथा केन्नान से बहुत कुछ ग्रहण किया था। चन्द्रमा-मिथकें प्रेम तथा युद्ध की अतुल्य रंगभूमि बन गयीं।

हम इस प्रसंग का समापन एक मोहक मायाई मिथक से करते हैं। सूर्य एक बुनकर-बाला पर आसक्त हो गया। उसकी झोंपड़ी में वह प्रतिदिन एक हरिण होकर आ जाता था और उसको प्रभावित करता था। लड़की का पितामह इस सम्बन्ध में भितरघात करने की कोशिश करता है। इस पर सूर्य एक कूजता पक्षी हो जाता जो लड़की की बगिया में तम्बाकू के फूलों पर मँडराता। जब लड़की पितामह से पक्षी को मारने का आग्रह करती तो सूर्य अपने मानवीय स्वरूप में लौट आता। तब लड़की स्वयं भी शशी हो जाती और वे एकसाथ साँठ-गाँठ करके भाग निकलते (इलोपमेंट)। शशी में तब से हरिण (मृग) की छवि अंकित है।

जब वे उड़कर जा रहे थे तब वर्षादेवता ने वज्र फेंका। इस पर सूर्य एक कछुवे में बदल गया और चन्द्रयुवती एक केकड़े में। किन्तु शशीयुवती की मृत्यु हो जाती है। सूर्य उसके अवशेषों को ड्रेगन मक्खियों की सहायता से इकट्ठा करता है, तेरह लकड़ी की नलियों में। जब वे बारह खोली जाती हैं तो जहरीले साँप तथा कीड़े-मकोड़े निकलते हैं जो आज तक मौजूद हैं। तेरहवीं नली में चन्द्रमा है। वही हरिण उसे खुर से रौंद कर स्मरछत्रा-कृत योनि बना देता है। अब सूर्य अपनी पत्नी शशी-युवती से काम-क्रीड़ा करता है। सृष्टि में यह प्रथम यौन सम्भोग है।...एक अन्य अनुपाठ में शशी-युवती की बेवफाई के कारण सूर्य ने उसे एक आँख से काना बना दिया। अतएव सूर्य का प्रखर तेज होता है तथा शशी की मंद ज्योत्स्ना होती है।

इन्द्र वैदिक चतुरंग में स्वर्गलोक का देवाधिराज। यह ग्रीक देवेन्द्र ज़ियस के समान तथा समकक्ष है। यह प्रचंड बाहुबली स्वेच्छाकृतिधारी स्वर्णवर्ण है। वह दो उच्चैःश्रवा अश्वों से जुते स्वर्णरथ पर आरूढ़ है। दायें हाथ में (सूर्यांश) वज्र धारण करता है जिसका निर्माण देव अभियन्ता त्वष्ट्रि ने किया था। यह मदमत्त सोमपायी है। वह युद्धों का लगातार अभ्यासी है। असुरों के पाषाणी-किलों की ध्वस्त करके वह पुरन्दर कहलाया। वृत्र से भीषण युद्ध में उसके द्रुतगामी मेघमय सैन्य पक्ष (पंख) काट डाले थे। वह उन आद्य जनमूलक कबीलों (एबार्जिनीज़) का विच्छिन्नक भी रहा जो मोहेनजोदारो-काल से सिन्धुनद पर बसे हुए थे। इन्द्रक्ष द्वारा वे दस्यु बना लिए जाते रहे। उसकी सहायक वायुवाही मरुतों की फौज भी थी। अपने तीव्रगामी वैद्युत् रण कौशल के कारण इन्द्र वायु से भी उपमित किया गया है। इन्द्र ने चुराई गयी गायों (वाक् के वर्णाक्षरों, इन्द्रियों) को बन्धनयुक्त किया था। उसका राज्य स्वर्ग था, राजधानी अमरावती, उद्यान नन्दन कानन, प्रिय पेय सोम, प्रिय वृक्ष पारिजात, प्रिय नर्तकियाँ अप्सराएँ, प्रिय अश्व उच्चैःश्रृवा, प्रिय गज ऐरावत, रथ विमान, सारथी मातलि, धनुष इन्द्र-धुनष है। असुर अक्सर उसके सिंहासन को डाँवाडोल कर दिया करते थे। तब देवतागण रक्षा करके बचाते थे। उसकी पत्नी शची या इन्द्राणी अनार्य-कुल की थी। वह प्रबल कामोन्मत्ता तथा हस्तिनी थी। इन्द्र तथा इन्द्राणी, दोनों ही स्वच्छन्द इन्द्रियभोग के भी प्रतिनिधि रहे। ईरान-अफ़गान-सप्तसिन्धु के कोष्ठक से अनुमान लगाया जा सकता है कि आर्यों को दज़ला-फरात के दोआबे के असीरियाइयों (असुरों) तथा बेबीलोनिया के नगर-राज्यों के दुर्गों, उनके महिष जैसे गिल्गामेष नेता की भी जनश्रुति प्राप्त थी। उनके युद्ध-कौशल भी वे साँझा ले चुके थे। भारत में वे रथों और अश्वों के साथ आये। वे आनन्दोपासक तथा भरपूर जीवन-भोग के विश्वासी थे।

उनका महानेता इन्द्र तो परमयोद्धा, दुर्ग-विध्वंसक (पुरंदर) स्वर्ग जैसा सुख भोगने वाला, अप्सरा जैसी रमणियों के विलास में मत्त रहने वाला, सोमपायी, कृषि और खाद्य संग्रह का पूरा ध्यान रखने वाला (ताकि मोहेनजोदारो जैसी त्रासदी की पुरानवृत्ति न हो), ऋतुओं एवं दिवारात्रि की चर्याओं का संयोजक था। अतः उसे गोत्रपतियों ने देव-इन्द्र स्वीकार कर लिया था। वह 'सहस्रनयन' भी हो गया (यद्यपि उप-इन्द्र कई थे)।

जोसेफ़ कैंपबेल (1904-1987) ने भी ऐसे देव-इन्द्रों को 'सहस्र जिह्वाओं वाला अधिनेता' बताया है। बाद में महाभोगी सुरेन्द्रश्वर 'सहस्र-भग' भोगी के हीन नाम से भी लांछित होकर कालचक्र में च्युत होता गया।...'सहस्र' विशेषण देवताओं तथा महानेताओं के लिए इस्तेमाल होता था। कृष्ण ने भी परमेश्वर के विश्वरूप को आकाश में सहस्र सूर्यों के एक साथ उदित होने वाला प्रकाश कहा है—'दिवि सूर्यसहस्रस्य भवेद्युगपदु स्थिता।'

काव्येतिहास के परवर्ती युगों में नृपतंत्र तथा (जनपदों के साथ) ऊपर से अवतरित होते हुए आरम्भिक सामन्तव्यवस्था (रामशरणम शर्मा की स्थापना) से आर्ष मिथक के कथित भरतपाठ के प्रतिपाठ तैयार होने लगते हैं। अवतारवाद तथा महाभारत-युद्ध के कारण धार्य 'धर्म' तथा 'नीतियों' 'सूत्रों' और 'प्रश्नों' का उन्मीलन होने लगता है। ऐसे में इन्द्र का भी नहुषीय पतन शुरू होता है। इन्द्राणी को भी देवियों के बीच उचित मान नहीं मिलता। इन्द्र को रावण पुत्र मेघनाद पराजित करके इन्द्रजीत की पदवी से सम्मानित होता है। अब इन्द्र एक धूर्त तथा कामुक देवता के रूप में अपना नकारात्मक चारित्र्य उद्‌घाटित करता है। वह धनंजय अर्जुन का अवैध पिता है। उसका पुत्र-अंश जयंत सीता के स्तन पर चोंच मारता है। वह ब्राह्मण का वेश-रूप धारण करके छलपूर्वक दानवीर कर्ण से सूर्यप्रदत्त कवच-कुंडल दान में हासिल करके अर्जुनविजय सुनिश्चित करता है। वह वृन्दावन को बाढ़ में डुबा देने का प्रतिकर्म इसलिए करता है कि गोपजनों ने कृष्ण के नेतृत्व में उसकी उपासना करना तथा हविषु देना बन्द कर दिया था। तब कृष्ण ने गोवर्धन पर्वत अपनी एक अँगुली पर उठाकर जनजीवन का उद्धार किया। सबसे दुष्टतापूर्ण व्यभिचार तो उसने गौतम का स्वरूप धारण करके उसकी पत्नी अहल्या के साथ बलात्कार किया। चन्द्रमा उसका सहायक बना। जब गौतम के ऋषिवेश में इन्द्र अहल्या के पास जाकर उससे सम्भोग करता है तो (एक निरपेक्ष प्रतिपाठ के मुताबिक) अहल्या सहस्रनयन ऐंद्रियिक इन्द्र को पहचान लेती है। कौतूहल-वश वह सम्भोग को रजामन्द हो जाती है। किन्तु जब देवेन्द्र वापस लौट रहा था तो गौतम भी नहाकर आश्रम लौट रहे थे। उन्होंने इन्द्र को पहचान लिया। गौतम ने इन्द्र के अण्डकोष के क्षरण अर्थात् निर्वीर्यता का श्राप दिया जिससे वे वीर्यकोश भूमि पर गिर पड़े। गौतम ने अहल्या को भी शाप दिया कि वह पाषाण-रूप अदृश्य रूप में वायु के सहारे जीवित रहेगी; राम के आने तक। सो, परिशिष्ट जुड़ा। अवतारवादी चक्रचिह्नों में विष्णु के अवतार श्रीराम द्वारा त्रेता युग में अहल्या का उद्धार कराकर, उसे मानवीरूप में पुनर्लब्ध कराकर, इस कृत्य को नैतिक क्षमा दे दी गयी। इस धर्माभासी मिथक में जीवन्त जगत् तथा जड़ पाषाण के सम्बन्ध भी दृष्टिगोचर होते हैं। सर्व अध्यात्माओं को श्रीराम की मध्यस्थता जोड़ती है। जड़ भी वास्तविकता में जीवन्त हो जाता है तथा अहल्या के पूर्ववर्ती अनादि वासना के मूल प्रवृत्तिमूलक, मनस्तात्विक व्यक्तित्व का प्रकटन हो जाता है। आदर्श-संस्थापना हेतु अहल्या स्वर्गारोहण करती है और अमर हो जाती है।

कालान्तर में वैदिक देव चतुरंग निष्प्रभावी तथा गौण होता जाता है। अब पौराणिक त्रिमूर्ति—ब्रह्मा-विष्णु-महेश—प्रधान देवता हो जाते हैं। उनमें भी विष्णु सर्व प्रमुख लीलामय हो जाते हैं। वे युग-युग में अवतार लेते रहते हैं।

निष्कर्ष यही है कि वैदिक चतुरंग के इन्द्र-अग्नि-सोम-सूर्य-वरुण देवों के विकसनशील मिथक-मंडल ने कैस्पियन क्षेत्र से लेकर मेसोपोटामिआ, असीरिया, पर्शिया, अफ़ग़ान और सिन्धु क्षेत्र की दूरान्त हलचलों को भी अपनी अधिभाषात्मक ऋचाओं-मन्त्रों-सूक्तों में एकबन्ध किया है।

ज़ियस : वैदिक आर्य देवराज इन्द्र की तरह गीक देवेन्द्र ज़ियस में दुर्दमनीय वासना, घमण्ड, और प्रबल ईर्ष्या थी। उसकी बहन तथा पत्नी हेरा देवताओं की महारानी थी तथा मातृपूजा की भारतेसियाई धारा से जुड़ी थी। ज़ियस की व्यभिचारी करतूतों से उसमें भी जलन की भयंकर आग लगी थी। वस्तुतः यहाँ मातृ-पितृ मतों का द्वन्द्व भी प्रतिच्छायित है। ज़ियस द्वारा सोने, चाँदी, कांसे और लोहे की मानव-प्रजातियों के प्ररूप गढ़ने का निरूपण हो चुका है। इनमें मिथकनिर्माताओं के मानस में माइसीन युग (ई.पू. 1300-1200) के बाद अन्धकार युग एवं आर्केइक युग (ई.पू. 900-480) की छायाएँ भी झिलमिल थीं। यह वह परिकल्पना अथवा फान्तासी भी प्रतीत होती है जिसमें उत्प्रेक्षा-न्याय से, प्राक्तन् मानवों द्वारा स्वप्नसमयों में उन गुफा शैलचित्रों के अनुकरण की जादुई-प्रक्रिया है जिसे उन्होंने गेरू, चूने, कोयले से रंगारंग बनाया था।

देव सम्राट ज़ियस कई देवों का पिता था। उसने अपनी बहन हेरा से विवाह किया लेकिन अनेक नारियों से प्रणय सम्बन्ध रखे। इससे उसके अपोलो, आर्तेमिस, एथेना, पर्सीफोन, डायोनीसस जैसे देव-देवियों तथा हेराक्लीज़, हेलेन तथा पर्सियस जैसे मानवों का जन्म हुआ था।

ज़ियस की महत् शक्ति वज्र और गर्जन के आयुधों में केन्द्रित थी। इन्हें साइक्लोपों ने भेंट किया था [इसी प्रकार त्वष्ट्रि ने इन्द्र को भी वज्र तथा गर्जन के आयुध बनाकर दिये थे]। ज़ियस [हिन्दू अवतारी देवताओं की तरह] मानवों की दैनिक दुनिया में

ग्रीक मिथकयान के देवेन्द्र ज़ियस
ओलिम्पस का सर्वोच्च देवता, तथा एथेनी, डायोनीसस, एरीज़, अपोलो, आर्तेमिस का जनक।। 'विश्वदेव' के समकक्ष।। मानवजाति का भी जनक।।

भी सक्रिय रहा। ज़ियस-गाथा माइओन के बाद माइसीन (ई.पू. 1550-1150) के मिथकीय भूगोल के साथ डायोनीसस, एफ्रोदीती, यूरोपा आदि के साहचर्य से ग्रीस को भूमध्यसागर तथा सीरिया आदि से भी संयुक्त करती है। वस्तुतः मिथकों की लम्बी कालजयी यात्राएँ शताब्दियों तक चलती रहती हैं। इसलिए उनका कालोत्तीर्ण प्राक्पूर्व इतिहास भी ढूँढ़ा जा सकता है। तथापि हम प्रतीकात्मक तथा पारिस्थितिक अनुमान ही लगा सकते हैं। मिथकआलेखकारी में इस पद्धति का प्रमुख विकल्प है। मसलन, ज़ियस ने अपने बागों-खेतों में खेलती फोनीशियन राजकुमारी यूरोपा का श्वेत साँड़ बनकर अपहरण किया और उसे क्रीट में ले आया। उससे तीन पुत्र पैदा किये।...सीरिया की रतिदेवी एफ्रोदीति भूमध्यसागर में तैरती हुई पहुँची और फिर एजियन सिन्धु पार करके हेलेनिक दुनिया की हो गयी। [इसी भाँति मिनास की रानी पेसीफाए ने साँड़ के साथ सम्भोग करके **मिनोटारों** को जन्म दिया।...**सेन्टार** भी अर्धअश्व-अर्धमानव के किमाकार थे। ये डायोनीसस के अनुयायी थे अश्विनीकुमारों से तुलनीय]। कामक्रीड़ा में समरस शक्ति के समतोल के लिए कायान्तरण (मेटामार्फोसिस) प्रमुख ग्रीकमिथकाभिप्राय (माइथीम) है। यूरोपा-प्रसंग में **सफेद साँड़** बनने की तरह ज़ियस **हंस** होकर लेडा से रतिक्रीड़ा करता है। लेडा भी हंसिनी हो जाती है। अंडों से दो अमर शिशु हेलने तथा पोलक्स जन्म लेते हैं। तब एफ्रोदीती एक बाज़ पक्षी बनकर शिकार-शिकारी के छद्मकामुक खेल में हंस बने ज़ियस को घायल कर लेडा की जाँघ के बीच गिरा देती है। वह डानाए से वर्षा की सुनहरी फुहारी के रूप में प्रणय करता है। वह आइयो से भी **वृषभरूप** में सम्भोग करता है आइयो धेनु बन जाती है और ईजिप्ट में स्थानांतरित होकर देवी हो जाती है। भू-देवी डिमेटर स्त्रियों द्वारा पूजित ज़ियस की भगिनी थी। (लेस्बियन होने के कारण?) वह पुरुषों में रुचि नहीं रखती थी। ज़ियस एक बड़ा साँप बना उसके चारों ओर कुंडलियाँ बनाईं फिर उससे उद्दाम रतिक्रीड़ा की। बाद में डिमेटर को समझ में आया कि सर्प तो वास्तव में ज़ियस है। अब तक वह एक पूर्णयौवना कामोद्दीप्त सहज नारी में विकसित हो गयी। इन दोनों की बेटी पर्सेफोन हुई।

ज़ियस ने मिलीजुली देवमानव-सृष्टि का भी प्रसार किया। लेटो से सम्बन्ध करके उनके अपोलो तथा आर्तेमिस जन्मे। सेमेली से समागम करने से हर्मीज़ (मर्करी) का जन्म हुआ। अल्कमेनी से उसको मानवपुत्र हेराक्लीज़ पैदा हुआ। जिसे हेरा ने मारने को

केन्द्र में ज़ुरवान् महादेवता (कालदेवता) से परस्पर विरुद्ध अहुरमाज़्दा (अच्छाई) तथा अहरीमान (बुराई) का जन्म। इस्लाम की एकेश्वरवादी के विपरीत प्राचीन पर्शिया की द्वैतवादी दृष्टि ॥ (लूरिस्तान से प्राप्त चाँदी की पट्टिका, ई.पू. 8वीं शती)

दो सर्प रखाए जिन्हें उसने दोनों हाथों से मरोड़ डाला। अनेक मुश्किलों के बाद वह अमरदेवताओं के निवास-पर्वत में स्थान पा गया।

प्रचंड हलचलों वाले युगों के ग्रीक समाजों की हिंसा, सैक्स, विकृति, ईर्ष्या, दर्प, युद्ध, षड्यंत्र आदि होमर-हेसियड के महाकाव्यों तथा ईस्किलस के नाट्यों में प्रतिबिम्बित हुए हैं।

× × ×

इन्द्र और ज़ियस के-जैसे देवों के सम्राट-दुर्लभ हैं। केवल इन्का का सूर्यदेवता इन्टी ही ऐसा है। अभी तक नैतिकता का वर्चस्व (हेजिमनी) काबिज नहीं हुआ था।

× × ×

वैदिक-हिन्दू देव-प्रभामंडल के सिन्ड्रोम में देवताओं के कुछ लक्षण-लांछन भी पहचाने गये। वैदिक वृत्त में वे दीप्ति, ऊर्जा तथा सुख-भोग से जुड़े हैं। वे आनन्द से चलकर करुणा की ओर चले।

इसके परिपार्श्व में विद्वानों के अनुसार ई.पू. 4000 वर्ष पहले प्रथम मिथक-विचार उभरा था। तब धरती-ब्रह्माण्ड के प्रजनन के साथ लिंग-अग्नि-वीर्य भी थे। तब देवताओं का ब्रह्माण्ड-नृत्य सृष्टि एवं संहार करता था। मध्यस्थता द्वारा पुनः सुलह और संग्राम के लिए शक्ति-संचय होता था। ये विचार बिन्दु मोहेनजोदारो में परिलक्षित होते हैं। ये आर्यों में भी 'स्मृति से परे' छनकर आ गये। तदपि ये 'स्वप्न-समय' की उपज नहीं थे; पूर्वेतिहास के कुछ पहले के थे—संक्रमण-काल में उभरती 'अनादि वासना' अथवा कालान्तरण में 'सामूहिक (जैविक) अवचेतन' के।

सो आर्य अपने 'सुर' देवताओं के साथ आये। वे अपने नये देवताओं, संस्कृत-भाषा के साथ-साथ कैस्पियन क्षेत्र के शब्दों, रथों, अश्वों, कुछ विरोधी देवताओं, कुछ नेताओं तथा कुछ सांस्कृतिक चक्र-चिह्नों को भी साथ लेते आये उनमें से कई पूर्ववर्ती, प्रतिकूल 'अ-सुर' लगने लगे। वृत्र उनका समूह नेता रहा होगा। पहाड़ों और मेघों में छिपकर गुरिल्ला-लड़ाई में माहिर! उनमें कई 'पुरो' के मोर्चेबन्दी करने वाले भी थे। आर्यों के ऋषि तथा मुनि भी 'दैत्यों' और 'दानवों' के प्रति निर्मम तथा क्षमारहित थे। उनका संहार ही उनके अस्तित्व तथा वर्चस्व को सुरक्षित रख सकता था।

इसके अलावा तीन लोकों की अविधारणा भी पनपती जा रही थी—स्वर्ग, पृथ्वी, पाताल। इनमें से आवा-जाही चल पड़ी। देवता प्रायः ऊपर (कैलाश, हिमालय, मेरु, उदयाचल) थे; नदियाँ और जंगल धरती पर। देवताओं के पदानुक्रम में उथल-पुथल हुआ। इन्द्र तथा ब्रह्मा इसकी मिसालें हैं। इससे गोत्र-आश्रम-समाज में शक्ति-सन्तुलन गड़बड़ाया तथा सांस्कृतिक तनाव भी पैदा हुए।

अन्ततः एक सिस्टम बन गया : **त्रिमूर्ति** का। ब्रह्मा (सृष्टि), विष्णु (स्थिति), तथा महेश (संहार) का। इसके साथ ही शिशु

त्रिमूर्ति

विष्णु शिव ब्रह्मा

जन्म, परिवार, पारिवारिक समस्याएँ, आपसी प्रतिद्वन्द्विता, गार्हस्थ-दायित्व की मिथकें भी उभरने लगीं जो परवर्ती **अवतारवाद** की उर्वर-भूमि तैयार करने लगीं। सो, शिव-परिवार खूब पल्लवित-पुष्पित हुआ। दशरथ तथा शान्तनु के परिवारों को विभाजन तथा संघर्ष से जूझना पड़ा। उस युग का अपना (नियोगयुक्त भी) वंशानुक्रम, नैतिकता, मर्यादा भी मिथकों को जोड़-घटाकर संचालित करने लगीं।

काल को भी चक्राक होना ही था। कई विष्णु (अवतार) आते-जाते गये। कई संहार (मन्वन्तर) हुए। यूँ यथार्थता भी भ्रांति (माया/महामाया/योगमाया) के नाना रूपों में दृष्टिगोचर हुई।

भारतीय मिथकों में 'देश' तथा 'काल' भी चक्रवत् होने लगे। अतः रहस्यात्मक, सौन्दर्यतात्विक, दार्शनिक विरोधाभासों (पैराडाक्सेज़) एवं अन्तर्विरोधों (कांट्रेडिक्शंस) का इन्द्रजाल गुँथ-सा गया। ऐसा मिथकान्तरण पुराणों में जमकर दोहराया गया। एक-एक मिथक के कई-कई अनुपाठ-प्रतिपाठ-उत्तरपाठ बनने लगे। 'भरतपाठ' धुँधलाते चले। अब मौखिक परम्पराएँ 'सूत्र' तथा 'सूक्ति' में बँधने लगीं। वे 'शास्त्रीय प्राचल' बनाने लगीं (महाभारत : ई.पू. 2-3 शती)। यह चरण मिथकों के छल्लों तथा कुंडलों का परस्पर निबन्धन भी करने लगा।

इसके बाद मिथकें यवनिका होती गयीं। धर्म, नीति, दर्शन के नये अक्ष खुलने लगे। मिथकें ज्यादातर धार्मिक आस्था और कर्मकांडी शक्ति हो गयीं। वे भी षट्दर्शनों के गलियारों में विचार-सज्जित होने लगीं। इसी के समानान्तर बौद्ध एवं जैन धाराएँ उफनाईं। चीन-जापान-इंदोनीसिया-कंबोडिया-पांडुरंग तक में मिथकों तथा आंचलिक लिजंधरों की कान्तमैत्री हुई। भारतीय मिथकें विश्व-समेकित होती गयीं। भारतीय देवता भी ज्यादा विश्वात्मक-विश्वरूप होते चले।

[भले ही पीछे मुड़ना पड़े, ***अहुरमाज़्दा*** का प्रसंग देना भटकाव नहीं होगा। वह ईरान के पुरादिम कबीलाई शासकों के ऊपर ऐकल राजेन्द्र, फिर देवेन्द्र के रूप में प्रतिष्ठित हुआ। भारतीय आर्यों के बहुदेववाद के कंट्रास्ट में यह एकदेववादी दिशा थी। वह स्वर्गाकाश का स्वामी तथा परमपिता माना गया।

अपने अनुयायियों को उसने सत्य का प्रतीक **अग्नि** की उपासना का आदेश दिया। प्रकाश सत्य से संलग्न है और अन्धकार भी शक्ति अर्थात् अहरीमन का विरोधी है। अतः उसने पवित्र अध्यात्मा अर्थात् 'स्पेंटा मेनिया' के अधिशासन का आह्वान किया। इनको मिलाकर दिव्य अग्नि ही सारी सृष्टि तथा मानवों के अंतःकरण में दीप्तिमान है। यही उसके जरस्थ्रु-धर्म का निचोड़ है। यह अन्धकार तथा विनाश तथा पतन की नकारात्मक चेतना 'आज़ी दहाक' को छिन्न-भिन्न करके धरती पर अच्छाई और भलाई का राज्य कायम करती है। अतः जरस्थ्रु बहुदेववाद का भी विलयन करता है। भारत में परिस्थितियों का अन्तर एवं अंतरण 'अवेस्ता' और 'ऋग्वेद' की तुलना से स्पष्ट हो जाता है।]

अब हम कह सकते हैं कि यूँ मूल मिथक के भरतपाठ में सुर और असुर (ईरानी 'अ-हुर'), दोनों ही प्रजापति से जन्मे थे, किन्तु असुरों को अन्धकार तथा सुरों को प्रकाश को चुनना पड़ा। फिर सुरों ने सोम एवं अमृत (अमरत्व) भी प्राप्त कर लिया, जबकि अ-सुर, केवल प्रजनन और खेती और शिकार कर सके। उनकी तादाद खूब बढ़ी। उनकी ज़मीन पर आश्रमों की चौकियाँ अतिक्रमण करती हुई बढ़ रही थीं।...किन्तु वे यज्ञ-बलि की सामग्री खूब लूटा करते थे (यज्ञभंग) तथ पेय (सोम) भी छीन ले जाया करते थे। वे बराबरी, सम्मान तथा भोग के अधिकार के लिए संग्राम किया करते थे। ऐसे में **देवताओं** के गुण-विशेष तथा लक्षण-लांछन भी पारिस्थितिक प्रमाणों को संकेतित करते हैं:—

(i) ये भूमि से दस अंगुल ऊपर चलते हैं (अतः शुद्ध हैं, तथा अचानक प्रकट एवं अन्तर्धान हो जाते हैं);
(ii) ये सुगन्ध का ही भोग करते हैं (अतः पवित्र हैं);
(iii) ये अपलक-नयन होते हैं;
(iv) ये चिर किशोर, अमर देही (अमृतपायी) होते हैं;
(v) विभिन्न लांछनों से सज्जित, वाहन-आरूढ़, अस्त्र-शस्त्रों से शक्तिमान तथा रत्नों से वैभवयुक्त होते हैं, तथा
(vi) इनके अवसान पर गले की माला मुरझा जाती है।

ऐसी विशाल देवशोभा-यात्रा में लघु देवता, अर्द्धदेवता, अपदेवता भी शामिल हैं। वे **मिथक-भ्रूण** की तरह ही हैं। यक्ष हैं, किन्नर हैं, विद्याधर हैं, गन्धर्व हैं। तदपि—

पूषण है जो सृष्टि का पोषक है। वह पशुओं तथा वैभव का रखवाला है। सतीयज्ञ में शिव की प्रचंड लात खाकर उसके दाँतों की बतीसी झड़ गयी। वे दाँत आकाशगंगा के तारे बन गये। तब से वह लतखोरी दन्तविहीन ही रहा। वह पोपट विवाह और सन्तान को जन्म दिलाने वाला देवता बन गया। वह बकरों द्वारा खींचे गये रथ पर सवारी करता है तथा प्रहरी का एक भाला लिये होता है।

पर्जन्य वर्षा-प्रतिरूप अथवा वर्षा-देवता है। वह मरुतों के वात का वाही भी है। बाद में वह इन्द्र-अनुचर मेघ-वाहक भी हो गया है। ग्रीक मिथक में उसके समान 'पैन' है जो क्रीट की परी एमाल्थिया का बेटा है। वह चरवाहों का रखवाला है। ऊपर

मानुष किन्तु कमर के नीचे बकरा। किन्तु कान तथा सींग भी बकरे के हैं। वह सेटिरों का नेता है और जंगलों तथा जलीय लैगूनों में रहता है। डायोनीसस की मुग्धिका ने एक सेटिर के साथ बलात्कार करने की लगातार कोशिशें कीं। तब उसे देवों ने सरकंडों में बदल दिया। फितरत से उसने उनसे ही 'पैन-पाइप' नामक बाँसुरी बना ली। वह बेहद कामुक है। ऐसा गर्जन करता है कि गर्भ गिर जाएँ या फौजों के पैर उखड़ जाएँ और किनारे ढह जाएँ (चित्रकला में वह एक बेहद प्यारा अभिप्राय रहा है; लीडा की भाँति)। अतः आर्यदेवता पर्जन्य और ग्रीक पैन एक-समान हैं।

मरुत रुद्र और पृष्णि के पुत्र हैं। वे 'रुद्रस' हैं, मृतकों के देवता भी हैं। वे मेघों को हाँकते हैं; पर्वतों को प्रकंपित करते हैं तथा सघन वनों को तहस-नहस कर डालते हैं। केवल रुद्र-कान्ता रोदसी को प्रसन्न करने को ही वे शालीन रहते हैं। यह उनचास छैल-छबीलों की टोली है।

किन्नर का अश्वशिर तथा मानवरुण्ड अथवा इसका उल्टा होता है। ये कैलास में रहते हैं तथा कुबेर के सारथी और गवैये हैं। वे यक्षों के साथ ब्रह्मा के पदाग्र से उद्‌भूत हुए हैं।

विद्याधर कामरूपी, प्रियंवद, आकाशचारी ज्ञान वाहक हैं। वे कृपालु तथा इन्द्र के परिचर हैं।

गन्धर्व स्वर्ग के सारे रहस्यों के जासूस हैं। वे देवोत्सवों में गायक तथा संगीतज्ञ हैं। अग्नि और वायु के सखा हैं। सोमपायी हैं। अप्सराएँ इनकी कान्ताएँ तथा रखैलें हैं। इन्होंने नागलोक लूटा था। चित्ररथ इनका नेता है। ये चतुर सुजान हैं।

निचोड़ यह है कि उक्त गुणों, लक्षणों, लांछनों से युक्त धर्ममिथकीय देववृन्द सर्वशक्तिमान-सर्वव्यापक, अगम-अगोचर, सच्चिदानन्दधन-दिव्य, क्रुद्ध-प्रसन्न, मायापति-लीला-पुरुष, चिरकिशोर-चिरसुन्दर आदि भी हो गया।

अतएव हम **विष्णु** एवं **शिव** के 'मिथकीय संदर्श' करते हैं।

शिव के भी अनेक विग्रह हैं—(क) सद्योजात, वामदेव, तत्पुरुष, अघोर, ईशान; (ख) पशुपति, अर्द्धनारीश्वर, नटराज (भुजंगत्रसित, भुजंगललित), कामान्तक, गंगाधर, चन्द्रशेखर, योगेश्वर, यमान्तक, नन्दीश्वर, दक्षिणामूर्ति, ज्योतिर्लिंग, उमामाहेश्वर, दशमुखानुग्रह, पंचभद्र, अष्टमूर्ति, कल्याणमूर्ति, मृत्युंजय', भिक्षाटनमूर्ति, आदि।

धार्मिक मिथकव्यूह में निष्ठावान जन तो पूजा-अर्चना, कथावाचन-कीर्तन करके सारे पुण्यप्रद समाधान कर लेते हैं किन्तु हम जैसे मिथक-आलेख-कारों के लिए लगातार चुनौतियाँ, परेशानियाँ तथा पहेलियाँ मिलती हैं। तदपि संयम एवं सन्तुलन हमारे कवच हैं।

मोहेनजोदारो का दो सींगों वाला टोपा पहने हुए 'पशुपति' ही पैलियो-विश्व में 'प्रोटो शिव' बताया गया है। वह वेदों में 'रुद्र' हुआ। वह 'शिश्न देव' (फैलस) भी हुआ; फिर योनि में संस्थापित, सहवर्ती। मिथकीय काल में कभी एक घुमंतू, आदिम, जादुई कबीले वाला स्वामी (प्रोटोशिव) मोहेनजोदारो के गणचिह्न (टोटेम) वृषभ पर सवारी गाँठ बैठा। उसने सर्प और बाघाम्बर भी धारण कर लिए। सिन्धु-सरस्वती-सभ्यता के विनाश का विस्मृत पूर्वोतिहास उसके भस्म धारण करने तथा श्मशान-निवास में अनुष्ठानित हुआ। वह एकाकी भी हो गया : मात्र इच्छाशक्ति, अवचेतन में एक मौन निष्पंद योगी। उसे मोहेनजोदारो की अनेक प्रजातियों, समूहों, कबीलों ने अपना नेता मान लिया था तथा अपने अनेक टोटेमों से उसको सुसज्जित कर दिया था:—सर्प, बालचन्द्र, त्रिशूल, डमरू, जटाजूट, कुंडल, कटिघंटा, कौड़ियों की मेखलादि। वह कबीलाई महासंघ का 'महादेव' हो गया। वह पर्वत (कैलास) वासी हो गया।

वेदों के इन्द्र, अग्नि, सोम और आदित्य का जो मेल हुआ उससे 'विष्णु' का पूरा विधि-विधान बना। पहले मत्स्य, फिर कच्छप, फिर वाराह...फिर विक्षुब्ध क्षीर सिन्धु की शेष-शय्या में पद्मनाभ! तो सप्तसिन्धु (जलीय क्षेत्र) की रहाइश के लिए ऐसी शय्या बना ली।

सिंह रूप में विष्णु अर्धसिंह (शिर से वक्ष तक) तथा अर्धमानव (वक्ष से चरण तक) के रूप में प्रकट हुआ। तनाव खत्म करने को सहमति बनी कि विष्णु (नृसिंह रूप के बाद) बाघम्बर नहीं धारण करेंगे और शिव पीताम्बर नहीं पहनेंगे, कि विष्णु जलधि-धुरी पर पशु-वाहन नहीं बनाएँगे और शिव पक्षी नहीं बरतेंगे (अतः विष्णु का वाहन गरुड़ हो गया), कि शेषशय्या के उपरान्त विष्णु सर्प से भी नाता नहीं रखेंगे (विष्णु ने सर्प के विरोधी गरुड़ को तो स्वीकार कर ही लिया था), कि शिव डमरू और त्रिशूल को, तथा विष्णु शंख और चक्र को ही धारण करेंगे। इस तरह शैवों और वैष्णवों में एकता तथा संघर्ष का द्वन्द्वन्याय कायम हो गया। समुद्रमन्थन में अमृत तो मोहिनीरूप विष्णु ले ही गये और शिव को नीलकंठ में विष धारण करना पड़ा। विष्णु ने समुद्र-मन्थन से प्रकट हुई स्वर्णवर्ण लक्ष्मी का वरण कर लिया, तो शिव ने भी विष्णु के कायान्तरित मोहिनीरूप से समागम करके 'अयप्पा' को जन्म दिया। शिव ने सर्प को कंठहार बनाया तथा कालकूट का पान किया (सोमरस के बजाय)।

हिमासेतु भारत के अधिकांश आदिम कबीलों की पहाड़ी आबादियाँ शक्ति—मातृसत्ताक व्यवस्था—की अनुकारिणी रही हैं। अतः वे शिव की, जोगी की, पशुपतिनाथ की उपासना करती थीं। शिव एवं पार्वती पर्वतों के हैं। शिव कैलास में, पार्वती हिमवंत के मायके में। लगभग सभी देवियाँ भी शैलवासिनी हैं। अलबत्ता शिव का वाहन नंदी (वृषभ) तथा शक्ति का सिंह। विष्णु का वाहन गरुड़ और लक्ष्मी का उलूक तथा कमल। सर्प विष्णु की शेष-शय्या तथा शिव का कंठहार बना। इसी लड़ी में नृतात्विक

समीकरण बैठाते हुए शिव भूत-प्रेतों से घिरे विचित्र महायोगी हुए तो विष्णु पद्मावती, लीला, भूदेवी से सेवित कोटिमनोज लजावन हारे परमभागवत।...नृसिंह-प्रकरण के बाद सांस्कृतिक नृतत्त्वशास्त्र ऐसा कोई संकेतचिह्न नहीं बताता कि कबीलाई नैतिकता तथा वर्णाश्रमी कृषि-नैतिकता के बीच टकराव हुआ हो—सृष्टि संवर्धक काम तथा समाधिभूत योग के बीच। शिव ने काम को भस्म करके 'अनंग कर दिया क्योंकि काम ने उन्हें योग-समाधि से भंग किया था। फलतः पश्च चरणों में काम तो श्रीकृष्ण से नाना रूपों में तदात्मक हुआ। नटनागर की रासलीला तथा कालियमर्दन इसका गहरा प्रतिरूप है। प्रतिपक्ष में नटराज शिव का तांडव और लास्य है। इस अनुक्रम में शैवों और वैष्णवों, शैवों और शाक्तों के बीच निरन्तर टकराव हुए हैं, कई प्रतीक तथा अभिप्राय इसके साक्षी हैं (गोरखनाथ-मत्स्येंद्रनाथ प्रसंग, जोगी रतनसेन-पद्मिनी प्रसंग)। समन्वय के पुरोधा तुलसी बाबा रहे। ब्रह्मचारी वज्रांग हनुमान रुद्रावतार हो गये। उनकी उपासना मध्य देश में प्रसारित हो गयी। सती-सीता प्रसंग कुछ संधिपत्र लिखता है।

नृसिंहरूप में प्रकट होने के बाद विष्णु मानव-अवतार लेने लगते हैं। विशेषतः विष्णु-राम, विष्णु-कृष्ण, विष्णु-वामन। यह पशुरूपिम (ज़ू-मार्फिक) **रूपान्तरण** के बजाय **नृदैवीय लीलाकरण** है। उधर पार्वती से विवाह करके शिव भी गृहस्थ शिव और महाभोगी हो गये। इस प्रकार योगी⇆भोगी, पुरुष⇆प्रकृत, शिव⇆शक्ति, नाम रूप के कई नये-नये प्रतीक तथा द्विपर्ण-विरोधताएँ मिथकचक्र तथा सौन्दर्यमंडल द्वारा नयी दिशाएँ खोज रही थीं। इनमें सामंजस्य, समन्वय, समरसता की पद्धतियाँ गढ़ी जा रही थीं। फलतः **'अर्द्धनारीश्वर'** तथा **'युगलकिशोर'** के महामिथक भी इस व्यासरेखा के ओर-छोर पर उद्दीपित हो उठे। विलोम में प्रभ-विष्णु राम 'रमापति' हुए [यदि विष्णु के पदनख (के स्पर्श के बाद से गंगा 'विष्णुगंगा' कहलाई तो वही गंगा शिव की जटाओं का आलिंगन करती हुई 'हर-शेखरा' भी कहलाई]। अतः सती-प्रसंग को गंगावतरण की मिथक से जोड़कर देखने पर नये उत्तरपाठ अवकूटित हो सकेंगे। एक अन्य प्रकारान्तर भी है। पार्वती के एक अन्य दुर्गा-रूप का भी नौ शक्तियों का विभेदीकरण तथा ऋतुचक्र के सौन्दर्यीकरण के हेतु नवदुर्गा (नवरात्र की) तथा शिवतत्त्व की पंचशक्तियों (इच्छा-क्रिया-ज्ञान-प्रकाश-विमर्श) में दर्शनों से मंडित एवं बोझिल हुआ। एक मेल भी देखेंः—**रासलीला** और **नवरात्र,** दोनों ही समकालिक अर्थात् वासंतिक एवं शारदीय हैं।

विराट् तथा वामन

मिथक के परवर्ती धार्मिक चरण में **पुरुष** (विश्वदेव, विश्वकर्मा, प्रजापति, परमतत्त्व, ब्रह्म की साकारता) का महत्तर-महत्तम रूपक दर्शन, सौन्दर्य, काव्य, वास्तु, संगीत, धर्मपथों आदि में शताब्दियों तक क्रियमाण रहा है। इसके साथ शक्ति रमणी, प्रकृति, अर्थ आदि के विग्रहों में संलिप्त होकर द्वैताद्वैत का विधान करती रही है।

भारतीय मिथकयान में वासुदेव कृष्ण का **विश्वरूप** विश्व-मिथक-दर्शन का शिखर है। इसके अनुषंग में अष्टमूर्ति वाले **विश्वलिंगरूप** महादेव शिव की परिकल्पना पाते हैं। अनुवर्तन में विराट्रूप **पुराण-पुरुष महाविष्णु** की अवधारणा का भी उन्मेष हुआ।

इसके प्रतिपक्ष में वामनरूप का प्रत्यय भी अभिलक्षित हुआ। विष्णु-वामन तथा सुरसा के उदर में घुसकर बाहर निकलते लघुरूप-हनुमान की परिकल्पना इसी वृत्ति का विलास है। अतः **विराट् बनाम वामन** का दृष्टान्त मैक्रो-माइक्रो के समकक्ष है। यहाँ मात्र द्विपर्णी विरुद्धता है; न कि द्वन्द्वात्मक अन्तर्विरोध ॥ अस्तु ॥

पुराण-पुरुष का विग्रह निम्नलिखित है—

(1) मस्तक (ब्रह्मपुराण); (2) हृदय (पद्मपुराण); (3) दाहिनी भुजा (विष्णु पुराण); (4) बायीं भुजा (शिवपुराण); (5) उरुयुगल (श्रीमद्भागवत); (6) नाभि (नारदीयपुराण); (7) दाहिना चरण (मार्कण्डेय पुराण); (8) अग्निपुराण (बायाँ चरण); (9) दाहिना घुटना (भविष्यपुराण); (10) बायाँ घुटना (ब्रह्मवैवर्तपुराण); (11) दाहिना गुल्फ (लिंगपुराण); (12) बायाँ गुल्फ (वाराहपुराण); (13) रोएँ (स्कन्दपुराण); (14) त्वचा (वामन पुराण); (15) पीठ (कूर्मपुराण); (16) मेदा (मत्स्य पुराण); (17) मज्जा (गरुड़ पुराण); (18) अस्थि (ब्रह्माण्ड पुराण)।

'एकं पुराणं वै तत्र पाद्मं परं महत्। ब्राह्मं मूर्धा हरेरेव हृदयं पद्मसंज्ञकम्।।
वैष्णवं दक्षिणो बाहुः शैवं वामो महेशितुः उरू भागवतं प्रोक्तं नाभिः स्यान्नारदीयकम्।।
मार्कण्डेय च दक्षाङ्घ्रिर्वामो ह्याग्नेयमुच्यते। भविष्यं दक्षिणों जानु र्विष्णोरेव महात्मनः।।
ब्रह्मवैवर्तसंज्ञं तु वामजानुरुदाहृतः। लैङ्गं तु गुल्फकं दक्षं समाख्यातं मात्स्यं भेदः प्रकीर्त्यते।।
मज्जा तु गारुडं प्रोक्तं ब्रह्माणमस्थि गीयते। एवमेवाभवद्विष्णुः पुराणवयवो हरिः।।'

विराट्रूप (पार्थसारथी) में 'मिथकपुरुष-सूक्त' भी अन्तर्निहित हैः—

'आदित्यानामहं विष्णुर्ज्योतिषां रविरंशुमान्। मरीचिर्मरुतामस्मि नक्षत्राणामहं शशी ॥21॥
वेदानां सामवेदोऽस्मि देवानामस्मि वासवः। इन्द्रियाणां मनश्चास्मि भूतानामस्मि चेतना ॥22॥
रुद्राणां शंकरश्चास्मि वित्तेशो यक्षरक्षसाम्। वसूनां पावकश्चास्मि मेरुः शिखरिणामहम् ॥23॥

विराट्रूप पुराणपुरुष महाविष्णु

पुरोधसां च मुख्यं मां विद्धि पार्थ बृहस्पतिम्। सेनानीनामहं स्कन्दः सरसामस्मि सागरः ॥24॥
महर्षीणां भृगुरहं गिरामस्म्येक मक्षरम्। यज्ञानां जपयज्ञोऽस्मि स्थावराणां हिमालयः ॥25॥
अश्वत्थः सर्ववृक्षाणां देवर्षीणां च नारदः। गन्धर्वाणां चित्ररथः सिद्धानां कपिलो मुनिः ॥26॥
उच्चैः श्रवसमश्वानां विद्धि माममृतोद्भवम्। ऐरावतं गजेन्द्राणां नराणां च नराधिपम् ॥27॥
आयुधानामहं वज्रं धेनूनामस्मि कामधुक्। प्रजनश्चास्मि कन्दर्पः सर्पाणामस्मि वासुकिः ॥28॥
अनन्तश्चास्मि नागानां वरुणो यादसामहम्। पितृणामर्यमा चास्मि यमः संयमतामहम् ॥29॥
प्रह्लादश्चास्मि दैत्यानां कालः कलयतामहम्। मृगाणां च मृगेन्द्रोऽहं वैनतेयश्च पक्षिणाम् ॥30॥
पवनः पवतामस्मि परामः शस्त्रभूतामहम्। झषाणां मकरश्चास्मि स्त्रोतसामस्मि जाह्नवी ॥31॥
सर्गाणामादिरन्तश्च मध्यं चैवाहमर्जुन। अध्यात्मविद्या विद्यानां वादः प्रवदतामहम् ॥32॥
अक्षराणामारोऽस्मि द्वन्द्वः सामासिकस्य च। अहमेवाक्षयः कालो धाताहं विश्वतोमुखः ॥33॥

मृत्युः सर्वहरश्चाहमुद्भवश्च भविष्यताम्। कीर्तिः श्रीर्वाक्व नारीणां स्मृतिर्मेधा धृतिःक्षमा ॥34॥
वृहत्साम तथा साम्नां गायत्री छन्दसामहम्। मासानां मार्गशीर्षोऽहमृतूनां कुसुमाकरः ॥35॥
द्यूतं छलयतामस्मि तेजस्तेजस्विनामहम्। ज्योऽस्मि व्यवसायोऽस्मि सत्त्वं सत्त्वतामहम् ॥36॥
वृष्णीनां वासुदेवोऽस्मि पाण्डवानां धनंजयः। मुनीनामप्यहं व्यासः कवीनामुशना कविः ॥37॥
दण्डो दमयतामस्मि नीतिरस्मि जिगीषताम्। मौनं चैवास्मि गुह्यानां ज्ञानं ज्ञानवतामहम् ॥38॥
यच्चापि सर्वभूतानां तदहमर्जुन। न तदस्ति विना यत्स्यान्मया भूतं चराचरम् ॥10॥ 21-39॥
पश्य मे पार्थ रूपाणि शतशोऽथ सहस्रशः। नानाविधानि दिव्यानि नानावर्णाकृतीनि च ॥5॥
पश्यादित्यान्यसून्रुद्रानश्विनौ मरुतस्तथा। बहून्यदृष्टपूर्वाणि पश्याश्चर्याणि भारत ॥6॥
दिवि सूर्यसहस्रस्य भवेद्युगपदुत्थिता।'...गीता—॥11॥ 5-6, 12।

'मैं अदिति के बारह पुत्रों में विष्णु और ज्योतियों में किरण वाला सूर्य हूँ तथा उनचास मरुतों का तेज और नक्षत्रों का अधिपति चन्द्र हूँ। मैं वेदों में सामवेद हूँ, देवों में इन्द्र हूँ, इन्द्रियों में मन हूँ और भूतादि प्राणियों में चेतना (जीवन शक्ति) हूँ ॥21-22॥

मैं एकादश रुद्रों में शंकर हूँ और यक्ष एवं राक्षसों में धन का स्वामी कुबेर हूँ। मैं आठ वसुओं में अग्नि हूँ तथा शिखरवाले पर्वतों में सुमेरु हूँ। पुरोहितों में प्रमुख बृहस्पति मुझे जानो। हे पार्थ! मैं सेनापतियों में स्कंद और सरसरिआओं में सागर हूँ ॥23-24॥

मैं महर्षियों में भृगु और शब्दों में एक अक्षर अर्थात् ओंकार हूँ। सब प्रकार के यज्ञों में जपयज्ञ और स्थावरों में हिमालय पर्वत हूँ। मैं सब वृक्षों में पीपल का वृक्ष, देवर्षियों में नारद मुनि, गन्धर्वों में चित्ररथ तथा सिद्धों में कपिल मुनि हूँ ॥25-26॥

मुझे अश्वों में अमृत-सहजन्मा उच्चैःश्रवा अश्व, गजेन्द्रों में ऐरावत हाथी, और नरों में नराधिपति जानो। मैं शस्त्रों में वज्र और गौओं मे कामधेनु हूँ। प्रजनन-हेतु कन्दर्प हूँ और सर्पों में सर्पराज वासुकि हूँ ॥27-28॥

मैं नागों में शेषनाग और जलचरों का अधिपति वरुण हूँ तथा पितरों में अर्यमा एवं शासनकर्ताओं में यमराज हूँ। मैं दैत्यों मे प्रह्लाद और गणना-कर्ताओं में समय हूँ तथा पशुओं में मृगेन्द्र सिंह एवं पक्षियों में गरुड़ हूँ ॥29-30॥

मैं पवित्र करने वालों में पवन और शस्त्रधारियों में श्रीराम हूँ, मीनों में मकर (मगर) हूँ और सरिताओं में जाह्नवी (गंगा) हूँ। अरे, अर्जुन! सृष्टियों का आदि एवं अन्त तथा मध्य भी मैं हूँ। मैं विद्याओं मे अध्यात्म विद्या तथा वाद-विवादकर्ताओं में निर्णयकारी वाद हूँ ॥31-32॥

मैं अक्षरों में अकार हूँ और समासों में द्वन्द्व हूँ। अक्षयकाल का भी महाकाल हूँ तथा विश्वतोमुख, विराट् स्वरूप, सर्वधारकपोषक भी मैं ही हूँ। मैं सर्वहरणकारिणी मृत्यु तथा उत्पन्न होने वालों का उत्पत्ति हेतु हूँ। मैं स्त्रियों में कीर्ति, श्री, वाक्, स्मृति, मेधा, धृति एवं क्षमा हूँ ॥33-34॥

गायनयोग्य श्रुतियों में मैं वृहत्साम और छन्दों में गायत्री छन्द हूँ, तथा महीनों में मार्गशीर्ष और ऋतुओं में कुसुमाकर वसन्त हूँ। मैं छलकारियों में जुआ तथा प्रभावशाली पुरुषों का तेज हूँ। मैं विजिगीषुओं की विजय हूँ, निश्चयकर्त्ताओं का निश्चय हूँ तथा सात्त्विक मनुष्यों का सत्त्व (सात्त्विक भाव) हूँ ॥35-36॥

वृष्णिवंशियों में वासुदेव अर्थात् स्वयं मैं तेरा सखा हूँ, पांडवों में धनंजय अर्थात् तू हूँ। मैं मुनियों में व्यास और कवियों में शुक्राचार्य कवि भी मैं ही हूँ। मैं दमनकारियों का दण्ड हूँ, विजय के इच्छुकों की नीति हूँ, गुप्त रखने योग्य भावों का रक्षक मौन हूँ तथा ज्ञानवानों का तत्त्वज्ञान मैं ही हूँ ॥37-38॥

और हे अर्जुन! जो सब भूतों की उत्पत्ति का कारण है, वह भी मैं ही हूँ, क्योंकि ऐसा चर और अचर कोई भी भूत नहीं है जो मुझसे रहित हो ॥39॥—॥10 : 21-39॥

ओ, पार्थ! अब तू मेरे सैकड़ों-हजारों नाना प्रकार एवं वर्ण और आकृतिवाले अलौकिक रूपों को देख। हे, भरतवंशी तू मुझमें आदित्यों (अदिति के बारह पुत्रों) को, आठ वसुओं को, एकादश रुद्रों को, उनचास मरुद्गणों को देख, और भी बहुत-से अदृश्यपूर्व आश्चर्यमय रूपों को देख ॥11/5-6॥

आकाश में सहस्र सूर्यों के एक साथ उदय होने से उत्पन्न जो प्रकाश हो, उसे अर्जुन ने (तथा हम सबने भी वासुदेव द्वारा प्रदर्शित इस मिथकपुरुषसूक्त में) देखा ॥11-12॥

समानान्तर **विश्वरूप शिव** की अवधारणा भी प्रस्तुत हुई है।

× × ×

इसी का अनुलोम-विलोम **वामन रूप** है। इसका उदाहरण शिवि के प्रसंग में विष्णु-वामन का, तथा सीता-खोज में समुद्रोल्लंघन के अक्सर पर, राक्षसी सुरसा के उदर में अतिलघुवामन रूप में प्रवेश करने की शर्त पूरी करके मुक्त होकर, लंकाखोज-यात्रा जारी रखने वाले पवनपुत्र हनुमान ध्यातव्य हैं।

× × ×

विराट्—विश्वरूप वासुदेव कृष्ण

विश्वरूप शिव, परेल मुम्बई

अनन्तशय्याशायी पद्मनाभ श्रीविष्णु

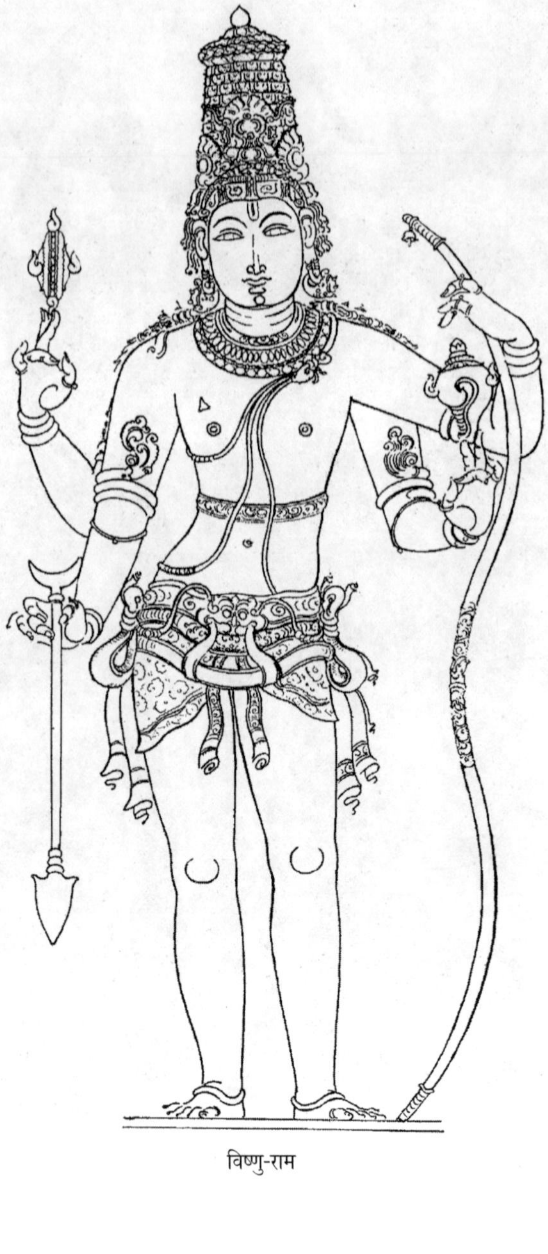

विष्णु-राम

विष्णु-कृष्ण

अनुजातीय (एथनोग्राफिक) एटलस शायद यह खुलासा कर सके कि भूत-प्रेत-पिशाच जैसी जनजातियों के नेता के रूप में महानृप महिष का भी सम्मान रहा होगा। दुर्गा भी उसकी (कम-से-कम) आशंसिका रही होगी। उसने शुंभ और निशुंभ के रूप में नये देवता शिव का विरोध शुरू किया होगा। शिव ने वह क्षेत्र भी अपने अधिकार में ले लिया, दुर्गा की कूटनीति का सहारा लेकर। धर्ममिथक ने इसे 'महिषासुर-मर्दन' बनाकर सरलीकृत कर डाला। यह तो मेसोपोटामिआ के गिल्गामेष-ईश्तर प्रसंग के रू-ब-रू भी है। बस।

अब सिंह, वृषभ, गज, मोर आदि टोटेमों के कबीलों की पराजय के बाद एकता कायम हुई।...'गणेश तथा कार्तिकेय' ऐसे ही ऐकीकरण के भी राजचिह्न हैं। गणेश गणों के पति, ता स्कंद देवसेना के पति हुए। उन्हें पुत्रवत् मानकर, शिव-पार्वती ने अंगीकार कर लिया। ये सब संकेतचिह्न कबीलाई इतिहास के भी 'सामाजिक पंचांग' हैं।...ध्यातव्य हो कि समुद्र-मन्थन तथा महिषासुर-मर्दन की रणनीति की मिथकनाभि एक है—देवी द्वारा छल से विजय; मोहनी और दुर्गा द्वारा अ-सुर पराभव। इसी के साथ 'शक्ति' को भी नयी-नयी उपाधियों से मंडित किया गया है। इनका अवकूटन (डि-कोडिंग) भी वांछित है।

एक तीसरी प्राक्ऐतिहासिक घटना का मिथकीय अभिलेख **'कीर्तिमुख'** है या 'कॉलमुख' में छिपा-सा है। प्रसंग यों है (शिवपुराण, II, 1929)—

शुंभ-निशुंभ तथा महिषराज्य के सम्राट के बाद, दैत्य जालन्धर भी पार्वती पर मोहित हो गया। यह आदिम समाजों की स्वच्छन्द चयन वाली सामान्य घटना है। (इसे हिन्दू-नैतिकता से सम्बद्ध करने पर विपरीत-पाठ बन जाता है)। जालन्धर ने एक संघर्ष में देवताओं पर छोटी-मोटी जीत हासिल कर ली। उसे देवपक्ष ने बढ़ा-चढ़ाकर 'देवासुर-संग्राम' बना डाला। तो वन्य-रणों के रण-कौशल के मुताबिक, देवताओं पर विजय हासिल करने के पश्चात्, जालन्धर ने विजित पक्ष की (अर्थात् विश्व ब्रह्माण्ड की) सर्वसुन्दरी पार्वती को भी कब्जाने का फैसला किया। उसने अपने दूत राहु से शिव को यह संदेशा भिजवाया कि वे अपनी पत्नी को भी समर्पित कर देवें अर्थात् उसके हवाले कर दें। यह असम्भव शर्त सुनते ही शिव क्रोध से आग-बबूला हो गये और उन्होंने राहु को भस्म करने का निश्चय किया। सो उन्होंने अपने ललाट से एक भयंकर जीव पैदा किया जो राहु को खा जाए। राहु ने शिव से विनती की कि वह तो केवल स्वामी जालन्धर का दूत सन्देशवाहक है। अतः अवध्य है। अब शिव की दुविधा छाई।

उन्होंने अपने द्वारा पैदा किये गये दानव को आदेश दिया कि वह स्वयं को ही खा ले क्योंकि वे लक्ष्य वापस नहीं ले सकते। अतः वफादार सेवक ने स्वयं को खाना शुरू कर दिया। केवल सिर बच गया। तब शिव ने प्रसन्न होकर उसे अपना एक प्रिय गण बना दिया। उसका नाम 'कीर्तिमुख' रखा। यह भी विधान किया कि लोग अपने घरों के मुख्य द्वार पर इस विघ्ननाशक की

दिगम्बर शिवनृत्य नटराज शिव

शिव से विनती की कि वह तो केवल स्वामी जालन्धर का दूत सन्देशवाहक है। अतः अवध्य है। अब शिव की दुविधा छाई।

उन्होंने अपने द्वारा पैदा किये गये दानव को आदेश दिया कि वह स्वयं को ही खा ले क्योंकि वे लक्ष्य वापस नहीं ले सकते। अतः वफादार सेवक ने स्वयं को खाना शुरू कर दिया। केवल सिर बच गया। तब शिव ने प्रसन्न होकर उसे अपना एक प्रिय गण बना दिया। उसका नाम 'कीर्तिमुख' रखा। यह भी विधान किया कि लोग अपने घरों के मुख्य द्वार पर इस विघ्ननाशक की अनुकृति स्थापित करें। वह मंगलदायक होगी।

कीर्तिमुख का मुँह सिंह का तथा धड़ मानव का है (नृसिंहरूप भी ऐसा ही है)। सचमुच यह विष्णु की प्रतिमूर्ति है। अतः इसका एक अन्य नाम सिंहमुख या कालमुख भी है। यह अभिप्राय और प्रतीक का मेल है। शिव और विष्णु का ऐसा मेल हरिहर हो गया—हरि द्वारा सृजन, अनुपालन तथा रक्षण, और हर द्वारा नये सृजन के लिए सृष्टि का (शून्य में आकुंचन अर्थात्) संहार।

कालान्तर में दक्षिण पूर्व एशिया तक में शिव और बुद्ध (विष्णु के ही अवतार) की मैत्री हुई। कई शताब्दियों बाद वज्रयानियों ने इन्हें योग के अलावा भोग से भी संलग्न कर दिया। सिद्धों की परम्परा में महामुद्रा, महामाया, वही है—अर्थात् रूपान्तरित प्रथमा गौरी पार्वती!

कनफटे हठ-योगी नाथों ने भी शिव को ही अपना महादेव माना। उन्होंने गोकर्ण-गोरक्ष की विचित्र मैत्री कराई। यह सगुण और निर्गुण का सह-अस्तित्व है।

[सर्प का चक्रचिह्न द्वन्द्व तथा एकता जारी रखता है। लक्ष्मण शेष के अवतार हैं। राम-रावण युद्ध में लक्ष्मण नागपाश में बँधकर मूर्च्छित हो गये थे। तब गरुड़ ने ही उन्हें छुड़ाया। राम ने जिन सप्त ताड़वृक्षों की ओट लेकर, उन्हें बेंधते हुए, बालिवध किया था, वे पूर्वजन्म में एक शापित सर्प के खंड-खंड थे। मिथक-प्रतीकों में यह द्वन्द्व चला करता है। शिव-परिवार में कार्तिकेय का ही वाहन मोर हैं (जो सर्प-भक्षक भी है), गणेश का वाहन मूषक है। लक्ष्मी का वाहन उलूक (मूषक-भक्षक) है। अतः मिथक के संकेतों की यह लम्बी परम्परा चलती है। वासुदेव जब टोकरी में बालकृष्ण को रखकर यमुना पार कर रहे थे तब (वासुदेव के पुत्र 'वसु') वासुकि नाग ने जलवर्षा से बचाने को अपना फण-छत्र तान रखा था। कृष्ण के बड़े भाई बलराम भी शेषावतार थे।

इस तरह विष्णु, शिव, बुद्ध की एक त्रयी बनती है। शिव की शक्ति उनके एक समान सदा संगिनी है जबकि विष्णु की शक्ति (याँ) वियोग ज्यादा सहती हैं (सीता, और राधा)। यह भी कई मिथकीय अन्यथा-करणों में क्रमशः **'महामुद्रा'** एवं **'महाभाव'** में परिष्कृत हो गया। [शिव भी अवतार लेने के बजाय विकराल अघोरी रूप, या विराट रूप ('किरातार्जुनीयम्' में) अथवा अन्ततः

अनुकृति स्थापित करें। वह मंगलदायक होगी।

कीर्तिमुख का मुँह सिंह का तथा धड़ मानव का है (नृसिंहरूप भी ऐसा ही है)। सचमुच यह विष्णु की प्रतिमूर्ति है। अतः इसका एक अन्य नाम सिंहमुख या कालमुख भी है। यह अभिप्राय और प्रतीक का मेल है। शिव और विष्णु का ऐसा मेल हरिहर हो गया—हरि द्वारा सृजन, अनुपालन तथा रक्षण, और हर द्वारा नये सृजन के लिए सृष्टि का (शून्य में आकुंचन अर्थात्) संहार।

कालान्तर में दक्षिण पूर्व एशिया तक में शिव और बुद्ध (विष्णु के ही अवतार) की मैत्री हुई। कई शताब्दियों बाद वज्रयानियों ने इन्हें योग के अलावा भोग से भी संलग्न कर दिया। सिद्धों की परम्परा में महामुद्रा, महामाया, वही है—अर्थात् रूपान्तरित प्रथमा गौरी पार्वती!

कनफटे हठ-योगी नाथों ने भी शिव को ही अपना महादेव माना। उन्होंने गोकर्ण-गोरक्ष की विचित्र मैत्री कराई। यह सगुण और निर्गुण का सह-अस्तित्व है।

[सर्प का चक्रचिह्न द्वन्द्व तथा एकता जारी रखता है। लक्ष्मण शेष के अवतार हैं। राम-रावण युद्ध में लक्ष्मण नागपाश में बँधकर मूर्च्छित हो गये थे। तब गरुड़ ने ही उन्हें छुड़ाया। राम ने जिन सप्त ताड़वृक्षों की ओट लेकर, उन्हें बेंधते हुए, बालिवध किया था, वे पूर्वजन्म में एक शापित सर्प के खंड-खंड थे। मिथक-प्रतीकों में यह द्वन्द्व चला करता है। शिव-परिवार में कार्तिकेय का ही वाहन मोर हैं (जो सर्प-भक्षक भी है), गणेश का वाहन मूषक है। लक्ष्मी का वाहन उलूक (मूषक-भक्षक) है। अतः मिथक के संकेतों की यह लम्बी परम्परा चलती है। वासुदेव जब टोकरी में बालकृष्ण को रखकर यमुना पार कर रहे थे तब (वासुदेव के पुत्र 'वसु') वासुकि नाग ने जलवर्षा से बचाने को अपना फण-छत्र तान रखा था। कृष्ण के बड़े भाई बलराम भी शेषावतार थे।

इस तरह विष्णु, शिव, बुद्ध की एक त्रयी बनती है। शिव की शक्ति उनके एक समान सदा संगिनी है जबकि विष्णु की शक्ति (याँ) वियोग ज्यादा सहती हैं (सीता, और राधा)। यह भी कई मिथकीय अन्यथा-करणों में क्रमशः **'महामुद्रा'** एवं **'महाभाव'** में परिष्कृत हो गया। [शिव भी अवतार लेने के बजाय विकराल अघोरी रूप, या विराट रूप ('किरातार्जुनीयम्' में) अथवा अन्ततः महिष रूप भी (केदारनाथ-बदरीनाथ में) धारण करते हैं] [शिव जगज्जननी माँ के अनुगामी होकर इलावर्त के नारी-राज्य में भी रहे; शायद नारीरूप में भी। अर्द्धनारीश्वर तो हैं ही। ये सब मातृसत्ताक व्यवस्था के अवशेष नृ-चिह्न हैं। मोहेनजोदारो की 'महामाता' उस नगर-राज्य की महादेवी थी। आर्यों की घुमन्तू-गोप, किंचित् कृषि-व्यवस्था में नारी को वैसा स्थान नहीं मिला था। बाद में ही शिवकान्ता तथा विष्णुकान्ता ही आद्याशक्तियाँ बनीं]।

इस तरह शिव और विष्णु की मिथक-आलेखकारी के कुछ आयाम खुलते हैं। हमने मिथक-कथाएँ नहीं कहीं हैं। हमने अत्यन्त निरपेक्षता तथा समाज-वैज्ञानिक विधियों को आधार माना है।

(आ) इन विश्व-देवताओं का तो अनोखा विधि-विधान है

यूँ तो विश्व के देवी-देवताओं का निवास स्वर्गाकाश (और कुछ का पाताल) है किन्तु ग्रीस के बारह देवी-देवता ओलिम्पस पर्वत पर, भारत के इन्द्र इन्द्रलोक में, शिव कैलाश पर्वत पर तथा विष्णु बैकुंठ में निवास करते हैं। जापान में वे वैक्शोशमा की घाटी के देवदारु के वृक्षों से होकर धरती पर उतरते हैं। वे दो ध्यानस्थ शिलाखंडों पर पहले उतरे थे। वहीं से जापान की भौगोलिक राष्ट्रीय रचना की थी। यूँ वे कहीं भी प्रकट तथा अन्तर्धान हो सकते हैं।

वे पृथ्वीलोक में मानव-समाज से रिश्तेदारियाँ नहीं बनाते। अलबत्ता ग्रीक देवेन्द्र ज़ियस ने अनेक सांसारिक स्त्रियों से प्रेम किया। देवेन्द्र इन्द्र ने भी छल-छद्म से ऋषि पत्नी अहल्या के साथ बलात्कार किया था। उनके प्रमुख प्रकार्य तो असुरों के संहार वाले तथा भक्तों पर कृपा करने वाले हैं। इसके लिए वे छलकपट और चतुराई भी खूब करते हैं। वे कायान्तरण करते हैं। ज़ियस ने कई पशुपक्षियों में कायान्तरण करके कई दिव्यरमणियों से समागम किया था। विष्णु ने भी मोहिनी रूप धरकर समुद्रमन्थन के अवसर पर राक्षस-पक्ष को धोखा दिया था। विष्णु ने वामन-रूप धारण करके दैत्यराज बलि के अश्वमेध यज्ञ में उससे तीन पग-भूमि की भिक्षा माँगी। वचन में बाँधकर उन्होंने त्रैलोक्य को नाप लिया तो बलि को पाताल भेज दिया। विष्णु नृसिंह ने स्वयं वरदान की सभी शर्तों का पालन करते हुए भी पहेली बुझाई तथा हिरण्यकशिपु का वध कर डाला। वरदान की शर्तें थीं। कि उसे न धरती पर न आकाश पर, न दिन में न रात में, न मानव द्वारा, न देवता द्वारा, न अस्त्र से, न शस्त्र से मारा जा सके। सो विष्णु क्रमशः एक खम्भे से, गोधूलि वेला में, नृसिंहरूप धारण कर प्रकट हुए और अपने बघनखों से उसको चीर-फाड़ डाला।

देवी दुर्गा के ललाट से अस्त्र-शस्त्र सज्जित देवी काली आविर्भूत हुई थी। इसके बरक्स ग्रीक देवता ज़ियस ने एक टाइटनी मेटिस से प्रथम परिणय किया। वह बुद्धि की देवी भी थी। उसे भय था कि उससे जो पुत्र पैदा होगा वह उसे पदच्युत करके देवों का देवेन्द्र हो जाएगा। अतः उसने गर्भवती मेटिस को निगल लिया। पुत्री अथेना पैदा हुई किन्तु अब ज़ियस के ललाट से पूर्णरूपेण अस्त्र-शस्त्र सज्जित।...इसी तरह मदिरा-देवता डायोनीसस ज़ियस की जाँघ से उत्पन्न हुआ था।

जब देवता मानवातार लेकर पृथ्वी पर कार्यशील होते हैं तब उनके सारे कार्य दोहरे हो जाते हैं— कर्म तथा लीला। ऐसे में उनके

जीवनवृत्त को धरती पर अंकित किया जाता है, तीर्थ बन जाते हैं, पर्व तथा उत्सव होते हैं। विश्व के **मिथकीय भूगोल** का स्रोत उनका देव से मानवावतार में रूपान्तरण तथा कर्म का लीला में अन्यथाकरण है। वे प्रतिमा तथा चित्र में भी अन्तर्लीन होते हैं।

देवताओं के प्रकट होने के और कुछ निराले लौकिक विधि-विधान भी हैं।

ईसाई मिथक का मेक्सिको में एक प्रचलित अनुपाठ है कि जब ईसा अपनी सूली कन्धों पर ढोकर लिये जा रहे थे तो वेरियान्को नामक एक स्त्री ने अपने कपड़े से उनका मुँह पोंछा था। उस कपड़े पर ईसा मसीह की मुख-छवि उतर आयी थी। आज उस मेक्सिकन सेविका को संतवेरियान्को (छवि अंकिता) कहा जाता है।

भारत में कई निजंधर प्रचलित हैं कि कोई गाय चरने जाती थी और एक टीले, कोने में जाकर अपने थनों का सारा दूध दुहा आती थी। सपने द्वारा बात पता चलने पर जब लोगों ने उसे स्थल की खुदाई की तो कोई देव/देवी प्रतिमा निकली। राजस्थान के मांडोर तथा केरल के तिरुअनंतपुरम् के तीर्थ इसी मिथकाभिप्राय की धुरी पर स्थापित हैं। यह भी मिथकीय भूगोल की रचना की विधि के अन्तर्गत ही है।

ये हर्मोफ्रोडाइटस अथवा अर्द्धनारीश्वर अथवा हरिहर भी हो जाते हैं। ज़ियस तो ट्राय नगर के राजा के बेटे गेनीमेड पर आसक्त हो गया था। वह एक बाज पक्षी के रूप में उस युवक का अपहरण करके ओलिम्पस पर्वत ले गया। वहाँ वह देवताओं को मदिरा-चषक पिलाने वाला साकी बना दिया गया। इसी के समानान्तर जब अपहृता सीता के वियोग में राम विलाप करते हुए मृगों, मधुकर-पाँतों तथा पक्षियों से सीता का पता पूछ रहे थे तो एक रात एक चक्रवाक-मिथुन ने उनका मज़ाक उड़ाया कि ये कैसे शक्तिहीन देवता हैं। तब राम ने उन्हें शाप दिया कि वे भी रात में चिर-वियोगी रहेंगे। तब से चकवे-चकवी रात में साथ नहीं रहते। राम जब अयोध्या के रामराज्य में राजकाज करने लगे तो कुछ दासियों ने उनके पान से केसर निकाल कर पी ली और उनके ओंठ अरुण-रंजित हो गये। प्रसन्न होकर राम ने उन्हें वरदान दिया कि उनके अगले कृष्णावतार में वे सभी गोपियों के रूप में जन्म लेंगी। इसी प्रकार सेतु-बन्ध में श्रम में तल्लीन वानरों-भालुओं के साथ एक नन्ही गिलहरी भी अपनी पूँछ में रेती कण भरकर समुद्र में डाल रही थी। राम ने प्यार से पुचकारते हुए उसकी पीठ सहलाई। तब से गिलहरी की पीठ पर राम की अँगुलियों के निशान अंकित हो गये। ऐसी अनेक अनोखी मिसालें हैं।

अथच; राम ने वानरराज बालि का वध छिपकर किया। उन्हें सप्तताड़वृक्षों की ओट लेकर उन्हें बेंधते हुए तीर द्वारा बालि के वक्ष को निशाना बनाना था क्योंकि एक शापित सर्प ही अपने कुण्डली में सप्तताड़ बन गया था और उसका उद्धार भी राम द्वारा त्रेता युग में होना था। सातों ताड़ वृक्षों को एक रेखा में लाने का कार्य करने को राम ने लक्ष्मण का पादांगुष्ठ अपने पाँवों से दबाया और वे तुरन्त एक सीधी रेखा में आ गया। कारण यह था कि लक्ष्मण भी शेषनाग के अवतार थे।

इसी तरह चीन, कोरिया, जापान, श्रीलंका आदि में, गौतम बुद्ध, बोधिसत्वों, ध्यानीबुद्धों तथा जातक-कथाओं से जुड़े अनेकानेक अनोखे प्रसंग मिलते हैं।

उपर्युक्त रोचक मिथकाभिप्राय तथा मिथक-कुंडल इंगित करते हैं, कि देवतागण भी शर्तो-वरदानों से बँधे हैं। वे सर्वसमर्थ होकर भी चतुराई और चालबाजी और पक्षपात करते हैं। वे निर्विकल्प होकर भी प्रातिभासिक हैं।

देवता भूलोक में झम्म से कूद आते हैं या मनुष्यों को भी साधना-भ्रष्ट करने के लिए या अपना प्रयोजन सिद्ध करने के लिए अप्सराओं, गन्धर्वो, किन्नरों, यक्षों, मरुतों, विद्याधरों की भी सेवाओं का उपयोग-दुरुपयोग करते हैं। वे सहसा प्रकट होते हैं और पलक झपकते ही गायब हो जाते हैं। वे वरदान देते हैं तथा शाप भी देते हैं। (कभी-कभी एक ही पात्र को)। वे उद्धार भी करते हैं। वे क्षमादान भी करते हैं। महाभारत तो श्रीकृष्ण की चालाकियों, कूटनीति और धूर्तताओं से ही जीता जा सका है।

वे मानवलोक में अपनी सत्ता और महत्ता को सर्वोपरि बनाये रखते हैं। वे लौकिक कानूनों-परम्पराओं-मर्यादाओं-प्रथाओं वाली पुरस्कार एवं दंड, कल्याण और कष्ट की प्रणालियों की यांत्रिकता से भिन्न स्वेच्छा तथा कार्यकारणेतर वरदान एवं शाप, क्षमा एवं कर्मफल देते हैं। वे यह सब धर्म-संस्थापना एवं असुर-संहार के लिए करते हुए प्रतीत होते हैं।...तदपि विश्व–विशेषतः मेसोपोटामिआ तथा समुद्रायनी की मिथकों में देवी-देवते भी धड़ाधड़ (देवताओं तथा अनुयायियों द्वारा) दंडित या निष्कासित या हत्याग्रस्त होते हैं।

ईजिप्ट का मिथकयान मूलतः कर्मकांड-प्रधान है और उसके अधिकांश देवताओं के मुख तो पशु-पक्षियों के, तथा देह मानुषों की है। कर्मकांडों में कर्ता पुरोहित होता है। माना जाता है कि उस मौके पर देवता उसमें, मूर्ति में, चित्र में उतर आते हैं। अतः ईजिप्ट कर्मकांड एक कला-कर्म भी है। आदिम शैलचित्रों वाली कबीलाई मानसिकता जैसी इल्हामी दशाओं में पुरोहित देवी-देवताओं के मुखौटे धारण करते अथवा मुख पर चित्रांकन कर लेते थे। साथ ही वे उन देवताओं के लक्षण-लांछन, वेशभूषा, अस्त्र-उपकरण से भी सज्जित हो जाते थे।

अतः दिव्य कानूनी व्यवस्था भी कदाचित संलक्षित होती है। यह बेहद अनोखी है। इसमें वरदान तथा शाप, क्षमा तथा कर्मफल, सृजन तथा संहार, उद्धार तथा प्रतिशोध, आदि दैत्यों-दानवों तथा ऋषियों-मानुषों को न्याय देने दिलाने के अलौकिक

विधि-विधान हैं। इनकी धुरी उपासक या भक्त है। इनमें सही या गलत, सच या झूठ, अच्छा या बुरा, शुभ या अशुभ, नैतिक या अनैतिक आदि पाप या पुण्य के ध्रुवान्तों के ऋत् तथा क्रतु हैं।

भारत में एक बड़ी उलझन इसलिए भी है कि यहाँ वैदिक देवतों और उनके कुछ विधानों तक का संज्ञान भावलोक तथा ज्ञानलोक में जारी है; यद्यपि उनकी उपासना तथा याज्ञिक महत्ता हाशिये पर आ गयी है। तथापि उनका अनुसूचित अस्तित्व अभी तक शेष है। वह अनोखा **'विधि-विधान'** है।

पुनश्च

धार्मिक मिथकों में तो संस्कृत के काव्यनाटकादि के मंगलाचरणों में, तथा अनेक सप्तशतियों में विष्णु-लक्ष्मी, शिव-पार्वती, विष्णुकृष्ण-राधा आदि देवी-देवताओं की मनोमुग्धकारी विचित्र रति-क्रीड़ाओं का सम्मोहन परिव्याप्त है। देवमंडल विलास-भोग-निरंकुशता-महासुख की ज्वाला तथा प्रलय में डूबते रहे। लोकयान में भी इस वृत्ति की विडम्बना (आयरनी) संलक्षित है। एक प्राकृत् छन्द कवि हाल की 'गाथासत्तसई' का है कि एक वारांगना कहती है कि 'जिस गणेश-प्रतिमा को रमणमत्त युवकों ने मेरी शीर्ष कमर का तकिया बनाया था, अब मैं उन्हीं गणपति को सिर पर धारण करके प्रणाम करती हूँ। हाय-बुढ़ापा! अब तो तू सन्तुष्ट हो गया, न? ('जो सीसम्मि विइण्णो मज्झ जुआपोहिं गणवई आसी। तं व्विअ एण्हिं पणमाणि हमजरे एहिणं होहि संतुट्ठो ॥, 4/22॥)।

विश्वमिथकयानों के देवमंडल

(क) कुछ ईजिप्टी-ग्रीक समकक्ष देवतादि :

रा-हेलिओस, तेफनुट-आर्तेमिस, एन्हुर-औनूरिस, गेब-क्रोनस, ओसाइरिस-हेडीज़, सेट-आइसिस, सेट-टाइफन, नेफथिस-एफ्रोडाइट, होर-होरोस, एथीर (हाथोर)-एफ्रोडाइट, अनूबिस-हर्मीज़, उपौत-लाइकोपोलिस, थोथ-हर्मीज़, नेखबेत-ईलेथीसिया, आमून-ज़ियस, मूट-हेरा, सेखमेट-साखमिस आदि।

(ख) कुछ ग्रीक-रोमन समतुल्य देवतादि :

डायोनीसस-बेकस, एरॉस-क्यूपिड, एफ्रोडाइट-वीनस, एथेना-मिनर्वा, हेफेस्टस-वल्कन, ज़ियस-जुपीटर, हेरा-जूनो, एरेस-मार्स, हर्मीज़-मर्करी, आर्तेमिस-डायना, पोसेइडोन-नेपच्यून आदि।

(ग) कुछ ईरानी-अफ़ग़ानी-वैदिक साम्यवत् देवतादि :

अहुर-असुर, होम-सोम, गिल्गामेष-महिष, ईश्तर-ईश्वरी, मिथरा-मित्र, वयु-वायु, आदि।

(घ) भारोपीय ग्रीक-अवेस्ताई के आंशिक साम्य :

अग्नि (अवे.वै.), अनाहिता (अवे.), अपाम्-नपत् (अवे.), अश्विनौ (भारो. वै.), असुर (अवे., वै.), मातर (अवे.), मारमइति (अवे.), इन्द्र (अवे.वै.), उषा (भारो.वै.), ऐर्यमन (अवे.वै.), चन्द्रमा (भारो. वै.), वरुण (भारो.वै.), त्वष्ट्रा, द्येउस (भारो.) -द्यौसपिता (वै.), नासत्या (भारो.), पर्जन्य (वै.भा.), -पान (भारो.), बृहस्पति (वै.), -जुपीटर (रो.), मित्र (वै.), -मिथरा (भारो.अवे.), वयु (अवे.), -वायु (वै.), सूर्य (वै., भारो.), सोम (वै.), होम (अवे.)।

(ङ) 'सुशेंवों नो मृल्याकुरदृप्तक्रतुरवातः। भवां नः सोम शं हृदे ॥'–ऋ. 8/179/7

हे सोम! तुम हमारे लिए उत्तम सुखवाले सुखप्रदाता होओ। तुम अभिमानरहित ज्ञान एवं कर्मवाले हो। तुम हमारे हृदयों के लिए कल्याणकारी, प्रशान्त, परम सरसता वाले हो जाओ ॥ (यह गायत्री-छन्द है)

'अमृत के पियासे देवता कहूँ सोम ते अघात हैं?'

विश्वमिथकयान में देव-असुर तथा देव-दानव का अपराजेय संग्राम निरन्तर चलता रहता था।

क्या दोनों वर्गों का उद्भव एक ही स्रोत से हुआ? क्या दोनों एक साथ या आगे-पीछे कर्म-प्रवृत्त हुए थे?

उनमें-से देवता अमर तथा दानव-असुर मर्त्यमान कैसे हो गये? फिर दानव-असुर भी देवताओं-ऋषियों से वरदान पाकर सशर्त स्वल्पकाल के लिए अमर हो जाते हैं तथा वरदाता देवता (ब्रह्मा, विष्णु, महेश) द्वारा शर्त की काट निकालने पर उनका संहार हो जाता है। उन पर शाप का जो प्रभाव होता है उससे उद्धार होने पर उनका अपने मूल स्वरूप (नामरूपगुण) में प्रत्यार्पित कायान्तरण (मेटामार्फोसिस) हो जाया करता है।

मानो प्रथम मिथकनिर्माताओं के समक्ष यह सबसे जटिल पहेली रही थी कि 'सुरों' के मध्य किन्हें 'असुर' घोषित किया जाए? कि, असुर के रूप-गुण क्या हों? उसके संहार के हेतु, निमित्त एवं उपादान क्या हों?

सृष्टि के पहले महत् जल था, सघन अन्धकार था। सूर्य का प्रकाश फैला। अन्धकार का नाश हो गया। यही आरम्भिक द्वयता देव (सूर्य) तथा असुर (अन्धकार) के रूप में बहुविधियों से डरावनी विचित्र कहानियों के वितान तानती चली गयी।

ब्रह्मा ने अण्डे से, अथवा स्वयं की विभक्ति से जो सृष्टि की थी, उसमें असुरों का उद्भव अज्ञात या अनुपस्थित है। विष्णु द्वारा मधु-कैटभ का संहार, शर्त के परे जाकर, भविष्य का एक सारगर्भित संकेत है। दूसरा प्रसंग विष्णु-जालन्धर का है। फिर ऐसा सिलसिला चला : चामुण्डा—रक्तबीज का, दुर्गा—शुम्भ-निशुम्भ, दुर्गा—महिषासुर का, ब्रह्मा—सुन्द-उपसुन्द का, राम-रावण का इत्यादि। सभी संग्रामों में अमर-अमृतपायी देवतापक्ष मर्त्यमान असुर-पक्ष का अगले संग्राम तक के लिए संहार कर देता है। असुरों की भी दो-तीन शीर्ष लालसाएँ हैं—(i) देवताओं को पराजित करके उनके लोक पर अधिकार, (ii) किसी देवी पर मोहासक्त होने पर परिणामतः (देवी द्वारा) छलकपट से उनकी मृत्यु, तथा (iii) अमर-अपराजेय होने के वरदान को देवपक्ष के विरुद्ध सम्भाव्य सुरक्षा-वचनों के कवच के साथ प्राप्त कर लेना। [वरदान तथा शाप केवल देवता या ऋषि ही देते हैं]।

देव-दानव के सहवर्ती उद्भव का सन्दर्भ ऋषि कश्यप की अदिति-दिति नामक दो पत्नियों के साथ मिलता है। बीज-स्रोत एक ही है। अदिति से आठ आदित्य सूर्य एवं प्रकाश रूप देव जन्म लेते हैं, तो दिति से कई सर्पवंश, कई दैत्यवंश। यहाँ अमृत का कोई उल्लेख नहीं है।

ग्रीक मिथकयान में यूरानस-गेइया की विभिन्न संततियों में साइक्लोपीज़, टाइटन, जाइंटस के अलावा देवता-देवी भी जन्म लेते हैं। इनमें-से साइक्लोपीज़ देवता-पक्ष में, टाइटन मानव-पक्ष में तथा जाइंटस देवशत्रु हो जाते हैं।

पर्शियन मिथकयान में एक ही सर्जक महादेवता ज़ुरकान अकराना से ही देवपक्ष के अहुज माज़्दा तथा राक्षसी पक्ष का अहरीमन उद्भूत होते हैं। यही कड़ी मेसोपोटामिआ के तियामत-मार्दुक की है।

विश्व में केवल मात्र भारतीय मिथकव्यूह में अमृत ही प्रमुख धुरी है। इसी के साथ सोम-सुरा-पान भी है। ये साम-दाम-दण्ड-भेद से अमृत पर स्वत्वाधिकार कायम रखते हैं। अमृत हथियाने के लिए ये छल-छद्म, मोहिनी-रूप, अप्सरओं का भी इस्तेमाल करते हैं। समुद्र-मन्थन की मिथक में संग्राम के बजाय चीजों की साझेदारी प्रयोजन रही है। अमृत असुरों को मिल तो गया था। झटपट उसे हथियाने के लिए देवपक्ष ने भी छल-कपट, छीना-झपटी, मार-काट का इस्तेमाल किया। शिव को विष पीना पड़ा, विष्णु को मोहिनी-रूप धारण करके असुर-प्रेम का अभिनय करना पड़ा, शनि को भी देवपक्ष को चकमा देना पड़ा और अपशकुनी होना पड़ा।

निरन्तर सोमरस छकने वाले याज्ञिक-वैदिक देवते, बाद की मिथक-यात्रा में अमृत पर एकाधिकार जमाये रखते हैं।

आद्य प्रकाश-अन्धकार का देव-दानव संग्राम वाला व्यासपाठ सूर्यवंशी राम तथा दशमुखी काले रावण में छिप जाता है। बाद में बस यह चिर यौवन, अमरता तथा देवेन्द्र इन्द्र या महाविष्णु की ऐककेन्द्रीभूत सत्ता बनाये/बचाये रखने का शाश्वत् अभियान हो जाता है। इसके लिए एक ही मार्ग है—असुर-संहार। इससे अनुपाठ, प्रतिपाठ, उत्तरपाठ निकले।

तो, ये अमृत के प्यासे देवता बेचारे कितने सशंकित-भयभीत रहते हैं—स्वर्ग तथा अमरता छिन जाने की सम्भावना से। इनके बचाव की तरकीबें ब्रह्मा-विष्णु-महेश ही बताते हैं। उन्होंने ही उन्हें वरदान देकर ये मुसीबतें भी मोल ली हैं। विडम्बना ही है। त्रिदेव पूर्णतः पक्षधर तथा प्रतिबद्ध नहीं रहते। वे व्यावहारिक हैं तथा अन्य देवताओं की निरंकुशता पर इस तरह से अंकुश लगाये रखते हैं। सत्ता-सन्तुलन के लिए वे असुरों का पक्ष-विपक्ष में इस्तेमाल करते हैं।

मेसो-अमेरिका, चीन-जापान में दो पक्षों के बीच निर्णायक देव-दानव-संग्राम नहीं होता। उनमें से ही कोई षड्यंत्रकारी देवता, सत्ता में कब्ज़ा करने वाला कोई प्रतिद्वन्द्वी देवता ही चालों और क्रूरताओं को अपनाता है। बहुधा इसकी परिणति, सह-अस्तित्व में होती है। देवपल्ली में जापानी अमाटेरासू-सुशानो, ईजिप्टी सेट-ओसाइरिस, अज़्टेक की चाल्चीह्यूटज़ली-टेज़काटली पोका आदि के संघर्ष इसी दिशा के द्योतक हैं; सोमरस से अमृतरस से अमरता!

यह तथ्य तथा सत्य रेखांकित किया जाना चाहिए कि विश्वमिथकयानों में अमरता की अवधारणा तो है, किन्तु अमृतप्राप्ति, अमृत-पान आदि भारतीय मिथककान की ही ऐकल विलक्षणता है।

(ई) आह, इन्द्र! हाय, ज़ियस! तुम्हारे ये देव-देव-द्वन्द्व!

विश्व के बड़े मिथकयानों के विशाल ब्रह्माण्ड में ही अनेकानेक देवियों-देवताओं के मंडलों-मंडपों के वितानों में आदिम मिथकनिर्माताओं ने तब के आद्यप्ररूपित मनोदैहिक तथा सामाजसांस्कृतिक अंतर्संसारों के ऐसे भी सामाजसांस्कृतिक पंचांग बनाये और सुनाये हैं। उनमें ही यह सहज सम्भाव्य था।

अमर्त्य देव-देव-द्वन्द्व में शत्रुता तथा घृणा नहीं है। इनमें प्रभुत्व, प्रभाव, प्रसार के वर्चस्व (हेजिमनी) को लेकर मतभेद, मतद्वेष तथा मतविरोध हैं। मूलरूपेण इनमें प्रतियोगिता, प्रतिद्वन्द्विता तथा प्रतिस्पर्धा है। कहीं-कभी ही ईर्ष्या तथा छल का भी इस्तेमाल होता है। अन्ततः एक सहअस्तित्व, या समझौता, या समन्वय हो ही जाता है।

तथापि ईजिप्टी मिथक में गेब-नुट की सन्तति में, अथवा ग्रीक गेइया-यूरानस के पुत्रों अर्थात् क्रोनस के भाइयों की एक ही वंशधारा में सत्ता एवं शक्ति तथा सुन्दरी को लेकर महाभारत के जैसा प्राणान्तक संघर्ष एवं संहार तक छिड़ता है। वह देव-दानव-संग्राम जैसा हो जाने पर हमारे प्रतिपादित लक्ष्य से परे हट जाता है।

यूँ देवी-देवताओं का विशेष आधिकारिक लक्षण तो अमरता है। तथापि वे मानवों की भाँति उस समयों की वैसी ही जरूरतों

तथा जज़्बातों से लबालब हैं। उनका दूसरा लक्षण दैत्यों से भय है। वे मदिरा (सोम) तथा भोग (बलि, सम्भोग, चढ़ावा) के लालची हैं। फिर भी, वे देवते तो हैं ही।

× × ×

'महाभारत' में वासुदेव कृष्ण तथा उनके बड़े भाई (शेषावतार) बलराम क्रमशः पांडव एवं कौरव पक्ष के साथ हैं। तदपि उनमें बुनियादी समझदारी कायम रहती हैं, आपसी मतभेद की।

× × ×

इसी तरह जापानी मिथक में सूर्यदेवी अमाटेरासू (बहन) तथा तूफ़ान देवता सुशानो (भाई) के बीच द्वन्द्व और निराकरण की प्रक्रिया चलती है।

× × ×

कुमार-गणेश तथा शिव टकराव, कृष्ण-अर्जुन रण, हनुमान-मोरध्वज लड़ाई देव-देव पक्ष की आपसी समस्याओं तथा द्वन्द्वों का यथा परिणाम हैं। इनमें गणेश-शिव टकराव सरल-सहज है।

पार्वती ने अपनी पुरानी त्वचा, तेल, रजजल, गंगाजल एक कठौती में धरकर गंगा में बहा दिया। उसे हस्तिदेवी मालिनी ने पी लिया। इससे कई सिरों वाला एक बड़ा सुन्दर बालक पैदा हुआ। शनि ने जब पार्वती के उस सुन्दर बेटे को देखा तो उसकी अशुभ दृष्टि से सिर जल गया। ब्रह्मा के अनुरोध पर दूसरा सिर लगाया गया। मालिनी की इच्छा भी पूरी हुई।

दूसरा केन्द्रित अनुपाठ है। सुन्दर बालक गणेश को प्रहरी बनाकर नहाती हुई माता पार्वती ने आदेश दिया था कि वह किसी को भी अन्दर नहीं आने दे। कामोन्मद शिव नहाती हुई पार्वती के पास धक्के से अन्दर पहुँचना चाहते थे। गणेश के मना करने पर टकराव हुआ और शिव ने त्रिशूल से उसका सिर उड़ा दिया। पार्वती ने बालक को जीवित पाने की हठ ठान ली। चारों ओर तलाशने के बाद सबसे पहले एक गजकलभ मिला। शिव ने उसी का सिर बालक पर लगाकर उसे पुनरुज्जीवित किया। यही गणेश कहाये। वे शिव के गणों के स्वामी तथा सभी शुभ कर्मों के प्रथम दायक के रूप में वंदित हुए।

ऐसा ही कुछ हुआ जब हनुमान उड़ते हुए सिन्धु लाँघ रहे थे तब उनके पसीने की बूँद एक राक्षसी ने पी ली जिससे मोरध्वज नामक हनुमत्सुत पैदा हुआ। हनुमान को पता नहीं था। रावण के वध के आसपास अहिरावण राम-लक्ष्मण का अपहरण करके पाताल लोक ले गया और वहाँ उनको बलि देने की तैयारी करने लगा। हनुमान खोजते हुए पाताल पहुँचे तो एक हमशक्ल प्रहरी से उनका प्रचंड संघर्ष हुआ। प्रहरी भी (गणेश की ही तरह) परम आज्ञाकारी-कर्तव्यनिष्ठ था। अंततः वह पराजित हुआ। राम-लक्ष्मण विमुक्त हुए। हनुमान को भी पता चला कि मोरध्वज उसका पुत्र है।

देवेन्द्र इन्द्र के सखा सोम पर दम्भ तथा सत्ता का मद छाता गया। उसने ऋषि बृहस्पति की सुन्दर पत्नी का अपहरण कर लिया और उसे नहीं लौटाने की ठानी। तब इन्द्र ने भी शक्ति-प्रयोग की ठान ली। दोनों में प्रबल युद्ध हुआ। बृहस्पति के नेतृत्व में देवगण आ गये तो सोम (चन्द्र) के साथ उष्णस्। ब्रह्माण्ड में यह संघर्ष कई बार चला। अन्ततः शिव ने अपने त्रिशूल से सोम के दो खंड (शुक्ल पक्ष, कृष्ण पक्ष) कर दिये। नक्षत्र-लोक में गतिरोध उत्पन्न हो गया।

ब्रह्मा ने फिर बीच बचाव किया कि सोम बृहस्पति पत्नी तारा को लौटा दे। सोम ने बेझिझक तारा को लौटा दिया क्योंकि अपनी कलाओं के पूरा होने पर वह ऊब चुका था। तारा गर्भवती भी हो गयी थी।

अब इस गुत्थी को सुलझाना पड़ा कि गर्भस्थ शिशु किसका है। सोम बताने को तैयार नहीं था। तारा भी चुप्पी लगा गयी। अन्ततः ब्रह्मा को फिर मध्यस्थता करनी पड़ी। तब तक शिशु-जन्म हो चुका था। शिशु इतना सुन्दर था कि उसके लिए बृहस्पति ने तारा को भी पुनः स्वीकार करने की रज़ामन्दी कर दी। तारा ने बताया कि शिशु सोम का पुत्र है और मंगल है। बृहस्पति-मंगल-तारा एकवृत्त हो गये।

देवताओं ने सोम को दंड देकर स्वर्ग से बहिष्कृत कर दिया। लेकिन शिव ने सोम को बालचंद्र के रूप में अपने शीष पर धारण कर लिया। सोम तब से भटकता रहा। केवल उसके साथ एक लाल पताका (मंगल ग्रह) फहराती चलती है।

× × ×

समूचे ब्रजमंडल में अत्याचारी कंस का शासन था। हत्याओं तथा बलि का ही जोर था। इसके साथ ही यज्ञ प्रचलित थे। अन्न और घी अग्नि में स्वाहा किये जाते थे। लोकजन इन्द्र की पूजा करते थे। विष्णु-किशोरकन्हैया को अपनी गोपालक-संस्कृति का कृषिचक्र के संक्रमण में मंजूर नहीं था। अतः उन्होंने बलि या यज्ञ की मुनादी कर दी। इन्द्र क्रोधित हो गया। उसने मेघों तथा मरुतों को आदेश देकर सम्पूर्ण ब्रजमंडल को आँधी-वर्षा से डुबा दिया। अब कन्हैया कृष्ण ने इन्द्र से सीधा टकराव किया। उसने गोवर्धन पर्वत को अपनी उँगली पर उठा लिया तथा सारी प्रजा की रक्षा की। तब से इन्द्र की यज्ञोपासना समाप्त हो गयी। अब उसने गोपालन-कृषि के हानिकारक राक्षसवत् घटकों तथा प्राणियों का

संहार किया—पूतना, तृणवर्त, शकटासुर, गजासुर, बकासुर। अन्ततः अत्याचारी बलि-प्रचालक कंस का भी वध कर डाला। [वैष्णव सेवकाई की धर्मसंस्थापना हो गयी]।

× × ×

ऐसा ही एक धर्ममिथकीय लिजंधर है; चिदम्बरम शैवतीर्थ का। तदपि वहाँ काली की भी बराबरी की प्रतिष्ठा थी। वर्चस्व का निर्णय कैसे हो? युद्ध नहीं : क्योंकि दोनों के पास सृष्टि संहार की विराट् शक्तियाँ थीं। अलबत्ता दोनों के बीच नृत्य में मुकाबला हो रहता था। यही हुआ।

चिदम्बरम के महामंडप में शिव ने आनन्द-तांडव तथा काली ने असुरमर्दन-नृत्य करना शुरू किया। सभी मुद्राओं, गतियों, भंगिमाओं से दैवी समतुल्यता रही। तो निर्णय हो कैसे? फिर एक मुद्रा में शिव ने अपना वामपद ऊपर उठाकर ललाट स्पर्श करा लिया। अब कालिका को ऐसा ही करना था। महाशक्तिरूपा नारी यह नहीं कर सकती थी। निर्लज्जता की आशंका से वह निश्चल खड़ी हो गयी। निर्णय हो गया। तब से वहाँ केन्द्र में शिव तथा फिरनी में काली का निवास है।

शिव/विष्णु

शिव या विष्णु परस्पर वेश नहीं बदलते। बस सती सीता का, तथा सीता (रावण द्वारा हरण के बाद) छाया सीता का रूप धर लेती हैं। ये मिथक की तरकीबें हैं। अन्योन्याश्रिता के अलावा शिव और विष्णु के बीच विरुद्धता तथा समन्वय की मिसालें भी पुराणों में मिलती हैं। समन्वय का उत्कर्ष तो 'हरिहर' है। (इसी तरह शिवपार्वती का एकात्म 'अर्द्धनारीश्वर' तथा राधाकृष्ण का एकात्म' 'युगलकिशोर' है)। शिव और विष्णु में कौन बड़ा है? इसका झगड़ा भी होता है।

तदपि शिव और विष्णु का समन्वय तथा समरसता-संघर्ष तथा विरुद्धता भी है। एक ओर पार्वती कहती हैं, कि शिव ही विष्णु हैं और विष्णु ही शिव हैं, या कैलाश ही बैकुंठ है और बैकुंठ ही कैलाश है। किन्तु दूसरी ओर पार्वती और लक्ष्मी एकात्म नहीं हैं। सती राम के अवतार होने की परीक्षा लेने को सीता का रूप धारण करने पर ही त्याग दी जाती है [क्योंकि यह पतिव्रत तथा सतीत्व को खंडित करता है]। अतः यह अत्यन्त प्रबल सम्प्रदायपरक विरोधाभास है।

शिव और विष्णु के बीच की द्वन्द्वात्मकता में **नारद** अथवा **ब्रह्मा** मध्यस्थ होते मिलते हैं। नारद तो विष्णु गान करते हैं तो ब्रह्मा संहार तथा सृष्टि को एकतान करते।

× × ×

एक विचित्र पौराणिक मिथक कथा है कि शिव और पार्वती के बीच किसी बात को लेकर लड़ाई हो गयी और शिव ने पार्वती को छोड़कर जाने का निर्णय लिया। शिव को रोकने के लिए पार्वती ने दस महाविद्याओं का रूप धर लिया। अब शिव जिसदिशा को जिधर से भी जाएँ वहीं उन्हें पार्वती सामने मिलीं।

× × ×

ग्रीक मिथक में वरुण देवता **पोसेइडॉन तथा ज्ञानदेवी एथेनी** के बीच द्वन्द्व छिड़ गया, एथेंस को लेकर कि उस नगर-राज्य पर किसका वर्चस्व हो [यह पेरिक्लीज़ के स्वर्णयुग के पहले की मिथकीय घटना रही होगी]।

एथेना देवेन्द्र ज़ियस के मस्तक से पूर्णसज्जित पूर्णदेह जन्मी थी। वह उलूक-नयना तथा शाश्वत् योनि-शुचिता थी। वह थी तो युद्धदेवी भी, किन्तु शान्तिपक्षधर रही। वह युद्ध-शान्ति के बीच पंच रही।

वह कलाकारों-कारीगरों-धातुकारों की संरक्षिका, नारीकलाओं की प्रशिक्षिका, वृषभों, अश्वों को घरेलू बनाने की संचालिक थी। उसका द्वन्द्व वरुण देवता पोसेइडॉन से छिड़ गया।

पोसेइडॉन उग्र, प्रचंड, भड़भड़ स्वभाव का था। वह तूफानों तथा भूचालों को भी संचालित करता था (ऐजियन सिन्धु-क्षेत्र में भूचाल आते हैं)। वह स्वर्णिम सैंधब-अश्वों पर रथयात्रा करता था। डाल्फिन मछलियाँ उसकी पवित्र प्रतिपादिकाएँ थीं।

ऐथेना तथा पोसेइडॉन दोनों ही ओलिम्पस के बारह अधिशासी देवमंडल के सदस्य थे। लेकिन दोनों में एथेंस के दैवी वर्चस्व को लेकर द्वन्द्व छिड़ गया।

फैसला ज़ियस को करना था। प्रतियोगिता में एथेना ने एक्रोपोलिस की एक चट्टान पर भाले से छेद करके जैतून (ओलिव) का पेड़ उगा दिया, जबकि पोसेइडॉन अपने त्रिशूल से यह नहीं कर सका।

ज़ियस ने फैसला कर दिया। एथेना एथेंस नगर-राज्य की देवी के रूप में प्रतिष्ठित हो गई। (यूँ ही ज़ियस का भाई होकर भी पोसेइडॉन उसका भी सदा-प्रतिद्वन्द्वी रहा)।

× × ×

ईजिप्ट में न तो महाकाव्य तथा धर्मग्रन्थ हैं, और न ही उन देवों के उपासक बचे हैं। मन्दिर, पिरामिड तथा अनुष्ठान परक

मेसोअमेरिका में एक अन्तःश्रेणी के देवताओं में द्वन्द्वैकता के विरोधाभास लक्षित हैं।
टिओटीहुआकान का पिरामिड पंखों की कलगी वाले सर्पदेवता क्वेटज़ालकोएटल, तथा वर्षा-देवता त्लालाक को समर्पित था। वहाँ उन देवताओं के जो मुखौटें हैं उन पर सर्पशिर तथा वर्षा-देवता की गूग़ल-गोल आँखें उत्कीर्ण हैं।

(कोलंबियन-पूर्व, मेक्सिको)

इनके मिथकयान चित्रलिपि तथा भित्तिचित्रों में अंकित है। पुरातत्त्ववेत्ता जाही हबास से ही विश्वस्त ज्ञान मिलता रहता है।

देवों का आपसी द्वन्द्व नयी राजशाही के अठारहवें राजवंश के फाराओ अखेनातोन और उसकी महारानी नेफरतीती के काल में हुआ। उसने आठ प्रमुख देवताओं की पूजा को समाप्त करके केवल एक सूर्यदेवता **अटेन की उपासना** प्रचलित की और बाकी देवताओं को बनवास दे डाला। सूर्यदेवता अटेन का चिह्न एक स्वर्णिक चक्का था जिससे धरोन्मुख किरणें निकल रही थीं। उसके शासन के बाद ही देवताओं की आड़ लेकर पुरोहित पुनः सभी देवताओं को अर्थात् अपनी पुरोहिती के वैभव एवं सत्ता को वापस ले आये। इस तरह विश्व के सर्वप्रथम **एकेश्वरवाद** का तत्सामयिक खात्मा हो गया।

किन्तु ईजिप्ट की परम्परा की खासियत रही थी कि वहाँ शताब्दियों से धर्मकेन्द्र बनते तथा नये-नये स्थानांतरित होते रहे हैं। पहला केन्द्र **हेलियापोलिस** था। यहाँ ओसाइरिस की आत्मा बेन्नू के रूप में पूजी जाती थी। बेन्नू ग्रीक फीनिक्स पक्षी के जैसा ही है जो भस्म होने पर अपनी ही लौ से पुर्नजन्म ले लेता है। इस तरह वह देवात्मन् फाराओ होरस की निरन्तरता है। बाद में यही सूर्यदेवता 'रा' की उपासना में रूपान्तरित हुआ दूसरा मन्त्र-तन्त्र केन्द्र **हर्मोपोलिस** था जहाँ ज्ञान-विवेक-विद्या के देवता **थोट** की उपासना होती थी। वह अपनी ध्वनि से ही देवताओं (शब्द ब्रह्म) की सृष्टि करता था। उसी ने ईजिप्टी गणित या चित्रभाषिकी का अन्वेषण किया। तीसरा केन्द्र मेम्फिस था जहाँ पवित्र वृषभरूप प्टास की उपासना होती थी। वह 'एपिस' भी कहा गया। चौथा केन्द्र **थीब्स** था। इसके और **मेम्फिस** के बीच में **कार्नाक** था। हम इस पाँचवें को भी शामिल कर लेते हैं। यहाँ पहले सूर्यपत्नी, तथा हर्ष एवं प्रणय की गौश्रृंगधारिणी हाथोरदेवी की उपासना होती थी, नेक्रोपोलिस-चक्र में। बाद मे कार्नाक सूर्यदेवता अटोन की उपासना का केन्द्र हो गया। वह मेष तथा बत्तख के गणचिह्नों से भी सुसज्जित है। वह प्रजननकर्ता अतः उत्थित-लिंग भी है।

× × ×

शिव (या शिवलिंग) की उपासना को लेकर भी जब शिव ज्योतिर्लिंग में रूपान्तरित हो गये जो अग्निरूप था तथा सद्गुण-सम्पत्ति सुख-मोक्ष का प्रयोजन था, तब ब्रह्मा और विष्णु को चिन्ता हुई। उन्होंने इसकी ऊँचाई-गहराई जानने की चुनौती स्वीकार कर ली। ब्रह्मा और विष्णु ने अपने वाहनों (हंस और गरुड़) के द्वारा प्रयत्न किये परन्तु कोई थाह नहीं लगी [अगर कहा जाए कि स्वयं हंस और गरुड़ बनकर मापने की कोशिश की तो भी यह मततंत्र तथा मिथकीय एवं पौराणिक अनुपाठ के रूप में प्रचलित हो जाएगा]। अतः मिथकीय भूगोल के अन्तर्गत जिन-जिन स्थानों पर ज्योतिर्लिंग के अंश स्थापित हुए वे प्रमुखत शैव केन्द्र हो गये। इन शिव-राज्यों में वैष्णवों तथा ब्राह्मों जन भी अस्थायी पर्यटक जैसे रहने लगे। बारह महालिंग हैं—सोमनाथ (गुजरात), महाकाल (उज्जयिनी), ओंकार (मान्धाता), अमरेश्वर (अवंतिका), वैद्यनाथ (देवगढ़), रामेश्वर (तमिलनाडु), भीमशंकर (राजमहेंद्री), विश्वेश्वर (वाराणसी), त्र्यंबक (गोमती), गौतमेश, केदारेश्वर (उत्तराखण्ड)।

देवियों की प्रतियोगिता तथा प्रतिईर्ष्या भी चली। भारतार्यवृत्त में **गायत्री, सरस्वती, लक्ष्मी** के बीच सर्वोत्तम की प्रतियोगिता में लक्ष्मी ने महत्ता पायी। ग्रीक-चक्र में **हेरा-एफ्रोडाइट-एथेना** के बीच सर्वसुन्दरी की प्रतिईर्ष्या में एफ्रोइट ने बाजी मारी। हम इनकी यथास्थान व्याख्या कर चुके हैं किन्तु देवीनारियों की विनाशक ईर्ष्या के उद्गम को बताना अभीष्ट होगा। ऐरिस मतद्वेष तथा झगड़ों की देवी है। जब मानव पेलियेस तथा अमर अप्सरा की शादी में उसे आमंत्रित नहीं किया गया तो वह ईर्ष्या तथा अपमान

से आगबबूला हो गयी [दक्षयज्ञ में सती को अनामंत्रण-जैसा मिथकाभिप्राय]। विवाह संस्कार में हेरा, एफ्रोडाइट, आदि देवियाँ भी आयी थीं। ऐरिस ने उनके बीच में एक सेब को फेंक दिया। उस पर लिखा था–'सर्वसुन्दरी' के लिये। बस इसको लेकर पारिस को पंच बनाया गया। उसने हेलेन को पाने के प्रलोभन में एफ्रोडाइट के पक्ष में फैसला कर दिया। बाद में इसी बजह से ग्रीकों तथा ट्रोजनों के बीच इलियाडीय महायुद्ध भी हुआ।

× × ×

अन्त में हम उस असीरो बेबीलोनियाई विश्वमिथकयान से प्रसंग को बन्द करते हैं जब देवता भी मनुष्यों के ही साथ रहते थे, जब उनके घर भी मिट्टी के थे, जब उन्हें भी भयंकर साँपों तथा किमाकृत बाजों का मुकाबला करना होता था, जब सात बुराइयों तथा कुछ अच्छाइयों के **जिन्न** भी पाताल और धरती पर आ बसे थे।

महत् जल (आप्सू) था। वहीं नारीतत्त्व तियामत (सिन्धु) का प्रसार हुआ (वह खारा जल था)। दो सर्प निकले–लखमू तथा लखामू। फिर (ग्रीक यूरानस की तरह) अनशार नामक आकाश, और (ग्रीक गेइया की तरह) किशार नामक भूमि का उद्भव हुआ फिर विश्व में जल-प्रलय पहली मर्तबा रेकार्ड किया गया।

मनु की तरह उतानपिशतिम जलप्रलय से बच गया। उसे एक पर्वतचोटी में शरण मिली। (पता नहीं देवगण कैसे बच गये)। तब देवी-देवते एक बहुत बड़े सभाभवन उपशुकिना में एकत्र होकर अपनी समस्याओं पर वाद-विवाद-संवाद भी करते थे। यह खास तौर पर जगमुक की सालाना दावत में होता था। तब वे मानवों का प्रारब्ध भी निर्धारित करते थे। भूमि नगर, राज्यों, रजवाड़ों में बँटी थी। देवताओं के पूजा-स्थल भी मौजूद थे। इससे पूर्ववर्ती सुमेरियनों के एक महासिद्धान्त को इन देवताओं ने छितरा दिया। सुमेरियन लोगों का सिद्धान्त 'उर्वरता तथा संभोगीजनन, रहा था। देवताओं ने इसे बाँटना शुरू कर दिया। यहीं से उनके बीच द्वन्द्व भी उभरने शुरू हुए।

इन्होंने अपने अहं, पद, सत्ता, शक्ति, महत्ता के आधार पर देवताओं के मंडल बनाये। सदा से द्वैतता के बजाय अन्तर्विरोध का मूलाधार भी यही प्रविधि रही है। नगर-राज्य फिर क्षेत्रीय राज्य, फिर असीरिया, सुमेर, बेबीलॉन जैसे परस्पर निबद्ध कुछ बड़े राज्य बनने लगे। बाद में बेबीलौन के पुरोहितों ने एक कर्मकांडी व्यवस्था के तहत उन्हें तीन-तीन के गुटों अर्थात् 'त्रिगुटों' में बाँट दिया।

इनान्ना या ईश्तार, सेक्स, प्रणय और उर्वरता की प्रथम विश्व-देवी (मेसोपोटामिआ, सुमेर)

बड़े त्रिगुट में अनू (आकाश), एनलिल (धरती) तथा इआ या एनकी (जल) देवता शामिल हुए। छोटे त्रिगुट में सिन (चन्द्रमा), सामाश (सूर्य) तथा इश्तार (शुक्र तारा) जुड़े। इनमें इश्तार अनू अथवा सिन की बेटी तथा सांस्कृतिक अधिनेता मार्दुक इआ या एनकी का बेटा था। बाद में मार्दुक ही सभी नागसिंहों (ड्रेगन्स) तथा तियामत को धराशायी करके सभ्यता का अरुणोदय लाता है।

ईश्तार जिस तरह अनू या सिन [आकाश या चन्द्रमा] की बेटी थी, उसी प्रकार वह एकसाथ युद्धदेवी तथा प्रणयदेवी भी है। वह सभी प्राणियों में, तथा प्रकृति के सभी जैविक जीवों (फसलें, वृक्ष, नदी) में भी कामवासना जगा कर सृष्टि को चलाती है। इस बहाने से वह प्रथम वेश्या, तथा विश्व की गणिकाओं के रूप में पूज्य है। वह युद्धदेवी के रूप में दुर्गा से, तथा प्रणयदेवी में रूप के ग्रीक एफ्रोडाइट (जैसी) है।

वह मृत्यु तथा नर्क के द्वार को ध्वस्त करने के संकल्प के साथ पाताललोक की देवी तथा अपनी बहन एरेशकिगाल तक को निष्क्रिय करने का संकल्प लेकर नीचे चली जाती है। वहाँ से अपने यौवन के प्रणयी और फसलों तथा वसन्त के देवता तामुज्ज को भी वापस लाने का संघर्ष करती है। वह नृशंस-अत्याचारी कामुक शासक गिल्गामिष का अन्त करने के लिए भी मातृदेवी की सहायता लेती है।

स्पष्ट है कि ईश्तार सुमेरियन मिथकीय संस्कृति से भी शृंगारित होकर आयी है। वह संस्कृति मातृसत्ताक थी।

अन्ततः गिल्गामिष तो पूर्णतः अलग-थलग होकर (वैरागी जैसा) हो जाता है। वह ताम्मुज को अपने साथ वापस लिवा आती है। पृथ्वी पर वसन्त और फसलें जीवन ले आती हैं और जनजन प्रणय तथा सम्भोग का सुख भोगने लगते हैं।

यह देवी-देवता के द्वन्द्व की क्रान्तदर्शी दिशा है जो ग्रीक मिथकयान (एडोनिस, पर्सिफोन), तथा ईजिप्टी मिथकयान (ओसाइरिस) तक चलती रही है और आज तक भी निरन्तर चल रही है। कल तक भी चलती रहेगी।

(उ) **'...लिखा अमर रह गया राम-रावण का अपराजेय समर' : दैत्य-दानव तथा असुर-राक्षस**

हम पूर्वेतिहास में पहुँचकर भारतीय मिथकयान में से एक **'नृतत्त्वशास्त्रीय जल्पना'** से शुरुआत करें। तभी हम मिथकीय रहस्यमयता की नाभि को पहचान सकेंगे। रहस्य गहराने का एक कारण यह भी है कि देवमंडल की तरह कोई 'दैत्य-राक्षस-मंडल' नहीं है जो एकसाथ, एकजुट, एकसमूह हो। इनमें सब कुछ छिटका-छितरा है। अतः सामान्यीकरण (जनरलाइजेशन) के प्राचल भी मुश्किल हैं। फिर भारतीय असुरों-राक्षसों का उद्‌गम भी तुहिन तथा जलबूँदों में धुँधला-धुँधला है।

पूर्वानुमान करते हुए हम संदर्श करते हैं कि पूर्वेतिहास-इतिहास के धुँधलके में सम्भवतः कैस्पियन-क्षेत्र से आर्यों की प्रथम लहर आती है। तब तक मेसोपोटामिआ-मोहेनजोदारो की सभ्यताएँ विलुप्त हो चुकी थीं। फिर भी 'स्मृति के परे' जाते हुए आर्यों ने...असीरिया के 'अशुर', आर्यान (ईरान) के राजन्य अहुर (माज़दा) साथ लिवा लिए। सप्तसिन्धु में आने पर उनसे कुछ दूरियाँ बनती हैं। पुरोहित स्रष्टा ब्रह्मा उन्हें देह अन्दर उदर से या सृष्टि-जल की गिरी हुई बूँदों से व्युत्पन्न कहने लगते हैं। आखिर उनका टकराव शक्तिशाली विपक्षी वृत्र से होने लगता है। उनका नेता भी एक प्रचंड योद्धा देवेन्द्र इन्द्र है। इस तरह वृत्र भारतीय मिथकयान का **प्रथम** असुर है, अर्थात् वह सुर नहीं है, अर्थात् परकीय (ऐलियेनेटेड) है। इन्द्र के साथ अग्नि और सोम हैं (ये पुराने सदस्य हैं)। युद्ध का प्रकार भी उभयपक्षी छलावरणों से भरा है—पर्वत से, मेघवाही प्रभंजनों से, वज्र और गर्जन से। इस युद्ध के वृत्त में सप्तसिन्धु में बसे बर्बर कबीलों से लड़कर उनके माटी के गढ़ भी ढहा दिये जाते हैं। वे दस्यु लड़ैये भी असुर-श्रेणी में खतियर दिये जाते हैं। अन्ततः आर्य सत्ता क़ायम हो जाती है। अब असुर विरोधी हैं।

उन्हें चिह्नित करने के लिए वाद-विवाद के अन्तर्विरोधों की व्यासरेखा खिंच गयी—अन्धकार-प्रकाश, धर्म-अधर्म, देवत्व-पशुत्व, सौन्दर्य—कुरूपता, आनन्द-आतंक, ऋत् (कास्मास)-अक्रतु (केआस)। विश्वमिथकयान भी गतिवान हो गया। फलतः सुर तथा **असुर** विश्वमिथकयान के शाश्वत् विरोधी ध्रुवान्त हैं जो निरन्तर रणरत हैं। कभी-कभी युद्ध-विराम के परिणाम में वे वरदान भी प्राप्त कर लेते हैं किन्तु शाप अथवा देव विरुद्ध से उनका पराभव तथा संहार निश्चिन्त होता है। यह विरुद्धता कई परतों वाली है—सुर बनाम असुर, देवरूप अधिनेता बनाम दैत्य, स्वर्गपति अधिदेव बनाम **दानव,** एवं देवांश बनाम **राक्षस।।**

दैत्य-दानव तथा असुर-राक्षस के नामों तथा कृत्यों ने मिथकों में बराबर की भागीदारी की है। इनकी आपसी अस्मिताएँ भी घुलमिल चलीं। देव और दैत्य, मानव और दानव, सुर और असुर, यक्ष और राक्षस विभक्ति के आयाम तय करने लगे। यही क्रम आर्यान के अहुरमाज़दा-अहरीमन, मेसोपोटामिया के बाल-यामा, बेबीलान के एनलिन-एनकी, ग्रीस के ज़ियस और जांइटस, ईजिप्ट के ओसाइरिस-सेट, भारत के राम-रावण तक जारी रहता है। अधिकांशतः **दो** के विरुद्धों का उद्‌गम **एक** होता है। यही न्याय है।

भारतीय वृत्त में अन्तर्विरोधों की विलक्षणता है। अलौकिक बनाम अवलौकिक, दिव्य बनाम गर्हित, आह्लाद बनाम आतंक, क्षमा बनाम प्रतिहिंसा, पुण्य बनाम पाप, समूह बनाम एकल। इसी के साथ स्वर्ग बनाम पाताल, देवियाँ बनाम राक्षसियाँ भी शामिल हो गयीं। इन अन्तर्विरोधों का निराकरण करने वाले अभिकरण वरदान बनाम शाप हो गये। फैसला एकपक्षीय ही होता रहा—असुर-संहार।

विश्वमिथक में यह अजब और गजब न्याय रहा कि लगभग विभिन्न मिथकयानों ने अंततोगत्वा स्वप्न में छलाँग लगाई। इसके साथ परिवेश के हिंसक-विकराल पशु-पक्षियों-स्थलों का भी दानवीकरण हुआ है।

× × ×

ईजिप्टी तथा ग्रीक मिथकयानों में पाताल लोक तो है किन्तु **नर्कलोक** क्षीणांध हैं। नीलनदी के फाराओ पाताल में रुककर ओरियन होने की अमरयात्रा करते हैं। ग्रीक मिथकों में हेडीज़, पर्सिफोन, एनियाज़ (ट्राय तथा रोम) का पिता एंचिसेस तथा समुद्रायनी में पुरखे पाताल में रहते हैं। बलि, हिरण्याक्ष, अहिरावण भी पाताल के वासी हैं। मेसोपोटामिआई देवी एरेशकिगाल का राज्य भी पाताल में है। पाताल सर्पों का लोक है। वह मृत्युलोक भी है। भारतीय मिथकों में वह नर्कलोक भी है। असुर-राक्षस वहाँ छिपते भी हैं। ग्रीस-ईजिप्ट में दैत्य-दानव प्रायः समुद्र में ही रहते हैं।

(प्रजापति-) दक्ष की सत्ताईस पुत्रियों में से सती (शिव), रोहिणी (चन्द्र), दिति (कश्यप), अदिति (कश्यप), ख्याति (भृगु) हैं। इनमें से दिति से दैत्य, दानव, सरीसृप पक्षी पैदा हुए [अन्य पुत्री कद्रु से दस नागकुल (शेष, वासुकि, कर्कोटक, पद्म, तक्षक, बलाहक, महापद्म, शंख, कुलिक; कम्बल) जन्मे। उनकी संख्या एक हजार तथा नेता शेष एवं वासुकि थे दिति से उनंचास मरुत भी पैदा हुए जो इन्द्र द्वारा एक हज़ार वर्षों से पल रहे उसके गर्भस्थ भ्रूण के टुकड़े किये जाने के बाद स्वतन्त्र रोते हुए जन्में थे। वे मरुत (मा रोदिः = मत रो) थे।] दिति की प्रमुख दैत्य-दानव सन्तान में हिरण्यकशिपु, तथा हिरण्याक्ष नामक शक्तिशाली दैत्य थे। कश्यप की दूसरी पत्नी अदिति से आठ या बारह सूर्य या आदित्य जन्में (सूर्य के बारह माहों के अनुसार)। ये प्रकाश के देवता हैं। अदिति को लेकर एक मिथकीय रहस्यमयता है कि वह दक्ष की पुत्री तथा माता है। यास्क के निरुक्त में यह निर्वचन हुआ कि देवता परस्पर एक-दूसरे से, एक-दूसरे के तत्त्व से पैदा हो सकते हैं। उनका **उद्गम** एक ही उद्गम हो सकता है। इसी लड़ी में विष्णु और इन्द्र भी अदिति-सुत हो गये। विष्णु-वामन का जन्म भी कश्यप-अदिति दम्पति से हुआ। स्वयं कश्यप (कछुआ) ही विभिन्न वर्ग, प्रजातियों के जनक हो गये हैं। क्या उनके कच्छप मूलरूप से विष्णु-कच्छप का अवतार हुआ? अतः अवतारवाद के परवर्ती चरण में यह भी एक मिथकीय रहस्यमयता बन गयी। तो कश्यप-कच्छप तथा विष्णु-कच्छप का सह-अस्तित्व भी कायम हुआ। यही नहीं, कश्यप आदित्यों तथा दैत्यों-दानवों, दोनों वंश-रेखाओं के जनक हैं। यह रहस्यों का एक संजाल है। कारण कि, (i) अदिति दक्ष की पुत्री तथा माता बना दी गयी तथा (ii) कश्यप दिति तथा अदिति के पति हो गये। दोनों का उद्गम एक है। अतएव दैवी तथा आसुरी प्रवृत्तियों का उद्गम एक होने के नाते उनमें परस्पर विद्वेष तथा मैत्री भी है।

विश्वमिथकयान में यह विरुद्धता-एकता का द्वन्द्वन्याय कई प्रकार का हैः–

अदिति से दक्ष की उत्पत्ति हुई। फिर दक्ष से अदिति उत्पन्न हुई। फिर दक्षपुत्री अदिति से ही अमर्त्य तथा स्तुतियोग्य देवता उत्पन्न हुए। अतः अदिति समस्त विश्व की माता है। **अदिति माता तथा पुत्री** है। **मिस्र** में भी आकाश-देवी 'नुट' ने अपने शरीर से सभी प्राणियों को बनाया : वायुदेवता 'शु' ने 'गोनुट' को अपने पाँवों पर खड़ा कर दिया। फिर उससे लाखों तारकों की उत्पत्ति हुई। चीन में भी नव देवताओं की माता 'नु ची' आदिम जलराशि (आपस) की ही देवी है।

तदपि आर्य-सभ्यता में पुरुष-देवताओं की प्रधानता रही।...ऋग्वेद के 'पुरुससूक्त' तथा 'हिरण्यगर्भ सूत्र' में पौरुषशक्ति से ही सृष्टि की उत्पत्ति का वर्णन है; स्त्रीशक्ति से नहीं।...'ऐतरेय ब्राह्मण' में आदि पुरुष प्रजापति ने अपने शरीर से ही अपनी पुत्री उत्पन्न की। फिर उसे अपनी पत्नी बनाया।

यह सृष्टि के प्रारम्भ की पहेली है : यदि वह पुरुष से हुई तो स्त्री पत्नी तथा पुत्री भी हुई। यदि स्त्री से हुई तो पुरुषपति एवं पुत्र भी है।

प्रजापति कश्यप ने विश्वव्यापी अग्नि वैश्वानर की कन्याओं से विवाह किया था। इन माताओं का मुख भिन्न-भिन्न पशुओं की आकृति का था।

चीन :– पश्चिम आकाश की देवी व्याघ्ररूपिणी थी।

ईजिप्ट–देवमाता नुट, भारतीय सुरभि के अनुरूप गोरूपिणी थी।

ये सभी माताएँ मातृशक्ति की उत्पादन-शक्ति का प्रतिरूप थीं।

आदि पुरुष प्रजापति में रमण की इच्छा हुई। उसने अपने को दो भागों में विभक्त कर लिया–वे पति और पत्नी हुए। वे फिर संयुक्त हुए। उनसे मनुष्य उत्पन्न हुए। फिर स्त्री में दुविधा हुई कि अपने से ही उत्पन्न करके वह मुझसे क्यों समागम करता है। अतः वह गौ हो गयी। तो दूसरा (प्रजापति) वृषभ हो गया। फिर स्त्री घोड़ी हो गयी तथा (पुरुष) घोड़ा हो गया। (वृहदारण्यक उपनिषद)।

आदित्य को तीन माता तथा तीन पिताओं का पुत्र कहा गया है। वे हैं–आकाश, अन्तरिक्ष और पृथ्वी।

वास्तव में दैत्य-दानव तथा असुर-राक्षस के चतुरंग में मिथकीय प्रकृतिवाद से अतिशय प्रतिपक्ष अर्थात् अति-प्रकृतवाद (सुपरनेचुरलिज्म) की परिव्याप्ति तो है ही, इस निषेधीपक्ष की चतुर्कोटियों में परकीयकरण (ऐलियेनेशन), अवमानवीयकरण

(डि-ह्यूमेनाइजेशन) तथा पाशविकीकरण (ब्रूटलाइजेशन) की प्रवृत्तियाँ भी प्रमुख एवं प्रबल हैं।

दितिपुत्र **दैत्य** ऋत्-भंजक तथा बलि-प्रथा के कट्टर विरोधी हैं। उनके विशाल आकार तथा विकराल आकृति हैं [यद्यपि विष्णु-नृसिंह भी ऐसे ही हैं]। उनकी प्रचंड प्रकृत्येत्तर शक्तियाँ हैं [दुर्गा भी ऐसी ही हैं]। **दानव** भी विशाल आकार तथा भयानक आकृति वाले हैं। वे नाना प्रकार के कायंतरण कर सकते हैं, कभी सिंह, कभी महिष, कभी पक्षी रूप में। इनका संघर्ष, बराबर की बड़ी देवशक्तियों से है। संयोग है कि ये, संधि-विरामों या अपनी शक्ति-संयम के बल पर, देवपक्ष से ही कुछ शर्तों को हासिल कर लेते हैं जिन्हें वरदान कहते हैं। दैत्यों और दानवों को ब्रह्मा, विष्णु, शिव, तीनों ही वरदान देते हैं। उनकी शर्तें मान लेते हैं किन्तु शर्तभंग पर दण्ड या शाप भी देते हैं। हिरण्याक्ष, हिरण्यकशिपु महिष तथा रक्तबीज ऐसे ही दैत्य एवं दानव थे।

इसी क्रम में **असुर** हैं। वे मूलतः जादू (इन्द्रजाल) का जमकर प्रयोग करते हैं। संघर्ष एवं संग्राम में वे कभी-कभी देवपक्ष से ताकतवर होते हैं। तब शक्तिक्षीण देवताओं को विष्णु तथा शिव के बुद्धि-कौशल तथा श्रेष्ठतर अस्त्र-शस्त्रों की सहायता से उन्हें पराजित करना पड़ता है। समुद्र-मंथन इसका प्रतिनिधि उदाहरण है जहाँ विष्णु-मोहिनी छल द्वारा तथा मदिरापान में उन्मत करा कर असुर-पक्ष से अमृतकलश हथिया लेते हैं। जालन्धर-प्रसंग दूसरा है। वहा उल्टे पार्वती का हाथ माँगता है तथा विष्णु उसकी पत्नी वृंदा के साथ बलात्कार करते हैं।

यदि दानव-दैत्य आर्यों की यज्ञबलि के विरोधी थे तो असुर-राक्षस मूलतः **यज्ञ** (अग्नि) के विध्वंसक थे। वे नरभक्षी कबीलों से भी जुड़े थे। उनके हथियारों में अस्थि अस्त्र भी शामिल थे।

राक्षस वर्ग की प्रकृति अर्द्ध-दैवी भी है। वे आर्यकुलों से भी जुड़ जाते हैं। वे श्मशान से वन तक, पर्वतों से शहरों तक के अधिकारी हैं। वे अप्सराओं तथा रमणियों के सौन्दर्य तथा शरीर के प्रति उन्मादी हो जाते हैं और अपनी मृत्यु को भी प्राप्त करते हैं, उनमें लालसा, हिंसा, धूर्तता विद्यमान है। वे बड़े जादूगर तथा मायावी हैं। उनमें परस्पर तो, आर्यों की कुलव्यवस्था जैसी ही ममता, अनुराग, आस्था तथा समर्पण है।

इस तरह दैत्य-दानव-असुर-राक्षस का चतुरंग आर्यों के बलि तथा यज्ञ-आहुति की स्वाहा जैसे कर्मकांडों के तो प्रचंड शत्रु तथा विध्वंसक रहा है। वे आश्रमों के माध्यम से उनके इलाकों के अतिक्रमणों को भी विनष्ट करते हैं। वे वैभव से अधिक नारी-विराज के प्रणयी तथा याचक रहे हैं। उनकी पारिवारिक सम्बन्धता में सतीत्व एवं पातिव्रत, आज्ञाकारिता एवं योनि-शुचिता की नैतिकता का अनुपालन कम-से-कम था। राक्षसवर्ग में रावण सर्वोपरि रहा है।

देव-प्रतिपक्ष में राक्षस-सम्राट **रावण** का ही सर्वांगीण मिथकांकन हुआ है। उसकी लंका नगरी वास्तुकौशल का एक नमूना थी। वही अकेला राक्षस था जिसे अमरता का **वरदान** मिला था क्योंकि उसकी नाभि में अमृत था। अशोक-वाटिका में बन्दिनी देवी सीता का उसने स्पर्श तक नहीं किया था। इसके पीछे एक शाप था। रावण ने नल कुबेर की पत्नी रम्भा के साथ बलात्कार किया था। सो, उन्होंने रावण को शाप दिया था कि अगर वह किसी परस्त्री के साथ बलात्कार करेगा तो उसके सिर के सात-दस टुकड़े हो जाएँगे। इसलिए रावण सीता का स्पर्श नहीं करता। वह उसे अपने अन्तःपुर में आने के लिए एक वर्ष की अवधि देता है।

यदि सुन्दरी शूर्पणखा (जैन 'पउमचरिउ' की चन्द्रनखा) श्रीराम पर आसक्त होती है तो पांडव भीम हिडिम्बा से विवाह करते हैं तथा घटोत्कच नामक पुत्र भी पाते हैं। आजकल तो वह मनाली (हिमाचल प्रदेश) के अपने एकता मन्दिर में एक वन-देवी के रूप में भी पूजित हो रही है। इसलिए पुरातन मिथकों में भी सत्ता तथा शक्ति का न्याय लागू होता था। देवपक्ष भी दूध का धोया और गंगा में नहाया नहीं रहा था। राम-रावण तथा हिरण्यकशिपु-नृसिंह प्रसंग हम ले चुके हैं। हिरण्याक्ष-विष्णु-वराह की चर्चा समापक होगी। (दोनों हिरण्यी शायद भाई थे)। हिरण्याक्ष ने पृथ्वी का ही अपहरण कर लिया और उसे पाताल लोक में ले जाकर बन्दिनी बना दिया। तब विष्णु-वाराह ने पाताल में उसका वध किया और अपने एकदंत पर पृथ्वी का उद्धार किया। (अवतारवाद में पृथ्वी अर्थात् भू-देवी विष्णु की पत्नी भी है)।

[प्रसंगात् स्मरण किया जाए कि स्वयं विष्णु ने भी जालन्धर-पत्नी वृंदा के साथ बलात्कार किया था]।

अतः 'मिथकीय तार्किकता' के (अब) धार्मिक चरण के अन्तर्गत ऐसा राक्षस-चतुरंग भी तपस्या द्वारा अद्भुत वरदान पाता है और अभिशाप भी भोगता है।

यह चतुरंग दुर्गा (महिष), कात्यायनी (निशुंभ), तिलोत्तमा (सुन्द-उपसुन्द), पार्वती (जालन्धर) सीता (रावण) के भोग-सौन्दर्य-मोह का लोलुप रहा है। तदपि यह चतुरंग वरदान तथा शाप देने की दैवी शक्ति से सम्पन्न नहीं है।

× × ×

वैदिक-हिन्दू मिथकायन की भाँति ग्रीक मिथकायन में भी साइक्लोप्स, जाइंट्स तथा टाइटन्स की दैत्य-दानव त्रयी छायी रही है। ये भी एक ही देव-दानव वंश-धारा से पैदा हुए हैं : यूरानस-गेइआ की।

मातृदेवी गेइया ने पहले छै सन्तानों को जन्म दिया। इनमें से तीन **साइक्लोपीज़** थे। ये एकाक्ष थे। इनकी एक आँख ललाट के मध्य में थी। अस्त्र-शस्त्र निर्माण में कुशल होने के नाते इन्होंने ज़ियस का वज्र बनाने में धातुविद हेस्फेटस की सहायता की

रावण

थी। इन्होंने ही आलिंपस पर्वत में देवताओं का प्रासाद भी बनाया था। ये दानव थे।

बाकी तीन सन्ताने **जाइंट्स** थीं। इनमें-से हरेक के पचास शिर तथा सौ हाथ थे। जब क्रोनस ने यूरानस का लिंग काटा था तब उसके रक्त से ये जन्मे थे। इनकी देह सर्प की तथा शिर मानवों का था। इन्होंने चट्टानों तथा वृक्ष के तनों से ओलिम्पस पर्वत पर हमला करके देवताओं को भगा दिया था। बाद में महायोद्धा हेराक्लीज़ की मदद से उन्होंने पर्वत को पाया था।

यूरानस ने सत्ता छिनने के भय से इन्हें पाताल के अन्धकार में फेंक दिया था। मातृदेवी गेइया उन्हें वापस चाहती थी। बाद में दम्पति ने तेरह अन्य अमर सन्तानों को जन्म दिया। वे **टाइटन** थे। उनमें क्रोनस सबसे छोटा था। वे प्रकृति में विध्वंस तथा हिंसा के संरूपप्रद थे। इन्होंने ही यूरानस को 'सत्ताच्युत' कर दिया। ये राक्षस थे तथा मानवों के प्रति सहानुभूति रखते थे। इनके एक वशंज प्रोमेथियस मनुष्यों के पक्ष में ओलिम्पसीय देवों का विरोध करके अग्नि को पृथ्वी पर लाया था। उसे कठोर दण्ड मिला।

ग्रीक मिथकयान में दानवों-दैत्यों-राक्षसों की त्रयी के उन्नीसों पात्र अमर भी थे। यह विलक्षण बात है।

इसके अलावा बुराइयों तथा छलछद्मों के समूहों में सेटिर तथा साइरनें भी हैं जो मनुष्यों की आखेटक तथा दिग्भ्रामक रही थीं।

इनकी फिरनी में तीन **गार्गूनें** थीं। वे पंखयुक्त राक्षसियाँ थीं जिनके सर्प-केश होते थे। वे अपनी नज़र से ही मनुष्यों को पत्थर में बदल देती थीं। इनके एक आँख तथा एक दाँत होता था।...इनमें से एक मर्त्यमान मेडुसा पहले बेहद सुन्दर युवती थी। उसने स्वयं को देवी एथेना से भी सुन्दर बताना शुरू किया जिससे देवी ने उसे सर्पकेशी बना दिया। शेष दो अमर्त्य थीं। ग्रीक मिथकायन में गार्गूनादि भी जाइंट्स के पैटर्न पर गढ़ी गयीं। जाइंट्स के शिर मनुष्यों के तथा शेष देह सर्प की होती थी।

सेंटारों का मुख मनुष्य का तथा शेष देह अश्व की होती थी।

मिनोटारों का मुख मानव का तथा शेष देह वृषभ की होती थी। इनकी माँ को एथेंस की सात लड़कियों तथा सात लड़कों की बलि दी जाती थी।

सेटिर मानवकृत थे किन्तु उनके पाँव तथा सींग बकरे के होते थे।

साइरेने समुद्री परियाँ थीं। जो अपने वशीकरणयुक्त गायन से नाविकों को अपने मोहपाश में बाँधकर मार देती थीं। ऐसे पक्षी थीं जिनका सिर मानवी होता था।

मुड़कर मेसोपोटामिआ के आद्य लोक में चलने पर हम बर्बर मानव और **अर्द्धदेता,** तथा दैत्य को विकसित होते हुए पाते हैं। कहा जा सकता है कि यह असुरों का एक उद्गम है। अक्कादी महाकाव्य के मुताबिक शाहंशाह **गिल्गामेष** एक क्रूर शासक, तानाशाह तथा विलासी था। त्रस्त जनता उससे छुटकारा चाहती थी। उसने देवताओं से फरियाद की तब देवी अरूरू ने एक ऐसा बनैला मानुष बनाया जो घास खाता था तथा जिसकी देह घने बालों से ढँकी थी। उसने कभी भी सम्भोग का आनन्द नहीं लिया

मेसोपोटामिआ का दैत्य पाज़ूज़ू ईहामृगवत् है। इसके पाँव एवं पंजे एक बाज के तथा मुख एक अर्द्धसिंह दैत्य का है।

युवा योद्धा योशी-त्सूने को तेंगू-समूह ने युद्ध-कौशल सिखाया था।

था। उसका नाम **एनकिडू** था। जब गिल्गामेष को अपने विपक्षी के भी होने का पता चला तो उसने उसे पथभ्रष्ट करने को मन्दिर की एक वेश्या भेजी। एनकिडू उसके पाश में फँस कर सभ्यता का पथगामी हो गया। गिल्गामेष से एक द्वन्द्व-युद्ध में हारकर वह उसका मित्र हो गया। यह दानव के निर्माण की प्रथम अवस्था है।

फिर सघन वन कान्तार के दैत्य हुवावा या हुम्बाबा को खोज निकाला गया। वह अग्नि की साँसें लेता था। इस तरह यह पहला असुर था। इसे प्रचंड झंझावत के देवता ने हताहत कर दिया। इससे क्रुद्ध देवी ने अनु से कहा कि स्वर्ग से एक प्रचंड **वृषभ** भेजा जाए जो सब कुछ ध्वस्त कर डाले। पशुरूप राक्षस भी प्रयत्न करता रह गया। हमारा प्रसंग यहीं तक है। **मेसोपोटामिआ** (असीरिया) में निमरूद (प्राचीन काल्हू) के एक शिलांकन में आद्य संहार (केआस) के दैत्य तथा सृष्टि के देव अशूर के बीच संग्राम (इसी का ग्रीक संस्करण कई सिरों वाले हाइड्रा का वध करता हुआ हेराक्लीज़ है)।

अतएव दानव, असुर तथा राक्षस की प्राथमिक अवधारणाओं से हमारा साक्षात्कार होता है।

जापान में भी बौद्ध तथा शिंटो मतों के प्रभाव से असुर-धुरी हल्की रही है।

जापान में **जीवों** तथा **अध्यात्माओं** (स्पिरिट्स) के हल्के-फुल्के संरूप हैं।

तेंगू जापानी मिथकीय प्राणियों में सबसे विचित्र और सबसे पुराने हैं। कुछ के अनुसार तेंगु सुसानो–अमातेरासू भाई के वंशज हैं। ये लघु (अर्द्ध देव) दानव हैं। इनसे भय भी लगता है तथा इनकी पूजा भी होती है। ये वृक्षों तथा उन पर्वतों के निवासी हैं जहाँ पाइन उगे हैं। ये समूह तथा बस्ती बनाकर रहते हैं और इनका एक प्रमुख तेंगू नायक होता है। उसके हरकारे भी होते हैं। दिखने में वे अर्द्धपक्षी-अर्द्धमानुष है–लम्बे पंखों एवं लम्बी चोंच या नाक वाले। कभी-कभार ये लालवर्ण के होते हैं, छोटी कापी-टोपी तथा चोगे धारण करते हैं। ये उम्दा तलवारबाज़ हैं; शरारती अथवा दुष्टात्मा भी होते हैं। कभी-कभी इनका चित्रण पत्तियों तथा पंखों के जामे पहने हुए होता है। कुल मिलाकर ये सद्गुणों के विपरीत चालबाज़ होते हैं। ये प्रायः शिंटो-धर्म से सम्बद्ध है।

ओनी बौद्ध धर्म से जुड़े तथा प्राचीन लिजंधरों में भी पाये जाने वाले विशाल आकार के दैत्य हैं। इनका रंग गुलाबी, लाल, नीला, भूरा होता है। इनके सींग तथा अक्सर तीन आँखें होती हैं; तीन पंजे तथा तीन अँगुलियाँ भी। ये उड़ भी सकते हैं। यद्यपि इस क्षमता का उपयोग बहुत कम करते हैं। ये हास्यास्पद, क्रूर, कुटिल और खल होते हैं। माना जाता है कि इनका उद्‌भव चीन में हुआ और बौद्ध मत के साथ ये जापान आ पहुँचे। ये बाघम्बर तथा लोहे का भाला धारण करते हैं। मनुष्य का अपहरण करके उसे कैद कर लेते हैं। ये मन्द बुद्धि तथा मानव-रमणियों के प्रेमी होते हैं। ये पुरुष तथा महिला, दोनों रूपों में होते हैं।

कप्पा : ओनी की अपेक्षा **कप्पा** ज्यादा बुद्धिमान माने गये हैं। ये मनुष्यों की हड्डियों को ठीक करने की आयुर्वेदिक क्षमता से युक्त हैं। कुछ इन्हें नदी-देवता के वानर-दूत मानते हैं। ये बन्दरों से तो मिलते हैं किन्तु इनके रोंऐं नहीं होते। दस साल के शिशु के आकार के होते हैं। ये बैंगनी रंग के होते हैं। इनके तालु पर अगर पानी उँड़ेल दिया जाए तो ये अपनी अलौकिक क्षमताओं से विहीन हो जाते हैं। ये नदियों, तालाबों और झीलों में रहते हैं तथा वैम्पायरों की तरह प्राणियों की गुदा में घुसकर उसको खाते हैं—घोड़ों और मवेशियों के तथा मनुष्यों के रक्त से तृप्त हो जाते हैं। यह भी माना जाता है कि कप्पा स्त्रियों के साथ बलात्कार कर सकते हैं। उनकी यह चारित्रिकता ओनी के जैसी है। ये खीरे कुकंबर खाने के भी शौकीन हैं। अतः जल में खीरा फेंक देने पर इनका प्रकोप नहीं रहता। ये बात के धनी होते हैं जो (कथाओं में) इन्सान के पक्ष में चित्रित हुआ है।

हिम-रमणी (जापान) : 'यामा-ऊबा' स्त्रीरूप पर्वत-आत्माएँ हैं। कभी-कभी छिपी हुई भयानक मानी जाती हैं। कथा : यूकी-ओन्ना नामक एक हिमनारी भयंकर प्रेत श्वेतात्मा है। वह बर्फ के तूफ़ानों में प्रकट होकर मानवों को फँसा लेती है। उन्हें गहरी नींद में भुलाकर मार डालती है। यूकी ओन्ना युवती है। अत्यन्त सुन्दर देह से युक्त है तथा शालीन वृत्तिवाली प्रतीत होती है।

मरणशीलों तथा आत्माओं के बीच प्रेम (वनस्पति जगत की आत्माएँ) कथा : एक मनुष्य एक विलोवृक्ष की बहुत प्रशंसा करता था। एक दिन उसकी छाया में उसे एक लड़की मिली जिससे वह तुरन्त प्रेम करने लगा। दोनों की शादी हो गयी। एक दिन सम्राट के आदेश से मन्दिर बनाने के लिए वह विलोवृक्ष काट दिया गया। मनुष्य की गुहार काम नहीं आयी। उसकी पत्नी ने बताया कि उस वृक्ष में उसकी आत्मा का वास है। ज्योंही वृक्ष चरमरा कर धरती पर गिरा कि पत्नी की मृत्यु हो गयी।

यह पुनर्जन्म होकर **अध्यात्माओं** (स्पिरिट्स) के प्रेममिलन का भी अभिप्राय है।

इसी के बरक्स छोटी-बुरी अध्यात्माएँ अर्थात् **प्रेत** (या प्रेतात्माएँ) होते हैं। जब हिंसा द्वारा या डूबने द्वारा, या दुर्घटना में अप्राकृतिक मौत होती है तब विश्वास किया जाता है कि प्रतिरोधी अध्यात्मा अपने पूर्ववर्ती संगी-साथियों तथा रिश्तेदारों को बाधित या आविष्ट करती है। यह माना जाता है कि प्रेतात्मा अपनी देह को शान्ति रहित दशा में छोड़कर गयी है। अतः उसकी शान्ति के लिए अनुष्ठान किये जाते हैं ताकि प्रतिशोध या शोक या बेचैनी में भटकती प्रेतात्मा को शान्ति मिल जाए।

दैत्य-दानव-असुर-राक्षस के चतुरंग से परे हम मेसो अमेरिका के ऐसे देवी-देवता वृंद को पाते हैं जो दैत्य कर्मीधर्मी थे। हमारा मंतव्य अज़टेक के महाकाल देव ह्यूटज़िलोपोट्ली तथा उसकी देवी माता **काओट्लीक्यू** से है।

मध्य अमेरिका क्षेत्र में पहले लड़ाकू तोल्टेक कबीलों की लहरें पर लहरें आती रहीं (10वीं शती के दरमियान)। उन्होंने अपनी पारम्परिक संस्कृति तथा विजित जनजातियों की नगरीय सभ्यता का मेल कराया तथा तुला नामक राजधानी बनाई। वहाँ देवता क्वेटज़ालकोआट्ल का पिरामिड मन्दिर स्थापित किया। उन्होंने पूर्ववर्ती मेसो अमेरिकी संस्कृतियों के **सपक्ष सर्प** को अपना महान् देवता स्वीकार कर लिया। तोल्टेक कबीलों के भी देवता **टेक्सकैटलीपोका** की भी पूजा-आराधना जोरों से प्रचलित हो गयी वह पार्थिव (मानव) रुधिर का दिव्य नृरूप था। वह जीवन तथा मृत्यु का स्वामी, जादूटोनेबाजो का आराध्य, तथा जगुआरों (छोटे बाघ), बाजों तथा कोयोटोओं की यौद्धेय जमातों का संरक्षक था। वह पार्थिव रक्त, सत्ता की प्यास तथा नरमेध से पूजित था। अतः पहली बार मानवबलि को सर्वोपरि-सर्वपवित्र पूजा माना गया। ये जनगण मानते थे कि सृष्टि के संहार को मानव-बलि तथा रक्त के पोषण द्वारा विलंबित किया जा सकता है।

फिर यह परम्परा बाद के खूँख़्वार घुमन्तू अज़टेक कबीलों ने ज्यादा जोश और निष्ठा के साथ जारी रखी। उन्होंने टेक्सकोको झील पर टेनोचटिटलान शहर बसाया (सन् 1345)। उन्होंने स्वयं को अर्द्धसभ्य कबीले से एक संगठित राज्य में तब्दील कर लिया। अज़टेक समाज का नेतृत्व एक पुरोहित-सम्राट करता था। वहाँ एक सैन्य राज्य था। मानव बलि व बलिदानों को करने की उनकी संस्था भीम भयंकर थी। टेनोचटिटलान मन्दिर में चारदिवसीय महोत्सव में करीब बीस हज़ार युद्ध-बंदियों (जिन्हें 'युद्ध-प्रसून' कहा जाता था) के धड़कते हृदय को चीरकर निकाला जाता था तथा देवताओं को समर्पित किया जाता था। उनकी देह पिरामिड की सीढ़ियों पर (मृत्यु लोक) उतार दी जाती थी ताकि वहाँ से स्वर्गारोहण हो सके। इसी के साथ अज़टेक कला अद्‌भुत-विचित्र-अज्ञेय शैली में दानवी-देव पाषाण-प्रतिमाएँ तथा मुखौटे निर्माण करने में सिद्ध थी। एक उदाहरण देवी कोआटलीक्यू की प्रतिमा है।

दैत्य-दानव-असुर-राक्षस तथा अन्य सम्पृक्तताओं के प्रसंग में अन्ततः **'असुन्दरता का विसंगत सौन्दर्यबोधशास्त्र'** (एब्सर्ड एस्थेटिक्स ऑफ़ अगलीनेस) के उन्मीलन को लिया जा सकता है।

यह आयाम विश्वमिथकयानों में ही विकसित होता है। शताब्दियों से लगातार विभिन्न प्राचीन सभ्यता-संस्कृतियों के कबीलों का आव्रजन-प्रवजन होता रहा है। फल-संग्राहक, आखेटक (मानवशिर-आखेटक भी), घुमंतू किसान अवस्थाओं से गुज़रते हुए मानव समूह आपस में टकराव और विराम, संघर्ष और पलायन, युद्ध और शान्ति, हिंसा और सेक्स, हत्या और बलि आदि भी करते रहे थे। मित्र पक्ष में यह सब देव-मानव के वैश्विक सन्दर्श से देखा गया, तथा शत्रुपक्ष के प्रति असुर-शत्रु के निषेधी वैश्विक सन्दर्श से देखा गया। पहले ध्रुवान्त में सौन्दर्योदात्तता का दिव्य सौन्दर्यबोधशास्त्र की उत्तीर्णता हुई। दूसरे ध्रुवान्त में असुन्दरता का विसंगत, विखंडित, जादुई अतिप्राकृतिक सौन्दर्यबोधशास्त्र के खण्ड-खण्ड पाखण्डी रूपान्तरण हुए। अतः इसका भी चतुरंगा-सा तैयार होता गया।

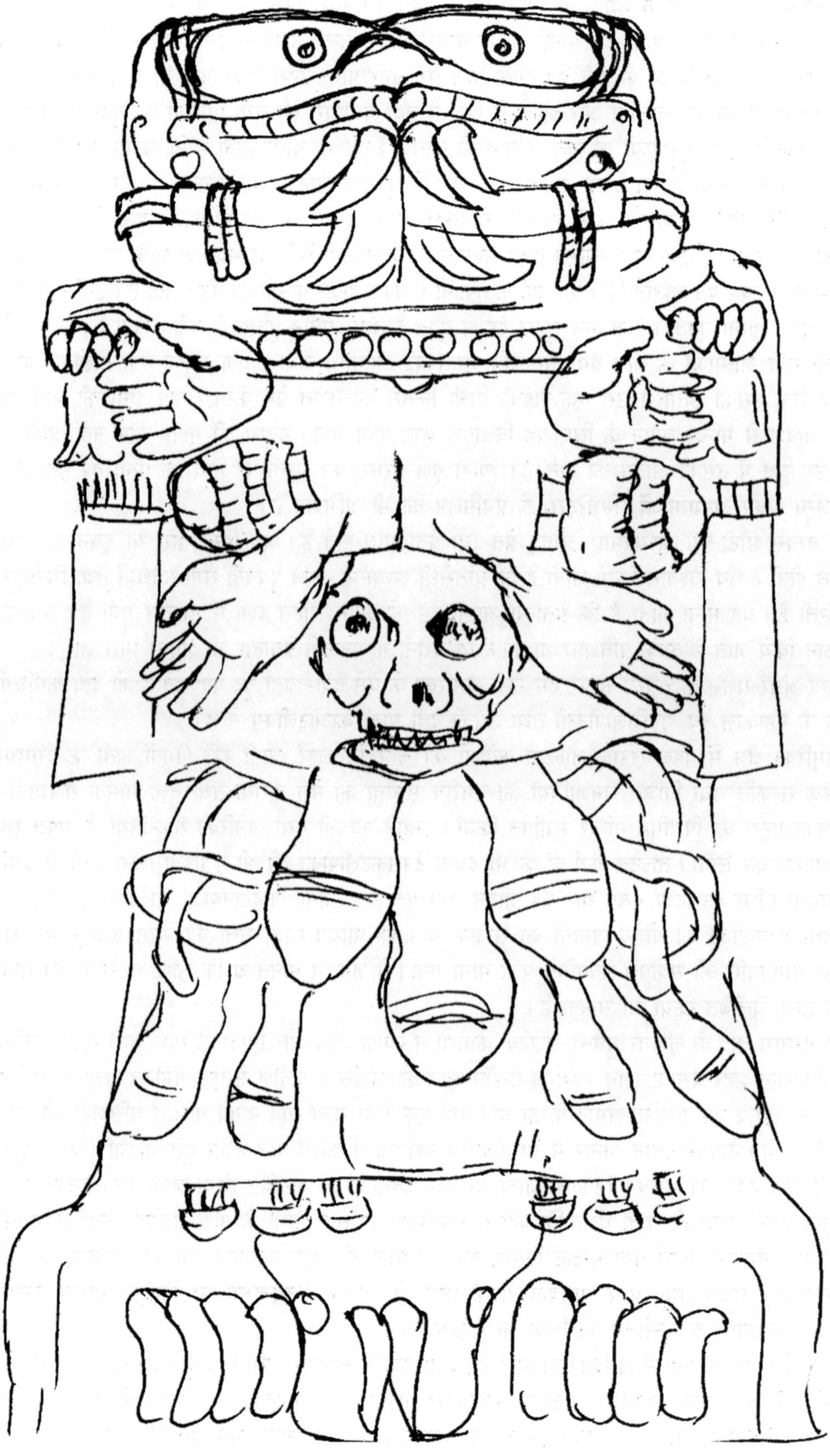

इसके अक्ष **भय** एवं **घृणा** रहे। सो भयानक तथा बीभत्स के बीच रौद्र (रस) का स्थायित्व मौजूद है। अद्भुत का पैरामीटर देव तथा दानव, दोनों ही आयामों में है। पहले में यह दिव्यालौकिक है तो दूसरे में अवचेतनैंद्रजालिक। मनोविज्ञान की लाल रेखा पर यहाँ भय एवं घृणा, हिंसा एवं लालसा के नाना मनोदैहिक रूप-प्ररूप प्रकट होते हैं। अतः नर्मिल तो है ही नहीं। बस अस्तित्ववादी कल्पना है, भ्रम (छलकपट) है, दुःस्वप्न (नाइटमेयर्स) हैं; भ्रान्ति (इल्यूज़न) है, विभ्रान्ति (डिल्यूज़न) है, कायान्तरण (मेटामार्फोसिस) है, मायावरण (हैलुसिनेशन) है। तात्पर्य यह कि अवनर्मिलता (एबनार्मेलिटी) तथा अपनर्मिलता (पर्वज़न) का ही पर्यावरण छाया है। पहले ध्रुवान्त पर स्थिर होकर हम इसे प्रदूषण मानते हैं तो दूसरे ध्रुवान्त से यह विद्रोह और अस्मिता का बचाव भी माना जा सकता है। कायान्तरण तथा मायावरण की भरमार है। जब स्वप्न तथा यथार्थ अद्वयावस्था में हो जाएँ अर्थात् जो हमारे अमूर्त दुःस्वप्न एवं दिवास्वप्न हैं, वे साकार तथा साक्षात् प्रतीत हो, तब मायावरण की दशा होती है। हम एक व्यापक तथा सामान्य फ़र्क कर सकते हैं कि दोनों प्रकार के अर्थात् सौन्दर्योदात्तता एवं असुन्दरता का देवदानव की व्यासरेखा पर जो दशा है वह इहलौकिक कतई नहीं है। पहले प्रकार का अभियान अलौकिक दशाओं की ओर, तथा दूसरे प्रकार का प्रस्थान अवलौकिक दशाओं की ओर होता है। यह ध्यातव्य स्थितिवृत्त हैः— अर्धेक-अर्धेक। इन पृथक् अर्धेकों के बीच भी एकता, विरुद्धता तथा समन्वय होता रहता है। सो, यही संलक्षित होता है कि कई वैसे ही कार्य तथा हरकतें देवता करते हैं (बलात्कार, छद्मरूप) और कई तपस्याएँ तथा अधीरवीर कर्म अ-देवते भी प्रदर्शित करते है। आखिरकार मिथकीय मानस के विचारधारक पुरोहित-ओझा-कवि शत्रु का भी इतने प्रकार के रणनीतिक-रणकौशलपूर्ण आकलन करके यथेष्ट (पर्याप्त या समुचित नहीं) **विरेचन** (कैथार्सिस) भी करवा लेते थे। यहाँ तो संहार की हिंसा तथा सरोकारों की घृणा में भी मनोवैज्ञानिक क्षतिपूर्ति तथा प्रक्षेपण वाली द्वन्द्व-निवारण मनोविश्लेषणात्मक प्रक्रियाएँ चालू हैं। **समाधि** की परिकल्पना ही अप्रासंगिक होगी (यहाँ तो ग्रोम्ब्रिच-सम्मत विद्रूपीकरण भी जमकर अनुप्रयुक्त होता है। हज़ारी प्रसाद द्विवेदी ने इसे कालिदासीय 'अन्यथाकरण' कहा है)।

यही विश्वमिथकीय महाकाल की **प्रवृत्यात्मकता** (टेंडेंशियसनेस) एवं सम्भाव्य **यथार्थता** भी है।

तो, मिथक चक्र में असुन्दरता का विसंगत सौन्दर्यबोधशास्त्र [असौ.] प्रतिपक्ष है, सुन्दरता के समरस सौन्दर्यबोधशास्त्र के पक्ष का। एक चिति-धुरी पर सकार-नकार, शुभ-अशुभ, प्रकाश-अन्धकार, ऋतु-संहार के विरुद्धों में गतिमान होते हैंः—ब्रह्मा केन्द्र पर देव-असुर, उभयलिंगी जुरवान से अहुरमाज़दा-अहरीमन, यूरानस से जाइंट्स-टाइटन, आदि। फिर पृथ्वी के माध्यम से इनका संग्राम तथा विराम स्वर्ग और पाताल के बीच चलता रहा। फिर देवता अमर और चिर युवा हैं जबकि असुर का संहार कुछ शर्तों के भंग होने के बाद ही होता हैं। फिर भी अमरता और मरण की द्विपर्ण विरोधता है। देवता सुन्दर और तेजस्वी हैं तो असुर विकृत्-विकराल हैं। यही द्वैतता सक्रिय है। आकर्षण-विकर्षण की द्वन्द्वैकता भी है। मिथकवृत्त में असौ. में आकृति-आकार के दो ध्रुवान्त हैं—मानव तथा पशुपक्षी। दोनों में ही विद्रूपता है।

अमानवधुरी पर राक्षसराज **रावण** सर्वोपरि है। उसके दसशीष, दशस्कंध, दशकंठ और बीस भुजाएँ हैं। मेघश्याम वर्ण का होने के साथ वह पर्वताकार है। इतना अतुल बलशाली कि समुद्र में ज्वार उठाने वाला तथा पर्वतों को कन्धे पर उठा लेने वाला है। वह सर्वनियम-भंजक है तथा देवीनारी सीता का अपहर्ता है। फिर भी वह नारी-स्पर्श नहीं करता। वह प्रबल शिव-भक्त तथा ऋषि पुलस्त्य का नाती है। **शुम्भ-निशुम्भ** भी शिवभक्त तथा कई बार लम्बी तपस्या करने वाले हैं। वे रंभा तथा तिलोत्तमा अप्सराओं के छद्मप्रेम का भंजन करते हैं किन्तु दुर्गा पर मोहित होते हैं। रावण तथा शुम्भ-निशुम्भ का संहार भी सीता तथा दुर्गा के कारण हुआ। ग्रीक मिथक में टाइटन हैं किन्तु उनमें से कई मानव के पक्षधर हैं। एक विपथन में स्वयं विष्णु ने दैत्य हयग्रीव का संरूप धरकर दो दैत्यों का संहार करके वेदों का उद्धार किया जिन्हें हयग्रीव दैत्य चुरा ले गया था। वह मुख से आग उगलता तथा सिन्धु को पीता था। एक अन्य पाठ में विष्णु ने मत्स्यावतार लेकर हयग्रीव का वध किया। पर्शियन असुर अहरीमन मृत्यु पर शासन करता था तथा आंग्रा मैन्या की विध्वंसक शक्ति के माध्यम से अहुरमाज्या से निरन्तर संघर्ष करता था।

असौं दर्य की दूसरी दशा में मानव देह तथा पशुपक्षी देह का अंतर्बंध होता है। ग्रीक मिथकयान में सेटिर, सेनटार तथा मेनोटर के मुख मानव के तथा शेष देह क्रमशः बकरे, अश्व तथा वृषभ के होते थे। भारतार्य में किन्नर-मिथुन के मानवमुख और अश्वदेह होती थी। ईजिप्ट के स्फिंक्स में मानवमुख तथा सिंहदेह थी।

असौ. की तीसरी दशा में पशुमुख और मानवदेह है। ईजिप्ट के तो देवता ही इसी प्रकार के हैं। भारत में नृसिंह भी ऐसा ही देवता है। ग्रीक जाइंट्स मानवमुखी तथा सर्पदेही हैं।

असौ. का अन्यान्या आयाम कायान्तरण का है जब एक देह पूर्णतः दूसरी देह में ही कायान्तरित हो जाती है। ग्रीक ज़ियस कभी सर्प, कभी हंस, कभी वृषभ, में कायान्तरित होकर रीया, लीडा, यूरोपा के साथ समागम करता है। भारतार्य में सूर्य ने अश्व होकर संजना के साथ सम्भोग किया था। शापवश कई गन्धर्व राक्षस बन जाते हैं। कुबेर के शाप से **विराध** तथा **कबन्ध** इसके उदाहरण हैं। शिव भी महिष में कायान्तरित होकर भीम को मिलने से बचना चाहते थे। इस प्रक्रिया में दैत्य दोहरा चरित्र तथा दोहरा जीवन जीते हैं। दूसरे जीवन की समाप्ति पर ही वे पहले स्वरूप को पुनर्लब्ध करते हैं। अतः यहाँ भयानकता तथा विस्थापन

के अनुभव होते हैं।

असौं. के अन्यान्या आयाम में दो विभिन्न देहों का एक ही देह में अंतर्बंध हो जाता है। अज़्टेक के देवता अपने रूप तथा गुण के आधार पर ऐसे ही दानववत् हैं। ह्यूट ज़िलोपोचट्ली पक्षी तथा सर्प का ईहामृग है। यह द्वयता से भिन्न अवस्था है। इसका बोध भयंकरता तथा जुगुप्सा और भय के भावों का प्रपान कराता है। इसे हम **विसंगति (एब्सर्डिटी)** का प्रथम चरण कहते हैं।

दूसरे चरण में उदरमुख **कबन्ध** है। वह उसका मुख पेट में है। वह बिना सिर का है। एक कोस लम्बी बाँहों के द्वारा वह पर्वताकार विशाल पशुओं तक को जकड़ लेता है। राहुकेतु भी इसी श्रेणी के हैं। दोनों दैत्य हैं–एक मात्र पशु मुखवत् तथा दूसरा मात्र राक्षस की पूँछवत् है। वे सूर्य और चन्द्र के शत्रु हैं उन्हें निगलकर ग्रहण पैदा करते हैं। वे अशुभ हैं। ये भी भय और जुगुप्सा कारक हैं। ग्रीक गोर्गूनें भी ऐसी ही हैं। वे सर्पकेशी एकनेत्र वाली हैं।

असौं. दर्यवृत्त में कुछ राक्षसियाँ हैं जो आतंक तथा पशुता का मेल हैं। **पूतना** अपने जहरीला दूध का स्तनपान कराकर नवजातों को मार डालती है। ताड़का पाषाण-वर्षा करती है। **डाकिनियाँ** देवी काली के सहकार से रक्तपायी तथा मानवमांस-भक्षिका हैं। (जैसे गन्धर्व राक्षस होकर शाप भोगते हैं वैसे ही **ताड़का** परम सुन्दरी नारी से राक्षसी में बदल जाती है, अगस्त्य के शाप की वजह से)। **हिडिम्बा** पीतनेत्रा नरभक्षी है। किन्तु भीम की प्रिया होकर उससे घटोत्कच राक्षस को जन्म देती है जिसे कुरुक्षेत्र में कर्ण मारता है।

असौन्दर्य में असुरपक्ष-देवपक्ष से परे त्रिज्या (टैंजेंट) पर भैरवियाँ, शाकिनियाँ, योगिनियाँ चामुण्डाएँ भी हैं। ये घृणा या भीषणता, प्रचंडता या विकरालता आदि को उद्दीपित करती हैं। क्यों न हो, भारतीय चक्रचिह्न में तो यह कश्यप-दिति का दुःस्वप्न (नाइटमेयर) तथा मायावरण (हैलुसिनेशन) ही बूझा जा सकता है। इसी प्रकर्म से दुर्गा के ललाट से **काली** तथा चामुण्डा प्रकट होती हैं।

प्रसंगवश यह भी ध्यान देने योग्य है कि अमृतपायी अमर देवी-देवते दानवों-असुरों-राक्षसों को अमृत तो नहीं देते, बल्कि उन्हें कई शर्तों में बाँधकर अमर्त्य होने का वरदान जरूर दिया करते हैं। विशेषतः ब्रह्मा और शिव का यह एक आशुतोष या युद्ध-विराम-मूलक व्यसन है।

अन्ततोगत्वा मिथकीय परिमण्डलों में **'असुन्दरता के विसंगत सौन्दर्यबोधशास्त्र'** की यह भूमिका मात्र है। इससे कढ़ते हुए ही असुर-यान, शैलचित्रों, ईहामृगों आदि के विषमतलों से गुजरते हुए, मिथकीय मानस में, देव-असुर का एक समतोलन (साइनेस्थीसिस) जैसा अभियंत्रित हो उठा।

प्रथमद्रष्टया हम इसे **असुरवाद** (डेमनिज़्म) कह लें तो कुछ असंगत नहीं होगा। है, न? बताएँ!

असुरवाद में अन्धकार-युगों की छायाएँ घेराबन्दी कर लेती हैं। ये सभी वर्गों, समूहों, कबीलों को ढाँक लेती हैं। तब तक अवनर्मिल-अपनर्मिल मनोदैहिक आचरण भी शामनों के **जादू,** तथा पुरोहितों के **अभिचारों** के अतिरिक्त अतिप्राकृतिक फेनामेना का भयंकर-दुर्दमनीय-बर्बर-नृशंस प्रभाव बन गया था। इस तरह भी असुरों-राक्षसों, दैत्यों-दानवों की अव-कल्पनाएँ प्राक्-अनुजातीय (ऐथनिक) संघर्षों में जुड़कर मिथक-निर्माताओं तथा गाथिनों द्वारा समानान्तर असुरवाद निर्मित करने लगीं। उनमें ही जादुई शक्तियाँ केन्द्रीभूत हो गयीं। यह भी प्राक्-आदिम समानान्तर **असुरमिथकयान** के-जैसा है। हम इसमें-से आदिम 'साइकियाट्री' जैसी प्रवृत्तियों का अनुसन्धान हासिल कर सकते हैं।

पुनश्च

देव-दानव के एक जैसे उद्गम : मार्दुक और तियामत (बेबीलॉन), ज़ियस और टाइटन (ग्रीस), सेट और ओसाइरिस (ईजिप्ट), अहुरमाजदा-अहरीमन (पर्शिया), दिति-अदिति, सुर-असुर आदि के वादी-प्रतिवादी-पक्ष से देवता और दैत्यों का प्राक्आदिम उद्गम तथा आविर्भाव परिलक्षित होता है।

(अ) हम इस मिथकीय उद्गम का पल्लवन करेंगे। केल्ट तथा हिन्दू-चक्र में **देवताओं** के कई मुख तथा भुजाएँ होती हैं। इसी क्रम में ग्रीक, केल्ट तथा हिन्दू-चक्र में **दानवों** की भी कई भुजाएँ, कई शीश, कई पाँव होते हैं। दानव-पक्ष में वे विकराल, भयंकर, विद्रूप, छलकपट की अतिशयता के हेतु होते हैं। देवपक्ष में वे अलौकिक, चमत्कारिक तथा अतुल बलशाली होते हैं। ईजिप्ट में देवी-देवताओं के मुख तो पशु-पक्षी के होते हैं किन्तु देह मानवीय होती है। हिन्दू देवियों के एक ही आनन होते हैं किन्तु भुजाएँ अनेक।

(आ) शक्तियों-कबीलों–क्षेत्रों के बीच संघर्ष अथवा उनके आकर जुड़ने से, नये दीक्षितों के प्रसार अथवा वन्य मततंत्रों के विलयन से देवी की भुजाएँ तथा देवताओं के आनन गुणित होते जाते हैं; जैसे दुर्गा द्विभुजा से चतुर्भुजा से अष्टभुजा से सोलह भुजा तक हो गयी; अथवा ब्रह्मा पंचमुख से चतुरानन हो गये।

हिन्दू-चक्र में शिर क्षितिजरेखाक होते हैं जबकि बौद्ध-मण्डल में प्रलम्ब होते हैं। वे अवलोकितेश्वर या बोधिसत्व के किरीट

के ऊपर मुण्ड मात्र के सोपान बनाते हैं।

(इ) पोषण द्वारा भी अनेक मुखों का मिथकीय विधान है। कुमार को छै कृत्तिकाओं ने स्तनपान कराया था। इससे उनके छै मुख हो गये। उनका एक नाम भी षडानन है।

(ई) दिग्भ्रम की व्यंजना भी अनेक मुख का रूपायन करती है। काममुग्ध ब्रह्मा अपनी चतुर्दिशाओं में छिपती सरस्वती के अवलोकन में 'चतुरानन' हो गये।

(उ) चीन तथा तिब्बत में लामावादी मततंत्र में 'महामुद्रा' के साथ अनेक बाहुएँ जुड़ी हैं।

(ऊ) त्रिमूर्ति तथा अर्द्धनारीश्वर इसी मिथक-सन्दर्श के आयाम हैं।

चित्र–आकृतियाँ

8

'या देवी सर्वभूतेषु...' : मातृदेवियाँ, देवरमणियाँ, सौन्दर्य-शालिनी शक्तियाँ

इन सन्दर्भों में हमें धार्मिक मिथकों तथा लोकदेवियों का अवलम्ब भी लेना है।

दिव्य देवियों के विराट् विश्वरूप तथा उनके प्रक्षेपित मानुषी रमणियों के वामन-स्वरूप के न्याय से कहा जाएगा कि नारी के शरीर के सभी हार्मोन्स के सही स्तरों की जरूरत है। उसकी ग्रन्थियों (ग्लैंड्स) की सारी कार्यप्रणाली सुचारु एवं नियमित होनी चाहिए जिसे प्राप्त करने के लिए आसन-व्यायाम तथा सन्तृप्ति एवं पूर्णकाम होना अत्यन्त महत्त्वपूर्ण है। अतएव देवी एवं महिला, दोनों का प्रथम दायित्व स्वयं की शक्ति तथा सौन्दर्य, शिवत्व तथा समान अस्मिता है। देहयष्टि की मांसपेशियाँ तथा अस्थितंत्र भी नाम-रूप-गुण के अभियोजक हैं। देवी में शक्ति एवं सौन्दर्य, कलाएँ एवं लीलाएँ अपने अलौकिक, शीर्ष तथा परिपूर्ण रूप में परम मानी गयी हैं। विश्वमिथकों के भरतपाठों में वे एक समय में एक साथ प्रकट नहीं हुईं अपितु द्वन्द्वों-संघर्षों, मिथुनत्व द्वारा उनका उन्मीलन-निमीलन होता आया है।

× × ×

प्रारम्भिक विश्वमिथकयानों में प्रकाश-अन्धकार, आकाश-पाताल, देव-दानव-संग्राम में देवियों की महत्, अग्रेत्वरी, निर्णायक तथा निर्देशक भूमिका रही है। मेसोपाटामिआ की ईश्तर, भारत की दुर्गा, ग्रीस की एथेना, रोम की वीनस आदि इसके दृष्टान्त हैं। अतः हमें सबसे पहले **असुर-दानवों** और राक्षस-दैत्यों को समझना होगा।

कथित असुर-राक्षस वस्तुतः वन्य और पर्वतीय और मैदानी कबीलाई जातियाँ थीं जिनके अपने पूज्य टोटेम थे। उनका समाज बेहद संगठित, सामूहिक तथा आदिम साम्यवादी था। उनमें उदारता-क्षमा-करुणा-अवसरवादिता की अपेक्षा रक्षा, मैत्री और प्रतिशोध का कठोर न्याय लागू था। उनमें सैक्स-वर्जनाएँ प्रायः नहीं थीं; बल्कि सैक्स और सम्भोग एकान्वित-से थे। इसके साथ-साथ वे प्रेम और सौन्दर्य से भी आकर्षित तथा सम्मोहित होते थे। उनकी इस मानवीय दशा या कोमलता का चालबाज उपयोग प्रतिपक्ष करता था। इसके लिए अप्सराएँ और देवियाँ भी छलावरण किया करती थीं। उनमें वैधव्य नहीं था। पुरुष की मृत्यु के बाद वे दूसरे साथी की संगिनी हो जाती थीं (बालि-पत्नी तारा सुग्रीव की, तथा रावण-पत्नी मन्दोदरी विभीषण की पत्नी हो गयी)। उनकी समाज-व्यवस्था में वर्ण और वर्ग का भेद नहीं था। उनमें शुद्धता तथा शुचिता की भी आभिजात्य एवं कुलीन अवधारणाएँ नहीं थीं। उनकी संरचना में जादू-टोने, मुखौटे के प्रयोग सर्वसामान्य थे। भारत में उनका मुकाबला लड़ाकू-घुमन्तू, श्रेष्ठ-शुद्ध, आर्यों (उनके ऋषियों, देवताओं, राजन्यों) से हुआ।

इन्हीं के सम्पूरक **राक्षस-दैत्यों** का संवर्ग था। वे दुःस्वप्नों (नाइटमेयर्स) तथा विभ्रान्तियों और मायावरणों (हैलुसिनेशन) द्वारा आतंक तथा आश्चर्य का, बीभत्स तथा भयानक का मेल कराते थे। उनकी वैसी ही आकृतियाँ एवं आकार थे जो पशु-पक्षी पर ज्यादा प्रक्षेपित हैं। वे उनके विशृंखल अष्टावक्र, कोलाज, ईहामृगादि किमाकारों का पुंज थे। विश्वमिथकों में उनकी और असुरों की तदात्मकता भी दृष्टिगोचर होती है। मिथकों में शत्रु को सदैव ही असुर और दानव बनाकर पेश किया जाता है। मिथकों में उनका अतिरंजित, विकराल, विकृत तथा भयंकर रूप प्रक्षेपित हुआ है। वे अप-लौकिक बुराइयों के प्रतीक हैं। इस तरह वे मिथकीय संसारों में प्रातिभासिक यथार्थता भी हो गये। यह आपसी संघर्ष कई प्रकार का था। राक्षस और असुर भी **समाधि** लगाते और **तपस्या** करते हैं (किन्तु देवता नहीं करते) यह ऋषि तथा मनुष्य करते हैं। देवता हमेशा अपनी मिल्कियत और स्वर्ग के राज्य के छिन जाने की आशंका से डरे रहते हैं। वे ब्रह्मा और शिव, इन्द्र और विष्णु के पास जाकर असुर-संहार की गुहार लगाते हैं। तब वे बड़े आर्य देवता लाचार होकर राक्षसों को सशर्त दिये गये वरदानों की बगलकाट करने दाँवपेंच खोजते हैं। शर्तभंग या पेंच

दिव्यदेवी का विराट् विश्वरूप तथा मानुषी नारी का वामन स्वरूप

उनके संहार का हेतु बन जाता है : हिरण्यकशिपु, महिषासुर, रावण, शुम्भ-निशुम्भ आदि। विनाश का दूसरा कारण अग्नि है : रुद्र की, संहार की, यज्ञ की (दक्ष यज्ञ, जनमेजय का नागयज्ञ, अश्वमेध यज्ञ)। विनाश का तीसरा बड़ा कारण है उनमें कामुक प्रेम की कामना तथा सौन्दर्य का सम्मोहन। इस मिथकाभिप्राय की सबसे अनुकूल कथा **महिषासुर-देवीदुर्गा** की है। असुर-सम्राट महिष ब्रह्मा से वरदान पाकर अन्याय अत्याचार करने लगा। उसे वरदान था कि स्त्री को छोड़कर उसे कोई भी नहीं मार सकता। हताश, भयभीत देवताओं ने अपनी शक्ति-संचित करके एक सर्वाधिक सुन्दरी 'देवी' को आविर्भूत किया : सुन्दर मुख, काली आँखें, आठ हथेलियों तथा दो पैरों के तलुवों का आलक्तक वर्ण, अंग-प्रत्यंग में देवताओं की शक्तियाँ। हिमालय ने रत्नाभूषण तथा सिंह, विष्णु ने चक्र, शिव ने त्रिशूल, वरुण ने शंख, इन्द्र ने वज्र दिये।

इस तरह दुर्गा 'शक्ति' और 'सौन्दर्य' से सम्पन्न हो गयी। पहले तो उसने महिष को अपने सौन्दर्य तथा कौमार्य से सम्मोहित कर लिया। उसने सौन्दर्य के इन्द्रजाल में फँसा कर उसे शक्ति से विनष्ट करना शुरू किया। महिष ने भी जादू के इन्द्रजाल का इस्तेमाल किया। सिंह होकर दुर्गा के सिंह को घायल किया, हाथी होकर सूँड़ से उस पर पाषाण खण्ड फेंके, शरभ बनकर दुर्गा पर झपटा और महिष बनकर दुर्गा को चोटिल किया। अन्ततः देवी ने भी आसव पीकर ऊर्जा प्राप्त की और त्रिशूल लहराते हुए उसको बेंध दिया तथा चक्र से गर्दन काट दी।

इसके पहले भी दुर्गा ने शुम्भ-निशम्भु को अपने सौन्दर्य से उन्हें छलते हुए उनका वध किया था। आर्य-वृत्त में देवी के इस प्रसंग के बाद अप्सराओं द्वारा भी असुर-संहार होता है।

नौ (नव) दुर्गा रूपों तथा दस महाविद्याओं से युक्त सर्वदेवी

('सप्तशती' में महाकाली, महालक्ष्मी तथा महासरस्वती का सहभाव है)

उर्वशी के अपवाद को छोड़कर **अप्सराएँ** प्रायः प्रणयविहीन होकर सशर्त अपने अलौकिक सौन्दर्य की दीप्ति से स्वच्छन्द सम्भोग, क्रीड़ा, विलास आदि की छलनाएँ करती हैं। शुम्भ-निशम्भु, सुन्द-उपसुन्द, मधु-कैटभ जैसे राक्षस युग्मों का विनाश उन्होंने ही किया। उन्होंने ही ऋषियों की पवित्र देह को संभोगलिप्त कराके उनकी तपस्या भंग की, आत्मबल भी हर लिया। विश्वामित्र तो एक मिसाल भर हैं। उर्वशी, रंभा, मेनका, तिलोत्तमा देवताओं की अय्यारिन दूतियाँ थीं।

इस तरह सौन्दर्य और शक्ति, सौन्दर्य और छल के साथ-साथ सम्भोग और उर्वरता के मूल चक्रचिह्नों में हम दैवी-अर्द्धदैवी माध्यमों से, मिथकों के 'भरत पाठ' खोज सकते हैं।

मिथकों के मानवीय हाशिये में अपहरण तथा बलात्कार भी प्रेम, काम तथा सौन्दर्य की कान्तमैत्री की अभिव्यंजना करते हैं।

तारा भी समुद्र-मन्थन से निकली थी। वानरराज बालि उसका अपहरण करके किष्किन्धा ले गया और उसे पत्नी बना लिया। श्रीराम द्वारा उसके वध के बाद वह सुग्रीव की पत्नी हो गयी। इसी तरह मन्दोदरी भी रावणवध के बाद विभीषण की रानी बन गयी थी। भीष्म ने शांतनुवंश चलाने के लिए अम्बा, अम्बिका और अम्बालिका का अपहरण किया था। अर्जुन ने श्रीकृष्ण की बहन शुभद्रा का, तथा श्रीकृष्ण ने शिशुपाल की वाग्दत्ता रुक्मिणी का अपहरण किया था। बलात्कार भी बन्धन, दण्ड और नियमन का एक मिथकीय साधन है; विष्णु ने जालन्धर की पत्नी वृंदा के साथ, इन्द्र ने गौतम की पत्नी अहल्या के साथ, चन्द्र ने बृहस्पति की पत्नी तारा के साथ, रावण ने नलकूवर की पत्नी के साथ बलात्कार किया तथा शाप भी भोगा।

ग्रीक देवता ज़ियस द्वारा बलात्कार का तो लम्बा इस्तगासा हम दायर कर चुके हैं। इसलिए चन्द नुक्ते बता देते हैं। उसने सर्प बनकर रिया तथा (पुनः सर्प बनकर) डिमीटर के साथ, लेटो के साथ, सिमेली के साथ, माइआ के साथ, ऐलीमीन के साथ, हंस बनकर लीडा के साथ, स्वर्णझड़ी बनकर डानाए के साथ बलात्कार किया। सफेद वृषभ बनकर यूरोपा का अपहरण किया।

मिथकों में कामद प्रेम तथा रति-प्रसंगों में ऐसा कायान्तरण कई प्रकार से सौन्दर्य एवं शक्ति से मंडित हुआ है। स्काटलैंड की गेलिक कथाओं में सील मछली नरों/नारियों ने मानवीय नारियों/नरों से शादी की तथा एक अवधि बाद समुद्र में वापस हो गयीं। दक्षिण अफ्रीका में अज़गर-देव मानवी से विवाह करके उसे पाताल में ले जाता है। एक उत्तर अमेरिकी मिथक में एक युवक हरिण-राज्य में पहुँचकर स्वयं एक हरिण होकर हरिणी से विवाह रचाता है। दक्षिण अमेरिका के अमेज़न क्षेत्र में छोटे बाघ जगुआर की मानव-पत्नी है। हिमाचल में यह मिथक है कि भालू गद्दी जनजाति की रमणियों का अपहरण करके अपनी गुफाओं में ले जाते हैं। उनके तलुवे चाटकर उन पर जादू कर देते हैं तथा सम्भोग-सखी बना लेते हैं। वस्तुतः ये काम-सुख, काम-आसन, काम शक्ति के मिथकीय रूपान्तर हैं। वानस्पतिक उर्वरता तथा प्रजनन-हाशियों पर अनेक वानस्पतिक देवता भी पशु हो गये। डायोनीसस अज तथा वृषभ रूप में, डिमीटर सर्प, घोड़ी तथा शूकर रूप में, एडोनिस वराह रूप में, ओसाइरिस शूकर तथा वृषभ रूप में, तथा ज़ियस कई रूपों में कायान्तरित हो जाते हैं। उर्वरता के लिए ही पवित्र मेष, पवित्र कच्छप, पवित्र अश्व, पवित्र वृषभ, पवित्र भालू की विश्वमिथकों में बलि दी जाती है। मेक्सिको तथा समुद्रायनी की कुछ मिथकों में देवताओं का भी वध किया जाता है; वास्तव में पूर्वी भूमध्य सागर के मेसोपोटामिआ, ईजिप्ट के जनजन में वार्षिक क्षय और पुनरुज्जीवन का बोध शिद्दत से व्याप्त हो गया। विशेषतः ताम्मुज़-ईश्तर तथा ओसाइरिस-आइसिस प्रसंग में। मिथकों में तो यही अमरता की नाभि है। इंसान की दो प्राथमिक वस्तुएँ हैं—खाद्यान्न तथा सन्तति दोनों ही ऋतुचक्र तथा उर्वरता-सम्भोग-धर्मी है। ऋतु और सम्भोग का उत्प्रेरक कामसौन्दर्य ही है। ऋतुचक्र से प्रकृति तथा नारी, दोनों ऋतुमती होती हैं। इसके लिए जादुई अनुष्ठान, मदनोत्सव, मिथकीय कथाएँ आदि होती रहती हैं। अतः ये प्राथमिक आवश्यकताएँ हैं, ज़िन्दा रहने की। इनसे ही मानव-जीवन शक्तिसुन्दर होता है।

हम याद दिलाना चाहेंगे कि जेम्स जार्ज फ्रेज़र (1854-1941) ने अपनी 'द गोल्डेन बाउ' (1924) का नामकरण भी प्रकृति के चितेरे राल्फ टर्नर के एक चित्र के आधार पर किया था। पहले उनका उद्देश्य इटली के ऐरिसिया क्षेत्र में डाएना की पुरोहिती के एकाधिक का अध्ययन रहा था (प्राचीन लोग भी झील को डायना का दर्पण कहते थे। वह पुरानी आर्तेमिस है, वनदेवी है, प्रकृति देवी है)। अनुषंग में उन्होंने मिथकधुरी पर जादू एवं धर्म को संयुक्त कर दिया। मेसोपोटामिआ के बेबीलॉन में एकाका, दक्षिणी रूस में खज़ार, तथा इन्काइयों के...ये कुछ दिनों के लिए बनाये गये धुप्पली-मखौली नकली राजा को सभी विधिवत् भोग, रानियों के साथ समागम आदि प्रदान करने के बाद उसकी बलि दी जाती थी क्योंकि किसी ग्रहण या शकुन के तहत असली राजा की विपत्ति-निवारण करना होता था। छद्म राजा की मृत्यु के बाद असली राजा पुनः सिंहासनारूढ़ हो जाता था। अतः वर्षा, सूर्य, पवन आदि को नियंत्रित करने के लिए भी देवराजा एवं पुरोहित राजा और फिर जादूगर के रूप में, फिर मानवाकृत कामदेव एरास के रूप में भी उन्मीलित हुए। ऐसे ही डाएना उर्वरता की देवी, तथा एफ्रोडाइट प्रजनन की देवी के मततंत्रों में पूजी गयी। इसी के साथ कई चीजें, कई प्रकार्य, कई शब्द भी वर्जना या निषिद्धता (टैबू) हो गये।

इस भाँति विश्वमिथकयान ने शक्ति और सौन्दर्य और उर्वरता और प्रजनन का चतुरंग अधिष्ठापित किया है। इसमें देवियों की भूमिकाएँ विकसित होती चलीं। अतएव विश्वमिथक के कुछ सौन्दर्यशाली पात्रों को बताना अप्रासंगिक नहीं होगा।

एकरेखाक युग्म से युगल-मिथुन के विराज पर किसान-योद्धा जिवारो लोगों की एक **मिथक** में सूर्य और चन्द्र आपस में शादी के लिए लड़ते रहते हैं। नान्टू (चन्द्रा) एट्सा (सूर्य) से भागती फिरती थी। पहले दोनों ने अपने चेहरों को पोतकर रात तथा धुँधलका बनाया। फिर लड़े। पहले एट्सा ने क्रोध कर नान्टू पर प्रहार किया। सो चन्द्रग्रहण हुआ। फिर नान्टू ने एट्सा के पेट पर प्रहार किया सो पहला सूर्यग्रहण हुआ। इससे कामोन्मद होकर दोनों मिथुन हो गये। पहला बेटा उनूशी पैदा हुआ। यही प्रथम जिवारो मानुष था।

आगे एक मिथकीय अंतर्कुंडल झगड़े को समाप्त करने के लिए रिश्तेदारों ने नान्टू की पिटाई करके एक गड्ढे में गाड़कर दबा दिया। नान्टू का प्रेमी आऊहू (अज का भक्षक) पक्षी भी था। उसने मधुमक्खी के पंख लगाकर, घोंघे का वाद्य बनाकर, धरती के अन्दर से उसे ढूँढ़ निकाला। किन्तु नान्टू सीधे स्वर्ग चढ़ती गयी। तब से चाँद की (चाँदनी) रातों में आउहू 'एशीरू'...'एशीरू' (आह प्रिया! आह प्रिया!) की रट लगाया करता है [भारत में पपीहा पक्षी भी ऐसा ही विलाप करता है।]

× × ×

ई.पू. सातवीं शताब्दी में आर्यों के आने पर दो नामों का जोड़ बना। द्यौस (आकाश) तथा पृथ्वी (धरती माता) मिलकर 'जनित्री' हुए अर्थात् देवों-देवपुत्रों जनक। उनके सन्तानों में इन्द्र, उषस् तथा (कुछ के अनुसार) अग्नि भी हैं। उन्होंने स्वर्ग तथा भूलोक भी बनाये। वैदिक आर्यों के अनुसार ब्रह्माण्ड की द्वितीय प्राणी **विराज** (स्त्रीत्व) थी। जब पुरुष ने स्वयं को दो में विभक्त किया तब विराज ने उससे समागम करके, मानव-सृष्टि उत्पन्न की। ऐसी ही एकसदृश्य मिथक समुद्रायनी क्षेत्र की है। ब्रह्माण्ड-रचना में आकाशदेवता रांगी तथा भूदेवी पापा आपस में युगों से आलिंगन में चिपके थे। उनके एक देवपुत्र ताने ने नोचकर उन्हें अलग किया और आकाश-धरती को पृथक किया। जब तक मानव नहीं बन पाया था। ताने ने जननी पापा की सलाह से हवाई द्वीप की रेत से एक मानवकृत नारी की रचना की। उसमें जीवन फूँका। वह 'हीने-हाउ-ओने' (धरती द्वारा रची गयी बाला) हुई। उससे एक बेटी 'हीने टिटागा' (उषा बाला) जन्मी। ताने ने उसे पत्नी के रूप में ग्रहण किया; किन्तु जब हीने टिटामा को पता चला कि ताने उसका पिता है तो वह पाताल भाग गयी। तब से समय आने पर वह अपने बच्चों को पाताल खींच लेती है। तब से मानव मरणशील हो गये। इस तरह 'हीने हुआ ओनो' और ताने पहले मानवजन्म तथा मानवमृत्यु का स्रोत बने।

मेक्सिको की **अज़टेक-मिथकों** में सौन्दर्य तथा शक्ति के बीच हिंसा भी छा जाती है जो उनका कर्मकांडी अनुषंग है। कोयोलक्साहक्यू (अ) सर्वोच्च देवता ह्यूटज़िलोपोचटल (आ) की बड़ी बहन थी। (आ) सूर्य तथा अग्नि से सम्बद्ध था और (अ) बुरी चेतना थी। जब (अ) को पता चला कि उसकी माँ कोआटलीक्यू (इ) गर्भवती है तो उसने ईर्ष्या के पागलपन में अपने चार सौ भाइयों के साथ मिलकर उसकी हत्या कर दी। मृत्यु की तीव्र यातना से (इ) ने (आ) को जन्म दिया : जो (अ) का छोटा भाई था। वह पूरी तरह अस्त्र-शस्त्र से सुसज्जित पैदा हुआ खूँख्वाह हिंसक देवता था। उसने अपनी दग़ाबाज बहन (अ) की हत्या कर दी। इस प्राक् समर ने ही अज़टेको मानवबलि को मिथकीय वैधता प्रदान कर दी। तथापि अन्य देवियाँ भी थीं जिनमें प्रणयदेवी एक्सोशीक्वेटज़ाल (ई) है। वह हमेशा यौवनाकर्षण के भरपूर उभार के साथ प्रदर्शित की जाती है। वह तुलना में कम उम्र है। यद्यपि वह गर्भाधान तथा शिशुजन्म से भी सम्बद्ध है उसने यह दैवी भूमिका चालश्यूटलीक्यू (उ) के साथ भी मिलकर सम्पादित की जो झीलों तथा झरनों की देवी है। उसके रूपायन में उसके चोली-पोलके से प्रवाहित झरने से दो बच्चे निकलते बताये गये हैं।

अज़टेकी देव-मंडल में त्लालोक उनका वर्षाजल देवता इन्द्र जैसा है। **क्वेटज़ालकोआट्ल** उनकी (रति देवी-) वीनस है। वह पंखयुक्त सर्पिणी हैं। वह भोर तथा सन्ध्या तारे की देवी है।...यही प्रतीत होता है कि अज़टेक मिथकीय मानस में हिंसा और युद्ध, सर्प और पक्षी प्रमुख है। वे मानते थे कि मृतक योद्धाओं की आत्मा गूँजता पक्षी हो जाती है तथा पाताल में प्रवेश करती है। वह अपनी रक्तिम बलि द्वारा फसलों को भी उर्वरता प्रदान करती हैं। उनमें सौन्दर्य तथा प्रेम की रेखाएँ लगभग नहीं हैं। तदपि मानव-चिति तो शाश्वत है। एक्सोशीक्वेटजाल फूलों तथा प्रणय की देवी है। वह लवलीन तथा खुश-खुश है। वह पर्वतशिखर-वासिनी है जहाँ संगीतकारों तथा नर्तकों से घिरी रहती है। (तदपि वह अपने मूल पति वर्षा देवता त्लालोक से वियुक्त कर दी गयी)। इसी पूरकता में उसका युग्म (जुड़वाँ) भाई एक्सोशी-पिल्ली है। वह फूलों का राजकुमार देवता है (कंदर्प)। वह सौन्दर्य और प्रेम का, यौवन और खुशहाली का देवता है। वह भी संगीत और नृत्य और द्यूतक्रीड़ा का भी देवता है। किन्तु न जाने क्यों उसका सिर एक शव का है। अज़टेकों की ऐसी रहस्यात्मक चारित्रिकता को तो ओक्टेवियो पाज़ तथा चित्रकार डीगो राइवेरा ही समझाएँ कि क्यों ऐसा है? क्यों वह सर्पनारी, धुआँ उगलती दर्पण, लपटों से घिरी पक्षी, आदि हैं। अन्तिम सम्राट मोंटेजुआ ऐसे ही अभिप्रायों के सर्पों के बेड़े में बैठकर डूब गया। उनका टेनोचिटलान जैसा भव्य शहर मिथकों की ऐसी नागफनी, सर्पों तथा बाज़ों से घिर गया। स्पेनी कोर्टेज़ ने उसे आग में स्वाहा कर डाला। ऐसे मिथकीय रहस्य तथा पहेलियाँ विश्वमिथकसरित्सागर के कई यानों में तैर-डूब रहे हैं।

सौन्दर्य एवं प्रेम, शक्ति एवं प्रसन्नता का द्वन्द्व पार्श्व के **माया-मिथकयान** में थोड़ा नरम हो जाता है, यद्यपि अज़टेक माया मिथकयान युग्म जैसे हैं। माया का प्रधान देवता 'इत्ज़ामा' (छिपकली का घर) बूढ़ा तथा विद्या एवं लेखन का देवता था। वह

महामाता देवी याओ

देवी नू-कुआ

आकाश का बड़ा सर्प भी था। उसकी पत्नी 'इक्सचेल' (इन्द्रधुनष-स्त्री) थी। वह औषधि, शिशु-जन्म, बुनाई की देवी थी। शायद वह चन्द्रदेवी भी रही होगी। 'अहाऊ किन' सूर्य देवता था। वह युवक तथा प्रौढ़ दोनों ही था। सूर्योदय एवं सूर्यास्त में। मध्यान्तर में वह जगुआर (बाघ) के स्वरूप में पातालयात्रिक था। 'आह मुन' मक्की का देवता था। वह उर्वरता का देवता था। चार अन्य कृपालु वर्षा-देवते भी थे।...माया में प्रमुखता मक्की-देवता, इन्द्रधनुष-देवी, जलकुमुदिनी तथा रक्तचिह्नों की ही रही। इनका दुविधा-ग्रस्त मिथकयान रहा।

चीन तथा भारत की प्राचीन व्यास-रेखाओं में मिथक मानवतावाद (ह्यूमेनिज्म) के आवरण ओढ़ती-उतारती रहती हैं।

चीन में अध्येताओं तथा कवियों द्वारा मिथकों के अभिलेख तैयार किये गये। सो, ई.प. छठी शताब्दी में महामातादेवी 'याओ' की दो दुहिता-देवियों 'ओ-हुआंग' तथा 'नू-यिंग' थीं। वे अपने ढंग से भी स्वाधीन थीं तथा यांगत्से नदी-क्षेत्र में कीर्तिमयी थीं। 'नी-कुआ' एक साथ मानव-जाति की सर्जक तथा ब्रह्माण्ड को संहार से बचाने वाली थी। 'चांङ-ओ' चन्द्रदेवी थी। 'त्सी-हो' (उषा) सूर्य-सारथी तथा अन्य सूर्यों की माता थी। वह 'मातृरानी' मानी जाती थी जो पश्चिमी स्वर्ग की शासिका भी थी। वह मर्त्यमानों को अमरता का उपहार भी देती थी। 'फू-फेई' अन्य नदी देवी थी, 'लो' नदी की।...इन नारीदेवताओं की अभिभूमिकाएँ विविध तथा महत्त्वपूर्ण थीं : सर्जना, ग्रह-नक्षत्रों की संचालिका, प्रकृति की चैतन्यताऐं, देवी-माताएँ, देवकांताएँ, प्रलय और विध्वंस लाने वाली, इत्यादि।

स्वर्ग के एक देवता की 'जुलाहिन कुमारी' वाली मिथक है। वह गगन-गंगा के पूर्व की वासिनी है। साल-दर-साल वह श्रम करती है, चरखे तथा करघे में तल्लीन रहती हुई मेघमय रेशम का ब्रह्माण्डीय जामा बुनकर तैयार करती है। स्वर्ग के देवता ने उसे अकेली रहते हुए पाकर दया की तथा नदी के पश्चिम के क्षीणवृष्टि वृषभ से विवाह की अनुमति दे दी। विवाह के बाद जुलाहिन कुमारी अपनी बुनकरी के प्रति लापरवाह रहने लगी। इससे स्वर्ग का देवता आक्रोशित हो गया और पुनः उसे नदी के पूर्व में भेज दिया। एक इज़ाजत दे दी कि वह साल में एक बार क्षीणवृष्टि वृषभ से मिलने पश्चिमी नदी जा सकेगी।

'नू-कुआ' सर्वादिम देवी है। वह मानवजाति की सर्जिका, ब्रह्माण्ड के ऋतु की संरक्षिका है। वह विवाह का भी महाप्रतीक है। इसलिए उसके लाक्षणिक चक्र द्विभुज-परकाल तथा मजबूत गाँठ वाला प्रेमसूत्र है। उसका कटि से निचला भाग सर्पिणी (काम तथा सम्भोगसूचक) का है तथा वह 'फू-त्शी' के साथ प्रगाढ़ आलिंगन में बँधी है (फू-त्शी देवता विवाह का प्रतीकायन है)।...बाद के एक उत्तरपाठ में वह पहली शादी में अपने भाई (आसक्ति) से ब्याही गयी थी। वह दृढ़बन्धन नहीं रहा। 'फू-त्शी' के साथ मिथुन एवं दाम्पत्य एकाकार हो गये। यहाँ कामना तथा आस्था का भी मिलन है। इसकी साथिन चांङहाई है जो बारह चन्द्रमाओं (चन्द्रमा की कलाओं) की प्रजननिका है। (तुलना में 'त्सी-हो' दस सूर्यों की जन्मदात्री है)। यहाँ जन्म, स्नान तथा धाराप्रवाह के मिथकाभिप्राय झिलमिल हैं।

चीन की तरह **भारत** में भी देवियाँ अवतार होकर मानव-समाज के सम्पर्क में रहती हैं तथा मानव-परिवारों की तरह अपने दिव्य-परिवार भी बनाती हैं। इस द्वयता को हम **गंगा** की दोहरी भूमिका से निरूपित कर सकते हैं। वह आकाश से उतरती हुई विष्णु के पग तथा शिव-जटाओं से होती हुई पृथ्वी पर आती है (फिर सगर पुत्रों को पुनरुज्जीवित करने पाताल तक जाती हैं)। वह पृथ्वी में पापनाशिनी, जीवनदायिनी, पवित्र नदी है जो गंगोत्री से चलकर हुगली में सिन्धु-मिलन करती है। अतः वह विष्णुपगा-शिवमस्तकाभिषेकिता तथा मातारूपा है।

प्रतीत होता है कि पौराणिक मिथक-निर्माताओं को द्वयता का यह अभिप्राय भा गया। अतः समुद्रमन्थन में एक विष्णु नागमथानी की पूँछ थामते हैं तो वे ही दूसरे मोहिनी-रूप धारण करके छलपूर्वक असुरों से अमृतकलश हथिया लेते हैं; दुर्गा एक ओर असुर-सम्राट महिष से छद्म प्रणय का स्वाँग करती है तो दूसरी ओर पूर्णतः अस्त्र-शस्त्र सज्जित होकर उसका रण में वध करती है। (काम के भी पुष्पधन्वा तथा अनंग रूप हैं)।

काली का प्रादुर्भाव दुर्गा के ललाट से माना जाता है। अर्थात् वह शून्य (श्मशान) को भी आवृत कर सकती है। काली विष्णु के आयुध शंख तथा चक्र भी धारण करती है जबकि उसकी पत्नी लक्ष्मी कभी भी इन्हें नहीं लेती। अतः ये शुभंकर चामुण्डी की पहचान हैं। उसकी लपलपाती जिह्वा बाहर निकली होती है, मुख की कोरों से बड़े दाँत दृष्टि गोचर हैं। इनसे वह दैत्य रक्तबीज की एक-एक रक्तबूँद पी लेती है (क्योंकि वरदान के अनुसार उसके रक्त की एक भी बूँद गिरने पर उससे नया रक्तबीज पैदा हो जाएगा)। उसके बारह हाथ हैं जिनमें फरसा, गदा, खड्ग, धनुष, ढाल, घंटी, शंख और चक्र हैं। काली (बंगाल के साथ) बहुधा दक्षिण के पल्लव-मन्दिरों में उत्कीर्ण हुई है। मामल्लपुरम् में जिस रथ को द्रौपदी-रथ बताया गया है, वह वास्तव में काली का पुनीत है। वह इसके चारों ओर मौजूद है, विशेषतः पूर्व में, जहाँ वह भैंसे के मस्तक पर आरूढ़ है। उसमें उसकी वैसी रूढ़ विकरालता भी नहीं है। प्रत्युत उसका मुखमंडल प्रशान्त तथा देहयष्टि लावण्यपूर्ण है। कांचीपुरम् के कैलाशनाथ-मन्दिर में भी उसकी सम्मूर्ति है। त्रिनेत्रा श्यामवर्ण महाकाली महाकाल (शिव) से संयुक्त होकर उनके शव पर भी आरूढ़ होती है तथा नरमुंडों की माला धारण करती है। बंगाल में कालीपूजा का प्रचार नबद्वीप के तांत्रिक कृष्णानन्द आगमबागीश ने किया था। वे ही प्रथम उपासक थे जिन्होंने काली

की मिट्टी की ध्यानमूर्ति बनवाई थी। अठारहवीं शती में कृष्णनगर के महाराजा कृष्णचन्द्र ने उग्र सौम्य कालीपूजा को लोकप्रिय किया। वस्तुतः काली में शक्ति के दश बिम्ब 'दशमहाविद्या' के रूप में अन्वित हैं। सौम्य नीलवर्णा काली का उग्र-छाया-विग्रह लालवर्णा 'त्रिपुर-भैरवी' है। ये सब मिथक से परे तांत्रिक कर्मकांड की बातें हैं जो हमारे सृजनवृत्त (एजेंडा) से बाहर हैं। अतः हम प्रसुप्त होते हैं।

अब तक 'देवी' के 'शक्ति'-'सौन्दर्य' युगल में-से महाशक्ति की अवधारणा निम्नानुमित है।

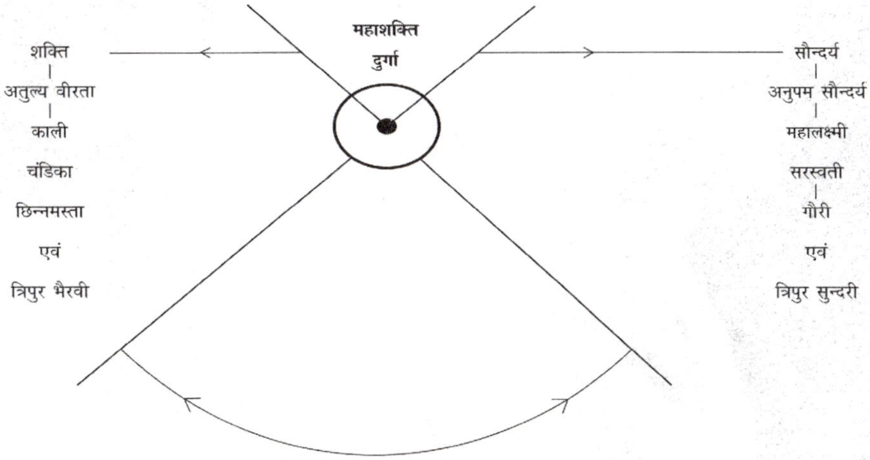

शक्ति सौन्दर्य का अद्भुत रहस्य

मिथक के देवी-अक्ष पर शक्ति-प्रसंग को छोर तक ले आने के पश्चात् हम मिथकयान में सौन्दर्य-दर्शन का दिग्दर्शन करेंगे।

सरस्वती
(चित्रकार : दुर्गा शर्मा, रतलाम (मध्यप्रदेश)

वैदिक स्त्री-देवियों में उषा के संकेतों के अलावा **सरस्वती** ही सामने है। मूल भरतपाठ में तो वह उर्वरता तथा समृद्धि-प्रदायिनी एक पावन **नदी** है। पावन होने के कारण वह **देवी** भी है। अतः वह एक **नदी-देवी** है।

तीसरे अनुपाठ में सरस्वती **वाग्देवी** है। वह धवलवर्णा श्वेतवसना पद्मासीन है। वह विद्या एवं विवेक की देवी है। उसने संस्कृत भाषा, देवनागरी लिपि, वर्णमाला तथा अक्षरों की भी रचना की। अतः वह **वाच्-स्वरूपा** है।

चौथे प्रतिपाठ में ब्रह्मा द्वारा स्वयं को विभक्त करने पर वह व्युत्पन्न हुई। उसे चक्रनृत्य करते चारों दिशाओं में देखते हुए

सरस्वती : आद्यआर्ष मिथक से धर्मसांस्कृतिक छवि में रूपांतरण
चित्रकार : दुर्गा शर्मा, रतनाम 2011

ब्रह्मा के चारमुख हो गये। वे चतुरानन कहलाये अतः वह ब्रह्मा की पुत्री होने के साथ-साथ पत्नी भी हो गयी।

पाँचवें प्रतिपाठ का अंतर्कुंडलन अमहत्त्वपूर्ण होकर भी देवियों की नारीत्वपरक प्रतिस्पर्धा का उद्घाटक है।

एक पुराणपन्थी पाठ में विष्णु की तीन पत्नियाँ थीं—लक्ष्मी, गंगा, सरस्वती। वे आपस में प्रतिस्पर्धा रखती थीं। इससे विष्णु ने गंगा को शिव को, सरस्वती को ब्रह्मा को दे दिया और लक्ष्मी को अपनी कान्ता बनाये रखा। वह ऐश्वर्य तथा सौभाग्य की देवी जो है। [यह पाठ बंगाली वैष्णवों का है; पौराणिक रूपान्तरण वाला]

किन्तु सरस्वती घमंडिन तथा आलसी थी। इसलिए ब्रह्मा ने गायत्री को दूसरी पत्नी के रूप में अंगीकार किया। अब सरस्वती बनाम गायत्री में बुद्धि बनाम सुन्दरता को लेकर प्रतिद्वन्द्विता छिड़ गयी। आज तक इसका निराकरण नहीं हो पाया है कि स्त्री में कमनीय क्या है—सौन्दर्य अथवा बुद्धि? तथापि सरस्वती काव्य और संगीत (वीणावादिनी) की देवी के रूप में (भी) प्रतिष्ठित हो गयी। [जब ब्रह्मा के चार मुखों ने चार वेदों की उद्भावना की तब सरस्वती ने उन्हें सँभालकर मानवों तक पहुँचाया] अतः वह ज्ञान एवं विद्या की देवी भी हुई। अतएव कला में लक्ष्मी (श्री) के बाद सरस्वती की ही अधिकाधिक एकल प्रतिमाएँ प्राप्त हैं [पार्वती बहुधा युगल रूप है]। अब नया मनस्तात्विक त्रिकोण बना—गायत्री, या लक्ष्मी या सरस्वती? यह आज तक अनिर्णीत है। यहाँ मिथक पाठों का एक मनोवैज्ञानिक गूढ़ भाष्य है। तदपि सरस्वती की अन्तिम शोभा आलोकित हो गयी। वह हंसारूढ़ा कमलासीन है। वह मयूरवाहिनी भी है। उसकी चार भुजाओं में लेखनी, वीणा, जयमाला तथा सुगन्ध-पिटारी सुशोभित है [आजकल भी वसंत पंचमी को सरस्वती-पूजा का अनुष्ठान होता है]।

इसी थीम के समानान्तर ग्रीक मिथक में **पारिस के निर्णय** की समस्या है। नायक पेरिस को यह निर्णय करना था कि बुद्धि एवं विजय देने वाली एथेना, सौन्दर्य और रति प्रदायिनी एफ्रोदीती तथा शाही सत्ता देने वाली हेरा में से कौन स्त्री सर्वोत्तम (कमनीय) है। एफ्रोदीती ने पेरिस को प्रलोभन देकर अपने पक्ष में निर्णय तो करा लिया, परन्तु यह अनबूझ समस्या चिरन्तन है। सो गायत्री-सरस्वती-लक्ष्मी की त्रयी बनाम एथेना-हेरा-एफ्रोदीती की त्रयी नारीत्व की शाश्वत् पहेली है। इसी तरह अहल्या तथा डेमेटर की पहेली **पूर्णकाम नारी** की खोज करती है।

हिन्दू-मिथकयान के **सौन्दर्य-शील-अक्ष** में ये प्रमुख देवियाँ प्रतिष्ठित हैं:— सौन्दर्य एवं वैभव की महालक्ष्मी, पराक्रम एवं तेज की दुर्गा, कला एवं ज्ञान की सरस्वती, आगमों की प्रश्नाकुल पार्वती, लीला और महाभाव की राधा, विप्रलम्भ एवं आत्मसंघर्ष की सीता, प्रणयकेलि एवं शोभाकर्षण की रति, पवित्रता एवं शुद्धता की गंगा आदि।

इस मिथक-पुंज में देवियों के गर्वित सौन्दर्य पर राक्षस तथा दानव ही सम्मोहित होते मिलते हैं। उनमें प्रेम की अपेक्षा

षोड्श-भुजा दुर्गा (विलक्षण विग्रह)

स्तन-प्रसाधिका मुद्रा में श्री लक्ष्मी तथा उसके पृष्ठभाग पर मांगलिक अलंकरण
(मथुरा, ई. दूसरी शताब्दी)

कामोन्मत्तता तथा आधिकारिता होती है। प्रतिबोध में उसी ढंग से दृढ़ निश्चय तथा छलपूर्ण व्यवहार के द्वारा देवियाँ उन्हें अपने पाश में फँसाकर उनका विनाश करती हैं अर्थात् असुर-संहार के निमित्त प्रेम का झूठा दिखावा करती हैं। मिथकों में राक्षस प्रायः राक्षसी पर मुग्ध नहीं दिखाये गये। अधिकांश देवियाँ सौन्दर्यगर्विता होने के साथ गौर-स्वर्णवर्ण हैं। ऐसे दोहरेपन की दुविधा में ग्रस्त घनश्याम असुर भी अधिकार, अपहरण, संग्राम की सीमा तक पहुँच जाते हैं। इसका सुनिश्चित मिथक धार्मिक परिणाम है : असुर-संहार! कुछ प्रचंड द्वन्द्व हैं—दुर्गा—शुम्भ-निशुम्भ एवं महिष, काली—रक्तबीज, मोहिनी—दैत्य-समूह। इसी तरह अप्सराएँ भी स्वयं असुरवध नहीं करतीं किन्तु असुरों द्वारा उनकी ही मूर्खता से आत्महत्याएँ करा देती हैं—लितलोत्तमा-बाणासुर, तिलोत्तमा-सुन्द-उपसुन्द। राक्षसियाँ भी देवताओं या अर्द्धदैवी पात्रों पर आसक्त होती हैं—हिडिम्बा-भीम, शूर्पणखा-लक्ष्मण। भारतीय मिथक में देवियाँ मनुष्यों से प्रेम सम्बन्ध नहीं बनाती हैं। (अवतारी-नायकों की बात अन्यथा है)।

नाम-भ्रान्ति से मिथकीय भूगोल मिथक के रूढ़ पाठ का विपरीत पाठ भी गढ़ देता है। सहारनपुर (उत्तर प्रदेश) में देवबन्द में 'त्रिपुर-बाला सुन्दरी' का एक मन्दिर है जहाँ देव-दानव-युद्ध भी हुआ था। उसमें महामाया **दुर्गा** ने 'त्रिपुर-बाला सुन्दरी' होकर **दुर्गा** नामक दैत्य का वध किया था। इस मन्दिर में छह इंच काट चार इंच की एक छोटी प्रतिमा है जो प्राकृत अवस्था में अर्थात् नग्न है। वह लालिमायुक्त धातु के शिवलिंगाकार में आवृत है। पुजारी इसे स्नान कराते वक्त आँखें मूँदे रहते हैं। यह क्षेत्र आँधी वर्षा का रहा है। अतः चैत्र शुक्ल के उत्तरार्ध में आँधी-पानी के साथ त्रिपुर-बाला सुन्दरी का आगमन होता है। मन्दिर के करीब में पाँच हजार सती-स्थल हैं (कामरूप कामाख्या की भाँति यहाँ बलि दी जाती रही होगी?)। यहाँ ग्यारहमुखी महादेव की विचित्र प्रतिमा तथा काली-प्रतिमा भी है। लोकचित्र भी अपनी आंचलिक सत्ता को सिद्ध करता है। त्रिपुर-सुन्दरी तथा त्रिपुर भैरवी को मिलाकर बाला-मिथक गढ़ ली गयी। शायद तब वहाँ दुर्गा नामक कोई औरतों का कत्लेआम मचाने वाला वहशी हमलावर या फिर सितमगर ज़िमींदार रहा होगा। अन्ततोगत्वा यह लिजंधरी वृत्तान्त है। सब कुछ अप्रत्याशित है।

श्री/लक्ष्मी भारतीय मिथकयान में 'श्री' सौन्दर्य और ऐश्वर्य, सौभाग्य और शुभम् की देवी है। वह शोभामयी, मनमोहिनी तथा प्रसन्न देही है। ऋग्वेद में उसका आशय सौभाग्य से है। अथर्ववेद में वह 'श्री देवी' हो गयी अर्थात् देवी और नारी का अद्वैत। वह हिरण्यवर्णा तथा हिरण्य-विदेयम् है। कल्पान्तर यात्रा से वह 'श्री लक्ष्मी' हो गयी वह पद्मनाभ विष्णु की युगे-युगे से कान्ता है। वह पद्मावती है। किन्तु उसके विवाह की कोई मिथक नहीं है। अलबत्ता वह विष्णु-परशुराम की धरणी, विष्णु-राम की सीता, विष्णु-कृष्ण की सत्यभामा एवं रुक्मिणी तथा विष्णु-वामन की पद्मा, तथा विष्णु-बुद्ध की यशोधरा है।

अतः वह आद्यत आदर्श कान्ता है। विष्णु के साथ शेषशय्या पर वह उनकी चरण-सेविका, एकनिष्ठ, अनुरागिनी, करुणामयी तथा कर्तव्यशीला पत्नी है। यही उसके मानवीय आदर्श भी हैं। देवी श्री के स्त्रीरूप में वह मानुषी 'गृहलक्ष्मी' है। इस तरह उसका विकास दिव्य (देवी, श्री विद्या), कान्ता (लक्ष्मी) तथा जननी (कामदेव की माता) की त्रिमूर्ति बनाता है। मिथकपथ में वह ऐकल

पीतलखोरा-गुहा के प्रवेश-द्वार पर खंडित अभिषेक-लक्ष्मी (प्रथम शती ई.पू.)

विष्णुप्रिया नहीं है। विष्णु की श्रीलक्ष्मी (श्री रूपी लक्ष्मी) के साथ भूदेवी भी है। रामानुजाचार्य ने लीला को तीसरी पत्नी बताया है। जलधि-जा होने के कारण वह चन्द्रमा तथा सुधा की बहन है। कमलासना के साथ ही वह श्रीचक्रनिकानिनी भी है। शंकराचार्य ने उसे अष्टरूपा बताया है। लक्ष्मी स्वर्णवर्ण है तथा पार्वती गौरवर्ण। 'ॐ मणि पद्मनोऽहम्' में 'ॐ' उसका कमलासन, मणि विष्णु तथा वीर्य, और पद्म कमला तथा रज है। उसकी परिकल्पना 'महादेवी' के रूप में है।

इस भाँति से सौन्दर्य के प्रभामण्डल में वह लीला है। ललिता है, सुन्दरता (श्री) है, तथा कामकला की पद्मगन्धा पद्मिनी है। वह लीला, ललिता एवं पद्मिनी के शोभामण्डल से मण्डित त्रिपुर-सुन्दरी है। मिथकयान के आद्य भारतीय सौन्दर्यबोधशास्त्र में वह शक्ति तथा काम तथा लीला का त्रित्व है। वह पुष्ट स्तनों तथा प्रथुल नितम्बों वाली माता तथा पद्मिनी है। सौन्दर्यबोध के संवित् चमत्कार में वह पधिनी के साथ-साथ गजलक्ष्मी भी है।

पद्मा सौन्दर्यबोध के एक अन्य आयाम का भी उन्मीलन करती है, अपनी पद्मा-नाभि पर। वह पद्मावती (तिरुपति में), तथा गजलक्ष्मी (मामल्लपुरम् में) तो है ही; वह पद्मनयना है, पद्मासना है (योगी के पद्मासन में नहीं, इन्द्राणी-आसन में), पद्मगन्धा है, पद्मिनी है, करपद्म तथा चरणकमल वाली है। वह पद्मनाभ विष्णु के हृदय-कमल में रमी कमला है। इतने सारे सौन्दर्य के मंडनों से युक्त वह चंचला तथा लोला तो होगी ही। शक्ति-काम-दिव्यता वाले सौन्दर्य का यही सम्पूर्ण अलातृचक्र है। अतः वह लोला, लीला, ललिता एवं लक्ष्मी है। भारतीय दिव्योज्ज्वल एवं इहलौकिक सौन्दर्यबोधशास्त्र के विकास की वह धुरी है। इसे दोहरा दें कि जब समुद्र-मन्थन से **श्री लक्ष्मी** (सौभाग्य की देवी) प्रकट हुई तो वह कमल पर आसीन थी [वह स्वयं पद्मजा तथा बाद में सभी सर्वोत्तम मानवी नारियाँ पद्मिमनी कहलाईं]। लक्ष्मी की स्तुति ऋषियों, देवताओं, गन्धर्वों ने की तथा गंगा ने उसे स्नान कराया। विश्वकर्मा ने उसे दिव्य कुसुमों की माला दी। वरुण ने रत्नादि दिये।

स्नान के बाद वस्त्र धारण करके (निर्वसन) लक्ष्मी ने विष्णु को पतिरूप में ग्रहण किया।...जब असुरों ने धन्वन्तरी से अमृतघट छीना, तभी विष्णु ने मोहिनी-रूप धारण करके छलकपट द्वारा वह घट प्राप्त करके देवताओं को पान कराकर उन्हें अमर कर दिया।...इस प्रसंग में तो लक्ष्मी तथा मोहिनी के बीच समलिंगी (लेस्बियन) तथा समरति की देहदशा आ गयी जिसका असुरों ने मजाक उड़ाया। यह नारी के दैवीय भोले अवचेतन की मिथकीय परियोजना है। उससे सौन्दर्य-सौभाग्य ऐश्वर्य की त्रयी है।

एक प्रकरी अंतर्कुंडलन के अनुसार श्रीलक्ष्मी स्वर्ग से निष्कासित होकर समुद्र में छिप गयी। समुद्र-मंथन में वह पुनः प्रकट हुई; लेकिन पूर्ण विकसित, मुस्कराती हुई।

उसके उद्भव के कुछ पाठ-अनुपाठ हैं। भरतपाठ तो यही है कि महत् जलराशि पर वह (कमल पर) उतराती हुई आयी थी (वैसे ही ग्रीक प्रेमरति-देवी भी समुद्र पर झाग से घिरी सीप पर संतरण करती हुई आयी थी)। एक अनुपाठ में वह भृगु-ख्याति की तनया है। दूसरे अनुपाठ में श्री (बाद में) अपने पिता प्रजापति की देह से पूर्णरूपेण विकसित, मुस्काती हुई प्रकट हुई थी। (ऐसे ही ग्रीक देवी एथेना भी देवेन्द्र ज़ियस के ललाट से उद्भूत हुई थी)। फिर वह (न जाने किस तरह) देवताओं के स्वर्ग से निष्कासित होकर समुद्र में जाकर छिप गयी। अन्तिम उत्तरपाठ में वह समुद्र-मन्थन में पुनः प्रकट पूर्ण दिव्य नारी-रूप में, एक हाथ में कमल लिए हुए, प्रकट हुई और उसके पश्चात् शाश्वत् काल के लिए विष्णुकान्ता हो गयी।

ग्रीक (एस्थेटिक्षा के ईथॉस) में ये अभिभूमिकाएँ देवी एथेना तथा आर्तेमिस ने, और अपोलो तथा डायोनीसस ने (विंकेलमान प्रणीत) निभाईं। अवान्तरतः **आर्तेमिस** एफ्रोडाइट के ठीक उलट है। वह निसर्ग शुद्धता (चेस्टिटी) तथा योनि-शुचिता (वर्जिनिटी) की प्रतिनिधि है। (वह रोमन देवी डाएना है)। ओलिम्पस के सर्वदक्ष देवता अपोलो की बहन तथा देवेन्द्र ज़ियस की सहवर्ती पुत्री। उसका धनुष चाँदी का तथा तीर विषैले थे जिन्हें साइक्लोपों ने ढालकर दिये थे। वह जंगलों और पहाड़ों में अपनी परिचारिका अप्सराओं (निंफ्स) के साथ घूम-घूमकर हरिण, शेर, चीते का शिकार किया करती थी।

वह प्रसव-पीड़ित स्त्रियों की रक्षिका थी तो (शुचिता एवं पवित्रता भंग होने पर) उनको अपने तीरों से सहसा मार भी देती थी। वह दूध-पिलाते पशुओं की अभिभावक भी थी। वह अक्षतयोनि भी कही जाती है (जो ग्रीक संस्कृति में तब अपवाद था) क्योंकि उसके पिता ने उसे यही बने रहने का चिरन्तन वरदान (?) दिया था। वह इस मामले में शुष्क तथा निष्ठुर थी। उसने एक्टाओन का वध तक कर दिया था जब उसने देवी तथा उसकी संगिनी अप्सराओं को नंगे नहाते देख लिया था। उसने उस पर अपने शिकारी कुत्ते छोड़कर चिथड़े-चिथड़े करा डाले थे। वह तो स्टोइक जीवनदर्शन का प्रादर्श थी।

प्रेम और सौन्दर्य की कान्त मैत्री रानी **डिडो में परिलक्षित है जो 'स्वर्णयुग' में घेरे बन्द है (वर्जिल : ई.पू. 70-79 द्वारा)।**

परवर्ती दूसरे चरण में मिथक-पुरामंडल में सम्भोग और शक्ति के उपरान्त प्रणयशक्ति और सौन्दर्य की पक्की कान्तमैत्री होने लगती है। यह दुर्लभ तथा अज्ञात आयामों के रहस्योद्घाटन करती है। इसलिए एफ्रोडाइट तथा रति, फिर साइकी तथा फ्रेया की मिथकों का निर्वचन लाजिमी प्रतीत होता है।

हमारी समझ से रति-कामिनी के सहक्रम में ग्रीक प्रेम-सौन्दर्य की देवी **एफ्रोडाइट** प्रकट होती है।

उसके जन्म के भी दो पाठ हैं। एक पाठ के अनुसार वह देवेन्द्र ज़ियस तथा डायोनी की बेटी थी। दूसरे के अनुसार जब

प्रेमदेवी एफ़्रोडाइट का जन्म : चित्रकार सान्द्रो बोटिचेली (1445-1510)

निस्सन्देह इसे परवर्ती माइकेल एंजिलो कृत 'आदम का जन्म' की भाँति सारे रिनाँसा की चित्रात्मक मिथक-चित्रकारी का आदर्श एवं प्रादर्श माना जा सकता है। इसमें हेलेनिक (प्रकाश) तथा हिब्रूई (मधुरता) के दो वैश्विक सन्दर्शों का भी संगम है। सुभग सीप से जन्मी नग्न वीनस द्विभंग-मुद्रा में है। दायें मुड़े पाँव द्वारा घुटने से तैरती सीप पर अपनी लम्बी-पतली-कोमल काया सन्तुलित कर रही है। नैतिक ईसाई-मर्यादा के तहत दायें हाथ से स्तनों को, तथा नीचे पहुँचे बायें हाथ से जंघा-सन्धि को लम्बे सुनहले केशों द्वारा ढँक रही है। (मैंने रोम में इस फलक की लड़ीवार पहली से अन्तिम रचना की एक्स-रे प्लेटें देखी थीं जिनमें चित्रकार के रति बनाम नीति के अन्तर्द्वन्द्वों की प्रचंड दुविधा आत्मोद्घाटित होती है।

चित्र के बायीं ओर रोमी मरुत-गणों का नेता ज़ेफीर कुक्षि में उषा देवी आरोरा को थामे, नीलपट को लेकर उसे साइथेरा द्वीप की ओर लिये जा रहा है तो दायीं ओर सौन्दर्य एवं वसन्त की प्रतिनिधि ग्रेससें भी उसे अरुण परिधान पहनाने जा रही है।

क्रोनस ने पिता यूरेनास का लिंग काटकर समुद्र में फेंका तब उसके झाग से रची गयी और पश्चिमी प्रभंजनों द्वारा सीप पर आरूढ़ा तैरती हुई साइप्रस द्वीप में आयी। वहाँ से बारह देवी-देवताओं में शामिल होकर ओलिम्पस पर्वत वासिनी हुई [यह मिथकाभिप्राय एशिया का प्रिय रहा है। देवी लक्ष्मी भी समुद्र से प्रकट हुई थी। वह कमला (-सना) तथा शंखासीन थी]।

एफ्रोडाइट साक्षात् मूर्तिमान सुन्दरता और प्रेम की देवी थी। वह सुनहले वर्ण की (हिरण्य-दीप्त), सौन्दर्य की मधुरता (क्षीर) तथा लावण्य (लवण-सी संगति) से युक्त, खिलंदड़ी, चतुर और पेंचबन्धक थी अर्थात् भारतीय ग्रीक-सौन्दर्य की सम्मिलित धारणा से मंडित थी। वह प्रेमारति तथा कामना की देवी थी। वह देवों और मानवों, दोनों को ही सम्मोहित करती थी। उसके मानव तथा देवता उर्फ़ कई प्रेमी तथा कई प्रेमियों से कई सन्तानें थीं। वे सभी प्रेम और रति के विभिन्न पक्षों के उद्घाटक तथा ग्रीक यौन-संस्कृति के परिचायक हो गये।

इसलिए उसके लौकिक दिव्य चरित्र के कई परिच्छेद खुलते हैं। हम उन्हें लड़ीवार खोलते चलते हैं।

(i) वह मूलरूप से असीरिया की देवी इश्तार के सन्निकट है। वहाँ से वह एशिया-माइनर के साइप्रस द्वीप पहुँची। फिर वह भूदेवी तथा देवेन्द्र ज़ियस की पत्नी हेरा से सत्ता एवं सैक्स की प्रतिद्वन्द्विता में जूझते-जूझते सफल होकर ओलिपंस-पर्वत के देवमंडल में प्रतिष्ठित हो गयी। तथापि ज्ञानदेवी एथेना तथा रानी देवी हेरा से उसकी प्रतिद्वन्द्विता निरन्तर चली। प्रेमारति में भी तो ज्ञान और ऐकाधिकार के प्रबल द्वन्द्व होते हैं।

(ii) ओलिम्पस पहुँच कर एक उत्तम पद पाने के बाद एफ्रोइट की संगिनियाँ भी प्रेम-सौन्दर्य की पूरक तथा संवाहक थीं; जैसे चैरिटेस (लावण्य तथा शालीनता की देवकुमारिकाएँ); होराई (प्रहर, ऋतु के अनुसार प्रेमोत्थान-पतन की मापक)।

(iii) यद्यपि उसका विवाह लोहार हेफेस्टस से हुआ था किन्तु वह अपने देवर/जेठ से रति-बंध में संलग्न पायी गयी। अतः सम्बन्ध छूट गया। उसका प्रेम दाम्पत्य-मुक्त रहा। वह मिथुन धर्मी रहा।

फिर उसके प्रेमियों की कतार बनी। **देवों** में उसके प्रणय-प्रसंग एरेस, डायोनीसस तथा हर्मीस से थे। एरेस युद्धदेवता, डोयानीसस उन्माद और भोग का देवता तथा हर्मीस वाक् तथा सौभाग्य का देवता था। इस तरह प्रेम के विविध सोपानों की चढ़ाई पता चलती है। **मानवों** में उसके प्रेमी एडोनिस तथा ऐंचिसेस थे।

(iv) इनकी अंकशायिनी बनने से उसके अलग-अलग वल्दियत के पुत्र और पुत्री भी हुए। वे भी प्रेम-रहस्य के उद्घाटक हैं—ऐरस से **एरॉस** तो माता एफ्रोडाइट के सदा-सर्वदा साथ रहने वाला युवक है जो धनुष-बाण द्वारा लक्ष्यों को कामातुर बनाता है; हार्मोनिया के पास (प्रेया के जैसा) एक सुनहला कंठहार है जो प्रेम में ईर्ष्या-प्रतिस्पर्धा का हेतु है। हर्मीज़ से हर्माफ्रोडाइटस जन्मा जो उभय लिंगी है और अर्द्धनारीश्वरत्व द्वारा रति में दो देहों के जुड़ कर एकैक हो जाने का उत्कर्ष है। डायोनीसस से प्रियापस का जन्म हुआ। वह उत्थित-लिंग अर्थात् सम्भोग और प्रजनन को सदा-उद्धत पौरुष है। एंचिसेस से उसका पुत्र एनियास पैदा हुआ जो बाद में रोम का मिथकीय संस्थापक बना।

(v) एफ्रोडाइट की केन्द्रीय वृत्ति निर्बाधित अधिकार और निर्द्वन्द्व प्रेमारति है। वह किसी को भी प्रेम और सौन्दर्य में अपने मुकाबले में आने ही नहीं देती थी।

असीरिया के सम्राट सिन्यारस की गर्वोक्ति थी कि उनकी बेटी स्याइर्ना एफ्रोडाइट से ज्यादा सुन्दर है। अतः प्रतिशोध वश उसने सिन्यारस के चित्त में बेटी के प्रति वासना जगा दी। अतः उसने बेटी से बलात्कार किया जिससे वह गर्भवती हो गयी। अपने कुकृत्य का एहसास होने पर राजा ने उसे मार डालने का निश्चय किया, लेकिन एफ्रोडाइट ने बेटी को बचा लिया तथा मार्यीर वृक्ष में कायान्तरित कर दिया। यह वृक्ष वसन्त में दो फाँक हो जाता है तथा नयी वृद्धि होती है। इसके अन्दर ही एडोनिस मिला था अर्थात् वह स्याइर्ना का बेटा था। जैसे ही एफ्रोडाइट ने उसे देखा तो उस पर आसक्त हो गयी। उसने जवान होने तक के लिए उसे पाताल की देवी पर्सिफोन को एक मंजूषा में रखकर दे दिया। किन्तु एडोनिस के जवान होने पर पर्सिफोन खुद उस पर आसक्त हो गयी और उसे लौटाने को मना कर दिया। संस्कृति-देवी कैलियोप ने मध्यस्थता करके फैसला किया कि एडोनिस छह माह एफ्रोडाइट, चार माह पर्सिफोन तथा बाकी दो माह स्वेच्छा से दोनों में-से किसी के भी साथ बितायेगा।

चार माहों बाद एफ्रोडाइट ने अपनी कामोत्तेजक 'कामना की करधनी' पहनकर एडोनिस पर वशीकरण कर दिया। उसने पर्सिफोन के साथ रहने को मना कर दिया। इस पर पर्सिफोन युद्ध-देवता एरेस (जो खुद भी एफ्रोडाइट का प्रेमी था) के पास गयी तथा भेद खोला कि उसका प्रतिद्वंद्वी तो एक मरणशील मनुष्य (एडोनिस) है। अगली मर्तबा जब एडोनिस शिकार को गया तो एरेस ने एक शूकर होकर उसकी हत्या कर दी। जहाँ-जहाँ रक्त की बूँदे गिरीं वहाँ-वहाँ एनिमोनीज़ के फूल पैदा हो गये। अबकी बार देवेन्द्र ज़ियस ने निर्णय दिया कि एडोनिस छह माह एफ्रोडाइट के साथ, बाकी छह माह पाताल की रानी पर्सिफोन के साथ बिताएगा।

इससे एडोनिस तथा एफ्रोडाइट के तीन सन्तानें हुई जिनमें एक प्रियापस अमर होने के साथ असुन्दर भी था। वह बेहद लोलुप भी था। अतः उसका ओलिपम्स में रहना वर्जित हो गया। यह सारा प्रसंग प्रेम के नकारात्मक आयामों तथा विद्रूपताओं का भी द्योतक है।

एक अन्य प्रसंग में एफ्रोडाइट एथेना तथा हेरा के बीच सर्वोत्तम विश्व सुन्दरी का फैसला करने के लिए प्रतियोगिता हुई जिसमें विजयिनी को 'स्वर्ण सेब' दिया जाना तय हुआ। निर्णायक ट्राय के राजा प्रियाम का बेटा पेरिस बना। एफ्रोडाइट ने उसे लालच दिया कि अगर वह उसके पक्ष में निर्णय करेगा तो वह विश्वसुन्दरी हेलेन से उसकी शादी करा देगी। फैसला एफ्रोटाइट के पक्ष में हुआ। इससे हेरा तथा एथेना एफ्रोडाइट तथा ट्राय के विरुद्ध हो गयीं।

अब तीसरा सोपान पेरिस ने मेनेलास की पत्नी था स्पार्टा की रानी हेलेन का अपहरण कर लिया। ग्रीकों तथा ट्रोजनों के बीच दस वर्षीय भयंकर युद्ध में ट्राय ध्वस्त हो गया। वहाँ से (एफ्रोडाइट का बेटा) एनिआज़ अपने समर्थकों के साथ बच निकला। उसका नौका बेड़ा सिसली पहुँचा तो ग्रीकों की पक्षधर हेरा ने जूनो को उकसा कर तूफ़ान पैदा करा दिया। हारे-बिखरे एनियास को कार्थेज में शरण लेनी पड़ी। यहाँ एफ्रोटाइट ने पुनः ऐनियास को रानी डिडो (दिडो) के प्रगाढ़ प्रेमपाश में बँधवा दिया। अतः एफ्रोडाइट अपने पक्षधरों की सहायता करती है।

(vi) एक अत्यन्त प्रमादी प्रसंग **'एफ्रोडाइट की करधनी'** का है। करधनियाँ कामकला के बन्धों में जादुई कामोद्दीपन करती हैं। देवीरानी हेरा ज़ियस की दूसरी पत्नी तथा बहन भी थी। वह ज़ियस की शठता जानती थी और सत्ता में बँटवारा भी चाहती थी। केवल एक ही अवसर ऐसा आया जब उसके पास ज़ियस से ज्यादा ताकत आयी। उनसे एफ्रोडाइट से उसकी कामना की करधनी माँगकर पहन ली। अगर कोई भी देवता अथवा मानुष उसके धारणकर्ता/धारणकर्त्री को देख ले तो वह तत्काल, बिल्कुल वश से बाहर होता जाता है। सो ज़ियस ने हर समय हेरा के साथ छककर सम्भोग किया क्योंकि वह उक्त करधनी जो पहने थी। तदपि हेरा ज़ियस को उसकी व्यभिचारिता के लिए कभी क्षमा नहीं कर पायी। इसलिए उसने दो देवता पोसेइडॉन तथा अपोलो के साथ मिलकर ज़ियस को अपदस्थ करने को ठानी। अतः जब उसके नज़दीक उसका वज्र नहीं था तब दोनों देवता चुपके-चुपके अन्दर घुस आये और उस सोते हुए को शय्या पर ही मवेशी के चमड़े की रस्सियों से बाँध दिया। इससे पृथ्वी में अफरा-तफरी मच गयी। तब अप्सरा थेटिस ने पाताल पहुँचकर एक सहस्र भुजा राक्षस को छोड़ा। वह तुरन्त ओलिम्पस पर्वत पहुँचा और ज़ियस को छुड़ा लिया। प्रेम में वर्चस्व का उसका संघर्ष तथा षड्यंत्र यूँ चालू रहा।

प्रणय में एकान्त स्वार्थ तथा एकाधिकार की लालसा की मिसाल में एफ्रोडाइट-पर्सिफोन प्रसंग के साथ-साथ क्यूपिड-साइकी प्रसंग भी है। इसमें साइकी में सौन्दर्य के घमंड को चूर करने के लिए एफ्रोडाइट क्यूपिड को यह जिम्मा सौंपती है कि वह उसको बेहद बदसूरत व्यक्ति के प्रेम में उलझा दे। होता उल्टा हैं। स्वयं क्यूपिड साइकी के प्रेमपाश में जकड़ जाता है। यही हश्र तो पर्सिफोन का भी हुआ था। यह प्रेम-लीला का अव्यक्त अकस्मात मनोदैहिक आयाम है। इस तरह पूरा प्रेमरतिसूत्र खुल आता है।

(vii) परवर्ती काल में जब समस्त ग्रीक देवमंडल ही रोम पहुँच जाता है, तो उनका पुनसंस्कार हो जाता है। रोम में एफ्रोडाइट **वीनस** हो जाती है। रोम के मिथकीय नगर-संस्थापक एनियास की माता के नाते वह पूजनीय हो जाती है। वह 'जेनेट्रिक्स' (राजमाता) मानी जाती है। वहाँ वह एक प्रौढ़, शानवाली तथा ऐरिस्टोक्रेटिक भद्र देवी माँ हो जाती है। उसके साथ अन्य ग्रीक देवताओं का भी रोमीयकरण होता है। उनके बदले नाम कोष्ठक में दिये जा रहे हैं—एफ्रोडाइट (वीनस), एरॉस (एरॉस/क्युपिड), हेफाएस्टस (वल्कन), पर्सिफोन (पोसरपिना), हर्मीज़ (मर्करी), आर्तेमिस (डायना), एथेना (मिनर्वा), हेरा (जूनो), ज़ियस (जूपीटर)। बाद में इटैलियन रिनासाँ में वह बोटिशेली ( ), की एक सर्वोत्तम चित्ररचना 'समुद्र में बहती आयी वीनस' के स्वरूप में चिरनवीन हो जाती है।

अतएव एफ्रोडाइट के माध्यम से हम यह युगादि सत्य बता सकते हैं कि रति-रहस्य अकथनीय नहीं रहने चाहिए। प्रेम और सौन्दर्य और सम्भोग और आनन्द का चतुरंग शाश्वत है।

रति : सारे धर्म और मिथक **यौनता** का विखंडन नहीं, बल्कि विभेदन करते हैंः—काम-रति (भारत), यिन-यांग (चीन), यब-युम (तिब्बत)। भारत में प्रकृति-पुरुष के दार्शनिक रूपक में तो प्रकृति सक्रिय तथा पुरुष निष्क्रिय है लेकिन यौनता का अधिकांश मिथकत्व और आद्य मिथकवाक् पुरुष-पक्ष से ही हुआ है। **काम** को कामना तथा प्रेम से; **'रति'** को सैक्स-सुख से अन्तर्निहित किया गया है। काम-कला की एकता में भी विभाजन है। इसमें काम अभिकर्ता और कला अथवा रति अभिगृहीता है। यौनता के पाँचों आयाम भी काम के पंचबाण से सम्बद्ध कर दिये गये हैं—(मोहन से वशीकरण तक के)।

इससे पुरुष और नारी की यौनता भी भिन्न-भिन्न हो गयी है, यद्यपि मिथुन-भाव अनिवार्य है। रति एक निष्क्रिय, अनुगामिनी, अनुकर्त्री पत्नी-स्त्री-आज्ञाकारिणी के रूप में ही रूपायित हुई है। इससे काम-रति की पूरी सहज मिथक ही विकसित नहीं हुई। वह मात्र विवृत्ति बनकर संकुचित हो गयी। उसका वृत्तान्त तो पद्मप्रफुल्लित ही नहीं हुआ। अलबत्ता 'अनंग' हो जाने के बाद कृष्णा के पुत्र 'प्रद्युम्न' के अवतार में जन्म लेने के बाद के अगले जन्म में रति के पुत्र अनिरुद्ध तथा पुत्री तृषा के रूप में उसका संवर्धन हुआ—सैक्स-सुख (रति) के अगले चरण अनियंत्रित (अनिरुद्ध) तथा अतृप्त लालसा (तृषा) को उद्भावक हैं। [काम का धनुष ईख के बेंत का, डोरी मधुमक्खियों की, बाण पाँच प्रकार के फूलों के, तथा उनका प्रभाव पाँच मनोदैहिक पक्षों में होता है।] इसके

समानान्तर आद्य मिथकवित्व के प्रतीकों के प्रतिपाठ जयशंकर प्रसाद और दिनकर ने किये हैं। प्रसाद ने नारी की छायाप्रतिमा रति को माना और लज्जा को रति की प्रतिकृति। दिनकर ने उर्वशी के माध्यम से विवाह बनाम प्रेम के अन्तर्विरोध लिए।

इस भाँति नारी की कामायनी तथा उर्वशी रूप में रति के ये क्रान्तिपथ भी खुले हैं क्योंकि काम बाणों में जो फूल थे वे काम के मित्र वसन्त ने चुने थे। तीरन्दाज काम की आखेट अमूमन भोली कुमारियाँ, सुहागिन रमणियाँ, वियोगिनी प्रेमिकाएँ होती हैं। पुरुष यहाँ भी लगभग गायब हैं—योगी कुमारगिरि और विश्वमित्र जैसे अपवादों को छोड़कर।

यह प्रासंगिक होगा कि छल्लों वाले कई लघु अन्तों से युक्त काम के द्वितीय रूपान्तरण प्रद्युम्न तथा रति की कथा को जोड़ा मोड़ा जाए।

काम का दहन करके, उसको 'अनंग' बनाने के उपरान्त जब शिव ने पार्वती से विवाह रचा लिया तब भी संसार से प्रेम विलुप्त हो गया। रति की प्रार्थना से द्रवित होकर शिव काम के पुनर्जन्म से सहमत हो गये। शिव ने वरदान दिया कि वह कृष्ण-रुक्मिणी के पुत्र प्रद्युम्न के रूप में जन्म लेगा।

तब नारद मुनि ने रति को सलाह दी कि वह एक मत्स्य-मानवी का रूप ग्रहण करे और शंभर नामक (शिव का विद्रूप?) मनुष्य से विवाह करे। शंभर भी मूलतः मानवाकृत दैत्य था। ऊपर से उसे बता दिया गया था कि प्रद्युम्न ही उसका वध करेगा। अतः शंभर ने बच्चे को चुराकर समुद्र में फेंक दिया, जहाँ उसे एक महामत्स्य ने निगल लिया [कृष्ण-कंस के अभिप्राय का अनुहरण]।

अब शंभर हाट से उसी महामत्स्य को लाया। उसे चीरने पर रति को अन्दर बच्चा मिला। नारद प्रकट हुए। उन्होंने रति को बताया कि बच्चा है कौन : "यही तुम्हारा प्रथम पति है : काम का पुनः अवतार!" मैं तुम्हें शक्ति प्रदान करता हूँ कि शिशु (अनंग की तरह) अदृश्य रहेगा और तुम इसका लालन-पालन करो। शंभर को पता नहीं चलेगा। ऐसा ही हुआ।

प्रद्युम्न बड़ा होकर एक सुन्दर तथा युवा मनुष्य हो गया। तब रति ने एक दिन प्रद्युम्न को उसकी असली शिनाख्त बताई जिस पर वह विश्वास नहीं कर सका क्योंकि (रति ने) उसकी परवरिश एक धात्रीमाता की तरह की थी। वह रति से कैसे प्रणय करे?

पति और पुत्र, बालक और युवक विचित्र ग्रन्थि और ग्रहण के इस अनूठे मनोदैहिक द्वन्द्व ने रति के व्यक्तित्व को भी अनजाने उद्घाटित करना शुरू किया। उसकी सैक्स-भोग की लालसा प्रबल हो उठी।

अतः उसने एक धनुष तथा फूलों से गुँथे कुछ तीर बनाकर दिये। कहा कि वह एक तीर अपने पैरों के तलुवे पर तथा एक उसकी जंघा-मध्य में चलाये। प्रद्युम्न ने वैसा ही किया। उसके अपने पूर्वजन्म वाले 'काम' के प्रबल संस्कार जाग गये। सम्मोहन तथा **वशीकरण** फैल गया। प्रद्युम्न-पत्नी रति के रतिबन्ध में बँध गया।

जब शंभर को पता चला तो उसने रति को मारना-पीटना शुरू किया। प्रद्युम्न ने अपना अदृश्य परिधान त्याग कर शंभर का वध कर डाला। इस तरह नारद की भविष्यवाणी सिद्ध हो गयी और रति 'पूर्ण काम' से संयुक्त हो गयी। इसके बाद रति और काम अपने मूलस्वरूप में आकर क्रमशः कामना के देवता तथा सैक्स-उन्मत्तता की देवी हो गये।

एक महासत्य खुल गया। यह सृष्टि मैथुनी है : प्रकृति-पुरुष, कमल-कुलिश, अग्नि-सोम का संगम। अब प्रतीक खुलते हैं।

दूसरे उत्तरपाठ (प्रद्युम्न-रति का समागम) से यह सत्य दीप्तिमान होता है कि कामना तथा तृष्णाग्नि की तृप्ति ही पूर्ण आनन्द है। यह सृष्टि आनन्दमयी है जो 'रति' नाम से कही गयी है। इस संसार में स्त्री-पुरुष के मनोदैहिक मिलन से जिस सुखानन्द की अनुभूति होती है उसे ही 'रति' कह सकते हैं (वाचस्पति गैरोला : पृ. 25)। रति ही काम की अपराजेय शक्ति है। यही प्रबल शक्ति है। यही प्रीतिरूप में सम्मोहिनी महामाया है। इस तरह रति ही रस एवं आनन्द की अधिष्ठात्री है। रति बीज-शक्ति है और काम बीज-प्रदाता। रति के साथ मिथुनत्व से ही काम की भी पूर्णता है। सृष्टि के मूल में आनन्द ही एकमात्र कारण है। वह आदि कारण रति है। रति ही अनादि वासना को उद्घाटित करती, जाग्रत करती तथा उसे पूर्णकाम बनाती है।

साइकी की प्राचीन मिथकीय कहानी को एपुलेयस ने अभिलिखित किया है जिसे एक बूढ़ी औरत ने चोरों की माँद में सुनाई थी (ई.पू. 200)।

अपने ढंग की इस विलक्षण कथा के अनुसार एक राजा के तीन बेटियाँ थीं जिनमें सबसे छोटी साइकी (मनस्तत्त्व) सबसे ज्यादा सुन्दर थी। उसको अपनी सुन्दरता का घमण्ड था। इसके अलावा उसे इतनी अधिक अभिशंसा मिलने लगी कि देवी वीनस की उपेक्षा होने लगी। उसे भी ईर्ष्या होने लगी।

अतः उसने अपने बेटे (मर्करी या मार्स से जन्मा) तीरकमानधारी युवा कामदेवता क्युपिड से कहा कि वह ऐसा करे कि साइकी के चित्त में सबसे बदसूरत पुरुष के प्रति प्रेमोद्दीपन हो जाए। जब क्युपिड कार्य सम्पादित करने पहुँचा तो स्वयं साइकी के अनिंद्य सौन्दर्य के सामने समर्पित हो गया।

साइकी की दोनों बड़ी बहनें विवाहित थीं लेकिन उतनी खूबसूरत नहीं थीं। उन्हें भी ईर्ष्या होने लगी। ऐसे में आशंका थी कि देवताओं का आक्रोश अवतरित होगा। साइकी के पिता ने अपनी छोटी बेटी को मिलेटस में अपोलो के (ओरेकल) के लिए भेजा। वहाँ भविष्यवाणी हुई कि उसका नियत पति एक नागसिंह (ड्रेगन) निशाचर है।

साइकी का अपहरण (पियरे पाल प्रूधों 1758-1823)
(साइकी गहरी निद्रा में डूब गई है। पंखो वाला तेज धावक पवन देवता ज़ेफीर उसे उड़ाकर क्यूपिड के लीलाकक्ष में ले आता है)

साइकी नियति को स्वीकार करके एक शिला पर लेटे-लेटे सो गयी। तभी उसे लगा कि पश्चिमी प्रभंजन के देवता ज़ेफिरस उसे अपनी बाँहों में उड़ाये लिये जा रहे हैं। वह एक भव्य महल में पहुँच गयी।

जब वह रात में सोने को हुई तो घने अँधेरे में एक रहस्यात्मक प्राणी (क्युपिड) ने आकर कहा कि वही उसका पति है और वह उसकी देहाकृति नहीं देख सकती। उसकी वाणी मंद्रसप्तक वाली तथा वार्तालाप बेहद सुकोमल था। उषा आने के पहले ही वह अन्तर्धान हो गया। वह साइकी को शपथ दिला गया कि वह उसके मुखमंडल को कभी नहीं देखेगी। उस विशाल महल में भोग-विलास के सभी साधन मौजूद थे। बस उसके आह्लादक पति की कमी खलती थी। फिर भी वह इस स्थिति में सन्तुष्ट हो गयी।

अब उसे दूसरी बार (अपनी बहनों की) ईर्ष्या का शिकार होना पड़ा। उन्होंने उसे भड़काया कि ठीक है, वह हर रात को तुम्हारे पास अँधेरे में आता और भोर के पहले चला जाता है। तो क्या तुम्हारा पति तुम्हें अपना मुखमंडल दिखाने से भयभीत है? जरूर ही अपोलो की दिव्य वाणी सच होगी कि तुम्हारा पति एक दैत्य नागसिंह है। साइकी बेहद चिन्तित रहने लगी।

आखिर एक रात को वह शय्या से उठी, दीवा बाला और शपथ-भंग करते हुए दीवे को अपने अज्ञात पति के मुख के समीप ले जाकर गौर से देखने लगी। वह तो अद्वितीय सुन्दर विश्व का कामदेव क्युपिड निकला।

संयोग से गर्म तेल की एक बूँद नग्न पति के कन्धे पर टपक पड़ी। वह हड़बड़ाकर जाग गया। उसने साइकी की भर्त्सना करते हुए कहा कि उसमें ऐसी आस्था-शून्यता क्यों जाग उठी? बस वह तत्काल अन्तर्धान हो गया।*

इसमें एक मानुषी तथा एक देवता का अज्ञात प्रेम तथा अलौकिक सौन्दर्य का, अर्थात् साइकी और क्युपिड का मिश्रित

* वही, उदय प्रकाश अरोड़ा पृ., 140

प्रेम-विवाह है। इसमें दैत्य नागसिंह का सूच्य, टोटेम के, अवशेष को इंगित करता है जो अब उलट कर दिव्य सुन्दर कामदेव हो गया है। यह लौकिक प्रणय तथा अलौकिक सौन्दर्यलोक की अनन्त महात्वाकांक्षा का भी कामसूत्र है। ऐसे प्रेम में चतुर्दिक रहस्य तथा अप्रत्याशित का परिवेश व्याप्त है।

[एक अन्य उत्तरपाठ में क्युपिड के चले जाने के बाद वीनस ने उसे कई प्रकार के दण्ड दिये। उसे पाताल में भेजा गया कि वह पाताल-देवी पोसरपिना की सुन्दरता का कुछ अंश जाकर लाए। वह गयी। मंजूषा में ले आयी। मंजूषा खोली और अचेत होकर सो गयी।

तभी क्युपिड ने उसे देखा। वह तुरन्त उसे देवाधिदेव जूपीटर के सामने ले गया। जूपीटर ने उसे भी अमरत्व प्रदान कर दिया। इस तरह प्रेम और आत्मा, दोनों ही अमर हो गये]। तय है कि क्युपिड में माता वाली कुन्ती-ग्रन्थि नहीं थी।

स्कैंडिनेवियन केल्ट के वैम्पायर एवं वाइकिंग मिथकों से प्रचुर (ई.प. 792-1066) क्षेत्र की रतिदेवी **फ्रेया** (फ्रेजा) का युग कुल्हाड़ियों तथा तलवारों वाला था। कालान्तर में देवाधिदेव ओडिन की पत्नी फ्रिग और वह एकाकार हो गयीं। फ्रेया (नार्डिक शब्द) का अर्थ है प्राणप्यारी। वह कामातुरता की देवी थी। वह गुणवंती तो नहीं, पर कर्तव्यशीला थी।

तो, ऐसा है यह दुर्ललित, हठीला, खिलंदड़ा, बाल किशोर, चपल-चटुल, रति-सहवासी काम अर्थात् इरॉस।
यह नंगअंग चिढ़ाने तथा उकसाने की भंगिमा में पंचबाणों से धावा बोलने ही वाला है।
यह रोमन क्युपिड मनपंखों वाला बाल फंटूश भी है। मन्मथ, इरॉस और क्यूपिड एक हैं:– शैशव-यौवन दुहुँ मिल गेल (-तीनों मिथकवृत्तों में)॥

वह देवताओं, दैत्यों, मर्त्यमान मनुष्यों, बौनों सभी के लिए लालसा की वस्तु थी वह स्वयं उनके साथ निधड़क तथा निर्द्वंद्व सम्भोगी (प्रोमिस्कुअस) यौन-सुख प्राप्त करती थी। उसकी इस यौन-निरंकुशता की आदिम वाइकिंग-समाज भर्त्सना नहीं करता था, बल्कि फ्रेया देवी-देवताओं के बीच में अत्यन्त आदरणीया थी। शायद वह प्राचीन पैंगन (ग्रीक) देवी रही हो। स्कैंडिनेविया में वह तेरहवीं शती तक पूजी जाती रही थी। वह पुरुष नार्डिक देवताओं के समतुल्य सैक्स की देवी के रूप में प्रतिष्ठित रही थी। वह स्वर्णकारों तथा चाँदी-कारीगरों की विशेष अभिलक्ष्य थी। वे रत्नाभूषणों में उसकी छवि भी टाँका करते थे। उसका जो अपना 'कामना का कंठहार' 'ब्रिसिंगमेन' था, वह साहित्य एवं कला में तथा प्रणय लीला में यौनशक्ति के प्रतीक के रूप में प्रयुक्त होता था। आदिम समाजों की ऐसी यौन वस्तुरति (फेटिश) की मिसालों से सहज मिथकें भी सम्मोहित हैं। ग्रीक मिथक में 'वीनस (एफ्रोडाइट) की करधनी' थी जिसे पहन कर देवियाँ भी प्रचंड कामोन्मत्ता हो जाया करती थीं। भारत में नग्न-यक्षिणी के मततंत्र में दोहद के साथ एक-दो-तीन-पाँच-सात लड़ी की करधनियाँ यौन क्रियाओं की यंत्र-तंत्र द्योतक हैं। नार्डिक क्षेत्र के संग्रहालयों में 'ब्रिसिंगमेन' प्रदर्शित हैं।

फ्रेया को गहने और रत्न बहुत पसन्द थे। उसके महल से थोड़ी दूर एक गोष्ठकक्ष में चार कारीगर बौने रहते थे जो कुशल धातुकर्मी थे। उन्होंने देवता थोर का परशुवज्र भी बनाया था तथा एक सुन्दर कंठहार भी तैयार किया था। फ्रेया उसे प्राप्त करने को उतावली हो गयी। बौनों ने शर्त रखी कि फ्रेया उनमें-से हरेक के साथ एक-एक रात सोये। ऐसा ही हुआ।

परन्तु चुगलखोर झूठ (के) -देवता लोकी ने यह (पति?) ओडिन को बता दिया। देवराज ओडिन ने लोकी से वह कंठहार चुरा लाने को कहा। लोकी फ्रेया के महल में पहुँचा। वह पेट के बल सो रही थी। सही मौका ताड़कर वह एक चूषक मक्खी बनकर सूचीभेद्य छेद से अन्दर पहुँचा। फ्रेया के गाल को काटा। वह जाग पड़ी। मौका पाकर लोकी कंठहार खोलकर ले भागा। फ्रेया जान गयी यह लोकी की कारस्तानी है। सो उसने ओडिन के पास जाकर शिकायत की। ओडिन न भी शर्तें लगाईं कि वह उसके साथ सोये तथा मनुष्यों के बीच समर छिड़वा दे क्योंकि उसने गलत ढंग से कंठहार प्राप्त किया था।

उत्तरी यूरोप [राइन तथा डेन्यूब नदी के बीच के वाइकिंग समाज (स्कैंडिनेविया) की सैक्स-कामुकता देवी : 'फ्रेया']
[इनका-काव्य 'वोलुप्सा (ई.प. 1000) है।]

वह इतनी ललिता सुन्दरी थी कि दैत्य भी उसकी लालसा में दीवाने थे। कोहरे-पाले के दैत्य राज थ्राइम ने थोर का परशुवज्र चुरा लिया था। वह लोकी को लौटो को इस शर्त पर राजी हुआ कि फ्रेया से उसकी शादी हो। फ्रेया ने दो टूक मना कर दिया। तदपि लोकी छलपूर्वक वह वज्र ले ही आया।

एक तीसरे प्रतिपाठ के अनुसार एक दैत्य ने देवताओं में से एक विजयी को एक भव्य महल बनाने का वचन दिया (वह देवता थोर था)। उसकी भी शर्त थी कि उसे फ्रेया पत्नी के रूप में दे दी जाए। तभी एवज में वह थोर को चन्द्रमा और सूरज भी भेंट करेगा। देवता राजी हो गये। दैत्य समय-सीमा में महल बना लेता लेकिन लोकी ने एक घोड़ी बनकर उस घोड़े को लुभाकर भगा लिया। दैत्य उसी घोड़े पर भवन बनाने की सामग्री लादकर लाता था। इस तरह इस बार भी फ्रेया दुर्भाग्य का शिकार होने से बच गयी।

धूप का देवता ओड उसका पहला पति था। वह बिना कोई निशान छोड़े एक दिन उसे छोड़कर चला गया। फ्रेया स्वर्ण के आँसू रोई जिनमें स्वर्ग एस्गार्ड का फर्श भर गया।...तदपि विवाह बन्धन से आज़ाद होने पर वह इतनी तीव्रव्यथित अथवा प्रचंड हर्षित हुई कि उसने फिर कभी शादी नहीं की और देवताओं, दैत्यों, मनुष्यों की लालसा धधकाती रही। वह पूरी तरह स्वेच्छाचारिणी थीः– नारी यौनमुक्ति की आदिम सूचिका।

इसके प्रतिपक्ष में वह मृतकों के लोक वल्हालों में वीरगति प्राप्त सैनिकों को बीयर पिलाती तथा खाना खिलाती, और यौन सुख देती-पाती थी। वहाँ वह एक मामूली वल्कीरी की भाँति परिचारिका भी थी।

वह वाराहों द्वारा खींचे जा रहे अपने रथ पर आरूढ़ होकर स्वर्ग आस्गार्ड का भ्रमण करती थी। उसका जामा बाज पक्षी के पंखों से निर्मित था। वह बिल्लियों के रथ पर भी सवारी करती थी। अतः वह इच्छानुसार उड़ती भी थी (एक पक्षी का छलावरण करके)। उसके सैक्स-मततंत्र में कामावेगी घोड़े शामिल थे। वह वल्काइरिज-कुमारी-रमणियों के सहकार से मृतक योद्धाओं और उनके अश्वों की अपने सत्ता क्षेत्र में लिवा लाती थीं तथा उनके साथ जीवनोपरान्त यौन-लीलाएँ करती थीं। **वल्कीराज़** की मिथक नार्डिक एवं जर्मन है। ये योद्धा-रमणियाँ देवता ओडिन की सेविकाएँ हैं। वे श्वेत त्वचा तथा सुनहले बालों वाली तथा अस्त्र-शस्त्र से पूर्णतः सज्जित होकर खेत रहे योद्धाओं को एकत्र करने वाली थीं। युद्धगान गाती हुई रणस्थल से मृतक योद्धाओं की आत्माओं को एकत्र करके उन्हें वल्हाल्ला (मारे गयों का मंडप कक्ष) में प्रतिष्ठित कर देती थी।

ग्रीक एफ्रोडाइट ने प्रेम तथा सौन्दर्य के ध्रुवान्तों पर काम तथा रति, आसक्ति तथा देहसुख, मनोकुंठाएँ तथा स्वेच्छाचारिता के आयाम उद्घाटित किये हैं। लेकिन फ्रेया ने सैक्स-आनन्द तथा सम्भोग के महासुख में ही स्वयं को केन्द्रित किया।

कोयोलक्साउहक्वी (घंटों वाली कुमारिका) पाषाण, मेक्सिको (मध्य-अमेरिका)

सचमुच रतिदेवी फ्रेया की उसकी उन्मुक्तता और उत्मत्तता के लिए अभिशंसा की जानी चाहिए। उसकी निन्दा नहीं, अपितु प्रशंसास्तुति करते हुए कहा जाना चाहिए, शाबाश, बदमाश फ्रेया!! तुम तो पूर्ण काम मस्त कामिनी हो!

× × ×

आगे कुछ विलक्षण नारी छवियों के रहस्यात्मक प्रेम का भी उद्‌घाटन अपेक्षित है।

डिडो (दिडो) तथा फ्रेया की धारावाहिकता में **सेलेनी** (शशिदेवी) की ग्रीक मिथक है। वह दो टाइटनों की बेटी थी—हाइपीरियन (आद्य प्रकाश का देवता) तथा शिया (उसकी बहन)। दम्पति की अन्य सन्तति थे—सूर्यदेवता (हेलिओस), एवं उषा देवी (इओस)। सेलेनी वशीकरण-कर्ताओं तथा जादूगरों की संरक्षिका है। उसका रथ दो घोड़े खींचते हैं। वह स्वयं प्रबल प्रणय-मोहिनी की ठगौरी फैलाती है।

यह देवी स्वयं एक सहज-सरल गोप-गड़रीये एंडिमिओन के प्रेम में तीव्रता तथा प्रगाढ़ता से संलिप्त हो गई, जब वह लेटमॉस पर्वत पर सो रहा था। उसके 'ईडिलिक' सौन्दर्य एवं आद्यप्रतीकात्मक सौन्दर्य को चिरन्तन काल के लिए भोगते रहने के लिए सेलेनी ने उसे सदैव शाश्वतता तक सोते ही रहने का आयोजन करा लिया। यह सोते सौन्दर्य तथा जाग्रत प्रणय का अद्‌भुत-अनोखा मिथकाभिप्राय है। ऐसे ही इन्काई मिथक की शशी देवी किल्या है जो सूर्य की पत्नी है। पहले वह सूर्य से ज्यादा देदीप्यमान थी किन्तु सौन्दर्य की तुलना में पुरुष को जिताने के लिए उसने अपने मुख पर राख पोत ली। वह अभी तक लगी हुई है।

आर्कटिकवृत्त की **इनुइट** भी एक चन्द्रदेवी है। वह (आर्तेमिस की भाँति) कुशल किरात देवी भी है। अलास्का में पशु इसके सम्मोहन में वशीभूत (शिकार) हो जाते हैं।...एक छोटे से प्रसंग में मेसो-अमेरिका के इंकाइयों के सूर्यदेवता इन्टी की पत्नी की जो परिचारिकाएँ थीं वे 'सूर्य की अक्षतयोनि-कुमारिकाएँ' कहलाती थीं।

हाथोर मूलतः नूबियन युद्ध-देवी थी। इसने सेखमेत की तरह शेरनी-रूप लिया था तथा शत्रुओं का रक्तपान करती थी। सूर्य देवता रा ने उसे ईजिप्ट बुला लिया और वह गौरूप होकर होरस को दूध पिलाती रही। वह उर्वरता, सम्पन्नता की देवी हो गयी।

स्वर्ग में वह देवताओं का नृत्य और गायन से मनोरंजन करती रही कि एक बार 'स्ट्रिप-टीज़' करते हुए रे ने उसे लालसा-जाल में बाँध लिया। संसार अँधेरे में डूब गया। तब होरस ने उसका उद्धार किया। मृतकों के बीच वह प्रेम तथा संगीत की देवी है। वह शिशु-संरक्षिका भी है।

एक अन्य बेहद विचित्र मिथकोद्‌घाटन ईजिप्ट की महलों की महादेवी **नेबथेट** द्वारा होता है। हरेक फाराओ राजा की धमनियों में जो रक्त प्रवाहित होता था, वह इस देवीरानी के रजस्वलित जल का मानवानुकूलित प्रवाह था। वह फाराओ को एक शिशुवत् स्तनपान कराती थी तथा उसे चूस (कर उसमें रजजल भर) लेती थी। उसकी केशराशि ही फाराओं के ममीकरण में डोरियाँ बनते थे। मकबरे के एक चित्रांकन में दो देवियाँ, नेबथेट तथा आइसिस, पशु-पक्षी के मुखौटे पहने हुए मृतक (ओसाइरिस) के शव पर विलाप करती हुई अंकित है यही अभिप्राय पार्वती द्वारा स्नान के रजजल को फेंकने पर तथा मालिनी द्वारा पी लेने पर एक अगर्भज शिशु के जन्म की गाथा में भी संलक्षित है। **नेपथीस** भी गेब और नुट की बेटी तथा सेट और ओसाइरिस की बहन। वह सेट की पत्नी भी थी। लेकिन उसने ओसाइरिस को भी अपने प्रेम में बहका लिया था; उसे शराब पिलाकर। उससे देवता अनुबिस का जन्म हुआ था। वह शव-अनुष्ठान की देवी हो गयी थी।...भाई-बहन की तरह आद्यमिथकों में पर्सिफोन देवेन्द्र ज़ियस तथा उसकी बेटी डिमीटर की बेटी थी। वह सर्वसुन्दरी तथा अक्षत् योनि थी। ओलिम्पस में रहने के कारण देवते भी उस पर मोहित थे किन्तु उसकी माँ रक्षा में मुस्तैद रहती थी। एक दिन खुद उसके पिता ज़ियस ने एक विशाल सर्प बनकर उसे अपनी कुंडली में जकड़कर उससे सम्भोग किया।

कुछ अन्य नारी शोभाएँ भी अप्रासंगिक नहीं होंगी। वे महत्त्वपूर्ण हैं।

चीनी बौद्ध देवी **जुन-डी** उषा तथा रण की देवी थी जो ध्रुवतारे पर रहती थी। उसकी अनेक भुजाएँ एवं तीन मुख थे जिनमें से दो सूर्य तथा चन्द्रमा को आधार देते थे। बाकी हाथ युद्ध के हथियार, धनुष, नागमकर (ड्रेगन) का शिर, एक कमल का फूल, एक रथ, एक बौद्ध मठ, एक भाले, एक खड्‌ग तथा एक धर्मचक्र को थामते थे। उसके ही रथ में ध्रुवतारे के सातों तारे (सप्तर्षि-मण्डल) जुते होते थे। वे रथ को अश्व के, अथवा सूअर के वेश में खींचते थे। वह स्वर्ग के आकाश-देवता की शय्या में सोने वाली रखैल थी। सन्ध्यातारा के रूप में वह जुन-डी, तथा नाविकों की आराध्य देवी तिन फेई भी थी।

अज़्टेक की **इत्ज़ापापालोट्ल** (किरचों वाली तितली) एक राक्षसी थी किन्तु वह एक अनिंद्य सुन्दरी तथा काव्य-रमणी दिखाई देती थी। जो भी आदमी उसके प्रेमपाश में बँधता, वह पश्चात्राप करता था क्योंकि उसकी आँखों, मुखड़े तथा योनि से नुकीली छुरियाँ सहसा चमचमाती हुई प्रकट हो जातीं तथा उसका अलिंगन उस पुरुष का खून चूस लेता था। वह महान् देवी चीहुआ-काओ ट्ल का ही एक प्रतिरूप थी। (सम्भोग तथा सौन्दर्य की प्राणान्तक मैत्री) **अज़्टेकों की (i) कोयोलक्साउहुक्वी** (सुनहली घंटियाँ) मातृदेवी कोटलीक्यू की बेटी थी। खूबसूरत तो थी ही। वह छोटी-छोटी सुनहली घंटियों वाला परिधान पहनती थी। जब वह गरुड़

सूर्यदेवता द्वारा रहस्यमय ढंग से गर्भवती हो गयी तो उसके एक सौ बेटे उसकी हत्या को उद्धृत हो गये। सूर्यदेवता ने उन्हें तीरों से मारना शुरू किया किन्तु गलती से पहला तीर घंटीवाली देवी पर ही लगा। तब सूर्यदेवता ने उसे आकाश में शशी-देवी के रूप में प्रतिष्ठित कर दिया। वे घंटियाँ अभी भी शशी के गालों पर दिखाई देती हैं। (ii) इसी तरह **चालचीहुईटलीक्यू** सौन्दर्य-देवी है जिसका मनुष्यीकरण जल-उर्मियों के ऊपर खेलती हुई रौशनी की किरणों के रूप में हुआ है। उसके वसन हरे हैं और उसके उपासक उसे फूल अर्पित करते हैं। तब पवनदेवता क्विटजालकोएटल ने उसे एक नदी में बदल दिया। फल उसका हृदय है जो सभी मानवहृदयों का प्रतीक है। (iii) **एक्सोचीक्वेटज़ल** फूलों की देवी है; फलों और संगीत की भी। वह शुद्ध देह की प्रतिनिधि है—पीन स्तना, सुन्दर लम्बी नारी। वह एक युद्ध-देवी भी है, मृतक योद्धाओं तथा मृत प्रसूताओं की स्वर्ग में रक्षिका।

प्यूब्लो के जूनी जनों की दस मक्की-कुमारिकाओं की ऋतुमिथक हम बता आये हैं।

गायना (दक्षिण अमेरिका) की एक गाथा जो सौन्दर्य से सैक्स को वियुक्त करती है।

वराऊ आदिजनों की **कोनोनाटू** ने मानवों को उत्पन्न करने के बाद उन्हें स्वर्ग में गुलाम बनाकर रखा। जब मानवों ने पक्षियों से सुना कि बादलों के नीचे की दुनिया में सुन्दरता तथा खुशहाली है तो एक दुःसाहसी मानव ओकोनोरोटे ने छेद करके मानवजाति को रस्सी से नीचे उतार दिया। उन्होंने सबसे मोटी-मुटल्ली महिला को रस्सी की ढक्की के रूप में इस्तेमाल किया। जब उसे समझ में आया तो उसने छेद बन्द कर दिया। मानवों ने बड़ी विनती की, पर वह नहीं मानी। इस बीच एक मानवी ने यह पता तथा अनुभव कर लिया था कि धरती पर सैक्स का अपूर्व सुख तथा आनन्द है। तदपि कोनोनाटू ने ऊपर बचे हुए शेष इन्सानों को नीचे नहीं उतरने दिया। (वे उनसे निरन्तर संघर्ष करने वाले प्रेम-सौन्दर्यवंचित दैत्य एवं दानव हो गये)। आखिर में वेनेज़ुएला के यारूरों जन-जन की एक मिथकः—

सृष्टि के आरम्भ में पुआमा, कुमा और इत्सिआई ही थे। पुआमा (सर्प) ने जल पैदा किया, इत्सिआई ने धरती तथा **कुमा** ने भूमि के सभी लोगों को पैदा किया। सबसे पहले पुआमा आयी। वह अँगूठे में गर्भ-धारण करना चाहती थी किन्तु उसे समझाया गया कि सन्तानोत्पत्ति की प्रक्रिया यह नहीं है। अतः वह सम्भोग करके प्रकृत् रूप से गर्भवती हुई। प्रथम शिशु हचावा था।

पुआमा ने शिशु को तीर-कमान देकर शिकार करना तथा मछली मारना सिखाया। उसी समय कुमा के लिए भी किबेरोह की उत्पत्ति भी की गयी। कुमा अपने वक्ष (स्तन) में आग (कामाग्नि) भी धारण करती थी। उसने हचावा को अग्नि का अंश दे दिया। हचावा उसे जनजन में बाँटना चाहता था तो कुमा ने वर्जित कर दिया। अतः किशोर हचावा ने एक मछली (योनि का तात्पर्य साफ हैं) को आग की भट्टी में फेंक दिया जिससे अंगारे सारी भूमि में नर-नारियों तक फैल गये। लोग अंगारे ले-ले कर भाग पड़े ताकि वे अपने अपने घर में चूल्हे, दर्पण तथा देह, शय्या तक रोशनी और ताप रख सकें।

तब कुमा ने भी योरूबा लोगों को घोड़ों की सवारी, वृषभ के शक्तिपाश तथा नारियों को सारी प्रणय, समागम, श्रृंगार की स्त्री शिक्षाएँ दीं। तब उसने सुन्दर और तप्त ऊर्जा से सम्पन्न सूर्य से शादी की। सूर्य ने पुरुषों को भी सभी जानने योग्य शिक्षाएँ दीं। जन्म-यौवन-प्रेम-सौन्दर्य का चक्र गतिशील हो गया।

अब सूर्य अपनी नौका में पूर्व से पश्चिम को तैरता है। रात को वह कुमा के साथ सोता है। पुआमा (सर्प अर्थात् लिंग) उनका संवाहन अर्थात् मर्दन करता है। सारे नक्षत्र कुमा की सन्तानें हैं। वे भी रात को सफर करते हैं। शशी सूर्य की बहन है। वह भी रात को गगन के आर-पार यात्रा करती है।

इस भाँति पूरा-का-पूरा सौन्दर्य एवं सम्भोग का 'सामाजिक पंचांग' (सोशल चार्टर) भी कदम-ब-कदम खुल-खुल आता है।

विश्वमिथक की कुछ चुनी हुई **देवियों** की शक्ति और सौन्दर्य, चिन्तन और चारित्र्य के साथ-साथ हम यह पाते हैं कि भारत के अध्याय में वृत्तान्त (नैरेशन) क्षीणतर से क्षीणतम् हैं। वे महज़ नाम और गुण हैं। इससे कर्मकांड प्रमुख हो गये हैं तथा मिथक की इहलौकिक जीवनीयता निष्क्रिय हो गयी है। इस वजह से उनकी धुरी मूर्तियाँ बन गयी। सो, लक्ष्मी ज्यादातर विष्णु के पद का संवाहन करती हे, पार्वती गणेश तथा कार्तिकेय का गर्भधारण किये बगैर प्रणय में विमुग्ध पत्नी है : सीता वियोगिनी तथा ध्यानमग्ना है, दुर्गा तेजग्राहिका होकर बस महिषासुर-मर्दिनी है। ये हैं पूजित देवियाँ।

अनपुजी देवियाँ सती, राधा, द्रौपदी, रति, गंगा आदि है। वे वृत्तान्त के गोलकों में संघर्ष और सिद्धि के विरुद्धों की एकता तथा विरोध झेलती हैं। जन्मान्तरवाद तथा कर्मसिद्धान्तों के चक्र में बँधी रहने के बावजूद वे केन्द्रापसारी होती हैं। द्रौपदी बेहद इहलौकिक, तेजस्विनी तथा प्रतिशोध-सिद्धा है; राधा परिवार-विवाह कुल की परिधियों को लाँघकर रास करती है, अभिसार करती है, प्रणयकेलि करती है, श्रृंगार करती है तथा विरह की निस्संकोच अभिव्यंजना करती है; रति-केलि और ऐंद्रियिक भोग को तो प्रेय मानती है किन्तु प्रिय पति को पाने के लिए उसे शिशु-रूप (प्रद्युम्न) में भी आँचल में छिपाती है; सरस्वती एकैक पिता और पति के द्वारा उत्पीड़ित होने के बावजूद उदात्तीकरण करके ज्ञान और कला की विलुप्त धारा को बहाने को संकल्पित है।

अतः जो है, सो है। वो है **वो एकायामी हैं।** अतः हमारे पास ग्रीक एफ्रोडाइट जैसी कोई नहीं है जो उन्मत्ता मदनिका होकर महामुद्राभोग सुख का तहलका मचाती है; शिकारिन आर्तेमिस नहीं है जो अपराधी को निर्भीक दण्ड देती है। हमारे पास फ्रेया और

दिडो भी नहीं हैं जो क्रमशः अलमस्त होकर प्रेमी बदलती हैं या दग़ाबाज प्रेमी के सामने ही कूद जलती हैं।

हमारी तलाश तो उन 'भरतपाठों' (मास्टर टैक्स्ट) की है जो अनेक अनुपाठों को छानकर प्राप्त किये गये हों, जो धर्म-नीति-दर्शन द्वारा मिलावट में गुमशुदा न हों, जो आद्यरूपिम हों।

उपर्युक्त महातथ्य जरूर रेखांकित किया जाकर मिथक-आलेखकारी में परिसंवादित होना अभीष्ट है।

अभी हम एक सूत्र दे सकते हैं : **"विश्वमिथकों में सौन्दर्य का जन्म सिसृक्षा (सृष्टि) एवं सम्भोग (उत्पत्ति) से हुआ।"**

विश्वमिथक के पूर्ववर्ती विश्व-शैलचित्रों में पूर्णाकृतियों के बजाय कम-से-कम ज्यामितिक आरेखों (रेखा, कोण, त्रिकोण, चतुर्भुज, वृत्त) द्वारा अनुपात-रहित कार्य-व्यंजक, जादुई प्रयोजनों वाले पशुओं तथा मानवों के, फिर सहवर्तन में, मातृदेवियों की मृण्मूर्तियों के अंकन हुए। उनमें भी नग्न, बौने, स्थूल स्तनों व नितम्बों के साथ नारीशक्ति को प्रतीकायित किया गया। मानव-आकृतियाँ प्रायः खड़ी-दौड़ती चीटों के जैसी हैं। उनमें 'छवि' का कोई भी अन्दाज और आगाज नहीं है। बस वे उर्वरता-प्रजनन-संवर्धन की अनुष्ठानक थीं।

अगर इस कड़ी में आदिमूलस्थ (एबार्जिनीज़) प्रजातियों तथा कबीलों की कारीगरी को लें तो उनके माध्यम हड्डियाँ तथा भाण्ड हो जाते हैं। वे पशु-पक्षियों को निरखकर अपनी देह रँगने, सजाने लगते हैं। वे मुखौटे पहनने लगते हैं। बाद में अपनी शिलावत् देह पर गोदने गुदवाने लगते हैं। इस प्रकार उनकी कारीगरीय कला के तीन प्रयोजन प्रतिमानित होने लगते हैं–(i) अतीत को वर्तमान से जोड़ना, (ii) पुश्तों-पूर्वजों की अध्यात्माओं (स्पिरिट्स) तथा शक्तियों का प्रत्याह्वान करना तथा, (iii) लोकचित्त और भूमि-सत् के बीच की सम्बन्धता को अभिव्यक्त करना। यदि कोई सौन्दर्य का स्फुरण है भी, तो उसका सचेतन बोध बेहद क्षीण है।

इसके उपरान्त कई शताब्दियों के बाद, हुमहुमाकर सर्वचेतनवाद तथा टोटेमवाद और शामनवाद की व्याप्ति के साथ-साथ मिथकें तथा देवमंडल, जादू तथा राक्षस-दानव आने लगते हैं। ईसा के कोई तीन हज़ार साल पहले मेसोपोटामिआ, ईजिप्ट, भारत, चीन, ग्रीक की प्राचीन सभ्यताएँ उठकर जागकर लक्ष्यों की ओर बढ़ने लगती हैं।

(I) पहला उद्गम **सम्बन्ध-धुरी** का है। देवी-देवते या तो अलिंगी हैं अथवा एक ही प्रजनन-रेखा के कारण एक थे। पिता-पुत्री, माता-पिता, भाई-बहन, पति-पत्नी है। रक्त की पवित्रता और दिव्यता के मूलाधार के कारण मूल समस्या सृष्टि की है, सौन्दर्य और शुभम् की नहीं। इसीलिए विश्वमिथक में पिता-पुत्री, माता-पुत्र, भाई-बहन ही पहला युगल बनाते हैं। प्रथम सृष्टि में यही शील-सुन्दर (पाप?) का बिन्दु है। पहले युगल आकाश और पृथ्वी, या सूर्य और शशी हैं। **साधन** संयोग या दैव संयोग है। आज के **सम्बन्ध** विलोभन (सिडक्शन), बलात्कार (रेप), गोत्र, दुष्कर्म (इनसेस्ट), अपहरण, छलछद्म सभी अनाम प्रकारों से क्रियमाण रहे हैं। इनमें कोई नैतिक वर्जना, मर्यादा तथा सुकुमारता परिलक्षित नहीं है। एकान्तिक लक्ष्य एकान्त शून्य तथा मृत्यु को जीतना जो है। इसी में अब सौन्दर्य का बीज फुरफुराता है।

(II) दूसरा प्रयोजन **उर्वरता** है। यह फसलों और ऋतुचक्र के लिए जल वर्षा, भूमि, प्रकाश, अग्नि, पवन, आदि की दशाओं से जुड़ा है। अब इनके देवी-देवता बन जाते हैं। इनके नाम-रूप-गुण की परिकल्पना की अपेक्षा होती है।

अतएव मिथकों के आर्ष **'भरत पाठ'** की खोज में सृष्टि (सम्भोग) तथा उत्पत्ति (उर्वरता) मूल प्रकार्य ठहरते हैं। सौन्दर्य अभी भी एक अनाम उत्प्रेरक (एजेण्ट) है।

इसी के साथ केवल वीर्य-बीज या रजबिन्दु द्वारा, अथवा वरदान या अभिमंत्रित वस्तु द्वारा या देवांश-देव तेज द्वारा भी उत्पत्ति होती है। वे नारी-गर्भ से नहीं जनमने के कारण अयोनिज हैं। लेकिन नारी की योनि-शुचिता की अवधारणा नहीं है। तदपि शोभातिशयता के लिए हंसवीर्य से हेलेन, तेजांश से बृहस्पति-पत्नी तारा, अश्व-वीर्य से अश्विनी-कुमार, सूर्यतेज से कर्ण का जन्म होता ही है।

अभी तक सौन्दर्य सम्भोग के क्रोड़ में ही छुपा रहा।

[भारत में अवतारों और कर्मकांडों तथा आनुष्ठानिक उत्सवों से जुड़ने से पहले यह 'सहज' था; 'सात्विक' एवं 'उज्ज्वल' कम। तब यह सच्चिानन्द दशा से, निर्विकल्प समाधि से, निस्संगता से, पवित्रता और शुद्धता से नहीं जुड़ा था। वैदिक देवमंडल में यह शक्ति तथा चमत्कृति से सम्बद्ध था। उदात्त का आतंक तथा सौन्दर्य का आह्लाद स्फुरित तो थे किन्तु नामहीन थे।]

हेमवती उषा का दर्शन ऋषियों के सौन्दर्य-बोध का प्रथम आह्लाद अनुमित होता है। परवर्ती चरण में भागवत अवतारों एवं अवतारों की मनोमुग्धकारी लीलाओं में सौन्दर्य-कमल खिलने शुरू होते हैं।

(III) एक विचित्र बात यह भी बनती है कि सौन्दर्य-चेतना का प्रबोध **असुर-धुरी** पर होता है। उनके संहार के लिए, उनके राज्यों को छीनने तथा इन्द्र के देवलोक को अवसान से बचाने के लिए, आर्य देवियों ने छल-छद्म के माध्यम से अपने रूप एवं सौन्दर्य को उत्कर्ष प्रदान किया। उदाहरणों को दोहराना ज्यादा अ-समीचीन नहीं होगा। मोहिनी रूप (में विष्णु) असुरों से छल करके अमृत-कलश हासिल कर लेता है; दुर्गा अपने सौन्दर्यपरक वशीकरण में प्रणय का छद्म करके राजा महिष का संहार-मर्दन

करती है; कई बार प्रणयप्रार्थी असुरों का वध छल-कपट तथा झूठी शर्तों कस्मों द्वारा किया जाता है।

असुर-धुरी पर ही प्रणय तथा सौन्दर्य का प्राथमिक मेल सम्भावित होता है; सौन्दर्य और सम्भोग का मिथुनत्व नहीं मिलता। तथापि सौन्दर्य रण-कौशल का, छद्म और प्रतीति का एक घटक तत्त्व हो जाता है। कालान्तर में ये सौन्दर्यबोधानुभव के अनुषंग हो जाते हैं। यहाँ देवता तो रमणियों की हसरत नहीं करते (ऋषियों की तपस्या सौन्दर्यशाली अप्सराएँ भंग कर देती हैं)। अलबत्ता ग्रीक मिथकों में ऐसा दोहरापन लगभग नहीं है। वहाँ ज़ियस के कायान्तरित छल-कपट (ग्रीक समाज-संस्कृति में) कामदशाओं तथा सामाजिक विकृतियों से अभिलक्षित हो जाते हैं (इन दशाओं तथा मुद्राओं की अन्योक्ति वात्स्यायन ने कामसूत्र में गहरी पैठ के साथ की है)।

(IV) **पुरुष-सौन्दर्य** की धुँधली परिकल्पना वैदिक देवमंडल में विशेष है। लेकिन वह दीप्ति, ऊर्जा, सुख-भोग, वैभव-अवकाश से जुड़ी है। वैदिक देवताओं के बीच आपस में इतना उत्थान-पतन, प्रोन्निति-पदावनति हुई है कि याज्ञिक भी भ्रमित होने लगे कि किसको हविष् दें–'कस्मै देवाय हविषा विधेम्'। उनके वे कई पुराने देवता जो असीरिया तथा अवेस्ता से साथ चले आ रहे थे, अब कूच करके जाने लगे। बाद के चरण में–गांधार-धुरी तथा वैष्णव धुरी में पुरुष-सौन्दर्य के मानक अपोलो तथा कामदेव बने। अवतार कोटिमनोजों को लजावन हारे तो हुए ही। उनकी कलाओं की गिनती भी हुई तथा मर्यादा और लीला उनके सौन्दर्य के शिवत्व के आधार बने, जिस प्रकार शिवत्व का आधार चतुर्धीरत्व हुआ। इस भाँति हम सौन्दर्य और कलाओं, मर्यादा और लीला, शिवत्व और धीरत्व के घटकतत्त्व हासिल कर लेते हैं।

(V) प्रकारान्तर से धर्म अपनी अभिभूमिकाएँ ज्यादा निभाने लगता है। दैवी-कामना, दैवी-सौन्दर्य, दैवी-शील की अवधारणाओं द्वारा मिथकोत्तर **दैवी सौन्दर्यबोधशास्त्र** का पल्लवन-पुष्पायन होने लगता है। इसका उद्‌गम मिथकयान ही है। इन मार्गों से मध्यकालीन सौन्दर्यबोध की अवधारणा का वर्चस्व कायम हो जाता है। सौन्दर्य और प्रेम, सौन्दर्य और सम्भोग, सौन्दर्य और अभाषित सम्बन्धों के बीच दोटूक विभाजन भी होता है तथा लीला छद्‌म के बहाने उनका अलौकिक अभिनन्दन भी। सौन्दर्य **मधुरता** और **प्रकाश** से मंडित हो जाता है। वह निस्संग तथा निर्वैयक्तिक भी हो जाता है। (हम मूर्तिकला-चित्रकला के आयामों को यहाँ नहीं ले रहे हैं। किन्तु यह उल्लेख लाजिमी है कि नखशिख, वस्त्राभरणों, अलंकारों-अस्त्र-शस्त्रों के अवदान भी मिथकीय अभिप्रायों से विकसित होते आये हैं।

निचोड़ यही हो सकता है कि सभी मिथकीय परम्पराओं में कालान्तर से सौन्दर्य को भी अस्तित्व के निर्विकल्पों में से एक स्वीकार किया जाता है। इसके सूत्रबन्ध सृष्टि और उत्पत्ति में तो हैं ही, वे कारीगरी में कौशल से तथा संरचना में भविष्यवाणी से संलग्न हैं। इनका प्रकल्प अवशनीय लालसा अथवा आक्रोश के आयामों में होता है। अतः सुन्दरता के शालीन रूप, उद्दंड रूप, छद्‌मरूप, सुषुप्त रूप, आक्रोशी रूप, अनेक कायान्तरित रूप तथा सबसे महत्त्वपूर्ण बीभत्स-विकराल-भयानक-विद्रूप रूप (राक्षसों, दैत्यों, दानवों, किमाकारों, ईहामृगों के) विलक्षण हैं। उनमें देवियों तथा अप्सराओं का आवागमन है। उनका प्रयोजन सृजन तथा संहार, एवं आह्लाद तथा आतंक है। हम यह कदाचित नहीं भूलें कि कला एवं दर्शन द्वारा मिथकों ने हमें सुदर्शन पुरुष तथा सौन्दर्य-शोभित स्त्रियों के आदर्श-प्रादर्श-प्रतिदर्श भी प्रदान किये हैं।

देवियों के भी छद्‌म-छल

मिथकयान के धार्मिक चक्रव्यूह में देवियों, या अप्सराओं अथवा मिथकीय रमणियों द्वारा सौन्दर्य एवं प्रेम के छलछद्‌म द्वारा भी विरोधी के नाश का अभिप्राय परिलक्षित है।

हम सारत्वपूर्ण कुछ उदाहरणों की तालिका देते हैं–

देवपक्ष	देवी/नारी	विरोधी
देवसमूह	मोहिनी (रूपान्तरण)	असुर-पक्ष
देवगण	दुर्गा	शुम्भ-निशुम्भ महिषराज
ग्रीक देवेन्द्र ज़ियस	पेन्डोरा	टाइटनवृंद
फिलिस्तीन-सत्ताश्रेष्ठ	डेलाइला	सेमसन
हेस्टिया	सलोमी	जान, दि बेप्टिस्ट
ईजिप्टी सेत देवता	नेफथीस	ओसाइरस (प्रतिद्वन्द्वी)

इस सन्दर्भ से 'इतर सेबाइन-क्षेत्र की रमणियों के सामूहिक बलात्कार' का मिथलिजंधर प्रजनन के द्वारा गोत्र-सम्बन्धों की मैत्री का रोचक विकल्प प्रस्तुत करता है–

सेबाइन की रमणियों से बलात्कार [जांक़ लुई डेविड (1748-1825) का चित्रफलक (1799) भी देखें] कथा है कि जब रोमुलस ने सा.यु.पू. 753 में रोम की स्थापना की तो वहाँ बहुत कम नारियाँ थीं जिससे वह भावी वृद्धि तथा महानता से चिंतित हुआ। उसने पड़ोस के सेबाइनों को एक उत्सव में न्यौता देकर बुलाया। उसके इशारे पर रोमनों ने अविवाहित सेबाइन रमणियों पर कब्ज़ा करके उनसे बलात्कार किया ताकि वे पक्के बन्धन में बँध जाएँ। अतः रोमुलस ने उन्हें वापस लौटने की इज़ाजत नहीं दी। इस पर अपहृत रमणियों के भाई तथा पिता युद्ध के लिए रोम पर छा गये। तब तक रमणियों ने अपने बलात्कारियों से विवाह कर लिया था। अतः अब इस व्यर्थ की लड़ाई को समाप्त करने के लिए रमणियों दोनों फौजों के बीच स्वयं को झोंक दिया। उन्होंने प्रभावशाली तथा मधुर शब्दों से विनय की। तब उनके पिता भाई युद्ध बन्द करके लौट गये।

आगे की मिथक-आलेखकारी के हेतु हम देवमंडल की कुछ देवियों (तथा देवों) की सूची देते हैं–

मेसोपोटामिआ	–	ईश्तर, इन्नाना, तियामत
ईजिप्ट	–	हाथोर, आइसिस, नेबथेट
कर्थिज	–	दिडो
भारत	–	पार्वती, दुर्गा, काली, सीता, राधा, रति, लक्ष्मी, द्रौपदी, उर्वशी, दम्यंती
ग्रीस	–	एफ्रोडाइट, आर्तेमिस, एथेना, इओस, गेइआ, रिआ, डिमीटर, हेरा
फिनलैंड	–	काइल्लिकी
आर्कटिक	–	सेडना
जापान	–	अमातेरासू, इज़ानागी, उज़ूमे
समुद्रायनी	–	हीना
एशिया	–	हूरें
नार्डिक	–	फ्रेया, फ्रिग़, नौ-उर्मि-कुमारिकाएँ
मेसो अमेरिका	–	चाल्चीह्यूटलीक्यू, कोयोलक्सूहक्वी, दस मक्की-कुमारियाँ, मामा किल्या इत्यादि।

महाशक्ति, तुम हो विखंडन-संयोजन की मिथकीय, धार्मिक तथा यथार्थोन्मुख संचालिका!

दृष्टि के (तेज तथा तप) से निर्वसनता-नग्नता के विराट् रूपिकीकरण (मैक्रोकाज़्म) तथा वामन रूपिमीकरण (माइक्रोकाज़्म) की मिथकीय प्रणालियों की तरह ही **विखंडन** (स्पिलिटिंग) एवं **संयोजन** (लुपिंग) की भी पद्धतियाँ परिलक्षित होती हैं। इनका प्रयोजन विस्तार तथा प्रसार के लिए, प्रजनन तथा उर्वरता के लिए, ऋतु-चक्र तथा जीवन-चक्र के समायोजन के तीनों प्रयोजनों के लिए हुआ है।

इसका प्रथम उन्मेष तो एक का दो विरुद्धों में विभक्त तथा संयुक्त होने से हुआ। इसका आदर्श रूप ब्रह्माण्ड के विखंडन एवं अर्द्धनारीश्वरत्व में अभिलषित है।

एक से अनेक

यह **मिथकीय रहस्यमयता** का सर्वप्रमुख कारण है। एक के अनेक नाम, अनेक के भी भिन्न-भिन्न परस्पर विरुद्ध प्रकर्म, एक के ही विभिन्न कार्यवृत्त आदि में यह विधि-विधान प्रतिफलित होता है।

इसके परिपूर्ण दृष्टान्त भारतीय मिथक के सती-पिता **दक्ष** हैं।

(अ) **सतीजनक दक्ष** सुयोग्य, सक्षम, बुद्धिमान सृजनशक्तिवान। ब्रह्मा के पुत्र। प्रजापतियों में से एक अथवा मुख्य। हर युग में उनका जन्म तथा विनाश होता है। (पाराशर)। ऋग्वेद के अनुसार अदिति से दक्ष का, तथा दक्ष से अदित्ति का उद्भव हुआ।... किन्तु यह कैसे सम्भव है? (निरुक्त)। क्या वे परस्पर एक-दूसरे से पैदा हुए? अथवा एक-दूसरे से अपना सारत्व ग्रहण किया?

समाधान : अदिति शाश्वतता है तथा दक्ष आत्मिक शक्ति। यह शक्ति ही देवताओं को उत्पन्न करती है।

शतपथ ब्राह्मण के अनुसार दक्ष सिरजनहार प्रजापति है और अदितिपुत्र होने के नाते एक आदित्य तथा विश्व देवों में-से एक है। महाभारत के अनुसार ब्रह्मा के दायें अँगूठे से दक्ष का जन्म हुआ तथा उसकी पत्नी दैत्य के बायें अँगूठे से जन्मी। पुराणों के अनुसार दक्ष ने प्रसूति से विवाह किया जिससे उसके चौबीस, पचास, साठ पुत्रियों ने जन्म लिया। उसने दस पुत्रियाँ धर्म को तथा तेरह कश्यप को दे दीं। कश्यपवाली-तेरह पुत्रियों से ही देवता, दैत्य, मानव, पक्षी, पशु और सभी जीवित प्राणी उत्पन्न

हुए। सत्ताईस पुत्रियों का विवाह सोम (चन्द्र) से किया। ये ही सत्ताईस नक्षत्र हो गयीं। एक पुत्री ने शिव से विवाह किया। सती ने पति तथा पिता के द्वन्द्व के कारण आत्मदाह कर लिया।

एक अन्य प्रसंस्करण के अनुसार दक्ष का अन्य मन्वन्तर में पुनर्जन्म हुआ। वह प्रचेतस् और मारिशा का पुत्र हुआ। उसके सात पुत्र हुए—क्रोध, तमस, दम, विकृत अंगिरस, कर्दप और अर्व। उसका दूसरा जन्म शिव-शाप के कारण अजरूप में हुआ।...इस तरह दक्ष सोम का पिता तथा पुत्र दोनों है (मारिषा-पुत्र होने के नाते)।

हरिवंश पुराण के प्रसंस्करण के अनुसार स्वयं विष्णु दक्ष होकर आये तथा उन्होंने सृष्टि-रचना की। पुरुषों में प्रथम होने के कारण दक्ष ने सुन्दर नारीरूप धारण कर लिया। उसके कई पुत्रियों का जन्म हुआ जिनका विवाह उसने मनु के विवरणानुसार कर दिया।

दक्ष-यज्ञ एक प्रमुख प्रसंग है। इसका विध्वंस शिव ने किया। रुद्र शिव ने क्रोध में बलिपशु को तीर से बेंध डाला। मुष्टि-प्रहार से भग की आँख तथा पाद्प्रहार से पूषण के दाँत तोड़ दिये।...एक प्रसंस्करण के अनुसार भयभीत देवताओं ने छोड़ा गया त्रिशूल दूर फेंक दिया जो नारायण के वक्ष पर जाकर गिर गया। इससे दोनों के बीच प्रबल संग्राम छिड़ गया। ब्रह्मा ने मध्यस्थता करके युद्ध समाप्त कराया। दक्ष की अनेकानेक कन्याओं के पति हैं। इनमें-से चन्द्र तथा कश्यप ने अनेकानेक प्रकार की सन्ततियों के साथ विस्तार तथा विखंडन किया:—

सती (रुद्र), ख्याति (भृगु), संभूति (मरीचि), स्मृति (अंगिरा), प्रीति (पुलह), क्षमा (क्रतु), सन्नति (पुलस्त्य), अनसूया (अत्रि), ऊर्जा (वशिष्ठ), स्वाहा (पितर), स्वधा (अग्नि), श्रद्धा (काम), लक्ष्मी (दर्प), धृति (नियम), तुष्टि (सन्तोष), पुष्टि (लाभ), क्रिया (दम-शम), मेधा (श्रुति), बुद्धि (बोध-अप्रमाद), लज्जा (विनय), वसु (व्यवसाय), शान्ति (क्षेम), सिद्धि (सुख), कीर्ति (यश) तथा दिति (कश्यप), अदिति (कश्यप), रोहिणी (चन्द्र), कद्रु (कश्यप), विजीता (कश्यप)।

दक्ष यज्ञ में अपना भाग (बलि) न मिलने से शिव ने यज्ञ-ध्वंस करके प्रलय मचा दिया जिसे उमा (सती का दूसरा जन्म) ने उकसाया था। इससे इन्द्र को धक्के से गिराकर कुचल दिया गया, यम का दण्ड टूट गया, सरस्वती और इन्द्राणी की नासिकाएँ कट गयीं, भित्र या भग के नेत्र बाहर नोच लिए गये, पूषण के दाँत टूटकर गले में फँस गये, चन्द्र मुक्किया दिया, वह्नि के हाथ काट डाले गये; भृगु की दाढ़ी नोच दी गयी, ब्राह्मणों पर पत्थर बरसाये गये प्रजापति को मारा-कूटा गया, देवताओं-अर्द्धदेवताओं को भगदड़ में अंग क्षतियाँ हुईं या वे खड्ग तथा तीरों से बेध दिये गये।

अन्ततः दक्ष ने शिव को उनका बलि-भाग दिया और शिव की सर्वोच्चता शिरोधार्य कर ली। एक अन्य प्रसंस्करण के अनुसार दक्ष को ही खंड-खंड करके अग्नि में झोंक दिया गया। शिव ने उसे अज (बकरे) या भेड़ के रूप में पुनरुज्जीवित कर दिया।

इस शिव तरह द्वारा विध्वंस मचाने पर जो **विखंडन** हुआ उससे देवताओं की दुर्गति हुई।

इसी के साथ सती के (शव के) देहांग कटने से शक्तिपीठों का भी **संयोजन** हुआ।

विघटन तथा संयोजन के वाद-प्रतिवाद के मिथकीय अंतर्कुंडल हैं। पहले यह विष्णु एवं शिव के बीच सर्वोच्चता के द्वन्द्व का एक निमित्त बना था ('देव-देव द्वन्द्व' के अन्तर्गत हम नृसिंह और विष्णु के बीच विघटन ले चुके हैं कि) विष्णु-नृसिंह द्वारा सिंहरूप में व्याघ्रचर्म-धारण को लेकर शिव ने विष्णु के द्वारा पुनः धारण करना वर्जित कर दिया, तथा उसे शक्ति (दुर्गा) का पूर्णदेह वाहन बना दिया।

दक्ष-यज्ञ में जब **सती के शव** को लेकर शिव तांडव ही मचाने लगे थे तब प्रलय से आशंकित विष्णु ने अपने सुदर्शन-चक्र से उसको पचासेक टुकड़े-टुकड़ों में विखंडित करके चहुँओर छितरा दिया। फिर शिव प्रशान्त हो गये। पौराणिक (आगमिक) मिथकों में वे ही शक्तिपीठ बन गये हैं।

उनचास मरुत-समूह का वृत्त विखंडन-संयोजन का युग्म है जिसमें कुम्भ के बजाय माता दिति के **गर्भ** में ही भ्रूण को खण्ड-खण्ड किया जाता है। अपने कई पुत्रों की हानि के बाद दिति ने पति कश्यप से एक ऐसे पुत्र प्राप्ति की कामना की जो इन्द्र का नाश कर सके। उन्होंने सशर्त वरदान दिया कि यदि तुम एक सौ वर्षों तक पूर्णतः शुद्ध रहकर गर्भ धारण किये रहोगी, तो तथास्तु! इन्द्र इस से भयभीत था। शताब्दी के अन्तिम वर्ष में एक दिन दिति बिना स्नान किये सो गयी। इन्द्र ने वरदानक्षति का सही अवसर पाकर गर्भ में ही भ्रूण के सात टुकड़े कर दिये। जब गर्भस्थ शिशु रोने लगे तो उन्हें चुपाने के लिए फिर प्रत्येक के सात-सात टुकड़े कर दिये। इस प्रकार उनचास मरुतों के समूह का जन्म हुआ। वे इन्द्र के सहायक तथा विरोधी, दोनों ही थे।

अब **सिन्धुगर्भ** का मिथकाभिप्राय।

सगर की दूसरी पत्नी सुमति थी। वह कश्यप की पुत्री थी। उसको (अश्वमुखी) ऋषि और्व ने साठ हजार पुत्रों का वरदान दे दिया। वे उद्दंड, उत्पाती तथा विघटनकारी थे। पिता सगर अश्वमेध यज्ञ कर रहे थे कि उस साठ हज़ार की वाहिनी द्वारा चौकसी के बावजूद दैत्य अश्व की चोरी करके पाताल ले पहुँचे। साठ हजार पुत्रों ने पाताल तक सुरंग खोदकर देखा कि अश्व घास चर रहा है तथा ऋषि कपिल समाधिलीन हैं। भ्रमवश उन्होंने ऋषि को ही दोषी मान कर उन्हें भला-बुरा कहा। ऋषि ने नेत्र खोलकर

अपने तेज से सभी को भस्मीभूत कर डाला।...बाद में शाप-मुक्ति का मार्ग भी ऋषि कपिल ने ही सुझाया। उसी वंश के भगीरथ गंगा को पाताल तक ले आये और वे सभी साठ हज़ार सगर-पुत्र पुनः जीवित हो गये।

समूह जन्म में **कुम्भ** का अभिप्राय सौ कौरवों के जन्म में प्रयुक्त हुआ है। धृतराष्ट्र-गान्धारी को ऋषि व्यास के वरदान से सौ (कुरुपुत्र) कौरवों की प्राप्ति हुई। दो वर्षों तक गर्भवती रहने के उपरान्त उसने एक मांसपिंड जनमाया। व्यास ने उस आकृतिहीन पिंड को एक सौ एक टुकड़ों में बाँटकर एक सौ एक कुम्भों में धर दिये। प्राकृतिक अवधि पूरी होने पर सौ कौरवों तथा एक पुत्री दुःशला का जन्म हुआ।

पहली पाली मेसोपोटेमिआई मिथक से बात पूरी बनती है। बड़े देवता मार्दुक को तियामत द्वारा देवताओं के संहार की योजना का पता लग गया। निर्णायक संग्राम में उसने मृतक तियामत की देह पर खड़े होकर पहले तो ग्यारह दैत्यों का विनाश किया फिर तियामत के टुकड़े-टुकड़े कर डाले।

गर्भ के साथ जल, कुम्भों में मांसपिंड तथा जलप्रवाह आदि विखंडन-संयोजन के युग्मक हैं।

(आ) इसके उपरान्त समानान्तर-सहवर्तित दी **संयोजन** तथा संग्रहण का उपक्रम है।

मार्दुक ने तियामत की देह को दो खण्डों में चीर कर आकाश (नाभि के ऊपर से) तथा पृथ्वी (नाभि के नीचे से) बनाई। टाँगें काटकर पशु-पक्षी बनाये, दोनों आँखों से दज़ला एवं फरात नदियाँ बनायी। इस तरह प्रथम सृष्टि पूरी हो गई।

छह कृत्तिकाओं द्वारा छहमुखी **कार्तिकेय** का संयोजन, तथा गोल बनाकर उगे छह ताड़ के पेड़ों को तीर से बेधकर एक पंक्ति में लाते हुए उनके मूल में अभिशापित सर्प का संयोजन के आशय हम ले चुके हैं। इसी लड़ी में ब्रह्मा द्वारा प्रकृति से सर्वश्रेष्ठ वस्तुओं को लेकर अप्सरा **तिलोत्तमा** की सर्वसुन्दर देह का संयोजन हुआ। उसके द्वारा ही विभक्त दैत्य सुन्द-उपसुन्द का खात्मा हुआ।

ग्रीक मिथक में **पैंडोरा** का प्रसंग है। सृष्टि के प्रारम्भ में देवता और मानव एक साथ रहते थे। फिर उनके बीच विभाजन हो गया। देवेन्द्र ज़ियस मानवों पर निर्बाधित एकाधिकार चाहता था। इस बीच टाइटन प्रोमेथियस अग्नि चुराकर मानवों के पास ले आया। क्रुद्ध ज़ियस ने प्रोमेथियस को दण्ड दिया तथा उसने शिल्पकार देवता हेफास्टस को आदेश दिया कि वह एक सी कुँवारी का निर्माण करे जिसकी चकाचौंध करने वाली सुन्दरता अमर देवियों के समकक्ष हो। सभी देवताओं ने इस नये प्राणी पर अपने उपहारों की बौछार कर दी। तथापि ज़ियस के चाटुकार देवता हर्मिज़ ने उसके हृदय में बुराइयों तथा जीभ पर झूठ रख दिये। सुन्दर पैंडोरा का आविर्भाव हुआ। उसने प्रोमेथियस के भाई एपिमेथियस द्वारा छिपाई गयी अग्नि को अपनी मोहिनीकला तथा तिलोत्तम-कृत्य से प्राप्त कर लिया। पैंडोरा एक बड़ी पिटारी भी लायी थी। उसका ढक्कन खोलते ही मानवजाति पर बुराइयों और दुर्गुणों का अम्बार बरस पड़ा। रक्तबीज में दोनों विरुद्धों का समन्वय है।

भारतीय **दुर्गा** के तो अनुपम-अद्वितीय बहुआयामी धर्ममिथकीय सन्दर्भ हैं। पहले उसके नौ संरूप हैं। यह विशेष समूह रात्रि तथा राशियों का भी है। शिवप्रिया **नव दुर्गा (एँ)** हैः–शैलपुत्री, ब्रह्मचारिणी, चंद्रघंटा, कूष्माण्डा, स्कंदमाता, कात्यायनी, कालरात्रि, महागौरी तथा सिद्धि दात्री। शैलपुत्री तथा महागौरी वृषभारूढ़ा, सिद्धिदात्री कमलासना, कालरात्रि गर्दभारूढ़ा तथा शेष सिंहारूढ़ा हैं। अग्नि एवं सोम के निमित्त उनके (कोष्ठकों में) ग्रह हैं–शैलपुत्री (भास्कर, आदित्य), चन्द्रघंटा (चन्द्रमा), स्कंदमाता (मंगल), कात्यायनी (बृहस्पति), कूष्मांडा (राहु), कालरात्रि (शनि), महागौरी (बुध), सिद्धिदात्री (शुक्र), (माना जाता है कि आदित्य से लेकर शुक्र तक का प्रभाव मानव शरीर पर पड़ता है)।

दुर्गा के अलग-अलग अंगों के लिए भी अलग-अलग देवों के तेजांश समाहित किये गये–

(क) तेजांश-संग्रहण

दुर्गा	**देवगण**
मुख	शिव
केश	यम
नेत्र	अग्नि
भुजाएँ	विष्णु
वक्षस्थल	चन्द्रमा
जंघा	वरुण
नितम्ब	पृथ्वी
पैर	ब्रह्मा
अन्य अंग	अन्य देवते

(ख) अस्त्र-शस्त्र प्रदानता

सुदर्शन-चक्र	विष्णु
शंख	वरुण
त्रिशूल	शिव
शक्तिपाश	अग्नि
अक्षर-बाण	पवन
वज्र	इन्द्र
दण्ड	यम
रश्मियाँ	सूर्य
खड्ग एवं ढाल	मृत्यु-काल
विभिन्न प्रकार के आभूषण	समुद्र
अस्त्र एवं कवच	विश्वकर्मा

तो, ऐसी **महादुर्गा** ने नौ दिनों तक युद्ध के बाद महिषासुर का मर्दन (वध) कर डाला [तथा इसी दिन राम ने रावण के दसों सिरों का भेदन किया था]।

'पुरुष सूक्त' की भाँति अन्य **'खंड-खंड आखंड'** का भी मिथकाभिप्राय है जिसके अन्तर्गत सम्पूर्ण विश्व पावन है–

(क) पर्वत (विष्णु की अस्थियाँ), मेघ (विष्णु के शिर केश), वायु (विष्णु की श्वास), नदियाँ (विष्णु की शिराएँ), वृक्ष (विष्णु देह की रोमावली), सूर्य-चन्द्र (विष्णु के नेत्र युगल), दिवारात्रि-चक्र (विष्णु की पलकों का संचालन)।

(ख) ग्रीकवृत्त में–अग्नि (ज़ियस), वायु (हेरा), पृथ्वी (हेडीज़), जल (नेस्टिस)।

(ग) देवताओं के क्रोध ने (दुर्गा के विपरीत) जिस नारी की रचना की वह **एकसाथ** सुन्दर एवं भयंकर थी–शिर (शिव से), भुजाएँ (विष्णु से), चरण (ब्रह्मा से), कटि (इन्द्र से), केशराशि (यम से), स्तन (चन्द्रमा से), जंघाएँ (सिन्धु से), नितम्ब (भूमासे), एड़ियाँ (सूर्य से)। उस कुमारिका का नामकरण 'देवी' किया गया (यह दुर्गा के पूर्ववर्ती रूपायन का प्रयोग लगता है)।

(घ) पुरुष-धुरी पर **अंश-अंशी** संश्लेष (i) मुख (ब्राह्मण), बाहु (क्षत्रिय), जंघा (वैश्य), तथा पाद (शूद्र)

(ii) **पुरुष-देह**	**अधिष्ठातृ देव**
मुख-वाक्	अग्नि
नथुने (श्वास, गन्ध)	वायु
नेत्र (दृश्य)	सूर्य
पादगति	विष्णु
धमनी	नदियाँ
मानस	ब्रह्मा
बुद्धि	शिव

(iii) चीनी मिथक में (ई.पू. तीसरी शती) अर्धदेवी पान गू के **मृतक शरीर** से संसार तथा मानव-समूहों के देहान्तरण की श्रृंखला बनी–

साँस	पवन व मेघ
ध्वनि	गर्जन
आँखें	सूर्य व चन्द्र
बाँहें	पर्वत
देह-द्रव्य	वर्षा व नदियाँ
मांस	मिट्टी
शिर केश	सितारे
दाँत	मेरो
फेफड़े	मानुष

धर्ममिथकीय परिकल्पना में दुर्गारूपी **महाशक्ति** पृथ्वी, जल, अग्नि, वायु, आकाश में पंच रूपों (इच्छा, क्रिया, ज्ञान, प्रकाश, विमर्श) तथा पंच ऊर्जाओं (ताप, प्रकाश, चुम्बक, विद्युत, ध्वनि और माइक्रो तरंगें) में उन्मेष-शालिनी है। यह सम्पूर्ण जगत् की अधिष्ठात्री, अद्वैत-रूप में व्याप्त, पृथ्वी-रूप में सृष्टि की आधारशिला, जल में सम्पूर्ण जगत् की तृप्ति-प्रदायिनी, सम्पूर्ण जगत् की

अधीश्वरी, सम्पूर्ण भूतों में प्रवेश करने वाली, अपार बल (फोर्स) से युक्त, अत्यन्त विस्तृत, सर्वगुण-संचालिका है तथा सम्पूर्ण दीप्तिमान देवते उसके लिए ही कार्यरत हैं। वह विखंडन-संयोजन की अर्धेश्वरनारी है।

× × ×

एक विक्षण संयोजन से इस परिच्छेद का समापनः—पुष्टिमार्गीय शोभाधाम के अन्तर्गत राधा के अंग-सौन्दर्य के उपमान भी दिव्य तथा उज्ज्वल हैं। उसके नेत्र मदालसा हैं, जाँघें रम्भा हैं, वदन इन्दुमती है, रमणीय रंजकरूप मनोरमा है, संकेत-प्रक्रिया चित्रलेखा है।

सर्वशक्ति पुंज

रास-मंडल, नृत्य-लीला में गोपियों के साथ श्रीराधा-कृष्ण

आह्लादिनीशक्ति श्रीराधा : पावन तथा पार्थिव का संयोजन

देवीवत् श्रीराधा का सम्बन्ध कथित त्रेता युग के 'महाभारत' वाले सुदर्शन-चक्र धारी, पार्थसारथी वासुदेव कृष्ण की अपेक्षा 'ब्रजमंडल' (बरसाने, गोकुल, वृन्दावन, मथुरा) के नन्दढोटा और जसोदासुत विष्णु-कृष्ण से है। विष्णु-कृष्ण गोचारण कार्यों, खेलक्रीड़ाओं, नाच-कौतुकों के कर्ता मुरलीधर और मोरपंखमुकुटधारी हैं। यह चिरकिशोर, खिलंदड़ा, अलबेला छलिया है।

श्रीराधा मूलतः आभीरों की लोकदेवी थी जो आकर भागवत की वैष्णवधारा की देवी के रूप में आराध्या हो गयी। यह आद्याशक्ति है। उसका उल्लेख भागवत तक नहीं मिलता। अतः उसकी धुरी में मिथकसागर का गहरा मानस-मन्थन हुआ है। ब्रजमंडल की पृष्ठभूमि तो मिथकीय भूगोल बन गयी। इसके साथ-साथ राधा के श्रीचक्र में मध्ययुगीन कृषक-रोमांटिकता तथा गोचारण-संस्कृति का अद्भुत विलयन तथा संघुलन हुआ।

श्रीराधा न तो असुर-मर्दिनी है, और न ही कैलाश-विहारिणी। वह वृन्दावन-गोकुल की कुंज-गलियों की विचरिणी है। वह लोक-हृदय में एक नित्य बैकुंठ बसा देती है। वह पार्वती, दुर्गा, सीता, सरस्वती से बिल्कुल भिन्न अलबेली, अद्वितीय, अन्तर्यामी तथा अनुपम है।

वह शरद एवं वसन्त में पूर्णिमाओं में कृष्ण तथा गोपियों के साथ रासनृत्य करती है; होली, गोवर्धन आदि पर्वोत्सवों में समूहगत धमाल मचाती है, एकान्त सहेट में कृष्ण के लिए अभिसार करती है; गुप्त-कुंजों में रति-रहस्य वाली केलियाँ करती है : तथा प्रगाढ़ राग-अनुराग और प्रचंड विरह भोगती है। वह सम्पूर्णकताओं से पूर्ण मानवीकृत प्रणय-देवी है।

उसमें सौन्दर्य और शृंगार, प्रेम और मधुररस की कंदर्पोल्लासदीप्त सात्विक कामकला साकार हुई है। वह स्वकीया-परकीया की दुविधा से भी विमुक्त है। उसने नारी के हक़ से एक अभिनव रतिशास्त्र की उद्भावना की है जिसमें लौकिक का अलौकिक

राधा-माधव

उदात्तीकरण हुआ है। इस उपक्रम में शृंगार उज्ज्वल रस में, अनादि वासना मधुरारति में, भावपुंज महाभाव में तथा नारीशक्ति ही आद्याशक्ति में महाउत्थान की सिद्धावस्था में पहुँचकर पूर्ण आनन्द हो गई है। इस भाँति से श्रीराधा ने लौकिक एवं पार्थिव को ही अलौकिक तथा पावन बना डाला है। इसमें अननैतिकता और राधा-कृष्ण की 'युगलकिशोर' की नयी सत्ता प्रकट हुई है। अतः देवी श्रीराधा की धुरी पर मिथकीय तथा मनोवैज्ञानिक स्थितियों की मानसिक समरसता परिव्याप्त है।

वह श्रीकृष्ण की कान्ता नहीं, प्रिया है। किंवा श्रीकृष्ण उसके अनुगामी तथा अनुपालनकर्ता हैं। वह विष्णु-कृष्ण की ही आत्मा है। वह दैवी प्रेम की प्रतिमा भी है। जब उसके प्रिय कान्हा मथुरा से द्वारिका जाकर रुक्मिणी से विवाह रचा लेते हैं, तब वह पूर्णतः अज्ञात होकर गुम-सी हो जाती है।

श्रीराधा अलौकिक संसार का आदर्श हैं जो आद्य-आर्ष-आदिम है। अतः वह मिथकीय संसार की ही उत्तर-उपछाया है। केलिकला की निपुणिका यह, देवी पार्वती के लास्य के समानान्तर रास (नृत्य-) लीला की अधीश्वरी है। वह चिरकिशोरी मुग्धा, चिर मिलनोत्कंठिता, चिर-विरहिणी और चिर-संभोगिनी भी है। वह प्रेमी-परमेश्वर श्रीकृष्ण से चिरन्तन 'युगल किशोर' बन्ध में तल्लीन रहती है।

श्रीराधा ही 'पूर्ण नारीत्व' को देवी-पद का उत्कर्ष देने वाली एकल पात्रा है।

निष्कर्ष यह है कि श्रीराधा न तो देवासुर-संग्राम, न ही असुर-संहार, और न ही पौराणिक देवमंडल से संलिप्त है। उसकी अस्मिता ही विलक्षण है। वह विराट् प्रेमधुरी में आराध्या-आराधिका होकर अति-मानवीय पीयूष-वर्षिणी ललिता देवी तथा त्रिपुरसुन्दरी महानायिका भी है।

महाविद्याएँ–

एक से अनेक की विलक्षण मिसाल **तांत्रिक दश महाविद्याएँ** हैं। ये महामातृदेवी जगदम्बिका की ब्रह्माण्ड-शक्ति के उन्मीलन हैं। तथा अनेक सिद्ध मार्गों की द्योतक हैं।

एक ही परमशक्ति की इन महाविद्याओं में-से तीन प्रमुख **काली** शक्ति का, **तारा** ध्वनि का, एवं **त्रिपुरसुन्दरी** सौन्दर्य का प्रकार्य सम्पादित करती है जो 'एक यथार्थता' के ही अनेकित पक्ष हैं। इसके अलावा **भुवनेश्वरी** विराट् सन्दर्श (विज़न) का, **भैरवी** उच्छलित आकर्षण का, **छिन्नमस्ता** प्रचंड बल का, **धूमावती** मौन निस्पंदन का, **बगलामुखी** अचल शक्ति का, **मातंगी** अभिव्यक्त क्रीड़ा का तथा **कमला** सृष्टि की चेतना के परम उल्लास का 'अनेक' -धर्मी रूपान्तरण हैं।

सारांश यह है कि **काल** से काली-रूपा छिन्नमस्ता, **सौन्दर्य** से कमला तथा त्रिपुरसुन्दरी, **दिक्** से धूमावती तथा भुवनेश्वरी, **शब्द** से तारा तथा मातंगी, एवं **शक्तिऊर्जा** से भैरवी एवं बगलामुखी समायोजित हैं।

यह प्रकरण निम्नलिखित तालिका द्वारा प्रदर्शित किया जा सकता है।

दश महाविद्या

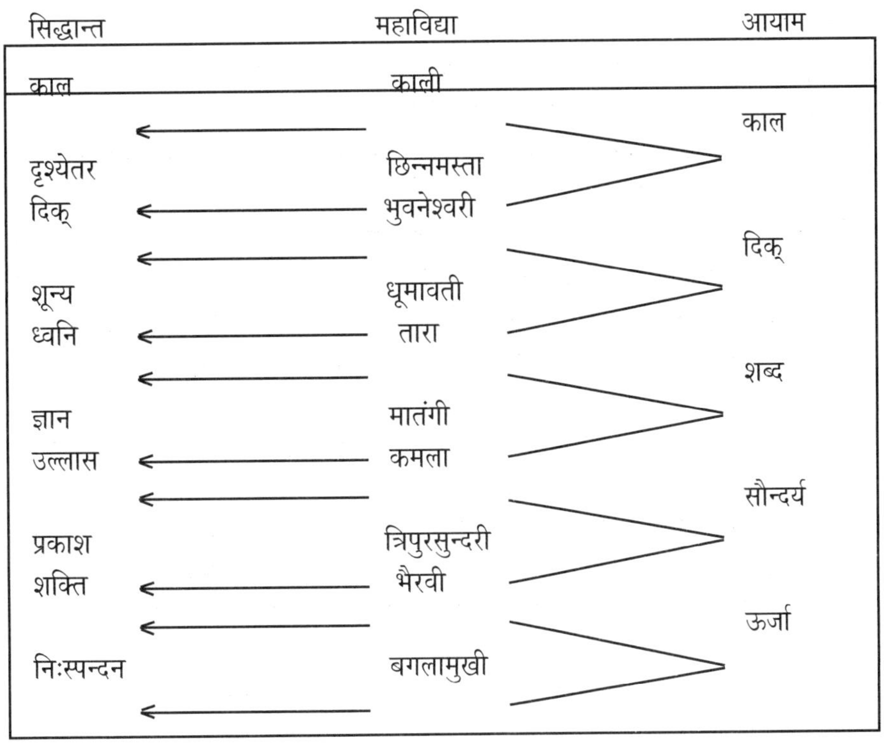

(इ) **मातृसत्ताक व्यवस्था** के कुछ अवशिष्ट संकेत तो विश्वमिथकयानों में मिलते हैं। ग्रीक मिथक में अमेजन-नारी-राज्य तथा भारतीय मतसम्प्रदाय में कामरूप का नारी-राज्य ऐसी ही भूली-सी संस्मृतियाँ हैं। भारत में वर्तमान समय में भी उत्तराखंड का जौनसार बाबर क्षेत्र तथा उत्तर पूर्व की खासी जनजाति में यह प्रथा प्रचलित है। मेरे खासी क्षेत्र में पर्यटन के दौरान यह अपुष्ट प्रथा भी पता चली कि अगर वधू के पिता की मृत्यु हो जाए तो वर उसकी माता अर्थात् अपनी सास से पत्नी के जैसे सैक्स-सम्बन्ध बना लेता है। अभी भी तिब्बत, अफ्रीका के कुछ कबीलाई इलाकों में बहुपतिप्रथा (पोलियेन्ड्री) प्रचलित है।

मातृसत्ताक व्यवस्था में माताएँ कन्याओं तथा बेटियों को महत्त्व देती थीं। पुरुषों को केवल गर्भाधान के लिए ही या घरेलू कामकाजों के लिए उपयोगी बनाया जाता था। जो लड़के जन्म लेते थे, वे या तो उपेक्षित अथवा बहिष्कृत होते थे।

मिथकीय सन्दर्भों में इसके नानाविध संकेत झलकते हैं। दुर्गा के नवस्वरूप हैं और उसकी शक्ति के साधन अनेक देवते ही हैं। कुमार का पालन छह कृत्तिकाएँ करती हैं। वे नर-बच्चों को जन्म नहीं देतीं। पार्वती के दोनों पुत्र–गणेश तथा स्कंद–उनके गर्भ से नहीं जन्में हैं। विधवा कुन्ती को पाँच दैवी (?) पुत्र जन्मे थे केवल भारतीय मिथकयान में एक खूबी यह है कि अनेक मुखी-अनेक भुजा देवताओं के विपरीत सभी देवियाँ मात्र एक-मुखी हैं (गायत्री को छोड़कर)। अलबत्ता वे चतुर्भुजा, अष्टभुजा, सोलहभुजा तक हो गयी हैं।

अप्सराएँ तो मातृसत्ताक व्यवस्था के काम-मन्दिर, धधकती महात्वाकांक्षाओं वाले, अवचेतनात्मक मधुर सपने हैं। वे व्यतीत होते हुए हैं (अप्सराएँ स्वर्ग में रहती हैं)। वे हंसिनी, मोरनी, हरिणी एवं मछली में भी कायान्तरित होकर मानवों के बीच सशर्त आकर राजाओं तथा ऋषियों को विचलित-विपथित करती हैं। सत्यवती शांतनु की पत्नी है लेकिन उसकी माता आद्रा नामक मछली थी जो पूर्वकालीन एक अप्सरा थी। पुरुरवा को अप्सरा उर्वशी से सन्तानें हुई थीं। वह प्रेमी पति से अलग होने के पश्चात् हंसिनी होकर कुरुक्षेत्र के सरोवर में स्नान करते हुए पुनः मिली थी। वस्तुतः अप्सराएँ, जलपरियाँ (मरमेड्स), साइरनें आदि मातृसत्ताक सत्ता के रहस्यात्मक, लुभावने, आदर्श, अपनर्मिल स्वरूप ही रहे हैं। ज्यादातर मत्स्य, मत्स्यगंधा, मत्स्योदरी, मेनका, तिलोत्तमा, दुर्गा आदि आदिम मानवीय मिथकों के अनेकानेक आदि-भरतपाठ भी छिपाए हुए हैं।

मातृसत्ताक व्यवस्था में एकपति के वर्चस्व की अस्वीकृति है। मातृसत्ताक व्यवस्थाओं में नारी का ही वर्चस्व (हेजिमनी) होता है। पुरुष घर की सँभाल करता है तथा नारी घर बाहर का कामकाज। इस व्यवस्था के प्राचीन विश्वास एवं जीवनशैली के अवशेष खसी जनजातियों (खसी पर्वतमाला), भूटान, अरुणाचल आदि में प्रचलित हैं। इन क्षेत्रों में तंत्र (वज्रयान) पर आधारित बौद्ध-मत का प्रचलन हैं। विवाह में व्यक्ति (वर/वधू) का स्वेच्छतः निर्णयः स्वीकार्य है; विवाहोपरान्त वर वध के घर जाता है तथा यदि श्वसुर की मृत्यु हो जाए तो वह पत्नी की सहज रज़ामन्दी से सासु से भी यौन-सम्बन्ध कायम कर लेता है। इसकी स्वीकृति है। बहुपति प्रथा (पोलियान्ड्री) के प्रचलन का (आर्थिक दबावों के कारण भी) उन्मूलन-सा हो रहा है। सम्पत्ति पर भी नारी-पक्ष (माता, बहन, पत्नी) का प्रथम अधिकार होता है। इस तरह प्राचीन मिथकयानों में यह प्रायः सक्रियमाण है। इसका संक्रमण तथा संक्रान्ति का प्रतिनिधि हैः–

मिथक में अहल्या-इन्द्र प्रसंग एक आद्य मिथक का शनैः शनैः धार्मिक मे ढल जाने का अद्वितीय उदाहरण है।

अहल्या देवी नहीं है अपितु देवमंडल की एक सौन्दर्य एवं शक्ति की सहज आद्य प्रतिनिधि है। उसके सूत्र इन्द्र और इन्दु देवताओं से लेकर गौतम मानव-एक गौतम सप्तर्षि और, कालान्तर में, त्रेता के विष्णु-राम तक गुँथे हुए हैं। हमारा प्रयोजन तो यह अभिज्ञान करना है कि किस प्रकार एक प्राकृतिक संघटना, प्रथम मूल मिथकीय भरतपाठ से चलते-चलते एक पुराणधर्मी कथा में रूपान्तरित होती जाती है। एक दो गूढ़ संकेत छिपे हैं कि सीता पृथ्वी को उर्वर बनाते समय हल की नोक से उभर कर जन्मी थी तो अहल्या सीतापति विष्णु-राम द्वारा उद्धार के पहले अनुर्वर, पथराई, परती पृथ्वी थी। ध्यातव्य हो कि आर्य-शाखाओं में पृथ्वी का एक शक्तिशाली देवी के रूप में निरूपण प्रायः अप्राप्त है। ऋग्वेद तक में उसका मानवीकरण भी अत्यधिक अधूरा है। उसके मातृत्व एवं नारीत्व का ही सर्वाधिक उल्लेख हुआ है अथर्ववेद में पृथ्वी के विषय में एक सुन्दर सूक्त है (12/1)–'माता भूमिः पुत्रोऽहं पृथिव्याः। सा तो भूमिविसृजतो माता पुत्राय मे पयः ॥ 12.1.12॥ पृथ्वी गर्भ से ही मत्स्य-विष्णु, कूर्म-विष्णु (जलचर), तथा विष्णु-वराह (भूचर) प्रकट हुए।

(क) अनादि प्राकृतिक संघटना (फेनामेना) में भी सूखी (बंजर), अनुर्वर (बाँझ), संतप्त (कामतृषित), पथराई (कुंठित) पृथ्वी मानो सघन अन्धकार है। उसे सूर्य (बारह आदित्यों में-से एक अर्थात् इन्द्र) और चन्द्र (सुशीतल एवं शोभाशाली) पूर्णकाम बनाते हैं। इस प्रक्रिया में लिंग (बारह लिंगों में-से एक ऋषि गौतमेश) अनजाने होकर अहल्यावत् पृथ्वी का सहायक होता है। फलतः पृथ्वी सहस्र बूँदों को अपने गर्भ में धारण करके दूर्वादलों से सहस्रलोचन हो जाती है। वह दीप्तिमयी हो जाती है। इस तरह यहाँ पृथ्वी और जल-वीर्य का, तथा पृथ्वी और सूर्य-चन्द्र का व्यापार अभिलक्षित है। यहाँ पृथ्वी की ऋतुमती रूपकधर्मिता है।

(ख) प्रथम भरतपाठ मिथकीय अधिभाषा में खुलता है।

ब्रह्मा ने प्रकृति के सर्वोत्तम अंशों से विश्व सुन्दरी अहल्या का निर्माण करके उसे गौतम को **भेंट** कर दिया। वृद्ध गौतम निर्वीर्य

तथा कामशून्य हैं। किन्तु इन्द्र उस अनिंद्य सुन्दरी पर आसक्त होकर उसे मोहलुब्ध (सिड्यूस) करने पहुँचता है। गौतम अनजाने बनकर कुटी से बाहर चले जाते हैं। इन्द्र की सहायता इन्दु करता है। वह गौतम को बाहर करने के लिए अरुणचूर्ण (मुर्गा) में कायान्तरित होकर बांग देता है ताकि वे प्रभात के नित्यकर्म करने चले जाएँ। जब इन्द्र अहल्या से अपनी कामुकता-संताप-भोगेच्छा को प्रकट करके नारी की देह-प्रशंसा करके उसे कामोत्तेजित करता है तो वह (इच्छाधारी नागिन या अहिवत् अवचेतन से उतेजित) सहज होकर स्वेच्छा से उन्मुक्त सम्भोग करती है। कारण कि सिद्ध स्वेच्छाचारिणी अहल्या परनरविलुब्धा पंचकन्याओं में-से भी पहली है। संतृप्त समागम पूर्ण होने पर अहल्या नीति प्रणेता नपुंसक वृद्धपति गौतम के आने के पूर्व जार इन्द्र को सतर्कतः छिपाकर विदा कर देती है। (अभी तक विष्णु-राम अनुपस्थित हैं)। 'महाभारत' के पटल का सारत्व ऐसा (यही नहीं) ही है। निष्कर्षतः सम्भोग ही परम सुख है अगर स्वेच्छा से सहज सम्मोहन हो।

(ग) वाल्मीकि की 'रामायण' में मिथकीय **अनुपाठ** बनता है। नीति का अनुप्रवेश होता है। सनातनता का आग्रह नहीं है। अतः यह धार्मिक मिथक अभी भी नहीं बन पायी।

इस अनुपाठ में अहल्या नारी से पत्थर नहीं बनाई गयी, अथवा पुनः नारीरूप में प्रत्यावर्तित की गयी। उसने राम के चरणस्पर्श भी नहीं किये। प्रत्युत स्वयं राम ने उसके चरणस्पर्श किये। उसने सिर्फ राम का सत्कार किया। प्रतिपक्ष मे इन्द्र ने छलपूर्वक अहल्या से सम्भोग नहीं किया बल्कि (उस कामतृषित बाँझ सुन्दर देवरमणी की) पूर्णरूपेण स्वीकृति तथा सहमति से इन्द्र ने समागम किया। प्रकरण को विस्तीर्ण करके वाल्मीकि कहते हैं कि जब विश्वामित्र ने राम-लक्ष्मण के साथ आश्रम में प्रवेश किया तो देखा कि परम सौभाग्यशालिनी अहिल्या अपने तपस तेज से देदीप्यमान हो रही है। ॥(50.124.12)॥...रति-पश्चात् वह सन्तुष्ट चित्त होकर समागम के लिए इन्द्र के प्रति कृतार्थता ज्ञापित करती है।

[अहल्या-इन्द्र संवाद का सारांश–

'ऋतुकालं प्रतीक्षन्ते नार्थिनः सुसमाहिते। संगम त्वहमिच्छा मी त्वया सह सुमध्यमे ॥84.18॥ अथच

'मुनिवेषं सहस्राक्षं विज्ञाय रघुनन्दन। मतिं चकार दुर्मेधा देवराज कुतूहलात ॥84.19॥

सदा सावधान रहने वाली सुन्दरी! रति की इच्छा रखने वाले पुरुषप्रार्थी ऋतुकाल की प्रतीक्षा नहीं करते। सुन्दर कटिप्रदेश वाली सुन्दरी! मैं तुम्हारे साथ समागम करना चाहता हूँ ॥18॥

मुनि गौतम का वेश धारण करके आये हुए इन्द्र को पहचान करके भी उस बहकी नारी ने 'अहो! देवराज इन्द्र मुझे चाहते हैं' इस कौतूहल से सम्मोहित होकर उनके साथ समागम का निश्चय करके यह प्रस्ताव स्वीकार कर लिया ॥19॥]

अतः अनुपाठ में छल नहीं, गोपनता है। साथ ही, कुंठारहित स्वेच्छचारी उभय-पक्षीय सहमत कामक्रीड़ा है।

(घ) कई शताब्दियों के पश्चात् तुलसी बाबा ने अपने **उत्तरपाठ** में इसे पूर्णरूपेण छल-कपट, पाप-शाप, उद्धार-मुक्ति वाली **धर्मकथा** में परिवर्तित कर दिया।

'रामचरितमानस' में अहल्या जारिणी होकर भी अनजान है। इन्द्र ही छलकपट करता है। वह परस्त्री-संभोगी (एडल्टरर) तथा नारी-विलुब्धक (सिड्यूसर) है।

चाहे जाने में, अथवा अनजाने में धर्म इसे पाप मानता है। इसलिए कुपित गौतम अहल्या को पाषाणशिला अथवा अदृश्य हो जाने का, तथा इन्द्र को सहस्रयोनि हो जाने का शाप देते हैं। इसका निवारण भी सुझा देते हैं कि त्रेता युग में जब अवतारी

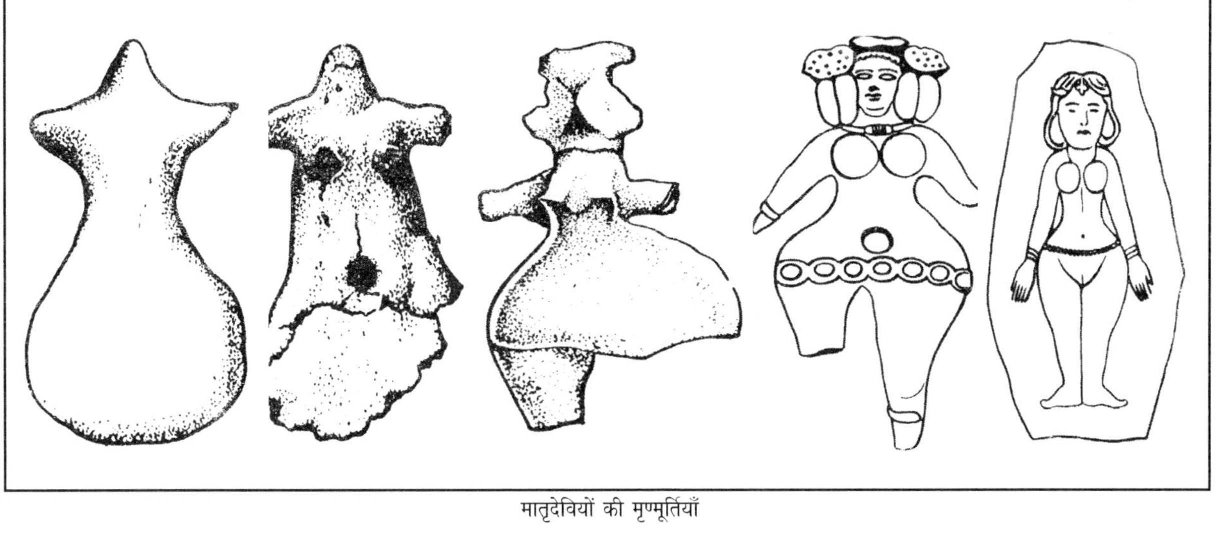

मातृदेवियों की मृण्मूर्तियाँ

राम आश्रम में आएँगे तब उनके चरणस्पर्श से वह पुनः पूर्णनारीत्व एवं पवित्र सतीत्व को पुनर्लब्ध कर लेगी। इसी प्रकार देवमंडल की अनुनय-विनय से द्रवित होकर इन्द्र द्वारा पुंसत्व-प्राप्ति तथा सहस्रलोचन होने का भी वर देते हैं। धर्म-कथा नीतिप्रधान तथा सुखान्त बन जाती है, तथा इसमें से मिथक-सत्व विलुप्त हो जाता है। [तुलसी समानान्तर चन्द्र-प्रसंग को लाँघ गये हैं जब वह इन्द्र की तरह बृहस्पति-पत्नी तारा के साथ समागम करके मुकर जाता है।]

(ई) समूहगत नारीत्व-आयतन तथा नारी-व्यूह

विश्वमिथक के दायरों में संयोजकता के अन्तर्गत सामूहिक नारी-प्रकर्म के आयतन तथा नारीशक्ति के व्यूह लिये जा सकते हैं।

एक सरल चित्र दुर्गा-महिष समर में **शाकिनियों** तथा काली-रक्तबीज-रण में **डाकिनियों** का है। इसी लड़ी में ग्रीक **एरिनीज़** है जो सामाजिक नियम-मर्यादा को भंग करने वालों को दंडित करती थीं। इनका प्रतिरूप रोमन **फ्यूरीज़** हैं। वे रुद्राणियाँ पृथ्वी पर मनुष्य को पाप के लिए उकसाती थीं। लेकिन उन्हें पाताल में दंडित करती थीं। तीन सर्पकेशी **गार्गोन** राक्षसियाँ भी होती थीं।

समरभूमि में नार्डिक तथा जर्मन मिथक की **वल्कीरीज़** नामक योद्धा-कुमारिका-देवियाँ देवता ओडिन की सेविकाएँ भी थीं। वे तीन या नौ गुना तीन होती थीं, स्वर्णिम केशों तथा श्वेत त्वचा वाली है अस्त्र-शस्त्र से पूर्णतः सुसज्जित होकर वे युद्ध-गान गाती हुई खेत रहे योद्धाओं की आत्माओं को एकत्र करके वल्हाल्ला नामक ओडिन के स्वर्ग में लिवा कर उनको प्रतिष्ठित कर देती थीं तथा अभ्यर्थना करती थीं। इनकी नेत्री 'ब्राइनहिल्ड' थी।

इसी तरह ग्रीक मिथक में **अमेज़न** यौद्धिक रमणियों से अवगत हुआ जाता है। वे योद्धा गणवेश में तीर-कमान साधे शत्रुओं को धराशायी करती थीं। वे शिकारिन-अवस्था की थीं। कृषिकार्य से उनका सम्बन्ध नहीं था। सही लक्ष्य-भेद करने के लिए वे अपना दायाँ स्तन कटवा लेती थीं। उनके घरों में पुरुष दास की तरह होते थे। नरशिशु मरने के लिए छोड़ दिये जाते थे। किन्तु मादा शिशुओं का उनकी माताओं की तरह से लालन-पालन होता था। उनकी रानी पेन्थेसिलेइआ का वध आर्किलीज़ ने किया था।...भारतीय इतिहास में झाँसी की रानी **लक्ष्मीबाई** की एक नारी-सिपाहिनों की टुकड़ी थी। आज़ाद हिन्द फौज की एक पूरी महिला बटालियन थी जिसका कमांडर **लक्ष्मी स्वामीनाथन** (बाद में सहगल) थीं। ब्राज़ील में स्पेनी उपनिवेशवादियों से वहाँ की रमणियों की टुकड़ियाँ अद्भुत शूरमाई से लड़ने के कारण **ब्राज़ीली अमेज़नें** कही जाती थीं।

पंचकन्याओं या **पंचमहासतियों** में अहल्या (गौतम की पत्नी, इन्द्र द्वारा भी सम्भोगिता), द्रौपदी (पाँच पांडवों की पत्नी), कुन्ती (पाँच देवताओं से तेजांश पुत्रों की माता), तारा (बालि पत्नी, फिर सुग्रीव पत्नी), मन्दोदरी (रावण पत्नी, फिर विभीषण की रानी) सभी अपनी शक्ति तथा स्वत्वाधिकार से पूजित हैं।

सप्तमातृकाओं में बहुधा माताएँ एककतार में चौकोर चौकी पर बैठी हुई होती हैं और सामान्यतः बच्चे को लिये होती हैं। यदाकदा वे चतुर्भुज भी होती हैं—ब्राह्मी, महेश्वरी, कुमारी, वैष्णवी, वराही, इन्द्राणी और चामुंडी। सभी के पास छत्र एवं तत्सम्बन्धी-देवताओं के आयुध हैं। इन्होंने दुर्गा के साथ मिलकर असुर-संग्राम में भागीदारी की थी। ये स्कंद की सेना की नेत्रियाँ भी बताई गयी हैं।

अष्टगोपियाँ कृष्ण की सहवास-विलासिनी हैं। ये वसन्त तथा शरद रास में सहनतर्कियाँ भी हैं : ललिता, श्यामला, धन्या, हरिप्रिया, विशाखा, शैया, पद्मा तथा चन्द्रावली। इन्हें पृथ्वी, जल, अग्नि, वायु, आकाश, मन, बुद्धि एवं अहंकार का भी प्रतीक माना जाता है।

अष्ट सखियाँ वस्तुतः आठ पहाड़ियाँ हैं जो गहन वन में चौरासी कोस में फैली हैं; ब्रजक्षेत्र में। ये मिथकीय भूगोल का भी आभास देती हैं। ये कदम्ब, पीलू, मोदी आदि वृक्षों से ढँकी हैं—इन पहाड़ियों के नाम ललिता सखी (ऊँचा गाँव), विशाखा सखी (पियासा गाँव), चित्रलेखा सखी (चिकसौली गाँव), तंगुविद्या सखी (कमई गाँव) रंगदेवी सखी (ढवारा गाँव), इन्दुलेखा सखी (कोली गाँव) चंपलता सखी (करहला गाँव), तथा सुदेवी सखी (सुनहरा गाँव)। ये ब्रज की गुइयाँ हैं।

क्वाँरी दुलहिनें तथा नदी देवता : चीन में (ई.प. दूसरी शती) शू नामक नदी-देवता को हर वर्ष दो क्वाँरी युवतियाँ (बलि) दी जाती थीं जिनसे वह (जलमग्नता के बाद) शादी करता था।

तरंग-कुमारियाँ नार्डिक समुद्र-देवता की नौ बेटियाँ थी। जब वे जलक्रीड़ा कर रही थीं तब प्रबल युद्धदेवता ओडिन ने सभी नौ के साथ एकसाथ केलि की जिससे एक संयुक्त शिशु हाइमडाल्ल पैदा हुआ और वे सभी-आकाश में एक तारक-पुंज हो गयीं।

कृत्तिकाओं का अभिप्राय भी तत्सदृश्य है। गंगातट पर बालशिशु स्कंद पड़ा था। आकाश से छहों नक्षत्र-सखियाँ अर्थात् कृत्तिकाएँ नंगे नहाने आयी। उसे देखकर उनकी ममता उद्दीप्त हो गयी। उन्होंने बारी-बारी से उसे स्तनपान कराया जिससे उसके छह मुख हो गये। वही शिवपुत्र कार्तिकेय है। कृत्तिकाएँ लौटकर आकाश में प्रतिष्ठित हो गयी।

अन्न-बालियों की दस कुमारियाँ की लोकमिथक प्यूबलो के ज़ूनी लोगों की है। वे दस नृत्यांगनाएँ थीं जो मानव जाति के

साथ उपरली दुनिया से आयीं। वे स्वयं अदृश्य थीं। धान/मक्की/जौ की हरी फसलों पर प्रभंजन चलने पर जब के नृत्य करती थीं तब उनकी उपस्थिति का अहसास होता था। चुड़ैलों ने उन्हें मानव-किशोरियों में बदलकर कैद कर लिया। तब फसल के देवता पायाटामू ने उन्हें मुक्त कराया। वह स्वयं मक्की की किशोरियों से मुहब्बत करता था।

सूर्य की क्वाँरी पुजारिनें मेसो अमेरिका की इन्का-मिथकायन का अध्याय हैं। उनका देवता सूर्य इन्टी था। अतः वे इन्का (सूर्यपुत्र) कहलाये। उनमें सूर्य-पूजा का प्रमुख मततंत्र प्रचलित था। इसका मन्दिर कुज़को शहर में तथा टिटीकाका-झील के क्षेत्र में था। उनके सूर्य-मन्दिर में 'सूर्य की क्वाँरी पुजारिनें' होती थीं जो **'एकल्ला'** कहलाती थीं। आठ साल की उम्र में वे चुनी जाकर मन्दिर-मंडप में रहने लगती थीं। वे वहाँ सात वर्ष तक रहती थीं। उसके बाद वे ऊँचे पदों के श्रेष्ठों से शादी रचा सकती थीं। इसके पहले अगर वे समागम की अपराधिन पायी गयी तो भूमि में जिन्दा गाड़ दी जाती थीं। किन्तु गर्भवती हो जाने पर उन्हें सज़ा माफ कर दिया जाता था। गर्भस्थ शिशु को सूर्य देवता इन्टी की अनुकम्पा मान लिया जाता था। उनकी संरक्षिका देवी मामा-कूना थी जो उनको कामकाज बताती थी, तथा मन्दिर के कार्यों का प्रशिक्षण देती थी। पर्त के अन्दर बहुत कुछ अकथनीय होता था।

देवदासियाँ दक्षिण भारत में मन्दिरों में हुआ करती थीं। वे भी 'क्वाँरी' वधुएँ थीं अर्थात् उनका विवाह देव-प्रतिमा से हो जाता था और वे उसी की दासी रहती थीं। आण्डाल ऐसी ही एक भक्त थी जो दक्षिण की मीराबाई मानी जाती है।

रोम में (ईस्वी शती के आसपास) देवी वेस्टा की **वेस्टा की क्वाँरी पुजारिनों** का मततंत्र प्रचलित था। इसमें छह गौरी कन्याओं की एक टोली होती थी। ये वेस्टा देवी की पुरोहितनें 'वेस्टा कुवाँरिनें' कहलाती थीं। देवी की आराधना में 'वेस्टालिया' पर्वोत्सव भी होते थे।

भारोपीय उद्गम की देवी वेस्टा दीप्त और शुद्ध थी। वह भूमि की और घर के चूल्हों की अग्नि की देवी थी। उसकी अग्नि रोमन फोरम में भी प्रज्वलित थी। उसका मूल प्रयोजन तो माताओं की मान्यता तथा घरों में शुद्धजल एवं पवित्र अग्नि की स्थापना था।

वेस्टा-कुवाँरियाँ छह से दस साल की उम्र में मन्दिर में दीक्षित होती थीं और तीस साल तक वहाँ रहा करती थीं। वे निर्विकल्प योनि-शुचिता की शपथ लिए ब्रह्मचारिणी थीं। शपथ-भंग करने पर उन्हें भूमि में ज़िन्दा गाड़ दिया जाता था। गृहज्वाला बुझने के अशुभ पर भी उन्हें दंड मिलता था। हाँ, तीस वर्ष के बाद वे विवाह कर सकती थीं। इसके पहले वे घूँघट और हिजाब डाले रहती थीं। तब उनकी मूर्ति रोमन घर-घर में मौजूद होती थीं।

भारत में नवरात्र में **नौ दुर्गाएँ** भी पूजा का एक आयतन हैं।

शक्ति के नौ प्रतिरूप ध्यान-चक्र के साथ–

(1) शैलपुत्री (मूलाधार चक्र), (2) ब्रह्मचारिणी (स्वाधिष्ठान चक्र), (3) चन्द्रघंटा (मणिपूर चक्र), (4) कूष्मांडा (अनाहत चक्र), (5) स्कंदमाता (विशुद्ध चक्र), (6) कात्यायनी (आज्ञा चक्र), (7) कालरात्रि या शुभंकरी (सहस्रार चक्र), (8) महागौरी (पादार विंद), (9) सिद्धिदात्री (अमृत पदोन्मुखता)

समानान्तरतः कुषाण एवं गुप्त काल की सप्तमातृकाओं को उपास्य देवों की शक्तियाँ माना गयाः–

मूलदेवता	**मातृका**	**वाहन**
महेश्वर(शिव)	माहेश्वरी	वृष
विष्णु	वैष्णवी	गरुड़
ब्रह्मा	ब्रह्माणी	हंस
कुमार (कार्तिकेय)	कौमारी	मयूर
वराह	वाराही	महिष, वराह
इन्द्र	ऐन्द्री	हाथी
क्रूर माताएँ	चामुण्डा	शव

योगिनी–बाजीगरनियाँ। ये शिव-प्रिया दुर्गा की अष्टपरिचारिकाएँ दानवियाँ हैंः–मार्जनी, कर्पूरतिलका, मलयगंधिनी, कौमुदिका, भेरुण्डा, माताली, नायकी तथा जया या शुभाचार, सुलक्षणी, सुनन्दा।

काली

शक्ति–आद्य नारीशक्ति–तथा नारीत्व-चिति (फीमेल साइकी) का द्वन्द्व एवं सामंजस्य का अनुपम मिथकीय उद्गम काली-मिथक के सुदीर्घ भरतपाठ, अनुपाठ, प्रतिपाठ, उत्तरपाठ आदि हैं।

(i) क्रमभंग करते हुए हम शाक्त एवं तंत्र के आयाम में पहले प्रतिपाठ का उल्लेख कर दें कि गौर स्वर्ण-वर्ण **दुर्गा** के मस्तक से नील घनश्याम-वर्ण **काली** प्रकट हुई : 'एक का द्वैत तथा द्विधा का समन्वय हुआ, दुर्गा में रौद्र एवं उदात्त का समाहार है तो काली में भयंकर और बीभत्स का। दोनों ही अलग-अलग मार्गों से क्रमशः महिषासुर तथा रक्तवीर या रक्तवीर्य या रक्तबीज राक्षसों का संहार करती हैं। पहली युद्ध द्वारा तो दूसरी मरण-नृत्य द्वारा। दोनों ही शिव (मंगल) की प्रिया हैं (?)।

(ii) एक अनुपाठ के अनुसार कृष्ण और काली भाई-बहन हैं। कृष्ण-विष्णु का जन्म देवकी से, तथा दुर्गा का यशोदा-नन्द से। अतः दुर्गा को नारायणी भी कहा गया। वह सिंहवाहिनी है। अतः उसकी अष्टभुजाओं में शंख तथा चक्र के अतिरिक्त शूल तथा पाश, धनुष तथा बाण, खड्ग तथा खेटक सज्जित हैं ('विष्णु धर्मोत्तर पुराण' में वह चक्र तथा डमरू भी धारण किये है तथा बीस-भुजा चंद्रिका के रूप में वर्णित है) कंट्रास्ट में चतुर्भुज काली दाहिने हाथ में खट्वांग और चन्द्रहास, तथा बायें में ढाल और पाश से सज्जित है। शीशरहित शव उसका वाहन है तथा वह श्मशान-वासिनी है। सो, एक ओर यहाँ अष्टभुजा बनाम चतुर्भुजा का, दूसरी और विजय ओर विध्वंस का, तीसरी ओर शुक्ल और श्याम के द्विपर्ण-विरोधों के पुंज का **एकैक की द्वयता वाली अंतर्भुक्ति** है। काली के वस्त्राभरण भी अमंगल हैं—उसके गले में नरमुंड-माला, कटि में कटे हुए हाथों का परिधान (कटि से घुटनों

महाविद्या काली

तक का) है। उसकी लपलपाती जीभ लम्बी तथा बाहर लटकती हुई है। ओठों की उभयसंधियों से दो नुकीले दाँत बाहर कढ़े हुए हैं। मुख से रक्त की बूँदें टपक रही हैं। इसके अलावा वह सर्पों के कुंडलों से घिरी है। वह काली (श्याम), चंडी (विकराल), भैरवी (प्रचंड) है। सारांश में वह काल की महाविद्या तथा छिन्नमस्ता भी उसके समान्तर रक्तपायी महाविद्या है। इसके मूल में आदिम मिथकीय कबीलाई नरबलि के संकेत परिलक्षित है। यहाँ असौन्दर्यपरक, विद्रूप-फूहड़, बीभत्स तथा भयंकर सौन्दर्यबोधशास्त्र के समग्र लक्षण-लांछन दृष्टिगोचर हैं।

(iii) एक प्रतिपाठ में पार्वती द्वारा उत्पन्न की हुई शक्ति है। इसने शुम्भ-निशुम्भ, चंड-मुंड, रक्तबीज-धूमलोचन आदि दैत्यों का वध किया। वह दक्ष प्रजापति की पुत्री तथा कश्यप की स्त्री, एवं शिव की प्रिया है। (विष्णुप्रिया दुर्गा के समानान्तर)। ऐसे प्रतिपक्ष में उसका एक हाथ अभय मुद्रा में तथा दूसरा वरदमुद्रा में सक्रियमाण रहता है। वह श्मशान में शवों के ऊपर महानर्तन भी करती है। वह शिव के मुकाबले मरणोत्सव की नृत्यांगना है। यहाँ तक कि लेटे हुए शिव के ऊपर भी निर्द्वंद्व नृत्य करती है। अतः वह जीवन एवं मृत्यु को, मातृत्व एवं रमणीत्व के अन्तर्विरोधों का सामंजस्य (सिन्थीसिस) है।

(iv) अन्त में इतनी उथल-पुथल के बावजूद, काली का वैदिक भरतपाठ (मास्टर टैक्स्ट) कई कूटों का खुलासा करता है। यहाँ विष्णु और शिव, अथवा शाक्त एवं शैव के हाशियों के बजाय **अग्नि** एवं **सूर्य** के सन्दर्भ हैं। यह हमारा मिथकीय उत्तरपाठ भी माना जा सकता है जो संरचना (स्ट्रक्चर) तथा सामाजिक पंचांग (सोशल चार्टर) का एकतान व्यापार में बंधान करता है।

प्राक्तन् वैदिक भरतपाठ के मुताबिक **अग्नि** (रक्ताभ) की सहचरी **काली** (श्याम अर्थात् दग्धोन्मुख) है। दोनों एकैक हैं।

अग्नि की सात जिह्वाएँ हैं—काली, कराली, सुलोहिता, सुधूमवर्णा, स्फुलिंगी, मनोजवा एवं विश्वरुचि।...**अग्नि में सोलह स्वाहा** में-से स्वाहा, वह्निप्रिया, वह्निजाया, कालदात्री, ध्रुवा, गति, दाहिका, दहन, क्षमा, जीवनरूपा, घोरसंसारतारिणी आदि हैं। इसी प्रकार **सूर्य की बारह कलाओं** मे से तपिनी, तापिनी, धूमा, मरीचि, ज्वालिनी, रुचि, क्षमा, धारिणी आदि हैं। परवर्तीक्रम में **शिव की अष्टमूर्तियों** में से काल एवं अग्नि भी हैं।

इनके योगायोग द्वारा शनैः-शनैः **काल** के धर्ममिथकीय स्वरूपगुण का उद्भव हुआ जिसमें यज्ञ के कर्मकांड, अग्नि के देवत्व, शिव की शक्ति का समन्वय है। हम यह भी अनुमान लगा लेते हैं कि **मिथक का जन्म** ऐसे भी होता है शक्ति और देवी, जीवन और मृत्यु, सौन्दर्य और भयानक के द्वन्द्वैक्य द्वारा। उपर्युक्त चारों स्रोतों से कुछ काली की नाममाला में जुड़े गये हैं। अतः वह भद्रा, दक्षिणा, मोक्षा, सिद्धा, गुह्या, भैरवी, प्रलया होकर विरुद्धों का सामंजस्य कर रही है।

× × ×

विश्वमिथकयान में काली के समकक्ष मेसोअमेरिका की अज़टेक भू-देवी **कोआटलीक्यू** है। उसने सभी हथियारों से लैस युद्ध-देवता ह्यूटज़िलोपोचट्ली को जना था। वह तड़ित् तथा तूफानों का देवता था। अगर माता सर्पों की घाँघरिया पहनती थी तो सन्तान नरबलि लेता था। वह रक्त टपकते धड़कते ताज़ा मानवहृदयों की बलि से संतृप्त होता था।

ईजिप्ट में एक मानवी फाराओ के देवीरानी हो जाने का उदाहरण ग्रीकमूल की क्लिओपेट्रा का है जिसने स्वयं को देवी आइसिस मानकर तदनुरूप प्रतिष्ठा तथा उपासना कराई। (ईजिप्टविद ज़ाही हवास ने भी इसका खुलासा किया है)। ग्रीकमिथक-चक्र में देवेन्द्र ज़ियस की मानवी प्रिया-भोग्या सेलिनी से काम तथा भोग के देवता डायोनीसस का जन्म हुआ था जो मातृपक्ष से मानव तथा पितृपक्ष से अमर देवता था।...दक्षिण एशिया के अंगकोर वाट में सम्राट जयवर्मन ने स्वयं की (विष्णु के अवतार रूप में) देवराजा की भाँति आत्मपूजा भी कराई। अतः शेषनाग के अंशरूप में अप्सराओं जैसी सुन्दर रमणियों की परिकल्पना भी इच्छाधारी नागिनों के रूप में की गयी। प्रत्येक रात्रि को वह देवराजा उनके साथ (शेष-शय्या में) शयन-रमण करता था।

चित्र–आकृतियाँ

मानचित्र–सारणियाँ

9

'महाजनो येन गतः स पन्थाः' : सांस्कृतिक अधिनेता तथा अधिनेत्रियाँ बनाम चालबाज अथवा चतुर-सुजान

9.1 अधिनेता तथा अधिनेत्रिया

कुछ **सांस्कृतिक अधिनेता तथा अधिनेत्रियाँ** मानव-कल्याण के लिए अथक परिश्रम करती हैं, जबकि कुछ ज्यादा शरारती और उभयभावी होते हैं। ये संसार के अन्दर यादृच्छिक सिद्धान्त के प्रदर्शक हैं।

ये सांस्कृतिक समूर्तियाँ भाषा की, अग्नि की, भोजन की, कृषि की या अन्य किसी आपूर्ति की, अथवा कौशल की वाहिका होती हैं जिन्हें सीखने की जरूरत होती है। इनमें से कुछ (नेता) तो बस केवल यात्राएँ करते हैं तथा अपनी बुद्धि और हस्ती के द्वारा अन्ततोगत्वा सभी तरह के मंदभाग्य पर विजय पाते है। ये मनुष्य में सीखने की योग्यता तथा सामर्थ्य को परिलक्षित करते हैं।

(क) संस्कृति-नेता पशु-संरूपों में भी संघटित हो सकते हैं (महावाराह, नृसिंह) क्योंकि (मिथक में) पशुओं को भी अक्सर मानव जैसा बराबर का दर्जा दिया जाता है, भाषिक क्षमता के साथ-साथ। वे संसारों के बीच पुल का प्रतिनिधित्व करते हैं अन्यथा (टोटेम भी होकर) कुल और परिवार की निष्ठाओं को परिभाषित करते हैं।

अन्य अवसरों पर मानववादि ही उनमें कायान्तरित (मेटामार्फोज़) हो जाते हैं या पशु साथियों/साथिनों के साथ जोड़ी बनाते हैं, कुछ अवधि तक उनके साथ जीवन गुजारते हैं एवं एक आमफहम आत्मिक सूत्र से बँधे होते हैं। उनका दृश्यमान जीवन मिथकीय तथा आध्यात्मिक लोकों को भी छाप लेता है।

सभी संस्कृतियों में परिवर्तन के अनुकारक (एजेंट) मौजूद हैं। वे अधिनेता, नायक तथा चालाक या **चालबाज** (ट्रिक्स्टर) हैं। यह मिथक में देवताओं तथा मानवों के बीच के सीधे रिश्तों को अथवा सीमान्तो को धुँधला बनाने वाला, या बिचौली करने वाला एक अन्य घटक है। यह घटक निदर्शन करता है कि अपनी ही अन्तर्वर्ती व्याख्या की कोशिशों में भी मिथक का यह स्रोत निकलता है। यह रूपायन युग-युग पुरानी प्रवृत्ति है जो आजतक जीवित है कि हम महत्त्वपूर्ण हस्तियों को मिथकीय महत्त्व से मंडित कर डालते हैं। यह 'व्यक्तिपूजा' की प्रवृत्ति है जिससे व्यक्ति के एक संस्कृति-नेता या समर्थ चालबाज बन जाता है।

डिडो कार्थेज (वर्तमान ट्यूनीशिया) के नारी-राज्य की रानी थी। मिथक में ग्रीकदुनिया के छोर पर कायम योद्धा अमेज़न-रमणियों के, तथा भारत के पूर्वी छोर पर शक्तिपीठ कामरूप में स्थित नारी-राज्य के साथ कार्थेज भी मातृसत्ताक शासन की भी मिसाल था।

इस सांस्कृतिक अधिनेत्री (कल्चरल हीरोइन) डिडो की बेहद त्रासदीपूर्ण गाथा है। भाई द्वारा ही इसके पति की हत्या के बाद उत्तरी अफ्रीका में भूमध्यसागर तट पर फोनीशिया में भागकर कार्थेज (वर्तमान ट्यूनीशिया) को बसाया। वह एक जादूगरनी तथा पैगंबरिन थी। जादू से उसने वह बेहद सुन्दर शहर बना दिया। उसके साथ शुरू में पचास रमणियाँ थीं जिनके साथ मिलकर उसने वह नारी-राज्य बनाया।

उधर ट्रोजन-युद्ध में ग्रीकों से हारकर भागे हुए योद्धा ओनाज़ के बेड़े को देवी जूनो ने एक समुद्री-तूफान में तितर-बितर कर दिया क्योंकि वह ग्रीक देवीरानी हेरा के पक्ष में थी। अतः वह इटली में रोमन साम्राज्य की स्थापना करने के बजाय कार्थेज जा पहुँचा और रानी डिडो के नारी-राज्य में शरण पा गया।

अब देवी वीनस-एफ्रोडाइट ने अपनी भूमिका अदा की। उसने कामशिशु क्यूपिड की सहायता से डिडो को ओनाज़ की प्रेमदीवानी बना दिया। एक रात चुपके से उसने डिडो को अपनी 'एफ्रोडाइट की करधनी' पहना दी। इसके जादुई प्रभाव ने तो उसे प्रबल कामोन्मत्ता बना दिया। दोनों प्रीति-रति-पाश में बँधकर साथ रहने लगे। डिडो ने उसे कार्थेज का सह-शासक भी बनाने

का निर्णय लिया। किन्तु अब देवराज जुपीटर ने हस्तक्षेप किया। हर्मीज़ को भेजकर यह आदेश दिया गया कि उसकी नियति रोम में है, न कि कार्थेज में। अतः ओनाज़ एक दिन वापस चल दिया। प्रेम में विश्वासघात से हताश डिडो ने चिता बनाकर आत्मदाह का फैसला कर लिया। ओनाज़ के पूछने पर उसने बहाना लगाकर कहा कि वह जादुई अनुष्ठान उसे वापस लौटाने के लिए कर रही है ओनाज़ को जहाज पर वापस जाते देखकर वह कूदकर जल मरी।

नारी-अधिनेत्रियों में कार्थेज-रानी डिडो के समकक्ष ही ईजिप्ट की ग्रीक फारोइन-सम्राज्ञी **क्लिओपेट्रा** (69-30 ई.पू.) थी। यदि डिडो मिथक से इतिहास की प्रतीति में प्रयाण कर गयी तो क्लिओपेट्रा इतिहास की छायाओं से आगे मिथक के मनोरथों में जीती चली गयी [दे. शेक्सपिअर का 'ऐन्टनी एंड क्लिओपेट्रा' नाटक भी]। हमारे प्रसंग महारानी फाराओ से महादेवी आइसिस में तदात्मक हो गयी ग्रीक क्लिओपेट्रा के हैं।

ईजिप्टी मिथक में **आइसिस** गेब तथा नुट की बेटी, ओसाइरिस की बहन एवं पत्नी तथा सूर्यदेवता होरस की माता थी [ग्रीक मिथक में होरस को ज्ञानदेवता अपोलो से सम्बद्ध किया जाता है]। होरस का शुभंकर बाज पक्षी था। जब सेट द्वारा ओसाइरिस की हत्या कर दी गयी तब उसने सूर्य से अपनी मृत्युंजय शक्ति पाकर खंड-खंड ओसाइरस को संश्लिष्ट करके पुनरुज्जीवित कर दिया [यह धरती की उर्वरता की अन्योक्ति है जब नीलनदी की बाढ़ से कछार लहलहा उठते थे]। इस उपक्रम में आइसिस ने सूर्यदेवता रा पर भी अपना मारणयोग लगा दिया। उसने एक विषैला सर्प उसे डसने को भेज दिया। यह शर्त भी लगा दी कि अगर वह अपना गुप्त-मंत्र बता देगा तो वह उसका उपचार कर देगी। इस प्रकार उसकी शक्ति कई गुना हो गई।

आइसिस का प्रतिनिधित्व हाथोर देवी से भी किया जाता है। हाथोर का प्रतीक गौ के दो सींग हैं। वह एफ्रोडाइट की तरह प्रणय की देवी, तथा डिमीटर की तरह उर्वरता की देवी से भी सम्बद्ध हो गयी। आइसिस भी अपने शीर्ष पर चपटा सुनहला सूर्य चक्का धारण करती है जो दो गौशृंगों के बीच रखा है। इस तरह आइसिस हाथोर और रा के साथ, अथवा एफ्रोडाइट और डिमीटर के साथ एक त्रिमूर्ति हो गयी।

समानान्तर प्रक्षेपण से **क्लिओपेट्रा** ने स्वयं को दिव्यांकित कराया। वह अठारह साल की उम्र में ईजिप्ट की फाराउन महारानी बनी। उस बेहद बुद्धिमती और हसीन, महात्त्वाकांक्षी और चालाक महिला का लक्ष्य सत्ता ही थाः—ईजिप्ट में सत्ता को सुरक्षित रखते हुए उसका प्रसार। अतः उसने सूर्य की तरह तेजस्वी रोमन साम्राज्य के सम्राट जूलियस सीज़र से विवाह किया। उससे एक बेटा भी हुआ। उसे वह विशाल ईजिप्टी-रोमन साम्राज्य का उत्तराधिकारी बनवाकर सत्ता-केन्द्र बनना चाहती थी। किन्तु सीजर की हत्या के बाद उसने जनरल मार्क एंटोनी से प्रेम का खेल रचाया। वह विवाह और प्रेम के द्वन्द्व में किसी के प्रति भी अर्पित नहीं थी।

जब मार्क एंटोनी उसके षड्यन्त्र का भागीदार नहीं बना तो उसने रोमन जनरल ऑक्टेवियन को उसे सौंप दिया और उसका वध कर दिया गया।

ऑक्टेवियन और क्लिओपेट्रा के सत्ता-संघर्ष का खुलासा करके पैट ब्राउन बताती हैं कि जहरीले साँप के दंश से अपनी आत्महत्या करना भी एक मिथ्या तथ्य है जिसे आक्टेवियन ने मिथक के रूप में प्रचारित करा दिया। वस्तुतः वह उसकी इच्छामृत्यु नहीं थी।

मध्यान्तर में वह स्वयं को देवीरानी के रूप में भी प्रतिष्ठित करके देवी आइसिस की तरह पूजी जाने लगी। उसने अपने छत्र पर सूर्यचाक तथा हाथोर-शृंग भी धारण कर लिये थे। उसका यह महत् आत्ममिथकीयकरण उसके अन्त के साथ ही मिट गया।

तथापि वह गजब की भाषाविद् थी। प्राचीन मिस्री भाषा व ग्रीक भाषा की कुंजी 'रोज़ेटा शिलापट' उसी के काल का है। उसने नीलनद के मुहाने पर एलेक्ज़ेंड्रिया में एक विशाल पुस्तकालय तथा आकाशदीप भी स्थापित कराया था। इस तरह सूर्य, सर्पदंश, देवी आइसिस के रूप में अमरत्व के तीनों प्रतीकों से उसने आजीवन तादात्म्यीकरण किया।

ईजिप्ट-परिवारों में शुद्ध देवरक्त वाले सगे भाई-बहनों की शादी की प्रथा के अनुरूप क्लिओपेट्रा ने पहले अपने सगे भाई फिर चचेरे भाई से शादी की। उसने सैक्स तथा राजनीति का भी घालमेल कराया। तदपि उसका ग्रेको-ईजिप्टीय साम्राज्य अर्द्धेतिहासिक-अर्द्धमिथकलिजंधरी था। क्लिओपेट्रा की अथाह सम्पत्ति उसके उत्तराधिकारी आक्टेवियन को मिली। ईजिप्ट उसके शासन में ही व्यापार का एक बड़ा केन्द्र बन गया था। वहाँ पन्ने तथा सोने की खदानें थी। अब वह सारा सोना व दौलत रोमन साम्राज्य में जाने लगीं। [क्लिओपेट्रा पन्ने को हरी आग कहती थी, तथा सोने को सूर्यदेवता की छत्राभा मानती थी] सिकेट शहर में करोड़ों पन्ने मिले थे। उनसे क्लिओपेट्रा के बाद रोम की अभिजात कुलीन रमणियों के गहने, हार, कर्णफूल बनते थे। सौदागर लाल सागर और नील नदी के बीच आते-जाते थे। पाँचवीं सदी के आखिरी वक्त तक रोमन-साम्राज्य खुद भी कंगाल हो चुका था। 640 ई. के आसपास अरब के शमशीरबाजों ने रोमनों को ईजिप्ट से सदा के लिए खदेड़ दिया। इस तरह रोमनी ईजिप्ट का भी अवसान हो गया। सिकन्दर के सेनापति, टोलोमी (ई.पू. 323-30) ने भी ईजिप्ट की गाथा कही है।

× × ×

क्लिओपेट्रा से भी बहुत पहले अनिंद्य सुन्दरी फाराऊनी महारानी **नेफेतारी** (नौवाँ राजवंश)—जो नेफ्रेती के समकक्ष थी—

आइसिस ओसाइरिस की बहन तथा पत्नी थी। होरस उनका पुत्र था। वह शिशु-रक्षिता के रूप में पूजी जाती थी। वह शिर पर गौशृंग तथा पवित्र सूर्य-चाक धारण किये हुए दिखाई गयी है। रानी क्लिओपेट्रा ने भी स्वयं को आइसिस मनवा लिया था। वह आइसिस से तादात्म्य कर गयी थी।

आइसिस देवी

ने भी स्वयं को सत्ता तथा सौन्दर्य का केन्द्र बना लिया। उसने अपने सौन्दर्य के मायाजाल तथा सत्ता की उदारता का भरपूर इस्तेमाल किया। उसने प्रजा का दिल जीत लिया। उसे सत्ता के दाँव-पेंचों का पूरा इल्म था। वह देवपत्नी हेपचेसेट की शाखा में आगे आयी। वह स्वयं को सूर्य-देवता आमून की भी देवपत्नी मानती थी। वह भी 'आन्ख' का पवित्र स्पर्श करके शक्ति-ग्रहण करती थी। [पुरुषसत्ता का मुकाबला करने को शायद उसने देवराजा फाराओं की तरह नकली दाढ़ी भी पहन ली थी। फाराओ (देवराजा) की भाँति **देवपत्नियों** का मतसम्प्रदाय (कल्ट) स्त्रियों का एक पंथ था जिसमें वे सूर्यदेवता आमूल द्वारा सृजित हुई तथा उसकी पत्नियाँ थीं। देवता अपना पैर नेफ्रेती-नेफ्रेतारी के पैरों के बीच में रखते हैं। वे तीन आँख [शक्ति चिह्न] देकर अपनी शक्ति देव-पत्नियों को देते हैं। उनके 'देवपत्नी वाले आलिंगन के चित्र' भी भित्ति में हैं।

ने.-नेफ्रेतीती की ताकत फाराओ से कम नहीं थे। ई.पू. 1290 में उसने देवसत्ता का इस्तेमाल राजसत्ता में किया।

इस आकर्षक सौन्दर्यगर्विता रमणी पर फाराओं रेमसेज द्वितीय (नौवाँ राजवंश ई.पू. 1375-1202) की नज़र पड़ी। वह असीम शक्ति का स्वामी तथा दिग्विजयी था। वह देवता बनना चाहता था। अतः उसने देवपत्नियों के ओहदे को पुनः स्थापित किया और नेफरतीती को देवपत्नी बनाकर विवाह किया। यह उसकी नूरजहाँनी सफलता का रहस्य था। महान् रेमसेज़ ने उसके सम्मान में 'अबू सिम्बेल' का मन्दिर बनवाया जिसमें उसकी अपनी दस विशालकाय ऊँची मूर्तियाँ हैं। साथ में देवीरानी भी है। यह भी ऐतिहासिक तथ्य है कि देवपत्नियों के मिथकीय शासनकाल में ईजिप्ट ने बहुत तरक्की की थी। यह भी ध्यातव्य है कि [एफ्रोडाइट-ग्रन्थि से बिंधी) नेफरतीती पारदर्शी परिधान पहनती थी—कुषाण कालीन यक्षिणियों की भाँति। अतः हेपचेसेट और क्लिओपेट्रा ने स्वयं को देवी के रूप में, तथा नेफरतारी ने देवपत्नी के रूप में प्रस्तुत करके **सांस्कृतिक अधिनेता** और **अधिनेत्री** की स्वर्णिम भूमिकाओं को प्रस्तुत किया।

विश्वमिथक परिप्रेक्ष्य में **द्रौपदी** तो डिडो, क्लिओपेट्रा, नेफ्ररती से बहुत पहले मातृसत्ताक गरिमा की रक्षा तथा नारीशक्ति को पुनर्लब्ध करने वाली अधिनायिका है। उसकी धुरी पर हम धर्म एवं नीति को छानते हुए उस मूल भरत पाठ की भी पुनर्रचना कर सकते हैं जब मातृसत्ताक व्यवस्था क्षीण हो रही थी तथा पुरुषसत्ताक वर्चस्व दुर्दमनीय हो चला था क्योंकि एक ओर शान्तनु, गंगा और कुन्ती के (कर्ण के जन्म तक) नारीशक्ति वाले सन्दर्भ हैं तो दूसरी ओर नारी को वस्तु जानकर पुरुषों के बीच बराबर बाँट लेना, पसन्दीदा आर्य-द्यूतक्रीड़ा में नारी को दाँव पर लगाने पर हारकर दासी बना देना, अथवा नारी के प्रति स्वच्छन्द भोग के व्यंग्य

(दुर्योधन), उसको पुरुष-सभा में निर्वसन कर देना, उसका अपहरण कर लेना, उसके साथ बलात्कार की चेष्टाएँ पुरुषसत्ताक व्यवस्था के वर्चस्व होने के संकेत हैं। द्रौपदी मातृसत्ताक प्रणाली के अधोगामी संक्रमण से अबला हो रहे नारी-सम्मान की पुनःप्रतिष्ठा का बहुरूपी दर्पण है। उसकी धुरी का पूरा कथाबीज (थीम) अहिंसा, क्षमा, करुणा को नकारता है। कुन्ती और उसमें भी मातृसत्ता के घटते जाने की सूचनाएँ हैं। कुमारी तथा विधवा कुन्ती के पुत्र सूर्य के (कर्ण), धर्मराज के (युधिष्ठिर), पवन के (भीम), इन्द्र के (अर्जुन), अश्विनी कुमारों के (नकुल-सहदेव) कथित नियोग अंशों से उत्पन्न होते हैं तो द्रौपदी कुन्ती के मातृ आदेश के तहत पाँचों पांडवों की एक साथ पत्नी बनती है। वह बाद में 'पुरुष-सम्पत्ति' के तौर पर जुए में हारी जाकर तथा द्रुपद के अन्तःपुर में अज्ञातवास के वर्ष के दोनों अवसरों पर 'दासी' हो जाती है। वह भीम और कबीलाई मालकिन हिडिम्बा के उन्मुक्त यौन सम्बन्धों पर तो सहिष्णु है, किन्तु अर्जुन द्वारा सुभद्रा के हरण से उसे ईर्ष्या और अवमाननता का अनुभव होता है। द्रौपदी के मिथकचक्र में उसे पाँच गन्धर्वों से भी रक्षित बताया गया है। मिथक में गन्धर्व देवताओं को सोमपान कराने वाले, नारियों से विशेष सम्मोहित होने वाले तथा अप्सराओं के दीवाने थे। अतः द्रौपदी के यज्ञ से लेकर गन्धर्वों तक के मिथक-स्रोत तो पूर्वातिपूर्व हुए।

अपनी परा-महाशक्ति की स्थितियों में द्रोपदी सदैव पुरुष-अहंमन्यता तथा स्वेच्छाचारिता को घृणास्पद मानकर चुनौती देती है। वह अर्जुन के बजाय महाबली भीम द्वारा ही पुरुष के नये अमर्यादित व्यक्तित्व के पाखंड को लगातार खंड-खंड करा डालती है। कौरवों की भरी सभा में निर्वस्त्र किये जाने पर शीतयुद्ध का पहला अंगार तो वासुदेव कृष्ण उसकी शीलरक्षा करके सुलगा देते हैं किन्तु बाद में समूचे महायुद्ध के पीछे की तेज ज्वालाओं को वही धधकाती चलती है। उसके नारीत्व-नेतृत्व के संयोजक अर्जुन नहीं, भीम हैं। यह दो शक्तियों की कान्त मैत्री है। अर्जुन तो महाभारत युद्ध-यज्ञ चलाते हैं किन्तु द्रौपदी और भीम अन्यायी-अत्याचारी-स्वेच्छाचारी पुरुषों की आहुति देकर स्वाहा सम्पन्न कराते हैं। वह निरन्तर प्रतिशोध तथा दंड के ध्रुवान्तों में अपनी दुर्गा-चिति का अभियान चलाती है। वह चुन-चुन कर नारी के सम्मान तथा शरीर को खंडित करने वाले पुरुषों से कई गुना ज्यादा दरिंदगीय (सेवेज) प्रतिशोध तक लेती है। वह घृणा से धधकती रहती है। वह याज्ञसेनी जो है। वह केश खोलकर प्रथम प्रतिज्ञा लेती है कि उसका चीरहरण करने वाले दुःशासन के गर्म खून से केशों को धोकर ही वह खुली वेणी बाँधेगी। और भीम दुःशासन की छाती चीरकर उसका रक्त स्वयं पीते हैं तथा चुल्लू में भरकर द्रौपदी का केशसिंगार भी कराते हैं। वह अहंकारी कीचक को मूषक बनवा देती है। वही जयद्रथ का वध भी कराती है। वही दुर्योधन की उसी जाँघ को भीम द्वारा भंग कराती है जिस पर उसने दासी द्रौपदी को आ बैठने को ललकारा था। उसके सभी न्यायलक्ष्यों के सम्पादक केवल भीम हैं। यद्यपि वासुदेवकृष्ण तथा श्यामाकृष्णा द्रौपदी की घनिष्ठता तो है, तदपि यहाँ राजनयिक कृष्ण लीला-पुरुषोत्तम नहीं, बल्कि योगीश्वर तथा विश्वरूप (परमात्मा) भी हैं।

इस भाँति वासुदेव कृष्ण तथा पंचपांडवकान्ता कृष्णा द्रौपदी एक स्वार्थी गृहदाहक युद्ध की सत्ताचालों तथा कुटिल रणकौशल को क्रमशः असुरत्व के निर्दय संहार वाले, एवम् नारी-सम्मान की दिग्विजय वाले महान् भारतीय युद्ध में बदल देते हैं। ये दोनों सूत्रधार ही मिथक-यात्रा में अधिनेता तथा अधिनायिका हैं।

अतएव मिथकयान की दृष्टि से पार्थसारथी-धनंजय के बजाय अपने कृष्णा द्रौपदी तथा भयंकरभीम ज्यादा आर्केटाइपल हैं। इसमें **भरतपाठ** (मास्टर टैक्स्ट) भी द्रौपदी-धुरी पर बेहतर छाना जा सकता है। इसमें युद्ध की कथित देवासुरीय गाथा ही **सामाजिक चार्टर** का निर्वचन है।

× × ×

उक्त प्रतिनिधि सांस्कृतिक अधिनायिकाओं के समानान्तर हम पुरुष सांस्कृतिक अधिनेताओं में से मेसोपोटामियाई **गिल्गामेष** से शुरुआत करते हैं।

मेसोपोटामिआ-सुमेर (ई.पू. 5500-2000) दज़ला-फरात के बीच का क्षेत्र (वर्तमान इराक) था। वहाँ निनवेह, अशुर निमरुद जैसे नगर-राज्यों की व्यवस्था थी। बेबीलॉन में नगरदेवता मार्दुक, ईश्तर, सामाश के मन्दिर (ज़िगुरात) थे। शहर के नौ दरवाज़े थे। इसी आकृतिबन्ध पर गिल्गामेष महाकाव्य का भी भव्यवृत्तान्त है। उनके शुभंकर मानवमुख युक्त पंखों वाले वृषभ थे। वस्तुतः प्राचीन सभ्यताओं के केन्द्र मिथकों के सृजन-केन्द्र भी थे। मेसोपोटामियाई (मध्यामेरिकी इंकाइयों की तरह) गणित एवं खगोल-विज्ञान में श्रेष्ठतर थे। इससे सांस्कृतिक उन्मीलन तथा मिथक-कुसुमायन अन्योन्याश्रित सिद्ध होते हैं। मेलिनोवस्की, रूथ बेनेडिक्ट, क्लाद लेवी-स्ट्रास और कोसाम्बी ने इन दिशाओं में अद्वितीय कार्य किये हैं।

गिल्गामेष सुमेरियन शहर उरुक का अश्युर (असीरिया समेत) सम्राट था। वह महिष जैसा अतुल बलशाली था। वह दो तिहाई अशुर-देवता तथा एक तिहाई मानव था। उसका 'किश' के नरपति से रण हुआ था।

देवी **ईश्तर** (इनान्ना) गिल्गामेष से प्रणय-निवेदन करती है जिसे वह ठुकरा देता है। ईश्तर एक साथ प्रणय एवं युद्ध की देवी है। [देवी या देवीतर के प्रणय को ठुकराने टालने का मिथकाभिप्राय ग्रीक मिथकायन में आर्तेमिस-एकटाओन, अथवा रामायण के शूर्पणखा-लक्ष्मण अथवा आगमों के शिव-अपर्णा के अंतर्कुंडलों में भी मिलता है]।

ईश्तर के प्रेम ने वसन्तऋतु के (काम-) देवता ताम्मुज़ को भी उन्मादित किया था [यह ग्रीकमिथक एडोनिस से तुलनीय है जिसमें ऋतुपरक प्रकृति-उपासना निहित है]। ईश्तर ताम्मुज़ को वार्षिक मृत्यु (फसलों के क्रम) से नहीं बचा पाई; यद्यपि उसकी रत्नजटित कंठी इन्द्रधनुष है (इन्द्रधनुष बाइबल का भी एक मिथकाभिप्राय है)। अन्य पात्रों का प्रवेश होता है। एनलिल प्रलय का देवता है। एरेशकिगाल उसकी सगी बहन तथा पाताल की देवी है। इस साहचर्य से ईश्तर जीवनजल-प्रदायिनी भी है। उसके (कुच-) कुम्भ से जल कभी रिक्त नहीं होता। वह एक सिंह (दैत्य-) वाहन पर नंगी आरूढ़ है जो आग की साँसें लेता है; जो एनलिल के रथ में जुता है। उर्वरता-देवियाँ (भू-देवियाँ/मातृ देवियाँ) नग्न अंकित होती थीं। ईश्तर का सम्प्रदाय-पशु सिंह है। ईश्तर की पीठ पर अनेक शास्त्र धरे हुए हैं। वह **दुर्गा** की तरह युद्धोद्धत है। एक असीरियाई मुद्रा मे तूफान-देवता आदाद भी विद्यु-वज्र लिये रहता है तथा अपने सम्प्रदाय-पशु वृषभ पर आरूढ़ है। वह आदाद के वाहन वृषभ पर भी खड़ी हेती है। इस भाँति महिष और सिंह और वृषभ की त्रयी उपस्थित हो जाती है।

[विश्वमिथक के सार्थवाही परिप्रेक्ष्य में इस सम्भावना को बिल्कुल खारिज नहीं किया जा सकता कि चरवाहे-घुमून्त आर्य काफिले भी सिंहारूढ़ा-ताम्मुज़ प्रिया, प्रेम एवं युद्ध की **देवी ईश्तर** की छवि को अपने साथ-साथ लिये आये हों जो कालान्तर में मोहेनजोदारो-सिन्धु एवं हड़प्पा-सरस्वती के इलाकों से गुजरकर पर्वतों में **देवी दुर्गा** को सुसज्जित करने में सामूहिक अवचेतन वाला स्फुरण बनी हो]।

प्रतिपाठों में देवी ईश्तर पाताल-लोक में उतरती है। वह अपने मन्त्री को निर्देश देती है कि अगर वह दोबारा प्रकट न हो तो वह **तीन** देवताओं से सहायता ले। पाताल लोक की देवी एरेशकिगाल उसकी सगी बहन और विकराल थी (काली की भाँति)। पाताल-गमन में शर्त के अनुसार उसे सात द्वारों से गुजरते हुए हरेक द्वार पर एक-एक वस्त्राभरण उतारना पड़ा था। सो उसने मुकुट, कर्णफूल, कंठहार, अन्य गहने, करधनी, कंगन और अन्ततः सारे वस्त्र उतार डाले। अब वह पूर्णतः नंगी हो गयी। फिर उसको मृत्युदंड दे दिया गया।

देवी ईश्तर या इनान्ना

[ई.पू. आठवीं शती (तेली अहमार): लूव्र पेरिस]

नग्न देवी ईश्तर, सिंह-दैत्य, और तूफान-देवता वज्रधारी आदाद (मोर्गन लाइब्रेरी, न्यूयार्क)

अपने प्रचंड रूप में महिष (असुर) पर आक्रमण करती सिंहारूढ़ा दुर्गा, वैताल देउल, आठवीं शती का उत्तरार्ध, भुवनेश्वर

जब वह ऊपर नहीं प्रकट हुई तो मंत्री देवता एनकी के पास गया। उसने दो लिंगताहीन प्राणी पैदा करके उन्हें पौधे तथा जल के साथ भेजा। उन्होंने ईश्तर को जिन्दा कर दिया। इस बार यह शर्त लागू हुई कि वह केवल छह माह के लिए जाएगी और तब स्थानापन्न अंगूरलता मौजूद रहेगी।

उधर अत्याचारी व नृशंस गिल्गामेष से मुक्त होने को उसरुक की जनता ने देवेन्द्र अनु से प्रार्थना की। उसने भू-देवी के माध्यम से एनकिडू नामक राक्षस भेजा। वह सभ्यता से दूर रखा गया। अतः गिल्गामेष ने एक नारी-पुरोहित को उसे सम्मोहित करने भेजा जो उसे जंगल से बाहर निकाल लाये। एनकिडू उस पर मोहित हो गया। नारी-महामाया ने उसे सभ्यता के सभी गुर सिखाये; सेक्स की भी शिक्षा दी। आखिर उरुक में दाखिल होते ही दैत्य और गिल्गामेष के बीच मल्लयुद्ध छिड़ गया। दोनों थककर बेहाल गिर गये। फिर दोनों गहरे मित्र बन गए। अब ईश्वर ने देवेन्द्र अनु से पुनः प्रार्थना करके इस बार एक महावृषभ भिजवाया। गिल्गामेष ने उसका कलेजा चीरकर (बलि) मार डाला।...अब स्वयं गिल्गामेष अमरता की खोज में चल पड़ता है। उसे ज्ञान होता है कि ऋतुचक्र और जीवन-मृत्यु चक्र में ही अमरता का सूत्र है। यही गिल्गामेष को बेबीलॉन-असीरिया-सुमेर के तीन क्षेत्रों का एक राज्य बनाकर उसे अधिनेता बनाता है।

वस्तुतः ईश्तर और एफ्रोडाइट और वीनस—तीनों ही प्रेम, सौन्दर्य, कामना, उर्वरता की देवियाँ हैं। ये वृषभ के माध्यम से यौन-शक्ति का आह्वान करती हैं। वस्तुतः वनस्पति-देवता दूमुज़ी ही साँड़ की भाँति प्रकट होता है। वस्तुतः यहाँ कई क्षेत्रों की जन-जातियों के सम्प्रदायों को आत्मसात् किया गया जिससे शनैः-शनैः देवमंडल थोड़ा बड़ा होता गया और कई मिथकीय प्रतिपाठ भी संलग्न होते गये। गिल्गामेष और ईश्तर की भूमिकाएँ भी विविध तथा बहुल होती गयी। आद्य मिथक का केन्द्रापसरण ऐसे भी होता है।

जलधुरी पर सिन्धु-नायकिन **सेडना** का लिजंधरी मिथक है। यह ग्रीनलैंड-अलास्का से साइबेरिया के आर्कटिक वृत्त के इन्यूट कबीलाई जनों की गाथा है। तब उन्हें आये नौ से ज्यादा कई शताब्दियाँ गुजर चुकी थीं। वे कच्चा मांस ही खाते थे।

सेडना सर्जकदेवता एनगूटा की जिद्दी स्वायत्त बेटी थी। वह समुद्रतट की ताकतों की प्रतिनिधि है कि जब तक उसे प्रसन्न रखा जाएगा, कबीला बचा रहेगा तथा खाद्य-शृंखला जारी रहेगी।

सेडना के एकाकी घर के इलाके में एक समुद्री पक्षी रहता था। वह भी उद्दंड और घमंडी था। वह अपनी प्रजाति की किसी से भी शादी करने को राज़ी नहीं था। आखिरकार उसने एक मानव से शादी करने का फैसला लिया। दूर-दूर तक उड़ानें भरने के बाद सेडना को ही उचित पाया। उसने स्वयं को एक मजबूत कयाक में ढाल गढ़कर अपने पक्षी-स्वरूप पर सील मछली की खाल का कोट पहना ताकि सेडना उसे पसन्द कर ले। जब एक सुबह नंगी सेडना समुद्रतीर पर पहुँची तो कयाक को डूबते-उतराते देखा। छद्म पक्षी नर ने सेडना को मोहित कर लिया कि वह कोमल खालों पर सोएगी, गर्म तंबुओ में रहेगी, उत्तम सफेद मांस खाएगी तथा उसके दिल की गर्म-जोशी तथा प्यार की मालकिन होगी।

पिता को बताकर सेडना पक्षी-नर के साथ उड़ चली। वहाँ पहुँचकर समुद्री-पक्षियों की भूमि अँधेरी और ठंडी थी; तंबू मछली की पसलियाँ-पतवारी पाँतों से भरे थे, तथा केवल कच्चे मांस का गिरा-बचा भोजन था। वह जान गयी कि यहाँ खुश नहीं रह सकेगी। उसके साथ धोखा किया गया है।

सेडना पिता के पास वापस चल पड़ी। पिता एनगूटा भी बेटी की दशा देखकर क्षुब्ध हुआ। उसने उस समुद्री-पक्षी को ही मार डाला और बेटी को कयाक में बैठाकर वापस ले चला।

जब पक्षी-साथियों को पता चला तो उन्होंने अपने पंखों से लगातार तूफ़ान को जगा दिया जिससे नाव डगमगाते हुए डूबने को हुई। एनगूटा को समझ में आ गया कि बेटी को जलसमाधि देकर ही वह बच सकेगा। किन्तु बेटी सेडना अपनी अँगुलियों से नौका को जकड़े रही। पिता ने छुरी से एक-एक करके सभी अँगुलियाँ काट डालीं। वे समुद्र में गिरकर ह्वेल और सील मछलियाँ बनती गयीं। अन्त में सेडना भी अतल जल में समा गयी।

सेडना आज भी पाताल-लोक के अतल में रहती है। आज भी वे ह्वेलें, सीले समुद्र की प्रथम जीव हैं। आज भी तूफ़ानी पक्षी लगातार चीखते रहते हैं कि उनकी प्रिय सरदारनी साथिन ऊपर उठकर आ जाएगी। और, आज भी अगर मल्लाह सेडना के निषेधन (टैबू) का उल्लंघन करते हैं तो वह तूफ़ान उठाकर उन्हें तबाह कर देती है। वहाँ के ओझा (शामन) हर साल समुद्र-तट पर जाकर सेडना के उलझे बालों पर कंघी करके उनसे साँप, तलछट, छोटी मछलियाँ, केकड़े आदि साफ करते हैं। तभी वह समुद्र-तट को शान्त बनाये रखती है। और आज भी यह मिथक जी जा रही है। आज भी जनजातियों का सामाजिक चार्टर प्रासंगिक है। ध्यान रहे कि इस अलास्काई जनजाति का चन्द्रमा चैतन्य (टारक्वेक) भी एक शिकारी है (यहाँ सूर्य तो टिमटिमाता-सा है)। वह समुद्री अध्यात्माएँ (स्पिरिट) सेडना की सहकारी हैं। तीसरी अध्यात्मा सीला (मौसम) है।
अतएव सेडना, सीला तथा टारक्वेक की त्रयी भी चिरन्तन है।

ग्रीक सिर्सी काले जादू से सम्पन्न एक सुन्दरी थी जो ऐइया द्वीप में रहती थी। सिसिफस के बेटे ग्लाकस के प्रेम में असफल होने पर उसने जलन से स्काइला की हत्या करके उसे दसशीश दैत्य में बदल दिया। तब उसकी देह से (ईर्ष्यारूपी) खूँखार कुत्तों और फुफकारते साँपों के मस्तक-फण निकलने लगे। उधर सिर्सी अपने काले जादू से मनुष्यों को तरह-तरह के पशुओं में बदलने लगी। कारण कि सूर्य को भी मोहपाश में जकड़ने को उसने एक समुद्री अप्सरा का रूप लिया। उसे पिता-पक्ष से चमत्कारिक सौन्दर्य मिला था किन्तु, माता ने आकर्षण के बजाय विकर्षक असौन्दर्य दिया। इसलिए उसने असफल प्रेमों में कई प्रेमियों को हीनतर प्राणी (पशु भी) बना दिया था। [यहाँ वस्तुतः सौन्दर्य-कुरूपता के द्वन्द्व का रहस्योन्मीलन है]।

ऐइया द्वीप में अपने महल में वह नाविकों का इन्तजार करती, अपने महल में कातती-बुनती और गाना गाती। गाना और वह, दोनों अवशनीय विमुग्धकारी थे। वह अपने नाविक मेहमानों के साथ भोज करती, उनके साथ सम्भोग करती और विदाई रोकने पर उन्हें सूअर, हरिण, वृषभ, अश्व आदि में कायान्तरित कर देती। उसने ट्रोजन-युद्ध से लौटते हुए सांस्कृतिक अधिनेता ओडिसियस के साथ भी यही किया होता किन्तु वाक्पटु-देवसंदेश-वाहक-हर्मीज़ ने उसे पहले से सावधान कर दिया था। उसने उसे लहसुन की गाँठ दी जो सिर्सी के जादू की काट थी। वैसा ही हुआ। ओडिसियस तथा उसका नाविक दल वहाँ सात साल रुका। दोनों के तीन सन्तानें भी पैदा हुईं। [शंखिनी सिर्सी की कामुक मत्स्य-गन्ध को अश्वशक्ति वाले ओडिसियस की गन्ध ने निष्प्रभावी बना दिया]।

इसी थीम का एक प्रतिपाठ समुद्री परियों अर्थात् **साइरेन** आदि का है। वे इटली-तट के एक द्वीप में रहती थीं तथा नाविकों को अपने गान के वशीकरण में बाँधकर विनष्ट कर देती थीं। उनका मुख सुन्दर रमणियों का तथा अधोभाग पक्षी का था (वे ईहामृग थीं)।

× × ×

पुनः ऐसे कथित्व (थीम) से जुड़ी **ईको** की मिथक है। वह जलपरी देवीरानी हेरा की एक परिचारिका थी। देवराज ज़ियस की कई नदी-परियों के साथ प्रणय-लीलाओं को छिपाने के लिए उसने बातफरोशी में उसे भुला दिया। दंड देने के लिए हेरा ने उसे ईको की आकृति देकर गूँगी बना दिया। अब वह वाणी सुन तो सकती थी लेकिन बात नहीं कर सकती थी। बाद में देवमाता गेइया ने उसे पहाड़ियों तथा पत्थरों का आकार दे दिया। इसलिए वह प्रति-ध्वनि होकर अहल्या-सी रहने लगी।

मध्यान्तर में वह नार्सीसस के प्रेम के वशीभूत हो गयी। गूँगी होने के कारण उसने उसे ठुकरा दिया।

उधर नेमेसिस को उसने भी दण्ड दिया कि वह अपने ही प्रतिबिम्ब से प्रेमारति करेगा। अब वह जलतीरों पर बैठे-बैठे, लेटे-लेटे अपनी ही छवि की 'आत्मरति' में लीन रहने लगा। कालान्तर में नदी-तालाबों के तीर पर नार्सीसस के फूल उगने लगे।

× × ×

एक भारतीय मिथक में भी वर्षा फुहारों में क्रीड़ारत **नाग-युवतियों** से मोहित एक यक्ष ने उन्हें आलिंगन-पाश में जकड़ने की जो कोशिश की तो वे पाताल-लोक में भागने लगीं। तदपि उनकी केश-लटें उसके हाथ में उलझ गयीं।...कालान्तर में वे ही नागफणों जैसे पत्तों वाली ताम्बूल (पान) की सुकोमल लताएँ होकर आज भी बीड़ा सजाकर अधर-रंजन करती हैं [पान की बेल **नागवल्ली** कहलाती है]।

अमेज़नों के नारी-राज्य में कोलंबियन अमेज़ोन के बारासाना अमेरिंडियनों के मिथकायन (माइथोलॉजी) में एक शामन नारी थी–**रोमी कुमा,** उसने संसार का मनोरथिक विधान किया। वह कुमारी थी जिसने मधुमक्खियों के जादुई मोम का अवलेह लेप कर अपनी त्वचा बदल ली थी कि सुबह वह युवती तथा सुन्दरी प्रतीत होती थी लेकिन शाम को बूढ़ी और कुरूप-आकाश की माता, सभी लोगों की नानी शमनस्त्री का मूत्र ही वर्षा है, तथा उसकी योनि में अग्नि का आवास है। इसलिए सृष्टि के प्रारम्भ में बस शून्य था निहंग चट्टानों के सिवाय। रोमी कूमा ने थोड़ी माटी जोड़कर कस्सावा रोटी पकाने को एक तवा बनाया। चूल्हें में आधार देने के लिए उसने तीन टेक बनाईं। ये पर्वत थे जो आकाश के ग्रिडल की टेक थे। शमनस्त्री ग्रिडल के ऊपर रहती थी। उसने नीचे आग बाली कि टेक टूट गयी और ग्रिडल या तवा नीचे धरती पर आ गिरा। धरती और नीचे चली गयी। पाताल बन गयी। अब ग्रिडल ही उन दोनों के बीच धरती की भूमिका निभाने लगा। एक तीसरा ग्रिडल आकाश हो गया। संसार के तीसरे छोर पर 'जलद्वार' का निर्माण करते हुए उसने उसे खोल दिया। पृथ्वी जल में डूब गयी।

ज्योही घर में पानी घुसा, अन्दर की सभी चीज़ें खूँख़ार पशुओं में बदल गयीं जिन्होंने लोगों को खाना शुरू कर दिया। भालू तथा एनाकोंडा सर्प बन गये, घर का चबूतरा मगरमच्छ तथा मिट्टी के बर्तनों के टुकड़े piranhar बन गये। केवल वे ही ज़िन्दा बच सके जिन्होंने काहू वृक्ष से एक मोमबती बनायी थी। इसके अलावा प्रत्येक जीवित चीज़ डूब गयी। जो बचे हुए थे वे पर्वत की चोटी पर पहुँचे और फिर एक दूसरे को खाने लगे क्योंकि खाना बचा ही नहीं था। अन्ततः बाढ़ का जल घटा और आकाश में सूरज चमक उठा।

ज्यों-ज्यों गर्मी बढ़ी त्यों-त्यों हर वस्तु इतनी गर्म होती गयी कि धारा में आग लग गयी और हर चीज भस्मीभूत हो गयी।

यद्यपि रोमी कूमा को पति नहीं था तिस पर भी उसने दो पुत्रियों की तथा सारे नर-लोगों की रचना की। संसार की पूर्वज-आत्माओं को स्त्री जैसे प्राणियों में बदल दिया। जब वह अपने ममाखी मोम के अवलेह से नर-लोगों की शमनीकृत भोजन तैयार करने की तैयारी कर रही थी तभी उस सामग्री को साँप ने खा लिया। आधीरात को उसने थोड़ा ज्यादा भोजन तैयार किया उस पर संरक्षक मन्त्रों को फूँका तथा पूर्वजो को भेंट किया। उन्होंने खाना मना कर दिया। तब रोमी कुमा ने कुम्हड़े बदल डाले। अब 'नये सफेद' लोगों ने उसका इस्तेमाल करके त्वचा बदली। वे दोबारा युवा हो गये अन्ततोगत्वा नर-लोगों को कद्दू दिया गया। आज तक भी वे दीक्षा के उत्सवों में उसका इस्तेमाल करते हैं। आगे अमेज़न-परिशिष्ट वाले ग्रीकमहाकाव्य-मिथक में **अमेज़न यौद्धेय नारियाँ** भी थीं। अतः वे 'बर्बरीक' बता दी गयी। वे अश्वारोहिणी, तीरंदाज तथा लूटपाट करने वाली थीं। वे पर्शियनों की वेशभूषा धारण करती थीं। धनुष की प्रत्यंचा खींचने के लिए उन्होंने अपने एक स्तन को कटवा डाला था। कहा जाता है कि पुरुष उनके घरों में दासों की तरह रहते थे। वे साल में एक माह के लिए सन्तानोत्पत्ति करने उनके पास आती थीं। कहा गया है कि नर-बच्चों का परित्याग कर दिया जाता था किन्तु बच्चियों का लालन-पालन माता की भाँति होता था। 'इलियाड' ने आर्किलीज़ द्वारा अमेज़न रानी पेन्थेसिलेइआ को मार दिया बताया है। एथेंस में उस मकबरे के अवशेष हैं जहाँ वे थीसियस से युद्ध करते हुए पराभूत हुई थीं (ये कथित मान्यताएँ हैं)।

सोलहवीं शती में जब बर्बर स्पेनी आक्रांता पिज़ारो की सेना को दक्षिण अमेरिका के अमेज़न नदी के निचले भागों में सशस्त्र योद्धा-नारियों की टुकड़ियों का भयंकर मुकाबला करना पड़ा तो उन्हें भी 'अमेजन-लड़ाकिनी' बताया गया। (भारत में ऐसी महान रण-चंडिकाएँ सुल्तान रज़िया तथा झाँसी की रानी रही थीं)।

कुओ पू ने चीन के शमन-सियेन क्षेत्र के उत्तर में नारी देश की एक मिथक को अभिलेखित किया है। नग्न स्नान करते वक्त एक स्त्री रहस्यात्मक ढंग से गर्भवती हो जाती है। अब अगर वह एक नरशिशु को जन्म देती है तो उसे मरने के लिए त्याग दिया जाएगा, तीन साल की उम्र तक। अतः उस नारीदेश में स्त्रियाँ पृथक रहती हैं। यहाँ मिथकाभिप्राय है कि अविवाहित कुमारियाँ, या लेस्बियनें भी सम्भोग-सुख तथा मातृत्व से पूर्णकाम होने की अधिकारिणी हैं, यद्यपि गर्भाधान रहस्यात्मक ढंग से होना कहा गया है। यह मिथकाभिप्राय चियेन टी द्वारा चियांग युआन नामक स्त्री के सन्दर्भ में भी उल्लिखित है कि उसी क्षेत्र के पीले केशर-जलाशय में दो कुमारियाँ गुप्त ढंग से गर्भवती हो जाती हैं। ये विमुक्तकारी चीनी मिथकें समाज में उनकी स्थिति स्वीकार्य बनाती है।

इसी प्रतिक्रम में कुछ अन्य मिथक-सन्दर्भ भी हैं। इन्काई सभ्यता में चुनिंदा सौन्दर्यशाली क्वाँरिन युवतियाँ पुजारिनें बनाई जाती थीं। रोम में 'वेस्टा वर्जिन्स' तीस वर्ष की उम्र तक ब्रह्मचारिणी रहती थीं और केवल उपासना करती थीं। शीलभंग के दंडस्वरूप उन्हें भूमि में ज़िन्दा गाड़ दिया जाता। दक्षिण भारत में देवदासियों होती थीं वे देवता को समर्पित की जाकर (उसकी) मूर्ति से ब्याह दी जाती थीं। महान् संत आंडाल (और मीराबाई भी) इसकी आदर्श उदाहरण हैं। हम आंडाल और मीरा को नारी-मुक्ति की संघर्ष-नेत्री मान सकते हैं जो लिजंधर को छलाँग कर प्रेयान मिथक-प्रतीति हो जाती हैं।

[सम्प्रति अभी हम श्रीराम की महायात्रा को ही ले रहे हैं, उनके देवत्व को विलम्बित करते हुए]।

कई शताब्दियों से भारत के प्रान्तों, और एशिया के सुदूर द्वीपान्तरों तक में **श्रीराम** सांस्कृतिक अधिनेता तथा विष्णु के अवतार के रूप में अभिनन्दित हैं। अनेक सम्प्रदायों तथा मत-मतांतरों, विभिन्न आदिजनों तथा लोकयानों में भी रामकथा के विविध बहुल पाठ, अनुपाठ तथा प्रतिपाठ हैं कि इनके निथार कर अधिकाधिक भरतपाठ प्राप्त किया जा सकता है। फादर कामिल बुल्के ने ऐसा कालजयी कार्य किया है। हम भी सर्वत्र की कंठहार रामकथाओं को नहीं, बल्कि उसके मिथकीय आयामों को लेंगे।

ऐसा विश्वास है आदि कवि वाल्मीकि के मानस-लोक में रामावतार के पहले ही रामकथा का उन्मेष हो गया था। यही उसके भरतपाठ की नाभि है। एक मिथुनरत क्रौंचपक्षी का निषाद द्वारा वध करने से **शोक** ही शताब्दियों तक पवित्र दिव्य **श्लोक** में प्रतिस्थापित होता आया है। शोक-श्लोक का यह सिन्ड्रोम मूल मिथक-बीज है। कैकेयी के निमित्त से दशरथ और रामलक्ष्मण का, भरत और कैकेयी, परशुराम और राम का, बालि और सुग्रीव का, जटायु और संपाती का, राम और सीता का, रावण और मन्दोदरी का वियोग तथा शोक परिव्याप्त है।

दूसरी कुंजी प्रकाश और अन्धकार के बीच का शाश्वत द्वन्द्व है। दसों दिशाओं में सूर्यरथ के प्रतीक दशरथ तथा सूर्यवंशी राम का प्रकाश तथा प्रतिपक्ष में दसों दिशाओं में छाया चिल्लाते दशमुख रावण का अन्धकार। इस वृत्त में पात्रों के नाम तथा गुण भी ऋतु-फेनामेनों के द्योतक हैं—लक्ष् (म) ण, विभीषण, मेघानाद, सु-रसा, पवनपुत्र, तारका, सीता, खर-दूषण, कुम्भकर्ण, शूर्पणखा, आदि। तीसरे यहाँ देव और असुर अर्थात् राम और रावण का शाश्वत् युद्ध अभिप्राय तो छाया ही है।

श्रीराम के अयन के आयाम में यात्रा के कई निर्दिष्ट कांड हैं। पहले-कांडों में अयोध्या और विदेह की राजधुरियों की आह्लाद एवं आतंकपूर्ण विरोधता है। इसके बाद अन्त में राक्षस-राज-धुरी है। लंका आदिम युद्ध के भी अलौकिक, चमत्कारिक, ऐन्द्रजालिक, भीषण तथा दुस्साहसिक कार्यों का मिथकमंच है। अयोध्या, विदेह और लंका के अलावा किष्किन्धा में वानरराज बालि का कबीलाई

कुमारिका चियांग युआन

प्रबन्धन है। यहाँ भाइयों की भ्रमवश दुश्मनी, एक-दूसरे की पत्नियों को बन्धक बनाकर रख लेना, विनिमय करके पुनः स्वीकार कर लेना, गदायुद्ध आदि के रिवाज भी हैं। अति कबीलाई युद्ध में वृक्षों तथा पत्थरों के अस्त्र-शस्त्र के प्रयोग, हनुमान द्वारा अशोक, वाटिका को उजाड़ने तथा लंका-युद्ध में वानर-भालू सेना के रणकौशल के प्रसंग में दृष्टिगोचर हैं।

दूसरा कांड निर्वासित राम-लक्ष्मण-सीता द्वारा वनवास में तीर्थों के दर्शन तथा ऋषियों-सतियों के आश्रमों में नीति, धर्म के उपदेशों तथा संस्कारों का है। यहाँ पर पौराणिक वर्णाश्रम-धर्म तथा मर्यादओं का, माया और मोक्ष का मिथकेतर निर्वचन हुआ है। सरयू, गंगा, गोदावरी नदियाँ हैं, निषाद, शबर-नारी, पाषाणी अहल्या हैं। तीसरी कांडदिशा लगभग प्राक्तन् मिथकीय है। यहाँ वानर, भालू, वृक्ष (कबन्ध) के टोटेमों वाली आदिम जनजातियाँ हैं, जटायु-संपाती जैसे पक्षीराज हैं, खर-दूषण जैसे राक्षस हैं तथा मारीच जैसे कपटी स्वर्णमृग हैं। सीता का अपहरण भी होता है। बालि और सुग्रीव की कबीलाई शत्रुता के स्वरूप भी दिखते हैं। चौथी कांड-शाखा सीता की खोज की है। हनुमान के अलौकिक कारनामे, अंगद का अतिमानवीय शक्ति प्रदर्शन, सेना-प्रस्थान, सेतुबन्ध-निर्माण होता है। अन्तिम पांचवीं कांड-दिशा अन्तिम निर्णायक युद्ध की है। यहाँ लक्ष्यीभूत देवासुर-युद्ध का मिथकाभिप्राय है। नागपाश में बँधे लक्ष्मण की मूर्च्छा, गरुड़ द्वारा पाशमुक्ति, हनुमान द्वारा संजीवनी-बूटी का पर्वत उठा लाना; इन्द्रजीत कुम्भकर्ण-रावण द्वारा जादुई-ऐन्द्रजालिक रण-कौशल का चमत्कार और उनके पराभव के बाद सीता का उद्धार। अन्ततः सीता की अग्नि परीक्षा में पुनः पौराणिक हिन्दू नैतिकता कसौटी बनाई जाती है। इसके बावजूद सर्वात में सीता-परित्याग का अक्षम्य शोक भी होता है।

पौराणिक नैतिकता का वर्चस्व होता जाता है। इसलिए वैदिक देवमंडल बस स्वर्गाकाश से फूल बरसाता हैं या दुंदुभि बजाता है। पृष्ठभूमि में ब्रह्मा हैं जो रावण को कई वरदानों से रक्षित किये हैं; शिव हैं जो अपने धनुष के भंग द्वारा राम-सीता परिणय कराते हैं, विष्णु होता अवतार तो स्वयं राम ही है। अतः त्रिमूर्ति-प्रतिष्ठा हो जाती है। मिथकीय हाशिया बेहद धुँधला होता जाता है।

वैदिक आर्य और पौराणिक वैष्णव-शैव-द्वन्द्व का निर्भीक चार्टर तो दो नैतिकताओं के खुल्लमखुल्ला टकराव में निदर्शित होता है।

एक पक्ष में राम **समुद्र** को दिव्य तीर द्वारा सुखाने को भी उद्यत हो जाते हैं, अशत्रु बालि का (सुग्रीव के हितार्थ) छिपकर वध भी करते हैं, तपस्यारत शूद्र शंबूक का भी वध करते हैं। सभी कुछ द्वन्द्व और दुविधा के तहत (अर्थात् मर्यादा की स्थापनार्थ?) होता है। ऐसे ही सीता को हरण से पहले, सती अनुसूया, दिव्यवस्त्र प्रदान करती हैं, तथा (हरण से पूर्व) **अग्नि** सीता को अपने संरक्षण में वनवास-अवधि तक रख लेता है और लंका में अग्नि-परीक्षा के बाद उन्हें राम को सौंप देता है। इसमें 'मायासीता' का ही हरण होता है और वैष्णव नैतिकता की मर्यादा कई गुना हो जाती है। आगे भी जब राम लक्ष्मण से सीता के कर्णफूल पहचानने को कहते हैं तो लक्ष्मण का जवाब है कि उन्होंने तो केवल भाभी के चरण ही देखे हैं। यह एक शक्य सम्भावना है, नीतिशास्त्र में। तो, इसे वर्णाश्रमी मर्यादा का मात्र छाता मान लें।

प्रतिपक्ष में आदिम वन्य-कबीलाई समाजों की द्वन्द्व-दुविधा रहित उन्मुक्त नैतिकता का (अनैतिक रूप में) कंट्रास्ट पेश किया गया है। मिथकीय प्रयोजन से हम मूल सन्दर्भ को लेंगे। कौतुकवश श्यामसुन्दरी चन्द्रनखा को विकराला राक्षसी शूर्पणखा बनाकर पेश किया गया। वह अपनी प्रथा से सहज रूप में राम और/अथवा लक्ष्मण की प्रिया/संगिनी होने का प्रस्ताव करती है। उसके समाज में दो पुरुषों दो नारियों और सेक्स की तापसी कुंठाएँ नहीं हैं [उस विमुक्त रमणी को बेहद ग्लानियुक्त वहशियाना दंड दिया गया]। इसी प्रकार वानर-कबीले में बालि अपने भगोड़े भाई सुग्रीव की पत्नी रुक्मा का हरण करके ले आता है, तो दोबारा राज्य पाने पर सुग्रीव अपनी पत्नी रुक्मा तथा भ्रातापत्नी तारा के साथ रहने लगता है (आदिमों दबावों के कारण मन्दोदरी व तारा को पंचकन्याओं में भी शामिल करना पड़ा)। वर्णाश्रम-धर्म से मुक्त वे समाज मानो योनि-शुचिता की ऐसी शुचि, शुद्ध, पवित्र एवं एकनिष्ठ सनातनी मर्दवादी अवधारणा से अनजाने से थे। उनमें जैसे को ठीक तैसा प्रतिशोध और एकैक अभिमत वाले कुलशील प्रचलित थे। उनमें वैधव्य भी नहीं होता था। रावणवध के पश्चात् जब विभीषण लंकाधिपति होते हैं तो मन्दोदरी साथ हो जाती है। मिथकीय-चक्र तो प्रतिपक्ष पक्ष में है। पौराणिक पक्ष प्रथम पक्ष में है।

इस लम्बी यात्रा में शताब्दियों से आजतक राम को देवता, सांस्कृतिक अधिनेता के रूप में पूजा गया है। वे विष्णु के त्रेतायुगीन अवतार माने जाते हैं और क**मर्यादा-पुरुषोत्तम** हैं। हिन्दू-नैतिकता की शिखर रामायण ही शिरोधार्य हुई है; यद्यपि उस पर कई प्रकार के धर्म-मतों तथा सामाजिक व्यवस्थाओं की परत-दर-परत चढ़ती आयी हैं। 'रामराज्य' की यूतोपिया भी एक चिरन्तन दिवास्वप्न है।

दक्षिण एशिया में मध्यकाल में एक 'बृहत्तर भारत' की पूर्वानुमिति की गयी है (ईस्वी तीसरी से पन्द्रहवीं शती तक)। यहाँ के सांस्कृतिक अधिनेता **कौंडिन्य ऋषि** माने जाते हैं। वे अपने साथ-साथ राम (विष्णु) और बुद्ध को भी लेते आये।

[हमारे पास कौंडिन्य ऋषि का जो सन्दर्भ है उसके अनुसार तो नवीन मेघश्याम, द्विभुज, मुरलीधर, पीतवस्त्रधारी, राधिका के साथ पुरुषोत्तम कृष्ण का पुरुषोत्तम-मास में मन्त्र गुनने का उपदेश है–'गोवर्धनधरं वन्दे गोपालं गोपरूपिणम्। गोकुलोत्सवमीशानं

विष्णु राम

गोविन्दं गोपिकाप्रियम्'। किन्तु दक्षिण एशिया के इस सांस्कृतिक नेता ने वहाँ कृष्ण का कहीं भी ध्यान नहीं किया है। कृष्ण पूर्वी भारत के मणिपुर से आगे नहीं गये]।

वे युगलकिशोर (कृष्णराधा) के बजाय हरिहर तथा हरबुद्ध को धुरियाँ बनाते हैं; अर्द्धनारीश्वर शिव-पार्वती का भी नहीं। बोरोबुदुर (जावा) तथा अंगकोर वाट (कम्बोडिया) उनके साक्षात् निर्वाण-लोक तथा बैकुंठ के रूप में वास्तुरूपान्वित हैं।

मारुतिनन्दन हनुमान सारे विश्वमिथकयानों में एकल, बिरला, सर्वांगपूर्ण, सर्वशक्तिमान, सर्वरूपेण प्रतिबद्ध अनुगामी लोकधर्मी-मिथकीय-अर्द्धदैवी पात्र हैं। वे एकाग्र लक्ष्यसिद्ध अधिनायक हैं। मर्यादापुरुषोत्तम श्रीराम के मर्यादाभक्तोत्तम समानान्तर अधिनायक! उनमें मिथक तथा धर्म तथा लोक की समरसता है। रामवृत्त में अरण्यकांड के तीसरे सोपान के पश्चात् किष्किन्धाकांड से लेकर लंकाकांड के छठे सोपान तक मानो वे ही कमान सँभाले हुए अधिनायक हैंः— राम निर्देशित अवतार-पुरुष तथा राम निष्पादक कबीलाई पुरुष।

अपनी अपहृता पत्नी देवी सीता की खोज में भटकते हुए राम तथा उनके अनुज वनवास में जब ऋष्यमूक पर्वत पहुँच जाते हैं तब उसके पश्चात् अन्त तक हनुमान वानरराज सुग्रीव से उनकी मैत्री कराते हैं, सीता की खोज में दक्षिण तक पहुँचकर उड़ते-तैरते हुए समुद्रोल्लंघन करते हैं, लंका में अशोक वन में बन्दिनी सीता को खोज लेते हैं, वाटिका उजाड़ने के उपरान्त पुच्छरूपी अग्नि-मशाल से लंकादहन करते हैं; लंका के राजकुँवर रावण-बन्धु विभीषण को राम का पक्षधर बनाते हैं; विशाल सेना द्वारा समुद्रपार लंका जाने के लिए नल-नील वानर-युग्म के कौशल से सेतुबन्ध कराते हैं, राम-रावण के महादेवासुर संग्राम में अपने पराक्रम से नागपाश में मरणासन्न लक्ष्मण की जीवन-रक्षा के लिए हिमालयपर्वत का वह खंड ही ले आते हैं जहाँ संजीवनी औषधि ज्योतिर्मय है, सीता-राम मिलन के बाद (अब पुष्पक विमान से) अयोध्या पहुँचते हैं। रामराज्य के एक आदर्श स्तम्भ हो जाते हैं। अन्ततः त्रिकाल अमरत्व का वरदान पाते हैं। इस प्रकार पृथ्वी (हिमालय से लेकर लंका), जल (सुरसा नागदानवी और मैनाक पर्वत), अग्नि (लंका दहन), वायु (पवनपुत्र के नाते उड़ने वाले भी), आकाश स्वर्ग (बचपन में सूर्य को मुँह में दबाने के प्रयास में वानर जैसी ठोढ़ी (हनु) बनाकर हनुमान हो जाते हैं) आच्छादक तात्पर्य यह है **पंचभूत** उनके सहकारी है। वे स्वयं भी **पंचमहाकपियों** (बालि, सुग्रीव, अंगद, नल-नील, हनुमान) में प्रधान हैं।

पूर्ववर्ती युगों में नाराशंसी तथा कुशीलवों द्वारा, बौद्धों एवं जैनियों द्वारा रामकथा के प्राधिकरण से रामवृत्त में अनेकानेक

रामभक्त हनुमान

पंचमुख रुद्र हनुमान

पर्तों वाली जो मिथक-आलेखकारी की त्रयी अन्तर्निहित है वह (राम के साथ) हनुमान में केन्द्रीभूत है। अतः वह जादुई अद्भुत रस तथा चमत्कारी वीर-रौद्र रसों से आप्लावित है। एक 'त्रिकोण बनता है जिसके अनुसार मिथक-धारा में वह मारुतिनन्दन के रूप में, अर्द्धदैवी-धारा में रुद्रावतार के रूप में तथा लोकधारा में केसरी-अंजनी पुत्र-पंचकपि-शिरोमणि के रूप में श्रीराम की दास्यभक्ति के परमआदर्श के रूप में वन्दनीय हुए।

प्रकृति के पंचभूत-पंचतत्त्वों के अभियोजक के अलावा वे मिथकीय विराट् (सीता के सम्मुख कनकभूधरादेही) तथा वामन (एक भृंग की नाईं सुरसा के मुख से तथा एक पतंग की भाँति रावण के महल से आ निकलने वाले) के जादुई अश्विन-स्वरूप हैं। हिमालय का शैलखंड लेकर सुदूर दक्षिण तक उड़कर आने तथा अपनी पूँछ को अग्नि-मशाल बनाकर लंका-दहन करने वाले वे मिथकीय तर्काभास के चमत्कार हैं।

सम्भवतः रामकथा के प्राक्तन खंड के वानर, गृद्ध, रीछ आदि के टोटेमों वाले दक्षिणापथ के पर्वत पठारों के आदिम कबीले हैं जो कालान्तर में अपने टोटेमों में ही कायान्तरित (मेहामार्फोज्ड) कर दिये गये। यहाँ तक कि नृवानर दशा के कबीलों पर पूँछ तक चस्पां कर दी गयी (जबकि पूँछ नृवानरों के बजाय बन्दरों के होती है)। यहाँ दक्षिणापथ में आर्य-वर्चस्व का मिथकीय एटलस भी खुलता है जो नृतत्त्वशास्त्र के कई सूत्र भी उजागर कर सकता है। अनेक आदिम कबीले आर्यमंडल में शामिल होते जाते हैं।

मारुतिनन्दन के अन्य मिथकीय प्रकर्म भी हैं। बालरूप में वह सूर्य को मुँह में गप्प करने आकाश तक उड़ता है; वह आकाश में उड़ता, पृथ्वी में धावता, समुद्र में तैरता तथा अग्नि में स्वर्णवपु होता है; वह कबीलों में मैत्री तथा आपसी सामंजस्य कराता है जो राम-सुग्रीव की सन्धि, विभीषण-राम की रणनीति में परिलक्षित होकर परवर्ती चरण में विकास की सूचक है। अन्ततः मारुतिनन्दन-रुद्रावतार, केसरी-अंजना का पुत्र हनुमान देशकाल का खोजी महायात्री भी है जो हिमालय से संजीवनी औषधि को दक्षिण के वैद्य सुषेण के पास ले आता है; राम के दिव्य स्वरूप को चीन्ह लेता है; लंकाद्वीप के अशोकवन में बंदिनी वैदेही का पता ले आता है तथा वृद्ध गृद्धराज सम्पाती के इंगित से रामयात्रा की निश्चित दिशा बताकर राम-रावण संग्राम में रामराज्य की संस्थापन में उन्मुख होकर राम के राज्याभिषेक में अयोध्या में शामिल होता है। अतः मारुतिनन्दन विश्वमिथकयान के अद्भुत-अलौकिक-अतुल्य अधिनेता हैं।

चीन का भी वानर-देवता सुन होउत्ज़ू : वह तब पैदा हुआ था जब एक जादुई पत्थर बीच से फट पड़ा। यद्यपि वह था तो बन्दर किन्तु अन्य बन्दरों के विपरीत। सर्वाधिक बुद्धिमान और जादुई ताकतों से सम्पन्न था। आकाश के जेड-सम्राट ने उस पर ध्यान दिया तथा उसे एक विशिष्ट पर्वत पर ले आया जहाँ उसे कपियों का राजा बना दिया। कुछ समय बाद सुन होउत्ज़ू ने पर्वत छोड़ने का फैसला किया ताकि वह सांसारिक ज्ञान भी प्राप्त कर सके। वह अमर था।

उसने नाग दैत्य से जादुई दंड पाने की असफल कोशिश की। एक बार उसे नरक में ले जाने को दूत आये। वह अत्यन्त क्रोधित हुआ क्योंकि वह अमर था। जोश में नरक में घुसकर उसने पानकुआन से वह रजिस्टर छीनकर फाड़ दिया जिसमें उसका तथा अन्य बन्दरों का नाम दर्ज था।

उसका बर्ताव उद्दंड होता जा रहा था। इससे देवता बेहद रुष्ट थे। जेड-सम्राट ने उसे उस बीच वृक्ष का रखवाला बना दिया जिसकी मालकिन पश्चिम की महारानी थी। वृक्ष हर छह हजार साल बाद फल देता था। तब महारानी देवताओं को दावत देती थी। सुन होउजू का मन ललचा गया। उसने छककर...फल खाए और शराब पी। इससे बाद में उसे शर्म आयी और वह छिप गया।

देवताओं ने उसे खोज निकाला। वह उनसे लड़ने लगा। तथा दंड स्वरूप एक लट्ठे से बाँधकर उसे जलाने लगे किन्तु वह अमर था। अतः रस्सियों के जलने पर वह मुक्त हो गया तथा उनसे फिर लड़ने लगा। अन्ततः जेड-सम्राट ने महान् बुद्ध से प्रार्थना की। बुद्ध ने उसे चुनौती दी कि अगर वह उनके हाथ से छलाँग लगा लेगा तो स्वर्ग का शासक बना दिया जाएगा। बन्दर राजा असफल रहा। अतः उसे आधी दूरी के बाद धरती पर वापस लौटना पड़ा। रास्ते में उसने एक शिला पर अपना नाम खोद दिया ताकि सनद रहे कि वह वहाँ आधी दुनिया तक आ पहुँचा था। जब उसने दावा किया तो बुद्ध हँसने लगे और अपनी हथेली खोलकर दिखाई। उसमें सनु हाउज़ू की लिखत दिखी। बुद्ध ही सर्व-सर्वत्र थे। कपि-राजा फिर लड़ाई करने लगा लेकिन अब बुद्ध ने उसे पाँच सौ सालों तक के लिए एक पर्वत में बन्दी बना दिया।

इसके बाद कपि-राजा पवित्र सूत्र लाने को यात्राओं में निकल पड़ा। मार्ग में कई लड़ाइयाँ लड़नी पड़ीं।...रात में उसकी अर्द्धदैत्य वराह चू-पा-चिआई से भेंट हुई। वह एक स्वर्गिक पात्र था जिसने हान नदी (आकाश गंगा) तैरकर पार की थी। वह धरती पर निष्कासित कर दिया गया था क्योंकि उसने जेड-सम्राट की बेटी पर भद्दी छींटाकशी की थी। अतः वह धरती पर एक दैत्य हो गया था।...अब वह भी सुन हाउज़ू के साथ यात्रा पर निकल पड़ा और पश्चिमी स्वर्ग का द्वारपाल बना दिया गया।

होरस

ईजिप्टी मिथकायान का सांस्कृतिक अधिनेता है। वह प्राचीन राष्ट्रीय देवता भी है।

होरस का पिता ओसाइरिस था। उसकी माता आइसिस थी। आइसिस और ओसाइरिस गेब तथा नुट की सन्तान थे। वे भाई-बहन तथा पति-पत्नी थे। सेत ओसाइरिस का भाई था। वह देवता अटुम के उत्तराधिकारी ओसारिस से ईर्ष्या करता था। उसने धोखे से ओसाइरिस को क़ैद करके एक सन्दूक में क़ैद किया और बाइब्लोस नदी में बहा दिया। सन्दूक एक वृक्ष में अटक गया। सेत ने सन्दूक को दोबारा खोज लिया और ओसाइरिस की देह के टुकड़े-टुकड़े काट कर चारों ओर दूर-दूर छितरा दिये। पत्नी आइसिस भी सन्दूक को खोज रही थी। उसे पता चला। तब उसने अपनी बहन नेप्थाईस (सेत की पत्नी और देवी) की सहायता से उन्हें जोड़कर ममी बना दिया। अपनी जादुई शक्तियों के बावजूद आइसिस उसे पुनरुज्जीवित नहीं कर सकी किन्तु उसने स्वयं को गर्भवती करते हुए (बाद में) होरस को जन्म दिया। उधर सेत को सारे घटनाक्रम का पता चला तो उसने ओसाइरिस की हत्या करना ठान लिया। सूर्यदेवता रे से सुरक्षा माँगकर आइसिस ने उसे बचा लिया। बाद में होरस और सेत के बीच प्रबल युद्ध छिड़ा। सेत ने होरस की एक आँख निकाल ली। तथापि भयंकर युद्ध में अष्टदेवमंडल 'एन्नेड' [शू (वायु), टेफनुट (आर्द्रता), गेब (पृथ्वी), नुट (आकाश), आइसिस (मातृदेवी), नेफथाईस] की पंचायत ने होरस के पक्ष में फैसला दिया। सम्राट होरस ने नेत्र को पिता ओसाइरिस को दे दिया किन्तु उसकी जगह एक दैवी सर्प को अपने मुकुट में प्रतिष्ठित कर दिया। वह बाज पक्षी के साथ मिलकर राजचिह्न बन गया। आइसिस ने जो एक बाज पक्षिनी का रूप धारण करके होरस का गर्भ धारण किया था। इसलिए होरस आकाश-देवता हो गया—सूर्यदेवता रे के सहवर्तन में। इस भाँति सूर्य और बार-बार उगने-सफलीभूत होने वाली वनस्पति के रूप में ओसाइरिस ने ईजिप्ट का प्रकृति-चक्र सुरक्षित कर दिया। बाद के सारे सम्राट उसी परम्परा में 'जीवित होरस' उर्फ़ फाराओ माने गये। वे धरती के देवता के रूप में पूजित हुए। इस तरह आइसिस एक करुणामयी माता तथा होरस एक आज्ञाकारी पुत्र के रूप में भी महान आदर्श हो गये।

नतीजतन होरस ईजिप्ट के ऐकीकरण, सर्वोत्तमता (होरस की आँख), शुद्धिकरण का प्रतीक हो गया। वह धर्मस्थान मेम्फिस का भी अधिपति देवता हुआ। उसके लिए कई पदबन्ध प्रयुक्त हुए हैं : शिशु होरस, ओसाइरिस-आइसिस का पुत्र होरस, सिंहासन का सही उत्तराधिकारी होरस, सेतशत्रु होरस, सूर्यदेवांश होरस, आदर्श प्रतिशोधकर्ता होरस, दो भूमियों का ऐक्यकर्ता होरस, पिता-राजा-रक्षक होरस आदि।

मोजिज़ एक ऐसे सांस्कृतिक अधिनेता के दृष्टान्त हैं जो ऐतिहासिक पैगम्बर तथा न्यायदाता से मिथक-पुरुष भी हो गये।

उनकी कथा तीन परिदृश्यों में कही गयी है जो तीन कालों की यथार्थता को प्रतिबिम्बित करती है।

राजा डेविड के 'स्वर्ण युग' के अनुसार मोजिज़ विश्वसम्राट याहवा का सच्चा मित्र और पक्का अनुयायी था। दूसरे युग में, मौखिक परम्पराओं के अनुसार, वह एक पिटारी में बन्द करके जल में प्रवाहित कर दिया गया था क्योंकि उसका जन्म असामान्य था। फिर भी वह एक सेनापति तथा कबीलाई नेता था। तीसरे चरण में कबीले ने उसका नेतृत्व तो स्वीकार किया परन्तु पुरोहित नेता आरोन को माना। इससे मन्दिर-आधारित यहूदी कानूनों और परम्पराओं को वैधता मिली। इस प्रकार मोसेस-गाथा भी तीन स्रोतों की त्रिवेणी है।

ईजिप्टी सम्राट रेमसेज़ द्वितीय (उन्नीसवीं वंशावली, तेरहवीं शती : ई.पू. 1304-1237) के शासनकाल में सचमुच सेमेटिक (विदेशी) लोगों का ईजिप्ट से केन्नान में निष्क्रमण हुआ था। इसे 'महाप्रव्रजन' (एक्सोडस) कहा जाता है। यहूदी गुलाम मज़दूर बन चुके थे। उनकी आबादी इतनी बढ़ गयी थी कि फाराओ रेमसेज ने आदेश दिया कि सभी नवजातों को नील नदी में फेंककर डुबा दिया जाये। मोजिज़ की माँ ने भी ऐसा ही किया। बाद में उसकी बहन मिरियाम ने उसे बाहर निकाल लिया। मोजिज्र ने अन्याय का बलपूर्वक विरोध किया जिससे उसे देशनिकाला झेलना पड़ा। एक गड़रिये के रूप में वह चालीस साल तक ज़िन्दगी बिताता रहा जबकि ईजिप्ट में यहूदी यातनाएँ झेलते रहे।

एक दिन मोजिज़ ने सिनाई पर्वत पर चढ़कर भविष्यवाणी सुनी कि वह देवता याहवा का पुत्र है। तब मोजिज़ अपने जनों का नेतृत्व करने ईजिप्ट लौटे ताकि वे उन्हें कैद से मुक्त कराकर कैन्नान ले आएँ।

इसके पश्चात् 'वरदभूमि' (प्रोमिस्ड लैण्ड) की खोज शुरू होती है। इसके पहले कई चमत्कार होते हैं। अब ईजिप्टी शिशुओं की बारी है। वे फरिश्तों द्वारा मारे जाते हैं, फसलें दीमक चट कर जाती है, मेंढकों तथा महामारी की बारिश होती है आदि-आदि। तब फाराओ ने उन्हें जाने की इजाज़त दे दी। याहवा ने बाढ़ लाकर ईजिप्टी फौज को भी डुबा डाला।

अन्ततः ईश्वर याहवा ने मोजिज़ को 'दस महाआदेश' तथा यहूदी पुस्तक 'टोराह' सिनाई पर्वत में प्रदान की (यह गाथा बाइबली किताबों में भी वर्णित है। इससे **जूडो-ईसाई परम्परा** बनी)। अन्ततः बीसवीं शती के मध्य में भयानक 'होलोकास्ट' के बाद इसराइल वरद भूमि बन गया।

सांस्कृतिक अधिनेत्रियों-अधिनेताओं के प्रसंग में हम सबसे अन्त में **मेसोअमेरिका** क्षेत्र में पदार्पण करते हैं।

अज़टेक-माया तथा माया-इन्का मेसोअमेरिका के दो धारावाहिक कोष्ठक हैं। माया-इन्का साम्राज्य की स्थापना पेरू की ऊँची एंडीज़ पर्वतमाला की कुज़को घाटी में हुई। लोग मानते थे कि उनके सम्राट देवता हैं तथा वे भी सूर्य की सन्तानें है।

पहले वे जंगली अवस्था में रहते थे। सूर्यदेवता इन्टी ने अपने एक पुत्र मानको तथा बेटी मामा को धरती पर नीचे भेजा ताकि वे लोगों को अपनी भौतिक दशा सुधारने के उपाय सिखा सकें। उन्हें एक जादू की छड़ी दे दी। जिस जगह गड़ाने पर वह पूरी धँस जाए वही उसकी (सूर्य की) पवित्र सूर्य नगरी अर्थात् कुज़को बसाई जाए। वही सबसे उर्वर भूमि होगी। इस तरह सूर्योपासक इन्का लोगों का अभ्युदय हुआ। वह एक बेहद सुसभ्य एवं समृद्ध उर्वर राज्य बना। एक अन्य अंतर्कुंडलन में टिटीकाका झील के टिआहुआनाकों में पहला केन्द्र बना। उसमें चार पिरामिड बने। बाद में बारहवीं शती में पुनः उनकी जड़ें कुज़को राजधानी में थीं। उनके मिथकीय नेता सूर्यदेवता इन्टी तथा सर्जक देवता वीराकोचा थे।

मध्य अमेरिकी मिथकों में तूफानों तथा गर्जनों के देवता ही मिथकीय पक्षियों में कायान्तरित होते गये। रक्त की बलि लेने

क्विटज़ालकोआट्ल (पंखों वाला सर्प)

यह मेसोअमेरिका का प्राचीन देवराजा है जिसकी टोलटेक्स (मेक्सिको) में पूजा होती थी। विश्वास था कि इसने अपनी प्रजा के लिए आत्मबलि की थी। यह भी विश्वास था कि एक दिन वह लौटेगा तब संसार का अन्त हो जाएगा। [स्पेनी कोर्टेज़ के रूप में वह अज़टेक-साम्राज्य वापस ले लेता है। (उपनिवेशवादियों का मिथकीय दुष्प्रचार)]।

वाला देवता क्विटज़ालकोआट्ल तथा ह्यूटजिलोपोचटली (जिन्दा युद्धबंदियों के ताज़ा हृदयों का भोग लेने वाला)। ऐसे ही विशाल अज़टेक पक्षी-देवते हैं। प्रतीत होता है कि उस क्षेत्र में मक्की को छीलकर भुट्टे निकालने का रूपक हृदयबलि में ढल गया। इसीलिए इनमें पहला हरे पंखों वाला सर्प तथा दूसरा लाल पंखों वाला गरुड़ बन गया। ये दोनों भयंकर देवते थे। यह इन्का अधिनेता इन्टी और वीराकोचा का पहला अभियान था।

दूसरे चरण में ई.प. 1418 में एक प्रतिद्वन्द्वी कबीले के युवा राजकुमार **पाचाकुटी** ने कुज़को को प्रायः लूटपाट कर वीरान कर दिया। उसने मुकुट धारण किया और समुद्रगुप्त की तरह दिग्विजय करके सारे पेसिफिक समुद्र-तट तक इन्का-साम्राज्य फैला लिया। उसके बेटे ने पुनः कुज़को शहर को विशाल साम्राज्य का केन्द्र बना दिया। वे समुद्रमाता मामाकोका तथा भू देवी पाचामामा की उपासना भी करते हैं। अब वह वर्जिन मेरी के रूप में पूजी जाती है। (जिस प्रकार दुर्दान्त स्पेनी आक्रान्ता कोर्टेज़ को अज़टेकों द्वारा सफेद गरुड़ देवता क्विटज़ालकोएटल का अवतार मान लिया गया जो अपने खोये साम्राज्य का दावा करने लौट आया है।) इन्काई वास्तुकौशल का करिश्मा माचूपिच्चू शहर (1532-1911 खोज) भी एंडीज में है।

थोर अतिशीत आइसलैंड एवं स्कैंडिनेविया का विद्युत-देवता है। भारतीय देवराजा इन्द्र तथा ग्रीक देवेन्द्र ज़ियस की तरह वह वज्र धारण करता है किन्तु वह लौह-हथौड़े की आकृति वाला है। थोर तूफानों तथा वर्षा के देवता के रूप में नाविकों तथा किसानों द्वारा पूजा जाता रहा था। वह दैत्यों का प्रबल शत्रु था। उसके जादुई फरसे-हथौड़े का नाम म्योलनीर था। इसके द्वारा वह हर साल शीतऋतु की बर्फ को तोड़ता था और वसन्त-ऋतु ले आता था। उसका रथ दो बकरे खींचते थे। (थोर के नाम पर ही 'थर्स्ट-डे' है। यह दिन ब्याह का शुभ मुहूर्त होता है।)

स्कैंडिनेविया, आइसलैंड, नोर्स में बर्फ और घने कुहरे के कारण उनके अनेकानेक अधिनायक देवते हैं। थोर ज़ियस, इन्द्र, जुपीटर के समकक्ष है। नोर्स देवते मानवीय व्यक्तित्व एवं संवेगों से सम्पन्न हैं। नोर्स मिथकयान में देवताओं और दैत्यों का निरन्तर संग्राम चला करता है। ये दैत्य कुहरों के स्वामी, समुद्री-सर्पो के प्रतीक तथा (इनसे उत्पन्न) नरक की देवी के समूह है। अतः देवपक्ष ही अक्सर जीत नहीं पाता। यहाँ तक कि देवराज ओडिन (थोर का पिता) भी इनके सामने शक्तिहीन है।

तदिप थोर की अग्निदीप्त आँखें और अमिट भूख थी। वह सर्वाधिक लोकप्रिय वाइकिंग देवता था। उसका जीवन वाइकिंग योद्धाओं के मूल्यों को प्रक्षेपित करता था। (वाइकिंग योद्धा जापान के समुराई योद्धाओं की तरह पराक्रमी और बलिपन्थी होते थे।) चुनौती मिलते ही वह क्रोध से लाल होकर रुद्ररूप हो जाता था।

देवी फ्रिग ओडिन की पत्नी है। देवताओं का निवास आस्गार्ड, मानवों का मिडगार्ड तथा दैत्यों का जोटुनहाइम है। इनमें-से दैत्यगणथोर का विद्युत-गर्जन का हथौड़ा चुराकर पाताल गर्भ में छिपा देते हैं। अब समस्या उसे प्राप्त करने की है।

ओडिन-फ्रिग-दम्पति के चार और सन्तानें हैं जिनमें से श्रेगी की पत्नी इडून है। उसके पास चिरन्तन यौवन के सुनहले सेब हैं। इसके अलावा प्रभंजन तथा प्रजनन एवं सिन्धु का भी एनजोई नामक देवता है। एनजोई के फ्रे नामक पुत्र तथा फ्रेया नामक बेटी है। फ्रे सूर्य तथा वर्षा के देवों का शासक हैं। वह (डायोनीससः एफ्रोडाइट के पुत्र) प्रियापस की तरह उत्थित लिंग वाला है। फ्रेया प्रणय, विवाह तथा उर्वरता की देवी है। वह फ्रे की बहन भी है। फ्रेया देवियों में सर्वाधिक सुन्दर है। फ्रे-फ्रेया की उपासना का एक मततंत्र भी है जिसका उद्गम मध्य एशिया था।

अब थोर के हथौड़े को दोबारा पाने के लिए शरारती, मक्कार, चालबाज दैत्य-देव **लोकी** की सहायता की जरूरत पड़ती है। वह कोहरे के महादैत्य थ्राइम्र से इसका पता पा लेता है। शर्त यह है कि फ्रेया से उसका विवाह होना चाहिए। फ्रेया दो-टूक इनकार कर देती है। देवता भी छल-कपट की योजना बनाते हैं क्योंकि अब नेतृत्व चालबाज-चतुर-मक्कार-शरारती लोकी कर रहा है। सो तय किया गया कि थोर फ्रेया का छद्मवेश बनाकर थ्राइम्र के पास जाएगा तथा लोकी उसकी परिचारिका बनकर साथ रहेगा। शादी होती है। मेंहदी-रात की दावत में फ्रेया का छद्मरूप-धारी थोर एक पूरा का पूरा वृषभ तथा तीन ड्रम शराब पी जाता है। इससे थ्राइम्र चौंकता है। चालाक लोकी बताता है कि आगत शादी के जोश में 'फ्रेया' आठ दिनों से भूखी थी। अतः इतना सारा खा लिया। कथित वधु द्वारा हथौड़ा देखने की इच्छा पर यकीन करके थ्राइम्र हथौड़ा ज्योंही लेकर आता है थोर उससे छीनकर थाम लेता है। दावत की रात में सभी दैत्यों का कत्ल हो जाता है। थोर पुनः हथौड़ाधारी देवता हो जाता है। तथापि वह रागनारोक के युद्ध में शत्रु अर्थात् लोकी-पुत्र दैत्य विश्वसर्प जोरननगंड के द्वारा उगले विष-समुद्र में डूब मरा।

× × ×

सारत्व देते हुए हम कह सकते हैं कि सांस्कृतिक अधिनेता तथा अधिनेत्रियाँ इतिहास की भूलभुलैयाँ तथा समाज की द्वन्द्व दुविधाएँ झेलते बढ़ते जाते हैं। मिथकों में मानो वे एक बाधादौड़ लगाते हैं और सार्थक अथवा कामयाब होते हैं।

कभी-कभी यह कार्य धावक बदल वाली बाधा-दौड़ की तरह होता है जहाँ एक पड़ाव पर पहुँचने के बाद दूसरा नेता निशान थाम लेता है। अवतारों तथा सम्राटों, गुरुओं और फाराओं की ऐसी ही निरन्तर यात्राएँ मिलती हैं। दक्षिण एशिया में भी कौंडिन्य

ऋषि (जावा-सुमात्रा), महानाविक बुद्ध-गुप्त (जावा-चंपा), तथा चंपावती (कंबोडिया-वियतनाम) आदि **मिथकीय यात्राएँ** सम्पन्न करते हैं। साथ-साथ वे **मिथकीय भूगोल** की नाममाला भी बनाते चलते हैं।

9.2 चालबाज एवं चतुर-सुजान

माउई हवाई-द्वीपसमूह से लेकर ताहिती, न्यूजीलैंड, आस्ट्रेलिया तक सांस्कृतिक अधिनेता तथा चालबाज नायक है जिसकी अंश-अंश मिथकें समूचे पोलीनेसिया के त्रिभुज में फैली हैं।

नौ माह की अवधि से पहले अविकसित पैदा होने कारण माउई की माता तारंगा ने अपने बाल की लट में लपेट कर समुद्र में फेंक दिया था। उसके पुरखे रांगी ने बचाकर उसकी परवरिश की। जब वह किशोर हो गया तो अपनी माँ के घर पहुँचा। काफ़ी जद्दोजहद के बाद उसने और चार भाइयों ने आखिरकार उसे पहचान ही लिया।

अपनी पुरखिन मनी-रांगा-वेनुआ के जबड़े की हड्डी को उसने हथियार बना लिया।

सबसे पहले उसने सूरज को धीमी गति से चलने को मजबूर किया क्योंकि दिन छोटे होने के कारण लोगों के काम अधूरे रह जाते थे। अस्थिपाश की चोटों से घायल सूरज ने माउई के आदेशों का पालन किया। इसके बाद समुद्र की गहराइयों से जमीन को उछाल कर ऊपर स्थापित किया। इसके लिए भी उसने अपनी पुरखिन की जबड़े की हड्डी को बंसी की तरह इस्तेमाल किया। क्योंकि पुरोहित ने कर्मकांड में ठीक से मंत्रोच्चार नहीं किये थे और उसके भाई उसे काटकार बाँटने में जुट गये थे। इसलिए द्वीपरूपी विशाल मत्स्य बेपनाह पीड़ा से चीखने-चिल्लाने लगा। फटने-कटने से न्यूजीलैंड के पहाड़ तथा दीक्षणी द्वीपों की बांक पेनिनसुला के मैदान बन गये। वे माउई की मछली (ते-इका-अ-माउई) कहलाये। यही समुद्रायनी का त्रिभुज है।

हवाई क्षेत्र के एक अनुपाठ में जब माउई समुद्र से निकाली धरती को समतल कर रहा था तो आकाश बहुत नीचे था। अतः आक्रोश में उसने अपनी पुरखिन के जबड़े वाले पाश को उलट कर आकाश को ऊँचे उछाल दिया। इससे आकाश घायल होकर नीला हो गया। तथापि यह उसने एक नारी के प्रेम के लिए ही किया था।

माउई को अग्नि भी ले आनी थी। उसके रहस्य 'माटी की मुर्गियों' के पास थे। जब भी माउई उनके पास पहुँचता वे लपटों को बुझा देती। आखिरकार एक छोटी मुर्गी को पकड़कर माउई आग के भेद जान गया। 'वाइ मिआ' नामक पेड़ में अग्नि के भेद छुपे थे। छोटी मुर्गी ने आग हासिल करने की विधि बता दी। आस्ट्रेलिया के माओरी अनुपाठ के मुताबिक प्राचीन अग्निदेवी ने अपना एक नाखून खींचकर उसमें निहित अग्नि की लपटें दे दी थीं। माउई बहुत ज्यादा माँगता था।

ताहिती के पास तुआमोतू-आर्किपेलागो के एक मिथक-अनुपाठ के अनुसार आवारा किस्म की हीना ने अपने दैत्य (वत्) पति ईल-ते-तूना को छोड़कर नये प्रेमी की तलाश शुरू कर दी। वह द्वीप-तटों में अपनी प्रबल कामातुरता में घूमती रही। लोग दैत्य के ख़ौफ से उससे मिलने की हिम्मत नहीं जुटा पाते थे। आखिर में माउई की माता ने उसे हीना से मिलने को प्रेरित किया। इससे दैत्य ते-तूना से उसकी जबर्दस्त लड़ाई हुई। आकाश काला हो गया, बिजली और गरज से वातावरण काँप उठा, दोनों के अंग क्षतविक्षत हो गये। मर्दानगी के इस मुकाबले में माउई ने अपने विशाल लिंग से दैत्य के साथियों को भी नेस्तनाबूत कर दिया और जीत गया। द्वीपों में हीना को एक बेवफ़ा पत्नी का आद्यप्ररूप (आर्केटाइप) माना जाता है। दैत्य का सिर जहाँ गाड़ा गया था वहाँ पहला नारियल का पेड़ा उगा (माओरी मिथक)।

अन्ततः माउई मानवता के लिए अमरता प्राप्त करने के लिए संघर्ष में संलिप्त हुआ। पाताल की महादेवी हाइने थी तो मानवी जैसी, लेकिन उससे ही पश्चिमी आकाश में लाल चमक कौंधती थी। उसकी आँखें हरे पत्थर की, उसके केश समुद्री...की तथा उसका मुख बर्राकूटा के मुख जैसा है। माउई उसके शरीर में प्रवेश कर गया शर्त यही थी कि कोई भी शोर और हँसी की आवाज़ नहीं आए। अगर ऐसा होगा तो पाताल देवी जागकर उसे अंदर ही दबाकर मार डोलगी [हनुमान-सुरसा अभिप्राय के समान] । वह देह के अन्दर पहुँचा। पक्षियों ने चहचहाना या साथ आये दोस्तों ने हँसना शुरू कर दिया। पाताल की महानारी ने पाँवों के बीच दबाकर उसे मार दिया। इस प्रकार शरीर के आरपार नहीं निकल पाने से माउई मानवता को अमरता नहीं दिला पाया।

एक अन्य प्रतिपाठ में देवी रोहे माउई की पत्नी थी। वह उसके साथ बेहद बेरहम बर्ताव करता था। किन्तु वह बेहद खूबसूरत थी और माउई बेहद बदसूरत। वह उसे मन्त्रोच्चार में शामिल करके अदला-बदली चाहता था। रोहे राजी नहीं थी। उसके सोते हुए में माउनी ने अनुष्ठान किया। जागने पर पत्नी को पता चला तो संसार छोड़कर पाताल चली गयी और मृत्यु की देवी बन गयी।

चतुर देवर्षि **नारद मुनि** भारतीय धार्मिक-मिथकयान के सर्वाधिक प्ररूपित (टिपिकल) तथा प्रवृत्यात्मक (टेंडेंशियस) चरित्र हैं। वे सबसे बड़े चुगल-खोर भी हैं जो देवताओं–विशेष रूप से नारायण विष्णु–के पास जाकर स्वर्ग-पृथ्वी-पाताल की खबरें मानो इन्टरनेट और फेसबुक से पहुँचाते हैं। वे अहर्निश यात्री हैं जो तीनों लोकों की खबर देते हैं तथा खबर लेते हैं। वे देवताओं की मुसीबतों–विशेषतः इन्द्र की दुर्गति और राक्षसों के अत्याचारों की दशाएँ त्रिदेव को बताते हैं। वे स्वयं तो कर्ता नहीं हैं। किन्तु

चतुर प्रवीण वीणाधारी नारदमुनि

अभिकर्ता (एजेंट) हैं। 'नारायण नारायण' की टेक अथवा टेर लगाते हुए वे वर्तमान और भविष्य की देव-पत्रकारी करते हैं। इसके अलावा वे **वैष्णव भक्ति** के एक पहुँचे हुए सूत्रकार तथा भाष्यकार ऋषि भी हैं। उनकी पहचान कन्धे पर लटकी वीणा तथा बायें हाथ में खड़ताल वाली है।

उनके पास भविष्य की जानकारी होती है जिससे वे ग्रहीता को सावधान तथा सौभाग्यशाली बनाते हैं। तदपि वे अस्थिर वृत्ति के माने गये हैं। वीणापाणि होने के नाते उन्हें गन्धर्वपति भी बताया गया है।

वे चालाक और चुतर हैं, विदूषक नहीं। एक परिहास-कथा में एक दफ़ा एक स्वयंवर में वे भी प्रत्याशी दूल्हेराजा बनने

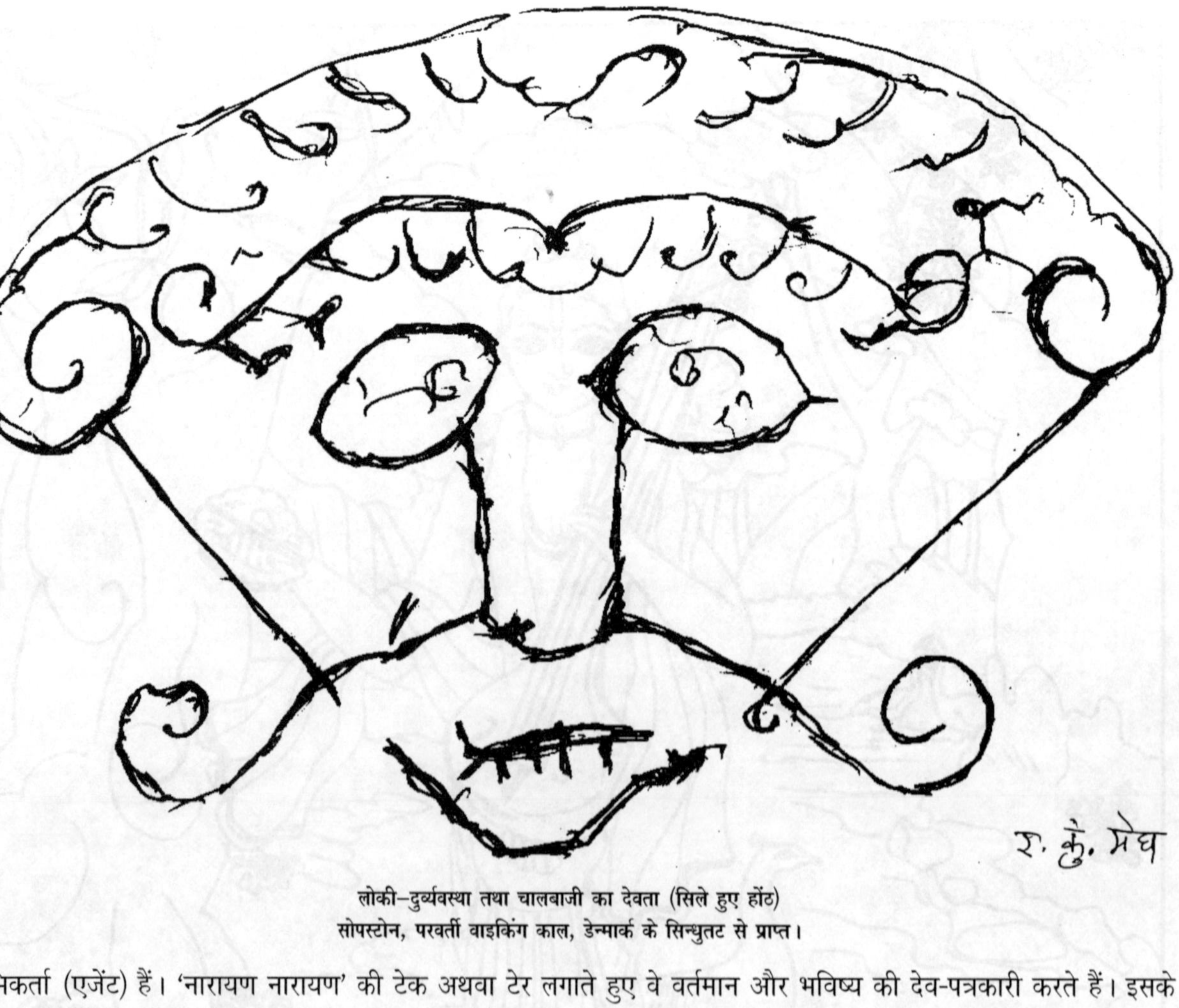

लोकी–दुर्व्यवस्था तथा चालबाजी का देवता (सिले हुए होंठ)
सोपस्टोन, परवर्ती वाइकिंग काल, डेन्मार्क के सिन्धुतट से प्राप्त।

अभिकर्ता (एजेंट) हैं। 'नारायण नारायण' की टेक अथवा टेर लगाते हुए वे वर्तमान और भविष्य की देव-पत्रकारी करते हैं। इसके अलावा वे **वैष्णव भक्ति** के एक पहुँचे हुए सूत्रकार तथा भाष्यकार ऋषि भी हैं। उनकी पहचान कन्धे पर लटकी वीणा तथा बायें हाथ में खड़ताल वाली है।

उनके पास भविष्य की जानकारी होती है जिससे वे ग्रहीता को सावधान तथा सौभाग्यशाली बनाते हैं। तदपि वे अस्थिर वृत्ति के माने गये हैं। वीणापाणि होने के नाते उन्हें गन्धर्वपति भी बताया गया है।

वे चालाक और चुतर हैं, विदूषक नहीं। एक परिहास-कथा में एक दफ़ा एक स्वयंवर में वे भी प्रत्याशी दूल्हेराजा बनने के लालच में जा धमके। उन्होंने विष्णु से वरदान माँगा कि उनका मुहांद्रा उनके स्वामी हरि (विष्णु) के जैसा हो जाए। वैसा ही हुआ। वे हरिमुख अर्थात् बन्दरमुख बन गये। स्वयंवर में उनकी त्रैलोक्य-हँसाई तो हुई ही, नारियाँ तथा वाग्दत्ता रमणी भी दाँतों तले उँगली दबाकर दूर खिसक गयीं। उन्होंने कंस को अग्रिम चेतावनी दी थी कि उसे मारने वाला देवकी का पुत्र अर्थात् विष्णु का आठवाँ अवतार जन्म ले चुका है। नारद ने ही काम को दूसरे जन्म में प्रद्युम्न-रूप में रति के अभिरक्षण में सुरक्षित रखवाया और उसके युवा हो जाने पर उसको रति का अभिज्ञान कराया था। पुराण तो नारद की बेतार खबरों-सूचनाओं तथा चुगलखोरियों से भरे पड़े हैं। वे सदैव देवताओं के पक्षधर रहे थे।

नारद-मोह की एक अन्य पौराणिक-मिथक है। दम्यन्ती को अपनी संगीत-सिद्धि से विमोहित करके वे उससे विवाहोउद्धत हो गये। जब नदी में स्नान करने डुबकी लगाई तो विष्णु-हरि ने उन्हें नारी में रूपान्तरित कर दिया।

लोकचित्त में नारद-मोह, चुगलखोरी, भविष्यवाणी, झगड़े कराने वाले अभिप्रायों के प्रतिनिधि हो गए हैं।

लोकी आर्कटिकवृत्त के नोर्स का सबसे बड़ा चालबाज देवता है। वह चालाक, मक्कार, शरारती, छली-कपटी है। यह निश्चित नहीं कि वह दैत्य पुत्र था या अन्यथा। वह एकसाथ देवताओं का विरोधी तथा सहचर था। वह देवता ओडिन तथा थोर का संगी-साथी और सहायक भी था। केल्ट-नोर्स की जनश्रुतियों और एड्डा-गाथाओं में उसका उल्लेख हुआ है। वह आकृतियाँ बदलने, कायान्तरण करने में भी उस्ताद था। फ्रेया के शयनकक्ष में कंठहार चुराने के लिए वह खूनचूसी मक्खी तथा युद्ध में आग की लपट, फिर ध्रुवीय भालू भी हो गया था।

एक टिपिकल मिथक-पताका में वह सर्वोच्च देवता ओडिन पर तानाकशी करता है जब वे फ्रेया के साथ 'सोना' चाहते हैं क्योंकि वह चार लुकेछिपे बौने सुनारों के साथ भी सोई थी बशर्ते कि उसे 'ब्रिसिंग्स का जादुई कंठहार' मिल जाए। इसके लिए भी लोकी एक मुधमक्खी बनकर सोती फ्रेया के शय्याप्रकोष्ठ में घुसा, उसे काटा और उसके करवट बदलते ही कंठहार लेकर ओडिन के पास जा धमका। ओडिन ने भी शर्त लगाई कि अगर वह मुनष्यों के बीच रण भड़का देगी तो उसे कंठहार वापस कर दिया जाएगा।

इसी तरह जब शाश्वत यौवन की संरक्षिका देवी का उसने चालबाजी से अपहरण कराया था तब भी खुद एक बाजपक्षी होकर उसे दैत्य शियासनी से छुड़ाया था। वह देवी को एक नट ( ) में बदलकर पंजों में दबाते हुए ले आया था।

उसकी चालबाजियाँ लगातार जारी रहीं। कुहरे-पाले का सबसे बड़ा दैत्य थ्राइम्र जब देवता थोर का परशु हथौड़ा चुरा कर पाताल-गर्भ में छिपा देता है तो वह वापस लौटाने की शर्त लगाता है कि फ्रेया से उसकी शादी कराई जाए। इस पर लोकी ही जासूसी-तिलिस्मी तरीके अपनाते हुए थोर को 'पर्दानशीन फ्रेया' की वेशभूषा में पेश करता है। स्वयं उसकी परिचारिका बन जाता है। जब कथित वधु फ्रेया (उर्फ थोर) परशु-हथौड़ा देखने की इच्छा जताती है और दैत्य थ्राइम उसे दिखाने को ले आता है तभी थोर अपने मूलरूप में प्रकट होकर परशु-हथौड़ा छीनकर मेंहदी-रात में सभी दैत्यों का कत्लेआम मचा देता है। लोकी का छलछद्म सफल हो जाता है।

इस शरारती चालबाज की दैत्य बेटी **हेल** नरक में मृतकों की अधिशासिका थी। थोर का पिता भी युद्ध में वीरगति को प्राप्त योद्धाओं का अपने स्वर्ग वल्हाल्ला में रक्षक है। उसकी सहायिकाएँ युद्ध की कुमारिकाएँ वल्किरीज़ हैं जो रणभूमि से मृत आत्माओं को सादर ले आती हैं। अतः हेल और वल्किरीज़ के बीच भी द्वन्द्व रहा।

समय बीतते जाने पर लोकी और भी कुटिल होता गया। उसने रागनारोक-युद्ध का शोला भी भड़का दिया। उसने ओडिन पुत्र बाल्डर की मौत की भी कोशिश कराई। देवताओं ने तंग आकर उसे दंड दिया। उसे अपने ही बेटे की आँतों से चट्टान पर बाँध दिया गया, उसके सिर पर एक जहरीला साँप धर दिया गया जो उसके चेहरे पर विष बूँदें टपकाता रहता। उसका मुँह भी सिल दिया गया। सबसे अन्त में जो निर्णायक संग्राम हुआ उसमें छूट आये लोकी तथा उसके दैत्य बेटों ने क्रमशः सूर्य को निगल लिया, चाँद को कुतर कर चबा लिया तथा तीसरा विशाल समुद्र में गहराई में पैठ कर तूफान उठाने लगा। इस तरह उनका थोर से संग्राम जारी रहा। अन्ततः उसके भेड़िये बेटे फेनरियर ने देवों के महानेता ओडिन को निगल लिया। बेशक, लोकी बेहद हरामी रहा।

मारीच : राक्षस तारक का पुत्र तथा लंकानरेश रावण का मंत्री था। वह रावण के साथ पंचवटी पहुँचा था जहाँ राम-लक्ष्मण-सीता पर्णकुटी बनाकर रहते थे। सीता के हरण के लिए उसने स्वर्णमृग में अपना कायान्तरण कर लिया तथा सीता को लुभाने लगा। विमुग्ध सीता ने उसके आखेट के लिए राम को जाने के लिए राजी कर लिया। राम के प्राणघातक बाण से आहत मारीच अपने असली राक्षस रूप में प्रकट हो गया। मरने से पहले वह 'लक्ष्मण' का नाम बार-बार पुकारने लगा जिससे लक्ष्मण कुटी में सीता को अकेली छोड़कर राम को खोजने निकल पड़े। यती का कपटवेश धारण किए हुए रावण ने अकेली सीता का हरण कर लिया। रावण भी अपने असली राक्षसरूप में प्रकट हो गया।

रावेन : उत्तरी अमिरिका का सोद्देश्य चालबाज़ सुजान है। वह अग्नि का आविष्कर्ता है। वह मानवता के शत्रुओं को भी चतुराई से पछाड़ता रहता है।

हर्मीज़ : यह चालबाज़ ग्रीक देवता उत्तरी यूरोप के लोकी के समकक्ष है। यह पाताल-लोक का देवता है। छल करके डिमीटर की बेटी पर्सिफोन को ले गया और उसे रानी बना लिया। यह चोरों, व्यापारियों तथा बनजारों का सौभाग्यदाता देवता भी है। पंखों वाली चप्पलें पहने यह द्रुतगति से अपने सहभाई अपोलो की गायें भी चुरा ले जाता है।

यह देवताओं विशेषतः देवेन्द्र ज़ियस के सभी अच्छे-बुरे कर्मों का फर्माबरदार सन्देशवाहक है। ज़ियस के कहने पर ही इसने शिशु हेराक्लीज़ को सोती हेरा की शय्या पर लिटा दिया था ताकि उसका स्तनपान करके वह मर्त्यमान मानवशिशु अमर हो जाए। हेरा जाग गयी और उसने शिशु को झट से नीचे फेंक दिया। स्वर्गाकाश में भागते हुए उसके स्तनों से निकली दूध की धारा से धवल उज्ज्वल दुग्ध-गली (मिल्की वे) अर्थात् आकाशगंगा बन गयी।

× × ×

चालबाजों से जुड़ी मिथकें छोटी किन्तु मारक हैं। बहुधा ये मानवहितकारिणी हैं। ये प्रतिनायक द्वैतता की योग्यता वाले होते हैं। ये मानव तथा पशु और पक्षी या अन्य आकृतियों में अदल-बदल जाते हैं। ये शरारती, मक्कार, हँसोड़ तथा अदम्य साहसी तथा दूरदर्शी भी होते हैं। ये असुर या राक्षस श्रेणी के प्रायः नहीं हैं।

चित्र–आकृतियाँ

10

'नयन का इन्द्रजाल अभिराम': अहा, कैसी हैं मिथक-कलाओं की मदमाती बनीठनी शोभनिकाएँ-अशोभनाएँ

10.1 शैल-चित्रकारी

शैल चित्रकारी (ई.पू. 32000 वर्ष) को मानवता की सर्वप्रथम मिथकीय 'कलारहित कला' माना जा सकता है। उसमें प्रतीकात्मकता है, कर्मकाण्ड है, जादुई यथार्थता है। वह सामूहिक, जागरूक, सप्रयास तथा आनुष्ठानिक है। तदपि उसमें अवाचिक, मिथक-सम्प्रेषण अवश्य परिलक्षित है, यद्यपि संरूप की छाया, कल्पना, सौन्दर्यबोध एवं अवचेतन की क्षीणता है।

अब हम वाक् तथा भाषा के चरण को लें। दो खूबसूरत कलानिरपेक्ष दृष्टान्त लें। एक अलास्काई (ध्रुवक्षेत्रीय) मिथक में मानवजाति तथा भालुओं में मैत्री हो गयी। भालू पृथ्वी पर आकर रहने लगे। उनके जाने पर मानवों ने एक गठरी उपहार में दी जिसमें चाँदी का बूरा था। भालू खेलते-खेलते उस पर खूब लोटपोट हुए। इससे उनका रंग काले से सफेद हो गया। फिर उन्होंने गठरी को खोलकर ऊपर उछाल दिया। वे रजत कण असंख्य तारे हो गये। भालू उनके पीछे-पीछे चल पड़े। आकाश में उनके दो प्रतिनिधि पहुँचे—बड़े भालू तथा छोटे भालू। आज वे ही ध्रुवतारे को घेरे हुए दो नक्षत्र-मण्डल (सप्तर्षिमण्डल : ग्रेट बियर-स्माल बियर) हैं।

दूसरा उदाहरण। ग्रीक देवेन्द्र ज़ियस को हर्क्यूलीज़ मानुषपुत्र प्राप्त हुआ। उसे अमर बनाने के उद्देश्य से उसने अपने सन्देशवाहक हर्मीज़ को शिशु थमाकर अमर देवीरानी हेरा की शय्या में लिटा देने को कहा ताकि वह उसका दूध पीकर अमर हो जाए। हेरा शिशु से दुश्मनी मानती थी। जैसे ही उसने मुँह में चूचुक लिया तो हेरा चौंककर जागी तथा उसे बगल में लेटा हुआ पाकर दूध की बूँदें टपकाती हुई गगन-पन्थ पर भाग चली। वही 'दुग्ध-गली' या 'मिल्की-वे' अथवा आकाशगंगा है।

ये दोनों उदाहरण प्रयास-रहित हैं। इनमें कोई भी कला-प्रयोजन तो अलक्षित है। सरल खगोलीय तथ्य हैं—कि ध्रुवतारे को घेरे हुए भालू की शक्ल के दो तारा-पुंज हैं तथा आकाश में सटे-छिटके तारों की एक गली है।

इन्हें ही साम्यरूपकात्मकता दी गयी कि ये सफेद हो गये दो भालू भालू की तरह हैं; तथा यह कि, ये दूध की बूँदों की तरह से हैं।

तथापि इनके लिए जिन कथाबन्धों का बन्धान हुआ वह तर्कात्मकता के बिल्कुल परे है। वे पूर्वतार्किकता के बन्धान हैं। इन उदाहरणों में सौन्दर्यबोधानुभूति न तो मिथकनिर्माता-पक्ष से अन्तर्मुखी है, और न ही—मिथकविश्वासी श्रोता-पक्ष से बहिर्मुखी। अतः मिथकयान के मिथकीय बोध में सौन्दर्यचेतना शुरू में सुषुप्त रही है। इसलिए हम मिथकीय सौन्दर्यबोध अथवा सौन्दर्यबोध की अनुमिति कैसे करें?

बाद के ऐतिहासिक कालों में शैलचित्रों के बाद मिट्टी की मातृमूर्तियों तथा ईजिप्ट के पिरामिडों के तहखानों के चित्रों एवं फाराओ की घाटी में विशाल प्रतिमाओं के निर्माण से, अथवा ग्रीक मूर्तिकारों द्वारा संगमरमर की देव-देवी प्रतिमाएँ गढ़ने तथा कलशों एवं तश्तरियों पर मिथकांकन करने से; अथवा गान्धार एवं कुषाण-गुप्त कालों में देवी-देवताओं की प्रतिमाओं की शास्त्रोक्त आध्यात्मिक पाषाण-निर्मितियों एवं सामूहिक राजपूती-कांगड़ा कलमों में; अथवा इटैलियन रिनांसा में बोटिशेली, माइकेल एंजिलो

तथा प्रसार में, रूबेंस और रेम्ब्रां द्वारा तैलचित्रों के सृजन में, कई शताब्दियों के बाद मिथकीय पात्रों, घटनाओं, स्थितियों की समाधि लगाकर जो **'ध्यान-छवियों'** की प्रज्ञाएँ (इंट्यूशंस) हुईं, उन्होंने मिथकयान साकार-साक्षात् कर दिये। हम उन्हें मिथकों के दृश्यात्मक निर्भाषिक अनुपाठ कह सकते हैं। तो क्या ये कलाकार भी मिथक-व्याख्याता थे? हाँ, वे थे। उन्होंने ही विश्व-मिथकयानों को जीवन्त कर दिया, जिस तरह प्राथमिक मिथक-निर्माताओं ने आकाश के ग्रहों-नक्षत्रों को मिथक-वृत्तों से गूँथ-पुह-बुन डाला था। अतः ये ध्यान-छवियाँ हैं।

इस भाँति हमारी भी सीमाएँ तय हो जाती हैं। हम विश्व की सभ्यताओं, सांस्कृतिक उन्मेषों में कलाओं के इतिहास एवं शैली और सौन्दर्यबोधशास्त्रीय निर्वचन नहीं कर सकते। हम धर्मकेन्द्र से भी बगलकाट करेंगे। हम मिथकवृत्तों, लिजन्धरों तथा कर्मकाण्डों के अनुषंग के ही सहवर्ती-समीपवर्ती रहेंगे। एक आत्म-संयम और है। हम पुनि-पुनि कहते आये हैं कि मिथकों में 'सभ्यता' का तात्पर्य, आरम्भतः कौशल (धातु, पाक, वाहन, प्रकर्म) तथा खेतीबाड़ी रहा है। तब तक सभ्यता 'लघु परम्पराओं' में ही धारावाहिक थी। तब बाढ़ और सूखा, आग और तूफान, युद्ध और विश्वासप्रज्वलता सभ्यता-संस्कृति-मिथकयान को निष्पन्द कर देते थे। साथ ही, हम यह तथ्य शिरोधार्य करते हैं कि विशिष्ट सभ्यताओं के गणलोकों की मिथकों और (अब) कलावन्तों-कलाकारों की अनुरचनाओं द्वारा मिथक के चक्रचिह्नों की संचेतना तथा मस्तिष्क की खिड़कियाँ खुल पड़ती हैं। यह ध्यान इसलिए भी अभीष्ट है कि मिथकों में स्वयमेव कलात्मक प्रकाशन वाले सरोकार प्रमुख नहीं रहे हैं, बल्कि स्वयमेव कलाओं ने सश्रद्ध तथा सानुराग अपने नाना रूपों द्वारा मिथकों को भव्य, सौन्दर्यशाली, तथा साकार किया है। दृष्टान्त हम बता चुके हैं। शैलचित्रों के अनुपूरक 'टोटेम-थंभ' रहे हैं। उत्तरी अमेरिका के संदर्भ में ये लकड़ी पर खुदाई द्वारा बनाये जाते हैं जो मिथकीय प्राणियों तथा पशु-पक्षी परक पुरखों के प्रतिनिधि होते हैं, गोत्र की अस्मिता के चिह्न तथा शक्ति होते हैं। ये मृतकों के स्मारक-स्वरूप भी खड़े किये जाते हैं। इनका उद्देश्य पथिकों, आगन्तुकों, वसनीकों द्वारा इन्हें सश्रृद्ध निहारना भी होता है। वस्तुतः यह कबीलों की शिल्प-शैली है। (समुन्नत सभ्यताओं में ईजिप्ट में गगनचुंबी ओबेलिस्क स्तम्भ, भारत में गरुड़ध्वज, स्वर्णमन्दिर (अमृतसर) में निशान साहिब उल्लेखनीय हैं)।

वस्तुतः मिथकीय कला का उत्स 'ध्यान सम्मूर्तन' है। इसमें धार्मिक प्रतीकों तथा लक्षणों-लांछनों के संयोग से हम 'धार्मिक कला' कहकर अर्थान्तर न्यास करते हैं। फलतः मिथकीय देवी-देवताओं की साकारिता पूजा-उपासना, मन्दिर-तीर्थ के दिव्य पवित्र विग्रह होती गयी।

हम पूर्ववर्णित **भालू की रथिकावृत्ति** को आगे बढ़ाते हैं (क्योंकि अन्तेवासी कनाडा के एलबर्ट कबीले–ब्लेकफुट–के मुता. बिक भोर का तारा सूर्य का खूबसूरत बेटा है)। उत्तरी अमेरिका में भालू–किंवा नृभालू–के मततन्त्र का खासा दर्जा है। क्योंकि मिथकीय लोक में उनकी और इन्सानों की मित्रता क़ायम हो चुकी है। अलास्काई जनगणों का विश्वास है कि भालुओं की मानवों की ही तरह 'आत्मा' होती है तथा वे दोनों एक-दूसरे की भाषा समझते हैं। मिकमैक जनगण तो स्वयं को उनका वंशज मानता है। पड़ोसी चिप्पेवा जन उन्हें 'फर का कोट पहने बुजुर्ग' कहते हैं। वे 'वनों के युवक' भी बताये जाते हैं क्योंकि उनके अनुसार कोई लड़की खूबसूरत युवक द्वारा, अथवा कोई लड़का खूबसूरत युवती द्वारा अपने गाँव में लिवा ले जाती है तो पहुँचने पर वह भालुओं का गाँव निकलता है। कई युवतियाँ भालुओं से शादी रचाती हैं, उनकी सन्तानें (भालू / मानव) होती हैं। बड़े होने पर वे मनुष्यों या भालुओं के जामे पहनते हैं और सौभाग्य तथा श्रद्धा के वाहक होते हैं [भारत में हिमाचली गद्दी जनजाति की कई युवतियाँ भालुओं की गुफाओं में मिली बतायी जाती हैं। वे फिर मानवीय समाज में स्वेच्छा से वापस नहीं आतीं]। यह मानव तथा पशु के बीच अन्तर्विनिमय तथा कायान्तरण का एक आधारभूत मिथकीय विश्वास है जो अलास्का से लेकर अमेज़ोनिया तक परिव्याप्त है।

× × ×

शैल चित्रकारी, साम्यरूपकता, मातृमूर्तियों के परस्पर विलयन से 'ध्यान-छवियों' की जो स्थिति आयी उसने ही विश्वमिथकयान में सौन्दर्य का सर्वप्रथम उन्मीलन किया। इसके पूर्व मिथकचक्रों में अपहरण, छलावरण तथा सम्भोग ही परिलक्षित होते हैं।

विश्व-पटल पर वैदिक हेमवती उषा, जापानी सूर्यदेवी आमा-ते-रासू तथा मिथकलिजन्धरी ईजिप्टी नेफरतीती ही ऐसी आद्य छवियाँ हैं। इनमें भी वैदिक उषा निसर्ग, आद्य और आर्ष है। वही सौन्दर्य की साम्यरूपकात्मक रेखाएँ रचती हैं। उपभोग, आसक्ति तथा आकर्षण के पश्चात् सौन्दर्य-द्रष्टा ऋषि थे (मुनि के बजाय)। उषा ऋषियों की **मनोहर** तथा **चारु** कल्पना है। उसमें विभूति-विराज-विराट् की त्रयी है। उस सौन्दर्य में ऋत् (व्यवस्था) है, क्रतु (विवेक) है तथा सत् (वास्तविकता) है।

सौन्दर्यशालिनी उषा, सु-नरी योषेय (भद्र रमणी) की तरह है दिन-प्रतिदिन नवल-नवल दीप्तियों में आती है। वह हर वस्तु का क्रतुमय उपचार करती है, सभी प्रकार के चतुष्पादों को उद्वेलित करती है तथा पक्षियों को आकाश में उड़ाती है।

वह दिन-प्रतिदिन अपने प्रणयी (सूर्य) से मिलने आती है [हर् अहर् निष्कृतम् आचरन्ती–ऋ. 1/123/7]। वह मातृमृष्टेव योषा (मातृतत्त्व द्वारा) वधू की भाँति शृंगार करती है। वह अपनी सुन्दरता को दीपित करती है। वाक् आह्वानी कवि उसको उद्‌गीथ गानस्वरों में बुलाते हैं। वह तो ऋत् (व्यवस्था) की अनुयायिनी है।

वह **गति** एवं **प्राण** की संचारिणी है। अपने सौन्दर्य की गरिमा में आलोकित, गोरी कन्या जैसी, उषा देवी 'उस देवता' के पास जाती है जो उसके लिए प्रतीक्षाकुल है और...। वह मुस्कुराते हुए, यौवन से परिपूर्ण और ज्योति से प्रकाशमान होती हुई उसके (सूर्य के) सम्मुख अपने वक्ष के कुचों को अनावृत्त कर देती है–

'कन्यवे तन्वाऽशाशदानो
देवी देवम् इयक्षमाणम्।
संस्मय ना युवतिः पुरस्ताद्
आविर् वक्षांसि कृणुसे विभाती।। ऋ. 1/123/10

जापानी उषादेवी अर्थात् अमा-टे-रासू अन्धकार से अन्तर्बाह्य संघर्ष करती है किन्तु उज़ूमे द्वारा नृत्य तथा देवगन्धर्वों द्वारा गान और अलौकिक दर्पण द्वारा आत्मछवि से चकित मुग्ध होकर प्रकट होती है।

ईजिप्टी नेफरतीती में लम्बी ग्रीवा, ऊँची नाक, लम्बे नेत्र, सौन्दर्य के माप बन जाते हैं। इसके बाद सौन्दर्यबोध का शास्त्र भी उन्मीलित होने लगता है।

× × ×

मिथकों द्वारा मानव देवी-देवताओं, दैत्यों-राक्षसों तथा ब्रह्माण्ड का निर्माण करते आये हैं। उन्हें विनष्ट करते, मार भी डालते हैं तथा शत्रु सभ्यताओं के चिरन्तन अन्धकार अर्थात् पाताल में उन्हें निष्कासित भी कर देते हैं। सभ्यता-प्रतिसभ्यता में यही क्रम चलता रहता है कि वे देवता कूच कर जाते हैं अगर उनके विश्वासी-आस्थावान लोक ही नहीं बचें। ईजिप्टियों की 'मृतकों की किताब' तथा सम्राटों की घाटी है, भारत में 'रामायण', 'महाभारत' तथा पुराण हैं, ग्रीकों की 'इलियाड' तथा 'ओडिसी' है, जापान में 'द टेल आफ गेन्जी' है, रोमनों का 'एनियाड' है, लेकिन चीन तथा मध्य अमेरिका में भव्य वृत्तान्तों की ऐसी कोई कड़ी नहीं मिलती। तदपि नील नदी, पीली ह्वांग हो नदी, सिन्धु-गंगा नदी, मीकांग नदी, अमेज़न नदी के साथ-साथ दज़ला-फरात नदी, व्यास-शतद्रु नदी, डेन्यूब-नाइपर नदी के दोआबों में भी विश्व-सभ्यताएँ एवं राष्ट्रीय मिथकें मिलजुलकर पल्लवित-कुसुमित हुई हैं। मानसरोवर, टिटिकाका, विक्टोरिया, टिकाल झीलें भी माचू-पिच्चू, कुज़को, टिकाल, अंगकोर बाट भी; कैलाश, एंडीज, फूजीयामा भी, मिथकधाम रहे हैं। यारब, मिथकों वाला स्वर्ग कौन-सा है? उसे किसने देखा होगा? उसका 'स्वप्न समय' कब था, है, होगा? बस, इस सबको तो शिल्पियों, मन्दिर-पिरामिड-वास्तुकारों, चित्रकारों, कवियों ने ही इनका सन्दर्श, दर्शन, दिग्दर्शन कराया है। पहले तो सम्भोग और रति, प्रेम और सौन्दर्य, सम्मोहन और संलिप्त सम्बन्धता के बीच विभाजन एवं पार्थक्य नहीं हो पाया था। मिथक शक्ति से मानव-सौन्दर्य की ओर शनैः-शनैः उन्मुख हुई है। बहुत-बहुत देर से सौन्दर्य सुकुमारता, मधुरता, दीप्ति और शुचिता से तथा निस्संगता एवं अतीन्द्रियता से अन्तर्बद्ध हो सका था। शायद अप्सराएँ, साइरेने, मत्स्य-बालाएँ, यक्षिणियाँ इस संक्रमण की संवाहिकाएँ बनी थीं।

× × ×

इतनी अनिवार्य सीमाओं तथा संकोचों के चलते श्रीगणेश **ईजिप्टी मिथकायन** से ही हो सकता है क्योंकि एक तो उनके देवता तथा उत्तराधिकारी कूच कर गये हैं, दूसरे उनके विश्वासी गणलोक में एक भी नहीं बचा है और तीसरे उनके मिथकधर्म का परवर्ती इतिहास में (ग्रीक नाममाला को छोड़कर) कोई कलात्मक रिनासाँ भी नहीं हुआ। ये आदर्श दशाएँ हैं।

ईजिप्ट के हज़ारों वर्षों के इतिहास में अनेक राजवंश तथा पाँच प्रमुख धार्मिक केन्द्र रहे हैं। ऐतिहासिक धुरी पर पिरामिड और मकबरे तथा फाराओ हैं तो धार्मिक धुरी पर कर्मकाण्ड। अपेक्षाकृत उनका मिथकयान काफ़ी कम है क्योंकि वृत्तान्त-परम्परा दुर्लभ है। अतः चित्र, शिल्प और वास्तु अक्षों पर ही उनके देवमण्डलों का विस्तार तथा संवर्धन हुआ है। वृत्तान्त-अक्ष तो गेब-नुट की चार सन्तानों–ओसाइरस और सेथ, आइसिस और नेफ्थिस में ही खुलता है। विस्तार ओसाइरस और सेथ, ओसाइरिस और आइसिस, तथा होरस और सेथ प्रसंगों में होता है। अतएव ईजिप्ट-धुरी पर हम कर्मकाण्ड की व्यासरेखा में देवायतनों तथा देवों-देवियों के संरूपों का जो उन्मीलन तथा विकास पाते हैं वह मिथक-आलेखकारी, के लिए तो बहुमूल्य है।

सबसे पहले हम पूर्वैतिहासिक मानव की प्रकृति में ही अतिप्राकृतिक एवं जादुई शक्तियों को केन्द्रीभवन की वैश्विक दृष्टि पाते हैं। पहले देवते **वस्तुरतिपरक** (फेटिश) पवित्र चिह्नों में संकेतित होते हैं। अगली अवस्था में ईजिप्ट के किसानों तथा चरवाहों की ज़िन्दगानी में पशुओं के विविध-व्यापक साहचर्य के फलस्वरूप **पशुओं में ही जादुई शक्ति** को अन्तर्भुक्त पाते हैं। वे उनको मूल्यवान जानते हैं तथा उनसे भयभीत भी रहते हैं। इस तरह वे **दिव्य** पशु हो जाते हैं–सबसे पहले मगर, सर्प और बाज (श्येन)। फिर गृद्ध और हाथी, गाय और सियार। वे मनुष्य और अतिप्राकृतिक शक्तियों के बीच मानो मध्यस्थ हैं। शनैः-शनैः जब खानाबदोश कबीले बसने लगते हैं तब स्थानक देवते तथा पवित्र स्थान भी उभरते हैं। तब देवी-देवताओं की **नृजन्तुरूपिम छवियाँ** (ज़ूमार्फिक फार्म्स) विकसित होती हैः–मुख पूजित पशु का, तथा देह मनुष्य की। इस तरह पशु-देवताओं से अर्द्धमानवकृत देवताओं में प्रस्थान होता है। अब देवता मनुष्य की कल्पना, मनोरथ तथा आवश्यकताओं के अनुसार सृष्टि तथा उत्पत्ति का परिचालन करते हैं।

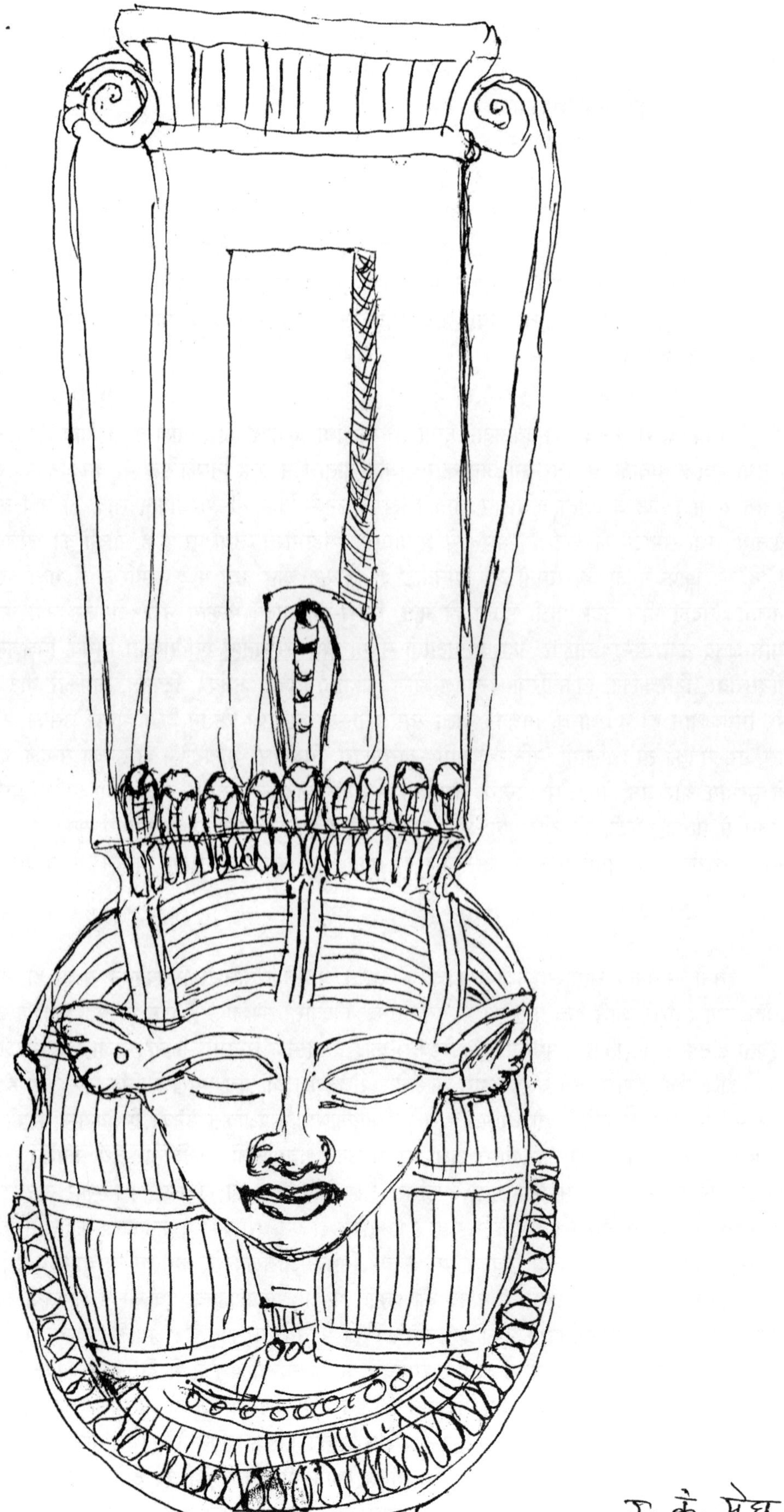

गोकर्णवाली मिस्री देवी हाथोर, मस्तक-अलंकरण के साथ

थोथ

अन्हाई में प्राप्त पपीरस (ई.पू. 1150)

प्रमुख देवता सूर्य 'रे' है। उसकी आराधना कई स्वरूपों में हुई : अतोन (सूर्य का चक्का जिसकी हाथ रूपी किरणें नीचे फैल रही हैं), रे (बाज शिर वाला, दोपहर के सूर्य का मानवीकरण), अटुम (अस्ताचलगामी सूर्य का मानवीकरण)। अन्य देवी-देवते हैं—नुट (मानव या गोरूप, आकाश की देवी, बाद में वृक्षों की भी देवी), आइसिस (ओसाइरस की प्रिया, होरस की माता), खेप्ती (केकड़े की आकृति वाला सूर्य देवता), माट (पर या डैने वाली देवी, सूर्य-पुत्री, न्याय देवी), माले (मेढक या सर्प की आकृति), सेखमेत (सिंहमुखी मौसम की देवी), मुट (सूर्य की प्रिया, कभी-कभी गृद्धमुखी), खोन्स (चन्द्र देवता, आमुन रे और मुट का शिशु), टोथ (विवेक देवता, ईबिस पक्षी के मुख वाला), अनूबिस (शृगाल-मुखी ममीकरण का देवता), प्टाह (ममी जैसी लिपटी देह; कौशल-कला का देवता), एपिस (वृषमुखी : शक्ति एवं काम का देवता), बास्टेट (बिल्ली-मुखी, सहायिका), खनुम (मेष-मुखी सृष्टि-देवता), हाथोर (गोमुखी, स्त्रियों तथा वनस्पति की देवी), नेखबेत (गृद्धमुखी), सेलकेट (बिच्छू मुखी, औषधियों की देवी), थौरिस (दरियाई घोड़ी, स्त्रियों तथा प्रजनन की देवी) आदि। इस तरह चित्र और शिल्प की रहस्यात्मक (देव) छवियों के शुभंकर बने।

र. कुं. मेघ

तूतनखामुन के शवमुख का स्वर्णमुखौटा (ई.पू. 1340)

प्रतीक्षाकुल रमणी, थीब्स, 'न्यूकिंग्डम' XVIII-वंश (ईजिप्ट) लगभग ई.पू. 1400-1362

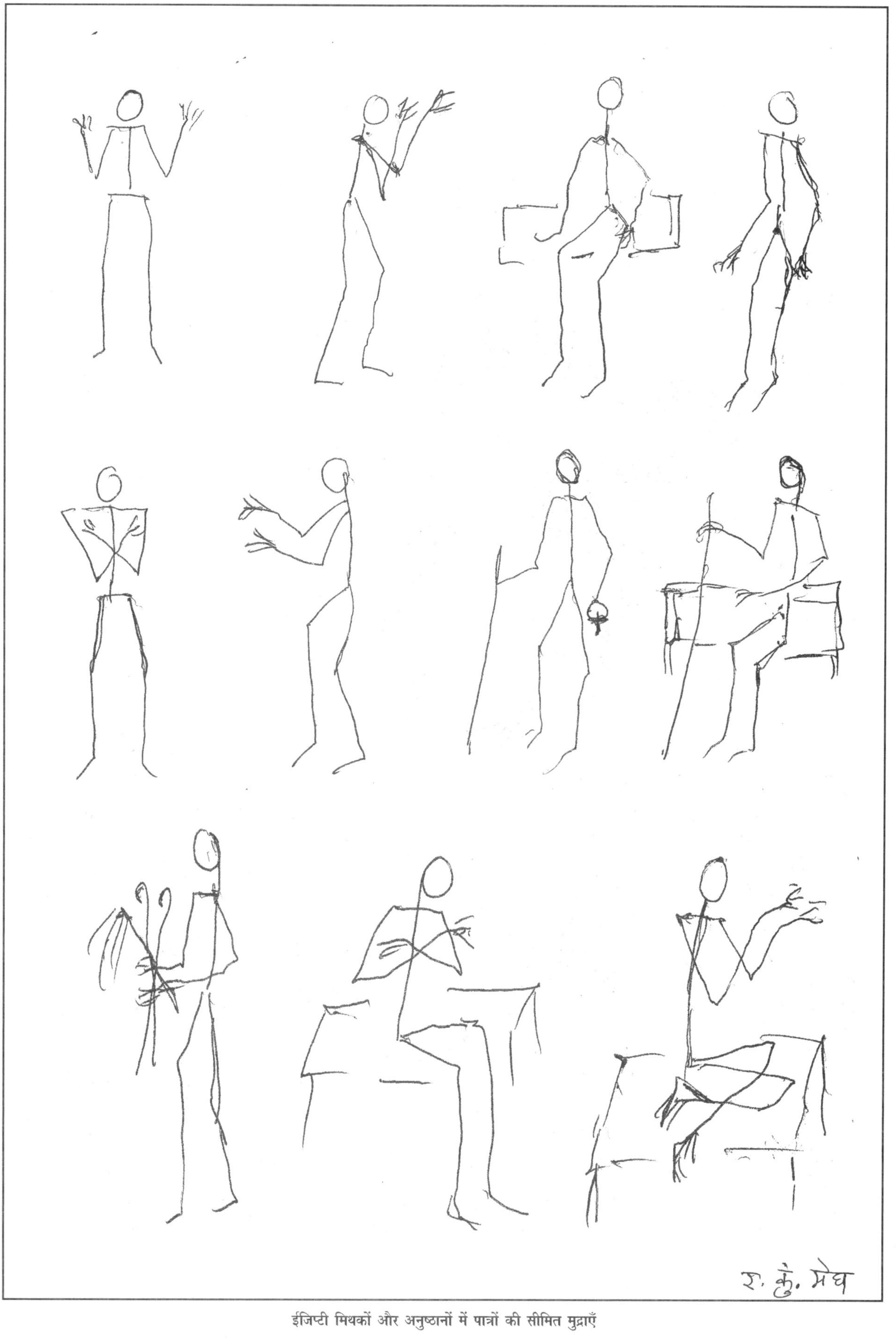

ईजिप्टी मिथकों और अनुष्ठानों में पात्रों की सीमित मुद्राएँ

फाराओ अखनातोन (अमीनोफिस IV) की महारानी देवी बन गयी नेफरतीती की आवक्ष मूर्ति अमारना, नयी राजशाही XVIII वीं वंशावली, अमारना-युग, ई.पू. 1363-1343 नेशनल म्यूज़ियम, बर्लिन ऊँचाई 50 सें.मी.

[पेचीदा तथा गम्भरी व्यक्तित्व, आकृति के चित्ताकर्षक नाक नक्श, ओठों की महीन बंकिमता, खोई-सी दृष्टि, पतली ग्रीवा, कुलीन लक्षण-लांछन। यह शैली तुतनखामून के समय में संवर्धित हुई थी]

हमें देवी-देवों की मानव छवियों के प्रादर्श (मॉडल) ऐतिहासिक ही लगते हैंः—अखनातोन (सिर का पीछे की ओर विलक्षण प्रक्षेपण), नेफरतीती (अमारना शिल्पशाला की आदर्श), क्लिओपेट्रा (आइसिस की छवि), तथा तूतन खामून (युवा देववत् फाराओ) तथा रेमसेस द्वितीय। (हमारे प्रतिपाद्य से परे होने के कारण यह प्रसंग हम छोड़ते हैं)।

अलबत्ता, आठवें राजवंश के समय में, थीब्स के नेब-आमून मकबरे में, नग्न देह नर्तकियों तथा चार नारी-संगीतकारों का एक आनुष्ठानिक चित्रण विलक्षण है। अब यह ब्रिटिश म्यूज़ियम में है। समूहाकृतियों में तनाव तथा समतोलन को उत्पन्न करना ही पड़ता है।

ईजिप्टी देवरूपायन चित्र में तो द्वि-आयामी रहेगा ही, शिल्प में यह गोल बेलनाकार है। इसका तालमान एक बन्द मुट्ठी है। देहमाप दस मुट्ठियों का है। अतः यथार्थ जीवन के जैसा ही अनुपात-समानुपात है।

शिल्प में विशाल खड़ी (स्थानक) या सिंहासन पर बैठी आकृतियाँ उत्कीर्ण होती थीं। पत्थरों की दीवारों पर आधे आयाम (डाइमेंशन) वाली उभरी रेखाओं से भी कुछ की छवियाँ उकेर दी जाती थीं; हलका-सा उभार आने पर यह एक चौथाई आयाम बनाता है।

वास्तु में तो उन्होंने विश्व के प्रथम करिश्मे किये हैंः— पिरामिड का आकार एक शिरोबिन्दु से चारों दिशाओं में समाकार चार त्रिभुजी भूमि पर समकोणों से बना है।

मन्दिरों में बाहर चतुर्भुज या समचतुर्भुज भवन है। बहुधा थोड़ा अन्दर की ओर ढलान वाले (ताकि वर्षा और तूफान असर न करें और दृष्टिरेखा की समीपी समानुभूति हो)। इनमें बड़े ऊँचे स्तम्भ होते हैं।

विशाल सिंहनर (स्फिंक्स) तो एक वैश्विक चमत्कार ही है। वह गीज़ा के पिरामिड के सामने बैठा है। एक प्रकार से प्रथम ईहामृग है।

सम्भवतः ग्रीकों ने पाषाण-खुदाई ईजिप्टियों से ही सीखी है। किन्तु उनके औजार बहुत-बहुत बेहतर हो गये थे।

चित्रकला : प्राचीन ईजिप्ट के कुशल कलाकार-कारीगर-एकट्ठ में चित्रकार, शिल्पकार, रत्नकार, स्वर्णकार, कुम्भकार, वास्तुकार और सूत्रधार थे।

चित्र : उनके चित्रों तथा शिल्पों में आवृतिपरक आकृतियाँ-मुद्राएँ तथा **लोचरहित (अनमनीय)** शैली दृष्टिगोचर होती है। उनके फलक **चित्रकथा** जैसे हैं अर्थात् धारावाहिक हैं अर्थात् उन्हें पढ़ा भी जा सकता है। अतः उनमें अभिप्रायों और प्रतीकों के **कूट का** खुलासा अपेक्षित होता है। भारत की तरह वहाँ के चित्रकारों को भी **परिदृश्य** (पर्स्पेक्टिव) का या तो बोध नहीं था या उनके दृश्यविधान में उन्हें शामिल नहीं किया गया था क्योंकि परिदृश्य में आकृति का किंचित् अन्यथाकरण अथवा विद्रूपीकरण होता है ताकि निकटता-दूरी का प्रत्याभास हो सके। इसी तरह **छाया-प्रकाश** के लिए भी वे रंगों के गाढ़ा-हलका, पतला-मोटा भराव नहीं करते थे। शिल्पियों के औज़ार भी सरल थे। वे ताँबे तथा पत्थर के थे।

मेंफिस का प्ताह देवता

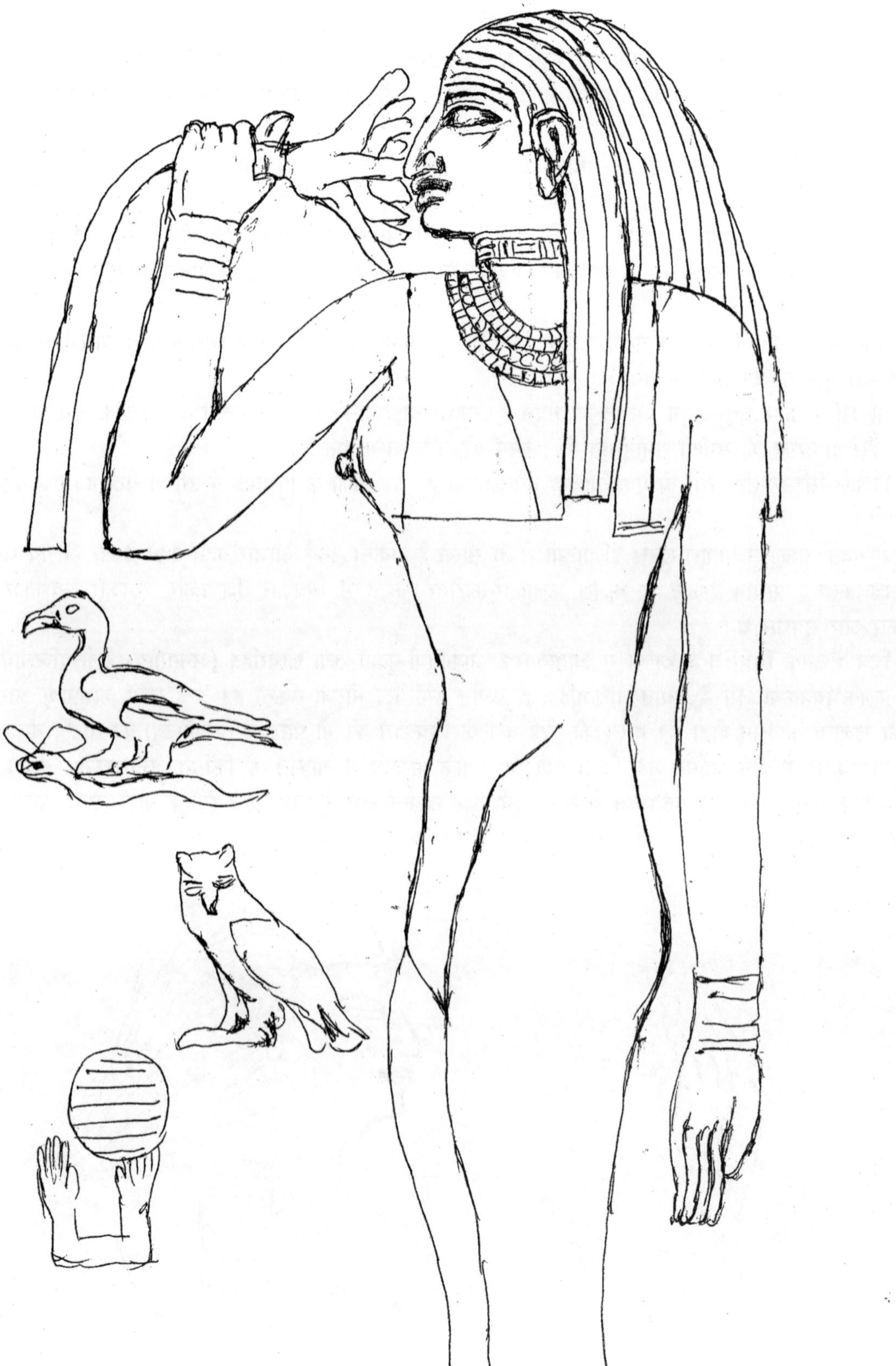

कमल के फूल के साथ मायेत (सच्चाई, न्याय, यथार्थ की देवी)
चूना पत्थर के स्टेला में चित्रांकित – सक़्कारा, पाँचवी राजवंश

चित्रों में पार्श्व सिर। एक चश्मचेहरे। लेकिन दोनों कन्धे पूरी चौड़ाई में (मानो सामने से देखा जा रहा हो)। तथापि वक्ष, उदर, पाँव, पंजे पार्श्ववर्ती अंकित होते हैं। बहुधा बायाँ पैर आगे बढ़ा हुआ (अगर मुख बायीं ओर है)। चित्राकृतियों को काली या कत्थई रेखा से बाँध दिया जाता है। चित्र-फलकों में ऊपर या नीचे चित्रलिपियाँ भी लिखी हुई होती हैं। चित्र मकबरों की दीवारों पर, मन्दिरों के अन्दर, ताबूतों पर तथा काष्ठ-शिल्पों पर भी अंकित होते हैं। पहले चतुर्भुजों में छोटा चित्र बनाया जाता है बाद में उसी अनुपात में उसे अपेक्षित बड़ा आकार दिया जाता है (दीवार पर)। रंग प्राकृतिक ही थे—लाल, पीला और गेरुआ रंग मिट्टी (ओकर) से, काला रंग कालिख से, सफेद रंग चूने से, हरा रंग ताँबे की अयस्क (ओर) से, तथा नीला रंग नीलम के चूर्ण से बनाया जाता था।

अज़टेक-माया (मेसो-अमेरिका)

मेसो-अमेरिका के **अज़टेकी तथा मायाई मिथकायन** भी प्रायः विलुप्त हो गये हैं। स्पेनी उपनिवेशवादियों ने उनके पिरामिड, मन्दिर, प्रासाद गिरा दिये तथा पादरियों ने उनकी सभी मिथकीय धार्मिक धरोहरों, उनके कलावास्तुरूपों की जमकर लूट मचाई तथा उनके सोने को गलाकर सिल्लियाँ बना दी गयीं और उन्हें स्पेन में निर्यात कर दिया गया। अतएव यहाँ अधिकांशरूपेण आधार खँडहर ही हैं।

इनमें भी धर्ममिथकीय आयाम में कर्मकाण्ड ही प्रमुख रहे। इनके देवी-देवते अपने ही **सौन्दर्य** के साथ-साथ अपने ही **सत्य** का द्वन्द्व पेश करते हैं जो भयानक तथा दुर्बोध, कुसुमित तथा विखण्डित, रुद्र तथा रहस्यात्मक है। सब कुछ विचित्र है।

इनके कबीलाई-मिथकीय मानस में उर्वरता और कृषि-कर्मणा एकैक थी। इसी वजह से शायद अज़टेक संसार में पवित्रतम स्थल (दिक्) **मानवदेह** ही थी। यह स्वयं को अर्पित (बलि) करके अमर होती थी तथा इसके अन्दर का हृदय एक खिले फूल की तरह स्पन्दित होता है। इसलिए उनके देवताओं को (सर्प एवं पक्षी के ईहामृग) ताजे मानव-हृदय-प्रसूनों की बलि दी जाती थी।

अज़टेक तथा माया सभ्यताओं और मिथकयानों में अत्यन्त निकटता रही थी। दोनों के देवते आपस में आते जाते रहे। इन्काइयों की मिथकीय दुनिया इनसे विभेदक भी रही थी। इनके मिथकयानों के युगल की धुरी भी युद्ध रही। सो जगुआर (छोटा बाघ) और बाज (श्येन) उनके साम्राज्यों के भी योद्धा-अधिनायक हो गये।

सर्प का जो सुषमित उपचार हुआ वह भी विचित्र है। कोआटे-पेक (सर्पगिरि) नामक स्थल पर देवों की माता कोटलीक्यू (सर्प-पोलके या स्कर्ट वाली महिला) मन्दिर की सफाई करते वक्त पंखों को बुहारने पर ही गर्भवती हो गयी। वह चार सौ सन्तानों की माता थी। इस पर क्रुद्ध होकर एक पुत्री कोयोलक्साउक्यू अपने भाइयों की सेना लेकर माता की हत्या करने चल पड़ी। तब तक एक पूर्णतः विकसित युद्ध-देवता ह्यूटज़िलो-पोचिट्ल का (दुर्गा तथा एथेना की तरह) प्रकटावा हो चुका था। उसने माता की रक्षा की तथा हत्यारी बहन का सर धड़ से उड़ा दिया। शेष तीन सौ निन्यानवे देवताओं का भी वध करके वह काबिज हुआ। विश्व-भित्तिचित्र (म्यूरल) की थीमेटिक एवं गाथात्मक श्रृंखला चित्रित करने वालों में अजन्ता (अजिंठा), तुंगह्वांग तथा रोम की सीस्टाइन चेपल-धारा में हम मेक्सिकन डेइगो रिवेरा (1886-1957) को अभिनव माइकेल एंजिलो (1475-1564) मानते हैं। उन्होंने मेसो-अमेरिका की विलुप्त-विध्वंसित, अज़टेक-माया-इन्का सभ्यताओं की मिथ-सांस्कृतिक-सौन्दर्यसामाजिक 'ध्यान-गाथा-अंकन' किया है।

सम्प्रति हम उनके विराट् पटलों के बजाय एक छोटा-सा प्रसंग लेंगे जिसमें मिथक की नाभि का जादुई यथार्थता में अन्वेषण हुआ है। जब मैं डेट्राएट (अमेरिका) में 'डेट्राएट इंस्टीच्यूट ऑफ आर्ट्स' में उनके डेट्राएट इंडस्ट्री म्यूरल्स देख रहा था तब उन्होंने, पिकासो कृत 'गुएर्निका' की भाँति, मोटर उद्योग के स्टाम्पिंग प्रेस की दानवाकार मशीन तथा अज़टेक की सृष्टि एवं युद्ध की देवी कोआट्लीक्यू (पाषाण प्रतिमा 3½ मीटर ऊँची) के बीच साम्य तथा साधर्म्य ढूँढ़ लिया। प्रेस-मशीन में बड़े चाक देवी की दोनों भुजाएँ, ऊपर लोहे के मत्थे, देवी के मस्तक पर स्थित जहरीले ड्रेगन, मशीन का अतुलित दबाव, देवी की भस्माकारी-शक्ति, नीचे उतरता लोहे का वज़नी अतिविराट् ठप्पा देवी के कृत्यों का प्रतिरूप-प्रतीक बनाकर चित्रांकित किया गया है। मिथकीय-आयामों में यह तो ऐकल चमत्कार बन गया। बाद में इस कृति के लिए उन्हें अमेरिका से निष्कासित भी कर दिया गया (बहाने बनाकर)। इसके पहले भी वाशिंगटन या न्यूयार्क में अपनी एक भित्ति-गाथा में उन्होंने मार्क्सवादी क्रान्तिकारी लेनिन की छवि बनाई थी जिस वजह से वह पटल ही पोंछकर मिटा दिया गया था। अज़टेक शिल्प-रचनाएँ रेखाओं-चतुर्भुजों में गुत्थम-गुत्थ भूलभुलैया वाली हैं। अतः मिथकीय सौन्दर्य-बोध में विचित्रता, भयानकता तथा भूलभुलैया की वृत्ति है। यह बोध ई.प. दसवीं से बारहवीं सदी में परवान चढ़ा।

समाज में पुरोहिती के प्रभुत्व के कारण पुरोहित-राजा का भी युग्म बना। वह मिथक तथा कर्मकाण्ड का विधायक हो गया। उसी के अनुरूप वास्तु में भी यह विधान झलका। पुरोहित-देव राजा का प्रासाद टोलान में बहने वाली नदी पर था जहाँ वह आधी रात को नहाने उतरता था। उसका प्रासाद पूर्व में सोने से पीला, दक्षिण में सीपियों और मोतियों से सफेद, पश्चिम में जेड तथा नीलम से नीला, तथा उत्तर में रक्तरंजित पाषाण ईंटों से गहरा लाल था। अतः एक यौद्धेय राज्य का सौन्दर्यबोध आक्रामक, आक्रोशी, लालसा-तृषित था। इसमें शालीनता तथा सुकुमारत की गुंजाइश ही नहीं थी।

मानव-सृष्टि तथा मानव-संहार करने वाली देवी कोएट्लीक्यू

मोटर-कारखाने का स्टांपिंग-प्रेस

ज़ाटोपेक जनगण का नागदेवता क्विटज़ालकोआट्ल

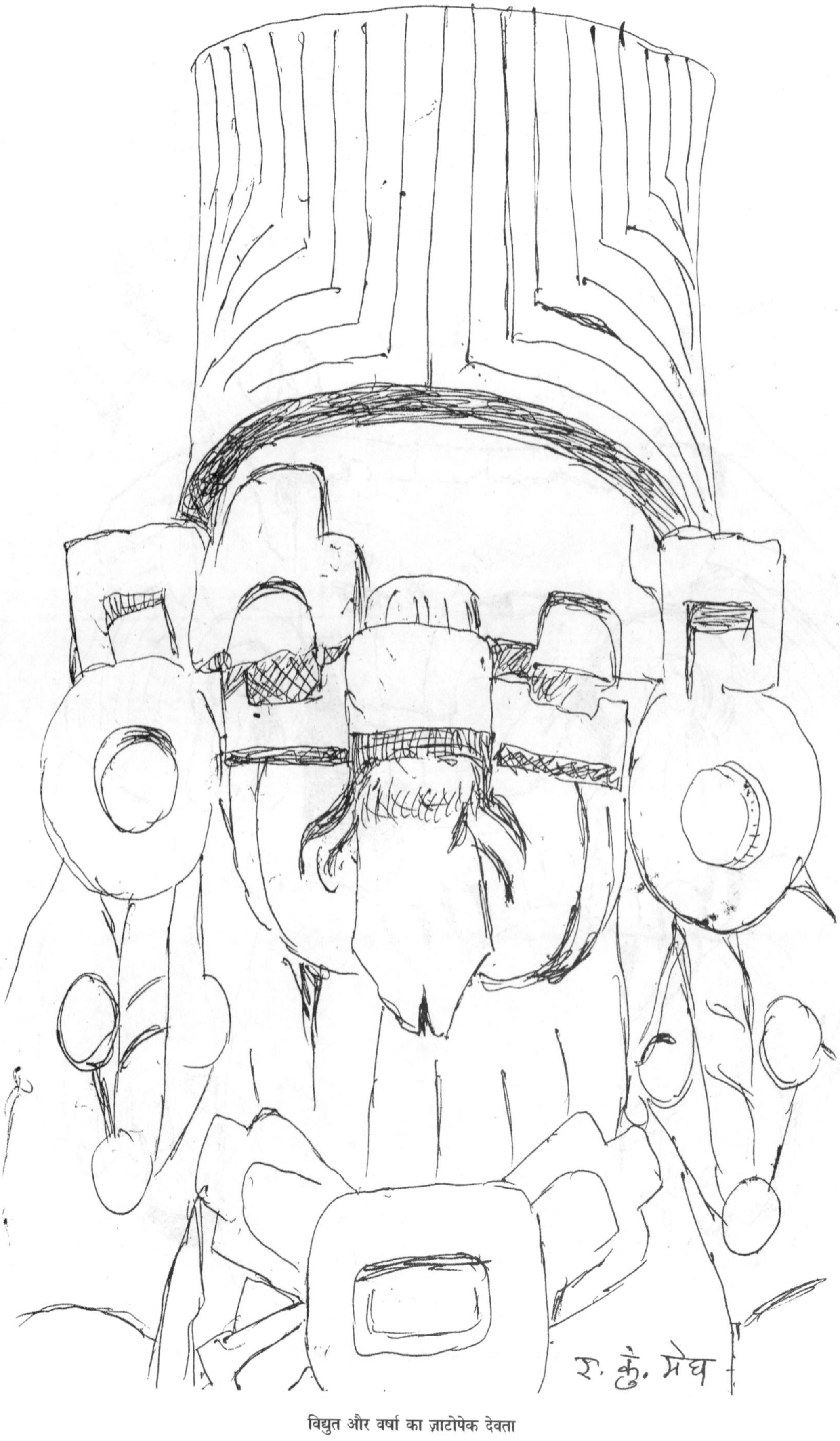

विद्युत और वर्षा का ज़ाटोपेक देवता

क्विटज़ाल कोआट्ल

उनके उक्त सौन्दर्यबोध की शिखर-उपलब्धि देवी कोटलीक्यू की पाषाण-मूर्ति है। आठ फीट से भी अधिक ऊँची यह 'सर्प की चोली-घाँघरे वाली महिला' माता है ह्यूटज़िलोपोचट्ली की। यह मेक्सिको शहर के केन्द्रीय चौराहे पर 1791 में खोदकर निकाली गयी थी। कहा जाता है कि यह सौन्दर्य तथा सत्य तथा शिवत्व की किसी भी अवधारणा के परे है। इसमें सरलता के बजाय रेखाओं की जटिलता है, सन्तुलन के बजाय चहुँओर डाँवाडोलन है तथा समानुपात के बजाय विशाल शिर है जिस पर दो आमने-सामने रैटल-सर्प हैं। इससे दृश्य-भ्रान्ति भी पैदा होती है। किन्तु यहाँ अंज़टेक-माया के एकता तथा द्वयता के सहअस्तित्त्व का प्रतिनिधित्व है। ध्यान से देखने पर गोचर होता है कि सिर गर्दन से अलग (काट) कर दिया गया है जिससे दोनों ओर से सर्परूप महादेवता को रक्तपान कराया जा रहा है। नीचे एक देवी का मांसभक्षक मुँह खुला हुआ है। स्पष्ट है कि अज़टेक के शिल्पी-पुरोहित सर्प और (पक्षी की) पंख-सज्जा में ही चरम शोभा का संदर्शन करते थे। यूँ भी वे बेशकीमती पंख होते थे। जो आभिजात्य वर्ग तथा शासकों की शिर-टोपियों को कई डिजाइनों से सजाते थे।... उनके कलाकार्य में स्वर्णकारी भी कौशलसिद्ध हो गयी थी।

अतः अज़टेक मिथकीय सौन्दर्यबोध की धुरी है—वध हत्या : युद्ध में या कर्मकाण्ड में। दोनों के लिए ही मानवदेह तथा रक्त चाहिए होता था [हृदय की भेंट 'धुएँ वाले दर्पण के स्वामी' अर्थात सूर्यदेवता टेज़काटलीपोका' को की जाती थी]। वह सूर्यदेवता शासक का भी इष्ट देवता होता था।

इन्का जनों की दुनिया पूर्ववर्ती विजयोन्मत्त फौजों तथा फौजी शासकों के प्रभुत्व से ज्यादा प्रशस्त थी। उसमें कई क्षेत्रों-पेशों के पुरुष तथा स्त्री शामिल थे।

उनके मिथकयान में देवता वीराकोचा तथा प्रथम सम्राट मानको कापाक का सम्मिलित कृत्य दृष्टिगोचर है। शुरुआत होती है टिटीकाका-झील से। उसमें-से ही सूर्य और चन्द्रमा निकालकर बाहर लाये गये थे (वह एक लघु समुद्र-मन्थन जैसा था, मानव-देवता के सहकार का)।

इन्काई जन कुशल कुम्भकारी (पॉटरी) करते थे। धातुकर्म में भी उनकी विशेषज्ञता थी। इससे भी ज्यादा वे दक्ष विशाल भवनों तथा प्रासादों के सूत्रधार थे। उन्होंने सुव्यवस्थित परिवहन-प्रणाली विकसित करके एक बड़े साम्राज्य को मार्गों से जोड़ दिया। उनके देवताओं की गिनती उँगलियों में गिनी जा सकती है। फिर भी इतने विशाल साम्राज्य तथा इतनी बहुविध आबादी को देवताओं का इतना छोटा मंत्रिमण्डल चलाता था : वीराकोचा, इन्टी, मामा कोचा, मामा किल्ला, मामा जारा, पाचा मामा उनका प्रमुख देवमण्डल था।

उन्होंने अपने गणित और खगोलविद्या के ज्ञान का उपयोग अपने प्रासादों तथा पिरामिड-नुमा मन्दिरों में किया। बड़े-बड़े पुर-निवेश भी किये। सब कुछ एक सुगठित राज्य के मानिंद था। पिरामिडी मन्दिर में सबसे ऊपर सर्वोच्च शासक सापा इंका रहता था जो राजनीतिक, धार्मिक तथा सैन्य मामलों का निर्णेता था। उससे नीचे अभिजात एरिस्टोक्रेसी के लोग थे जो राजा के रिश्तेदार तथा करीबी सलाहकार थे। वे समाज के सभी स्तरों पर नियन्त्रण रखते थे। सबसे नीचे नौकरशाही के लोग थे जो शासनादेशों का पालन करते थे तथा आबादी को शान्त-खुश रखते थे। तदापि इनमें स्पष्ट वर्गीय स्तरीकरण नहीं था। इससे अव्यवस्था तथा द्वन्द्व तेज रहते थे।

वास्तु-कौशल का एक प्रमुख सौन्दर्योपयोगी प्रयोजन था कि संसार के उद्गम एवं प्रशासन के स्तरीय प्रकार्यों को एकतान किया जाए। वास्तु के अनुपूरक शिल्प एवं चित्र का सौन्दर्य-बोध भी ऐश्वर्य तथा शोभा से श्रीपरक था। संलग्न शिल्पाकृति सम्भवतः 'सूर्य की कुँवारी' की है। इसका अवलोकन करने पर किशनगढ़-कलम की बनीठनी जी श्रीराधा से साम्य मिलता है, विशेषतः ओठों की उत्फुल्लता और नयनों के बाँकपन को लेकर।

सिंगार में केश-सँवार तथा केश-सज्जा प्रमुख है। पाँच घुमावों वाली भिन्न-भिन्न प्रकाश की केश-संरचना है। इसमें ऊपर पुष्पगुच्छ है, पार्श्व शिरफूल के रूप में तीन पक्षियों (के ऊनी स्वरूप या रूई से भरी खाल) को पिन किया गया है। अगल-बगल लम्बे पंख खुँसे हैं। इन्काई शोभा-प्रसाधन में फूल तथा पंख तथा शिर-आवरण महत्त्वपूर्ण थे। कानों पर बड़े लटकते (झूमते नहीं) झुमके हैं। गालों पर लहर-भंगी चित्र-रचना हुई है। एक कन्धा खुला है। दूसरे कन्धे तथा पीठ को घेरता हुआ उत्तरीय है। इसकी ठोढ़ी तथा फिसलता ललाट इनकाई सौन्दर्यबोध में चार चाँद लगाता है। गोलमटोल बड़े मोतियों की माला छाती पर झूल रही है। यह इंका-मिथक की बनीठनी जी है।

सम्प्रति हम **ग्रीकमिथकों** की धुरी से रोमन तथा रिनासाँई धारावाहिकता को भी शामिल करेंगे ताकि थीमें तथा दृष्टियाँ अधिक साफ़ हो जाएँ।

ग्रीक मिथकें आर्केइक (ज्यामितिक) युग के बाद क्लासिकी युग (ई.पू. 480-323) में खूब प्रकट होती हैं। वे ही परवर्ती यूरोपीय-रिनासाँई मिथकों एवं मूल्यों की स्रोत हैं। उनमें एक ओर एकलदृश्यात्मक मिथक-प्रसंग हैं, दूसरी ओर महाकाव्यों के ओडिसियस, एजाक्स, हेराक्लीज़ आदि के वृत्त हैं, तीसरी ओर धारावाहिक कथाचक्र हैं। इनमें मिथकीय (पात्रों के) बिम्ब परोक्ष हैं तथा ऐतिहासिक संघटनाएँ अनुपस्थित हैं (तभी हमने इन्हें लिया है : केवल माराथन दौड़ को छोड़कर)। मिथक का चतुरंग

हुन हुनाह पूः—माया सभ्यता का मक्की
(की फसल) का देवता

मूर्ति : मक्कीदेवता का मानवीयकरण

माया - सभ्यता की एक सौन्दर्यगर्विता की केशसज्जा, आनन में गोदना, चपटी ललाट मनकों की मालाएँ। प्राचीन माया-संस्कृति में सौन्दर्य के उपादान

माया : मेक्सिको (बोनामपाक) के भितिचित्र (उत्तर आठवीं शती) बायें : शिरस्त्राण दायें : जगुआर चर्म पहने हुए एक मायाई मुसाहिब

जगुआर-रूप सम्राट

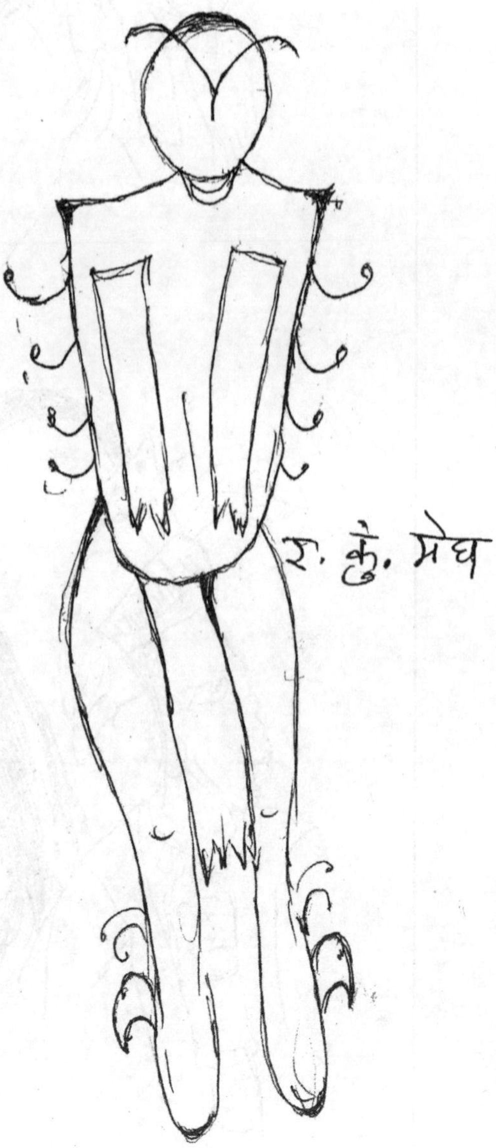

जगुआर बाघ और बाज पक्षी (इन्का-साम्राज्य के योद्धा)

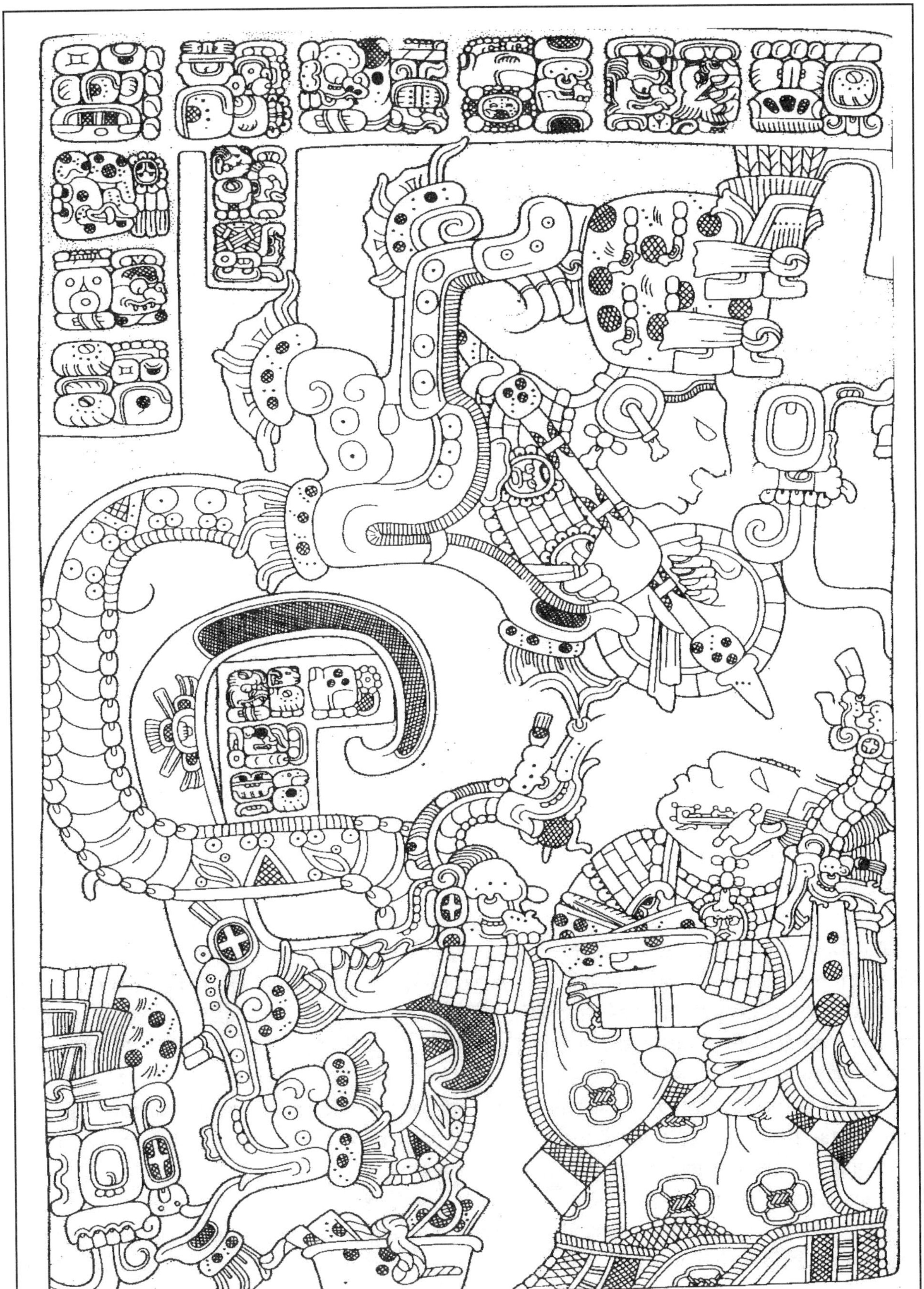

आकृतियों की अलंकृत-अभिकल्पक शैली, इन्का; नीचे दायीं ओर सम्राट की पत्नी याक्सचिलान के संस्थापक याट बालाम के सामने। वह एक महासर्प के मुख से बाहर निकल कर आ रहा है।

है—मिथकीय वृत्त (ऊपर विवरण दिया जा चुका है), कर्मकाण्ड (मृतदेहों के अनुष्ठान, तथा यौद्धेय, सन्दर्भ), और लौकिक रेखा पर सिम्पोज़ियम तथा खेल-प्रशिक्षण।

ग्रीक स्तम्भों, प्यालों, तश्तरियों, कलशों, पात्रों तथा दोहत्थी मदिरा-भाण्डों (एम्फोरा) में मिथकें अंकित हैं : एक प्रकार में हलके नारंगी रंग की पृष्ठभूमि में काली आकृतियों में बेहद सफ़ेद महीन रेखाओं से छवियाँ बनी हैं तो दूसरे प्रकार में हलकी नारंगी पृष्ठभूमि में सफेद आकृतियों में सूक्ष्म कत्थई रेखाओं से आकृतियाँ हैं। उनका पतलापन, सफाई, बारीकी, चुन्नटें, पत्तें चकित करती हैं। प्रायः पुरुषपात्र नग्न हैं और स्त्रियों के एक स्तन प्रायः अनावृत्त हैं। सभी के जामे और फहराते-लटकते-झूमते-झूलते वस्त्र मिथक की गतिकी को जीवन्त कर देते हैं। इनमें एक छन्द तथा लय है (ऐसी बारीकी भारतीय काँगड़ा-कलम के चित्रों में भी मिलती है)। इनमें रंगों का वैभव नहीं है—श्वेत-श्याम का सामंजस्य है।

एम्फोराओं-एगोराओं, तश्तरियों तथा पात्रों की बाहरी सतहों पर, काली या कत्थई पिछवाड़ी पर जो सफेद या काली रेखाओं से मिथकीय प्रकरी-घटनाओं के चित्रांकन हुए हैं उनमें पहनावों की खड़ी-सीधी-लटकती रेखाएँ, चुन्नटें, डैनों जैसी फहरानें, घुमाव आदि भावों तथा प्रकरणों की व्यंजना करते हैं। महिलाओं के परिधान भी लगभग वैसे ही हैं, किन्तु उनकी बाँहें, स्तन तथा मुख अनावृत्त हैं। शिल्प में पुष्ट, बलिष्ठ, नग्न पुरुषदेह की, तथा नारियों की व्यापक-संयोजित देह की केन्द्रीयता मुद्राएँ हैं। उनमें निर्भाषिक प्रवाचन तो उनकी मुद्राओं-भंगिमाओं, लांछनों-लक्षणों, अस्त्र-शस्त्र-आभूषणों, उपादानों-उपकरणों द्वारा होता है। यही उनका सौन्दर्याबोधात्मक अधिग्रहण (रिसेप्शन) है।

ग्रीक मिथकों में पुरुष के प्रादर्श (मॉडल) या तो व्यायामशाली (जिमनेसियम) के खिलाड़ी हैं अथवा साँड़, भैंसा, आवृत्तक हंस, सर्प, मेष, बकरे जैसे कामुक पशु-पक्षी हैं। ज़ियस, एरीज़, पोसेइडोन का वर्चस्व भी परिलक्षित है। स्त्रियाँ अपेक्षतः महत्त्वहीन, या छली गयी, या अपहृत-बलात्कारित भूमिकाओं में भी आती हैं। मसलन, ग्रीक मिथकीय नारी-संसार मनोसामाजिक रहस्यों का तिलिस्म है। उसमें देवीरानी हेरा अपने दुश्चरित्र देवेन्द्र ज़ियस के प्रति ईर्ष्यालु-विद्रोहिणी है, गेइआ अपने पति की हत्या के लिए पुत्रों को उकसाती है; देवता अपनी बहनों तथा पुत्रियों के साथ समागम करते हैं; डिमीटर, आइओ, लेडा बहकाई जाती हैं; सिर्से, साइरनें भी पुरुषों को धोखा देकर काबू करती हैं; सर्पकेशी मेडुसा है; भोली-भाली कुँवारी गर्भवती लेटो, सेमेली, यूरोपा आदि हैं। इनमें मातृसत्ताक वर्चस्व तथा नारी-सशक्तीकरण की भी मिसालें हैं—किशोरी शिकारिन आर्तेमिस हैः तेजस्विनी योद्धा ज्ञान की इड़ा एथेना भी है। इस सबके पर्दे के पीछे का सामाजिक पंचांग क्या है? प्राचीन ग्रीक समाज में समरति (होमोसेक्चुअलिटी : गेनीमीड), विभिन्न रति (हेटेरा-सेक्सुअलिटी : ज़ियस, एफ्रोडाइट) की मिथकें बताती हैं कि ग्रीक तथा स्पार्टन लोगों में इन प्रकारों की स्वीकृति थी। प्राचीन ग्रीक समाज में वैवाहिक सेक्स का ध्येय केवल सन्तानोत्पत्ति था। स्पार्टा-क्षेत्र के पुरुषों में स्वस्थ-सुन्दर सन्तान के लिए अपनी पत्नी को गर्भवती बनाने के लिए परपुरुष गमन (एडल्टरी) मान्य थी ('महाभारत' के नियोग के समानान्तर)। इसके अलावा विवाहित तथा कुँवारे पुरुष, दोनों में ही वेश्याओं और दासियों के साथ यौनाचार में संलिप्तता वैध थी (ज़ियस और एरीज़)। विरोधाभास यह है कि इसी के साथ वहाँ योनि-शुचिता तथा वफादारी की भी मर्यादाएं (मोरेलीज़) थीं (पेनिलोप का आदर्श)। पेरिस अनेक देवी-रमणियों को विलुब्ध (सिड्यूस) करता है। अतः ओडिसस की पत्नी पेनिलोप तथा विश्व सुन्दरी छलनामयी हेलेन के मिथकीय ध्रुवान्त भी मिलते हैं।

अथच ई.पू. छठी शती के उत्तरार्ध एवं पाँचवीं शती के प्रारम्भ में लाल वर्ण के मदिरा-पात्रों एवं अंगूर-घटों में नग्न नहाती स्त्रियों का चित्रण हुआ है। अमूमन स्त्रियों की वैवाहिक उम्र बारह वर्ष तथा पुरुषों की तीस साल होती थी। इसलिए जब नारियाँ अपने चढ़ती कलाँ के साथ पूर्णयौवना होती थीं तब वे बहुधा विधवा हो जाती थीं। सो, ग्रीक मिथकीय-समाज में भी ऐसा सामाजिक पंचांग प्रतिबिम्बित होता है, देवी-देवताओं, देवों-मानुषी की आड़ में। मिथकों में ऐसे विविध यौनाचार को शोभाशाली बना दिया गया। यही विचित्र मिथकीय सौन्दर्यबोधवृत्ति है। कई एम्फोराओं पर लिखा है : 'लड़का खूबसूरत है'। देवेन्द्र ज़ियस सेक्स की विचित्र विभिन्नताओं का पुंज है।

सो, हम इसे **'गेनीमीड-ग्रन्थि'** कह लें। गेनीमीड के नाम से एक नक्षत्र भी है जिसको यह शुभ नाम गैलीलियो (1610) तथा केपलर (1613) ने आयो, कैलिस्टो के साथ दिया था। ग्रीक मूलतः हृष्टपुष्ट, व्यायाम-संवाहित **नग्न देह** की भव्यता तथा सुन्दरता पर मन्त्रमुग्ध रहे। उनके सौन्दर्यबोध के ध्रुवान्त भी भव्यता एवं सौन्दर्य हैं।

आद्य विश्वमिथकों के दृष्टान्तों (मेसोपोटामिआई पातालगामिनी, ईश्तर, भारतीय अनसूया-त्रिदेव, पुरुरवा-उर्वशी, रोमन क्युपिड-साइकी) की भाँति ग्रीकों का **नग्नता का सौन्दर्यबोध** पावन तथा पार्थिव, उदात्तता तथा कामातुरता के ध्रुवान्तों में अडोल-डाँवाडोल है। वे अपनी कला के बिम्बों में लिंग एवं योनि का ललित ललाम चित्रांकन करते थे (शिवलिंग-पार्वती योनि की भाँति)। अपोलो के छलावरण में नग्न युवक का अंकन बखूबी खूब प्रचलित था। हर्मीज़ के पाषाण-स्तम्भों में भी लिंग उत्कीर्ण होता था। डायोनीसियस-महोत्सवों में शैव लिंगायत भक्तों की भाँति एथेंस की कुमारी रमणिकाएँ सिर पर विशाल लिंगशिल्प धारण

* दे. राबर्ट गार्लेंड : 'डेली लाइफ़ आफ द एंशियेंट ग्रीक्स', इंडियाना यूनिवर्सिटी प्रेस, कोनेक्टिकस, 1998

ज़ियस के द्वारा पात्र (फियाले) देने पर गेनीमीड अमृत उँड़ेलता हुआ। हेस्टिया (तथा एफ़्रोडाइट, एरेस, एथेना, हर्मीज़ तथा हीबे) देख रही है। ओल्टॉसक के हस्ताक्षर - अंकित प्याला (C. 510-500)

बाली उमर के हसीन लड़के गेनीमीड का अपहरण करने के लिए देवेन्द्र ज़ियस अवतरित होकर अपना गर्जन तथा विद्युत वाला सपक्ष वज्र परे रख देता है।

करके पर्व मनाती थीं। यह मिथकाभिप्राय कामदी नाटकों में भी संलक्षित है। एरॉस (रोमन क्यूपिड) तथा आर्तेमिस के अनेकानेक रतिलीला-लुभावन प्रसंग हैं।

तदपि यथार्थता एवं कलात्मक प्रतिरूपण के बीच भी अन्तर्विरोध एवं विरोधाभास होते हैं। जिमनेसियम में पुरुष तो परस्पर नंगे ही मिलते-व्यायाम करते थे। इसलिए खेलकूद-दौड़ (स्पोर्ट-एथेलेटिक्स) वाली ग्रीक (मर्मर पाषाण की) प्रतिमाएँ अपनी बलशाली ऊर्जस्विता के साथ-साथ सम्मोहक ढंग से नग्न हैं। ओलिंपिक खेलों में स्त्रियों का आना वर्जित था। तदपि स्पार्टा में खेल-प्रतियोगिताओं में उन्हें आहूत किया जाता था कि... वे नग्न होकर आयें। ऐसे समारोहों में वे मनचाहे मर्द का चयन कर लिया करती थीं।

ग्रीक क्लासिकल तथा मिथकीय आयामों की—महाकाव्यों के पश्चात्—सर्वाधिक अभिव्यंजना डोरिक शैली के एथेना के मन्दिर 'पार्थिनन' में हुई है। एथेंस एथिना का शहर था। अतः उसके प्रकृत् मूल्य क्वाँरापन (शुद्धता-शुचिता-श्रेष्ठता) तथा यौद्धेय धीरता रहे हैं। एक्रोपोलिस भी एथेना की शिलापीठ है। पार्थिनन मन्दिर में सिलसिलेवार शिल्प-प्रसंग एवं वृत्त है। इसके केन्द्रीय भवन (सेला) के ऊपर जो त्रिभुजाकृतिक मेहराब है वह 525 फीट अर्थात् 160 मीटर लम्बी है। इसमें एक लम्बी उत्सवधर्मी शोभायात्रा है जिसमें घोड़े तथा रथ हैं। इसका विसर्जन ओलिम्पियन देवताओं की मजलिस में हुआ है। इसके चहुँओर एथेना के दिव्यवृत्त, डेल्फी, महाकाव्य का युद्ध आदि हैं। हम इसका मूलाधार खाँटी मिथकचक्रचिह्न ही मानते हैं। इसमें धर्म और युद्ध के प्रसंगों की प्रमुखता है; बलि-प्रसंग है, एथेना-पोसेइडान से जुड़े अनुपाठ-प्रतिपाठ भी हैं।

तथापि ग्रीक मिथकीय सौन्दर्यबोधात्मक वृत्ति तथा सौन्दर्यतात्त्विक सृजन को क्लासिकी स्वर्णकाल का कोष्ठक ई.पू. 480-323 वाला रहा था जब हेलेनिक संस्कृति एवं कला शोभा की सर्वोच्च समरसता थी। एक ओर एफ्रोडाइट तथा सिमेली थीं, तो दूसरी ओर लड़ाकिनें अमेज़न-नारियाँ।

रोम

जब रोमनों ने ग्रीकों के पेगन-विश्वमिथकयान को अपनाया तो अत्यधिक भव्यतापरक शैली का परिष्कार तथा क्लासिकी तत्त्वों के शिखर भी जुड़े हैं। उन्होंने कथाएँ तो लगभग जस-की-तस रखीं किन्तु मिथकीय पात्रों के नामों का रोमनीकरण कर डाला—जुपीटर (ज़ियस), मिनर्वा (एथेना), वीनस (एफ्रोडाइट), वल्कन (हेस्फाइटस), बेकस (डायोनीसस), पर्सपीना (प्रोसपेरीना),

आर्तेमिस (रोमन डाएना) तथा एक्टाओन

[डानाई तथा (गर्भदायक) स्वर्ण की वर्षा] (वेसेली टिशियान 1487-1576)

अमेज़न-नारियों का आक्रमण

पार्नासस पर्वत पर नौ वाक्-कलादेवियों के साथ ज्ञानदेवता अपोलो
नृत्य और गान में लीन नौ म्यूज़ेस का नेतृत्व करते हुए देवता अपोलो

वीनस का शृंगार-मंडन

फ्रेंको बाउशर (1703-70)

बेहद सुकोमल वीनस की नज़र तो कातिलाना प्रलोभनकारी है। (यद्यपि उम्र से उसकी मुग्धावस्था ही है)। साथ में फाख़्ते, गुलाब पुष्प, मोती-मनके तथा एक रजत सीप (जिस पर जन्मते वह सिन्धु-संतरण करके आई थी) जैसे लक्षण-लांछन धरे हुए हैं।

बाँसुरी बजाने वाला तथा लोकनर्तकी (ई.पू. 520-510)

मार्स (एरिस) आदि। उनके केन्द्र रोम, पोम्पेई, मिलान आदि रहे।

बाद में सोलहवीं शती में इटली समेत यूरोप में पुनर्जन्म या पुनर्जागरण (रिनासाँ) का जो आविर्भाव हुआ, उसका परिप्रेक्ष्य एवं परिवृत्त 180 डिगरी बदल गया। अब उनके लिए मिथकीय ग्रीक-रोमन एक इकाई थी आलोकवाद (हेलेनिज़्म) की और अब बाईज़ेंटाइन-वेटिकन की नयी मधुरता (हिब्राइज्म) परक ईसाइयत की इकाई छा गयी।

मिथक के रिनैसाई-सौन्दर्यबोध में मूलतः चित्रफलकों, भित्तिचित्रों की धुरी है। वह ईसाई आयाम के समानान्तर है। उसमें पूर्व के रूपाकारों की नकल नहीं है बल्कि नये मानववाद, देह की नयी मुद्रा तथा असीमित शोभा का अन्वेषण आ गया। देहों में एक शालीन-मांसल-स्वच्छ-उन्मुक्त नग्नता एवं निर्वसनता की कान्त मैत्री हो गयी। चित्र मानो रोमनीकृत ग्रीकमिथकों को भौतिक सत्ता देने लगे और उनमें चलचित्र का झटिति प्रत्यय चमत्कृत करने लगा। इस प्रकार रिनासाँ-शिल्पियों (माइकेल एंजिलो विशेष रूप से) तथा चित्रकारों (बोटिचेली, राफेल, रूबेंस आदि) ने ग्रीक-रोमन-रिनासाँ चरणों में मिथक-आलेखकारी के नये-नये, अनुपम-अद्वितीय अभाषिक पाठ-अनुपाठ-प्रतिपाठ-उत्तरपाठ रचे। यह एक बिल्कुल पृथक संसार है जिस पर तुलनात्मक मिथकयान के पैरामीटर से उदात्त यात्रा की जा सकती है।

रिनासाँ-चित्रकारों की दो तकनीकी खोजों ने सौन्दर्यबोधानुभूति को अप्रतिम ऊँचाइयों तक पहुँचाया– (i) विविध रंगों

का सुदक्ष आलेपन (ग्रीक चितेरे ऐम्फोराओं में काली-सफेद रेखाओं, काली-नारंगी पृष्ठभूमि का एकवर्णी प्रयोग करते थे); तथा (ii) परिदृश्य (पर्स्पेक्टिव); इसके द्वारा वे गहराई-मोटाई, दूरी-निकटता की प्रतीति कराने लगे।

चित्रकारों ने छाया और आलोक की नाना विधियों से देह को, देह के परिधानों-अलंकरणों को शिल्प का तीसरा आयाम प्रदान कर दिया। अब वे मानो चित्र के दो आयामों से आधा आयाम अधिक उभरकर आती दिखीं। मुद्राएँ भी शैल्पिक होने लगीं तथा नारी-देह भी निर्वसन/नग्न अंकित होने लगी। चित्रकला का यही आद्य अभिलषितार्थ हो गया।

मध्यकालीन रसायन का लाभ चित्रकारों ने भी उठाया। वे पहले भित्ति या कैनवास पर वर्णिका-भंग (रंग) अण्डे की जर्दी द्वारा करते थे जो जल्दी ही सूखकर कड़ा हो जाती थी। अतः बारीक छाया-प्रकाश भी मुश्किल थे। बाद में अलसी के तेल से मिश्रण किया जाने लगा जो तरल और मन्थर गति से सूखता था। इसके अलावा दर्पण से परिदृश्य युक्त तीन आयामी दृश्य ज्यादा सही बनने लगे।

सबसे बड़ा, तदपि अन्तिम सत्य कि, उन्होंने ग्रीक मिथकों को ग्रीको-रोमन अनुपाठ-प्रतिपाठ-उत्तरपाठों की झड़ी लगा दी जो दृश्य तथा निर्भाषिक थी। अतः वह देहभाषा की धुरी पर भंगिमा-अनुरंजित अर्थवाही थी।

एक सौन्दर्यबोधात्मक तथ्य ध्यातव्य है कि ग्रीक शिल्प तथा कलश-रंजन में केवल अग्रप्रस्तुति (फोरग्राउंडिंग) की गुंजाइश थी। लेकिन परवर्ती इटेलियन रिनासाँ तथा यूरोपीय कला-आन्दोलनों में ग्रीक-रोमन मिथकों को अद्वितीय, आद्य, पावन, पार्थिव, नन्दनकानन के जैसी अद्भुत पृष्ठभूमियाँ (बैकग्राउंड्स) भी मिल गयीं। उन्होंने नग्नता तथा निर्वसनता का, शुद्धता तथा आवरण का भी चमत्कारिक समतोलन (साइनीस्थेसिस) किया है।

कालक्रमणिका

वास्तु

ई.पू. 750 — होमर प्रणीत 'इलियाड' तथा 'ओडिसी',]
ई.पू. [700 — प्रथम नगर-राज्य क्रीट के ड्रेरॉस में, अपोलो के मन्दिर केन्द्र से
ई.पू. 65 — प्रथम डोरिक मन्दिर
ई.पू. 590 — हेरा का मन्दिर
ई.पू. 550 — आर्तेमिस का पुराना मन्दिर
ई.पू. 540-510 — डेल्फी में अपोलो का मन्दिर
ई.पू. 460 — ओलिम्पिआ में ज़ियस का मन्दिर
ई.पू. 447-432 — एथेंस में पार्थिनन
ई.पू. 425 — एथेना का मन्दिर
ई.पू. [404 — एथेंस की पराजय : पेलोपोनेसियन युद्ध की समाप्ति]

शिल्प

ई.पू. 760 — डाइपिलॉन एम्फोरा
ई.पू. 520 — लाल आकृतियों से कलश-चित्रकारी
ई.पू. 438 — फीडियासकृत एथेना पार्थिनॉस
ई.पू. 350-340 — प्रेक्सिटिलीज़ कृत नाइडॉस की एफ्रोडाइट
ई.पू. 150 — मिलॉस की एफ्रोडाइट (वीनस डे मिलो)
ई.पू. 100 उत्तरार्ध लाओकून
[30 ईजिप्ट की ग्रीक फाराओ क्लिओपेट्रा की मृत्यु]

गान्धार-मिथकांकन

जिस तरह वैदिक **मित्र-वरुण** के युगल में से मित्र तो 'मिथरा' बनकर रोम तक पहुँचा, अथवा एशिया माइनर के **एस्ट्राट-एदोनोई** का युगल ग्रीस में एफ्रोडाइटी-एडोनिस होकर अभिनन्दित हुआ, उसी तरह एक अद्भुत सौन्दर्यानुबोधक मिलन हुआ—**ग्रीक अपोलो** तथा **भारतीय बुद्ध** का। फिलहाल हम इसे अपोलो-बुद्ध का दूरान्वयी युगल कह लेते हैं [श्नेइटर भी ऐसा मानती हैं]।

ऐसी चित्र मिथक की आलेखकारी ने **गान्धार-प्रतिपाठ** का उन्मेष किया। मध्य ऐशिया के गान्धार के ग्रीकी-हेलेनिकजन्य प्रभाव के कारण ही कुषाण-युग में ही बुद्ध तथा हिन्दू देवी-देवताओं-नदी-देवियों को सर्वप्रथम मानवीय विग्रहों से मण्डित किया गया। यह वाह्लीक (बैक्ट्रिया), तक्षशिला जैसे केन्द्रों में पनपा। वर्तमान अफगानिस्तान तथा पाकिस्तान के उत्तरी कबायली इला. कों में इसका विकास हुआ था। यह ग्रीक एलेक्जेंडर की भारत तक दिग्विजय यात्रा (ई.पू. 334-323) के पश्चात् की देन है।

घुँघराले केश-जूड़े, ग्रीक शैली के ज्यामितिक ताल वाले उत्तरीय की पर्तें तथा चुन्नटें, केवल आध्यात्माभिव्यंजक देहाकृति के बजाय शरीरशास्त्रीय यथार्थ-परक देह-संरचना, मुखमण्डल में ऊँची लम्बी नासिका, गोल मोती जैसी उभरी पलकें, तथा भारतीय समाधिस्थ प्रशान्ति भी इसकी पहली पहचान हैं। इस मिथकीय अनुपाठ के चित्रपाठी न तो शुद्ध ग्रीक थे, न ही एकांतिक भारतीय। इसमें तत्त्वचिन्तन तो भारतीय, किन्तु **सौन्दर्यबोधशास्त्र** हेलेनिक अर्थात् ग्रीक है। इसके समकक्ष हमें चित्रमिथक का वह आरम्भिक **घुमन्तू खानाबदोश (नोमेडिक)** सौन्दर्यबोध याद आ रहा है जो मध्य एशिया के कुषाण तथा पार्थियन कबीले अपने साथ लाये थे और जो पहले यक्षों की विशाल प्रतिमाओं तथा यक्षिणियों की **बलिष्ठ-प्रजनक** मूर्तियों में साकार हुआ था। फिर उनके कुषाण-साम्राज्य के सम्राट कनिष्क (ई.प. 78-101) ने उपनिषद्-युग के बाद **द्वितीय भारतीय रिनासाँ** का आरम्भ किया और बुद्ध की प्रथम (महायानी) प्रतिभा के विधान के साथ-साथ सर्वप्रथम भारतीय देवमण्डल की, तथा नदी-देवियों की, और दूसरे ढंग की यक्षिणियों की एक समानान्तर मिथकीय सौन्दर्य-दुनिया का अवतार कराया। अतएव अभी तक यह निश्चित नहीं है कि प्रथम बुद्ध-प्रतिमा किसने बनाईः—हेलेनिक गान्धारियों ने, अथवा घुमन्तू कुषाणों ने? ई.पू.प. के आगे की पीछे शताब्दी में ही यह श्रीवास्तविक चमत्कार हुआ था। दूसरा आतंककारी चमत्कार तब हुआ जब ग्यारह मार्च, 2001 को तालिबान द्वारा अफगानिस्तान की पैंतीस फीट ऊँची भीमकाय बुद्ध-मूर्ति को बारूदी सुरंग से तहस-नहस कर डाला गया।

बुद्ध के आयाम में बौद्ध 'जातक'-कथाओं तथा 'ललितविस्तार' में प्राप्त वृत्तादि (प्रथम धारा के) प्रायः बुद्ध के पूर्वजन्म की कथाएँ हैं और हम इन्हें मिथक के बजाय लिजन्धर तथा लोककथाओं से जोड़ने के पक्ष में हैं। वे 'ध्यान' तथा 'उपासना' केन्द्रित हैं, तथापि सौन्दर्यबोधशास्त्र की दृष्टि से बौद्ध-ध्रुवान्त कपिलवस्तु (जन्म), सारनाथ (धर्मचक्र प्रवर्तन) तथा कुशीनगर (महापरिनिर्वाण) से आगे सौन्दर्यदर्शन के आयामों में शताब्दियों तक भारतेशिया तक परिव्याप्त रहा। इस आयाम में वह गान्धार (हेलेनिक), अजन्ता (वाकाटक), मथुरा (कुषाण), सारनाथ (गुप्त), अमरावती (हीनयान) से लेकर थाई देश (थेरवाद), कम्बोडिया (नाग-संवलित), और उससे भी पहले बामियान (अफगानिस्तान), तुङ-ह्वाङ (चीन), होर्यूजी चैत्य मन्दिर (नारा जापान), अनुराधापुर (श्रीलंका), पैगान (म्याँमार) तक विभिन्न दृष्टियों तथा शैलियों में देदीप्यमान रहा था (प्रायः ईस्वी शती से ई.प. सोलहवीं शती तक)।

ऐसी सुदीर्घ विविध धारावाहिकता में पूर्ण जैविक देही गान्धार-बुद्ध से लेकर लम्बी किशोरकाया वाले सारनाथ बुद्ध, राजसी शानशौकत वाले थाई बुद्ध तथा सौम्य मुस्काते बुद्ध (पूर्व अंगकोर-शैली) की ध्यान-शोभा-छवियाँ आर्केटाइपल बिम्ब, मिथकाभिप्राय तथा आंचलिक जातीय बोध की संवाहिकाएँ रही हैं। प्रायः उनका चीवर या तो ज्यामितिक अण्डाकार (ईलिप्टिकल) रेखाओं वाला अथवा भूमि-उन्मुख पर्तों वाला, या फिर पारदर्शी है; पद्मासन-मुद्रा पूर्णतः समतोलित है; यद्यपि एक हाथ की भूमिस्पर्शी तथा दूसरे की अभय मुद्रा है, तथा अर्धनिमीलित नेत्र भी हैं। परवर्ती चरणों में ध्यानी बुद्धों—अवलोकितेश्वरों की भी एक कतार कलामण्डल में संयुक्त होती गयी।

वे वज्रपाणि तथा पद्मपाणि हैं। पूर्व-अंगकोर से बायेनोत्तर कला-परम्पराओं में कम्बोडिया के बुद्ध पर नागफण की भी छत्रछाया रही है। कम्बोडियाई राजवंश स्वयं को नागवंशी मानता था। कारण कि, राजश्रुति के अनुसार, एक भारतीय ब्राह्मण पुरोहेत ने नाग-राजकुमारी से जो विवाह किया उसी से उनके राजवंश की उत्पत्ति हुई। वे नाग को समुद्र की रत्न-राशि का संरक्षक, पाताल की उर्वरता का रहस्य तथा प्रजनन की कामकला का अभिकर्ता मानते रहे। राजा सूर्यवर्मन तथा जयवर्मन भी नाग-कुमारियों से समागम करते रहे थे।

10.2 भारतीय मिथकयान की सौन्दर्यतात्विक धुरी

भारतीय मिथकयान-धुरी पर सौन्दर्यबोधतत्त्व की दो-तीन दुविधाएँ हैं—(i) सिन्धु-गंगा घाटी (मोहेनजोदारो-हड़प्पा की सभ्यता—ई.पू. 2000-1550—की मुहरों पर अंकित चित्रलिपि का नहीं पढ़ा जाना,) तथा (ii) वैदिक-चक्र के बाद मौर्य-गान्धार-कुषाण-गुप्त साम्राज्यों के शताब्दियों वाली अनवरत सुदीर्घ परम्परा जिसमें मिथकें कर्मकाण्ड में, फिर धर्म में, फिर साहित्य-सौन्दर्य में, फिर दर्शनशास्त्र में रूपान्तरित होते-होते धर्मकथाएँ बन गयी हैं तथा (iii) मिथकों के देशकाल सूचक अवशेष नहीं के बराबर हैं। मिथकीय भूगोल तो प्रचुर है, किन्तु पुरातत्त्व-वास्तु-नृतत्त्व के सन्दर्भ-प्रायः सम्पुष्ट नहीं हैं। इससे मिथकें धार्मिक पुराण, जातक आदि में घुलती गयी हैं। ग्रीक मिथकयान को भी बहुक्रमकालिक रूपान्तरणों में ढलना पड़ा है। अपने होमरीय भरतपाठों-प्रतिपाठों के बाद उनके रोमन प्रसंस्करण हुए। फिर कई शताब्दियों बाद इटैलियन रिनासाँ में उनका मनस्सौन्दर्यसामाजिक कल्पलोक ही 180 डिगरी घूम गया।

अतः हम सिन्धु-गंगा दोआबे की वैदिक पूर्व सभ्यता को लेते हैं। वे जन परकोटों वाले नगरों में रहते थे, पकाई गयी ईंटों की दीवारें, भण्डारगृह, बड़े मृदभाण्डों, स्नानागारों का इस्तेमाल करते थे। उन्होंने कपास के वस्त्रों, मनकों तथा आभूषणों का इस्तेमाल बहुतायत से किया। अनेक प्राचीन पशुओं तथा वस्तुओं से उनका सम्पर्क था। ऊँची ककुद वाला बैल, शिव जैसा आसन लगाये उत्थितलिंग पशुपति तथा कमर पर एक हाथ रखे नचौनी उनकी सौन्दर्य-दृष्टि उजागर करती है।

सामान्य युग पूर्व (बी-सी-ई) मध्य तीसरी से पाँचवीं मिलेनियम के बीच पश्चिम एशिया के मेसोपोटामिओं तथा सिन्धु-घाटी सभ्यता के बीच व्यापारिक रिश्ते थे। अब्राहम के शहर उर में जो पट्टिकाएँ मिली हैं उनमें उनके डिलमुन/टेलमुन के बीच व्यापार में चाँदी, सोना, गहने, मनके-गुरियाँ आदि आयातित करने का उल्लेख है। हिब्रू बाइबिल में कई तमिल तथा संस्कृत शब्द हैं। वे सोलोमन की राजशाही तथा भारत के बीच व्यापार के सबूत हैं। बौद्ध बावेरू जातक में 'बावेरू' अर्थात् बेबीलॉन के बीच सम्बन्धों का वर्णन है। फिर पर्शिया के सम्राट सायरस ने आदेश दिया था कि सिन्धु और ईजिप्ट के बीच सार्थवाहों की तलाश की जाए। फिर ई. पश्चात् 40-45 में उर शहर के समुद्री सौदागर हिप्पालस द्वारा मानसून (मौसमी) हवाओं की खोज ने दज़ला-फरात नदियों से आगे लाल सागर से लेकर भारतीय महासागर में दक्षिण-पूर्व एशिया तक व्यापार एवं वाणिज्य में क्रान्ति ला दी।* इसी का परिणाम सुमात्रा-जावा-थाई देश—कम्बोडिया-वियेतनाम तक भारतीय संस्कृति की मिथकों की भी महायात्राएँ हुईं (ई.प. पन्द्रहवीं शताब्दी तक)।

सिन्धु-घाटी-समय के बाद अन्ततः ग्रीक दिग्विजयी एलेक्ज़ेंडर के अभियान द्वारा ग्रीस और भारत का आमना-सामना हुआ (सामान्य युग पूर्व 331-325 में)। इसका प्रतिफलन गान्धार-कला के सौन्दर्य-शिल्प की क्रान्ति में हुआ।

इस तरह सिन्धु-घाटी, मानसूनी हवाओं और गान्धार द्वारा भारतीय सौन्दर्यबोध का सर्वप्रथम पल्लवन-प्रसुमन हुआ : मिथकयान के माध्यम से।

× × ×

मोहेनजोदारो के तीन कलावास्तु (आर्टिफेक्ट्स) हमारे प्रथम सौन्दर्य-त्रिनेत्र हैं।

वैदिक मिथकमण्डल में कर्मकाण्ड (यज्ञ, बलि) भी संयुक्त रहे। तदपि सृष्टि-रचना के मिथकीय सौन्दर्यबन्धान में दो महारूपक सक्रिय मिलते हैं—(क) प्रकाश और अन्धकार के बीच निरन्तर संघर्ष, जो कई देव-असुर-संग्रामों के रूप में दसदिशाओं के रथिक सूर्यवंशी राम तथा दसदिशाओं के अन्धकार-स्वामी रावण के महासमर में परिलक्षित हुआ, तथा (ख) जल और वर्षा, अर्थात् वरुण और इन्द्र, अर्थात् पृथ्वी और स्वर्गाकाश के बीच द्वन्द्वात्मक एकता एवं विपरीतता का द्वन्द्वन्याय। कवि जयशंकर 'प्रसाद' ने इस ध्रुवान्त का अद्भुत उद्घाटन करते हुए इन्द्र को—आनन्दवादी-भोगवादी जीवनदृष्टि का, तथा वरुण को करुणावादी-यथार्थवादी जीवनदृष्टि का पुरोधा माना है। यह एक अद्वितीय सौन्दर्यानुभव की प्रतिपत्ति है। बाद में उन्होंने आनन्द-धुरी को ही महत्ता देकर उसे शैवदर्शन के आनन्दवाद से संयुक्त करके आगे मनु-श्रद्धा-इड़ा के कथानक ('कामायनी') में मिथक में अन्यापदेश एवं प्रतीक अन्तर्भूत कर दिये। इसी लड़ी में अन्य मार्ग से आचार्य शुक्ल ने आनन्द-धुरी पर ही अवतारवाद के दो पक्षों का उन्मीलन किया—राम के माध्यम से शिवत्व की संघर्ष-साधना, तथा कृष्ण के माध्यम से शिवत्व की लीला-सिद्धि। ये दोनों भी मिथक की साहित्यशोभित व्याख्याएँ हैं।

× × ×

वर्षा-वज्रकड़क-विद्युत् की शक्तिवाले इन्द्र, ज्वालादहन की शक्ति वाले अग्नि, आवेश की शक्ति वाले सोम आदि देवताओं के नामधारी आर्य योद्धाओं के नेतृत्व में निर्बल सिन्धुघाटी-सभ्यता का अन्त कर दिया गया (ई.पू. 2200)। हम वैदिक मण्डल में दाखिल होते हैं। यहाँ पुरोहिती के पांडित्य, तथा युद्ध-विजयों के उल्लास का प्रतिफलन है। ऋचाओं से, कर्मकाण्डों से, अनुष्ठानों से होते हुए जब मिथकें ऋत् एवं वाक्बोध से अभिव्यक्त की जाने लगीं तब, कालान्तर में धर्म तथा दर्शन ने, उन्हें प्रतीकों तथा सूत्रों तथा सूक्तों में अमूर्तीकृत करना शुरू किया [इन्द्र-वरुण, अग्नि-स्वाहा, सोम-चन्द्र, शिव-शक्ति, पुरुष-प्रकृति आदि]।

वेदों में **विश्वकर्मा** वैश्विक अभिकर्ता है, **प्रजापति** जीवित प्राणियों का स्वामी है, **बृहस्पति** समीकरणों का संयोजक है, तथा **श्रद्धा** विश्वासरूपिणी एवं **गायत्री** ब्रह्माण्ड-रहस्य है। कालान्तर में 'ब्राह्मणों' तथा 'उपनिषदों' ने विश्वकर्मा एवं प्रजापति को या तो **ब्रह्म**-जैसी आध्यात्मिक शक्तियों से समीकृत कर दिया अथवा **आत्मन्** जैसी अधिभौतिक इयत्ता से। अन्ततः **पुरुष** जैसे आद्य प्रारूपात्मक मिथकीय महारूपक में गढ़ दिया। इसके साथ ही 'कुल' भी जुड़ गया। यह परिवार, या ऋषि के धार्मिक-शैक्षिक संघ (गोत्र) का द्योतक है। साथ ही पुरातनता में **'अर्थवान्'** (ईरानी 'अथ्रवन') अग्नि के पुरोहित बन गये थे। वे अग्नि को घर्षण से उत्पन्न करते थे जिससे **'यज्ञ'** एवं **'बलि'** और **'आहुति'** के संस्कारों को विकसित किया गया। अग्नि एवं सोम भी एक साथ आ गये। बाद में तो सोम चन्द्रमा का पर्याय हो गया। इसी कड़ी में देवपुत्र **'अंगिरस'** जुड़े। मनु के साथ अग्नि का वास हुआ। **मनु** ने प्रथम यज्ञबलि ही नहीं दी बल्कि वे मानवता (की सृष्टि) के प्रथम पुरुष भी हुए। वे वैवस्तव (उदित होता सूर्य) से उद्भूत माने गये। मनु ने ही 'जलप्रलय' में नौका का प्रयोग किया, था और वे एक अद्भुत **महामत्स्य** द्वारा बचाये गये थे। वही बाद में विष्णु का प्रथम अवतार हुआ। यह कड़ी जुड़ती जाती है।

सघन अन्धकार में—अस्ति-नाति में—स्वयंभू 'अस्ति' हुआ। वह 'अस्मि' बना। वही 'आत्मन्' हुआ। उसकी इच्छा हुई कि सृष्टि करें। उसके शुक्राणु से ही सूर्य की भाँति देदीप्यमान अण्ड बना जिसमें से वह स्वयं उत्पन्न हुआ (ब्रह्मा होकर)। जलराशियाँ

* ए.एल. ओप्पेनहाइम की खोज के अनुसार दक्षिण मेसोपोटामिआ के उर शहर में सिन्धु-घाटी सभ्यता की मुहरें, मनके तथा गहने मिले हैं। ['दि सी-फेयरिंग मर्चेंट्स आफ़ उर', ''जर्नल आफ़ अमेरिकन ओरिएंटल सोसाइटी'', पृ. 6-17, सं. 74, 1954]

'नार' हैं जो 'नर' की पुत्रियाँ हैं। वे ब्रह्मा का प्रथम आवास थीं। अतः वह 'नारायन' हुआ (अयन अर्थात् निवासस्थल), उसने **वाराह** होकर पृथ्वी का उद्धार किया।

ब्रह्मा ने सर्वप्रथम 'नारी' की सृष्टि की—शतरूपा, सरस्वती, सावित्री, गायत्री या ब्रह्माणी। जब उसने अपनी ही देह से आविर्भूत सुन्दर बाला को देखा तो उस पर आसक्त हो गया। वह उससे चकित होकर चतुर्दिक देखता रहा जिससे उसके चार मुख हो गये। इससे भारतीय मिथकयान में कई मुखों, कई भुजाओं वाली देव-छवियों का प्रथम उद्गम हुआ। यह दिव्य सौन्दर्यबोध अलौकिक था। बाद में अवतारवाद के विश्वरूप में इसका विकास हुआ। फिर 'पुरुष' के देहांगों (पुरुष-सूक्त) से **सृष्टि का वास्तुशास्त्र** भी गढ़ लिया गया : वास्तुपुरुष, चित्रपुरुष, काव्यपुरुष, सांख्य-पुरुष, आदि। बाद में इन्द्र तथा वरुण की पदावनति होती गयी। इस तरह आद्य सौन्दर्यबोध में नर, नार, नारायण, नारी से लेकर मनु और पुरुष और अवतार तक प्रथम मिथकीय सौन्दर्यबोधशास्त्र के कमल की पंखुरियाँ खुलती गयीं। ये ही अन्ततोगत्वा आनन्द बनाम आतंक, योग बनाम भोग, सिद्धावस्था बनाम साधनावस्था, पुरुषोत्तम के मर्यादा बनाम लीला गुण-रूप में प्रतिपादित हुए। मेलिनोवस्की तथा लेवी स्ट्रास से पारिभाषिक उधार लेते हुए हम इनको 'सामाजिक पंचांग' (सोशल चार्टर) कहेंगे। हाँ, दक्षिण एशिया के सन्दर्भ में हम ऋषि कौंडिन्य को भी शामिल कर लेते हैं।

× × ×

अमृतमयी मिथकीय गर्भनाल से 'काव्य' (रामायण) तथा 'इतिहास' (महाभारत) प्रफुल्लित हुए।

सांकलिया 'रामायण' को ई.पू. 700 का मानते हैं। इससे लगभग तीन शताब्दियों बाद 'महाभारत' का काल माना जाता है। दोनों का सम्पूर्ण संवर्धित स्वरूप कुषाण-युग (ई.प. 78-101) में परिष्कृत हुआ। ये दोनों ही मिथक के ध्रुवान्त हैं। एक का केन्द्र देवासुर-संग्राम है तो दूसरे का कौरवों-पाण्डवों का राजवंशी युद्ध। रामायण में दाशरथ राम के, तथा महाभारत में वासुदेव कृष्ण के अवतार धुरी भी हैं। रामायण में राम अयोध्या से लेकर दक्षिण में समुद्र-पार लंका तक की अधिनेता वाली यात्रा भी है, जबकि महाभारत हस्तिनापुर-इन्द्रप्रस्थ-विराट्-कुरुक्षेत्र तक ही सीमित है। दोनों में ही शृंगार की अपेक्षा वीर-रौद्र, भयानक-करुण रसादि व्याप्त हैं। कई अभिप्राय तैरकर त्रेता से परवर्ती द्वापर-युग में आ पहुँचे हैं : जैसे, कैकेयी के वचन-प्राप्ति से रामत्रयी को चौदह वर्षों का वनवास तथा जुए के वचन के कारण पाण्डवों को बारह वर्षों का वनवास; लंका-दहन तथा लाक्षागृह-दाह; विभीषण एवं कर्ण की अन्तर्विरोधी पक्षधरता; सीता तथा द्रौपदी की नारी-धुरी पर महासंग्राम; स्वयंवर में राम तथा अर्जुन के कृत्य आदि। तथापि फ़र्क़ केवल शताब्दियों का ही नहीं, वैश्विक दृष्टियों का भी हो गया है।

(i) रामायण में वन्य आखेटक, कन्दमूल, घुमन्तू, आदिम टोटेमों वाली कबीलाई जनजातियों की वह भूमिका है जो देवत्व के समानान्तर है। विश्व के किसी भी मिथकयान में ऐसा हाशिया नहीं है। यहाँ गृद्ध (जटायु और सम्पाती), तथा काग (जयन्त, भुशुंडि) हैं, रीछ (जामवन्त) तथा वानर (सुग्रीव, अंगद, हनुमान आदि) के सम्पूर्ण यौद्धेय कबीले हैं; कबन्ध और सुरसा जैसे, रावण और कुम्भकर्ण जैसे राक्षस हैं। ये सब प्राक्तन् मिथकीय अवस्थाओं से कढ़कर आते गये हैं। महाभारत में ऐसी दशाएँ नहीं हैं (यक्ष-प्रश्न चाहें, तो चिप्पी कर लें)।

(ii) रामायण में बहुपत्नियों वाले परिवार से एकपत्नीव्रत में संक्रमण है तो महाभारत में बहुपतित्व वाली (कुन्ती, द्रौपदी) मातृसत्ताक अवस्था को भी रेखांकित किया गया है।

(iii) रामायण में शूर्पणखा-प्रसंग युद्ध का निमित्त है जबकि महाभारत में द्यूत-क्रीड़ा में द्रौपदी को भी हारना कारण है। एक में देवता द्वारा राक्षसों का संहार होता है तो शताब्दियों बाद दूसरे में एक ही कुटुम्ब के कौरव और पाण्डव आत्मघाती युद्ध में मर-मिटते हैं।

(iv) रामायण में (अयोध्या वापसी तक) सुखान्त है, जबकि महाभारत में दुखान्त (त्रासदी)।

(v) अगर **अवतारवाद** के अक्ष को लें तो दाशरथ राम मर्यादापुरुषोत्तम हैं तथा वासुदेव कृष्ण लीलापुरुषोत्तम।

(vi) रामायण का मंच पूरा भारत-भूगोल है—अयोध्या नगरी और चित्रकूट तीर्थ से लेकर वन, पर्वत, किष्किन्धा और समुद्र तक। महाभारत का कर्मक्षेत्र राजसभाभवनों से लेकर कुरुक्षेत्र का मैदान है।

(vii) रामायण में प्रकाश-अन्धकार, देवता-राक्षस के बीच संग्राम के महारूपक हैं जबकि महाभारत की व्यासभूमि ज़मीनी यथार्थता (कथित 'इतिहास') है।

अन्ततः दोनों का मेरुदण्ड शृंगार नहीं है, करुण है, वीर है, रौद्र है तथा भयानक है। तदपि दोनों में निश्चित कालसूचक अवशेष अथवा भरतपाठ क्षीण हैं। हाँ, मिथकीय भूगोल प्रचुर तथा अजस्र है।

अब धार्मिक मिथकयान के प्रस्थानकों में हम बौद्ध केन्द्र पर विहंगम दृष्टिपात करें।

मौर्यों (ई.पू. 324-187) के अवसान के पश्चात् उसके खँडहरों पर पुष्यमित्र शुंग (ई.पू. 185) से शुंगों का अभ्युदय हुआ। अश्वमेध यज्ञ सम्पन्न हुआ। ब्राह्मण-केन्द्र भी देदीप्यमान हो उठा। इस अवधि में कोई एकल एकछत्र राजसत्ता नहीं भास्वर हुई। बैक्ट्रियन ग्रीक, शक, पल्लव, कुषाण, कण्व, आन्ध्र-सातवाहन के शासन थे। फिर गुप्तों के साम्राज्य के अभ्युदय से हर्ष के साम्राज्य

पर्वतवाही हनुमान

रावण की किमाकृति (ग्रोटस्क

के पतन (ई.प. 300-700) तक धर्म-मिथक के युग्म का केन्द्रीभवन हुआ। इसके पहले हीनयान को प्रतिस्थापित करके महायान बौद्धधारा ने सौन्दर्यबोधात्मक क्रान्ति का आगाज किया। किंवा हिन्दूकृत बौद्धयान का विकास हुआ। अश्वघोष तथा नागार्जुन जैसी महान हस्तियाँ, कार्ली तथा नाशीक के चैत्य, भरहुत एवं साँची के स्तूप धरोहर बन गये।

गान्धार तथा मथुरा तथा अमरावती के शिल्पायन में ग्रीक-रोमनीय बौद्ध एवं मथुराइये बौद्ध सन्दर्श घुलमिलते गये। महायानी बौद्ध तथा गुप्तों के **भागवतवाद** ने मिथकों का भी रूपान्तरण कर डाला।

समुद्रगुप्त (ई.प. 330-375) उत्तर भारत की सर्वोच्च सत्ता हो गये। दक्षिण में वाकाटकों का अभ्युदय हुआ। अजन्ता की गुफाओं की भित्तिचित्रकला में दोनों धाराओं का संगम हुआ। यह संगम दक्षिण एशिया तक में प्लावित हुआ। गुप्तों के स्वर्णयुग (ई.प. 320-450) में महाकाव्यों में प्रतिपादित (मिथकों का धार्मिक प्रसंस्करण) पुराणों तथा शिल्प में अभिव्यक्त होने लगा। गुप्तों ने अपना साम्राज्य पाटलिपुत्र से लेकर गंगा-यमुना से आगे तक फैला दिया। विष्णु-राम, विष्णु-कृष्ण का मिथकीय द्वन्द्व-द्वैत ने सौन्दर्यबोधानुभव में **मानव-तत्त्व** का भी **अवतारवाद** के साथ संघुलन हो गया।

जुझौति खण्ड (बुन्देलखण्ड) के देवगढ़ के दशावतार-मन्दिर (ई.पू. 600) में शेषशायी विष्णु, वासुदेव कृष्ण, नर-नारायण, गजेन्द्र मोक्षदायक विष्णु आदि जीवन्त हो उठे। सारांश यह है कि ब्रह्म की सर्वोच्चता मानने वाला **ब्राह्मणवाद** शुंग-काल में वर्णाश्रम को सर्वेसर्वा मर्यादा देने लगा। कालान्तर में यह **हिन्दुत्व** में रूपान्तरित हो गया।

इसी अवधि में भारतीय श्रेष्ठि, पुरोहित, सामन्त, महानाविक आदि ने दक्षिण एशिया में सुमात्रा, जावा, बोर्नियो, मलय, इण्डोचीन (कम्बोडिया-लाओस-वियतनाम), थाई देश, में नियमित आवाजाही करके साम्राज्य भी स्थापित कर लिए। यहाँ प्रवृत्ति (अर्थ, काम, धर्म) को अंगीकार किया गया, निवृत्ति (मोक्ष) दूरान्त होती गयी। फलतः चरित वैविध्य उभरा; चरित्र-वैचित्य भी आविर्भूत हुआ। अतः वृत्तान्त और विवरण में मिथकें भी शोभाशालिनी होती गयीं। पारिवारिक मूल्यों का गौरवान्वयन हुआ। महाकाव्यों, पुराणों, स्मृतियों के कारण आदर्श रिश्तों का उत्कर्ष पेश हुआ। राम-सीता, बुद्ध-प्रज्ञापारमिता, शिव-पार्वता, हरिहर, हनुमान-गणेश आदि की मिथकें नाना सन्दर्भ तथा शैलियों से जगमगाने लगीं। भारत में **अवतारवाद** की लोकप्रियता के साथ **त्रिमूर्ति**, तथा शिवबुद्ध की अवधारणा का भी देश-द्वीपान्तर में प्रसार हुआ।

अर्द्धनारीश्वर

हरिहर

(दो की एक देह)

अवतारवाद तथा देव-व्यूहों के कारण प्रतिमाओं-मन्दिरों, तीर्थयात्राओं-उत्सवों के विधान बढ़ते गये। इससे लोकप्रिय धर्म की गहरी नींवें पड़ीं। हिन्दुत्व का सर्वोत्तम प्रज्ञाकमल 'श्रीमद्-भगवद्गीता' प्रस्तुत हुआ। 'रामायण' तथा 'महाभारत' को (कुषाण-काल में) अन्तिम संरूप तथा परिष्कृति दी गयी। वर्णाश्रम-धर्म के साथ कर्मचक्र-सिद्धान्त भी समन्वित हो गया।

भारतीय हिन्दू-मिथकयान की वैश्विक दृष्टियों में बौद्ध, वैष्णव, शैव, शाक्त आयामों का अंतःप्रवाही चार्ट बन गया।

× × ×

मिथकयान के वृत्त में हम पुनः गुप्तों के पहले गान्धार के **ग्रीकों** तथा मथुरा के **कुषाणों** का साक्षात्कार करेंगे। सन्दर्भ सौन्दर्य-सन्दर्श ही होगा।

प्राचीन गान्धार सिन्धुनद तथा कुनार नदी के बीच का क्षेत्र है—आधुनिक बिजौर, स्वात, जुनेर, यूसुफ़जई का इलाका। यह काबुल नदी के दक्षिण में पेशावर (कुषाण कालीन पुरुषपुर) के घेरे में है। चन्द्रगुप्त तथा ग्रीक कार्नेलिया (प्रसाद) या हेलेन (द्विजेन्द्र लाल राय) के विवाह से यह मौर्य-साम्राज्य का अंग बन गया। बाद में इसका बैक्ट्रिया की ग्रीक क्षत्रपी में विलय हो गया। फिर बाद में इसे केन्द्रीय एशिया के सीथियन कबीले **शक** ने अपने अधीन कर लिया। फिर बाद में कुषाणों ने इस क्षेत्र से ग्रीक सूबेदारी (क्षत्रपी) खत्म कर दी, जब तक कि वे स्वयं श्वेत **हूणों** के कबीले से अपदस्थ नहीं हो गये।

गान्धार में ग्रीक शैली तथा भारतीय अन्तर्वस्तु का संगम है। यह आद्योपान्त बौद्ध मिथकों पर आधारित है।

× × ×

कुषाणों ने ई.प. प्रथम शताब्दी में गान्धार पर कब्जा कर लिया। इनके प्रसिद्ध सम्राट कनिष्क ने महायान बौद्ध-शाखा में दीक्षा ले ली। चीन के बौद्ध तीर्थयात्री फह-ह्यान ने (ई.प. चौथी शताब्दी के लगभग) गान्धार की यात्रा की थी। ई.प. छठी शती के मध्य में यह कपिशा (वर्तमान कोहिस्तान) का संरक्षित हो गया। अन्ततः ई.प. 1021 के लगभग इस्लामी आक्रान्ताओं के साथ गान्धार में भारतीय धार्मिक संस्कृति के अन्तिम अवशेष भी मिटा दिये गये। अतः गान्धार की मिथकीय कला ग्रीकों-कुषाणों के शासनों के दौरान पनपी। इस पर शकों, पह्लवों का भी निर्णायक प्रभाव पड़ा। ये मूर्तियों को स्वर्ण तथा बहुरंग (पोलीक्रोम) से भी सज्जित-मण्डित करते थे।

कुषाण चीन की प्राचीन यूची नामक जाति के थे जो सीस्टान में रहते थे और वहाँ से भी खदेड़े गये। लगभग ई.पू. 10 में बल्ख तथा बैक्ट्रिया पर इनका अधिकार हुआ। वर्ष 50 में इनके अधिकार में तक्षशिला भी आ गया। वर्ष 78 में इस कुषाण-साम्राज्य का शासन सम्राट कनिष्क के हाथ में आया। इस साम्राज्य की दो राजधानियाँ थीं—मथुरा और पुरुषपुर (वर्तमान पेशावर)। इनके प्रभाव से ही **कुषाण-कला** या **मथुरा-कला** का आविर्भाव हुआ जो कनिष्क, हुविष्क और वासुदेव जैसे कुषाण-सम्राटों के काल में उन्नत होती गयी। यहाँ की मूर्तियों का निर्यात दूर-दूर तक होने लगा।

फिर **यौद्धेय** आये। फिर नाग। फिर चौथी शताब्दी के प्रारम्भ से यह प्रदेश गुप्त-साम्राज्य का अंग हो गया। सो, मथुरा मिथकीय यक्ष-यक्षिणियों का केन्द्र होने के साथ-साथ बौद्ध, जैन, वैष्णव एवं शैव सम्प्रदायों तथा मिथक-रूपायनों का केन्द्र हो गया। कुमार गुप्त प्रथम के शासनकाल के अन्तिम दिनों में गुप्त-साम्राज्य पर **हूणों का आक्रमण** हुआ जिससे मथुरा बेहद बर्बाद हुआ। सातवीं शती के प्रारम्भ में यह नगर हर्ष के साम्राज्य में शामिल हो गया। [पुनः ई.प. 1017 में महमूद ग़ज़नवी ने अपने नौवें आक्रमण से दूसरी बार इसका विनाश हुआ। औरंगज़ेब मुग़ल ने यहाँ के विशाल मन्दिरादि तीसरी बार धराशायी किये। उसने मथुरा का नाम इस्लामाबाद, वृन्दावन का मोमिनाबाद रख दिया। अन्ततः चूड़ामणि जाट ने मथुरा पर अधिकार करके पुनरुद्धार किया। चौथी बार भी मथुरा का विनाश नादिरशाह ईरानी के आक्रमण से हुआ। फिर सन् 1757 में अहमद शाह अब्दाली ने सात दिनों तक कत्लेआम करके यमुना का जल खून से लाल कर डाला था। यह पाँचवाँ विनाश था]। मथुरा-कथा तो मिथक-समग्रता का भी मानदण्ड रही है—धर्म, मिथक, कला सामाजिक पंचांग की दृष्टियों से। अन्ततः मराठों (सन् 1770-1803) और आगे यह अंग्रेजों के अधिकार में आ गया।

इस अर्धमिथकीय नगर के दस कोस के क्षेत्र में विष्णु-कृष्ण की अठखेलियाँ-लीलाएँ आर्केटाइपल बिम्बों एवं प्रतीकों के रूप में आजतक लोकनयनों में झिलमिल हैं। इस क्षेत्र के कुओं और विभिन्न टीलों के गर्भ से भी मथुरा-कला प्रकाशित हुई—कंकाली टीला, भूतेश्वर टीला, जेल टीला, जमालपुर टीला, चौबारा टीला, सप्तर्षि टीला, इटोकरी टीला तथा कुएँ आदि। ये मिथकीय भूगोल के भी चक्रचिह्न हैं। शिलापट्ट, स्तम्भ, वेदिका, स्तम्भाधार आदि अन्य वास्तुपरक आर्टिफेक्ट हैं।

शुंग-काल में महत्त्वपूर्ण सीमान्त था। तब साँची के ढंग के तोरण तथा जँगला या रेलिंग युक्त कई स्तूपों का निर्माण हुआ था।

ई.प. पहली शताब्दी के प्रारम्भ में इस पर महान् कुषाणों का प्रभुत्व कायम हो गया। कुषाण 'भारतीय कला की लौकिक दृष्टि' के संरक्षक थे।

मथुरा में ही सर्वप्रथम प्रतिमा-लक्षणों के नियम निर्धारित हुए।

यक्ष-संस्कृति : भोग विलास तथा वैभव युक्त समूह। कुबेर अपनी प्रियाकान्त हारीति के साथ मधुपान-उत्सव में उन्मत्त।

नाग-संस्कृति : सप्त सर्पफण, एक सर्पफण युक्त युवकों-युवतियों की मुद्राएँ।

वन-देवियाँ : रेलिंग स्तम्भों पर पृष्ठांकित यक्षिणियाँ अथवा वनदेवियाँ।

मालाहारवाही : किन्नर-गन्धर्व-विद्याधर यक्षिणियाँ— दोहद करती हुई, स्नान-प्रसाधन में क्रियारत : हाथ में दर्पण थामे, तोतों या हंसों से कौतुक करती हुईं, कन्दुक-क्रीड़ा में सक्रिय, पर्वतीय झरनों में स्नान करती हुईं, सप्ततन्त्री वीणा बजाती तथा गाती हुई, कामकेलि में मदमस्त (भूतेश्वर के स्तम्भ)।

सूर्य-प्रतिमाएँ : पार्श्व में दण्ड तथा पिंगल /या पार्श्व में उषा तथा प्रत्युषा के साथ। दो अश्वों वाले रथ पर आरूढ़ एवं चोगा और बण्डी पहने (कंकाली टीला)।

प्रदक्षिणा-पथ तथा खम्भों में जातक : विशेषतः कच्छ जातक के दृश्यांकन—बन्दरों द्वारा शहद-अवदान।

मूर्तियों के विवरण : कुषाण शासन में प्रतीकरूप क्षीण होते चले गये। विशाल मूर्तियों का निर्माण-नर-देव (अवतार) की। भागवतों की धर्मदृष्टि।

लक्षण या प्रतीक : विशेषतः बुद्धमूर्ति में।

मथुरा : व्यापार-मार्ग सार्थवाह का एक केन्द्र : पुष्कलवती तथा तक्षशिला को पाटलिपुत्र व भरुकच्छ से जोड़ता था। मथुरा की मूर्तियाँ अन्तरराष्ट्रीय प्रसिद्धि प्राप्त कर चुकी थीं—चीन/जापान/कोरिया तक।

ब्राह्मण-प्रतिमाएँ : एकमुखी शिवलिंग, दम्पति भाव में शिव पार्वती, अर्द्धनारीश्वर रूप, सिंहवाहिनी दुर्गा, चतुर्भुज विष्णु, चतुर्भुज महिषासुर-मर्दिनी, उषा प्रत्यूषा के संग सूर्य, गजलक्ष्मी, ब्रह्मा, वसुन्धारा

गान्धार-क्षेत्र में भारतीय, ग्रीक, रोमन, अफ़गार्यान संस्कृतियों तथा मिथकयानों का संगम हुआ। यह मिलन तथा मिश्रण ई.प. दो से पाँच शताब्दियों तक होता रहा था। बाद में इनके स्मारकों को श्वेत हूणों ने नष्ट कर दिया। तक्षशिला, कपिशा से लेकर बेगराम, बामियान घाटी तक इसके मिथकीय भूगोल की सरहदें थीं।

भारत-कपिशा, चीन-रोम (के रेशम मार्ग), पुरुषपुर (पेशावर)-मथुरा-अमरावती (आन्ध्र क्षेत्र), पर्सपोलिस-हिन्दुकुशदर्रा-सारस्वत क्षेत्र, तक्षशिला-श्रीनगर जैसे प्राचीन सार्थवाह (परिवहन पन्थ) ही थे जो व्यापारियों और धर्माचार्यों, सेनाओं और सूत्रधारों के साथ-साथ चित्र-शिल्प-वास्तु की शैलियों तथा विभिन्न मिथकयानों-लोकवार्ताओं के अन्तर्विनिमय के भी माध्यम थे। वासुदेवशरण अग्रवाल ने बताया है कि प्राचीन राज्यमार्ग शाहबाजगढ़ी, होटी-मर्दान और पुष्कलावती (आधुनिक चारसद्दा) से होकर गुजरते थे। कालिदास ने भी तक्षशिला एवं पुष्कलावती को दो गान्धार-राजधानियाँ बताया है और इन्हें गन्धर्व-प्रजाति का क्षेत्र माना है (उसी लड़ी में हिमाचल का आधुनिक किन्नौर-क्षेत्र किन्नर-जनजाति का था)। पुरुषपुर (पेशावर) के पश्चिम में उत्तरापथ में महत्त्वपूर्ण नगरहार (आधुनिक जलालाबाद) स्थित था जहाँ बूमरान से एक स्वर्ण-अस्थिपात्र मिला था। एक अन्य दृश्यमान स्थल हड्डा रहा था जहाँ से कई कलावास्तु (आर्टिफेक्ट) प्राप्त हुए थे। इस तरह प्रबल हेलेनीय प्रभाव दृष्टिगोचर होते हैं। [दे. ''इंडियन आर्ट,'' पृ. 204-260, पृथ्वी प्रकाशन, वाराणसी, 1965]।

इस भाँति इस संक्षेत्र के पीछे-आगे कई शताब्दियों तलक अनेक राजमार्गों के तिराहों-चौराहों से वैदिक आर्य देवता **मित्र** रोम में **'मिथरा'** होकर अधिष्ठापित हुआ और शताब्दियों तक उसका मतसम्प्रदाय (कल्ट) प्रचलित होता रहा था। इसके अलावा सम्भवतः मेसोपोटामिआ के बेबीलॉन की सिंहआरूढ़ा देवी ईश्तर तथा भारतीय सिंहवाहिनी दुर्गा का भी मिलन हुआ। इसी केन्द्र से बौद्ध मिथकों-जातकों वाली अजन्ता की गुफाचित्र-शैली चीन के तुङ ह्वाङ से होते हुए बामियान के (अब तीस-पचास फीट ऊँचे ध्वस्त) बोधिसत्वों के अन्तःकक्षों के भित्ति-चित्रों तक प्रसारित हुई। इसी संगम-स्थल से काबुल से बारह मील दूरी पर खैर खानेह का ब्राह्मण-मन्दिर भी निकला जहाँ से श्वेत संगमर्मर की बनी सूर्य-प्रतिमा प्राप्त हुई। दण्ड तथा पिंगल दोनों ओर स्थित हैं और देवता ललितासन में बैठा है। रथ के दो अश्वों की वल्गा (पाँव लुप्त) अरुण थामे है। इसमें सूर्य के वस्त्राभरण (आर्यन के बजाय) चौथी शताब्दी ई.प. के आर्यान (ईरान) के सासानी शाहंशाहों की तरह हैं। (ईजिप्टी फाराओ अखनातेन के अलावा)। यह मध्य एशिया की **सूर्योपासना** तथा **अग्नि-आह्वान** का स्वर्णयुग रहा था। यह भी ध्यातव्य है कि खैर-खानेह तथा भूमरा की गुप्त-कला के अन्तर्बंध के साक्ष्य भी यहाँ परिलक्षित हैं। इसी तरह बामियान-घाटी के उक्त भित्तिचित्रों में भी अजन्ता-शैली तथा सासानियन शैली की कान्त मैत्री हुई है। सो, ग्रीक, भारतीय और मध्य एशियन कलाओं के अभिप्रायों, वेशभूषाओं तथा शैलियों का अन्तर्घुलन हुआ।

यही नहीं, इस पिटारी-क्षेत्र में ग्रीक-रोमन देवी-देवते भी प्रतिष्ठित हुए थे। कपिशा में पूर्व और पश्चिम की अद्भुत मिथकीय गलबाँही हुई। सन्दर्भित शिल्पों में से आर्किलीज़ द्वारा हेक्टर का बध, देवेन्द्र ज़ियस के श्येन (बाज) पक्षी के बहुरुपिया चित्र द्वारा किशोर लड़के गेनीमीड का अपहरण, वृषभ में कायान्तरित देवेन्द्र ज़ियस द्वारा यूरोपा का अपहरण आदि के यहाँ से प्राप्त एम्फोराओं, प्यालियों, ततरियों, चषकों आदि में अंकित हुए।

निष्कर्ष रूप में गान्धार के प्रमुख नगर कलाकेन्द्र भी थे। पुष्कलावती को पाटलिपुत्र, वैशाली, ताम्रलिपि, श्रावस्ती, कौशाम्बी आदि नगरों से जोड़ने वाला मार्ग मथुरा होकर जाता था। इसी प्रकार विदिशा और उज्जयिनी होकर पश्चिम के सबसे बड़े समुद्रपत्तन भरुकच्छ (भड़ौच) को जोड़ने वाला सार्थवाह भी मथुरा से होकर जाता था। फलतः वह व्यापार का भी एक बड़ा केन्द्र बन गया था। इसका वैभव जगमगाता था।

शक क्षत्रप राजुल तथा शोडास ने भी यहाँ शासन किया था। इन शकों को ई.पू. 57 में मालवगण ने जीत लिया। इसके बाद कुषाण आये।

गान्धार-कला में ग्रीक मिथकीय कला का **'भारतीयकरण'** (कुषाण-धारा एवं गुप्त-धारा में) होता चला गया। यह सौन्दर्यबोधात्मक मार्ग श्रीनगर (अखनूर) से, मथुरा से, साँची से, भरहुत से अमरावती को धारावाहिक करता गया।

गान्धार-कला बौद्धमिथक-केन्द्रित है और ग्रीक हेलेनिक शैलियों में शिल्पायित है। इसमें देह, उसकी मुद्राएँ, उसकी भंगिमाएँ आदि शरीर-संरचनात्मक (एनाटॉमिकल) हैं किन्तु लक्षण एवं लांछन दार्शनिक प्रतीकों से मण्डित हैं। अतः उनका सौन्दर्यबोधशास्त्र विलक्षण ढंग से **'ग्रीकभारती'** है। तब सीथियन-पार्थियन वर्चस्व हो गया था। यह भी प्रतीत होता है कि कई अन्तरालों के साथ ग्रीकों तथा कुषाणों के बीच अनिश्चित अन्तरालों के साथ बार-बार आदान-प्रदान हुआ है। तक्षशिला तथा पुरुषपुर भी नज़दीक थे। अतएव गान्धार की मिथकीय कला का काल एवं एकैक शैली अनिश्चित है। तथापि, इसका प्रभाव सुदूर मथुरा-स्कूल पर भी पड़ा। अतः यमुना ग्रीक, कुषाण, गुप्त सौन्दर्यालोचन की भी त्रिवेणी हो गयी थी। शाहजी-की ढेरी (अफगान) के स्तूप से जो मंजूषा मिली है, वह तिथि का किंचित् इंगित करती है। तदपि ग्रीकों की हेलेनिक शैली भारतीय कलासन्दर्श पर सुदीर्घ तथा स्थायी प्रभाव नहीं डाल पायी। सम्भवतः दोनों की जीवनदृष्टियों में जो अन्तर रहा था। ग्रीकों का ध्येय देह-सौन्दर्य था, जबकि भारतीयों का लक्ष्य आध्यात्मिक रमणीयता। ऐसे कारणों से ही नयी-नयी मानवाकृतियाँ भी उन्मिषित होती रहती हैं, जैसा कि परवर्ती गुप्त-युग में हुआ।

सम्भवतः गान्धारियों-गुप्तों की क्षीण छायाएँ **श्रीलंका** के बौद्ध-मिथकीय सौन्दर्यबोध में भी परिलक्षित हैं। 'दीपवंश' तथा 'महावंश' के आधार पर कुछ पोवाड़ों में बंग के राजा की बेटी, तथा कलिंग की राजकुमारी को एक सिंह उठाकर सिंहल ले गया जिससे सिंहबाहु तथा सिंहवल्ली का जन्म हुआ। उन्होंने सिंहपुर पर शासन किया। इन्होंने यक्ष के अधिकार वाले द्वीप की स्थापना करके कुवण्णा (कुवेणी) नामक यक्ष राजकुमारी से विवाह किया। कई नियताप्तियों के बाद यह सूत्र मदुरा के पाण्डयनों से जुड़ता है (ई.पू. 483-435)। तंबपण्णि, अनुराधापुर, उपतिस्सगाम, उरुवेला आदि की स्थापना से कला और संस्कृति का उन्मीलन होता चला। उनका क्लासिकी संरूप 'सिंहबाहु' है (जबकि कुवण्णा तथा यक्खगण शुद्ध लिजन्धर हैं)।

बौद्ध

गौतम बुद्ध द्वारा धर्मचक्रप्रवर्तन के नाना धर्ममिथकीय रूप विकसित हुए—महाबोधि, महाकरुणा के सहवर्तन में वज्रतन्त्र की महामुद्रा-प्रज्ञापारमिता भी। हिन्दुत्व-तादात्म्य से ध्यानी बुद्ध-अवलोकितेश्वरों के भी अवतार हुए। वे भी अनेक भुजाओं से संयुक्त हो गये। तथापि धर्ममिथक-चक्र में बौद्ध मानवतावाद की करुणा, दया तथा अंहिसा ने कई संस्कृतियों को अनुगामी बनाया।

बुद्ध के प्रतिमानक स्वरूप में चीवर उनके दायें कन्धे को अनावृत्त रखता है; पद्मासन में वे कटि तक निर्वसन हैं; स्थानक-मुद्रा में अधोचीवर टखनों तक लटकता है। उनका शिर मुण्डित है, या छल्लेदार केशकुण्डलों से युक्त है। सिंहासन अथवा पद्मासन में सामान्य कान हैं, अथवा लम्बी कर्णचूड़ा से युक्त है। प्रभामण्डल सामान्य तथा अलंकृत, दोनों प्रकार के हैं।

इस रूपप्रद मिथक-चक्र में इहलौकिक दृश्यों की विपुलता है; अलंकृत पट्टिकाएँ हैं; जातककथाएँ हैं, बोधिसत्व हैं, यक्षिणियाँ हैं, ईहामृग है। जैन तीर्थंकरों के फलकों से भी समानान्तरता एवं साम्य है।

अन्ततः **ग्रीक-गान्धार-प्रभावित कला** का आयाम भी अत्यन्त गोपनीय, मनमोहक उद्घाटित होता है। वासुदेवशरण अग्रवाल ने हाथीदाँत-उत्कीर्णन वाली मंजूषाओं, पेटियों, पट्टिकाओं आदि के माध्यम से यक्षिणियों के उन्मत्त अनुष्ठानों, दिनचर्यायों तथा नग्न अप्सरा-वनिताओं के स्नान-अन्तःपुरों एवं शलाका-वातायनों की रसिक तथा दृश्यरतिक (वोयुर) झाँकियाँ भी दिखलाई हैं।

यहाँ मिथकीय अर्द्धदैवी यक्षिणियों तथा नग्न नहाती-प्रसाधनरत अप्सरावत वनिताओं का गुप्तगोपन लोक है।

यक्षिणियाँ अपने पदाघात से अशोक-दोहद करके हरित-श्यामला वनस्पति-उर्वरता फैला रही हैं तथा शाल-भंजिका होकर पर्यावरण-संरक्षिका भी हो रही हैं।

अप्सरावत् वनिताओं-रमणियों के अंकन में वे नृत्य कर रही हैं, मदिरोन्मत्त होकर भूलुण्ठित-सी होने पर दक्षिण-शठ पुरुषों द्वारा बाँहों से सँभाली जा रही हैं, हंसों को उड़ने को उत्छलित कर रही हैं, केशराशि निचोड़ रही हैं जिनकी बूँदें हंस चोंच उठाकर पी रहा है, भारी-भरकम कण्ठहार और पीन स्तनों के कारणवश झुकी-सी जा रही हैं, आदि-आदि। अग्रवाल यह भी सम्भावना जताते हैं कि हाथीदाँत-खुदाई का हस्तकौशल—जो बेगराम में प्रफुल्लित हुआ वह मूलतः कुषाणकाल में मथुरा में पल्लवित-पुष्पित

गान्धार-कला में बुद्ध

सारनाथ के बुद्ध, गुप्तयुग

गुप्त-कला में बुद्ध

हो रहा था। यक्षिणी संसार बेगराम, मथुरा, साँची, भरहुत, अमरावती तक विस्तीर्ण होता चला गया।

वास्तु-शिल्प-चक्र में **कुषाण-काल** की गन्धकुटी की अनुकृति पर प्रारम्भिक चपटी छत वाले **गर्भगृह** बने। ये गुप्त मन्दिर-शैली की पहचान हैं। अन्दर से छत पर छत्र उकेरा गया। बाद में शिखर तथा द्वारमण्डप या ड्योढ़ी (पोर्च) के संयोग से एक पूर्ण गुप्त मन्दिर-वास्तु का निवेश हुआ। इसके साथ शिल्प-नाट्य-संगीत (ड्योढ़ी-संगीत) का सर्वांगीण ऐश्वर्य बढ़ा। गंगा-यमुना की मूर्तियाँ तथा गर्भगृह के देवी-देवताओं की भव्य प्रतिमाएँ मिथक-धार्मिक मानस ने वामन-विराट के सिंड्रोम में ढालीं। आधारशिला के रूप में 'विष्णुधर्मोत्तर पुराण' से नियमन हुआ। द्वार के उभारों (रिलीफ) पर शंख और पद्म की निधियाँ उकेरी जाने लगीं। (शेषशायी विष्णु के मन्दिर के शिरदल (लिंटेल) पर ललाट-बिम्ब एवं रथिका-बिम्ब भी अंकित हुए [ललाट-बिम्ब में विष्णु शेष की संकुचित कुण्डल-चौकी पर बैठे हैं]।

[आगे के कालिक अक्ष में उत्तरापथ के तक्षशिला (गान्धार), मथुरा (कुषाण), सारनाथ (गुप्त) एवं मध्यकालीन चित्रों के सहवर्तन में दक्षिणापथ के काँची-मदुरै (पल्लव), तिरुपति, चिदम्बरम (चोल), आदि मिथकीय कलाकेन्द्र रहे हैं।

यह भी ध्यातव्य है कि अधिकांश मन्दिर, मण्डप, चैत्य आदि देवप्रतिमा के केन्द्र होने के कारण दैवी-पुण्य तथा सांसारिक प्रयोजनों (धर्म मोक्ष-अर्थ काम) के प्रदाता भी रहे। मिथकीय प्राचलों पर इनका सौन्दर्यबोध भी धर्म-मोक्ष प्रधान रहा है; काम और

बेग्राम (कपिशा) के गज दन्त फलकों पर उत्त्कीर्ण नारी-सौन्दर्य-मण्डन
गान्धार, लगभग 100 ई.

गान्धार-प्रभावित कपिशा की कला

बेग्राम की दन्त-मजूषा पर उत्कीर्ण नारी-अन्तर्लोक : कपिशा (गान्धार), लगभग ई.100

गान्धार-प्रभावित कला

अर्थ द्वितीयक महत्ता वाले रहे। अतएव हिन्दू मन्दिर या स्तूप (बोरोबुदुर) ब्रह्माण्ड के ही लघुरूप हो गये]।

अब **कुषाण-कला** की मिथक-धार्मिक विशिष्टताएँ सूचीकृत की जा सकती हैं—(i) पुष्ट जाँघों तथा पीन स्तनों, स्थूल कायाओं के विविध रूपों में मानव तथा यक्षकुल का सफल चित्रण, (ii) मूर्तियों के अंकन में परिष्कार (मोटे-मुटल्लेपन तथा भोंडेपन के मांसलता एवं सुडौलता वाले संस्करण, (iii) लम्बी कथाओं के निरूपण में नवलताएँ, (iv) प्राचीन तथा तत्कालीन अभिप्रायों की मधुर मिलावट (जैसे चपटे के बजाय घुमावदार दुपट्टे, नग्न यक्षिणियों के टखनों के ऊपर हल्की रेखा जो लहँगे की भ्रान्ति प्रतीत कराती है), (v) गान्धार-विरासत का प्रभाव, (vi) बुद्ध, तीर्थंकर, ब्राह्मण देवी-देवताओं की बहुसंख्यक मूर्तियों का उन्मीलन (किंवा प्रादुर्भाव भी), (vii) व्यक्ति-विशेष (क्षत्रप, आदि) की मूर्तियों का निर्माण।

इस कला में मिथकीय यक्षिणियों का तो अद्वितीय एवं अभिनव अप्सरा-लोक है : निर्झर-स्नान करने वाली मुग्धाएँ, श्याम केशकलाप को निचोड़ने पर गिरी नीर बूँदों को चुगता हंस या मोर, मद्यपान से लड़खड़ाकर अवश हुई मतवाली मदनिकाएँ, कलश धारिणी परीचारिकाएँ इत्यादि। इसी तरह बड़ी तोंद वाले कुबेर, ईरानी परिधान में सूर्य, राजकीय वेशभूषा में कुषाण दरबारी, फीतेदार चप्पल पहने हुए विदेशी सैनिक, भोले-भाले उपासक, विभिन्न भाँति की पगड़ियाँ बाँधे हुए देवता, द्वारपाल तथा पुरुष आदि।

× × ×

गुप्तकला

[(क) **कुषाण-कला** के यत्किंचित् स्थूल शारीरिक सौन्दर्य में भावसौन्दर्य का संयोग तथा आध्यात्मिक प्रक्षेपण भी हुआ, (ख) कुषाणवृत्त की निर्वस्त्र (नग्न) सुन्दरता का परित्याग (परिधान-मण्डन को सुरुचि के साथ आवरणित कर दिया), (ग) वेदिका-स्तम्भों पर क्रीड़ारत युवतियों का अंकन निरस्त, (घ) यथार्थ की अस्तिमिति तथा आदर्श का अरुणोदय (धनुषाकार आकर्ण बाँहें, अधखुली और चटकीली आँखें, ओठ मोटे, नाक सीधी तथा कटि पतली), (ङ) अनेक प्रकार का केशविन्यास,—वस्त्र झीने तथा पारदर्शक प्रतीतिपरक, (च) देवी-देवताओं के सिर के पीछे प्रभामण्डल का निर्माण शुरू, (छ) विष्णु के आयुध-पुरुषों की भी निर्मिति, (ज) सौन्दर्यबोधशास्त्रीय और रहस्याध्यात्मिक उत्कर्ष को एकतान किया, (झ) प्रकृति तथा मानव में देवत्व की सर्वव्याप्ति, (ञ) रूप में उभरती लय तथा रेखिक गतिशीलता; और (प) समुद्र-मन्थन की महामिथक का उन्मीलन तथा प्रसार (महाविष्णु की परिकल्पना—कूर्म-देवाधिदेव-मोहिनी की तिहरी छवि)।]

यह भी ध्यातव्य है कि ग्रीक-गान्धार प्रभाव पश्चिमी पंचनद (वर्तमान पंजाब) से आगे नहीं फैला। कारण कि मथुरा व्यापार तथा तीर्थ केन्द्र था। वह कुषाणों की राजधानी बना। अतः पहले तो शुंगों तथा कुषाणों की संस्कृति टकरायी। फिर कुषाण संस्कृति में गान्धार का स्वाभाविक अवरोध हुआ—बेहतरी के लिए। फलतः भारतीय मिथपौराणिक दृष्टि एवं विभिन्न कलाशास्त्रों का प्रणयन होता गया। अतएव गुप्तों ने शास्त्रीय या कालजयी भारतीय धर्ममिथकों, पुराणों, कलाओं की आधारशिला रखी; उद्यानों तथा प्रासादों तथा मन्दिरों का निर्माण करवाया; सुमेरु-कैलास तथा वर्तुल-तरंगायित रेखामूल के रचनाकल्प खींचे। प्रतिभा-शास्त्र के साथ मुद्रा-भाव और सहपाठ्य (कान्टेक्स्ट) की उपमा-भाषा का भी कालिदासीय उत्कर्ष हुआ जो नृत्य एवं नाट्य आधारित होती गयी। इससे संरूप-व्यंजना-अभिव्यंजना-संचारिता-अलंकारिता आदि की चरम पूर्णता भी सिद्ध हुई।

अनन्त शेषशायी विष्णु

श्री लक्ष्मी (पद्मासना पद्मा)

श्री राधा की ललिता-छाया : अपरूप सुनैना बनीठनी 'रसिक बिहारी जी'
किशनगढ़, राजस्थान, ई.प. 18-वीं शताब्दी का मध्य (चित्रकार : मोरध्वज निहालचंद)
[प्रतिलिपि : चमन तथा र.कुं. मेघ]

मिथक्कला-चतुर्भुज

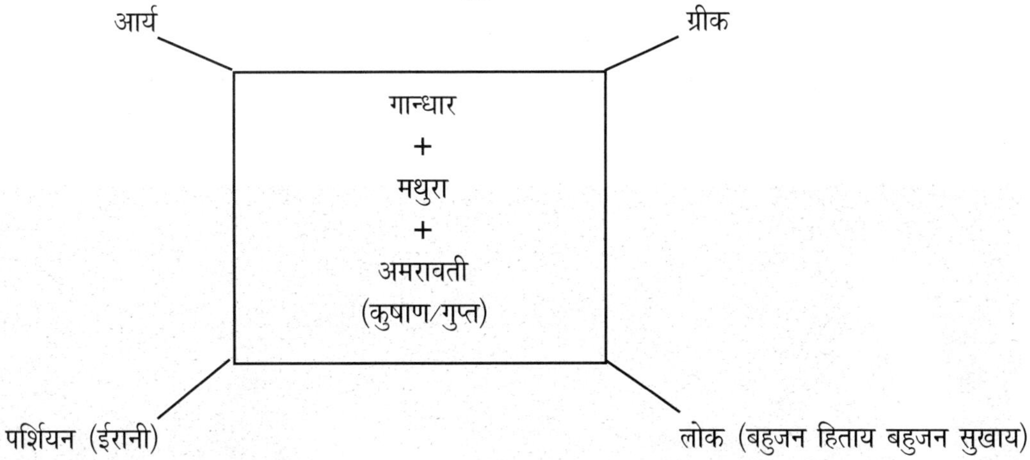

धार्मिकमिथक-कला एवं संस्कृति के प्रमुख सार्थवाह

(अ) पुष्कलावती – तक्षशिला-मथुरा-साँची + अमरावती → प्रतिष्ठान (पैठण)

(आ) ताम्रलिप्ति → चम्पा → वैशाली पाटलिपुत्र → कौशाम्बी + श्रावस्ती → मथुरा

(इ) भृगुकच्छ → उज्जयिनी → विदिशा → साँची तथा

(ई) कावेरी पत्तन + चम्पा → ताम्रलिपि → सुमात्रा-जावा-कम्बोज → लवदेश → चम्पा → अमरावती (दक्षिण एशिया)।

कर्मकाण्ड (अनुष्ठान, उत्सव) के चक्र में मिथकों के नीलपट ही होलिका, विजयदशमी, दीपावली, नवरात्र, ओणम, शिवरात्रि, गणेशचतुर्थी, जन्माष्टमी, रामलीला, कृष्णलीला आदि में अनवरत निष्पादित हो रहे हैं।

[और **गुप्त कला** : इसका समाजसांस्कृतिक पंचांग (चार्टर) तो बेहद अनूठा है। कारण कि, चीन तथा दक्षिणपूर्व एशिया के साथ व्यापार एवं वाणिज्य की अधिकाई ने भौतिक तथा आध्यात्मिक योगात्मक तथा भोगात्मक शक्तियों को सन्तुलित करके वैश्विक सन्दर्शों में समन्वय, उदारता, इहलौकिकता तथा सर्वधर्मसमभाव (सेक्युलरिटी) की भी अभिवृद्धि की। इस कला के अक्ष शिल्प एवं वास्तु हैं।]

'बनीठनी जी' के इस चित्रफलक में काव्य का जादू एवं धर्ममिथकीय अलौकिकता की कान्त मैत्री है। नागरीदास (राजा सावन्तसिंह) संगीत तथा काव्य-मर्मज्ञ थे। उनके दरबार की नृत्यांगना-गणिका बनीठनी जी भी अद्वितीय रूप तथा सौन्दर्य की धनी तथा कवयित्री, कलाप्रेमिका तथा नृत्यांगना थी। नागरीदास उस पर मुग्ध हो गये। कृष्णभक्त होकर उसके साथ वृन्दावन आकर रहने लगे। वे बनीठनी जी को नारी-देह का प्रादर्श तथा श्रीराधा का आदर्श किंवा उनकी ललिता-छाया मानते थे। अतः यहाँ इस गाइन का राधा में लोकोत्तर उदात्तीकरण हुआ है।

ललिता बनीठनी की तन्वंगी लोचदार काया है। उसकी ठोढ़ी तथा ललाट का अंकन बंकिम, गर्वीला है। अलकें, भौंहें, अधर, लोचन, नासिका सभी में लहर तथा ललित चाप घुमाव है। जैसे कि संगीत के मन्द्रसप्तक तथा चित्ररेखा के लावण्य-योजन में छन्दधर्मी होता है। वह ठेठ राजस्थानी गहने पहने है : शिरफूल, बड़े लटकते झुमके, गोलरत्नजटित नथ तथा नासाग्र की झुलनी, गले में कण्ठी, वक्ष में कई लड़ियों वाली मोतीमाला, हाथ में कई-कई रंगीन चूड़ियाँ, उँगली में अँगूठी आदि।

द्रष्टव्य है कि उसकी चोली से एक स्तनाग्र चूचुक गिलहरी-सा उचककर कूदने को आतुर है। चूनरी लम्बी है; गोटेदार तथा कढ़ी हुई, चमाचम। श्रीराधा की यह ललित-छाया मिथक-शोभा का अतुल्य प्रतिमान है जो मिथक तथा यथार्थता को भी पारस-रूप करता है। इसकी व्यासभूमि में सौन्दर्यगर्विता तथा महाभाव-मधुरा की द्विपर्ण विरोधता है।

मध्यकाल में शिल्प का आयाम सक्रिय नहीं हुआ लेकिन चित्रधुरी पर राजस्थानी, मुगल, पहाड़ी कलमों की विभिन्न शैलियों ने अनेकानेक अनुपाठ-प्रतिपाठ प्रस्तुत करके कई सौन्दर्यशाली अलकाएँ रचीं। वस्तुतः भारत में मिथकालेखकारी देवी-देवताओं के विग्रहों के निर्माण-अंकन में केन्द्रित रही; वृत्तान्तों में नहीं। बौद्ध जातकों का चित्रांकन तो अजन्ता-गुफाओं से लेकर, बोरोबुदुर (जावा), तुंग ह्वांग (चीन), नारा (जापान) तक परिव्याप्त हुआ था।

आधुनिक काल में साहित्य के ग्वालों ने मिथक की कामधेनु के थनों से अन्तिम बूँद तक दुहकर निचोड़ ली है। प्रसाद (कामायनी), निराला (राम की शक्तिपूजा), दिनकर (उर्वशी, रश्मिरथी), केदारनाथ मिश्र प्रभात (ऋतम्भरा), नरेश मेहता (प्रवाद पर्व), धर्मवीर, भारती (अन्धा युग, कनुप्रिया), विनय (महाश्वेता), बलदेव वंशी (आत्मदान), सावन्त (ययाति), कल्कि (शिवकामी की शपथ), कन्हैया लाल एम. मुंशी (कृष्णावतार), कुँवर नारायण (आत्मजयी) के अप्रतिम योगदान हैं। किन्तु चित्रकला और

भारतीय सौंदर्य-बोध में लीला-विलास

त्रिभंगमुद्रा में नर्तक शिव

दुर्गा, इल्युरा

'असुर' महिष का वध करती दुर्गा, वैताल देउड, ओड़िया, अठारहवीं शती का उत्तरार्ध

दुर्गा के आक्रमण की प्रचंडता ऐसी है कि वे मानो उस पर आरूढ़ होकर अपना त्रिशूल उसकी ग्रीवा में इतने जोर से बेंधती है कि उसकी गर्दन मुड़ जाती है। साथ में वाहन सिंह महिष की बायीं भुजा को क्षत-विक्षत कर रहा है।

धार्मिक मिथक-कला एवं संस्कृति के प्रमुख सार्थवाह

शिल्पकला के क्षेत्रों में बंगाल रिनैसाँ भी फैलकर सक्रिय नहीं हुआ। राजा रविवर्मा (1848-1906) ने मिथकीय वृत्तों पर कुछ क्लासिक चित्रफलकों की रचना की किन्तु उन्हें धार्मिक चित्रों के खाते में डालकर लगभग खारिज कर दिया गया। गीता प्रेस संस्थान में बी.के. मित्रा तथा जगन्नाथ ने अनेकानेक चित्रांकन ही किये। मक़बूल फिदा हुसैन ने कुछ प्रवर्तक मिथकीय फलक बनाये किन्तु वे प्रचण्ड विरोधों में फँसा दिये गये जिससे स्वदेश तक छोड़ना पड़ा। शिवाक्ष चावड़ा तथा जार्ज कीट ने 'गीतगोविन्द' पर छोटी फलक-शृंखलाएँ तैयार की हैं।

भारत एवं दक्षिण एशिया की मिथकसांस्कृतिक काल-अनुक्रम-सारणी

ई.पू. 2800	मोहेनजोदारो की सभ्यता का अन्त
ई.पू. 1550	आर्यों द्वारा सिन्धु घाटी सभ्यता (की पकाई ईंटें, कपास के वस्त्र, हल आदि) का क्षीण अवसान,
ई.पू. 800	आर्य दक्षिण तक बस जाते हैं; यमुना-गंगा-घाटी के नगरों तथा जनपदों की स्थापना,
ई.पू. 600	हाथियों का युद्ध तथा शान्ति में व्यवहार शुरू
ई.पू. 563	गौतम बुद्ध का जन्म
ई.पू. 500	तक्षशिला : प्रमुख व्यापार तथा गान्धार-कला का केन्द्र
ई.पू. 400	रामायण
ई.पू. 300-200	मातृदेवियाँ (मथुरा)
ई.पू. 250	ब्राह्मी लिपि
ई.पू. 50	बुद्ध की प्रथम महायानी प्रतिमा
ई.प. 78-101	कुषाणवंशी कनिष्क का शासन
ई.प. 150	बौद्ध धर्म चीन में
ई.प. 200-300	दक्षिण एशिया में (हिन्दू-) फूनान की स्थापना कम्पूचिया, मलय (-एशिया), इन्दोनेसिया में हिन्दू-राजशाहिया की स्थापना
ई.प. 320	चन्द्रगुप्त-I द्वारा गुप्त-साम्राज्य की स्थापना
ई.प. 400	महाभारत का संयोजन। पुराणों का प्रणयन चालू
ई.प. 480	हूणों द्वारा गुप्त-साम्राज्य का पराभव
ई.प. 800	बोरोबुदुर का बौद्ध मन्दिर
ई.प. 802	जयवर्मन द्वारा कम्बोडिया की राजशाही का उन्मेष
ई.प. 1170	जावा-सुमात्रा में श्रीविजय साम्राज्य
ई.प. 1100-1200	म्याँमार (बरमा) के माध्यम से श्रीलंका होते हुए बौद्ध थेरवाद का लाओस तथा चम्पा-अमरावती (वियतनाम) में आगमन
ई.प. 1150	अंगकोर वाट का विष्णु-बुद्ध मन्दिर
ई.प. 1100	तिब्बत में बौद्ध मठों-बौद्ध लामावाद की स्थापना
ई.प. 1000	ग़ज़नी के अफ़गानी महमूद का भारत पर आक्रमण
ई.प. 1200(उत्तरार्ध)	भारत में बौद्ध धर्म का लोप
ई.प. 1370	दक्षिण भारत में विजयनगर का हिन्दू साम्राज्य
ई.प. 1400-1500	सारे दक्षिण एशिया के हिन्दू-क्षेत्र में इस्लाम का प्रसार
ई.प. 1509	पुर्तगाली वास्को-डि-गामा का (भारत के बाद) मलक्का (मलेशिया) में आगमन
ई.प. 1600	जावा का इस्लामीकरण परिपूर्ण हो जाता है
ई.प. 2001(ग्यारह मार्च)	अफगानिस्तान के बामियान की विशाल बुद्ध-मूर्तियों का तालिबान द्वारा विध्वंस।

10.3 एशियाई छवि-पाठ

हम बता चुके हैं कि **चीनी** मिथक का चक्रचिह्न **ड्रेगन** (नागमकर का ईहामृग) है। यह एक ओर तो बुरी आत्मा को दूर रखकर सौभाग्य और वैभव का निश्चयक है तो दूसरी ओर वर्षा का संवाहक-दूत है जिससे कृषि की उन्नति होती है।

चीनी सभ्यता का कृषिपरक चरित्र था। अतः उसमें हाउ-तू (पृथ्वी का युवराज) तथा पृथ्वी के ऊपर का निवासी शियेन की मिथकभूमिकाएँ रही हैं। तदपि चीन में मिथक और लिजन्धर तथा मिथक और इतिहास गुत्थम-गुत्थ हैं। इनमें बौद्ध, लाओ-कनफूशियस मतों के मेल से मिथकों का बहुविध उन्नयन हुआ है।

फू-शिङ (शू-ह्शिङ, या लू-शिंग) बृहद् सप्तर्षि-मण्डल की देवी अध्यात्माएँ मानी जाती थीं। उनमें से तीन सर्वाधिक महत्त्वपूर्ण फू-ह्शिङ, शू-शिङ तथा लू-शिङ कहलाती थीं। वे क्रमशः खुशहाली, दीर्घायु एवं सम्पत्ति की प्रतिनिधि थीं। अनेक चीनी देवी-देवताओं की भाँति वे मूलतः मानवीय थे लेकिन बाद में दैवी पद से नवाज़े गये। फू-शिङ का प्रतीक चमगादड़, शू-शिङ का वृद्ध मानुष तथा लू-शिङ का हरिण था। ये तीनों अत्यन्त लोकप्रिय घरेलू देवते भी थे, सौभाग्य तथा नियति के। लोकजन इनकी उपासना तथा भेंटों से सन्तृप्त होते थे। अतः अजन्ता-परम्पराओं में यहाँ तुङ-ह्वांग की 480 बौद्ध गुफाएँ खोदी गयीं—जिनमें बौद्ध धार्मिक मिथकों की अत्यन्त ध्यानमग्न, प्रशान्त तथा उदात्त छवियाँ हैं। इनका निर्माण ई.प. 366-360 से हान वंश, 1279 से शुंग वंश, तथा 1368 से युआन वंश में हुआ। इनमें अनेकानेक भित्तिचित्र भी अंकित हुए हैं जिनमें बौद्ध-लिजन्धर तथा मानवजीवन के विभिन्न पहलू एक साथ चित्रित हुए हैं। इनके बीच में भूचित्रांकन द्वारा पारलौकिक तथा पार्थिक के बीच सौन्दर्यबोधात्मक विश्रान्ति लक्षित हुई है। इसके अलावा इस विधि से एक नये कथावृत्त का आगाज भी किया गया है।

वेई राज्यकाल (ई.प. 386-534) के बुद्ध (विग्रह) की लम्बी तथा छरहरी काया है, जबकि सूई काल के बुद्ध बलिष्ठ अंकित हैं। **चीनी** मिथकयान में ताओ, कनफूशियस एवं बौद्ध मत की त्रिवेणी है।

तुङ ह्वांग की बौद्ध गुफाएँ तथा उनके शिल्प एवं चित्रवीथी चीन की अजन्ता हैं। उनमें चीनी तथा बौद्ध शैलियों की वैसी ही कान्त मैत्री है जैसी भारत में गान्धार एवं कुषाण शैलियों में थी। भाषिक शोभावृत्त में चीनी नाम भी रूपकात्मक हैं। वे उपमानाश्रित हैं। चीनी मिथकयान इहलौकिक तथा ऐतिहासिक चक्रों से भी संवलित है। इसके आलेखकार ज्यादातर विद्वान् एवं कवि रहे थे। कुछ मिथकीय राजवंश भी हैं—हुआंग ती (पीला सम्राट), चुआन स्युन, खुन याओ तथा शुन।

चीनी चित्ररचना में भूचित्रों की अपनी शोभातिशयता है। कुहरे के बीच वर्तुलाकार आकृतियाँ ऐसे वातावरण के कारण भी हैं। इसी कड़ी में बौद्ध मन्दिरों में दो द्वारपाल उत्कीर्ण होते हैं। जो नाक तथा मुँह से भाप और किरणें निकालते थे ताकि दानवतत्व से मन्दिर की रक्षा की जा सके। बाद में इसका स्थान स्वर्गिक राजशाहियों के सम्राटों ने ले लिया। वे चार होते थे और चारों कोने की रक्षा करते थे।

वहाँ की धर्ममिथकीय कला में **नागमकर** (ड्रेगन) प्रमुख स्थान रखते हैं। वे सौभाग्य तथा दैवी राजशक्ति के प्रतीक रहे थे। कई अन्य देवते भी नागमकर की आकृति ग्रहण किये हुए अंकित हैं। **हयग्रीव** यहाँ, तथा मंगोलिया में भी सुप्रिय रहा है।

चीनी तथा जापानी कला की इहलौकिक तथा आध्यात्मिक शाखाओं में पोशाकों तथा विशिष्ट वस्त्रों में लहरान-फहरान, चक्राकता-झूमरता, पूरे वातावरण को छन्द-ताल के अनहद नाद से अनुगुंजित कर देती है। विद्वानों के चोगे झरनों की तरह सीधे-सपाट बहते-से अंकित है। भूचित्रों में चीनी कला विश्व को सर्वश्रेष्ठ देन है।

चीनी मिथकों के मूल मौखिक रूप सम्प्राप्य नहीं हैं। विभिन्न कवियों, विद्वानों ने अनेक अन्तरों तथा शैलियों के साथ उन्हें प्रस्तुत किया है जिससे अनेकानेक अनुपाठ बन गये हैं और वे साहित्यिक तथा ऐतिहासिक लेखन होकर दर्शन की उपच्छाया में धुँधला तथा चमक गये हैं। उनमें मूल मौखिक वाक् की विश्वसनीयता की तो हानि हो गयी है किन्तु वृत्तान्तिक रूपों की विविधता-भिन्नता-आदिम सुन्दरता अनुस्यूत होती जाती है।

आगे इसका सौन्दर्यबोधशास्त्रीय अन्वयन।

तांग राजवंश (ई.प. 618-907) में आकर आकृति एवं आकार में प्ररूपित तथा आंचलिक तथा स्थानिक रूपप्रद (फिगरेटिव) छवियाँ अंकित होने लगीं। इस काल में जो अंकन हुए हैं उनका प्रयोजन था कि मानवीय संसार कैसा (है के बजाय) होना चाहिए। अब कला यथार्थवाद की भी अनुरागिनी होने लगती है।

चीन एक मध्यान्तर है, जबकि **तिब्बत** तथा मंगोलिया के बीच शताब्दियों से एकतान विनिमय होता रहा है।

तिब्बत में चित्रों (टंका) में इतिहास भी बोलता है तथा लामावाद की मिथकें भी। चित्रलिपि तथा / अथवा चित्रगाथा में मिथक एवं इतिहास की मैत्री ईजिप्ट (अफ्रीका), इन्का (मेसोअमेरिका) तथा तिब्बत में प्रमुख रही है।

तिब्बत का प्राचीनतम मठ गूगे का है। राजधानी सपारांग थी। मान्यता है कि पहले सात राजे रस्सी द्वारा आकाश से पृथ्वी पर अवतीर्ण हुए। इसी प्रकार महागुरु पद्मसम्भव (ब्रह्मा की तरह) कमल से उद्भूत हुए। अतः पद्मपाणि एवं वज्रपाणि की बौद्ध धर्ममिथक ही आधारशिला हैं। इसी कड़ी में दलाईलामाओं की परम्परा चली। उनका केन्द्र पटाला रहा। सन् 1630 के आसपास गूगे-राज्य का अवसान हो गया। अतः गूगे एवं ल्हासा (पटाला) दो केन्द्र रहे। उनके थोलिन की में कैलास पर्वत जैसी महत्ता है। तिब्बत की आजीविका व्यापार/मार्ग के दम पर थी। इसके अलावा सोने का भी योगदान था।

सूई राजकाल के बोधिसत्व

हान राजवंश काल (ई.प. आरम्भिक तीसरी शताब्दी) का वर्षा-आदाता ड्रेगन

लुंग-मेन में बोधिसत्व-वैरोचन, सातवीं शती ई.प.

चीनी सौन्दर्य का आभिजात्य प्रादर्श (चीन में तो अवलोकितेश्वर नारी-स्वरूप के आदर्श हैं)

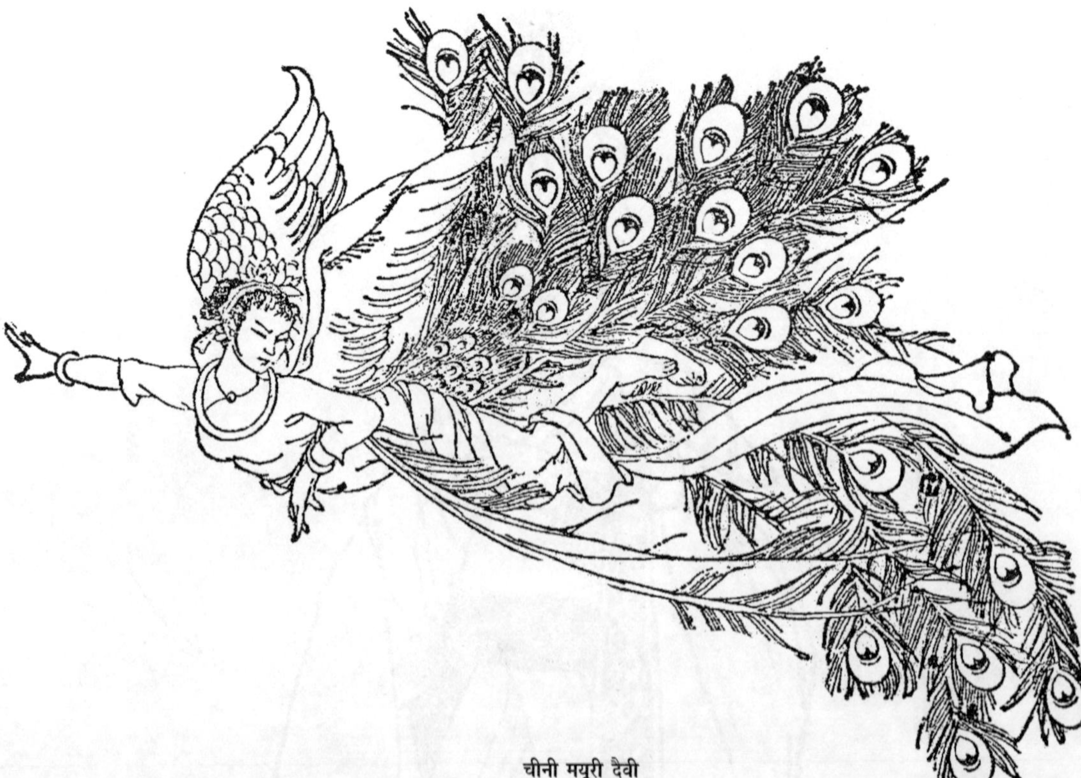

चीनी मयूरी देवी

तिब्बत का सौन्दर्यबोध प्रशान्ति तथा उदात्त से लेकर विकराल और भयानक के ध्रुवान्तों को संयुक्त करता है। उनके टंका-चित्र, कांस्य मूर्तियाँ तथा विकराल मुखौटे, तथा मुखौटे-नृत्य ही मिथकीय इन्द्रजाल तथा सम्मोहन के हेतु हैं। मंगोल कुबलाई खान के लालपटधारी के बजाय दलाईलामा का पीतपटधारी बौद्धमत प्रचलित हो गया।

जापान

जापान के मिथकयान में दो सहवर्ती तथा समन्वित धाराएँ रहीं—शिन्तो धर्म तथा बौद्ध धर्म।

यूँ जापान का अपना कोई शिल्पशास्त्र नहीं था। उसका उन्नयन बौद्ध प्रभाव से हुआ। इनके शिल्प में मोन्जू बोसात्सू (मंजु बोधिसत्व), एजेन म्यो (यौन प्रणय का प्रतिनिधि), क्वान्नो (करुणा का देवता), सप्तभाग्य देवता के प्रचुर शिल्पायन में हुआ।

शिन्तो मत की धुरी सूर्य-देवी अमातेरासू है। उसके केन्द्र से अनेकानेक मिथक-कथाओं तथा चित्राकृतियों का उन्मीलन हुआ। उनके मिथकयान में कायान्तरण का एक प्रमुख मिथकाभिप्राय रहा है। लोमड़ी का नारी बन जाना, या नागिन का नारी हो जाना प्रचलित हैं।

उनके मिथक, पुनीत, प्रतीक हैं:—कुसुमित चेरी वृक्ष, श्यामग्रीव सारस, सुन्दर पंखे, दर्पण आदि। ये कला और कथा, दोनों में ही महत्त्व पाते हैं।

निष्कर्षतः जापानी धर्ममिथकीय सौन्दर्यबोध के मानदण्ड के दो छोरों का सहअस्तित्व है—शिन्तो की सादगी तथा बोद्धों की आलंकारिता। शिन्तो में मूलतः सूर्यदेवी तथा उसके (सुशानो समेत) देव-परिवार की वंशावली की चलती है। बौद्धों में केन्द्र **अमीदा बुद्ध** हैं। शिन्तो में सूर्यदेवी **अमातेरासू** की उपासना है। बौद्धों ने जापान में शिल्पशास्त्र का समारम्भ किया। उन्होंने अपनी लोककथाओं में, प्रेतों को निष्क्रिय करके बोधिसत्त्वों की परम्परा चलायी। नारा शहर में सर्वप्रसिद्ध बौद्ध मन्दिर के निर्माण के साथ ही उसे पुष्प-गुच्छों से सजाने का अनुष्ठान भी शुरू हुआ। महास्थविर-रीजेन्ट शोतोकूसी ने कला-सौन्दर्य की परम्पराएँ चलायीं जो बाद में फूजीवारा-युग में दृश्यकलाओं तथा साहित्य में प्रतिफलित हुईं।

सूर्यदेवी अमातेरासू को गुफा से बाहर निकालने में देवी उज़ूमे रही है जो पवित्र कागू पर्वत के रहस्यों की संरक्षिका है।

जापानी मिथकयान के अनुराग-पत्र में तो नहीं, लेकिन उसके नीले हाशिये पर चित्रकार **किटीगावा ऊटामारो** (1754-1806) की सौन्दर्यबोधात्मक मृगतृष्णा का बदमस्त मधुपान नहीं करना हमारी बदनसीबी होगी। योशीमारा बस्ती के वेश्यालयों की गणिकाएँ,

निर्वाणी बोधिसत्व, तिब्बत

पांथशालाओं की चाकर युवतियाँ, हमाम में सहसा चौंका दी गयीं सद्यःस्नाताएँ, स्तनपान कराती माताएँ—ये सभी ऊटामारो की कामरंग में डूबी निर्भीक कूचियों में अमर हो गयी हैं। तथापि इनमें कुछ भी विकारग्रस्त, निर्मम, फूहड़ अथवा गोपनदृश्यरति (वोयूरिज़्म) नहीं है। वेश्याओं के चकले के इस चित्रकार ने जापानी गणिकाओं के प्रस्तुतीकरण को रूपक की पदवी तक ऊर्ध्वोन्मुख कर दिया है।

हम उसकी सौन्दर्यानुभूति को मिथक के उस अतल में गोताखोरी करते हुए पाते हैं जहाँ निर्भीकता-निर्द्वन्द्वता-सहजता-शुचिता व्यापती है। ''उसका यह निरीक्षण... नारी के मूलभूत सारतत्त्व या एशेंस की पकड़ कर सकता है : उसकी गतिविधियों की, उसके सपनों की, उसके अन्तरंग क्षणों की, उसकी त्वचा की सुकुमारता की, उसके सम्मोहन की, रहस्यवता की। ऊटामारो के कामप्रद कूचीकर्म (भावलावण्ययोजनम्) ने तो स्त्री को एक आर्केटाइप में रूपान्तरिकर दिया। वे विनीत वेश्याएँ, या फिर सौन्दर्यगर्विता गीशाएँ मिथकीय चरित्रों में, अर्थात् 'चिरन्तन नारीतत्त्व' में ढाल दी गयी थीं।''*

यह रमणियों और सुन्दरियों का चितेरा इडो (पुराना तोक्यो) के विलास-सहेटों, तथा लीला-प्रकोष्ठों में रहा करता था, गणिकाओं के बीच। तदपि उसका नारी-अंकन आदर्शोन्मुख एवं मांसल है। उसकी रेखाओं में तीव्र उत्तेजना तथा प्रशान्त स्वच्छता है, उसकी देहशोभाओं में निर्वसनता और उदात्त झीना-ओढ़ाना भी है। हम उसकी लड़ी में 'गीतगोविन्द' को तथा समुद्रायनी के ताहिती द्वीप में

देवताओं का अट्टहास सुनकर कौतूहलवश गुफा से बाहर आती सूर्यदेवी अमातेरासू

जा बसे फ्रांसीसी चित्रकार **पाल गॉगिन** को रख सकने के इश्कनिगार हैं। गॉगिन ने कबीलाई ऊर्जा, बलिष्ठता, निर्भीकता-कुण्ठामुक्ति को मिथकीय ऊँचाइयों तक पहुँचाया। प्रसंगानुसार हम उसकी भी गुफ्तगू करेंगे।

मानसूनी हवाएँ (मौसम-हवाएँ) ही व्यापारिक प्रभंजन (ट्रेड-विंड्स) भी बन गयीं। ई.प. पहली शती से ही भारत और दक्षिण एशिया के द्वीप-द्वीपान्तरों से ऐसे घनिष्ठ सम्बन्ध मजबूत होते गये कि कई शताब्दियों तक एक **बृहत्तर भारत** बन गया। अंग (वैशाली की चम्पा नगरी), बंग (वर्धमान व सुन्दरवन), कलिंग (ओडिशा का शबरपुरी क्षेत्र), पल्लव (कावेरी पत्तन और अमरावती) और चोल (काँची और मदुरै) से पुरोहित, सूत्रधार, व्यापारी, राजन्य वर्ग आदि वहाँ पहुँचकर बसते गये। ऋषि कौंडिन्य ने जावा को केन्द्र बनाया। ब्राह्मणों ने अंगकोर वाट का पहले हिन्दूकरण, फिर बौद्धकरण कर दिया। फिर पन्द्रहवीं शती के उत्तरार्ध से अरब सौदागरों तथा आमीरों ने अपना प्रभुत्व कायम करके विशाल क्षेत्र का इस्लामीकरण कर डाला। इसी क्रम से हिन्दू-बौद्ध, ख़्मेर-शैलेन्द्र मिथकों का भी अभ्युदय-अवसान हुआ। इसे **भारतीय मिथकयान का एशियाई प्रतिपाठ** कहा जा सकता है।

हत्याओं-हिंसा-युद्धों में चामों पर महान् विजय प्राप्त करने वाला राजा जयवर्मन-सप्तम (ई.प. 12वीं शती का उत्तरार्ध-तेरहवीं शती का आरम्भ), सम्राट अशोक की भाँति ही, बौद्ध हो गया और अंगकोर वाट के हिन्दू मन्दिरों को एक बौद्ध संघाराम में बदल डाला। उसके ब्राह्मण (चचेरे) भाई ने अंगकोर वाट से बीस मील दूर सियेमरियेप में 'बांतियेई श्रेयी' (नारियों का दुर्ग) नामक हिन्दू-मन्दिर बनवाया। उसी की उत्कृष्टता से **बांतियेई श्रेयी कला-शैली** का उन्नयन हुआ। यहाँ (इन्द्र की) अप्सराओं तथा नर्तकियों का एक मिथकीय नंदन मानन स्वर्ग है।

इसके पूर्ववर्तन में सूर्यवर्मन से लेकर जयवर्मन-द्वितीय तक ब्रह्मा और हरिहर, शिव और विष्णु की प्रतिमाएँ (आठवीं शती से लगातार) बनती रहीं। सबसे बड़ा चमत्कार हुआ कि समुद्र-मन्थन की मिथक का विशाल पैमाने पर अंगकोर वाट पर ही आरोपण हुआ। अंगकोर वाट स्वयं में ही सुमेरु पर्वत-शिखरों की मथानी के वास्तुविधान पर बना। उसका प्रवेश-पथ वासुकि की रज्जु के रूपकों से सर्पमुखों की कतार हुआ और पार्श्व में ही जलराशि पर शयन मुद्रा में विष्णु की प्रतिमा बनी। यह ख्मेर-साम्राज्य की राज्यलक्ष्मी, अप्सराओं के विलास, सत्ता और समृद्धि के ऐश्वर्य आदि के चौदह रत्नों का प्रमाण है; यही है अंगकोर वाट का चक्रवर्ती सुमेरु। यह भी तो उस क्षेत्र के समुद्र-मन्थन का फलागम था।

अब हम समुद्र-मन्थन की मिथक के जन्म का काल अनुमानित कर सकते हैं। यह गुप्तों-पल्लवों के उत्थान की सन्धि-वेला में जन्मी होगी जब ये दो स्वर्ण-युगीन उप-संस्कृतियाँ दक्षिण-एशिया में अपनी संयुक्त संस्कृति का कमल खिला रही थीं। इतिहासकार बुद्धप्रकाश इस महामिथक का जन्म इसी कालावधि में मानते हैं, गुप्त-युग के आसपास।

सो, सेतुबन्ध-रामेश्वरम्, बेटद्वारिका के बाद अंगकोर वाट तीसरा स्थल है जहाँ भारतीय मिथकें साकार एवं साक्षात् एवं साक्षी हुई हैं। यूँ मिथकीय भूगोल का तो एक बड़ा समानान्तर एटलस मौजूद है जो कोरमकोर धार्मिक होता गया। इन बातों को ध्यान में रखा जाए, प्लीज!

सम्प्रति यह स्पष्ट करना भी लाज़िमी है कि जिस प्रकार समुद्र-मन्थन की मिथक ने अंगकोरवाट के मन्दिर के मिथकीय वास्तुशास्त्र का विधान किया उसी तरह भारत में दक्षिण में कन्याकुमारी के नीचे के सिन्धु-पथ अनुराधापुर (श्रीलंका) के बीच, भौगोलिक संरचना में जो छोटे-छोटे द्वीप मौजूद थे, उनसे 'रामायण' में सेतुबन्ध का 'मिथक भौगोलिक वास्तुनिवेश' परिलक्षित हुआ। इसी प्रकार दक्षिण अमेरिका की इन्का सभ्यता में सूर्य-मन्दिर, चन्द्र-मन्दिर (पिरामिडों) का वास्तुशास्त्र उनकी मिथकों के अनुकूल हुआ। ईजिप्टी पिरामिड का शिखर आकाश के ओरियेन नक्षत्रों से ज्यामितिक समतल-रेखा बनाता है, अथवा एथेंस और एक्रोपोलिस का वास्तुविधान तथा एथेना-पोसेइडान की कथाएँ बखूबी समानान्तर हो गयी हैं।

इसी न्याय को हम मिथकीय सौन्दर्यबोधशास्त्र में भी संलिप्त करते हुए मिथकीय **ख्मेर-सौन्दर्यबोधशास्त्र** का उन्मीलन करेंगे।

अंगकोर वाट (कम्बोडिया) से बीस किलोमीटर दूर वहाँ के ब्राह्मण-गुरु द्वारा बनवाया गया बेतेंईश्रेयी मन्दिर (ई.प. 12वीं शती) के तीसरे पथ के गोपुरम के पूर्व में अंकित परम सुन्दरी अप्सरा तिलोत्तमा अंकित है जो सुन्द-उपसुन्द को ललचाती हुई दोनों के बीच द्वन्द्व-दुविधा से ग्रस्त है। (76.75 × 106 इंच : म्यूज़ दे आर्ट्स एशियाटिक, पेरिस)। दुविधा के कारण पूरे फलक में उसकी देह बायीं ओर तथा टाँगें दायीं ओर मुड़ी हैं। वहाँ के मन्दिर की अपनी विशिष्ट कला शैली थी। ये विधिवत् पुष्ट होकर सौन्दर्यबोधात्मक यथार्थता का भी प्रतिमान बनाती हैं। ग्रीक एथेंस-ट्राय, चीनी हानवंश की पार्थिव छवियाँ तथा ईजिप्टी धर्मकेन्द्र अमारना भी ऐसे ही हैं।

× × ×

दक्षिण एशिया के कई प्राचीन हिन्दू-मन्दिर यूनेस्को की विश्वधरोहर भी हैं। कइयों में वृत्तान्तपरक पट्टिकाफलक (पेनल) नहीं हैं। अतः हम उनकी मिथकीय-आलोचिन्तनात्मक व्याख्याएँ करने से वंचित हैं। पूर्वीय जावा का सुरावाना मन्दिर, केन्द्रीय जावा

* बेरेनाइस ज्योफ्रो श्नेइतर 'एशियन आर्ट : इंडिया चाइना जापान' पृ. 193 एसोलीन पब्लिशिंग इन्कार्पे. न्यूयार्क, एनवाई 10001, 2002

तिलोत्तमा, अंगकोर बाट, कम्बोडिया

का लारा जोंगारांग मन्दिर, तथा प्रबानन (केन्द्रीय जावा के बोरोबुदुर का मिथकसौन्दर्य-पर्यवेक्षण हो चुका है) प्रमुख हैं। बाली का ताम्बाहान, गेलगेल का सुमेरु बाली तथा जादी बेंटार आदि ऐसे ही स्थल हैं।

हमें अपना सरोकार मुख्यतया मिथक एवं कर्मकाण्ड के आधारों तक ही रखना है। ज्यादा से ज्यादा हिम्मत करके हम धर्म के उन्मीलन तक यात्रा कर सकते हैं किन्तु धर्मकथा बन गयी (पौराणिक) मिथकें हमारे प्रतिपादन से बहिर्भूत हैं [इसके बाद तो **धर्म** तथा **दर्शन** की जुगलबन्दी चलती है। इसमें शनैः-शनैः **काव्यशास्त्र** तथा **कामशास्त्र** मिलकर चतुरंग बनाते हैं]। अतः हमारे कार्यवृत्त के मिथक वर्ती कथाचक्र में 'भागवत' की धर्मकथाएँ अपरिहार्य नहीं हैं।

ऐसे बन्धानों में मिथक तथा सौन्दर्यबोध के बीच के सम्बन्धों की निर्मितियाँ भी मुश्किल हैं क्योंकि सौन्दर्यबोध धर्म और दर्शन में अन्तर्भुक्त होकर आध्यात्मिक-अलौकिक-रसब्रह्मवादी होता जाता है। हमने यह भी पाया कि पुरातत्त्वशास्त्र और वास्तुशास्त्र हमारे बेहद शिथिल सहकारी रहे हैं। नृतत्त्व भी शास्त्र हमें लोककथाओं के संकेतविज्ञान खूब देता है। परिणामतः हम मिथक-धुरी पर ही कीलित रहेंगे। पुरातत्त्व और नृतत्त्व मिथक के दो अपलक लोचन हैं। ये मिथकीय भूगोल को जैविक तथा इहलौकिक बना देते हैं। हमें समुद्री-पुरातत्त्व से प्राप्त बेट-द्वारका के अलावा कोई भी विशेष साक्ष्य नहीं मिले। शक्तिपीठ, मथुरा-वृन्दावन, अयोध्या-चित्रकूट-तिरुपति-चिदम्बरम्, जगन्नाथपुरी-सेतुबन्ध आदि पर हम कुछ छानबीन कर सकते हैं। वह भी यथेष्ट सार्थक प्रतीत होती है।

10.4 द्वीपान्तर

अफ्रीका

महाद्वीप का आकार विशाल है, वहाँ छिटके-छिटके अनेक अवस्थाओं वाले वन्य और ग्रामीण कबीले हैं, पृथक-पृथक अनुजातीय (ऐथनिक) समूह हैं, तथा लोगों का आव्रजन-प्रवजन होता रहा है। इसलिए वहाँ विश्वासों की विविधता, मिथकयानों की विभेदकला और मौखिक परम्पराओं की विशेषताएँ हैं।

तदपि लगभग सभी जनों का एक सर्वोच्च देवता में विश्वास है। उनकी व्यवस्थाओं में लोकधारा का हकीम तथा जादू टोने वाला ओझा होता है। उनकी संघटना में पुरखों की अहम भूमिका होती है। इसी के साथ प्रेतात्माएँ भी विश्वासों में भागीदारी कराती हैं। बलि के भी कई रूप प्रचलित रहे हैं।

इन कारणों से अफ्रीका का बहुविध सौन्दर्यबोध अनेक छितरे-छिटके कबीलों की प्रमुखता वाला है। उनकी पृथक्-पृथक् जीवनदृष्टियों का जमावड़ा भी समुद्रायनी-क्षेत्र की तरह है। वह भी उनके जैसे अतुलनीय है।

उनकी कलाओं में शिल्प, मुखौटे, गोदने तथा उपस्कर ही हैं। शिल्प का प्रमुख माध्यम काष्ठ है। काष्ठ-माध्यम ने शैली को सर्वाधिक प्रभावित किया है। औज़ारों द्वारा जो कौशल विकसित हुआ है वह लकड़ी की प्रकृति से भी निर्धारित है। लकड़ी की सख्ती, मुलायमियत, रेशों की दिशापरक बुनावट, तने की वक्रता तथा व्यास आदि आकार एवं आकृति को गढ़ते हैं। उनमें

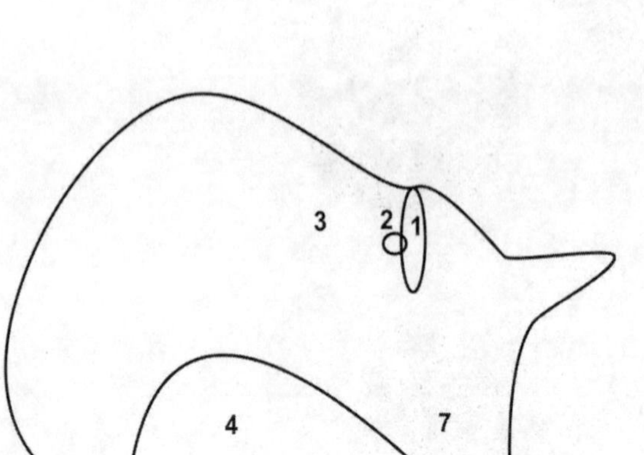

प्राचीन अफ्रीका में नील-ईजिप्ट[1] के अलावा नूबिया[2] ईथोपिया[3] सूडान[7] थे। नीचे बन्तू[4], पिग्मी[5], बुशमैन[6] थे।

नोक (पश्चिम अफ्रीका) से प्राप्त शिल्प, लौह युग, अत्यन्त रमणीय निर्भीक नारी मनोलोक

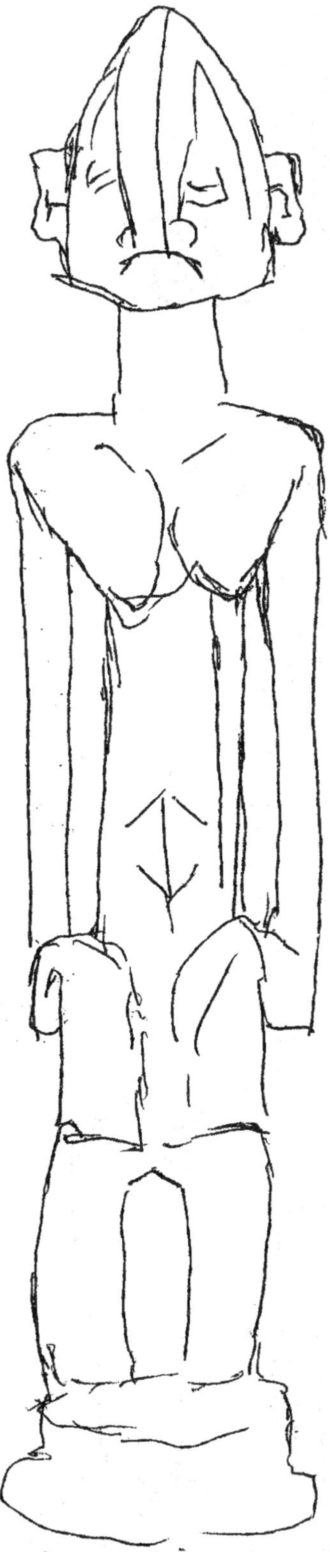

माली के डोगोन जन की महिला पुरखिन की आकृति (काष्ठ)

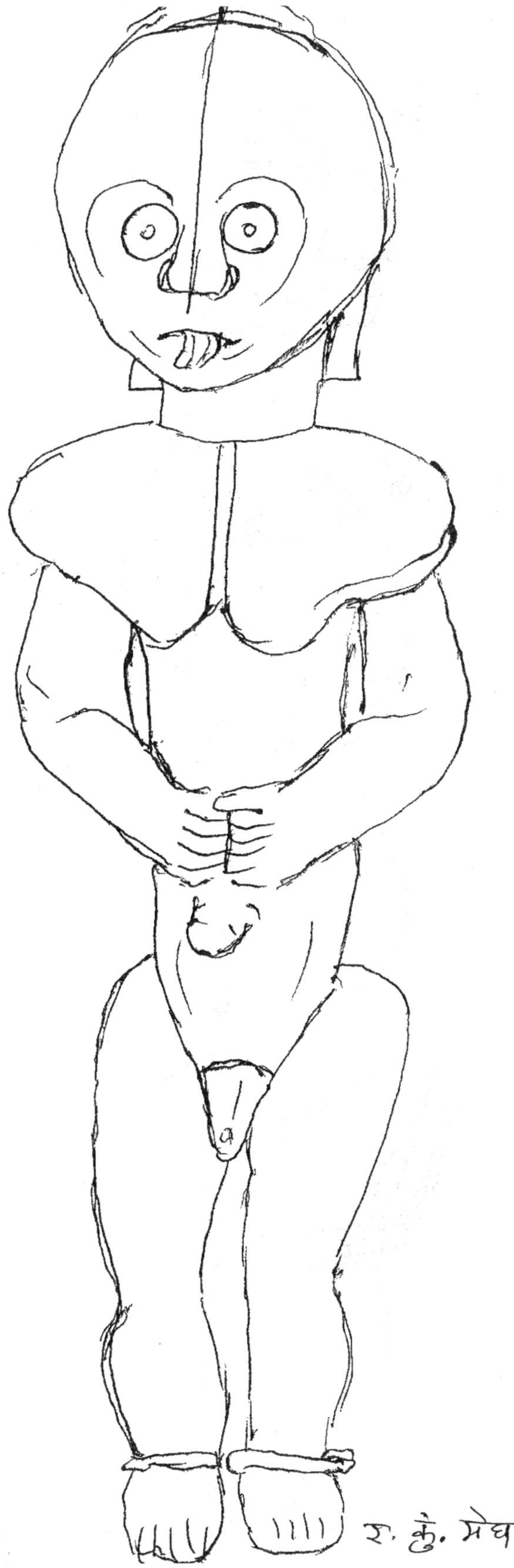

गाबोन के फांगजन के पुरुष-पुरखे की आकृति (काष्ठ)

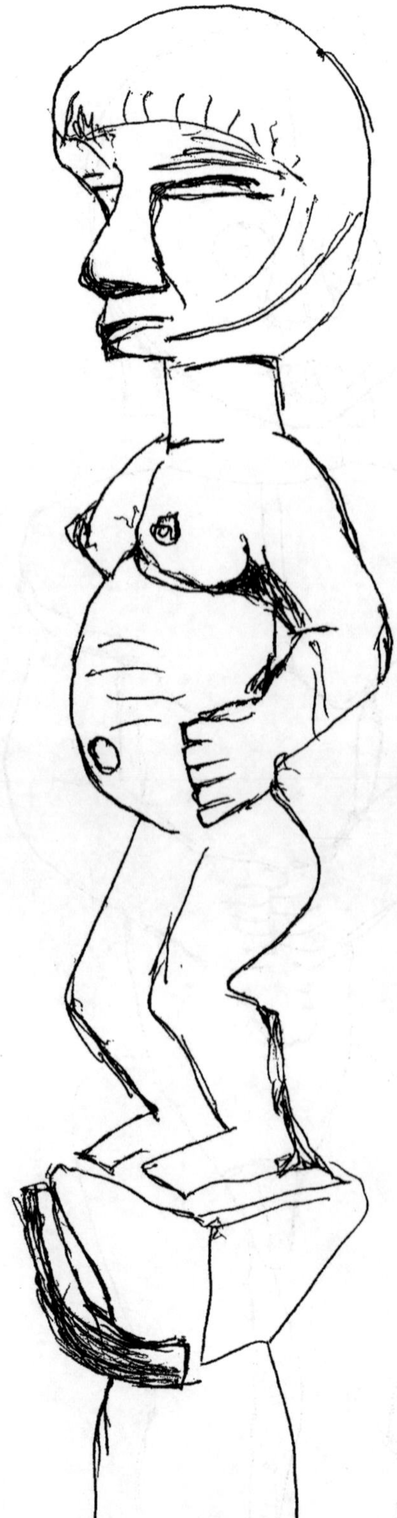

ईबो-जन की महान् पृथ्वीमाता (काष्ठ)

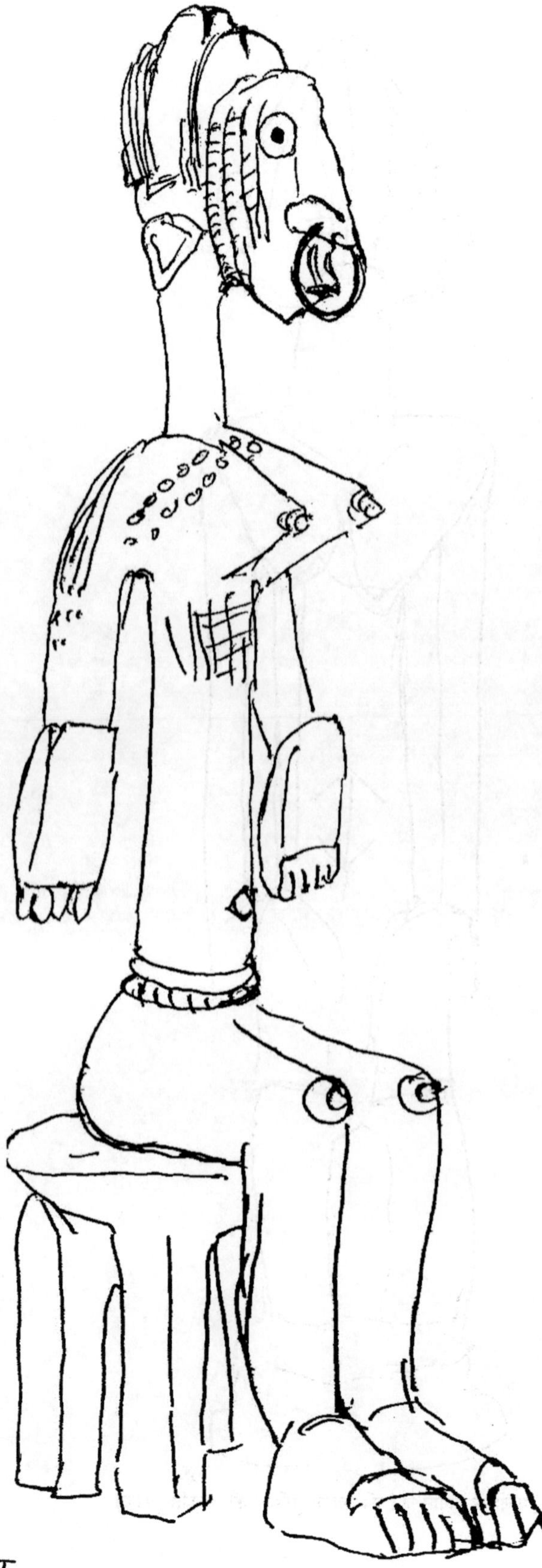

माली के बाम्बारा-जन की महिला-पुरखिन (काष्ठ)

चिकनाहट तो है, सपाटता है किन्तु मोड़ों-घुमावों वाली अलंकृति कमतर है। सभी कुछ ज्यामितिक सीधी रेखाओं तथा गोल बेलनाकारों, पटरियों-पट्टों की डिजाइनों से संश्लिष्ट है। लगता है कि तराशे-छाँटे गये लकड़ी के खण्ड अपनी डिजाइनों के हिसाब से मानो ठोंककर जड़-से दिये गये हैं। अतः ज्यादातर क्यूबिक-बेलनाकार खड़ी आकृतियाँ हैं।

आकृतियों में अनुपात की कोई निश्चयता नहीं है। वे अनुष्ठान, प्रकार्य, संवेगी अपेक्षाओं के अनुरूप छोटे-बड़े, नुकीले-चपटे, टेढ़े-मेढ़े, तोंदीले या खोखले, मुड़े या तने हुए हैं।

उनके ओंठ मोटे, केश घुँघराले या कंघी सँवारे-से हैं। वस्त्र न्यूनतम हैं। अलंकार भी कम हैं।

आकृतियों में ज्यामितिक उभयात्मक समानरूपता (सिमेट्री) है। वे **टोटेम** तथा **पुरखे** तथा **देवता** हैं। देवता भी मानवाकृत हैं। उनमें अलौकिकता व्यंजक लक्षण नहीं है। वे आखेटक, संग्राहक, खानाबदोश, खेतिहर अवस्थाओं को भी प्रतिबिम्बित करते हैं।

उनकी ऐसे आकार तथा आकृति से वजन, ऊर्जा, दृढ़ता, गुरुत्वाकर्षण की कई गुना संवर्धित समानुभूति (इम्पैथी) होती है।

''अफ्रीकी नारीत्व की शिल्पकृतियाँ सुगठित, ढाली गयी देह, तथा उसकी प्रशान्ति में जीवन की रहस्यवत्ता एवं ताकत पर बलाग्रह करती हैं। अफ्रीकी मिथकयान तथा कला में पुरुष तथा नारी एक साथ बुनियादी इकाई के तौर पर नज़र आते हैं, कभी जुड़वाँ के रूप में और सदैव अपनी अन्योन्याश्रिता प्रकट करते हैं।'' [ज्योफ्रे पेरिन्डर, पुरोवाक् से, ''अफ्रीकन मिथोलॉजी'' पीटर बेड्रिक बुक्स, ब्राडवे, न्यूयार्क, 1982।]

× × ×

स्पेनी-मूल के बहुत बड़े फ्रांसीसी चित्रकार पाब्लो पिकासो (1881-1973) ने इक्यानवे सालों की उम्र पाई थी और वे जीवनकाल में ही लिजन्धर तथा वैश्विक मिथक बन गये थे।

यद्यपि वे अफ्रीकी थीमों के चितेरे नहीं थे, लेकिन जंगली-विखण्डित, अधकचरे-अधबने (लेवी स्ट्रास के मुहावरे में) अफ्रीकी

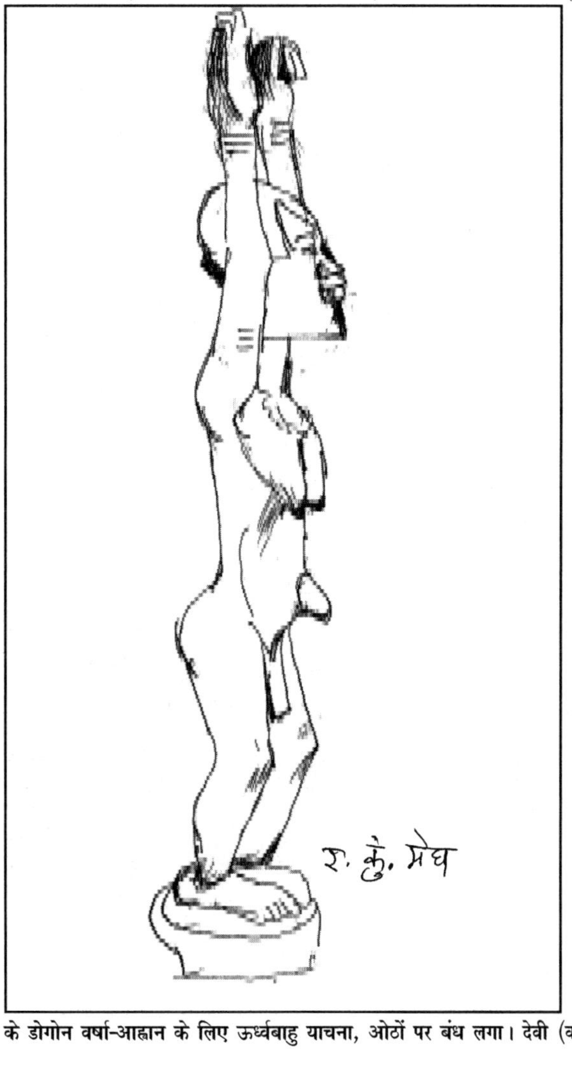

माली के डोगोन वर्षा-आह्वान के लिए ऊर्ध्वबाहु याचना, ओठों पर बंध लगा। देवी (काष्ठ पर रंगलेपित)

प्रत्यक्षी करणों को **क्यूबिज़्म** शैली में अन्विषित कर गये। यही नहीं, उन्होंने भी हज़ारों साल पीछे जाकर मिथक के जन्म के भी पहले अंकित किये गये शैलचित्रों-गुफा चित्रों की रेखाओं-आकृतियों के अचरज पुनरुज्जीवित किये। वृषभ, फिर अश्व भी, अफ़्रीका के अँधियाले महाद्वीप से चलकर पिकासो के फलकों पर भी छप गये। तदपि उनकी चित्रशाला में अफ्रीकी पर्यावरण के बजाय उनके आधुनिक (यूरोपीय) संसार की आधुनिक मिथकों की निर्मितियाँ हुई हैं। इसी चक्रचिह्न की 'आविन्यों की वेश्याएँ' (1907), 'गुएर्निका' (1937) उनकी दो श्रेष्ठ रचनाएँ हैं। आदिम सरल-सहज जीवनशैली की तरह पिकासो मानते थे कि जीवन एक ठिठोली अर्थात् आमोद-प्रमोद है—एक लम्बा, समाप्त न होने वाला कार्निवाल (महोल्लास)। बावजूद वे 'सड़क के आदमी' के प्रतिदर्श लेकर उसके आह्लाद तथा अवसाद के चित्रलेखाकार रहे।

फलतः पिकासो अफ्रीकी आदि वासनाओं वाले आद्य मिथकबोध की सुदृढ़ रेखाओं तथा मूल मनोवृत्तियों (इंस्टिंक्ट्स) की अतिमहाऊर्जा के प्लावन से हमें गुड़मुड़ करके थर्राने की समानुभूमि (इम्पैथी) सुगबुगाते हैं। वे कई भाँति से एक ही फलक की परत-दर-परत का उद्घाटन करते हैं। हमने डेट्राएट के म्यूज़ियम (अमेरिका) में पिकासो के कई मूल कैनवासों का अवलोकन करते हुए यही अनुभव किया है। सो दुहराते हुए कहेंगे कि अफ्रीकी सौन्दर्यबोध में टोटेम और शामन, कबीले और सरदार तो हैं ही, सम्मूर्तन एवं अभिप्राय भी अष्टावक्र रहे हैं। इनमें कथावृत्त क्षीणतम है। परिवर्तित परिवेश में पिकासो भी ऐसा ही करते आये हैं। अतः बहुत आगे बढ़कर, उन्होंने अफ्रीकी कबीलाई समाज से आकृति-बन्ध, शिल्प मुद्राएँ तो लीं, लेकिन (पाल गॉगिन के विपरीत) पर्यावरण एवं चित्रकथ्य अपनी ज़मीनी हक़ीकत के रखे। अन्ततोगत्वा वे फात्सीवाद तथा युद्ध के विरोधी, एवं विश्वशान्ति तथा समाजवाद के पक्षधर-से हो गये। स्पेन के फासिस्ट तानाशाह जनरल फ्रेंकों ने उनके महाकाव्यात्मक फलक 'गुएर्निका' का 1939 में बहिष्कार करके स्पेन-निकाला कर दिया था। गृहयुद्ध तथा तानाशाह के पतन के बाद वह 1981 में स्पेन वापस लौट पाए (ऐसा कुछ डेइगो रिवेरा के साथ भी हुआ था)। उनकी समकक्षता चिली के महाकवि पाब्लो नेरुदा से की जा सकती है जिन्होंने 'चे'-ग्वेवारा की तरह अपनी इन्का-माया संस्कृतियों के मिथकयान तथा अनादिमूलस्थ गाथा को संजीवनी माना था।

पिकासो की तकनीक में मानो काँच की टूटी-दरकी छिटकी किरचों जैसी परतें-दर-परतें तथा कैनवास की तहों का विभ्रम पैदा किया जाता है। उसमें तीन आयामी प्रभाव गर्भित हो उठता है, ग्लोब की चक्राक घूमर जैसी कई कोणों से आकृतियाँ उभरने

अल्टामीरा का एड़ लगाता घोड़ा, लाल रंग में गुफा-चित्र, तीस हज़ार वर्ष पूर्व

पिकासो की स्वछवि

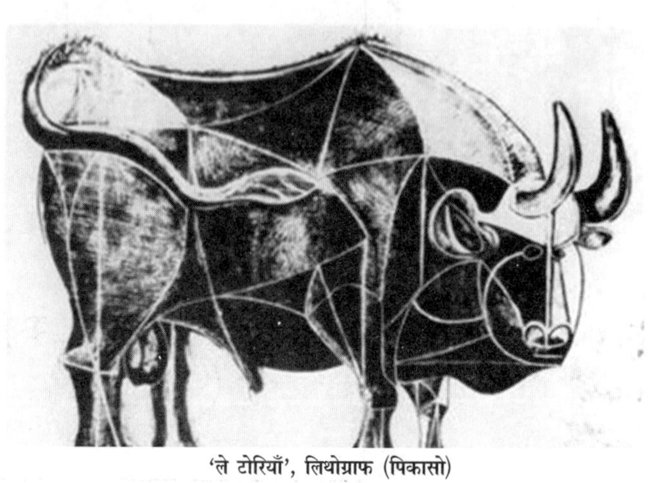

'ले टोरियाँ', लिथोग्राफ (पिकासो)

दर्पण देखती महिलाएँ (पिकासो)

एक रेखांकन (पिकासो)

'शरीर कुछ कह रहा है' (पिकासो)

आरसी देखती महिला

लगती हैं, पात्र गतिशील हो उठते हैं, और अपने देहांगों को एकसाथ कई कोणों, मुद्राओं—कार्यों में संयुक्त करने लगते हैं। यह मिथकीय बोध का अचरज तथा जादू भी हुआ करता है। उनकी रेखाएँ मोटी तथा गाढ़ी हैं। पृष्ठभूमि एवं छायाविहीन आकृतियाँ हैं। रंग-भराव सपाट है। परिदृश्य (पर्स्पेक्टिव) का प्रायः निषेध है। आकृतियाँ अक्सर नग्न या निर्वसन हैं। इन आयामों पर वे चित्रों में अफ्रीकी मुखौटों एवं शिल्पायनों के तीन आयामी अंकन दो आयामों में करके चमत्कार पैदा करते हैं।

निष्कर्षतः उनमें अफ्रीकी आदिमता, घनवाद (क्यूबिज़्म), विनिर्मिति (डिकांस्ट्रक्शन) तथा विसंगति (एब्सर्डिटी) का समायोजन मिलता है।

समुद्रायनी

अर्थात् ओशेनिया में **वांडजिना** नामक प्राक्तन नृरूपिम पशु देवते थे (ईजिप्टी मिथकों की तरह)। वे आस्ट्रेलिया के आदिमूलस्थ जनों के उन्मीलित होते हुए स्वप्न-समय में आविर्भूत हो रहे थे। वे उस संक्षेत्र के विभिन्न शैलचित्रों में भी अंकित हुए तथा उर्वरता एवं वर्षा के सन्दर्भों से संकुल भी। इनके नाम हैं:— वाराना (बाज मानुष), जोडोई (कपोत मनुष्य), जुनग्गुम (उलूक मनुष्य), जारापिरी (सर्प मानुष)। उनके अंकन में मुखमण्डल नहीं हैं, तथा अन्य लक्षण भी विद्रूप हैं। उनके सिर पर प्रभामण्डल ही उनकी शक्ति का द्योतक है। ये स्वप्न-समय में भूमि तथा अन्य उत्पत्तियों के स्रष्टा थे।

समुद्रायनियों का दूसरा सौन्दर्यदैविक प्रतीक **इन्द्रधनुष-सर्प** है। वह बाढ़ लाता था तथा स्वप्न समय में नदियों-झीलों-घाटियों का भी निर्माण करता था। उसने ही मानव-शरीरों को रुधिर का उपहार दिया है। अतः शैलचित्र (रक्तरूपी) गेरू से निर्मित है।

एक नर-मीमी द्वारा प्रसव

र. कुं. मेघ

ईस्टर महाद्वीप का मोआ हाका

तीसरा सौन्दर्याद्‌भुत कृतित्व ईस्टर-द्वीप में अति विशाल आजानु (पुरखों की) विशाल पाषाण प्रतिमाएँ हैं। ये आज तक मिथकीय रहस्यमयता बनी हुई है।

ऐसी विराटता के कंट्रास्ट में वे मानते हैं कि **मीमी** बेहद सूक्ष्म-छोटी रूहें हैं। आर्नहोमलैण्ड में उनकी जो गुफा-चित्रकारी मिलती है उसमें वे छड़ी की तरह की आकृति वाली अंकित हैं। उनमें-से पुरुषों के लिंग तथा स्त्रियों के स्तन प्रमुखता से अंकित हुए हैं।

इस तरह वहाँ अनेक 'स्वप्नदर्शक-चक्र' हैं जो कथाओं की शृंखला बनाते हैं। उनमें टेंगारी तथा वालबीरी महत्त्वपूर्ण हैं क्योंकि वे गानवृत्तों एवं कर्मकाण्डी अनुक्रमों से सम्बद्ध हैं।

और समुद्रायनी के अन्तिम परिच्छेद के तौर पर वहाँ के आदिमजीवन तथा अपरिष्कृत सौन्दर्यकृत्य को एक अत्यन्त भोला-भाला सौन्दर्यबोधक स्वप्नसमय की तरह चितिमुग्ध कर दिया है, अद्वितीय चित्रकार **पाल गॉगिन** (1848-1903) ने। उक्त द्वीप-पुंज का अद्वितीय आयाम उसी भाँति उद्‌घाटित किया जैसे कि इटली के रिनासाँ चित्रकारों ने ग्रीक मिथकों को पुनर्नवीकृत कर दिया था। जीवन के अन्तिम दौर में वे ताहिती द्वीप में चले गये थे और वहीं दिवंगत हुए। उस दौर के चित्र ही हमारा अभीष्ट हैं। उन फलकों के सलोने-सहज शीर्षक भी उसी आदिमूलस्थों की बोली में रखे गये हैं।

पाल गॉगिन के ताहिती द्वीप के आत्मवनवास वाहे चित्रफलकों में आदिमलोक, आदिम लोककला, आदिमशैली के विलक्षण अभिलक्षण हैं जिन्होंने उसे स्वप्न-लोक का वसनीक बना दिया था। अतः उन्होंने समुद्रायनी के **'स्वप्न समय'** में जीते हुए अपने **'मिथकीय मानस'** को प्रज्वलित कर लिया था। सो वे अपनी आदिम स्वच्छता, प्राकृतिक निसर्गता तथा मानवीय सहजता की त्रयी से मिथकीय बुलन्दियों को छविमान करते हैं। उनमें प्राक्तन् पर्यावरण सर्वत्र स्पन्दित हो रहा है।

उन्होंने ताहिती नर-नारी के मॉडलों की रचना में रंगों की दो दिशाएँ पायीं—पहली में दीप्तिमान चटक **रंग** हैं तो दूसरी में प्रशमित गाढ़े हैं जो घनश्याम दमक वाले हैं। उनमें धुँधला गोपन-सा चुप-चुप और सहज निर्द्वन्द्व अकुण्ठ आमन्त्रण है। अतः **आकृतियाँ** एवं आकार भी नितान्त वैयक्तिक हैं जिनमें आन्तरिक प्रतीकों को बहिर्मुख किया गया है। **रेखाएँ** भी लचीली घुमावदार नहीं हैं, बल्कि सपाट, सीधी-खड़ी हैं। त्रिभंग मुद्राओं का कामद सन्देश नहीं है।

आदिम कबीलाई नर-नारी की आकृतियाँ सरलीकृत रूप से संयुक्त हैं। नारी-छवियाँ भारी-गहरे कृष्ण संरूपों वाली हैं। उनकी देहशोभा (भारतीय देवी-प्रतिमाओं की भाँति कटि से ऊपर निर्वसन हैं तथा नाभि के नीचे वसनधारिणी)। वे अनलंकृत हैं। वे दुबली-पतली सुकोमल भी नहीं हैं बल्कि मांसल और स्थूल, भोली तथा ऐन्द्रियिक हैं। वे क्रमशः अधिकाधिक कल्पनात्मक होती चली जाती हैं। इस तरह **पाल गॉगिन** मिथकादिम व्यासरेखा पर अतिमौलिक **ऋतृमयी सुन्दरता** के दिग्दर्शक हो गये हैं। इसके द्वारा उन्होंने जीवन की आदिमता में सार्थकता को अभिलषित किया है। इस प्रकार से वे नव्य-इम्प्रेशनिज़्म, क्यूबिज़्म तथा सर्रियलिज़्म जैसे यूरोपीय प्रयोगों से भी बिल्कुल परे छिटक-से गये हैं। नतीजतन उन्होंने आदिम मिथकीय मानस का स्वप्न-समय में सेमिओलाजिकल-फेनामेनालॉजिकल साक्षात् तथा फांतासीय साक्षात्कार किया है। किंवा तादात्मयीकरण कर लिया है।

तो पाल गॉगिन ने मिथकीय सन्दर्श (विज़न) की कैसी पुनर्लब्धि की है? उसमें आदिम प्राचल पर द्वन्द्व और द्वैत हैं, द्विपर्ण-विरोधता और अन्तर्विरोध हैं। उसमें उस स्वर्ग, या नन्दनकानन, या विमोहक भूमि (एन्चान्टेड लैण्ड) में वृक्ष हैं तथा पशु-पक्षी हैं, मुक्त श्रम है तथा भोगी अवकाश है, कर्म एवं काम है तथा बलिष्ठ जैविक नारियाँ हैं, स्वतन्त्रता और फान्तासी है, सर्वोत्कृष्टता तथा सम्पूर्णता है, तथा अन्ततः पीतवर्ण क्राइस्ट, मारिया तथा देवदूत भी हैं। वे यातना-वेदना-अभावों वाली मानवता को छोड़कर ताहिती की 'सम्मोहन मायावी' भूमि के मृत्युपर्यन्त वासी हो गये थे।

ऐसा ही निर्द्वन्द्व ऐन्द्रियिक शोभा-भोगपरक विलक्षण प्रकार्य जापानी चितेरे कितीगावा उटामारो (1753-1806) ने किया था।

उनके कला-कर्म में जापानी वेश्याओं-गीशाओं की अन्तरंग भावकर्म-छवियों की आर्केटाइपल गरिमा तथा उन्मुक्त देहशोभा को 'उज्ज्वल रस' से संलिप्त किया।

समुद्रायनी तथा अफ्रीका के बाद हम (दक्षिण अमेरिका के) **अमेज़ोनिया** के मिथकयान की शक्ति ऐसी दुनिया है जो प्राकृतिक ताकतों से संचालित नहीं होती, अपितु अति-प्राकृतिक जीवों (बनैले जानवरों) तथा मनुष्यों की एक लड़ी है। उनमें प्रतीकों तथा रूपकों का अन्तहीन जंगल है। मिथकें ऐसी नाटकीय अवस्थाओं को प्रतिबिम्बित करती हैं ताकि जंगल की दुनिया के ढाँचे की समझदारी हो। जगुआर और बाज़ (इंकाइयों की ही तरह) इनके बाघ व पक्षी संचालक हैं।

× × ×

हमने देखा है कि जापान और ईजिप्ट और इन्का में मिथकयानों के समाप्ति-काल तथा इतिहास के आरम्भ काल के बीच फ़र्क़ करना आसान नहीं हो सका है। हमने यह भी देखा है कि अनेक मिथकों का रंगमंच ऐतिहासिक समयों में भी सज गया है। सत्ता एवं शक्ति के केन्द्र पुरोहित राजा, देवराजा होते गये हैं। इससे मिथकों में चमत्कार के साथ-साथ ऐश्वर्य और भोगपरक

'क्या तुम्हें ईर्ष्या हो रही है?' उसका नाम है वैरोमाती (1892) पाल गॉगिन (1848-1903), ताहिती, पोलिनीसिंया

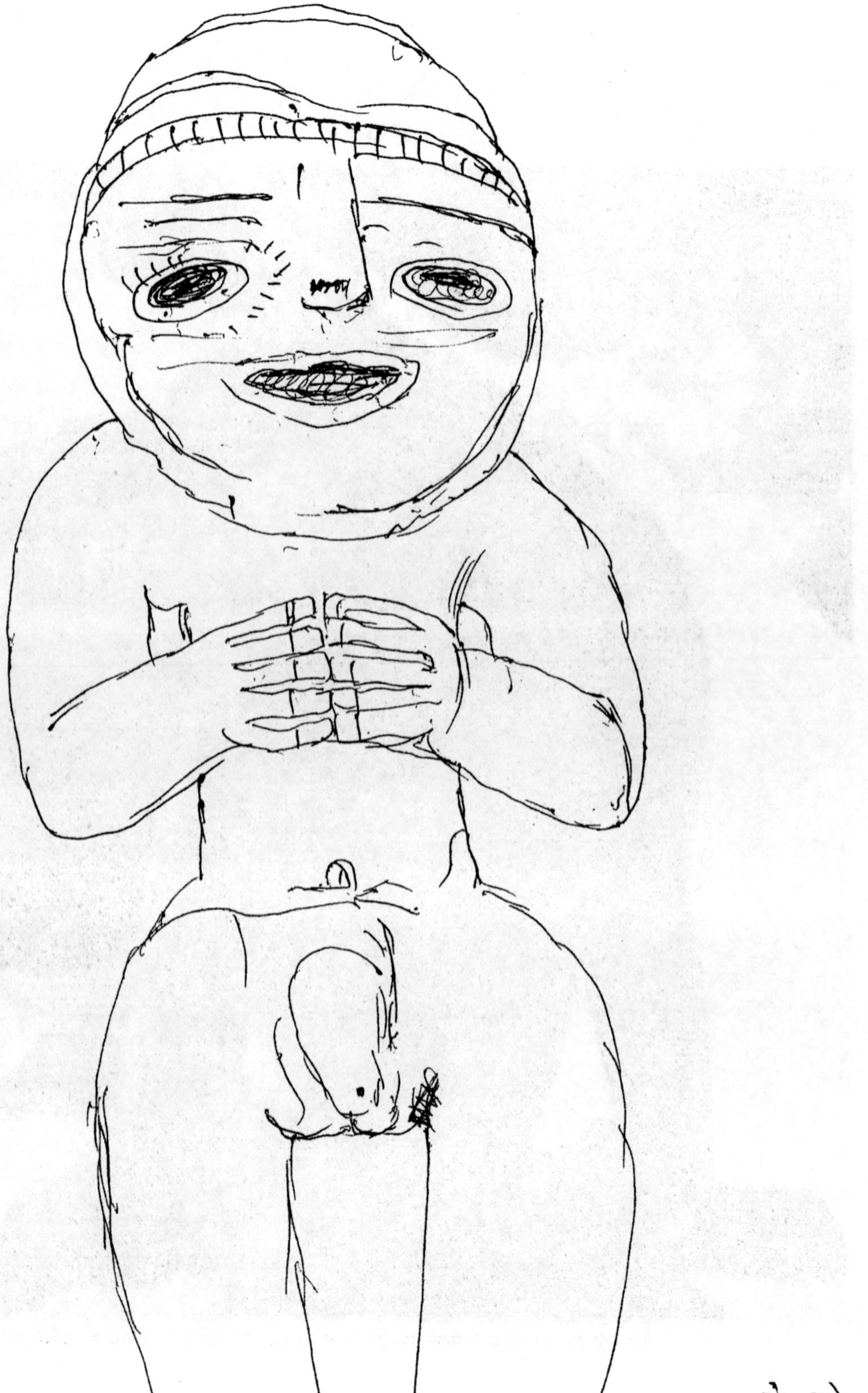

मेलानेसिया के न्यू आयरलैंड की एक पूर्वज आकृति

सौन्दर्यदृष्टि भी सुगबुगाने लगती है।

यह भी द्रष्टव्य है सही मिथकीय सौन्दर्यबोध केवल दिव्य सौन्दर्यबोध नहीं है। भरतपाठी मिथकों में (यदि वे मिल जाती हैं तो) शालीनता-सुकुमारता-दिव्यता का **लालित्य** न होकर **चमत्कार**-धुरी पर नाना रूपायन नाभिक रहे हैं। इससे मध्यकाल में मिथकत्व की भूमिका ही उलट-पलट जाती है और वह राजपाट जैसी कर्मकाण्ड में बँधकर अधिक शानशौकत वाली, अनुष्ठान-उत्सवों वाली होकर छा जाती है। निष्पादक-दिशाएँ ज्यादा अन्तर्निहित होती जाती हैं।

यह तथ्य तो दिवाकर-तेज की तरह चमक उठता है कि प्राक्तन मिथकीय परम्पराओं में **सौन्दर्य** (-बोध) एक कौशल (तिलोत्तमा, पैंडोरा, दुर्गा) अथवा एक भविष्ययवाणी (साइकी, क्वेटज़ालकोआटल, वीराकोचा) के रूप में उभरता है। इसके अतिरिक्त वह दुर्दमनीय शक्ति होकर **विस्फोट** करता है। वह विस्फोट लालसा अथवा रौद्रता होता है। मिथकीय सौन्दर्यबोध की यही अनादि वासना है। शालीनता तथा सुकुमारता में इसे पाना दूर की कौड़ी की तलाश जैसा होगा। 'समुद्रायनी' इस स्थापना का पूर्वानुमान है जहाँ आदिम मिथकीय सौन्दर्यबोध अनगढ़, रहस्यमय, स्वप्नसमयद्रष्टा, चमत्कृति है। वस्तुतः मिथकीय सौन्दर्यबोध नैसर्गिक, सहज, अप्रयास, अनछुए, शिशुचितिपरक रूपकों का जादुई हाट-बाज़ार है—नामों के अर्थों का, कार्यों की अप्रत्याशिता का, कारणों के देशकाल बर्हिभूत इन्द्रजालों का, तथा परिणामों की अपरिहार्य विश्वासी-अवश्यंभाविताओं का। शनैः शनैः आदिम मिथकीय सौन्दर्यबोध-तत्त्व नैसर्गिक कबीलों से अर्द्ध-सभ्य कबीलों से संगठित राज्यों के संक्रमण में केन्द्रापसारी होता जाता है। धर्म इनमें बिल्कुल नये शालीन, नैतिक, सुकुमार, कर्मफल वाले **कौतूहल** संयुक्त कर देता है। अतएव वह मूलस्थ गुस्सैल तथा उद्दंड सौन्दर्य सदा के लिए तिरोहित हो जाता है।

वर्तमान समय में हम वैसी आद्य मिथकीय कल्पनाएँ और अनुभवन कर ही नहीं सकते क्योंकि हमारी धुरी **विश्वास** से छिटककर विज्ञान और विश्लेषण हो गयी है। हमारा साहचर्यो का आह्वान करने का सामर्थ्य भी थक गया है तथा चेतना के प्रवाह की दिशाएँ ही ऐषपूर्ण विक्षोभी हो गयी हैं या वैसी सरस्वती-लुप्ता हो गयी हैं। रूपक के हमारे आधुनिक व्याकरण तार्किकता की शृंखला में जकड़ गये हैं। अतएव मितराँ! आज चन्द्रकुँवर बर्त्वाल, गजानन माधव मुक्तिबोध, नरेश मेहता, अथवा साल्वेदोर डाली, मार्कशागल, डिएगो रिवेरा जैसी कल्पनाएँ भी हम लोग नहीं कर सकते क्योंकि हमारी मानसिक संरचना में वे जींस विलुप्त हो रहे हैं। अब अगर झाड़-फूँककर, टोना-टटका करके उत्तर-आधुनिकता अथवा जादुई यथार्थता के वैताल आमन्त्रित भी किये जाएँ तो वे महज 'साइकेडेलिक' होंगे।

तथापि मिथकीय सौन्दर्यबोध का समापन हम दो अमृतपायी त्रिभुवन-मिथकों से करेंगे। यहाँ तो हम कामयाब होंगे। अस्तु।

विश्वमिथकयानों में अमूर्त घटनाएँ तथा अदृश्य छवियाँ रूपप्रद होकर साकारता घटा रही हैं। ऐसे विलक्षण **बहुआयामी सौन्दर्यबोधात्मक** प्रत्यक्षीकरण की एक परामापक रेखा नहीं हो सकती, और न ही कोई एक वैश्विक शास्त्र, अथवा शैली अथवा वैश्विक सन्दर्श। जो छवियाँ रूपप्रद होकर साकार हुई हैं वे सत्य या वास्तविक नहीं हैं। जो मन्दिर पिरामिड, मकबरे, प्रासाद विरासत के रूप हैं उनमें 'मिथकीय ब्रह्माण्ड का अपना ही वास्तु-सन्दर्श' है जो एक केन्द्र/कील को दृष्टि का आधार मानकर विभिन्न लोकों के सोपानों में उत्तरोतर बढ़ता है। ईजिप्ट और इन्का (पेरू) के पिरामिड, अंगकोरवाट तथा बोरोबुदुर के मन्दिर इसके उदाहरण हैं। अतः पहले चरण में तो समुदाय या समूह, कबीले या सम्प्रदाय, शमन या पुरोहित के विभिन्न सन्दर्श (विज़न) हुए। दूसरे चरण में इन्हें शिल्पियों, चित्रकारों, सूत्रधारों ने सौन्दर्य एवं आस्था से मण्डित किया। अतएव ये सम्भावनाओं तथा इच्छापूर्तियों से संयुक्त ऐसे 'यथार्थ' हैं जिनका एक समाधिभूत इन्द्रजाल तथा दिव्य सम्मोहन है। हम इन्हें 'ध्यान-छवियाँ' कह आए हैं। कुषाण-काल में भारत में देवी-देवताओं, नदी-देवियों तथा बुद्ध की ध्यान-छवियाँ साकार हुई थीं। ईजिप्ट में 'नयी राजशाहियों के वंशों' (ई.पू. 700) में जब राजाओं की घाटी में फाराओ अखेनातेन, रमेसेज, तूतनखामून दफनाये जाने लगे तब बड़े-बड़े स्तम्भों पर पेपीरिस पौधे तथा फूल, भित्तियों पर पशु-देवते अंकित होते बढ़ते गये। अज़टेक-माया-इन्का में भी सर्प तथा पक्षी के केन्द्रों से कई देवी-देवताओं के मॉडल बने। जापान में कुनीसादा तोयोकूमी-II के समय में सूर्यदेवी अमाटेरासू दीप्तिमान हुई। यह भी ध्यातव्य है कि इनकी देहयष्टि तथा मुख-छवियाँ, लांछन तथा लक्षण एक नहीं हैं। परिधान तथा अलंकार, देहचिह्न भी कालों और उपासनों के केन्द्रों के अनुसार बदलते रहे हैं। अतः ये 'ध्यान-छवियाँ' ही हैं। आज भी हम मोहेनजोदारो (ई.पू. 2000) के सींगधारी शामन या देवता को 'प्रोटो शिव' मान बैठे हैं क्योंकि वह पद्मासन लगाये बैठा है। यह प्रकृष्ट शिव उत्थित लिंग है। ऊँची ककुद वाला वृषभ सम्भवतः पवित्र वृषभ-बलि का द्योतक हो सकता है क्योंकि यह मध्यपूर्व में उर्वरता तथा अमरता के लिए एक अनुष्ठान था। इसी सहक्रम में कमर पर हाथ धरे नचौनी नर्तकी भी पुजारिन हो सकती है। मुहरों में कई ऐसे पशु हैं जो सप्तसिन्धु में तो हो सकते थे किन्तु सिन्धु-गंगा के माझे में नहीं। अतः मिथकें हमारे सौन्दर्यबोध की कुतुबनुमा हो जाती हैं।

अतएव यह वैश्विक सौन्दर्यबोधशास्त्रीय दर्शन-दिग्दर्शन लोकजनों के 'चेतना के प्रवाह' (स्ट्रीम ऑफ कांशसनेस) में बहा है दूर-दूरान्त के 'साम्यों-साहचर्यों' से अभिरंजित होकर इहलौकिक छायाएँ भी प्रक्षेपित करता चला। तथापि इसका सौन्दर्यतात्विक

अनुभव 'दिव्य' तथा अद्भुत भी है। कभी-कभी इसमें भी वैज्ञानिक निरीक्षण परिलक्षित होता प्रतीत होता है। इसके कर्मकाण्ड के हाशियों पर उत्सव-धर्मिता, पर्व की महत्ता भी मिथकों को चिरन्तन वर्तमान में अभिनीत, अंकित, वाचित् होने का तिहरा आधार देती हैं। साथ ही लोकधुरी के मुखौटे, गोदने, टोटेम, देह-रंगायन भी जुड़ गये।

इसी प्रक्रिया में ब्रह्माण्ड एवं संसार, जगत् एवं प्रकृति, मानव एवं अन्य प्राणियों का मिथकीय प्रभामण्डल में स्वतन्त्र वास्तुशास्त्र तथा सम्मूर्तिविधान संलक्षित है जो इहलौकिक चक्र-त्रिज्याएँ (टेन्जेंट्स) बनाता हुआ अलात्-गोलक-सा घूमता है। उनकी कलात्मक अधिभाषा अपने-अपने बिम्बों, प्रतीकों, अभिप्रायों, लक्षणों-लांछनों आदि से संयुक्त है। **कुछ सन्दर्शन** प्रतिनिधि हैं : महिषासुर (भ. ारत), मेडुसा (ग्रीक), मेगारा (ग्रीक), एफ्रोडाइट व लीडा (ग्रीक), दुर्गा (भारत), उर्वशी (भारत), अमातेरासू, (जापान), क्वाटलीक्यू (अज़टेक), एंडीमिओन (ग्रीक), फ्रेया (कार्थेज), रा (ईजिप्ट); कुछ निरीक्षण : उषा और सूर्य की मैत्री, सर्पों की दो फाड़ जीभ तथा केंचुल, घटते-बढ़ते चन्द्रमा तथा उगते-डूबते सूर्य की समानुभूतियाँ, स्वर्ग तथा पाताल के लोकों की अद्भुत छवियाँ, स्कन्द के छह मुख, गणेश का गजमुख, हनुमान का कपिमुख, रानीदेवी हेरा द्वारा स्तनों से दूध चुवाते उठ दौड़ने पर 'दूध-गली' (आकाशगंगा) तथा कैलिस्टो का आकाश में भालू (सप्तर्षि मण्डल) हो जाना (दोनों ही ग्रीक), सपक्ष सर्पदेवता (अज़टेक), पाताल की अन्धेरी दुनिया में ओसाइरिस, तामुज्ज, पर्सिफोन और एडोनिस, मेघबाला द्वारा बादलों से बुने हुए परिधानों का इन्द्रधनुष पर लटकाना (चीन), नार्सीसस द्वारा जलदर्पण में अपनी छवि को देख-देखकर पुकारना (ग्रीक), नग्न नहाने की स्थिति में कामोद्दीपक उत्तेजना अथवा कठोर दण्ड (आर्तेमिस—एथेना), नग्न देखने पर विलुप्ति [उर्वशी, क्युपिड (रोम)], इन्द्र अथवा ज़ियस देवताओं के दुराचार, सर्प वस्त्रों से सज्जित कोट्लीक्यू (माया, अज़टेक) आदि-आदि।

× × ×

अब तक हम निर्वचन कर आये हैं कि **मिथकीय सौन्दर्यबोधशास्त्र** के आयामों में विखण्डन और विद्रूपता दैत्य-धुरी पर बहुतायत से है, किमाकार (ग्रोटस्क) भी जन्तुरूपिम आकृतियों (ज़ू-मॉर्फिक फार्म्स) में मिलते हैं; दिव्य और उदात्त सौन्दर्यबोध देवी-देवताओं तथा अप्सराओं में सराबोर होकर छलकता है। परन्तु विसंगति या 'फूहड़ता' अपेक्षतया विरल है। हम दो लोककथाएँ देकर इसके नमूने भी पेशेनज़र करेंगे।

(एक) **कैरीबियन क्षेत्र** (उत्तरी-दक्षिणी अमेरिका के पूर्वीय द्वीपसमूह) के हिस्पानिओला की टैनो जनजाति में पक्षी-निर्मित नारी-जाति के निर्माण का अजूबा।

इन पक्षी निर्मित नारियों की मिथक में कहा गया है कि कुछ पुरुष नदी में नहाने गये। जब वे धो-धुला रहे थे कि मूसलाधार वर्षा होने लगी। ये पुरुष स्त्रियों को अधिकृत करने को फिक्रमन्द थे, क्योंकि पहले भी कई मर्तबा स्त्रियों के मौजूद होने के प्रमाणों को सभी जगह ढूँढ़ चुके थे और उन्हें एक भी स्त्री नहीं मिली थी। इस दिन किसी तरह उन्होंने देखा कि पास के वृक्षों की टहनियों से कौतुकीय प्राणी गिर रहे हैं वे न स्त्री और न ही पुरुष थे क्योंकि उनके जननेन्द्रियाँ थीं ही नहीं। पुरुषों ने उनका पीछा किया किन्तु उन्हें पकड़ने के सभी प्रयास नाकाम रहे। तब उन पुरुषों ने कुछ ऐसे पुरुषों को पठा बुलाया जो 'काराकाराकोल' कहलाते थे तथा सरदार के आज्ञापालक थे। वे अपने खुरदुरे हाथों के कारण ही इस नाम से जाने जाते थे क्योंकि वे फिसलने वाले जीवों को जकड़ सकते थे। जब उनके द्वारा चार यौनहीन जीव पकड़ लिए गये तो पुरुषों ने सलाह की कि उन्हें किस सर्वोत्तम ढंग से स्त्रियाँ बनाया जाए। उन्होंने 'इनरीरी' नामक पक्षी (कठफोड़वा) को बुलाया जो लट्ठों में छेद करती है। पुरुषों ने उन अजब प्राणियों के हाथ-पैर बाँध दिये और उन्हें पक्षी से सम्बद्ध कर दिया। कठफोड़वा को यह विश्वास था कि वे (प्राणी) लकड़ी के लट्ठे हैं। सो उसने एक स्त्री की योनि की जगह जहाँ होती है, वहीं एक सूराख कर डाला। इस तरह से, विश्वास है कि टैना पुरुषों को स्त्रियाँ बनाया गया।

कठफोड़वा पक्षी वाली मिथक में बताया गया है कि जब योनि लिंग-हीन (एसेक्सुअल) प्राणी प्रकट हुए तो उसने सूराख करके उन्हें स्त्रियाँ बनाया। यह कथा इस रहस्य का उद्घाटन करती है कि प्रौढ़ पुरुषों से रजोधर्मपूर्व लड़कियों की शारीरिक दूरी कायम रखी गयी। इसके बाद प्रबल वर्षा ट्रापिकल वर्षा-ऋतु की धाराधारता को द्योतित करती है कि लड़कियाँ युवतियों में दीक्षित हो गयी हैं। यह बात घोषणा भी करती है कि स्त्रियों का सामाजिक प्रकटावा हो गया है और स्त्री की यौन परिपक्वता सार्वजनिक रूप से घोषित हो गयी है। जैसे-जैसे मिथक का उद्घाटन होता है, नाटकीय घटनाक्रम में शामन के बिम्ब भी आने लगते हैं।

कठफोड़वा जादुई ढंग से (लट्ठे के) छेद को भग में रूपान्तरित कर देता है जिसमें आगामी प्रजातियाँ आविर्भूत होंगी। यह मिथक यौनता और उर्वरता के शामनिक उद्गमों का निदर्शन करती है—प्राकृतिक तथा प्रतीकात्मक जगह की सूचना देती है।

(दो) **मध्यप्रदेश** की गोंड, मुड़िया, ओराँव, बैगा जनजातियों में अपनी लोककथाओं में मिथकीय सन्दर्भ संलग्न करने की परिपाटी है। महुआ, कोदों और धान पर उनकी कई कथाएँ भी हैं। वे (महुए की) मदिरा से काम का जन्म मानते हैं। हीरालाल शुक्ल दो वृत्तों का हवाला देते हैं। पहला; राम-सीता के दण्डकारण्य में नदी में नग्न स्नान कर रहे थे। अबूझमाड़ के कुछ माड़िया

* 'दे. जनजातियों का मिथकीय चिन्तन', ''दि विक्रम'' उज्जैन, मई-नवम्बर, 1985, पृ. 157-158

और माड़िनें वहाँ से निकलीं और उन्हें नग्न देखकर हँसने लगीं। सीता ने उन्हें शाप दिया कि आज से तुम्हारी नरियाँ निर्वस्त्र ही रहा करेंगी [गरीबी का सलोना मिथकीयकरण हो गया]।

आगे वे सिन्धुघाटी की सभ्यता में शिश्नपूजा तथा स्त्री-अंग का हवाला देकर बताते हैं कि मण्डला के गोंडों के अनुसार प्रारम्भ में पुरुषों का लिंग न तो विशद होता था और न स्त्रियों की योनि खुली हुई थी। कालान्तर में **स्थानान्तरण** हुआ। पहले स्त्रियों के दाढ़ी-मूँछें होती थीं। एक गुनिया के शाप से दाढ़ी-मूँछें योनि के पास स्थानान्तरित हो गयीं। इसी प्रकार पहले पुरुषों को भी मासिक धर्म होता था जो कालान्तर में स्त्रियों में ही होने लगा (हलबी)। गोंड यह भी मानते हैं कि पहले लिंग लोगों के माथे पर तथा योनि (स्त्री की) छाती के बीच होती थी। एक दिन माँझी की पत्नी ने उन्हें असली जगह में संस्थित कर दिया।* दण्डामी माड़ियों की लोककथा के अनुसार एक साँप ने योनि में छिद्र करके पुरुष को रतिबन्ध, आलिंगन आदि सिखाये थे।

इस **फूहड़ता के सौन्दर्यशास्त्र** के अन्तराल में एक समन्वित तथा सुडौल, जैविक तथा प्रकृत देह-शोभा के सूत्र भी खुलते हैं। यह भी ज्ञात होता है कि आदिवासियों के सेक्स कोई टैबू या निषिद्ध प्रकार्य नहीं था। अन्ततः यह भी स्पष्ट होता है आदिवासियों के लिए सृष्टि और जीवन, समाधि और सम्भोग का रहस्य जननेन्द्रियों में स्थित लगता था। वे उनके सामंजस्य, सुन्दरता और औचित्य को समझ रहे थे।

अन्ततः संगीत की मन्त्रमुग्धता के सौन्दर्यबोध पर दो छोटी पीयूषपायी मिथकें पेशे-नज़र हैं–

(क) **आर्फियस** एक महान् गायक-कवि तथा अधिनायक था। वह महाकाव्य की अप्सरा कैलिओप (म्यूज़) का पुत्र था। एक पाठ में वह अपोलो से जन्मा था। दूसरे में उसने अपोलो से सितार लाइअर बजाने की दीक्षा ली थी। जब वह साज बजाता था तो केवल देवता और मनुष्य, पशु और पौधे ही नहीं, बल्कि चट्टानें तथा पंचतत्त्व तक उन्मथित हो जाते थे।

उसने अप्सरा यूरीडाइस से विवाह किया था। जब अपोलो का पुत्र ऐरिस्टायस उस पर डोरे डाल रहा था तो बच भागने पर उसका पाँव एक साँप पर पड़ गया जिसके काटने से वह मर गयी।

आर्फियस प्रिया-वियोग में इतना टूट गया कि अपना साज लायेर लेकर पाताल पहुँच गया। वहाँ उसने अपने वाद्य तथा गायन से मृत्यु देवता हेडीज़ तक को आँसुओं में डुबा दिया। उसने यूरीडाइस को इस शर्त पर पाताल से मुक्त करने का आदेश दिया कि ऊपर धरती तक आने के पहले वह पीछे मुड़कर उसे नहीं देखेगा, वर्ना वह कभी भी वापस नहीं लौट सकेगी। आर्फियस ने उसकी एक झलक पाने की लालसा तथा आशंका में पृथ्वी पर कदम रखने से पहले ही पीछे मुड़कर देखा। शर्त भंग हुई और पत्नी यूरीडाइस सदा के लिए मृत्युलोक में फिसल गयी।

शोकविह्वल आर्फियस भटकता हुआ शोकगीत गाता रहा। वह डायोनीसस के पुजापा-स्थल थ्रेस पहुँचा। पत्नी-विछोहा से वह इतना विचलित हो गया था कि डायोनीसस की उन्मत्त उपासिकाओं तक से घृणा करता रहा। सो, उन्होंने अपने एक उन्मादी विलासानुष्ठान (ऑर्ज़ीस) की उत्तेजना में उसे नोचकर खण्ड-खण्ड कर डाला।

इसके बाद से 'आर्फिसवाद' नामक एक रहस्यात्मक मततन्त्र भी चल पड़ा। यह विश्वास था कि उसकी खण्डित देह तथा लाइअर तब भी गाती व बजाती रहती है। उस स्थल पर **एक मन्दिर** बना जहाँ से (डेल्फी की तरह से) भविष्यवाणियाँ की जाने लगीं। [एक अनुपाठ के अनुसार ज्ञान एवं कला की अर्द्धदेवियों (म्यूज़ेस) ने उसे दफना दिया तथा देवता ज़ियस ने उसके वाद्यन्त्र लाइअर को स्वर्ग में रख लिया। विखंडित रूप में स्वयं आर्फियस मृत्यु से चिरन्तन जीवन में रूपान्तरित हो गया।

दूसरे अनुपाठ में उसकी माँ कैलिओप तथा नदी-देवता एचेलस के संगम से तीन साइरेनों का भी जन्म हुआ था]।

(ख) 'पीछे मुड़कर देखने पर शर्त भंग' के अभिप्राय का एक बेहद सलोना तथा मनमोहक संस्करण हमने ओड़ीशा के साक्षीगोपाल-क्षेत्र से रेकार्ड किया है। उस क्षेत्र को 'द्वितीय वृन्दावन' कहा जाता है। मिथकीय निजन्धर के मुताबिक वहाँ की एक ब्राह्मण युवती स्वयं को गोपिका का अवतार मानकर श्रीकृष्ण से विवाह करने तथा उन्हें अपने द्वितीय वृन्दावन में ले आने का प्रण कर बैठी।

श्रीकृष्ण राजी हो गये। उन्होंने शर्त लगायी कि वे उसके पीछे-पीछे चलेंगे तथा मन्द स्वर में अपनी वंशी बजाते रहेंगे। वह पायल की छनन्-छनन् करती आगे-आगे चलती रहेगी। अगर उसने पीछे मुड़कर देखा तो वे वापस लौट जाएँगे।

द्वितीय वृन्दावन की परिक्रमा में आते ही अचानक वंशीवादन बन्द हो गया। ब्राह्मण-कुमारी को भय और प्रेम ने इतना घबड़ा, दिया कि उसने पीछे मुड़कर देखा। शर्त भंग हो चुकी थी। श्रीकृष्ण मुस्कुरा रहे थे। (कृष्ण को वह स्थल वृन्दावन की तरह अपना लगा)। अब ब्राह्मण वाग्दत्ता ने वहीं बस जाने का अनुरोध किया। कृष्ण यही तो चाहते थे। अतः (जगन्नाथ) पुरी जाने के बजाय वहीं अपनी ब्राह्मणप्रिया से विवाह करके रह गये।

अब वहीं **साक्षीगोपाल** का मन्दिर है जहाँ दोनों की युगल प्रतिमा की पूजा होती है।

चित्र आकृतियाँ

मानचित्र अनुक्रमणिकाएँ

11

'रति-काम-मिथुन हैं रस-अमृत' : जन्म-मृत्यु, प्रेम-सेक्स तथा नग्नता की मिथकीय दृश्यगोपनता

11.1 जन्म और मृत्यु : मिथकीय रहस्य तथा पहेली

मिथकें हैं कि ग्रीक देवेन्द्र ज़ियस की जंघा से डायोनीसस का जन्म, तथा भारतीय देवी दुर्गा के मस्तक से काली का प्रकटावा हुआ।

ऐसे ही स्वर्ग और पश्च जीवन, पाताल और जीवनोपरान्तता, दृश्य जगत् और अमूर्त-अदृश्य आदि के सम्बन्ध भी जन्म-मृत्यु की जीवनोपरान्तता के पटलों पर मिथकों में दृष्टिगोचर होते हैं : वास्तविकता में जो भी है अस्तित्ववाद है इनका, अर्थात् उक्त तीनों प्रकार के सम्बन्धों का मनस्तात्विक प्रकटावा।

सम्प्रति हम **जन्म** तथा जीवन के अक्ष लेते हैं। इसमें तेज़ अथवा वरदान के माध्यम से, स्वप्नलोक जैसी दशा में, उत्प्रेरक विचार या सम्मूर्तियाँ बहिर्भूत हो उठती हैं। सुषुप्त देवता या कोई ऋषि या तेजस्विनी सती जीवन को निरन्तर नित नया करते रहते हैं क्योंकि जीवन और स्वप्नाकांक्षा एकैक हो जाते हैं। ये अभिकर्ता दैवी रूप में, पशुपक्षी, फलफूल रूप में—इन सभी रूपायनों में प्रकट होता है। यह जलवायु, ऋतुचक्र, उर्वरता—प्रजनन तथा व्यक्तित्व को भी प्रभावित करता है।

सगर की पत्नी को ऋषि और्व ने साठ हज़ार बीजों वाला एक काशीफल/कूष्माण्ड खाने को दिया जिससे उनकी पत्नी सुमति से साठ हज़ार पुत्र पैदा हुए। और्व वडवाग्नि रूप तथा अश्वसिर वाले थे। उधर सगर के अश्वमेध का अश्व चोरी हो गया। साठ हज़ार पुत्र उसे खोजते हुए एक सुरंग खोदकर पाताल पहुँचे जहाँ वह चर रहा था तथा ऋषि कपिल समाधिस्थ थे। उन्हें ही चोर समझकर पुत्रों ने उन्हें क्षतविक्षत कर दिया। कपिल ने उन्हें अपने तेज से भस्मीभूत कर दिया।

इस कृत्य के पश्चाताप के बाद कपिल ने ही उपाय बताया कि सगर का प्रपौत्र भगीरथ स्वर्ग से गंगा का अवतरण कराएँ। गंगा का अवतरण भी विष्णु पग तथा शिवजटापुंज से होते हुए उस सुरंग-द्वारा (पाताल में) ले जाए जहाँ साठ हज़ार पुत्रों की राख पड़ी है। वैसा ही हुआ। साठों सगर-पुत्र पुनरुज्जीवित हो उठे। एक सूराख से पाताल के गर्भगृह में जल आया और (मृत्यु की) वडवाग्नि शान्त हो गयी। हज़ार हज़ार जन्मों के रूप में प्रकृति सुफला हो उठी। अश्वमेध का प्रयोजन [बलिपरक मृत्यु द्वारा] परिवर्तन एवं नवल जीवन भी सिद्ध हो गया। ज्वाला तथा जल एकैक हो गये।

इसी भाँति ऋषि व्यास ने धृतराष्ट्रपत्नी गान्धारी को सौ पुत्रों का वरदान दिया। उसने एक अण्डाकृत मांसपिण्ड उत्पन्न किया। इसको ऋषि ने एक सौ एक घटों में बाँटकर रख दिया। गर्भचक्र पूरा होने पर उनसे सौ कौरव पुत्रों तथा एक कौरव पुत्री का जन्म हुआ।

ऐसे जन्मों में **संख्याएँ** मिथकीय रहस्य भी होती हैं जो बाद में कूटों अथवा अनुपाठों-प्रतिपाठों की रचना करती हैं। मसलन, ग्रीक मिथुन गेइआ-यूरानस ने पचास शिरों तथा सौ हाथों वाले छह जाइंटों, मस्तक पर एक अतिरिक्त आँख वाले तीन साइक्लोपों तथा तेरह टाइटनों को पैदा किया था। मेसोपोटेमिआई मिथक में सृष्टि-देवता मार्दुक ने युद्ध में तियामत को मारने के बाद उसके शरीर को खण्ड-खण्ड कर दिया। उसने उसकी देह को बीच से चीरकर आकाश और पृथ्वी बनाये, उसके पाँवों से वृक्षादि, शिर से पर्वत तथा दोनों आँखों से दज़ला तथा फरात नामक दो नदियाँ बनायीं। [यह उनका 'पुरुषसूक्त' है]। वस्तुतः स्वयं एक देह [पुरुष/नारी] अपने अंगों से लघु (माइक्रो) या विराट् (मैक्रो) अनुचिन्तनों को प्रतिरूपित करती है। अतः इनसे भी ब्रह्माण्ड तथा प्रकृति की प्रतिछवि खींची जाती है।

अन्य प्रणालियों में गौ, अश्व, अज, भेड़िए, भालू, पक्षी आदि धातृ हो जाते हैं। विश्वामित्र-मेनका पुत्री शकुन्तला का

लालन-पालन (मालिनी नदी के क्षेत्र में) शकुन्त पक्षी ने किया था। ग्रीक मिथकों में एटलांटा तथा पेरिस को भालूनियों ने, एगेस्थस को बकरी ने, टेलेफस को हरिण ने, इयांमस को सर्प-जोड़े ने, साइक्नस को हंस ने, फ्राइजिया को चीते ने पाला-पोसा था। रोम के रेगस-रोमुलस जुड़वाँ शिशुओं का भेड़ियन ने लालन-पालन किया था। कबीलाई समाजों में ये ही प्रथम पुरखे तथा पूजित टोटेम हो जाते हैं। ऋग्वेद में इसी न्याय से कुलगोत्र भी चिह्नित हुए—मत्स्य, अजस (बकरा), गौतम (वृषभ), मांडूक्य (मेढक), वत्स (बछड़ा), शौनक (श्वान), कश्यप (कछुआ)। इसके सहवर्तन में कुम्भ मातृदेवी का प्रतीक रहा है (इससे अगस्त्य तथा वसिष्ठ जन्मे)।

कुम्भ के साथ **मछली** भी ऐसा ही प्रतीक है। इंदोनीसियाई 'सेरीराम रामाइन' (चौदहवीं शती) में हनुमान के वीर्य से मत्स्य-रानी गर्भवती हुई थी। उदय प्रकाश अरोड़ा ने एक-दो जनजातियों का उल्लेख किया है। दक्षिणी हंगेरी की एक लोक-कथा में भिक्षा माँगने आये सन्त को कृषक-पत्नी ने लौटा दिया। इससे सन्त ने उसे तब तक मछली बनाये रखा जब तक कि वह पति द्वारा गर्भवती नहीं हो गयी। पति ने मछली को एक झरने में फेंक दिया जहाँ वह लम्बे समय तक रही। अन्ततः सन्त के आदेशों के अनुसार वह पुनः मानवी रूप में प्रकट हुई और शिशु को जन्म दिया। इंदोनीसिया के सरावाक क्षेत्र के द्याक कबीले के लोग 'पुत्तिन' मछली नहीं खाते क्योंकि कभी उनके पुरखे ने एक पुत्तिन को पकड़कर डोंगी में डाल दिया। पलटने पर वह एक अच्छी बालिका में बदल गयी। बूढ़ा पुरखा उसे घर ले आया। बड़ा किया और उसे अपने बेटे से ब्याह दिया। उसने बेटे को चेताया कि पत्नी के साथ भला बर्ताव करो। एक दिन क्रोध में उसने पीट दिया। वह तुरन्त पानी में कूद गयी। किन्तु एक सुन्दर बच्ची को जन्म देकर उसने ड्याक कबीले की स्थापना की। वस्तुतः ये टोटेमीय विश्वास के उस चरण को द्योतित करते हैं जब मानव एवं पशु में कमतर फर्क थे और यह सम्बन्ध परिवारों की रिश्तेदारी-नातेदारी में रूपान्तरित हो जाता था। बाद के चरण में पशु-पक्षी-परियों और अप्सराओं में शोभान्वित होने लगे (उर्वशी तथा तिलोत्तमा)। और बाद में वे पक्षी-पशु, दैत्य भी बनने लगे। मिथकों में हम ऐसा तीन-सोपानी-विकास खोज सकते हैं।

खास भोजन खाने से जादुई / **चमत्कारिक गर्भाधान** का एक व्यापक मिथकाभिप्राय रहा है।

एक ऋषि ने अपने स्वर्ण-कुम्भ की खीर दशरथ की तीनों रानियों को बाँटकर खाने को कहा क्योंकि वरदान के ही मुताबिक वे गर्भवती हो जाएँगी। आधी खीर कौशल्या ने खायी, एक तिहाई सुमित्रा ने, तथा एक आठवाँ कैकेयी ने। उनसे क्रमशः राम, लक्ष्मण-शत्रुघ्न तथा भरत का जन्म हुआ। यह बहुत-बहुत आदिम विश्वास का अवशेष है जब गर्भाधान में मनुष्य की भूमिका का सही जैविक ज्ञान नहीं था। बस यह माना जाता था कि सम्भोग द्वारा (वीर्य के बजाय) आत्मा योनिछत्र से गर्भ में प्रविष्ट हो जाती है।

कुछ मिथकीय अपवाद भी हैं। पूर्ण सुसज्जित देवी एथेना का जन्म देवता ज़ियस शिर से हुआ था। काली का प्रार्दुभाव भी दुर्गा के ललाट से हुआ था। डायोनीसस ज़ियस की जाँघ से उद्भूत हुआ था। इन्हें हम मिथकीय रहस्यवत्ता मानते हैं।

अनुक्रम में 'भ्रूण-स्थानान्तरण' का अभिप्राय भी है। इसमें बाल एक तन्त्र या चमत्कार के रूप में इस्तेमाल होता है। विष्णु ने अपने दो बाल उखाड़े। काला बाल देवकी तथा सफेद बाल रोहिणी के गर्भ में प्रवेश करके कृष्ण तथा बलराम के जन्म का निमित्त बना। इसके पहले शिशु कृष्ण को वध से बचाने के लिए बलराम के तथा कृष्ण के भ्रूण क्रमशः दोनों माताओं के गर्भ में अदल-बदल दिये गये थे। जैन तीर्थंकर वर्द्धमान महावीर के भ्रूण को भी हिरणैगमेषि ने ब्राह्मणी के गर्भ से निकालकर क्षत्राणी त्रिशला के गर्भ में स्थित कर दिया था। शंकर ने भी दक्ष से प्रतिशोध लेने के लिए अपने एक बाल से ही वीरभद्र को व्युत्पन्न किया था (जैसे कि ज़ियस ने अपनी जाँघ से डायोनीसस को प्रकट किया था)।

[आज धात्री-द्वारा 'परायी कोख' (सेरोगेसी) जैसी दशा कार्तिकेय गंगा के कलशगर्भ से जन्मे थे जिसमें अग्नि अथवा शिव के शुक्राणु निषेचित किये गये थे। इसी भाँति विष्णु के एक श्वेत केशरूपी शुक्राणु का रोहिणी गर्भ में निषेचन द्वारा बलराम का भी जन्म हुआ था]।

ऐसे ही मेसोअमेरिका में पेरू के आदिजन पालतू लामा की पीठ पर मक्की की छोलियाँ लादे हुए टिटीकाका झील तथा माचूपिच्चू से अपने मन्दिरों की ओर जाते होंगे तो 'मक्की-कुमारियों' के सुनहले बालों और हरे-पीत परिधानों को देखकर उनके सूर्यदेवता इन्टी तथा संस्कृति नेता वीराकोचा प्रफुल्लित होते होंगे कि ये केश नारियों तथा पैदावार को गर्भित करके समृद्ध करेंगे। 'अयोनिज उत्पत्ति' में गर्भधारण के बाहर गिरे हुए, या धरे हुए वीर्य-बीज द्वारा भी जन्म का भारतोग्रीक मिथकाभिप्राय (माइथीम) सम्प्राप्य है। यथा—

(i) यूरानस के कटे हुए तैरते लिंग के वीर्य से एफ्रोडाइट (प्रेमदेवी) का जन्म,
(ii) हेफेस्टस की धरती पर गिरी वीर्य-बूँदों से एरिकाओनियस का जन्म,
(iii) के गंगा पर कलश में धरे हुए शिव/अग्नि के वीर्य से कुमार का जन्म,
(iv) ज़ियस की जंघा में संरक्षित रखे भ्रूण से डायोनीसस की उत्पत्ति,
(v) ज़ियस के मस्तक से ज्ञानदेवी एथीना का उद्भव,
(vi) दुर्गा के मस्तक से कराली देवी काली का प्रकटावा।

× × ×

परवर्ती परिच्छेद में हम **'अमैथुनी-जन्म'** के कुछ अन्य रूपाकारों को भी लेते हैं। जो भारतीय मिथकयान में तो प्रचुरता से भरे पड़े हैं।

पार्वती के दोनों पुत्र, गणेश तथा कार्तिकेय अयोनिज हैं। **गणेशकथा** में हम बता आये हैं कि उत्तेजित शिव **नहाती हुई** पार्वती को उनके स्नानकुण्ड में तुरन्त देखने के लिए पहुँचना चाहते थे—गणेश ने उन्हें रोक दिया तो उन्होंने गणेश का शिर धड़ से काटकर अलग कर दिया। गणेश को पार्वती ने अपनी पुरानी त्वचा, रजजल, रजकण, वसन, तेल तथा गंगाजल से बनाकर द्वार का प्रहरी बनाया था। उन्हें यह सख्त आदेश दिया था कि कोई भी अन्दर आकर उन्हें नग्न नहाते न देख पाये [जल शुचिता, स्वच्छता, शुद्धता का आद्य प्रारूप है]।

दूसरे पार्वती-पुत्र कार्तिकेय भी अयोनिज हैं। वे स्कन्द, कुमार, सुब्रह्मण्यम्, मुरुगन भी कहे जाते हैं। इनकी मिथक-आलेखकारी भरतपाठ बनाम अन्य प्रतिपाठों के आधार पर की जा सकती है। बाख्तिन की पद्धति का भी सहारा लिया जा सकता है।

वे कैसे जन्मे? शिववीर्य या अग्निवीर्य से? पहला तो उनका पालन-पोषण गंगा ने किया; फिर कृत्तिका-पुंज ने किया।

जन्म का अन्य प्रकरण : शिव के योगी-संन्यासी हो जाने से सृष्टि रुक गयी। पार्वती से विवाह की कोशिश में देवता जुट गये। नारद की मदद ली गयी। कामदेव का भी इस्तेमाल हुआ। फिर—?

फिर (क) सप्तऋषि ने यज्ञ-आहुति दी। अग्नि प्रकट होते ही ऋषि-पत्नियों पर मोहित हो गया। किन्तु वे सती-नारियाँ थीं। हताश अग्नि दाव (जंगल) में चला गया। वहाँ उसे स्वाहा ने देखा (वह दक्ष-पुत्री थी)। वह अग्नि पर आसक्त हो गयी लेकिन अग्नि ऋषि-पत्नियों के फेर में था। तब स्वाहा ऋषि-पत्नियों में से एक-एक का रूप धारण करके अग्नि के पास गयी। इससे अग्नि काम-दग्ध हो गया। स्वाहा पाँच बार पाँच विभिन्न ऋषि-पत्नियों का रूप धरकर आयी थी। अतः उससे (मूल स्वरूप मिलाकर) छह बार समागम हुआ। स्वाहा ने छह वीर्य-बीजों को एक-स्वर्ण घट में रखकर गंगा को पोषण के लिए दे दिया। गंगा के पवित्र जल से अन्ततोगत्वा छह मुखों वाले बालक का जन्म हुआ। गंगा शिव की भी सहअंगिनी, रही। सो, वह शिवपुत्र **'कुमार'** हो गया।

फिर (ख) एक अन्य प्रतिपाठ में समाधि से विचलित होने के बाद शिव संयमित तो हो गये लेकिन **काम** को भस्म कर डाला। पार्वती अभी भी कुमारी ही रह गयी। वे ब्रह्मचर्य का पालन करते रहे। तब देवगण **अग्नि** के पास गये। शिव अभी-अभी पार्वती से थोड़ा हटे थे कि कपोत रूप में अग्नि ने शिव का वीर्यबीज ले लिया। वह तुरन्त इन्द्र के पास चला। रास्ते में वीर्यकुम्भ भारी हो गया जिसका वहन अग्नि नहीं कर पा रहा था। सो जब वह गंगा के ऊपर निकल रहा था, तो मजबूर होकर कुम्भ गंगा के पास छोड़ना पड़ा। गंगा ने पालन-पोषण किया। एक तेजस्वी बालक तट पर खेलता हुआ दिखा।

फिर (ग) रजस की छह दुहिताएँ कृत्तिकाएँ गंगा में नहाने आयीं। वे निर्द्वन्द्व नंगे नहा रही थीं [कोई भी पूरे परिधान पहने और सोलह सिंगार किए तो नहाता नहीं]। छहों ने उस बच्चे को अपना बनाने का दावा किया। उनके स्तनों में दूध उतर आया। बारी-बारी से छहों ने उसे स्तनपान कराया। उन्होंने धात्री-माताओं के रूप में छह माहों तक बालक का लालन-पालन किया। इससे कार्तिकेय के छह मुख हो गये और वे छहों कृत्तिकाएँ एक साथ जुड़ गयीं (आकाश में अभी भी कृत्तिका पुंज जो है)। इस तरह शिवपुत्र कार्तिकेय कहलाया।

इस भाँति तीनों प्रतिपाठों में तीन सांस्कृतिक पटल दृष्टिगोचर होते हैं। वीर्य के अभिरक्षक भी तीन हैं—स्वाहा, अग्नि तथा गंगा। सभी दशाओं में अयोनिज बालक शिव-पार्वती (दत्तक) पुत्र स्कन्दकार्तिकेय कहलाया।

× × ×

ग्रीक द्राक्षा-मदिरा के देवता **डायोनीसस** की मिथक अद्भुत कंट्रास्ट प्रस्तुत करती है। इसका एक अनुपाठ अमैथुनी उत्पत्ति वाला नहीं है। फिर भी प्रतिपाठ तथा उत्तरपाठ के लिए उसका विवरण अपेक्षित है।

अनुपाठ के अनुसार ज़ियस अपनी माँ रीया पर आसक्त हुआ। वह बचती फिरी। वह सर्पिणी में कायान्तरित हो गयी। ज़ियस ने सर्प होकर उसके साथ सम्भोग किया जिससे पर्सिफोन का जन्म हुआ। ज़ियस ने उसे भी फुसलाकर फँसा लिया। फिर दोनों ने सर्प जोड़े के रूप में सम्भोग किया। अब डायोनीसस का जन्म हुआ और रीया उसकी नानी हुई [इसी प्रकार स्वाहा ने भी ऋषि-पत्नियों का वेश बदलकर अग्नि के साथ सम्भोग किया था जिससे बाद में कुमार का जन्म हुआ था। यहाँ अग्नि है।वहाँ सर्प। सर्प यौवन, पृथ्वी (गर्भ) की उर्वरता तथा कामातुरता का प्रतीक है]।

दूसरे प्रतिपाठ में फिर ज़ियस एक मर्त्यमान सुन्दरी सिमेली पर आसक्त हो गया। वह हर रात मानववेश में सिमेली के पास आता। सिमेली गर्भवती हो गयी। देवीरानी हेरा को यह पता चला। ईर्ष्या में जलते हुए उसने दोनों को मरवाने का षड्यन्त्र रचा। वह धात्री बनकर सिमेली के साथ आ लगी। एक रात उसने सिमेली से कहा कि तुम्हारा प्रेमी स्वयं को ज़ियस देवता बताता है। किन्तु रात में तुमने उसे कभी देखा तक नहीं। उसने तुम्हें वचन दे रखा है कि तुम्हारी जो भी इच्छा होगी वह उसे अवश्य पूरी करेगा। अब पता तो करो कि क्या वह सचमुच ज़ियस है। एक रात सिमेली ने अपनी यह उत्कट इच्छा प्रकट की कि वह अपने

असली रूप में सामने आकर दर्शन दे। ज़ियस टालता रहा। आखिरकार एक दिन उसने अपनी मानव काया त्यागकर अस्त्र-शस्त्र, वज्र आदि से सज्जित अपने 'विराट् स्वरूप' को प्रकट किया। उसमें दीप्ति तथा दाह इतना था कि सिमेली जलकर राख बन गयी। (ऐसे ही धनंजय अर्जुन ने वासुदेव कृष्ण के विराट् विश्वरूप को देखा था और वह पूर्णरूपेण समर्पित हो गया था)।

ज़ियस ने देखा कि गर्भस्थ भ्रूण बच रहा है। उसने उसे उठाकर अपनी जाँघ में सिलकर रख लिया। समय आने पर जिस शिशु का जन्म हुआ, वह अयोनिज डायोनीसस था।

देवीरानी हेरा ने पुनः उसने मारने का षड्यन्त्र रचा। उसने जाइंटों की सहायता ली जिन्होंने उसके टुकड़े कर डाले किन्तु उसकी नानी देवी रीया ने वक्ष पर चिपकाकर उसे बचा लिया।

अब ज़ियस ने अपने चालबाज सन्देशवाहक हर्मीज़ की सहायता से शिशु को बाहर निकाला। हर्मीज़ उसे मेष-शावक बनाकर ले आया। नाइसा पर्वत पर अप्सराओं ने शहद-दूध आदि से उसका लालन-पालन किया।

अब तीसरा उत्तरपाठ। जब हेरा को पता चला तो उसने इस बार वर्षा-बूँदों में एक अभिशाप घोलकर नाइसा के अंगूर लताओं वाले ढलानों पर उसकी बरसात की। जिससे स्थायी तौर पर निरन्तर मदिरोन्मत्तता छाई रहेगी। उसे विश्वास था कि ऐसी दशा में रहने पर वह धीरे-धीरे अपना क्षय करता रहेगा और ज़ियस शर्मसार होकर उसे वल्दियत से वंचित कर देगा किन्तु यह भी नहीं हुआ।

डायोनीसस पूरे विश्व में मदिराविलास, पर भोग, तथा उन्मत्त उन्मादकारी उत्सव के मततन्त्र का देवता हो गया। नारियाँ उसकी उपासिकाएँ हो गयीं। वे पर्वत-पर्वत मदिरोन्मत्त होकर नाचती-गाती थीं। उन्हें 'मेनाड' कहा जाता था। वे उत्सव में ताज़ा मांस भोग करती थीं। वे रुद्रिकाएँ हो जाती थीं। प्रबल हिंसक भी। डायोनीसस का रजनीश ओशो के जैसा मततन्त्र सारी कुण्ठाओं तथा वर्जनाओं से पूर्ण मुक्ति दिलाने वाला माना गया [अन्ततः रोम की सीनेट ने ई.पू. 186 में इस मत पर प्रतिबन्ध लगा दिया। कहा जाता है कि लगभग सात हज़ार अनुयायी सूली पर चढ़ा दिए गये]।

प्राचीन ग्रीक समाज में यौवनोन्माद की छिन्नमस्त उच्छृंखलता का यह दर्पण है। इस सम्प्रदाय का प्रयोजन सन्तानोत्पत्ति नहीं था। तब ज्यादातर भद्रलोक पुरुष वेश्याओं तथा दासियों के साथ निर्बाध यौन व्यवहार करते थे। उस समय विवाह की उम्र पुरुष के लिए तीस वर्ष तथा स्त्री के लिए बारह वर्ष थी। अतः जब नारियाँ पूर्ण यौवना होती थीं तो विधवा हो जाती थीं। फलतः डायोनीसस तथा मेनाडों की मिथक से एक्स-गुना ज्यादा साक्षात् मततन्त्र तथा कर्मकाण्डपरक उत्सवों का पूरे ग्रीस में सम्मान के साथ अनुपालन होता था। धन्य हो, उर्वरता तथा ऊर्जा के रँभाते साँड़! देवता डायोनीसस! 'स्त्रैण पुरुष' नामी स्त्रियों से वशीभूत रहने वाले!!

बिना रतिक्रिया के जन्म के मिथकाभिप्राय (माइथीम) भी लभ्य हैं। वैवाहिक यौन का प्रकार्य प्रजनन है। परिवार तथा समाज में यह लक्षित-अलक्षित है। अधिकांश नर वेश्याओं तथा दासियों के साथ सम्भोग की स्वच्छन्दता का भोग करते थे। नारी को भी प्रेमारति एवं मातृत्व की दुविधा एवं द्वैत से जूझना पड़ता था। यह मिथकों में भी प्रतिबिम्बित हुआ। अब अधिकाधिक अप्सराएँ, जल-परियाँ, यक्षिणियाँ प्रणय तथा सम्भोग की अस्थायी मैत्री कराती हैं। अनेक कथाओं में 'तेज' या 'भोजन', या 'जल' द्वारा—तथाकथित रूप से—यौन शुचिता की रक्षा करते हुए बिना रतिक्रिया के जन्म की लुभावनी मिथक-कथाओं के स्वप्नलोक-कल्पलोक छाते चले। जब समाज में यौन-शुचिता तथा उर्वरता को एकैक करके उस पर प्रबल आग्रह किया जाता है तब उर्वरता के लिए यौनाचरण के कई गुप्त-जादुई-रोमांटिक अभिकल्प उभरेंगे ही। इसलिए रुक्मिणी और हेलेन का अपहरण, अहल्या और जिमीटर के साथ कथित बलात्कार, कुन्ती और वर्जिन मेरी को सन्तान-प्राप्ति की मिथकें भी अनुकूलित होने लगीं। एक बात ध्यातव्य है कि इन स्थितियों में वफादारी ज्यादा स्थायी नियताप्ति बतायी गयी है [हम मेसोपोटामिआ की ईश्तर, ग्रीस की आर्तेमिस तथा भ. ारत की अनसूया की मिथक ले सकते हैं]। यूँ यहाँ एकलिंगी, समलिंगी, उभय-लिंगी, द्विलिंगी तथा अनेकलिंगी मनोवैज्ञानिक गाँठें भी तड़कती हुई महसूस की जा सकती हैं। [इस सन्दर्भ में नग्नता के मिथकाभिप्राय को भी हम यथास्थान व्याख्यायित करेंगे]।

(अ) ब्रह्मा ने ध्यान मात्र से उषा को जन्म दिया (या रचना की, या गढ़ा)

(आ) जब ब्रह्मा ने अतिशय सम्भोगलिप्तता से कामातुर शिव को हटाया तो देर से उनके संचित वीर्य (ऊध्वरेता) का स्खलन कराकर उदयगिरि पर कुम्भ में जमा कर दिया जिससे एक हज़ार सालों बाद कार्तिकेय का जन्म हुआ।

(इ) विष्णु ने देवकी के गर्भ में अपना एक, तथा रोहिणी के गर्भ में शेषनाग का एक बाल धर दिया। वे भ्रूण बन गये तथा उनसे ही (फिर अदल-बदल करके) कृष्ण और बलराम प्रकट हुए।

(ई) वरुण एवं मित्र के वीर्य को अलग-अलग कुम्भ में रखने के बाद अगत्स्य तथा व्यास जन्मे।

(उ) सगर के भूमि पर गिरे वीर्य को एक थाल में बटोरकर उनकी पत्नी ने (सेते हुए) साठ हज़ार पुत्रों को जन्म दिया।

(ऊ) सोती हुई ग्रीक देवीरानी हेरा की शय्या पर (नारद जैसे) हर्मीज़ ने शिशु हर्कूलीज़ को लिटा दिया ताकि वह उसका दूध पीकर अमर हो जाए और ओलिम्पस-देवमण्डल में स्थान पा ले। उससे शत्रुता रखने वाली हेरा जाग गयी और बच्चे को

भूमि पर पटकते हुए स्वर्ग में जा भागी तो टपकते हुए दूध की बूँदों से धक्धक् दीप्ति से दुग्ध गली या आकाशगंगा की रचना हुई।

(ए) रजस्वल प्रवाह से भी जन्म का माइथीम : (i) पार्वती ने नहाने पर अपनी देहत्वचा तथा रज-जल, रजक रण एवं अन्य उत्सर्जक संचित करके एक बालक की रचना की जो बाद में गणेश हुआ; (ii) पार्वती ने नहाने के बाद हौदी का पानी नदी में फेंक दिया जिसे मालिनी ने पी लिया। बाद में उससे गज-बालक का जन्म हुआ।

(ऐ) दिव्य अंशों ('तेज', अग्नि, जल=वीर्य की सफेद बूँद या लाल रज बिन्दु के ताप का मेल) से जन्म : (i) अनसूया को त्रिदेव के तेजांशों से तीन पुत्रों की प्राप्ति; (ii) शापवश कुन्ती गर्भवती नहीं हो सकती। अतः विधवा कुन्ती को सूर्य के तेज से कवचकुण्डल युक्त कर्ण की, धर्म के तेज से युधिष्ठिर की, पवन के तेज से भीम की, इन्द्र के तेज से अर्जुन की, तथा अश्विनी कुमारों के तेज से माद्री को नकुल-सहदेव की प्राप्ति होती है। (iii) देवताओं के 'अंश' से पंचतत्त्व सम्भूत रचना : बालि (इन्द्र, जल), सुग्रीव (सूर्य, अग्नि), हनुमान (मरुत, वायु), नल-नील (पृथ्वी-आकाश)। क्या इनमें रति पर प्रतिबन्ध है?

(ओ) सन्तानहीन जनक की भूमि से पुत्री सीता की प्राप्ति। द्रौपदी यज्ञ-ज्वाला से जन्मी। लक्ष्मी समुद्र-फेन से कमल-संयुक्त प्रकट हुई। कद्रु को एक सहस्र पुत्रों की प्राप्ति हुई।

बहुधा इनमें कारण पूर्वजन्म तथा परिणाम वर्तमान का जीवन या भविष्य की सम्भावना होती है [पाण्डु को शाप था कि अपनी किसी भी पत्नी से रतिरत होने पर उसकी मृत्यु हो जाएगी। फिर भी पाँच पाण्डव 'पाण्डु पुत्र' कहलाये (पुंसत्वहीनता का मिथकीयकरण)]।

(औ) एडोनिस भी वृक्ष हो गयी माता माइर्रा के तने से पैदा हुआ था। शिकार करते वक्त उसकी मृत्यु के बाद रक्त से गुलाब और (उसकी प्रेमिका) वीनस के आँसुओं से एनीमोन के फूल पैदा हुए थे।

उपर्युक्त भारोपीय कारणों से ही ग्रीक दार्शनिक प्लेटो (ई.पू. 427-347) ने **मिथकों** पर प्रतिबन्ध लगाने की पैरवी की थी क्योंकि वे देवता-देवी के चरित्र को विकृत करतीं, तथा एथेंस के युवक-युवतियों को अनैतिक बनाती हैं। वे कवियों के **अन्यापदेशों** (एलीगरीज़) को दार्शनिकों के **प्रत्ययों** (आइडीज़) द्वारा प्रतिस्थापित करते हैं।

इस पुरमण्डल के सन्दर्भ में अन्तिम आयाम **युग्म** (जुड़वाँ) तथा **युगल** (सहोदर) सन्तानों का है। मिथकों में इनके जैविक आधार तो हैं किन्तु प्रसूतितान्त्रिक नहीं, क्योंकि इनमें कोई जन्मकुण्डली या जीनोमपत्री नहीं है। एक रेखाख-दृष्टि में तो एक ही पुरुष या नारी विभक्त होकर भाई-बहन, पति-पत्नी (या पिता-पुत्री, माता-पुत्र) के रूप में क्रियाशील हो जाती थी। किन्तु जब मिथक में दोपांक्तेय नर-नारी, सूर्य-पृथ्वी, आकाश-पाताल की सम्बन्धताएँ उन्मीलित हुईं तब यह द्वन्द्व तथा दुविधा भी मुखर हुई। युग्म में जन्म का समय और स्रोत एक है, जबकि युगल में स्रोत एवं समय भिन्न हैं। दोनों ही स्थितियों में लिंग एक जैसे या विपरीत हो सकते हैं। मिथक में कभी-कभी 'छाया', या 'प्रतिबिम्ब' या 'माना' भी युग्म हो जाया करता है। मिथक के सन्दर्भ में ही युग्म एवं युगल विश्वव्यापी क्लासिकी रूपाकारबन्ध हैं जो द्वयता (ड्यूएलिटी) तथा अन्तर्विरोधी विरुद्धों से जुड़े हैं। वे इनके बीच समन्वय तथा सामंजस्य के प्रयत्न भी करते हैं।

बहुधा युग्म या तो युद्ध-देवता होते थे अथवा अच्छाई-बुराई के, सृष्टि-संहार के, वाद-प्रतिवाद के प्रतिनिधि।

हम मिथक में 'माना' (या पारसरूप) की एक बेहद मनोवैज्ञानिक तथा ललितमोहिनी कथा देने का लोभ संवरण नहीं कर पा रहे हैं। सो–

एक शरद-पूर्णिमा में पूर्ण चन्द्रमा उदित होते ही रासमण्डल में नर्तकी गोपियाँ आ गयीं। श्रीकृष्ण और वे सभी **श्रीराधा** की प्रतीक्षा करने लगीं जो शृंगारकक्ष में सोलह-शृंगार करने में मानो तन्मय हो गयीं। एक प्रहर, दो, अढ़ाई प्रहर बीतने पर भी जब वे बाहर नहीं निकलीं और शरदरास की वेला बीतती जाने लगी, तब व्याकुल कृष्ण राधा के पास पहुँचे। देखा कि राधा कभी एक अलक घुमा रही है, कभी कर्णकुण्डल झुला रही हैं, कभी तिल को मिटा-बना रही हैं, कभी बिन्दी को छोटा-बड़ा कर रही हैं। 'यह क्या हो रहा है?' 'क्या करूँ कान्हा, सामने की यह सखी बार-बार कोई न कोई त्रुटि निकाल रही है, टोक देती है, सुधार बता देती है।' कृष्ण ने कहा 'यहाँ तो कोई नहीं है।' नजदीक आने पर कृष्ण ने देखा कि वह तो दर्पण में राधा की ही ललित छाया थी। कृष्ण को समझ में आ गया। उन्होंने कहा 'राधे, यही तुम्हारी लीला-सखी **ललिता** है! अब से यह सदैव तुम्हारी आत्मछवि क्रीड़ा-सखी रहा करेगी।' ललिता राधा का छायावतार हो गयी। सौन्दर्य से उदात्त की उत्तीर्णता की ऐसी अनोखी गौडीय मिथक कहीं नहीं मिलती। इसमें 'उज्ज्वल रस' छलकता है।

प्रसाद ने 'कामायनी' में एक मिथकीय अन्तर्कुंडलन कर दिया। उन्होंने कामबाला के **नारी** हो जाने पर युग्म **रति** को बनाया। वह 'छायाप्रतिमा' है। उसमें भी लज्जा तथा सौन्दर्य का युग्म है। इस प्रकार से 'नारी' के रतिरूप सौन्दर्यदर्शन का उनका शैवानन्दवादी त्रिकोण (रति-लज्जा-सौन्दर्य) रचा गया। इसकी भूमिका भी सूर्य और छाया की मिथक में है। जब अश्वारोही सूर्य स्वयं अश्वप्रवृत्ति का पुरुष होकर छायारूप से सम्भोग करता है। फलस्वरूप उसके दो युग्म पुत्र अश्विनी कुमार जन्म लेते हैं।

ग्रीक मिथक में ये अश्व के बजाय हंसिनी-रूपी लीडा से जन्मे कैस्टर और पोलक्स हैं जो जेमिनी नक्षत्र हो जाते हैं, प्रकाश पुंज देवेन्द्र ज़ियस के पुत्र हैं।

अश्विनी कुमार : कीथ ने ऋग्वेद के अश्विनी कुमार सम्बन्धी सूक्तों का सारांश देते हुए लिखा है :

अश्विन **नासत्य** अर्थात् अनिर्वचनीय और **दस्त्र** अर्थात् आश्चर्यजनक **कार्य** करने वाले हैं। वे सुन्दर हैं, बलिष्ठ हैं, **रक्तवर्ण** अर्थात् रजतवर्ण हैं और उनका पथ रक्तवर्ण एवं सुवर्ण है। उनके पास **मधु** का पात्र है, तथा वे यज्ञ एवं यजमान को अपने मधु के कोश से स्पर्श करते हैं। उनका **रथ** मधुमान् है और उसके तीन पहिए हैं, तीन पीठ तथा अन्य सब कुछ **तीन-तीन** हैं।

अश्विनों का प्रादुर्भाव **उषाः** काल में होता है। वे उषा के पीछे-पीछे अपने **रथ** में जाते हैं। जब उनका रथ चलता है तभी उषा का आविर्भाव होता है। फिर भी वह केवल उषाः काल नहीं, मध्याह्न काल तथा सन्ध्या को भी **यज्ञ** में आते हैं।

वे आकाश तथा समुद्र की, विवस्वन्त एवं सरण्यु की, अथवा पूषा देवता की **सन्तान** हैं। वह दोनों साथ रहते हैं; जैसे एक शरीर के दो हाथ, अथवा आँखें, पर वे अलग-अलग भी उत्पन्न होते हैं।

उन दोनों का **विवाह** सूर्य की कन्या सूर्या से हुआ जिसके लिए उनके रथ में तीसरा स्थान है [वे स्वयं भी सूर्य-पुत्र हैं]।

वे अतिशय चमत्कारिक **वैद्य** हैं। उन्होंने अति वृद्ध च्यवन को पुनः युवा बना दिया। तो क्या यहाँ सौन्दर्य तथा यौवन द्वारा विलुब्धता (सिडक्शन) बनाम वृद्धावस्था एवं सतीत्व के बीच की दुविधा का अभिप्राय खुलेगा? आगे देखें।

अश्विनी शहद के वर्ण के हैं। ये उषा के लिए बादलों के बीच से लहराते हुए मार्ग बनाते हैं अर्थात् कुहरे को छाँटते हैं। इस तरह नक्षत्र-लोक में वे भोर तारे तथा सन्ध्या तारे से भी तदाकृत हैं। वे देवताओं के वैद्य हैं। अन्धों को रोशनी, लँगड़ों को चाल तथा वृद्धों को यौवन प्रदान करते हैं। वे सूर्य तथा सरण्यु के पुत्र हैं।

निचले जन्म के कारण देवताओं ने उन्हें स्वर्ग में स्थान नहीं दिया।

(क) वृद्ध ऋषि स्यावन की अत्यन्त कोमलांगी और सुन्दर युवती पत्नी सुकन्या थी। अश्विनी उस पर आसक्त हो गये और उसे वृद्ध को छोड़कर अपने में-से किसी भी एक के साथ चलने को लुभाने लगे। सुकन्या नहीं मानी। उन्होंने कहा कि ऐसी सुन्दर और दीप्तिमयी रमणी उन्होंने स्वर्ग में भी नहीं देखी। अगर वह वैभवशाली परिधान और सुन्दर आभूषण पहन ले तो अद्वितीय हो जाएगी। अतः इस बूढ़े को त्याग दे क्योंकि यौवन चिरस्थायी नहीं होता। सुकन्या ने स्वयं के पतिव्रता होने का संकल्प कहा।

(ख) तब अश्विनों ने प्रस्ताव रखा कि वे उसके वृद्ध पति को भी युवक और सुन्दर बनाते हैं तब वह तीनों में से एक को चुन ले। सुकन्या ने पति के सम्मुख यह प्रस्ताव रखा। पति मान गये।
अब तीनों **एक जैसे** ही युवक और सुन्दर हो गये। वे एक झील में नहाकर निकलने पर कायान्तरित हो गये। सुकन्या को चयन में असमंजस हुआ। आखिरकार उसने अपने 'युवा और सुन्दर' पति को ही चुन लिया।

(ग) तब स्यावन ने इन्द्र से प्रार्थना की कि अश्विनों ने उसे युवक और सुन्दर बना दिया है। अतः उन्हें भी स्वर्ग में उचित पद स्थान मिले। तब से अश्विन देवताओं के साथ यज्ञ-आहुतियों के तथा सोमपान के भी सहभागी हो गये।

(घ) सुकन्या ने सतीत्व के साथ वृद्ध पौरुष तक को चुना। इसी तरह ग्रीक मिथक में ओडीसस की पत्नी पेनीलोप ने लगातार दस वर्षों तक उसका इन्तज़ार करके ग्रीक-संस्कृति के एक अपवाद को प्रस्तुत किया। उसने बहाना बनाया कि वह श्वसुर का जामा बुन रही है और उसके पूरा होने के बाद ही विवाह करेगी। किन्तु वह हर रात को बुनाई उधेड़ देती थी। इस तरह से स्यावन के युवा होने की प्रक्रिया की तरह 'पेनिलोप का जाला' भी मुहावरा बन गया है। ओडिसस के आने के दिन ही जामा पूरा बुन गया। दम्पति का चिर मिथुनमिलन हो गया।

भारतीय मिथकयान में कई युग्म-युगल हैं। इन्हें एक साथ लेते हैं क्योंकि इनके बीच फ़र्क़ नहीं हो सकता। ये एक प्रबल शत्रु-कबीलों के कुशल योद्धा-नेता रहे होंगे जो आर्य देवराजाओं से भी सन्धि तथा युद्ध, दोनों में कुशल थे। इन्हें 'असुर' का रूढ़ नाम दे दिया गया।

किलात-आकुलि मनु को अपने पक्ष में करके अपने ही किसी वर्ग को नष्ट करना चाहते थे (यज्ञ-बलि)। **मधु-कैटभ** पहले विष्णु के पक्ष में थे। बाद में ब्रह्मा अथवा उमा ने इनका वध किया। **शुम्भ-निशुम्भ** युग्म थे। पहले शिव पक्षधर थे। जब दुर्गा पूरी तरह शिव की हो गयीं तो ये विरोधी हो गये। दुर्गा ने उनसे प्रेम का छल करते हुए तरकीब से उनका वध कर दिया। इसी प्रकार विष्णु ने मोहिनी देवी का रूप धरकर असुरों को आपस में मर-कटने की लड़ाई छिड़वा दी और अमृत-कलश हथिया लिया था। दानव-युग्म रंभा और तिलोत्तमा के छद्म प्रेम-खेल को भी विच्छिन्न कर देते हैं। **सुन्द-उपसुन्द** भी तिलोत्तमा के प्रेम में अन्धे होकर उस पर एकाधिकार के लिए आपस में कट मरते हैं। ऐसे ही **खर-दूषण, चण्ड-मुण्ड भी हैं।**

जब एक ही राजा या देवराजा के सन्तानें होती हैं तो उत्तराधिकार, सत्ता, सत्ता बँटवारे को लेकर उनमें प्राणघातक संघर्ष होता है। जापानी मिथक में अमातेरासू-सुसानो, ईजिप्ट में सेट-ओसाइरिस, असीरिया में ईश्तर-एरेशकिगाल, पर्शिया में अहुरमाज़्दा-अहरिमान,

अज़टेक में त्लाक-चाल्वीह्यूटलीकू आदि।

कई बार कई भाइयों तथा बहनों के प्रकार्य अलग-अलग बाँटने के बजाय एक में केन्द्रीभूत कर दिये जाते हैं। ये मानो मिथकीय सम्भावनाओं के बहीखाते हैं।

मृत्यु

क्या मनुष्य ने मिथक के देवी-देवताओं को गढ़ा है, अथवा इसका उल्टा घटित हुआ है?

मिथक तथा धर्म के बीच की लक्ष्मणरेखा तो अतिसूक्ष्म है—उपासना और पूजाभक्ति वाली।

इसके लिए धर्म से पहले सर्वदेववाद, तथा धर्म से परे शामनवाद और टोटेमवाद और पूर्वज-पूजा को संलक्षित करना होगा।

हमें यह भी दोहराना होगा कि कलाओं के सौन्दर्य-बोध तथा कर्मकाण्डों के अनुष्ठानों के साहचर्य से देवी-देवताओं के, विभिन्न कलारूपों में, संरूप (आइकन) संरचित हुए हैं। इसके साथ ही धर्म और कला का वर्चस्व (हेजिमनी) संस्थापित हो गया था [भारत में यह मुख्यतः कुषाण-काल में हुआ]।

यह भी स्पष्ट करना होगा कि अगर हम लोकचित्त के इस विश्वास एवं आस्था पर निष्ठा से कायम हैं कि सतयुग में वह सब सत्य था जो पुराण (मिथक) -कथाओं में वर्णित है। त्रेतायुग, द्वापर-युग में उनका अनुपात घटते-घटते आधुनिक कलियुग में शून्य हो गया, तब तो विकास तथा प्रगति, विज्ञान तथा समाजविज्ञानादि, समाज तथा संस्कृति, इतिहास तथा भूगोल सभी का 'संहार' हो जाएगा। वे मात्र एक 'बिन्दु' या 'शून्य' हो जाएँगे। तब हमारा कोई भी संवाद नहीं हो सकता। सत्य यह है कि द्वन्द्वात्मक ढंग से सृष्टि का क्रमशः विकास और प्रगति होती रहती है, जिसे हम सतुयुग कहते हैं, तब उनका तो अस्तित्व ही नहीं था। अतः ऊपर की प्रतिपत्ति का उत्तर मिथक दे सकती है। किन्तु हमें व्यास-रेखा बदल देनी होगी। यह तो निश्चित है कि मनुष्य के देवतागण तथा देवगणों का देवमण्डल उसके ही अपने-अपने देश-काल के बिम्ब के प्रदर्श बनाये गये हैं। इस तरह देवतागण कामना, क्रोध, ईर्ष्या, घृणा, शोक, प्रेम का अनुभव करते हैं। अलबत्ता उन पर हमारे नीतिशास्त्र और न्यायचक्र और जीवशास्त्रादि लागू नहीं होते। प्रायः वे ऐसे प्रक्षेपण हैं जिन पर हमारी दुश्चिन्ताएँ तथा भय, महत्त्वाकांक्षाएँ तथा सफलताएँ प्रतिरूपित हैं। अतः मिथकें मानव-प्रजाति के विकास की कहानी हैं। उसमें ही देवी-देवताओं की कहानियाँ शामिल हैं। संसार में जो शक्तियाँ जीवन को प्रभावित-संचालित करती हैं उनका मानवीकरण तथा दैवीकरण कर दिया जाता रहा है। इनके माध्यम धर्म और कर्मकाण्ड रहे हैं। अतएव देवताओं के पुरामण्डल के साथ-साथ वैसे ही दैत्यों, दानवों, राक्षसों, नागमकरों तथा अधिनेताओं का भी जन्म एवं आविर्भाव होता रहा है।

इसी क्रम में दृश्य जगत् तथा अमूर्त-अदृश्य के सम्बन्ध भी मिथक में दृष्टिगोचर होते हैं। स्वर्ग तथा नर्क को आत्माएँ तथा नियति की मध्यस्थता जोड़ती है। वास्तविकता में जो भी अस्तित्वमान है उसका ऐसा मनस्तात्त्विक प्रकटन होता है।

इसका प्रतीक भी देखा जा सकता है स्वप्नलोक तथा कल्पना-फांतासी में। इसमें उत्प्रेरक विचार एवं सम्मूर्तियाँ बहिर्भूत हो उठती हैं। अन्धकार में सुषुप्त देवता, अनन्तशायी देवता, वज्र की चमक और कड़क से थर्राते ज्वाला और प्रलय लाने वाले देवता, दैत्य और राक्षस आदि उपर्युक्तों से मिलकर जीवन को निरन्तर नित-नया करते हैं क्योंकि जीवन स्वयं एक यथार्थ तथा स्वप्न एवं भ्रांति का द्वन्द्व है।

सुषुप्त देवता या स्वर्गिक स्रष्टा दैवी रूप में, प्राकृतिक रूप में, मानवरूप में, पशुपक्षी रूप में—इन सभी रूपायनों में प्रकट होते हैं। नर तो सूर्य / आकाश की दैवी शक्तियाँ तथा मादा भी चन्द्र / पृथ्वी की दैवी तथा उर्वर शक्तियाँ हैं। ये ही तो देवी-देवते हैं। ये जलवायु, भूगोल तथा समाज, व्यक्ति और वर्ग द्वारा प्रभावित होते हैं। इसी लड़ी में स्वयं मनुष्य (पुरुष) एक महारूपक है—सूर्यकेन्द्रित की तरह सृष्टि-केन्द्रित। वह अपने अंगों से वामन (माइक्रो) एवं विराट् (मैक्रो) के अनुचिन्तनों को प्रतिरूपित करता है।

हम कुछ उदाहरण देते हैं।

अला समूचे अफ्रीका की भू-देवी है, विशेषतः पूर्वी भाग की। वह मानवों की शासिका, नैतिकता की स्रोत तथा फसलों की संरक्षिका है। माता के रूप में वह फसलों तथा मानवों, दोनों को उर्वरता का वरदान देती है। उसके पूजास्थान 'एम्बारी' कहलाते हैं। माटी की मूरतों के समूह में भी भूदेवी अला केन्द्र में हुआ करती है। अला के कर्मकाण्डी पीठ के सामने ही तूफान देवता होता है जो देवी का प्रमुख सर्प-भृत्य है। अफ्रीका में देवी के साथ सर्प हैं, चुड़ैलें हैं, दैत्य हैं तथा पुरखे भी हैं। यह सृष्टि बन गयी।

आगे वहाँ **मावू-लिसा** की जोड़ी है। उस क्षेत्र में इला भू-देवी है। उनकी सृष्टि में लगातार प्रकृति की शक्तियाँ युग्म-रूप में जन्म लेती हैं।

मेक्सिको क्षेत्र की अज़टेक मिथकों में पाँच सूर्य (= पाँच मन्वन्तर) थे। उनमें भी तीन देवते प्रमुख थे—भू-देवी (कोएटलीक्यू) के साथ सूर्य देवता (ह्यू जिलोपोचट्ली), वर्षा देवता (त्लालोक) तथा अग्नि देवता (ह्यूटिओटली)।

मध्यअमेरिका के इन्का देवमण्डल में तीन प्रमुख हैं : इन्टी (सूर्य देवता : वहाँ सोना सूर्य का पसीना अतः पवित्र माना जाता

था), मामा किल्या (चन्द्रदेव : इन्टी की बहन तथा पत्नी : इन्का प्रजाति की जननी), इल्याप्पा (मौसम तथा वर्षा-विद्युत का देवता : यह आकाश के दिव्य (गगनगंगा के) मार्ग से पानी लेकर अपनी बहन को एक भाण्ड में रख देता था)। तब वह वज्र से भाण्ड फोड़कर वर्षा करता था। भाण्ड फूटने से गर्जन, लहराने से बिजली प्रकट होती थी। इसके साथ ही भूगोल के मुताबिक मामा कोचा (समुद्र माता) और पाचा मामा (भू-माता) तथा कुइचू (इन्द्रधनुष भी) उनकी मिथक में है।

भारत में बहुलतावादी संस्कृति तथा कई प्रकार के मिथकयानों का समूह है। 'वैदिक संस्कृति' में इन्द्र (वर्षा), अग्नि, सोम (चन्द्र), सूर्य प्रमुख देवता रहे। बाद में यह 'हिन्दू संस्कृति' हो गयी (जिसमें बौद्ध और जैन) शामिल हैं। हिन्दू मिथकयान में विश्व का विलक्षण तथा एकल अन्यथाकरण हुआ है। देवताओं के चार, पाँच, छह, आठ मुख; चार, बारह भुजाएँ तथा देवियों की चार, छह, आठ भुजाएँ तक प्रतिरूपित हैं। विश्व की किसी भी संस्कृति की मिथकों में ऐसा व्यापक अन्यथाकरण नहीं हुआ है।

तुलना में चीनी-जापानी देवमण्डल के सभी देवी-देवते सामान्यतया मानवकृत हैं [बौद्ध प्रभाव ने अवलोकितेश्वरों-बोधिसत्वों को अन्यथाकृत किया है]। किन्तु उसमें राक्षस विकराल विद्रूप हैं। उसमें नागमकर (ड्रेगन) हैं। उनमें अठारह प्रकार के नर्कों की परियोजनो खुलती है। ग्रीक मिथकायान में देव-देवियों की सामान्यतः हृष्ट-पुष्ट स्वस्थ निर्वसन छवियाँ हैं। किन्तु उनमें कायान्तरण (मेटामार्फोर्सिस) की प्रधानता है। मसलन लीडा हंसिनी बन जाती है, डिमीटर सर्पिणी हो जाती है। एक वर्णशंकर दृष्टान्त पोसेइडोन (नेपच्यून) का है। उसका विवाह एम्फीट्राइट से हुआ था। उससे परीजाद (मर-मैन) ट्राइटन जन्मा जिसका कमर से ऊपर मनुष्य तथा नीचे मछली का आकार था। पोसेइडोन का पंखों वाला प्रिय घोड़ा पेगेसस था। उसका मेडुसा (सर्पकेश (गोर्गान) राक्षसी) से भी प्रेमसम्बन्ध था जिसका वध पर्सियस ने किया था। जब देवी डिमीटर एक घोड़ी के रूप में आयी तो पोसेइडोन ने उससे एक अलौकिक अश्व ऐरिओन जन्मा। जब उसने सेल्ला (सुन्दर जल-यक्षिणी) को प्रेम में वशीभूत किया तो उसकी ईर्ष्यालु पत्नी ने उसे जलदैत्य में कायान्तरित कर दिया जिसके छह सिर तथा भौंकते हुए कुत्तों की कमरपेटी थी। पोसेइडोन एक त्रिशूल लिये रहता है। इस सिन्धु-देवता का रथ बड़ी डाल्फिन मछलियाँ खींचती हैं।

ईजिप्ट में केवल पशु व पक्षी की मुखाकृति, तथा कटि से लेकर पाँवों तक मानवाकृति वाले अनेक देवी-देवते हैं। केवल 'रे' सूर्यदेवता स्वर्ण-गोलक एवं किरणों की आकृति में कुछ समय के लिए पूजित हुआ था।

ऊपर किये गये विश्वमिथक के सारगर्भित विहंगावलोकन से हम उसका एक **'विश्वरूप'** पाने के लिए वैदिक 'विश्वदेव' की अवधारणा को सर्वथा उपयुक्त पाते हैं जो प्रमुख दीप्तिमान देवों का संश्लेष है—सूर्य (विष्णु), अग्नि, सोम, वरुण, वर्षा (गर्जन, विद्युत), पवन, भू-देवी। ये सभी प्राकृतिक महाशक्तियाँ हैं। अतः यही 'महा-देव' या विश्वदेव हैं।

इस समूचे प्रसंग को हम दूसरे दृष्टिकोण से देखते हुए समापन करते हैं।

मातृदेवियों के निरूपण की संख्या नरदेवों से काफी अधिक है। मध्यपाषाण युग (5500-4500 वर्ष पूर्व) तथा उत्तर पाषाण युग (4500-3500) में कृषि तथा पशुपालन के कारण बस्तियों का ज्यादा विकास हुआ। कुम्हारी तथा बुनाई-कताई और भी विकसित हुई। मेसोपोटामिआ में नारी एवं वृषभ आकृतियों का सम्मूर्तन प्रतीकों से हुआ। यह 'देवत्व' की पहली झिलमिली थी। इससे बलि तथा वृषभ देव के पुनरुत्थान का विश्वास पनपा। वृषभदेव तथा महादेवी का सम्बन्ध उभरा। गौमुख वाली महादेवी (हाथोर) का ईजिप्ट में अभ्युदय हुआ। इसके बाद लिंग-पूजा का उन्मीलन शुरू हुआ। जोसेफ कैम्पबेल का मत है कि सुमेरियन जिग्गुरात मन्दिरों में जो कर्मकाण्ड होने लगे उसमें आकाश के स्वामी अर्थात् **वृषभ देव एवं भू-देवी** का सृष्टिकारण समागम अभिलक्षित था। धरती में इस मिथुन-भाव का प्रकाशन **राजा और रानी** के रूप में हुआ। वे वंशानुगत नगर या नगर-राज्य में अनुकृत थे ("प्रिमिटिव..." 144)। इस तरह विश्व की प्रथम महान् सभ्यता में यह पवित्र विवाह दैवी घटक-तत्त्व बना। इसके बाद **देवराजा** के रूप में ईजिप्ट के फाराओ सम्राटों का अभ्युदय हुआ। उनका होरस से तादात्मयीकरण था। वे मरणोपरान्त आकाशमार्ग से सूर्यदेवता 'रे' से उसकी सौर नौका पर बैठकर मिल जाते थे। हर दिन वे पूर्व क्षितिज से पश्चिम-क्षितिज की यात्रा करके 'रे के पुत्र' की उपाधि से मण्डित हो गये थे। वस्तुतः होरस में ओसाइरिस का ही पुनर्जन्म होता रहता है।

मरणशील देवता (ईसा मसीह) और अधिनेता का मेल ईसाई मिथकयान की नाभि थी। वह एशियाई तथा ग्रीक मिथकयानो से समंजित हो गयी। ईजिप्ट का महान् **मरणशील देवता** ओसाइरिस था जिसे उसकी स्नेहमयी पत्नी आइसिस ने पुनरुज्जीवित किया था। वह होरस के रूप में वापस आया था। वह अन्न तथा उर्वर भूमि पैदा करने वाला ऋतुचक्र का देवता हो गया। इसी कड़ी में ग्रीक देवता डायोनीसस, मैसोअमेरिका की मक्की-देवता तथा उससे भी पहले मेसोपोटामिया के इनान्ना तथा डुमुज़ी मरणशील देवते रहे। इनमें भी सबसे प्रिय युवा देवता एडोनिस था। वह वसन्त का कामद देवता भी था। तो हम इसी लड़ी में होलिका के प्रह्लाद तथा जीसस क्राइस्ट को लेकर परम्परा की धारावाहिकता पाते हैं। मेसोपोटामिआ की उर्वरता देवी इश्तार और महादेवी अर्थात् दुर्गा में हम कई तुल्योगिताएँ पाते हैं। वे सती-शक्ति त्रिपुरी-सुन्दर तक हिमालयी ऊँचाई छूती हैं। अवश्य हम यह नोट करते हैं कि दुर्गा मूलतः युद्ध-देवी है। वह यौनता से निरपेक्ष है। इसकी प्रचुर क्षतिपूर्ति तो मरणोन्मुख कामदेवता के साथ कुमार को जन्मने वाली पार्वती ने कर दी है (कालिदासकृत 'कुमारसम्भव')। इस तरह हम पश्चिमी सेमेटिक व्यवस्था में मरणशील देवता तथा भारतीय

व्यवस्था में बारम्बार अवतार लेने वाले देव-अवतारों को आमने-सामने पाते हैं। ध्रुवान्त दो हैं—उर्वरता बनाम मरणशीलता। यही शाश्वत् नियम मनुष्यों पर लागू होता है और देवी-देवताओं पर भी। यही 'ऋत्' है।

निष्कर्ष यही है कि शत्रु तथा राक्षस पक्ष में तो उनका वध, संहार या मर्दन है किन्तु देव, अर्धदेव, सांस्कृतिक अधिनेता पक्ष में बहुधा उनका पुनर्जन्म, पुनर्नवीकरण, कायान्तरण आदि होता आया है। विश्वमिथकयान की यह आदिमूल प्रवृत्यात्मकता है। सकारात्मक अक्ष में नानाविधेन मृत्यु का अतिक्रमण होता है।

11.2 'नव हो जगी अनादि वासना मधुर प्राकृतिक भूख समान' : काम तथा रति

प्रेम और सेक्स

अनादि में विश्वमिथक का ब्रह्माण्ड (ब्रह्मरूपी अण्डा) महत् जल के ऊपर तैर रहा था। वह बीच से टूटा। ऊपर आकाश तथा नीचे पृथ्वी, ऊपर पुरुष तथा नीचे भातृ धरती बने। फिर सूर्य और चन्द्र ऊपर, तथा प्रकृति और नाना प्राणी नीचे उन्मीलित हुए। ऐसे ही नाना विश्वमिथकों का उद्गम हुआ।

विश्वमिथक के विश्वरूप में ऊपर काल, नीचे देश, ऊपर शब्द (वाक्), नीचे रूप; ऊपर गुण नीचे भाषा-सागर, ऊपर नाना सभ्यताओं तथा संस्कृतियों के विविध-बहुल मिथकयान। अतएव अनगिनत मिथकें ही पुरुष और प्रकृति, नर और नारी में द्वैत-अद्वैत से विकसित होती चली गयीं। अतः विश्वमिथक ही स्वयंभू है। नाना सभ्यताओं तथा संस्कृतियों के मिथकयान उसकी सृष्टि तथा उत्पति हैं। इसलिए विश्वमिथक की अनादि-अनन्त दो चिन्ताएँ प्रमुख हैं—(क) सृष्टि और उत्पत्ति कैसे हुई? तथा (ख) प्रजनन और उर्वरकता के क्या रहस्य तथा विराज हैं? सर्वप्रथम यह ध्यान में रखना होगा कि मूल भरतपाठ से अनुरंजित मिथकों में 'विवाह' शब्द संस्कार एवं समाजधार्मिक अनुष्ठान के बेहद उपरान्त पारिभाषिक तौर पर प्रचलित हुआ। पूर्ववर्ती दशा में इसका कोई वैकल्पिक शब्द प्रायः नहीं मिलता। अतः इसका आदिमूल तात्पर्य तो मिथुनता, साथ रहना, सहकृत्य, सहवास, समागम, साहचर्य, सहजीवन तथा सम्भोग ही है। यह अननैतिक-(अनैतिक नहीं) हैं।

महत् जलराशि में ब्रह्माण्ड के टूटने पर ऊपर का छिलका स्वर्गाकाश तथा नीचे का भूलोक एवं पातालोक बना। उसके मध्य में ब्रह्मा का आविर्भाव हुआ। उन्होंने स्वयं से जो सृष्टि की वह उनकी पुत्री मानी गयी—सरस्वती। वे आसक्त, मुग्ध, चकित होकर उसे देखते रहे। उसको पत्नी बनाया। वह उनसे छिपती रही। ब्रह्मा चारों दिशाओं में उसे देखते-देखते चर्तुमुख हो गये। यह एक असफल सृष्टि थी। फिर अन्धकार से उन्होंने स्वयं को मनु और शतरूपा में विभक्त किया। उत्पत्ति-क्रम चल निकला। शतरूपा आधे अंग में स्थित होने के कारण **'अर्द्धांगिनी'** कहलाई।

सयोनिलिंग
(पार्वती-शिव का सृष्टि-मिथुन)

इस थीम का धर्मदार्शनिक स्वरूप **'अर्द्धनारीश्वर'** है जहाँ शिव एवं शक्ति एकआत्मा तथा एकसमासदेह हैं। इसका प्रयोजन भी कामरति द्वारा प्रजनन है (ब्रह्मा की सृष्टि के समतुल्य)।

यह समझ में आता है कि 'सयोनिलिंग' ही शिव के अर्द्धनारीश्वर-रूप में परिणत हुआ है। इसका उद्‌गम मोहेनजोदारो का मिथकीय मानस है।

इस उभयलिंगदेह के समानान्तर भी 'लिंग-रूपान्तरण' का मिथकाभिप्राय है। एक-दो धार्मिक मिथकों के दृष्टान्त लें।

वैवस्वत मनु तथा श्रद्धा की पुत्री इला उत्पन्न हुई। लेकिन मनु पुत्र चाहते थे तथा श्रद्धा कन्या की इच्छुक। अन्ततोगत्वा वसिष्ठ के वरदान से इला पुरुष-रूप में रूपान्तरित होकर सुद्युम्न (नर) हो गयी।

एक अन्य रोचक धार्मिक मिथक के अनुसार जब एक बार देवगण शिव से मिलने गये तब गौरी निर्वसना थीं। सबको देखकर वे लज्जावश शिव से लिपट गयीं। इस दशा में शिव ने वरदान दिया कि जो भी उस इलावर्त पर्वत-क्षेत्र में आएगा वह स्त्री में रूपान्तरित हो जाएगा। संयोग से सुद्युम्न वहाँ पहुँचे और स्त्री हो गये। अगले अन्तर्कुंडलन में उनका स्त्रीरूप में चन्द्रमा के पुत्र बुध से प्रेम हुआ और दोनों के संयोग से पुरुरवा की उत्पत्ति हुई। पुरुरवा ने उर्वशी नामक अप्सरा से सशर्त सहवास किया। एक अन्य धार्मिक मिथक में दम्यन्ती पर मोहासक्त नारद एक बार जब स्नान करके निकले तो स्त्री बन गये। उन्होंने विवाह किया तथा कुछ कन्याओं को भी जन्म दिया।

तदपि यह प्रक्रिया विश्वमिथकों में क्रियान्वित नहीं हो सकी। एकलिंगी व्युत्पत्ति के अन्तर्गत पुरुष से जिस नारी का आविर्भाव हुआ वह बेटी अथवा बहन ही हो सकती थी। वैसे ही नारी द्वारा भी जनन में हुआ। इन प्राक् सम्बन्धों का कोई अन्य विकल्प नहीं था। अतएव पिता-पुत्री, माता-पुत्र, भाई-बहन ही **पति-पत्नी** भी बने। यह विश्वासरूप मिथक की सर्वप्रथम संरचना है। प्रत्युत उसके विश्वरूप का **'आदि मानवसूक्त'** है।

एकलिंगी-एकरेखाक उत्पत्ति की दिशा इसके अलावा अन्य कोई हो ही नहीं सकती थी। यही वैश्विक दिशा भी बनी अर्थात् विश्व के लगभग सभी मिथकयानों में भाई-बहन ही पति-पत्नी बने। नैतिक एवं पारिवारिक नाते-रिश्ते बहुत बाद की आखेटक, कन्दमूलसंग्राहक, घुमन्तू, कृषक आदि सामाजार्थिक दशाओं में ही विकसित होते चले हैं।

सो, ब्रह्मा-सरस्वती प्रकरण के सहकार में यम-यमी प्रसंग प्रासंगिक होगा जो हमारी उक्त प्रपत्ति को आंशिक अनुमोदित करता है।

वेद के दसवें मण्डल के दसवें सूक्त में यम-यमी संवाद है। यमी अपने भाई यम से कहती है कि इस समुद्रस्थ निर्जन द्वीप में तुम्हारा सहवास चाहती हूँ क्योंकि तुम प्रारम्भ से ही **मेरे साथी हो**। विधाता की इच्छा है कि अपनी सन्तान अपने पिता का उत्तम दौहित्र हो।

यम उसे अपनी सहोदरा भगिनी बताकर ऐसे कर्म से इनकार करता है। यमी कहती है कि देवता लोग ऐसा करते हैं। इसलिए तुम **मेरी इच्छा** पूर्ण करो। यम पुनः सहोदरता की स्थिति दोहराता है। यमी फिर कहती है कि प्रजापति ने हमें **गर्भ में ही** दम्पती (पति एवं पत्नी) बना दिया है। इसलिए उसको कौन मेट सकता है। पहले दिन को कौन जानता है? मित्र और वरुण के नाम (अहोरात्र) के विषय में तुम क्या जानते हो? जिस प्रकार पत्नी पति के सामने शय्या पर अपने **शरीर को** प्रकाशित करती है उसी प्रकार मैं भी तुम्हारे पास अपने शरीर को प्रकाशित करती हूँ। यम कहता है कि देवों के गुप्तचर सब देख रहे हैं। भविष्य में **ऐसा समय** आएगा जब बहनें भाइयों को पति बनायेंगी। अतः तुम दूसरे को पति बनाओ और वीर्य-सेचन के समय उसका आलिंगन करो। यमी कहती है कि भाई-बहन का धर्म है कि एक-दूसरे का दुख दूर करें। अतः तुम मुझ काम-मूर्छिता से सम्भोग करो। यम **भाई-बहन** के सम्भोग को 'पाप'? बताता है।

इस पर यमी उलाहना देती है कि अन्य स्त्री तो तुम्हारा आलिंगन करती है, परन्तु तुम मुझे ही नहीं चाहते। यम उसे भी उसी प्रकार दूसरे पुरुष का आलिंगन करने की सलाह देता है और इसे ही **कल्याण का मार्ग** बताता है।

[दूर की कौड़ी लाने पर इस कोड का अवकूटन कर सकते हैं : यम याम है, यमी यामा है। अतः यम-यमी दिवारात्रि की अन्योक्ति हैं।]

तथापि भाई-बहन तथा पति-पत्नी के बीच पार्थक्य-सूचक मिथकें बहुत-बहुत बाद में विश्वमिथकायनों में उभरती हैं। इसी प्रकार बिना सम्भोग के भी सृष्टि और सम्भोग एवं गर्भधान की परस्पर-सम्बन्धता की अज्ञानता भी आदि मिथकों में परिलक्षित होती है। इन तीन बिन्दुओं को रेखांकित करना होगा।

पृथ्वी-पटल पर प्रकृति केन्द्र में आ गयी। प्राकृतिक फेनामेना शक्ति और दिव्यता (दीप्ति) पाकर सर्जक देवी-देवते बन गये। **सर्वचेतनवाद** का भी प्रादुर्भाव हुआ। साथ-साथ ब्रह्माण्ड के आधे भाग के ऊपर में ऋतुएँ-फसलें-सूर्य चन्द्र क्रियमाण रहे। पृथ्वी भूदेवी होकर विष्णु के पास स्थान पा गयी तथा धरती-माता होकर उर्वरता की कारक बनी। उर्वरता को फसलों एवं ऋतु-चक्र से जोड़ने में पाताल-लोक की परिकल्पना ने एक वर्ष को दो, तीन खण्डों में बाँटा। अतः 'बलि' और 'यज्ञ' परक मिथकों में खण्ड-खण्ड करने

का मिथकाभिप्राय केन्द्रस्थ हुआ। ईजिप्ट की ओसाइरिस की मिथक, ग्रीस की एडोनिस और पसिफोन की मिथक, मेसोपोटामिआ की ताम्मुज की मिथक इनका वनस्पतिक-वैज्ञानिक पंचांग भी रचती हैं। हम इन्हें यथास्थान निरूपित कर चुके हैं। अतः इनके कूट (कोड) भू-देवी तथा भू-माता हैं।

मैथुनी-सृष्टि का ठीक अभिज्ञान नहीं होने पर तथा पुरुषपक्ष से एकलिंगी-शाखा द्वारा उत्पत्ति समझने के कारण मिथकों में **'उत्थित लिंग'** की अवधारणा के उद्‌भव के साथ-साथ **लिंग-पूजा** का आदिम कर्मकाण्ड और अनेक मततन्त्र प्रकट होने लगे। मोहेनजोदारो के पद्‌मासन में बैठे सींगधारी पशुपतिनाथ का संरूप उत्थित लिंग भी है। हमने स्वयं विदिशा (मध्य प्रदेश) में शिव की उत्थित लिंग मूर्ति देखी थीं जो बाद में तस्करों को परवान चढ़ गयीं। स्कैंडिनेविया के फ्रे-फ्रेया-मततन्त्र में फ्रे उत्थित लिंग तथा ईजिप्ट में भी बन्दर बबून उत्थित लिंग अंकित किया गया है। ग्रीक मिथक में डायोनीसस-एफ्रोडाइट का पुत्र प्रियापस भी उत्थित लिंग-विग्रह में पूजा जाता था। उत्थित-लिंग-उर्वरता देवों का लक्षण होने के साथ-साथ बुरी नजर से बचाने का भी सूचक था। उत्पत्ति की विराटता तथा व्यापकता के आदिम अहसास को मापने पर एक रोचक धर्म-प्रहेलिका है कि शिव का ज्योतिर्लिंग पाताल से उत्थित होता गया। ब्रह्मा हंस बनकर, विष्णु वराह बनकर भी उसकी गहराई-ऊँचाई तथा प्रकाश नहीं माप सके। तब उस लिंग के पार्श्व में ही योनिरूप का उद्‌भव हुआ और उससे ही शिव प्रकट हुए। कुछ शिवलिंग-मूर्तियों में भी एक-नेत्र का लांछन है।

पुरातन समय में **लिंगपूजक सम्प्रदाय** थे। डायोनीसस, डिमीटर, ओसाइरस के मततन्त्रों के साथ हिन्दू-धर्म तथा जापान के शिन्तोमत में शिश्न-पूजा प्रचलित थी। दक्षिण भारत के लिंगायत मततन्त्र वाले शैव भक्त अपने गले में शिवलिंग धारण करते हैं।

ग्रीस की क्वाँरी शिकारिन देवी **आर्तेमिस** के स्टोइक (तपस्यावादी) सम्प्रदाय का जिक्र वांछित होगा। आर्तेमिस योनि-शुचिता वाली शशी- देवी थी। वह युवाओं,-विशेषतया लड़कियों तथा कुँवारियों, की संरक्षिका थी। वह शिकार एवं समस्त प्रकृति के वन्य पशुओं की भी देवी थी। अपराध तथा अन्याय होने पर वह तुरन्त कठोर दण्ड देती थी। वह पशुओं से घिरी रहने वाली, तीर-कमान धारिणी थी। चन्द्रमा तथा रजनी से उसका तीव्र साहचर्य था। चन्द्रमा के उदित होने पर वह आ जाती; जंगली जानवर तथा पेड़-पौधे नाचने लगते। आर्केडिया के लोकजन अपने मोहक ग्रामीण नन्दनकाननों में उसके पूजन-सम्प्रदाय के अनुयायी थे। आर्तेमिस का उद्‌गम भी पूर्व-ग्रीक प्रतीत होता है।

चन्द्रिका में नृत्य-महोत्सव में पुरुष-स्त्री, पशु-पौधे सभी नृत्य करते। उसमें कुमारियाँ लिंगाकृत पोशाक पहनतीं और आर्तेमिस की आराधिकाएँ 'आर्कतोई' अर्थात् ऋक्ष-कुँवारियाँ हो जातीं। पहले इन अनुष्ठानों में पुरुष बलि दी जाती थी—भालू टोटेम वाली ऋक्ष-कुँवारियों द्वारा। तब वे स्वयं को ऋक्ष-देवियों का प्रतिरूप मानती थीं।

एक बार आर्तेमिस नहा रही थी कि एक्टाओन ने उसे नंगी देख लिया। वह एक हरिण का छलावरण करके आन पहुँचा। बस आर्तेमिस के भयंकर कुत्तों ने उसको चीरकर चिथड़े-चिथड़े कर डाले। एफ्रोडाइट का भी उस पर कोई वश नहीं चलता था। यूँ एफ्रोडाइट भी अपनी मूल एशियाई भूमि में 'कुमारी कामिनी शिकारिन' थी।

यह सब क्यों? प्राचीन ग्रीक समाज में अनियन्त्रित यौनाचारों के विरुद्ध यह स्टोइक आन्दोलन है। ऋक्ष-कुमारियाँ आकतोई तथा उनके द्वारा लिंगाकृत पहनावे पहनना, आर्तेमिस द्वारा नग्नता के टैबू को भंग करने पर एक्टाओन को दंडित करना आदि सभी योनि-शुचिता को चरमादर्श बनाने के उपक्रम हैं। इसमें लिंग के सभी साहचर्यों का दमन तथा उच्छेदन किया गया है। एक प्रतिपाठ में कुमारी ज्ञानदेवी **एथेना** भी अपनी योनि-शुचिता को बचाने के लिए सुहाग सेज से हेफाइस्टस को धक्के मारकर नीचे धकेल देती है। उसके वीर्य की जो बूँदें धरती पर गिरीं उनसे ही एरिकथोनियस नामक सर्प-शिशु जन्मा अर्थात् वीर्य और लिंग और सर्प की एलीगरी बनाई गयी है। बाद में एथेंस की नगर-देवी एथेना सृष्टि की निरन्तरता के लिए शिशु के बड़ा हो जाने तक स्वयं उसकी रक्षा करती रही। एक प्रतिपाठ में उसने एथेना को नग्न नहाते हुए देख लिया था। इससे उसे अन्धा बना दिया गया। बाद में एथेना ने उसे दिव्य दृष्टि प्रदान कर दी। क्षमा कर दिया, खेद जताने के साथ।

तो आर्तेमिस तथा एथेना की मिथकों में प्राचीन ग्रीक समाज में यौन निरंकुशता पर अंकुश लगाने वाले 'सामाजिक चार्टर' के पन्ने पढ़े जा रहे हैं। हमने भी वाद तथा प्रतिवाद वाले द्वन्द्वात्मक अन्तर्विरोधों का खुलासा कर दिया।

तो क्या उभयलिंगता समाधान है? 'अर्द्धनारीश्वर' की धारणा उत्तरोत्तर अमूर्त एवं दार्शनिक होती गयी है। 'अर्द्धांगिनी' भी लक्ष्य प्राप्त नहीं करती। हमें पुनः ग्रीक मिथकों की ओर उन्मुख होना पड़ेगा।

उभयलिंगी **हर्माफ्रोडाइटस** एफ्रोडाइट तथा हर्मीज़ का पुत्र है। वह बारी-बारी से पुरुष तथा नारी के, फिर मिथुनभाव से दोनों के यौन-सुख तथा अनुभवों का पुंज है। इसका उद्‌गम भी एशियाई है। पन्द्रह साल की उम्र में यह नमकीन बालक (माता एफ्रोडाइट के साथ) एशिया माइनर की यात्रा पर आया। एक जलपरी सलमाकिस उस पर दीवानी हो गयी। किन्तु हर्माफ्रोडाइटिस उसे ठुकराता रहा। तब जलपरी ने देवताओं से प्रार्थना की कि वह सदा-सर्वदा के लिए उससे एकैक हो जाए। देवताओं ने अनुकूल वरदान दे दिया। जब वह युवक झरने पर नहाने पहुँचा तो सलमाकिस ने उसको ऐसे प्रगाढ़ आलिंगन में जकड़ लिया कि उसके साथ ही घुल गयी। अतः हर्माफ्रोडाइटिस एक स्त्रेणा-युवक तथा पौरुषेय-युवती हो गया।

और : एक मिथक नारी तथा पुरुष के पृथक-पृथक यौन सुख का भी खुलासा करती है, एक ही मनुष्य द्वारा पृथक-पृथक लिंग-परिबर्तन करके। ओलिम्पस का वरुण देवता पोसेइडन **सेनिस** का बलपूर्वक अपहरण करके अपने जलमहल में ले गया। वहाँ वह देवता की रखैल बन गयी। अपने नये प्रेम और देहसुख का छककर अनुभव करने के बाद जब पोसेइडन ने उससे उसकी सबसे प्यारी इच्छा को पूछा तो सेनिस ने एक युवक योद्धा बनने का मनोरथ बताया और देवता ने वैसा ही किया। अथच इसका पूरक एक छोटा-सा मिथक कुण्डल औरः–

रामायण में उल्लेख है कि शिव ने इला के राजा को नारी में रूपान्तरित कर दिया। जब पार्वती ने उसके यौन अनुभवों को सुना तब सहमत हो गयीं कि राजा एक महीने पुरुष और दूसरे महीने नारी हो जाया करेगा। नारी-रूप में राजा बुध की पत्नी हो गया तथा उसने पुरुरवा को जन्म दिया। तब शिव ने पुनः राजा को हमेशा के लिए पुरुष बना दिया। कोसाम्बी इस अभिप्राय में पुरुषसत्ताक पर मातृसत्ताक व्यवस्था का अस्थायी आरोपण बताते हैं। बहुत संगत होगा कि हम यह भी बताएँ कि जब समुद्र-मन्थन के दौरान असुरों से अमृतघट पाने के लिए विष्णु कायान्तरण करके **मोहिनी** हो गये तो शिव ही उन पर इतने मोहित हुए कि दोनों से एक देवपुत्र **अयप्पा** का जन्म हुआ। यह युवा देवता केरल में परम पूजित है। अब अन्त में–एक मिथकीय नायक **टाइरेसियस** साइलीन पर्वत पर घूम रहा है कि उसने एक साँप के जोड़े को मिथुनरत देखा और नागिन को मार दिया। प्रतिफल में वह नारी हो गया। वर्षों बाद उसने फिर एक साँप के जोड़े को मिथुनमग्न देखा और नाग को मार डाला। बदले में वह पुरुष बन गया। अब एक बार देवेन्द्र ज़ियस तथा देवीरानी के बीच विवाद छिड़ गया कि सम्भोग में किस लिंग को अधिक से अधिकतर सुख मिलता है। उन्होंने टाइरेसियस को पंच बनाया। उसने फैसला किया कि स्त्री का सम्भोग-सुख पुरुष के मुकाबले दस गुना ज्यादा होता है। इस पर खफा देवीरानी हेरा ने उसे अन्धा बना दिया।

अब यही अन्धा सर्प एथेना के उस मिथक-कुण्डल से जुड़ा जो हेफेस्टस के क्षरित वीर्य से पैदा हुआ था। बाद में एथेना ने अन्धे युवक को भविष्यवाणी करने की दिव्यदृष्टि प्रदान कर दी। वह एथेंस का सम्राट बना; एथेना की उपासना को प्रसारित किया। एथेना एथेंस की नगर-देवी के रूप में पूजित हुई। [एक उत्तरपाठ में वह सन्तरूप में रहा। उसी ने उद्घाटित किया था कि ओडीपस ने अपने पिता की हत्या करके माता से विवाह किया है]।

अब हम खुल्लमखुल्ला साफ़-साफ़ नतीजे (निर्णय नहीं) निकाल सकते हैं–(i) विश्वमिथक तथा विश्वमिथकीय मानस लगभग तदात्मक एवं एक हैं। (ii) मिथकीय मानस में सम्भोग के विचित्र अन-नैतिक, जोड़-घट वाले नाना प्रतिरूपी प्रयोगों के पश्चात् नारी और नर के लिए यौन-सुख, प्रेमासक्ति और मिथुन-आनन्द एक बराबर, परस्पर पूरक तथा सम्पूर्णता-संयोजक पाया गया। (iii) अभी तक सम्भोग और प्रेम के बीच संगति तथा समरसता के प्रयत्नों में सौन्दर्य तथा नैतिकता का आग्रह बेहद क्षीण है। (iv) इन मिथकों में सृष्टि और उत्पत्ति की ही सर्वप्रथम चिन्ता रही है। परिवार और समाज के आयाम महाकाव्यों तथा राजवंशों के साथ-साथ उभरते हुए कृषिवर्ती समाज में संहिता, सूत्र, नियम बनाते गये : अर्थात् सभ्यता का शनैः-शनै विकास होने लगा। तब तक की प्रदत्त मिथकों के सन्दर्भ में **'सभ्यता'** का तात्पर्य धातुकर्म तथा खेतीबाड़ी था। तब तक सभ्यता ''लघु परम्परा'' में केन्द्रित थी। बाढ़ और सूखा, अग्नि और तूफान उसे नष्ट कर देते थे। सिन्धुगंगाघाटी सभ्यता के मोहेनजोदारो तथा हड़प्पा, पंचनद का सारस्वत नगर, यूरोप का पोम्पेई, फोनीसिया का कार्थेज उदाहरण हैं। तब ग्रीक हेफेस्टस ने हर्कुलीज की ढाल, हार्मोनिया का कण्ठहार, आर्किलीज का जिरहबख़्तर तथा हेलियस का रथ बनाया था। आर्यों का धातुशिल्पी त्वष्ट्रि लौह हथौड़ी धारण करने वाला था। उसमें सूर्य को खाद पर चढ़ाकर उसका नौवाँ तेज घिस डाला था, इन्द्र का वज्र बनाया था, विष्णु का सुदर्शन-चक्र तथा शंकर का त्रिशूल गढ़ा था। इसी लड़ी में डेडेलस के पहले तक नावों में केवल पतवार होती थी। उसने पाल का आविष्कार किया। उसके बेटे इकेरस ने पक्षियों का निरीक्षण करके मोम के पंख लगाकर सूर्य को छूने की कोशिश की। यह मिथकों में भी रूपकों तथा अभिप्रायों द्वारा अभिलेखित हुआ तथा अंततः (v) प्रेम तथा सुख (आनन्द) और सम्भोग का त्रिकोण ही त्रिभुवन क्षणों वाली कामकला का उन्मेष करता है जो अलौकिक है, चिरन्तन है। मिथकीय संस्कृति की यह उपलब्धि थी।

कायान्तरण एवं छलावरण

मिथक में **प्रेम** की दशाओं तथा स्थितियों की मधुरता, गूढ़ता एवं प्रगाढ़ता की व्याख्याओं के बाद अब हम **प्रेमारति** (या सेक्स/सम्भोग) की मिथकावृत्त अभिव्यंजनाएँ उद्घाटित करेंगे। यह सृष्टि के समानान्तर विश्वमिथक की दूसरी नाभिक चुनौती रही है। विषय के अन्तर्गत पहले **कायान्तरण** (मेटामार्फोसिस) तथा **छलावरण** (कैमाफ्लाज़)। तत्पश्चात् **नग्नता** का प्रतिनिषेध (टैबू) एवं गोपनरतिदर्शन (वोयूएरिज़्म)।

कायान्तरण देवी-देवता, अलौकिक चरित्र तथा असुर-दैत्य करते हैं। मानव यह नहीं करते। सो वे छलावरण करते हैं।

कायान्तरण के चक्रव्यूह में विशेष रूप से अश्व और मेष बलियज्ञ से सम्बद्ध हैं। यहाँ प्रेम और रति में भोगायतन देह का समग्र सशक्त उपभोग अभिलषित है। सूर्य तपस्विनी हो गयी पत्नी संजना की छाया से अतृप्त है। संजना अश्वा बनकर वन में चली जाती है। सूर्य उससे अश्व-रूप में मिलकर सम्भोग करता है जिससे जुड़वाँ अश्विनीकुमार पैदा होते हैं। भारतीय शिल्प में प्रचुरता

से अंकित किन्नर-दम्पति तो आवक्ष मानुषी होते हैं लेकिन उसके बाद अश्व की गर्दन से सम्पूर्ण देह अश्व-अश्वी में (पृथक्-पृथक्) होती है। बूढ़े ऋषि गौतम की निस्सन्तान युवा पत्नी इन्द्र के साथ सम्भोग के बावजूद यौनाश्म (फ्रिजिड) अर्थात् पाषाणी ही बनी रहती है। मनोफला गम में इन्द्र का भी तदपि पुंसत्व विलुप्त हो जाता है। तब अग्नि की सहायता से उसके लिंग पर मेष (भेड़ा) के अण्डकोशों का प्रत्यारोपण होता है। तदपि कामोत्प्रेरित कायान्तरण की भारतीय मिथकें दुर्लभ अथवा नहीं ही हैं।

छलावरण के प्रसंग में अगर समुद्र-मन्थन के अवसर पर असुरों से अमृतघट पाने को विष्णु लिंग-अन्तरण करते हुए मोहिनी स्वरूपा होते हैं तो कबीलाई स्वाधीनता-समानता की प्रथा का अनुपालन करते हुए (राक्षसी ?) शूर्पणखा अनिन्द्य सुन्दरी होकर राम या लक्ष्मण से दैहिक प्रेमारति का आग्रह करती है। कुरुक्षेत्र की रणभूमि में पार्थसारथी वासुदेव कृष्ण अपने मूल 'विश्वरूप' को अर्जुन के समक्ष प्रकट करते हैं। इसी तरह राम के अवतार होने की जाँच करने शिवकान्ता सती स्वयं सीता का छलावरण धारण करती हैं।

पश्चिम में नितान्त सेक्स-निष्क्रियता की ग्रन्थि में जकड़ी नारियों को **'हंसिनी-कुमारिका'** (स्वैन-मैडन) कहा जाता है। ये गौरी-ब्रह्मचारिणी जैसी ही हैं। हम आर्तेमिस तथा एथेना जैसी ग्रीक देवियों की प्रवृत्तियों की व्याख्या कर चुके हैं। इसी लड़ी में अनिन्द्य सुन्दरी कैलिस्टो है जिसने आजीवन कन्या-कुँवारी रहने की शपथ ली थी। ज़ियस ने नारीरूप हो, लेस्बियन प्रणय का छलावरण करके सम्भोग किया। दण्डस्वरूप एक अन्य प्रसंग में आर्तेमिस ने उसके भालू स्वरूप को तीरों से छलनी कर डाला था। एटलांटा एक दूसरी शुचियोनि शिकारिन थी। उसे भी युक्त भालू रूप में आर्तेमिस ने छलनी कर डाला था। योनि-शुचिता की हानि के दण्ड स्वरूप वह शेरनी में कायान्तरित कर दी गयी। यह एक प्रबल ग्रीक मिथकाभिप्राय है कि कामातुरता एवं आखेट संयुक्त होते हैं। जो (अलौकिक) रमणियाँ अपना कौमार्य खो देती हैं, उनकी छाया भी विलुप्त हो जाती है। तब वे स्वयं शिकार बन जाती हैं।

मिथकयानों में प्रणय की देवी तथा उर्वरता की देवी का कान्तमैत्री तथा एकता ही लक्ष्य पायी जाती है। वहाँ कौमार्य-खण्डिताएँ भी हैं और अप्सराओं तथा एफ्रोडाइट की तरह भी अभिनन्दित हैं। जो है, सो है।

ईजिप्टी मिथकयान में पशु-पक्षी टोटेम की सीढ़ी से ऊँचे चढ़कर देवता के परमपद को भी प्राप्त कर लेते हैं। उनकी देह मानव तथा मुखमण्डल टोटेम का होता है : बास्त (बिल्ली), सेखमेट (सिंह), हाथोर (गौ), आमोन (भेड़), सेलकेट (बिच्छू), थोट (आइबिस), अनूबिस (सियार) आदि। इसी तरह मूलतः प्रारम्भिक कबीलाई टोटेम—पूर्वेतिहास की अवस्था के बाद संयुक्त ईजिप्ट में पूज्य देवते बन जाते हैं। इसके प्रतिपक्ष में टाइफल जैसे दैत्यों और राक्षसों से सन्त्रस्त (ग्रीक) देवते पशुओं में कायान्तरित होकर ईजिप्ट में ही शरण पाते हैं—ज़ियस (मेष), अपोलो (कौवा), डायोनीसस (बकरा), हेरा (सफेद गाय), आर्तेमिस (बिल्ली), एफ्रोडाइट (मछली), एरीज़ (सूअर) और हर्मीज़ (आइबिस) ['मेटामार्फोसिस' ओविड V, 315 squ]। दोनों देवी मिथकयानों में अनुपम विनिमय हुआ है और ये एक ही ग्रीक देवते प्रेम तथा सेक्स की धुरियों में भी क्रियमाण हो जाते हैं। भारतीय परिप्रेक्ष्य में वृत्ति-संवृत्ति के हिसाब से वृषभ, अश्व, हाथी, हरिण, मछली तथा शुक एवं कपोत शामिल हो गये हैं (वात्स्यायन)। कुछ भिन्न भी हैं। भारत मिथकीय आयाम ज्यादा मुखौटे लगाकर छद्म एवं कंजूसी सिद्ध करता है, कामकला की सुदीर्घ, स्वस्थ, शालीन, सुन्दर परम्परा के बावजूद।

ज़ियस की धुरी पर ग्रीकों का प्रेम तथा सेक्स का अनुसन्धान एवं अनुभव आयुर्वेद, भौतिक, देहविज्ञान, मनोविज्ञान तथा नृतत्त्वविज्ञान का भी विषय है। अब यह टोटेम तथा आस्था की धुरियों से छिटककर पशु-पक्षी-सरीसृपों की देहरचना, उनकी मुद्राओं तथा शक्तियों को रूपकाधार बनाता है। इनमें एकमात्र लक्ष्य सम्भोग-सुख ही है; प्रजनन नहीं। मिथकों में जिसे विधेय बनाना है उसकी परिस्थिति, प्रकृति और परिणाम ही कर्ता (देवता ज़ियस) के कायान्तरित स्वरूप को तय करते हैं। यह भी स्पष्ट नहीं है कि विधायित देवी या नारी भी तदात्मक कायान्तरित हुई है। पूर्व वर्णित सूर्य और संजना-प्रसंग में, तथा ज़ियस-लीडा प्रसंग में तो दोनों मिथुन एकरूप अर्थात् क्रमशः अश्व-अश्वी, हंस-हंसिनी हो गये थे। कुछ ऐसे सन्दर्भ जिनमें सन्तति माता की प्रजाति की होती है। कश्यप ऋषि ने जिन बारह दक्ष-सुताओं से विवाह किया उनसे ही दैत्य, नाग, पक्षी आदि जन्मे। और जिन सत्ताईस सुताओं (पुत्रियों) को सोम (चन्द्रमा) से ब्याहा उनसे सत्ताईस नक्षत्र प्रकट हुए। इस प्रकार यहाँ सृष्टि-रूपक अन्तर्निहित हो गया है। अलबत्ता इच्छाधारी नागिनें रमणियों में कायान्तरित होकर सम्भोग करती हैं। कम्बोडिया की एक मिथक के अनुसार देवराजा विष्णुरूप सूर्यवर्मन अंगकोर वाट मन्दिर के अपने सर्वोच्च प्रकोष्ठ में प्रत्येक रात को एक इच्छाधारित रमणी से सम्भोग करते थे। अन्यथा उनकी मृत्यु का ग्रहयोग था। इच्छाधारी नागिन ही कायान्तरित होकर अप्सरा जैसी रूपवती रमणी होती थी। अतः मन्दिर में सभी ओर वे अप्सरा-रमणियाँ सात्विक भावों में विलासमुग्ध अंकित हैं। वे चमकीले सलमे-सितारों वाले काले परिधान पहनती थीं।

इसलिए शक्ति-आवेग, कामासन का प्रकार एवं समावेशक-समाविष्ट की अनुकूलता की त्रयी ही कायान्तरण का हेतु है। ज़ियस ने पाया कि देवी डिमीटर की पुरुषदेवों में कोई भी रुचि नहीं है। सो उसने उसे एक दिन बलात्कृत कर ही लिया। बड़ा-सा **साँप** बनकर उसने उसकी देह के चारों ओर कुण्डलियाँ बनायीं, सम्पूर्णतः सर्वांग समावेष्टित करके सम्भोग किया। बाद में डिमिटर को समझ में आया कि सर्प तो ज़ियस है। उनको पर्सिफोन पुत्री पैदा हुई।

ज़ियस ने **हंस** बनकर तथा सुन्दरी देवी लिडा को हंसिनी बनाकर सम्भोग किया। उसकी कटि से लेकर पूरी जंघाओं तक पंखों से ढाँककर कामबन्ध बनाया। लीडा ने दो अण्डे दिए किन्तु उनसे दो मानव (हेलेन और क्लाइटेमनेस्ट्रो) तथा दो जुड़वाँ देवपुत्र (केस्टर एवं पोलक्स) पैदा हुए।

ज़ियस ने डिओ से **साँड़** (वृषभ) रूप में सम्भोग किया। प्रचण्ड शक्ति से वह स्वयं उग्र और शक्तिशाली हो गयी और ईजिप्ट में जाकर देवी बन गयी। उसने उत्पन्न नारी कोरी से भी **सर्प** होकर सम्भोग किया। उसने एक **सफेद वृषभ** होकर यूरोपा का अपहरण किया और उसे अपनी पीठ पर आरूढ़ करके (पुरुषायित) बन्ध बनाया। **स्वर्ण-फुहार** बनकर उसके साथ सम्भोग किया।

इसी लड़ी में मिनोस की उन्मत्त रानी पेसीफे ने भी साँड़ के साथ सम्भोग करके मिनोटारों को जन्म दिया है। वे अर्ध-वृषभ-अर्धमानव थे। इसी प्रकार सेन्टारा अर्ध-अश्व-अर्ध-मानव थे। वे मदिरा तथा उन्माद देवता डायोनीसस के अनुयायी थे।

कई शताब्दियों बाद इन मिथकीय प्रारूपों की छाया में शक्ति, आसन एवं जननेन्द्रिय के अनुसार पुरुष तथा नारी का वर्गीकरण किया गया। भारत में सर्वप्रथम मिथकवर्ती कामशास्त्र प्रणीत हुआ।

अन्ततः मिथकीय चक्रचिह्न में सर्प और वृषभ और अश्व ही काम के वैश्विक प्रतीक ठहरते हैं। अफ्रीका और मेसोअमेरिका, तथा भारत में सर्प-धुरी हैं। इसके परिशिष्ट में हाथी (गज) भारतीय मिथकायन की विलक्षणता है उससे हस्तिनी नारी, गजगामिनी कामिनी की अवधाराओं से भी सौन्दर्य-प्रतिमान बने हैं। भारतीय मिथकायन में वासुकि (समुद्र-मन्थन में मथानी), अनन्त (सहस्र फणों वाला), शेष (सात फणों वाला), कालिय (पाँच फणों वाला) तक्षक आदि हैं। कई राजवंश स्वयं को उनके वंशज या उनको टोटेम मानते हैं (काश्मीर के कार्कोटवंशी ललितादित्य)। सर्प चक्षुश्रवा है, पलकविहीन है, तने फण वाला तथा सुकोमल है, पुनर्नवा है। अतः वह लिंगरूपधर्मी है। आस्ट्रेलिया की माओरी, अफ्रीका की बुशमैन, उत्तरी अमेरिका की होपी, मेसोअमेरिका की इन्का तथा अज़टेक के कबीलों के मिथकयानों में वे इसी रूप में आकर्षण एवं आतंक के सामंजस्य हैं। वे गर्भनाल हैं जो मिथकीय मानस में मनुष्य को धरतीमाता से जोड़ते हैं। वे पातालवासी तथा इच्छाधारी के रूप में एक सृष्टिहेतु हैं जिनके फण पर पृथ्वी टिकी है। वे अमर भी हैं। हर वर्ष केंचुल बदलते हैं तथा देह से गोलमण्डल या सर्पिल अनन्तवृत्त बनाते हैं। अतः वे कालचक्र-जैसे हैं। चीन में चार नागसिंह (ड्रेगन) सम्राट हैं, ईजिप्ट में एम्मुत हैं, ग्रीस में हाइड्रा, मिनोटोर हैं, तथा समुद्रायणी में टोटोईमा आदि सर्प के प्रतिरूप हैं।

नग्नता का आगाज देह का इन्द्रजाल है। यह आत्मदीप्ति तथा मनोमुकुर है। यह शील तथा सौन्दर्य की प्रतिकृति है। यह राग. लिप्त तथा रागातीत के द्वन्द्वों का सामंजस्य है। नग्न देह परिपूर्ण, स्वच्छ, शुद्ध, पवित्र, सुन्दर, मांसल, सम्मोहक, ऐंद्रियिक है।

नग्न (न्यूड) परिपूर्ण और एकलीन है। यह छायारहित तथा दर्पणनिरपेक्ष है। मिथकीय चक्रचिह्नों में यह दृष्टि से भी परे है। यह शुचि एवं शुद्ध, स्वस्थ एवं सुन्दर, पवित्र एवं स्वच्छ है। यह स्वाधीन तथा स्वच्छन्द है।

निर्वसन (नेकेड) तथा वस्त्रालंकृत स्थितियाँ शृंगार-शोभा एवं कामकला के क्रीड़ा-धर्म हैं। एक आवरण, छाया तथा दर्पण से प्रतिपादित हैं। अतः मनोमुकुर एवं छायाप्रकाश में ये नाम-रूप-गुण बदलते हैं। मिथकायन में तो इनके आद्यरूप अर्थात् नग्नता ही पवित्रता एवं प्रतिषिद्धता के ध्रुवान्तों में लीलाधाम है। मिथकयान का 'सामाजिक पंचांग' तो ऐसा ही है, ऐसा मिथक-निर्माताओं को वांछनीय रहा है।

नग्नता भारतीय मिथकचक्र का शील-निर्धारक **मिथकाभिप्राय** तथा योगक्षेम के हेतु प्रखर **'टैबू'** भी है। इसलिए हम दो पौराणिक मिथकों से श्रीगणेश करते हैं।

जब अर्द्धनारीश्वर शिव स्वयं भी इलावर्त में स्त्रीरूप हो गये तब पार्वती ने जिद करके उनसे काम एवं रति कला के रहस्य बताने को कहा। शिव कैलास के निर्जन, निस्तब्ध और निरपेक्ष देश-काल में पार्वती को रहस्य बताने लगे। कहीं से एक शुक वहाँ कोटर में रैन-बसेरा ले रहा था। उसने सारे सूत्र सुनकर कण्ठस्थ कर लिए। चुपचाप उड़कर काम (अनंग) के पास जा पहुँचा कि उसे ये भेद रटा दिये। काम ने सप्रेम उसे अपना वाहन बना लिया। किन्तु कौतूहल वश वह एक दिन रतिलीन ऋषिपत्नी के कक्ष में उड़ पहुँचा। वहाँ भी कौतूहलवश शिवसूत्र का अनुगमन करते हुए, उसके गर्भ में प्रवेश करके शुकदेव के रूप में जन्मा और युवक होकर कामातीत 'शुकदेव मुनि' हो गया। मुनि एक दिन प्रभात में नदीकूल से निकल रहे थे। अनेक ग्राम युवतियाँ नंगी नहा रही थीं। शुकदेव मुनि को देखकर भी वे वैसे ही जलकल्लोल करती रहीं। ठीक उसके बाद एक प्रौढ़ ऋषि निकले। चारों ओर हलचल मच गयी। सभी वस्त्रालंकृत होकर चुप हो गयीं। चकित होकर ऋषि ने उनसे पूछा कि जब युवक शुकदेव मुनि अभी-अभी निकले तो तुम्हें कोई लज्जा नहीं लगी और जब मैं वृद्ध निकला तो तुम सब संकुचित हो गयीं। ऐसा क्यों? वनिताओं ने उत्तर दिया : प्रभु, शुकदेवमुनि कामकला के भी मुनि हैं। वे कामातीत हैं। 'आप अभी भी संसार में लिप्त हैं।' अतः नग्नता आत्मदीप्त और निर्विकार होती है। वह त्रिनेत्र खोलती है।

दूसरा उदाहरण सती अनसूया का है जिसे हम पहले भी कई बार बता आये हैं। अनसूया ने ही सीता को दिव्यवस्त्र प्रदान किये थे जो वनवास तथा अशोकवन में कभी मैले और अपवित्र नहीं हो सकते। एक बार ब्रह्मा-विष्णु-महेश की पत्नियों को अनसूया के सतीत्व से ईर्ष्या हुई (जिस प्रकार ग्रीक मिथक में एफ्रोडाइट, एथेना और हेरा में सर्वसौन्दर्य को मनवाने को लेकर हुई थी)। उन्होंने तीनों देवताओं को उसका सतीत्व भंग करने को भेजा। तीनों यती-वेश में सुबह-सुबह अनसूया की कुटी में पहुँच गये। अनसूया नहा रही थी। उन्होंने भिक्षा माँगी। अनसूया ने नहाकर वस्त्र पहनकर आकर भिक्षा देने का अनुरोध किया। तीनों छलावरण वाले यतियों ने यथावत् ही भिक्षा लेने की शर्त रखी। विवश अनसूया पूर्णरूपेण नंगी ही द्वार खोलकर उनके सामने उपस्थित हो गयी। मिथकीय चमत्कार यह हुआ कि तीनों यती नवजात शिशु बन गये और अपने मूल स्वरूप में आ गये। अनसूया के स्तनों में दूध भर आया। उसने तीनों को पुत्रवत् स्तनपान कराया। और अपनी शर्त लगाई कि उनके 'तेज' से उसको तीन शिशु पैदा हों—सूर्य, शनि और ब्रहस्पति जन्मे। यह नग्नता तथा उत्पत्ति के बीच शुचि-शुद्ध स्वच्छ-सुन्दर रिश्तों का चमत्कारिक भाष्य है।

यूँ भारतीय मिथक में नग्नता का यह अभिप्राय तथा प्रतिनिषेध उद्घाटित हो जाता है।

आगे कोटि रमणियों को लजावन हारा रोमन मिथक का मनोज अर्थात् **क्यूपिड** ने (प्रणय चैतन्यता की प्रतिनिधि) **साइकी** से विवाह कर लिया। वह हर रात को घने अँधेरे में उसके पास आता, सोता और पौ फटने के पहले चला जाता। उसने शर्त लगा दी थी कि उसे देखने की चेष्टा नहीं की जाए वर्ना वह सदा के लिए विलुप्त हो जाएगा। उधर साइकी के अन्तःकरण में अपोलो के डेल्फी के ओरेकल में सुनी भविष्यवाणी से डर समा गया था कि उसका पति अन्धकार में कहीं ड्रेगन न हो। एक दिन साइकी ने प्रतिज्ञा-भंग करने की ठानी। क्युपिड के साथ शय्या पर लेटी हुई वह उठी, दूर से दीवा लाकर बाला और पति को निहारने लगी। आश्चर्य! अरे यह तो विश्वमोहन त्रैलोक्यसुन्दर क्यूपिड निकला! भावावेश में दीवे के तेल से गर्म बूँदें नंगे सोते क्यूपिड के कन्धे पर गिरीं। वह सहसा चौंककर जाग पड़ा। अपराधिनी साइकी सामने खड़ी थी। उसकी भर्त्सना करते हुए कहा कि प्रेमारति में तो अन्धी आस्था तथा आभ्यन्तरिक लौ होती है। उसने प्रतिज्ञा-भंग कर दी थी। अतः क्यूपिड तुरन्त विलीन हो गया। वह फिर नहीं आया। यहाँ **पुरुष की नग्नता** का टैबू है। परिपूर्णता, कामतृप्ति और निर्मलता खण्डित होने पर नग्नता अर्थहीन हो गयी।

सहक्रम में **पुरुष की नग्नता** के टैबू को ही लेकर वैदिक तथा परवर्ती **पुरुरवा एवं उर्वशी** की मिथक है जिस पर कालिदास ने 'विक्रमोर्वशीयम्' की भी रचना की है। यहाँ भी अतुल्य अध्याय है। इस बार पुरुष पुरुरवा ने नहीं, अपितु प्रिया अप्सरा उर्वशी ने शर्त लगायी कि वह प्रेमी पति को कभी नग्न नहीं देखे वर्ना वह सदा के लिए स्वयं वापस लौट जाएगी।

यह मिथक दैत्य एवं अधिनेता के बीच संघर्ष के माइथीम से शुरू होती है। एक दिन इड़ापुत्र पुरुरवा हिमालय में आखेट करने गया तो जंगल में उसने दो रमणियों की चीखें सुनीं। एक दैत्य दो अप्सराओं का अपहरण करके लिये जा रहा था (सुन्दरी और दैत्य पशु)। पुरुरवा ने उनका उद्धार किया। उनमें से एक के प्रेम में वह संलिप्त हो गया। वह उर्वशी थी। उसने पत्नी होना स्वीकार कर लिया। विवाह हो गया।

साथ ही उसने शर्तें रखीं कि एक दिन में केवल तीन बार वह उसका आलिंगन करेगा, उसकी इच्छा के बिना वह उसके साथ नहीं सोएगा तथा वह उसे कभी भी नग्न नहीं दिखेगा, वर्ना वह स्वर्ग वापस चली जाएगी। पुररुवा ने शर्तें मान लीं।

उर्वशी अपने मेष-शावकों के साथ पुरुरवा-कान्ता के रूप में रह रही थी। उधर स्वर्ग में गन्धर्व अकेले महसूस करने लगे थे। उन्होंने उर्वशी के पर्यंक में बँधे मेष-शावकों को चुराकर भागना शुरू किया। यह देखकर उर्वशी कातर होकर चिल्लाई तो शय्या पर नग्न लेटा पुरुरवा चोरों का पीछा करने कूदकर गन्धर्वों के पीछे भागने लगा।

चालाक सुजान गन्धर्वों ने तत्क्षण बिजलियाँ चमका दीं। इससे उर्वशी ने नग्न पुरुरवा को देख लिया। वह स्वर्ग वापस लौट गयी। वह गर्भवती हो गयी थी। वियोगी पुरुरवा विलाप करके भटकता रहा। यहाँ तक प्रथम पाठ है।

दूसरे उत्तरपाठ में वियोगी पुरुरवा कुरुक्षेत्र में एक झील के किनारे पहुँचा जहाँ वह हंस-समूह के बीच तैर रही थी। हंसिनी उर्वशी को पुरुरवा पहचान गया। उसने उर्वशी को वापस चलने को कहा। अन्त में प्रेम-विह्वल होकर उर्वशी ने भी कहा कि वर्ष के अन्तिम दिन आने पर मैं तुमसे मिलूँगी। तुम वह मेंहदी-रात मेरे साथ बिताओगे। तुम्हारी सन्तान का जन्म भी होगा।

सहकार में गन्धर्वो ने भी पुरुरवा की सहायता की। वे उसे स्वर्ण-प्रासाद में लिवा लाए। अब उर्वशी ने दूसरी शर्त लगायी कि गन्धर्व तुम्हें एक वर देंगे। उनसे माँगना कि तुम 'उनमें-से ही एक होना चाहते हो।' पुरुरवा ने वैसा ही किया।

गन्धर्वों ने पुरुरवा से कहा कि हम तुम्हें थाली में अग्नि देते हैं। उससे तुम (मेष की ?) यज्ञ बलि करो। तब तुम हमारे जैसे हो जाओगे। बीच में पेंच आये। अग्नि लुप्त हो गया। वहाँ एक अश्वत्थ, दूसरा शमी वृक्ष उग आये हैं। गन्धर्वों के कहने से पुरुरवा ने उन्हें रगड़कर अग्नि पुनः प्राप्त की। उसने अग्नि (कामाग्नि) को उत्पन्न करना सीख लिया था। यह भी जान लिया था कि मेष लघुलिंग-रूप है। इनकी बलि से ही अग्नि धधकती रहेगी। इस तरह वह सदा के लिए उर्वशी के साथ रहने लगा।

प्रदत्त मिथक-प्रकरण में ही इसकी आलेखकारी की जाए:—

(क) गन्धर्व नर-अश्व हैं। वे कामुक मेष से ज्यादा शक्तिमान यौनकर्मी हैं। वे अप्सराओं के जोड़ीदार तथा स्वर्ग के गवैए भी

हैं। वे उर्वशी के भी प्रेमानुरागी हैं। अतः वे अपनी अश्व-प्रकृति में अग्निवृत्त से पुरुरवा को संस्कारित कर लेते हैं। यह भी ज्ञात है कि गन्धर्व और मरुत, दोनों बड़े चोर हैं, पवन की भाँति।

(ख) मेष बलिशावक है। इन्द्र ने उनके अण्डकोशों का प्रत्यारोपण करके पुंसत्व की पुनः प्राप्ति की थी। ग्रीक ज़ियस ने भी मेष-लिंग का उपयोग किया था। अतः साधारण कामाग्नि तो मेष के साथ बुझ गयी। उर्वशी चली गयी [मेष मदिरा और भोग के देवता डायोनीसस के साथ भी रहते हैं]।

(ग) हंसिनी-रूप में उर्वशी का कायाकल्प और कमलों से भरे सरोवर में तैरना प्रणय के अपंकिल उज्ज्वल रस को छलकाता है। अग्नि और जल क्रमशः प्रेमाग्नि तथा रति-रसधारा को शुचि-शुद्ध बना देते हैं। उर्वशी पुनः योनि-शुचिता पा लेती है।

(घ) पुरुष की नग्नता का सांसारिक टैबू अब हंसिनी तथा अग्नि-पावनता में उदात्तीकृत हो जाता है। मिथक भारतीय संस्कृति-चक्र में प्रवर्तित हो जाती है।

कवि दिनकर ने अपने 'उर्वशी' महाकाव्य में **पत्नी** (औशीनरी) तथा **प्रिया** (उर्वशी) के द्वन्द्व की चिरन्तनता को उन्मीलित करते हुए काम एवं अध्यात्म की एकता तथा संघर्ष की द्वन्द्व-दुविधा की तादात्म्य एवं द्वैतता के प्रश्न उठाये हैं।

× × ×

प्रतिवाद में **नारी की नग्नता** का टैबू लिया जाए। ग्रीक देवमण्डल की आर्तेमिस तथा एथेना के प्रसंग को दोबारा उठाया जाये।

आर्तेमिस क्वाँरी शिकारिन देवी है जिसके तूणीर में जहरीले बाण होते हैं। उसके साथ शिकारी कुत्ते रहते हैं। वह चन्द्रमा के उदित होने पर उत्सव और अभियान में निकलती है। एक पूर्णिमा की रजनी में उसे नंगी नहाते एक शिकारी एक्टाओन ने देख लिया। गोपनरतिदर्शन (वोयरिज़्म) से आहत वह हरिण-रूप में पहुँच गया। अपने प्रकृत-रूप (नग्नता) में दिख जाने के कारण एक्टाओन को उसने दण्ड दिया। उसके कुत्तों ने उसके अंग-अंग चीथ डाले।

इसी प्रकार जब ज्ञानदेवी **एथेना** स्नान कर रही थी कि एरिकथोनियस ने उसे नंगा देख लिया। उसने भी दण्डस्वरूप उसे अन्धा बना दिया।

यह 'हंस कुमारिकाओं' का अभिप्राय है। इसमें कामना-भोग-प्रेम आदि की घहराती जलराशि में भी वे हंसिनी की तरह अपनी योनि-शुचिता कायम रखती हैं। यहाँ ग्रीक तापसी स्टोइक दर्शन की छाया है। तो, क्या सत्य एवं सुन्दर पृथक्-पृथक् है? क्या प्रकृति का सत्य तथा सौन्दर्य का शिवत्व द्विपर्ण विरोधता परक है?

अगर नग्न देह प्रकृत् और सहज और स्वाभाविक है तो मिथक में वह वस्त्रालंकारों से ढँकने पर ही क्यों स्वीकार्य हो?

भारतीय मिथकयान में इस अभिप्राय के वैकल्पिक प्रतिपाठ हैं। थीम कार्तिकेय की है। एक बार छहों कृत्तिकाएँ नग्न होकर गंगा में नहाने आयीं। वहाँ एक सलोना शिशु लेटा दिखा। उनके स्तनों में दूध उतर आया। छहों ने बारी-बारी से उसे स्तनपान कराया। इससे उसके छह मुख हो गये और वह देवता कार्तिकेय हुआ। वह देवताओं का सेनापति भी हुआ।

गणेश के गजानन होने की मिथक में भी नग्नता के अभिप्राय का कारक संकेत है।

पार्वती स्नान कर रही थीं। उन्होंने स्नान-कक्ष के द्वार पर त्वचा, रज, तैल आदि से एक सुन्दर बालक का निर्माण करके उसे प्रहरी बनाते हुए आदेश दिया कि वह किसी को भी अन्दर नहीं आने दे।

प्रेमावेश में शंकर अन्दर आना चाहते थे। बालक ने उन्हें रोका कि मातुश्री स्नान कर रही हैं और उन्होंने किसी का भी अन्दर आना वर्जित किया है। शंकर उन्हें उसी रूप में देखना तथा मिलना चाहते थे। क्रोध में उन्होंने त्रिशूल से बालक का सिर धड़ से उड़ा दिया। बाद में एक हाथी का सिर प्रत्यारोपित करके बालक को पुनरुज्जीवित किया गया। वही गजानन गणेश हुआ।

एक बेहद कठिन लोक-अभिप्राय से हम इस अंशरूप अध्याय का समापन करेंगे [यद्यपि यह मिथक नहीं है]।

हमने वर्षों पहले जापानी लेखिका लेडी मुरासाकीकृत 'टेल ऑफ गेन्जी' से सम्बद्ध एक श्याम-श्वेत छापा (प्रिंट) देखा था जो सम्भवतः रमणियों के अलमस्त चितेरे किटागावा ऊटामारो (1753-1806) के समय में किसी अज्ञात चितेरे ने बनाया था। उसमें भू-शय्या पर रति-रत रमणी के वक्ष के एक स्तन को नन्हा शिशु पी रहा है तो दूसरे स्तन को उसका प्रेमी/पति मर्दन कर रहा है। यारब, यह कैसा रति-रहस्य है? क्या पति की रति-क्रीड़ा में शिशु के जैसी मधुरता, भोलापन है? अथवा शिशु की वत्सलता भी उत्तेजना को दोगुना प्रचंड तीव्र कर रही है? क्या इसमें शैशव-यौवन दोनों एकैक मिल गये हैं? क्या यह अनादि-वासना का प्रकम्पित कुण्डलिनी-बिन्दु है? क्या इसमें आदिम मिथक की उस अवस्था में पहुँचा गया है जब माता-पुत्र-पत्नी-पति की अकुण्ठ मनोरथिक धारावाहिकता थी? आप विचारें!

कवि हाल की 'गाथासत्तसई' में एक समानान्तर प्राकृत छन्द का यही आशय है कि पुत्र तथा प्रियतम के बीच लेटी हुई स्वकीया कामिनी का एक स्तन पुत्र के दुग्धपान से झर रहा है तो दूसरा प्रिय के नख-मर्दन से आलिखित होकर रोमांचित हो रहा है ('एक्को पण्हु अइ थणो बीओ पुलएइ णहसुहालिहिओ। पुत्तस्स पिअअगस्स अमज्झणिसण्णाएँ घरणीए'।। 5/9।।)

एक अन्य प्रकरण : पार्वती ने जब कार्तिकेय को गोदी में उठाया तब वात्सल्य के उद्रेक से उनके स्तनों से दूध बह चला।

नंगा किशोर एरॉस (रोमन क्यूपिड) अपनी धनुही के साथ
[फ्रांसस्को माज़ोला 1503-40]

किशोर क्यूपिड की (समरति जैसी) छवि। उसकी दृष्टि में भोलापन एवं कामातुरता वाला आमन्त्रण है। उसके नितम्ब तप्तबिन्दु (हॉट प्वांइट) हैं। वह अपने धनुष के निर्माण तथा संधान को त्वरित तत्पर है। उसके पगतक्त मानवीकरण, तथा दूसरा उसकी गलबाँही डाले एन्टोरस है। वह अधियाचना वाले प्रणय का मानवीकरण है।

''निसर्गवात्सल्यरसौधसिक्ता सान्द्रप्रमोदामृतपूरपूर्णा। तमेकपुत्रं जगदेकमाताभ्युतसंगिनं प्रस्रविणी बभूव।।' (कुमारसम्भव 11/23)

हमें उपरान्तक व्याख्या ही समीचीन लगती है जिसमें शील और सतीत्व और कामोन्मत्ता एकमेव हो गये हैं। यहाँ रूढ़ की अपेक्षा निर्द्वन्द्व नैतिकता झिलमिल होने लगी है।

11.3 रति-क्रीड़ा में काम का आह्लाद

निर्बाधित रति-सुख ही परम सुरति आनन्द है। मिथक का एतद्विषयक सारांश यही है। आद्य मिथकों के मौखिक भरतपाठ में सौन्दर्यबोध मात्र ऊर्जस्वित आवेग था। इसी भाँति शील और सतीत्व की भी मर्यादाएँ उन्मीलित नहीं थीं। एक बहुकालिक क्रम में धर्म एवं नीति में पल्लवित-कुसुमित होती गयीं।

इसी अनुक्रम में रति-क्रीड़ा में वीर्य-रज के संयोग के बजाय 'तेज' की नानाविध अन्योक्तियों द्वारा जन्म के मिथकाभिप्राय माने गये। यह बोध भी क्षीण था कि सम्भोग तथा गर्भाधान के बीच एक जैविक धारावाहिकता है। अतः उत्पत्ति के रहस्यात्मक कारण माने जाते रहे। हम आगे **तेज-धुरी** को लेंगे।

इसके पहले **काम** और **रति** की मनोदैहिक दशाओं का निर्वचन अपेक्षित है।

(आर्य) देवसृष्टि में **काम** एक देवता था जो देवताओं का सहचर, उनके विनोद का साधन तथा उनके सम्पूर्ण विलास का हेतु था। **रति** देवांगना थी; देवियों की सखी, उनकी हृद्तन्त्री की लय, मधुमती, रागमयी, नारीत्व की अनादि चिति (साइकी)। काम देवताओं की तृष्णा को जगाता था, तथा रति तृप्ति का साधन थी। इस प्रकार आकांक्षा तथा तृप्ति का समन्वय हुआ।

काम सृजनेच्छा अर्थात् सिसृक्षा है। यह स्त्री-पुरुष में परस्पर आकर्षण उत्पन्न करता है तथा इसके उदग्र स्वरूप प्रेम, अनुराग, राग आदि हैं। वस्तुतः काम पंचेन्द्रिय है, उनको वशीभूत करने वाला पंचबाणों का धनुर्धर। जब ये अपने विषम से गुरुत्व द्वारा सन्तुलित होते हैं तब सुरत-सुख की उपलब्धि होती है। अतः काम मनसिज है। मन ही काम-संकल्प की सृष्टि करता है। उसकी यह सृष्टि आनन्दमयी तथा अमृतमयी कही गयी है।

[(पंचकाम : कन्दर्प, मन्मथ, मकरध्वज, मनोज, कामदेव।।
पंचबाण : उन्मादन, शोषण, सम्मोहन, सन्तापन, स्तम्भन।।
पंचपुष्प : चम्पा, आम्र, लालकनेर, अरुणकमल, अशोक।।]

रति अनंग की अपराजेय 'शक्ति' है और प्रीति मनमोहिनी 'महामाया'। रति रस एवं आनन्द, भोग एवं विलास की अधिष्ठात्री है। **प्रीति** संकल्प-सिद्धि की स्वामिनी है।

रति बीजशक्ति है, क्षेत्र है। काम बीजप्रद है क्षेत्रज्ञ है। रति काम की सहचरी है, उसकी पूर्णता है। स्वयं विदेह होने पर काम ने रति के साहचर्य से त्रैलोक्य-विजय प्राप्त की। प्रकृति और नारी की, रति और लज्जा की कान्त मैत्री है (जयशंकर प्रसाद)। अतः काम वस्तुतः कामना तथा इच्छा है। वासना काम का सम्पादन करने की प्रवृत्ति। अतः काम सृजनेच्छा है तो वासना सृजन-शक्ति। [काम को फ्रायड 'लिबिडो' तथा जुंग 'जीवनीशक्ति' कहते हैं। वासना के लिए भिन्न लिंगी आलम्बनों का होना आवश्यक है। इस दशा की गुप्तता, अमिथुनत्व का विभ्रम, अज्ञानता, अज्ञातता, गोपनीयता के अभाव में काम एवं रति के बीज एवं रज के अन्य कारकों से मिथकें ओतप्रोत हैं। 'तेजस्' उनमें से एक है। यह भी ध्यातव्य है कि उक्त त्रयी में सौन्दर्य प्रायः गौण है। वह हेमवती उषा के बाद अप्सराओं के पाले में धरा गया।

सारत्व यही है कि—मिथुन का प्रयोजन और लक्ष्य द्वैत का मोचन (नॉन-डूएलिटी) है। परवर्ती धार्मिक मिथकयान में काम-रति के द्वन्द्व-द्वैत, सामाजिक एवं मनोदैहिक चरण में, प्रेम एवं सम्मान के आयाम भी उद्घाटित करते हैं—सम्मान देवी-देवताओं के, तथा प्रणय मानवों के बीच। हम तो यही पाते हैं कि बिना प्रेम के सम्मान छूँछा, निष्प्राण संवेदनमात्र है जिसमें सहज आवेग अनुपस्थित हैं। बिना सम्मान के प्रेम भी प्रायः दैहिक सुख, कामातुर उत्तेजना एवं क्रूर पशुता है।

प्रिय/प्रिया के प्रति (मर्दवादी-धुरी पर) सम्मानरहित प्रणय की विकृतियाँ एकाधिकार-दासता, घृणा-हिंसा, दमन-दहन आदि होती आयी हैं (इनका भी मिथ्या आदर्शीकरण हुआ है)। प्रतिपक्ष में सम्मान से संयुक्त प्रीत, संतृप्ति तथा समरसता, सौन्दर्य तथा स्वास्थ्य, उद्धार मिक्त तथा पूर्णता में परिणत होती है। अतएव नकारात्मक हाशियों पर प्रेम बनाम घृणा, प्रेम बनाम क्रूरता, प्रेम बनाम दुष्कर्म के घातक द्वन्द्व परिव्याप्त होते जाते हैं। अतएव देह की रागात्मक पूजा, आदर, स्वच्छता एवं पूर्णकामना पहली शाश्वत् शर्त है।

[आगे के प्रसंग में हम मेसोपोटामिआ की प्रणय-देवी ईश्तर (इनान्ना), तथा ग्रीक मिथकयान की एफ्रोडाइट-इरॉस-साइकी की त्रयी को भी लेंगे]।

(क) 'तेज' धुरी पर **कुन्ती-प्रसंग** लिया जा सकता है। कुमारी पृथी कुशल गायिका तथा नृत्यांगना थी। उसका (प्रथम) विवाह

कुन्तिभोज से हुआ था। अतः उसने नाम बदलकर कुन्ती कर दिया। कुन्ती को दुर्वासा ऋषि ने वरदान दिया था कि देवताओं से उसके पाँच पुत्र होंगे। क्वाँरी ने सर्वप्रथम सूर्य की उपासना की जिससे कर्ण का जन्म हुआ। भयभीत कुमारिका ने कर्ण को पिटारी में रखकर नदी में बहा दिया था। फिर कुन्ती ने राजा पाण्डु से विवाह किया। राजा पाण्डु विधवा माता अम्बालिका के गर्भ से नियोग द्वारा पैदा हुए थे और उन्हें श्राप था कि रति-क्रीड़ा करते ही उनकी मृत्यु हो जाएगी। तो यहाँ कुन्ती को वरदान तथा पाण्डु को श्राप के 'द्विपर्ण विरोध' तथा पूरक बन गये। एक आवेग में अपनी दूसरी पत्नी माद्री के साथ केलि करने पर श्रापवश पाण्डु की तो मृत्यु हो गयी। कुन्ती ने वरदान के तहत धर्मांश से युधिष्ठिर, वायु से भीम, इन्द्र से अर्जुन को पुत्र रूप में प्राप्त किया। अपने वरदान का शेषांश (दो पुत्रों का) माद्री में हस्तान्तरित करने पर विधवा माद्री को अश्विनों से नकुल-सहदेव की प्राप्ति हुई। इस प्रकार से कुन्ती के पाँच दैवी पति तथा उसकी पुत्रवधू द्रौपदी के भी पाँच देवांश पति हुए क्योंकि सासु-माँ द्वारा वह पाँचों पाण्डवों में 'बराबर बाँट' दी गयी थी। तेज़ और यज्ञज्वाला से जन्मे कुन्तीपुत्र पाण्डव तथा याज्ञसेनी द्रुपद-सुता द्रौपदी कहलायी। वे कुमारी-विधवा-सुहागिन-पुनर्विवाहिता-माता की दशाओं में से विकसित होती हैं। इस तरह सती-धुरी पूर्णरूपेण अनुपस्थित है : अम्बालिका से लेकर कुन्ती-माद्री तक, द्रौपदी तक। तेजांश और श्राप से जन्म तथा मृत्यु होती है। जाहिर है कि मिथकीय अभिप्राय धार्मिक नैतिकता से पूरी तरह जड़ीभूत नहीं हुए हैं। द्रौपदी तो पंचमहासतियों में-से एक बतायी गयी है।

(ख) **सती का मिथकाभिप्राय** तेजस्विनी पत्नी द्वारा पति-परमेश्वर के प्रति मनसा-वाचा-कर्मणा एकनिष्ठता का द्योतक है। पौराणिक कथा में यह सामन्तीय मानसिकता से ओतप्रोत है। इसमें अनेक सूत्र काट छाँट दिए गये हैं। दक्ष एक यज्ञ का आयोजन करते हैं। उसमें वे सभी राजाओं तथा पुरोहितों, ऋषियों और देवताओं को आमन्त्रित करते हैं परन्तु शिव को नहीं बुलाते। अपमानित सती वहाँ जाकर प्रतिशोध लेने का निश्चय करती है और शिव (पति ?) के मना करने पर भी अवज्ञा करके वहाँ पहुँचती है। दक्ष अपनी पुत्री की उपेक्षा करने के साथ-साथ शिव को भी अपमानसूचक वाक्यादि कहते हैं। सती को क्रोध और पश्चात्ताप होता है। अपमानित होने पर वह यज्ञ-कुण्ड में कूदकर प्राणान्त कर देती है। जब शिव को यह ज्ञात होता है तो वे सती का शव कन्धे पर लिये हुए, यज्ञ-विध्वंस करते हुए, संहार-ताण्डव करते हैं। सती के अंग-प्रत्यंग कट-कटकर धरती पर गिरने लगते हैं। यह पाठ शिव-केन्द्रित है। [वे सभी स्थल शक्तिपीठ हो गये]।

यहाँ दो-तीन प्रतिपाठ आन जुड़ते हैं—

(क) जब शिव सती के शव को कन्धे पर धरे हुए ताण्डव करने लगे तो संहार-आशंसा से चिन्तित विष्णु ने सुदर्शन-चक्र से उसके टुकड़े-टुकड़े कर डाले। जहाँ-जहाँ अंग-प्रत्यंग गिरे वहाँ शाक्त मततन्त्र (कल्ट) के **शक्तिपीठ** बन गये।

(ख) जब सती पिता दक्ष की यज्ञवेदी की अग्नि में कूदकर स्वयं की बलि देती है तो शिव दक्ष के भी टुकड़े-टुकड़े कर डालते हैं और उसके सिर पर मेष (भेड़) का सिर जड़ देते हैं। तब से दक्ष शिव के ताण्डव-नृत्य में एक गणमात्र हो जाता है। इसके बाद सती का भी पुनर्नवा पार्वती के रूप में शिव से विवाह होता है।

(ग) यह छोटा मिथक-कुण्डल 'रामचरितमानस' में तुलसी बाबा ने जोड़ा है जो मिथकाभिप्राय (अवतार) का अधिक मध्यकालीनीकरण कर डालता है।

इस कथा में दक्ष सती को तो आमन्त्रित करते हैं (या नहीं), किन्तु शिव को नहीं। इससे सती अपमानित महसूस करती है। फिर भी सती पति-परमेश्वर की आज्ञा का उल्लंघन करके पितृगह जाती है। इससे शिव भी अपने पौरुषेय अहं को आहत समझते हैं तथा सती भी 'पतिव्रतधर्म' से थोड़ा नीचे आ जाती है। दक्ष भी सामन्तीय मर्यादा का उल्लंघन करके दामाद की अवमानना का फल यज्ञभंग में झेलते हैं। यहाँ सती का आत्मदाह एक अपमानित, अकेली, अबला नारी की आत्महत्या लगता है। सो, यह मिथक शास्त्रानुमोदित, तथा सामन्तवाद-मण्डित, **'बड़ी परम्परा'** में अनुकूलित कर दी गयी है।... सती पार्वती को विश्वास नहीं था कि मानुषी राम विष्णु के अवतार हैं। अतः वे सीता-रूप में राम से भेंट करती हैं। वे शिव की साक्षी पर भी सन्देह करती हैं कि राम विष्णु-अवतार हैं। अतः जब राम ऐसी 'छद्म-सीता' का दर्शन करते हैं तो पूछ उठते हैं 'देवी, महादेव शिव सकुशल तो हैं?' भ्रम दूर होता है। वैष्णव-मत संस्थापित हो जाता है। उधर शिव भी इसकी व्याख्या करके पार्वती को बताते हैं कि वे पूर्वजन्म में सीता-रूप धारण करके पतिव्रतच्युत हुई थीं। इसलिए उन्होंने पत्नीरूप में अस्वीकार करके उनको खण्ड-खण्ड कर डाला था। अतः मैं (शिव) भी अवतारी राम की आराधना करता हूँ। यह पुष्ट प्रमाण है।

अब हम इस मिथक का एक पूर्ववर्ती पाठ लेकर इसका समीचीन 'सामाजिक चार्टर' गढ़ते हुए इसकी सही **'लघु परम्परा'** में प्रतिष्ठित करते हैं। यहाँ सती-धुरी तो पृष्ठभूमि में आ जाती है तदपि यह सती-केन्द्रित होती है। यथा, सती ने शिव को मनसा-वाचा अपना पति वर लिया था किन्तु पिता दक्ष इसे स्वीकार नहीं करते थे। जब उन्होंने स्वयंवर एवं यज्ञ का आयोजन किया तो सती का पहुँचना बहुत अनिवार्य था। शिव को आमन्त्रित नहीं करना पिता का विशेषाधिकार था (क्योंकि तब शिव दामाद नहीं थे)। जब सती पहुँचीं तो उन्होंने स्वयंवर-माला ऊपर उछाल दी जिसे शिव ने ऊपर ही ग्रहण कर वरण कर लिया। इससे क्षुब्ध पिता

अनुपस्थित शिव को कटु वचन कहने लगे। क्रोधित सती ने पितृसत्ताक आतंक का प्रतिरोध तथा अपने जीवनसाथी के चयन के अधिकार का प्रयोग करके आत्मबलि दे दी। प्रतिफल में शिव ने सारा निरर्थक स्वयंवर यसभंग करके सती के शव को कन्धे पर लेकर ताण्डव किया। सती के अंग-अंग जहाँ-जहाँ गिरे वे पवित्र पीठ बनते गये। इस प्रतिपाठ में पर्वतीय कबीलाई व्यवस्था के संक्रमण, पुरुष-स्त्री की स्वायत्तता, विवाह की आदिम सुप्रथा की पुनर्लब्धि हो जाती है। अतः 'सामाजिक चार्टर' के साथ-साथ 'लघु परम्परा' भी दीप्तिमान हो उठती है। इसमें सामन्तीय रूढ़ियाँ क्षीणतर हो गयी हैं। यह पाठ ज्यादा विश्वसनीय है। इसमें मिथक का मूल तात्पर्य लौटाया गया है।

अगले प्रसंग में तुलसी बाबा अनसूया द्वारा सीता को पतिव्रत धर्म का उपदेश दिलाते हैं। किन्तु हम यह अन्य हाशिया दोबारा लेते हैं।

त्रिदेवियाँ सती अनसूया से ईर्ष्या करने लगीं। उन्होंने अपने पतियों को उसका सतीत्व भंग करने तथा सतीत्व रहस्य जानने को भेजा। ब्रह्मा-विष्णु-महेश यतीवेश में एक सुबह भिक्षा माँगने उसकी कुटी में पहुँच गये। वह नहा रही थी। उसने वस्त्र पहनकर बाहर आते हुए भिक्षा देने की प्रार्थना की। तीनों योगियों ने शर्त लगा दी कि वह जिस रूप में है उसी में यथावत् भिक्षा दे। अतः नग्न अनसूया ने आकर ज्योंही कुटी-द्वार खोला कि यती बने तीनों देवता नन्हे-नन्हे शिशु हो गये। अनसूया बैठी। उन्हें गोदी में लेकर स्तनपान कराया। तीनों देवता अपने मूल रूप में प्रकट होकर क्षमाप्रार्थी हुए। अब अनसूया ने वर माँगा कि उसको तीनों के 'तेजांश' से तीन पुत्रों की प्राप्ति हो। एवमस्तु। इस तरह सतीत्व-रहस्य भी तेज और मातृत्व में खुल गया तथा सतीत्व-भंग भी शर्त और वरदान प्राप्ति द्वारा निरपेक्ष हो जाती है।

तो, कहाँ नारी-सशक्तीकरण की पहली मशाल 'सती' और सीता को उपदेश देने वाली सती अनसूया की बाल-त्रिदेवों वाली मिथक तथा कहाँ राजा राममोहन राय के समय में जबर्दस्ती जलाई गयी बंगालिन (विधवा) 'सतियाँ' अथवा राजस्थान की रूपकुँवर!! हम कहाँ से कहाँ आ गये।

(घ) विश्वमिथकयान में काम-रति-युगल के अनेक आयाम हैं।

मेसोपोटामिआ की **ईश्तार** उर्वरता की तथा मातृदेवी है। वह युद्ध-देवी भी है जिसने भयानक दैत्य नामतार से दुर्गा-संग्राम किया था। तामुज़ उसका प्रेमी था जिसे वह पाताल से बाहर निकालकर ऋतुचक्र तथा नारी-ऋतुमती-दशा की संवाहिका बनी। वह पुनरुज्जीवन की भी अधिष्ठात्री है।

उसमें शालीनता तथा यौद्धेयता, कामुकता तथा प्रणय केन्द्रीभूत है। वह पूर्णतः नग्न होकर ही मृत्यु पर विजय प्राप्त करके अपने प्रेमी को बाहर संसार में मधुमाधव बनाती है।

उसका चक्रचिह्न तारा है और वह वीनस-नक्षत्र में मानवीकृत है। वह उरुक नगर तथा बाद में निनवे नगर की कुलदेवी बनी। बाद में तो वह सुमेरियन देवी इनान्ना तथा फोनीसियन देवी एस्तार्ते से तदात्मक हो गयी।

(ङ) भारतार्य काम-रति-प्रीति की तरह ग्रीक मिथकयान में इरॉस-एफ्रोडाइट-साइकी की त्रयी है।

श्री-लक्ष्मी की तरह **एफ्रोडाइट** एक सीप पर बहती हुई साइप्रस द्वीप आ गयी। वह ओलिम्पस पर्वत के देवमण्डल की एक प्रमुख देवी थी। प्रेम तथा सौन्दर्य की यह फंटूश देवी अत्यन्त प्रेमल, कामातुरा, खिलंदड़ी, मुक्त भोगसुखतृषिता थी। वह कुरूप विश्वकर्मा हेफेस्टस की कान्ता होकर भी बेहद बेवफा तथा अवैध प्रणय-सम्बन्धों में संलिप्त रही। उसके युद्ध-देवता एरीज़ (मार्स) के साथ भी प्रगाढ़ यौन सम्बन्ध थे। वह एडोनिस तथा एनेचिनीज़ की भी अंकशायिनी थी। अतः एकनिष्ठ वफादारी ग्रीक प्रणयवृत्त में गौण रही है।

अतः एफ्रोडाइट प्रचण्ड ईर्ष्यालु थी। साइकी अर्थात् 'मानव आत्मा' के अति प्राकृतिक सौन्दर्य से उसे बेहद ईर्ष्या थी, जिसके चलते उसने उसे अनेक प्रकार से शर्तें लगाकर दण्डित किया। वस्तुतः आसक्ति की चिंगारी-अवस्था का नाम है काम। ऐसी दशा को प्राप्त होकर नरसुर (पुरुष-स्त्री) विषयों का भोग किए बिना नहीं संतृप्त होता। काम की पूर्ति न होने से, या रतिआनन्द में बहुधा बाधा पहुँचाने वाले पर, या सुरत-सम्भोग में प्रतिस्पर्धा करने वाली पर ईर्ष्या, क्रोध या वितृष्णा हो जाती है। एफ्रोडाइट और साइकी के बीच ऐसी गुप्त गूढ़ मिथकीय स्थिति उपस्थित हो गयी थी। अन्ततः प्रणयदेवता इरॉस ने उसे रोमन देवेन्द्र जुपीटर के सामने हाजिर करके उसे अमर बना दिया। इस प्रकार मानवीय प्रेम-सौन्दर्य भी अमरत्व की सिद्धि पा गया।

'एफ्रोडाइट की करधनी' को पहनने पर दुर्दमनीय, कामोत्तेजना धधक उठती रही। गुलाब तथा मायर्टल के फूल, डाल्फिन मछली तथा मेष, हंस तथा फाख्ता उसके हेतु पावन सहवर्ती थे। कालिदास ने भी पार्वती की करधनी की उपमा कामदेव के धनुष की प्रत्यंचा से दी है—'न्यासीकृतां स्थानविदा स्मरेण मौर्जी द्वितीयामिव कार्मुकस्य।। (कुमारसम्भव 3/55)

चन्दबरदायी ने भी संयोगिता की करधनी को काम के धनुष की डोरी कहा है—रसनेव रंज नितम्बिनी। कुसुमेष एष विलम्बिनी।।, (पृथ्वीराज रासो)

इरॉस आकर्षण की प्राकृतिक शक्ति का प्रतीक और सभी चीजों की एकता करके मिथुन बनाता था। वह एफ्रोडाइट का

रति-क्रीड़ा में संलिप्त श्रीकृष्ण-श्रीराधा

(कथित पुत्र एवं) स्थायी सहकारी था। वह बेहद चालबाज, और शरारती भी था। उसे युद्ध देवता मार्स का (एफ्रोडाइट से पैदा) बालक भी बताया गया। अतः वह एक चिर युवा, चिर किशोर, चिर बालक के रूप में प्रतिनिधि था, तथा देवताओं एवं मानवों के हृदय में प्रेमोद्दीपन करता था।

उसके कन्धों पर पंख थे। उसके आयुध धनुष-बाण थे। स्वर्णनोक वाले बाण प्रेमोदय तथा कांस्यनोक वाले विकर्षण व्युत्पन्न करते थे (भारत में काम के पंचबाण हैं। वह (पंच) पुष्पधन्वा है। सप्रसंग डायोनीसस की भक्तिन-पुजारिनें 'मेनाड' (मीनाड) अर्थात् 'पगली नारियाँ' कहलाती थीं।

साइकी मानव-आत्मा की प्रतिनिधि थी। अति प्राकृतिक सुन्दरी होने के कारण एफ्रोडाइट उससे प्रबल ईर्ष्या करती थी। साइकी इरॉस की कान्ता थी। दोनों क्रमशः सौन्दर्य एवं प्रेम के कारक थे तथा विकर्षण के प्रतिवादी भी थे। (आकर्षण ही प्रेम तथा सौन्दर्य का कारण होता है)। साइकी अर्थात् देवताओं की भाँति अमर प्रेम की मानवात्मा।

'परमाल रासो' के प्रेमी युगलों का लोकयान

'मौखिक परम्परा' तथा 'लघु परम्पराओं' के मिलाप वाली मिसाल भाट कवि जगनिक का अप्राप्य परमाल रासो तथा बहुरूपी **'आल्ह खण्ड'** है। इसमें मिथक और इतिहास, लिजन्धर और लोकयान, कबीलाई मानस तथा सामन्तीय मूल्यचक्रों का विचित्र मेल हुआ।

एफ्रोडाइट (वीनस) तथा इरॉस (कयुपिड) और रति का उन्माद (ऊपर मार्स (युद्ध देवता) चौकन्ना है)

मिथकसर्प द्वारा प्रजनन-प्रक्रिया का प्रशिक्षण
(कबीलाई अफ्रीकी अशान्टीय मिथक)
(कैमरून तथा कांगो की लूबा कला के आधार पर)

युवातरु से लिपटी किशोरी लता का आद्यप्ररूप (आर्केटाइप), चालुक्य
[चित्रकार : मौनेश बाडिगर] पट्टादकल (कर्नाटक)

नाग तथा नागिन का आद्यप्रारूपात्मक रतिबन्ध
[चित्रकार : मौनेश बाडिगर] पट्टादकल (कर्नाटक)

एक ओर अपहरण की कबीलाई-आदिम कलह है (सुन्दर बिटिया जिहि की देखैं जबरन लेय उठाय) तो दूसरी ओर दूध बेचने वाली दो अहीर युवतियों देवला तथा वीरमा का दो क्षत्रिय शूरमाओं दच्छराज तथा बच्छराज से कबीलाई परिणय है। इसका कारक युवतियों द्वारा दो लड़ते साँड़ों का बीच-राह जो आतंक था उसे उन्होंने उनका एक-एक सींग पकड़कर भगा दिया। अतः उन्हें वृषभ-पुरुषों का भी संयोग मिला। यहाँ कुलजाति का अतिक्रमण भी एक ऐसा नया परिवार चलाता है जिससे दच्छराज-देवला से आल्हा-ऊदल तथा बच्छराज-वीरमा से मनखे-सुलखे पैदा हुए।

ये चारों पाण्डवों के अंशावतार बताये गये तथा इनके पास हरनागर नामक एक (पंखों वाला पेगेसस) हवाई घोड़ा भी था। ये चारों योद्धा-कुटुम्बी राजा परमाल तथा रानी मल्हना के प्रति स्वामिभक्ति की मिसाल हैं। ये महोबे की रक्षा करते हैं। इस आयाम पर दिल्ली के पृथ्वीराज तथा कन्नौज के जयचन्द का भी ऐतिहासिक रोमांच आ घुलता है। अन्ततः बेला के गौने पर हुए संग्राम में परमाल के बेटे, जयचन्द के रिश्तेदार, आल्हा के सम्बन्धी तथा उदय आदि का (महाभारत के मिथकाभिप्राय वाला) वंशनाश हो जाता है। केवल आल्हा को अमरता का वरदान है। अतः वह लोकाचित में आज भी रोज मैहर में देवी को फूल चढ़ाने आता है।

× × ×

यूरोप के नार्डिक क्षेत्र की **फ्रेया** भी एफ्रोडाइट की भाँति कामातुरा, उन्मुक्त तथा उन्मुक्त भोगावती थी। वह (ईश्तार की तरह) उर्वरता, प्रणय एवं विवाह की देवी थी। उसका कण्ठहार कामोद्दीपक था जिसकी चोरी चालबाज लोकी ने कर ली थी। सम्भोग करने की शर्त पर उसे वापस लौटाया था।

ऐसे वृत्तों से काम तथा रति, प्रेम तथा सौन्दर्य, भोग तथा तृष्णा, स्वच्छन्दता तथा निरंकुशता, कुरूपता तथा प्रतिहिंसा आदि के आयाम उन्मीलित होते चले। वे बहुकालक्रमिकता (डायाक्रोनी) में विश्व-संस्कृति की मनोदैहिक आधारशिलाएँ बने।

11.4 नग्नता तो क्रीड़ा तथा लीला है भोग और योग की

नग्नता (न्यूडिटी) में पूरी इंसानी खूबसूरती दिखाई देती है। देवियाँ तथा यक्षिणियाँ तक अर्द्धनग्न अंकित हैं। यह शरीर को एक नवीन तथा परिपूर्ण एवं आजाद ढंग से गतिशील व मुद्राललित बनाती हैं। इसमें नागिन एवं जोगन के, शबनम एवं चिंगारी

के सिंड्रोम हैं।

नग्नता पूर्वैतिहासिक अवस्था की मानव-रहनी रही है। अतः इसे मिथकीय नैसर्गिकता से संयुक्त कर सकते हैं। **निर्वसनता** (नेकेडनेस) सभ्यता के प्रारम्भ की अवस्था है जब नैतिकता के अक्ष में अश्लीलताधान (पोर्नोग्राफी) तथा सौन्दर्य के अक्ष में श्रृंगार तथा सम्मोहन की संलिप्तता हो चली थी। सौन्दर्य दिव्य शोभा की पवित्रता तथा सुख-आनन्द की मधुरारति होकर धार्मिक मिथकों में देदीप्यमान हो चला था। पूर्ण श्रृंगार को नग्न देह पर वस्त्र और अलंकार धारण करना तथा पूर्ण श्रृंगार एवं वस्त्राभूषण-मण्डित देह को पूर्णत नग्न देह कर देनाः– ये दो परस्पर पूरक प्रक्रियाएँ हैं। ये मिथकयान, चित्रशिल्प-रचना, कामशास्त्र तथा सौन्दर्यबोधशास्त्र में नये-नये आयाम उद्घाटित करती हैं। हम मिथक-मण्डल में ही प्रधानतया केन्द्रित रहेंगे। सर्ग के उक्त प्रारम्भ में नग्नता तथा सौन्दर्य परस्पर अन्वित थे। नग्नता तथा अश्लीलता के विरोधाभासों का उदय बेहद शिथिल था। नग्नता तथा सम्पूर्ण मांसल-सुडौल-युवा देह ही भोग एवं योग का आदर्श थी। सारांशतः नग्नता मानव का प्रथम सरल-सहज-स्वच्छ-अनावृत्त **देह-सन्दर्शन** है।

तो क्या मनुष्य एक पशु है? हाँ, वह **सामाजिक पशु** है। पूर्वेतिहास, जन्तुविज्ञान, नृतत्त्वशास्त्र, प्रागैतिहासिक शैलचित्रों में इस सत्य के कई सूत्र गुँथे हैं। पॉलिओंटोलॉजी की नयी खोजों से ऐसा समझ में आया है कि करीब बयालीस से पैंतीस लाख साल पहले आदि **नृवानर** (प्राइमेट) पेड़ से नीचे उतरकर जमीन पर चलने लगा (कुछ प्राप्त कलाई-अस्थियों के सी-टी-स्कैन से यह नया तथ्य उजागर हुआ है)। इस तरह मानव छितरे-बिखरे यूथ (झुण्ड) से संगठित समूह (ग्रुप) में रहने लगा। यह भी माना जाता है कि करीब दो लाख साल पहले नृवानर **आधुनिक मानव** (होमो-सेपियंस) में विकसित हुआ और लगभग एक लाख पच्चीस हजार साल पहले उसका अफ्रीका से बाहर जाना शुरू हुआ। इसका अन्य सबूत है कि वनमानुषों (ओरांग ऊटांग) तथा मानुषों के डीएनए सत्तानवे प्रतिशत समान हैं। यह जैनेटिक कोड की एक सफलता है जो मिथकीय मानस के भी आगामी कुछ भेद खोलती है।

यद्यपि इसी कड़ी में मानव ने अपनी रहनी-करनी में प्रकृति-घड़ी को किंचित् अधीन करते हुए अपना ऋतुचक्र कुछ बदल डाला। तथापि उसकी देह-घड़ी (बायो क्लॉक) अभी भी प्रकृति-घड़ी के समताल में मनोदेहिक विकास करती चली।

तीसरा मिथकीय साक्ष्य शैलचित्रों में मनुष्य की मूलवृत्तियों (इंसटिंक्ट्स) का प्रक्षेपण है : विशेषतः तत्कालीन आदिम पशुओं तथा भयंकर राक्षसों की आकृतियों तथा मनुष्य के संवेगों को ज्यामितिक सरल रेखाओं की रचनाओं में।

चौथी दिशा पशुओं-पक्षियों को दैवी रूप में प्रदर्शित-पूजित करने में है (ईजिप्ट, इन्का-अज़्टेक, भारत)। भारत में तो मत्स्य, कूर्म, वराह, सिंह आदि को भी महाविष्णु का दैवी अवतार बताया गया।

पाँचवाँ पारिस्थिक सबूत यह है कि परवर्ती कामशास्त्रों में शक्ति और परम सम्भोग-सुख के स्तरों के मुताबिक पुरुष को वृषभ, अश्व, शश वृत्ति का तथा नारी को मछली, मृगी, हस्तिनी आदि में मैथुनबन्ध इंगित किये गये।

छठा आधार मिथकीय रूपान्तरण तथा कायान्तरण (मेटामॉर्फोसिस) का है।

अतएव **मानव-देह** का प्रकृत, नैसर्गिक, शुद्ध, सहज, स्वच्छ, शुचि रूप नग्न ही है। परिधानों तथा आभूषणों आदि को पहनना-उतारना भी पुरुष-स्त्री की जैविक, सौन्दर्यबोधात्मक एवं सांस्कृतिक आकांक्षाओं तथा तृष्णाओं और तृप्तियों की संक्रियताएँ हैं। इस भाँति **नग्नता** तथा **निर्वसनता** का द्वन्द्व एवं द्वित्व एवं ऐक्य चलता रहा है।

अतएव हमारा सर्वप्रथम सन्दर्भ है–**नंगा शिशु**! नंगा शिशु अर्थात् कन्हैया (कृष्ण) एवं क्राइस्ट (तिरस्कृत कर्ण और मोज़ेस भी)।

'नग्नता' (न्यूडिटी) का निर्विकल्प प्रतीक है, **नंगा बालकृष्ण**! बाल कन्हैया एक **दिव्य शिशु** है, सर्पफण पर नृत्य करता एक **नर्तित शिशु** है, माता की छत्रछाया में एक **खिलंदड़ा शिशु** है।

मिथक का यह आद्यप्रारूपात्मक त्रित्व नग्नता की पुनीतता, आह्लाद तथा भोलेपन का आदर्श है। यह इसकी अतीन्द्रिय व्यासरेखा है और देहोत्तीर्ण दर्शन तथा निर्विकार शुद्धता भी है। अब इसके साथ क्वाँरी माता मेरी की गोदी में **बालक ईसा** को, तथा इटेलियन रिनाँसाई चित्रफलकों के नन्ही धनुही ऐंचे-चंचल **बालक क्यूपिड** को भी जोड़ लें। बस, योनि-शुचिता तथा कामकला का ऐन्द्रियिक महासुख भी संयुक्त हो जाता है। इस तरह विश्वमिथक नग्नता का जो सिंड्रोम निर्मित करती है उसमें पवित्रता, आनन्द, भोलेपन के साथ शुचिता तथा ऐन्द्रियिकता का एक पांचरात्र बन जाता है।

इस परिप्रेक्ष्य में निर्वसनता (नेकेडनेस) का स्पष्ट तात्पर्य है कि देह के ऊपर आरोपित एक अन्य सौन्दर्य-श्रृंगारयुक्त प्रतीयमान देह (के आवरण) को अनुष्ठान, अथवा अनुराग, अथवा प्रगाढ़ आत्मीयता की दशा में शनैः-शनैः एवं क्रमशः अनावृत्त करते जाना। इससे देहांग बारी-बारी से खुलते-खिलते जाते हैं। एक देह अनेक देहांगों की दीप्तपंक्ति होती जाती है।

इस तरह नग्नता एवं निर्वसनता एक देह के ही दो विपरीत तथा सम्पूरक ध्रुवान्त हैं। विश्वमिथकें इन दोनों से उपचारित हैं। यहाँ अन्धकार तथा प्रकाश की, भोग और योग की भी क्रीड़ा तथा लीला होती चलती है।

× × ×

प्रथम दृष्टया, अविस्मरणीय काल से नग्नता प्रतीकात्मक ढंग से पूर्वोक्त पाँचरात्र-परक है ही, अनुषंग में यह यौनता के अनुरंजन या पवित्रता के भंजन के भी समतुल्य है। अनेक जादुई तथा मिथकीय चक्रों में यह अनुष्ठानों के निमित्त है। इसके मूल कारक **दृष्टि** तथा जल **बिंबलीनता** है।

(अ) एक प्रसंग में **दृष्टि-पथ** को लें। खिलाड़ी नंगा बाल कन्हैया जमुना के जल में गेंद लाने को कूद जाता है जहाँ कालिय नाग रहता है जिससे यमुना का जल जहरीला हो गया है। स्वयं कन्हैया भी नील श्याम है।

इसके मिथक धार्मिक कूट हैं। पवित्र और शुद्ध देही भोला दिव्य बालक विष्णु-कृष्ण डूबी हुई गोल पृथ्वी का उद्धार करने यमुना के पाताल में नीचे जाता है।

वहाँ खिलंदड़ा शिशु कालिय नाग को नाथ करके ऊपर ले आता है तथा फण के ऊपर नृत्य करता है।

(1) इस व्याज से वह नर्तित बालक अपने नग्न शुद्ध मानव-रूप में पहचाना नहीं जाता। अतः वह कालिय नाग के फण पर नर्तन करके उसे अपने पूर्वावतार का स्मरण कराता है जब वह अनन्त फणों वाले शेष की शय्या पर शयन करता था। वह यह भी बताता है कि उसने ही हिरण्याक्ष द्वारा अपहृत पृथ्वी को पाताल से धरती पर लाकर उसका उद्धार किया था। (गेंदरूपी पृथ्वी उसके हाथ में है)। अब माया के सारे वस्त्र उतारकर वह सगुण बालक नग्न है और यह लीला कर रहा है। यहाँ नग्नता की पवित्रता तथा आह्लाद अभिलक्षित होता है। यह धर्ममिथकीय रूप है।

इसी लड़ी में किशोर कृष्ण यमुना में नंगी नहाती गोपियों के वस्त्र चुराकर उन्हें वृक्ष के ऊपर लेकर बैठ जाता है। तब स्पष्ट रूप से गोपियों को जीवात्मा तथा वस्त्रों को मिथ्या मायावरण बताकर देह की शुद्धता तथा पवित्रता का प्रत्याख्यान भी मिथक के धार्मिक प्रतीकायन का सूचक है।

नग्नता-धुरी पर दृष्टि और अन्तर्दृष्टि की द्वैतता झलक उठती है। यह देह से परे देखा जा रहा है।

दृष्टि के विराट (मैक्रो) तथा वामन (माइक्रो) देह-रूपों का उन्मीलन तप तथा तेज, योनि-शुचिता तथा सतीत्व को उद्घाटित करता है। यह भी द्योतन है कि हम सभी नंगे ही जन्मे हैं और माता के समक्ष तो सदैव शिशु जैसे ही हैं।

(2) 'महाभारत' के महासंग्राम में जब दुर्योधन अकेला बच रहता है तो माता गान्धारी उसे स्नान से शुद्ध होकर पूर्णरूपेण नग्न होकर सामने उपस्थित होने को कहती है ताकि वह अपनी वर्षों से संचित तपस्या तथा तेज को—अपनी आँखों की पट्टी खोलकर—उसकी देह में स्थानान्तरित कर दे और वह अजेय-वज्रांग देह हो जाए। जब वह पूर्ण नग्न जा रहा होता है तो वासुदेव-कृष्ण छल करके उसको छोटा अंगोछा पहनवा देते हैं। बस जंघा का वह भाग वज्रवत् नहीं हो पाता और भीम, कृष्ण द्वारा रहस्योद्घाटन करने पर, उसकी जाँघ पर गदा-प्रहार करके उसका वध कर देते हैं। यह देह की **विराट् शक्तिरूपता** (मैक्रोकाज़्म) का दृष्टान्त है।

(3) ग्रीक मिथक में भी यह मिथकाभिप्राय संलक्षित है। अमर अप्सरा अपने शिशु आर्किलीज को अमर वज्रांग करने के लिए उसको एड़ी से उल्टा थामकर पीयूषदायिनी स्टिक्स नदी में नहलाती है। बस एड़ी वज्रदेहांग नहीं हो पाती। ट्रोजन-युद्ध में पारिस वहीं तीर चलाकर उसका वध कर देता है।

(4) इसी का प्रतिपक्ष **वामनरूपता** (माइक्रोकाज़्म) का है। वृत्तान्त तिबारा देने की अनिवार्यता है। ब्रह्मा-विष्णु-महेश तीनों की देवकान्ताएँ अनसूया के सतीत्व से ईर्ष्या करती थीं। उन्होंने त्रिदेवों को उसके सतीत्व का रहस्य जानकर उसे भंग करने को भेजा। तीनों योगी-वेष बनाकर उसके पास पहुँचे और भिक्षा माँगने लगे। तब वह नग्न स्नान कर रही थी। उन्होंने वस्त्रधारण करके बाहर आने का अनुरोध किया। तीनों योगियों ने शर्त लगा दी कि वे भिक्षा उसके यथावत् रूप में उपस्थित होने पर ही ग्रहण करेंगे। अनसूया को कोई विकल्प बचा नहीं था। अतः उसने पूर्ण नग्न अवस्था में ज्यों ही कुटी का द्वार खोला कि तीनों योगी नन्हे-नन्हे रोते हुए शिशु हो गये। अनसूया उन्हें पहचान गयी। उसने उन्हें स्तनपान कराया। फिर जब वे अपने मूल रूप में प्रकट हुए तो अनसूया ने अपने सती-तेज में उनके एक-एक अंश पा कर तीन पुत्रों की कामना की। उसके तीन पुत्र तीन देवताओं के तेजांश से हुए।

उक्त दोनों **तप तेज दृष्टि** के योगपरक उदाहरण हैं।

(आ) दूसरे प्रसंग में **जल** को लेते हैं।

नग्नता तथा जल, दोनों ही स्वच्छता, निष्कलुषता, पारदर्शिता, यौन-शुचिता तथा लिंग-शुद्धता के प्रतिनिधि हैं। पुरुष-नग्नता तथा स्त्री-नग्नता में भिन्न-भिन्न आचरण तथा प्रतिक्रियाएँ प्रकट होती हैं। बहुधा अन्य लिंगी के लिए तो यह निषिद्ध 'टैबू' का कार्य सम्पादित करती है क्योंकि इससे शीलभंग होने, आयु क्षीण होने आदि के परिणाम लक्षित किये गये हैं। अतः यह एक प्रकार से जादुई अनुष्ठान के घेरे में आ जाती है। बदले सन्दर्भों में यह उन्मुक्ति तथा खोई हुई सहज देहधर्मिता को भी जाग्रत करती है।

(i) छह कृतिकाओं की टोली गंगा में झमाझम कूदकर नग्न नहा रही थीं। उन्होंने गंगाकूल पर एक बालक को लेटे देखा। उनकी देह का सोया मातृत्व जाग उठा और स्नतों से दूध उतर आया। छहों ने बारी-बारी से बालक को स्तनपान कराया। वह बालक छह मुखों वाला देवबालक (शिवपुत्र) कार्तिकेय हुआ। वे छहों कृतिकाएँ उसकी धात्रीमाताएँ हुईं। छहों आकाश में अमर तारामण

डल होकर प्रतिष्ठित हो गयीं। नारी की देह की उन्मुक्ति तथा मातृत्व में पूर्णता सिद्धि का यह अनुपम पंचांग है। इसमें सहज ईमानदारी के साथ देह से अमृत (दूध) पान का विधान है।

जल-अक्ष पर दो उदाहरण निर्वसनता से उद्भूत हैं। इसका अपना एक अलग ही सौन्दर्यबोधशास्त्र है।

(ii) ग्रीक मिथक में **आर्तेमिस** क्वाँरी शिकारिन थी। वह साठ ओशेनिड्स जलपरियों तथा बीस अप्सराओं के साथ आर्केडिया के घने जंगलों और घाटियों में अपने शिकारी कुत्तों के साथ रहती-घूमती थी। उसका धनुष सोने का तथा बाण विषबुझे थे।

योनि-शुचिता को लेकर उसके कानून अत्यन्त कठोर थे। उसके लिए सुखानन्द वर्जित था। जरा-सी चूक पर उसने कैलिस्टो को मार डाला था।

एक दिन वह पार्थियस झरने के पास गर्गाफिया घाटी में अपने पूरे समूह के साथ निर्वसन होकर नहा रही थी। अर्थात् वह अपने मूल आत्मरति वाले एकयौनस्वरूप में थी जिसमें विपरीत रति की उसे कोई अनुभूति भी नहीं हो सकती थी। यह उसकी योनि-शुचिता का भी उत्कर्ष था।

एक भोला पुरुष-शिकारी एक्टाओन हरिण का पीछा करते हुए झरने के पास आ गया और नग्न नहाती हुई आर्तेमिस को निहारने लगा। जब आर्तेमिस को पता चला कि उसे उसके अदैवी-जैविक संवेगरहित नंगेपन में देख लिया गया है (जो उसका भिन्न परारूप है) तो उसने पहले तो एक्टाओन को हरिण (शिकार) बना दिया फिर उस पर अपने खूँखार शिकारी कुत्ते छोड़कर उसके चिथड़े-चिथड़े करवा डाले। इस तरह एक दूसरी देह विखण्डित कर दी गयी। यह प्रेमविहीन हिंसक-निर्दय वृत्ति के देहस्थ होने का प्रदर्शन है। कोई नर उसकी देह तक नहीं छू सकता।

(iii) ग्रीक देवी **एथेनी** का चरित्र अन्तर्विरोधों का पुंज है। वह स्वयं एक यौद्धेयिन है तथा योनि-शुचिता का पालन करती है। वह प्रेम के बजाय शूरवीरता की प्रशंसिका है। तदपि उसका हृदय भी निर्विकल्प रूप से प्रणय-राग से शून्य है।

एक दिन निर्वसन (सहजधारिणी) होकर वह अप्सरा सहेली चेरीक्लो के साथ नहा रही थी कि संयोगवश बिना किसी इरादे से, थीबीस के टाइरेसियस ने उसे नग्न देख लिया। इसका दण्ड देते हुए एथेना ने उसकी आँखों की ज्योति का हरण कर लिया। बाद में उसे पश्चात्ताप भी हुआ और उसने अन्धेपन की क्षतिपूर्ति करते हुए उसे भविष्यवाणी करने का वरदान दे दिया। पथ-प्रदर्शन के लिए एक अलौकिक छड़ी भी दी। (टाइरेसियस ने ही ओडीपस की वल्दियत की भविष्यवाणी की थी)। अतः ज्ञानदेवी एथेना संवेदनशील भी थी। उसने एक हरिण के खोखले सींग में छेद करके बाँसुरी का भी अन्वेषण किया था।

(iv) अब **पवन** के अक्ष पर। सुन्दरता तथा नृत्य कला में अद्वितीय अप्सरा अलम्बुषा जब एक बार ब्रह्मा के सामने नृत्य कर रही थी तब उसके परिधान तेज प्रभंजन द्वारा मरुतगण ले उड़े जिससे उसके गुप्तांग तक अनावृत हो उठे। इस पर विधूम गन्धर्व कामपीड़ित हो गया। इन्द्र और ब्रह्मा के सामने ही दोनों परस्पर मुग्ध होकर सुरति-क्रीड़ा में लीन हो गये। इस पर इन्द्र के शापवश दोनों को मनुष्य योनि में जन्म लेना पड़ा। अलम्बुषा ने मृगावती नाम से जन्म लिया तथा अपनी गर्भावस्था में नररक्त से स्नान करने का **दोहद** किया। बाद में उससे उदयन का जन्म हुआ।

अतएव निर्वसनता से मूल चारित्र्य के उद्घाटन का भय तथा निजता-भंग ने आर्तेमिस को दुर्दमनीय और प्रतिहिंसक चरित्र का, तथा एथेना को दृढ़ संवेदिनी तदपि सुधारवादी वृत्ति का बना दिया। दोनों की देह-धुरी थी, वनर्मिल-असंवेगी योनि-शुचिता की।

दोनों ही परिणाम तपस्विता की अति के हैं। दोनों में ही निर्वसन जल-प्रवेश सारे आवरण, छद्म आयतीकरण हटा फेंकता है। जल एक आदिम संशोधक होकर आता है जो परिधानों की कृत्रिमता तथा अन्यथा असहजता को बहा देता है।

(v) इसी वृत्ति का एक उपसाध्य "हंस कुमारिकाएँ" का मिथकाभिप्राय है। हम इससे सम्बन्धित वृत्तान्त बता आये हैं। यहाँ प्रासंगिकता के कारण उसके कथाबीज (थीम) जता रहे हैं। वास्तव में यह पूर्ण मिथक न होकर लिजन्धर तथा लोककथा है।

उदय प्रकाश अरोड़ा ने सारत्व देते हुए बताया है कि कई हंसिनियों के झुंड आदतन अपने पंख-पर डैने उतारकर बेहद खूबसूरत कुमारियाँ बनकर सरोवर या नदी में तैरने आती हैं और उन्हें कोई गबरू जवान देखकर आसक्त होता है। किसी एक के हंसलिबास चुराकर रख लेता है। तब वह कुमारिका उसकी प्रिया पत्नी रहने को मजबूर हो जाती है। मौका पाकर वह अपनी चुरायी गयी मूल हंसिनी-पोशाक वापस चुरा लेती है और हंसिनी बनकर उड़ जाती है। कभी-कभार अपने बच्चों के लिए कुछ शर्तों के साथ कुछ समय तक अपने मानुष प्रतिप्रेमी के पास रुक जाती है।*

दोनों ओर ही चोरी से असली और नकली बने असली (हंस) परिधान की चोरी ही कारक है। इसके साथ-साथ मनुष्य तथा हंस के प्रणय की चकित सुन्दरता है। पुरुरवा को छोड़कर स्वर्ग चले जाने के पश्चात् उर्वशी कुरुक्षेत्र के सरोवर में हंसिनी होकर नहा रही थी कि पुरुरवा ने उसे पहचान लिया। उसने पुनः साल में एक बार मिलने का वचन दे दिया था। उसने हंसिनी-रूप छोड़ दिया। ग्रीक मिथक में भी लीडा हंसिनी होकर हंस बने देवेन्द्र से केलि करके दो देवता, दो मानव-सन्तति (अण्डों से) जनती है। इस सन्दर्भ में दम्यन्ती तथा हंस का अभिप्राय सार्थक होते हुए भी (यहाँ) प्रासंगिक नहीं है।

* अरोड़ा, 'मोटिफ़्स इन इंडियन मिथोलॉजी', इंडिका पब्लिशिंग हाउस, नयी दिल्ली, 1981, पृ. 132-133

(इ) तीसरा आयाम **अन्धकार** का है। संयोग से यह पुरुष-केन्द्रित है ग्रीक एरॉस तथा भारतार्य पुरुरवा पर, अर्थात् **पुरुष नग्नता** पर।

प्रसंग में नग्न रमणियाँ अपनी निर्मम प्रणयहीन दशा को कुचलने तथा योनि-शुचिता को बचाने जलराशि में स्वयं को नरदृष्टि से छिपाती थीं। इस सन्दर्भ में अन्धेरे में ही पुरुष प्रियापत्नी से मिलते हैं। प्रकाश होने पर उनकी निर्वसन (नग्न) देह स्त्रियों के सामने आलोकित हो उठती है जिससे साथ एवं सहवास की शर्त भंग हो जाती है तथा प्रेमी देवपति साइकी को अथवा अप्सरा-पत्नी पुरुरवा को छोड़कर चली जाती है।

यहाँ भी हम कथावृत्त दे चुके हैं, तदपि कथाबीज दोबारा देना अपेक्षित लगा है।

(i) साइकी इतनी सुन्दर थी कि प्रणयदेवी एफ्रोडाइट की महत्ता क्षीण होने लगी। अतः उसने अपने बेटे क्यूपिड को यह आदेश दिया कि वह अपने काम-बाण से साइकी के हृदय में सबसे भद्दे मनुष्य के प्रति आसक्ति जगा दे। जब क्यूपिड ने साइकी को देखा तो स्वयं उसके मोहपाश में फँसकर उसने विवाह कर लिया। उसने यह शर्त लगाई कि साइकी कभी भी उसे प्रकाश में नहीं देखेगी वर्ना वह विलुप्त हो जाएगा।

प्रतिदिन रात के अँधेरे में क्यूपिड आता और भोर के पहले चला जाता। इससे साइकी को डर और चिन्ता समायी कि कहीं उसका पति कोई दैत्य या जानवर तो नहीं है क्योंकि डेल्फी के ओरेकल में उसके लिए यही भविष्यवाणी हुई थी कि उसका पति कोई दैत्य हो सकता है।

अतः एक रात उसने दीवा बाला और सोते हुए क्यूपिड को देखने कमरे में गयी। देखते ही आश्चर्यचकित हो गयी कि उसका पति तो विश्व का सबसे सुन्दर तथा मोहक पुरुष देवता इरॉस (क्यूपिड) है। हर्ष में जलते दीवे से गर्म तेल की बूँदें क्यूपिड के कन्धे पर चू पड़ी। निर्वसन सो रहा क्यूपिड जाग गया। शर्त टूट गयी थी। साइकी ने उसे रोशनी में देख लिया था। बस, वह तुरन्त विलुप्त हो गया।

प्रेम और रति की अज्ञात-अवचेतन रहस्यमयता अँधेरे में परिपूर्ण तभी होती है जब वह निर्बन्ध, निस्संकोच, स्वच्छन्द हो। सौन्दर्य और अनादि वासना का रिश्ता टूट गया था। तथापि **सौन्दर्य तथा जानवर** की संयुक्तता की भ्रान्ति भी टूट गयी। अब साइकी को अमरता की खोज हुई। वह स्वयं चिति-स्वरूपा थी। यह आगे की कथा है। केन्द्र बिन्दु राक्षस की भ्रान्ति है।

(ii) दो अप्सराओं का पुरुरवा ने एक राक्षस से उद्धार किया था जो उनका अपहरण करके लिये जा रहा था। उनमें से एक पर पुरुरवा मोहित हो गया। उर्वशी भी रजामन्द हो गयी। उसने तीन शर्तें लगाईं (क) अपने दो अत्यन्त प्रिय मेषों को वह सदैव अपने साथ शय्या के पास रखेगी (ख) वह मक्खन का ही आहार लेगी तथा (ग) वह पुरुरवा को कभी निर्वसन नहीं देखेगी। ऐसा होने पर वह स्वर्ग चली जाएगी।

उधर गन्धर्वों को उर्वशी से दूरी खल रही थी। उन्होंने एक चाल चली। रात को वे उर्वशी के मेषों को चुराकर ले उड़े। उर्वशी ने उनको वापस लाने के लिए पुरुरवा से गुहार लगाई। निर्वसन पुरुरवा तुरन्त अपने शस्त्र लेकर पीछा करने उठा। ऐसे ही गन्धर्वों ने इन्द्र के साथ मिलकर विद्युत चमका दी जिससे दिन जैसा प्रकाश छा गया। उर्वशी ने पुरुरवा को निर्वसन देख लिया। वचन भंग हो गया। अतः उर्वशी स्वर्ग लौट गयी। इस वृत्त का केन्द्र-बिन्दु दो मेष हैं। ये भी एक मिथकीय रहस्यमयता है। क्या ये दो मेष उर्वशी को इसलिए अन्तरंग हैं कि मित्र एवं वरुण जब एक बलि-यज्ञ में मौजूद थे और जिसमें मेषों की बलि भी दी जानी होगी तब उर्वशी को देखकर उनका वीर्य स्खलित हो गया। (उन बूँदों से वसिष्ठ तथा अगस्त्य का कुम्भों में से जन्म हुआ) और वे मेष बच गये। उसके ही कारण वे बचे थे। अतः उर्वशी उन्हें सदैव साथ रखना चाहती थी। उसे पता था कि मेष की बलि ही होती है। इन्द्र या ब्रह्मा, या अन्य कई ने स्वयं को मेष-रूप में रखकर अपनी रक्षा की थी। इसलिए उर्वशी भी इन्द्र के कोप से स्वयं की रक्षा कर रही होगी? क्या ये दोनों मेष दोनों ऋषियों के प्रतिपक्ष हैं, या अश्विनों की तरह उसके यौवन-सौन्दर्य के संवर्धक? इस पहेली को उषा-सन्ध्या, अरुणोदय-गोधूलि तुहित, आदि के कूटों से खोलने के प्रयास हुए हैं किन्तु निर्वसनता तथा (बलि प्रतीक) मेष इसे व्याख्यायित कर सकते हैं। वस्तुतः मेष उर्वशी को भी मित्र-वरुण दोनों आदित्यों से बचाने वाले, उस त्रासद घटना के मनस्तात्त्विक आघात (ट्रौमा) को भुलवाने वाले भी हैं।

(ई) दृष्टि और जल, और अन्धकार के तीन आयामों से परे भी निर्वसनता का **आत्मत्याग** तथा **निर्विकार तपस्विता** का भी आयाम मिथकों में खुलता है।

(i) निर्जन एकान्त में शिव द्वारा पार्वती को कामकला के सारे रहस्य व गुप्त प्रकर्म की वार्ता को कोटर में बैठा एक शुक शावक सुन रहा था। वह चोरी से बाहर निकलकर सीधे एक ऋषि-पत्नी के उदर में प्रवेश कर गया। उससे शुकदेव मुनि का जन्म हुआ। वे पूर्णतः कामना और कामुकता से निर्विकार तथा तपस्विता से दीप्त निस्संग युवक थे। दिगम्बर घूमते थे। जब वे नदी तट पर गुजरते भी थे तो निर्वसन नहाती रमणियों पर कोई भी प्रभाव नहीं पड़ता था। वे पूर्णतः निर्लिप्त तथा इन्द्रियजित थे।

(ii) जब सुमेरी-बेबीलोनी युद्धदेवी-रति देवी ईश्तर के युवा प्रेमी ऋतु-देवता ताम्मुज़ को पाताल धकेल दिया गया तो वह उसे

उस नर्कलोक से ऊपर लाने को स्वयं वहाँ की यात्रा करती है। वहाँ की शासिका उसकी बहन एरेशकिगाल थी। वहाँ सात द्वारों से होकर जाना था। यह शर्त लगा दी गयी कि प्रत्येक द्वार पर वह अपने वस्त्र तथा आभूषण उतारती आएगी ताकि अन्तिम द्वार पर पहुँचने पर पूर्णतः निर्वसन हो जाए। ऐसा ही हुआ। पूर्णरूपेण निर्वसन होकर देवी ईश्तर ने अँधेरे में अपनी मिथकीय सत्ता तथा दैवी अस्मिता खो दी। किन्तु वह कामरति की देवी भी थी। वह अपने यौवन के प्रेमी सखा ताम्मुज को साथ ऊपर लिवा लायी। शर्त यही रही कि वह छह माह पाताल में रहेगा। अतः वसन्त और फसलों और मौसम का देवता उर्वरता तथा वसन्त का, और ईश्तर प्रजनन का देव-मिथुन बने रहे।

उगारीत या 'रास शामरा' की मिथक में 'बॉल' हाडेड के साथ प्रणय और युद्ध की देवी अनात सम्बद्ध है जो ईश्तर की ही भाँति है। वह बाल की पूरक है। इसी तरह 'ओल्ड-टेस्टामेंट' में फर्टिलिटी-कल्ट से जुड़ी देवी आस्तार्ते है। 'कान्नान' में ईश्तर व अनात व आस्तार्ते के पृथक-पृथक कार्यक्षेत्र आपस में घुलमिल गये हैं। ईजिप्ट में भी कान्नानी मातृदेवी क़ोदशू (पावनता) फर्टिलिटी देवता 'मिन' तथा कान्नाई देवता 'रेशेफ' (जीवन या मृत्यु की शक्ति का देवता) के बीच नग्न खड़ी शिल्पांकित है। यहाँ वह सिंहारूढ़ा भी है जिस तरह मेसोपोटामिआई देवी ईश्तर है।

'बॉल' मिथक में तीन लड़कियाँ, या बेटियाँ और रखैले भी हैं जो ओस, वर्षा तथा पुष्टता की जलपरियाँ हैं। 'बॉल' के दूत

वात्स्यायन मुनि द्वारा कामरति परक पशुओं के आभासी कायान्तरण (मेटामार्फोसिस) एवं सुरतयुद्ध में गुत्थमगुत्थ पुरुष-स्त्री के संलिप्त तीन अभिनव ईहामृग।

अंगूर तथा खेत हैं। ये तथा अन्य हमेशा जोड़ों में उपस्थित रहते हैं।

[कान्नानी का ईजिप्टी शिल्प ब्रिटिश म्यूजियम में रखा है। फिलहाल हम उसकी प्रतिछवि नहीं पा रहे हैं : ई. पू. 1300]

(उ) **'काम-कला'** का प्रत्यय दार्शनिक है। जब हम इसे पूर्वेतिहास और शैलचित्रों तथा गुफा-आश्रमों तक, पशुओं के व्यवहारों तथा आदिम ईहामृगों की फांतासियों तक पीछे लिए जाते हैं तो मिथकीय आयाम भी उद्घाटित हो उठते हैं।

सेक्स एक जीवनशक्ति है; हमारी धरती में विमुक्ति तथा क्रान्ति की सबसे शानदार चीज है। यह स्त्री-पुरुष की मिथुनता के बन्ध में दोनों की **सम्पूर्ण समानता** तथा **परिपूर्ण संतृप्ति** के लिए सनातन प्रतिबद्ध है। यह अधूरेपन तथा एकाकीपन को दूर भगाती है।

वात्स्यायन मुनि की तरह हैवलाक एलिस आधुनिक वात्स्यायन हैं जिन्होंने मनोवैज्ञानिक भूमि पर सेक्स, स्वस्थ समाज तथा मानव की निसर्गता को एकतान कर दिया है। इसे हम 'अर्द्धनारीश्वर' के मिथकाभिप्राय (माइथीम) से भी संलिप्त कर सकते हैं। इसमें पुरुष-तत्त्व तथा नारी-तत्त्व का अद्वय सामरस्य है। इसमें 'काम' की मादकता तथा 'कला' के अध्यात्म का भी मिथुनत्व है। इसकी दैहिक परिणति 'महामुद्रा' में है। यह आदिम 'चक्रपूजा' (श्रीचक्र / कालचक्र), तथा कुम्भक्र-दशा में आसन एवं मुद्रा के योग से शक्ति का उन्मेष है। इसे ही तो पुराण एवं धर्ममिथकों में 'त्रिपुर भैरवी' (काम) और 'त्रिपुर सुन्दरी' (कला) के विग्रहों द्वारा देखा गया है।

हम पहले ही सिद्ध कर आये हैं कि **नग्नता** में पूरी इन्सानी खूबसूरती दिखाई देती है। मिथुन और यक्षिणियाँ, डायोनीसस की चेलियों मीनाड तथा सेबाइन की अपहृता रमणियाँ या कटि के ऊपर से अर्धनग्न देवियाँ तक भी मानवशरीर का एक आजाद ढंग से सन्दर्श कराती हैं। ये अश्लीलता के बजाय हमारे अविकारी स्वास्थ्य की पहचान तथा प्रमाण हैं।

तो, समारम्भ आदि पशुओं से किया जाए। मिथकों में वृषभ, अश्व, मृग, तथा हरिण आदि गुफा-मानवों के सर्वत्र परिवेश में थे। उनकी रतिक्रीड़ाएँ तथा गुत्थमगुत्थी, वेग तथा व्यवहार, द्वन्द्व तथा उपचार आदि का शताब्दियों से निरीक्षण करते हुए कामकला के आरम्भिक मिथककारों ने पुरुष के शश, वृष तथा अश्व एवं तदुचित नारी के मृगी, बड़वा (घोड़ी) तथा हस्तिनी भेद किये। इनकी जोड़ी कामेन्द्रियों की लम्बाई-मुटाई, गहराई-चौड़ाई के आधार पर वांछनीय बतायी गयी। देहगन्ध के आधार पर रमणियों के पद्मिनी, चित्रिणी, शंखिनी, हस्तिनी भेद भी किये गये। इस तरह स्वभाव एवं चिह्न एवं वेग का एक मिथकादिम सिस्टम निर्मित होता गया।

सहवर्तन में वनस्पति-पशु-पक्षी-संसार से कामासनों के बन्ध और वेग और मुद्रा का विधान भी हुआः—कमलासन, नागपाद, लतावेष्ट, कुलिश, हिल्लोल, नृसिंह, धेनुक, सिंहासन, रतिनाग, वेणुविदारित, शूलांक, फणिपाश, मार्कट, त्रिविक्रम, गोयूथ, नारीकेलित, भ्रामर, निर्घातक, वराहघात, वृषघात, कार्कोटक, 'यत्र यत्र विशेषे योगो अपूर्वस्तत्र दुपलक्षयेत' (चित्ररतानि प्रकरण)।

वस्तुतः इन बन्धों का अनुकरण पशुजगत् के व्यवहारों से भी उद्भूत विचित्रयौगिक **ईहामृग** ही है। हम इन पर विस्तार से विचार कर आये हैं। ये वस्तुतः काममुद्रात्मक ईहामृग जैसे हैं; उदाहरणार्थ : शश-मृगी, वृष-बड़वा, अश्व-हस्तिनी आदि। पुरातन अफ्रीका के कुछ कबीलों में मान्यता है कि महासर्प (अजगर) ने ही मनुष्यों को कामक्रीड़ा का प्रशिक्षण दिया। ईजिप्ट के एक धर्मकेन्द्र में वृषभ तथा लिंगपूजा प्रचलित थी। ग्रीक मिथकयान में मिनोटार वृषभ-मानुषी सन्तति थे। उनका देवेन्द्र ज़ियस परम सुन्दरी यूरोपा का अपहरण करके उसे फोनीसिया के क्रीट द्वीप में ले गया। वहाँ उनके तीन पुत्र उत्पन्न हुए जो तीन मिथकीय भूगोल के क्षेत्रों के अधिपति हुए। ऋषि-अप्सरा पुत्री शकुन्तला-दुष्यन्त के दाम्पत्य से भरतवंश चला जिससे 'भारत' का भी नामकरण हुआ।

स्त्री-पुरुष दोनों ही के सुखप्राप्ति के पूर्ण आस्वादन, और दोनों ही के पूर्ण समानता के सहकार में कामांगों के उपभोग का जो विधान बना वह भी आद्यमिथकीय है : यथा चुम्बन, नखच्छेद, दशनच्छेद आदि। इनमें प्राचीन 'एनिमिज़्म' की झलक दृष्टिगोचर है। **आलिंगन** में वनस्पति के साम्यरूपक हैं—स्पृष्टक, लतावेष्टिक, वृक्षाधिरुढ्क, तिलतंडुलक, क्षीरनीरक। नखछेदन और दन्तच्छेदन भी पशु-व्यवहारों के अनुकरण पर आच्छरित, अर्धचन्द्र, मण्डल, रेखा; व्याघ्रनख, मयूरपदक, उत्पलपत्रक, शशलुप्तक, उच्छूनक, प्रबालमणि, मणिमाला, बिन्दुमाला आदि स्वरूपों में अभ्यासित हैं। देहगन्ध के साथ-साथ ध्वनियाँ भी परा-पश्यन्ती वृत्ति की अनादि वासना की प्राकृतिक भूख की व्यंजना करती हैंः—स्तनित, श्वसित, सीत्कार, फूत्कार, हिंकृत, दुत्कृत आदि।

इस तरह आदिम युद्ध और शान्ति, वेग और स्तम्भन, देहसुख और पीड़न-ताड़न, रति-आनन्द और सुरत-संतृप्ति का पूरा उद्घाटन पशुजगत्, वनस्पति-प्रवृत्ति, पशु-पक्षी-व्यवहार आदि से तथा आसन-मुद्रा-बन्ध मानवेतर प्राणियों की देह-संरचना तथा साम्यरूपकात्मक-कायान्तरणपरक ईहामृगों से अभिलक्षित होता संलक्षित होता है। इन द्विपर्ण विरोधों में रति एवं कर्म की भी समानान्तरता है।

× × ×

तो क्यूँ आज कुण्ठाग्रस्त तथा तृष्णाकुल पुरुष-नारी **नग्न** देह से बेतहाशा डरे-डरे हुए, डराते हुए रहते हैं? हम मधु सप्रे तथा मिलिन्द सोनम के पूर्णतः नग्न आलिंगन को लेकर हंगामे से आहत् तथा चकित हैं। उदात्त परिवेश में ऐसी आदिम पवित्रता, स्वच्छता, परिपूर्णता और उन्मुक्ति का अभिनन्दन होना चाहिए। भविष्य का श्रेय ऐसा ही होगा। हमें यह डार्विनियन सत्य

शिरोधार्य करना चाहिए कि मनुष्य भी तो एक पशु है, सुतरां सामाजिक पशु!!

अन्ततोगत्वा हम नग्नता तथा निर्वसनता के ध्रुव-बिन्दु पर आन पहुँचे हैं।

प्राचीन सभ्यताओं में ईजिप्टी एवं ग्रीक मिथकयानों के वास्तु तथा शिल्प में एक सौ अस्सी डिगरी की विरुद्धता है, यद्यपि ग्रीकों ने शिल्पकला ईजिप्टियों से सीखी थी तथा अनेक देवी-देवतों का भी आगमन ईजिप्ट से हुआ था। दोनों सभ्यताएँ भूमध्यसागर के दक्षिण तथा उत्तर में पल्लिवित-पुष्पित हुई थीं। यदि एक ओर मृतक देहों की रक्षा तथा उपासना हो रही थी, उन पर लेप करके मखमल से लपेट करके ममीकरण किया जा रहा था तो दूसरी ओर ग्रीक शिल्पी अपनी मिथकों की संगमरमर की प्रतिमाएँ गढ़कर साकार कर रहे थे। पुरुषों तथा स्त्रियों की सम्मूर्तियाँ आदमकद, शरीरशास्त्रीय मानदण्ड तथा वैज्ञानिक गुरुत्वाकर्षण केन्द्रीयता के अनुरूप हैं। पुरुषों की छवियाँ नग्न, हृष्ट-पुष्ट, मांसपेशियों वाली हैं तो स्त्रियों के परिधान असंख्य लहरियों-चुन्नटों वाले हैं। वे भी कमतर तथा क्षीण हैं। ग्रीकों के कलश-चित्रणों में भी यह परिष्कार तथा पराकाष्ठा है। रोमांटिक कवि जान कीट्स ने 'ओड टु ए ग्रेसियन अर्न' में एक ऐसे ही चित्र को देखकर सत्यं-शिवं-सुन्दरम् के प्लेटोनिक साध्यमूल्यों का ऐन्द्रियिक रोमांटिकीकरण किया है। ग्रीकों ने शिल्प एवं चित्र को मिथकीय गाथाओं की स्वेच्छाचारिता तथा मनोदैहिक अपनर्मिलता से मनोरथिक रखा है। छन्द-स्वच्छन्द एवं निर्बन्ध ग्रीक मिथकयान में ही यह सम्भव था कि पात्रों तथा संघटनाओं का सर्वप्रथम सन्दर्श करने के लिए **नग्न मानव देह** को आधार एवं परिपूर्ण माना गया। ये मिथक तथा कला, दोनों में कुण्ठारहित अभिव्यंजनाओं के लीलाकमल बन गये हैं। इसका दूसरा प्रबल कारण यह भी रहा है कि शारीरिक सौष्ठव, खेलकूद तथा चंगमलंगी के प्रयोजन ही ग्रीकों को व्यायामशालाओं (जिमनेज़ियम), तथा संवादशालाओं (सिम्पोज़ियम) और संगीत-रंगमंच के समावेशों में खींचते रहे हैं। अतः प्लेटो के नैतिक दण्डाधिकरण के बावजूद नग्न देह की शोभनता तथा अननैतिक मिथकों की संलिप्तता नग्नता और अर्ध-निर्वसनता को केन्द्र में रखे रही।

भारत में नग्नशिशु (कन्हैया) का सिंड्रोम सीधे-सीधे पूर्वकालिक यक्षिणी-शिल्प में अपने स्रोत पा लेता है। यक्षिणियाँ उर्वरता तथा प्रजनन (दोहद) की अर्द्धदेवियाँ हैं। अतः वे नग्न हैं। उनकी कमर में एक-दो-तीन-पाँच लड़ियों वाली करधनी भर है जो तन्त्रयन्त्र के कर्मकाण्डों से भी जुड़ी है। इसके अलावा उनके पाँवों में भारी मथुरा-भरहुत वाली झाँझे हैं। उनमें कहीं-कहीं झीने आवरण का शैल्पिक विभ्रम फैलाया गया है। एड़ी के टखनों के ऊपर एक रेखा उत्कीर्ण कर दी गयी है जो घांघरे या धोती की प्रतीति कराती है।

इस तरह ग्रीक और भारतार्य कलाचक्रों में नग्नता-निर्वसनता को मिथकीय पात्रों तथा वृत्तों द्वारा रूपप्रद बनाया गया है।

निष्कर्ष रूप में कहा जा सकता है कि निर्वसनता-नग्नता देह के सेक्सपरक अनुरंजन की अथवा तापसी प्रशमन की प्रतीकात्मक दिशाएँ हैं। यह प्रणय तथा अनेक जादुई अनुष्ठानों का हेतु है। यह उन्मुक्ति तथा ईमानदारी से जुड़कर स्वच्छता, चंचलता एवं भोलेपन से मण्डित है। अन्धकार में भी इसकी अदृश्य अस्मिता है किन्तु सौन्दर्यबोध निष्पन्द है। तब देह अदृश्य-अव्यक्त भोगायतन हो जाती है। इसके अलावा निर्वसनता का अपना अलग सौन्दर्यबोधशास्त्र है जो मिथक-वृत्तों में नहीं, परवर्ती शृंगारिक-कामपरक रचनाओं में संलक्षित है।

धर्मेतर मिथकों में निर्वसनता-नग्नता के मिथुनत्व का अभिषेक अभिनन्दन हुआ है। ग्रीक और भारतार्य मिथकयानों में इनकी यथेष्टता है।

धर्म-आवेष्ठित होने पर इनका निषेधन होता गया है। ये टैबू हो गयी हैं। बाइबल-परम्परा में यह लालसा और पाप की प्रतिनिधि हो गयी है। कथित चरित्रहीनता की स्थितियों में भी यह युगल अपराध में, अश्लीलता में, पाप तथा अपवित्रता में अधोमुखी बना दिया गया है।

अथच; यह मिथकयानों की भी अनादि वासना वाली अजबनी खोजें हैं जो मानव-देह को नग्न व निर्वसन, सेक्स के तप्त बिन्दुओं (स्तन, भुजमूल, उरुसन्धि, अधर) व गुप्त बिन्दुओं (गुप्तांग, कपोल, नाभि, उरुसन्धि), पवित्र अंगों (चरण, ललाट, हथेली) व कला अंगों (नेत्र-कान, जिह्वा-नासिका), छिपे बिन्दुओं (नितम्ब, जंघा, तलुवे) व गुदे अंगों (ठोढ़ी, कलाई, जंघा, टखने) आदि के टोटेमों-टैबुओं, वस्तुरति (फेटिश), टोकन आदि के द्वारा मिथकचक्रों में चिह्नित करती हैं। विरेचन तथा उदात्तीकरण के ध्रुवान्त जल तथा अग्नि हैं। नग्नता का सम्बन्ध भी अग्नि एवं जल से है जो देह को पवित्र, शुद्ध, शुचि, स्वच्छ आदि बनाती है। इस तरह देह में ही काम और कला, पुरुष और स्त्री, मरुत और गंधर्व, तथा शिव और पार्वती का अधिष्ठान है। योग तथा तन्त्र में यह पंचकोश तथा अष्टचक्र वाली तीन नाड़ियों तथा कुण्डलिनी वाली प्राक्कल्पित काया है। विश्वमिथकयान चिरन्तन साक्षी है कि नारी की नाभि में अमृत तथा योनि में रज और पुरुष के लिंग में आनन्द तथा शके वीर्य में सृष्टि की अनन्त ऊर्जा होती है।

× × ×

समापन में नग्नता के संरूपीकरण पर सारा कॉर गोम का क्रान्तदर्शी कथन : ''मिथकीय स्वर्णयुग में मनुष्यजाति प्रकृति के साथ समरसता में रहती थी और वस्त्र-परिधान अनावश्यक थे। इसी अनुरूपता में आदम तथा ईव बिना लज्जा का अनुभव किए हुए अदन के बाग में मुक्त विचरण करते थे। नग्न संरूप शक्ति, उल्लास, जननक्षमता (फेकंडिटी), लज्जा, निर्धनता या सत्य

का प्रतिनिधित्व कर सकते हैं और उनका प्रयोजन दर्शक को कल्पना के लोक में उत्तीर्ण कराना होता था। स्त्रैणसंरूप प्रकृति की प्रचुरता की अभिव्यंजना कर पाता है और उसमें वैसी सम्मोहकता अन्तर्निहित होती है जो सामयिक अभिरुचि तथा रुझान (फैशन) के अनुरूप हो। आदर्शीकृत नर-संरूपों को बलिष्ठ तथा सौम्यता प्रदान की जा सकती है। यदि प्रतिपाद्य विषय प्रेम के खतरों से खबरदार करता है, तो भी रूपाकार गहन गम्भीर ऐन्द्रियिक हो सकते हैं।'' [दि सीक्रेट लैंग्वेज ऑफ आर्ट, पृ. 223]

नग्नता

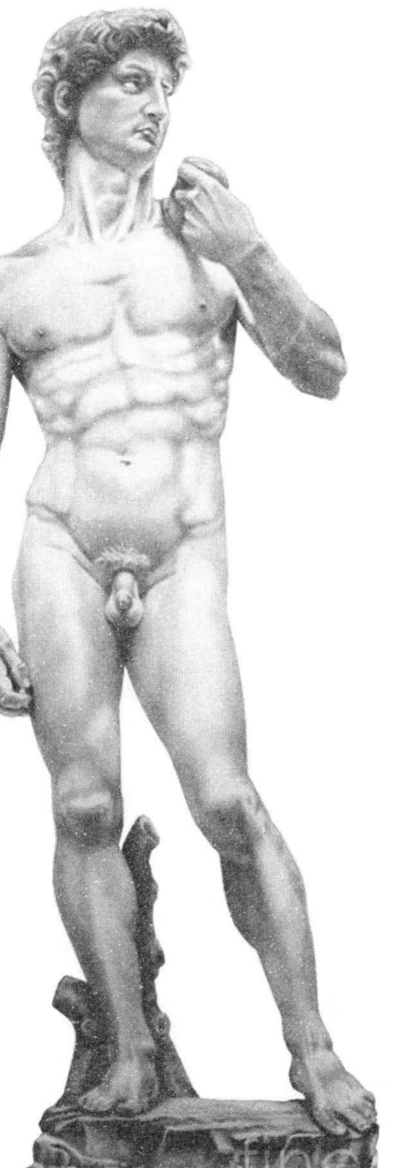

डेविड : माइकेल एंजिलो

अपोलो : माइकेल एंजिलो

लिडा और हंस

खिलंदड़ा नंगा बालक क्यूपिड
चित्रकार : पेलासक्वेज़

पाब्लो पिकासो द्वारा चित्रित 'एविग्नों की हसीन वेश्याएँ' (1907) शीर्षक कैनवास में *नग्नता* के जिस प्रकार से मिथकादिम एवं घनवादी आयाम खुलते आते हैं उसमें उनकी कायाएँ परम तृप्त, वासना सन्तप्त, देहपिंजर (खोखला) अस्थियों-पेशियों को कमलनाल जैसा बनाती हुई तथा सौन्दर्य-उन्मद ऊर्जस्वित् मुद्राएँ शब्द-जैसी टपक रही हैं। यह एक अद्भुत मिथकचित्र-आलेखकारी है क्योंकि यहाँ आदिमता एवं आधुनिकता एकतान हुई है।

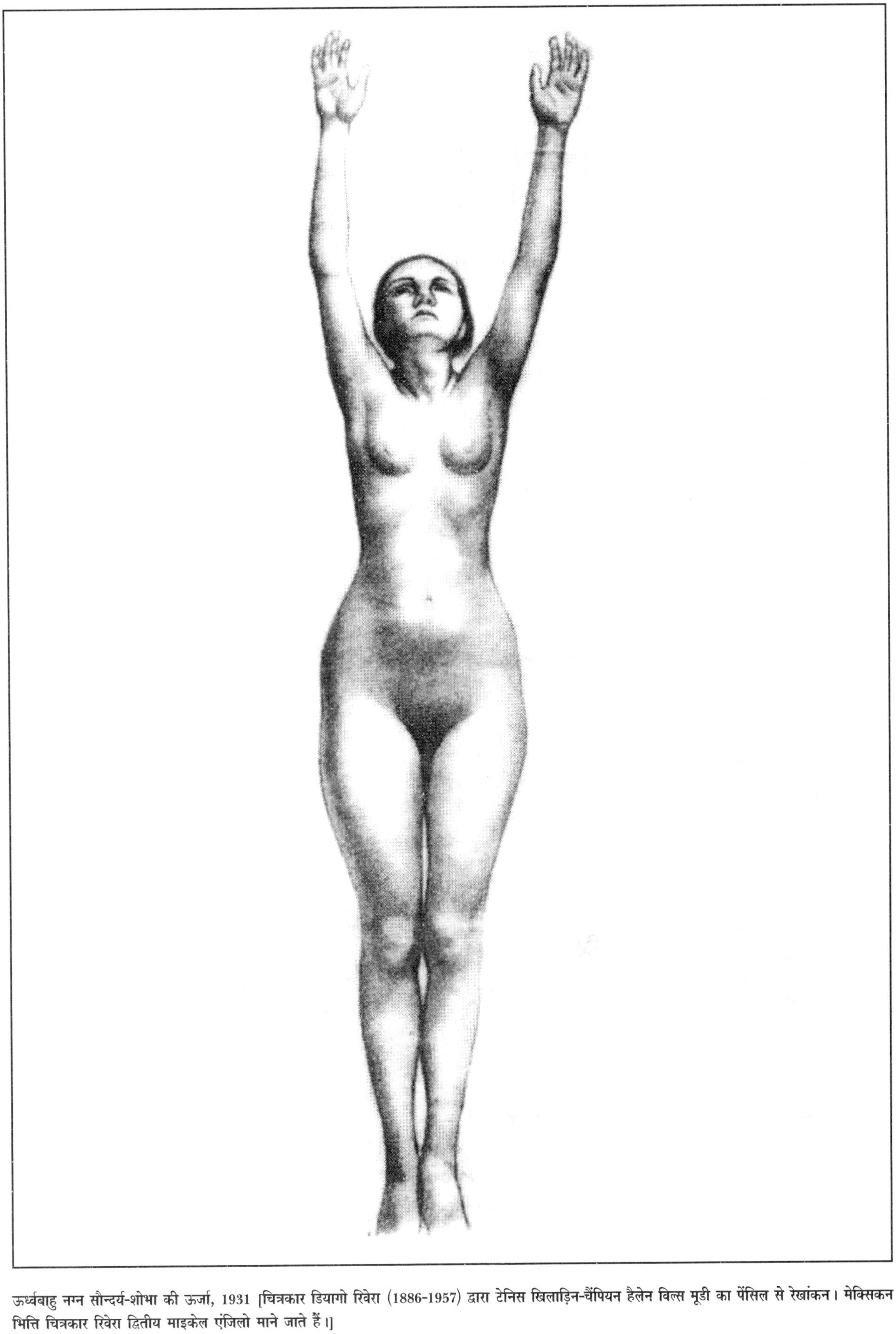

ऊर्ध्वबाहु नग्न सौन्दर्य-शोभा की ऊर्जा, 1931 [चित्रकार डियागो रिवेरा (1886-1957) द्वारा टेनिस खिलाड़िन-चैंपियन हैलेन विल्स मूडी का पेंसिल से रेखांकन। मेक्सिकन भित्ति चित्रकार रिवेरा द्वितीय माइकेल एंजिलो माने जाते हैं।]

निर्वसना

तीन सुशोभनाएँ (ग्रेसेस)
चित्रकार : पीटर पाल रूबेंस

निर्वसनता

निर्वस्त्रा : एबुनडान्शिया, मिलान, कोंटे बोरोमिओ

अर्ध-निर्वस्त्रा

चँवरधारिणी यक्षिणी, मौर्य युग, दीदारगंज, पटना (बिहार)

वसंत-परिधान आवरणिता

सीप पर आरूढ़ वीनस (एफ़्रोडाइट) का समुद्र-संतरण
चित्रकार : सान्द्रो बोट्टिचेली

चित्र आकृतियाँ

12

'समय की शिला पर मधुर चित्र कितने किसी ने बनाये किसी ने मिटाये' : मिथक में प्रातिभासिक यथार्थता का अभिकल्प

12.1 प्राक्तन मिथक में यथार्थता

प्राक्तन **मिथक में यथार्थता** की बड़ी पेचीदा पूर्वानुमिति है। यह शक्य सम्भावना के भी परे प्रतीत होती है; मानो विरोध ाभास यह है कि मिथकी **सम्भावना** में ही **यथार्थता** (रियेलिटी) अन्तर्निहित है—विश्वास-धुरी पर। तदपि हमें **वास्तविकता** (एक्चुअलिटी) तथा यथार्थता रियलिटी के बीच संक्रमण की स्थिति का अनुमान करते हुए ही स्वीकार करना होगा कि अनेक सम्भावनाओं में-से जो साधित, सिद्ध, साकार, अथवा विश्वासगर्भित हो जाए, वही यथार्थता है। तदपि मिथक में प्रातिभासिक यथार्थता ही होती है।

आदिम समाजों में गगन-धरती-पाताल का विशाल प्रांगण था। उनके पास प्राकृतिक तथा आरम्भिक सामाजार्थिक व्यवस्थाओं (शिकारी, घुमन्तू, किसान आदि) से जन्मी अबोध-अनिश्चित सम्भावनाएँ थीं। अतएव यथार्थताओं का चमत्कार तथा उत्कंठाओं से मिश्रित रूपकत्व ही मिथकों में प्रतिच्छायित हुआ। पहले प्रयोग-प्रकल्प तथा प्रयोगशालाएँ नहीं थीं। जो था, वह अनुष्ठान तथा पुरोहितों-कवियों की भविष्यवाणियाँ थीं। पहले विशेषण तथा तर्क का भी विकास नहीं था। बस, अन्धविश्वास थे। वे ही आधार बने। पहले प्रकृति ही अलौकिक और दैवी थी। अतएव वही देवता, शक्ति तथा कर्म बनी। पहले प्रकृति स्वयं एक महा-अध्यात्मा थी। वह कोमल और भयंकर, सुन्दर और विकराल थी। अतः मिथकों में उनसे सामंजस्य के लिए भी शाप एवं वरदान का द्वन्द्व-दुविधा परक विधान चला। पहले नैतिकता का उन्मीलन भी नहीं हुआ था। अतः अच्छे-बुरे, उचित-अनुचित, सही-गलत का विभेद बेहद क्षीण था। मिथकों में भाई-बहन के बीच यौन सम्बन्धों, कायान्तरण द्वारा बलपूर्वक समागम, देव-दानव संग्राम, देव-देव द्वन्द्व, नग्नता-निर्वसनता की दुविधा आदि में यह भली भाँति परिलक्षित होता है। यही प्रथम दृष्टया यथार्थता है। यह देहपूजा देहबल, देहभोग में पुंजीभूत थी। इस तरह मिथक यथार्थता की विवेचना नहीं करती। उसमें अपने अतुल्य **प्रत्यक्षण** का **विवरण** और **निदर्शन** है। यूँ दर्शन सत्य की खोज करता है। मिथक की कथित विश्वासी यथार्थता तो वहाँ भी स्वप्न, या अध्यास या विभ्रम है। (भाषा तथा दृष्टि की सीमाएँ जानकर ही अद्वैत प्राचल पर 'अनिर्वचनीय ख्याति' का प्रावधान है)।

मिथक की **अधिभाषा** भी उपरान्तिक व्याकरणिक तथा आलंकारिक भाषा की निर्धारित सीमाओं का अतिक्रमण तथा उत्तीण ता करती है। वह साम्यरूपकता एवं तर्कातीतता का सहारा लेती है। इस तरह मिथक के **रहस्य** से सन्दर्श (विज़न) की **माया** तक का एक विशृंखल सिलसिला है जिसके बीच रूपक एवं मिथ्यात्व, अवचेतन एवं अनिर्वचनीयता छाई है। गोया मिथक का चमत्कार, सन्दर्श का मायावरण (हैलुसिनेशन) एवं सौन्दर्य की अनुभूति तीनों एकतान हैं। सौन्दर्यबोध की धुरी पर अगर माधुर्य है तो वह घोर ऐन्द्रियिक है, लावण्य है तो वह उत्तेजक है, यहाँ अद्भुत द्वन्द्व-दुविधा है। परवर्ती धर्मचक्र में यह 'मायावरण' और 'अनहद नाद' जैसी अनुभूति प्रचलित हो गयी।

जब धर्म ने मिथक को दोफाँक किया तब भक्ति और माया के द्वन्द्व खुले। जिस तरह बहुत बाद में मध्यकाल में तर्कातीत

भक्ति ईश्वर की अनुकम्पा-करुणा-वत्सलता से सीधा अलौकिक सम्बन्ध बनाती थी, तथा मनुष्य के मोक्ष का उपाय थी; सहज जीवन तथा सरल रहनी के प्रयोजन भी सिद्ध करती थी; उसी तरह से शताब्दियों पहले आदिम युगों में तर्कपूर्वा **मिथक** का भी तद्रूपात्मक प्रयोजन था : पूरी कायनात के साथ सीधे रिश्ते, मनुष्य की बराबरी वाली वर्गविहीनता, सामूहिक अवचेतन की प्रभावोत्पादकता, पूर्वजन्म से उत्तर जीवन तक का धारावाहिक व्यापार, सृष्टि के इल्हामी अनुभव आदि। वे आदिकर्ता विश्वदेव के अधीन थे तथा विश्वदेव उनका ही 'विश्वरूप' था। सो, मिथक में पूर्वेतिहास तथा शाश्वत वर्तमान एकैक हैं।

इसलिए यह आत्मविश्लेषण करना निरर्थक नहीं होगा कि क्या हम अपने जीन्स / जीनोम को उत्ज्वलित करके एक लाख वर्ष पहले की दशाओं में प्रत्यर्पण कर सकते हैं? क्या हम होमो-इरेक्टस तथा होमोसेपियेंस वाली प्रारम्भिक अवस्थाओं में अन्तर्लीन हो सकते हैं? मानवीय सत्ता को ईजिप्ट से भी पीछे शैलचित्रों व पाषाण-युगों तक ले जाने पर भी हम पचास हजार साल ही कीलित कर पाते हैं, जबकि मनुष्य लगभग दो लाख साल पहले पृथ्वी पर आया था। तब उन डेढ़ लाख सालों की वास्तविकताएँ—सम्भावनाएँ—यथार्थताएँ कैसी थीं? बस हम अनादि कालचक्र में, प्राक्परा में, क्षण-कण में, बीज-बिन्दु में, रज-वीर्य में और सूर्य-पृथ्वी में, जल-अग्नि में ही यात्राएँ कर सकते हैं। [आजकल छद्म विज्ञान की चाशनी में लिपटी 'स्पाइडर मैन', 'बैट मैन', 'कैट मैन' आदि फिल्में धड़ाधड़ कामयाब हो रही हैं। यह मिथकीय मानस का शोषण है]। यही अनुमान है कि आमूल विश्वमिथकें तीस-चालीस हज़ार की ही पुरातन हो सकती हैं। एक ज्वलन्त बिन्दु यह भी है कि मिथक **कही नहीं जाती**, प्रत्युत एक ऐसी यथार्थता होती है जो **जी** जाती है। अतः हम चालीस-पचास हजार साल पीछे भी जाने का आर्केटाइपल दिवास्वप्न ही देख पाते हैं। इसलिए उसमें चमत्कार है, स्वरूपों-कुरूपों का मेल-विरोध है जो रूपकात्मकता लाता है और जिसकी अद्वितीय कार्यकारण-विधियाँ हैं। यही **'मि. थकीय यथार्थता'** है।

इसलिए मिथक के यथार्थता-वृत्त में विभ्रम, दुःस्वप्न (नाइटमेयर्स), फान्तासी (हॉबी हार्स), इच्छाहंस, ईहामृग, एषणाएँ भी शामिल हो गयी हैं। कुछ मिथकें इतनी भयंकर (डरावनी) तथा घिनौनी होती हैं कि उनमें विस्फोटन की जरूरत होती है। उनमें-से कुछ खतरों में इतनी गर्भित होती हैं कि उनकी अवहेलना अपने अस्तित्व के जोखिम पर की जा सकती है। अतः नेता हैं, अवतार हैं, राक्षस हैं। यही उनकी यथार्थता है। निष्कर्ष रूप में मिथक अपने युग और समाज की सम्भावनाओं के बीच का स्वप्नमय, विभ्रममय, मनोरथिक, वैकल्पिक प्रत्यक्षण तथा उत्कंठा का समूहगत उद्घाटन करती है। यह सम्भावित है, औचित्यपरक है, कौतुकमय है तथा अप्रत्याशित भी है। यही 'तात्पर्य' है।

यह भी माना जाता है प्राचीन भारतीय काव्यकृतियों में एक तो **मिथकों** का क्रमविकास हुआ, दूसरे कार्य-कारण की **अतिप्राकृतिक सम्बन्धता** का उद्वेलन हुआ। अतः ऐतिहासिक भाष्यों की जगह पर अतिप्राकृतिक मिथकीय व्याख्याओं का प्रभुत्व होता गया। भारतीय **कर्म-सिद्धान्त** के कारण भी यहाँ कर्मचक्र-नियतिचक्र के रथ पर पुनरावृत्तियाँ होती हैं। दुर्घटनाएँ, अप्रत्याशित तथा अतिप्राकृतिक कार्यकारणता का प्रतिवाद (एँटी-थीसिस) हैं। कुछ इतिहासकार भृगुवंशिरसों को केन्द्र में रखकर परवर्ती इतिहासलेखन के विकास में आर्थिक स्तरों के फर्क से तीन प्रभाव गिनाते हैं—(i) चौथी शती के बाद पुराणों में अन्यथाकृत-अनपेक्षित विस्तार स्थगित हो गया; (ii) राजवंशावली वाले साहित्य में पौराणिक घटक-तत्त्वों का जमकर दुरुपयोग हुआ क्योंकि प्रारम्भिक मध्ययुग के राजकवि तथा राजपुरुषों का यही अभिलषितार्थ था और (iii) अन्ततोगत्वा मिथकीय संचेतना से प्रस्थान करके ऐतिहासिक वस्तुवृत्तों का भी उद्भव हुआ।

निम्न चित्रारेख में हम **यथार्थता के (मिथकीय) आभ्यन्तरीकरण** को दर्शाते हैं:

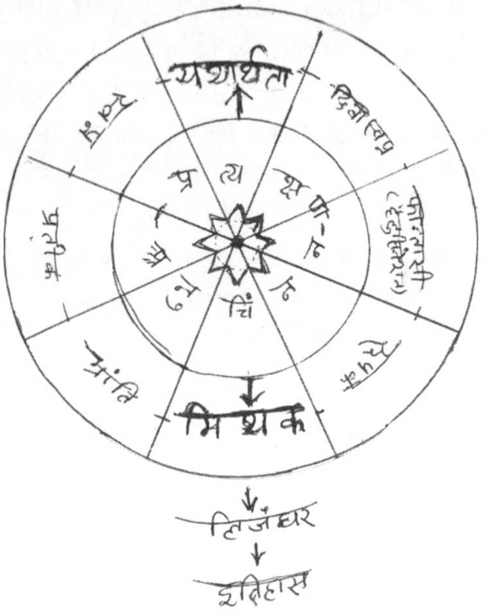

अन्ततोगत्वा आधुनिक प्रसंगों में मिथक की यथार्थता निषेधपरक और नेतिमय भी है। कोई अप्रामाणिक तथ्य, विवेकहीन अवधारणा, अकारण पूर्वाग्रह, गलत प्रचलन तथा अवैज्ञानिक कार्यविधि आदि की निराधार यथार्थता को मिथ्या अथवा मिथक बता दिया जाता है। इस तरह मिथ्या एवं मिथक पर्याय हो जाया करते हैं। तदपि कबीलाई संगठन से कृषि-व्यवस्था वाली समाज-व्यवस्था के संक्रमण में मिथकीय मानस की सहजता तथा निरंकुश निर्द्वन्द्वता की गहरी हानि होती चली गयी।

12.2 मिथकीय मानस में समाजविज्ञानों तथा आदिम टैक्नालॉजी के झिलमिले

क्या मिथकयान पूर्णरूपेण पूर्वेतिहासिक हैं? अर्थात् क्या उसमें हम मानवता, सभ्यता, संस्कृति का विकास नहीं समझ सकते? सही है कि उसमें काल-अन्तरण तो है, लेकिन परिवर्तन के लक्ष्य धुँधले हैं।

क्या मिथकयान निर्विकल्पेन पूर्वतार्किक है? क्या उसमें प्रकृति के पृथ्वी, जल, अग्नि और वायु जैसे अनिवार्य जीवनीय तत्त्वों के कार्य-परिणाम का बोध नहीं है? क्या उसमें अति आधार अग्नि-प्रकाश-जल की क्रमिक समझ नहीं है?

अर्थात् हम विश्वमिथक में **आदि-कारण** तथा **आदिकर्ता** की अभिभूमिकाओं की कैसी व्याख्याएँ करें कि अपूर्ण कार्य-कारण के साथ कार्य-कारण-परिणाम की त्रयी परिपूर्ण हो जाए?

वास्तव में सूर्य तथा पृथ्वी, ज्वाला (अग्नि) तथा प्रलय (वरुण), नाश तथा निर्माण, उत्थान तथा पतन, जन्म तथा मरण आदि सहकालक्रमिक अथवा कालानुक्रमिक गतिकी में चलते रहते हैं। चिरन्तन मिथकीय संचेतना-चक्र में इनका प्रत्यक्षीकरण देवासुर-संग्राम, वरदान-शाप, चमत्कार-शून्यता आदि के देशकाल-निरपेक्ष संरूपों में भी किया जाता रहा था। और, धार्मिक मिथक-वृत्त में ये नियति-माया, कर्मचक्र-फलागमचक्र, पाप-पुण्य, शुभ-अशुभ आदि के अन्तर्विरोधादि होते गये।

इसके सहवर्तन में ही अनगढ़-अधकचरे समाजवैज्ञानिक बोधों का आद्य उन्मीलन भी होता रहा है।

× × ×

सृष्टि के प्रारम्भ में विश्वमिथक **अन्धकार** की परिव्याप्ति, या महत् जल के क्षीरसागर (भारत), अथवा तैलाक्त राशि (जापान) के अस्तित्व को बताती है। प्रायः सभी एक **अण्डे** का महारूपक होती हैं, चाहे ईजिप्ट, या भारत, अथवा ग्रीस के मिथकयान हों। दोनों को मिलाकर ही सृष्टि (कॉस्मास) एवं संहार (कैऑस) के वास्तुशास्त्र का सूत्र खुलता है। अण्डे का बीच से टूटने पर ही आकाश और स्वर्ग तथा पृथ्वी और पाताल की परियोजनाओं के ब्लूप्रिंट बने। इनसे ही जगत् के, खगोल और संसार के **मिथकीय भूगोल** सर्वप्रथम साकार होने लगे। ये ही हमारे **आदि-आधार** हैं—आदिकारण तथा आदिकर्ता के सहकार से। अतः हमारा प्रयोजन विश्वमिथकयानों के माध्यम से भी समाज, सभ्यता, संस्कृति तथा कला-विज्ञान के उन्मीलन की झलक लेना है।

× × ×

अपेक्षतया **मिथकीय भूगोल** वास्तविकता, साकारता तथा आद्य भौगोलिक एटलस की नृतात्विक सम्भावनाएँ उद्घाटित करता आया है। जो पर्वत हैं वे हिमालय और सुमेरु, ऐटिका-आर्केडिया और ओलिम्पस हैं, फूजी हैं। नदियाँ हैं। आदि भागीरथी और गंगा हैं; आदिनील और नील हैं; अमेज़न-रमणियाँ तथा (दक्षिण अमेरिका की) अमेजन-नदी है। वे प्रत्यक्ष हैं, प्रमाण हैं। वे हमारे आदि आधार हैं। सप्तसिन्धु और सप्तद्वीप हैं किन्तु वे मिथकीय एटलस भी हैं। मिथकीय भूगोल भी कई चकमों तथा चमत्कारों से परिचालित होता है। कभी एक ही नाम कई स्थानों में, एक ही घटना कई परिवेशों में घटित होती है। हिमाचल का किन्नौर किन्नरों का, शिमला का जाखू (येखू) यक्षों का, पश्चिमोत्तर का गान्धार गन्धर्वों का निवास भी मान लिया गया। जाखू का हनुमान-मन्दिर 2455 मीटर ऊँची चोटी पर स्थित है जो देवदारु तथा जैतून के वृक्षों से आच्छादित है। यहाँ किन्नर, नाग, यक्ष जातियाँ एकत्र हुईं (ये देवयानी जो हैं)। विश्वास है कि संजीवनी-बूटी वाले विशाल पर्वत को लंका-रणभूमि में ले जाते समय हनुमान यहाँ रुके थे। द्रोणागिरी (देहरादून) की चमकती बूटियों से वे दिग्भ्रमित हो गये थे। अतः सम्पूर्ण पहाड़ ही उठाकर चल पड़े। यहाँ याज्ञवल्क्य का आश्रम भी था। यह विश्वास है कि हनुमान के उतरने पर यह शिखर चपटा हो गया था। बोझ के कारण उसकी आकृति हनुमत्-चरण जैसी है। बाद में यहाँ मन्दिर का निर्माण हुआ। धन्य हैं पुजारी! आप गजब के हैं।

इसलिए हम मिथकीय भूगोल से इतिहास में तो नहीं; अलबत्ता पुरा-पूर्व इतिहास अर्थात् **ऐतिहासिकता की धूमिल दशाओं** की परिकल्पना तथा पुनर्निर्मिति कर सकते हैं। अगर यह सम्भावना हो सकती है तो हम काल के भी धुँधले अक्ष में आदिकर्ता-आदिकारण के परिवर्तन तथा विकास को झाँक सकते हैं। वहाँ यह चमत्कार तो है कि कालक्रमिकता (क्रोनोलाजी) तथा सहक्रमिकता (साइमलटे. निटी) आपस में गुत्थम-गुत्थ ही नहीं, घुलमिल गये हैं। **भूचित्र** (लैंडस्केप) ऐसे स्थल हैं जहाँ मिथक तथा इतिहास के बीच टकराव होता है; जहाँ सारे इन्द्रिय-बोध संचित हो जाते हैं; जहाँ ध्वनियों में गन्ध, तथा स्वाद में स्पर्श होता है। अमेज़ोनिया में भूचित्र एक जीवन्त मिथक है, एक 'स्मृति तीर्थ है।' [''एनसाइक्लोपीडिया आफ वर्ल्ड मिथोलाजी'', मुख्य सम्पादक : आर्थर कॉटेरेल, डेमप्सी पार बुक्स, यू.के., 1999, पृ. 304] तदपि हम उनमें अन्तर्निहित सामाजार्थिक रूपायनों में शिकारी, संग्राहक, पशुपालक, कृषिकर्ता

की प्रारम्भिक संरचनाओं की झलक निथार सकते हैं। हमें यह झिलमिलाता दिखेगा कि वे सामाजिक संरचनाएँ कैसी थीं। उनके प्रारम्भिक उत्पादन के साधन (शिकार, मछली मारना, मनुष्य शिर-आखेट, बुनना-कातना, कुम्हारी आदि) कैसे थे। उनके उत्पादन और प्रजनन सम्बन्ध (सरदारी, पुरोहिती, ओझाई, नृपौती, नेतागीरी, पुरुष-स्त्री, भाई-बहन, देवता-दानव आदि) कैसे थे। तथा, सर्वोपरि उनका **मिथकीय मानस** कैसा था। क्या वह वैश्विक एवं आद्यरूपात्मक था?

(अ) आदिकारण

मानवशास्त्री एवं लोकवार्ताविद् इसका बेहतर संलब्ध रूपायन समुद्रायनी (ओशेनिया) में पाते हैं क्योंकि संसार को खोजा जाने वाला वह अन्तिम इलाक़ा है। अतः आदिमूलस्थ जन (एबोर्जिनीज़) में ही इसका आर्ष रूप है। प्राचीन समाज अनुलेख (रेकार्ड) विहीन हैं। वे उन विविधियों को बताते हैं जिसमें मानव के **पुरखे** रहा करते थे। फलतः वे ही देवता तथा ओझा में ढलते गये। शायद यही वजह है कि समुद्रायनी के मिथकयान में **जीवन के उद्गम की मिथक** प्रायः अनुपस्थित है। दो लाख साल पहले मानव पृथ्वी पर आया। इसलिए उसका तो सदैव से ही अस्तित्व रहा है। अतः वह **अनादि** जैसा है। यह मिथकीय मानस का (पुरखों के पश्चात्) दूसरा घटक है। सभ्यता के अपने विकास क्रम में वे पौधों तथा पशुओं के अस्तित्व की मिथकों के मौखिक अभिलेख रखते हैं। वे अभिलेख पौधों तथा पशुओं, आलंकारिक अभिकल्पों (डिजाइंस) में भी परिलक्षित होते हैं। अतएव मिथकीय मानस उनके अन-मानवीय उद्गम तथा उनमें अवस्थित **अध्यात्माओं** (स्पिरिट्स) को स्वीकार करता है। यह तीसरा घटक है। अतः यह सीधा प्रतिनिधित्व न होकर **प्रतीकधर्मिता** है। यह चौथा घटक है। वह मिथकीय मानस देवताओं की अलौकिकता की बनिस्पत **ग्रहों-नक्षत्रों** से ज्यादा सरोकार रखता था क्योंकि वे उनका जीवित यथार्थ तथा जीवनचक्र का आधार थे। अन्य विश्वमिथकों में यह दशा एक महाशून्य की मानी गयी जिसमें प्रत्येक वस्तु अस्तित्व में थी और बाद में उसका प्रकटावा होता चला। दूसरा मार्ग किसी विश्व-देवता (गेब, ब्रह्मा, यूरानस, इज़ानामी, इन्टी यांग-यिन) अथवा देवी को आदिकर्ता मान लेना था। पाँचवाँ घटक सांस्कृतिक अधिनेताओं की यात्राएँ तथा विरुद्ध भौतिक मनोवैज्ञानिक (आसुरी-दानवी) शक्तिरूपों से उनका निरन्तर **संघर्ष या संग्राम** था। इसी के साथ समाज-सभ्यता-संस्कृति भी रची जाती रही थी। एंटीथीसिस में दैत्यों तथा राक्षसों के साथ मिथकों में ओझा (शामन), एवं चालबाज (ट्रिक्सटर) भी आन मिले। अन्ततः **एक-से-अनेक** का महत्त कार्य आकाश देवता और पृथ्वीमाता, अथवा भाई-बहन एवं पति-पत्नी रूप सन्तति के बीच दूसरे प्रकार का संघर्ष तथा रण था जो देवासुर संग्राम से भिन्न था। गेब और नुट (ईजिप्ट), यूरानस और गेइआ (ग्रीस), ब्रह्मा और सरस्वती (भारत) इज़ानागी और इज़ानामी (जापान), यांग और यिन (चीन), अहुरमाज़दा-अहरीमन (पर्शिया), एनकी-एनलिल-ईश्तर (असीरो-बेबीलोनिया), रांगी-पापार (समुद्रायनी) ऐसी चिरन्तन पारिवारिक संरचना के द्विपर्ण-विरोधों को उद्घाटित करते हैं। इस महासूत्त को क्लाद लेवी-स्ट्रास ने पल्लवित किया है।

(आ) आदिकर्ता :–इंजीनियर देवता-देवी

सृष्टि के आदिकर्ताओं के पश्चात् उत्पत्ति और सभ्यता के जिन सबसे बड़े सर्वप्रमुख निर्माताओं का विवरण मिलता है वे **त्वष्ट्रि** (वैदिक), तथा **हेफेस्टस** (ग्रीक) हैं। किन्तु यह विवरण कालक्रमिक के बजाय सहक्रमिक हो गया है क्योंकि प्राचीन सभ्यताओं की मिथकें तथा महाकाव्य संवर्धन (ग्रोथ) शील रहे हैं अर्थात् उन्हें कई शतियाँ, कई पीढ़ियाँ और कई कबीले निरन्तर जोड़ती-घटाती-बदलती आयी हैं। तथापि विश्वमिथकयानों ने सभ्यता के विकास में ईजिप्टी देवता प्टाह-अनूबिस, भारतीय विश्वकर्मा, ग्रीक शिल्पकारों, पार्थिनन के वास्तुकारों, नार्डिक लोकी ने जादुई-वैज्ञानिक पहल को उजागर किया है। वृक्षों के तने, हड्डियों तथा पत्थरों के औज़ार-हथियार के उपरान्त वज्र और भाले वे ही लाये : गरुड़-हंस-बाज के मुकाबले देव-पक्ष में **रथ** आ गये क्योंकि शून्य तथा सुदर्शनचक्र, तथा बिन्दु-रेखा का अन्वेषण भी उन्होंने ही किया था जिससे चित्रलिपियाँ (ईजिप्ट, अज़टेक, मोहनजोदारो) तथा गाँठ-गिनती वाली लिपियाँ (इन्का) चिह्नलिपियाँ (मेसोपोटामिया) आदि भी मिथकों के भरतपाठ संरक्षित करने लगीं। वैदिक देवता **त्वष्ट्रि** ने कौशल तथा विज्ञान का सम्मुच्चय-गुच्छ बनाया। वह आदिम शिल्पी तो सूक्तिकार, कारीगर, कलाकार तथा कर्मकाण्डी (टैक्नालॉजिस्ट), चारों ही एकसाथ था। उसके निर्माण में श्रम एवं कौशल का विभाजन भी अस्पष्ट था। मुख्यतः लौह कुल्हाड़ी उसका औजार थी। वह उपकरण गढ़ता था। उसने ही इन्द्र का विद्युत् वज्र, शिव का त्रिशूल, विष्णु का सुदर्शन चक्र, दुर्गा के कुछ अस्त्र-शस्त्र, सूर्य का रथ आदि बनाये थे। यहाँ तक कि सूर्य-गोलक के दाहक तेज के नौवें अंश को कम करने के लिए उसने ही खराद पर सान घिस डाली थी। वास्तव में वह उस समय का एक हर-कौशलमाहिर था। उसने ही बाद के लिए शिल्पियों के संघ तथा उद्यमियों के संवर्ग प्रशिक्षित किये। वह चिकित्साविद् भी था। गर्भ में ही मानवशिशु के लिंग-रूप-गुण आदि का विधान कर सकता था। उसके इस आयुर्विज्ञान को यक्षिणियों ने आत्मसात् कर लिया।

तब के अपने लघु (कुटीर) उद्योगों के उत्पादन के लिए वह अग्नि पैदा करके उसका अनुकूल उपयोग कर सकता था (यह अग्नि यज्ञ की अग्नि से भिन्न थी)। वह इससे धातुएँ ढालता तथा उपकरण डिजाइन करता था। उसने बलि के कर्मकाण्डी सूत्र भी तय किये थे।

वह इन्द्र से अधिक दक्ष था। अतः प्रतिद्वन्द्वी भी था। उसने अपने सहकार्मिक देवताओं—ऋभुओं तथा भृगुओं से भी संघबद्धता कायम की थी [ग्रीक सन्दर्भ में ज़ियस के समकक्ष पोसेइडान भी उसका प्रतिद्वन्द्वी रहा था]। वह जानता था उनके साथ प्रबन्ध-कौशल बनाना है तभी वस्तु तथा श्रेष्ठता में उन्नति हो सकती है। अतः उसने इन्द्र के रथ के योजनाकार कुशल शिल्पी ऋभुओं से मित्रता की। वे चिरयौवन के औषधि-निर्माता तथा अश्वों के प्रशिक्षक जो थे। भृगुगण काष्ठशिल्पी भी थे। उनके सहायक अंगिरस तथा अर्थवान भी थे। इस भाँति जादू और चमत्कार से छिटककर अग्नि एवं प्रकाश के अभियन्ता थे—त्वष्ट्रि, ऋभु, भृगु, अंगिरस, अथर्वान। वे शिल्पी थे, सोम तथा सोम-चषक बनाने वाले पाकशास्त्री थे, गर्भज्ञाता प्रसूतिविद थे, तथा परिण ाामतः समृद्धि के प्रदाता थे। उनकी महत्ता से प्रभावित होकर एक आदित्य तथा एक रुद्र ने भी अपना वही नाम रख लिया था।

ऐसे ही ग्रीक **हेफेस्टस** था। वह ग्रीस का त्वष्ट्रि था। वह बदसूरत तथा उचकलंगड़ू था। विडम्बना यह कि वह प्रणयदेवी एफ्रोडाइट का पति भी था। उसने अपने वास्तुकौशल से एक ऐसी मच्छरदानी का वितान बनाया था जो उसकी पत्नी तथा उसके जार प्रेमी युद्ध-देवता ऐरिस को कामक्रीड़ा करते वक्त उन पर आ गिरा और उन्हें बाँध लिया। देवताओं को बुलाया गया। वे ठहाके लगा-लगाकर उपहास करते रहे। अन्त में हेफेस्टस ने दोनों को व्यभिचार के दण्ड से भी मुक्त कर दिया क्योंकि वह स्वयं ज्ञानदेवी एथेना की शय्या में बलात्कार के उद्देश्य से पहुँचा था। लेकिन उस 'पवित्र कुँवारी' ने उसे नीचे धकेल दिया था और उसका वीर्यपात हो गया था जिससे एक सर्प पैदा हुआ (ऐसे ही मित्र-वरुण के वीर्यपात से वसिष्ठ तथा व्यास घटज हुए थे)।

हेफेस्टस भी ओलिम्पस के देवताओं की दैवी अग्नि का उपयोग करता था। टाइटन प्रोमेथियस उसे चुराकर मानवों के बीच लाने के 'जघन्य अपराध' में अमानवीय क्रूरता झेलता रहा। हेफेस्टस ज़ियस और हर्मीज़ के साथ रहा।

उसने देवेन्द्र ज़ियस का वज्र बनाया था (साइक्लोपीज़ के साथ मिलकर)। उनके साथ ही उसने आर्किलीज़ की ढाल तथा पोसेइडान का त्रिशूल बनाया था। उसने एथेना के लिए वक्ष ढाँकने वाला स्वर्णिम कवच भी बनाया था, तभी तो उसकी अनादि दमित वासना भभक उठी। उसने नियोस का स्वर्णिम रथ भी बनाया था। सम्भवतः काष्ठ का तिलिस्मी ट्रोजन-घोड़ा भी उसी की करामात थी।

सबसे महत्त्वपूर्ण बात यह भी है कि उसने ओलिम्पस पर्वत में बारहों प्रमुख देवी-देवताओं के प्रासाद भी बनाये थे तथा अपने लिए कांस्य का एक चमकीला जिरह बख्तर भी बनाया था। भारतीय मिथकयान में सत्-त्रेता-द्वापर-कलि नामक निम्नगतिक युग हैं जबकि ग्रीक में स्वर्णयुग, रजतयुग, कांस्य युग (लौह युग) तथा वीरनायकों के क्रमिक युग हैं।

तीसरी महान् सभ्यता ईजिप्ट की है। उसकी वास्तुकला, शिल्पकला तथा चित्रकला भव्य ऊँचाई तक परवान चढ़ चुकी थी। उनका आयुर्विज्ञान ममीकरण तथा मस्तिष्क-शल्य में कुशलता की हद पार करके कुर्बान हो चुका था। ग्रीकों ने वास्तुकला तथा शिल्प की ऊँचाइयाँ ईजिप्टियों की प्रतीयमान अनुकृति से ही सिद्ध की थीं।

ईजिप्टी मिथकयान में देवता **प्टाह** से हमारी भेंट होती है। वह रा तथा अमोन के साथ त्रिदेव है। फाराओ सेटी प्रथम तथा रेमसेस द्वितीय उसके उपासक थे। उसका आगमन जंगलों तथा पालतू (टोटेमीय) पशु-देवताओं के बाद हुआ था। मेम्फिस तथा कार्नाक में उसका जयकारा गूँजा था। वह ईजिप्ट का विश्वकर्मा था, हेफेस्टस की भाँति। वह हाथ में एक परकाल-सा लिये होता था।

प्टाह ने पिरामिड के पश्चात् मन्दिरों तथा मूर्तियों का विधान किया। वह कारीगरों कलाकारों का संरक्षक होने के साथ कला और कौशल का स्वयं अन्वेषक भी था। वास्तुकारों तथा राजमिस्त्रियों को दिये गये आदेश मिलते हैं। इतनी महान् सभ्यता को सौन्दर्यबोधात्मक ऊँचाइयों तक उठाने वाला वह भी एक था। वह एक अभिकल्पकार, अभियन्ता, धातु पिघलाने वाला तथा वास्तु मन्दिरों का निर्माता था।

त्वष्ट्रि, हेफेस्टस तथा प्टाह के बाद अब अन्य मिथकयानों में कलाकौशल तथा सामाजिक दशाओं को लेना समीचीन होगा।

जाहिर है कि अब हमारा मन्तव्य देव-दानव-संग्राम नहीं है। हमें देव-मानव के सहकार से उत्पत्ति-केन्द्रीय संरचनाएँ तलाशनी हैं।

देव-दानव हाशियों में दो स्थितियाँ रही थीं। एक ओर दानव-राक्षस थे, जाइंट्स थे। वे वृक्षों के तनों, पत्थरों तथा हड्डियों के अनगढ़ हथियारों से ओलिम्पस या देवस्वर्ग पर आक्रमण करते थे। एक बार जाइंटों ने ओलिम्पस के देवताओं को ईजिप्ट भगा दिया था तथा भारतार्य में राक्षसों ने कई बार पराजयोन्मुख देवताओं को शिव-विष्णु, दुर्गा-काली की शरण में भेजा था। राक्षस नाना प्रकार के पाशों तथा पशुओं का भी इस्तेमाल करते थे। अतः वे विद्रूप-विकराल दैत्य भी थे जो जलतल, पाताल, जंगल, गुफा में रहते थे। हाथी, भालू, बन्दर, हरिण, शेर के बीच उनकी रिहाइश थी।

देवपक्ष में समुन्नत हथियार थे; वृक्ष-तनों के बजाय गदा, पत्थर के गोलों के बजाय सुदर्शन-चक्र, अस्थि के बजाय वज्र, डण्डों के बजाय भाले, धनुष आदि थे। बेहतर हथियारों की वजह से वे जीतते थे। दैत्यों का छद्म रणकौशल अथवा इन्द्रजादू भी

कारगर नहीं होता था। अतः बेहतर हथियारों तथा चतुर रणकौशल के सहारे वे अजेय थे, अमर थे। अब हम इनसे दूर जाते हैं। धातुकौशल के अन्तर्गत इंजीनियरी तथा सुनारी के दो करिश्मे हैं।

पहला ओलिम्पस के धातुकर्मी देवता हेफेस्टस द्वारा अपनी पत्नी रतिदेवी एफ्रोडाइट के लिए **'कामना करधनी'** का निर्माण। इसे पहनने पर देवीरानी हेरा की कामवासना धधक्कर अंग-अंग को सन्तप्त कर देती थी। दूसरी मिसाल तीन बौनों द्वारा निर्मित स्वच्छन्द प्रणय-देवी (नार्डिक मिथक की) फ्रेया को सोने का 'कण्ठहार'। तीनों सुनार बौनों ने इस शर्त पर बनाया था कि फ्रेया हरेक के साथ एक-एक रात सोयेगी। यही हुआ। उस सुनहले कण्ठहार की शोभा-लावण्य अतुल्य थी। अतः बड़े देवता ओडिन ने भी चतुर धूर्त लोकी के द्वारा उसे चोरी करवा लिया था।

दक्षिण अमेरिका के पेरू-एंडीज़ पर्वत क्षेत्र तथा मध्य अज़टेक की इन्का मिथकों में जो कई सूर्य, कई चन्द्र और उनकी सृष्टि लक्षित होती है वह (ईजिप्टों, ग्रीकों के बाद) खगोलवैज्ञानिक (एस्ट्रोनामिकल) भूलभुलैयाएँ हैं। किन्तु उनका उत्पत्ति के साथ का यह निरीक्षण नहीं दिशा में प्रस्थान है। इन्काई बढ़िया गणितज्ञ भी थे। उनके माचूपिच्चू नामक विलुप्त तथा सम्प्राप्त शहर में एक समकोण चौभुजा पत्थर है जो सौर-पथ, संक्रान्तियों, आयनों आदि का मिथकीय अनुगायन करता था। वे गाँठें लगाकर गणना तथा लिपि का प्रकार्य चलाते थे। पूर्व-कोलम्बियन अमेरिका में कुम्हारी कलाकौशल तथा स्वर्णकारी में कमाल हासिल कर लिया गया था। 'एल डोराडो' (स्वर्ण नगर) की मिथक के कारण उन्हें भीषण बर्बादी झेलनी पड़ी। मायाइयों ने बड़े शहर, ऊँचे पिरामिडों तथा सर्प एवं बाज जैसे सपक्ष सर्प-देवताओं को वास्तुशिल्पों में अभिव्यक्त किया। कुज़को तथा टिकाल तथा टेनोचटिटलान के खँडहर इसके गवाह हैं। तथापि उनकी मिथकीय यात्राओं का फलागम था कि उन्होंने धातुकर्म, कपड़ाकर्म, तथा कुम्हारी का बड़े पैमाने पर (पूजा तथा उत्सव के लिए) उत्पादन किया था। यह एक सुखद आश्चर्य है कि वे उत्पादन तथा सृजन को डोरियों पर गाँठें लगाकर, तीनों आयामों को माप कर किया करते थे। वे सूर्योपासक थे।

अन्य प्रसंग में **सूर्य की क्वाँरियों** का जिक्र समीचीन है। वे आठ वर्ष की गौरी-उम्र में मठ में प्रवेश करती थीं, देवोपासना करती थीं, अधिकारियों-सामन्तेश्वरों की भोग्या बनती थीं, तथापि साथ-साथ बुनाई-कताई, भोजन-पाक, मक्की से मदिरा फदकाई तक का कौशल विकसित कर लेती थीं। इनका नेतृत्व देवी माया कूनास करती थी। एक अन्य चन्द्रदेवी मामा किल्या सुहागिनों की संरक्षिका थी, तथा ज्वार और भाटे की पूर्वापर चेतावनी भी दिया करती थी। इन्काईजन अपने मिथकीय वितानों में भी सोना, चाँदी, कपासवस्त्र तथा कुम्हारी का डटकर इस्तेमाल करते थे।

समुद्रायनी के हवाई-द्वीपसमूह की देवी **हाउमिआ** ने शिशु-प्रसव की सुरक्षित विधियों से अवगत कराया। लोहे से नाल काटने पर धनुष्टंकार (टिटेनस) से मरती हुई माताओं की ज़िन्दगी बचायी। अज़टेकी मिथक की देवी एक्सोचि-क्वेटज़ाल भी गर्भधारण की संवर्धिका और प्रसूतिविज्ञान की देवी है। मिथकीय देवियों में-से नारी-देवियों की केन्द्रीय चिन्ताएँ प्रजनन, बुनाई-कताई तथा योनि-शुचिता की रक्षा रही हैं। ओलिम्पस की निर्मम शिकारिन-क्वाँरी देवी आर्तेमिस भी प्रसवोन्मुख नारियों की रक्षिका थी। वह दूध पिलाते पशुओं की भी संरक्षिका-चिकित्सक थी। यह अक्षत-योनि देवी नारी-सशक्तीकरण का भी एक प्रादर्श बन गयी थी।

रेशम के कीड़ों की देवी : (स्मरणीय रहे कि ई.पू. 1200 के आसपास ही चीन में रेशम बुना जाने लगा था)।

एक मनुष्य अपनी बेटी के साथ रहता था। उनके एक घोड़ा था। पिता अक्सर व्यापार में दूर तक देरी तक चला जाता था। अकेली लड़की ऊबती थी। उसने घोड़े से कहा कि जो कोई भी उसका पिता वापस ले आएगा उससे वह शादी रचा लेगी।

घोड़ा तुरन्त ऐड़ लगाकर उड़ चला। वह मालिक पिता के सामने जाकर हिनहिनाने लगा। पिता उस पर सवार होकर घर को लौट चला। बेटी खुश हुई। उसने पिता से पूछा कि घोड़ा उसे क्यों लिवा लाया। उसने पिता से यह भी कहा कि उसे बहुत-बहुत उनका अभाव खलता है।

अब घोड़े का बर्ताव बिगड़ जाता है। वह खाना, चारा बन्द कर देता है। पिता बेटी से इसका कारण पूछता है। तब बेटी पिता को वह वादा बता देती है जो उसने घोड़े से किया था।

पिता क्रुद्ध हो गया। वह सोच भी नहीं सकता था कि कभी बेटी से भी शादी करेगा। क्रोध में वह अपने प्यारे घोड़े को मार देता है। उसकी खाल उतारकर धूप में सूखने को लटका देता है।

अगले दिन जब बेटी कुछ सहेलियों के साथ बाहर आती है तो धूप में सूखती घोड़े की खाल देखती है। बेटी खाल को ताने देती है। वह अचानक हवा में उड़कर बेटी को अपने में लपेट लेती है। खाल उसे उसकी सहेलियों से भी बड़ी दूर ले जाती है। जब पिता घर लौटता है तब वह और पड़ोसी बेटी की खोज करने निकल पड़ते हैं।

अन्ततः वे उसे अश्व-खाल में लिपटी हुई पा जाते हैं जो एक मलबरी (शहतूत) वृक्ष के ऊपर बैठी थी। वह एक कीटनुमा प्राणी में बदल जाती है जिसका शिर अश्व का है। उस मुख से लगातार सफेद रेशम की डोरी निकल रही होती है। उस डोरी को धीरे-धीरे अपने चारों ओर लपेट रही होती है।

इस तरह उसकी बेटी **रेशमकीट-देवी** में कायान्तरित हो गयी। वह स्वर्ग से उतर कर पील-सम्राट को रेशम का उपहार भी

रेशम के कीड़ों की देवी

देती है। सम्राट इतना प्रसन्न हुआ कि उसने उससे अपना लबादा बनवा लिया। सम्राट की पत्नी ने रेशम-कीड़ों को पालना और इकट्ठा करना शुरू किया। इस तरह चीनी जन रेशम बनाने लगे।

जापानी मिथकों में भी चेरी फूलों तथा **कताई-बुनाई** की ललित शोभा बिखरी पड़ी है। चित्रकला में वह नाभिक है ही। सूर्यदेवी अमा-टेरासू ने जब एक गुफा में बन्द होकर स्वयमेव बनवास ले लिया तो (जापान तथा) विश्व में घोर अन्धकार छा गया। तब उसने बुनाई-कताई करके ही अपना समय बिताया। अथच, जब सघन अन्धकार में प्रकृति भी निष्पन्द होने की प्रक्रिया में थी, तब वाद्ययन्त्रों, नृत्य-गान, प्रफुल्लित वृक्षों से सम्मोहित करके उसे बाहर निकाला गया।

विश्वमिथकों में सर्वाधिक संवर्धन नृत्य तथा गान, वाद्ययन्त्रों, तथा वृक्षों तथा ऋतुओं ने किया है। पाताल एवं गुफा-विवर भी उनका एक मिथकाभिप्राय है जहाँ जल तथा प्रकाश छिपा होता है। उसे तोड़कर सूर्य तथा प्रकाश को बाहर निकाला जाता है तथा जीवनचक्र और ऋतु-चक्र को गतिमान किया जाता है [अंगिरसों ने भी सुदृढ़ पर्वत को तोड़कर सूर्य को बाहर निकाला था। गंगा भी पाताल में प्रवेश करके सगर-पुत्रों को पुनरुज्जीवित करती है। ...जलस्रोत खुल जाने पर पवित्र, शुद्ध, दिव्य जल की उपासना होने लगती है। यह भी इंजीनियरी है, चाहे नल-नील करें, अथवा भगीरथ; चाहे पोसेइडान या अश्विन, जिनके रथ समुद्र पर चलते हैं]।

मिथकयानों में **दर्पण की प्रौद्योगिकी** जादुई तथा सौन्दर्यबोधात्मक है। जब दर्पण धुँधला होता है तब चैतन्यता (स्पिरिट) भी भटकती है। जब वह उजला होता है तब शोभा भी दिव्य तथा पारसरूप हो जाती है। देवी अमाटेरासू को बाहर निकालने के लिए उज़ूमे के नग्न नृत्य के अलावा दर्पण की द्रुत दीप्ति ने भी उसकी शोभा को कई गुना कर दिया था। इसी अभिप्राय को रासलीला की तैयारी भी श्रीराधा के शोभा-शृंगार से जोड़ा गया है जब वह चन्द्रोदयी दर्पण में अपनी ही छवि को तदात्मक (अन्य) छवि मान बैठी थी तब कृष्ण ने उस छवि को राधा की लीलासखी ललिता बना दिया था।

जल तथा **काँसे** की थाली से बने **दर्पण**, दोनों ही शुद्ध चैतन्यता तथा देह की परिपूर्ण शोभा के प्रतिरूप हैं। ये रोमांटिक प्रणय से भी जुड़ जाते हैं। **जल** खेती-बाड़ी के अभिप्राय से भी जुड़ा है। भगीरथ द्वारा गंगा को अन्तर्वेद में लाना, अनसूया द्वारा मन्दाकिनी-धारा को चित्रकूट लाना, अगस्त्य द्वारा कावेरी को लाना इसके उदाहरण हैं। अतः यह लोककल्याण तथा कृषि-पालन की विभिन्न जल-प्रोद्यौगिकी का द्योतक है—पर्वत, चट्टान, पठार से लेकर दलदली भूमि तक (नील नदी का देवता, मेंढक भी है तथा इन्का में सूर्य पुत्र ने यह वानस्पतिक ज्ञान दिया था कि जहाँ स्वर्णिम छड़ी गड़ाने पर धँस जाए वहीं उर्वर भूमि है, भूमिगत जल है और वहीं कूजको शहर बसाया गया)।

(इ) पाक विद्या एवं सुकुमार कलाएँ

त्वष्ट्रि, हेफेस्टस तथा प्टाह जैसे सूत्रधार-इंजीनियर-कारीगर देवताओं की विश्वरूप मिथकों के अनुगमन पर अग्नि के इस्तेमाल तथा उपयोग द्वारा मछली, भोजन तथा मांस को पकाने की, स्त्रियों को अन्न **गृहकाज** सिखाने की भी छिटपुट मिथकें मिलती हैं। वे अन्न में मक्की तथा चावल से ही सम्बद्ध हैं तथा पकवानों से कोसों दूर हैं।

(1) उत्तर अमेरिका में दक्षिणपूर्व क्षेत्र के मिसीसीपी तथा ओहायो के समोच्च स्थलों (माउण्ड) के निर्माताओं की एक निजन्धरी मिथक में मानव-सर आखेट से लेकर मछली तथा पशु के शिकार और गुप्त देहांगों तक की देखभाल की शिक्षा तक शामिल है।

मछली पकड़ने के लिए दो में-से बड़े भाई ने छोटे को बंसी से बाँधकर जल में फेंक दिया ताकि उसके साथ मछली भी फँसकर आ जाए। मछली बड़ी (व्हेल) थी। उसने छोटे भाई को निगल लिया। तट पर आकर बड़े भाई ने जब उसे चीरा तो छोटे का केवल सिर मिला। सिर ने आदेश दिया कि उसे एक लट्ठे पर लटका दिया जाए (पोल खड़ा करने की प्रथा) और पत्नी को हिदायत दी कि अब वह आगे उसके पति की भूमिका नहीं निभा पाएगा। सो, उस रात से बड़े भाई ने उस नारी को अपनी पत्नी बना लिया। इससे गुस्सा होकर सिर उन दोनों का पीछा करने लगा। जब उसने शय्या पर नितम्ब की छाप देखी। दोनों ने भागकर माटी और लखौरी बर्र (वह 'वास्प' जो दीवार पर गीली मिट्टी थापकर अपना शुंडीगृह बनाती है) के घर में शरण ली। सिर वहाँ पहुँच गया। बर्र ने पत्नी को भी हुए पुरुष बनाते दम्पति की मौजूदगी से हुए इनकार कर दिया। वे दोनों बच निकले। सिर पीछा करता रहा।

सिर की पत्नी भागते हुए एक सरदार के घर पहुँची जिसने उससे शादी कर ली क्योंकि वह बहुत आकर्षक थी, यद्यपि उसकी पहले से ही कई पत्नियाँ थीं। वे ईर्ष्या करने लगीं। उन्होंने उसे सबसे ज्यादा मक्की के भुट्टे पकाने की चुनौती दी। नवागत पत्नी ने अपनी पुरानी सहेली माटी की बर्र से सलाह माँगी। बर्र ने सलाह दी कि बाँस की लम्बी कोठी के ढक्कन को वह खोले। इससे एक किंगफिशर पक्षी निकल उड़ा। उसने सारे गाँव से पके मक्की के भुट्टे एकत्र कर लिये और उसे दे दिये। इससे नयी पत्नी चुनौती जीत गयी।

अब उसके आकर्षण की परीक्षा लेने को अन्य पत्नियों ने एक ऐसी प्रतियोगिता आयोजित की जिसमें यह छानबीन की

जाएगी कि किसके योनि-रोम (पूबिक हेयर) सबसे सुन्दर हैं। दोबारा उसे सलाह दी गयी कि बाँस की बाँबी का ढक्कन खोले। इस बार एक कू-कू कूजता पक्षी निकल उड़ा और उसने अन्य गुनगुनाते पक्षियों की छाती के सुकुमार-सुनहले पंखों को लाकर उसके योनि-रोमों में बुन दिया। अतः वह फिर एक बार जीत गयी।

अब पुनः उसे एक गेंद-खेला की चुनौती दी गयी। अन्य पत्नियों ने षड्यन्त्र रचा कि जब खेला चल रहा होगा तब वे उस पर पतली छड़ियों से हमला करके मार डालेंगी। अब माटी की बर्र-सहेली ने सलाह दी कि इस बार सारी की सारी बाँस की बाँबियाँ खोल दे और अपने सारे बच्चों को बाहर निकल आने दे। उसने वैसा ही किया। जीवित प्राणी बाहर निकल आये। उनमें तूफान था, गर्जन था, जिन्होंने हवा में गर्द छा दी जिससे पत्नियाँ भ्रमित हो गयीं। ऊपर से बिजली ने उन्हें धराशायी कर दिया। विजयिनी होकर नयी पत्नी अपने सभी बच्चों को लेकर अपने रास्ते पर चल निकली तथा बच्चों को सभी दिशाओं में भेजती गयी ताकि वे मछली का शिकार करना, सिर के शिकार से बचना, मक्की के भुट्टे पकाना सिखा सकें। फिर वह अपने पहले पति के सिर की खोज में पश्चिम की ओर चली गयी।

(2) दूसरी मिथक अग्नि को मानवों तक लाकर बाँटने तथा मछली पकाने की हिदायत वाली है।

(3) कैसे भोजन पकाना शुरू हुआ (पैसीफिक सागर के एडमिरलटी द्वीप की मिथक):– बहुत समय पहले एक नारी जंगल में जलावन इकट्ठा करने गयी। वह अनिंद्य सुन्दरी और मधुरबयनी थी। उसी जंगल में एक सुन्दर और अक्लमन्द साँप भी रहता था। सोते में उसने स्त्री की पदचाप तथा मधुर गायन सुना। झाँककर देखने पर वह उस पर आसक्त हो गया। साँप ने उससे विवाह-प्रस्ताव करते हुए उसे संसार की सबसे सुखी नारी बनाने का वादा किया। नारी ने क़हा कि वह साँप से शादी कैसे कर सकती है। 'कोई फिक्र नहीं। मैं दिन में चार घण्टे मनुष्य रहूँगा तब हम दम्पति होंगे। शेष समय मैं सर्प होऊँगा।' स्त्री अपने जीवन में ऊबाई में डूबी रहती थी। वह गाँव के पुरुषों को भी नापसन्द करती थी। अतः परिवर्तन और नये रोमांच के लिए उसने शादी कर ली।

उनके दो बच्चे हुए : लड़का-लड़की। किन्तु सर्प को अन्देशा था कि माँ उनको इंसानी रीति-रिवाजों से भ्रष्ट कर देगी। अतः उसने नारी को बुलाकर कहा कि कल से वह केवल सर्प होकर रहेगा। वह चाहे तो गाँव लौट जाए। क्योंकि यहाँ तो अकेली और ऊबाई रहेगी। बच्चे उसके पास ही रह जाएँगे। तब तुम अपनी नयी जिन्दगी शुरू कर सकोगी। उचित समय पर बच्चे तुम्हारे पास चले आयेंगे। बच्चे बड़े होने लगे। एक दिन साँप ने उन्हें मछली पकड़ने तथा कुछ खाना पकाने को कहा। बच्चों ने मछली पकड़ी किन्तु पकाने की जहमत से बचते हुए उसे धूप की आँच में गर्म करके उसे काँटों तथा खून समेत खा लिया। यह देखकर साँप उदास और भयभीत हो गया। उसने सोचा कि एक बार इन्हें कच्चे मांस का स्वाद लग गया तो वे मुझे भी पकड़कर खा जाएँगे। साँप ने बेटे को बुलाकर कहा कि मैं अपना मुँह खोलकर चौड़ा करूँगा और तुम अन्दर रेंग आओगे। सन्तान डर गयी। मुस्कुराते हुए साँप ने कहा कि मेरे पेट में तुम्हें आग मिलेगी। मैं चाहता हूँ कि तुम उसे बाहर निकालकर अपनी बहन को दे दो। फिर तुम नारियल, लूबिया, केले तथा अन्य पाक सामग्री इकट्ठा करके ले आओ। फिर मैं आगे का काम बताऊँगा।

बेटे ने वैसा ही किया। साँप ने कहा कि अब तुम लपटों के ऊपर इन्हें रखकर पकाओ। बच्चों ने वैसा ही किया। साँप ने उन्हें खाने की हिदायत देते हुए पूछा कि दोनों में से कौन बेहतर है : पहला जो तुमने खाया, या कि यह? बच्चों ने पकी हुई सब्जी को बेहतर बताया। 'ऐसे में आइन्दा से तुम्हें अपना सभी खाना इसी तरह पकाना होगा।' बेटा-बेटी सहमत हो गये।

फिर दोनों अपनी माँ के पास लौट गये। तब से मनुष्यों ने इसी तरह खाना पकाना सीख लिया।

(4) **भोजन तथा अग्नि** : ब्राजीली कायापो (लोगों के) मिथकायन में प्रारम्भिक जनों के पास अग्नि नहीं थी और वे कच्चा मांस ही खाया करते थे। एक दिन छोटा लड़का बोटोक़ जब जंगल में मैकाव पक्षी के अण्डे इकट्ठे कर रहा था उसका बड़ा साला अथवा बहनोई उसका परित्याग कर गया। कई दिनों तक वह अपना ही मल खाता रहा।

फिर बोटोक़ ने एक जगुआर (छोटे वाघ) को धनुष-तीर ले जाते हुए कई तरह के शिकार करते हुए देखा। जगुआर ने वचन दिया कि वह उसे नहीं खायेगा बल्कि उसे पुत्र के रूप में गोद लेने तथा शिकार को सहकारी बनाने का प्रस्ताव किया। बोटोक़ जगुआर की पीठ पर सवार हो गया और विशाल बिल्लौटे के घर आ गया। यहाँ उसने आग देखी तथा पहली बार पकाया गया मांस खाया। लेकिन जगुआर की पत्नी उससे दुश्मनी मानने लगी। इसलिए जगुआर ने बोटोक़ को **धनुष-बाण बनाना** सिखा दिया। जब जगुआर की औरत ने उस पर आक्रमण किया तो उस (बोटोक़) ने उसे तीर चलाकर मार दिया। कुछ पकाया हुआ मांस, अपने अस्त्र-शस्त्र तथा एक जलती हुई एम्बर लकड़ी साथ लेकर वह अपने गाँव लौट आया। इन अद्भुत उपहारों को देखकर ग्रामीणजन जगुआर के घर जा पहुँचे और अग्नि की चोरी कर ली। साथ में पका मांस और तीर कमान भी चुरा के लाये। अपने दत्तक पुत्र की हरकत को जानकर अब जगुआर कच्चा मांस खाता है, जबकि मानव पकाया हुआ।

(5) **मक्की की कथा : देवी-मक्की** की मिथकें मध्य एवं दक्षिण अमेरिका में खूब प्रचलित रही हैं। वह नखशिख सुनहले, सफेद रत्नों के गहने को पहने है, सुनहले लम्बे बालों को कंघी करके नीचे तक लहराती है तथा कई पर्तों वाली हरी तथा सुनहली पोशाकें

पहन कर पवन-देवता, सूर्य और चन्द्रमा को मुग्ध करती है। इसी प्रकार मक्की-देवता अपने सिर पर एक भुट्टे की कलगी धारण करता है।

(6) **भोजन-लोभी की दुःखद नियति : (इथोपिआई मिथक)** : स्वर्ग के देवता द्वारा स्त्री और पुरुष का निर्माण करने के बाद उसे बहुत क्षोभ हुआ कि वे बूढ़े हो जाते हैं जिससे उनकी अस्थियाँ कमजोर और बाल सफेद हो जाते हैं। उनकी शक्ति क्षीण हो जाती है और वे आत्मरक्षा भी नहीं कर पाते। अतः उसने मानवता की सहायता करने का फैसला किया ताकि वह युवा, शक्तिमान तथा स्वस्थ बनी रहे। इसलिए उसने स्वर्गपंछी होलोवाका को अमर युवा रहने का रहस्य बताकर धरती पर भेजा। **शर्त** यह थी कि वह यात्रा में अन्य किसी को भी यह नहीं बतायेगा। अन्यथा वह रहस्य उस (सुनने वाले) का हो जाएगा। **रहस्य** है कि मानव को अपनी खाल छोड़कर बाहर निकल आना होगा।

कई दिनों तक उड़ते रहने के बाद जब स्वर्गपक्षी धरती पर आया तो उसे बेहद भूख लगी जिससे वह बेहोश हो गया। फिर उसे मांस की गन्ध लगी। एक सर्प मरे हुए हरिण को निगल रहा था। स्वर्गपक्षी होलोवाका ने भूख मिटाने को कुछ मांस माँगा। सर्प बूढ़ा खड्डूस शातिर जन्तु था। वह जानता था कि स्वर्गपंछी कोई अनमोल रहस्य लेकर आया होगा और वह रहस्य केवल मनुष्य के कानों में कहा जाएगा। सर्प मनुष्यों से घृणा करता था क्योंकि वह उसके अनेकानेक विषहीन साथियों-सम्बन्धियों को भी देखते ही मार देता था। अतः उसने होलोवाका से पूछा कि मांस के बदले मुझे क्या मिलेगा। होलोवाका ने कहा कि वह अपनी रंगीन पूँछ का सुन्दर पंख देगा। नहीं मानने पर उसने प्रतिदान में उसने सर्प को उड़ना सिखाने का प्रस्ताव किया। यह भी नामंजूर। इधर स्वर्गपक्षी का भूख के मारे दम घुट रहा था। सो उसने मानव-जाति को रूपान्तरित कर देने वाले रहस्य का संकेत किया। होलोवाका ने शर्त लगा दी कि मांस खाने के पश्चात् ही वह रहस्य बताएगा। सर्प राजी हो गया। उसने भी शर्त लगा दी कि वह उसे अपने कुण्डल में बाँध लेगा ताकि मांस खाने के बाद वह बिना बताये उड़ न जाए।

अन्ततः स्वर्ग पक्षी ने रहस्य बता दिया कि वृद्ध और दुर्बल होने पर अपनी त्वचा से सरकते हुए उसे त्याग दो। सर्प खुद इस रहस्य की सच्चाई को जाँचने लगा। कुण्डली ढीली पाकर होलोवाका स्वर्ग की ओर वापस उड़ चला।

तब से यह रहस्य केवल सर्पों के पास ही है। जब वे बूढ़े होने लगते हैं तो केंचुल उतारकर पुनः युवा हो जाते हैं। दण्डस्वरूप साँप के कान नहीं रहे।

(7) इसके उपरान्त हमें एक भरपूर मिथक गाथा **द्रौपदी की अन्नपूर्णा-हाँडी** की मिलती है। यद्यपि वह एक वैश्विक मिथकाभिप्राय भी रहा है।

विश्वमिथकयान में यह भी जादुई वस्तु की श्रेणी में आती है—पोशाक, करधनी या कण्ठहार पिटारी या सन्दूकची, दर्पण, घर आदि। ये जादुई वस्तुएँ आयत्त की अकल्पनीय वृद्धि करती हैं, धारक की क्षमता तथा सौन्दर्य को शीर्ष तक पहुँचाती हैं तथा पूर्वजन्मों के देहान्तरणों को साकार करती हैं।

द्रौपदी के प्रसंग को भीम के उस मिथकवृत्त से भी जोड़ना होगा जब वह वनवास की अवधि में विराट् के यहाँ रसोइये की छद्म भूमिका को निभा रहा था। दोनों में सूत्रबद्धता है।

युधिष्ठिर ने ऋषियों को भोजन का आमन्त्रण तो दे दिया लेकिन कोई तैयारी नहीं थी। अतः सूर्यदेवता की आराधना करके एक 'अक्षय पात्र' प्राप्त कर लिया गया (द्रौपदी) को यह कुछ नहीं मालूम था। वह पाण्डवों को भोजन कराकर स्वयं खाकर रसोई बढ़ा चुकी थी। आमन्त्रित ऋषियों को स्नान कर आने के बाद आसन ग्रहण की विनती की गयी। द्रौपदी बेहद परेशान थी। उसने वासुदेव कृष्ण का स्मरण किया। वे आ गये। हाँडी में मात्र एक कण भात (पका चावल) बचा था। कृष्ण ने वह कण खा लिया। सारे ऋषि जब स्नान करके चलने को हुए तो उन्हें लगा कि वे तो भरपूर भोजन कर चुके हैं। इसलिए युधिष्ठिर को सूचना दिये बगैर वे ऋषि वापस हो गये।

(8) **जादुई घट** में चावल की खीर बाँटकर खाने से दशरथ की तीनों रानियों का गर्भवती होना भी यही अभिप्राय-सापेक्ष्य है। दशरथ के अश्वमेध-यज्ञ की अग्नि में प्रजापति-पुरुष ऋषि ऋष्यशृंग ने पकी खीर का एक स्वर्ण घट देते हुए कहा कि इससे रानियाँ गर्भवती होंगी। खीर का आधा भाग कौशल्या, एक तिहाई सुमित्रा तथा एक आठवाँ कैकेयी को खाने को दिया। नौ माह की अवधि के बाद कौशल्या से राम, सुमित्रा से लक्ष्मण और शत्रुघ्न तथा कैकेयी से भरत का जन्म हुआ।

(9) **पकवानों** में दूसरा प्रसंग गणेश के मोदकों (लड्डुओं) तथा कृष्ण-गोपगोपियों के माखन का मिलता है। पाककला के लिए द्रौपदी की हाँडी, सुदामा के चावल, मायाई मिथकों की मक्की-देवियाँ तथा जगुआर की मानव-पत्नी द्वारा पका मांस खिलाना उदाहरण है। रेशमी कपड़े बुनने पर चीनी मिथकें, तथा मोती बनाने की जापानी मिथकें भी ध्यातव्य हैं। जापान में सूर्यदेवी अमाटेरासू का दर्पण सूर्य का शुभंकर हो गया और बाद में सम्राट का पवित्र धार्य भी। पाककला के पूर्वार्ध में हम यक्षिणियों द्वारा फल तथा फूलों

---

* सिंह के अनेक स्वरूप हैं—दुर्गा वाहन प्रचण्ड सिंह, मेसोपोटामिया का मुख से आग उगलता दैत्य वाहन सिंह, मुण्ड मानव का तथा रुण्ड सिंह का धारी ईजिप्टी स्फिक्स, मुण्ड सिंह का तथा देह मानव का धारक नृसिंह (-अवतार) तथा पंखों वाला पर्शियाई सिंह जिसे साँची में भी अनुकृत किया गया।

द्वारा वृक्षों का दोहद (गर्भाधान) करने का मिथकीय अभिप्राय भारत का कण्ठहार रहा है। (हमें यह याद दिलाना भी समीचीन होगा कि वैदिक सभ्यता के पहले मोहेनजोदारो-हड़प्पा में विशाल मृद्भाण्डों में अन्न-संग्रह किया जाता था तथा ग्रीक नगर-राज्यों में एम्फोरा-सुराहियों में शराब भरकर रखी जाती थी।) अतः आरम्भिक मिथकों में **कुम्भकारी** (पॉटरी) की कुशलता तो अद्भुत है। विशेषतः जापानी मिथकों में कई कलश तथा पात्र के प्रसंगों में पाइन वृक्ष, बाँस, चेरी का गचगचाकर फूलना, काला सारस प्रमुख अभिप्राय रहे हैं।

(ई) विश्वमिथकयानों में श्रम तथा प्रौद्योगिकी के प्रतिफलन : औज़ार तथा आयुध

भारतीय मिथकयान में (दिव्य) **रथ** का उपयोग इन्द्र तथा कुबेर करते हैं। शेष देवताओं के **वाहन** पशु-पक्षी ही हैं—शुक (काम), मयूर (कार्तिकेय), हंस (सरस्वती), गरुड़ (विष्णु), तथा महिष (यम), वृषभ (शिव), सिंह (दुर्गा)* मूषक (गणेश), कच्छप (यमुना), मीन (गोमती), मकर (गंगा), तथा पुष्पों में कमल (लक्ष्मी, ब्रह्मा)। ईजिप्टी मिथकों में तकरीबन मेंढक से लेकर गुबरैला तक देवता हो गये हैं। ग्रीक मिथकों में ज़ियस वाहन या रथ के बजाय स्वयं कायान्तरण करता है; जैसे बाज बनकर गेनीमीड का, वृषभ बनकर यूरोपा का अपहरण। युद्धों में रथ है। यात्रा और परिवहन के उक्त तीन लौकिक साधन हैं।

मिथकों के भौतिक चिह्नों में हमें कोई शिल्प या वास्तु, या चित्र नहीं मिल सकते। मन्दिर, पिरामिड, तीर्थ आदि की भौतिक ऐतिहासिक सत्ता है। इसलिए ईजिप्ट के पिरामिड, ग्रीस का पार्थिनन मन्दिर हम नहीं लेंगे। अलबत्ता उनमें अंकित मिथकीय वृत्त हमारे अभिप्रेत रहे हैं। मिथकीय रचनाकौशल के शीर्ष उदाहरण ट्रोजन युद्ध में लकड़ी का वह महाअश्व है जिसमें छिपकर योद्धा दुर्ग में प्रवेश पा सके। दूसरा उदाहरण राम की सेना के कुशल इंजीनियर नल-नील द्वारा समुद्र में सेतुबन्ध बनाना है, तीसरा उदाहरण पाण्डवों को भस्म करने के लिए लाक्षागृह का निर्माण है। गुफाओं की भी कई मिसालें हैं जो प्राक्तन अवस्था की द्योतक हैं।

आखेटक, खानाबदोश, फल-खाद्य संग्राहक आदि अवस्थाओं की साक्षियाँ शैलचित्रों में भी दृष्टिगोचर हैं। विश्वमिथकों में लम्बे बाँस, धनुष-बाण, वृक्षों के तने, पाषाण के मुगदर चलन में रहे थे। बाद में छुरियाँ तथा भाले आविष्कृत हुए। उस समय तक धातुकर्म स्थापित और संगठित नहीं हुआ था। अतः हम परिकल्पना कर सकते हैं कि पत्थरों और वृक्षों के बड़े मुगदर और तने बाद में गदा, पहिये बाद में सुदर्शन-चक्र, भाले, त्रिशूल, कच्छप की पीठ (समुद्र-मन्थन वाली) ही कवच के रूप मिथक-शोभा में आती गयीं। पशु-पक्षी वाहनों को **रथों** ने स्थानान्तरित कर दिया। रथ का निर्माता वैदिक देवता त्वष्ट्रि था।

[परवर्ती मिथकों में रथों को भी मिथकीय दिव्यता से सुशोभित किया गया। अगर रावण का **अक्षय रथ** मायावी युद्ध के लिए है तो राम का **धर्मरूपी रथ** है। उसमें ध्वज (सत्य), पताका (शील), पहिये (शौर्य, धैर्य), चार घोड़े (बल, विवेक, दम, परोपकार), डोरी (क्षमा, दया, समता), सारथी (देव स्मरण), फरसा (दान), प्रचण्ड शक्ति (बुद्धि), अभेद्य कवच (शम, यम, नियम, गुरु) का पूरा वास्तुरूपक गढ़ देते हैं (तुलसीबाबा)। इसके पूरक रूप में इन्द्र का **स्वर्णिम दिव्य रथ** है। वह मन की गति से ज्यादा वेगवान, सातों कुलगिरियों का बल है तथा यह अग्नि की शिखाओं एवं सागर की लहरों में समान गति से चलने वाला है। इसके दिव्य व धवल घोड़े हैं। इसमें इन्द्र का धनुष तथा अग्नि-समान कवच है। इसके उज्ज्वल बाण हैं। यह नक्षत्रों के रत्नों से अलंकृत है। इसकी वल्गाओं में अष्टमहानाग (वासुकि, अनन्त, शंखपाल, पद्म, महापद्म, कार्कोट, गुलकी) बटे हुए हैं। साथ ही कुबेर का **पुष्पक-विमान** रथ है। (इसे रावण ने कुबेर से छीन लिया था)। यह मन की गति से चलने वाला, इच्छानुसार छोटा-बड़ा हो सकने वाला, हंसों द्वारा परिचालित होता है]।

इस प्रकार रथों के परवर्ती मिथकरथिकाबिम्ब सौन्दर्यशाली भी हो गये हैं।

जब रथ हैं तो **आयुध** भी हैं। विशेषतः विष्णु के आयुध भी **आयुध-देवता** हो गये हैं। जैजाकभुक्ति (देवगढ़ : बुन्देलखण्ड) के खण्डित दशावतार मन्दिर में एक शिलापटल पर अनन्तशायी विष्णु की सर्पशय्या के नीचे भूदेवी समेत शंख-चक्र-पद्म-गदा भी आयुध-देवी-देवता के रूप में अंकित हुए हैं।

जब शनैः-शनैः आखेटक-घुमन्तू-यौद्धेय के बाद कृषि-कार्य के भी औजार इस्तेमाल होने लगे तब हमें ध्यान देना होगा कि क्षेत्र और जनशक्ति और प्रयोजन के अनुसार भी (सम्प्रदायों के अतिरिक्त) दुर्गा द्विभुजा से, चतुर्भुजा, अष्टभुजा, दश-भुजा और बारह-भुजा तक होती चली आती हैं। इस प्रकार कई सामाजार्थिक-सामाजैतिहासिक अवस्थाएँ भी घुलमिल जाती हैं। विभिन्न क्षेत्रों द्वारा, समुदायों-सम्प्रदायों द्वारा, ऐतिहासिक धुँधले कालों द्वारा, युद्धों द्वारा तथा आयुधों के विकास एवं प्रशिक्षण द्वारा वे अपने-अपने पूजित अस्त्रों-शस्त्रों को एक-एक अतिरिक्त भुजा बढ़ाकर ऐसी नयी दुर्गा को अपनी इष्टदेवी भी प्रतिष्ठित कर देते हैं।

यह भी ध्यातव्य है कि देव-दानव पक्षों में दोनों ओर से आदिम अस्त्र-शस्त्र फेंके जाते रहे। फिर वृक्षों को काटकर-उखाड़कर-तोड़कर दानव लड़ने लगे फिर जो भी प्राप्त हुआ उससे लड़ाई लड़ने लगे—चट्टान, मिट्टी के लौंदे, आग के पलीते, लंगूरों की पूँछें, भेड़ियों के पंजे, हड्डियों के वज्र-दण्ड-भाले, नुकीले पत्थर, रस्सी आदि भी। विश्वमिथकों में इनकी अपनी तकनीकी स्थितियाँ हैं। इनके

द्वारा भी कालखंड तथा समाज-व्यवस्था का धुँधला अनुमान लगाया जा सकता है।

इसी के साथ हमें लोहे, चाँदी, काँसे के युगों (ग्रीक), कई प्रकार के सूर्यों (अज़टेक), कई प्रकार से बनाये गये मनुष्यों (इन्का) आदि के अन्यापदेश (एलिगरी) निर्माण की सम्भावनाएँ तलाशते लगते हैं। इन तरकीबों की प्रयोग धर्मिता **अग्नि** को उत्पन्न करने की विधियों से जोड़ते हुए लक्षित होती है। देवताओं से चुराकर, प्राप्त कर लायी गयी अग्नि से ही **धातुकर्म** (मेटलर्जी) तथा **पाककर्म** (कुकिंग) की दिशाओं के वृत्तान्त विश्वमिथकों में मिलते हैं। मिथकों में इसके लिए संघर्षों के पर्याप्त विवरण हैं।

विक्टर पानोव खुलासा करके बताते हैं कि **औज़ारों** (तथा हथियारों) के इस्तेमाल ने **चेतना** का उद्‌भव तथा विकास किया है। यह तब सम्भव हुआ जब वानर (ऐप) के अगले दो पैर शनैः-शनैः हाथ में रूपान्तरित हो गये और वह भार तथा आयतन के समीकरण (नल-नील द्वारा पत्थर तैराने की आदिम टैकनालॉजी) समझ गया। इससे समझदारी के मिथकीय, सर्वचेतनवादी तथा क्षीण विज्ञान सम्भूत संरूपों का विकास हुआ। अतः काल्पनिक बिचौलियों की जगह यथार्थ मध्यस्थ आये; देव-अर्द्धदेव भी आये, ईश्वरावतार तथा नेता भी, नृप भी आये। मिथकीय मध्यस्थता काल्पनिक तथा चमत्कारिक तथा अतिमानवीय भी हुई।

इसी के साथ औज़ारों तथा श्रम का मेल भी समझ में आने लगा। इससे विभिन्न बहिर्वस्तुओं के बीच मानसिक विभेद करना शुरू हुआ। प्रकृति के तत्त्व अनुकूल तथा प्रतिकूल बहिर्वस्तुएँ भी बनाने लगे। अब देवता शिल्पी, सूत्रधार तथा धातुकर्मी भी हो चले। उनके नये-नये कायाकल्प हुए। श्रम के भी तपस्या, शर्त तथा परीक्षा, संघर्ष एवं यात्रा के लघु-लघु प्रतिरूप बने। ध्यान दें तो ये पूर्ववर्ती जादुई करिश्मों के विकल्प थे। वे बहिर्वस्तुएँ अब तिलिस्म जैसी बन गयीं। साथ ही गणित रेखाएँ लक्ष्मण-रेखा, बालिवध में ताड़ वृक्षों का गोलक, ईश्तर की पाताल यात्रा (मेसोपोटामिया), आइसिस द्वारा पक्षी-रूप में ओसाइरस की खोज (ईजिप्ट) आदि नयी कोशिशें दीपित हुईं। गणित ने दिक्-काल की शक्ति को देवताओं के कई मुखों–कई भुजाओं में माप कर शक्तिमान बना डाला। इस प्रकार **मिथकीय ज्ञान** में सर्वचेतनवाद, टोटेमवाद, औज़ार और श्रम, श्रम और शक्ति के गणित का मुख एवं भुजाओं द्वारा रूपकान्वयन आदि शामिल होती गयीं। इससे अन्तर्वस्तु बनाम बहिर्वस्तु के अन्तर्विरोध भी प्रतिफलित होने लगे। (दे. ''इमोशंस, मिथ्स एण्ड थियौरीज'', मास्को, 1985)। इस सन्दर्भ में महिषासुर-सम्राट से पराजित देवताओं ने दुर्गा को जो अस्त्र-शस्त्र तथा रणोपकरण अर्पित किये वे तत्कालीन प्रौद्योगिकी की संयुक्त उपलब्धि के भी द्योतक हैं; यथा त्रिशूल (शूलपाणि), चक्र (विष्णु), शंख (वरुण), शक्ति (अग्नि), अक्षय बाणयुक्त तूणीर (पवन), वज्र एवं ऐरावत का घण्टा (इन्द्र), दण्ड (यम), पाश (वरुण), ढाल एवं तलवार (काल), परशु तथा अस्त्र-शस्त्र (विश्वकर्मा), सिंह (हिमवंत) आदि।

इससे स्पष्ट है कि अब धातुएँ भी गलायी-ढाली जाने लगीं। अतः काष्ठ और पाषाण और अस्थि से आगे के चरण में **मिथकीय कौशल** पहुँच गया। ऐसे में विश्वमिथकयान में प्रौद्योगिकी के तीन-चार विशिष्ट अभियन्ता-देवताओं से भेंट होती है : वीराकोचा (पेरू, एंडीज़ पर्वत), प्टाह (ईजिप्ट), हेफेस्टस (ग्रीस), त्वष्ट्रि-विश्वकर्मा (भारत)। ये अपने-अपने अविदित समयों में आगमन करते हैं। इनके प्रसंग हम बता चुके हैं (तदपि यहाँ आवृत्ति लाचारी है)।

ईजिप्ट के मेम्फिस-धर्मकेन्द्र का तथा देवमण्डल का एक प्रधान देवता **प्टाह** सिंहदेवी सेखमेट का पति था। वस्तुतः उसने ग्रीक खगोल विद्या तथा सूर्य-केन्द्र की दिशाएँ दीं। वह वज्र के बजाय ईजिप्टी **आन्ख** (जीवन तथा सृष्टि-विद्या का प्रतीक) लिये होता था। वह कारीगरी का देवता था। वह पशुओं (वृषभों) का भी वैद्य था जो नीलनदी क्षेत्र में कृषि-पशु थे।

पेरू इन्का सभ्यता का केन्द्र था। वहाँ का आदिम अमूर्त देवता **वीराकोचा** सूर्य देवता इन्टी के साथ एकरूप हो गया। वीराकोचा ने जल और भूमि के भौतिक रिश्ते भी बताये। टिटीकाका झील के निकट अपनी धातु-छड़ी धँसाकर यह निर्देश दिया कि यहीं राजधानी बनेगी। सो कुज़्को जैसी भव्य नगरी का निर्माण हुआ। बाद में वहीं आले-दुआले माचूपिच्चू जैसा रहस्यात्मक शहर भी कायम हुआ। वीराकोचा के आँसुओं से ही वर्षा होती थी। उसने भी दो-तीन बार सृष्टि-विद्या के प्रयोग करके अन्त में सूर्यपुत्र इन्का जाति का निर्माण किया। उसकी सहकर्मी शशी देवी क्विल्लया तथा सूर्यदेवता इन्टी थे।

ग्रीक **हेफेस्टस** एक बदसूरत कुबड़ा लौहकार देवता था। विडम्बना यह कि वह सौन्दर्यगर्विता तथा बेवफा प्रणय देवी एफ्रोडाइट का पति भी था। उसने ओलिम्पस पर्वत में देवताओं के प्रासादों का पुर-निवेश किया था, ज़ियस के वज्र को ढाला था, एथेना का कवच बनाया था। हार्मोनिया का कण्ठहार बनाया था, हेराक्लीज की ढाल तैयार की थी तथा हेलियस (सूर्य) का रथ निर्मित किया था। वह कई बार देवनगरी से भी बहिष्कृत किया गया।

वैदिक त्वष्ट्रि और विश्वकर्मा भी एकरूप हो गये हैं। अतः हम भी एक इकाई मान लेते हैं। दोनों के महकमे भी एकसमान हैं।

वैदिक **विश्वकर्मा** ब्रह्माण्ड स्रष्टा ब्रह्मा का सहवर्ती ब्रह्माण्ड का वास्तुकार था। वह निर्माणकर्म की शक्ति का मानवीकरण था। उसे विश्वपिता, जनक, निवर्तक बताया गया। वह देवताओं का देह-विधायक तथा उनके अस्त्र-शस्त्रादि का निर्माता भी था। उसने भी अग्नि-केन्द्रित आग्नेयास्त्रों का अन्वेषण किया था। इस भाँति उसे स्थापत्य-वेद का भी स्रष्टा बताया गया। वह हजारों प्रकार के हस्तकौशलों का निष्पादक, देवताओं का काष्ठशिल्पी, आभूषणों का रूप-अभिकल्पक, देवताओं के दिव्य रथों का सूत्रधार तथा

वानर नल-नील का वैज्ञानिक गुरु भी था। उसने भी (हेफेस्टस की भाँति) इन्द्र का वज्र, शिव का त्रिशूल, विष्णु का सुदर्शन-चक्र, *भारतीयों द्वारा शून्य के आविष्कार से पहिया, पहिया से पहली उँगली पर घूमता सुदर्शन चक्र से, कालचक्र से, कर्मचक्र से, नियति-चक्र से, धर्मचक्र से चक्रगतित्व का सिलसिला सदियों तक चलता रहा। कार्तिकेय का भाला, कुबेर के अस्त्रशस्त्र बनाये थे। अन्ततः विश्वकर्मा ने स्वयं पुरी के जगन्नाथ की भी सम्मूर्ति की रचना की थी।

अन्ततः हम विश्वकर्मा के 'क्रतुभय पुरुष' का दिग्दर्शन करके मिथकीय टैक्नालॉजी का टोलीपरक आशीर्वचन पूरा करते हैं।

ब्रह्मा ने ऋग्वेद, यजुर्वेद, सामवेद और अथर्ववेद के आधार पर ही पंचमवेद अर्थात् **नाट्यशास्त्र** की रचना की जिसमें चार अंग पाठ्य (ऋक्), गीत (साम), अभिनय (यजुष) तथा रस (अथर्व) वेदों से ही ग्रहण किये।

इसके बाद ब्रह्मा ने विश्वकर्मा को एक **नाट्यगृह** बनाने का आदेश दिया और **भरत मुनि** को इस कला को सम्पादित करने तथा इसकी शिक्षा देने को कहा। ब्रह्मा ने भरत मुनि को सौ शिष्य तथा सौ अप्सराएँ भी इसलिए सौंपी कि मुनि इन्हें नाट्यकला की व्यावहारिक शिक्षा दें।

इस क्रम में **शिव** तथा **पार्वती** ने भी हाथ बँटाया। शिव ने नाट्य में ताण्डव का, तथा पार्वती ने लास्य नृत्य का समावेश किया।

सारांश में मिथक की कार्मिक परिणति एक परिपूर्ण 'समाजरूप-नाट्य' में हो जाती है। ब्रह्मा के **पंचमवेद** में पाठ्य-गीत-अभिनय-रस हैं, ताण्डव तथा लास्य नृत्य हैं, तथा इसके अभिकर्ताओं में शिव और पार्वती, सौ शिष्य और सौ अप्सराएँ तथा ध्रुवान्तों में विश्वकर्मा एवं भरतमुनि हैं।

अन्ततः मिथकों में शिकारी, बनजारे, किसानों के साथ-साथ विकास-क्रम में बुनाई-कताई, कुम्हारी-सुनारी, धातुकारी वाले, मछुआरे, सौदागर, मछलीमार, प्रसूति-तान्त्रिक, पाक-रसोइये आदि भी अधिष्ठापित होकर मिथकों को एक विशाल दिगन्तव्यापी '**विश्व सामाजिक** चार्टर' भी सिद्ध कर देते हैं। यहाँ समाजविज्ञानों तथा विज्ञान एवं टैकनालॉजी का भी प्रथम सुगन्धित दौंगरा है।

× × ×

ध्यातव्य है कि यह विलक्षण अनसोचा हाशिया बिल्कुल भी अनावृत्त नहीं होता, अगर केवल एकवृत्ति के एक दो मिथकयान ही लिये जाएँ।

इसका अनावरण तभी हो सका है जब हमने विश्वमिथकयानों की विविधता तथा बहुलता में इसे खोजा। तभी हम खण्ड-खण्ड जुड़कर, समय-समय पर थम-थमकर, छूटे वृत्त-वृत्त बाँध-बाँधकर इसकी अष्टावक्र (ज़िगजैग) धारावाहिकता की पूर्वानुमिति कर सके हैं।

11.3 आद्य मिथक प्रत्युत धार्मिक मिथक-विश्वास एवं रहस्य से अन्धविश्वास तथा आस्था में प्रस्थान

हम आरम्भ में ही ध्यान केन्द्रित करा दें कि इस अनुच्छेद में धर्म के अमूर्त दर्शनशास्त्र को नहीं लिया जा सकेगा क्योंकि आद्य मिथकों में दर्शन का हाशिया लुप्तप्राय है।

मिथकों की कालैतिहासिक क्रमरेखा तो नहीं हो सकती। तदपि आदिम तथा कबीलाई समाजों के टोटेमों, अनुष्ठानों, पूर्वज-पूजाओं, शामनों की भविष्यवाणियों आदि में हम मिथकीय तथा अर्द्धेतिहासिक या लिजन्धरी स्थितियों का आच्छादन पाते हैं। एमील दुर्खीम (1858-1917) ने 'प्राथमिक संरूपों' की अवधारणा, मेलिनोवस्की ने 'सामाजिक पंचांग' के खुलासे तथा क्लाद लेवी-स्ट्रास ने 'संरचना' एवं सामाजिक जीवन की तदात्मकता द्वारा मिथक की ऐतिहासिक प्रविधि की परियोजनाएँ निर्मित की हैं।

इसके लिए **प्रागैतिहासिक मनुष्य** धुरी रहा है। पुरापाषाण काल से धातु-युग में कतिपय पुरातात्विक, नृतात्त्विक आर्टिफेक्ट एवं साक्ष्य हमारे आधार रहे हैं। मिथक-आलेखकारी के हेतु हमने समाजशास्त्र एवं सौन्दर्यबोधशास्त्र का भी अवलम्ब लिया है। सो, आस्ट्रेलिया, तस्मानिया, समुद्रायनी अफ्रीका हमारे प्राथमिक मिथक-संग्राहक जालक्षेत्र ठहरते हैं। मेसोपोटामिया, ईजिप्ट, मेसो-अमेरिका के सहवर्तन में प्राचीन चीन, भारत, ग्रीस भी आधार बनते हैं। सो, हमारे लक्ष्य प्रागैतिहासिक मनुष्य, कबीलाई समाज तथा जनजातियाँ (उनके लोकयान भी) होते रहेंगे।

विश्वमिथकयानों की फान्तासियाँ भी निरन्तर सत्य एवं तथ्य, यथार्थ एवं विश्वास में प्रतीत होती आयी हैं।

अतः वर्तमान में हमें इस प्रकल्प में **मिथककथा** तथा **धार्मिक कथा** के बीच के अन्तर को स्पष्ट बनाये रखना होगा ताकि भ्रान्तियों से बचे रहें। धर्मकथा के रूढ़ लक्ष्य उपदेश, शुद्ध आचरण, पवित्रता, पुण्यार्जन, देवगुणगान श्रवण, मोक्ष होते हैं। उसमें कर्मकाण्ड द्वारा इहलोक में अनिष्ट निवारण तथा शुभ-लाभ पाना होता है। उसमें श्रद्धा द्वारा दार्शनिक-पारलौकिक उत्कर्ष सिद्ध किया जाता है। मिथककथा में प्रायः ये प्रयोजन नहीं होते। अलबत्ता दोनों में विश्वास, अलौकिकता, पावनता तथा

चमत्कार के तत्त्व मौजूद रहते हैं। किन्तु धर्म मिथक की बुनियादी अस्तित्वात्मक, अनादि वासना वाली, भूमि को पाप-पुण्य, श्रेय-प्रेय, नियति-कर्मफल, आनन्द-तत्त्वबोध आदि के द्वारा डुबा डालता है। विकल्प में किंचित् 'शुद्ध' मिथक तो सरल-सहज, अकुण्ठ-अननैतिक, निर्बन्ध-अगोपन होती है। इसमें मानवता तथा परिवेश का मिलावट से रहित, वास्तविक (यथार्थ का अन्तस्थ) पक्ष परत-दर-परत बेझिझक अनावृत्त होता चलता है। सारांश में धर्मकथा तो मिथककथा का सर्वांगीण अन्यथाकरण है। इसे श्रद्धात्मक पौराणिकीकरण भी कह लें। धर्मकथा अनुष्ठान तथा कर्मफल के कार्यकारण-न्याय द्वारा संवाहित होती है। इसके सोपानक पड़ाव ट्रिनिटी, यिन-यांग, सत्-चित्-आनन्द, ब्रह्म-आत्मा-जीव, नाम-रूप-गुण, सत्व-रज-तम, कर्म-नियति-माया आदि के त्रयी-पुंज से दीप्त होते हैं। इनके उपचारों से जो ध्यानपरक विग्रह (मूर्ति, चित्र, यन्त्रमन्त्र आदि) गढ़े जाते हैं उनमें लांछन-लक्षण, वेशभूषा, अलंकरण, मुद्रा-आसन, अभिप्राय-प्रतीक आदि के अनुसार सम्पूर्णता दी जाती है। अतः इनमें समाधिभूत ध्यान साधना हो जाता है। प्रतिपक्ष में मिथककथाएँ भरतपाठ को मिथकाभिप्रायों को, अन्तर्विरोधों-द्वयता को, आर्केटाइपों को, सामाजिक चार्टरों को आलोकित तथा अनुचिन्तित करती हैं। अतएव वे ही धर्मकथाएँ शामिल की जानी चाहिए जिनमें मिथककथा के कुछ बुनियादी घटक-तत्त्व प्रमुखता से क्रियमाण हैं। ध्यान रहे कि मिथककथा केवल अपने ही पात्रों-घटनाओं से सम्बद्ध अन्तर्वर्ती होती है जबकि धर्मकथा का लक्ष्य मौजूद बाहरले ग्रहीता पाठक-श्रोता-सत्संगी, व्यासपाठी आदि होते हैं।

इस परिप्रेक्ष्य में सबसे बड़ी दुविधा **शिव** को लेकर आती है। मोहेनजोदारो से प्राप्त एक मुहर में पालथी मारे, उत्थित लिंग, सींगधारी जिस पशुपति का ठप्पा है उसे 'प्रोटो-शिव' बताया गया है। वैदिक वाङ्मय में अग्नि प्रतिरूप रौद्र-शिव के सन्दर्भ हैं। इसके बाद शिव के बृहद् आगम मिथकाभासी धर्मकथाओं में संलक्षित हैं। अतः हम कतिपय प्रसंगों को तो यथास्थान लेंगे किन्तु अधिकांशरूपेण उन्हें धर्मकथाओं के अन्तर्गत रखना असंगत नहीं होगा। शिव एक स्वयंभू महादेव भी हैं।

मिथकीय फान्तासी, धर्मअनुभव तथा प्रतीकात्मक अनुमानों से **महाकाल** में शिव का विराटीकरण (मेक्रोकाज़्म) होता गया।

निम्नलिखित भाष्यः—महादेव शिव का मूल तो रुद्र है जो वैदिक-इथॉस में रौद्र, तथा रुदन का देवता बना दिया गया। वह सृष्टि तथा स्थिति से भिन्न संहारकर्ता है।

शिव की अवधारणा अनेकानेक द्विपर्ण विरोधों का पुंज है जो जंगली, कबीलाई आदिवासी समुदायों से जुड़े हैं।

शिव नंगा दिगम्बर, श्मशानवासी, भभूत लपेटे है। वह भाँग, धतूरा, आक, बेलपत्र का उपभोक्ता है। वह डमरू और त्रिशूलधारी है। वह **विश्वरूप** किरातों, भीलों, भूतों-प्रेतों-पिशाचों का नेता है। अर्थात् आरम्भ में तो अनार्यों का देवता रहा है। वह वनवासी, भैरव, अघोरी-कापालिक भी है। वह मृगछाल या बाघछाला पहनता है। सर्प उसके कण्ठमाल हैं। वह शितकण्ठ एवं नीलकण्ठ है। वह कैलास पर्वत तथा श्मशान का निवासी है।

वह नटराज है जो नटनागर रसराज कृष्ण के समक्ष भी है। उसके डमरू-निनाद से ही माहेश्वर-सूत्रों की रचना हुई है। सप्तसुरों वाले सरगम का अन्वेषक वही है। उसने ही पशुओं की आवाजों के अनुभावन से सुरों का अनुसन्धान किया है।

वह आदि-मूलस्थ गिरिजन कबीलों का खानाबदोश घुमन्तू वनचारी, अधिनेता, अन्ततः महादेव है। उसके 'अष्ट विग्रहों' के सहवर्तन में ही लोकआस्था वाले ये रूप-अरूप, सुन्दर-असुन्दर स्वरूप व्यापक हैं:— **अष्ट भैरव** विकराल, असितांग (काली बाँहों वाले), संहारक, रुरु (श्वान), काल (श्याम), क्रोध, ताम्रचूड़ / चन्द्रचूड़ आदि से संलग्न। दत्तात्रेय में (ब्रह्मा-विष्णु के अलावा) शिव का अंश हैं। यह एक प्रकार से ब्राह्मणयती जैसा है।

सम्प्रति हमारा सन्दर्भ मिथकों तथा पूर्वेतिहास से ही है। यह ध्यातव्य है कि **चमत्कार** के साथ **'अन्धविश्वास'**, ये दोनों ही मिथकीय चक्र की 'विश्वास-नाभि' के ही सकारी-नकारी अनुषंग हैं। ये आदिम पूर्वेतिहासिक समाजों-समुदायों द्वारा यथार्थता एवं विभ्रम और फान्तासी को अलगाने अथवा स्वीकार करने के पहले तथा पश्चात् के प्रतिबोधन हैं। तब बौद्धिक तर्क की उत्कण ठाएँ भी विकसित नहीं हो पायी थीं। आदिमानव अज्ञेय-ज्ञेय विधानों को दन्तकथाओं एवं जनश्रुतियों के माध्यम से शिरोधार्य कर लिया करता था। वह इन्हें लघु आर्केटाइप भी बना देता था। जैसे कि **उंचास मरुत** गम्भीर **वरुण** के सिन्धु-लोक को निरन्तर मथते रहते हैं जिससे वहाँ **क्षीरसागर का उद्वेलन** होता है। यह एक नया विश्वास था। इसे पुष्ट करने को उस पर विष्णु **अनन्तशेषशायी** हैं। इस भाँति चार छोटे-छोटे वृत्तों को मिलाने से एक **भव्य वृत्तान्त** बन गया। और वह अनस्तित्वमान होते हुए भी अन्धविश्वास बनकर संस्थित हो गया। मिथकों की वैश्विक संदृष्टि से कोई अन्धविश्वास नहीं उभरता। प्रत्युत वह **रहस्य** तो हो जाया करता है। हाँ, सभ्यता की उन्नत अवस्थाओं में विकसित होने पर रहस्य को किनारे कर दिया जाता है तथा अन्धविश्वासों पर संशय किया जाता है। तब फिर-फिर, लघु-लघु, नये-नये **अन्तर्कुंडल** बाँध दिये जाते हैं।

उसी दशा को आगे बढ़ायें। समुद्री दुनिया की स्वप्निल ध्वनियों तथा तरंगों की छाप को कोसों दूर तक डाल्फिन तथा सील मछलियाँ सुन लेती हैं। तो मिथकों में वे 'साइरनें' बनकर गाती हुई मत्स्य-कन्याएँ बन गयीं, या फिर किसी रहस्यमय **सिंहल-द्वीप** की **यक्षिणियाँ**। ये नाविकों तथा महानायकों को वशीकरण में मोह लेती थीं। और मत्स्य तो महासिन्धु के जीवित गर्भ का प्रतीक हैं। इनमें जादुई तिलिस्म भी गुँथते हैं। इन्हें तोड़ा अर्थात् अवकूटित किया जाता है।

धार्मिक मिथक का परिमण्डल हैः–देवी-देवते, दैत्य-दानव, असुर-राक्षस, नायक-भक्त, संत-ऋषि, मततन्त्र-सम्प्रदाय-जातियाँ-वर्ण, पर्व-तीर्थ-आस्था, यात्रा-उत्सव, अनुष्ठान, पवित्र स्थान आदि।

अथच–

(i) आद्य मिथक का व्यासपाठ अर्थात् **भरतपाठ** जब धर्म की भूमि पर अवतरित होता है तब उसमें धार्मिक-आनुष्ठानिक-दार्शनिक अनुपाठ भी अन्तर्यामी-अन्तर्निहित होने लगता है।

(ii) तब मिथक के शब्द, कथन एवं 'दीप्तिमान देवता' जैसे हो जाते हैं, तब वे पाप-पुण्य, नैतिकता-अनैतिकता, लोक-परलोक वाली व्याख्याएँ करने लगते हैं जो भरत-पाठ में लगभग क्षीण होती हैं। तब वे वचन-वरदान, श्राप, प्रतिफलदायक भी होते हैं।

(iii) तब मूल मिथक के शब्द ऋचा, आयत, **मन्त्र** और **कूट** भी हो जाते हैं। तब वे धर्मों के **सूत्र** भी होकर नयी-नयी व्याख्याएँ करने लगते हैं। तब मूल में नयी-नयी उपमिथकें भी जुड़ जाती हैं। इन्हें हम 'मिथक-छल्ले' कहते हैं।

(iv) दोनों ही दशाओं में, अर्थात् भरतपाठ और अनुपाठ-प्रतिपाठ की स्थितियों में, बस मिथक की नानाविध व्याख्याएँ ही श्रेयस्कर हैं। उनका विश्लेषण उनकी हत्या कर देता है।

मेसोपोटामिया, ईजिप्ट, पर्शिया, मेसोअमेरिका (इन्का, अज़टेक, माया) की सभ्यताओं के विलुप्त होने और उनके जनगणों के अन्तर्लीन होने से उनके देवी-देवते भी कूच कर गये। चीन और भारत और जापान की सभ्यताएँ निरन्तर धर्माधिकृत परिवर्तमान होकर भी जारी हैं। अतः सामाजिक चार्टर की आवश्यकताओं की सम्पूर्ति में वैदिक देवताओं का दनादन उत्थान-पतन हुआ तथा अनेक नये देवमण्डल भी जुड़ते चले (जैन-बौद्ध, शाक्त, सिद्ध, अघोरपन्थी, नाथपन्थी, सहज आदि)।

ग्रीस का देवमण्डल कायाकल्प करके रोमन साम्राज्य तक सक्रिय रहा। ओशेनिया की आदिम कबीलाई सभ्यता के अंशतः जिन्दा बचे रहने पर वहाँ के आदिम मिथक-देवगण अन्तिम साँसें ले रहे हैं। इस तरह देवमण्डलों के जन्म-मरण और उत्तर-जीवन की बड़ी लम्बी तालिकाएँ बन सकती हैं।

बौद्ध मिथकों-निजन्धरों (जातकों) ने तो दक्षिण-पूर्व-उत्तर एशिया तक नाना देशों-सभ्यताओं में प्रसार पाया तथा उनका लगातार कायाकल्प और संवर्धन होता चला। ईजिप्ट के कुछ पंचायतन ग्रीस-रोम तथा फोनीशिया में भी प्रभावशाली रहे थे।

अतएव मिथकों में धर्म का संघुलन उन्हें पुनः बहुकालिक-विविधदेशिक बनाने लगा। तब वे दैवी-न्याय तथा अनुकम्पा सिद्ध करने वाली, सामाजिक घटनाओं की तुलनात्मक प्रामाणिकता वाली तथा परामनोवैज्ञानिक एवं चमत्कारिक पाप-पुण्यों वाली तक होने लगीं। सो, अब मिथकें पुण्यप्रसूता, पवित्र, दैव-न्यायिक तथा दैनन्दिन जीवनशैली की भी कसौटियाँ हो गयीं। [तुलसी बाबा तक आते-आते 'मानस' में वैदिक देवों के तो बस दो ही प्रकार्य बच रहे–दुन्दुभि बजाना तथा पुष्प-वर्षा करना। सम्पूर्ण सृष्टि और उत्पत्ति की जिम्मेदारी अवतारों तथा देवियों पर छोड़ दी गयी]।

फिलहाल हम यही कहने की स्थिति में हैं कि भरतपाठ-चक्र में मिथक एवं विश्वास की एकता थी। धार्मिक चरण की संघटना में जब मिथक दो टूक हुई तब उसके 'शाश्वत चरण' में मिथक एवं अन्धविश्वास की जुगलबन्दी हो गयी तथा अनुष्ठानों एवं अन्धविश्वासों की भी सक्रिय भागीदारी होती गयी। वे अधिकाधिक **पवित्र** और आदेशात्मक होती चली गयीं।

ऐसे इन्द्रजाल में मिथक के पूर्वधार्मिक चरण के अन-नैतिक तथा साम्यरूपकात्मक विश्वास एवं सन्दर्श के बजाय अतिप्राकृतिकता तथा (दिव्य) अलौकिकता परिव्याप्त होती गयी। पहली दशा में मिथक में अस्तित्व की ज़मीन पर सत्ता भी अन्तर्निहित थी। धर्म से अतिरंजित दशा में अन्धविश्वासों ने भी मिथक की सत्ता को कथित यथाथोत्तीर्ण तथा समूहोत्तीर्ण बना दिया। सब कुछ व्यक्तिगत भी होता चला–धर्म-मोक्ष, काम-अर्थ।

पहली दशा में मिथक में विश्वास के साथ रहस्य के पुट भी मिलते गये। लेकिन दूसरी धार्मिक दशा में **अन्धविश्वासों** की निर्णायक भूमिकाएँ होती गयीं। भरतपाठी मिथक में केवल विश्वास होता था; अन्धविश्वासों का अस्तित्व ही नहीं था; किंवा अविश्वास का बोध ही नहीं था। तब मिथक में कुछ भी असम्भव नहीं था। मिथक अ-सामान्य तथा विश्वासाश्रित ही था। यह भी ज्ञात नहीं है कि मिथकें किसने गढ़ीं–कवि या पुरोहित, शामन या अधिनेता, देवराजा-आक्रान्त योद्धा ने? क्या वे सचमुच थीं? पता नहीं। परन्तु अन्धविश्वास ज्यादातर परवर्ती धर्म के चरण के उपादान हैं। पहले मिथक असामान्य भी थी। अब उसमें रहस्य असाधारण हो गये। अधार्मिक मिथकीय आयाम भी अविश्वसनीय माने जाने लगे अगर वे पुरोहित, पुराण या अनुष्ठान द्वारा अनुमोदित नहीं है। (मध्यकाल से ज्यादातर अतीन्द्रिय चमत्कारों की जड़ में धोखाधड़ी भी मिलती है।)

मिथकीय जादू से बँधे **ओझा/चिकित्सक** मानते हैं कि वे आध्यात्मिक शक्तियों तथा प्रेतात्माओं के सम्पर्क में हैं। वे प्रेतात्माओं का आह्वान तथा परलोक/पातालवासियों से संवाद करने का (अन्ध) विश्वास प्रबल करते हैं। उनके (हाथ की सफाई के) चमत्कारों की प्रतीति होती है कि प्रेतात्माएँ खून से लिखतीं अथवा चौकी थपथपाकर विभिन्न ढंग से गिनती द्वारा भविष्यकथन करती हैं (बाद में तो प्रेतात्माएँ भोंपू के जरिये बोलने भी लगीं)। मूलतः इसके मूल में मृत्यु के उपरान्त जीवन और ऐसे जीवन पर विश्वास

रखना है जहाँ तान्त्रिक उनसे अपने संवादी सम्बन्ध कायम कर लेने का दावेदार है। बाद में सन्देशे भी लिखत में आने लगे हैं। ये सब डेल्फी की अलौकिक देववाणी की अन्धी छायाएँ हैं। यह पारलौकिकता पर (अन्ध) विश्वास है जिसे भविष्य में प्रक्षेपित किया जाता है। इनके मूल में आदिवासी जनों तथा कबीलों की प्रवृत्तियाँ प्रक्षेपित हैं कि वे प्रकृति-पूजक (प्राकृतिक शक्तियों से अनुकूलित) तथा अध्यात्माओं (स्पिरिट्स) के विश्वासी होते थे; तथापि उनकी मौखिक (वाचिक) संस्कृति में परम्पराएँ आनुष्ठानिक एवं निष्पादक (पर्फार्मिंग) होती थीं। अनुष्ठान द्वारा पवित्रता एवं चमत्कार का आह्वान होता था। इसके साथ ही उनकी चित्तक परम्पराएँ भी शैल-चित्रों, भित्ति-चित्रों, मिथक-स्तम्भों के कार्तूसों से कढ़ती हुई गोदनों, मुखौटों तथा देह-रंगाई में परिणत हुईं। आदिम समाजों में **पूजा, बलि** तथा **तप** प्रमुख अनुषंग रहे हैं। उनसे वरदान मिलते हैं और शाप-मोचन भी होता है।

निषेधी-पक्ष में डाकिनियाँ (डायनें) तथा प्रेत आदि उल्लू, सियार, बिल्ली का इस्तेमाल करते हैं (झाड़-फूँक, ताबीज के तन्त्र-मन्त्र-यन्त्र भी चलते हैं)। अतः सभी कालों में शरीर और मनोवैज्ञानिक अवनर्मिलताएँ एक-दूसरे से अलग नहीं रही हैं।

क्या मिथकयान एवं भाषा की सारी कुंजियाँ **पूर्वेतिहास** में हैं?

कुछ तो हैं, क्योंकि हमारा सन्दर्भ का चौखटा वही है।

(i) **पूर्वेतिहास** सुदूर-दूरान्त अतीत की छायाएँ हैं जिनकी शिनाख़्त जीवाश्म (फॉसिल), अस्थियाँ तथा पुरातात्विक कलावास्तु (आर्टिफेक्ट) कराते हैं। अतः इसके दो ध्रुवान्त हैंः–**जीवाश्म** और **पाषाण**।

(ii) पूर्वेतिहास की परिकल्पना भी अठारहवीं शताब्दी के उपरान्त की है जिसे **नृतत्त्वशास्त्र** ने देहप्राण से जीवन्त बनाया। इसके बोझटेक को डार्विन ने उठाया। (उन्होंने प्रजातियों (नस्लों) के उद्गम पर स्थापनाएँ कीं (1859) और साबित किया कि उनका जैविक उन्मीलन अर्थात् क्रमविकास (इवोल्यूशन) हुआ है। इस विकास-क्रम में मनुष्य का भी अवतरण एवं क्रमशः उन्नयन हुआ। मनुष्य और आद्य नृवानरों (प्राइमेट) के बीच के सम्बन्धों की छानबीन हुई। इससे मनुष्य के प्राणीवैज्ञानिक एवं सांस्कृतिक विकसन का चिट्ठा तैयार हुआ जिसने अज्ञेय अतीत तथा ज्ञात वर्तमान के बीच सेतु बनाया। यही व्यासरेखा पूर्वेतिहास की है।

(iii) पूर्वेतिहास की तीसरी दिशा सांस्कृतिक अर्थात् मिथक और भाषा का प्रारम्भिक सन्धान-अनुसन्धान है।

मानवों के व्यवहार के आकृतिबन्धों (पैटर्न्स) का संज्ञान मिथक एवं भाषा, मिथकीय भाषा, धातुपरक मिथकशब्द में अनावृत्त होने लगा, जब उसके काकु (लेरिंक्स) ने नीचे-निपात से ध्वनि विखण्डित होकर वर्ण एवं अक्षर उच्चरित करने लगी। फिर नर एवं मादा की अभिभूमिकाओं (रोल्स) ने बाद में पूर्वजों, देवी, देवताओं के विश्वरूपों में प्रकल्पित किया। अतएव इस मनोदैहिक प्रक्रिया द्वारा भी एक **कबीलाई स्वभाव** का दिग्दर्शन मिथकीय मानस में होने लगा। अतः मनुष्य की प्रारम्भिक प्रकृति एवं **कबीलाई स्वभाव** का दर्पण मिथकीय मानस हो गया।

(iv) शैलचित्रों से लेकर कबीलाई प्रकर्मों की धारावाहिकता में देवताओं तथा दानवों की फान्तासियाँ उभरीं। हिंसक, प्रचण्ड, उग्र, विशाल पशु पहले तो पूजित हुए। भारत में मत्स्य, वराह, नृसिंह, विष्णुरूप हुए। ईजिप्ट में श्रृगाल, गौ, सिंह, ईबिस, श्येन आदि देव-देवी रूप हो गये। अगले चरण में भारतीय मिथकयान में वे देवी-देवताओं के वाहन हो गये। विश्व के अन्य मिथकयानों में पशु-पक्षी वाहन नहीं हुए बल्कि स्वयं देव-देवी उन रूपों में कायान्तरित (मेटामार्फोज) हो गये। फिर नये-नये रूपान्तरण हुए। एक ओर नाभि ऊपर तक मानव देह तथा नाभि नीचे पशुदेह की अवधारणाओं के अन्तर्गत किन्नर, सेटिर, पान, सेंटार, मिनोटार आदि ऐसी ही रूपप्रदत्तियाँ हैं। दूसरी ओर मुख पशुओं का तथा रुण्ड मानवों का हुआ। ऐसे जन्तुरूपिम (ज़ू-मॉर्फिक) संरूपों में हनुमान, हयग्रीव, गणेश तथा ईजिप्ट के होरस, हाथोर, अनुबिस, प्टाह आदि देवते शामिल किये जा सकते हैं। मेसोअमेरिका में छोटा बाघ जगुआर भी ऐसा ही अनुष्ठान-देवता भी है। शक्ति-प्रदर्शन के लिए भारतीय मिथकयान में देवताओं के एक से पाँच मुख तथा अनेक भुजाएँ एवं देवियों का एक मुख तथा दो से आठ-सोलह भुजाएँ प्रदर्शित हुईं। ऐसी **ध्यान-मूर्तियों** ने विश्वमिथकयानों में **देवमण्डल** पूर्ण कर दिये।

प्रतिपक्ष में पशुओं में भीषणता, भयानकता, बीभत्स-बर्बरता के प्रतिफलन दानवों-दैत्यों-राक्षसों की विचित्र-विखण्डित-विद्रूप आकृतियों एवं आकारों में विराटीकृत हुए। ग्रीक मिथकयान में साइक्लोप्स, टाइटन, गोर्गोन आदि दैत्य हैं तो भारतीय चक्र में दशशीश रावण, कबन्ध, रक्तबीज आदि की निर्मितियाँ हुईं।

इसी लड़ी में शक्ति और देहमुद्राओं के आधार पर कुछ पशु कामशास्त्र में नारी-पुरुष के दृष्टान्त भी हुए। वृषभ, अश्व, शश, हथिनी, हरिणी, मीन आदि इसके उदाहरण हैं।

यही बहुआयामी व्यापार है जिसने मिथकयान का विधान किया। हम पाते हैं कि नृतत्त्वशास्त्र में मनुष्य की विलक्षणता, विशिष्ट देह-संरचना तथा उसकी (समूहगत) संस्कृति की क्षमता का आगाज होता है। ये घटकतत्त्व उसके जटिल मानसिक विकास का परिणाम हैं।

(v) वस्तुतः हमारी उक्त स्थापनाओं की असली धुरी तो पूर्वेतिहास है लेकिन आरेख के अक्ष में नृतत्त्वशास्त्र तथा समाजशास्त्र,

मनोविज्ञान तथा सौन्दर्यबोधशास्त्र की गतिकी अन्तर्निहित है। इनके सम्बन्धों का निर्वचन करना लाजिमी है।

नृतत्त्वशास्त्र का नाभिक सूत्र है कि यह मनुष्य का विज्ञान है—शरीर संरचनात्मक तथा सांस्कृतिक। पूर्वेतिहास इसका अनुषंग है। अतः यह मनुष्य की भौतिक देह तथा संस्कृति के स्वभाव की परख करने में मिथक एवं भाषा के उपागमों का आश्रय लेता है।

समाजशास्त्र में 'समूह के सदस्य के रूप में मनुष्य का अध्ययन' होता है। फलतः यह सामूहिक चेतना तथा समूहगत विशिष्टता से सरोकार बनाता है।

मनोविज्ञान में व्यक्ति के मन तथा चेतना एवं व्यवहार का अनुशीलन होता है।

सौन्दर्यबोधशास्त्र में ललित और सुन्दर, उग्र और असुन्दर वृत्तियों की अनुभूतियों की अनुमिति होती है।

अन्ततः अगर इतिहास अतीत की घटनाओं पर आधारित मनुष्य का अध्ययन है तो **पूर्वेतिहास** अतीत की छायाओं को छूता हुआ जीवाश्मों तथा पाषाणों में उनकी पुनर्रचना तथा पुनर्नवीकरण करता है।

इस व्याख्याचक्र का समेकित पक्ष है कि हम मनुष्य की प्राणिशास्त्रीय प्रकृति, अन्य समूहों से उसकी नातेदारी तथा उसके सामाजिक व्यवहार का अर्थात् पूर्वेतिहास में मानवजीवन की पूर्णरूपेण पुनर्निमिति करते हैं। इसमें हमारे स्रोत-संसाधन कलावस्तु, खँडहर-धरोहर, अस्थियाँ, जीवाश्म एवं पाषाण-उपकरण आदि होते हैं।

(vi) अन्ततोगत्वा हम पूर्वेतिहास के कालों की नृतत्त्वशास्त्रीय सारणी देते हुए पूर्वेतिहासिक तथा प्राक् आदिम (प्रिमिटिव) को बरक्स करेंगे।

उच्चपाषाण (20,000-10,000 ई.पू.)

प्रथम प्राचीन पाषाण-युग। इसमें कला का आविर्भाव हुआ। मानव खानाबदोश शिकारी है तथा प्रकृत्वादी कलाओं का निर्माण करता है। वह पत्थर के औज़ारों को भी खुरदरे ढंग से गढ़ता है।

मध्यपाषाण

(इस चरण में हिम युग का अन्त होता है) कला में प्रकृतवाद का अवसान हो जाता है।

नव्य पाषाण (10,000-4,000 ई.पू.)

मानव-बसनीक कृषि-समुदायों में रहता है। धर्म तथा अनुशासन-शासन के रूपों का विकास होता है।

कला ज्यामितिक एवं प्रतीकात्मक होती है। औज़ार चिकने चमकीले पत्थर के हो जाते हैं।

अथच	**पूर्वेतिहासिक**	**प्राक् आदिम**
	खानाबदोश शिकारी (एस्किमो, भील गोंड) उच्चपाषाण	अधिकांश जमे-बसे समुदाय (अमेरिन्डियन, ऋग्वैदिक आर्य), समुद्रायनीय द्वीपों की जनजातियाँ नव्य पाषाण
	जादू गुफ़ाचित्रों में प्रथम पाषाण-युग जादुई अस्मिताओं के सर्जक प्रथम-द्वितीय पाषाण युग	**जड़ आत्मवाद** मनुष्य प्रकृति की शक्तियों का पर्यवेक्षक। उनके पीछे आध्यात्मिक अस्मिताओं में विश्वासी नव्य पाषाणयुग
	टोटेमवाद गोत्रों (क्लान) में संगठित प्राक्आदिम समाजों का चारित्र्य	**पूर्वज पूजा** मृतकों के मतसम्प्रदाय (कल्ट) का प्राक् आदिम प्रचलन। मृतकों की अध्यात्मा के लिए गृहों तथा खम्भ-लाटों की स्थापना

निष्कर्ष यह निकला कि (i) पाषाणयुग तथा नव्य पाषाणयुग के प्रमुख चारित्र्य दो हैं—प्रकृतवाद (नेचुरलिज़्म) तथा प्रतीकवाद (सिम्बॉलिज़्म); (ii) पाषाणों पर भित्तिचित्र मानव-मस्तिष्क के विकास के सूचक हैं; (iii) पृथ्वी के गोल होने के कारण उसका गुरुत्व (ग्रेविटी) बल ही है जो चारों ओर एक समान होता है; जब पृथ्वी (गैसों के कारण) तरल भी थी, और तब भी, वह गोलाकार थी क्योंकि इस आकृति में सतही तनाव सबसे कम होता है। परन्तु विश्वमिथकयानों में वह चपटी अर्थात् क्षैतिज स्वीकृत हुई है।

(vi) तो अब हमें **कबीलाई समाज** से भी रू-ब-रू होना ही पड़ेगा।

अब हम सक्रिय रूप से मिथक-संसार की सृष्टि में प्रवेश ही नहीं करते, बल्कि सहभोक्ता और हस्तक्षेपकर्ता भी हो जाते हैं। क्या कबीलाई समाज में भी **शैलाश्रयों वाले चित्रकारों** का महत्त्व-मान बच गया है अथवा **शामन-पुरोहितों** की महत्ता और मान्यता व्याप्त हो गयी? अब इनमें **मिथक-निर्माता** कौन था? क्या हम कबीलाई समाज में शामनों के साथ-साथ चित्रकारों को भी मिथक निर्माता मानें? आरम्भ में यह लगभग उसी प्रकार की अनबूझ पहेली है जिसका सामना ई.पू. तीसरी-चौथी शताब्दी में ग्रीक दार्शनिक प्लेटो को करना पड़ा था कि उनके गणतन्त्र (रिपब्लिक) में कौन दिशावाही होगा—दार्शनिक-पुरोहित अथवा कवि-चित्रकार? उसने कवि-चित्रकारों को राज्य निकाला देकर पुरोहित-दार्शनिक का वर्चस्व प्रतिष्ठित कर डाला।

कालान्तर के कबीलाई समाजों में नाम-रूप-गुण के आधार फान्तासी तथा ध्यान हो गये थे। अतः चित्रकारों की भूमिका क्षीण हो गयी। तात्पर्य यह कि शनैः-शनैः चित्रकार मिथक-द्रष्टा नहीं रहे और चित्रों को कर्मकाण्डों ने प्रतिस्थापित कर दिया। शामन-पुरोहितों ने ही पवित्र चित्रशब्दों के द्वारा नाम-रूप-गुण के तानों-बानों से अनगढ़ मिथक-कथाएँ बुनने की शुरुआत कर दी। अब मिथक तथा भाषा, संज्ञा तथा क्रिया, शब्द तथा अर्थ, देश तथा काल के युग्म झिलमिलाने लगे थे। सो, शामन-पुरोहित कवि भी हो गये, भविष्यवक्ता भी, तथा अन्ततोगत्वा मिथकनिर्माता भी। पूर्ववर्ती पूर्वेतिहास का चित्रकार एवं मिथकवाचक का आश्विन-युगल मानो विभक्त हो गया।

[हम शैलचित्रों की धारा के मौजूदा अवशेष अफ्रीका, भारत (भीमबेटका), आस्ट्रेलिया एवं समुद्रायनी (ओशेनिया) में पाते हैं। यही नहीं, हम पाल गागिन और पाब्लो पिकासो के चित्रफलकों में भी स्वप्न-समय की छाया तथा मिथककृतियों की रचना-प्रक्रिया को भी झाँक सकते हैं। यथास्थान हमने इस सबका विवेचन किया है]।

हम शैलचित्रों के माध्यम से 'सामाजिक पंचांग' (सोशल चार्टर) एवं संरचनाएँ (स्ट्रक्चर्स) बाँच आये हैं। इसलिए सम्प्रति **कबीलों** में केन्द्रीभूत होना समीचीन होगा।

× × ×

हर्बर्ट रीड ने आस्ट्रेलिया के (एबार्जिनीज़) जनों आदिमूलस्थ की कला के बहाने से कबीलाई कला के कुछ आयामों का अनुपम सूत्रबन्ध दिया है—

(अ) उनकी **'सौन्दर्य'** विषयक अवधारणा बेहद अस्पष्ट तथा नितान्त अपरिभाषेय है;

(आ) उनकी कला में सौन्दर्य के बजाय ऊर्जा अथवा **ऊर्जास्विता** संलक्षित है। यही उनकी अभिव्यक्ति की जीवनदृष्टि है (—जादू और कर्मकाण्ड से भी संयुक्त); एवं

(इ) यह कला **सरल सम्प्रेषण** का भी उल्लंघन करती है। यह अन्य समयों तथा कबीलों में भी अमूर्त एवं अबोधात्मक हो जाती है क्योंकि प्रकरण की यथार्थता छाया-उपछाया से धुँधली हो जाती है।

[निदर्शन के लिए हम फ्रांस के अल्टामीरा के गुफाचित्र में एड़ लगाते अश्व तथा आस्ट्रेलिया के शैलचित्रों में शिकारी से संघर्ष करते कंगारू को प्रस्तुत करते हैं]।

इस विषय पर हर्बर्ट रीड तथा कबीलाई कला के विशेषज्ञ चार्ल्स पी. माउंटफोर्ड के बीच हुए परिसंवाद में दूसरे ने अपने निरूपण में बताया कि कबीलाई कला के निर्धारकों में चित्रकार की समाज में हैसियत, उसको उपलब्ध सांस्कृतिक अभिप्राय तथा संचेतनामूलक अवधारणाएँ, समुदाय का सामाजार्थिक रूपायन एवं उनका अन्य कबीलों से सम्पर्क या पार्थक्य आदि को ध्यान में रखना होगा। वे मानते हैं कि आस्ट्रेलिया तथा समुद्रायनी के कबीलों के हरेक वयस्क दीक्षित चित्रकार भी थे।

उनके दैनिक कार्यों में शिकार प्रमुख था। इससे पशु-पक्षी एवं मानव का आध्यात्मिक तालमेल भी उन्मिषित हुआ। प्रकारान्तर से स्वप्न-समय में उनकी आस्था ने उन्हें अर्द्ध-मानवीय जीवों के सम्भावित प्रकल्प दिये जो करिश्माई विधि में धरती से ऊपर फूट निकल आये और पवित्र भूमियों के सुदूर यायावर हो गये। वे प्राक्आदिम प्राणी उनके पूर्वज थे। उनकी छायाएँ भी मँडराती रहती थीं। उनकी जिन्दगानी रहस्यपूर्ण थी। मरने पर वे एक शिला, अथवा वृक्ष में कायान्तरित हो जाया करते थे (उस रहस्यमय जिन्दगानी का सारतत्व 'कुरानीता' कहाता था जो चित्रकारी की अनादि प्रेरणा था)। उन **मिथकीय जीवों** के चित्र-चिह्न चट्टानों तथा वृक्षों पर अंकित हुए।

वे टोटेमों के भी विधाता हुए। फलतः विचित्र अनुष्ठान भी अजीब हुए। साथ ही संगीत एवं नृत्य भी जुड़ते चले। वे अपने कबीलाई खम्भों को भी सजाते चले। इस प्रकार मिथकी-चतुरंग का समेकित चित्रलोक प्रकाशित हुआ।

उनके कलारूप प्रतिबिम्बात्मक न होकर सरल रेखाक थे। उनमें एककेंद्रिक अनेक वृत्त, शंखाकार-कुण्डलित रेखाएँ तथा समानान्तर, सीधी, लहराती, पार्श्वपरक (डायोगनल) रेखाएँ ही दिक् को भरती हैं। मिथकीय चित्रलिपियों का भी उन्मीलन हो चला जो कालान्तर में ईजिप्ट, भारत, मेक्सिको, पेरू में दृष्टिगोचर हुआ है।*

विश्वमिथकयानों के परवर्ती दौरों में प्रायः इन्हीं से मिथकीय **ईहामृग** तथा **कीर्तिमुख** आदि भी उद्भूत हुए। शायद दैत्य और

---

* 'दि आर्टिस्ट इन ट्राइबल सोसाइटी', सम्पादक : मारियन डब्लू स्मिथ, पृ. 5-14, 15, 17, रूटलेज एण्ड केगन पाल, लन्दन, 1961

दानव और राक्षस की मनोजन्मा भूमि भी यहीं लुप्तप्राय है।

× × ×

पुनः-पुनः पूर्वतार्किकता तथा पूर्वेतिहास के ध्रुवान्तों के कारण हमें **नृतत्त्वशास्त्र में रहस्य की जड़ें** तलाशनी होंगी।

आद्यमिथक एवं रहस्यवत्ता में सामुज्जता है। इसमें यथार्थ का प्रत्यक्षीकरण बहिर्मुखता के बजाय अन्तर्मुखता में होता है अर्थात् 'मैं-तुम' का भेद नहीं रहता है। इससे इस चक्र में अनिर्वचनीयता (गोपन गूढ़ता) तथा अतिवचनीयता (फान्तासी, इल्हाम, जुनून) की धूपछाँही होती है। इससे **रहस्य** एवं **चमत्कार** का सहकार होता है।

फलतः रहस्य की मनोदैहिक दशाओं में उन्माद-उदात्तता, प्रशान्ति-कामदग्धता आदि के द्वन्द्व मिलते हैं। इसलिए इसमें अध्यात्मा (स्पिरिट) की अधिकाधिक खतरनाक यात्राएँ तथा जोखिम उठाये जाते हैं—वे भी नितान्त अकेले। सो, रहस्य में अज्ञात वस्तुओं के संरूपों की उद्भावना होती है जो अदृश्य-अव्यक्त, सामान्य आचरण से अप-सामान्य तथा छिपे-लुके होते हैं। सारांशतः यह विवेक से इतर प्रकृति वाला अनुभव है।

नृतत्त्वशास्त्री लेवी ब्रूल इसे प्राक् आदिम जनों की चिन्तन-विधि का चारित्र्य कहते हैं। इसमें तत्कालीन टैकनालॉजी के सरलतम रूपों का समावेश होता है (जो तर्कपूर्व होती है)। वे रूप हैं : टोटेम (पूजित वस्तुचिह्न), टोकेन (वस्तुरति) तथा अध्यात्मा (स्पिरिट) जो देह के बाहर तथा अन्दर, दोनों प्रकार से आवागमन करती है। इस तरह रहस्य में आश्चर्य-अनुष्ठान-चमत्कार की त्रयी की अनुमिति होती है।

ऐसी त्रयी का मध्यबिन्दु **जादू** होता है। विनयतोष भट्टाचार्य, शशिभूषण दासगुप्ता, घूरिये, राहुल सांस्कृत्यायन, एल.पी. विद्यार्थी, कोसाम्बी, डी.पी. चट्टोपाध्याय, तथा दुर्खीम (1858-1917), क्लाद लेवी-स्ट्रास, रेडक्लिफ़ ब्राउन, मेलिनोवस्की आदि रहस्य का उद्गम जादू में मानते हैं।

टोटेमीय कबीलों की सरल संरचना एवं संरूप होते हैं। इनमें सामूहिक जरूरतें तथा सामाजिक अन्योन्यक्रिया होती है। यह अनुष्ठानों तथा विश्वासों में अभिव्यंजित होता है जिनके संवाहक क्रमशः पुरखे और शामन होते हैं। इसलिए ये तात्कालिक समाज की सांस्कृतिक आवश्यकताओं का प्रतिबिम्ब हैं जिनमें भौतिक-पार्थिव मामलों से स्वयं की निस्संगता, पवित्रता, प्रेमलता होनी चाहिए। इसलिए ये समाज की भावात्मक अपेक्षाओं के प्रतिबिम्बन हैं। ये विशिष्ट कबीलाई-अनुमतों में ही विश्वसनीय होते हैं।

ऐसी दशा में मिथक एवं पूर्वेतिहास वर्गीकरण का उल्लंघन करते हैं। पूर्वेतिहास का जादुई हाशिया सार्वजनिक की अपेक्षा वैयक्तिक होता है, स्वयं (सेल्फ) का आरोह स्वयं-प्रीत में होता है। रहस्य में कारण से इतर कर्म की स्थिति है (बिनु पग चले, सुने बिनु काना; वह देश जहाँ रवि-शशि का प्रवेश न हो, जहाँ दिवस-रजनी नहीं हो)। इस भाँति मिथक और पूर्वेतिहासिक जादू मानवजीवन की पुनर्निर्मिति करते हैं। इसमें मनुष्य की प्राणिशास्त्रीय प्रकृति, अन्य समूहों से उसकी नातेदारी, तथा उसका सामाजिक व्यवहार प्रतिबिम्बित होता है। इसका प्रगटावा अनिर्वचनीय से अतिरिक्तवचनीय के प्रतिमान में होता है। अतएव आश्चर्योन्मुख मिथकों में नाना-रूपों-छायाओं-गुणों-कर्मों वाले प्राणियों एवं वस्तुओं (जड़चेतनवादी) के फान्तासीय संरूपों की विनिर्मितियाँ होती हैं। इनमें विरुद्ध शत्रुपक्ष भी राक्षस जैसा माना जाता है अर्थात् जो विरोधी है, वह शत्रु है अतः राक्षस/दैत्य/दानव है।

इस तरह हम नृतत्त्वशास्त्रीय धुरी द्वारा ही मिथक एवं जादू को पूर्वेतिहासिक अनुबन्ध में समायोजित करते हैं क्योंकि नृतत्त्वशास्त्र मनुष्य के भौतिक शरीर, मनुष्य की विलक्षणता तथा मनुष्य की संस्कृति की क्षमता से सरोकार रखता है। फलतः मिथक के चमत्कारी-जादुई-आश्चर्यपरक आयाम में भी हम मनुष्य की प्रारम्भिक प्रकृति, उसके कबीलाई स्वभाव, उसके जादुई मिथकीय मानस एवं उसके स्वप्न-समय के चतुरंग की पुनर्लब्धि करते हैं।

[**'रहस्यवाद'** के चरण हमारे निरूपण-क्षेत्र से प्रायः परे हैं। इसके चक्रचिह्न में यथार्थता का आधार केवल अन्तर्ज्ञान होता है। यह वास्तविक विवेकशील संसार के विरुद्ध प्रचण्ड आत्मसंघर्ष करता है। यह ईश्वर से सीधा सम्प्रेषण, किंवा ऐक्य-सम्बन्ध, प्राप्त करता है। यह प्रेम एवं प्रकाश केन्द्रित है। (प्रेम भौतिक शुद्धि का अतिक्रमण करके भी ऐन्द्रियिक है। प्रकाश ऐन्द्रियिक षड्रिपुओं से जूझता है, कथिक मूढ़ता तथा मिथ्या तथा अन्धकार पर विजय पाता है]।

विश्वमिथकयान में जब हमने भीमबेटका (भारत) अफ्रीका तथा समुद्रायनी के कबीलाई संसार में शामनों तथा लोक को एक साथ चित्रकार भी पाया तो यह अनुमान करना गलत नहीं होगा कि हम **शैल चित्रकारों** तथा कबीलाई समाज के लोक (तथा शामनों-सरदारों) को भी मिथकनिर्माता मानें। शैलचित्रकारों ने सर्वप्रथम मिथक को नाम-रूप-गुण-कर्म के तानों-बानों से बुना है, यद्यपि वे उनकी अनगढ़ मिथकीय संकेत-लिपियाँ (सेमिओलॉजी) हैं।

तब हमें यह प्राक्-कल्पना भी करनी पड़ेगी कि पुरातन शैल-चित्रांकन की धारावाहिकता में कबीलाई समाज में चित्रकार एवं मिथकनिर्माता जुड़वाँ थे; या एक थे। यत्र-तत्र तो ऐसा मुमकिन हुआ होगा।

तो हमें शैलचित्रों के प्रकरणों में भी सामाजिक पंचांग को बाँचना होगा, तथा कालान्तर में पाल गॉगिन, पाब्लो पिकासो, जामिनी राय, वारली (महाराष्ट्र) के चित्रकारों की भी महत्ता शिरोधार्य करनी होगी।

चित्रकार की समाज में हैसियत, उसको उपलब्ध अभिप्राय तथा संचेतनामूलक अवधारणाएँ तथा समुदाय का सामाजार्थिक रूपायन एवं उसका अन्य कबीलों से पार्थक्य अथवा सम्पर्क आदि हमारे सन्दर्भ-चौखट हैं। उनके दैनिक कार्यों में **शिकार** की संलिप्तता थी। इससे पशु-पक्षी एवं मानव का सहकार कायम हुआ।

'स्वप्न-समय' के विश्वास ने उन्हें अर्ध-मानवीय प्राणियों में सम्भावना-प्रकल्प दिये जो करिश्माई ढंग से धरती से फूट उभरे और अनन्त दूरियों के यायावर हो गये। ये प्राक्आदिम जीव उनके पूर्वज थे। उनकी ज़िन्दगानी रहस्यपूर्ण थी। मरने पर वे सारत्व (कुरानीता) अर्थात् एक शिला या वृक्ष हो जाते थे। अतः उन मिथकजीवों के चित्रावशेष चट्टानों तथा वृक्षों पर अंकित हुए।

वे टोटेमों के विधाता भी हुए। इससे विचित्र अनुष्ठान भी चित्रित हैं। संगीत और नाटक की कलाएँ जुड़ती चलीं। वे अपने खम्भों को सजाते थे।

उनकी सरल कलाओं में एककेन्द्रिक वृत्त, शंखाकारी छल्ले, तथा समानान्तर, सीधी, लहराती रेखाएँ अंकित हुईं। ये गुफाओं में द्रष्टव्य हैं।

वहाँ हरेक वयस्क को चित्रकार होना लाजिमी था। उनकी **'सौन्दर्य'** की अवधारणा बेहद अपरिभाषेय है। उसमें ऊर्जस्विता की प्रधानता है। यही उनकी अभिव्यक्ति का उपागम है। यह सरल सम्प्रेषण का भी उल्लंघन करके अन्य कालों में अमूर्त एवं अज्ञेय है। इसलिए सांसारिक सम्बन्ध तथा मानवीय सम्बन्ध, दोनों रहस्य के कोहरे में झिलमिल हैं।

पुनः दोहराएँ। मिथक और **रहस्य** (-मयता) की बहुधा सामुज्यता है। आत्मिक मिथकीय संसार में, भौतिक जगत् के मिथकीय उपागम से, हमें पूर्वतार्किकता को स्वीकार करना अनिवार्य है। तिस पर भी कुछ भ्रान्तियाँ तथा कूटादि मिथकीय विश्वास के भी परे छिटक गये हैं। मिथकीय समय में वे कौन-सी समस्याएँ तथा चुनौतियाँ, द्वन्द्व तथा दुविधाएँ रही होंगी। उनकी झलक मात्र हम रहस्यमयता के प्रकथनों से पा सकते हैं।

उस परा-मानवीय, परा-मनोवैज्ञानिक चक्र में तर्क-प्रस्थानक तथा पूर्वतार्किकता वाली दशाएँ छाई हैं। इनसे ही परिवर्तमान समय में भाषा, जादू, धर्म, विज्ञान का उन्मीलन हुआ। अतएव मिथक की आदि-व्यास भूमा तो वास्तविकता का समूहगत सर्ग एवं शरद् शताब्दियों वाले प्रागैतिहासिक महाकाल का प्रत्यक्षण ही है। इसे मात्र फान्तासी एवं अन्धविश्वास समझकर हाशियों पर नहीं फेंका जाना चाहिए बल्कि उपचारित किया जाना ही अभीष्ट है।

हम बार-बार कहते आये हैं कि उन आद्य-आर्ष दशाओं में महत् विश्वास ही अस्तित्वमान था; अन्धविश्वास बनाम विश्वास का फर्क़ नहीं उभरा था; व्यक्ति के बजाय समूह तथा कबीला ही धुरी था।

तब भी गहरे अन्तरतम (डीप इनसाइड) में मानव की चिति तथा अनादि वासना निस्पन्द ही नहीं, स्पन्दनशील थी। उस अन्तरतम की गहराई की भूमि में आज भी परा एवं पश्यन्ती वृत्तियाँ हैं जहाँ चिति (साइकी) की लीला तथा विलास-विराज उन्मिषित होते हैं। आदिम युगों में जब कोई नयी टैकनालॉजी (उस समय के हिसाब से भी) विकसित होती है, अथवा किसी फेनामेना का संज्ञान होता है तब कोई न कोई नया देवता या चमत्कार उत्पन्न होता है अथवा पुराने देवता को वे नये मन्त्रालय आवंटित कर दिये जाते हैं अथवा समस्या के रहस्य को चमत्कार-मण्डित कर दिया जाता है। इन्द्र के मंत्रिमण्डल में अप्सराएँ, मरुत; ज़ियस के ओलिम्पस में हर्क्यूलीज़, हर्मीज़, 'रा' की देव-घाटी में सेतमेत और हाथोर, इंटी के तेज में वीराकोचा आदि ऐसी ही मण्डली हैं; अग्नि, तेज, सिंचाई, लोहे के हल तथा प्रसूति ये सभी रहस्यों से घिरे थे; विमुक्ति की प्रतीक्षा में थे।

अब एक अन्य रहस्य को लें। जब **एकपांक्तेय जन्म** की आद्य धारा बही तो एक ही ब्रह्मा, गेब, यूरानस या नुन, से जो उत्पत्ति होगी, वह एकलिंगी के बजाय विपरीत लिंगी हुई होगी। अतः पिता बेटी से, माता बेटे से समागम करती है। जब दो के मिथुन या दाम्पत्य से सन्तति होगी तो वे भाई-बहन ही होंगे। विश्व भर के अधिकांश मिथकयानों में भाई-बहन ही पति-पत्नी हैं। फिर एक अन्य रहस्य मौजूद हुआ कि ग्रीक ज़ियस की जाँघ से डायोनीसस तथा मस्तक से पूर्णरूपेण देवी अथेना प्रकट हुई। इसी भाँति दुर्गा के मस्तक से काली का आविर्भाव हुआ। भारतार्य मिथक में अदिति दक्ष की पुत्री भी है तथा (पत्नी के बजाय) माता भी। निरुक्तत्कार ने इस रहस्य को दैवी कृत्य मानकर टरका दिया। आगे भी दक्ष की पच्चीस-तीस पुत्रियों में अधिकांश कश्यप से विवाहित हुईं। फिर उनसे भी सर्प, पक्षी, सूर्य, दैत्य, ऋषि, नक्षत्र आदि का जन्म हुआ। रहस्य दुगुना गहरा होता चला गया। मटमैला क्षेत्र अन्धकार, गुफा बनता गया।

शायद कालान्तर में **पारिवारिक इकाई** की संकल्पना उभर रही थी। अतः एकलिंगी जन्म या योनिज दशा के बजाय जंघा से, पेट से, कन्धे से, मस्तक से (काली), मानस से जन्म कराया जाने लगा। अथवा दिव्य नेता जन्म न लेकर पूर्णरूपेण प्रकट होने लगे। इसी प्रकार गर्भाधान भी वीर्यबीज के बजाय किसी फूल से, खीर के कौर से (दशरथ की रानियों द्वारा खीर खाना), सपना देखने से (माया के स्वप्न में सफेद हाथी के उदर में प्रवेश से सिद्धार्थ का जन्म), देव तेज से (सूर्य, इन्द्र, आदि से कर्ण, अर्जुन का जन्म) कराया जाने लगा। अफ्रीकी कबीलों तथा विश्वमिथकों की कई जातियों में सर्प, मछली, भालू, मगर आदि से भी वंशरेखाएँ विकसित हुईं। फिर लगा कि उभयलिंगी दशा (हर्माफ्रोडाइटिज़्म) इसका समाधान हो सकती है। या फिर लिंग-परिवर्तन भी हो

सकता है। अतः मिथकों ने इन्हें भी कथासुन्दर वृत्तान्त में बदल दिया। सो, विष्णु के मोहिनी-रूप से शिवपुत्र अयप्पा, तथा यूरानस के कटे लिंग के समुद्र में बहते रहने से भी एफ्रोडाइट, स्नान के रजजल से गणेश का जन्म हुआ। विष्णु की नाभि से उगे पद्म के ऊपर भी ब्रह्मा प्रकट हुए।

इस अवस्था में भावलोक में क्रान्ति हुई। रहस्य के महाबोध में अनिर्वचनीय एवं अतिशयवचनीय के द्वन्द्व देखकर अनुभूत कर उन्हें नयी (अधि-) भाषा में (अभि-) व्यंजित किया गया। अतएव **सौन्दर्य** एवं **अलंकारों** का उद्भव हुआ। यह भाषा में अभूतपूर्व रहस्य एवं चमत्कार का जादुई संयोग रहा जो सौन्दर्य एवं अलंकार के साथ-साथ चमत्कार-अलौकिकता, कल्पना-भावुकता का निमित्त बना। सो, द्वन्द्वमान पूरी तरह परवान चढ़ता, गोचरीभूत होता है।

इस भाँति सांस्कृतिक टैबू तथा शाप भी बने, तथा रूपकों में स्वाधीनता भी।

आर्फियस-मिथक का अधनंगा इरॉस (क्युपिड)

एक मीनाड, डायोनीसस की भक्तिन आराधिका

इसमें एक सामाजार्थिक संक्रमण भी झिलमिलाता है:—मातृसत्ताक अवस्था की मिथकों तथा मूल्यों का क्षीणतर होते चले जाना। यह एक चौंकाने वाला तथ्य है। अब मातृदेवियों का स्थान क्वाँरी देवियाँ भी ले लेती हैं। तथा पुरुष देवों का वर्चस्व होता चला जाता है।

हम जानते हैं कि **प्रकृति** तो बिना किन्हीं धार्मिक उत्सवों या समारोहों के अपना चक्राक चमत्कार दिखाती है : जैसे जैव घड़ी तथा ऋतु-चक्र तथा कालचक्र के द्वारा। तिस पर मानव इन्हीं की सम्पुष्टि के लिए तीर्थ, दैवी अनुष्ठान, पूजा-व्रत, तन्त्र-मन्त्र, प्रार्थना-कामना करता है। वह मानता है कि वह देवेच्छा से—अपने अनुसार—प्रकृति-चक्र तथा मानववृत्त को संचालित कर रहा है। क्या यह अन्धविश्वास, या रहस्य या भ्रान्ति या जागतिक मिथ्या है?

क्या एक भाँति के देवत्व की मृत्यु तथा आदिम मिथकत्व की मृत्युंजयता की ऐसी कहानी भी चलती रहती है?

आनन्दातिरेक (एक्सटेसी) तथा रहस्यवादिता (मिस्टिसिज़्म)

प्रथमतया इनका **मिथकीय परिमण्डल** खुलता है : फिर प्रथमद्रष्टया धर्मचक्र में **रहस्यवादी अनुभव**। दोनों का उद्‌गम मनो-दैहिक दशाएँ हैं जो उदात्त, उन्मादी, प्रशान्त, अक्षोभ्य आदि होती हैं। उनमें नाना भाँति की चतुर्धीर (उदात्त, ललित, प्रशान्त, उद्धत) दशाएँ उभरती हैं। वे असामान्य मनोलोक की हैं जो बहुधा अपनर्मिल (एब्नार्मल) तथा अवनर्मिल (पेरा-नार्मल) के ध्रुवान्त तक पहुँचती हैं।

(क) **सर्वप्रथम मिथकीय आयाम**—

ग्रीक मिथक को दोबारा प्रस्तुत करते हुए : में आर्फियस एक खूबसूरत गवैया तथा लॉएयर (छोटा सितार : वायलिन जैसा) का वादक भी। उसके गायन से पशु-पक्षी (सिंह, बाघ, शूकर, हाथी, घोड़े, हरिण, बनमोर, स्काईलार्क (पपीहे)) पालतू हो जाते थे। विशाल वृक्ष नतमस्तक तथा शिलाएँ पथानुगामिनी हो जाती थीं। वह सुनहले ऊन (केश राशि) खोजने वालों की टोली में एक था। वह समुद्री साइरेनों (यक्षिणियों-मत्स्ययुवतियों) के छलिया तथा सितमगर गायन से नाविकों की रक्षा भी करता था।

अपनी पत्नी यूरीडाइस की सर्पदंश से मृत्यु के बाद वह विरहोन्मत्त हो गया। उसे खोजने के लिए वह मृत्युलोक तक पहुँच गया। यम देवता हेडिस ने उसकी निष्ठा तथा अनुरक्ति से अभिभूत होकर पत्नी को पृथ्वी लोक में वापस लिवा जाने की अनुमति दे दी, बशर्ते कि वापसी यात्रा में वह पीछे मुड़कर नहीं देखे। संशय, कौतूहल और हर्षोत्कण्ठा में ठीक पृथ्वी पर आने के पहले ज्योंही उसने पीछे मुड़कर देखा तो पत्नी नीचे उतरती गयी और सदा के लिए खो गयी। विश्वमिथक में पुरुष-वियोग पुरुरवा तथा आर्फियस में ही अभिहित हैं।

अब आर्फियस प्रेम देवता **डायोनीसस** (क्युपिड) के महोत्सव में पहुँचा। देवता की काम एवं मदिरा से उन्मत्त 'मीनाड' भक्तिनों में-से प्रत्येक उसे काबू करके रमण के लिए सन्तप्त हो गयी। लेकिन वह प्रेमयोगी-वियोगी बना रहा। इसलिए रोष तथा प्रतिशोध में उन्होंने उसके चिथड़े-चिथड़े नोच डाले तथा उसके मांस का भी भोग लगाया। आखिर में आर्फियस का कटा शिर हेब्रास नदी में फेंक दिया गया जो ऐजियन सागर पर (एफ्रोडाइट की तरह) बहते-बहते लेस्बास द्वीप में पहुँचा जहाँ के द्वीपवासियों ने उत्सव के साथ उसे दफ़ना दिया।

फिर ग्रीस में आर्फियनों का सम्प्रदाय 'आर्फिज़्म' फैलने लगा जो क्रीट, दक्षिण इटली, एशिया माइनर (वर्तमान तुर्की) तक कुछ शताब्दियों तक फैला। अन्त में उस पर रोम में प्रतिबन्ध लगा दिया गया था। इसकी मिथकआलेखकारी कई कोणों से की जाती है।

(i) ज्ञानदेवता अपोलो का संगी आर्फियस कामभोग के देवता डायोनीसस के यहाँ पहुँचकर भी उसका आनुष्ठानिक आदर नहीं करने के कारण दण्डित हुआ।

(ii) पाताल के मृत्युलोक की अपनी यात्रा में आर्फियस (नचिकेता के साधर्म्य जैसा) मृत्यु को परास्त करने का रहस्य जान गया था। अतः उसे बहिष्कृत किया गया।

(iii) क्योंकि कामोन्मत्त नारी अनुयायिनी मीनाडों ने आर्फियस की काया के टुकड़े-टुकड़े करके उसके मांस का भोग किया था अतः आर्फियायी-महोत्सवों में मांस-प्रसाद का सेवन होने लगा [कवि हेसियड (ई.पू. 700) की साखी। कवि हेसियड ने आगे बताया कि] आर्फियसवादियों के लिए प्रेम देवता एरॉस शारीरिक समागम के अलावा कुछ भी नहीं था और वे बहुत-कुछ सब कुछ (देह, चित्र, बुद्धि, अहंकार) चाहते थे।

(iv) तदपि वे एरॉस को विशिष्ट रहस्यात्मक शक्तियों से भी सम्पन्न करके अंगीभूत करना चाहते थे (जैसा कि भारतीय कौलाचारियों, वज्रयानियों, महामुद्रावादियों की गूढ़ साधनाएँ थीं)। इस सन्दर्शन द्वारा आर्फियसवादी मानते थे कि इससे विरुद्धों (काम-अध्यात्म) का सामंजस्य एवं विभिन्नता की एकता (प्रकृति-पुरुष, या...) स्थापित होती है।

(v) अतः आर्फियसवाद भौतिक देह से डायोनीसियाई अध्यात्मा (स्पिरिट) की विमुक्ति का विश्वासी एवं अभ्यासी था।

(ख) **द्वितीयतया रहस्यवाद**—हमें तो इस हाशिये पर भी प्रधानतः मिथी-सामाजिक वृत्ति से ही व्याख्यायित करना अभीष्ट होगा।

रहस्यवाद की केन्द्रीय धुरी भी प्रिय-प्रभु-पति/पत्नी का त्रिकोण है जिसकी परिणति दो के मिलन तथा अद्वैत में होती है। सूफ़ी साधना में यह इश्क-मजाजी और इश्क-हक़ीकी का द्वन्द्वैक्य है। अतः सामाजिक चक्रचिह्नों में यह राजदरबारी तथा वैवाहिक प्रेम, सच्चा प्रेम तथा आदर्श प्रेम के बीच सन्तरण करता है। वर्गीय समाज-संरचना में मर्दवादी सत्ता के प्रभुत्व के साथ वैवाहिक जीवन की दमघोंटू यथार्थताएँ हैं जिससे प्रणयविहीन विवाह होते थे। अतः **सच्चे प्रेम** की खोज में दरबार या मन्दिर या चर्च में या

देवदूत के कामाध्यात्म-तीर से आहत कुमारी संतिन टेरेसा
शिल्पी : बर्नीनी

कल्पलोक में खोज हुई क्योंकि विवाह के अन्तर्गत सच्चा प्रेम प्रायः असम्भव था। अतः मीराबाई ने बाँके-बिहारी कृष्ण के मन्दिर में, राजा नागरी दास ने गणिकानर्तकी बनीठनी जी में, काश्मीरी सम्राट... में, सम्राट आर्थर की रानी ने दरबारी लैंसलॉट में, ट्रीस्टन से आइसोल्डी में सच्चे प्रेम की धधकती-उदात्त यात्राएँ की हैं। मन्दिरों, चर्च तथा दरगाहों में यह **आदर्श प्रेम** में उन्नीत होता गया जहाँ सेक्स अमूर्त तथा वायवी है। यह समाज द्वारा स्वीकृत तथा अभिनन्दित भी हुआ। आदर्श प्रणय में परिणति पर आद्योपान्त अवरोध है। अलबत्ता स्वप्न में, साधना में, अपनर्मिल दशाओं में, यह अज्ञात-असम्भव-अदृश्य मिलन होता रहता है। अन्ततः यह प्रभु और जीव के बीच का चिरन्तन विरह ही स्वीकृत होता है। इसमें सूली-ऊपर मीरा के पिया की सेज होती है, अथवा स्पेन के एविला कार्मेलिन चर्च की टेरेसा द्वारा एक पावन चुम्बन का आदान-प्रदान।

इनकी पृष्ठभूमि में ही रहस्यवादियों के अनुभव समझे जा सकते हैं। ये केवल सांस्कृतिक सन्दर्भों से ही अनुरंजित नहीं होते बल्कि उनके द्वारा नियन्त्रित तथा कालान्तर में निर्धारित भी होते हैं। अमूमन इनके कारण-घटक साधक की धार्मिक आस्था,

परीक्षा	कठिन परीक्षा में सफलता के पश्चात्
परीक्षा चोल नृपतन्त्र में आनन्दतांऽवपुरम् के एक किसान मणिक्कांचार नायनार अपनी बेटी का विवाह आयरकोन काल. ाकोन नायनार के साथ निश्चित करता है। विवाह के मौके पर ही एक शिवभक्त आद्यार आ गया। उसने नायनार के लम्बे बालों की माँग कर ली क्योंकि वह मानव केशों से बटा हुआ जनेऊ पहनता था। **परीक्षा का पालन** पिता मणिक्कांचार नायनार ने अपनी बेटी के केश काटकर आद्यार को भेंट कर दिये। इसके बाद–	**चमत्कार** (i) आद्यार सहसा अन्तर्धान हो गया। (ii) आद्यार कोई और नहीं, स्वयं शिव थे। अतः (अ) आकाशवाणी हुई कि वधू का पिता एक सच्चा शिवभक्त सिद्ध हुआ, (आ) अतः वाग्दत्ता की लम्बी केशराशि पुनः आ गयी। अतएव अब **संरचना** को चीन्हा जाए।

शिक्षा और परिवेश होते हैं। इसके साथ ही काल (मध्य युग) तथा संस्थिति (घर, पड़ोस, संस्थाएँ, खाप, पंचायत, जाति आदि) भी उत्प्रेरक होती हैं। वस्तुतः ये दमघोंटू यथार्थताओं के विरुद्ध प्रतिक्रियाएँ एवं विद्रोह हुआ करते हैं। इनमें धर्मचक्र द्वारा उद्धार भी होता है जैसे कि गणिका या अहल्या या इन्द्र आदि का। इस क्रम में मतसम्प्रदाय (कल्ट) के रहस्य तथा आध्यात्मिक रहस्यवाद में (i) भौतिक सिद्धान्तों का अतिक्रमण होता है; (ii) प्रार्थना एवं स्तुति के हर्षातिरेक में गहराई से निमग्न हो जाने की अनुभूति होती है; (iii) देवी-देवता और आराध्य से मनस्तात्विक निकटता की अनुभूति से सोपानपरक-यात्रापरक उन्नयन होता है; तथा (iv) यह आनन्दातिरेक के साथ ऊर्ध्वमुखी प्रोत्थान (लेविटेशन) वाली शक्ति को भी गतिमान कर देता है।

इस परिमण्डल में सूफी दरवेश, निर्गुणिये सन्त, भक्तिन मीराबाई तथा ललद्यद (लल्लेश्वरी) आदि आती हैं। तो फिर सिर पर मोर-मुकुट पहने गिरिधर गोपाल की प्रेमदिवानी विधवा मीरा का वह 'योगी' कौन है? यह भेद 'योगी और रमणी' के अभिप्राय में अवगुण्ठित है (भगवती चरण वर्मा की 'चित्रलेखा' का बीजकथ्य भी यही है)। वैष्णव प्रेमलक्षणा मधुरा-भक्ति में **परकीया-रति** को मान्यता है। तन्त्र में भी यह ग्रहीत है। यह लौकिक परपुरुष/परस्त्रीगमन (एडल्टरी) का आदर्शालौकिक स्वरूप है। काश्मीर के प्रथम सम्राट दुर्लभ ने एक श्रेष्ठि की पत्नी नरेंद्र प्रभा से पुनः प्रेमविवाह किया (और धर्म में इसका प्रायश्चित्त हुआ)। खजुराहो के एक चन्देल राजा ने विवाहिता हेमावती से पुनः प्रेमविवाह किया (इसका धार्मिक पश्चात्तापी रूप खजुराहो की कामोद्दीपक मन्दिर-पट्टिकाएँ हैं)। गाहडवार राजा जयचन्द्र ने भी एक साधारण विवाहिता से पुनः विवाह करके उसे पटरानी बनाया था। इनके ऊर्ध्वोत्थान के अनुभवों की साखियाँ-श्लोक-बानियाँ उपलब्ध हैं। ये प्रिय-प्रिया, प्रभु-देवी, पति-माशूका से सीधे हर्षातिरेकी सम्बन्ध की रहस्यवत्ता का अनहदनाद-परक अथवा अनिर्वचनीय प्रगटावा करते हैं।

इनका अपने आराध्य या आराध्या से सीधा एकैक आमना-सामना होता है, तथा स्वप्नों या मायावरण (हैलुसिनेशन) की दशाओं में **प्रिय-मिलन** भी होता है। यहाँ सभी कुछ कायोत्तीर्ण, कालोत्तीर्ण, अहं-उत्तीर्ण होता है।

वस्तुतः यह बहुधा मनोदैहिक (साइको-फिज़िकल) फेनामेना है। इसके कुछ प्रतिनिधि ऐविला की स्पेनी नन टेरेसा (1515-1582), मीराबाई (1498-1546) तथा महादेवी वर्मा (1907-1987), चैतन्य महाप्रभु, जोन ऑफ आर्क आदि हैं। इनका चैतन्य मानो इस भौतिक संसार से वर्तमानोत्तीर्ण हो जाया करता है।

ऐसी मनोदैहिकता की पार्थिव स्थितियाँ भी हैं प्रेमियों, दार्शनिकों, कलाकारों में।

ये परिपाटियों के भंजक भी होते हैं। कबीर, निराला, मुक्तिबोध के समानान्तर चोलमण्डलम् की नृत्यांगना बाला सरस्वती,

गायिका एम.एस. सुबुलक्ष्मी, चित्रकार पॉल गागिन, वान गॉग, मार्क शागल, डाइगो राइवेरा आदि की मिसालें हैं। अस्तु।

× × ×

निष्कर्ष यह है कि मिथक की रहस्यमयता तथा धर्म (की मिथक) के रहस्यवाद में एक सौ अस्सी डिगरी का घुमाव है। पहला लौकिक अज्ञेयता से उद्‌भूत है तो दूसरा लोकोत्तर साधना से अभिभूत।

× × ×

सर्वांततः आद्य मिथक एवं धार्मिक मिथक के उभयात्मक सन्तरण का निर्वाह बताने में हम चोल काल में दक्षिणापथ में प्रचलित एक लिजन्धर को हेतु या निमित्त बनाने पर अप्रासंगिक नहीं होंगे।

I. कठिनपरीक्षा के पश्चात् अन्तर्धान होने का प्रयोजन। इससे शर्त पूरी हो जाना है,

II. परीक्षक का छद्मवेशी होना उसका ईश्वरत्व सिद्ध होना है,

III. परीक्षा के बाद अलौकिक आकाशवाणी होना दिव्यता है, तथा

IV. परीक्षा के दुष्कर परिणाम का मिट जाना तथा पूर्ववत् अथवा अधिक सुख-आनन्दपूर्वक दशा हो जाना परीक्षोपरान्त वरदान द्वारा भक्तपद की भव्यता प्राप्त हो जाना है।

[इसी अनुक्रम में—शिव-विवाह के प्रसंग में—पाषाण होने का मिथकाभिप्राय मिथकीय भूगोल में रूपान्तरित हो गया कन्याकुमारी का मिथकधार्मिक लिजन्धर है। यह पाषाणी अहल्या के समकक्ष है।

कन्याकुमारी नामक तीर्थ में पूर्ण चन्द्र दिवस के अवसर पर एकसाथ सूर्यास्त एवं चन्द्रोदय देख सकते हैं। इस खगोलीय फेनामेना को दिव्य एवं पावन माना जाता है। यहाँ **पराशक्ति** नाम से **शक्ति कन्याकुमारी** विराजमान मानी जाती है।

सन्दर्भ तो विष्णु के मोहिनी स्वरूप जैसा ही है। दैत्य बाणासुर अनिन्द्य सुन्दरी पराशक्ति पर मोहित हो गया। उसे हथियाने की कोशिश में देव-दानव-संग्राम छिड़ गया। बाणासुर मारा गया क्योंकि वह अमर नहीं था।

अतएव कन्याकुमारी की तटरेख 'बहुरंगी' हो गयी। इसके लिए भी एक मिथकीय अन्तर्कुंडल है कि पराशक्ति ने शिव से प्रणय-निवेदन किया। शिव सहमत हो गये किन्तु परिणय-वेला में नहीं पहुँच पाये।

इससे रुष्ट देवी ने सभी वैवाहिक मांगलिक सामग्री को बिखेर दिया। शाप के कारण वह रंगबिरंगी रेत में परिवर्तिति हो गयी।

इसके बाद कुमारीशक्ति स्वयं कन्याकुमारी पाषाणशिला में कायान्तरित हो गयी।

शिला-पटल पर उसके पद-चिह्न अंकित हैं]।

× × ×

इस भाँति धर्मकथाओं के गुप्त-प्रकट सूत्र मिथकों और लिजन्धरों द्वारा यथातथा लब्ध हो सकते हैं। इसी अनुक्रम में हजारी प्रसाद द्विवेदीकृत 'बाणभट्ट की आत्मकथा' में लोरिक के, तथा 'चारुचन्द्रलेख' में गदहिया ताल के लिजन्धरों का भी मिथकीय, लोकवार्तिक, तथा (किंचित् अनुवर्ती अर्थात् सबालटर्न) ऐतिहासिक अनुप्रयोग किया गया है। यशपाल की 'दिव्या' के 'प्रेस्थ' शीर्षक अनुच्छेद से यह जगरमगर हो उठा है।

मद्र के वर्णाश्रम धर्मावलम्बी कुलों और जन में **जनश्रुति** थी कि देवताओं के अजेय सेनापति कार्तिकेय ने जम्बूद्वीप को मौर्यवंशी शूद्र राजाओं के कलंक और नास्तिक मुण्डी धर्म के अभिशाप से मुक्त करने के लिए ही सेनापति, पुष्यमित्र के रूप में जन्म लिया है। अग्निमुख, विप्रश्रेष्ठ, ब्रह्मषि पतंजलि ने इसी देवकार्य के लिए सेनापति को राजसूय यज्ञ के पुण्य से अभिषिक्त कर अजेय कर दिया है [पेपर बैक, पृ.-43, हिन्द पाकेट बुक्स, दिल्ली, 1966]

अथच : अकुलीन-उपेक्षित यवन-सारथी दासपुत्र पृथुसेन में (केन्द्र को जीतने से पहले तक) सारथी पुत्र कर्ण के मिथक का दूरान्तो आभास परिलक्षित है।

11.4 वास्तु-चित्रलेखा हैं मिथकें—अनादि और आधुनिक से आगत-सूत्रधारिणी तक

मितवा! विश्वमिथक और मानुषी भाषा, दोनों अनादि काल से विश्व-मानव की विरासत तथा उत्तर-आधुनिकता से भी आगे अनन्त तक धरोहर बनी रहेंगी। उनकी मिथक-आलेखकारी भी विलक्षण चुनौतियों वाली है। अतः हम विविध पद्धतियाँ अपनाएँगे। साँझा करें।

मिथक-वृत्ति तथा आधुनिक वैश्विक सन्दर्श के सम्बन्ध आज भी सक्रिय हैं। आजकल प्रचलित जुमलेबाजी में हम मिथक को गलतफहमी, अफवाह, निराधार विश्वास तथा गलत संज्ञान मान लेते हैं; जैसे केवल बूढ़ों को आर्थराइटिस होता है, रजोनिवृत्ति भली-चंगी स्त्री की सैक्स-जिन्दगी का अन्त है, शिशु गर्भ में माता की बातचीत सुनता-समझता है, रत्नधारण मनुष्य का जीवन

निश्चित करते हैं, स्वतन्त्रता-समानता-भाईचारा आधुनिक (पूँजीवाद) के ही श्रेष्ठ मूल्य हैं; इत्यादि मानो आधुनिक मिथक अर्थात् मिथ्या हैं।

इसी के सहवर्तन में हम किसी शुभकार्य के आरम्भ को श्रीगणेश कहते हैं, किसी भोंदू को गोबरगनेश कहते हैं, माकपा भी चुनाव के अभियान को संयोगात् नवरात्र से शुरू करती है, बांग्लादेश में भारत के युद्ध-अभियान के मौके पर अटल बिहारी वाजपेयी ने इन्दिरा गाँधी को दुर्गा कहा था, मायावती की बहुजन समाज पार्टी के चुनाव-निशान पर नारा लगाया जाता है कि 'यह हाथी नहीं गणेश है, ब्रह्मा-विष्णु-महेश है', जयललिता को वर्जिन मैरी की छायाप्रतिमा तथा आदि-शक्ति कहकर अनुयायी अभियान चलाते हैं। परिवार-नियोजन-प्रचार में नारा है : 'हमारे दो, भगवान राम के दो', दिल्ली की लाल बत्ती पर एक स्थान पर दीवार पर लिखा है 'कृष्ण करें सो लीला, हम करें सो पाप'। ऐसे प्रसंगों में हम अभी उनकी वैज्ञानिक प्रोक्ति अथवा 'कैट-स्केन' नहीं करते। जाहिर है कि सामाजिक आवश्यकताओं तथा माँगों के अनुरूप मिथक-क्रोड़ के अभिप्राय में उपकथाओं के छल्ले गुँथ जाते हैं। यह भी उनका **'शाश्वत वर्तमान'** है जो 'स्वप्न-समय' से निरन्तर गतिमान है।

मिथक और आधुनिकता, दोनों की आधारभूमि गणलोक का **सामूहिक अवचेतन** है। हमारे सामाजिक तथा वैयक्तिक सन्दर्भ भी उसके क्रोड़ बुनते चले आते हैं। मिथकें भाषा की तरह जनजीवन की साँझी एकसमान सम्पत्ति हैं। इसलिए मिथकीय अभिप्रायों तथा संमूर्तनों की जाँच बहुकालिक तथा समकालिक परिप्रेक्ष्य में करके ही हम उनकी सुषुप्त ऊर्जा का केन्द्रापसरण करते रहते हैं। हम '**मिथकीय शब्दों**' के अर्थीय एवं मनोरथिक 'रजिस्टर' बदले चले आ रहे हैं। यह प्रकर्म शताब्दियों से चलता रहा है। अतः मिथकें परम्परा और रूढ़ि, अन्धविश्वास और कर्मकाण्ड आदि के रूप में हमारे जीवन में सक्रिय रहती हैं। यही उनका शाश्वत् वर्तमान है। हम मिथक-कथाओं का वैज्ञानिक विश्लेषण करके उनकी निर्मम हत्या कर सकते हैं। अतः उन्हें अपने मानस का एक आयाम मान लिया जाए क्योंकि मिथकीय मानस तथा आधुनिक मानस की कई प्रक्रियाएँ पारस्परिक छाया-उपछाया जैसी हैं।

जरा अधिक गहराई से सोचें तो आर्केटाइप, चमत्कार (अप्रत्याशित), प्रज्ञा (इंट्यूशन), फान्तासी (मुक्त साहचर्य) आदि दोनों मानसिकताओं की चढ़दी कलाँ हैं। ये अवचेतन की गोधूलि में यदाकदा खूब घुलमिल जाते हैं। जरा अलौकिकता के आवरण को झीना करके आर-पार देखें तो मिथक के अनेक पात्रों और घटनाओं, देवी-देवताओं और अधिनायकों, दैत्यों और चालबाजों के विधान में भी उनके युगों की रवायत से—फ्रायडीय मनोविज्ञान, डार्विनी प्राकृतिक चयन तथा मार्क्सीय भौतिक द्वन्द्वात्मक टकराव परिलक्षित होता है। यही नहीं, मिथकयान के किंचित् छद्मों (गाईज़्) तथा कूटों (कोड्स) को खोलने पर हम सभ्यता के प्रतीत इतिहास और समाज के धुँधले दर्पण, यथार्थ और भ्राँति के विभ्रम भी पाते हैं। अप्रत्याशित संयोग—चमत्कार के बीच, तथा यथार्थता और भ्राँति के बीच की गहरी संरचनाओं में कई भेद खुल सकते हैं—संकेतविज्ञानों द्वारा भी।

अगर हम द्वन्द्व-न्याय अथवा अस्तित्ववाद की भूमिका पर स्थित होकर देखें तो आधुनिकतावाद में भी तो 'भ्रान्तियों को यथार्थ, तथा यथार्थ को भ्रान्ति, मानकर ही समाज में असम्भवताओं-दिवास्वप्नों का व्यापार चलता है। मिथकों में सृष्टि की महान् परिकल्पनाएँ, सूर्य-चन्द्र, स्वर्ग-धरा की कथाएँ, मृत्यु-पुनर्जन्म-पाताल की दुनियाएँ, अद्भुत प्रेमियों तथा दैवी कामनाओं के विभ्रम, योद्धा-राक्षसों-धूर्तों के कारनामे ही तो मिलते हैं। क्या आज भी वे छद्म-कायान्तरित रूपाकारों में सक्रियमाण नहीं हैं? परिप्रेक्ष्य, वैश्विक दृष्टि, जीवन-शैली आदि में जरूर एक सौ अस्सी डिगरी का घुमाव आ गया है। आज हम इसी में **जी** रहे हैं जैसे कि कल मिथक में जीते थे।

आज अणु (एटम), जीवाणु (सेल) तथा जीन (गुणसूत्र) की सूक्ष्मतम् त्रिक् इकाइयों तक विज्ञान झाँक चुका है; आज 'पार्टिकल' रेयूज-वेव़्ज तथा ऊर्जा के त्रिपुर में ही 'महत्' की स्थिति मिल गयी है। आज हम पृथ्वी-केन्द्रित ब्रह्माण्ड से सूर्य-केन्द्रित, फिर मानव-केन्द्रित ब्रह्माण्ड, फिर व्यक्ति-केन्द्रित, फिर वर्ग-केन्द्रित संसारों के सारत्व को क्रमशः तार्किकविवेक (रीज़न), रोमांटि. कवाद तथा क्रान्ति से अभिहित करते हैं। किन्तु इनके पीछे भी हमारा मिथकीय मानस रहता आया है। कैसे? नयी दृष्टि तथा नयी विधि से!

पूँजीवाद तथा (अब) भूमण्डलीकरण (ग्लोबलाइजेशन) **यथार्थ मिथक** रहे हैं। इनके भंजक भी आंशिक मिथकभंजक रहे हैं। हीगेल ने निर्विकल्प प्रत्यय की सिद्धि में पर्शियन राज्य पर रोमन साम्राज्य का मिथक थोपा; मार्क्स ने प्रोमेथियस का अंगीकार करते हुए मानव को पूँजी की जंजीरों से विमुक्ति का क्रान्तिकारी चार्टर दिया तथा पूँजीवादी समाजव्यवस्था की नयी संरचना पेश की; फ्रायड ने मस्तिष्क को समझने-समझाने में ग्रीक मिथकों का घटाटोपी वितान तान दिया; अस्तित्ववादियों ने सारतत्व की ही अप्रांसगिकता को दर्शाने के लिए ग्रीक मिथक के सिसिफस द्वारा चट्टान ऊपर चढ़ाने-नीचे लाने का व्यर्थ श्रम-कर्म बताया; मैक्स वेबर ने पूँजीवाद की ईसाई नैतिक मिथकों द्वारा मधुर भ्रम फैलाया; आदि। इस तरह यथार्थ मिथक का मिथक-भंजकों ने वैज्ञानिक मुकाबला किया और मिथकों के अस्त्र-शस्त्र, कवच-कुण्डल इस्तेमाल किये। वस्तुतः **पूँजीवाद का 'एकाधिकार'** मिथकों का भी शत्रु है। उनमें कोई एकत्रता-स्थल (कैलास, ओलिम्पस, कार्नीक, कुंज़को) हो सकता है किन्तु देवी-देवताओं का बड़ा मण्डल होता है। उनके वर्ग और प्रारूप होते हैं। अतः विविधता एक्स-अक्ष और बहुलता वाई-अक्ष होती है। **पूँजीवाद में 'सत्ता'** विश्वदेव, देवेन्द्र

इन्द्र या ज़ियस की तरह सर्वशक्तिमान तथा सर्वव्यापक होती है। कालान्तर में उसका विखण्डन विभाजन होता है। इसी उपक्रम में **आधुनिकता** (पूँजीवादी प्रक्रिया) **आभिजात्य** तथा **ऐश्वर्य** (अवकाश तथा भोग-विलास) के ध्रुवान्तों वाली हो गयी। मिथकें नये युग का सूत्रपात करती हैं। आधुनिकता भी नये युग के लिए संघर्ष करती है। आधुनिकता एवं आभिजात्य की इस दुरभिसन्धि की भी पहचान विश्वमिथकयान करा सकते हैं। एक निषेधपरक विचारदृष्टि **उत्तर-आधुनिकता** की है जो सामाजिक व्यवस्था के विखण्डन की, भव्यता के उन्मूलन की तथा सांस्कृतिक-ऐतिहासिक जंजीरों को तोड़ने का मुकदमा पेश करती है। तथापि वह संस्कृति-हन्ता तथा अराजकता-पन्थी है। इस भाँति हमारे आधुनिक संघर्ष भी तो मिथकयान की तरह कालातीत एवं कालोत्तीर्ण हैं। उनमें भी उदयन-उन्नयन-अस्तमन का चक्र चला करता है। आधुनिकता की मिथक के जटिल-कुण्डल हैं:—पूँजी बनाम समाज, मनुष्य बनाम प्रकृति, संस्कृति और सभ्यता। जुंग ने यही तो कहा है कि 'कोई भी विज्ञान कभी मिथक को प्रतिस्थालित (रिप्लेस) नहीं करेगा तथा किसी भी विज्ञान से मिथक का निर्माण होता रहेगा।' सो नृतत्त्वशास्त्र का यह ज्वलन्त तथ्य है कि जंगली दशा में पवित्र विस्मयांतक तथा रहस्यात्मक खौफ़ ही संचालक होते हैं। यारब! आज कैसी दशाएँ हैं?

विश्वमिथकयानों ने धर्म, दर्शन, भाषा, विज्ञान की सेवा की है; साहित्य की सर्वाधिक। मेसोपोटामिआ का 'गिल्गामेष', ग्रीस के 'इलियाड' और 'ओडिसी', भारत के 'रामायण और महाभारत' आदि के क्लासिकी मिथकपुंज कई भिन्न-भिन्न **तरीकों** से पढ़े जा सकते हैं तथा कई स्तरों पर प्रभावक हो सकते हैं। अतएव एक ही व्याख्या आप्त, या आर्ष या अन्तिम नहीं होती। अलबत्ता हमें मिथकीय रूपाकारों को ऐतिहासिक नायकों-पात्रों से अलगाना होगा। इसके लिए मिथकीय समय को ऐतिहासिक काल से भी विच्छिन्न करना होगा। हमें यह भी ध्यान में रखना होगा कि **मिथकों की उत्पत्ति** प्रायः कर्मकाण्डी नाट्याभिनय तथा धार्मिक नृत्य और सामूहिक मनोरथों में होती है। मर्सिया ऐलियाड के शब्दों में 'मिथक शाश्वत् पुनरागमनकारी' होती है और वह केन्द्र तथा धुरी के प्रतीक में प्रायः घूमती है—कालचक्र, नियतिचक्र, कर्मचक्र आदि के चक्रचिह्नों को विकीर्ण करती हुई। मिथक अर्धेक स्वप्न-अर्धेक सत्य भी प्रतीत होती हैं। फ्रांसीसी डुमेजिल ने दिव्य जुड़वाओं को मित्र-वरुण के माध्यम से अभिभाषित किया है—हम अश्विनी कुमार, राधा-ललिता, अपोलो-एथेना, रेमस-रोमुलस तथा (अगर अतिवक्र न लगे तो) आधुनिकता-आभिजात्य को भी इस सूची में जोड़ सकते हैं।

वास्तव में विश्वमिथकयान यह महासत्य देदीप्यमान करते हैं कि **विश्वमानव** एक इकाई है, विश्वमानव का **मिथकीय मानस** एक है तथा विश्वमिथक की नाभि तथा गर्भनाल भी एक है। मिथकें आजकल भी हमारी एकान्त की साथिनें तथा दैनन्दिन सलाहकार हैं। वे समस्याओं के समानान्तर यथासम्भव सुझाव दे सकती हैं (यदि समाधान न कर सकें)। वे दकियानूसी बन्धन भी हैं तथा रूढ़ियों-कुरीतियों से विमुक्ति का पंचांग भी। वे अभावग्रस्त जन-जन की अस्मिता तथा शिक्षिका हैं। तथापि वे आजकल अनेक न्यूनताओं से पूर्ण हैं। मिथकों के द्वारा हम अपने पूर्वजों, अपने स्वप्नों, अपने दुःस्वप्नों का प्रासंगिक साक्षात्कार करते हैं।

• अनेक पाठ-अनुपाठ-प्रतिपाठ-उत्तरपाठ के जुड़ते-सँवरते चले जाने से मिथक में हर एक **सम्भावना** की कालाभासित यथार्थता

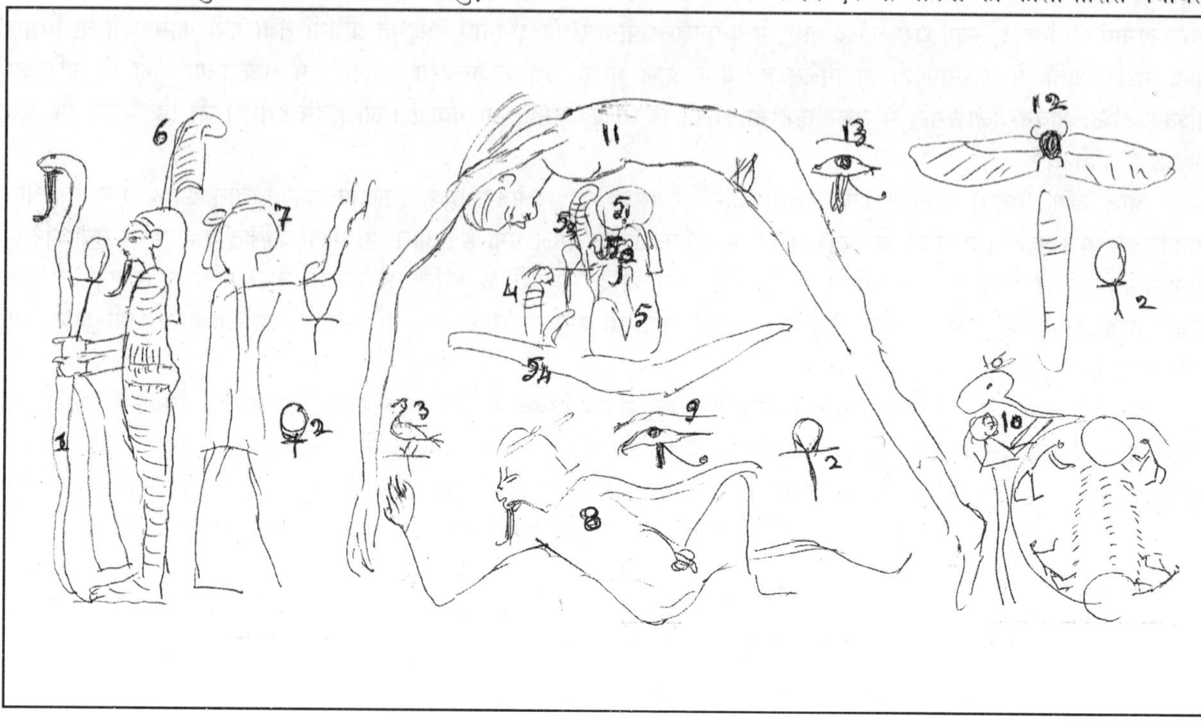

ईजिप्ट के मिथकयान का सृष्टि-वितान

है। इसकी एक कथा में कोई खण्ड/थीम कथाभिप्राय बन जाती है। फिर उसकी किसी रिक्ति को पूरा करने को एक अन्य लघु कथा का कुण्डल गुँथ जाता है। इस तरह हर एक यथार्थता विश्वासी चमत्कार तथा काल्पनिक मण्डन हो जाया करती है।

- हमने सर्वत्र मिथक/मिथकें/मिथकों का प्रयोग स्त्रीलिंग में किया है।
- हमें वर्तमान वैज्ञानिक व्याख्याओं से बचे रहने की सतर्कता लगातार निभानी पड़ी है।
- मिथक और मिथक-कथा में कोई एक व्यक्ति अपनी मौलिकता की दबंगई नहीं चला सकता क्योंकि वे कालातीत, सामूहिक तथा परम्परावाहित होती हैं। हमने भी विश्वमिथकों को विभिन्न सूत्रों तथा स्रोतों से इकट्ठा करके कम-ज्यादा कलमबन्द किया है—अपनी अपेक्षाओं, आवश्यकताओं तथा प्रासंगिकताओं के अनुसार। अलबत्ता उनकी व्याख्याओं, उनके विपथनों, उनकी समानान्तरताओं, उनके माइथीमों, उनके सिस्टमों तथा सामाजिक पंचांगों में हमारा थोड़ा बहुत विनम्र योगदान जरूर दृष्टिगोचर हो सकेगा।
- हमने इस संहिता में मिथक-कोश या मिथक-विश्वकोश तैयार नहीं किया है। हमने सन्दर्भानुसार ही प्रासंगिक संकलन, चयन तथा सूचीकरण किया है।
- इसके मिथकायन/मिथकयान (मिथोलॉजी) की बनिस्पत **मिथक-आलेखकारी** (माइथोग्राफी) पर ही हमारा आग्रह रहा है। हमने अधिकतर वही पद्धति अपनायी है।
- इस पूरी संहिता में नामों के उच्चारण की अस्थिरता सर्वत्र मिलेगी, क्योंकि हमारी संसाधन भाषा अंग्रेजी भिन्न-भिन्न लिपि एवं उच्चारण के हिसाब से दोहरी (दो भाषाओं जैसी) हो जाती है। यह संश्लेष एवं ऐक्य केवल देवनागरी लिपि में है। जार्ज बर्नार्ड शॉ ने अंग्रेजी भाषा में इसके सुधार के लिए कई सुझाव दिये थे जो पूरे नहीं हुए।

फिलहाल हम मिथकगाथाओं की **पाँच ध्यान-छवियों-शिल्पों** की विविधरूपेण मिथक-आलेख-कारी को अपने विश्वमिथकसरित्सागर की महायात्राओं की दूरबीन तथा कुतुबनुमा बनाएँगे।

(क) ईजिप्ट के सृष्टि-वितान के कूट तथा चक्रचिह्न
(ख) एक शिलापटल की धार्मिक मिथक में देवी महिषासुरमर्दिनी का शुभ-दर्शन एवं सौन्दर्यसामाजिक पंचांग
(ग) आर्तेमिस-एक्टाओन की ग्रीक मिथक से हेलेनवादिता की पुनर्लब्धि
(घ) मिथक-आधारित कला की गुप्त भाषा : वीनस तथा मार्स शीर्षक रिनासांई चित्रफलक; तथा
(ङ) जापानी शिन्तो-सूर्यदेवी आमा-ते-रासू का अन्धकारी गुफा से बाहर प्रकट होना।

(क) ईजिप्ट के सृष्टि-वितान के कूट तथा चक्रचिह्न

ईजिप्ट में लम्बी एवं भव्य मिथकगाथाएँ बहुत कम हैं; प्रत्युत उनमें कर्मकाण्ड तथा मिथक, अनुष्ठान तथा लोक-कार्यकलाप, जड़देववाद (एनिमिज़्म) तथा जागरूक ऐतिहासिकता की त्रयी की निरन्तरता है।

संलग्न एकांशी भित्ति-चित्रफलक ईजिप्ट की प्रारम्भिक मिथकीय प्रसंगों के पुंज के भरतपाठ का एक मिश्रित विश्वकोश (एनसाइक्लोपीडिया) जैसा प्रतीत होता है।

इस (क) खण्ड में हम सरलतर मिथक-आलेख-कारी से श्रीगणेश करेंगे जो क्रमशः भारत की महिषासुरमर्दिनी दुर्गा, ग्रीस की आर्तेमिस-एक्टाओन, जापान की आमा-ते-रासू की नानाविध मिथकालेखकारियों में उन्नत तथा जटिल गहरी तथा व्यापक होती चली जाएगी [(ख), (ग), (घ) खण्डों में]।

एक अन्तःप्रकोष्ठ में अंकित यह भित्तिचित्र गाढ़े-गहरे-घने अकार्बनिक यौगिकों तथा कार्बनिक मिश्रण वाले रंगों से बना है—मूलतः कत्थई, श्याम, सफेद, हरा, नीला। रेखाएँ मोटी और वज़नी हैं तथा आकृतियों के विषम अनुपात ही तीन आयामों का प्रतिभास कराते हैं। इसमें मूल सृष्टि-वितान की मिथक के अन्तर्गत अनेक मिथक-कुण्डल गूँथ दिये गये हैं।

(i) पहले हम **विवरण** बताते हैं—

1. शू का दण्ड, 2. ऑन्ख, 3. गेब की बत्तख, 4. माट की छवि, 5. सूर्य देवता, 5.1 सूर्य गोलक, 5.2 यूराइयस, 5.3 न्याय का पंख, 5.4 सूर्य देवता 'रे' की नौका, 6. शू, 7. हा, 8. लेटा हुआ गेब, 9. देवता 'रे' की आँख, 10. सुफलता का नीर, 11. नुट, 12. स्कारा पतंगा, 13. होरस की बायीं आँख।

(ii) अब इनके **प्रकरण**—

मध्यादेश :

1. 'यू का दंड सपक्रित है क्योंकि' तथा सूर्य केंचुल उतार सकते हैं।

2. 'मानव' जीवन का प्रतीक है। उसके पास भी घटी है। यह जीवनदान या जीवनहरण कर सकता

3. 'गेब' की बत्तख। गेब नुट का पति भाई हैं। वह कभी-कभी एक बत्तख

के अतः वे पुनर्जन्म और खुशी जीवन शाक्ति का संकतन हैं।

केवल देवता राजा, रानी ही आन्ख को धारण करने के अधिकारी थे। 2.1, 2.2, 2.3

भी पुर्नप्रस्तुत होता है। वह 'बेहद कूजने' वाला भी कहा जाता है। उसके अण्डे से काल प्रभात में 'बेनू' पक्षी निकलता है।

4. 'मार्डर' न्याय तथा व्यवस्था की देवी है जो 'रे' (सूर्य) की पुत्री भी बताई जाती है; जो उसके सामने बैठती है।

5. 5.1 सूर्यदेवता, 5.2 यूराइस, 5.3 न्याय का पंख 5.4 'रे' की नौका

6. 'शू' नुट का पिता है उसकी पहचान भुतर्मुर्ग पक्षी की कलनी से होती है। वह नुट तथा गेल को अलग थामे रहता है।

7. 'हां' पश्चिमी रेगिस्तान का देवता

8. गेब (पृथ्वी का देवता) अपनी भगिनी प्रिया

9. देवतारि की आँख की सेमिओटिक्स

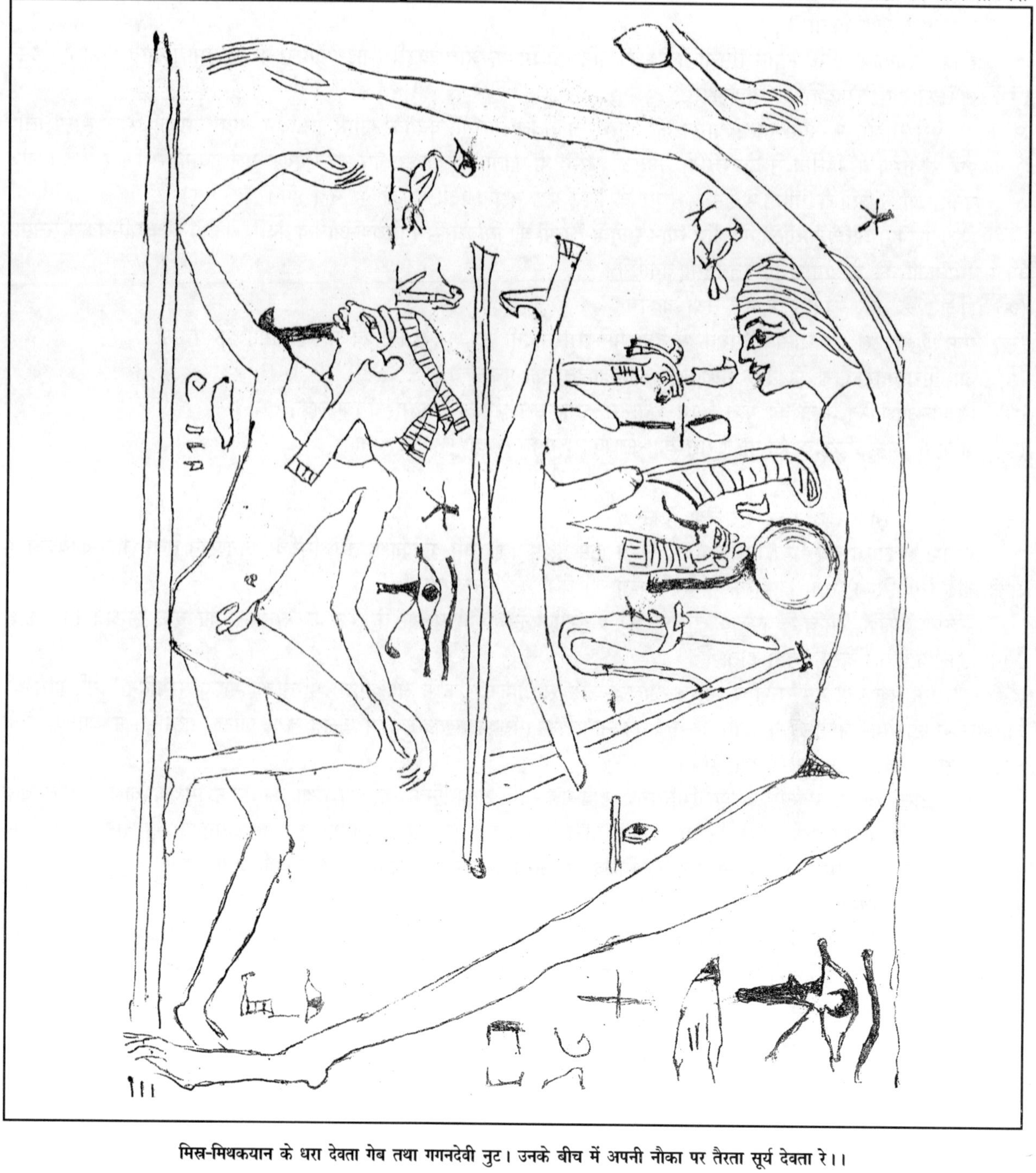

मिस्र-मिथकयान के धरा देवता गेब तथा गगनदेवी नुट। उनके बीच में अपनी नौका पर तैरता सूर्य देवता रे।।

है। यह कमर में बैल की पूंछ धारण करता है तथा ईजिप्टी राजचिन्ह भी है।

10. सफलता जल यह नेफी तरस देवी है जो आइसिस को बहन है। जल उड़ेलती है, जबकि मनुष्य खेत जोतते है।
ओसिरस की ममीकृत काया का भी पुनर्जन्म होता है जब जल का धरती से सम्पर्क हो जाता है।

13. होरस का बायीं आँख : इसे चद्रन्मा से तदाकृत किया जाता है। यह चाचा सेथ के साथ लड़ाई में नष्ट हो गई थी 'लेकिन दोबारा' सम्पूर्ण हो गई (वेडजाट आई)।
अथच :
नुट ने चंद्र देवता 'टोप' से जुआ खेला। इससे समय खंड-खंड बंटा। पांच अतिरिक्त दिन जीते जिनमें उसने पांच पुत्रों को जन्म दिया– ओक्रिरिज, अंधा होरस, सेथ, आइसिस (पुत्री), नेफथीस (पुत्री)।

की छाँह-तले होत हैं। ईजिप्टी वा अन्य संस्कृतियों के विपरीत पृथ्वी को पुरूष मानते थे।

11. नुट सबकी देती है। वह अपनी दह से दिन की मेहराब (गुम्बद) बनाती है। हर रात वह सूर्य को निगल लेती है तथा हर सुबह जन्म देती है वह अपने भाई गेब से समागम करती है। सितारे उसके शिशु हैं। बेनू पक्षी ने ही जल के आर-पार उभर प्रकाश फैलाया तथा प्रभात की सूचना दी। ग्रीकों ने इसे फोनिक्स पक्षी के रूप में पांतरित कर दिया। कार्नाक के महानू आमन-मंदिर में उसकी उपासना होती है।

सूर्य है। उसकी एक आँख रात में सोती तथा दिन में खुलती है बारी-बारी से।

12. स्कारा पंतगा : यह देवता 'रे' (सूर्य) का शलभ है। जो ओसिरिस की ममीकृत देह के साथ धरती से उभरता है। यह उसके पुनर्जन्म का 'तथा रे' का दिन-न-प्रतिदिन जन्म का भी सूचक है।

मामल्लपुरम् के आदिवाराह मंडपम में महिमासुरमर्दिनी दुर्गा की 'वेगमूर्ति' का पटल (ई.प. सातवीं शताब्दी)

सुजलता-सुफलता का प्राणदायक नीर। यहाँ अनिन्द्य सुन्दरी नेफरतीती देवी आइसिस की बहन है। वह धरती पर सुफल-सुफूल हेतु जल उँड़ेलती है। वह जल प्रवाहित करती है जब किसान खेत में जाते हैं। जब यह नीर पृथ्वी के सम्पर्क में आता है, तब ओसाइरिस की ममीकृत काया पुनरुज्जीवित हो जाती है।

(iii) आखीर में मिथक-आलेख-कारी में, **चिह्न, प्रतीक, कूट** आदि।

(अ) इस बड़े भित्ति-चित्रफलक में तीन स्थलों पर 'आँख' चिह्नित है तथा तीन प्रसंगों में सूर्य के नेत्र, होरस का नेत्र एवं 'रे' का नयन चक्रचिह्न के रूप में प्रतिनिधित्व पाता है। ये कूट (कोड) का प्रकार्य भी निभाते हैं।

कूट का एक वैश्विक पक्ष नीतिगत है। ईजिप्ट, मेसोपोटामिया, ग्रीस (आरम्भ में भारत भी) आदि में भाई-बहन, पति-पत्नी भी होते हैं। यहाँ गेब तथा नुट, आइसिस तथा ओसारिस के सम्बन्ध भी ऐसे ही हैं।

(आ) कायान्तरण (मेटामार्फोसिस) का एक दृष्टान्त गेब और हंस रूप गेब का है।

(इ) जो चित्र में चिह्न (साइन) तथा देहशिल्प में लांछन होते हैं वे यहाँ शू के सर्पदण्ड एवं पक्षी की कलगी, हा के वृषभ पुच्छ कटिबन्ध, सूर्य की नौका में परिलक्षित है।

(ई) रूपान्तरण प्रचुर हैं—विशेषतः सूर्य की विभिन्न अवस्थाओं तथा स्वरूपों को लेकर।

(उ) स्कारा-पतंगा मिथकीय-धार्मिक अनुष्ठान में संलग्न है जो ममीकरण की जीवनदृष्टि भी है। बेनू पक्षी भी यह प्रकार्य निभाता है।

(ऊ) जल केन्द्र, जुआ-कर्म, मरुस्थल की उर्वरता, आदि सामाजिक जीवन के प्रतिबिम्बाधायक हैं।

इस भाँति मिथक-आलेख-कारी का प्रथम किन्तु अपेक्षाकृत सरलतर पाठ्यचक्र पूरा हो जाता है।

सारत्वः—अनादि ब्रह्माण्ड वास्तुशास्त्र (कॉस्मिक आर्डर) इस पुराचीन भित्ति-फलक में पृथ्वी और आकाश, सूर्य और चन्द्रमा, जल और जीवन, दृश्य और चिन्तन, मृत्यु और अमरता आदि को समेकित किया गया है।

(ख) एक शिलापटल की धार्मिक मिथकगाथा की देवी महिषासुरमर्दिनी का शुभदर्शन तथा सौन्दर्यसामाजिक पंचांग

मध्यकाल में दो अत्यन्त प्रतिभावान राष्ट्रीयताएँ (नेशनलिटी जो) थीं—काश्मीरीय (उत्पल तथा कार्कोट शासन में) तथा द्रविड़ (पल्लव तथा चोल शासन में)। यह ईसा पश्चात् सातवीं से दसवीं शताब्दी के बीच की संघटना है। यहाँ हम दक्षिणापथ के पल्लवों-चोलों पर थोड़ी-बहुत वार्ता करेंगे।

(I) **कांचीपुरम** पल्लवों की राजधानी थी और (चेन्नई के पास) **मामल्लपुरम्** (या महाबलीपुरम्) तीर्थपुरी एवं समुद्रपत्तन था। इसे पल्लव-सम्राट नरसिंहवर्मन प्रथम (630-668) ने बसाया था। वे काश्मीर के सम्राट ललितादित्य के समकालीन थे। पल्लव काल (ई.प. 600-750) में पल्लव-कला के तीन चरण रहे थे। महामल्लवीर महेन्द्रवर्मन-I पल्लव-कला के उद्भावक थे। उनका उपनाम 'विचित्र चित्र' था। सचमुच वे विचित्र चित्त थे। उन्होंने 'मत्तविलास प्रहसन' लिखा जिसमें एक कापालिक तथा शाक्य भिक्षु की प्रतिद्वन्दिता का उल्लेख है। फिर नरसिंहवर्मन-II उर्फ राजसिंह ने शैल-काट मन्दिरों की तकनीक में बड़ा भारी परिवर्तन कर दिया तथा वास्तु एवं शिल्प की एक नयी शैली का सूत्रपात किया। मन्दिरों की दीवारों पर भी बहुत अधिक शिल्पाकृतियाँ खुदवायीं। वहाँ पड़े शिला के गुम्मों को भी पाँच रथों में उत्कीर्ण करा दिया तथा कुछ गुफाओं को भी कला-वीथी बनवा डाला। आदि वराह-गुफा में महिषासुरमर्दिनी दुर्गा का पटल हमारा बेधक लक्ष्य है। [पल्लव-काल ने ही परवर्ती चोल-वंश के लिए उर्वर भूमि तैयार कर दी (ई.प. 900-1053)]। चोल तो अतुल्य कांस्य-मूर्तियों के विधायक थे। हाँ, पल्लव-चोलों का सौन्दर्यबोध 'भोग-मूर्तियों' वाला नहीं था (खजुराहो या पुरी जैसा)। बल्कि वे 'वेग मूर्तियों' के द्रष्टा थे। महिषासुर मर्दिनी दुर्गा वाला शिलापटल ऐसा ही है। आगे हम इसी शिलापटल को देखेंगे व पढ़ेंगे।

तथापि इस ऐतिहासिक ज्ञान की पृष्ठभूमि का पता होना बहुत जरूरी है। आइए तो, उक्त शिलापटल का सन्दर्शन तथा सौन्दर्यपाठ किया जाए। मितराँ! आप भी साथी बनें; नये-नये लोकों के!!

यह विशाल पटल समकोणीय आयात (रेक्टेंगल) वाला है।

चित्रकला में रेखा-रंगों की जुगलबन्दी होती है। इसलिए पहाड़ी तथा राजस्थानी कलम के चित्रफलकों में दुर्गा रंग-रंगीली चटकीली साड़ी तथा गहनों और अस्त्र-शस्त्रों से सज्जित हैं किन्तु शिल्प में रेखा और रंग नहीं होते। अतएव आकृतियाँ आयतन (वोल्यूम) द्वारा निर्मित होती हैं। इसके अलावा उनके अंग-प्रत्यंग, मुद्रा-भंगिमा के उभार के लिए उन पर कम-से-कम वस्त्र होते हैं। अलंकार भी प्रतीकात्मक होते हैं। अतएव प्रायः सभी देवी-मूर्तियाँ कमर के ऊपर निवर्सन होती हैं। कारण कि, उन्हें गौरी-चिर किशोरी अथवा पीयूष भरे स्तनों वाली जगज्जननी के तौर पर पेश किया जाता है। इसके अलावा भारतीय शिल्प-संहिता में देवताओं के तो कई मुख तथा भुजाएँ होती हैं, लेकिन देवियों का मात्र एक मुख ही होता है। (चतुर्वेद-माता श्रीगायत्री अपवाद हैं)। हमें ये बातें ध्यान में रखनी पड़ेंगी।

मामल्लपुरम् में तीनों प्रमुख हिन्दू-सम्प्रदायों को बराबर का महत्त्व मिला है—शिव, विष्णु और दुर्गा। यहाँ तो दैवी मिथकों

महिषासुर, मामल्लपुरम्, ई.प. 7वीं शती का पूर्वार्ध

महिषासुर, ममल्लपुरम, ई.प. 7वीं शती का पूर्वार्ध

की कतारें हैं। आदि वराह गुफ़ा में दुर्गा, महिषासुर-मर्दिनी-मण्डप में अष्टभुजा दुर्गा तथा त्रिमूर्ति गुफ़ा में भी दुर्गा की दो से अधिक भुजाएँ हैं; यदाकदा चार। इस तीर्थनगरी में दुर्गा की जो कई मूर्तियाँ उत्कीर्ण हैं वे सम्प्रदायों के मेलमिलाप तथा अनेक कबीलों की दीक्षाओं के भी 'इतिहास-एटलस' बनाती हैं क्योंकि वे अपने-अपने पूजित चिह्नों को एक-एक हाथ बढ़ाकर विग्रह में जोड़ देते रहे। अतः महिषासुर मर्दिनी को शैव त्रिशूल और सर्प, वैष्णव शंख और चक्र, कबीलाई ध्वज और खड्ग एवं गदा आदि भी दिये गये हैं। इस तरह दुर्गा सभी देवताओं के तेज तथा कबीलों-सम्प्रदायों के सेना-चिह्नों से युक्त एक **आदिशक्ति** तथा **महाशक्ति** हो जाती है। ऐसे में वह 'महिषासुर मर्दिनी' होकर आयी है। और यह...?

और यह दुर्गा तो अनुपम है। मामल्ल-कला में स्त्री की आदर्श छवि लता सदृश्य तनु अर्थात् 'लतेव रजस तन्वी' रही है। यहाँ दुर्गा सिंहारूढ़ा है तथा अर्द्ध-ऊर्ध्व मुद्रा में अपने वाहन की सिंहकटि से अपनी सिंहकटि थोड़ा ऊपर उठाकर परम बलवती हो रही है। यहाँ शिल्पी ने अद्भुत सन्तुलन, परिष्कार, संस्कार तथा सरलता को अन्तर्निहित कर दिया है।

सामान्यतः दुर्गा महिष का वध भाले अथवा त्रिशूल द्वारा करती है। किन्तु यहाँ वह वैष्णव (रामेश्वरम् सेतुबन्ध वाले) धनुष-बाण द्वारा वध (करने को) के लिए तत्पर है। यहाँ भी दुर्गा केवल अधोवस्त्र पहने है किन्तु अलंकारों तथा अस्त्रों से **अतिशय** सज्जित है। दुर्गा-वाहिनी का नेतृत्व भी एक खड्गधारिणी योगिनी कर रही है। पीछे क्रमशः सेना के (द्रष्टव्य नौ) गणों के कुछ प्रतिनिधि हैं [शैव-शाक्तों में गण प्रायः बौने होते हैं]। क्रुद्ध सिंह की भी प्रचण्ड वज्र-मुद्रा है जो अपने पंजे चौड़ा करके आक्रमण को प्रस्तुत है। गण प्रायः खड्गधारी हैं। बायाँ पक्ष तो तनाव-खिंचाव, ऊर्जा तथा वेग से फूटा पड़ रहा है।

पटल के दाहिने पक्ष में महिष के आदिम, अतुलित, पाशविक महाबल का प्रदर्शन है।

विश्वमिथकों में भी वपुष्मान महिष देवताओं द्वारा अपराजेय रहा है। कतिपय आद्य मिथकों में तो प्रेमी ही दुश्मन तथा पतित या बहिष्कृत सुर ही असुर हो जाते हैं। कुछ विश्वमिथकों में देवता वृषभ बनकर रमणियों का **हरण** करते हैं तथा महिष का **वध**। उसके अनुष्ठानिक रूप में भैंसे की **बलि** देने की प्रथा चालू है। महिष के कबीलाई दुर्गों से बाहर कढ़कर अपनी यह दुर्गा अब वन-पर्वतों के पशुपति नीलकण्ठ शिव की संगिनी हो गयी हैं। अतः, शुम्भ-निशुम्भ की तरह से पुनः, प्रतिपक्षी महिष भी अ-सुर हो गया। उसका वध उसे करना ही है। प्रतिपक्ष में महिष भी अत्यन्त बलशाली अंकित है। वह सुदृढ़, निडर, तथा यौद्धेय है। उसकी दृष्टि सीधे दुर्गा के पैंतरों पर गड़ी है। निर्भय महिष के तीनों सेनापति भयभीत हैं। वे पीछे हट रहे हैं। एक के पास ढाल, तथा दो के पास वज्र हैं। प्रमुख सर्दार महिष का एक सेवक योद्धा दायें हाथ से उस पर छत्र ताने तथा बायें हाथ में ढाल थामे हुए बेहद सतर्क है। महिष-पक्ष भारी पड़ता लग रहा है। वे सभी बलिष्ठ तथा लम्बे कद के हैं। महिष की बलिष्ठ आकृति पौरुषेय तथा सम्मोहक है। वह दुर्गा से लगभग लापरवाह लेकिन भयंकर सिंह से पूर्णतः सजग है। दोनों हाथों से बड़ा वज्र थामे है।

(II) अब पूरे पटल को देखें।

दुर्गा के गणों तथा योद्धा योगिनियों ने देवी के चारों ओर अलात्-चक्र बना लिया है स्वयं दुर्गा आलीढ़ मुद्रा में हैं।

दोनों ओर के छत्र लाक्षणिक हैं। महिष का दल आगे हट रहा है—व्यूह बनाता हुआ। दुर्गा उसके पीछे-पीछे आगे बढ़ रही है। महिष बेहद शक्तिशाली, निर्भय तदपि हतोत्साहित भी है। यही इस सौन्दर्यपाठ का ललित तथा रुद्र युद्ध-दर्शन भी है। बायीं ओर दुर्गा के गणों एवं योगिनियों का उत्साह, तथा दायीं ओर असुरों का बुझा-बुझा हतोत्साह। यह पैनल का प्रमुख भंगिमापरक कंट्रास्ट है। अतः यह पैनल पल्लव-कला का एक सर्वोत्तम उदाहरण है।

दूसरा कंट्रास्ट सुन्दर दुर्गा देवी तथा नरपशु महिष का सुर से असुर पक्ष है। दुर्गा दूर है। किन्तु महिष अग्रप्रस्तुति (फोर-ग्राउंडिंग) में है। चमत्कार तो यह है कि सूत्रधार तक्षकों ने अनजाने में ही परिदृश्य (पर्स्पेक्टिव) का भी शास्त्रेतर अभियोजन कर डाला है। तुलना में दुर्गा षोडश वर्षीय युवती देवी है तथा महिष एक प्रौढ़ महाबली। दुर्गा अष्टभुजा है तो महिष भी मानवदेही है जिसका मुख ('माना'/मुखौटा) महिष का है। (अब श्री दुर्गा के सिंह तथा शिव के वृषभ के मुकाबले वह अ-सुर महिष रणोद्धत है)। सारे पटल पर शास्त्रीय तालमान लागू नहीं होते। दोनों के समर-व्यूह पृथक्-पृथक् हैं। अनुपात के हिसाब से यदि थोड़ी दूर की दुर्गा को उत्तम दशताल की मान लें तो महिष भी उत्तम आठ ताल के आकार वाला है।

पटल की तीसरी महत्ता है कि इसका उत्कीर्णन शैल्पिक तीन आयामों वाला नहीं है बल्कि अढ़ाई आयामों वाला है जिससे सारी जड़ित आकृतियाँ पटल से बाहर कढ़कर मनस्तात्विक दूरी (साइकिकल डिस्टेंस) का विन्यास करती हैं।

सारा पटल गाथापरक है। अतः गजब का धारावाहिक है। अतः सभी आकृतियाँ (काल में) वेगवान हैं। वे तीव्रगतिगामी हैं। यह गतिकी (डायनेमिक्स) इसलिए भी प्रबलतया दृष्टिगोचर है कि यहाँ अभी वध नहीं हुआ है, बल्कि अन्तिम निर्णयात्मक त्रिभुवन क्षण का सन्दर्शन उत्कीर्ण है जिसे हम आप दर्शकगण अन्तर्दृष्टि से करते हैं। अलबत्ता उस पक्ष के कई चक्रचिह्न झिलमिल हैं; महिष एवं दुर्गा के ध्रुवान्तों पर। स्वयं दुर्गा (का) एक ज्योतिचक्र है।

अतः पहले के पटल की गाथा, तथा बीच-पटल में अंकित, एवं पटल के बाहर, अनुमित घटनाएँः ये इसे एक चलचित्रात्मक शिल्पवृत्त बनाती हैं, बहुत कुछ फिल्म के गतिक चौखटे जैसा।

(II) अंततोगत्वा हम इस विशाल शिला-पटल के सौन्दर्यबोध की संरचना (ढाँचा) के संयोजन का गणित भी जाँयेंगे :–

यही पटल की संरचना (स्ट्रक्चर) का 'ब्लूप्रिंट' है। सूत्रधारोंस्थापितों-तक्षकों-उत्कीर्णकों ने पहले शिलापटल पर इसे खड़िया/गेरू से चित्रांकित किया होगा। तभी ये समूह-आकृतियाँ तथा उनकी धारावाहिक-गत्यात्मकता साक्षात् हो पायी है। बाद में उन्हें अढ़ाई आयामों (लम्बाई + चौड़ाई + आधी गहराई) में उत्कीर्ण करके आकृतियाँ गढ़ी गयी होंगी।

समूचा पटल चार एकसमान आयतों (रेक्टेंगल्स) में बाँटा गया है। अगर, प्रलम्ब (खड़ी) रेखा दुर्गा-पक्ष तथा महिष-पक्ष को अलग-अलग करती है तो क्षैतिज (पड़ी) रेखा दोनों पक्षों की गति-दिशाओं को बताती है। महिष-पक्ष आगे की ओर हट रहा है। अतः वह स्वयं तथा उसके योद्धा दो तिर्यक रेखाओं (डायोग्नल) में बीस डिगरी से झुक रहे हैं। दुर्गा-पक्ष में प्रबल संघर्ष तथा उत्साह जारी है। वहाँ दो चक्रव्यूह बने हैं। एक का केन्द्र दुर्गा की नाभि है तो दूसरे का सिंह के अयाल। ये दो अण्डाकार गोलकों (ईलिप्स) के व्यूह हैं जिनमें स्वयं दुर्गा तथा उसकी योगिनियाँ एवं गण समरांगण में सुरक्षित होकर आक्रमण को प्रस्तुत हैं। धनुष में खिंचा तीर सीधे दुर्गा के नयन और हथेली की मुट्ठी को एक रेखा में जोड़कर सन्तुलन के कौशल को दर्शाता है। इसी तरह सिंह तथा दुर्गा की, नाभि से नीचे की, देह प्रथम अण्डवृत्त को भरती है। दायीं ओर का ऊर्ध्व खण्ड महिष-सिर को प्रमुखता देता है तथा निम्नखण्ड वज्र गदा की दृढ़ पकड़ को। दोनों ही पक्षों के सेवा-सेनानी आदि तालयुक्त 'पैटर्न' बनाते हैं। सभी के आनन दोश्चमी अर्थात् सामने की ओर हैं।

इस सबसे सम्पूर्ण शिलापटल गतिमान हो उठा है। मानो शीघ्र कुछ महत् घटने वाला हो। हमें तो अनन्त तक इसका इन्तजार करना ही होगा।

(ग) आर्तेमिस-एक्टाओन की ग्रीक मिथक से हेलेनवादिता की पुनर्लब्धि

यहाँ मिथक-आलेखकारी में चित्र-वृत्त-वृत्तान्त के द्वन्द्वात्मक समन्वय हुए हैं। विश्वमिथकयान में भी **वृत्त** (विवरण/वर्णन), **चित्र** (षडंग) का जो द्वन्द्व होता है वह चंचल मछलियों की तरह लुभाता-घेरता है। बन्धान में **वृत्तान्त** (कथाबन्ध) कार्यकारण अथवा चमत्कार (संयोग) द्वारा कौतूहल के जाल बिछाता है। अस्तु।

क्या **मिथकयान** (मिथोलॉजी) द्वारा इतिहास की भी पुनर्निर्मिति हो सकती है, जबकि आर्ष मिथक अनेकैक तथा सर्वकालिक प्रकृति वाली हुआ करती है? सो, ज्यादा सटीक ढंग से नुकीला सवाल उठाया जाए कि क्या मिथकयान के द्वारा 'सामाजैतिहासिक रूपायनों' (सोश्योहिस्टारिकल फार्मेशंस) की भी पुनर्लब्धि हो सकती है?

इसका दो-टूक जवाब है कि "हाँ!" लेकिन पूर्वेतिहास, नृतत्त्वशास्त्र तथा काव्य-आद्यबिम्बों के द्वन्द्वात्मक संयोजन से विकसित **मिथक-आलेख-कारी** (मिइथोग्राफी) की नयी ऐतिहासिक एवं लोकायतिक पद्धति के द्वारा ही।

छलछलाते नीले ऐजियन सिन्धु, छोटे द्वीपों की माला, एक जलडमरूमध्य तथा पवित्र (मिथकीय) ओलिम्पस पर्वत की भूरचना वाला **ग्रीस** (यूनान-हेलॉस) एक मिथकीय भूगोल का भी निर्माण करता है। यह तूफानों तथा ज्वारभाटा वाला क्षेत्र भी है। ऐसी भूचित्रावली में हम आर्तेमिस और एक्टाओन, एंडिमिओन व ओरायन के मिथक-कुण्डलन से रू-ब-रू होते हैं।

(अ) आर्तेमिस (रोमन डाएना) देवेन्द्र ज़ियस (रोमन जूपीटर) की बेटी है। वह एक कुँवारी आखेटिन है। वह चन्द्रमा की देवी है। वह प्रसव कराने वाली धाय तथा चरवाहिनी भी है। जब चन्द्रमा उगता है तब वह पचासों चन्द्रशृंगों एवं चन्द्रकलाओं के साथ उपस्थित होती है। वह श्वेत हरिणों के रथ पर आरूढ़ होकर चलती है।

(i) एक बार जब वह नदी के तीर पर **नंगी** नहा रही थी तो शिकारी एक्टाओन ने उसे देखा तथा उसे अवलोकता हुआ उसके नहान-पर्यन्त रुका रहा। इससे आर्तेमिस बेहद गुस्सा हो गयी और उसे हरिण बना दिया। इसके बाद एक्टाओन अपने ही (अथवा आर्तेमिस के) शिकारी कुत्तों द्वारा चीर-फाड़कर खा डाला गया। [एक कथा-पाठ में युवा शिकारी मृगछाला ओढ़े हुए नग्नस्नाता देवी से प्रणय-निवेदन करने आता है]।

[एक और पाठ में क्वाँरी शिकारिन के रूप में आर्तेमिस और प्रणय देवी अफ्रोदीति (रोमन वीनस) एक ही हैं, लेकिन आर्तेमिस की उद्दंडता पर एडोनिसप्रिया अफ्रोदीति का भी नियन्त्रण नहीं है। कभी-कभी आर्तेमिस अपनी गर्दन पर गोर्गोन का भयानक मुखौटा भी लटकाये रहती है। (गोर्गोन तीन भीषण बहनें हैं जिनके सर्पकेश होते हैं और वे लोगों को पत्थर बना डालती हैं]।

[रोमन मिथकायन में आर्तेमिस ही देवी डाएना है। उसका जुड़वाँ भाई अपोलो है। यह बहन तो गुप्त प्रणय में प्रवीणा है]।

(ii) एक बार इस आखेटिका चन्द्रमादेवी ने ज़ियस के पुत्र तथा हसीन चरवाहे एंडिमिओन को लेटमास पर्वत पर **नंगा** सोते हुए देखा। वह उसके **निद्रित सौन्दर्य** पर इस कदर मोहित हो गयी कि स्वर्ग से उतरकर स्वप्न में उससे प्रेम-व्यापार रचाने लगी। जियस (रोमन जूपीटर) से एंडिमिओन ने दो वरदान माँगे कि वह चिरन्तन यौवन को प्राप्त हो, तथा यथेच्छा दीर्घ निद्रा एवं अमरता पा ले ताकि सुखद स्वप्न को निरन्तरतः शाश्वत भी बना ले। तथास्तु हुआ ['एंडहमिओनिस सोमनम डार्मिनीज़']।

आर्तेमिस को उससे पचास पुत्रियाँ जन्मीं। वे ओलिम्पिक क्रीड़ाओं के बीच पचास चांद्र लग्नों की द्योतक हैं।

यह भी (लिजन्धर) है कि आज तक भी केलिसखी आर्तेमिस हर एक रात में एंडिमिओन के अविनश्वर स्वप्न में आकर समागम करती है। (कीट्स ने 'एंडिमिओन' पर एक लम्बी कविता लिखी है)।

(आ) सबसे पहले तो इतने-से प्रखण्ड की व्याख्या निर्दिष्ट करती है कि यद्यपि अपनी साम्यरूपात्मक (एनालॉजिकल) तथा पूर्वैतिहासिक (प्रि-हिस्टोरिकल) प्रकृति के कारण मिथक सिद्धान्ततः देश एवं काल के अक्षों से लगभग विमुक्त होती है, लेकिन प्रतीकात्मक एवं अनुष्ठानपरक तथा उपकरणसज्जित होने के कारण वह प्राक् आदिम युगों की समाज-सभ्यताओं को भी इंगित करती है। इस मिथक में **शाश्वत काल** तथा (अनादि-अनन्त) **स्वप्न-समय** तो स्पष्टतः परिलक्षित होता है।

दूसरी बात कि, यह बर्बर युग के उस गोधूलि समय में उद्भूत हुई होगी जब शिकारियों तथा चरवाहों के समाजों में टकराव हो रहा था। मृगछाला पहने हुए एक्टाओन है तथा आर्तेमिस भी धवल मेघों जैसे हरिणों से जुते हुए विधुरथ पर यात्रा करती है। जंगली श्वान (अपने स्वामी को ही) शिकार बनाकर चीरफाड़ डालते हैं। इसके अलावा दोनों ही शिकारी हैं तथा आर्तेमिस एक मातृसत्ताक परिवेश में संचरणशील है—स्वतन्त्र और शक्तिमती नारी!!

तीसरी बात यह कि, इस चरण में **'निर्वसनता (नेकेडनेस) का निषेध'** (टैबू) निर्धारक तथा लोलुप, दोनों भूमिकाएँ अदा करता है। यह एक जादुई प्रथा (स्नान) है जिसमें निर्वसन होने पर नग्नता (न्यूडिटी) एक पवित्र, स्वच्छ एवं दीप्तिमान देह का संदर्शन कराती है—पहले आर्तेमिस की, बाद में सोते हुए एंडिमिओन की। यह आदिम, सुन्दर प्रकृति में आन्तरिक झाँक है। परिणामतः सभ्यता की विकारग्रस्तता का पलायन होता है (पुरुरवा-उर्वशी प्रसंग से भी तुलनीय)। आर्तेमिस पहले प्रसंग में टोटेम की दृढ़ता की सूचक है, तो दूसरे सोते हुए नग्न पुरुष के प्रसंग में उसका टोटेमिक विश्वास क्षीणतम हो जाता है। तथापि इसका निर्णय स्वयंसिद्धा आर्तेमिस कर रही है।

चौथी बात कि, यहाँ चन्द्रमा-केन्द्र पर प्रणय के उन्मुक्त, अन-नैतिक (ए-मोरल) तथा काम के गोपदर्शन एवं सम्भोगतृष्णाग्नि के त्रिकोण की भी रचना होती है। नग्न सोते हुए प्रिय, नहाती हुई नग्न दृढ़ प्रिया की स्थितियाँ हैं। यहाँ आर्तेमिस चिर कुँवारी होकर भी मदमत्त भोगावती है।

(इ) अब हम गाथा के दूसरे प्रखण्ड को लेते हैंः—

(i) जब चन्द्रमा उगता है तो आर्तेमिस आकर मौजूद हो जाती है। उसके सम्मान में नाना भाँति के पशु-पक्षी-पौधे भी नृत्य करते हैं। आर्केडिया के ग्रामीण अपनी लड़कियों के गले में लिंग-प्रतिरूप (वीर शैवों की तरह का अनुष्ठान) वक्ष पर पहनाते हैं [जैसे कि आर्तेमिस भी गर्दन पर गोर्गोंज़ का मुखौटा लटकाये रहती है]।

प्रसव की भी देवी आर्तेमिस की सेवा कुँवारी भालू-मादाएँ करती हैं। भालू की स्त्री-भक्तिनें पुरुष-भक्तों के गले में चीरा लगाकर (नरबलि के धुँधले अवशेष) खून को पीती थीं।

(ii) अब हम इन कूटों (कोड्स) का खुलासा करेंगे।

[इसके पहले एक प्रकरी-मिथक का छल्ला घुमाना जरूरी है—वह है **रूपान्तरणकारी** पलायन (ट्रांस्फार्मेशनल एस्केप) का दृष्टान्त)।

टाइफन ओलिम्पस की ओर प्रचण्ड वेग से भागता हुआ आता है। युग्म-अर्धदेवता एफिआलटीज तथा ओटस (सुन्द-उपसुन्द, किलात-आकुलि, शुम्भ-निशुम्भ, मधु-कैटभ के युग्मों की तरह) ओलिम्पस पर्वत पर धावा बोल देते हैं। पहले ने हेरा के साथ बलात्कार किया तो दूसरे ने आर्तेमिस के साथ बदसलूकी की। अपोलो के मशविरे पर उसने ओटस को सन्देशा भेजा कि अगर वे पर्वत पर घेराछेंका उठा लें तो वह उससे नेक्सास द्वीप में आकर मिलेगी तथा अपने चुम्बन-आलिंगन से नवाजेगी। इससे अब हथियाने को लेकर युग्म में विवाद तथा झगड़ा ठन गया। तब आर्तेमिस एक सफेद हरिणी बन गयी। दोनों दैत्यों ने परस्पर भाले (भालू की हड्डियों के?) फेंके और दोनों आपस में भिड़कर मारे गये।

इससे पहले ओलिम्पस पर हुए हमले में अन्य देवताओं ने भी भागकर आत्मरूपान्तरण कर डाला—ज़ियस मेष हुआ, अपोलो कौवा, डायोनीसस बकरा, सेरेस भालू, हेरा सफेद गाय, अफ्रोदीति मछली, हर्मीज चम्मच-चोंची चिड़िया तथा आर्तेमिस बिल्ली हुई।]

प्रकृति तथा पर्वत का यह अति महाप्राकृतिक विचित्र रंगमंच बहुत कुछ उद्घाटित करता है। यहाँ जो नृतात्त्विक फलक है उसमें ग्रीक (सभ्यता)-पूर्व की पर्यावरण आदिमता झिलमिल है।

कार्ल मार्क्स ने मानव-संस्कृति की प्रभात-वेला का निरूपण करते हुए बताया है कि द्वितीय हिमयुग के उपरान्त जलवायु धीरे-धीरे गरमाती गयी। पूरे यूरोप, उत्तरी अफ्रीका और भारत में मनुष्य हिंसक जीवों (शेर और भालू) तथा मोटी खाल वाले जीवों (मैमथ, गैंडे) के साथ प्रकट हुआ। बारहसिंघे, हरिण और घोड़े भी प्रकट हुए। इस युग में पत्थर के बने औजार और भाले ही ज्यादातर प्रचलित थे। (ओरियाओन भी अहेरी पुरुष है वह खड्ग-पट्टिका के साथ प्रकट हुआ था। एक्टाओन ने शरीर पर मृगछाला ओढ़ रखी थी)। इस मिथक में भी भालू, श्वान, वृषभ, गाय, बड़ी बिल्ली आ गये हैं। आर्तेमिस की भक्तिनें उत्तरी (ध्रुव के?) भालुओं की प्रजाति के साथ आ गयी हैं अर्थात् आरम्भिक पुरा-पाषाणकाल में पशुओं का स्थानान्तरण भी हो रहा था

जो ओलिम्पस पर्वत पर हमले में भगोड़े देवताओं के रूपान्तरण द्वारा प्रतीकायित हुआ है। यह भी संलक्षित होता है कि बर्बरता की निम्न अवस्था में मनुष्य के उच्चतर गुणों का भी विकास हो चला था—नग्नता का टैबू व्यक्तिगत प्रणय-निवेदन के साथ-साथ क्रूरता और व्यभिचारिता भी।

एक नयी वृत्ति भी उभर आयी थी—**कल्पना** की। इसने ही इन अवस्थाओं एवं रूपायनों को मिथकों में, किंवदन्तियों में तथा परम्पराओं में मौखिक उद्‌गीथों के रूप में सँजोना शुरू कर दिया था। होमर की 'इलियाड' में इस बर्बर युग की उन्नत अवस्था भी दृष्टिगोचर होती है जब यूनानी अगली अवस्था में प्रवेश कर रहे थे और उत्पादन तथा श्रम-विभाजन का भी विविध प्रकारेण विकास हो चला था (फ्रेडरिख एँगेल्स)।

इस तरह कल्पना ने ठोस अवस्थाओं का अनुचिन्तन (रिफ्लेक्शन) मनुष्य के दिमाग में उन परिस्थितियों को मिथकीय प्रतिबिम्बों तथा मिथकाभिप्रायों द्वारा प्रकट करने का कौशल सिद्ध कर लिया था। इसके बाद, शायद लौह युग में, ग्रीक रिनैसां पल्लवित-कुसुमित हुआ था।

(ई) इस गाथा के तीसरे छल्ले में एंडिमिओन तथा **ओरायन** को साथ-साथ लेंगे। पहला चरवाहा है तो दूसरा मृग-अहेरी। अब मिथक का पटल नक्षत्र-लोक तक भी आ पहुँचता है।

ईजिप्ट के पटल पर ईसा-पूर्व दो हजार वर्ष पहले सम्राट-वंश मृत्यु के बाद अमर होकर ओरायन नक्षत्र (मृग/प्रजापति) हो जाया करते थे। ग्रीक मिथक में शिकारिन आर्तेमिस ने ईर्ष्यावश ओरायन को बाणों से बेंधकर मार डाला। बाद में उसको नक्षत्रमण्डल में कायान्तरित (मेटामार्फोस) करके आकाश में स्थापित कर दिया। आज भी रात्रि के आकाश में वह दिखाई देता है, विशेषतया शीत ऋतु के महीनों में। वह अहेरी-पुरुष की आकृति-सा है। तो तब भी क्यों आर्तेमिस कुँवारेपन की पवित्रता की संरक्षिका बनी हुई थी (जबकि एंडिमिओन से उसने पचास लड़कियों को जन्म दिया था)? क्या वह चिर कुँवारी थी? तो वह फिर काम-देवता क्युपिड की माँ कैसे-क्यों बनी? ये कई मिथकीय पहेलियाँ हैं जिनकी व्याख्याएँ पूर्वेतिहास कर सकता है। यह अग्निदीक्षाओं के द्वारा अमरता प्राप्त करने का अनुष्ठान है [सीता-प्रसंग तथा पुरुरवा द्वारा अग्नि-शुद्धि से तुलनीय]।

गगन-मण्डल में रहकर भी ओरायन प्लेआडेज नामक नारी-समूह के पीछे लग जाता है। अतः ज़ियस ने उन्हें तारिकाओं (कृत्तिका) में बदल दिया। उनमें से तीन तो खुद ज़ियस की वेश्याएँ-सी थीं (माईआ इलेक्ट्रा, टाइगेटा)। अतः शाश्वत काल के मिथकीय न्याय के अनुसार ओरायन आज भी आकाश में उनका पीछा करता रहता है।

(उ) ऊपर उठाये गये सवालों के उत्तर अब ढूँढ़े जाएँगे।

(i) श्रम विभाजन से उत्पादन-विधियाँ तथा उत्पाद बदल रहे थे। अतः टोटेमिक विश्वास भी क्षीणतर हो रहे थे और पशु-पक्षी, नर-नारी आदि अप्सराओं, नक्षत्रों तथा ईहामृगों में रूपान्तरित एवं कायान्तरित हो रहे थे। इससे मातृसत्ताक प्रणाली का ताना-बाना भी कसकने-मसकने लगा था।

श्रम-विभाजन और उत्पादन-विधियों के बदलाव की सूचना एंडिमिओन के एक अन्य मिथक-कुण्डल से मिलती है। लौहयुग में मिथक-गाथा का यह चरण उन्मीलित हुआ होगा क्योंकि एंडिमिओन ने सम्राट इटोनस की बेटी क्रोमिआ से विवाह किया जिससे तीन पुत्र हुए : एक—पेओन (वह वैद्य था जो जड़ी-बूटियों से घायलों तथा बीमारों का इलाज करता था), दो—ऐपियस (वह इतिहासकार था तथा ट्रोजन घोड़े का निर्माता काष्ठ-शिल्पी भी) तथा तीन—एसिलस (जो बड़ा खगोलविद् था और तूफानों तथा प्रभंजनों का ज्ञाता, जलयानों का माँझी अर्थात् पवन-देवता था)। बाद में खदान-मजदूरों के प्रतीक 'नेमेसिस' का भी आविर्भाव हुआ था।

(ii) अब सामाजिक-पारिवारिक आयामों को झाँका-टोहा जाए।

कबीलाई नाते-रिश्तेदारी परम्पराओं से विकसित प्रणालियों की दृष्टि से दो ध्रुवान्त कायम थे—पहला **स्पार्टा** का जहाँ होमर के समय से भी प्राचीन वैवाहिक सम्बन्ध मिलते हैं और युग्म-विवाह या युग्ममिथुन भी (आर्तेमिस के साथ एंडिमिओन एवं ओरायन)। उस ध्रुवान्त में नारियाँ स्वयं चुनाव करती थीं तथा अधिक सम्मान पाती थीं। उसमें एकनिष्ठ विवाह की अवधारणा प्रायः नहीं थी। सुन्दर दासियाँ तथा बन्दिनियाँ पूर्णतः पुरुष की सम्पत्ति होती थीं।...**एथेंस** के दूसरे ध्रुवान्त में लड़कियों को केवल कातना-बुनना-पिरोना सिखाया जाता था (थोड़ा-बहुत पढ़ना-लिखना भी)। कौमार्य तथा घर (में स्त्री) की रखवाली कुत्ते व हिजड़े करते थे। **वेश्यावृत्ति** सहर्ष स्वीकार्य थी। वेश्यानारी-वर्ग ऐसा था जो बुद्धि-बल तथा कला-प्रेम के कारण अपने स्तर से आरोहण कर गया था। (शायद वे ही नौ 'म्यूजेस' बनी होंगी)। स्त्रियाँ अपने पतियों को खूब छकाया तथा धोखा दिया करती थीं (एंगेल्स)। निष्कर्ष यह है कि पतनोन्मुख मातृसत्ताक और विजयोन्मुख पितृसत्ताक के बीच संघर्ष का विस्तार एक्टाओन, एंडिमिओन तथा ओरायन की मिथकों में परिलक्षित होता है। अवैध पापाचारपूर्ण विवाह का क्रोड़ पुरुष-वंशानुक्रम तथा नारी-वंशानुक्रम की विषमता में आरेखित किया जा सकता है : मसलन, आर्तेमिस की पचास बेटियाँ, उसका नारी-कौमार्य की संरक्षिका होना, उसका केवल स्त्रियों को ही बाण-विद्ध करना; एंडिमिओन के तीन पुत्र, तथा ओरायन द्वारा प्लेआडेज नामक नारी-दल का बेतहाशा पीछा करना,

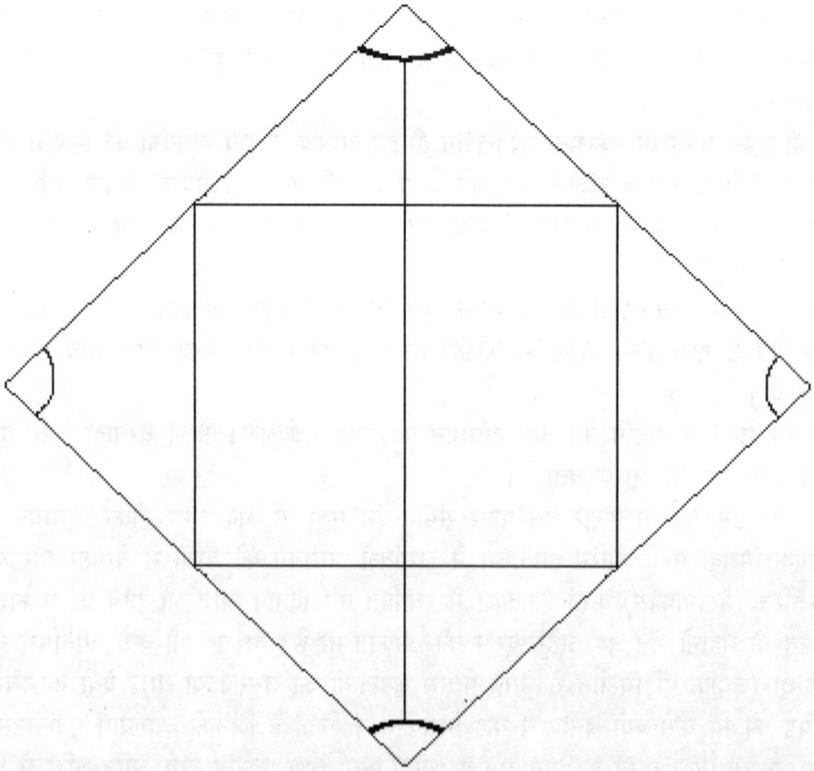

इत्यादि। **पत्नी** की अवधारणा बहुत धुँधली है लेकिन वीरयुग की नारी अपेक्षतया ज्यादा सशक्त, स्वाधीन तथा सम्मानित है [आर्तेमिस तथा साइकी और अफ्रोदीति इसका दृष्टान्त हैं]। हम एंगेल्स और मार्क्स की इस आधारभूत अवधारणा से आर्तेमिस के मिथक-कुण्डलों को ज्यादा ठीक ढंग से सुलझाकर समझा सकते हैं कि यूनानियों की मिथकों में देवियों का जो दर्जा है वह उस पूर्वकाल का प्रतिनिधित्व करता है जब स्त्रियों की स्थिति अधिक सम्मानप्रद, स्वच्छन्द और स्वतन्त्र थी। किन्तु वीरकाल में पुरुष की प्रधानता तथा दासियों की होड़ लग जाती है। अतएव वे दिव्य ग्रीक देवता तथा देवियाँ यूनानी कला की रूप-विधायिकाएँ हो जाती हैं।

अन्ततोगत्वा इतिहास के (निश्चित वर्ष के बजाय) युग-क्रम, मातृसत्ताक-पुरुषसत्ताक व्यवस्थाओं, देवी-देवताओं के बीच की ऐसी प्रबल उथल-पुथल और हलचल को दिखाने के लिए हमें एक ही दैवीय कद का दर्पण मिलता है—**देवेन्द्र ज़ियस**। (ज़ियस रोमन जूपीटर भी है)। वह परम भोगवादी तथा चिरकाम-सन्तप्त है। उसकी कई प्रेमिकाएँ (दासियाँ, रखैलें, वेश्याएँ, बन्दिनियाँ?) हैं जिन्हें वह नाना बर्बर, विहंगीय, पशुवत्, छद्म रूपों में भोगता है—डायना को स्वर्ण-झड़ी के रूप में, एंटिओप को किन्नर (या सेटिर) के रूप में, लिडा को हंस के रूप में, यूरोपा को सफेद साँड़ के रूप में, ऐजिना को अग्निशिखा के रूप में, हेरा को कोयल के रूप में। ज़ियस की मिथकीय परिकल्पना मिश्रित बर्बर तथा पाषाण युगीन है। वह वज्रधारी है। तुलना में भारतीय चैप्टर में भोगवादी देवराज इन्द्र भी वज्रपाणि है। वह भी परस्त्रीगामी है और पाप से भी परहेज नहीं करता। वह भी ज़ियस की तरह बारम्बार कायान्तरण (मेटामार्फोसिस) करके कपट या व्यभिचारण करता रहता है—यथा, अहल्या से व्यभिचार करना गौतम के छलावरण में (इससे वह सहस्रयोनि हो जाता है;) कर्ण की जाँघ में घाव करना कीट होकर; विश्वामित्र की शक्ति का उच्छेदन कोयल होकर; रम्भा और काम से मिलकर नहाती हुई लड़कियों के वस्त्रों को हवा-रूप में ग्रहण करना; सगर के घोड़े का अपहरण करना दैत्य के रूप में; कर्ण के कवच-कुण्डल हथिया लेना पुरोहित के रूप में; शिवि की बलि में मांस कटवाना बाज पक्षी के रूप में; भेड़ के अण्डकोश लगाकर आना 'मेषढ़' के रूप में इत्यादि-इत्यादि।

'सांस्कृतिक-नृतत्त्वशास्त्र' के संवेत्ता जोसेफ कैम्पबेल (1904-1987) ने इतिहास की सभ्यताओं एवं समाजों में एक **पंचक** का विधान किया है—मिथक, लिजन्धर, लोकवार्ता, आध्यात्मिकता तथा कर्मकाण्ड। इस पंचक के विकास और प्रकार्य में साम्यताओं (सिमिलेरिटीज़) तथा समानान्तरताओं (पैरेलल्स) को एक (पंचमुखी) पारिभाषिक 'मोनोमिथ' अर्थात् **एकैकमिथक** के द्वारा परिलक्षित किया है। इसका खुलासा मिथकीय जाल-बुनाई को भी उद्घाटित करता है। काश्मीरी शैवदर्शन में परमशिव के पाँच रूप या पाँच शक्तियाँ (इच्छा, क्रिया, ज्ञान, प्रकाश तथा विमर्श) : अथवा चार वेदों की साम्यता को लेकर चतुराननविध ब्रह्मा का और भरत मुनि द्वारा 'नाट्यशास्त्र' में सबकी समानान्तरताओं का सन्निवेश करके पंचम वेद के विकास एवं प्रकार्य का उन्मीलन एकैक मिथक के गौरीशंकर का ही तो उन्नयन है। इस प्रकार से समसामयिक प्रौद्योगिकी तथा प्राचीन मॉडलों (प्रादर्शों) के बीच भी सह-अस्तित्व कायम हो जाता है। यही **मिथक से लेकर आधुनिकता की अनन्त यात्रा** ऐसी भी है।

इस तरह हम देखते हैं कि विकास के द्वन्द्वात्मक क्रम के लिए, **जातीय चारित्र्य** तथा **सांस्कृतिक रूपाकारों** (कल्चरल पैटर्न्स) की पहचान के लिए, **सामाजिक संरचना** तथा **मानसिक रूपायनों** की छानबीन के लिए भी मिथकें और मिथक-आलेखकारी नये-नये भाषिक, नृतात्त्विक, धर्मदार्शनिक प्रयोगों एवं अभिनव अर्थवत्ताओं को उन्मीलित करती है। ये **अभिप्रायों** एवं **आद्यरूपों** में घटित तथा अवतरित होती हैं। इनमें आज तक भी धार्मिक, नैतिक, दार्शनिक आदि दुहरे-तिहरे विभाजन लगातार होते रहते हैं। इन पर सामाजिक-सांस्कृतिक-राजनीतिक दबाव भी पड़ते रहते हैं। इसीलिए हम इनके द्वारा प्राचीन से नवीन की ओर, मिथक से आधुनिकता की ओर आने के सेतुबन्ध बनाते आते हैं और अपनी अनादि-संवित् ऊर्जा को महाशक्तिमयी प्रेरणा देते हैं। हम इनमें कल्पना द्वारा बाह्य जगत् का प्रकाश, संरूपण तथा विमर्श करते हैं। मिथकें **फान्तासी** में ज्यादा खिलती-खुलती हैं। तदपि ये इतनी निरंकुश भी नहीं हैं। इनकी विशिष्ट संरचनाएँ तथा पद्धतियाँ हैं। इनमें भाषा-चक्र तथा परिवार-संरूप भी अन्तर्लीन होते हैं। क्लाद लेवी-स्ट्रास (1908-) ने इस आयाम में चौंकाने वाले उद्घाटन किये हैं।

समाहार करने को एक चार्ट प्रस्तुत है जो इतना सरल न होकर भी बोधगम्य है।

नोट : –मिथक का गुप्त रहस्य विज्ञान से नहीं, व्याख्या से खुल पाता है।

–कालचक्र में मिथक दोफाँक होकर शनैः-शनैः धार्मिक मिथक एवं दार्शनिक प्रतीक होती जाती है।

–मिथक-क्रोड़ में ही रूपक, अलंकार, अधिभाषा, प्रोक्ति, वक्रोक्ति, प्रतीक, व्यंजनाएँ आदि पल्लवित-पुष्पित होती हैं।

–मिथक देशकाल से उत्तीर्ण तथा यथार्थोन्मुख कार्यकारण की शृंखला से अनियन्त्रित होती है।

–आधुनिक एवं आगत में जादू तथा धर्म तथा आस्था-निष्ठा क्षीणतर होते जाते हैं। मात्र कर्मकाण्ड एवं अनुष्ठान, प्रजातीय अतीत एवं सामूहिक अवचेतन की गोधूलि छाती आती है।

इस भाँति हमने इस मिथकयान से मिथक-आलेख-कारी की एक अन्य पद्धति को उन्मीलित किया है। इसकी अनेक गाथिन-सम्भावनाएँ, अनेक प्रतिपाठ-उत्तरपाठ होते आये हैं। हमारे पास भी यह एक अवसर उपलब्ध हुआ है।

(घ) मिथक-आधारित कला की गुप्त भाषाः 'वीनस तथा मार्स' शीर्षक रिनासाँई चित्रफलक [चितेराः सान्द्रो बोट्टिचेली (1445-1510)]

हम सान्द्रो बोट्टिचेली के 'वीनस तथा मार्स' शीर्षक चित्र (1485) के माध्यम से एक अन्य पद्धति द्वारा मिथक-आलेख-कारी करेंगे।

(अ) 'ग्रेट रोमन साम्राज्य' की जातीय विरासत के साथ इटली के मानववादी रिनाँसा (ई.प. 15-16 शताब्दी) में (कई शतियों के पश्चात्) ग्रीक मिथकीय संसार का पुनर्नवीकरण एवं पुनःपाठ हुआ। यहाँ प्रकृति एवं नारी, मनुष्य और स्वतन्त्रता के अनूठे आयाम भी शामिल कर लिए गये।

ईसाई चर्चों, कैथड्रलों, गैलरियों, महलों के साथ-साथ कलाकारों ने उनकी भित्तियों एवं पटलों के साथ-साथ फलकों में भी ग्रीक-मिथकयान का भी **रिनाँसाईकरण** कर डाला। अतः मधुरता (हिब्राइज़्म) एवं आलोक (हेलेनिज़्म) का भी समन्वय हुआ। मिथक वृत्त के सन्दर्श अभिनव हो उठे। ग्रीक कलाकृतियों में प्रकृति तथा भूचित्रों के प्रति लगभग उदासीनता रही थी। लेकिन अब नन्दनकाननचारी तथा बैकुण्ठी ग्राम-कल्पलोक (ईडिलिक) अग्रप्रस्तुति की बराबरी का महत् एवं माधुर्य बरसाने लगे। मिथक-संदृष्टि का भी **मानवीयकरण** होता चला। उद्दीपन भी आलम्बन के बराबर, एवं कहीं-कहीं तो बढ़-चढ़कर हो गया।

अब देवी-देवताओं, पुरुषों-नारियों की संगमरमरी धवल तथा गौर गेहुँई कायाएँ लोचनों को वशीकृत करके टाँकने-सी लगीं। परिधान उतने ही, वही वहाँ दिखाते जहाँ वे छिपाने की अपेक्षा गुप्त उद्घाटन ज्यादा करते हैं। चित्रफलक रेखांकनों, तैलरंगों, जैविकरंगों, टैम्परा के माध्यमों से उभारे गये। अलंकार न्यूनतम कि बस छाया-प्रकाश, कौंध-अन्धकार उजागर करें। चित्रफलकों की प्रकृति प्रायः नाटकीय, मुद्रापूर्ण, घटनात्मक, प्रसंगाविष्ट हो गयी अर्थात् उनमें विवरण-प्रकरण-वृत्तान्त की त्रयी की रसदशाएँ उन्मीलित हुईं। रिनाँसा के इस सुदीर्घ-सुदूरान्त मानववादी आयोजन में कुछ विलक्षण पहल वाली मशालें महाकवि दान्ते (1265-1321) और चित्रकार बोट्टिचेली ने भी रोशन कर दी थीं।

(आ) बोट्टिचेली के **वीनस तथा मार्स** के मिथकीय प्रतिपाठ तथा उत्तरपाठ तो उनकी जीवनी, परिवेश तथा वैश्विक-दृष्टिकोण में गुत्थम-गुत्थ हैं। उनका उद्घाटन करना लाजिमी है ताकि आगे चलकर उक्त चित्र की मिथक-सौन्दर्यबोधात्मक आलेखकारी की जा सके।

बोट्टिचेली फ्लोरेंस के एक व्यक्तिनिष्ठ चितेरे थे जिन्होंने परम्परा का भी विवेकाधीन वहन किया था। वे पूर्व-राफेलीय प्रकृतवादी भी माने जाते रहे। उनमें ईसाई धर्मनैतिकता बनाम हेलेनिक उन्मुक्तता का अन्तर्द्वन्द्व व्याप्त था। इसका अभिसार उनके 'वीनस का जन्म' शीर्षक चित्रफलक में द्रष्टव्य है। उसमें समुद्र में सीप पर बहकर आयी नग्न वीनस की लम्बी उन्मुक्त काया है, सेब जैसे कुच हैं तथा शिशु जैतून वृंत जैसी सटी जाँघों की सन्धि को उसकी बायीं मुट्ठी में भरी सुनहले केशों की वेणी से छिपा

'वीनस और मार्स' (1485)
सान्द्रो बेट्टिचेली (1445-1510)

दिया गया है। इसकी कालान्तर में परिणति उनमें व्यक्तित्व में आह्लाद बनाम तन्त्रिका-विकृति (न्यूरोसिस) के दूसरे मनोद्वन्द्व में उभरती गयी थी।

मनोवेगों की अभिव्यंजना के हेतु उन्होंने रेखाकृतियों के सिद्ध प्रयोग किये हैं। इस तकनीक का सार्थक प्रयोग वीनस के दोनों फलकों (जन्म, तथा मार्स-समागमोपरान्त) में गुप्त देहभाषा के खुलासे में हुआ है। इसमें मिथकीय आदिमता की स्वच्छता, सहजता एवं अन्यापदेशिकता (एलीगारिकालिटी) की कान्त मैत्री में हुई है। इसके अन्तर्गत उन्होंने ग्रीक-रोमनीय मनोरथों को ईसाई अर्थवत्ता से भी राग-मण्डित किया है।

वे फ्लोरेंस के महाधनाढ्य सामन्तीय मेडिसी-परिवार के सम्पर्क में भी रहे।

यह भी लगता है कि **मेडोन्ना** (ईसाई कुमारिकाएँ) की भोली करुणा उनकी चिति (साइकी) में आर्केटाइप के रूप में प्रतिष्ठित हो चुकी थी। उनके सभी फलकों में मानो एक ही 'वह' मधुर-भोली-करुण नारीछवि का लावण्य छलकता है। उन्होंने उस शोभा का बारम्बार अन्तर्दर्शन किया है।

उनकी चित्रांकन-शैली लियोनार्दो-द-विंची और माइकेल एंजिलो के विपरीत या इतर रही थी। प्रौढ़तर उम्र के संग-संग वे किंचित् रहस्यात्मक भी होते चले गये; किंवा हिस्टीरियाग्रस्त होते गये थे। वस्तुतः जुनूनी मिथकीय दशाओं में भी ऐसी छायाएँ-उपछायाएँ घेरती-तैरती हुई आती-जाती हैं। नतीजतन ऐसे में उन्होंने महाकवि दान्ते से तादात्म्य किया (क्योंकि वे भी तो एक रमणी बीयाट्रिस पर ताउम्र एकपक्षीय न्यौछावर रहे थे)। तो इसकी व्यासरेखा 'वह' मेडोन्ना बनाम 'वह' बीयाट्रिस ही हुई न! मितवा, यह भेद डूबकर बूझें!

दोनों ने अपनी-अपनी अज्ञेय छवियों की अन्तरात्मा से एकपक्षीय-आत्महन्ता उपासना की। यह भी चितेरे के उल्लास और वेदना-व्यथा का एक बन्द-गुप्त प्रकोष्ठ है। उसमें झाँकें। यह उल्लेख करना भी प्रासंगिक होगा कि उनके एक शिष्य प्रतिभाशाली चितेरे फिलिप्पनो लिप्पी (1457-1504) थे।

(ई) **सन्दर्भित चित्रफलक** : ग्रीक मानस सुन्दर, स्वस्थ, सुडौल एवं व्यायाम-संस्कारित **देह** को परम आदर्श मानते थे। उनकी देवी-देवताओं तथा मानवों के शिल्पायन में (पुरुषों की पूर्णतः) नग्न देहें उत्कीर्ण हुई हैं। उनमें प्रकृति की पृष्ठभूमि तथा कथावृत्त में पात्रों की अनेकता का आयत्तीकरण नहीं है। तथापि द्विहत्थे भाण्डों (एम्फोरा) की सतहों पर उन्होंने लाल, कत्थई, काले, सफेद रंगों-रेखाओं से चित्रांकन किया है।

उनमें नैतिक-यौनीय पूर्वाग्रह-दुराग्रह प्रायः नहीं थे। अतः उनकी एफ़्रोडाइट (रोमन वीनस), उसके पति हेफेस्टस (रोमन वल्कन) तथा एरीज़ (रोमन मार्स) का कामत्रिकोण परस्त्रीगमन (एडल्टरी) का पर्दाफाश करता है जब विश्वकर्मा देवता हेफेस्टस एक गुप्त प्रकोष्ठ में शय्या में रतिबन्ध संलिप्त उन दोनों को अदृश्य जाल डालकर रंगे हाथों पकड़ लेता है। सारे ओलिम्पस देवता उनका मजाक उड़ाते हैं। अन्ततः पोसेइडॉन (रोमन नेपच्यून) उन्हें समागम-पाश से छुड़ाता है। एरीज़ शर्मिन्दा होता है। यह भरतपाठ है।

लेकिन मिथक के रोमन-रिनैसाई उत्तरपाठ में परिदृश्य पूरा बदल जाता था। पात्र दो ही हैं।—वीनस तथा मार्स। उनकी व्यासरेखा भी भिन्न है क्योंकि रोमन सामूहिक अवचेतन में वीनस महादेवी तथा मार्स उनके विजय-अभियानों का सर्वोच्च युद्ध-देवता हो गया

था। अतएव बोट्टिचेली ने भी उक्त चित्रफलक का अन्यथाकरण कर डाला।

(i) इसमें बन्द, गुप्त प्रकोष्ठ न होकर वनकान्तार की एकात लुभावनी पृष्ठभूमि है। ईसाई नैतिकता के आग्रह से सुरतान्त की स्थिति है। परिस्थिति में तनाव के बजाय विश्रान्ति एवं विरेचन है। दोनों आमने-सामने अधलेटे हैं। दोनों पर मिथकीय ओलिव वृक्षवृंतों की छायाएँ चँदोवा ताने हैं। उनके बीच में दूर क्षितिज तक का स्वच्छ और दृश्य नैसर्गिक विधान है।

(ii) वीनस दोनों पाँवों को ताने हुए नितम्ब के बल पर बैठी है : प्रशान्त सौम्य और सन्तृप्त मुखमण्डल से संयुक्त। वह कण्ठ से टखनों तक रिनासाँ-परिपाटी का चोगा पहने है जबकि मार्स शिथिल देह, गहरी निद्रा में अचेत, और अधिकांशरूपेण नग्न है। उसकी खुली तहमत नाभि के नीचे जंघा-सन्धि स्थल को बायें-से-दायें ढाँक रही है। दोनों ने कोई आभूषण धारण नहीं किया है। ध्यातव्य है कि दोनों ही देहें न तो नग्न हैं और न ही ग्रीक प्रादर्शों से पुष्ट पेशियों वाली। वे अति लम्बी, तनाव-खिंचाव, कुण्ठा-वर्जना से भी विमुक्त हैं। बोट्टिचेली का ऐसा रेखापरक मिथकीय करिश्मा चमत्कार पैदा करता है।

(iii) दोनों ही मुद्राएँ थकान, विश्राम तथा सन्तृप्ति की द्योतक हैं। वे अधलेटी हैं। दोनों की देह क्रमशः नितम्बों तथा कमर से ऊपर उठी है। वीनस की दायीं भुजा अपनी जाँघों पर अलसाई पड़ी है तो मार्स की भी दायीं भुजा थकी हुई जाँघ पर धड़ाम है। दोनों की अन्य भुजाएँ कामोद्दीपक लाल रंग के तकियों पर कुहनी से टिकी हैं।

दोनों के वसनों की चुन्नटें पेंचदार नहीं हैं। वे धारियों वाली सीधी-फैली हुई क्रमिक हैं। ये उनकी मनोदशाओं की व्यंजक हैं। वीनस के चोगा से ढँके स्तनद्वय सुडौल, गोल, पुष्ट तथा कठोर हैं—ग्रीको-रोमन रूढ़ि के मुताबिक।

(iv) फलक में न तो टकराव करने वाला (वीनस का पति) वल्कन है, न ही नन्हा बालक कामदेवता। इसकी क्षतिपूर्ति **चार-बालक सेटिर** (नृ-अज) करते हैं। ग्रीक मिथकायन तो सेटिर प्रौढ़ युवा **मानव** हैं जिनके मस्तक पर सींग तथा जाँघें-टाँगें बकरे की होती हैं। वे गन्धर्वों की तरह वंशी बजाते तथा चषकों में मदिरा उँड़ेलते हैं। वे प्रणय और मस्ती के देवता बेकस (ग्रीक डायोनीसस) के परिचायक तथा भृत्य हैं। वे (क्यूपिड की भाँति ही) कामोद्दीपक विलासी रंगरलियों के उत्सवों के प्रतिभागी तथा संयोजक भी हैं। वे लालसा तथा लोलुपता का भी प्रतिनिधित्व करते हैं।

बोट्टिचेली के फलक में वे मानो क्यूपिड की कामधर्मी अभिभूमिकाएँ निभा रहे हैं। यह उनकी पारिस्थिक मनोसामाजिक पंचांग है। बालक सेटिर मार्स के अस्त्र-शस्त्रों का व्यवहार कर रहे हैं—अचेत, निढाल गहरी नींद में डूबे मार्स को जगाने में। वे कतार में बाल कामसेना की तरह कदमताल में बढ़ रहे हैं लेटे हुए मार्स के समानान्तर। एक मार्स की गर्दन के नीचे उसका कवच पहने पेट के बल लेटा है। वीनस की तरफ से दूसरा उसका बड़ा शिरस्त्राण (हेलमेट) पहने है कि उसका पूरा मुँह-गर्दन ढँक गयी है। वह मार्स का दण्ड कोख से थामे है। तीसरा बाल सेटिर दण्ड के मत्थे तथा शंख को एक साथ थामकर शंखघोष कर रहा है ताकि मार्स की गहरी नींद टूटे। यह सब खिलंदड़े, शरारती, हँसमुख, मेहनती चौकड़ी है। जिस दण्ड को तीनों बाल सेटिर थामकर आगे बढ़ रहे हैं वह अग्रप्रस्तुति तथा पृष्ठभूमि के बीच पृथकता की भी समानुभूति (इम्पैथी) कराता है। मानो उनका लक्ष्य केवल मार्स को चैतन्य करना है। वे जाग्रत तथा स्थिर शान्त वीनस से तो (सुरतान्त में) निस्संग हो गये हैं। प्रशान्ति-चक्र में थकी दीप्ति से लेकर जागृति तक का अचेतन-चेतन चक्र पूरा हो जाता है। धुरी में मार्स के दायें पग तथा वीनस की बायीं हथेली का स्पर्श-सुख है।

(v) चित्रफलक में बेवफाई वाला प्रसंग तथा कामोन्माद की अधीर-अशान्त हलचल, दोनों ही गुम है। चेतनता और शिथिलता, सन्तृप्ति और बालसुलभ क्रीड़ा का वातावरण छाया हुआ है।

तथापि सबसे अन्त में रोमनों की युद्धवृत्ति तथा ग्रीकों के प्रणयोन्माद का द्विपर्ण-विरोधता वाला सामंजस्य भी परिलक्षित है। यह भी संलक्षित है कि बोट्टिचेली अपनी जीवनदृष्टि के अनुसार न तो ग्रीक मिथक की गुप्त विलास-क्रीड़ा से मोहित हैं, और न ही रोमनों के युद्धोन्माद से अभिभूत। दोहरे मिथकचक्र में यही उनका मौलिक **सामाजिक पंचांग** है कि प्रेम सभी प्रकार की हिंसा तथा अराजकता और युद्धों पर भी विजय प्राप्त करता है (**मार्स** युद्ध देवता, **वीनस** प्रणय देवी, तथा **सेटिर** क्रीड़ित सरल रति-रागानुराग हैं)।

(ङ) जापानी शिन्तो-सूर्यदेवी अमातेरासू का अन्धकारी गुफा से बाहर प्रकट होना

जापान-द्वीपसमूह बाल अरुण के उदय का आँचल है। विश्वमिथकयानों में-से केवल उसमें ही सूर्य देवता (नर) न होकर अरुणिमा-श्यामलता-आवरणित सूर्यदेवी अमातेरासू है तथा शिन्तो-मत की अधिष्ठात्री भी है। उसकी मिथक में **भौतिक भूगोल** के भव्य वृत्तान्त का वितान है।

(i) भौतिक भूगोल का मिथकीय भूगोल में प्रतिस्थापन : पाँच द्वीपों वाला जापान चारों ओर से प्रलयंकर समुद्र से घिरा है जहाँ तूफान आते हैं, बाढ़ और विप्लवी ज्वार-भाटे आते हैं, प्रचण्ड वर्षा तथा सघन अन्धकार छा जाता है। सूर्य छिप जाता है, चन्द्रमा कुहरे में ढँक जाता है। ऐसे में हानि तथा भय व्याप्त हो जाता है। द्वीप-पुंज में फूजी तथा अन्य पर्वत हैं, फूलों से लदे चेरी वृक्ष हैं, काली चोचों वाले सारस हैं, तथा रंग-बिरंगी वनस्पति की भाँति छीटों-कढ़ाई से बुने-छपे किमोनो-परिधान हैं। इनके खण्ड मिथकीय भूगोल में ढलते गये हैं। **इज़ूमे** प्रदेश में आठ फणों वाले भयंकर सर्प (प्राकृतिक फेनामेना) का समुद्र एवं तूफान के

आठ लाख देवताओं के अट्टहास तथा देवी उज़ूमे के थाप-सुर-संयुक्त प्रबल नर्तन से उद्विग्न होकर शैल-गुफा से बाहर प्रकट होती सूर्यदेवी अमा-ते-रासू (यहाँ देवी उज़ूमे बायीं ओर कोने में खड़ी, परन्तु वस्त्रालंकृत है)।

देवता सुसुनोवों से निरन्तर संघर्ष चला करता है। प्रशान्त नाभिद्वीप **ईसे** की अधिष्ठात्री सूर्यदेवी अमातेरासू देवपन्थ शिन्तो की विश्वदेवीत्वमयी 'कुनीटोकोटाची' का ललिता-प्रतिरूप हो जाती है।

इस प्रकार से आकाश के शुभ (की आमा-ते-रासू) तथा पृथ्वी के अशुभ (के सुसानोवो) के मिलन से सृष्टि और संहार का द्वन्द्व—बहन-भाई की प्रतिद्वन्द्विता—छिड़ जाती है। इसके बीच से ही मिथकें, संस्कृति तथा कलाएँ (देवी **उज़ूमे**) पल्लवित-प्रसुमित होती हैं।

(ii) मिथकीय केन्द्राभिसार तथा केन्द्रापसरण : प्राक् आदिम मातृदेवी-पितृदेव (इज़ानागी-इज़ानामी) धान के पुआल की रस्सी बनाकर स्वर्ग से पृथ्वी पर उतरे। उन्होंने विश्व को चलाने के लिए उसे तीन शासन देवी-देवों के बीच बाँट दिया : प्रकाश अन्धकार (रात्रि) तथा समुद्र और वर्षा-तूफान [यही जापान का वातावरण था]।

अपनी संगिनी की मृत्यु के बाद पाताल के मृत्युलोक से लौटने पर समुद्र-स्नान करने के बाद उन्होंने अपने बायें **नेत्र** से सूर्य देवी अमातेरासू को, तथा **नाक** से सिन्धु-देवता सुसुनोवो को बनाया [अमा-ते-रासू का उद्भव उसी तरह हुआ जैसे कि ग्रीक यूरानस के कटे हुए लिंग के समुद्र में बहते हुए वीर्य झाग से प्रणय देवी एफ्रोडाइट का जन्म हुआ था, अथवा स्वयंभू ब्रह्मा ने सरस्वती को उत्पन्न किया था]। फिर इज़ानामी ने अमाको एक रत्नकण्ठी देकर स्वर्ग की शासिका बना दिया जो देवताओं की (दीप्त) पोशाकें बुनती थी। उसके भाई सुसानोवो को तलवार देकर समुद्र तथा मही का देवता, तथा रात्रि में त्सुकीयोमी को चन्द्रमादेव बना दिया। इस तरह आकाश एवं पृथ्वी का जो मिलन हुआ उससे ऋतु-सृष्टि भंग हुई तथा क्रतु-संहार शुरू हो गया।

अमा. से बराबरी की होड़ में सुसानोवो ने एक प्रतिस्पर्धा की चुनौती दी। वह महादम्भी हो गया था। पाँच देवताओं (जापान के पाँच द्वीपों) का निर्माण करने के पश्चात् उसने विध्वंस-लीला मचायी। इससे अमा-ते-रासू बेहद भयभीत तथा आतंकित हो गयी। प्रतियोगिता में सुसानोवो की अलौकिक शक्ति का हरण करने को अमा. ने उसकी तलवार माँगकर उसके तीन टुकड़े करके निगल लिया। इससे तीन वामनाकार देवियों का उद्भव हुआ... तदपि आतंकित अमा-ते-रासू एक शैल-गुफा में जाकर छिप गयी तथा एक विशाल शिला-गुल्म से द्वार बन्द कर दिया। चारों ओर घोर अन्धकार व्याप्त हो गया। वनस्पतियाँ सूख गयीं। जलप्लावन छा गया। [तुलनीय : बालि-सुग्रीव प्रसंग में गुफा में छिपने अथवा अरब-यात्री सिन्दबाद का गुफान्वेषण]।

ऐसे संकट में स्वर्ग की पवित्र नदी अमा-तो-यासू गावारा की सैकत-शैया पर लाखों देवता एकत्र होकर मन्त्रणा करने लगे कि अमा-ते-रासू को किस प्रकार बाहर लाया जाए। उन्होंने कई जादुई उपादानों एवं वस्तुओं को बनाकर एकत्र किया [भारतीय दुर्गा-मिथक में देवता ऐसे उपादानों से दुर्गा को सुसज्जित करके रणचण्डी जैसा बना देते हैं]। उनमें एक दर्पण, एक तलवार, एक पावन वृक्ष, भेंट स्वरूप कई प्रकार के रंग-बिरंगे परिधान तथा किमोनो आदि थे। उन्होंने अग्नि प्रज्वलित करके स्थायी जोत भी जगा दी।

फिर उन्होंने देवी उज़ूमे को आमन्त्रित किया। वह कागू नामक पवित्र पर्वत के जादुई रहस्यों की अभिभाविका थी। वह एक विशाल गहरे गुरु-गम्भीर ढोल ऊपर दिगन्तव्यापी थापों के साथ ताल-सुर देती हुई नंगे पाँव नाची। आह्लाद में उसकी समूची देह से पारदर्शी आवरण गिरते चले और वह नग्न, निर्द्वन्द्व, बेसुध, मतवाली हो गयी। संगीत-वाद्यों के स्वरों, नृत्य की थापों-तालों तथा असंख्य देवताओं के अट्टहास ने घुलमिलकर स्वर्ग से धरती तक की दसों दिशाओं में शोरगुल, कोहराम मचा दिया।

तब कौतूहलवश अमा ने अपनी गुफा का द्वार थोड़ा-सा खोला। उसने पूछा कि देवताओं का ऐसा हौसला कैसे हुआ कि इस निविड़ अन्धकार में वे अट्टहास करके आमोद-प्रमोद में उल्लसित हो रहे हैं। तब उज़ूमे ने संयत उत्तर दिया 'हमें यह उल्लास इसलिए हो रहा है कि आपजी-सूर्यदेवी से भी अधिक देदीप्यमान एक अन्य देवता भी उपस्थित हैं।' तब दो देवताओं ने कांस्य दर्पण को अमा-ते-रासू के मुखमण्डल के सामने कौंधा दिया। लो, वह अपने ही परावर्तन (रिफ्लेक्शन) से चमत्कृत तथा सम्मोहित हो गयी। उसने गुफा का पूरा द्वार खोल दिया। एक देवता अमा. का हाथ थामकर बाहर लिवा लाया। फिर उन्होंने (इज़ानामी की ही तरह) धान के पुआल की रस्सी बनाकर द्वार को बन्द करते हुए कहा 'अब तुम कदापि, कभी-भी, इस गुफ़ा में नहीं प्रवेश करोगी।'

इस भाँति अमा-ते-रासू पुनः प्रकट हो गयी। बुरी आत्माएँ विलुप्त हो गयीं तथा शुभ आत्माएँ 'कामी' चारों ओर बस गयीं। सृष्टि में ऋत्-क्रतु छा गये।

सूर्यदेवी दिग्विजयिनी हो गयी, किंवा विश्वदेवीत्व 'कुनीटोकोटाची' के स्वरूप में वह प्रणय-देवी ललिता-रूपा भी हो गयी।

(iii) मिथक-आलेख-कारी : विश्वमिथकयानों के आयाम में अमा-ते-रासू सुमेरियन देवी इनान्ना (ईश्तर) की भाँति प्रणय तथा उर्वरता की देवी है। उसको दुर्गा की शक्तियों की भाँति अनेक उपकरणों का हेतु-उपादान मिला है। वह तेजस्विनी अर्थात् दीप्तिमयी है। वह मानवता के संकट की घड़ी में तमस् से ज्योति की ओर ले चलने आयी। ध्यातव्य है कि आतंकवाद तथा महाभ्रष्ट दम्भ के कारण ही वह अन्तर्धान हुई है। समाज-संस्कृतियों की यह शाश्वत् डायलेक्टिक्स अर्थात् द्वन्द्वात्मक दर्शन है।

सुसानोवो प्रतिगामी ऐतिहासिक शक्ति का प्रतिनिधि है। उसने (जापान या विश्वरूप के) धान खेतों, चेरी वृक्षों तथा पवित्र मन्दिरों को बर्बाद कर डाला था। अन्ततः उसने (जापान के) कुटीर उद्योगों (बुनकरी-छपाई-कढ़ाई) अर्थात् अमा-ते-रासू के बुनाईघर के छत में बड़ा सूराख कर डाला था। अतः अमा. ने आदिमता तथा आद्य मानवता के प्रवेश (गुफ़ा) द्वार को ही बन्द कर डाला था ताकि आदिजनों-गिरिजनों-गरीबजनों की जिन्दगानी सुफल हो।

इस भाँति बुनाईघर तथा गुफ़ाद्वार ग्रामीण जापानी **समाज की संरचना** के सूचक हैं।

प्राक् पूर्वज जनक इज़ानामी के नेत्र तथा नाक की भाँति दूसरे चरण में अमा-ते-रासू के कण्ठहार से पाँच देवताओं तथा सुसानोवो की खण्डित तलवार से तीन देवियों का भी उद्‌भव हुआ [सुसानोवो ने प्रतिस्पर्धा में अमा. के रत्नजड़ित कण्ठहार की लड़ियाँ तार-तार कर दी थीं]। अमा-ते-रासू के पाँच देवताओं में से एक जापान के राजवंश का भी पूर्वज हुआ। प्रतियोगिता, खण्ड-खण्ड संयोजन तथा राजा का ईश्वरत्व विश्वमिथकयानों के तीन प्रमुख मिथकाभिप्राय भी हैं। आज भी जापान के राजवंश में सम्राट दैवी-अधिकार से शासन करता है। आज भी जापान के राजसिंहासन में एक दर्पण, एक रत्न तथा एक खड्ग—ये तीन पवित्र शुभंकर हैं। अमा-ते-रासू का ईसा की प्रथम शताब्दी में ईसे में जो शिन्तो-मन्दिर बना था, वह आज भी कायम है तथा देवी आज भी जापान के सम्राट यामातो-देवमंडल की प्रतिनिधि है। अतएव जापानी मिथकों में, ईजिप्टी मिथकों की भाँति, इतिहास तथा लोकवार्ता का प्रपानक परिपाक है।

ध्यातव्य है कि जापान के एक राजकुमार सोटोकू (ई.प. 572-621) ने अपने देश की तीन नीतिपरक प्रणालियों को एक सांगरूपक द्वारा मिथकारेखित किया था—वृक्ष की जड़, तना तथा शाखाएँ, फल-फूल। महादेवी अमा-ते-रासू और उससे उत्पन्न तीन वामन-देवियों की तरह यहाँ शिन्तो मत का देवपन्थ में समन्वय हुआ है : जड़ शिन्तो है, तना एवं शाखाएँ कन्फूशियस मत की भावनाएँ हैं, और फलफूल बौद्ध धर्म की आध्यात्मिकता है। यह चित्रत्न चौदहवीं शताब्दी तक जारी रहा था। सामन्तीय लड़ाइयों ने साम्प्रदायिकता को उभारकर इसे छिन्न-भिन्न कर डाला।

× × ×

तो हमने विभिन्न प्रकार से विश्वमिथकयान की तीन धुरियों—ईजिप्ट, जापान तथा भारत—की उन मिथकों की बहुविध आलेखकारी की है जो भरतपाठ की अत्यन्त समीपी हैं तथा मिथकीय मानस की धारावाहिक उन्मीलक भी। मिथकीय साम्यरूपकत्व के प्रबोधन से ही कवि प्यारे बच्चन ने सिसिफस (ग्रीक) बरक्स हनुमान (आर्य) को, तथा कुँवर नारायण ने नचिकेता को लिया है। साम्यरूपकता के लिए हम ऑर्फियस (ग्रीक) को संयुक्त करने की पैरवी करते हैं।

इसी तरह भारत के वक्रतुण्ड ठिंगने गणपति विनायक, थाई देश के हँसते हुए बैठे लम्बोदर बुद्ध तथा 'आधुनिक ऋषि' कार्ल मार्क्स (आचार्य नरेन्द्र देव के अनुसार) की विचारधाराओं एवं यूतोपियाओं, मिथकों एवं क्रान्ति की विभिन्न आधुनिकताओं का लड़ीवार अनुभवन-अनुचिन्तन-अनुप्रकरणायन जारी रखा जा सकता है—अनादि एवं आधुनिकता से भी उत्तरोत्तरता तलक।

तेरह उज़मे का लास्य-रासनृत्य

चित्र-आकृतियाँ

मानचित्र-तालिकाएँ

13

पश्य, मिथकस्य विश्वरूप यात्रा चालू आहे!

सूत्र : मिथक झूठ नहीं है। यह तर्कणा (लोगॉस) की एंटीथीसिस (प्रतिवाद) **मिथकत्व** (माइथॉस) है। मिथकों के **भरतपाठ** आदिकाल से अलिखित हैं। जो कालहीन तथा दिक्हीन होते हैं। अलबत्ता संस्कृतिदेशिक अवश्यमेव होते हैं।

अनादि से अनन्त तक की यात्रा। मिथक की एक चिंगारी भी व्यापक दावाग्नि उद्दीप्त कर सकती है। आधुनिक मेसो-अमेरिका तथा दक्षिणी-अमेरिका इस सत्य की धारावाहिक मिसालें हैं।

मेसो-अमेरिका क्षेत्र की (अज़टेक, माया तथा इन्का) सभ्यताओं का एक प्राचीन देवता क्वेटज़ालकोआटल था। देवताओं के आपसी झगड़ों में वह पूर्वी समुद्र में चला गया। उसने भविष्यवाणी की थी कि वापस लौटकर वह अपने खोये-छीने टोल्लान राज्य की दावेदारी करेगा। महामिथक में वह एक बड़ा देवता होता गया; आंचलिक मततन्त्र के मुताबिक वह कई पक्षों से युक्त **देवता** हो गया वह वायु और जीवन का, विवेक और व्यावहारिक ज्ञान का, भोग (मदिरा) और उर्वरता का देवता हो गया। वह एक **पुरोहित** भी हो गया जिसने कृषि और कला और कारीगरी का अन्वेषण करके लोक को सिखाया वह एक **राजा** भी था जो नेक इंसान था। अतः वह राजा और पुरोहित और मानवीय देवता के रूप में अधिष्ठापित हो गया। वह एक अर्द्धऐतिहासिक महामिथक हो गया।

क्वेटज़ालकोआटल की इस श्रेयस मिथक का प्रथम भयानक दुरुपयोग स्पेनी कानक्विस्टेडोर हर्नांडिन कोर्टेज ने किया जब उसने अन्धलोकविश्वास में यह प्रसारित करा दिया कि वह देवता मरा नहीं था। वह श्वेतवर्ण तथा दाढ़ीयुक्त मनुष्य भी था और वह (कोर्टेज़) उसका ही संरूप है। अतः अज़टेक-साम्राज्य के सम्राट मोंटेज़ुमा-II ने महल तथा अपने प्रकोष्ठ तक में उसका स्वागत किया, या बिना युद्ध किये आत्मसमर्पण कर दिया क्योंकि उसे भी विश्वास हो गया कि स्वयं देव क्वेटज़ालकोआटल अपना राज्य वापस लेने आ गये हैं। इसके बाद कोर्टेज़ अधिशासक हो गया। उसने मूल जनता का कत्ले आम मचाया (जो भयंकर रक्तपिपासु देवता ह्यूटज़िलोपोचटली को अर्पित) मानव-बलि से भी ज्यादा भीषण, विकराल, सर्वव्यापी, पाशविक था। व्यवहार में कोर्टेज़ ह्यूटज़िलोपोचटली राक्षस बन गया था। उसकी धारा में आधुनिक लैटिन अमेरिका में चिली का तानाशाह पिनोचे तथा कैरीबियन का तानाशाह बैटिस्टा आदि हुए। उस महाद्वीप में तानाशाहों अर्थात् ह्यूटज़िलोपोचटली के छद्म उद्धारक राक्षसों की एक शृंखला बीसवीं शताब्दी के अवसान तक चलती रही। इसे हम **क्रूर अमानवीय अज़टेकी** परम्परा कहेंगे।

प्रत्युत्तर में मूल देव क्वेटज़ालकोएटल की मुक्ति-संघर्ष वाली धारा बलवती होती गयी। इसे हम **सूर्यदेवता इन्टी के सहकार वाली** मानते हैं। दक्षिण की ओर जब स्पेनी आक्रान्ता पिज़ारो लूट और कब्जे का अभियान चला रहा था, तब अमेज़न नदी-क्षेत्र में सशक्त महिला लड़ैयन सिपाहिनों की टुकड़ियों से भी उसका जबर्दस्त मुकाबला हुआ। उसने उन्हें 'अमेज़न-नारियाँ' घोषित कर दिया। होमर ने अपने महाकाव्य में अमेज़न नारी-राज्य की चर्चा की है जिसकी रानी का आर्किलीज़ ने वध कर दिया था। इस प्रकार पिज़ारो ने भी उनका वध जायज़ करार कर दिया। किन्तु वे **मुक्ति-संघर्ष की नेत्रियाँ** मानी जाएँगी।

इसी कड़ी में उन्नीसवीं शती में साइमन बोलिवर नाम के क्रान्तिदर्शी-क्रान्तिकारी योद्धा ने अनेक देशीय सुदीर्घ मुक्ति-संग्राम छेड़कर दक्षिण अमेरिका को उपनिवेशवादी पश्चिमी ताकतों से विमुक्त कराया। बोलिविया देश का नामकरण उन्हीं के सम्मान में हुआ है।

फिर फिदेल कास्त्रो के हमराही **'चे' ग्वेवारा** (1928-1967) ने पूरे लैटिन अमेरिका तथा विदेश में कई वामपन्थी मुक्तिसंग्राम छेड़े। उनका वैश्विक नारा था "एक-दो कई वियनामों को बनाओ!" इस तरह 'चे' एक जीवन्त, अमरशील वैश्विक मिथक बन गये हैं। उसी धारा में, विश्वमुक्ति-संग्राम का शंखनाद करने से पहले 'चे' ने माचूपिच्चू शहर, सूर्य एवं चन्द्र पिरामिडों में जाकर अमेरिन्डी आत्मा का सन्दर्श किया था। चित्रकार डिएगो राइवेरा ने भी उसका चित्रदर्शन पेश किया। ओक्टेवियो पाज़ ने सांस्कृतिक चिन्तन दिया।

परिणाम यह है कि इक्कीसवीं शताब्दी के विहान में ही क्यूबा में राउल कास्त्रो, वेनेजुएला में ह्यूगो शावेज़ (1954-2013),

बोलिविया में जुआन इवो मोरेलीस, पेरू में अलान गार्सिया, ब्राजील में लुई क्लनसियो लुला द सिल्वा, अर्जेंटीना में इवा पेरोन तथा क्रिस्टिना फर्नांडीज़ आदि तथा इक्वेडोर में राफाएल कोर्रिया, ग्वाटेमाला में आल्वारो कोलोन काबाल्लेरास एवं नेपाल में प्रचण्ड का अभ्युदय हुआ है। पश्चिमी गोलार्ध में इस तरह, क्वेटज़ालकोएटल की मिथक की प्रथम चिंगारी मुक्ति, खुशहाली, मानवता के भविष्य की पवित्र व्यापक दावाग्नि-सी फैलकर जाजल्वमान होती रहेगी।

'आधुनिक विश्वमिथक' 'चे' ग्वेवारा (1928-1967) रोमांटिक तथा विश्व-क्रान्तिकारी और चिन्तक

ह्यूगोशावेज़ (1954-2013)

दो मिथकवृत्तों (ईसाई-इन्काई) की मैत्री : इन्काओं से भी पहले कोल्लाओं के टिटिकाका-क्षेत्र पर अधिकार करने वाले अमेरिन्डियनों के बीच कई सर्जनामिथकें और संस्कृति-नेता थे। ऐसे मिथकीय नेताओं में से एक थुनापा या टोनापा था जो सभ्यता को लाने वाला था। बाद के चरण में उसकी बिम्बावली इन्का सर्जक-देवता वीराकोचा से घुलमिल गयी। शायद वह ईसाई मिशनरियों तथा एपोस्टलों की उनकी कथाओं से भी प्रभावित हुई हो।

मिथक के मुताबिक–अपने पाँच अनुयायिओं के साथ थुनापा उत्तर से आया। वह एक प्रभावशाली मनुष्य था, नीली आँखों तथा दाढ़ी वाला। वह युद्ध के विरुद्ध, नशाखोरी के विरुद्ध और बहुपत्नित्व के विरुद्ध उपदेश देता। वह अपनी पीठ पर एक लकड़ी का क्रास भी लिये रहता। वह कारापूका शहर में आया और अपने शिष्यों को वहीं छोड़कर अन्य नगरी में चल दिया। उसकी अनुपस्थिति में गड़बड़ फैल गयी, जब उसका एक अनुयायी सरदार माकुरी की बेटी के प्रेम में संलिप्त हो गया। वापस आकर थुनापा ने लड़की का ईसाई धर्मान्तरण (बप्तिस्मा) किया। किन्तु सरदार इतना क्रुद्ध था कि उसने शिष्यों को मार डाला तथा थुनापा को मरा समझकर छोड़ दिया। नेता की देह एक टोटोरा 'रीड' नौका पर रखी जाकर टिटिकाका झील में बहा दी गयी। इस पर वह न जाने किस जादुई चमत्कार से खुद-ब-खुद बेहद तेजी से चल पड़ी। नौका-तट पर इतने जबर्दस्त ढंग से टकरायी कि वहाँ से एक नदी फूट निकली। आगे उसी के जल पर थुनापा की मृतदेह आगे बहती हुई पेसिफिक महासागर तक पहुँच गयी। साम्प्रदिक तनाव शान्त हो गया।

इसी सन्दर्भ में हम **मिथकों की द्वीप-द्वीपान्तरों की यात्राओं** का उल्लेख करते आये हैं। अहुरमाज़दा-वृत्त तथा ऋग्वेद में पर्याप्त विनिमय हुआ है। मध्य एशिया की प्रेम देवी तथा कृषि-देवता, एफ्रोडाइट और एडोनिस, की मिथकें यात्रा करते हुए ग्रीस और रोम तक पहुँचीं। भारतीय मित्र-वरुण रोम में पूजित हुए। समुद्र-मन्थन की विष्णु की मिथक कम्बोडिया के अंगकोरवाट तथा वियतनाम की चम्पा तक पहुँची। ईजिप्ट की आइरिस ग्रीस में भी पूजित हुई। बोधिसत्त्वों और जातकों की मिथक-कथाएँ इन्दोनीसिया, श्रीलंका, म्यांमार, चीन, कोरिया, मंगोलिया, जापान तक पहुँचीं। विशेष रूप से भारतीय और ग्रीक मिथकयानों में समीपी साँझा रहा है। उदय प्रकाश अरोड़ा ने उर्वशी-पुरुरवा और एरॉस-साइकी, शान्तनु-गंगा और पेलियस-थेटिस, इन्द्र-अहल्या और ज़ियस-डिओ, माया सीता और आइडोलेन-हेलेन, शिखण्डी और आइफिस, भृगुवंशी और्व ऋषि का जन्म और डायोनीसस का जन्म, द्रौपदी स्वयंवर और पेनिलोप का विवाह आदि के मिथक-लिजन्धरों में समानान्तरता मानी है। वे आगे और विस्तार से बताते हैं, "विभिन्न पुरातात्विक खोजों से यह सम्पुष्टि हो जाती है कि भारत के कतिपय भागों में ग्रीक लिजन्धर पता थे। भारतभूमि से भारतेय ग्रीक शासकों के जो सिक्के खोद निकाले गये उनमें ज़ियस, हेराक्लीज़, पेलाज़ तथा ग्रीक मिथकायन के अन्य प्रसंग अंकित हुए हैं। दूसरी शताब्दी तक कुषाण-शासक अपनी मुद्राओं में ज़ियस, हेराक्लीज़ और हेलियस के साथ-साथ बौद्ध एवं विविध ईरानी तथा ब्राह्मण-देवताओं की छवि अंकित करते थे। बौद्ध मत के लघु देवते विभिन्न ग्रीक संरूपों में प्रतिरूपित हैं। उनके साथ सेटिरादि, सेंटारादि तथा

अन्य ग्रीक नदी-देवते भी अंकित हुए हैं। वे स्तूपों तथा गान्धार के चैत्यों में अभिप्रायों के तौर पर भी देखे जा सकते हैं। बुद्ध की एक ध्यान-मूर्ति की पीठिका पर मालाएँ लिये हुए क्यूपिडादि अथवा डायोनीसस के साथ मौज-मस्ती करते हुए जुलूस भी देखे जा सकते हैं। गान्धार-कला में तो बौद्ध देवताओं ने ग्रीक देवताओं के स्वरूपों को धारण कर लिया। ज़ियस का वज्रपाणि में रूपान्तर हो गया, एटलस एक यक्ष हो गया, नाइकी बुद्ध जन्म का उत्सव मनाती हुई एक अर्द्धदेवी हो गयी, तथा ग्रीकों की भूदेवी डिमीटर हारीति में रूपान्तरित हो गयी।''*

शताब्दियों से विश्वमिथकों की सरिताओं का महासागर में संगम होने की प्रक्रिया को देश तथा काल के सापेक्ष्य अक्षों में निश्चित तौर पर नहीं जाना जा सका। उनकी एक प्रमुख धुरी **अभिप्राय** भी है। उनकी यात्राएँ मानवसमूह की विभिन्न सामाजार्थिक अवस्थाओं से होते हुए, कबीलाई सरदार से, सांस्कृतिक अधिनेता से, राजा और देवराजा से, व्यापारी तथा पुरोहित के द्वारा संसार को एक करती आ रही हैं। इसका मनोवैज्ञानिक मूलाधार यह रहा है कि महत्तम मिथकीय गाथाएँ अवचेतन पर सीधे गहरा अनुकूलन छापती हैं और उनकी प्रक्रिया में स्वयंप्रकाश्य प्रज्ञा (इंट्यूशन) -धुरीण होती है। मिथक का अति तीव्रावेग समूह तथा समाज तथा समूची संस्कृति तक को अपने वात्याचक्र में संवलयित करता आता रहा है। हम देखते आ रहे हैं कि ईजिप्ट, ग्रीक, चीन, इन्का, भारत, मेसोपोटामिया, पर्शिया, अंगकोर वाट आदि की प्राचीन सभ्यताओं के साम्राज्यों के महाराजा तथा पुरोहित स्वयं को देवपुत्र या देवता, तथा देवता के सन्देशवाहक समझते थे। वे इसी रूप में पूजनीय थे। इन्का के राजा स्वयं को सूर्यपुत्र समझते थे, ईजिप्ट के फाराओ स्वर्ग-नक्षत्र ओरिऑन से तदात्मक थे, अंगकोर वाट का देवराजा विष्णु का अंशावतार था आदि-आदि। पुरोहितों ने भी पहाड़, शिखर, नदी-संगम, व्यापार-केन्द्र आदि को पवित्र तथा शाश्वत बना दिया था। वे चक्राक प्राकृतिक घटनाओं को भी दैवी मानते थे। उन्हें देवी-देवता बनाकर पूजते थे। बाद के समयों में जब **मानवीयकरण** (पर्सोनिफिकेशन) ने सृष्टि एवं उत्पत्ति को मानवीय छवि में देखने को कमतर किया तब मिथकों की अलौकिकता-अतिप्राकृतिकता भी धुँधली होती चली। ऐसे बिन्दु पर **मनुष्यीकरण** (ह्यूमेनिज़्मेटिक) की चुनौती का उन्नयन शुरू हुआ। अतः हम देवराजा और पवित्र केन्द्र से आगे बढ़कर मनुष्य-केन्द्र में संस्थित होते गये। इटैलियन रिनासाँ तथा भक्ति-आन्दोलन में यह प्रक्रिया द्रुतदीप्त हो चली। इसका प्रबल प्रभाव मिथकों की आधुनिक/समकालीन व्याख्याओं में अभिलक्षित एवं प्रक्षेपित हुआ। इस तरह व्यापार और विजय और विश्वधर्म का एक त्रिकोण बनता है। प्राचीन संसृति में इसके मध्य बिन्दु में मिथक तथा मिथकीय मानस को केन्द्रीभूत कर सकते हैं।

इस अनुच्छेद के आखिर में एक सर्वथानुकूल उद्धरण दिया जा रहा है।

लेवी स्ट्रास ने मिथक के अर्थ के बारे में लिखा—''मिथक को जो क्रियमाण मूल्य प्रदान करता है वह उसका विशिष्ट आकृतिबन्ध (पैटर्न) है जिसका विवरण सदैव उपस्थित के रूप में दिया जाता है। यह वर्तमान का निर्वचन तो करती ही है, साथ ही अतीत और भविष्य की भी व्याख्या करती है।'' ['दि स्ट्रक्चरल स्टडी ऑफ मिथ' उद्धृत ''मिथ : ए सिम्पोज़ियम'', सं. थामस ए. सेडिओक, इण्डियाना यूनिवर्सिटी, ब्लूमिंगटन, 1955, पृ. 85]

सामाजिक मिथक में समसामयिकता का प्रक्षेपण : सामाजिक मिथकों का या तो अन्वेषण होता है या फिर नाटकीय ऐतिहासिक घटनाओं के अनुगमन में वे पूर्णतया बदल जाती हैं। किसी कबीलाई युद्ध के पश्चात् उर्वरता के शान्तिपूर्ण देवता का युद्धदेवता हो जाना, या पराजित युद्धदेवता का उपवन-देवता में बदल जाना कोई असाधारण बात नहीं होती थी। 16वीं या आरम्भिक 17वीं शती में समुद्रायणी के टोंगा की सामोआ-उन्मुखी सरकार के चरमराने के बाद नयी मिथकों का अन्वेषण किया गया जो कावा पौधे के मनोत्तेजक प्रगुणों को सामाजिक नियन्त्रण के रूप में इस्तेमाल करने को न्यायोचित बताती थीं। इसी के साथ टू'इ टोंगा के राजवंश की पवित्रता का सशक्तीकरण करने वाली उस मिथक की पुनःसंरचना की गयी।

आधुनिक माओरी मिथकायन : सन् 1833 में न्यूजीलैण्ड के माओरिओं में समुच्चयित (सिन्क्रेटिक) ईसाइयों का सम्प्रदाय प्रचलित हुआ। आरम्भ का यह सम्प्रदाय प्रोटेस्टेंट मिशनरियों के विरोध में था तथा बाइबलीय सर्प 'नाकाही' का आह्वान करता था। पैगम्बर का दावा था कि वह अग्निदेवता **ते आतुआ वेरा** का माध्यम है [यह वही सर्प है जो मोसेस के दण्ड पर विराजता था]। इन सभी ऐसे आन्दोलनों में पुराने तोहूंगा का स्थान माओरी पैगम्बरों ने ले लिया। खास दिलचस्प तो माओरी मसीहा रूआ केनाना हेपेटीपा है जिसने आर्केंजेल जिब्राइल द्वारा 1905 में पवित्र तू-होए पर्वत के मौंगापोहातू में दैवी सन्दर्श का अनुभव किया। पर्वत पर उसने रात्रि संसार (पो) की पुरातन देवी ह्वाहीतीरी का मुकाबला भी किया। उस देवी ने उसे एक महाशक्तिसम्पन्न पवित्र हीरे का रहस्योद्घाटन भी किया। 1906 में रूआ का हेपेटीपा के रूप में बप्तिस्मा हुआ था। और वह जीवित देवता की परिपाटी में फिट हो गया। विचित्र है न?

[यह भी ध्यातव्य है कि आधुनिक मानस यदि शोषित वर्गों अथवा कबीलाई समाज से छलकपट नहीं करता तो वह **रहस्य** को सुलझा लेने तक छानबीन तथा जाँच-पड़ताल जारी रखता है लेकिन पिछड़े वर्ग, समूह या कबीलों का मिथकीय मानस उन्हें पूर्वतार्किक जानकर **चमत्कार** मान लेता था]।

* ''मोटिफ्स इन इंडियन मिथोलॉजी : देअर ग्रीक एंड अदर पैरेलल्स'', यू.पी. अरोड़ा, इंडिका पब्लिशिंग हाउस, नयी दिल्ली, 1981, पृ. 176, 180

पिछड़े वर्गों के बीच धर्म और उपनिवेशवाद के गठबन्धन की दिलचस्प मिसाल **'ग्वांडालूप की मैक्सिन वर्जिन'** मेरी की है।

तेपेयाक नगर में सन् 1531 में नये-नये ईसाई बने स्थानीय जुआन डाइगो को सन्दर्श (विज़न) आया कि एक धवलवसना नारी प्रकट हुई और उसने निर्देश दिया कि उस स्थल पर एक चर्च बनायी जाए। सरल जुआन के चोगे से गुलाब के फूल झर पड़ते हैं और उन पर वर्जिन मेरी (ईसा की क्वाँरी माता) की छाया छवि प्रकट हो उठती है। सारे शहर में हल्ला मच गया। दो साल बाद वहीं पर चर्च बन गया। यह घोषणा की गयी कि मेरी अमेरिका में आ गयी हैं, ग्वांडालूप की हमारी वर्जिन मेरी आ गयी हैं। यह घटना रोमांटिक तथा मिथकीय बनाती गयी। ऐसा लगा कि जुआन डाइगो अनजाने में ही कूजता दिव्य पक्षी-जैसा होकर स्पेनियों को गौरवान्वित कर रहा है। मानो कार्टेज़ तथा जुआन के करतबों से उपनिवेशी वर्चस्व आदर्शीकृत हो गया। इस प्रकार 'सान्ता मारिया दे ग्वांडालूप' का मिथक विश्वास बन गया। सात सालों के अन्दर ही लगभग अस्सी लाख ग्रामीण-कस्बाई मेक्सिकन लोगबाग ईसाई धर्म में दीक्षित होकर स्पेनभक्त भी हो गये। इस तरह एक परा-सामान्य (पैरा-नार्मल) हेतु का असर चमत्कार बन जाना जाकर मिथक का महत्त्वपूर्ण चक्रचिह्न घुमाता चला गया। एक अन्धविश्वास को सामाजार्थिक वैधता भी मिल गयी। पंखों वाले सूर्य-पक्षी क्वेटज़ालकोएट्ल की भी अस्थायी वापसी हो गयी और पंखों वाले अन्य भीषण सर्पों का संहार भी ईश्वर की माता (मेरी) ने कर दिया। (बाइबल के शैतान का 'सर्पफण' कुचल दिया गया)। फिर सन् 1595 तक अज़्टेकों की अढ़ाई करोड़ आबादी में से केवल साढ़े अठारह लाख बच रहे थे क्योंकि स्पेनी 'कानक्विस्टोडोर्स' (उपनिवेशी विजेताओं) ने उनको कुचल डाला था। इस तरह स्पेनियार्डों की बन्दूकों तथा ईसाइयत ने साथ-साथ लक्ष्य पूरा कर लिया। यह मिथक स्पेनी क्रूरता के काले अध्याय में मटमैली हो गयी। काली मिथक का भंजन करते हुए ओक्टावियो पाज़ ने कहा है : 'हरेक मैक्सिकोवासी अपने अन्तरतम में उस निरन्तरता को आभ्यन्तरित किये है जो दो हजार साल पुरानी है।'

जारी सन्दर्भ में ऐसी चालू मिथक-धारा को लेते हैं। चेन्नई के एक पोस्टर में **जयललिता को 'वर्जिन मेरी'** के रूप में चित्रित किया गया था जिनकी एक बाँह में शिशु ईसा हैं। इसका चर्च तथा पादरियों ने घोर विरोध करके ईशनिन्दा बताया क्योंकि वर्जिन मेरी तो बस 'एक ही हैं'। इसी क्रम में उनके चालीसवें जन्म दिवस पर उन्हें 'आदि पराशक्ति' घोषित करते हुए थिरुवोत्तियुर के वदिवुदै अम्मा मन्दिर में उनका कीर्तन किया गया (1995)। और भी : राममन्दिर-आन्दोलन के दौरान भाजपा ने राजा रविवर्मा के आधार पर श्रीराम को समुद्र-तट पर बिल्कुल अकेले धनुष थामे हुए पोस्टर प्रसारित किया था जिसमें उनके पार्षद हनुमान तथा जाम्बवान और अनुज लक्ष्मण अनुपस्थित थे। और भी : सन् 2000 में कोलकाता में दुर्गापूजा-महोत्सव में एक मण्डप में चन्दन के महातस्कर मूच्छाड़िया दस्यु वीरप्पन को महिषासुर बनाया गया था जबकि वीरप्पन खुद दुर्गा का पक्का उपासक रहा था।

ब्रह्मदेव शर्मा ने बस्तर और श्रीकाकुलम से सटे कोरापुट (ओडिशा) के दण्डकारण्य की बोंडा पहाड़ियों में राम-सीता के वनवासी जीवन के अनेक साक्ष्य—सीताकुण्ड तथा बालि-सुग्रीव की गिरि कन्दराओं के मिथकीय भूगोल का उल्लेख किया है। बालि-सुग्रीव की उन गिरिजन-सन्तानों के सरल समाज में **सीता के स्नान** का 'मिथकीय लिजन्धर' अनजान काल से आज भी दोहराया जाता है। बोंडा पहाड़ियों में मुदुलीपाड़ा के पास सीताकुण्ड है जहाँ मिथकीय काल में सीता ने जेठ मास की एक दुपहरिया में स्नान किया था। कौतूहलवश झरने पर गाँव की कुछ लड़कियाँ आ गयीं और सीता को नहाते देखकर खिलखिलाकर हँस पड़ी थीं। उनकी दुर्बुद्धि से सीता नाराज़ हो गयीं। उन्होंने शाप दे दिया कि 'आज' से वे लड़कियाँ तथा पहाड़ियाँ निर्वस्त्र घूमेंगी, उनका सिर मुण्डित रहेगा और दुनिया के लोग उन्हें देखकर वैसे ही हँसेंगे। यूँ मिथकीय समय वर्तमान में भी गहराता चला गया।

सीता का **मिथकीय** शाप **लिनजन्धर** में रूपायित हुआ। फिर आज तक (बालि-सुग्रीव की जनजातियों की) इन सन्तानों का इतिहास बन गया। आजकल यहाँ लोहे के विशाल भण्डारों तथा झूम-खेती के कारण पहाड़ियाँ नंगी हैं तथा आज भी यहाँ की गरीब किशोरियाँ, प्रौढ़ाएं तथा वृद्धाएँ 'कमर पर एक छोटा-सा वस्त्र, सिर साधुओं की भाँति मुण्डा हुआ, गले में आठ दस बीस एल्युमीनियम की हँसली, रंगबिरंगी हजारों मालाएँ पहने हुए'* लगभग निर्वस्त्र रहती हैं।

समान्तर ऐसा ही एक मिथक 'अग्निवेश रामायण' में उल्लिखित है। जब राम-सीता वनवास में भटक रहे थे तो एक रात को उन्होंने बिछोहे में चकवे-चकवी को विलाप करते हुए देखा-सुना। सीता हँस पड़ी थीं। इस पर चकवी नाराज़ हो गयी। उसने सीता को शाप दिया कि उनको भी वैसी ही वियोगाग्नि झेलनी होगी और वे वर्षों तक विलाप करते हुए दण्डकारण्य में भटकेंगे। सो, सीताहरण घटा। एक उलटा उत्तरपाठ भी है जिसमें चकोर-युगल हँसते हैं।

आदिवासियों के बरक्स आधुनिकता के आयाम में **देवी सीता** पर वैश्विक दृष्टिकोण को स्पष्ट करते हुए डी.आर. चौधरी ने मानवाधिकार के अक्ष पर **सीता** और द्रौपदी की तुलना करते हुए कहा कि पुरुषसत्ताक समाज में पुरुष अपने हित में सभी आदर्श स्थापित करता आया है। इसलिए सीता को आदर्श नारी के रूप में प्रस्तुत किया गया। असल में **द्रौपदी** ही आदर्श नारी होनी चाहिए। उसे अपने अधिकारों का ज्ञान है और वह अपने अधिकारों एवं नारी-सशक्तीकरण के लिए लड़ना जानती है।

---

* ''पगडंडी और राजपथ'', ब्रह्मदेव शर्मा, पृ. 43, प्रकाशन संस्थान, नयी दिल्ली, 1995

मिथक अपनी कालयात्रा में धर्म और संस्कृतियों के, कला और विज्ञान के आयामों में एकता और संघर्ष में अनवरत जूझती रही है। हमेशा कोई समन्वय सिद्ध होता है और फिर उसका प्रतिवाद चुनौती, दुविधा, द्वैतता प्रस्तुत कर देता है। वास्तव में कर्मकाण्डी अनुष्ठान के पश्चात् कला एवं साहित्य में मिथक का सौन्दर्यबोधात्मक सम्पूर्ण साक्षात्कार होता आया है। क्या हम इसे मिथक से परे की यात्रा मानें? अपने समय **का** अभिलेख होकर ही कोई **रचना** सार्थक तथा उत्तमोत्तम होती है। वैसे ही अपने **समय के लिए** सामाजिक पंचांग (अर्थात् प्रासंगिक) होकर ही कोई **मिथक** संवेगात्मक ऊर्जा एवं संश्लेषणात्मक प्रादर्श होती है। यह द्वैत स्थिति/दशा नयी सम्भावनाओं का प्रादर्श (मॉडल) बनाती है जिसमें (अब) इतिहास और आधुनिकता, लिजन्धर और मिथक की साझीदारी होने लगती है। एक चतुरंग आम है : पात्र एवं घटनाएँ, देश एवं काल।

जब मात्र देश-काल का युगल हो तो 'ऐतिहासिक कल्पना' है ('मुर्दों का टीला'—रांगेय राघव, 'दिव्या'—यशपाल)। जब एक दो ऐतिहासिक पात्र एवं घटनाएँ भी चस्पा हो जाएँ तो 'ऐतिहासिक रोमांस' है। जब चारों का समतोल हो तब 'ऐतिहासिक उपन्यास' है और जब ये चारों समकालिक के साथ-साथ बहुकालिक भी हों, त्रिकाल को धारावाहिक बना दें तब 'परिवर्तमान जादुई इतिहास' है ('आग का दरिया'—कुरर्तुल-एन-हैदर, 'महाश्वेता'—विनय, 'आत्मजयी'—कुँवर नारायण)। जब इन चारों में से एक, दो, तीन मिथकीय अभिप्रायों, पात्रों, प्रतीकों की भी संलिप्तता हो तब 'मिथक से परे' की दशा है ('बाणभट्ट की आत्मकथा'—हजारी प्रसाद द्विवेदी, 'कोबी बंद्याघटीगोये जीबन ओ' मृत्यु—महाश्वेता देवी)। इस तरह ये योगायोग बताते हैं कि लिजन्धर में छोटी किन्तु यथेष्ट महत्त्वपूर्ण मिथकों का विलयन होने पर वह मिथकाभासी होता है एवं मिथक इतिहास-भ्रान्तिक हो जाती है। वह 'एक समय में', 'प्राचीन युग में', 'बहुत पहले कभी' का सम्मूर्तन फैलाने लगती है। 'चित्रलेखा' और 'बाणभट्ट की आत्मकथा' इसकी प्रखर मिसाल हैं। अथच वर्जिल का 'एनीड', गोएथे का 'फाउस्त', जापानी राजकुमारी मुरासाकी का 'टेल्स आफ गेंजी', हज़ारी प्रसाद द्विवेदी का 'चारुचन्द्रलेख' आदि भी। इसी लड़ी में 'ऐतिहासिक रोमांस' के संरूप में मिथक एवं लिजन्धर घुलमिल जाते हैं, यथा 'विराटा की पद्मिनी' (वृन्दावन लाल वर्मा), या 'मुर्दों का टीला' (रांगेय राघव)। तो, समापन करें सूर्य की धुरी के दृष्टान्त से। **सूर्य** सौरमण्डल की धुरी है, देवों का देव है, विश्वदेव है, किन्तु यही सूर्य प्रकृति एवं विज्ञान का सूर्य है, सभी आदिम प्रकृति देवों एवं वैदिक मण्डलों का सूर्य है, धर्मसाधनाओं का सूर्य है, तथा संस्कृति एवं मिथक का (प्रतीक/रूपक) सूर्य भी है। तदपि 'सूर्य' एक ही है। ऐसी ही एक में देवता और दानव की, मनुष्य और प्रकृति की एकता तथा संघर्ष की मिथकीय यात्रा भी है।

× × ×

आधुनिक कलारूपों, समाजविज्ञानों तथा विज्ञान एवं टेकनालॉजी के **विश्वव्यापी वितान** (डब्लू-डब्लू-डब्लू) के मण्डप में अनादि-अनन्त **युवा मिथक** की क्या स्थितियाँ हैं? जाहिर है कि आधुनिक विश्व के भूमण्डलीकरण के दौर में इसकी सही सम्पूर्णता के लिए **'विश्वमिथकयान'** का साहचर्य तो लेना ही चाहिए। इसके कौन-से आयामों की कैसे खुलने की सम्भावना है? क्या **उत्तर-आधुनिकता** में जो इतिहास के, वृत्तान्त के, यथार्थता के, सभ्यता के विखण्डन से हम फिर आदिमूल की ओर लौट रहे हैं? मिथक की वैश्विक संचेतना में यह था किन्तु विखण्डनकारी न होकर देशकालोत्तीर्ण रहा है। इसलिए हमें उत्तर-आधुनिकता के जादुई यथार्थवादी विखंडन तथा मिथकों के विराज के द्वन्द्व-द्वैत को जानना ही चाहिए। विंकेलमान ने अपोलो बनाम डायोनीसस, मार्क्स ने प्रोमेथियस बनाम मेफिस्टोफिलीज (और सिसिफस), रवीन्द्रनाथ ने वेदव्यास बनाम विदूषक के बीच लगातार फ़र्क़ किये हैं।

इसके लिए हमें सबसे पहले एक आदिमूलस्थ, पुरामौखिक नृतात्त्विक **मिथक** और उसके भरतपाठ के लिए बड़ी काट-छाँट, सफाई-निकाई करनी होगी क्योंकि वह खुद अपने चारों ओर अनेकानेक अनिर्भरणीय तथा निराधार मिथकों के इन्द्रजाल से घिर गयी है; यथा मिथक पूर्वैतिहासिक है, अन-नैतिक (अनैतिक नहीं) है, पवित्र है, विश्लेषण-प्रतिरोधी है, शाश्वत है, स्वप्न है, अयथार्थ है, अन्धविश्वास-संवर्धक है, दैवीय है, विज्ञान विरोधी है, इत्यादि। हम यह तो मान लेते हैं कि मिथक में विश्लेषण नहीं, व्याख्या ही नाभि होती है, कि यह सामूहिक चेतन-अवचेतन में संस्थित है, कि यह देश-काल से उत्तीर्ण है आदि। परन्तु आज उक्त अन्य प्रपत्तियाँ केवल शक की सुइयाँ ही घुमाती रहती हैं। हम भी कई दशकों तक इन्हीं भ्रान्तियों के मकड़जाल में गिरफ्त रहे हैं। आधुनिक परिप्रेक्ष्य में तो मिथकयान तथा मिथक-आलेख-कारी अनेकानेक अनुशासनों द्वारा अपनी समझदारी संवर्धित करते हुए वैश्विक बनाकर **'विश्वमिथक'** बना देते हैं। आज पुरातत्त्वशास्त्र, नृतत्त्वविज्ञान, समाजशास्त्र, भूगोलविज्ञान, मनोविज्ञान, भाषाविज्ञान, तुलनात्मक मिथकायन, सौन्दर्यबोधशास्त्र, लोकवार्ता और धर्मदर्शन आदि वैश्विक स्वरूप में उसका अभिषेक करते हैं। इसलिए इसके अध्येता भी इन अनुशासनों का योगदान कर रहे हैं। आज मिथक और कर्मकाण्ड और धर्म की त्रयी कई समकेन्द्रित वृत्तों वाली केन्द्रापसारी हो गयी है। यह सही है कि कुछ मिथकों के कुछ विश्वव्यापी बीज-बिन्दु हैं—ब्रह्माण्ड का अण्डा, सर्जक स्वर्गाकाश तथा आकाश, सर्जक भूदेवी तथा धरतीमाता, सर्जक विश्वदेवता, सूर्य और चन्द्रमा, देवमण्डल और राक्षसवृन्द, शामन और चालबाज, पुरखे और अध्यात्माएँ, पशुपक्षी (टोटेम तथा जन्तुरूपिम), मानव प्रजातियाँ एवं जलप्रलय तथा अग्नि इत्यादि। ये सार्वभौम-सर्वकालिका आर्केटाइप भी हैं। अतएव हम 'विश्वमिथक' को स्वीकार करते हैं जिसमें अतीत-वर्तमान-भविष्य के बीच एकतान व्यापार चालू है। जो फोरटी का एक सटीक उद्धरण देना अपेक्षित है : ''मिथकयान मानवजाति के लिए प्रकृत (इनट्रिंसिक) है और निर्विवाद

तौर पर प्रत्येक जाति-प्रजाति का एक मिथकयान होता है। विश्वव्यापी पैमाने पर इनका अध्ययन करने का मतलब मनुष्य के आध्यात्मिक एवं बौद्धिक विकास के आकृतिबन्ध के उद्गमी-रेखा खींचना है। कारण कि, कोई भी युग या कोई भी सभ्यता नहीं है जिसने इस विचित्र जीवन को समझने तथा व्याख्यायित करने की चेष्टा न की हो।"*

मसलन **आज के समुद्र-मन्थन** में फटे टैंकरों से जहरीला तेल फैलकर तबाही मचाता है अथवा उसे खँगालकर अनेक खनिज प्राप्त किये जाते हैं। आज मेरु तथा कच्छप के बजाय टेकनालॉजी की मथानी ने विशाल ड्रिल और क्रेनें और प्लेटफार्म मुहैया कराये हैं। आज समुद्र-शय्या में शुद्ध हीरे से लगाकर बहुधातुपरक नोड्यूल फासफोरस, कोबाल्ट, निकेल आदि मिलते हैं। पहले इनकी शिनाख्त रूपकात्मक थी–वारुणी (प्रातः समीरण), सोम (चन्द्रमा), श्री (ऐश्वर्य), सुरादेवी (मादक पेय), तुरंग, कौस्तुभमणि (शुद्ध हीरा), कालकूट (विषैले उत्सर्जन), पारिजात वृक्ष, धन्वन्तरि (जड़ी-बूटियाँ), अमृत एवं सुरभि (जीवनदायी पेय), छत्र (नावों की पालें), ऐरावत (हाथी), अप्सराएँ (यक्षिणियाँ, मत्स्य-रमणियाँ) आदि। प्रसंगवश **गंगा** को भी लें। मिथक में नदी देवी हो जाती है (गंगा) तथा देवी नदी बन जाती है (सरस्वती)। गंगा तो भारत की संस्कृति-धारा है। इसके इर्द-गिर्द दिव्य मिथकों का अभिराम इन्द्रजाल फैला है। यह देवनदी है; अर्थात् स्वर्गंगा का रूपान्तरण पतितपावनी गंगा और आकाशगंगा, दोनों में हुआ है। इसे स्वर्ग के रास्ते से भगीरथ उतारकर लाये। यह विष्णु के पग तथा शंकर की जटाजूट से होती हुई पृथ्वी पर आयी है। अतः प्रारम्भिक चरण में अलकनन्दा एवं भगीरथी निकलती हैं। [इसका भौतिक उद्गम गोमुख है जो पच्चीस किलोमीटर लम्बा एक ग्लेशियर है। अब यह पिघलकर सन् 2030 में लुप्तप्राय हो जाएगा। तब गंगा मानसून के जल पर निर्भर हो जाएगी और मिथकें भी धुँधली होने लगेंगी। गंगा के तट पर आधुनिक हरद्वार, सोरों, कन्नौज, कानपुर, प्रयाग, वाराणसी, पाटलिपुत्र, कोलकाता, स्थित हैं]।

स्वर्गिक जैसी अलकनन्दा की सहायक नदियाँ धवल (धौली), तथा विष्णुगंगा हैं। अतः यह विष्णुपगा भी है। कहीं-कहीं यह पार्वती की सपत्नी जैसी भी है। इसने कार्तिकेय का बीज भी संरक्षित किया है।

[भारतीय प्रौद्योगिक संस्थान (आई-टी-आई) के वैज्ञानिकों ने पचास फीट नीचे से कर्दम (कोर) और रेती के नमूने लेकर उनकी 'ल्यूमनेसिंग डिस्टिलिंग' (तापमान, चुम्बकीय तथा बहु-छिपे उपागम से संयुक्त) करके गंगा की आयु तीस हज़ार साल से अनवरत प्रवाही निश्चित की है, जबकि यमुना दो-तीन हज़ार साल से अधिक पुरानी किशोरी है; और सरस्वती तो छह हज़ार साल पहले विलुप्त हो गयी थी। वैज्ञानिक जाँच से यह भी पता चला कि गंगा की माटी तथा रेती में पाँच तरह के पवित्रताकारक जीवाणु पाये गये हैं जो विषाणुओं को खत्म कर देते हैं। गंगा में अन्य नदियों की अपेक्षा लौह तत्त्व भी सर्वाधिक मात्रा में पाया जाता है। इन कारणों से इसका जल दूषित नहीं होता]। इसलिए **मिथकों की साक्षी** गंगा को पवित्र, शुद्ध तथा पापनाशिनी– यही सब तो बताती है।

एक अन्य उदाहरण कुल्लू-मनाली के रास्ते में **पार्वती नदी** की घाटी का है। इसका जल चाँदी की तरह चमचमाता स्वच्छ है। एक बार शिव-पार्वती घूमते हुए रतिचुहल-क्रीड़ा करने लगे कि पार्वती की नथमणि गिर पड़ी। उसे नीचे नाग ने नागमणि बनाकर धारण कर लिया। पार्वती का हठ अपनी झुलनी की मणि पाने का था। नाग देने को तैयार नहीं था। अतः शिव ने अपना त्रिशूल नीचे धँसाया तो मणि उसमें फँसी हुई ऊपर आ गयी। आज पूरी पार्वती-घाटी में (मणि जैसी) रेडियो-एक्टिव रेडियम की खानें हैं जो अब सरकारी आणविक ऊर्जा विभाग की सुरक्षा में है। यहाँ भी मिथक और विज्ञान की रूपकात्मक संगति है।

आधुनिक मानस मिथक को नकारता नहीं, बल्कि व्याख्या तथा चीनी एवम् न्यायौचित्य के लिए सहज प्रश्न पूछता है। बॉलीवुड की एक फिल्म (शायद 'लज्जा') में 'रामलीला' करने के एक प्रसंग में सीता बनी माधुरी दीक्षित के माध्यम से कुछ विलक्षण प्रश्न उठाये गये हैं–(i) नाक लक्ष्मण ने काटी थी। अपहरण तो उसका होना चाहिए था। सीता का क्यों हुआ? (ii) अगर सीता रावण की हो जाती तो श्रीराम को धर्म-संस्थापक, असुर-संहारक, रघुवंशी आदि होने का गौरव कैसे मिलता? (iii) सीता अपनी मर्जी से राम के साथ वनवास में आयी थी। वह भी उर्मिला की तरह अयोध्या के राजमहल में बनी रह सकती थी। (iv) अगर नारी की पवित्रता तथा शुचिता सिद्ध करने के लिए सीता को अग्निपरीक्षा देनी पड़ रही है तो राम को भी यही सिद्ध करने के लिए अग्निपरीक्षा देनी चाहिए। ये बड़े मारक सवाल हैं। इनके समाधान के लिए पूर्वकालों में तो अनुपाठ-उत्तरपाठ के अन्तर्कुंडल गाँठ दिये जाते। इसी तरह एक सवाल और है–"कृष्ण जो करें सो लीला। हम वह करें तो पाप।" इसी प्रकार मिथक के अन्तर्गत राम के 'धर्मरथ' अथवा कृष्ण के 'विश्वरूप' के नव-नव मिथकयान गढ़े जाते रहेंगे। आज भारतीय प्रक्षेपास्त्रों के, तथा चीनी एवम् अमेरिकी अन्तरिक्ष यानों के नाम भी मिथकीय सांस्कृतिक अधिनेताओं पर रखे जाते हैं।

सीता के साथ **द्रौपदी** की मिथक सर्वाधिक ज्वलनशील है। प्रतिभा राय का 'सैरन्ध्री' नामक उपन्यास एक मानक है। प्रकाश झा भी 'राजनीति' शीर्षक से जो फिल्म बना रहे हैं उसमें भी द्रौपदी का किरदार शायद माधुरी दीक्षित ही करेंगी। इस पर जयप्रकाश चौकसे कुछ सवाल उठाते हैं–माधुरी दीक्षित (द्रौपदी), रणधीर कपूर (अर्जुन), अजय देवगन (कर्ण) तथा नाना पाटेकर (कृष्ण) के साथ काम करेंगी। सदियों से द्रौपदी सृजनधर्मी लोगों को प्रेरित करती, विचलित करती रही है। अगर कर्ण के कुन्ती-पुत्र होने

* "मिथोलॉजी : ए विजुअल एनसाइक्लोपीडिया", जो फोरटी, पी-आर-सी पब्लिशर्स लि., लन्दन, 1999, पृ. 8

की बात पहले उजागर हो जाती तो वह प्रेमी कर्ण की भी पत्नी होती। वासुदेव कृष्ण की वह अन्तरंग सखी कृष्णा है ही। तदपि वह अर्जुन को अन्य पतियों की अपेक्षा ज्यादा चाहती है। इसलिए वह स्वर्ग जाने से रोक दी जाती है। किन्तु क्या ऐसी तुलामय प्रणय-समानता मनोवैज्ञानिक दृष्टि से सम्भव तथा करणीय है?

इसलिए आधुनिक युग में मिथक इन नये-नये आयामों की भी कालयात्री तथा सृष्टि-सखी बनने की वरदानी होगी। आने वाले कल में विज्ञान तथा मिथक की भी द्वन्द्वात्मक एकता हो सकती है।

आधुनिक विज्ञान भी इस तरह के मिथकाभासी महाप्रश्न उछाल रहा है एक फान्तासीय फिल्म शृंखला है—'मैट्रिक्स'। **मैट्रिक्स** के कम्प्यूटर-संवाहित संसार के निवासी आराम से मनोरथिक परिवेश में सुरक्षित एवं सन्तुष्ट रहते हैं जबकि यथार्थ संसार के विद्रोही लोग ज़िओन में रहते हैं। ज़िओन एक भूमिगत दुर्ग है—दान्ते के नर्क (इनफर्नो) की मानिन्द। वे सदैव दैहिक-मानसिक पीड़ाएँ झेलते हुए संशय एवं भयग्रस्त बने रहते हैं। फिर भी वे खुद को मैट्रिक्स-वासियों से बेहतर समझते हैं। कारण कि, ज़िओन स्वतन्त्रता है, तथा मैट्रिक्स गुलामी।

इवान करमाज़ोव धरती पर लौटकर आल्योश्या की कहानी बताता है कि वह नन (पादरिन) बनने वाली है। वह यह भी बताता है कि (इनक्विज़ीशन) के दौरान ईसा मसीह धरती पर लौट आये थे। उन्हें दबोचकर कारागार में ठूँस दिया गया था। वहाँ महा... ने सवाल पूछा था कि 'वे वापस क्यों लौटे? हम जानते हैं कि उद्धार कितना मुश्किल है। पैगम्बरों के लिए सभी अत्युत्तम होता है जब वे मर जाते हैं। लेकिन ज़िन्दा होने पर या तो वे जला दिये अथवा सूली पर चढ़ा दिये जाते हैं।' जब वह खामोश हो गया तो ईसा मसीह ने उसके रक्तहीन ओठों का चुम्बन लिया। कहा कि 'तुम्हारे निष्कर्षों के मुकाबले मेरा प्रेम ज्यादा ताकतवर है।' यह कारगर नहीं हुआ। ईसा को दोबारा सूली पर चढ़ा दिया गया; लेकिन इस बार अपने वफादार अनुयायियों द्वारा। क्योंकि सारे सन्त महात्मा गन्दे नीचे काम करने वाले हेरोड रहे हैं सो... पुनः ईश्वर पैदा होता है। यही नतीज़ा निकलता है कि "इस संसार में स्वतन्त्रता एक कठोर विकल्प है।" यही मैट्रिक्स का केन्द्रीय सन्देश है।

आधुनिक संसार में यही कुछ मिथकीय प्रधर्म के साथ भी हिंसा-क्रूरता, साम्प्रदायिकता-युद्ध द्वारा होता है। आर्य प्रजाति की शुद्धता एवं वर्चस्व की गलतफहमी में हिटलर ने दूसरा विश्वयुद्ध थोप दिया तथा करीब बारह लाख से ज्यादा यहूदियों को 'होलोकास्ट' में बर्बर तरीकों से मरवा डाला। भारत में टोटेम (गाय) तथा टैबू (सूअर) को लेकर हिन्दू-मुस्लिम दंगे भड़क उठते हैं। देशों के बीच भी धार्मिक मिथक यौद्धेय परिस्थितियाँ पैदा कर सकती है। [एक छोटा उदाहरण : कम्बोडिया में ग्यारहवीं सदी में निर्मित प्रेह विहेर नामक हिन्दू-मन्दिर को यूनेस्को ने विश्व-विरासत घोषित कर दिया। थाई देश तथा कम्बोडिया के सीमावर्ती क्षेत्र में स्थित इस मन्दिर को लेकर दोनों देशों में विवाद उठ खड़ा हुआ और उनकी फौजें सीमा पर इकट्ठा हो गयीं। युद्ध-जैसी स्थिति बना दी गयी। राजनीति ने मिथक का पासा फेंका। नतीजतन बाईस वर्षों से अधिक से सत्तारूढ़ ख़्मेर प्रधानमन्त्री हुन सेन की पार्टी जुलाई अन्त 2008 के चुनावों में बहुमत से जीत गयी]।

× × ×

आधुनिक मनुष्य किस मानसिकता में मिथकों को स्वीकारता तथा सृजित करता है?

भारत और चीन, जापान और समुद्रायनी के-जैसे समाजों ने अपनी **संस्कृति के** जैविक अंग के रूप में **मिथकों** को बरकरार रखा है, उनमें वे जीवन्त-गतिक शक्ति होती हैं। उनकी मिथकों की जैसी गुणवत्ता होती है वैसा ही उनकी संस्कृति का प्रतिबिम्ब होता है। आजकल हमारी आभ्यन्तरता का जैसा बहिर्गतीकरण हो रहा है, जिस प्रकार से संवेगों तथा सम्बन्धों का मशीनीकरण हो रहा है उसी अनुपात से मिथक का विश्वासपरक पवित्रता-बोध क्षीणतर क्षुद्रतर हो रहा है। समाज का प्रारब्ध भी उसके द्वारा ही उत्पन्न मिथकों द्वारा लिखा जाता है क्योंकि वे (समाज की) सामूहिक चेतनता द्वारा ही उन्मीलित होती हैं। मिथकीय मानस वैश्विक होता है जबकि आधुनिक मानस बहुधा आत्म-स्वार्थी, आत्म-निर्वासित होता है। वहाँ विश्वरूप की कोई वर्गीय गुंजाइश नहीं बची है। 'विश्व-सर्वहारा' की अवधारणा भी खण्डित हो रही है। वर्ग-विहीन समाज दूर की कौड़ी हो गया है। अतः आधुनिक मिथकों का निर्माण क्यों और कैसे हो? क्या भौतिक उन्नति ही 'मोक्ष' है? क्या प्रकृति-विजय ही ऋत् है? क्या क्रमविकास (इवोलूशन) की शक्ति ही प्रगति है? क्या द्वन्द्वात्मक प्रगति असिद्ध है? क्या शिव और विष्णु, मार्क्स और वेबर अप्रासंगिक हैं? इन सभी स्थितियों ने हमारी मिथकीय चेतना को भी भ्रष्टाचार और वैज्ञानिक भ्रान्ति में जकड़ डाला है। आज हमसे समरस संसार तथा प्राकृतिक संसार अजनबी हो गया है।

ग्रीक मिथक के अग्निवाहक विद्रोही प्रोमेथियस के प्रवक्ता कार्ल मार्क्स भी कभी किसी अवसर पर संशय कर बैठे थे कि इस पूर्णरूपेण बुद्धि विवेकी संसार में कहीं कला का अन्त ही न हो जाए। इस दुःखान्त दृष्टिकोण के प्रति वे उत्साहित तो नहीं थे। फिर भी 'ग्रुंड्रिसे' में वे कहते हैं, "ग्रीक कला पूर्वानुमिति करती है ग्रीक मिथकयान की। ईजिप्टी मिथकयान कभी भी ग्रीक कला की धुरी (मैट्रिक्स) या नींव हो सकता था। परन्तु कोई मिथकयान तो होना ही चाहिए। इसलिए किसी भी मामले में सामाजिक विकास नहीं हो सकता। जिसमें कोई भी, अथवा हर एक, मिथकीय या मिथकीयकरणात्मक तत्त्व को, प्रकृति के

साथ सम्बन्धता को निकाल बाहर कर दिया जाए। ऐसा दृष्टिकोण (क्यों) कलाकार से ऐसी कल्पना की अपेक्षा करता है जो मिथकयान-निरपेक्ष हो।''*

अतएव स्थिति साफ़ हो जाती है। भौतिकता तथा चेतना की, मिथक तथा यथार्थता की, विज्ञान तथा कल्पना की, द्वन्द्वात्मक एकता एवं संघर्ष का समन्वय ही प्रगति तथा प्रकृति तथा मानव का मूल है। यही हमारा ऐतिहासिक प्रारब्ध है। मिथक विश्वास-केन्द्रित है। वह अन्धविश्वास-जननी नहीं बतायी/बनायी जानी चाहिए। मिथकें समूचे समुदाय की सृजनात्मक ऊर्जा को मूलाधार-चक्र से उन्मुक्त करती हैं। वे परम्परा और आधुनिकता के बीच रामेश्वर-सेतुबन्ध हैं। वे समाज और मनुष्य, प्रकृति और सृष्टि को महारूपक द्वारा एकैक्य ऋत् एवं क्रतु के अद्वैत प्रदान करती आयी हैं। यही **विश्वमिथक का आधुनिकीकरण** है।

'आधुनिक मिथक' से : भगतसिंह (1907-1931)
इन्होंने और चे ग्वेवारा ने विश्वमिथक के अधिनायकों की काल-यात्राओं को यथार्थ तथा प्रासंगिक सिद्ध किया।

भगतसिंह (1907-1931) और चे ग्वेवारा ने विश्वमिथक के अधिनायकों की कालयात्राओं को यथार्थ तथा प्रासंगिक सिद्ध किया है। उन्हें भूमंडलीय सलाम!!

पश्य, विश्वमिथक की कालयात्रा जारी है/रहेगी।

काल अनादि-अनन्तवाही, महाअमूर्त विराट् है। **दिक्** (देश स्पेस) अपने नाना रूपाकारों तथा प्रत्यक्षणों, परिवर्तनों तथा जड़ताओं, विनाशों तथा संहारों, उत्थान तथा पतन, उन्मेष तथा अवसान आदि के द्वारा काल को चिह्नित, लक्षित, परिभाषित, विभाजित, पिछड़ा या अगेड़ा करता है। अतः देश का **अस्तित्व** प्रकृति और जीवन है। यही काल की **सत्ता** का प्रतिभास कराता है।

एक विश्वनीड़ (रवीन्द्रनाथ ठाकुर), एवं मानवीय श्रम की महा-विश्वशक्ति (कार्ल मार्क्स) से मानो त्रिकाल एवं त्रिपुर एकताल हो गये हैं, तथा एक आधुनिक वैचारिक यूतोपियाई स्वप्न-समय भी साकार हो सका है। कार्ल मार्क्स के दर्शन के द्विपर्ण द्वन्द्वात्मक तथा ऐतिहासिक भौतिकवाद हैं। उनकी संरचना का दूसरा आयाम मूलाधार (बीइंग) तथा उससे सुपरिगठन (बिकमिंग) का अभ्युत्थान है, और तीसरा मूलाधार के आदिम समाज एवं वैज्ञानिक-टेकनालॉजीय आधुनिक समाज का समन्वय (सिन्थीसिस)

* ''ग्रुंड्रिस्से डेर क्रिटीक डेर पोलिटिश्चेन ओकोनॉकी'', ईस्टबर्लिन, 1953, पृ. 30

है जहाँ राज्यसत्ता-देशसीमा, तिरोहित हो जाएँगी, समाज वर्गविहीन हो जाएगा, तथा मनुष्य को भौतिक एवं सांस्कृतिक कार्य तथा सृजन एकैक मूल्यवान हो जाएगा। वस्तुतः यह मिथकीय मानस में प्रोमेथियस तथा आधुनिक मानस में विश्वरूप वासुदेव का तर्कपूर्ण सामंजस्य के जैसा है।

क्या यह आधुनिक विचारधारात्मक-समाजवैज्ञानिक कल्पलोक (यूटोपिया) है? सम्प्रति ऐसा आभासित हो सकता है, किन्तु यही भविष्य की 'अनिवार्य यथार्थता' होगी। प्राक्-आदिम (प्रिमिटव) समाज की समता-समानता ही भविष्य का साम्यवादी समाज का वैसा साम्य है जहाँ शोषणरहित वर्गविहीनता है, राष्ट्रवर्ती राज्य की सीमाएँ तिरोहित हैं। हमारे विश्वमिथकयानों का भी यही व्यास उद्गीत है कि विश्व एक है, मनुष्य एक है तथा मिथकीय मानस एकैक है।

फिलहाल भूमण्डलीकरण एवं उत्तर-आधुनिकता के बंकिम विपथन को लोकजन की कर्मशील संघशक्ति लाँघने को कटिबद्ध हो रही है। 'विश्वमिथकसरित्सागर' का यही अनादि-आदि-अनन्त मार्ग है। इसमें न विज्ञान की जीत हुई, न मिथक की हार।

तथापि और तदपि : महापंडित राहुल सांकृत्यायन, रामविलास शर्मा, रांगेय राघव, हज़ारी प्रसाद द्विवेदी के पूर्व क्रम में, तथा क्रिस्टोकर कॉडवेल, लुकाच, एरिक हॉब्समान से पश्चक्रम में, उनकी मशालों की कतार में **मेरी भी** विनीत-विनम्र अभिलाषा है—एक छोटा माटी का दीवा बालने की!!!

हमारी विश्वमिथक : 2 : कैसे हैं ये अजनबी मनोलोक?

कैसी-कैसी हैं
वो
दुनियाएँ—अज्ञेय, अगम, अगोचर
मन को कतई नहीं मालूम
  अवचेतन : वहाँ नन्हा शिशु
  दर्शन : वो महज दिग्भ्रमित है।
वहाँ
  बस, अनिर्वचनीय
  आनन्द है।
  आतंक है।।
  केवल विश्वमिथक हैं। दिवास्वप्न हैं।।
फिर भी
  अंगारों की, पारिजातों की
  यथार्थताएँ हैं।
मैं हूँ हतप्रभ
उन्हीं महासागरों का
नौसिखिया महानाविक!
  'प्रसाद' का बुद्धगुप्त भी नहीं देख सका था
  आकाशदीप से।
  वही मेरी मनोरमा-चंपा है।
  कहीं नहीं दिखेंगी
  कभी नहीं मिलेंगी—वे मिथक-यक्षिणियाँ। वह नीलतारा!
फिर भी
  अन्वेषी मैं
  अमर कालयात्री हूँ।।

× × ×

सबसे अन्त में अच्छे-अज्ञात पाठिकाओं-पाठकों! सुनो! तुम पर मेरे धाराधार फ्लाइंग चुम्बन हरसिंगार-फूलों से बरस रहे हैं। मुझसे संवाद जारी रखो, बताओ, सिखाओ। यह कालोत्तीर्ष गोष्ठी जारी होगी!!! (1.1.2014) मुझे भी बताओ! मिलते रहेंगे तभी ज़िन्दा रहेंगे।।

चित्र-आकृतियाँ

विशिष्ट पुस्तकें

1. Agrawal, Vasudev Sharan : 'Studies in Indian Art' Vishwavidyalaya Prakashan, Varanasi, 1965
2. Arora, U.P. : "Motifs in Indian Mythology : Their Greek and other Parallels", Indica Publishing House, New Delhi, 1981
3. Bartlett, Sarah : 'The World of Myths and Mythology' Cassell Plc., London WC 2 ROBB, 1998
4. Becker, Udo : 'The Cantinuum Encyclopedia of Symbols' The Cantinuum Publishing Company, New York 10017, 1994
5. Birrell, Anne : "Chinese Mythology : An Introduction" The John Hopkins University Press, Baltimore, 1993
6. Burland, Cottie : 'North American Indian Mythology" Hamlyn', New York, 1965
7. Campbell, Joseph : 'The Mythic Image' Princeton University Press, New Jersey, 1974
8. Campbell Joseph : 'The Hero with a Thousand Faces' 2nd edn., Princeton University Press, 1900
9. Campbell, J. & Zimmer, Heinrich : 'Myths and Symbols in Indian Art and Civilization' Princeton University Press, 1999
10. Carpenter Rhys : 'The Esthetic Basis of Greek Art' Indiana University Press, 1974, USA
11. Comerie, Bernard & (Edts) : 'The Atlas of Languages' Facts on File Inc., New York, NY 10001, 1996
12. Choudhury, Usha : 'Vedic Mythopoeia : An Approach to Religion, Myth and poatry', Nag Publishers, Jawahar Nagar, Delhi, 1983
13. Christie, Anthony : 'Chinese Mythology', Paul Hamlyn, Middlesex, 1968
14. Cotterell, Arthur (Gen. Ed.) : 'Encyclopedia of World Mythology', Dempsey Parr Books, U.K., 1999
15. Davidson, James : 'The Greeks and Greek Love', Random House, New York, 2007
16. Doty, William G : 'Mythography : The Study of Myths and Rituals', University of Alabama Press, 1986
17. Dowson, John : "A Classical Dictionary of Hindu Mythology and Religion", 16th Imp. Rupa & Co., New Delhi, 2007
18. Dundes, Alan (Ed) : 'Sacred Narrative : Readings in the Theory of Myth', University of California Press, Berkeleyand , Los Angeles, 1984
19. Forty, Jo : 'Mythology : A Visual Encyclopedia', P.R.C. Publishers Ltd., London, 1999
20. Fullerton, Mark D. : "Greek Art", Cambridge University Press, New York, NY 10011-4211, 2000
21. Garland Robert : 'Daily Life of the Ancient Greeks' Greenwood Press, Connecticut, 1998
22. Geoffroy-Schneiter, Blrlnice : 'Asian Art : India China Japan', Assouline Publishing Inc., New York, NY 10001, 2002
23. Geoffroy-Schneiter, Blrlnice : 'Gandhara, The Memory of Afghanistan', Assouline, New York, 2001
24. Graves Robert (Int.) : 'New Larousse Encyclopedia of Mythology', Promethens Press, (The Hamlyn Group), New York, 1974
25. Hallam, Elizabeth (Ed) : 'Gods and Goddesses', Cassell Plc., Wellington House, London, WCRROBB
26. Handoo, Lalita : 'Folk and Myth', Central Institute of Indian Languages, Mysore, 1988
27. Hunt, Norman Bencroft : 'Gods and Myths of the Aztecs', Smithmark Publishers Inc., New York, 1996
28. Ions, Veronica : 'Egyptian Mythology', Hamlyn Publishing House, Middlesex, 1968
29. Ions, Veronica : 'Indian Mythology', Paul Hamlyn, London, 1967
30. Jay, Rani : 'Mythography', NTC Publishing Group, Lincoln Wood (Chicago), Illinois, 1996
31. Jay, Rany : 'Mythology' Holder Headline Plc., London, 1996
32. Kirk, G.S. : 'Myth : Its meaning & function in Ancient & Other Cultures', Cambridge University Press, London, 1970
33. Korom, Frank J. : 'South Asian Folklore : A Hand Book', Greenwood Press, West Port, CT 06881, 2006
34. Kosambi, D.D : 'Myth and Reality', Popular Prakashan, Bombay, 19...
35. Laur, Jean : 'Angkor', Flammarion, Paris, 2002
36. Lefkowitz, Mary : 'Greek Gods, Human Lives : What we can learn from Myths', Yale University

Press, New Haven, 2003
37. Malpass, Michael A. : 'Daily Life in the Inca Empire', Greenwood Press, West Port, CT 00881, 1996
38. McLeish, Kenneth : 'Myth', Bloomsburg Publishing Plc., London WI. V 61 + B, 1996
39. Nemet-Nejat, Karen Rhea : 'Daily Life in Ancient Mesopotamia', Greenwood Press, West Port, CT 06881, 1978
40. Parrinder, Geoffrey : 'African Mythology' Peter Bedrick Books, Broadway, New York, NY 10023, 1982
41. Piggots, Juliet : 'Japanese Mythology', Hamlyn Publishing House, London, 1969
42. Puhvel, Jaan : 'Comparative Mythology', John Hopkins University Press, Baltimore, 1987
43. Robert Graves (Intro) : 'New Larousse Encyclopedia of Mythology' ninth Imp., The Hamlyn Publishing Group Ltd., New York, 1974
44. Roberts, Timony R : 'Mythology : Tales of Ancient Civilizations', Metro Books, New York, NY 10010
45. Shapiro, Max S. : 'A Dictionary of Mythology', Granada Publishing Ltd., Double Day & Company Inc., USA, 1979
46. Sharer, Robert J : Daily Life in Maya Civilization, Greenwood Press, West Port, CTO 6881
47. Sarah Bartlette : 'Myths and Mythology, A source book', Blandford Books, London, 1998
48. Spence, Lewis : 'The Mythologies of Ancient Mexico & Peru', Archibald Constable & Co. Ltd., London, 1907
49. Sarah, Carr-Gomm : 'The Secret Languages of Art', Duncan Baird Publishers, London, 2008
50. Swann, Peter : 'Art of the World : Japan', Geystone Press, New York, 1960
51. Thapar, D.R. : 'Icons in Bronze', Asia Publishing House, Bombay, 1961
52. Thompson, Smith : 'Motif-Index of Folk Literature', Six vols. 2nd Edn., Rosen Kilde & Bagger, Copenhagen, 1955-58
53. Wills, Roy (Gen.Editor) : 'World Mythology', Henry Holt and Company, New York, NY 10011, 1993
54. Woldering, Irmgard : 'Art of the World : Egypt', Crown Publishers, DC. New York, 1963
55. Wyse, Elizabeth : 'Atlas of Archaeology : Past Worlds', Harper Collins, Michigan, 1999
56. D.D. Kosambi : 'Myths and Reality', Popular Prakashan, Bombay.

□□